# LOIS, DÉCRETS,

## ORDONNANCES, RÉGLEMENS,

### AVIS DU CONSEIL-D'ÉTAT.

#### TOME QUATRIÈME.

## DE L'IMPRIMERIE DE A. GUYOT,

IMPRIMEUR DU ROI, DE LA MAISON D'ORLÉANS,
ET DE L'ORDRE DES AVOCATS AUX CONSEILS ET A LA COUR DE CASSATION,
Rue Neuve-des-Petits-Champs, N° 37.

# COLLECTION COMPLÈTE

### DES

# LOIS,

## Décrets, Ordonnances, Réglemens,

## AVIS DU CONSEIL-D'ÉTAT,

PUBLIÉE SUR LES ÉDITIONS OFFICIELLES DU LOUVRE; DE L'IMPRIMERIE NATIONALE,
PAR BAUDOUIN; ET DU BULLETIN DES LOIS;

**(De 1788 à 1830 inclusivement, par ordre chronologique),**

*Continuée depuis 1830;*

Avec un choix d'*Actes inédits*, d'*Instructions ministérielles*, et des Notes sur chaque Loi, indiquant : 1° les Lois analogues; 2° les *Décisions* et *Arrêts* des Tribunaux et du Conseil-d'État; 3° les *Discussions* rapportées au Moniteur

SUIVIE D'UNE TABLE ANALYTIQUE ET RAISONNÉE DES MATIÈRES,

## Par J. B. DUVERGIER,

Avocat à la Cour royale de Paris.

———

## TOME QUATRIÈME.

*Deuxième Édition.*

# PARIS

## CHEZ A. GUYOT ET SCRIBE, LIBRAIRES-ÉDITEURS,

RUE NEUVE-DES-PETITS-CHAMPS, N° 37.

## 1834.

# COLLECTION COMPLÈTE

DES

# LOIS, DÉCRETS,

## ORDONNANCES, RÉGLEMENS,

ET

## AVIS DU CONSEIL-D'ÉTAT,

DEPUIS 1788 JUSQU'A 1830.

◆◆◆◆◆◆◆◆◆◆◆◆◆◆◆◆◆◆◆◆◆◆◆◆◆◆◆◆◆◆◆◆◆◆◆◆◆◆◆◆◆◆◆◆◆◆◆◆◆◆◆◆◆◆◆◆◆◆◆◆◆◆◆◆◆◆◆◆◆◆◆◆◆◆◆◆◆

## ASSEMBLÉE LÉGISLATIVE.

1ᵉʳ OCTOBRE 1791. — Arrêté qui fixe le mode de la vérification des pouvoirs. (B. 19, 1.)

1ᵉʳ OCTOBRE 1791. — Arrêté portant que le garde des archives remettra aux différens bureaux les expéditions des procès-verbaux des assemblées électorales. (B. 19, 2.)

2 OCTOBRE 1791. — Arrêté qui déclare légitime l'élection de M. Dechaussy-Robécourt et celle de M. Fauchet. (B. 19, 2 et 3.)

2 OCTOBRE 1791. — Arrêté qui ajourne la vérification des pouvoirs des députés du département de la Loire-Inférieure, et charge le sixième bureau de faire un rapport sur la protestation de la commune de Nantes contre les élections du département. (B. 19, 3.)

2 OCTOBRE 1791. — Arrêté qui accorde provisoirement aux députés du département du Nord et de l'Orne la faculté d'assister aux séances, sans voix délibérative. (B. 19, 4.)

2 OCTOBRE 1791. — Arrêté qui ordonne l'appel nominal des députés vérifiés. (B. 19, 4.)

2 OCTOBRE 1791. — Arrêté par lequel l'Assemblée se constitue en Assemblée nationale législative. (B. 19, 4.)

2 OCTOBRE 1791. — Conseils de district. Voy. 19 SEPTEMBRE 1791. — Contributions, etc. Voy. 26 SEPTEMBRE 1791. — Dépenses de l'ordre judiciaire. Voy. 24 SEPTEMBRE 1791. — Gardes nationales de Paris. Voy. 27 SEPTEMBRE 1791. — Grains. Voy. 26 SEPTEMBRE 1791. — Loterie d'octobre 1783. Voy. 24 SEPTEMBRE 1791. — Offices de judicature. Voy. 19 SEPTEMBRE 1791. — Organisation de bureaux de divers ministères. Voy. 29 SEPTEMBRE 1791. — Organisation provisoire d'Avignon. Voy. 23 SEPTEMBRE 1791. — Pensions. Voy. 17 SEPTEMBRE 1791.

3 OCTOBRE 1791. — Décret portant que l'on ne s'occupera que de la nomination unique du président. (B. 19, 5.)

3 OCTOBRE 1791. — Décret sur la formation des bureaux pour la nomination du président. (B. 19, 5.)

3 OCTOBRE 1791. — Décret portant que le président ne fera point de compliment. (B. 19, 5.)

3 OCTOBRE 1791. — Décret portant que l'élection des six secrétaires sera faite à la pluralité relative des suffrages et par scrutin de liste simple. (B. 19, 6.)

4 OCTOBRE 1791. — Décret portant que les députés prononceront leur serment individuelle-

ment sur l'acte constitutionnel qui sera apporté par le garde des archives. (B. 19, 6.)

4 OCTOBRE 1791. — Décret portant qu'il sera envoyé au Roi une députation pour l'instruire que l'Assemblée est définitivement constituée. (B. 19, 7.)

4 OCTOBRE 1791. — Décret sur la formation de la liste de la députation à envoyer au Roi. (B. 19, 7.)

4 OCTOBRE 1791. — Décret pour voter des remercîmens aux membres de l'Assemblée nationale constituante. (B. 19, 7.)

4 OCTOBRE 1791. — Décret qui ordonne l'insertion au procès-verbal, l'impression et l'envoi aux quatre-vingt-trois départemens, du discours de M. Cérutty, sur les remercîmens à voter aux membres de l'Assemblée nationale constituante. (B. 19, 8.)

4 OCTOBRE 1791. — Décret portant qu'aucun membre ne sera admis à voter avant d'avoir prêté le serment. (B. 19, 10.)

5 OCTOBRE 1791. — Décret concernant le cérémonial à observer lorsque le Roi se rend à l'Assemblée nationale. (B. 19, 10.)
Ce décret a été rapporté le lendemain.

5 OCTOBRE 1791. — Décret qui valide les nominations faites par le corps électoral du département de la Loire-Inférieure. (B. 19, 11.)

6 = 16 OCTOBRE 1791. — Décret qui autorise les commissaires de la Trésorerie nationale à fournir, à titre d'avance, la somme de 246,700 livres pour remplacer celle emportée par le secrétaire du département de Rhône-et-Loire. (B. 19, 12.)

6 OCTOBRE 1791. — Décret portant que les commissaires civils envoyés dans le département de la Vendée rendront compte du résultat de leurs opérations dans ce département et dans celui des Deux-Sèvres. (B. 19, 13.)

6 OCTOBRE 1791. — Décret relatif au compte à rendre par les ministres. (B. 19, 13.)

6 OCTOBRE 1791. — Décret relatif à la nomination de commissaires pour porter à la sanction le décret relatif au département de Rhône-et-Loire. (B. 19, 14.)

6 OCTOBRE 1791. — Code pénal. *Voy.* 25 SEPTEMBRE 1791. — Notaires. *Voy.* 29 SEPTEMBRE 1791. — Police rurale. *Voy.* 28 SEPTEM-

BRE 1791. — Prince de Monaco. *Voy.* 21 SEPTEMBRE 1791.

7 OCTOBRE 1791. — Décret qui adopte provisoirement le réglement de l'Assemblée nationale constituante. (B. 19, 14.)

7 OCTOBRE 1791. — Décret portant que le buste de Mirabeau et le cadre portant ceux du Roi et de M. Bailly, seront portés dans la salle de l'Assemblée (B. 19, 15.)

7 OCTOBRE 1791. — Décret relatif au brûlement des assignats. (B. 19, 15.)

7 OCTOBRE 1791. — Décret qui ordonne l'impression et l'envoi aux départemens du discours du Roi et de la réponse du président. (B. 19, 16.)

8 OCTOBRE 1791. — Décret qui mande M. d'Hermigny à la barre de l'Assemblée (1). (B. 19, 19.)

8 OCTOBRE 1791. — Décret relatif à la nomination de dix commissaires vérificateurs provisoires des archives nationales. (B. 19, 20.)

8 OCTOBRE 1791. — Décret relatif au jugement des officiers publics responsables et au rétablissement des sommes enlevées. (B. 19, 20.)

8 OCTOBRE 1791. — Décret relatif à la vérification de l'état actuel du Trésor public et de la caisse de l'extraordinaire. (B. 19, 21.)

8 OCTOBRE 1791. — Décret relatif aux comptes à rendre par les ministres. (B. 19, 21.)

9 OCTOBRE 1791. — Décret relatif aux éclaircissemens à donner par le ministre de la guerre. (B. 19, 21.)

9 OCTOBRE 1791. — Décret relatif à la distribution de la salle de l'Assemblée nationale. (B. 19, 22.)

9 OCTOBRE 1791. — Décret relatif à la formation des bureaux de l'Assemblée, et qui en fixe le nombre. (B. 19, 23.)

9 OCTOBRE 1791. — Assignats. *Voy.* 23 AOUT 1791. — Auch, etc. *Voy.* 29 AOUT 1791. — Sieur Baudoin. *Voy.* 30 SEPTEMBRE 1791. — Caisse de l'extraordinaire. *Voy.* 20 SEPTEMBRE 1791. — Directeur général de la liquidation. *Voy.* 28 SEPTEMBRE 1791. — Droits féodaux. *Voy.* 15 SEPTEMBRE 1791. — Employés à la ferme générale. *Voy.* 22 SEPTEMBRE 1791. — Garde nationale active. *Voy.* 3 AOUT 1791. — Garde nationale de Paris. *Voy.* 18 SEPTEMBRE 1791. — Gardes nationales du Var. *Voy.* 24

_____

(1) Cet officier avait tenu, la veille, des propos injurieux à un membre de l'Assemblée.

SEPTEMBRE 1791. — Patentes. *Voy.* 20 SEPTEMBRE 1791. — Pensions. *Voy.* 28 SEPTEMBRE 1791. — M. Santo-Domingo. *Voy.* 27 SEPTEMBRE 1791. — Sociétés populaires. *Voy.* 30 SEPTEMBRE 1791. — Timbre et enregistrement. *Voy.* 29 SEPTEMBRE 1791. — Toulouse. *Voy.* 13 SEPTEMBRE 1791. — Traites de l'hôtel Grimois. *Voy.* 26 SEPTEMBRE 1791. — Travaux dans les départemens. *Voy.* 25 SEPTEMBRE 1791.

10 OCTOBRE 1791. — Décret qui renvoie au pouvoir exécutif la lettre et les pièces adressées par les officiers municipaux de Saint-Servan, relativement à l'absence de plusieurs officiers du 36e régiment, et qui ordonne au ministre de la guerre de rendre compte de cette affaire. (B. 19, 23.)

10 OCTOBRE 1791. — Décret relatif à la distribution des assignats au trésorier de la caisse de l'extraordinaire. (B. 19, 24.)

10 OCTOBRE 1791. — Décret relatif à la transcription des actes de convocation de 1789. (B. 19, 25.)

11 OCTOBRE 1791. — Décret relatif à la signature des cartes d'entrée des députés. (B. 19, 25.)

11 OCTOBRE 1791. — Décret relatif aux fonctions du commissaire de la caisse de l'extraordinaire et du Trésor public. (B. 19, 27.)

11 = 23 OCTOBRE 1791. — Décret portant que la somme de 18,672,225 livres sera versée par la caisse de l'extraordinaire à la Trésorerie nationale. (B. 19, 39.)

12 = 14 OCTOBRE 1791. — Décret relatif à la continuation de l'instruction contre les fabricateurs de faux brevets. (B. 19, 27.)

13 OCTOBRE 1791. — Décret relatif aux affaires et projets de décret ajournés par l'Assemblée nationale. (B. 19, 28.)

13 OCTOBRE 1791. — Administration des ports. *Voy.* 21 SEPTEMBRE 1791. — Aveugles-nés. *Voy.* 28 SEPTEMBRE 1791. — Caisse de l'extraordinaire. *Voy.* 20 SEPTEMBRE 1791. — Cérémonial; Chambre des comptes; Champarts, etc.; Chirurgiens. *Voy.* 29 SEPTEMBRE 1791. — Cour martiale maritime. *Voy.* 20 SEPTEMBRE 1791. — Dépenses de l'armée; Divers tribunaux de commerce. *Voy.* 27 SEPTEMBRE 1791. — Education publique. *Voy.* 26 SEPTEMBRE 1791. — Elèves de l'école du génie. *Voy.* 22 SEPTEMBRE 1791. — Emissions d'assignals. *Voy.* 28 SEPTEMBRE 1791. — Melun. *Voy.* 21 SEPTEMBRE 1791. — Million accordé à Monsieur et à M. le comte d'Artois; Panthéon français. *Voy.* 27 SEPTEMBRE 1791. — Papier d'assignation; Payeurs généraux. *Voy.* 24 SEPTEMBRE 1791. — Pétitions du sieur Romainville. *Voy.* 13 SEPTEMBRE 1791. — Pondichéry. *Voy.* 3 SEPTEMBRE 1791. — Tribunal provisoire d'Orléans. *Voy.* 20 SEPTEMBRE 1791. — Tribunaux criminels. *Voy.* 29 SEPTEMBRE 1791.

13 OCTOBRE 1791. — Décret relatif au remplacement des officiers émigrés et autres. (B. 19, 28.)

13 OCTOBRE 1791. — Décret qui ordonne de régler un local convenable pour MM. Hébert et compagnie, expéditionnaires, rédacteurs et traducteurs des séances de l'Assemblée. (B. 19, 29.)

13 OCTOBRE 1791. — Décret qui charge l'archiviste de remettre aux commissaires de la caisse de l'extraordinaire, de la Trésorerie et des archives, toutes les pièces qui leur seront nécessaires. (B. 19, 29.)

13 OCTOBRE 1791. — Décret relatif à la nomination de commissaires pour l'examen des papiers remis aux archives par le comité des lettres de cachet. (B. 19, 30.)

13 OCTOBRE 1791. — Décret portant établissement de sept comités (1). (B. 19, 30.)

13 OCTOBRE 1791. — Compagnie des Indes. *Voy.* 14 AOUT 1791.

14 = 14 OCTOBRE 1791. — Décret relatif aux membres de l'Assemblée nationale constituante qui se sont inscrits sur les registres de la garde nationale parisienne. (L. 6, 340; B. 19, 32; Mon. du 15 octobre 1791.)

L'Assemblée nationale, sur la motion d'un de ses membres, et après avoir décrété l'urgence du décret définitif, à raison de la très-prochaine organisation de la garde nationale de Paris, décrète que les membres de l'Assemblée nationale constituante qui se sont inscrits sur les registres de la garde nationale de Paris, dans le mois de la translation de ladite Assemblée à Paris, auront les mêmes droits à l'avancement que ceux qui, aux termes du décret du 29 septembre 1791, ont servi dans la garde nationale depuis le commencement de la révolution.

(1) Savoir : 1° de liquidation, 2° d'examen des comptes, 3° d'assignats et des monnaies, des dépenses publiques; 5° des revenus publics, 6° de Trésorerie nationale, 7° de vérifications de la dette publique.

(2) Savoir: 1° d'agriculture et des communications intérieures, 2° de commerce, arts et manufactures; 3° des matières féodales, 4° des lois et réglemens militaires, 5° des lois et réglemens de la marine, 6° des domaines, 7° des questions et matières diplomatiques, 8° des lois et réglemens relatifs aux colonies, 9° des cours publics, 10° de l'instruction publique, 11° du comité des pétitions.

8 octobre 1791. — Réglement à l'usage de l'Assemblée nationale. (B. 19, 45.)

*Voy.* loi du 13 = 17 juin 1791 (1).

CHAPITRE Ier. *Du président, vice - président et secrétaires.*

Art. 1er. Il y aura un président, un vice-président et six secrétaires.

2. Le président et le vice-président ne pourront être nommés que pour quinze jours; ils ne seront point continués, mais ils seront éligibles de nouveau dans une autre quinzaine.

3. Le président et le vice-président seront nommés au scrutin individuel et à la majorité absolue, en la forme suivante :

Les bureaux seront convoqués pour l'après-midi; on y recevra les billets des votans; le recensement et le dépouillement des billets se feront dans les bureaux mêmes, sur une liste particulière, qui sera signée par le président et le secrétaire du bureau.

Chaque bureau chargera ensuite un de ses membres de porter sa liste dans la salle commune et de s'y réunir avec deux secrétaires de l'Assemblée, pour y faire le relevé des listes et en composer une générale.

4. Les fonctions du président seront de maintenir l'ordre dans l'Assemblée, d'y faire observer les réglemens, d'y accorder la parole, d'énoncer les questions sur lesquelles l'Assemblée aura à délibérer, d'annoncer le résultat des suffrages, de prononcer les décisions de l'Assemblée, et d'y porter la parole en son nom.

Les lettres et paquets destinés à l'Assemblée nationale, et qui seront adressés au président, seront ouverts dans l'Assemblée.

Le président annoncera les jours et les heures des séances; il en fera l'ouverture et la clôture, et, dans tous les cas, il sera soumis à la volonté de l'Assemblée nationale.

5. En l'absence du président, le vice-président le remplacera dans les mêmes fonctions.

6. Le président annoncera, à la fin de chaque séance, les objets dont on devra s'occuper dans la séance suivante, conformément à l'ordre du jour.

7. L'ordre du jour sera consigné sur un registre, dont le président sera dépositaire.

Il sera tenu un registre des ajournemens indéfinis prononcés par l'Assemblée; ce registre restera sur le bureau; l'ordre du jour sera affiché dans la salle.

8. On procédera dans les bureaux à l'élection des secrétaires par un seul scrutin de liste simple, à la pluralité relative, et le re-censement des scrutins des bureaux se fera comme il est dit ci-dessus pour l'élection des présidens et vice-présidens.

9. Les secrétaires répartiront entre eux le travail des notes, la rédaction du procès-verbal, lequel sera fait en doubles minutes collationnées entre elles; celles des délibérations, la réception et l'expédition des actes et des extraits, et généralement tout ce qui est du ressort du secrétariat.

10. La moitié des secrétaires sera changée et remplacée tous les quinze jours; on décidera au sort quels seront les premiers remplacés, et ensuite ce sera les plus anciens de fonctions.

11. Les secrétaires ne pourront être nommés à aucune députation pendant leur exercice.

CHAPITRE II. Ordre de la salle.

Art. 1er. L'ouverture de la séance demeure fixée à neuf heures du matin.

2. La séance commencera par la lecture du procès-verbal de la veille.

3. La séance ouverte, chacun restera assis.

4. Le silence restera constamment observé.

5. La sonnette sera le signal du silence, et celui qui continuerait de parler malgré ce signal sera repris par le président, au nom de l'Assemblée.

6. Tout membre peut réclamer le silence et l'ordre, mais en s'adressant au président.

7. Tous signes d'approbation ou d'improbation sont absolument défendus.

8. Nul n'approchera du bureau pour parler au président ou aux secrétaires, excepté les membres qui désireront se faire inscrire pour la parole.

9. Dorénavant, aucun membre ne se placera ni derrière le président, ni sur les marches du bureau, ni sur les tabourets destinés aux huissiers. Les députés n'occuperont que les places qui leur sont destinées.

10. Messieurs les suppléans qui voudront assister aux séances de l'Assemblée nationale auront une place distincte et qui leur sera exclusivement affectée dans une tribune.

11. La barre de la salle sera réservée pour les personnes étrangères qui auront des pétitions à faire, ou pour celles qui seront appelées ou admises devant l'Assemblée nationale.

12. Les députés de l'Assemblée nationale peuvent seuls se placer dans l'intérieur de la salle : tout étranger qui s'y serait introduit, sera tenu de se retirer aux premiers ordres qui lui en seront intimés; dans le cas d'une

(1) En note de cette loi sont indiqués les réglemens de toutes les assemblées législat. 1789 jusqu'en 1824.

résistance et de la nécessité de requérir main-forte, l'étranger sera conduit en prison pour vingt-quatre heures, ou pour un temps plus long, suivant la gravité des circonstances.

13. Il sera prononcé par l'Assemblée, contre les étrangers placés aux galeries ou ailleurs qui troubleraient la séance ou qui manqueraient à l'Assemblée, des peines proportionnées à leurs délits. La prison pour un temps plus ou moins long, mais déterminé, sera la peine la plus grave.

### CHAPITRE III. Ordre de la parole.

Art. 1er. Aucun membre ne pourra parler qu'après avoir demandé la parole au président, et, quand il l'aura obtenue, il ne pourra parler que debout.

2. Le président usera avec autant de fermeté que de sagesse de toute l'étendue du pouvoir qui lui est confié par le règlement et par les articles qui suivent.

3. La tribune ne sera occupée que par l'opinant. Aucun des membres de l'Assemblée, et surtout ceux placés sur les bancs voisins de la tribune, ne pourront lui adresser la parole: les opinions de quelque étendue y seront toujours prononcées. Les membres ne pourront proposer, de leurs places, que de très-simples et courtes observations, et ils passeront à la tribune lorsqu'ils ne seront pas suffisamment entendus, et que le président les y invitera.

4. Le président est expressément chargé de veiller à ce que personne ne parle sans avoir obtenu de lui la parole, et à ce que jamais plusieurs membres ne la prennent à la fois.

5. Lorsque plusieurs membres demanderont la parole, le président l'accordera à celui qui la lui aura demandée le premier; il fera faire une liste des autres par un secrétaire, qui les appellera ensuite suivant l'ordre de leur inscription: la liste n'aura d'effet que pour une seule séance, et les opinans parleront alternativement pour et contre.

6. Si une réclamation s'élève sur la décision du président, concernant l'ordre de la parole ou sur la liste, l'Assemblée prononcera.

7. Nul ne doit être interrompu quand il parle, si ce n'est dans les cas suivans : 1° si l'opinant s'écarte de la question, le président l'y rappellera; 2° si quelque membre juge faux les faits exposés par l'opinant, il pourra seulement se lever pour demander à prouver l'inexactitude des faits, lorsque l'opinion sera finie. S'il se permet une plus longue interruption, il sera rappelé à l'ordre; 3° si l'opinant s'écarte du respect dû à l'Assemblée ou s'il se livre à des personnalités, le président le rappellera à l'ordre.

8. La sonnette du président sera toujours le signal du silence pour toute l'Assemblée, même pour l'opinant, qui ne reprendra la parole que lorsque le président la lui aura rendue. Tout membre qui n'aura point obéi à ce signal sera rappelé à l'ordre par le président, au nom de l'Assemblée.

9. Le président observera dans le rappel à l'ordre la gradation qui va être expliquée. Il rappellera à l'ordre tous ceux qui, par inattention, ou de quelque manière que ce soit, troubleraient la séance. Ce simple rappel à l'ordre ne sera point regardé comme une peine.

10. Si le premier avertissement ne suffit pas pour faire rentrer dans l'ordre le membre auquel il aura été fait, le président, en le désignant par son nom, lui dira : M..., au nom de l'Assemblée, et pour la seconde fois, je vous rappelle à l'ordre.

11. Si les deux premières interpellations ne suffisent pas pour rappeler à l'ordre le membre qui s'en sera écarté, le président lui dira: M....., je vous rappelle pour la troisième fois à l'ordre, et j'ordonne, au nom de l'Assemblée, que votre nom soit inscrit au procès-verbal.

12. S'il arrivait qu'un membre ne cédât point aux trois premières interpellations, le président ordonnera que son nom soit inscrit au procès-verbal, *avec censure*.

13. Si, après cette inscription au procès-verbal et *la censure prononcée*, le même membre persiste à ne pas rentrer dans l'ordre, l'Assemblée pourra lui ordonner de se retirer, et lui défendre de rentrer pendant le reste de la séance : cette motion étant faite et appuyée par dix membres, le président sera tenu de la mettre aux voix; si elle est adoptée, le membre obéira sur-le-champ au décret.

14. Si le même membre oppose, soit ce jour soit un autre, une nouvelle résistance au décret de l'Assemblée, la peine de la prison pour vingt-quatre heures, ou pour un temps plus long, pourra être prononcée contre lui.

Si la motion en est faite et appuyée par vingt membres, elle sera nécessairement mise aux voix, et le président sera tenu de prendre les moyens qui sont en son pouvoir pour faire exécuter le décret.

15. Tout membre qui, ayant été rappelé à l'ordre, s'y sera mis aussitôt, pourra demander et obtenir la parole pour se justifier avec décence.

16. Aucun membre ne pourra en rappeler personnellement un autre à l'ordre, mais seulement requérir le président de le faire. Le président sera tenu de mettre aux voix toute motion tendant à un rappel à l'ordre, lorsqu'elle sera appuyée par quatre membres de l'Assemblée.

17. S'il s'élève dans l'Assemblée un tumulte, que la voix ni la sonnette du président n'aient pu calmer, le président *se couvrira* ; ce signal sera pour tous les membres de l'Assemblée un avertissement solennel qu'il n'est plus permis à aucun d'eux de parler; que la chose publique souffre, et que tout membre qui continuerait de parler ou d'entretenir le tumulte manque essentiellement aux devoirs d'un bon citoyen.

Le président ne se découvrira que lorsque le calme sera rétabli: alors il interpellera un ou plusieurs membres auteurs du trouble de déclarer leurs motifs. La parole sera accordée à celui qui en aura été le moteur ou l'occasion. Aussitôt qu'il aura été entendu pour justification, le président consultera l'Assemblée, soit sur les prétentions des réclamans, soit sur la justification du membre inculpé, soit sur les peines à infliger.

18. Le président n'aura pas le droit de parler sur un débat, si ce n'est pour expliquer l'ordre ou le mode de procéder dans l'affaire en délibération, ou pour ramener à la question ceux qui s'en écarteraient.

19. Le président pourra, en quittant le fauteuil et en se faisant remplacer suivant les règles prescrites, avoir la parole, comme les autres membres de l'Assemblée, sur les objets relativement auxquels il aurait fait un travail particulier.

20. Lorsque les ministres seront dans l'Assemblée, aucun autre membre que le président ne pourra faire, en aucun cas, d'interpellation directe; mais les éclaircissemens désirés par les différens membres seront proposés au président, qui consultera d'abord l'Assemblée pour savoir si elle veut que le ministre réponde.

CHAPITRE IV. Des motions.

Art. 1er. Tout membre a droit de proposer une motion.

2. Tout membre qui aura une motion à présenter se fera inscrire au bureau.

3. Toute motion sera écrite, pour être déposée sur le bureau, après qu'elle aura été admise à la discussion.

4. Toute motion présentée doit être appuyée par deux personnes, sans quoi elle ne pourra être discutée.

5. Nulle motion ne pourra être discutée le jour même de la séance dans laquelle elle sera proposée, si ce n'est pour une chose urgente, et quand l'Assemblée aura décidé que la motion doit être discutée sur-le-champ.

6. Une motion admise à la discussion ne pourra plus recevoir de correction ni d'altération, si ce n'est en vertu d'amendemens délibérés par l'Assemblée.

7. Lorsque plusieurs membres demanderont à parler sur une motion, le président fera inscrire leurs noms, autant qu'il se pourra, dans l'ordre où ils l'auront demandé.

8. La motion sera discutée selon la forme prescrite par l'ordre de la parole, au chapitre 3.

9. Aucun membre, sans excepter l'auteur de la motion, ne parlera plus de deux fois sur une motion sans une permission expresse de l'Assemblée, et nul ne demandera la parole pour la seconde fois, qu'après que ceux qui l'auraient demandée avant lui auront parlé.

10. Pendant qu'une question sera débattue, on ne recevra point d'autre motion, si ce n'est par un amendement, ou pour faire renvoyer à un comité, ou pour demander un ajournement.

11. Tout amendement sera mis en délibération avant la motion : il en sera de même des sous-amendemens par rapport aux amendemens.

12. La discussion étant épuisée, l'auteur, joint aux secrétaires, réduira sa motion sous la forme de question, pour en être délibéré par *oui* ou par *non*.

13. Tout membre aura le droit de demander qu'une question soit divisée lorsque le sens l'exigera.

14. Tout membre aura le droit de parler pour dire que la question lui paraît mal posée, en expliquant comment il juge qu'elle doit l'être.

15. Sur toutes les motions, les voix seront recueillies par assis et levé; et, en cas de doute, on ira aux voix par l'appel nominal sur une liste alphabétique de tous les membres, complète, vérifiée et signée par les secrétaires de l'Assemblée.

CHAPITRE V. Des pétitions.

Art. 1er. Les pétitions, demandes, lettres ou adresses seront ordinairement présentées à l'Assemblée par ceux de ses membres qui en seront chargés.

2. Si les personnes étrangères qui ont des pétitions à présenter veulent parvenir immédiatement à l'Assemblée, elles s'adresseront à un des huissiers qui les introduira à la barre, où l'un des secrétaires, averti par l'huissier, ira recevoir directement leurs pétitions.

Des députations.

Les députations seront composées sur la liste alphabétique, afin que les membres députés le soient partout; les députés conviendront entre eux de celui qui devra porter la parole.

Des comités.

Art. 1er. Le comité de division, qui sera en même temps chargé des détails relatifs à la circonscription des paroisses, aux assemblées électorales, primaires et des communes, et à l'organisation des corps administratifs et municipaux, sera composé de vingt-quatre membres, élus pour trois mois, qui seront, après ce temps, renouvelés par moitié, le sort déterminant pour la première fois ceux qui devront sortir.

Les membres sortans pourront être réélus. La question de savoir dans quel temps et dans quelle proportion se fera le renouvellement de ce comité est ajourné à six mois.

2. Le comité de législation civile et criminelle sera composé de quarante-huit membres.

3. Le comité de liquidation sera composé de vingt-quatre membres, élus pour trois mois, qui sera renouvelé par moitié, ainsi qu'il est dit pour le comité de division.

4. Le comité pour l'examen des comptes sera composé de vingt-quatre membres, élus pour trois mois, qui seront renouvelés ainsi qu'il est dit pour le précédent. Ce comité rendra compte à l'Assemblée, au moins à la fin de chaque mois, de son travail.

5. Le comité des dépenses publiques sera composé de vingt-quatre membres, élus pour trois mois, et qui seront renouvelés, ainsi qu'il est dit précédemment.

6. Le comité des assignats et monnaies sera composé de vingt-quatre membres, élus pour trois mois, dont le renouvellement se fera de la même manière.

7. Le comité des contributions publiques sera composé de vingt-quatre membres, élus pour trois mois, et qui seront renouvelés aussi par moitié.

8. Le comité de la Trésorerie nationale sera composé de douze membres, élus pour un mois, après lequel le renouvellement se fera de même, par moitié.

9. Le comité de la dette publique, chargé d'établir la balance entre les charges et les ressources, sera composé de vingt-quatre membres, élus pour trois mois, après lesquels ils seront renouvelés de la même manière.

10. Le comité d'agriculture sera composé de vingt-quatre membres, élus pour trois mois, qui seront de même renouvelés par moitié.

11. Le comité de commerce, manufactures et arts, sera composé de vingt-quatre membres, élus pour trois mois, dont le renouvellement se fera dans la même forme et dans la même proportion.

12. Le comité des matières féodales sera composé de douze membres, élus pour trois mois, qui seront renouvelés de la même manière et dans la même proportion.

13. Le comité des lois et réglemens militaires sera composé de vingt-quatre membres, élus pour trois mois, qui seront renouvelés de même par moitié.

14. Le comité des lois et réglemens pour la marine sera composé de vingt-quatre membres, élus pour trois mois, qui seront renouvelés par moitié.

15. Le comité des domaines sera composé de vingt-quatre membres, élus pour trois mois et renouvelés par moitié, et de la même manière.

16. Le comité des matières diplomatiques sera composé de douze membres, élus pour trois mois, à renouveler de la même manière et dans la même proportion.

17. Le comité des colonies sera composé de douze membres; l'époque et la proportion de son renouvellement sont ajournées à six mois.

18. Le comité des secours publics sera composé de vingt-quatre membres, élus pour six mois, dont le renouvellement sera fait, après cet intervalle, par moitié, et ainsi qu'il a été dit précédemment.

19. Le comité d'instruction publique sera composé de vingt-quatre membres; l'Assemblée ajourne à six mois la fixation de l'époque et de la proportion de son renouvellement.

20. Le comité des pétitions sera composé de vingt-quatre membres, élus pour trois mois, dont le renouvellement se fera par moitié et de la manière précédemment indiquée.

21. Le comité des décrets sera composé de douze membres, élus pour trois mois, à renouveler de même par moitié.

22. Les commissaires pour l'inspection de la salle seront au nombre de six, élus pour trois mois, à renouveler ainsi qu'il a été dit pour les membres des comités.

23. Les commissaires-inspecteurs du secrétariat et de l'imprimerie seront au nombre de douze, élus pour trois mois, dont le renouvellement se fera de même par moitié.

24. Nul ne pourra être à la fois membre de deux comités.

25. Les comités ne pourront recevoir directement ni mémoires, ni adresses, ni pétitions; mais ils seront présentés à l'Assemblée, qui les renverra, s'il y a lieu, aux comités.

26. Les comités ne pourront, en aucun cas, répondre à des demandes ou questions, ni former des décisions, soit provisoires, soit définitives.

27. Il sera fait un tableau divisé en autant de colonnes qu'il doit y avoir de comités, et chacun des membres de l'Assemblée sera tenu d'inscrire son nom dans les diverses colonnes des travaux auxquels il voudra se destiner, sans que ladite inscription puisse borner le choix aux membres inscrits. Celui qui aurait été nommé en même temps membre de plusieurs comités déclarera celui dans lequel il optera de rester.

28. Les membres de divers comités seront élus dans les bureaux, au scrutin de liste simple et à la pluralité relative.

29. Les travaux des comités seront publics pour tous les membres de l'Assemblée.

CHAPITRE VI. Des bureaux.

Art. 1er. L'Assemblée se divisera en bureaux, pour procéder aux élections.

2. Ces bureaux seront au nombre de vingt-quatre, chacun composé de trente-un membres et un seul de trente-deux, alternativement, à commencer par le premier.

3. Ces bureaux seront composés, selon l'ordre alphabétique de la liste des départemens et des noms des députés, dans l'ordre que les procès-verbaux les indiquent, en numérotant de suite les noms de tous les membres de l'Assemblée, et prenant pour le premier bureau le premier nom, le vingt-cinquième, le quarante-neuvième, le soixante-treizième, et ainsi de suite ; pour le second bureau, le deuxième, le vingt-sixième, le cinquantième, le soixante-quatorzième, et ainsi de suite ; de manière que plusieurs députés d'un même département ne se trouvent pas dans le même bureau.

4. Ces bureaux seront renouvelés tous les trois mois et de manière que les mêmes députés ne se retrouvent plus ensemble ; à cet effet, le premier de la liste sera pour la seconde formation avec le vingt-sixième, le cinquante-unième, le soixante-seizième, etc. ; la différence entre chaque nombre devant être, pour la première formation, de vingt-quatre ; pour la seconde, de vingt-cinq ; pour la troisième, de vingt-six, et ainsi successivement.

5. Ce travail sera fait par les secrétaires, qui le tiendront toujours prêt pour le jour du renouvellement des bureaux.

CHAPITRE VII. De la distribution des procès-verbaux.

Art. 1er. L'imprimeur de l'Assemblée nationale communiquera directement avec le président, les secrétaires et les commissaires de l'imprimerie ; il ne recevra d'ordre que d'eux.

2. Le procès-verbal de chaque séance sera livré à l'impression le jour qu'il aura été approuvé, et envoyé incessamment au domicile des députés. La copie remise à l'imprimeur sera signée du président et d'un secrétaire : les épreuves continueront à être corrigées par le secrétaire-commis au bureau des procès-verbaux, qui en a été chargé nominalement par le décret du 7 septembre 1790.

3. Si l'Assemblée nationale ordonne l'impression de pièces autres que les procès-verbaux, il sera suivi, pour leur impression et distribution, les mêmes règles que ci-dessus.

4. Les commissaires aux archives déjà nommés par l'Assemblée feront le relevé de toutes les affaires et projets de décret ajournés par l'Assemblée constituante. Ces divers objets seront classés par ordre de matières, et l'état en sera imprimé et distribué à tous les membres.

CHAPITRE VIII. Du secrétaire.

Toute pièce originale qui sera remise à l'Assemblée sera d'abord copiée par l'un des commis du bureau, et la copie collationnée par l'un des secrétaires, et signée de lui, demeurera au secrétariat. L'original sera, aussitôt après, déposé aux archives et enregistré sur un registre destiné à cet effet.

2. Une des deux minutes originales du procès-verbal sera pareillement déposée aux archives ; l'autre minute demeurera entre les mains des secrétaires, pour leur usage, et celui de l'Assemblée.

3. Les expéditions de pièces et autres actes qui seront déposés au secrétariat, y seront rangés par ordre de matières et de dates en liasses et cartons ; un des commis du bureau sera chargé spécialement de leur garde, et ne les communiquera qu'au président et aux secrétaires, ou sur leurs ordres donnés par écrit.

4. Tous les mois, lors du changement des secrétaires, et avant que ceux qui seront nouvellement nommés entrent en fonction, il sera fait, entre eux et les anciens secrétaires, un récolement des pièces qui doivent se trouver au secrétariat.

---

18 OCTOBRE 1791. — Décret relatif à l'exposé sommaire des pétitions. (B. 19, 43.)

---

18 OCTOBRE 1791. — Décret relatif à l'exécution de la loi concernant l'amnistie. (B. 19, 43.)

---

18 OCTOBRE 1791. — Conscriptions diverses. *Voy.* 14 SEPTEMBRE 1791.

---

19 = 19 OCTOBRE 1791. — Décret concernant la distribution des prix d'encouragement accordés aux artistes. (L. 6, 517 ; B. 19, 60.)

L'Assemblée nationale, après avoir entendu la pétition de plusieurs artistes, relativement à la distribution des prix d'encouragement accordés aux artistes par le décret du 17 septembre 1791, a renvoyé, sur le fond de cette pétition au comité d'instruction publique ; et néanmoins, après avoir décrété qu'il y a urgence, attendu la distribution instante de ces prix d'encouragement, décrète qu'il sera sursis à la répartition des prix d'encouragement, et que l'exposition publique des tableaux au Louvre sera prolongée jusqu'à l'instant où le comité d'instruction publique aura fait son rapport sur cette pétition, et où l'Assemblée nationale aura statué sur cet objet.

Décrète, en outre, que le présent décret sera présenté dans le jour à la sanction du Roi.

---

19 OCTOBRE 1791. — Décret relatif au mode de rédaction des décrets adoptés sauf rédaction. (B. 19, 60.)

---

19 OCTOBRE 1791. — Décret relatif à l'omission d'un mot dans la minute du Code pénal. (B. 19, 61.)

---

---

20 OCTOBRE 1791. — Décret portant qu'on ne pourra s'inscrire pour la parole qu'à l'ouverture de la séance. (B. 19, 62.)

---

21 OCTOBRE 1791. — Décret relatif aux séances du soir et à la formation des comités. (B. 19, 62.)

---

21 OCTOBRE 1791. — Décret qui renvoie au pouvoir exécutif trois pièces adressées par les administrateurs provisoires de la commune d'Avignon, relativement aux troubles qui s'y sont élevés. (B. 19, 62.)

---

---

22 = 23 OCTOBRE 1791. — Décret qui transfère à Aurillac l'administration du département du Cantal. (B. 19, 63.)

---

22 OCTOBRE 1791. — Décret en témoignage de satisfaction de la notice des principaux décrets de l'Assemblée nationale constituante. (B. 19, 64.)

---

---

23 (22 et) = 30 OCTOBRE 1791. — Décret relatif aux pensionnaires de l'Etat qui seront placés dans les bataillons de gardes nationaux volontaires destinés à la défense des frontières. (L. 6, 628 ; B. 19, 69.)

L'Assemblée nationale, après avoir reconnu la nécessité d'organiser d'une manière définitive les bataillons des gardes nationaux volontaires, et qu'il était important de ne pas laisser d'incertitude sur le droit réclamé en faveur des citoyens pensionnés par l'Etat, de jouir à la fois de cette pension et du traitement attaché au grade qu'ils obtiendraient dans les bataillons des gardes nationaux, et rendu en conséquence le décret d'urgence, décrète que les citoyens pensionnés par l'Etat, qui seraient placés dans les bataillons de gardes nationaux volontaires destinés à la défense des frontières, jouiront à la fois de leurs pensions et des appointemens attachés au grade dans lequel ils seront employés pour ce service extraordinaire.

---

23 OCTOBRE = 13 NOVEMBRE 1791. — Décret relatif au paiement des états du Roi, des finances et des gages arriérés pour l'année 1790. (L. 6, 750 ; B. 19, 66.)

L'Assemblée nationale, vu la nécessité de pourvoir promptement au paiement des gages de 1790, après avoir préalablement rendu le décret d'urgence, et après avoir entendu le rapport de ses commissaires provisoires pour la vérification de la caisse de l'extraordinaire ; considérant que cette caisse est chargée, aux termes du décret particulier du 29 septembre dernier et aux autres lois antérieures, de faire les fonds du montant des états du Roi, des finances et des gages arriérés pour l'année 1790, décrète ce qui suit :

Art. 1ᵉʳ. Le commissaire du Roi administrateur de la caisse de l'extraordinaire est autorisé à employer à ce paiement, dans les ci-devant généralités des pays d'élection et pays conquis, les anciens commis à la recette générale, et à leur défaut, l'un des ci-devant receveurs particuliers des finances, et à leur passer en compte, à titre d'indemnité, une taxation d'un denier pour livre du montant de leurs paiemens effectifs.

2. Les diverses dispositions du décret du 27 mai dernier, relatives aux gages arriérés de 1789, seront exécutées pour ceux de 1790, en ce qui concerne la faculté accordée aux

anciens syndics ou receveurs des compagnies supprimées, de toucher sur leurs quittances les gages communs desdites compagnies, et la faculté accordée aux directoires de département de nommer à leurs places, en cas de mort ou d'absence, et de veiller à l'emploi de ces gages communs pour l'acquittement des rentiers privilégiés sur ces gages.

23 = 28 OCTOBRE 1791. — Décret relatif à l'enseignement public. (L. 6, 626 ; B. 19, 68 ; Mon. du 24 octobre 1791.)

L'Assemblée nationale, après avoir entendu la pétition des professeurs du collège de Juilly, et l'adresse de la municipalité du même lieu qui y était jointe; considérant la nécessité de pourvoir promptement et provisoirement au maintien de l'enseignement public dans les différens collèges du royaume, occupés provisoirement par des congrégations ecclésiastiques, et après avoir, en conséquence, rendu préalablement le décret d'urgence, décrète, en interprétation de la loi du 12 septembre 1791, que les professeurs des collèges occupés provisoirement par des congrégations ecclésiastiques seront provisoirement maintenus dans leurs fonctions, s'ils ont prêté le serment civique, et qu'ils ne pourront être destitués, déplacés ni suspendus que par un arrêté du directoire de leur département, sur l'avis du directoire de leur district ; décrète, en outre, que les professeurs desdits collèges déjà destitués, déplacés ou suspendus, pourront adresser leur réclamation au directoire de leur département, qui fera droit sur leur demande.

23 OCTOBRE 1791. — Décret relatif au remplacement des députés nommés dans plusieurs comités. (B. 19, 64.)

23 OCTOBRE 1791. — Proclamation du Roi pour la nomination de cinq commissaires composant la conservation générale des forêts. (L. 6, 623.)

23 OCTOBRE 1791. — Décret relatif au recensement des scrutins. (B. 19, 65.)

23 OCTOBRE 1791. — Décret relatif à la nomination des présidens, vice-présidens et secrétaires des comités. (B. 19, 65.)

23 OCTOBRE 1791. — Décret relatif aux fonctions des comités. (B. 19, 66.)

23 OCTOBRE 1791. — Décret relatif aux sessions des conseils de département et de district qui n'ont pas encore été convoquées. (B. 19, 69.) Voy. 28 OCTOBRE 1791.

23 OCTOBRE 1791. — Décret en témoignage de satisfaction d'un trait de courage de six marins de Calais, et qui ordonne de présenter un projet de loi sur les récompenses à décerner à ceux qui auront sauvé la vie à un de leurs semblables. (B. 19, 70.)

23 OCTOBRE 1791. — Assignats. Voy. 29 SEPTEMBRE 1791. — Aurillac. Voy. 22 OCTOBRE 1791. — Bibliothèque nationale. Voy. 27 SEPTEMBRE 1791. — Caisse de l'extraordinaire. Voy. 11 OCTOBRE 1791. — MM. Delasalle et Desandret. Voy. 30 SEPTEMBRE 1791. — Omission du Code pénal. Voy. 19 OCTOBRE 1791.

24 OCTOBRE 1791. — Décret relatif à la cessation des fonctions des commissaires des assignats, nommés par l'Assemblée nationale constituante. (B. 19, 71.)

24 OCTOBRE 1791. — Décret portant que les listes des députés resteront pendant trois jours au bureau de recensement, et que chaque membre aura la faculté de les consulter. (B. 19, 72.)

25 OCTOBRE 1791. — Décret qui renvoie au pouvoir exécutif la dénonciation des violences exercées contre le curé de Saint-Antoine-Dourou, et qui charge le ministre de la justice de rendre compte des mesures qu'il aura prises à ce sujet. (B. 19, 72.)

26 OCTOBRE = 4 NOVEMBRE 1791. — Décret qui maintient dans l'exercice de leurs fonctions les prêtres élus par l'assemblée électorale du district de Thionville. (B. 19, 72.)

26 OCTOBRE 1791. — Décret portant que la collection des lois sera toujours déposée sur le bureau de l'Assemblée. (B. 19, 73.)

26 OCTOBRE 1791. — Décret qui ordonne la rédaction d'une adresse aux citoyens et même aux étrangers, pour les inviter à communiquer leurs vues sur la législation et l'administration en général. (B. 19, 73.)

26 OCTOBRE 1791. — Décret relatif à l'inscription pour l'ordre de la parole. (B. 19, 74.)

26 OCTOBRE 1791. — Décret relatif à l'admission à la barre des députés extraordinaires. (B. 19, 74.)

26 OCTOBRE 1791. — Décret qui suspend la vente du monastère de Begars. (B. 19, 75.)

26 OCTOBRE 1791. — Maréchal de Richelieu. Voy. 21 SEPTEMBRE 1791.

27 octobre 1791. — Décret relatif à l'arrestation de plusieurs effets timbrés du chiffre du Roi. (B. 19, 75.)

28 = 28 octobre 1791. — Décret relatif aux assemblées des conseils de district et de département. (L. 6, 624; B. 19, 69.)

L'Assemblée nationale, instruite que le décret du 19 septembre = 12 octobre 1791, qui fixe les époques où auront lieu chaque année les sessions des conseils de département et de district, et règle qu'il y aura un mois d'intervalle entre les sessions des conseils de district, ne peut recevoir cette année avec uniformité son exécution, attendu qu'il n'a pas été reçu à temps dans plusieurs départemens; après avoir, par ces motifs, décrété qu'il y a urgence, décrète que, pour cette année seulement, les sessions des conseils de district qui n'auraient pas été convoquées commenceront au plus tard dans le courant de ce mois, et que néanmoins les sessions des conseils de département commenceront le 15 novembre prochain.

28 octobre 1791. — Décret qui ordonne un rapport sur l'état des villes frontières, le mouvement et l'équipement des gardes nationaux. (B. 19, 76.)

28 octobre 1791. — Décret qui autorise les comités de l'Assemblée à prendre, dans les bureaux des ministres et aux archives de l'Assemblée nationale, les renseignemens qui leur sont nécessaires. (B. 19, 76.)

28 octobre 1791. — Décret pour le paiement de la pension de M. de la Salle (B. 19, 77.)

28 octobre 1791. — Décret qui autorise les commissaires de la salle à délivrer des mandats pour le paiement du traitement des membres de l'Assemblée. (B. 19, 77.)

28 octobre 1791. — Débordement de la Loire. Voy. 30 août 1791. — Enseignement public. Voy. 23 octobre 1791. — Sieur Perronnet. Voy. 30 août 1791.

29 octobre 1791. — Décret relatif au nombre des secrétaires commis des comités et autres employés de l'Assemblée nationale. (B. 19, 77.)

29 octobre 1791. — Décret relatif à divers éclaircissemens à donner par le ministre de la guerre. (B. 19, 78.)

29 octobre 1791. — Décret relatif à la nomination du commissaire du Roi près le tribunal de cassation et à ses substituts. (B. 19, 80.)

29 octobre 1791. — Département de l'Aude. Voy. 26 août 1791. — Sieur Gamache. Voy. 27 août 1791. — Louis - Stanislas - Xavier, prince français. Voy. 31 octobre 1791.

30 octobre 1791. — Pensionnaires. Voy. 23 octobre 1791.

31 (30 et) octobre = 6 novembre 1791. — Décret qui fixe le délai d'après lequel Louis-Stanislas-Xavier, prince français, sera censé avoir abdiqué son droit à la régence, s'il n'est pas rentré dans le royaume. (L. 6, 634; B. 19, 81; Mon. du 31 octobre et 1er novembre 1791.)

L'Assemblée nationale, considérant que l'héritier présomptif de la couronne est mineur, et que Louis-Stanislas-Xavier, prince français, parent majeur, premier appelé à la régence, est absent du royaume;

En exécution de l'article 8 de la section III de la constitution française, décrète Louis-Stanislas-Xavier, prince français, est requis de rentrer dans le royaume sous le délai de deux mois, à compter du jour où la proclamation du Corps-Législatif aura été publiée dans la ville de Paris, lieu actuel de ses séances.

Dans le cas où Louis-Stanislas-Xavier, prince français, ne serait pas rentré dans le royaume à l'expiration du délai ci-dessus fixé, il sera censé avoir abdiqué son droit à la régence, conformément à l'article 2 de l'acte constitutionnel.

31 octobre (30 et)) = 6 novembre 1791. — Décret suivi d'une proclamation de l'Assemblée nationale, relative à Louis-Stanislas-Xavier, prince français. (Mon. du 1er novembre 1791.)

L'Assemblée nationale décrète qu'en exécution du décret du 29 de ce mois, la proclamation dont la teneur suit sera imprimée, affichée et publiée, sous trois jours, dans la ville de Paris, et que le pouvoir exécutif rendra compte à l'Assemblée nationale, dans les trois jours suivans, des mesures qu'il aura prises pour l'exécution du présent décret.

Proclamation.

Louis - Stanislas - Xavier, prince français, l'Assemblée nationale vous requiert, en vertu de la constitution française, titre III, chapitre II, section II, article 2, de rentrer dans le royaume dans le délai de deux mois, à compter de ce jour; faute de quoi et après l'expiration dudit délai, vous serez censé avoir abdiqué votre droit éventuel à la régence.

31 octobre 1791. — Décret relatif au placement des comités. (B. 19, 81.)

31 octobre 1791. — Décret qui ordonne l'ouverture du passage des Feuillans. (B. 19, 81.)

1er = 2 NOVEMBRE 1791. — Décret relatif à une nouvelle fabrication et émission d'assignats de cinq livres. (L. 6, 630; B. 19, 83.)

Art. 1er. La somme d'assignats à mettre en circulation, qui, d'après les décrets de l'Assemblée nationale constituante, s'élève à treize cent millions, sera portée à quatorze cent millions.

2. Il sera procédé de suite, sous les ordres et la responsabilité du ministre des contributions publiques, et sous la surveillance des commissaires du comité des assignats et monnaies, et du commissaire du Roi, à la fabrication et impression du papier nécessaire pour trois cent millions d'assignats de cinq livres, lequel sera déposé aux archives nationales au fur et à mesure de la fabrication, et ne pourra en sortir qu'en vertu des décrets du Corps-Législatif.

3. Les cent millions d'assignats de cinq livres, dont la fabrication et impression ont été ordonnées par les décrets des 6, 21 et 22 mai, 19 juin et 24 juillet 1791, seront employés à l'échange des assignats de 2,000 livres, 1,000 livres et 500 livres actuellement en circulation, lesquels seront annulés au fur et à mesure de la rentrée, et brûlés en présence des commissaires du comité des assignats et monnaies, chargés de cette surveillance.

Le présent décret sera porté dans le jour à la sanction du Roi.

———

1er NOVEMBRE 1791. — Décret qui renvoie au comité des contributions la pétition du département du Tarn, tendant à obtenir une décharge d'impositions. (B. 19, 83.)

———

2 NOVEMBRE 1791. — Décret portant que toutes les pétitions seront remises dorénavant au comité chargé de cette partie. (B. 19, 85.)

———

2 NOVEMBRE 1791. — Assignats de cinq livres. *Voy.* 1er NOVEMBRE 1791. — Force publique. *Voy.* 29 SEPTEMBRE 1791.

———

3 NOVEMBRE = 7 DÉCEMBRE 1791. — Décret relatif aux erreurs qui se trouvent dans les décrets de vente de biens nationaux, et aux moyens de les rectifier. (L. 7, 18; B. 19, 86.)

L'Assemblée nationale, considérant que, dans plusieurs décrets rendus par l'Assemblée constituante, sur la soumission faite par différentes municipalités du royaume pour l'acquisition de certains biens nationaux, il s'est glissé plusieurs erreurs, ainsi que dans les expéditions des états envoyés par lesdites municipalités;

Que ces circonstances ont empêché que jusqu'à présent ces décrets aient pu être portés à la sanction ou bien envoyés aux municipalités intéressées, et qu'il est absolument nécessaire de faire cesser cet obstacle, afin d'accélérer la vente des biens nationaux, et de ne pas priver les municipalités de ce qui doit leur revenir du produit de ces ventes;

Décrète que son comité des décrets reverra incessamment tant les minutes et expéditions desdits décrets, que des états y joints; qu'il chargera deux commis nommés à cet effet de collationner toutes ces pièces en présence de l'archiviste et sous la surveillance d'un commissaire dudit comité, lequel commissaire est autorisé à signer et parapher les renvois nécessaires pour rectifier lesdites pièces.

———

3 NOVEMBRE = 7 DÉCEMBRE 1791. — Décret relatif à la formation de nouveaux coins pour le timbre des assignats de cent sous. (L. 7, 20; B. 19, 87.)

L'Assemblée nationale, après avoir entendu le rapport de son comité des assignats et monnaies,

Décrète que l'archiviste est autorisé à tirer des archives la matrice du coin du timbre des assignats de cent sous, pour la remettre au sieur Gatteaux, graveur, qui fera de nouveaux coins, et sous la surveillance des commissaires du comité des assignats et du commissaire du Roi; lequel graveur sera tenu de rétablir cette matrice aux archives, immédiatement après l'exécution de son travail.

———

3 NOVEMBRE 1791. — Décret qui autorise le renvoi des pétitions aux différens comités qu'elles concernent. (B. 19, 85.)

———

3 NOVEMBRE 1791. — Décret relatif au mode de promulgation et d'exécution des décrets non sujets à la sanction. (B. 19, 87.)

———

3 NOVEMBRE 1791. — Décret qui ordonne de présenter un projet de décret pour faire constater par des officiers civils les naissances, mariages et morts. (B. 19, 88.)

———

4 = 30 NOVEMBRE 1791. — Décret concernant l'envoi à l'Assemblée nationale des états de vente des domaines nationaux. (B. 19, 88.)

———

4 NOVEMBRE 1791. — Décret portant qu'il sera envoyé une députation de vingt-quatre membres aux obsèques de M. Godard. (B. 19, 89.)

———

4 NOVEMBRE 1791. — Décret qui renvoie au comité de liquidation la pétition des employés à la perception des droits d'entrée supprimés de la ville de Paris (B. 19, 89.)

———

4 NOVEMBRE 1791. — Décret qui fixe le jour et l'heure qui seront consacrés à entendre les pétitions. (B. 19, 90.)

4 NOVEMBRE 1791. — Décret relatif aux troubles d'Avignon, et qui mande M. Mulot à la barre de l'Assemblée. (B. 19, 90.)

4 NOVEMBRE 1791. — Pays d'Enrichemont. *Voy.* 27 SEPTEMBRE 1791. — Prêtres de Thionville. *Voy.* 26 OCTOBRE 1791.

5 NOVEMBRE 1791. — Décret relatif aux fonctions des commissaires-inspecteurs de l'imprimerie nationale. (B. 19, 91.)

5 NOVEMBRE 1791. — Décret relatif à la vérification des pouvoirs des hauts jurés et à la publication de la liste. (B. 19, 91.)

5 NOVEMBRE 1791. — Décret relatif aux remercîmens à voter à la nation anglaise et au lord Effingham. (B. 19, 92.)

6 NOVEMBRE 1791. — Décret qui ordonne de présenter un projet de décret sur les moyens de réprimer et faire cesser les troubles occasionés par des prêtres perturbateurs du repos public. (B. 19, 93.)

6 NOVEMBRE 1791. — Décret relatif à l'examen des motifs qui pourraient déterminer à faire exécuter la loi martiale contre le régiment de Dauphiné. (B. 19, 93.)

6 NOVEMBRE 1791. — Proclamation concernant le frère du Roi. *Voy.* 29 OCTOBRE 1791.

7 NOVEMBRE 1791. — Décret portant que les sept nouveaux corps de gardes nationales parisiennes à former ne pourront être éloignés de Paris qu'en vertu d'un décret du Corps-Législatif. (L. 6, 661.)

7 = 13 NOVEMBRE 1791. — Décret relatif aux informations à prendre sur la conduite des officiers du régiment d'Ernest, suisse. (B. 19, 97.)

7 = 9 NOVEMBRE 1791. — Décret portant que la Trésorerie nationale versera 500,000 livres dans la caisse des invalides de la marine. (B. 19, 95.)

7 NOVEMBRE 1791. — Décret relatif à la présentation de l'état de radiation des pensions et traitemens supprimés. (B. 19, 96.)

9 NOVEMBRE 1791. — Décret relatif aux émigrans (1). (B. 19, 97.)

*Voy.* loi du 29 NOVEMBRE 1791.

L'Assemblée nationale, considérant que la tranquillité et la sûreté du royaume lui commandent de prendre des mesures promptes et efficaces contre les Français qui, malgré l'amnistie, ne cessent de tramer au dehors contre la constitution française, et qu'il est temps enfin de réprimer sévèrement ceux que l'indulgence n'a pu ramener aux devoirs et aux sentimens de citoyens libres, a déclaré qu'il y a urgence pour le décret suivant, et, le décret d'urgence préalablement rendu, a décrété ce qui suit :

Art. 1er. Les Français rassemblés au-delà des frontières du royaume sont, dès ce moment, déclarés suspects de conjuration contre la patrie.

2. Si, au 1er janvier prochain, ils sont encore en état de rassemblement, ils seront déclarés coupables de conjuration ; ils seront poursuivis comme tels et punis de mort.

3. Quant aux princes français et aux fonctionnaires publics, civils et militaires, qui l'étaient à l'époque de leur sortie du royaume, leur absence, à l'époque ci-dessus citée du 1er janvier 1792, les constituera coupables du même crime de conjuration contre la patrie ; ils seront punis de la peine portée dans le précédent article.

4. Dans les quinze premiers jours du même mois, la haute cour nationale sera convoquée, s'il y a lieu.

5. Les revenus des conjurés condamnés par contumace seront, pendant leur vie, perçus au profit de la nation, sans préjudice des droits des femmes, enfans et créanciers légitimes.

6. Dès à présent, tous les revenus des princes français absens du royaume seront séquestrés. Nul paiement de traitement, pension ou revenu quelconque, ne pourra être fait directement ni indirectement auxdits princes, leurs mandataires ou délégués, jusqu'à ce qu'il en ait été autrement décrété par l'Assemblée nationale, sous peine de responsabilité et de deux années de gêne contre les ordonnateurs et payeurs.

Aucun paiement de leurs traitemens et pensions ne pourra pareillement, et sous les peines ci-dessus portées, être fait aux fonctionnaires publics, civils et militaires, et pensionnaires de l'État émigrés, sans préjudice de l'exécution du décret du 4 janvier 1790.

Toutes les diligences nécessaires pour la perception et séquestre décrétés par les deux articles précédens, seront faites à la requête des procureurs-généraux-syndics des départemens, sur la poursuite des procureurs-syndics de chaque district où seront lesdits revenus, et les deniers en provenant seront versés dans

_____

(1) Le Roi, usant de la faculté que lui donnait l'art. 3, section 3, chapitre 3 de la constitution, refusa sa sanction par la formule : *le Roi examinera.*

les caisses des receveurs de district, qui en demeureront comptables.

7. Les procureurs-généraux-syndics feront parvenir tous les mois au ministre de l'intérieur, qui en rendra compte aussi chaque mois à l'Assemblée nationale, l'état des diligences qui auront été faites pour l'exécution de l'article ci-dessus.

8. Tous fonctionnaires publics absens du royaume, sans cause légitime, depuis l'amnistie prononcée par la loi du 15 septembre 1791, seront déchus pour toujours de leurs places et de tout traitement, sans déroger au décret du 18 décembre 1790.

9. Tous fonctionnaires publics absens du royaume, sans cause légitime, depuis l'amnistie, sont aussi déchus de leur place et traitement, et, en outre, des droits de citoyen actif.

10. Aucun fonctionnaire public ne pourra sortir du royaume sans un congé du ministre dans le département duquel il sera, sous la peine portée dans l'article ci-dessus. Les ministres sont tenus de donner, tous les mois, à l'Assemblée nationale, la liste des congés qu'ils auront délivrés.

Et quant aux officiers généraux, officiers, sous-officiers et soldats, soit de ligne, soit de gardes nationales, en garnison sur les frontières, ils ne pourront les dépasser, même momentanément, sous quelque prétexte que ce puisse être, sans encourir la peine portée par le précédent article.

11. Tout officier militaire, de quelque grade qu'il soit, qui abandonnera ses fonctions, sans congé ou démission acceptée, sera réputé coupable de désertion, et puni comme soldat déserteur.

12. Conformément à la loi du 29 octobre 1790, il sera formé une cour martiale dans chaque division militaire, pour juger les délits militaires commis depuis l'amnistie. Les accusateurs publics poursuivront comme coupables de vol les personnes qui ont enlevé des effets ou deniers appartenant à des régimens français; le ministre sera tenu d'envoyer aux cours martiales la liste des officiers qui, depuis l'amnistie, ont quitté leurs drapeaux sans avoir obtenu une permission ou congé préalable.

13. Tout français qui, hors du royaume, embauchera et enrôlera des individus pour qu'ils se rendent aux rassemblemens énoncés dans les articles 1 et 2 du présent décret, sera puni de mort, conformément à la loi du 6 octobre 1790. La même peine aura lieu contre toute personne qui commettra le même crime en France.

14. L'Assemblée nationale charge son comité diplomatique de lui proposer les mesures que le Roi sera prié de prendre, au nom de la nation, à l'égard des puissances étrangères limitrophes qui souffrent sur leur territoire les rassemblemens de Français fugitifs.

15. L'Assemblée nationale déroge expressément aux lois contraires au présent décret.

16. Le présent décret sera porté dans le jour à la sanction du Roi.

9 NOVEMBRE 1791. — Caisse des invalides de la marine. *Voy*. 7 NOVEMBRE 1791.

10 NOVEMBRE 1791. — Décret relatif à un projet de décret sur la responsabilité des ministres. (B. 19, 101.)

10 NOVEMBRE 1791. — Décret portant que la liste des députés contiendra leur demeure. (B. 19, 101.)

11 = 13 NOVEMBRE 1791. — Décret qui ordonne de verser pour dix millions d'assignats de cinq livres à la caisse de l'extraordinaire. (L. 6, 675; B. 19, 103.)

11 NOVEMBRE 1791. — Décret relatif à un versement de fonds à la Trésorerie nationale par la caisse de l'extraordinaire. (L. 6, 638; B. 19, 101.)

11 = 13 NOVEMBRE 1791. — Décret relatif aux troubles de la ville de Caen. (B. 19, 104.)

12 = 25 NOVEMBRE 1791. — Décret relatif aux écoles de mathématiques et d'hydrographie, et aux examens pour l'admission au grade d'enseigne non entretenu. (L. 6, 778; B. 19, 107.)

L'Assemblée nationale, considérant que le décret des 21 et 30 juillet = 10 août dernier, concernant les écoles de mathématiques et d'hydrographie, et les examens pour l'admission au grade d'enseigne non entretenu, n'a pas fixé un intervalle entre sa publication et son exécution; que les marins aspirant à ce grade qui n'en ont eu aucune connaissance par son défaut de publicité et de notoriété, n'ont pu se conformer aux dispositions qu'il renferme; que les nouvelles écoles dans lesquelles on doit enseigner les sciences sur lesquelles les navigateurs devront être interrogés ne sont pas encore en activité; considérant qu'une loi ne peut avoir un effet rétroactif, et que le décret des 21 et 31 juillet = 10 août produirait cet effet s'il frappait sur les élèves qui, dans ce moment, ont les qualités requises pour être promus d'après le règlement du 1er janvier 1786; considérant qu'il est encore très-intéressant pour les marins et le commerce que les réceptions au grade d'enseigne non entretenu ne soient pas différées, décrète qu'il y a lieu à urgence, et décrète en outre :

Art. 1er. Les marins qui se présenteront à l'examen qui a été annoncé dans tous les ports pour l'admission des enseignes non entretenus de la marine, ne seront examinés, quant à la partie théorique, que sur les objets qui étaient déterminés pour la réception des capitaines, conformément au réglement du 1er janvier 1786.

2. Seront admis à cet examen les navigateurs qui, ayant rempli toutes les autres conditions exigées par le décret du 21 et 30 juillet = 10 août derniers, n'auraient fait que neuf mois de service sur les vaisseaux de l'État.

3. Ceux qui, après avoir subi l'examen, auront été reconnus suffisamment instruits sur la théorie et la pratique de la navigation, obtiendront le brevet d'enseigne non entretenu.

4. Les dispositions du présent décret auront lieu pour l'examen de la fin de cette année, et pour le premier de l'année 1792 seulement.

5. Le présent décret sera envoyé dans le jour à la sanction.

12 NOVEMBRE 1791. — Proclamation du Roi concernant les émigrans. (L. 6, 640.)

12 NOVEMBRE 1791. — Décret relatif au versement à la caisse de l'extraordinaire d'une somme de 270 livres offerte par un député. (B. 19, 105.)

12 NOVEMBRE = 3 DÉCEMBRE 1791. — Décret relatif aux fonctions du comité des décrets. (B. 19, 105.)

12 = 13 NOVEMBRE 1791. — Décret portant qu'il y a lieu à accusation contre le sieur Varnier, et pour s'assurer de ses papiers et effets. (L. 6, 663 et 565; B. 19, 108.)

12 = 13 NOVEMBRE 1791. — Décret qui met en état d'accusation les nommés Tardy et Noireau. (L. 6, 665; B. 19, 109.)

12 = 21 NOVEMBRE 1791. — Décret relatif à la formation de la haute-cour nationale. (L. 6, 769; B. 19, 110.)

12 NOVEMBRE 1791. — Instruction concernant les fonctions de visiteurs, visiteur-principal et inspecteur-général des rôles, adressée par ordre du Roi aux quatre-vingt-trois départemens. (L. 6, 644.)

12 = 13 NOVEMBRE 1791. — Décret qui ordonne le dépôt aux archives de la lettre de M. Varnier et de celle de M. Dollon d'Auxonne. (B. 19, 111.)

12 NOVEMBRE 1791. — Décret qui ordonne de conduire M. Varnier à l'Abbaye, et mande un officier municipal à la barre. (B. 19, 111.)

12 NOVEMBRE 1791. — Haute-cour nationale. Voy. 21 NOVEMBRE 1791.

13 NOVEMBRE 1791. — Décret qui ordonne au ministre de la justice de rendre compte de l'exécution de la loi portant amnistie, relativement aux citoyens détenus pour faits d'insurrection dans les prisons des départemens de la Dordogne et de la Charente. (B. 19, 112.)

13 NOVEMBRE 1791. — Décret relatif au renvoi de la pétition du sieur Roulière au comité de liquidation, et à l'apurement de son compte. (B. 19, 112.)

13 NOVEMBRE 1791. — Décret qui ordonne de renvoyer à M. Varnier des papiers qu'il avait adressés au président de l'Assemblée. (B. 19, 113.)

13 NOVEMBRE 1791. — Réglement du Roi concernant la nomination aux emplois de la garde de Sa Majesté. (L. 6, 756.)

13 NOVEMBRE 1791. — Réglement du Roi concernant la composition, les appointemens et la solde de la garde de Sa Majesté. (L. 6, 749.)

13 NOVEMBRE 1791. — Bureaux de conciliation de Paris. Voy. 21 SEPTEMBRE 1791. — Caisse de l'extraordinaire. Voy. 11 NOVEMBRE 1791. — Créanciers des juifs. Voy. 28 SEPTEMBRE 1791. — Etats du Roi, etc., de 1790. Voy. 23 OCTOBRE 1791. — Garde nationale. Voy. 29 SEPTEMBRE 1791. — Gardes suisses. Voy. 15 SEPTEMBRE 1791. — Juifs. Voy. 27 et 28 SEPTEMBRE 1791. — Lettres de MM. Varnier et Dollon d'Auxonne. Voy. 12 NOVEMBRE 1791. — Maréchaux de France. Voy. 17 SEPTEMBRE 1791. — Officiers généraux dans les possessions d'Asie, etc. Voy. 28 SEPTEMBRE 1791. — Régiment d'Ernest. Voy. 7 NOVEMBRE 1791. — Sous-lieutenans. Voy. 28 SEPTEMBRE 1791. — Sieurs Tardy et Noireau. Voy. 12 NOVEMBRE 1791. — Trésorerie nationale. Voy. 16 AOUT 1791. — Troubles de Caen. Voy. 11 NOVEMBRE 1791. — Usine, etc. Voy. 21 SEPTEMBRE 1971. — Sieur Varnier. Voy. 12 NOVEMBRE 1791.

14 NOVEMBRE 1791. — Décret qui accorde dix millions pour les secours à porter à la colonie de Saint-Domingue. (L. 6, 765; B. 19, 114.)

14 = 18 NOVEMBRE 1791. — Décret relatif à la distribution, à tous les députés, des lois sanctionnées. (B. 19, 113.)

15 NOVEMBRE 1791. — Décret portant qu'il n'y a pas lieu à délibérer sur les sommes à voter pour l'armement ordonné à Toulon contre le dey d'Alger. (B. 19, 114.)

15 NOVEMBRE 1791. — Décret relatif à la répartition des contributions directes de 1791. (B. 19, 115.)

15=17 NOVEMBRE 1791. — Décret relatif à la nomination de plusieurs hauts-jurés. ( B. 19, 117.)

16 NOVEMBRE 1791. — Proclamation du Roi sur plusieurs brevets d'invention. ( L. 6, 754.)

17=21 NOVEMBRE 1791. — Décret relatif aux secours accordés aux Acadiens et Canadiens. (B. 19, 122.)

17 NOVEMBRE, 1791. — Hauts-jurés. *Voy.* 15 NOVEMBRE 1791.

18 NOVEMBRE 1791. — Distribution, aux députés, des lois sanctionnées. *Voy.* 14 NOVEMBRE 1791.

19=25 NOVEMBRE 1791. — Décret relatif à la fabrication des assignats de cinq livres. (L. 6, 773 ; B. 19, 123.)

L'Assemblée nationale, après avoir rendu, le 16 de ce mois, le décret d'urgence, décrète ce qui suit :

Le comité des assignats, chargé de suivre les opérations et la surveillance attribuées par le corps constituant aux commissaires établis par le décret des 21 et 22 mai dernier, pour la fabrication des assignats de cinq livres créés par le décret du 6 dudit mois, fera le compte et recensement des assignats délivrés à l'imprimerie, remis au timbre et au numérotage, et qui, lors du numérotage ou de l'application du timbre, ont été mis hors d'état de servir par quelque vice dans l'application du timbre ou des numéros, ainsi que de ceux qui se trouveraient excéder la quantité qui a été nécessaire pour fournir lesdits cent millions. Après ledit recensement ou au fur et à mesure, lesdits assignats qui n'ont pu servir, et tous ceux qui se trouveraient excéder le nombre qui a rempli l'émission de cent millions, seront brûlés dans la cour de la caisse de l'extraordinaire, en présence des commissaires de ladite caisse, du commissaire du Roi et du public. Il sera dressé procès-verbal desdits compte, recensement et brûlement d'assignats, et il sera rendu public par la voie de l'impression.

19=25 NOVEMBRE 1791. — Décret qui autorise la municipalité de Nantes à faire un emprunt de 600,000 livres. (B. 19, 124.)

19 NOVEMBRE 1791. — Décret relatif aux rapports des divers comités des finances. (B. 19, 125.)

19 NOVEMBRE 1791. — Circonscriptions diverses. *Voy.* 14 SEPTEMBRE 1791.

20=25 NOVEMBRE 1791. — Décret relatif aux secours à accorder à divers employés supprimés. (L. 6, 781 ; B. 19, 128.)

L'Assemblée nationale, considérant la nécessité de pourvoir promptement à la subsistance d'un grand nombre des employés supprimés et non remplacés, jusqu'à la liquidation définitive des indemnités qui leur sont accordées par le décret du 31 juillet dernier, décrète qu'il y a urgence.

L'Assemblée nationale, après avoir entendu le rapport de son comité de liquidation et rendu le décret d'urgence,

Décrète que les employés dénommés au décret du 31 juillet dernier continueront de jouir, jusqu'au 1er janvier prochain, des secours fixés par le décret du 8 mars précédent, à la charge de l'imputation de ce secours provisoire sur ce qui leur sera accordé définitivement.

20=25 NOVEMBRE 1791. — Décret relatif aux estampilles destinées pour l'annulation des assignats. (L. 6, 675 ; B. 19, 126.)

L'Assemblée nationale, après avoir entendu le rapport du comité des assignats et monnaies, sur l'imperfection des estampilles actuellement en usage dans les caisses de district ; sur les erreurs qui ont été la suite de l'inexactitude de certains receveurs qui n'en ont pas fait usage ; sur la nécessité de reconnaître par l'estampillage les différentes caisses de district qui ont annulé les assignats destinés au brûlement, reconnaît qu'il est de la plus grande importance de perfectionner sans délai ce régime, et en conséquence décrète ce qui suit :

Art. 1er. Les estampilles dont les receveurs de district feront usage pour l'annulement des assignats porteront le nom du chef-lieu des districts, avec le mot *Annulé.*

2. Le commissaire du Roi administrateur de la caisse de l'extraordinaire fera faire sans délai et adressera incontinent auxdits receveurs les estampilles dont ils devront faire usage, en exécution de l'article précédent ; et les dimensions de ces estampilles seront telles qu'elles puissent couvrir l'assignat d'une manière suffisante pour qu'aucune de ses parties ne puisse conserver une valeur dans la circulation.

3. Les receveurs de district ne pourront, sous aucun prétexte, négliger l'usage de cette estampille ni en substituer une autre, à peine de supporter les pertes provenant des erreurs relatives aux assignats qui n'auraient pas été annulés conformément à la loi.

4. Les receveurs de district ne pourront se

servir, pour cet annulement, d'autre encre que celle d'imprimerie.

5. Les directoires de district veilleront exactement, lors des vérifications qu'ils doivent faire des caisses des receveurs des districts, et notamment des envois que ces receveurs font, par la poste, à la caisse de l'extraordinaire, à ce que lesdits receveurs se conforment scrupuleusement aux dispositions ci-dessus.

6. Le présent décret sera porté dans le jour à la sanction du Roi.

20 = 20 NOVEMBRE 1791. — Décret qui met en liberté les sieurs Tardy et Noireau. (L. 6, 767; B. 19, 128.)

20 NOVEMBRE 1791. — Proclamation du Roi pour accélérer l'envoi aux hôtels des monnaies et autres établissemens formés pour la fabrication des flaons, des cloches et des vieux cuivres des églises et communautés supprimées. (L. 6, 761.)

20 NOVEMBRE 1791. — Décret relatif à la correspondance des comités avec les corps administratifs et autres établissemens publics. (B. 19, 125.)

20 NOVEMBRE 1791. — Décret qui autorise les comités à renvoyer aux pétitionnaires les pétitions sur lesquelles l'Assemblée a décrété qu'il n'y avait pas lieu à délibérer. (B. 19, 126.)

20 NOVEMBRE 1791. — Perruquiers. Voy. 29 SEPTEMBRE 1791.

21 = 23 NOVEMBRE 1791. — Décret pour mettre la haute-cour nationale en activité. (L. 6, 771 ; B. 19, 130.)

21 NOVEMBRE 1791. — Décret relatif à la vérification des pouvoirs des députés de la Corse. (B. 19, 129.)

21 = 23 NOVEMBRE 1791. — Décret qui ordonne au directoire de district de Montaigu d'adresser à l'Assemblée le procès-verbal de la démission des officiers municipaux de cette ville et l'installation du curé constitutionnel. (B. 19, 131.)

21 NOVEMBRE 1791. — Acadiens et Canadiens. Voy. 17 NOVEMBRE 1791.

22 NOVEMBRE = 18 DÉCEMBRE 1791. — Procès-verbal de la nomination des quatre grands-juges de la haute-cour nationale. (L. 7, 54; B. 19, 133; Mon. du 23 novembre 1791.)

L'an troisième de la liberté et le vingt-deux novembre, à une heure après midi,

M. le président de l'Assemblée nationale a annoncé que MM. Duveyrier, secrétaire général du département de la justice, et Bertolio, substitut du commissaire du Roi près le tribunal de cassation, tous deux commissaires nommés par le Roi pour assister au choix des quatre juges du tribunal de cassation qui doivent remplir les fonctions de grands-juges dans la haute-cour nationale, demandaient l'entrée de la salle : ils ont été introduits ; leurs commissions ont été vérifiées, et ils se sont assis sur les siéges où se placent les ministres.

Un huissier a apporté sur le bureau une boîte de carton, percée au-dessus et disposée en forme de tronc. Un secrétaire a observé que, l'Assemblée n'ayant pas les noms des quarante-deux juges qui doivent former le tribunal de cassation, on allait mettre les noms des quarante-deux départemens qui ont fourni chacun un juge pour ledit tribunal de cassation, et que les juges des quatre départemens que le sort ferait sortir de la boîte seraient proclamés grands-juges de la haute-cour nationale. Il a été préalablement décidé et convenu que, si le sort appelait à la place de grand-juge un juge du tribunal de cassation qui se trouvât membre de l'Assemblée nationale, il serait remplacé dans les fonctions de grand-juge par son suppléant à la place de juge du tribunal de cassation.

Il a été déposé dans la boîte, par un secrétaire, quarante-deux billets, dont chacun contenait le nom d'un des quarante-deux départemens désignés par la loi, savoir :

1. Deux-Sèvres. — 2. Lot. — 3. Cantal. — 4. Gironde. — 5. Eure-et-Loir. — 6. Aude. — 7. Finistère. — 8. Doubs. — 9. Eure. — 10. Ardennes. — 11. Gard. — 12. Saône-et-Loire. — 13. Creuse. — 14. Aisne. — 15. Bouches-du-Rhône. — 16. Vienne. — 17. Bas-Rhin. — 18. Seine-et-Marne. — 19. Seine-Inférieure. — 20. Isère. — 21. Aveiron. — 22. Morbihan. — 23. Oise. — 24. Côte-d'Or. — 25. Aube. — 26. Calvados. — 27. Pas-de-Calais. — 28. Dordogne. — 29. Hautes-Pyrénées. — 30. Seine-et-Oise. — 31. Hautes-Alpes. — 32. Ain. — 33. Meurthe. — 34. Meuse. — 35. Basses-Alpes. — 36. Drôme. — 37. Rhône-et-Loire. — 38. Manche. — 39. Allier. — 40. Moselle. — 41. Haute-Saône. — 42. Marne.

On a vérifié le nombre des billets, qui ont été ensuite remués à plusieurs reprises dans cette boîte; après quoi, un des secrétaires a tiré, par l'ouverture du dessus de la boîte, quatre billets qui portaient, le premier, le département de la Vienne; le second, le département de la Meuse; le troisième, le département de l'Aude; le quatrième, le département de la Manche. En conséquence, M. le président a proclamé pour grands-juges de la haute-cour nationale MM. Creuzé de la

Touche, pour le département de la Vienne; Marquis, pour celui de la Meuse; Albaret, pour celui de l'Aude; Caillemer, pour celui de la Manche.

22 = 27 NOVEMBRE 1791. — Décret sur les informations à donner par M. Wimpfen, relativement aux propositions qui lui ont été faites pour livrer la ville de Neuf-Brisach. ( L. 6, 790; B. 19, 132.)

22 NOVEMBRE 1791. — Décret relatif à la construction de l'église de la paroisse de Notre-Dame de la ville de Nantes. (B. 19, 135.)

23 NOVEMBRE 1791. — Haute-cour nationale; Montaigu. *Voy.* 21 NOVEMBRE 1791.

24 NOVEMBRE = 3 DÉCEMBRE 1791. — Décret d'accusation contre le sieur Delatre. (L. 7, 8; B. 19, 140.)

24 NOVEMBRE 1791. — Décret relatif à l'organisation des comités de finances. (B. 19, 136.)

24 NOVEMBRE = 4 DÉCEMBRE 1791. — Décrets relatifs à la réunion de la municipalité de la Foraine de Saint-Flour à celle de Saint-Flour, et de la commune de Passavant au département de la Haute-Saône. ( B. 19, 137 et 138.)

24 = 27 NOVEMBRE 1791. — Décret qui valide plusieurs nominations de hauts-jurés. (B. 19, 137.)

24 NOVEMBRE 1791. — Décret relatif à l'admission aux places de commissaires des guerres. (B. 19, 139.)

25 NOVEMBRE 1791. — Décret portant établissement d'un comité de surveillance. (B. 19, 141.)

25 NOVEMBRE 1791. — Décret relatif à la poursuite de l'insurrection des compagnons de l'imprimerie nationale. (B. 19, 141.)

25 NOVEMBRE 1791. — Annulation d'assignats. *Voy.* 20 NOVEMBRE 1791. — Assignats de cinq livres. *Voy.* 19 NOVEMBRE 1791. — Divers employés. *Voy.* 20 NOVEMBRE 1791. — Ecoles de mathématiques, etc. *Voy.* 12 NOVEMBRE 1791. — Nantes. *Voy.* 21 NOVEMBRE 1791.

25 NOVEMBRE 1791. — Décret relatif aux secours accordés aux Acadiens et Canadiens. (B. 19, 142.)

25 = 27 NOVEMBRE 1791. — Décret relatif à l'établissement d'un tribunal criminel à Avignon. (L. 6, 792; B. 19, 142.)

26 = 30 NOVEMBRE 1791 — Décret relatif à la réunion des paroisses de la ville de Romans et partie de celles de Mours en une seule. (B. 19, 145.)

27 NOVEMBRE 1791. — Proclamation du Roi pour l'exécution des lois précédemment rendues sur la libre circulation et la vente des grains et subsistances dans l'intérieur du royaume. (L. 6, 783.)

27 NOVEMBRE 1791. — Proclamation du Roi concernant le recouvrement du droit annuel qui reste dû par les vendeurs de boissons, pour l'année 1791. (L. 6, 796.)

27 NOVEMBRE 1791. — Avignon. *Voy.* 25 NOVEMBRE 1791.—Hauts-jurés. *Voy.* 24 NOVEMBRE 1791. — M. Wimpfen. *Voy.* 22 NOVEMBRE 1791.

28 NOVEMBRE = 2 DÉCEMBRE 1791. — Décret relatif aux masses de boulangerie et de fourrages de l'armée. (L. 7, 6; B. 19, 149.)

Art. 1er. Il sera provisoirement, et à compte des masses générales de 1792, mis par la Trésorerie nationale à la disposition du ministre de la guerre, pour l'aider à commencer les achats nécessaires aux masses de boulangerie et fourrage, les sommes ci-après, savoir :

Celle de 1,371,728 livres, pour les achats relatifs aux masses de boulangerie à faire pendant le mois de novembre;

Celle de 1,220,940 livres, pour les achats relatifs aux masses de fourrages à faire pendant le même mois de novembre.

2. Pareilles sommes, applicables aux mêmes objets, seront mises à sa disposition pendant le mois de décembre.

3. Les commissaires de la Trésorerie, pour l'ordre de la comptabilité, seront tenus d'ouvrir pour cet objet, dès à présent, le registre des exercices de 1792.

L'Assemblée décrète que le présent décret sera porté, dans le jour, à la sanction du Roi.

28 NOVEMBRE 1791. — Décret qui autorise le passage par différentes villes du cinquième régiment de chasseurs et du dix-huitième de cavalerie, pour se rendre dans le département de la Somme. (B. 19, 150.)

28 NOVEMBRE = 9 DÉCEMBRE 1791. — Décret qui ordonne un supplément de quinze millions en petits assignats de cinq livres, pour le service journalier des caisses de la Trésorerie nationale et de l'extraordinaire. (L. 7, 26; B. 19, 147.)

29 NOVEMBRE 1791. — Décret relatif aux troubles excités sous prétexte de religion, et aux ecclésiastiques qui ont prêté ou refusé le serment (1). (B. 19, 155.)

L'Assemblée nationale, après avoir entendu le rapport des commissaires civils envoyés dans le département de la Vendée, les pétitions d'un grand nombre de citoyens, et le rapport du comité de législation civile et criminelle sur les troubles excités dans plusieurs départemens du royaume par les ennemis du bien public, sous prétexte de la religion ;

Considérant que le contrat social doit lier, comme il doit également protéger tous les membres de l'État ;

Qu'il importe de définir, sans équivoque, les termes de cet engagement, afin qu'une confusion dans les mots n'en puisse opérer une dans les idées ; que le serment, purement civique, est la caution que tout citoyen doit donner de sa fidélité à la loi et de son attachement à la société, et que la différence des opinions religieuses ne peut être un empêchement de prêter serment, puisque la constitution assure à tout citoyen la liberté entière de ses opinions en matière de religion, pourvu que *leur manifestation ne trouble pas l'ordre*, ou ne porte pas *à des actes nuisibles à la sûreté publique;*

Que le ministre d'un culte, en refusant de reconnaître l'acte constitutionnel qui l'autorise à professer ses opinions religieuses, sans lui opposer d'autre obligation que le respect pour *l'ordre établi par la loi* et pour *la sûreté publique,* annoncerait, par ce refus-là même, que son intention n'est pas de les respecter ;

Qu'en ne voulant pas reconnaître la loi, il abdique volontairement les avantages que cette loi seule peut garantir ;

Que l'Assemblée nationale, pressée de se livrer aux grands objets qui appellent son attention pour l'affermissement du crédit et du système des finances, s'est vue, avec regret, obligée de tourner ses premiers regards sur des désordres qui tendent à compromettre toutes les parties du service public, en empêchant l'assiette prompte et le recouvrement paisible des contributions ;

Qu'en remontant à la source de ces désordres, elle a entendu la voix de tous les citoyens éclairés proclamer l'empire de cette grande vérité, que la religion n'est, pour les ennemis de la constitution, qu'un prétexte dont ils abusent, et un instrument dont ils osent se servir pour troubler la terre au nom du ciel ;

Que leurs délits mystérieux échappent ai-sément aux mesures ordinaires, qui n'ont point de prise sur les cérémonies clandestines dans lesquelles leurs trames sont enveloppées, et par lesquelles ils exercent sur les consciences un empire invisible ;

Qu'il est temps enfin de percer ces ténèbres, afin que l'on puisse discerner le citoyen paisible et de bonne foi du prêtre turbulent et machinateur qui regrette les anciens abus, et ne peut pardonner à la révolution de les avoir détruits ;

Que ces motifs exigent impérieusement que le Corps-Législatif prenne de grandes mesures politiques pour réprimer les factieux qui couvrent leurs complots d'un voile sacré ;

Que l'efficacité de ces nouvelles mesures dépend, en grande partie, du patriotisme, de la prudence et de la fermeté des corps municipaux et administratifs, et de l'énergie que leur impulsion peut communiquer à toutes les autres autorités constituées ;

Que les administrations de département, surtout, peuvent, dans ces circonstances, rendre le plus grand service à la nation, et se couvrir de gloire en s'empressant de répondre à la confiance de l'Assemblée nationale, qui se plaira toujours à distinguer leur zèle, mais qui, en même temps, réprimera sévèrement les fonctionnaires publics dont la tiédeur, dans l'exécution de la loi, ressemblerait à une connivence tacite avec les ennemis de la constitution ;

Qu'enfin c'est surtout aux progrès de la saine raison et à l'opinion publique bien dirigée, qu'il est réservé d'achever le triomphe de la loi, d'ouvrir les yeux des habitans des campagnes sur la perfidie intéressée de ceux qui veulent leur faire croire que les législateurs constituans ont touché à la religion de leurs pères, et de prévenir pour l'honneur français, dans le siècle de lumières, le renouvellement des scènes horribles dont la superstition n'a malheureusement que trop souillé leur histoire, dans les siècles où l'ignorance des peuples était un des ressorts du gouvernement ;

L'Assemblée nationale, ayant décrété préalablement l'urgence, décrète ce qui suit :

Art. 1er. Dans la huitaine à compter de la publication du présent décret, tous les ecclésiastiques autres que ceux qui se sont conformés au décret du 27 novembre dernier seront tenus de se représenter par-devant la municipalité du lieu de leur domicile, d'y prêter le serment civique dans les termes de l'article 5 du titre II de la constitution, et de signer le procès-verbal, qui en sera signé sans frais.

2. A l'expiration du délai ci-dessus, chaque

---

(1) Le Roi, usant de la faculté que lui donnait l'art. 3, section 3, chapitre 3 de la constitution, refusa la sanction par la formule : *Le Roi examinera.*

municipalité fera parvenir au directoire de département, par la voie du district, un tableau des ecclésiastiques domiciliés dans son territoire, en distinguant ceux qui auront prêté le serment civique et ceux qui l'auront refusé. Ces tableaux serviront à former la liste dont il sera parlé ci-après.

3. Ceux des ministres du culte catholique qui ont donné l'exemple de la soumission aux lois et de l'attachement à leur patrie en prêtant le serment civique, suivant la formule prescrite par le décret du 27 novembre 1790, et qui ne l'ont pas rétracté, sont dispensés de toute formalité nouvelle; ils sont invariablement maintenus dans tous les droits qui leur ont été attribués par les décrets précédens.

4. Quant aux autres ecclésiastiques, aucun d'eux ne pourra désormais toucher, réclamer ni obtenir de pension ou de traitement sur le Trésor public qu'en représentant la preuve de la prestation du serment civique, conformément à l'article 1er ci-dessus. Les trésoriers, receveurs ou payeurs qui auront fait des paiemens contre la teneur du présent décret seront condamnés à restituer le montant, et privés de leur état.

5. Il sera composé, tous les ans, une masse des pensions dont les ecclésiastiques auront été privés par leur refus ou leur rétractation de serment. Cette masse sera répartie entre les quatre-vingt-trois départemens, pour être employée par les conseils généraux des communes, soit en travaux de charité pour les indigens valides, soit en secours pour les indigens invalides.

6. Outre la déchéance de tout traitement et pension, les ecclésiastiques qui auront refusé de prêter le serment civique, ou qui le rétracteront après l'avoir prêté, seront par ce refus ou cette rétractation même réputés suspects de révolte contre la loi et de mauvaise intention contre la patrie, et, comme tels, plus particulièrement soumis et recommandés à la surveillance de toutes les autorités constituées.

7. En conséquence, tout ecclésiastique ayant refusé de prêter le serment civique (ou qui le rétractera après l'avoir prêté), qui se trouvera dans une commune où il surviendra des troubles dont les opinions religieuses seront la cause ou le prétexte, pourra, en vertu d'un arrêté du directoire du département, sur l'avis de celui du district, être éloigné provisoirement du lieu de son domicile ordinaire, sans préjudice de la dénonciation aux tribunaux, suivant la gravité des circonstances.

8. En cas de désobéissance à l'arrêté du directoire de département, les contrevenans seront poursuivis dans les tribunaux, et punis de l'emprisonnement dans le chef-lieu du département. Le terme de cet emprisonnement ne pourra excéder une année.

9. Tout ecclésiastique qui sera convaincu d'avoir provoqué la désobéissance à la loi et aux autorités constituées sera puni de deux années de détention.

10. Si, à l'occasion des troubles religieux, il s'élève, dans une commune, des séditions qui nécessitent le déplacement de la force armée, les frais avancés par le Trésor public pour cet objet seront supportés par les citoyens domiciliés dans la commune, sauf leur recours contre les chefs, instigateurs et complices des émeutes.

11. Si des corps ou des individus chargés de fonctions publiques négligent ou refusent d'employer les moyens que la loi leur confie pour prévenir ou pour réprimer une émeute, ils en seront personnellement responsables; ils seront poursuivis, jugés et punis conformément à la loi du 3 août 1791.

12. Les églises et édifices employés au culte dont les frais sont payés par l'État ne pourront servir à aucun autre culte.

Les églises et oratoires nationaux que les corps administratifs auront déclarés n'être pas nécessaires pour l'exercice du culte dont les frais sont payés par la nation, pourront être achetés ou affermés par les citoyens attachés à un autre culte quelconque, pour y exercer publiquement ce culte sous la surveillance de la police et de l'administration; mais cette faculté ne pourra s'étendre aux ecclésiastiques qui se seront refusés au serment civique exigé par l'art. 1er du présent décret (ou qui l'auront rétracté), et qui, par ce refus ou cette rétractation, sont déclarés, suivant l'article 6, suspects de révolte contre la loi, et de mauvaise intention contre la patrie.

13. La vente ou la location des églises ou oratoires dont il est parlé dans l'article précédent ne peuvent s'appliquer aux églises dont sont en possession, soit privée, soit simultanée avec les catholiques, les citoyens qui suivent les confessions d'Ausbourg et Helvétique, lesquels sont conservés en leurs droits respectifs dans les départemens du Haut et du Bas-Rhin, du Doubs et de la Haute-Saône, conformément aux décrets des 17 août, 9 septembre et 1er décembre 1790.

14. Le directoire de chaque département fera dresser deux listes: la première comprenant les noms et demeures des ecclésiastiques sermentés, avec la note de ceux qui seront sans emploi et qui voudront se rendre utiles; la seconde comprenant les noms et demeures de ceux qui auront refusé de prêter le serment civique, avec les plaintes et les procès-verbaux qui auront été dressés contre eux. Ces deux listes seront arrêtées incessamment, de manière à être présentées, s'il est possible, aux conseils généraux de département avant la fin de leur session actuelle.

15. A la suite de ces listes, les procureurs-généraux-syndics rendront compte aux conseils de département ( ou aux directoires, si les conseils sont séparés ) des diligences qui ont été faites dans leur ressort, pour l'exécution des décrets de l'Assemblée nationale constituante des 12, 24 juillet et 27 novembre 1790, concernant l'exercice du culte catholique salarié par la nation; ce compte rendu présentera le détail des obstacles qu'a pu éprouver l'exécution de ces lois, et la dénonciation de ceux qui, depuis l'amnistie, ont fait naître de nouveaux obstacles, ou les ont favorisés par prévarication ou par négligence.

16. Le conseil général de chaque département ( ou le directoire, si le conseil est séparé ) prendra sur ce sujet un arrêté motivé, qui sera adressé sur-le-champ à l'Assemblée nationale, avec les listes des ecclésiastiques sermentés ou non assermentés (ou qui se seront rétractés ), et les observations du département sur la conduite individuelle de ces derniers, ou sur leur coalition séditieuse, soit entre eux, soit avec les Français transfuges et déserteurs.

17. A mesure que ces procès-verbaux, listes et arrêtés seront adressés à l'Assemblée nationale, ils seront remis au comité de législation, pour en faire un rapport général et mettre le Corps-Législatif à portée de prendre un dernier parti, afin d'extirper la rébellion, qui se déguise sous le prétexte d'une prétendue dissidence dans l'exercice du culte catholique; dans un mois, le comité prendra l'état des administrations qui auront satisfait aux articles précédens, et proposera les mesures à prendre contre celles qui seront en retard de s'y conformer.

18. Comme il importe surtout d'éclairer le peuple sur les pièges qu'on ne cesse de lui tendre au sujet d'opinions prétendues religieuses, l'Assemblée nationale exhorte tous les bons esprits à renouveler leurs efforts et à multiplier leurs instructions contre le fanatisme; elle déclare qu'elle regardera comme un bienfait public les bons ouvrages à la portée des citoyens des campagnes, qui lui seront adressés sur cette matière importante; et, d'après le rapport qui lui en sera fait, elle fera imprimer ces ouvrages aux frais de l'État, et récompensera leurs auteurs.

29 NOVEMBRE 1791. — Décret relatif aux rassemblemens des émigrés. (B. 19, 162.)

L'Assemblée nationale, ayant entendu le rapport de son comité diplomatique, décrète qu'une députation de vingt-quatre de ses membres se rendra auprès du Roi, pour lui communiquer, au nom de l'Assemblée, sa sollicitude sur les dangers dont menacent la patrie les combinaisons perfides des Français armés et attroupés hors du royaume, et de ceux qui trament des complots au-dedans, ou excitent les citoyens à la révolte contre la loi, et pour déclarer au Roi que l'Assemblée regarde comme essentiellement convenables aux intérêts et à la dignité de la nation, toutes les mesures que le Roi pourra prendre afin de requérir les électeurs de Trèves, Mayence et autres princes de l'empire qui accueillent les Français fugitifs; de mettre fin aux attroupemens et aux enrôlemens qu'ils tolèrent sur la frontière, et d'accorder réparation à tous les citoyens français, et notamment à ceux de Strasbourg, des outrages qui leur ont été faits dans leurs territoires respectifs; que ce sera avec la même confiance dans la sagesse de ces mesures que les représentans de la nation verront rassembler les forces nécessaires pour contraindre, par la voie des armes, ces princes à respecter le droit des gens, au cas qu'ils persistent à protéger ces attroupemens, et à assurer la justice qu'on réclame;

Et enfin que l'Assemblée nationale a cru devoir faire cette déclaration solennelle, pour que le Roi fût à même de prouver, tant à la cour impériale qu'à la diète de Ratisbonne, et à toutes les cours de l'Europe, que ses intentions et celles de la nation française ne font qu'une.

Décrète, en outre, que la même députation exprimera au Roi que l'Assemblée nationale regarde comme une des mesures les plus propres à concilier ce qu'exige la dignité de la nation et ce que commande sa justice, la prompte terminaison des négociations d'indemnités entamées avec les princes allemands possessionnés en France, en vertu de décrets de l'Assemblée nationale constituante, et que les représentans de la nation, convaincus que les retards apportés aux négociations qui doivent assurer le repos de l'empire pourraient être attribués, en grande partie, aux intentions douteuses d'agens peu disposés à seconder les intentions loyales du Roi, lui dénoncent le besoin urgent de faire, dans le corps diplomatique, les changemens propres à assurer l'exécution fidèle et prompte de ses ordres.

L'Assemblée nationale a décrété aussi l'impression et l'envoi aux quatre-vingt-trois départemens du discours de M. Viennot-Vaublanc, après qu'il aura été prononcé au Roi: ce discours est ainsi conçu:

Sire, à peine l'Assemblée nationale a-t-elle porté ses regards sur la situation du royaume, qu'elle s'est aperçue que les troubles qui l'agitent encore ont leur source dans les préparatifs criminels des Français émigrés.

Leur audace est soutenue par des princes allemands qui méconnaissent les traités signés entre eux et la France, et qui affectent d'oublier qu'ils doivent à cet empire le traité de Westphalie, qui garantit leurs droits et leur sûreté.

Ces préparatifs hostiles, ces menaces d'invasion commandent des armemens qui absorbent des sommes immenses, que la nation aurait versées avec joie dans les mains de ses créanciers.

C'est à vous, Sire, de les faire cesser ; c'est à vous de tenir aux puissances étrangères le langage qui convient au Roi des Français. Dites-leur que partout où l'on souffre des préparatifs contre la France, la France ne peut voir que des ennemis ; que nous garderons religieusement le serment de ne faire aucune conquête ; que nous leur offrons le bon voisinage, l'amitié inviolable d'un peuple libre et puissant ; que nous respecterons leurs lois, leurs usages, leurs constitutions, mais que nous voulons que la nôtre soit respectée ; dites-leur enfin que, si des princes d'Allemagne continuent de favoriser des préparatifs dirigés contre des Français, les Français porteront chez eux, non pas le fer et la flamme, mais la liberté. C'est à eux de calculer quelles peuvent être les suites du réveil des nations.

Depuis deux ans que les Français patriotes sont persécutés près les frontières, et que les rebelles y trouvent des secours, quel ambassadeur a parlé, comme il le devait, en votre nom ?..... Aucun.....

Si des Français chassés de leur patrie par la révocation de l'édit de Nantes s'étaient rassemblés en armes sur les frontières ; s'ils avaient été protégés par des princes d'Allemagne, Sire, nous vous le demandons, quelle eût été la conduite de Louis XIV ? Eût-il souffert ces rassemblemens ? eût-il souffert les secours donnés par des princes qui, sous le nom d'alliés, se conduisent en ennemis ? Ce qu'il eût fait pour son autorité, que Votre Majesté le fasse pour le salut de l'empire, pour le maintien de la constitution.

Sire, votre intérêt, votre dignité, la grandeur de la nation outragée, tout vous prescrit un langage différent de celui de la diplomatie. La nation attend de vous des déclarations énergiques auprès des cercles du Haut et du Bas-Rhin, des électeurs de Trèves, Mayence et autres princes d'Allemagne.

Qu'elles soient telles, que les hordes des émigrés soient à l'instant dissipées ; prescrivez un terme prochain au-delà duquel nulle réponse dilatoire ne sera reçue ; que votre déclaration soit appuyée par les mouvemens des forces qui vous sont confiées, et que la nation sache quels sont ses amis et ses ennemis. Nous reconnaîtrons, à cette éclatante démarche, le défenseur de la constitution.

Vous assurerez ainsi la tranquillité de l'empire, inséparable de la vôtre, et vous hâterez ces jours de la prospérité nationale, où la paix fera renaître l'ordre et le règne des lois, où votre bonheur se confondra dans celui de tous les Français.

29 NOVEMBRE 1791 = 8 JANVIER 1792.—Décret concernant l'admission aux emplois de l'armée en faveur de Français qui ont servi dans les armées des puissances alliés. (L. 8, 37 ; B. 19, 168.)

L'Assemblée nationale, délibérant sur le rapport de son comité militaire, relatif à l'admission aux emplois de l'armée et de la gendarmerie nationale en faveur de tous les militaires français qui ont servi chez les puissances dont les armées ont été combinées avec celles de la France ; considérant, d'un côté, qu'il ne s'agit ici que de l'extension d'une loi précédemment rendue ; d'un autre côté, que les remplacemens actuellement à faire dans l'armée, et l'organisation instante de la gendarmerie nationale, exigent une prompte décision sur l'objet de ce rapport, décrète qu'il y a urgence.

L'Assemblée nationale, après avoir entendu le rapport de son comité militaire, et après avoir préalablement décrété l'urgence, décrète que l'article 3 du décret du 4 mars 1791, concernant l'admission aux emplois de l'armée en faveur des Français qui ont servi dans les armées des puissances alliées, cessera d'être restreint à ceux qui ont obtenu des grades supérieurs et la décoration de *Cincinnatus* ; en conséquence, tout Français qui justifiera d'un service en qualité d'officier, de quelque grade que ce soit, chez les puissances dont les armées ont été combinées avec celles de la France, est susceptible d'obtenir des places dans l'armée de ligne et des emplois dans la gendarmerie nationale, de la même manière que s'il eût servi en France, pourvu que d'ailleurs il réunisse les autres qualités exigées par les décrets.

29 NOVEMBRE = 11 DÉCEMBRE 1791. — Décret relatif au remplacement des officiers de l'armée dont les places se trouvent vacantes. (L. 7, 31 ; B. 19, 151 ; Mon. du 30 novembre 1791.)

L'Assemblée nationale, après avoir entendu le rapport de son comité militaire,

Considérant que le mode provisoire de nomination aux emplois de sous-lieutenans dans l'armée, prescrit par le décret du 1er août 1791, ne devait avoir d'effet, d'après le décret du 28 septembre, que jusqu'au 15 octobre dernier, et qu'il est impossible dans ce moment de procéder aux remplacemens par la voie de l'examen ;

Considérant que la discipline et la force de l'armée exigent que les emplois vacans par la défection d'un grand nombre d'officiers soient promptement remplis, décrète :

Art. 1er. L'exécution des articles du décret

du 28 septembre dernier, relatifs au mode de l'examen qui doit précéder les nominations aux emplois de sous-lieutenans dans l'armée, demeure suspendue jusqu'au 1er février prochain.

2. Sont exceptés de la disposition ci-dessus les remplacemens à faire dans l'artillerie et le génie.

3. La moitié des sous-lieutenances actuellement vacantes ou qui viendront à vaquer dans chaque régiment de toute arme, jusqu'au 1er février prochain, sera donnée aux sous-officiers du même régiment; l'autre moitié sera donnée aux gardes nationaux du royaume.

4. Tout citoyen ou fils de citoyen âgé de dix-huit ans et au-dessus sera admissible aux emplois réservés aux gardes nationaux par l'article précédent, s'il a fait un service personnel et continu dans la garde nationale, depuis et compris le 1er janvier 1790 jusqu'à ce jour.

Sont dispensés de cette dernière disposition les citoyens inscrits pour aller à la défense des frontières, en vertu des décrets des 21 juin et 4 août derniers, pourvu qu'ils ne se soient pas fait remplacer ou qu'ils n'aient pas retiré leur inscription.

5. Seront également admissibles auxdits emplois tous les anciens sous-officiers et soldats qui, à l'époque du 1er janvier 1790, étaient dans les troupes de ligne, et qui, depuis, dans le délai de deux mois à compter du jour de la date de leur congé absolu, sont entrés dans la garde nationale, et y ont fait un service personnel et continu jusqu'à ce jour.

6. Les officiers des troupes de ligne réformés ou retirés, qui, d'après le décret du 1er août 1791, peuvent prétendre à rentrer en activité, ne pourront être promus aux emplois vacans s'ils ne remplissent les conditions prescrites par les articles 4 et 7 du présent décret.

7. Nul ne pourra, excepté les citoyens qui se trouvent compris dans la dernière disposition de l'article 4, obtenir son replacement dans l'armée, ni être nommé à aucune des sous-lieutenances accordées par le présent décret aux gardes nationaux du royaume, s'il ne produit un certificat qui atteste qu'il a fait, dans la garde nationale, un service tel qu'il est prescrit par la première disposition de l'article 4, et par l'article 5; qu'il a été soumis aux autorités constituées, et qu'il n'a cessé de prouver son attachement à la constitution décrétée par l'Assemblée nationale.

Ce certificat, pour être valable, devra être signé par les officiers municipaux de la commune, par l'état-major de la garde nationale, dans les lieux où il y en aura, et par la majorité des officiers, sous-officiers et gardes nationaux de la compagnie dans laquelle celui qui aura besoin de ladite attestation, aura fait son service.

8. Dans le cas prévu par les articles 2, 3, 5, 6, 11 et 12, du décret du 1er août 1791, les officiers de chaque régiment de toute arme qui, par leur ancienneté de service, auront droit à des places de lieutenant ou de capitaine, les obtiendront de préférence dans leurs régimens, s'il y en a de vacantes.

9. Le ministre de la guerre sera tenu d'effectuer tous les remplacemens, d'ici au 1er février prochain.

10. Le ministre de la guerre sera tenu, en outre, de faire passer dans quinzaine à l'Assemblée nationale l'état nominatif des officiers de toutes les armes qui ont abandonné leurs régimens sans congé ou démission, avec désignation du corps où ils servaient, du grade qu'ils avaient et de l'époque de leur absence. Il fera parvenir, dans le même délai, l'état nominatif de ceux qui ont été admis aux remplacemens qu'il a dû faire avant le 15 octobre dernier.

11. Tout officier non employé, de quelque grade qu'il soit, ainsi que tout commissaire des guerres, ne pourra être employé à l'avenir, ni obtenir la décoration militaire ou toute autre récompense, si, dans le délai d'un mois à compter du jour de la promulgation du présent décret, il ne s'est présenté devant la municipalité du lieu de sa résidence pour y prêter le serment civique, dont il sera dressé procès-verbal, et dont l'extrait en forme sera par lui envoyé au ministre de la guerre.

12. Au 15 janvier prochain, le ministre de la guerre enverra à l'Assemblée nationale un état nominatif des officiers de tout grade et des commissaires des guerres qui auront rempli, dans le délai prescrit, les formalités exigées par l'article ci-dessus.

13. Du 25 décembre au 10 janvier prochain, il sera fait une revue générale de toutes les troupes composant l'armée française, dans les lieux de leurs garnisons respectives, depuis les officiers-généraux jusqu'aux soldats inclusivement.

14. Cette revue sera passée par le commissaires des guerres, en présence des officiers municipaux qui seront appelés à cet effet: ils en signeront les procès-verbaux, ainsi que les commissaires des guerres et tous les officiers présens au corps.

15. Ces procès-verbaux, qui ne pourront servir à aucun paiement, seront adressés au ministre de la guerre par les commissaires des guerres au plus tard huit jours après la revue, et ce, sous peine de destitution; le ministre de la guerre les remettra à l'Assemblée nationale le 1er février au plus tard.

16. Tout officier absent de son corps ou de son poste, lors de ladite revue, qui ne justifiera pas d'un congé, sera destitué de son emploi par le fait même de son absence, sans

qu'il puisse prétendre à aucune pension, quelle que soit son ancienneté de service.

17. L'Assemblée nationale déclare qu'elle ne préjuge rien sur les remplacemens des officiers de toutes armes qui sont maintenant employés dans les bataillons des gardes nationales destinées à la défense des frontières : elle charge son comité militaire de lui présenter incessamment ses vues sur cet objet.

---

29 NOVEMBRE = 7 DÉCEMBRE 1791. — Décret qui ordonne de réintégrer le sieur Jacques-Henri Moreton dans la place et le rang dont il a été arbitrairement destitué. (B. 19, 167.)

---

29 NOVEMBRE = 2 DÉCEMBRE 1791. — Décret contenant l'acte d'accusation contre les sieurs Varnier, Noireau et Tardy. (L. 7, 1 ; B. 19, 169.)

---

29 NOVEMBRE 1791.—Décret relatif à une pétition des citoyens actifs de la ville de Lyon (1). (B. 19, 168.)

---

29 NOVEMBRE = 2 DÉCEMBRE 1791. — Décret relatif aux dépenses des départemens du ministère. ( B. 19, 166.)

---

30 NOVEMBRE 1791. — Décret relatif aux assignats de cinq livres que la Trésorerie nationale est autorisée à fournir à la caisse des échanges. (L. 7, 39 ; B. 19, 173.)

---

30 NOVEMBRE 1791. — Décret relatif à l'envoi du papier-monnaie par la poste. ( B. 19, 172.)

---

30 NOVEMBRE 1791. — Romans, etc. *Voy.* 26 NOVEMBRE 1791.

---

1er = 15 DÉCEMBRE 1791. — Décret relatif à l'avancement des officiers et sous-officiers des troupes de ligne et de ceux de la ci-devant maréchaussée qui sont entrés dans la gendarmerie nationale (L. 7, 45 ; B. 19, 177.)

L'Assemblée nationale, voulant fixer avec précision la manière dont les officiers et sous-officiers, tant des troupes de ligne que de la ci-devant maréchaussée, qui sont entrés dans la gendarmerie nationale, doivent prendre rang entre eux, pour parvenir ensuite, suivant leur ancienneté de service, aux grades supérieurs ; désirant prévenir les contestations qui pourraient s'élever à l'occasion des avancemens, terminer les réclamations déjà faites à cet égard, accélérer l'organisation de la gendarmerie nationale, et mettre en pleine activité cette partie précieuse de la force armée, si nécessaire au maintien du bon ordre et de la tranquillité publique, décrète :

Art. 1er. Les capitaines prendront rang entre eux à raison de l'ancienneté de la date de leur commission ; et ceux qui n'étaient pas capitaines avant la formation de ladite gendarmerie prendront rang entre eux dans leurs grades respectifs, en raison de l'ancienneté de leurs lettres, brevets ou rang de lieutenant et de sous-lieutenant qu'ils avaient.

2. Les lieutenans prendront rang entre eux à raison de leur ancienneté dans ledit grade de lieutenant, s'ils en étaient déjà pourvus dans leurs corps respectifs, soit par lettres ou brevets, soit par le simple rang attribué à l'emploi qu'ils occupaient : s'ils n'étaient pas lieutenans ou n'en avaient pas le rang avant la formation de la gendarmerie nationale, ils prendront rang seulement à raison de leur ancienneté dans le grade antérieur de sous-lieutenant ou de sous-officier.

3. A égalité de rang et de date, l'ancienneté dans les grades inférieurs déterminera le rang ; et, à égalité de date dans les antérieurs, l'ancienneté d'âge réglera le rang.

4. Dans quelque grade que soit employé un officier pourvu d'un brevet, commission, lettre ou rang d'un grade supérieur à celui où il se trouve d'après la formation, il ne pourra, à raison de ce titre, prétendre qu'à prendre rang parmi les officiers du même grade dans lequel il se trouve employé ; et, lorsqu'il parviendra, dans le même corps de la gendarmerie nationale, à un nouveau grade, il ne pourra s'y prévaloir desdits lettre, brevet ou commission.

5. Le présent décret sera porté demain à la sanction du Roi.

---

1er = 11 DÉCEMBRE 1791.—Décret qui accorde des secours aux pères de famille détenus pour mois de nourrice. (L. 7, 29 ; B. 19, 176.)

L'Assemblée nationale, après avoir entendu son comité des secours publics, relativement à la lettre du maire de Paris, concernant le soulagement des débiteurs de mois de nourrice ;

Considérant qu'il est instant de venir au secours des pères de famille en état de contrainte pour cet objet, et de faire cesser leurs justes plaintes sur le retard du soulagement qui leur a été promis par l'Assemblée constituante, décrète que, par la Trésorerie nationale , il sera mis à la disposition du ministre de l'intérieur une somme de 225,788 liv. cinq sous trois deniers, laquelle somme, sur l'état dûment certifié qui lui en sera remis

---

(1) Ils demandaient que la ville fût maintenue dans le privilége de n'avoir aucune troupe de ligne en garnison.

par les directeurs du bureau des nourrices de Paris, sera par lui employée à l'acquittement de la dette contractée par les pauvres pères de famille de la capitale, lesquels, à l'époque du 15 septembre dernier, se trouvaient en état de contrainte et d'arrestation pour non-paiement de mois de nourrice.

L'Assemblée nationale décrète encore que, dans huitaine, son comité lui présentera un projet de décret pour faire participer les autres départemens du royaume au bienfait décrété pour la ville de Paris.

1er DÉCEMBRE 1791 = 25 JANVIER 1792. — Décret relatif au licenciement des troupes employées à la garde des colonies. (B. 19, 175.)

L'Assemblée nationale, considérant que l'exécution du décret du 29 septembre = 16 octobre dernier, relatif au licenciement des troupes employées à la garde des colonies, peut contrarier l'objet des lois qui ordonnent que l'armée de ligne sera portée au complet, décrète que le décret du 29 septembre = 16 octobre dernier, relatif au licenciement des troupes employées à la garde des colonies, demeurera provisoirement suspendu.

1er = 2 DÉCEMBRE 1791. — Décret concernant la mise en activité de la haute-cour nationale. (L. 7, 5; B. 19, 176.)

1er = 4 DÉCEMBRE 1791. — Décret relatif aux lois, proclamations et réglemens à fournir au sieur Baudouin, imprimeur de l'Assemblée nationale, par le directeur de l'imprimerie royale. (B. 19, 173.)

1er = 2 DÉCEMBRE 1791. — Décret qui autorise l'embarquement pour l'Angleterre de quinze jumens et de trois étalons. (B. 19, 174.)

2 = 4 DÉCEMBRE 1791. — Décret relatif à la translation du sieur Tardy dans les prisons d'Orléans. (L. 7, 10; B. 19, 179.)

2 DÉCEMBRE 1791. — Dépenses. *Voy.* 29 NOVEMBRE 1791. — Étalons, etc., embarqués pour l'Angleterre; Haute-cour nationale. *Voy.* 1er DÉCEMBRE 1791. — Masse de boulangerie et fourrages de l'armée. *Voy.* 28 NOVEMBRE 1791. — MM. Varnier, Noireau et Tardy. *Voy.* 29 NOVEMBRE 1791.

3 = 7 DÉCEMBRE 1791. — Décret relatif à la répartition des travaux d'encouragement des artistes. (L. 7, 21; B. 19, 180; Mon. du 6 décembre 1791.)

L'Assemblée nationale, après avoir entendu son comité d'instruction publique sur les réclamations des artistes qui ont exposé cette année leurs ouvrages au salon du Louvre, et sentant l'instante nécessité de révoquer son décret de suspension du 19 octobre dernier, afin de faire jouir, sans plus de retard, du bienfait du décret du 17 septembre dernier, ceux qui auront mérité des encouragemens, décrète :

Art. 1er. Tous les artistes qui ont exposé cette année leurs ouvrages au salon du Louvre, tant académiciens, agrégés, que non académiciens, se réuniront, dans la huitaine, dans le lieu qui leur sera indiqué par la municipalité, pour nommer ensemble et parmi les exposans, au scrutin de liste et à la pluralité relative, quarante commissaires-juges, dont vingt seront pris parmi les académiciens et vingt parmi les non académiciens.

2. A ces commissaires-juges se réuniront cinq autres commissaires non académiciens et non exposans, nommés par le directoire de département, à l'effet de procéder ensemble à la répartition des travaux d'encouragement, de la manière suivante :

3. Parmi les peintres d'histoire et les statuaires exposans, l'assemblée des commissaires-juges nommera seize artistes, qui, à son jugement, se seront montrés les plus dignes d'encouragement.

4. La somme de 70,000 livres, consacrée à des travaux d'encouragement pour cette classe d'artistes, par l'article 1er du décret du 17 septembre, sera divisée en seize portions, graduées entre elles selon l'échelle de mérite des ouvrages exposés par les seize artistes que l'assemblée des commissaires-juges aura distingués; de manière, cependant, qu'aucune de ces sommes partielles ne pourra être de plus de 10,000 livres, ni moins de 3,000 livres.

5. L'assemblée des commissaires-juges nommera aussi dix artistes parmi les peintres dits *de genre*, les architectes et les graveurs exposans qui, à son jugement, se seront montrés les plus dignes d'encouragement.

6. La somme de 20,000 livres, qui, au terme de la loi du 17 septembre, article 1er, est destinée à des travaux d'encouragement pour cette classe d'artistes, sera divisée en dix portions, pour la graduation desquelles on suivra l'échelle de mérite des ouvrages des dix artistes distingués dans l'exposition; de manière que le *maximum* sera de 3,000 livres, et le *minimum* de 1,000 livres.

7. Les travaux d'encouragement seront gradués et distribués selon la même échelle que ci-dessus.

8. Pour la nature et les proportions des travaux ordonnés, on suivra l'usage qui a eu lieu jusqu'à présent, en tout ce qui ne sera pas contraire au présent décret.

9. L'Assemblée nationale déroge au décret du 17 septembre, en tout ce qui n'est point conforme au présent décret, et n'entend pré-

juger en rien ce qui pourra être déterminé par la suite pour l'encouragement des beaux-arts.

10. Le présent décret sera présenté à la sanction dans la journée de demain, 4 décembre.

3 = 7 DÉCEMBRE 1791.—Décret qui ordonne de substituer le nom du sieur Douai à celui du sieur Tourné père, sur les états des gratifications accordées aux secrétaires-commis de l'Assemblée nationale constituante. ( B. 19, 179.)

3 DÉCEMBRE 1791. — Acquéreurs de domaines nationaux. *Voy.* 8 DÉCEMBRE 1791. — Comité des décrets. *Voy.* 12 NOVEMBRE 1791.—Sieur Delatre. *Voy.* 24 NOVEMBRE 1791.

4 DÉCEMBRE 1791. — Décret portant qu'il y a lieu à accusation contre les sieurs Malvoisin, Gauthier et Mare, et qu'ils seront transférés dans les prisons d'Orléans. (B. 19, 182.)

4 DÉCEMBRE 1791. — Proclamation du Roi concernant la vente de cinquante-neuf arpens de bois, mis en réserve dans ceux dépendant de la commune de Cenans, pour le prix être employé à différens objets à la charge de ladite communauté. (L. 7, 13.)

4 DÉCEMBRE 1791. — Sieur Baudouin. *Voy.* 1er DÉCEMBRE 1791. — Saint-Flour, etc. *Voy.* 24 NOVEMBRE 1791. — Sieur Tardy. *Voy.* 2 DÉCEMBRE 1791.

5 = 11 DÉCEMBRE 1791.—Décret relatif à la police de la navigation des ports de commerce. (L. 7, 35; B. 19, 188.)

L'Assemblée nationale, considérant que le moment des élections aux places de capitaines et lieutenans des ports est arrivé, ainsi que celui du concours pour la nomination aux places de jaugeurs, et que l'intérêt commun exige qu'il soit fait quelques changemens à la loi qui fixe le mode de ces élections, décrète qu'il y a urgence.

L'Assemblée nationale, ouï le rapport de son comité de la marine, ayant reconnu qu'il n'est ni juste ni conforme aux intérêts de la navigation d'exclure du concours aux places de capitaines et lieutenans de ports dans les villes maritimes les maîtres de quai, qui en remplissaient précédemment les fonctions, et que les jaugeurs actuellement en place ont subi un premier examen d'après les anciennes ordonnances; après avoir rendu le décret d'urgence, décrète ce qui suit :

Art. 1er. Les conseils généraux des communes qui, conformément à l'article 5 du titre III du décret du 9 août 1791, concernant la police de la navigation et des ports

de commerce, doivent nommer les capitaines et lieutenans de ports, et qui, suivant l'article 11 dudit titre de la même loi, sont obligés de les prendre exclusivement parmi les navigateurs âgés de plus de trente ans et pourvus du brevet d'enseigne dans la marine française, pourront, pour la première fois seulement, admettre en concurrence et comme éligibles, aussi bien que les enseignes de la marine, les maîtres de quai ci-devant attachés aux ports de leurs arrondissemens, s'ils sont âgés au moins de trente ans et s'ils ont cinq ans de service en cette qualité.

2. Les jaugeurs actuellement en exercice seront maintenus dans leurs places si, après avoir été examiné par les professeurs d'hydrographie, en particulier, ils sont reconnus capables de suivre la méthode uniforme de jauger, qui doit être déterminée pour tous les bâtimens, en vertu de l'article 7 du titre III du décret du 9 août 1791.

5 DÉCEMBRE 1791.—Décret sur l'organisation des comités des finances et des domaines. (B. 19, 183.)

5 DÉCEMBRE 1791. — Décret portant que tous les discours dont l'Assemblée ordonnera l'impression seront déposés sur le bureau. (B. 19, 187.)

6 DÉCEMBRE 1791. — Décret relatif à l'insertion au procès-verbal, à l'impression et à l'envoi aux départemens, d'un arrêté de la société constitutionnelle des Whigs anglais. (B. 19, 189.)

7 DÉCEMBRE 1791. — Décret qui fixe l'emploi des forces navales destinées pour la colonie de Saint-Domingue. (B. 19, 193.)

7 DÉCEMBRE 1791. — Artistes. *Voy.* 3 DÉCEMBRE 1791. — Biens nationaux. *Voy* 3 NOVEMBRE 1791. — Sieur Douai *Voy.* 3 DÉCEMBRE 1791. — Sieur Mouton. *Voy.* 29 NOVEMBRE 1791. — Timbre des assignats. *Voy.* 3 NOVEMBRE 1791. — Tribunaux de commerce divers. *Voy.* 27 AOUT 1791.

8 (3 et) = 15 DÉCEMBRE 1791. — Décret relatif aux acquéreurs de domaines nationaux. (L. 7, 43; B. 19, 195.)

L'Assemblée nationale, voulant favoriser l'aliénation des domaines nationaux, afin d'accélérer la liquidation de la dette publique; convaincue que l'une des dispositions les plus efficaces à cet effet est la faculté accordée pour les paiemens aux acquéreurs de ces domaines par l'article 5 du titre III du décret du 14 mai 1790; considérant que cette faculté expire au 1er janvier 1792, décrète qu'il y a urgence.

L'Assemblée nationale, ouï son comité des domaines, et vu le décret d'urgence du 3 de ce mois, décrète que le terme du 1er janvier 1792, fixé par le décret du 27 avril 1791, aux acquéreurs de domaines nationaux, pour jouir des facultés accordées pour leurs paiemens par l'article 5 du titre III du décret du 14 mai 1790, sera prorogé jusqu'au 1er mai 1792, mais seulement pour les biens ruraux, bâtimens et emplacemens vacans dans les villes, maisons d'habitation et bâtimens en dépendant, quelque part qu'ils soient situés, les bois et usines demeurant formellement exceptés de cette faveur.

8 = 9 DÉCEMBRE 1791. — Décret relatif à la fabrication du papier destiné pour les assignats de dix et de vingt-cinq livres. (L. 7, 24 ; B. 19, 193.)

L'Assemblée nationale, considérant que le service des caisses publiques, la demande générale des départemens en assignats de petite valeur, exigent impérieusement une nouvelle fabrication du papier, décrète qu'il est urgent de délibérer sur cet objet.

L'Assemblée nationale, après avoir décrété l'urgence, décrète qu'il sera procédé de suite, sous la direction et responsabilité du ministre des contributions publiques, et sous la surveillance des commissaires de l'Assemblée nationale, à la fabrication du papier nécessaire pour cent millions en assignats de dix livres et cent millions en assignats de vingt-cinq livres, sans que cette fabrication puisse retarder celle des assignats de cinq livres.

Le présent décret sera porté dans le jour à la sanction.

L'Assemblée nationale ajourne à lundi la discussion sur la question de savoir s'il sera fabriqué des assignats au-dessous de cinq livres, et charge son comité de l'extraordinaire et des finances de lui faire un rapport à ce sujet.

8 DÉCEMBRE 1791. — Décret relatif au compte des dépenses de la salle et des bureaux de l'Assemblée. (B. 19, 194.)

8 DÉCEMBRE 1791. — Lettres de cachet. Voy. 13 OCTOBRE 1791.

9 DÉCEMBRE 1791. — Décret relatif au remboursement de la dette exigible. (B. 19, 195.)

9 DÉCEMBRE 1791. — Décret relatif au dépôt aux archives nationales des marchés relatifs à la fabrication des assignats. (B. 19, 196.)

9 DÉCEMBRE 1791. — Papier d'assignats. Voy. 8 DÉCEMBRE 1791. — Petits assignats. Voy. 28 NOVEMBRE 1791.

10 DÉCEMBRE 1791. — Décret qui ordonne le brûlement d'une lettre décachetée par abus de confiance et envoyée au président de l'Assemblée. (B. 19, 197.)

10 = 14 DÉCEMBRE 1791. — Décret qui érige en église paroissiale la chapelle de la commune de Bercy. (B. 19, 197.)

11 DÉCEMBRE 1791. — Navigation. Voy. 5 DÉCEMBRE 1791. — Officiers. Voy. 29 NOVEMBRE 1791. — Pères détenus pour mois de nourrice. Voy. 1er DÉCEMBRE 1791.

13 = 17 DÉCEMBRE 1791. — Décret relatif aux formalités à observer pour les paiemens dans les différentes caisses nationales. (L. 7, 51 ; B. 19, 199.)

L'Assemblée nationale, considérant que les Français émigrés viennent de rentrer en France pour obtenir des certificats de résidence actuelle, dans les vues d'éluder les dispositions de la loi du 24 juin dernier, décrète qu'il y a urgence.

L'Assemblée nationale, après avoir décrété l'urgence, considérant qu'il est nécessaire de donner plus d'étendue et de précision aux dispositions de la loi du 24 juin, relative aux formalités à observer pour le paiement dans les différentes caisses nationales, décrète ce qui suit :

Art. 1er. Tout Français ayant un traitement, pension, créance ou rente, de quelque nature qu'elle soit, payable sur les caisses nationales, ne pourra en obtenir le paiement auxdites caisses, soit qu'il se présente en personne, soit qu'il fasse présenter un fondé de sa procuration, qu'autant qu'il produira et joindra à la quittance un certificat qui atteste que la personne qui se présente, ou qui a donné la procuration, habite actuellement sur le territoire français, et qu'elle y a habité sans interruption pendant les six mois précédens.

2. Ce certificat ne pourra être délivré que par la municipalité du lieu du domicile de fait ; il sera visé dans la huitaine par le directoire du district.

3. Les certificats de résidence ne sont valables que pendant un mois, à compter de la date du visa du directoire du district, donné dans le délai prescrit par l'article 2.

4. Tout porteur de cession, transport ou délégation desdits traitemens, créances, rentes ou pensions, d'une date qui ne serait pas authentique et antérieure au présent décret, ne pourra être payé par lesdites caisses publiques qu'en justifiant des certificats ci-dessus prescrits, relativement à la résidence des cédans ou vendeurs.

5. Dans le cas où il sera question d'un fonctionnaire public, le certificat justifiera

qu'il est actuellement à son poste et qu'il ne
l'a pas quitté pendant les six mois précédens.

6. Les négocians sont exceptés des dispositions ci-dessus, à la charge de produire un
certificat de leur municipalité, visé par le
directoire du district, qui atteste qu'ils exercent cette profession et qu'ils ont pris une
patente avant l'époque du présent décret.

7. Le présent décret sera porté dans le
jour à la sanction du Roi.

---

13 DÉCEMBRE 1791. — Décret relatif aux matieres d'or et d'argent, et aux clochis des
églises supprimées, qui ont été versées aux
hôtels des monnaies. (B. 19, 198.)

---

13 = 18 DÉCEMBRE 1791. — Décret relatif à la
répression des troubles de Perpignan. (B. 19,
200.)

---

13 DÉCEMBRE 1791. — Décret qui fixe le nombre
des commis du comité de liquidation et le
montant de leur traitement. (B. 19, 201.)

---

14 DÉCEMBRE 1791. — Décret qui fixe la réponse
que le président doit faire au Roi, sur la
promesse de se rendre à l'Assemblée. (B. 19,
203.)

---

14 DÉCEMBRE 1791. — Décret qui ordonne l'impression et l'envoi aux départemens du discours du Roi sur le rassemblement des émigrans. (B. 19, 203.)

---

14 DÉCEMBRE 1791. — Chapelle de Bercy. Voy.
10 DÉCEMBRE 1791.

---

15 DÉCEMBRE 1791. — Proclamation du Roi pour
l'accélération des recouvremens des rôles d'à-
compte sur les contributions foncière et mobilière de 1791. (L. 7, 40.)

---

15 DÉCEMBRE 1791. — Décret qui déclare n'y
avoir lieu à accusation contre les sieurs Lucot
et Rauch. (B. 19, 207.)

---

15 DÉCEMBRE 1791. — Domaines nationaux.
Voy. 8 DÉCEMBRE 1791. — Ex-maréchaussée.
Voy. 1ᵉʳ DÉCEMBRE 1791. — Officiers publics
responsables. Voy. 8 OCTOBRE 1791.

---

16 DÉCEMBRE 1791. — Décret portant qu'il y
aura des assignats au-dessous de cinq livres.
(B. 19, 208.)

---

16 = 18 DÉCEMBRE 1791. — Décret d'accusation
contre les sieurs Loyauté, Silly et Meyet, et
qui ordonne leur translation dans les prisons
d'Orléans. (L. 7, 57; B. 19, 208.)

---

17 = 18 DÉCEMBRE 1791. — Décret relatif à une
nouvelle fabrication d'assignats. (L. 7, 59; B.
19, 209.)

Art. 1ᵉʳ. La somme d'assignats à mettre en
circulation, qui, d'après le décret du 1ᵉʳ novembre dernier, est fixée à quatorze cent
millions, sera portée à seize cent millions.

2. Le papier dont la fabrication a été ordonnée par les décrets du 1ᵉʳ novembre dernier et 8 de ce mois, sera employé pour fournir aux besoins de la présente création (1).

3. Les trois cent millions créés par le présent décret seront composés de cent millions
en assignats de vingt-cinq livres, de cent
millions en assignats de dix livres, et de cent
millions en assignats de cinq livres.

Les deux cent millions restans de la fabrication d'assignats de cinq livres décrétée
le 1ᵉʳ novembre dernier, seront distribués
dans les départemens, pour y être échangés
contre des assignats de plus forte valeur.

4. Les assignats de la présente création en
porteront la date; ils formeront dans le compte
général de la caisse de l'extraordinaire un
compte particulier qui sera ouvert pour cet
objet. Il sera fait écritures et procès-verbaux
particuliers de tout ce qui regardera l'émission, la rentrée, le brûlement desdits assignats, de manière que ce qui y sera relatif
demeure absolument distinct et séparé de
ce qui regarde les précédentes émissions.

5. Aussitôt que l'émission des assignats de
la création du 19 juin dernier sera achevée,
le trésorier de l'extraordinaire rendra public
le compte général de l'emploi des assignats,
tant de cette dite création que des précédentes. Les décrets en vertu desquels chacun
des articles de dépense aura été fait y seront
rappelés; le compte sera visé et certifié par
le commissaire du Roi à la caisse de l'extraordinaire, imprimé et envoyé à tous les départemens et districts.

6. Le présent décret sera porté dans le jour
à la sanction.

---

17 DÉCEMBRE 1791. — Proclamation du Roi, en
exécution de l'article 5 de la loi du 29 juillet
1791, relative au commerce du Levant et de
Barbarie. (L. 7, 49.)

---

17 DÉCEMBRE 1791. — Décret relatif à l'admission des pétitionnaires. (B. 19, 209.)

---

17 DÉCEMBRE 1791. — Décret qui ordonne le
dépôt aux archives, des pièces relatives au
sieur Varnier. (B. 19, 211.)

---

17 DÉCEMBRE 1791. — Décret qui renvoie au
pouvoir exécutif une adresse de la municipa-

---

(1) Voy. loi rectificative du 28 décembre 1791 = 1ᵉʳ janvier 1792.

lité d'Evron, portant plainte contre le commissaire du Roi du tribunal de district. ( B. 19, 212.)

---

17 DÉCEMBRE 1791. — Caisse nationale. *Voy.* 13 DÉCEMBRE 1791.

---

18 DÉCEMBRE 1791.—Proclamation du Roi pour l'exécution de la loi du 12 octobre 1791, portant établissement de payeurs généraux dans les quatre-vingt-trois départemens pour l'acquittement des dépenses à la charge de la Trésorerie nationale. (L. 7, 61.)

---

18 DÉCEMBRE 1791. — Assignats. *Voy.* 17 DÉCEMBRE 1791. — Juges à la haute-cour nationale. *Voy.* 22 NOVEMBRE 1791. — Sieurs Loyauté, Silly et Meyet. *Voy.* 16 DÉCEMBRE 1791. — Perpignan. *Voy.* 13 DÉCEMBRE 1791.

---

19 DÉCEMBRE 1791. — Décret portant que les députés ne pourront prendre d'autre nom que celui de leur famille. (B. 19, 212.)

---

19 DÉCEMBRE 1791. — Décret qui ordonne un appel nominal des membres de l'Assemblée, pour connaître le nombre des absens. (B. 19, 213.)

---

19 DÉCEMBRE 1791. — Petits assignats. *Voy.* 21 DÉCEMBRE 1791.

---

20 DÉCEMBRE 1791.— Petits assignats. *Voy.* 21 DÉCEMBRE 1791.

---

21 (19, 20 et) = 25 DÉCEMBRE 1791.—Décret relatif à l'échange des petits assignats. (L. 7, 72; B. 19, 214; Mon. du 22 décembre 1791.)

L'Assemblée nationale, considérant qu'il est de son devoir de procurer à tous les citoyens les moyens les plus prompts de suppléer à la rareté du numéraire, en facilitant l'échange, dans les départemens et les districts, des assignats de cinq livres contre ceux de plus forte somme, et de concilier cet échange avec le service des caisses publiques, décrète qu'il est urgent de délibérer sur cet objet.

L'Assemblée nationale, après avoir décrété l'urgence, décrète ce qui suit :

Art. 1er. Le commissaire du Roi auprès de la caisse de l'extraordinaire fera remettre à fur et à mesure de la fabrication, et d'ici au 15 janvier prochain, à la Trésorerie nationale, soixante millions en assignats de cinq livres, en échange de ceux de cinq cents livres, mille livres et deux mille livres, qui seront brûlés et annulés en observant les formes actuellement établies.

2. Sur les soixante millions mentionnés en l'article ci-dessus, les commissaires de la Trésorerie nationale en enverront, d'ici au 15 janvier prochain, cinquante millions dans les départemens, d'après la répartition qu'ils en formeront, en prenant pour base la représentation nationale, les dix millions restans devant être employés aux paiemens journaliers de la Trésorerie nationale.

3. Sur les cinquante millions qui seront envoyés dans les départemens, 8,550,000 livres serviront au paiement de moitié des frais de la guerre pour le mois de janvier prochain; 1,328,187 livres au paiement du quart du service de la marine pour le même mois, et 40,121,813 livres seront adressées aux directoires de département.

4. Les directoires de département répartiront, d'après les bases combinées de la population et des contributions directes, entre les districts de leur ressort, les 40,121,813 livres en assignats de cinq livres ci-dessus mentionnées; ils enverront aux receveurs de district le contingent de la répartition qui reviendra à leurs districts, et ils en donneront avis aux directoires de district.

5. Les receveurs de district emploieront les assignats de cinq livres qui leur seront adressés par les directoires de département :

1° Au paiement du huitième des frais du culte, ponts-et-chaussées, et autres dépenses qu'ils auront à acquitter dans le trimestre de janvier prochain;

2° A l'échange des assignats de 50 livres jusqu'à 300 livres.

6. Les assignats de 50 livres jusqu'à 300 livres qui proviendront de l'échange des assignats de cinq livres, et ceux de 50 livres à 100 livres, que la Trésorerie nationale enverra à certains départemens pour compléter le fonds nécessaire pour le trimestre de janvier prochain, seront employés aux paiemens que les receveurs de district seront chargés d'acquitter.

7. Les receveurs de district qui, d'après les bases adoptées pour la répartition, recevront un fonds excédant celui nécessaire pour le service du trimestre de janvier prochain, emploieront les assignats de 50 jusqu'à 300 livres de cet excédant à un second échange contre des assignats de 500 livres, 1,000 livres et 2,000 livres, qu'ils seront tenus d'envoyer, dans le mois de janvier prochain, à la Trésorerie nationale, après les avoir annulés et estampillés.

8. Les citoyens qui auront des assignats à échanger s'adresseront au directoire de leur district, munis d'un certificat de leur municipalité, qui constatera leur domicile, leur profession et le nombre des ouvriers qu'ils occupent.

9. Tous les citoyens, sans exception, seront admis aux échanges; mais les directoires de district auront cependant égard aux demandes formées par les cultivateurs, fa-

bricans, chefs d'ateliers et armateurs, en proportion du nombre de leurs ouvriers.

10. Les directoires de district remettront un bon aux citoyens qui seront admis aux échanges, lequel contiendra le nom de la personne, le nombre et la valeur des assignats à remettre et à recevoir, et la déclaration si la personne sait signer.

11. Les receveurs de district ne pourront remettre des assignats en échange qu'aux porteurs des bons du directoire, qu'ils feront acquitter par ceux qui auront déclaré savoir signer.

12. Les receveurs de district rendront compte au directoire, dans le mois de janvier prochain, des échanges qu'ils auront faits; ces comptes et les pièces justificatives seront envoyés par le directoire de district, après les avoir vérifiées et donné son avis, au directoire de département, qui les arrêtera.

13. Les dix millions réservés pour le service de la Trésorerie nationale serviront : 1° au paiement des appoints et du huitième des sommes au-dessous de 600 livres, à acquitter dans le mois de janvier prochain;

2° Aux appoints des paiemens de 600 livres et au-dessus, à acquitter dans le même mois; lesquels ne pourront être de moins de 80 livres;

3° Au paiement des sommes à acquitter par la Trésorerie dans le mois de janvier prochain, pour les avances sur les douze millions pour les enfans-trouvés, hôpitaux et prisons, et pour les douanes nationales;

4° Cent mille livres, en sus de la répartition adoptée par le présent décret, seront envoyées au département de Corse, lesquelles seront employées conformément aux articles 4, 5, 6 et 7 du présent décret;

5° Enfin, pour fournir trois millions, à raison de 150,000 livres par jour, à la caisse d'échange établie à Paris, pour les échanges à faire aux agriculteurs, fabricans, chefs d'ateliers et armateurs du royaume, lesquels seront continués d'après l'ordre et le mode actuellement établi.

14. Les commissaires de la Trésorerie nationale rendront compte, à la fin du mois de janvier prochain, à l'Assemblée nationale, des assignats de cinq livres qu'ils auront employés, et des causes de leur emploi.

15. La caisse d'échange établie à Paris, sous la surveillance des commissaires de la Trésorerie nationale, fera les échanges du district de Paris, sous les ordres du directoire du département, qui en vérifiera et arrêtera le compte et l'emploi.

16. Les états d'échanges qui auront eu lieu seront consignés dans un registre à ce destiné, qui sera tenu par les directoires de district, et qui sera ouvert à toute réquisition. La copie de ce registre sera adressée par le directoire, chaque quinzaine, au département.

21 DÉCEMBRE 1791. — Décret qui ordonne de dissiper les rassemblemens d'hommes se disant Brabançons. (L. 7, 68; B. 19, 213.)

21 DÉCEMBRE 1791. — Décret portant que les ministres signeront les mémoires qu'ils laisseront sur le bureau. (B. 19, 213.)

22 DÉCEMBRE 1791. — Décret contenant l'acte d'accusation contre le sieur Delattre. (L. 7, 70; B. 19, 219.)

22 DÉCEMBRE 1791. — Décret qui ordonne de présenter le tableau des députés absens. (B. 19, 218.)

22 DÉCEMBRE 1791. — Décret qui renvoie au pouvoir exécutif une adresse dans laquelle le tribunal et la municipalité de Villefort sont accusés d'avoir favorisé l'évasion d'un criminel. (B. 19, 221.)

22 DÉCEMBRE 1791. — Décret qui déclare valable l'élection de M Henri, député du département de la Haute-Marne. (B. 19, 221.)

22 DÉCEMBRE 1791. — Décret portant que les frais et intérêts des sommes réclamées par l'état de Soleure, et arrêtées à Belfort seront payés aux frais du Trésor public. (B. 19, 221.)

22 = 23 DÉCEMBRE 1791. — Décret portant qu'il n'y a pas lieu à accusation contre le sieur Dutrehan. (B. 19, 222.)

22 = 25 DÉCEMBRE 1791. — Décret qui accorde une somme de 12,000 livres aux incendiés de Saint-Sauveur. (B. 19, 223.)

22 = 25 DÉCEMBRE 1791. — Décret qui accorde une somme de 10,000 livres à M. du Petit-Thouars. (B. 19, 224.)

23 DÉCEMBRE 1791. — Décret portant qu'il y aura une séance le jour de Noël au soir. (B. 19, 225.)

23 DÉCEMBRE 1791. — Décret qui fixe les coupures des petits assignats de cinquante sous, de dix sous, de quinze sous et de vingt-cinq sous. (B. 19, 225.)

23 DÉCEMBRE 1791. — Sieur Delattre; Sieur Dutrehan. *Voy.* 22 DÉCEMBRE 1791.

24 = 28 DÉCEMBRE 1791. — Décret qui accorde des fonds pour les travaux du Panthéon français. (L. 7, 77 ; B. 19, 228 ; Mon. du 26 décembre 1791.)

L'Assemblée nationale, après avoir entendu le rapport de son comité de l'ordinaire des finances, sur la nécessité de ne pas interrompre les travaux ordonnés pour l'achèvement du Panthéon français, conformément au décret de l'Assemblée constituante du 26 juin 1791, décrète qu'une somme de 50,000 livres sera versée par la Trésorerie nationale dans la caisse du receveur qu'indiquera le directoire du département de Paris, pour être employée pendant le mois de janvier aux travaux du Panthéon français, sous la surveillance et les soins du département de Paris, comme dépense nationale.

24 DÉCEMBRE 1791 = 20 JANVIER 1792. — Décret qui suspend l'adjudication du bail de l'École militaire. (B. 19, 226.)

24 DÉCEMBRE 1791. — Décret qui valide plusieurs nominations des hauts-jurés faites par divers départemens. (B. 19, 227.)

24 = 30 DÉCEMBRE 1791. — Décret qui ordonne l'installation de plusieurs personnes élues membres du corps municipal de Versailles. (B. 19, 229.)

24 DÉCEMBRE 1791. — Intérêts des capitaux appartenant aux ci-devant communautés, etc. *Voy.* 27 DÉCEMBRE 1791.

25 DÉCEMBRE 1791. — Décret relatif au recensement des hôtels garnis et autres maisons de la ville de Paris. (B. 19, 230.)

25 DÉCEMBRE 1791. — Échange de petits assignats. *Voy.* 21 DÉCEMBRE 1791. — Incendiés de Saint-Sauveur; M. du Petit-Thouars. *Voy.* 22 DÉCEMBRE 1791.

26 = 28 DÉCEMBRE 1791. — Décret qui accorde 81,907 livres, à titre de prêt, aux administrateurs du bureau de la charité générale de Lille. (B. 19, 231.)

26 = 27 DÉCEMBRE 1791. — Décret relatif aux renseignemens à donner par le ministre de la guerre sur la désertion d'un brigadier et de six cavaliers du 4e régiment. (B. 19, 232.)

26 DÉCEMBRE 1791. — Décret relatif à la fabrication des assignats. (B. 19, 233.)

26 DÉCEMBRE 1791. — Décret relatif à la rédaction du procès-verbal de l'Assemblée. (B. 19, 234.)

27 DÉCEMBRE 1791 = 1er JANVIER 1792. — Décret relatif aux assignats créés le 29 juillet 1791. (L. 8, 10 ; B. 19, 238.)

L'Assemblée nationale, considérant que, d'après l'état par aperçu remis par le commissaire du Roi à la caisse de l'extraordinaire, il ne restera, au 1er janvier prochain, pour fournir au service de cette caisse, qu'une somme de 1,484,628 liv. en assignats de la création du 19 juin 1791, et que les fabrications ordonnées les 1er novembre et 8 décembre derniers ne peuvent fournir aucune ressource pendant les premiers jours du mois prochain, décrète qu'il y a urgence.

L'Assemblée nationale, après avoir décrété l'urgence, décrète :

Art. 1er. La somme de trente millions en assignats, provenant de la création du 29 juillet dernier, et destinée, par le décret de ce jour, à retirer de la circulation pareille somme en assignats de 2,000 livres, sera employée au service de la caisse de l'extraordinaire.

Ces trente millions seront remplacés par dix millions en assignats de 25 livres, dix millions en assignats de 10 livres, et dix millions en assignats de cinq livres, à prendre sur la création des trois cent millions, faite par l'article 2 du décret du 17 de ce mois. Cette nouvelle somme servira à retirer de la circulation les assignats de plus forte valeur qui seront indiqués par l'Assemblée nationale.

27 DÉCEMBRE 1791 (24 et) = 1er JANVIER 1792. — Décret relatif aux intérêts des capitaux liquidés et à liquider, appartenant aux ci-devant communautés ecclésiastiques et laïques, corporations judiciaires, pays d'états et autres. (B. 19, 239.)

L'Assemblée nationale, après avoir entendu le rapport de son comité de liquidation et les trois lectures du projet de décret par lui présenté dans les séances des 25 octobre, 3 et 19 du présent mois, et après avoir décrété qu'il serait décidé définitivement;

Considérant que l'intérêt des capitaux, valeur des offices et des dimes inféodées supprimées, doit supporter une retenue représentative des impositions que leur produit aurait supporté;

Considérant que la nation, succédant aux dettes de divers corps supprimés, n'en doit les intérêts qu'au taux auquel ces corps auraient payés, décrète ce qui suit:

Art. 1er. L'intérêt de tous les capitaux liquidés et à liquider, et des sommes dues aux créanciers des corps et communautés ecclésiastiques pour dettes exigibles, à compter du jour où cet intérêt est dû suivant les lois antérieures, continuera d'être calculé à cinq pour cent, mais sera sujet à la retenue des deux vingtièmes et quatre sous pour livre du premier vingtième, jusqu'au 1er janvier 1791, et, depuis cette époque, à la retenue du cinquième, conformément au décret du 7 = 10 juin dernier.

2. L'intérêt moratoire des sommes adjugées judiciellement, soit aux créanciers de l'État, soit à ceux des corps et communautés ecclésiastiques ou laïques, sera calculé sur le même pied, et sujet à la même retenue.

3. Cette retenue sera pareillement faite sur les intérêts dus pour raison des contrats souscrits par les communautés religieuses, les corporations judiciaires, les communautés d'arts et métiers, les pays d'états, et généralement sur tous intérêts dus par la nation comme succédant aux débiteurs originaires, dans tous les cas où les débiteurs n'auraient pas été autorisés par lettres-patentes dûment enregistrées, à stipuler la non retenue d'impôts, ainsi que sur tous intérêts moratoires.

4. Les rentes à quatre pour cent et au-dessous seront exemptés de la retenue, lorsque les parties l'auront ainsi stipulé.

27 = 28 DÉCEMBRE 1791. — Décret relatif aux généraux Rochambeau et Luckner. (L. 7, 78 ; B. 19, 244.)

L'Assemblée nationale, voulant faciliter au Roi les moyens de donner aux généraux Rochambeau et Luckner une preuve authentique de la confiance de la nation, dans un moment où une grande partie des forces nationales leur est confiée, décrète ce qui suit :

Art. 1er. Deux officiers généraux, commandans d'armée, pourront être élevés au grade de maréchal de France, sans que les places qu'ils occuperont puissent être considérées comme une augmentation permanente au nombre de six, auquel a été borné, par le décret du 4 mars dernier, celui des maréchaux de France en activité.

2. Lorsque par la suite il viendra à vaquer une place de maréchal de France, il ne pourra être pourvu au remplacement que conformément à la loi du 4 mars 1791, et sans que le nombre des maréchaux de France puisse excéder celui de six.

27 DÉCEMBRE 1791. — Décret relatif aux dépôts faits aux archives nationales, et qui ordonne un inventaire général. (B. 19, 235.)

27 DÉCEMBRE 1791 = 1er JANVIER 1792. — Décret relatif à la location des bâtimens des ci-devant Feuillans et Capucins. (B. 19, 240.)

27 DÉCEMBRE 1791. — Décret relatif aux changemens à faire dans la distribution de la salle de l'Assemblée nationale. (B. 19, 241.)

27 DÉCEMBRE 1791. — Ministre de la guerre. Voy. 26 DÉCEMBRE 1791.

28 DÉCEMBRE 1791 = 4 JANVIER 1792. — Décret relatif aux Français émigrés, créanciers de l'État. (L. 8, 23 ; Mon. du 30 décembre 1791.)

Art. 1er. Tout citoyen français porteur de reconnaissances de liquidation, soit provisoires, soit définitives, ne pourra être admis à les faire recevoir en paiement de biens nationaux, qu'autant qu'il y joindra les certificats exigés des créanciers de l'État par les décrets des 24 juin, 29 juillet et 13 décembre 1791.

2. En cas de cession ou transport de reconnaissances de liquidation, les porteurs seront tenus de faire, pour les premiers propriétaires en faveur desquels lesdites reconnaissances auraient été délivrées, les justifications prescrites par l'article précédent.

3. A l'égard des cessions ayant une date authentique antérieure au présent décret, elles ne seront assujéties qu'aux justifications ordonnées par les décrets des 24 juin et 29 juillet derniers.

4. Les receveurs de district seront responsables du montant de toutes les reconnaissances de liquidation qu'ils admettraient, sans que ces formalités eussent été exactement remplies.

5. Les dispositions portées aux articles 2 et 3 seront applicables aux reconnaissances définitives dont le montant doit être acquitté par la caisse de l'extraordinaire.

6. Le Roi, les membres du Corps-Législatif, les ministres et autres ordonnateurs en chef, ainsi que les personnes attachées au service de leurs bureaux, sont et demeurent exceptés des dispositions du décret du 13 de ce mois, sous la responsabilité de ceux qui délivrent les mandats ou ordonnances.

7. Sont pareillement exceptés des dispositions du même décret les habitans des colonies françaises, et les Français qui ont transféré leur résidence ou leur domicile dans les pays étrangers, avant l'année 1789.

28 DÉCEMBRE 1791 = 3 FÉVRIER 1792. — Décret concernant la formation, l'organisation et la solde des gardes nationaux volontaires. (L. 8, 96; B. 19, 245.)

SECTION Ire. De la formation des bataillons.

Art. 1er. Les bataillons de gardes nationales volontaires seront payés de leur solde depuis et compris le jour fixé pour leur rassemblement, jusques et compris le jour de leur licenciement.

Il sera accordé de plus à chaque garde volontaire national trois sous par lieue, pour se rendre de son domicile à l'endroit du rassemblement, et de l'endroit du licenciement à son domicile.

2. A mesure que les gardes nationales volontaires arriveront dans le lieu désigné pour le rassemblement de leur bataillon, elles se présenteront au commissaire du directoire du département, chargé du soin de ce rassemblement : celui-ci inscrira sur un registre à ce destiné le nom de chaque garde volontaire national, le jour de son arrivée, et le nombre de lieues pour lesquelles il devra être payé. Ce registre servira provisoirement de livret de revue.

3. Les bataillons déjà sur pied recevront, par forme d'indemnité, la solde et le dédommagement auxquels ils auraient eu droit de prétendre en vertu de l'article 1er du présent décret : ils en seront payés sur des états fournis et certifiés par les directoires de leurs départemens respectifs.

4. La somme qui, en vertu de l'article précédent, reviendra à chacun des gardes volontaires nationaux, ne sera mise à leur libre disposition que dans le cas où ils auront remboursé les avances que les directoires auront pu leur faire, tant pour leur subsistance, avant qu'ils passassent à la charge du département de la guerre, que pour leur habillement et leur équipement.

5. Le ministre de la guerre est chargé de faire payer, sans délai, les indemnités accordées par l'article 3, et d'opérer les retenues prescrites par l'article 4.

6. Les commissaires chargés par les directoires de département, du rassemblement des bataillons de gardes nationales volontaires, remettront aux commissaires des guerres, lors de la première revue qu'ils en passeront, le contrôle qu'ils en auront fait en vertu de l'article 2 du présent décret.

7. Immédiatement après la première revue, chaque garde volontaire national prêtera le serment militaire prescrit par le décret du 17 septembre 1791, et dont la formule suit :

Sermens des officiers et sous-officiers.

« Je jure d'être fidèle à la nation, à la loi « et au Roi, de maintenir de tout mon pou- « voir la constitution, d'exécuter et de faire « exécuter les réglemens militaires. »

Serment des volontaires gardes nationales.

« Je jure d'être fidèle à la nation, à la loi « et au Roi, de défendre la constitution, de « ne jamais abandonner mes drapeaux, et de « me conformer en tout aux règles de la dis- « cipline militaire. »

SECTION II. Des congés, du remplacement des officiers, sous-officiers et volontaires.

Art. 1er, Tous les citoyens admis dans les bataillons de gardes nationales volontaires seront libres de se retirer après la fin de chaque campagne, en prévenant deux mois d'avance le capitaine de leur compagnie, afin qu'il soit pourvu à leur remplacement ainsi qu'il sera dit article 8.

La campagne sera censée terminée au 1er décembre de chaque année.

2. Les gardes volontaires nationaux que des affaires instantes ou majeures obligeront à suspendre momentanément leur service, pourront, dans tous les temps, d'après des certificats de leurs municipalités, visés par les directoires de district, obtenir la permission de s'absenter pour un temps déterminé.

2. Il sera remis à chaque garde volontaire national, au moment où il quittera le service, un certificat qui attestera le temps pendant lequel il aura servi : ce certificat sera signé par le capitaine, visé par le commandant de bataillon, contrôlé par le commissaire des guerres, et approuvé par l'officier général sous les ordres duquel le bataillon servira.

4. Il sera remis de même à chaque garde national volontaire qui sera forcé de suspendre momentanément son service, un certificat qui indiquera l'époque de son départ et celle où il devra rejoindre son bataillon.

5. Tout garde volontaire national sera tenu, au moment où il rentrera dans son domicile, de faire inscrire au greffe de sa municipalité le certificat de service qu'il aura obtenu, ou la permission de s'absenter qui lui aura été accordée, afin ne n'être point confondu avec ceux qui auront abandonné, sans une autorisation légale, les drapeaux de la patrie.

6. Tout garde national volontaire qui quittera le service avant le licenciement de son bataillon, sera tenu de rembourser ce qu'il redevra des avances que la nation lui aura faites pour son habillement et son équipement.

7. Dès le jour où un garde volontaire national aura remis à son capitaine sa déclaration pour quitter le service, celui-ci la transmettra au commandant du bataillon, et ce dernier en donnera incessamment avis à l'officier général de la division militaire et au procureur-général-syndic du département dans lequel le garde volontaire national se sera fait inscrire.

8. Dès le moment où le procureur-général-syndic aura reçu l'avis prescrit par l'article précédent, il en donnera connaissance au procureur-syndic du district dans lequel le remplacement devra s'effectuer ; celui-ci pourvoira de suite à ce remplacement, par les moyens prescrits par le présent décret.

9. Il sera ouvert, dans chaque municipalité, un registre dans lequel on inscrira les citoyens qui se dévoueront à la défense de la patrie et de la liberté. On fera mention sur ce re-

gistre de la date de l'inscription de chaque citoyen.

10. Un extrait de ce registre sera adressé, chaque mois, par le procureur de la commune au directoire du district, et celui-ci fera de suite parvenir un relevé de ces extraits au directoire du département.

11. Du moment où le directoire du district aura été averti par celui du département qu'il y a une ou plusieurs places vacantes dans l'une des compagnies ou dans l'un des bataillons formés par le district, il donnera avis de ces vacances aux citoyens inscrits, toujours en suivant l'ordre de leur inscription; il leur indiquera en même temps le lieu où ils doivent se rendre, la route qu'ils doivent suivre, et le jour où ils doivent avoir rejoint leurs drapeaux.

Dans le cas où les citoyens les premiers inscrits ne pourront se livrer à leur zèle pour la patrie, ils seront remplacés par ceux qui suivront immédiatement dans l'ordre du tableau.

12. L'étape et le logement seront fournis au garde volontaire national de-remplacement qui ira joindre son bataillon, sur une route qui lui sera délivrée par le directoire de son département: il jouira, de plus, de sa solde, sauf la retenue fixée (article 6 de la section V du présent décret) pour le prix de la ration de vivres qu'il recevra.

13. Les remplacemens des officiers et des sous-officiers se feront, dans les bataillons des gardes nationales volontaires, suivant les formes qui ont été prescrites par les articles 13, 14, 15 et 16 du décret du 4 août.

14. Les deux lieutenans-colonels de chaque bataillon de gardes nationales volontaires pourront, à l'avenir, être choisis soit parmi les gardes nationales volontaires, soit parmi les citoyens qui, ayant servi dans les troupes de ligne, réuniront les qualités requises par le décret du 29 novembre; dérogeant, quant à ces nominations, à l'article 17 du décret du 4 août, et confirmant en tant que de besoin toutes celles de lieutenans-colonels déjà faites.

15. L'adjudant-major et l'adjudant sous-officier seront remplacés ainsi qu'il est dit du quartier-maître, article 16 du décret du 4 août dernier.

16. Lorsque les bataillons et les compagnies de gardes nationales volontaires s'assembleront pour élire leurs officiers ou sous-officiers, ils seront soumis aux règles prescrites par les articles 1 et 2 de la section IV du titre III de la constitution française, pour la tenue des assemblées électorales.

17. Les procès-verbaux d'élection des officiers et sous-officiers des bataillons de gardes volontaires nationales leur tiendront lieu de brevet.

Les procès-verbaux faits lors de la pre-mière élection seront déposés et enregistrés dans les directoires des départemens respectifs; il en sera expédié à chaque officier ou sous-officier une copie signée par les membres du directoire.

Les procès-verbaux des élections pour les remplacemens seront déposés et enregistrés au conseil d'administration des bataillons; il en sera expédié à chaque officier ou sous-officier une copie signée par les membres dudit conseil.

18. Lorsque tous les départemens auront fourni des bataillons, et que les circonstances exigeront de mettre sur pied un nombre plus considérable de gardes volontaires nationaux, les augmentations seront faites en ajoutant un nombre égal de volontaires à chacune des escouades déjà existantes; mais ces augmentations ne pourront avoir lieu que d'après un décret du Corps-Législatif.

19. La revue extraordinaire ordonnée pour les troupes de ligne, par l'article 13 du décret du 29 novembre 1791, aura lieu, pour les bataillons des gardes nationales volontaires, dans le courant du mois de janvier prochain.

20. Les officiers en activité dans les troupes de ligne qui sont maintenant employés dans les bataillons des gardes nationales volontaires, rentreront dans leurs corps respectifs au plus tard le 1er avril prochain.

Seront exceptés de la présente disposition ceux des officiers de ligne qui ont été élus lieutenans-colonels desdits bataillons des gardes nationales volontaires.

21. Avant le départ desdits officiers, les bataillons des gardes nationales volontaires procéderont à leur remplacement, suivant les formes établies par le présent décret.

22. Au moment où les officiers des troupes de ligne actuellement employés dans les bataillons des gardes nationales volontaires, rejoindront leur corps respectifs, ils toucheront, à titre d'indemnité et sur un relief qui leur sera accordé, les appointemens attribués à leur grade, et ce, depuis l'époque de leur élection jusqu'à celle de leur rentrée au corps.

SECTION III. De l'administration des bataillons.

Art. 1er. Il sera formé, dans chaque bataillon de gardes volontaires nationaux, un conseil d'administration.

Ce conseil sera composé des deux lieutenans-colonels, d'un officier et d'un sous-officier de chaque grade, de l'adjudant-major et de quatre volontaires.

2. Les officiers, sous-officiers et volontaires membres du conseil, seront choisis par le bataillon entier, au scrutin individuel et à la pluralité relative des suffrages: ils seront nommés pour un an; ils pourront être continués par de nouvelles élections.

3.

Il sera nommé de la même manière un officier, un sous-officier de chaque grade, et quatre volontaires destinés à suppléer les membres du conseil qui seront absens ou malades.

3. Le quartier-maître-trésorier assistera au conseil, mais sans voix délibérative; il y fera les fonctions de secrétaire.

4. Le conseil d'administration ordonnera de tout ce qui est relatif à l'habillement, à l'armement et équipement. Il veillera à ce que toutes les dépenses soient faites avec économie, toutes les retenues avec exactitude, tous les paiemens et remboursemens avec ordre; il est, en un mot, spécialement chargé de diriger tout ce qui concerne les finances et la comptabilité générale et particulière.

5. Il sera, sous la surveillance du conseil d'administration, ouvert par le sergent-major de chaque compagnie un compte pour chaque garde volontaire national, dans lequel ce sous-officier inscrira le produit de toutes les retenues que les sous-officiers et volontaires auront supportées, et la quotité de tous les paiemens qu'on leur aura fait. Ce compte sera arrêté tous les trois mois, visé par le capitaine, et signé par le garde volontaire national.

Section IV. De l'armement, habillement, équipement et logement des bataillons.

Art. 1er. Les bataillons de gardes volontaires nationaux recevront, au moment de leur formation, ou, au plus tard, au moment de leur arrivée dans leurs garnisons ou quartiers, un armement complet. Il sera joint à chaque fusil un tirebourre et un tourne-vis.

2. Lorsque des circonstances obligeront d'armer des gardes nationales volontaires avec des fusils ou des sabres qui auront déjà servi, les armes qu'on leur distribuera seront réparées à neuf.

3. Les gardes nationaux volontaires entretiendront à leurs frais les armes qu'ils auront reçues; à cet effet, il sera arrêté par le conseil d'administration un tarif que l'armurier du bataillon sera tenu de suivre pour le paiement de chaque pièce à remplacer ou à réparer.

4. Lors du licenciement des bataillons, les gardes volontaires nationaux seront tenus de rendre en bon état les armes qu'ils auront reçues, ou de payer, conformément au même tarif, les réparations qu'elles exigeraient.

5. Il sera fait, sur chaque solde attribuée aux sous-officiers et volontaires nationaux, une retenue de trois sous par jour, dont il leur sera fait décompte tous les trois mois.

Le produit de cette retenue ne sera mis à la libre disposition que de ceux qui auront acquitté les avances qu'on leur aura faites pour leur habillement, petit équipement, et dont l'habillement entier sera en bon état.

6. Il sera fait, sur chaque solde attribuée aux sous-officiers et volontaires nationaux, une retenue de deux sous par jour, dont il leur sera fait décompte tous les trois mois.

Le produit de cette retenue ne sera mis à la libre disposition que de ceux qui auront acquitté les avances qu'on leur aura faites pour leur équipement, et dont les armes, le linge et la chaussure seront en bon état.

7. Il sera fourni aux gardes volontaires nationaux, lorsqu'ils seront en faction, des guérites et des capotes, ainsi qu'aux soldats des troupes de ligne.

8. Une moitié de la solde des gardes volontaires nationaux qui auront obtenu la permission de s'absenter pendant un temps déterminé, appartiendra au bataillon entier, et l'autre au garde volontaire national qui se sera absenté.

La partie de la solde attribuée au bataillon sera répartie, par égale portion, entre tous les membres qui le composent.

La partie attribuée au volontaire qui se sera légalement absenté ne sera mise à sa libre disposition que dans le cas où il aura remboursé la totalité des avances qui lui auront été faites, et où son habillement et son équipement seront complets et en bon état.

Les conseils d'administration seront particulièrement responsables de l'exécution du présent article.

9. Lorsque des gardes nationales et des troupes de ligne se trouveront ensemble dans un même lieu et ne pourront être logées dans les casernes, les gardes nationales seront logées chez les habitans, à raison d'un lit pour deux hommes.

10. Lorsque les gardes volontaires nationaux seront logés dans les casernes, ils recevront le bois et les autres fournitures des casernes, sur le même pied que les troupes de ligne.

Lorsque, voyageant dans l'intérieur du royaume, ils seront logés chez les habitans, ils auront, comme les troupes de ligne, place au feu et à la lumière.

Lorsque, devant tenir garnison dans une ville, bourg ou village, ils seront logés chez les habitans, ils seront tenus de se procurer sur leur solde le bois et la lumière dont ils auront besoin.

11. On ne fera préparer, qu'en vertu d'un décret du Corps-Législatif, le logement des gardes nationales volontaires dans des édifices nationaux, et on n'obligera jamais, pour ce même objet, les citoyens à donner des fournitures.

12. Le logement des officiers des gardes nationales volontaires leur sera fourni sur le même pied et de la même manière qu'aux officiers des troupes de ligne.

Il sera, en conséquence, mis, pour cet objet, une somme de 80,000 livres à la disposition du ministre de la guerre, sous sa responsabilité.

13. Les directoires de département adresseront, quinze jours après la réception du présent décret, au ministre de la guerre, un état détaillé et certifié par eux de toutes les dépenses qu'ils auront faites pour l'habillement et l'équipement des gardes nationales volontaires. Le ministre mettra le résultat de ces comptes sous les yeux du Corps-Législatif.

4. Tous les bataillons qui ont dû être levés en vertu des décrets de l'Assemblée nationale seront, par les soins des directoires de département, rassemblés, habillés, équipés, sous le plus court délai.

L'Assemblée nationale charge le pouvoir exécutif de faire usage de l'autorité que la loi lui confie, afin que cette organisation n'éprouve désormais aucun retard.

13. L'Assemblée nationale charge de même le pouvoir exécutif de donner tous les ordres nécessaires, afin que les bataillons de gardes nationales volontaires soient, au 1er février, portés dans tous les lieux où ils peuvent être utiles à la sûreté et à la défense de l'État; le charge encore de pourvoir, sans délai, à leur armement et à leur équipement; le charge enfin de prendre les moyens les plus prompts et les plus sûrs, afin que les gardes nationales volontaires, en arrivant dans leurs quartiers, toutes les instructions militaires propres à seconder leur courage.

SECTION V. Des récompenses, des peines, de la solde et du traitement des bataillons.

Art. 1er. Les gardes volontaires nationaux obtiendront les récompenses militaires accordées à ceux qui ont servi l'État dans la guerre ou la marine, conformément aux règles prescrites par le décret du 3 août 1790, sur les pensions, gratifications et autres récompenses militaires.

Les interruptions de service ne nuiront point au droit des gardes volontaires nationaux aux récompenses militaires.

Celui qui aura servi sans interruption depuis l'époque du rassemblement de son bataillon jusqu'au moment de son licenciement, jouira des droits de citoyen actif dès qu'il aura l'âge de vingt-cinq ans.

2. Tout garde volontaire national qui abandonnera son bataillon sans avoir obtenu une autorisation légale sera, par ce fait seul, privé pendant dix ans du droit de citoyen actif et de l'honneur de servir dans la garde nationale et les troupes de ligne pendant le même nombre d'années; en conséquence, son nom sera rayé de la liste prescrite par la section IV du chapitre Ier de la constitution française; il sera, de plus, à la diligence du procureur de la commune, condamné, par toutes voies de droit, à rembourser à la nation les avances qu'elle lui aura faites pour son habillement et son équipement. . .

Les procureurs de communes seront chargés de veiller à l'exécution du présent article.

3. Dès le huitième jour de l'absence non-autorisée d'un garde volontaire national, le commandant de son bataillon en préviendra le procureur-général-syndic du département, et lui enverra l'état de ce que le volontaire redevait à la nation pour les habits ou autres effets qu'il avait reçus. Le procureur-général-syndic donnera de suite des ordres afin que les articles 2 de la présente section et 8 de la section 11 du présent décret soient exécutés sans délai.

4. Tout garde volontaire national qui, en abandonnant ses drapeaux sans avoir obtenu une permission légale, emportera ses armes ou quelques parties de son équipement militaire, ou des effets appartenant à ses camarades, sera réputé coupable du crime de vol, et, comme tel, livré aux tribunaux criminels.

5. Lorsque les gardes nationales volontaires seront campées, elles recevront les mêmes fournitures que les troupes de ligne: elles éprouveront, pour raison desdites fournitures, la retenue qui sera alors fixée pour les troupes de ligne.

6. L'étape sera fournie aux gardes nationales volontaires de la même manière et sur le même pied qu'aux troupes de ligne, à la charge d'une retenue de six sous par place de vivres.

7. Il sera fourni en route, à chaque officier des gardes nationales volontaires qui en demandera, un cheval de selle, qui sera payé par lui, avant le départ, à raison de vingt-cinq sous par jour. Cette fourniture sera faite suivant le mode prescrit pour les troupes de ligne.

8. Les lieutenans-colonels des bataillons de gardes nationales volontaires jouiront du même nombre de places de fourrages que les lieutenans-colonels d'infanterie; elles leur seront payées sur le même pied et de la même manière.

9. Les gardes nationaux volontaires seront reçus dans tous les hôpitaux de l'empire, moyennant une retenue de six sous par jour.

10. Les gardes nationaux volontaires qui entreront dans les hôpitaux ne recevront de décompte, à leur sortie, que dans le cas où ils auront remboursé les avances qui leur auront été faites par la nation pour leur habillement et leur petit équipement.

11. Du moment où les bataillons de gardes nationales volontaires seront campés, il y sera attaché un aumônier à leur choix; cet

ecclésiastique sera salarié ainsi que ceux des troupes de ligne.

12. Il sera constamment attaché un chirurgien - major à chaque bataillon de gardes nationales volontaires; le choix en sera fait, la première fois, par le directoire de département, et ensuite par les bataillons eux-mêmes, dans la forme prescrite pour l'élection du quartier-maître.

13. Il sera alloué à chaque bataillon une somme de 120 livres, une fois payée, pour l'achat d'une caisse militaire et des registres nécessaires à la comptabilité.

Ladite caisse et les registres seront, lors du licenciement du bataillon, remis, ainsi que les drapeaux, au directoire du département : le quartier-maître-trésorier sera comptable de ces différens objets.

14. Il sera payé par mois à chaque bataillon une somme de 50 livres, pour être employée à la solde de tous frais du bureau; cette somme sera à la disposition du conseil.

15. Lorsque la cherté des denrées, ou des circonstances particulières obligeront à accorder momentanément une augmentation de solde aux troupes de ligne, les gardes nationales volontaires qui se trouveront dans la même garnison ou dans les mêmes circonstances obtiendront la même augmentation, ou auront part aux mêmes distributions.

16. Dans aucun cas, on n'admettra à l'avenir à la solde, dans les bataillons ou compagnies de gardes nationales volontaires, un plus grand nombre d'officiers, sous-officiers ou volontaires, que celui qui est porté par le décret du 4 août : pourront, néanmoins, les conseils d'administration admettre deux surnuméraires par compagnie, auxquels le logement sera fourni.

17. Les départemens ne pourront, à l'avenir, lever un plus grand nombre de bataillons que celui qui leur sera prescrit par les décrets du Corps-Législatif. Le ministre de la guerre fera connaître, dans le compte qu'il rendra le 15 janvier de tout ce qui concerne les gardes nationales volontaires, le nombre de bataillons qui ont excédé celui qui est fixé par le décret du 21 juin dernier.

### SECTION VI. Du commandement.

Art. 1er. Toutes les fois que des gardes nationales volontaires se trouveront réunies à des troupes de ligne, le commandement général restera déféré aux officiers et sous-officiers des troupes de ligne; mais il appartiendra aux officiers et sous-officiers des gardes nationales volontaires, lorsqu'ils occuperont un grade plus élevé que les officiers ou les sous-officiers des troupes de ligne.

2. Lorsque des gardes nationales volontaires de différens bataillons seront réunies, le commandement général sera déféré à l'officier du grade le plus élevé; à grade égal, il

appartiendra à celui qui aura servi dans les troupes de ligne; si nul n'a servi dans les troupes de ligne, au plus ancien de service, et, en cas d'égalité, au plus ancien d'âge. S'ils ont servi dans les troupes de ligne, il sera déféré à celui qui aura servi dans le grade le plus élevé; et, à égalité de grade, à celui qui aura servi le plus long-temps.

### SECTION VII. De l'exécution du présent décret.

Art. 1er. Le ministre de la guerre sera tenu de rendre, le 15 janvier, un compte détaillé de tout ce qui concerne les gardes nationales volontaires; en conséquence, il fera connaître au Corps-Législatif : 1° le nombre de bataillons que chaque département aura fourni;

2° Le nombre d'hommes dont chaque bataillon sera formé;

3° L'état de son habillement et de son équipement;

4° L'état de son équipement militaire;

5° L'état de son armement, en distinguant les modèles;

6° Les progrès qu'il aura faits dans l'instruction et la discipline militaire;

7° L'emplacement des bataillons formés, la destination de ceux qui ne le seront pas encore;

8° Le nombre de bataillons ou de compagnies que chaque département pourrait encore fournir;

9° Les bataillons qu'il serait nécessaire de lever;

10° Enfin, tous les détails qui pourront mettre le Corps-Législatif à portée de juger, avec connaissance de cause, de tout ce qui concerne les gardes nationales volontaires;

2. Le Roi sera prié de faire, sans délai, toutes les proclamations nécessaires à l'exécution du présent décret.

3. Dans tous les cas qui n'ont pas été prévus par le présent décret et par le décret du 4 août 1791, les ordonnances et les réglemens rendus pour les troupes de ligne seront provisoirement exécutés et suivis par les gardes nationales volontaires.

4. Le présent décret sera porté, dans le jour, à la sanction du Roi.

---

28 DÉCEMBRE 1791 = 1er JANVIER 1792. — Décret relatif à la rectification de l'article 2 du décret du 17 décembre 1791, sur les assignats. ( L. 8, 6 ; B. 19, 264.)

Art. 2. « Les dix-huit cent millions d'assi-
« gnats créés par l'Assemblée constituante
« ne pouvant suffire aux besoins des caisses
« publiques, puisque trois cent cinquante-
« cinq millions ont été brûlés, et que treize
« cent quatre-vingt-sept millions sont déjà en
« circulation, il sera fait, au moyen du pa-
« pier dont la fabrication a été ordonnée par

« les décrets des 1ᵉʳ novembre dernier et 8
« décembre courant, une nouvelle création
« de trois cent millions en assignats; lesquels
« seront employés tant à fournir au besoin
« des caisses qu'à remplacer les assignats qui
« seront brûlés à l'avenir, de manière que
« la somme des assignats en circulation n'ex-
« cède pas seize cent millions. »

28 DÉCEMBRE 1791. — Décret relatif aux men-
tions qui seront faites au procès-verbal de
l'Assemblée. (B. 19, 243.)

28 DÉCEMBRE 1791. — Décret relatif aux députés absens par congés. (B. 19, 264.)

28 DÉCEMBRE 1791. — Bureau de charité de Lille.
*Voy.* 26 DÉCEMBRE 1791. — Panthéon français. *Voy.* 24 DÉCEMBRE 1791. — MM. Rochambeau et Luckner. *Voy.* 27 DÉCEMBRE
1791.

29 DÉCEMBRE 1791 = 15 JANVIER 1792. — Décret relatif à la forme de congé indiquée par
l'article 2 du titre II du décret du 9 août
1791, sur la police de la navigation et des ports
de commerce. (L. 8, 49; B. 19, 293; Mon.
du 31 décembre 1791.)

L'Assemblée nationale, sur le compte qui
lui a été rendu d'une omission faite au décret
du 9 août dernier, concernant la police de
la navigation et des ports de commerce, auquel on a oublié d'annexer la nouvelle forme
des congés, désignée par l'art. 2 du titre II
de ce décret;

Considérant que cette omission a empêché
le pouvoir exécutif de préparer, jusqu'ici,
l'exécution et l'application de l'art. 6 du
décret du 22 avril dernier, qui, en supprimant la charge d'amiral de France, a fixé
l'époque du 1ᵉʳ janvier prochain pour la
substitution des nouveaux congés à ceux qui
sont encore délivrés au nom et avec la signature de M. de Penthièvre; considérant qu'il
est à la fois et très-instant et d'une nécessité
absolue, de réparer l'omission commise et de
proroger le délai qui va échoir, afin de prévenir les retards et les accidens qui pourraient s'ensuivre au préjudice de la navigation marchande, décrète qu'il y a urgence :

L'Assemblée nationale, ouï le rapport de
son comité de la marine, sur l'omission relative à la nouvelle forme des congés adoptée
par l'Assemblée nationale le 9 août dernier,
après avoir décrété l'urgence, décrète ce qui
suit :

Art. 1ᵉʳ. La nouvelle forme des congés,
adoptée et désignée par l'art. 2 du titre II
du décret du 9 août dernier, sera annexée au
présent décret.

2. Le délai prescrit par l'article 6 des décrets des 22 avril et 1ᵉʳ mai derniers, qui devait prendre fin au 1ᵉʳ janvier 1792, est prorogé jusqu'au 1ᵉʳ juillet de la même année;
en conséquence, les dispositions de cet article continueront d'avoir lieu jusqu'à cette
époque.

3. Les nouveaux congés seront alors substitués aux anciens, et le Roi, dans le plus
court délai à compter de cejourd'hui, en
donnera la communication officielle à toutes
les puissances maritimes.

*Congé de bâtimens de commerce français.*

Louis, par la grace de Dieu et la loi constitutionnelle de l'État, Roi des Français, à
tous ceux qui les présentes verront, salut.
Le bâtiment nommé le. . . . . du port de
(*en toutes lettres*) tonneaux, enregistré et
domicilié au port de. . . . . ayant été reconnu français, nous déclarons qu'il a le
droit de naviguer sous le pavillon national de
France, et avons donné congé et passeport à
(*nom et qualité du capitaine ou maître*),
commandant ledit bâtiment, pour partir du
port et hâvre de...... (*ici on énoncera, pour
les voyages de long cours, la destination du
bâtiment, en terminant ainsi* : et suivre ce
voyage avec le présent congé, jusqu'au retour dans un des ports de France. *Pour le
cabotage, on dira seulement* : et naviguer
au cabotage pendant un an avec le présent
congé), à la charge de se conformer aux lois
du royaume et aux réglemens de la navigation.

Prions et requérons tous souverains amis
et alliés de la nation française et leurs subordonnés; mandons et ordonnons à tous fonctionnaires publics sous nos ordres, aux commandans des bâtimens de l'État, et à tous
autres qu'il appartiendra, de laisser sûrement et librement passer ledit. . . . . avec
sondit bâtiment, sans lui faire ni souffrir
qu'il lui soit fait aucun trouble ni empêchement quelconque; mais, au contraire, de lui
donner toute faveur, secours et assistance,
partout où besoin sera. En témoin de quoi
nous avons mis notre seing et fait apposer le
sceau de l'État au présent congé, et icelui
fait contre-signer par le ministre de la marine.

Louis.

(Sceau de l'État.)

*Le ministre de la marine,*

N. . . . .

*Expédié au bureau géné-
ral des classes, à Paris,
sous le Nᵒ. . . . . . .
(en toutes lettres).*

Et envoyé. . . . . . . .

N. . . . . . . . . .

N. . . . .

*Enregistré et délivré par nous, commissaires des classes au port de. . . . le . . . .*

Reçu pour droit d'expédition . . . . . . .

*N. . . . .*

29 DÉCEMBRE 1791 = 1er JANVIER 1792. — Décret relatif à différens versemens de fonds à faire par la caisse de la Trésorerie nationale et par celle de l'extraordinaire. (L. 8, 14; B. 19, 266.)

29 DÉCEMBRE 1791 = 1er JANVIER 1792. — Décret qui charge les commissaires de la Trésorerie nationale de remettre au ministre de la guerre vingt millions pour les préparatifs de la guerre. (L. 7, 12; B. 19, 272.)

29 DÉCEMBRE 1791. — Décret et déclaration de l'Assemblée au sujet de la guerre. (L. 8, 438; B. 19, 267.) *Voy.* au 14 AVRIL 1792.

29 DÉCEMBRE 1791 = 15 JANVIER 1792. — Décret portant que la garde des ports de Paris continuera son service jusqu'au 1er février 1792. (B. 19, 276.)

29 DÉCEMBRE 1791. — Décret qui ordonne le dépôt aux archives de toutes les pièces relatives à l'affaire des sieurs Loyauté et Silly. (B. 19, 265.)

29 DÉCEMBRE 1791. — Décret relatif à l'envoi aux ministres, ordonnateurs et commissaires du Roi, des décrets relatifs aux comptes qu'ils doivent rendre. (B. 19, 276.)

30 DÉCEMBRE 1791 = 26 FÉVRIER 1792. — Décret concernant la nomination des fonctionnaires publics. (L. 8, 219; B. 19, 378.)

30 DÉCEMBRE 1791 = 1er JANVIER 1792. — Décret relatif à une avance de 300,000 livres, faite à la municipalité de Paris par la caisse de l'extraordinaire. (B. 19, 278.)

30 DÉCEMBRE 1791. — Commission des assignats. *Voy.* 24 OCTOBRE 1791. — États de vente des domaines nationaux. *Voy.* 4 NOVEMBRE 1791. — Municipaux de Versailles. *Voy.* 4 DÉCEMBRE 1791.

31 DÉCEMBRE 1791 = 14 JANVIER 1792. — Décret qui défend d'exporter à l'étranger les orges, avoines, grenailles, légumes et fourrages de toute espèce. (L. 8, 200; B. 19, 284.)

L'Assemblée nationale ajoute à la prohibition de l'exportation des grains à l'étranger, déjà ordonnée, celle des orges, avoines, grenailles, légumes et fourrages de toute espèce.

Art. 1er. Cette prohibition aura lieu dans tous les ports de mer du royaume, et seulement sur les frontières continentales comprises entre la Manche et le Rhin, de Dunkerque à la hauteur de Pontarlier.

2. La libre circulation des denrées mentionnées dans l'article ci-dessus, pour toutes les parties du royaume et les diverses possessions françaises, continuera d'avoir lieu comme par le passé, conformément aux lois établies.

31 DÉCEMBRE 1791 = 12 FÉVRIER 1792. — Décret portant que les soldats du régiment de Château-Vieux, détenus aux galères de Brest, sont compris dans l'amnistie. (L. 8, 131; B. 19, 285.)

31 DÉCEMBRE 1791 = 4 JANVIER 1792. — Décret relatif aux fonds nécessaires pour les paiemens à faire par la Trésorerie nationale jusqu'au 1er avril prochain. (L. 8, 25; B. 19, 382.)

31 DÉCEMBRE 1791 = 4 JANVIER 1792. — Décret qui accorde 36,000 livres au commissaire du Roi de la liquidation, pour les dépenses de ses bureaux, et qui lui ordonne de rendre un compte de leur organisation. (B. 19, 278.)

31 DÉCEMBRE 1791. — Décret qui fixe le nombre et le traitement des employés du comité de l'ordinaire des finances. (B. 19, 281.)

31 DÉCEMBRE 1791. — Décret portant que l'Assemblée ne recevra et ne fera aucun compliment à l'occasion du premier jour de l'an. (B. 19, 281.)

31 DÉCEMBRE 1791. — Décret relatif aux conventions concernant la fabrication des assignats. (B. 19, 282.)

1er JANVIER 1792. — Proclamation du Roi qui détermine les quantités de sel à fournir aux départemens du Jura, du Doubs, des Vosges, de la Meurthe, de la Meuse et de la Moselle, par les salines de Salins, Arcq et Montmorot, et par celles de Dieuze, Château-Salins et Moyenvic. (L. 8, 1.)

1er JANVIER 1792. — Proclamation du Roi concernant l'essartement et l'arrachis de tous les bois et arbres qui se trouvent dans la largeur de cent pieds de chaque côté de la grande route de Paris à Meaux, à partir du chemin d'Aulnay jusque vis-à-vis les bâtimens de la ci-devant abbaye de Livry, et l'ouverture de fossés le long desdits bois. (L. 8, 7.)

1ᵉʳ JANVIER 1792. — Assignats. *Voy.* 28 DÉCEMBRE 1791. — Bâtimens des Feuillans. *Voy.* 27 DÉCEMBRE 1791. — Caisse de l'extraordinaire. *Voy.* 29 DÉCEMBRE 1791. — Communautés, etc. *Voy.* 27 DÉCEMBRE 1791. — Préparatifs de guerre. *Voy.* 29 DÉCEMBRE 1791.

2 = 4 JANVIER 1792. — Décret relatif aux bibliothèques des maisons religieuses et autres établissemens supprimés. (L. 8, 27; B. 20, 1.)

L'Assemblée nationale, considérant qu'il est utile à la propagation de la science de connaître exactement les richesses littéraires du royaume, pour pouvoir y faire participer, autant qu'il sera possible, tous les départemens de l'empire par une juste distribution;

Considérant qu'il importe de recueillir ce qui reste à recevoir de renseignemens à cet égard, pour ne point laisser incomplet et inutile le travail commencé par l'Assemblée constituante, décrète ce qui suit :

Art. 1ᵉʳ. Les administrateurs de district feront continuer sans interruption les travaux ordonnés pour la confection des catalogues et cartes indicatives des livres provenant des maisons religieuses et autres établissemens supprimés.

2. Les administrations de district feront passer aux administrations de département les états des frais occasionés pour le transport et la garde des livres provenant desdites maisons religieuses et autres établissemens supprimés, pour la confection des catalogues et cartes indicatives; et, après avoir vérifié et débattu lesdits états, les administrations de département sont autorisées à les allouer économiquement, et à délivrer des ordonnances du montant sur les receveurs de district.

3. L'Assemblée nationale autorise son comité d'instruction publique à faire continuer dans son enceinte, par des personnes expertes qui seront payées en raison de leur emploi, le travail commencé sur les cartes et catalogues envoyés.

*Voy.* au 8 FÉVRIER, l'article additionnel.

2 = 6 JANVIER 1792. — Décret relatif à la subsistance des ouvriers travaillant dans les ports de Brest, Rochefort et Toulon. (L. 8, 30; B. 20, 4.)

L'Assemblée nationale, sur le compte qui lui a été rendu de la demande des ouvriers de l'arsenal de Toulon, du 27 octobre dernier, et de la lettre du ministre de la marine du 21 novembre suivant; considérant qu'il importe d'assurer la subsistance des ouvriers dont les salaires ne sont payés que de mois en mois, et qu'il est juste d'étendre aux ouvriers du port de Toulon la distribution du pain établie dans les ports de Brest et Roche-

fort, pour attacher de plus en plus cette classe utile et précieuse à leurs travaux et à leurs devoirs, décrète ce qui suit :

Art. 1ᵉʳ. Il sera continué, dans les ports de Brest et de Rochefort, et il sera établi dans celui de Toulon, une distribution journalière de pain aux ouvriers de l'arsenal, proportionnellement à leurs besoins, et conformément à ce qui se pratique dans lesdits ports de Brest et de Rochefort.

2. Cette distribution sera faite par le munitionnaire de la marine sur des bons signés par les chefs des travaux, et d'après les états dressés chaque mois et arrêtés par l'ordonnateur.

3. La valeur du pain livré à chaque ouvrier sera retenue tous les mois sur le montant de son salaire, suivant la fixation qui en sera faite et arrêtée entre le munitionnaire et les officiers d'administration de la marine, d'après le prix d'achat des grains n'excédant pas le prix courant.

2 = 6 JANVIER 1792. — Décret relatif aux créances dues au Trésor public par les acquéreurs de l'ancien enclos des Quinze-Vingts. (L. 8, 32; B. 20, 3.)

L'Assemblée nationale, après avoir entendu le rapport de son comité de l'ordinaire des finances sur les créances dues au Trésor public par les acquéreurs de l'ancien enclos des Quinze-Vingts; considérant que la vente prochaine des maisons acquises par ces derniers exige que l'agent du Trésor public fasse les plus promptes diligences pour assurer le recouvrement des sommes dues à la nation et affectées par un privilége spécial sur ces maisons, et que, cependant, la marche du même agent est embarrassée et même arrêtée par la fausse interprétation donnée au décret rendu le 7 avril 1791 sur l'administration des Quinze-Vingts, décrète qu'il y a urgence.

L'Assemblée nationale, après avoir décrété l'urgence, considérant que l'arrêt du conseil du 8 février 1787, par lequel le Roi s'est chargé de payer aux Génois une somme de quatre millions, à la décharge du sieur Seguin et compagnie, n'a eu aucun rapport à l'administration de l'hôpital des Quinze-Vingts, déclare qu'il n'a pu être frappé de la nullité prononcée par l'article 3 du décret du 7 avril 1791 contre les arrêts du conseil mentionnés audit article; en conséquence, décrète que l'agent du Trésor public fera valoir par-devant les tribunaux les droits et priviléges qui ont été assurés à l'État par cet arrêt du conseil du 8 février 1787, et fera aussi toutes diligences pour assurer le recouvrement de ce qui est dû au Trésor public par le sieur Seguin et compagnie, tant par le même arrêt que par d'autres titres.

Décrète pareillement que les arrêts du conseil rendus postérieurement aux lettres-patentes du mois de décembre 1779, pour régler les difficultés survenues entre les acquéreurs de l'enclos et leurs ouvriers, constructeurs et entrepreneurs, au sujet du prix des ouvrages faits dans les bâtimens acquis par le sieur Seguin et compagnie, et qui n'ont eu aucune relation à l'administration des Quinze-Vingts, n'ont pu être compris dans la nullité prononcée par l'article 3 du décret du 7 avril 1791.

2 = 4 JANVIER 1792. — Décret portant qu'il y a lieu à accusation contre Louis-Stanislas-Xavier, Charles-Philippe, Louis-Joseph, princes français ; N. Calonne, N. Laqueuille et Grégoire Riquetti. (L. 8, 21 ; B. 20, 6.)

*Voy.* loi du 6 FÉVRIER 1792.

L'Assemblée nationale, considérant que la notoriété publique et des actes extérieurs connus de l'Europe entière ne permettent plus de douter que des princes fugitifs ont formé le coupable projet d'attenter à la liberté de leur patrie ; que des princes français se sont déclarés les chefs de cette conspiration ; qu'ils ont calomnié la nation, ses représentans et son Roi ; tenté d'élever des doutes sur la sincérité de l'acceptation que Louis XVI a solennellement proclamée ; appelé autour d'eux une foule de rebelles, fait des préparatifs hostiles, suivi des négociations auprès des puissances étrangères ; sollicité d'elles des secours en hommes, en armes et en argent, ouvertement dirigés contre la France ; fomenté dans le sein du royaume des divisions funestes ; tenté d'ébranler la fidélité de plusieurs agens de la force publique ; entretenu des relations suspectes dans l'intérieur, et fait enrôler et recruter, au nom du Roi, jusque dans le sein de la France ;

Considérant que les mesures décrétées par l'Assemblée nationale, au commencement du mois de novembre dernier, et le délai qu'elle avait accordé, n'ont fait qu'accroître l'audace des rebelles, ont provoqué des réponses séditieuses et insolentes aux exhortations fraternelles du Roi, nécessité des armemens considérables et entretenu des inquiétudes funestes au crédit et une fermentation dangereuse pour la tranquillité publique ;

Décrète qu'il y a lieu à accusation contre Louis-Stanislas-Xavier, Charles-Philippe et Louis-Joseph, princes français ; N. Calonne, ci-devant contrôleur-général ; N. Laqueuille, l'aîné, et Grégoire Riquetti, tous les deux ci-devant députés à l'Assemblée nationale constituante, comme prévenus d'attentats et de conspiration contre la sûreté générale de l'État et de la constitution,

L'Assemblée nationale, considérant qu'il importe à la tranquillité publique de prendre sans délai les mesures les plus propres pour déjouer les projets des conspirateurs, et hâter l'exécution du décret d'accusation qu'elle a rendu ;

Que les agens du pouvoir exécutif lui doivent compte de tous les éclaircissemens qu'ils ont dû se procurer sur les démarches officielles des révoltés auprès des cours étrangères, sur les circonstances qui ont accompagné et suivi leurs complots, la désignation de leurs principaux agens, l'état et le nombre de leurs complices ;

Décrète que ses comités diplomatique et de législation réunis lui présenteront, dans le délai de trois jours, un projet d'acte d'accusation contre Louis-Stanislas-Xavier, Charles-Philippe et Louis-Joseph, princes français : et contre N. Calonne, ci-devant contrôleur-général ; N. Laqueuille, l'aîné, et Grégoire Riquetti, tous les deux ci-devant députés de l'Assemblée nationale constituante ;

Décrète que le ministre des affaires étrangères sera tenu de remettre au comité diplomatique, dans le même délai, toutes les notes et éclaircissemens relatifs auxdits complots et aux circonstances qui les ont suivis ou accompagnés, que les agens auprès des puissances étrangères ont dû lui faire parvenir, comme aussi de dénoncer à l'Assemblée nationale ceux d'entre lesdits agens qui peuvent s'être rendus coupables de connivence avec les révoltés, soit en favorisant ouvertement leurs projets, soit en négligeant d'instruire le Gouvernement des dispositions hostiles qu'ils ont manifestées et des négociations qu'ils ont préparées ou suivies sous leurs yeux dans les cours étrangères.

2 JANVIER 1792. — Décret portant que l'ère de la liberté sera au 1er janvier 1789. (B. 20, 6.)

2 JANVIER 1792. — Décret qui autorise le ministre de la justice à continuer la collection des lois. (B. 20, 8.)

3 = 4 JANVIER 1792. — Décret portant qu'il n'y a lieu à accusation contre les sieurs Félix-Adhémar, Monjous, Pomayrole, Chollet, Saillant et autres, comme prévenus de complots contre la sûreté générale. (L. 8, 16.)

3 = 6 JANVIER 1792. — Décret qui accorde 600,000 livres pour la continuation de l'ouverture du canal de jonction de la Saône à la Seine. (L. 8, 29 ; B. 20, 9.)

3 JANVIER 1792. — Décret relatif à la composition de la haute-cour nationale (1). (B. 20, 10.)

—————

3 JANVIER 1792. — Décret relatif au remplacement de M. Valadier, député du département de l'Ardèche (2). (B. 20, 12.)

—————

3 JANVIER 1792. — Décret portant qu'il sera fait mention honorable de l'offre faite par le sieur Guillaume d'une somme de 600 livres, pour être versée dans la caisse des Invalides. (B. 20, 13.)

4 = 8 JANVIER 1792. — Décret relatif à la fabrication des assignats de petite valeur. (L. 8, 43; B. 20, 22.)

, L'Assemblée nationale, considérant que la disparition momentanée du numéraire rend instante la fabrication des assignats de petite valeur; qu'il importe d'ailleurs de remplacer le plus tôt possible, par des assignats nationaux au-dessous de cinq livres, les papiers actuellement en circulation, qui ont été émis par des municipalités ou par des particuliers pour les suppléer, décrète qu'il y a urgence de délibérer sur cet objet.

L'Assemblée nationale après avoir décrété l'urgence, décrète ce qui suit :

Art. 1er. Il sera procédé de suite, sous la direction et la responsabilité du ministre des contributions publiques, et sous la surveillance du comité des assignats et monnaies, à la fabrication de quarante millions en assignats de dix sous, soixante millions en assignats de quinze sous, cent millions en assignats de vingt-cinq sous, et cent millions en assignats de cinquante sous.

2. L'émission desdits assignats ne pourra avoir lieu que lorsqu'il y en aura pour cinquante millions de fabriqués; ils ne pourront être employés qu'à l'échange des assignats de plus forte somme, actuellement en circulation, suivant le mode qui sera réglé par un décret.

3. Le ministre des contributions rendra compte tous les quinze jours à l'Assemblée des progrès de la fabrication desdits assignats, et de la fabrication et distribution de la monnaie de cuivre ou de cloche.

—————

4 = 13 JANVIER 1792. — Résultats généraux des décrets portant liquidation de plusieurs offices de perruquiers et de judicature. ( B. 20, 19 et 21.)

4 = 13 JANVIER 1792 — Résultat général du décret portant liquidation de plusieurs parties de la dette publique. (B. 20, 13.)

4 JANVIER 1792. — Proclamation du Roi concernant le maintien du bon ordre sur les frontières. (L. 8, 18.)

4 JANVIER 1792. — Accusation contre les frères du Roi; Bibliothèque des maisons religieuses. Voy. 2 JANVIER 1792. — Commissaires du Roi pour la liquidation. Voy. 31 DÉCEMBRE 1791. — Emigrés, créanciers de l'Etat. Voy. 28 DÉCEMBRE 1791. — Félix-Adhémar. Voy. 3 JANVIER 1792. — Propriétaires d'offices et créances sur l'Etat. Voy. 6 JANVIER 1792. — Trésorerie nationale. Voy. 31 DÉCEMBRE 1791.

5 = 8 JANVIER 1792. — Décret relatif aux cures vacantes dans le département du Haut-Rhin, et à celles qui viendront à vaquer dans les divers départemens pendant l'année 1792. ( L. 8, 34; B. 20, 26.)

Voy. lois du 12 = 24 AOUT 1790; du 7 = 9 JANVIER 1791 et du 4 = 6 AVRIL 1791.

L'Assemblée nationale, après avoir entendu le rapport de son comité de division sur la nécessité de pourvoir incessamment aux cures vacantes dans le département du Haut-Rhin, ainsi que sur les mesures à prendre pour faciliter, dans tous les départemens du Royaume, les nominations aux places qui pourront vaquer dans le cours de l'année 1792, et pour prévenir en même temps les obstacles qui pourraient résulter du refus ou de la négligence que les nouveaux élus apporteraient à se faire installer après leur nomination ; considérant que le maintien de l'ordre et de la tranquillité publique exige qu'on pourvoie aux mesures à prendre dans le plus court délai possible, décrète qu'il y a urgence.

L'Assemblée nationale, sur le rapport de son comité de division et après avoir rendu le décret d'urgence, décrète ce qui suit :

Art. 1er. Dans le mois à compter du jour de la publication du présent décret, les électeurs du département du Haut-Rhin seront convoqués extraordinairement dans le chef-lieu de leurs districts respectifs, à l'effet de procéder à la nomination aux cures vacantes dans ce département, par mort ou démission, défaut de prestation ou rétractation de serment, ainsi qu'à celles dont les nouveaux pourvus par les précédentes élections n'auront pas pris possession dans la quinzaine qui suivra la promulgation du présent décret, dans les chefs-lieux de district où les nominations ont été faites.

—————

(1) La discussion sur la question de savoir si les articles additionnels sur l'organisation de la haute-cour nationale seraient portés à la sanction, a été ajournée par décret du 9 janvier 1792.

(2) Ce décret a été rapporté le lendemain.

2. A l'avenir, les curés nouveaux élus seront tenus de se faire installer dans la quinzaine à compter du jour qu'ils auront obtenu l'institution canonique ; à l'effet de quoi, ils seront obligés de se présenter à l'évêque dans la première quinzaine qui suivra la notification que le procureur-syndic du district où ils auront été élus sera tenu de leur donner par l'envoi de l'extrait du procès-verbal de leur élection, dans les trois jours de la proclamation qui en aura été faite, aux termes de l'article 31 du titre II du décret du 12 = 24 août 1790 ; et à défaut par les nouveaux pourvus d'avoir satisfait aux dispositions ci-dessus dans les délais prescrits, ou d'avoir justifié d'un empêchement légitime, les cures auxquelles ils auront été nommés seront dès lors réputées vacantes, et il y sera pourvu comme en cas de vacance par mort, démission ou autrement.

3. Les exceptions portées par les articles 1, 2, 3 et 4 du décret du 7 = 9 janvier 1791, et l'article 1er de celui du 4 = 6 avril suivant, par rapport aux qualités requises pour être éligible aux évêchés, cures et vicariats, soit des églises cathédrales ou autres qui pourraient vaquer dans le cours de 1791, sont et demeurent prorogées jusqu'au 1er janvier 1793.

4. Jusqu'à la même époque du 1er janvier 1793, les prêtres étrangers seront éligibles aux places de curés et de vicaires à la nomination ou au remplacement desquels il y aura lieu de procéder, sauf à se conformer ensuite à ce qui est prescrit par l'article 4 du titre II de la constitution, et par les lois antérieures.

5. Les dispositions du présent décret sont déclarées communes à tous les départemens qui se trouveront dans l'un ou l'autre des cas qui y sont exprimés.

5 = 8 JANVIER 1792. — Décret relatif à l'organisation de la gendarmerie nationale. (L. 8, 39 ; B. 20, 28 ; Mon. du 7 janvier 1792.)

*Voy.* lois du 16 JANVIER = 16 FÉVRIER 1791, et du 14 = 29 AVRIL 1792.

L'Assemblée nationale, après avoir entendu le rapport de son comité militaire sur l'organisation actuelle de la gendarmerie nationale ; considérant que le besoin indispensable du service dans la circonstance présente nécessite une augmentation provisoire de brigades, et que rien n'est plus instant que de faire cesser les obstacles qui jusqu'ici ont empêché la formation définitive de ce corps, décrète qu'il y a urgence.

L'Assemblée nationale, après avoir préalablement décrété l'urgence, décrète définitivement ce qui suit :

Art. 1er. Le nombre des brigades de la gendarmerie nationale, fixé par différens décrets à douze cent quatre-vingt-treize, sera porté à celui de quinze cent soixante : chaque brigade, soit à pied, soit à cheval, demeurera composée d'un maréchal-des-logis ou brigadier, et de quatre gendarmes.

2. Quinze cents brigades seront réparties entre tous les départemens, de manière qu'il n'en soit pas établi moins de quinze, ni plus de vingt-une dans chaque département, à la réserve de ceux de Corse, Paris, Seine-et-Oise et Seine-et-Marne, exceptés par les décrets antérieurs.

Les soixante brigades restantes seront divisées par le Corps-Législatif, lors du travail général, entre les départemens dont il jugera que les localités, la population ou les circonstances pourront l'exiger.

3. En attendant l'organisation générale et définitive, le ministre de la guerre donnera des ordres pour que, sur le nombre des brigades existant dans chaque département, il y en ait une incessamment établie dans tous les lieux où il se trouve une administration ou un tribunal de district, l'Assemblée nationale l'autorisant à choisir provisoirement, dans l'étendue du département, les brigades qu'il devra placer en vertu du présent article.

4. Les brigades actuellement existant dans les chefs-lieux de département, et dont quelques directoires ont demandé la translation, afin qu'elles fussent plus utilement employées, seront, sous les ordres du ministre de la guerre, transférées le plus tôt possible dans les lieux indiqués par les directoires de département, et conformément aux mémoires et tableaux qui lui ont été adressés par eux, en vertu de l'article 3 du décret du 18 septembre dernier.

5. Les directoires de département ne pourront nommer de gendarmes que le nombre nécessaire pour compléter les brigades qui lui auront été affectées, et d'après la connaissance qui leur aura été donnée, par le ministre de la guerre, du nombre d'anciens sous-officiers et cavaliers de maréchaussée et sous-officiers, cavaliers et gardes des compagnies incorporées en vertu du décret du 16 janvier = 16 février 1791, qui doivent être employés dans leurs départemens.

6. Le ministre distribuera aussi comme gendarmes, dans les différentes brigades, les surnuméraires de la ci-devant maréchaussée qui y ont fait un service actif avant la formation de la gendarmerie nationale.

7. La distribution des ci-devant cavaliers de maréchaussée et compagnies incorporées se fera de manière qu'il y ait au moins un de ces cavaliers placés dans chaque brigade, et ce, sans y comprendre le brigadier.

8. Les officiers nommés en vertu des décrets sur l'organisation de la gendarmerie nationale, et qui ne faisaient point partie de la

ci-devant maréchaussée, seront payés de leurs appointemens, à dater du jour de leur prestation de serment, conformément au titre IV du décret du 16 janvier = 16 février dernier. Quant aux sous-officiers et gendarmes qui, par l'effet des circonstances, ont pu être mis en activité par les directoires de département, et qui n'auraient pas encore été brevetés, ils seront payés du jour où ils auront été mis en activité, sur les certificats de ces directoires : ceux de la ci-devant maréchaussée seront payés conformément aux décrets des 13 = 18 février et 22 juin = 20 juillet 1791, fait sur cet objet, sans qu'on puisse dorénavant apporter aucun retard dans leur paiement.

9. Les lettres de passe, autorisées dans la gendarmerie nationale par l'article 7 du décret du 22 = 28 juillet 1791, ne pourront avoir lieu pour les gendarmes que dans les résidences de leur département, et, pour les sous-officiers, dans celles de leur division, à moins que sur les demandes des départemens respectifs et sur les propositions des colonels, il n'en soit décidé autrement. Dans tous les cas, aucune lettre de passe ne sera donnée, tant aux officiers qu'aux sous-officiers et gendarmes, que sur les demandes précises et motivées des directoires de département.

10. Les maréchaux-des-logis de la ci-devant maréchaussée, en activité de service, qui ont obtenu des brevets de sous-lieutenans dans ce corps avant la formation actuelle de la gendarmerie nationale, auront droit, dans leur division, à une place de lieutenant, alternativement avec les maréchaux-des-logis choisis conformément à l'article 17 du titre II. La première place vacante dans chaque division sera donnée au plus ancien maréchal-des-logis breveté de sous-lieutenant; la deuxième, au choix, et ainsi de suite.

5 = 18 JANVIER 1792. — Décret portant qu'il n'y a pas lieu à accusation contre le sieur de Poulmy. (B. 20, 25.)

5 = 18 JANVIER 1792. — Décret qui autorise la municipalité d'Aubenas à faire un emprunt pour achat de grains. (B. 20, 25.)

5 JANVIER 1792. — Propriétaires d'offices et créances sur l'État. Voy. 6 FÉVRIER 1792.

6 JANVIER 1792. — Décret relatif au compte à rendre par la municipalité de Paris concernant les subsistances. (B. 20, 31.)

6 JANVIER 1792. — Canal de la Saône à la Seine. Voy. 3 JANVIER 1792. — Circulation des grains. Voy. 28 JANVIER 1792. — Enclos des Quinze-Vingts ; Ouvriers de Brest. Voy. 2 JANVIER 1792.

7 = 13 JANVIER 1792. — Décret relatif aux frais d'établissement du tribunal criminel de Paris. (B. 20, 32.)

7 JANVIER 1792. — Décret portant qu'il n'y a pas lieu à délibérer sur une pétition des secrétaires-commis attachés à l'Assemblée nationale constituante. (B. 20, 33.)

8 JANVIER 1792. — Décret relatif à une pétition du département de Loir-et-Cher, concernant les impositions ecclésiastiques de 1790. (B. 20, 33.)

8 JANVIER 1792. — Aubenas. Voy. 5 JANVIER 1792. — Curés du Haut-Rhin. Voy. 3 JANVIER 1792. — Français qui ont servi les puissances alliées. Voy. 29 NOVEMBRE 1791. — Gendarmerie nationale. Voy. 5 JANVIER 1792. — Petits assignats. Voy. 4 JANVIER 1792. — Sieur de Poulmy. Voy. 5 JANVIER 1792.

9 JANVIER 1792. — Décret qui ajourne la discussion sur la sanction ou non sanction des décrets relatifs à l'organisation de la haute-cour nationale, et enjoint au ministre de la justice de rendre compte des mesures prises pour le mettre en activité. (B. 20, 34.)

10 = 13 JANVIER 1792. — Décret qui réduit le second bataillon des gardes nationales du département de la Manche. (B. 20, 38.)

10 JANVIER 1792. — Décret relatif à la fabrication de trois nouveaux coins pour le timbre des assignats de cinq livres. (B. 20, 34.)

10 JANVIER 1792. — Décret relatif aux marchés faits pour la fabrication de trois cent millions d'assignats de cinq livres. (B. 20, 35.)

10 = 13 JANVIER 1792. — Décret qui autorise le directoire du district de Beauvais à louer la maison ci-devant occupée par l'état-major des gardes-du-corps. (B. 20, 36.)

10 = 13 JANVIER 1792. — Décret qui maintient provisoirement le directoire du département des Ardennes dans le local qu'il occupe. (B. 20, 37.)

10 JANVIER 1792. — Décret relatif à l'admission des commissaires de l'assemblée générale de Saint-Domingue, et au compte à rendre par le ministre de la marine de l'état actuel de cette colonie. (B. 20, 39.)

10 JANVIER 1792. — Tribunaux criminels. Voy. 13 JANVIER 1792.

11 JANVIER 1792. — Décret qui ordonne l'impression du rapport du ministre de la guerre, sur l'état actuel des frontières et les dispositions de l'armée. (B. 20, 40.)

12 = 15 JANVIER 1792. — Décret relatif aux frais des funérailles d'Honoré-Gabriel Riquetti Mirabeau. (L. 8, 53; B. 20, 66.)

L'Assemblée nationale, après avoir entendu la première lecture du projet de décret ci-après, le 3 novembre 1791; la deuxième, le 10 décembre suivant, et la troisième, le 12 janvier 1792; après avoir également décrété qu'elle est en état de décider définitivement;

Considérant les services rendus à la nation par Honoré-Gabriel Riquetti Mirabeau, décrète que les frais de ses funérailles seront acquittés par le Trésor public.

12 = 15 JANVIER 1792. — Décret relatif à l'envoi de commissaires civils dans les établissemens français de Coromandel et du Bengale. (L. 8, 47; B 20, 66.)

12 JANVIER 1792. — Décret relatif au compte à rendre par le ministre des contributions, de toutes les parties de son administration. (B. 20, 65.)

12 JANVIER 1792. — Décret relatif aux rapports du comité et à l'ordre du jour. (B. 20, 65.)

12 JANVIER 1792. — Décret relatif à la comptabilité de l'ancienne administration des domaines. (B. 20, 68.)

12 JANVIER 1792. — Tribunaux criminels. *Voy.* 13 JANVIER 1792.

13 (10, 12 et) = 18 JANVIER 1792. — Décret relatif à l'installation des tribunaux criminels. (L. 8, 58; B. 20, 68; Mon. des 11 et 13 janvier 1792.)

L'Assemblée nationale, après avoir entendu son comité de législation, considérant qu'il importe essentiellement que les tribunaux criminels établis dans chaque département entrent en activité, et qu'il soit procédé sans aucun délai à l'instruction et au jugement des affaires criminelles, suivant la loi du juré, décrète qu'il y a urgence.

L'Assemblée nationale, après avoir décrété l'urgence, décrète ce qui suit :

Art. 1er. Les tribunaux criminels qui, à l'époque de la publication du présent décret, n'auront point été installés, le seront, sans délai, par les conseils généraux des communes des lieux où ils doivent siéger, et ils commenceront leur service immédiatement après leur installation.

2. L'installation se fera dans la forme qui a été prescrite par le décret du 16 = 24 août 1790, pour les tribunaux de district.

3. Le président, l'accusateur public et le greffier prêteront, devant le conseil général de la commune, le serment civique prescrit par la constitution, et ils jureront, en outre, de remplir avec exactitude et impartialité les fonctions qui leur sont confiées.

4. Le président et les trois juges composant le tribunal procéderont à la nomination de deux huissiers, conformément au décret du 2 = 3 juin 1791, et le traitement de ces huissiers sera incessamment fixé par l'Assemblée nationale.

5. Dans les départemens où le président du tribunal criminel ou l'accusateur public, ou l'un et l'autre à la fois sont absens, soit parce qu'ils ont été députés à l'Assemblée nationale, soit pour toute autre cause légitime, il sera pourvu à leur remplacement provisoire de la manière qui suit.

6. Dans le cas où le président et l'accusateur public manqueraient à la fois dans le même département, il sera pris dans les tribunaux de district, suivant le mode indiqué par la loi du mois de janvier dernier pour la formation du tribunal, cinq juges au lieu de trois, lesquels nommeront au scrutin celui d'entre eux qui devra remplacer provisoirement le président du tribunal, et celui qui devra être chargé aussi provisoirement des fonctions de l'accusateur public.

7. Toutes les plaintes ou accusations suivies d'informations antérieures à l'époque de l'installation des tribunaux criminels, seront jugées par les tribunaux qui s'en trouveront saisis, soit en première instance, soit par appel, et l'instruction de la procédure sera continuée suivant les lois qui ont précédé l'institution des jurés (1).

Les accusateurs publics ne pourront, en aucun cas, attaquer par la voie de l'appel les jugemens des tribunaux criminels, sauf les droits des accusés et des parties civiles.

Les juges de districts ne pourront prononcer d'autres peines que celles portées par le Code pénal.

8. Ces mêmes tribunaux seront tenus de renvoyer devant les juges de police correctionnelle toutes les affaires qui, d'après la loi, seront de la compétence de ces juges.

9. Les six tribunaux criminels établis à Paris par le décret du 13 = 14 mars 1791, auxquels ont été renvoyés, par le décret du 17 = 29 septembre suivant, les procès cri-

---

(1) Les tribunaux civils, que cet article déclare compétens pour instruire et juger les plaintes et accusations suivies d'informations antérieures à l'époque de l'installation des tribunaux criminels, n'ont pas été dépouillés de cette attribution par l'article 62 de la constitution de l'an 8 (26 mai 1806; Cass. S. 7, 1, 522).

minels alors existant dans les tribunaux d'arrondissement de Paris, et ceux à naître jusqu'au 1er janvier présent mois, continueront de juger, suivant les mêmes formes, les procès criminels nés depuis ledit jour 1er janvier, et ceux à naître jusqu'au jour de l'installation du tribunal criminel du département de Paris.

---

13 JANVIER 1792. — Dette publique. *Voy.* 3 JANVIER 1792. — Garde nationale de la Manche, Ardennes, Beauvais. *Voy.* 10 JANVIER 1792. — Offices de perruquiers. *Voy.* 4 JANVIER 1792. — Tribunal criminel de Paris. *Voy.* 7 JANVIER 1792.

---

14 = 14 JANVIER 1792. — Décret contre les Français qui prendraient part à quelque congrès ou médiation tendant à modifier la constitution française. (L. 8, 45; B. 20, 72; Mon. des 15 et 17 janvier 1792.)

L'Assemblée nationale, considérant que, dans un moment où la liberté du peuple français est menacée de toutes parts, il importe que les représentans du peuple écartent, par tous les moyens qui sont en leur pouvoir, les efforts dirigés contre la constitution française, décrète qu'il y a urgence.

L'Assemblée nationale, après avoir décrété l'urgence, décrète ce qui suit:

L'Assemblée nationale déclare infâme, traître à la patrie, et coupable du crime de lèse-nation, tout agent du pouvoir exécutif, tout Français qui pourrait prendre part directement ou indirectement, soit à un congrès dont l'objet serait d'obtenir la modification de la constitution française, soit à une médiation entre la nation française et les rebelles conjurés contre elle, soit enfin à une composition avec les puissances possessionnées dans la ci-devant province d'Alsace, qui tendrait à lui rendre, sur notre territoire, quelqu'un des droits supprimés par l'Assemblée nationale constituante, sauf une indemnité conforme aux principes de la constitution.

L'Assemblée nationale décrète que cette déclaration sera portée au Roi par une députation, et qu'il sera invité à la faire connaître aux puissances de l'Europe, en leur annonçant, au nom de la nation française, que, résolue à maintenir sa constitution tout entière ou à périr tout entière avec elle, elle regardera comme ennemi tout prince qui voudrait y porter atteinte.

---

14 JANVIER = 11 MARS 1792. — Décret qui sursoit à la nomination aux places de la nouvelle organisation forestière. (L. 8, 257; B. 20, 74.)

L'Assemblée nationale, considérant qu'aux termes de l'article 1er du titre XV du décret du 15 = 29 septembre 1791, sur l'administration forestière, les anciens officiers de maîtrises ou grueries, titulaires ou par commission, chargés de l'administration des forêts du royaume, doivent continuer leurs fonctions jusqu'à ce que les nouveaux préposés, en exécution de ladite loi, entrent en activité; considérant, en outre, qu'elle a chargé ses comités de finances, d'agriculture, de commerce, de marine et des domaines, de lui présenter, dans le délai d'un mois, un rapport sur la question de savoir s'il est utile et avantageux à la nation d'aliéner ou non aliéner ses forêts, en tout ou en partie; que, jusqu'à ce qu'il ait été définitivement statué sur ce rapport, il serait aussi imprudent que dispendieux de laisser achever l'organisation de l'administration forestière, décrète qu'il y a urgence.

L'Assemblée nationale, après avoir décrété l'urgence, décrète ce qui suit:

Jusqu'à l'instant où l'Assemblée nationale aura prononcé sur la vente ou conservation des forêts, il sera sursis à la nomination aux places de la nouvelle organisation forestière, et l'activité des préposés déjà nommés sera suspendue.

---

14 JANVIER = 11 MARS 1792. — Décret qui accorde trois mille livres de récompense nationale au sieur Guillaume-Sébère, dit Saint-Martin, ancien carabinier. (B. 20, 71.)

---

14 = 18 JANVIER 1792. — Décret qui enjoint aux ministres de présenter l'état de leurs bureaux. (B. 20, 72.)

---

14 = 20 JANVIER 1792. — Décret portant que la caisse de l'extraordinaire remboursera 300,000 livres à la commune de Strasbourg. (B. 20, 75.)

---

14 JANVIER 1792. — Décret qui charge le ministre de la justice de rendre compte des mesures prises pour la punition du crime détaillé dans une lettre de l'évêque du Cantal au Roi. (B. 20, 75.)

---

14 JANVIER 1792. — Orges, avoines, etc. *Voy.* 31 DÉCEMBRE 1791.

---

15 = 20 JANVIER 1792. — Décret qui accepte l'offre faite par M. Charles, professeur de physique à Paris, de son cabinet de machines et d'instrumens de physique. (B. 20, 77.)

---

15 JANVIER 1792 — Décret qui confie à M. David les deux jumeaux MM. Pierre et Joseph-Franques, artistes du département de la Drôme. (B. 20, 78.)

---

15 JANVIER 1792. — Proclamation du Roi pour l'exécution de la loi sur les jurés. (L. 8, 54.)

15 JANVIER 1792. — Etablissemens français du Coromandel ; Frais des funérailles de Mirabeau. *Voy.* 12 JANVIER 1792. — Navigation. *Voy.* 29 DÉCEMBRE 1791.

16 JANVIER 1792. — Décret relatif à la pétition du sieur Bertrand, concernant le trente-huitième régiment. (B 20, 79.)

17 = 20 JANVIER 1792. — Décret relatif aux certificats de résidence à fournir par les porteurs de brevets de pensions. (L. 8, 65 ; B. 20, 80.)

L'Assemblée nationale, considérant que les formalités qu'elle a adoptées pour l'admission des créanciers de l'Etat au paiement des sommes à eux dues pour liquidation, ou rentes, sont de nature à être étendues aux pensionnaires de l'Etat, et qu'il est important d'y pourvoir sans délai, décrète qu'il y a urgence.

L'Assemblée nationale, après avoir décrété l'urgence, [décrète qu'à l'avenir les formalités prescrites par le décret du 13 décembre dernier pour les certificats de résidence pendant six mois, auxquels sont assujétis différens créanciers de l'Etat, seront observées pour l'expédition des brevets de pensions, et par les porteurs de ces brevets.

17 JANVIER 1792. — Décret relatif à la vérification des numéros de liquidation. (B. 20, 80. )

17 JANVIER 1792. — Décret qui ordonne un plan de travail sur l'administration des hôpitaux et la répression de la mendicité. (B. 20. 81.)

17 JANVIER 1792. — Décret relatif à l'envoi aux grands procurateurs de la nation, de toutes les pièces relatives aux accusations portées ou à porter devant la haute-cour nationale. (B. 20, 81.)

17 = 22 JANVIER 1792. — Décret qui valide l'élection du sieur Jacques Gilbert Moreau à la place de procureur-syndic du district de Poitiers. (B. 20, 82.)

17 = 23 JANVIER 1792. — Décret portant qu'il n'y a pas lieu à accusation contre le sieur Rudemare. (B. 20, 83.)

17 JANVIER 1792. — Hôpitaux. *Voy.* 19 JANVIER 1792.

18 JANVIER 1792. — Décret relatif aux lois concernant l'adoption. ( B. 20, 83.)

*Voy.* décret du 16 FRIMAIRE an 3 ; loi du 25 GERMINAL an 11 ; Code civil, art. 343 et suivans (1).

3. L'Assemblée nationale décrète que son comité de législation comprendra dans son plan général des lois civiles celles relatives à l'adoption.

18 JANVIER 1792. — Décret relatif à un versement de fonds à la Trésorerie nationale par la caisse de l'extraordinaire. (B. 20, 83.)

18 JANVIER 1792. — Affaires criminelles. *Voy.* 29 SEPTEMBRE 1791. — Galériens pour révolte. *Voy.* 30 SEPTEMBRE 1791. — Greffiers. *Voy.* 29 SEPTEMBRE 1791. — Louis-Stanislas-Xavier. *Voy.* 19 JANVIER 1792. — Ministres. *Voy.* 14 JANVIER 1792. — Tribunaux criminels. *Voy.* 13 JANVIER 1792.

19 (18 et) JANVIER 1792. — Décret portant que Louis-Stanislas-Xavier, prince français, est censé avoir abdiqué son droit à la régence. (B. 20, 85.)

L'Assemblée nationale, considérant que Louis-Stanislas-Xavier, prince français, premier appelé à la régence, n'est pas rentré dans le royaume sur la réquisition du Corps-Législatif prononcée le 7 novembre, et que le délai de deux mois fixé par la proclamation est expiré, déclare, aux termes de l'article 2 de la troisième section du chapitre 2 du titre III de la constitution, que Louis-Stanislas-Xavier, prince français, est censé avoir abdiqué son droit à la régence, et qu'en conséquence il en est déchu.

Le pouvoir exécutif fera proclamer le présent acte du Corps-Législatif dans les trois jours de la présentation qui lui en aura été faite, et il rendra compte à l'Assemblée nationale des mesures qui auront été prises à cet effet (2).

19 (17 et) = 22 JANVIER 1792. — Décret relatif aux hôpitaux, maisons et établissemens de secours. (L. 8, 69 ; B. 20, 86 ; Mon. du 18 janvier 1792.)

L'Assemblée nationale, après avoir entendu les rapports de son comité des secours publics, considérant que le soulagement de la pauvreté est le devoir le plus sacré d'une constitution qui repose sur les droits imprescriptibles des hommes, et qui veut assu-

---

(1) Il y a eu des adoptions faites par la nation. *Voy.* 25 janvier 1793, 23 nivose an 2 et 23 décembre 1830.

(2) En rapportant cet acte et quelques autres analogues, qui ont été anéantis par le seul fait

de la restauration, nous avons voulu conserver des documens historiques et curieux, et donner un exemple d'*obrogation* virtuelle, par le seul fait d'un changement total du système politique. *Voy. Introduction*, page 6.

rer sa durée sur la tranquillité et le bonheur de tous les individus ; attentive à pourvoir aux besoins des départemens qui ont éprouvé des évènemens désastreux et imprévus; voulant enfin venir au secours des hôpitaux et hospices de charité, dont les revenus ont été diminués par la suppression de plusieurs droits et privilèges, décrète qu'il y a urgence.

L'Assemblée nationale, après avoir décrété l'urgence, décrète ce qui suit :

Art. 1er. Conformément au décret du 8 = 25 juillet dernier, la caisse de l'extraordinaire tiendra à la disposition du ministre de l'intérieur, et sous sa responsabilité, les sommes ci-après détaillées :

1° Cent mille livres, pour servir de supplément, jusqu'au 1er avril prochain, aux dépenses ordinaires pour l'administration des enfans-trouvés, outre les sommes décrétées pour 1791, et qui seront provisoirement payées en 1792, conformément au décret du 31 décembre dernier.

2° Deux millions cinq cent mille livres, pour donner provisoirement, jusqu'au 1er juillet, des secours, ou faciliter des travaux utiles dans les départemens qui, par des cas particuliers, peuvent en exiger. La répartition en sera arrêtée par l'Assemblée nationale, sur le résultat qui lui sera présenté par le ministre de l'intérieur, des demandes et mémoires adressés par les directoires des départemens, auxquels il joindra son avis et ses observations.

3° 1,500,000 livres pour fournir aux secours provisoires accordés par l'Assemblée constituante, tant aux hôpitaux de Paris qu'aux autres hôpitaux du royaume, dans la même proportion et suivant les dispositions des décrets des 8 = 25 juillet, 4 = 12 septembre, et autres antérieurs.

2. Les rentes sur les biens nationaux dont jouissaient les hôpitaux, maisons de charité et fondations pour les pauvres, en vertu de titres authentiques et constatés, continueront à être payées à ces divers établissemens aux époques ordinaires où ils les touchaient, dans les formes et d'après les conditions du décret du 5 = 10 avril 1791, et ce, provisoirement, jusqu'au 1er janvier 1793.

3. Les secours qui seront donnés aux départemens pour être employés en travaux utiles ne pourront leur être accordés que lorsqu'ils auront rempli toutes les conditions prescrites par le décret du 25 septembre = 9 octobre dernier, et autres antérieurs.

Le ministre de l'intérieur rendra compte nominativement des directoires de département qui n'auront pas rempli ces formalités indispensables.

4. Sont et demeurent révoquées toutes dispositions arrêtées par les conseils ou directoires de département et de district,

qui ont pour objet de distribuer les fonds accordés pour ateliers de secours et de charité, au marc la livre, ou en moins imposé sur les contributions des municipalités, cette distribution devant être faite en raison des besoins des cantons et de l'utilité des travaux, d'après l'avis des conseils de district et de département.

19 = 22 JANVIER 1792. — Décret relatif à la composition du second bataillon des gardes nationales volontaires du département de la Seine-Inférieure. (L. 8, 72 ; B. 20, 89.)

19 = 22 JANVIER 1792. — Décret qui accorde 30,000 livres pour les ravages occasionés dans le département de Lot-et-Garonne par le débordement des rivières. (B. 20, 88.)

20 JANVIER = 9 FÉVRIER 1792. — Décret portant rétablissement, création et suppression de pensions, et qui accorde des gratifications à plusieurs personnes. (B. 20, 90.)

20 = 29 JANVIER 1792. — Décret portant que les secours provisoires accordés aux pensionnaires nés en 1715 subsisteront comme pensions rétablies. (B. 20, 95.)

20 JANVIER 1792. — Brevets de pensions. *Voy.* 17 JANVIER 1792. — Sieur Charles. *Voy.* 15 JANVIER 1792. — École militaire. *Voy.* 24 DÉCEMBRE 1791. — Loterie, etc. *Voy.* 30 SEPTEMBRE 1791. — Louis-Stanislas-Xavier. *Voy.* 18 JANVIER 1792. — Offices de judicature. *Voy.* 29 SEPTEMBRE 1791. — Strasbourg. *Voy.* 14 JANVIER 1792.

22 = 27 JANVIER 1792. — Décret relatif aux sous-baux des domaines et droits dépendant des ci-devant principautés de Sedan, Raucourt, etc. (L. 8, 84; B. 20, 97.)

L'Assemblée nationale, considérant que le décret du 21 septembre 1791, qui a révoqué le bail général des domaines et droits domaniaux de la ci-devant principauté de Sedan et dépendances, à compter du 1er janvier 1792, n'a prononcé ni sur les sous-baux consentis par le sieur Husson, ni sur les indemnités par lui prétendues; qu'il est intéressant que le terme des sous-baux soit promptement et positivement déterminé; qu'il est urgent que le sieur Husson, débiteur envers la nation des fermages pour 1790 et 1791, connaisse la nature des indemnités qu'il a droit de réclamer, décrète qu'il y a urgence.

L'Assemblée nationale, après avoir préalablement décrété l'urgence, décrète :

Art. 1er. Les sous-baux des domaines et droits domaniaux dépendant des ci-devant principautés de Sedan, Raucourt, Saint-Manges et Château-Renaux, des prévôtés de Montmédy, Marville, Damvilliers, Chauvency et dépendances, consentis par le sieur Husson,

4.

en vertu du bail général du 18 mai 1784, seront exécutés suivant leur forme et teneur
jusqu'au 31 décembre 1792, époque de leur
expiration; et les sous-fermiers seront tenus
d'en verser le prix, pour l'année 1792, dans
la caisse de la régie des domaines, chargée
d'en faire le recouvrement par le décret du
21 septembre dernier.

2. Le sieur Husson, pour opérer sur le prix
de son bail pour 1790 et 1791 la réduction
relative à sa non-jouissance des droits féodaux
supprimés, et pour fixer l'indemnité qui peut
lui être due pour la privation, pendant partie
du précédent bail, des objets qui ont été
distraits, se pourvoira vers les assemblées administratives ou leurs directoires, en conformité du décret du 3 = 10 décembre 1790.

---

22 JANVIER 1792. — Débordement dans le Lot-
et-Garonne; Gardes nationales volontaires de
Seine-Inférieure; Hôpitaux, etc. *Voy.* 19
JANVIER 1792. — M. Moreau. *Voy.* 17 JAN-
VIER 1792.

---

23 JANVIER 1792. — Décret relatif au compte à
rendre à l'Assemblée, des pièces relatives à la
ville d'Arles, du département du Gard et des
Bouches-du-Rhône. (B. 20, 98.)

---

23 JANVIER 1792. — Sieur Rudemare. *Voy.* 17
JANVIER 1792.

---

24 = 27 JANVIER 1792.—Décret relatif au traitement provisoire des officiers et élèves des
mines. (L. 8, 86; B. 20, 106.)

L'Assemblée nationale, après avoir entendu
le compte qui lui a été rendu par son comité
d'agriculture, d'une pétition des officiers et
des élèves des mines, du 29 octobre 1791,
relative au paiement de leurs traitemens;
considérant qu'aucun décret ne les a supprimés; qu'ils ont continué d'exercer leurs
fonctions malgré la suspension de leurs appointemens; qu'ils n'ont encore rien touché
pour l'année 1791, et vu l'état peu fortuné
où la plupart d'entre eux se trouvent réduits,
décrète qu'il y a urgence.

L'Assemblée nationale, après avoir décrété
l'urgence, décrète ce qui suit:

Art. 1er. Les appointemens dus aux officiers des mines pour l'année 1791, se montant à la somme de 40,800 livres, seront,
d'après l'état fourni par le ministre de l'intérieur, payés par la Trésorerie nationale.

2. Les élèves des mines, au nombre de six,
recevront chacun la somme de 400 livres, à
raison de 200 livres pour l'année 1790 et pareille somme pour l'année 1791.

3. Le même traitement sera continué provisoirement aux officiers et élèves des mines,
jusqu'à l'époque où il sera prononcé définitivement sur l'organisation de ce corps.

24 = 25 JANVIER 1792.—Décret relatif au mode
de recrutement et d'engagement des troupes
de ligne. (L. 8, 73; B. 20, 101; Mon. des 26
et 27 janvier 1792.)

*Voy.* loi du 21 MARS 1832.

L'Assemblée nationale, considérant que,
pour maintenir l'unité, la force et la bonne
harmonie de l'armée française, composée des
bataillons de volontaires nationaux et des
troupes de ligne, il est nécessaire de conserver à chaque arme et à chaque troupe l'intégrité de sa composition et de sa formation;
voulant, après avoir assuré les moyens de
maintenir au complet les bataillons de volontaires nationaux, hâter aussi les progrès du
recrutement des troupes de ligne, et porter
et maintenir tous les corps au pied de guerre
sous un délai qui corresponde à la célérité
des préparatifs ordonnés, décrète qu'il y a
urgence.

L'Assemblée nationale, après avoir décrété
l'urgence, décrète ce qui suit:

Art. 1er. Dans aucun temps et sous aucun
prétexte, aucune des différentes armes de
l'armée de ligne ne pourra se recruter dans
les bataillons de gardes nationales volontaires
qui sont ou seront mis en activité.

2. Le premier dimanche qui suivra le jour
de la publication du présent décret, les gardes
nationales de chaque municipalité et autres
citoyens en état de porter les armes seront,
à la diligence du procureur-syndic des districts, rassemblés dans le chef-lieu de leurs
cantons respectifs. Un commissaire pris dans
les administrations de district, et, à défaut
d'un administrateur, tout autre citoyen nommé par le directoire, se rendra au lieu du rassemblement. Le commissaire, après avoir
invité tous les citoyens à voler à la défense de
la patrie et de la liberté, inscrira sur un registre à ce destiné tous ceux qui voudront
contracter un engagement pour servir dans
les troupes de ligne.

Le registre ouvert par le commissaire sera
déposé dans la municipalité du chef-lieu de
canton, et y restera pour servir à l'inscription des citoyens qui voudront, à l'avenir,
servir dans les troupes de ligne.

Les commissaires ci-dessus désignés et les
autres citoyens employés au travail de ce recrutement extraordinaire, sont autorisés à
publier à son de trompe, de tambour ou autrement, les dispositions du présent décret,
aussi souvent qu'ils le jugeront utile.

3. Tout français âgé de dix-huit ans, et au-
dessous de cinquante, n'ayant aucune infirmité, difformité ni flétrissure, qui se présentera pour s'engager dans l'infanterie, dans
l'artillerie ou dans les troupes à cheval, sera
invité, d'après les conditions dont il lui sera
donné connaissance, à déclarer dans laquelle
de ces armes il veut servir.

4. La taille nécessaire pour servir dans l'infanterie sera au moins de cinq pieds, pieds nuds;

Dans la cavalerie et dans l'artillerie, au moins de cinq pieds trois pouces et demi;

Celle pour les dragons, chasseurs et hussards, au moins de cinq pieds trois pouces.

5. Le terme des engagemens sera de trois ans pour l'infanterie, et de quatre ans pour l'artillerie et les troupes à cheval.

6. La paix ou la réduction de l'armée au pied de paix sera le terme des engagemens contractés depuis le jour de la publication du présent décret, pour tous les citoyens dont le temps ne se trouverait pas rempli à cette époque.

7. Le prix de l'engagement sera de 80 livres pour l'infanterie, et de 120 livres pour l'artillerie et pour les troupes à cheval.

8. Les sous-officiers et soldats des troupes de ligne qui, n'ayant plus que six mois à servir, voudront contracter un nouvel engagement, pourront s'enrôler pour deux, trois ou quatre années; ils recevront, dans l'infanterie, 26 livres 13 sous 4 deniers pour chaque année, et 30 livre dans l'artillerie et les troupes à cheval, aussi pour chaque année.

9. A l'époque de la réduction de l'armée au pied de paix, les termes d'engagement pour tous ceux qui auront été engagés antérieurement au présent décret seront réduits à la moitié du temps qui leur resterait à faire à cette époque.

10. Le décret des 7 et 9 = 25 mars 1791, relatif aux recrutemens, engagemens et congés, qui règle toutes les formes de vérification et de ratification à suivre par les recruteurs et municipalités, continuera d'être exécuté pour tout ce qui n'est pas abrogé par le présent décret.

11. Indépendamment des mesures prescrites par le présent décret pour porter l'armée de ligne au pied de guerre, tous les corps militaires continueront le travail de leur recrutement, et redoubleront d'activité et de soin pour en hâter les progrès, en se conformant au décret des 7 et 9 = 25 mars dernier, en tout ce qui n'est pas contraire aux dispositions ci-dessus.

12. Tout citoyen qui, ayant servi pendant trois ans consécutifs dans quelque arme que ce soit, et qui, étant porteur d'un congé absolu obtenu avant la publication du présent décret, voudra se vouer de nouveau à la défense de la patrie, en entrant dans l'infanterie, s'il a servi dans l'infanterie; dans l'artillerie, s'il a servi dans l'artillerie; dans les troupes à cheval, s'il a servi dans les troupes à cheval, recevra, pour prix de son engage-

ment, une somme plus forte d'un tiers que celle qui est fixée par le présent décret.

13. Il sera compté à chaque citoyen, au moment de son engagement, la moitié du prix de son engagement, et l'autre moitié lui sera payée en arrivant au régiment, sur le mandat qui lui en aura été remis.

14. Le ministre de la guerre formera un tableau qui présentera l'état des départemens les plus particulièrement affectés au complément des quatre grandes divisions de l'armée française: ce tableau sera adressé à toutes les municipalités des chefs-lieux de canton. Les citoyens qui s'engageront pourront choisir sur ce tableau celui des régimens incomplets de l'armée dans lequel ils voudront servir (1).

15. Les recrues recevront trois sous par lieue de poste pour leur route, du lieu où ils auront été engagés à celui où se trouvera le régiment dans lequel ils auront préféré de servir; ils devront partir, au plus tard, huit jours après celui de leur engagement.

16. A l'instant où un citoyen aura contracté son engagement, la municipalité qui l'aura reçu lui en délivrera un extrait; et, sur la présentation dudit extrait au directoire du district, il sera remis au citoyen nouvellement engagé un premier mandat sur le receveur de district, de la partie du prix de son engagement qui lui revient, et un second mandat sur le régiment auquel il est destiné, pour l'autre partie.

17. Il sera ajouté à la partie de l'engagement que doit toucher chaque homme de recrue le prix de la route, à raison de trois sous par lieue, ainsi qu'il a été dit ci-dessus, en y comprenant le chemin que le citoyen nouvellement engagé aura été obligé de faire pour se rendre d'abord au chef-lieu de district.

18. Tous les mandats des directoires de district seront reçus comme comptant par la Trésorerie nationale, et donnés comme tels au ministre de la guerre, pour compléter les ordonnances qu'il tirera, en vertu des décrets, sur les fonds destinés aux recrutemens en 1791.

19. Les lois de discipline et celles de délits militaires étant maintenant en vigueur, immédiatement après la publication du présent décret, les conseils de discipline de chaque régiment cesseront d'exercer le pouvoir qui leur avait été provisoirement accordé par les décrets des 24 et 25 juillet dernier, d'ordonner le renvoi, avec une cartouche pure et simple, des sous-officiers et soldats dont la conduite serait répréhensible.

20. Les années de service des citoyens qui auront obtenu leurs congés en bonne forme

(1) Voy. loi du 19 mars 1792.

4.

depuis l'époque du 1er juillet 1789, et se se-ront fait inscrire sur le tableau des gardes na-tionales du lieu de leur domicile, s'ils s'enga-gent de nouveau dans les troupes de ligne, leur seront comptées pour parvenir aux dé-corations et récompenses militaires accordées par la loi du 3 août 1790, comme s'il n'y avait aucune interruption dans leur service.

---

24=25 JANVIER 1792.—Décret portant accu-sation contre le sieur Gouet de la Bigne, et qui acquitte les sieurs d'Héricy, Vaussieux, Sourdeval et autres détenus au château de Caen. (L. 6, 80; B. 20, 99.)

---

24 JANVIER 1792.—Décret qui ordonne de lire, imprimer et afficher le décret qui défend les signes d'approbation ou d'improbation aux tri-bunes de l'Assemblée. (B. 20, 99.)

---

25=25 JANVIER 1792. — Décret relatif aux dispositions hostiles de l'Autriche. (L. 8, 82; B. 20, 107; Mon. du 26 janvier 1792.)

L'Assemblée nationale, considérant que l'empereur, par sa circulaire du 25 novem-bre 1791, par la conclusion d'un nouveau traité arrêté entre lui et le roi de Prusse le 25 juillet 1791, et notifié à la diète de Ratis-bonne le 6 décembre, par sa réponse au roi des Français, sur la notification à lui faite de l'acceptation de l'acte constitutionnel, et par l'office de son chancelier de cour et d'État, en date du 21 décembre 1791, a enfreint le traité du 1er mai 1756, et cherché à exciter entre diverses puissances un concert attentatoire à la souveraineté et à la sûreté de la nation;

Considérant que la nation française, après avoir manifesté sa résolution de ne s'immis-cer dans le gouvernement d'aucune nation étrangère, a le droit d'attendre pour elle-même une juste réciprocité, à laquelle elle ne souffrira jamais qu'il soit porté la moindre atteinte;

Applaudissant à la fermeté avec laquelle le roi des Français a répondu à l'office de l'em-pereur;

Après avoir entendu le rapport de son co-mité diplomatique, décrète ce qui suit:

Art. 1er. Le Roi sera invité, par une dépu-tation, à déclarer à l'empereur qu'il ne peut traiter avec aucune puissance qu'au nom de la nation française, et en vertu des pouvoirs qui lui sont délégués par la constitution.

2. Le Roi sera invité à demander à l'em-pereur si, comme chef de la maison d'Au-triche, il entend vivre en paix et bonne in-telligence avec la nation française, et s'il renonce à tous traités et conventions dirigés contre la souveraineté, l'indépendance et la sûreté de la nation.

3. Le Roi sera invité à déclarer à l'empe-reur qu'à défaut par lui de donner à la na-tion, avant le 1er mars prochain, pleine et entière satisfaction sur tous les points ci-des-sus rapportés, son silence, ainsi que toutes réponses évasives ou dilatoires, seront regar-dés comme une déclaration de guerre.

4. Le Roi sera invité à continuer de pren-dre les mesures les plus promptes, pour que les troupes françaises soient en état d'entrer en campagne au premier ordre qui leur en sera donné.

---

25 JANVIER 1792.—Garde des colonies. Voy. 1er DÉCEMBRE 1791. — Sieur Gouet de la Bi-gne, etc.; Troupes de ligne. Voy. 24 JAN-VIER 1792.

---

26=29 JANVIER 1792.—Décret relatif à la fa-brication de la monnaie de cuivre. (L. 8, 90; B. 20, 109.)

L'Assemblée nationale charge son comité diplomatique de lui faire, dans la huitaine, un rapport sur le traité du 17 mai 1756.

Art. 1er. Les flaons provenant du métal des cloches, fabriqués dans les villes de Besan-çon, Clermont-Ferrand, Arras, Dijon et Saumur, y recevront, sans déplacement, l'em-preinte monétaire au coin des nouvelles em-preintes. Il sera placé dans chacun des éta-blissemens formés dans lesdites villes une machine destinée à frapper les flaons, suivant le procédé adopté pour la ville de Paris.

2. Le ministre des contributions publiques fera parvenir, dans le plus court délai, aux établissemens ci-dessus les ustensiles néces-saires, et leur procurera le nombre d'artistes et d'ouvriers convenable.

3. Ces nouveaux établissemens seront mis, par les soins du ministre des contributions publiques et sous la surveillance immédiate, sous la surveillance des adjoints des commis-saires du Roi près les hôtels des monnaies les plus voisins des villes de Besançon, de Clermont, d'Arras, de Saumur et de Dijon.

Immédiatement après l'entière fabrication de la monnaie provenant du métal des cloches dans l'arrondissement où sont placés les éta-blissemens, ils demeureront supprimés; les coins et ustensiles seront, par l'adjoint du commissaire du Roi, envoyés aux adminis-trations de département, qui les feront passer aux hôtels des monnaies, après en avoir pré-venu le ministre des contributions publiques.

5. Le ministre des contributions publiques est autorisé à envoyer dans les hôtels des monnaies le nombre de moutons nécessaire pour hâter le battage de la monnaie de cui-vre, en proportion de la quantité de flaons qui y seront fabriqués ou envoyés.

---

27=29 JANVIER 1792.—Décret relatif à l'aug-mentation du nombre des officiers généraux de l'armée. (L. 8, 92; B. 20, 112.)

*Voy.* loi du 9 mars 1792.

Art. 1er. Le nombre des officiers généraux actuellement employés sera augmenté de huit lieutenans-généraux et de douze maréchaux-de-camp.

2. De ces vingt officiers généraux, la moitié sera à la nomination du Roi, et l'autre moitié appartiendra à l'ancienneté ; le tout conformément au décret des 20, 21 et 23 septembre 1790.

3. Jusqu'à ce que les officiers généraux soient réduits au nombre fixé par le décret du 18 août 1790, il ne sera nommé aux places de lieutenans-généraux et maréchaux qui viendront à vaquer, qu'en vertu du décret du Corps-Législatif, sanctionné par le Roi.

4. Si, à l'époque où la sûreté de l'empire permettra de remettre l'armée sur le pied de paix, le nombre des officiers généraux excède celui fixé par le décret du 18 août 1790, il sera réduit, et les officiers généraux qui seront réformés conserveront leur activité de service, et jouiront de la moitié de leur traitement jusqu'à ce qu'ils soient remplacés.

5. L'Assemblée décrète que tout officier général qui aura donné sa démission, qui aura protesté contre aucun des décrets de l'Assemblée nationale, qui aura refusé le serment prescrit par les décrets, ou qui, après l'avoir prêté, aura émigré, quand même il serait rentré dans le royaume, ne pourra être employé.

___

27 janvier 1792. — Décret relatif à la correspondance des grands procurateurs de la nation avec le comité des décrets. (B. 20, 111.)

___

27 janvier 1792. — Décret relatif au versement, à la caisse de l'extraordinaire, d'une somme de 600 livres offerte à l'Assemblée. (B. 20, 111.)

___

27 janvier 1792. — Officiers des mines. *Voy.* 24 janvier 1792. — Sous-baux des domaines de Sedan. *Voy.* 21 janvier 1792.

___

28 janvier (6 et) = 3 février 1792. — Décret relatif à la libre circulation des grains dans l'intérieur, et aux moyens d'en empêcher l'exportation à l'étranger. (L. 8, 115 ; B. 20, 119 ; Mon. du 26 janvier 1792.)

Art. 1er. Les municipalités des ports du royaume nommeront des commissaires pour assister, indépendamment des préposés aux douanes, à tous les chargemens et déchargemens de grains déclarés pour être transportés d'un port à un autre : ces commissaires s'assureront des quantités mentionnées dans les acquits-à-caution, et ils n'en certifieront l'arrivée qu'après en avoir constaté la conformité avec l'état du chargement.

2. La municipalité de chaque lieu d'où il sera expédié des grains par acquit-à-caution exposera, dans l'endroit le plus apparent de ce lieu, un tableau des chargemens de ces grains, qui contiendra, par colonnes, la quantité, la destination, la date des expéditions et la décharge des acquits-à-caution, à mesure qu'ils seront renvoyés.

3. Les municipalités remettront au ministre de l'intérieur un duplicata des acquits-à-caution délivrés pour le chargement des grains destinés à passer d'un port à un autre du royaume, et ce, aussitôt le chargement complété. Le ministre de l'intérieur enverra ce duplicata aux municipalités des lieux de destination, lesquelles seront tenues de l'informer de l'arrivée et du déchargement des quantités de grains énoncées dans lesdits acquits, de manière que, dans tous les temps, le ministre puisse faire connaître à l'Assemblée nationale les quantités de grains expédiées d'un port à un autre, et celles pour lesquelles on n'aura pas justifié du certificat d'arrivée.

4. Attendu que la franchise de Marseille n'est que partielle, et qu'il est établi dans ce port un bureau de douanes, les articles 1, 2 et 3 ci-dessus seront exécutés en entier dans les ville et territoire de Marseille.

5. Les dispositions de ces trois premiers articles seront pareillement exécutées dans les villes et ports de Dunkerque et de Bayonne, en ce qui concerne les fonctions prescrites aux municipalités.

6. Il ne pourra être expédié de grains pour les îles de Noirmoutier, Boin, Ré, Île-Dieu et Oléron, que sur les certificats des municipalités des lieux, visés par les directoires des districts.

7. Les chargemens et déchargemens de grains ne pourront, en aucun cas et sous aucun prétexte, se faire avant le lever et après le coucher du soleil.

8. Les contrevenans aux dispositions des articles ci-dessus seront poursuivis à la requête du procureur de la commune, par-devant le tribunal de la police municipale, dont les jugemens seront exécutés provisoirement, sauf l'appel par-devant le tribunal de district.

___

28 = 29 janvier 1792. — Décret relatif aux fabricateurs de faux assignats. (L. 8, 88 ; B. 20, 115.)

L'Assemblée nationale, après avoir entendu le rapport de ses comités réunis de législation et des assignats et monnaies, considérant que l'intérêt de la nation et le bien de la justice exigent que les fabricateurs de faux assignats soient promptement connus et punis ; informée qu'il s'instruit sur cette sorte de délits différentes procédures par-devant les tribunaux criminels de Paris, et considérant qu'on pourra plus aisément découvrir la vérité en réunissant toutes ces procédures à un seul tribunal, décrète qu'il y a urgence.

L'Assemblée nationale, après avoir décrété l'urgence, décrète ce qui suit:

Art. 1er. Tous les procès criminels commencés par les tribunaux de Paris jusqu'au 1er janvier 1792, pour la fabrication de faux assignats, seront instruits et jugés par le tribunal du premier arrondissement de Paris; en conséquence, toutes les pièces de ces différentes procédures seront remises au greffe de ce tribunal.

2. Les prévenus de ces délits seront transférés et gardés dans des prisons particulières d'un même emplacement, qui sera désigné par le directoire du département de Paris.

3. Ces procédures criminelles seront jugées, même sur appel et en cassation, aussitôt que leur instruction sera terminée, et sans attendre le tour de rôle réglé pour les autres procès.

28 JANVIER = 3 FÉVRIER 1792. — Décret qui approuve l'arrestation du sieur Bois d'Eysus et du convoi de recrues qu'il conduisait en Espagne. (L. 8, 114; B. 20, 117.)

28 JANVIER 1792. — Décret pour accélérer la formation de la haute-cour nationale et faciliter ses opérations. (B. 20, 114.)

28 JANVIER = 5 FÉVRIER 1792. — Décret qui accorde une gratification aux sieurs Bernard et Kiguès. (B. 20, 116.)

28 JANVIER = 3 FÉVRIER 1792. — Décret qui proroge jusqu'au 1er avril le service des ci-devant gardes des ports de Paris. (B. 20, 118.)

29 JANVIER 1792. — Faux assignats. *Voy.* 28 JANVIER 1792. — Monnaie de cuivre. *Voy.* 26 JANVIER 1792. — Officiers généraux de l'armée. *Voy.* 27 JANVIER 1792. — Pensionnaires nés en 1715. *Voy.* 20 JANVIER 1792.

30 JANVIER = 3 FÉVRIER 1792. — Décret relatif aux coupons d'assignats. (L. 8, 118; B. 20, 121.)

L'Assemblée nationale, informée qu'il a été présenté au remboursement, à la caisse de l'extraordinaire, des coupons d'assignats faux; considérant qu'une plus longue circulation des coupons exposerait les citoyens à devenir victimes de la coupable contrefaçon qui lui a été dénoncée, décrète qu'il y a urgence.

L'Assemblée nationale, après avoir décrété l'urgence, décrète ce qui suit:

Art. 1er. Les coupons d'assignats connus dans les valeurs de 3 livres, 4 livres 10 sous

et 15 livres, cesseront d'avoir cours de monnaie dans le commerce à compter du 1er avril prochain.

2. Ceux desdits coupons qui sont encore en circulation ne seront payés à bureau ouvert, à la caisse de l'extraordinaire, que jusqu'au 1er mai prochain 1792.

3. Les coupons d'assignats qui seront reçus dans les caisses publiques en paiement de contributions directes ou indirectes, ne seront plus remis dans la circulation, et seront envoyés au Trésor public.

4. Les receveurs des contributions et autres droits recevront, jusqu'au 1er mai 1792 seulement, les coupons d'assignats qui leur seront présentés; ils les feront parvenir à la Trésorerie nationale, qui les fera rembourser à la caisse de l'extraordinaire.

5. Passé le 1er mai 1792, les coupons d'assignats qui n'auront pas été présentés au remboursement seront refusés dans toutes les caisses publiques et particulières.

6. A l'expiration du délai ci-dessus, ceux de ces coupons qui se trouveront en dépôt forcé ou sous les scellés seront remis, avec un extrait du procès-verbal de la remise du dépôt ou de la levée des scellés, dans la quinzaine qui suivra la date de ces actes, aux receveurs des districts, qui les rembourseront et les enverront à la caisse de l'extraordinaire pour comptant.

30 JANVIER = 3 FÉVRIER 1792. — Décret relatif à la réunion des paroisses de la ville de Gournay. (B. 20, 122.)

30 JANVIER 1792. — Décret portant qu'il n'y a pas lieu à délibérer sur la demande du directoire du département de la Nièvre, relativement au hameau de Franay. (B. 20, 124.)

30 JANVIER = 3 FÉVRIER 1792. — Décret qui distrait six municipalités du district d'Aurillac, pour les réunir à celui de Mauriac. (B. 20, 124.)

30 JANVIER 1792. — Décret relatif à la suspension des officiers municipaux de Toulon. (B. 20, 126.)

31 JANVIER 1792. — Décret relatif aux conventions pour la fabrication des assignats de 10 livres et de 25 livres. (B. 20, 126.)

31 JANVIER 1792. — Décret qui déclare valide la nomination des hauts-jurés des départemens de Paris et de la Haute-Loire. (B. 20, 127.)

31 JANVIER 1792. — Décret portant qu'il n'y a pas lieu à délibérer sur une lettre de M. Rochambeau et sur la demande d'un congé demandé par un membre de l'Assemblée nationale. (B. 20, 128.)

31 JANVIER 1792. — Décret qui ordonne l'examen de l'expérience du sieur Recologne sur la fabrication des poudres et salpêtres. (B. 20, 128. )

31 JANVIER 1792. — Décret relatif aux nominations aux sous-lieutenances. (B. 20, 129.)

31 JANVIER = 3 FÉVRIER 1792. — Décret qui accorde 150,000 livres pour réparer les digues de Dol. (B. 20, 129.)

1ᵉʳ FÉVRIER = 28 MARS 1792. — Décret relatif aux passeports. ( L. 8, 356; B. 20, 135 ; Mon. des 31 janvier, 1ᵉʳ et 2 février 1792.)

*Voy.* lois du 28 MARS 1792; 10 VENDÉMIAIRE an 4 ; décrets du 18 SEPTEMBRE 1807; du 11 JUILLET 1810.

L'Assemblée nationale, considérant que, dans les circonstances actuelles, le salut de l'empire exige la surveillance la plus active, et qu'il est nécessaire de prendre toutes les mesures qui peuvent concourir à la sûreté de l'Etat, décrète qu'il y a urgence.

L'Assemblée nationale, après avoir décrété l'urgence, décrète ce qui suit:

Art. 1ᵉʳ. Toute personne qui voudra voyager dans le royaume sera tenue, jusqu'à ce qu'il en ait été autrement ordonné, de se munir d'un passeport.

2. Les passeports seront donnés exclusivement par les officiers municipaux, et contiendront le nom des personnes auxquelles ils seront délivrés, leur âge, leur profession, leur signalement, le lieu de leur domicile et leur qualité de Français ou d'étrangers.

3. Les passeports seront donnés individuellement, et seront signés par le maire ou autre officier municipal, par le secrétaire-greffier et par celui qui l'aura obtenu : dans le cas où ce dernier déclarera ne savoir signer, il en sera fait mention et sur le passeport et sur le registre de la municipalité.

4. Les passeports seront expédiés sur papier timbré, conformément au décret du 12 décembre 1790 = 18 février 1791. Les voyageurs qui les obtiendront seront seulement assujétis aux frais du timbre.

5. Les Français ou étrangers qui voudront sortir du royaume le déclareront à la municipalité du lieu de leur résidence, et il sera fait mention de leur déclaration dans le passeport.

6. Les personnes qui entreront dans le royaume prendront, à la première municipalité frontière, un passeport.

7. L'ordre signé par un commandant militaire tiendra lieu de passeport, entre les mains de tout agent militaire actuellement employé dans l'étendue du commandement de l'officier qui aura signé ledit ordre.

8. Les gendarmes nationaux, les gardes nationales et les troupes de ligne de service exigeront des voyageurs la représentation de leurs passeports (1).

9. Le voyageur qui n'en présentera pas sera conduit devant les officiers municipaux, pour y être interrogé et être mis en état d'arrestation, à moins qu'il n'ait pour répondant un citoyen domicilié.

10. Les officiers municipaux, suivant les réponses du voyageur arrêté, ou les renseignemens qu'ils en recevront, seront autorisés à le retenir en état d'arrestation ou à lui laisser continuer sa route : dans ce dernier cas, ils lui délivreront un passeport.

11. Le temps de l'arrestation ne pourra excéder un mois, à moins qu'il ne soit survenu quelques charges contre le voyageur arrêté.

12. S'il n'y a point de maison d'arrêt dans l'endroit où le voyageur aura été arrêté, il sera conduit dans la maison d'arrêt la plus voisine du lieu de l'arrestation.

13. Il sera néanmoins accordé au voyageur, pour maison d'arrêt, l'étendue de la municipalité dans laquelle il aura été arrêté ou transféré, au moyen d'une caution pécuniaire qu'il fournira lui-même ou qui sera donnée pour lui, à la charge de se représenter pendant le temps déterminé.

14. Si, le temps de l'arrestation expiré, il n'est parvenu aucun renseignement satisfaisant sur le compte du voyageur arrêté, les officiers municipaux l'interpelleront de déclarer le lieu où il voudra se rendre, et, d'après sa déclaration, il lui sera délivré un passeport, contenant les motifs de son arrestation et l'indication de la route qu'il voudra suivre, dont il ne pourra s'écarter.

15. Si le voyageur s'écarte de la route qui lui aura été tracée, il sera arrêté et conduit devant les officiers municipaux du lieu de l'arrestation.

16. Les officiers municipaux, après l'avoir interrogé, pourront, suivant les circonstances, ou le renvoyer avec un nouveau passeport et une nouvelle indication de route, ou le faire mettre de nouveau dans une maison d'arrêt pour le temps et suivant les formes exprimés dans les articles précédens.

17. Tout Français qui prendra un nom supposé dans un passeport sera renvoyé à la police correctionnelle, qui le condamnera à un emprisonnement qui ne pourra être moindre de trois mois, ni excéder une année (2).

18. Il sera dressé pour tout le royaume

---

(1) Loi du 28 germinal an 6, art. 127.

(2) Nonobstant cette disposition et celle de la

une formule de passeport, qui sera annexée au présent décret.

L'Assemblée nationale, obligée de multiplier temporairement les mesures de sûreté publique, déclare qu'elle s'empressera d'abroger le présent décret aussitôt que les circonstances qui l'ont provoqué auront cessé, et que la sûreté publique sera suffisamment assurée.

20. Le présent décret sera porté dans le jour à la sanction du Roi.

### Forme du passeport.

LA NATION, LA LOI ET LE ROI.

Département de     district de municipalité de     Laissez passer N. N. Français ou étranger (*Espagnol, Suisse, Anglais, etc.*) domicilié municipalité de     district de département de     (*sa profession*)     âgé de     taille de     cheveux et sourcils     yeux     nez     bouche menton     front     visage et prêtez-lui aide et assistance en cas de besoin.

Délivré à la maison commune de le     N. N. maire ou officier municipal.

N. N.     secrétaire
N. N.     (*nom de celui à qui le passeport est accordé*), qui a signé avec nous le présent, ou a déclaré ne savoir signer.

1er = 8 FÉVRIER 1792. — Décret contenant la la liste des hauts-jurés élus par les départemens. (L. 8, 120; B. 20, 130.)

1er FÉVRIER 1792. — Décret sur l'ordre des travaux de l'Assemblée nationale. (B. 20, 139.)

1er FÉVRIER 1792. — Gardes des ports de Paris. *Voy.* 29 DÉCEMBRE 1791.

2 FÉVRIER 1792. — Décret portant qu'il sera présenté au Roi des observations sur la conduite du ministre de la marine. (B. 20, 141.)

3 FÉVRIER 1792. — Décret portant que les grands procurateurs de la nation auront un commis aux appointemens de 150 livres par mois. (B. 20, 142.)

3 FÉVRIER 1792. — Sieur Bois d'Eysus. *Voy.* 28 JANVIER 1792. — Comptabilité. *Voy.* 8 FÉVRIER 1792. — Coupons d'assignats. *Voy.* 28 JANVIER 1792. — Digues de dol. *Voy.* 31 JANVIER 1792. — Gardes nationaux volontaires. *Voy.* 28 DÉCEMBRE 1791. — Gardes des ports de Paris. *Voy.* 28 JANVIER 1792. — Gournay. *Voy.* 30 JANVIER 1792. — Grains. *Voy.* 28 JANVIER 1792. — Mauriac. *Voy.* 30 JANVIER 1792.

4 = 8 FÉVRIER 1792. — Décret relatif à la fabrication des assignats de vingt-cinq livres. (L. 8, 131; B. 20, 144.)

### Papier.

Le papier sera blanc; il sera de même nature et de même qualité que celui des assignats de 50 livres et 100 livres.

Il sera de dix-huit pouces de largeur, feuille déployée, et de treize pouces de hauteur.

Chacune des feuilles contiendra dix assignats, et chacun de ces assignats présentera, dans la pâte de son papier, un filagramme portant ces mots : *La Loi et le Roi*, entourés d'une frise, au pied de laquelle se trouvera, en chiffres arabes, le nombre 25 suivi d'une *L* capitale d'écriture, le tout exprimant la valeur de l'assignat. Ce filagramme sera en transparent dans le papier.

Les lettres de l'intérieur du filagramme seront composées de manière à conserver invariablement la même position, relativement aux différens ornemens qui composent la frise.

Au-dessous de ce filagramme transparent seront deux fleurs de lis qui paraîtront en opaque dans la pâte du papier.

L'assignat de 25 livres sera de quatre pouces neuf lignes de largeur, hors d'œuvre, et de deux pouces neuf lignes de hauteur.

Quatre médaillons seront renfermés dans sa bordure; ils seront de forme ovale, et ils auront douze lignes de hauteur sur neuf lignes de largeur.

Deux de ces médaillons seront destinés à recevoir les timbres secs, les deux autres renfermant une gravure en taille-douce.

La figure que présentera l'un des timbres secs, dans la partie supérieure de l'assignat, celle de *la Liberté*; dans l'inférieure, celle de *la Paix*.

Le timbre sec représentant la figure de la Paix sera exécuté d'après le procédé ingénieux du sieur Barthelet, dont l'effet est de disposer sur la figure des inégalités accidentelles qu'une nouvelle épreuve ne peut pas reproduire.

---

loi du 17 ventose an 4, le fait de celui qui se ferait délivrer des passeports sous un nom supposé pourrait être réputé crime, s'il avait pour but d'accréditer et de consolider un faux nom, précédemment pris dans quelque acte de l'état civil (28 décembre 1809; Cass. S. 11, 1, 14).

*Voy.* l'art. 154, Code pénal.

En ce qui concerne les figures en taille-douce, l'une d'elles sera l'effigie du Roi, l'autre celle du génie de la France, traçant avec le sceptre de *la Raison* le mot *Constitution* : l'une et l'autre seront conformes aux empreintes décrétées pour les monnaies d'argent.

### Description de la bordure de l'assignat.

Les deux parties latérales de la bordure seront composées ainsi qu'il suit :

Sur le côté gauche, dans un petit carré, les armes de France, qui se détacheront en blanc sur un fond noir.

Au-dessous, dans un carré long, l'épée avec deux branches de laurier en guirlandes.

Dans le milieu de cette partie latérale, la figure symbolique de *l'Abondance*, et plus bas, le symbole de *la Prudence*, représenté par un serpent enlaçant un miroir qu'il surmonte ; et enfin, dans un petit carré, le chiffre composé des lettres initiales de *la Nation* et du *Roi*, liées ensemble.

Sur le côté à droite, dans un petit carré, le chiffre de *la Nation*, formé des deux initiales.

Au-dessous, le sceptre et la main de justice en sautoir, unis par un ruban.

Au milieu de cette partie latérale, une figure symbolique représentant *la Sagesse*.

Au-dessous, un faisceau armé de haches, emblème de la force publique.

Et enfin, au-dessous, dans un petit carré, le chiffre du Roi.

Le haut du cadre sera divisé en trois parties ; à gauche, seront imprimés en petits caractères ces mots : *Loi du 16 décembre 1791* ; à droite, ceux-ci : *L'an troisième de la liberté.*

Un petit cartouche fond noir remplira le milieu, et portera le nombre XXV en chiffres romains.

La partie inférieure du cadre sera également divisée en trois portions.

Le côté gauche présentera cette légende : *La loi punit de mort le contrefacteur.*

Le côté droit, celle-ci : *La nation récompense le dénonciateur.*

Le milieu sera rempli par un camée représentant la prestation du serment civique.

Caractères de l'impression de l'assignat, gravés par M. Firmin Didot (1).

La première ligne sera composée de ces mots : *Domaines nationaux* ; ils seront en caractère romain lié.

La seconde ligne sera formée du mot : *Assignat* ; il sera en italique lié, avec une capitale ornée.

La troisième ligne sera composée des mots *vingt-cinq livres*, en caractères romains liés entre eux.

Et la quatrième ligne sera formée des mots *payable au porteur*, en romain lié.

Le Roi fera choix de la signature qui sera apposée à cette espèce d'assignats ; elle sera gravée avec tout le soin possible.

Au-dessous de la signature, dans un parallélogramme fond noir, orné d'arabesques, sera inscrit un losange renfermant en chiffres arabes le nombre *vingt-cinq livres*.

Entre les deux médaillons, à gauche, sera placé le numéro ; entre ceux de la droite, la lettre et le numéro de la série.

4 = 10 FÉVRIER 1792. — Décret relatif aux certificats de résidence. ( L. 8, 137 ; B. 20, 143.)

L'Assemblée nationale, après avoir entendu le rapport de son comité de l'ordinaire des finances, sur les difficultés que pouvait occasioner l'exécution de l'article 1er du décret du 13 décembre dernier, relatif au paiement des rentes ; considérant qu'il est important de les faire cesser, décrète qu'il y a urgence.

Art. 1er. L'Assemblée nationale, après avoir décrété l'urgence, et en interprétant l'article 1er du décret du 13 décembre dernier, décrète que les payeurs des rentes seront tenus de donner aux parties prenantes une attestation de la remise des certificats de résidence et quittances d'impositions, lorsque lesdites parties l'exigeront, laquelle attestation fera mention de la date desdits certificats de résidence.

2. Ladite attestation de remise tiendra lieu de certificats de résidence et de quittances d'impositions aux citoyens qui auront plusieurs parties de rentes à toucher.

3. Les certificats de résidence seront valables pendant deux mois à compter de la date du *visa* du directoire du district, l'Assemblée nationale dérogeant, quant à ce, au décret du 13 décembre dernier.

4. Le présent décret sera porté dans le jour à la sanction.

4 = 8 FÉVRIER 1792. — Acte d'accusation contre les sieurs Malvoisin, Gauthier et Marc. (L. 8, 124 ; B. 20, 142.)

5 = 10 FÉVRIER 1792. — Décret relatif aux sommes tombées en remboursement par les tirages des mois de décembre 1791 et janvier 1792. (L. 8, 139 ; B. 20, 148.)

L'Assemblée nationale, après avoir entendu le rapport de son comité de l'extraor-

---

(1) *Voy.* le décret du 10 avril 1792, qui rectifie ce titre.

dinaire des finances, considérant que le paiement des sommes tombées en remboursement par les tirages faits dans les mois de décembre et de janvier derniers ne doit éprouver aucun retard, et voulant y pourvoir, décrète qu'il y a urgence.

Art. 1er. La caisse de l'extraordinaire ouvrira, sans aucun délai, et fera, à bureau ouvert, le paiement des capitaux tombés en remboursement par les tirages qui ont été faits dans le cours du mois de décembre dernier, savoir :

1° De la somme de 3,722,826 liv. 17 sous 6 deniers, faisant partie de l'emprunt de cent vingt millions, créé par l'édit de décembre 1782, sortie en remboursement par le dix-septième tirage ;

2° De la somme de huit millions, faisant partie de l'emprunt de quatre-vingt millions, créé par édit de décembre 1785, sortie en remboursement par le sixième tirage ;

3° De la somme de 5,267,526 liv. 5 sous, faisant partie de l'emprunt national de quatre-vingt millions, créé par la déclaration du 28 août 1789, sortie en remboursement par le second tirage ;

4° De la somme de 719,000 livres, faisant partie de l'emprunt de la ville de Paris, de trente millions, créé par édit de septembre 1786, sortie en remboursement par le cinquième tirage.

2. La caisse de l'extraordinaire ouvrira aussi incessamment et fera à bureau ouvert le paiement de la somme de 189,000 livres, à laquelle montent les reconnaissances à 4 pour cent de l'emprunt de cent vingt millions créé par édit du mois de novembre 1787, sortie en remboursement par le second tirage fait en janvier dernier.

3. Les formes établies par les lois de l'État, pour le paiement des autres parties semblables déjà sorties en remboursement dans les années précédentes, seront exactement suivies.

———

5 FÉVRIER — Décret qui approuve une arrestation d'argent monnayé et en lingots, faite par la municipalité de Chauny. (B. 20 , 149.)

———

5 FÉVRIER 1792. — Sieurs Bernard et Kiguès. *Voy.* 28 JANVIER 1792.

———

6 = 10 FÉVRIER 1792. — Décret relatif au remboursement d'une partie de l'emprunt de cinq millions ouvert à Gênes. ( L. 8 , 135 ; B. 20 , 159.)

L'Assemblée nationale, fidèle aux principes par elle déjà consacrés en faveur de tous les créanciers de la nation ; considérant que, s'il importe de hâter sa délibération, il est de son devoir d'employer, pour y parvenir, les voies les moins onéreuses et les moins dispendieuses, décrète qu'il y a urgence.

L'Assemblée nationale, après avoir entendu le rapport de son comité de liquidation sur le remboursement à faire du premier cinquième des 4,590,090 liv. 10 sous 10 deniers, des capitaux fournis dans l'emprunt de cinq millions ouvert à Gênes en vertu de l'arrêt du conseil du 16 décembre 1784, et des lettres-patentes rendues sur cet arrêt le 6 mars 1785, dûment enregistrées le 8 du même mois, et décrété l'urgence, décrète ce qui suit :

Art. 1er. La caisse de l'extraordinaire remboursera la somme de 901,811 livres 18 sous 2 deniers, faisant le montant du premier cinquième échu de l'emprunt fait à Gênes, en vertu de l'arrêt du conseil du 16 décembre 1784, et ainsi successivement d'année en année, jusqu'à ce que les capitaux de cet emprunt soient éteints.

2. La différence du change que la caisse de l'extraordinaire est autorisée à payer devra être constatée par un certificat des commissaires de la Trésorerie nationale.

3. Pour obtenir le paiement des objets désignés au présent décret, il sera demandé au directeur général de la liquidation, des reconnaissances de liquidation, comme pour toutes les autres parties de la dette liquidée ; et, sur sa reconnaissance, il sera délivré, par l'administrateur de la caisse de l'extraordinaire, des mandats en la forme prescrite par les lois de l'État.

4. Les dispositions du présent décret seront applicables aux remboursemens qui doivent être effectués en pays étrangers, sur les emprunts publics mentionnés au décret des 12 et 13 mars dernier.

———

6 = 12 FÉVRIER 1792. — Décret relatif à la nouvelle formation du corps de la marine. (L. 8 , 155 ; B. 20, 162.)

L'Assemblée nationale, après avoir entendu le rapport de son comité de la marine, considérant qu'il est instant, pour accélérer l'organisation définitive de la marine, de fixer l'époque de la revue générale de formation, et de terminer d'une manière précise les conditions auxquelles devront être assujétis les officiers de ce corps, pour être susceptibles d'être compris dans la nouvelle formation, décrète qu'il y a urgence.

L'Assemblée nationale, après avoir rendu le décret d'urgence, décrète définitivement ce qui suit :

Art. 1er. Tous les officiers de la marine compris dans la liste de formation passeront une revue générale dans leurs départemens respectifs ou dans les ports où ils seront employés pour le service, à l'époque du 15 mars prochain, et en présence de deux officiers municipaux qui en signeront avec eux l'état.

2. Pourront néanmoins lesdits officiers,

pour cette fois seulement, passer la revue à leur choix dans l'un des quatre grands ports de Brest, Toulon, Rochefort et Lorient.

3. Aucun officier de la marine ne pourra être compris définitivement dans la nouvelle formation, s'il ne représente la preuve de sa prestation du serment civique, et s'il ne justifie de sa résidence continue et habituelle dans le royaume, depuis l'époque du 15 novembre dernier, par un certificat de la municipalité du lieu de son domicile, visé par le directoire du district.

4. Les officiers embarqués sur les vaisseaux de l'État, ou absens par une mission légale, depuis le 15 novembre dernier, seront tenus de produire un certificat de résidence depuis l'époque de leur retour dûment constaté.

5. Le pouvoir exécutif rendra compte à l'Assemblée nationale, le 10 avril prochain au plus tard, du résultat de cette revue, dont il remettra les états émargés de la note des certificats exigés par les articles 3 et 4 du présent décret.

6 FÉVRIER (4, 5 JANVIER et) = 12 FÉVRIER 1792. — Décret relatif aux propriétaires d'offices, charges, cautionnemens et autres créances exigibles sur l'État. ( L. 8, 159; B. 20, 154; Mon. du 7 février 1792.)

L'Assemblée nationale, après avoir entendu le rapport de son comité de l'extraordinaire des finances, considérant que, malgré les décrets qui enjoignaient aux propriétaires des offices et charges de toutes espèces, de cautionnemens d'emplois, dîmes inféodées supprimées, et autres créanciers de l'État, de présenter leurs titres de créance pour en faire connaître et fixer la valeur, plusieurs d'entre eux n'y ont pas encore satisfait;

Considérant qu'un plus long retard, contre lequel réclame l'intérêt public, ne pourrait avoir d'excuses légitimes; considérant combien il importe à la tranquillité publique d'avoir une prompte et parfaite connaissance de l'étendue des dettes de l'État, et combien, par conséquent, il est urgent de constater l'importance de tous les titres non liquidés pour pouvoir former en même temps, et dans le plus court délai, un état exact de toutes les dettes exigibles et de toutes les ressources de la nation, d'après lequel on puisse arrêter définitivement un plan général de liquidation fondé sur des bases certaines; les trois lectures du projet de décret que lui a présenté le comité des finances, effectuées les 24 novembre, 24 décembre 1791, et 5 janvier 1792.

L'Assemblée nationale, ayant déclaré qu'elle était en état de délibérer définitivement sur cet objet, décrète ce qui suit:

Art. 1er. Les propriétaires d'offices, de cau-

tionnemens d'emplois et dîmes inféodées, supprimés par les différens décrets rendus sur ces objets par l'Assemblée nationale constituante; ceux qui ont à réclamer des droits ci-devant seigneuriaux et autres rachetables par la nation, et enfin tous autres propriétaires de créances déclarées exigibles, à la charge de la nation, pour quelque cause que ce soit, qui n'ont pas fait connaître leurs titres, sont tenus de les produire dans le délai porté à l'article 3.

2. Les propriétaires de créances sur l'arriéré, ceux des offices, charges et cautionnemens supprimés, fourniront leurs titres au commissaire du Roi directeur général de la liquidation.

Les propriétaires des créances exigibles sur les ci-devant biens, corps et communautés ecclésiastiques, et de dîmes inféodées; ceux des différens droits féodaux ou fonciers dus sur les domaines nationaux vendus ou à vendre, ou supprimés avec indemnité, les produiront au directoire du district où lesdits biens sont situés, suivant qu'il a été prescrit par les précédens décrets, et il sera, à cet effet, ouvert et tenu un journal d'enregistrement, paraphé par les procureurs-syndics des districts, lequel sera clos et arrêté par eux à l'expiration du délai ci-après.

3. Le terme prescrit pour la production desdits titres est fixé, pour ceux qui résident en France, au 1er mai prochain; ceux qui habitent les colonies en-deçà du cap de Bonne-Espérance sont tenus de les produire d'ici au 1er mai 1793, et ceux qui demeurent au-delà du cap de Bonne-Espérance les produiront d'ici au 1er mai 1794.

Les directoires des départemens seront tenus d'adresser, avant le 15 du mois de mai prochain, audit commissaire du Roi directeur général de la liquidation, un état sommaire, d'eux certifié, du capital des sommes réclamées aux termes des titres qui auront été portés sur les journaux d'enregistrement des districts, lesquels journaux seront remis aux archives des départemens, et y resteront déposés.

4. Le terme de rigueur fixé par l'article 7 du décret du 1er juillet 1790, pour la présentation des titres des créanciers prétendant à être portés dans l'arriéré des départemens, est prorogé jusqu'audit jour 1er mai prochain.

5. Tous ceux qui, dans ce délai, n'auront pas effectué lesdites productions de titres, seront irrévocablement déchus de toutes répétitions sur le Trésor public, et ils ne pourront être admis, sous aucun prétexte et dans aucun temps, dans aucune classe ni état de remboursement.

6. L'intendant de la liste civile, en exécution de l'article 8 du décret du 26 mai dernier, fournira, d'ici au 1er mars prochain, au

commissaire du Roi directeur-général de la liquidation, les états mentionnés dans ledit article, et les titulaires desdites charges ou offices et brevets de retenue sont également tenus de produire leurs titres de créances en original, au commissaire du Roi directeur-général de la liquidation, d'ici au 1er mai prochain, au plus tard, sous les peines portées dans l'article 5 du présent décret.

7. Les villes et communes remettront d'ici au 1er mai prochain, aux directoires de leurs districts, un état détaillé contenant l'énonciation de leurs dettes, tant en capitaux qu'en intérêts, avec l'époque à compter de laquelle les intérêts sont dus aux créanciers, ensemble celui de leurs biens, propriétés foncières, créances actives de toute espèce, même celles qui pourraient être contestées, et enfin de toutes leurs ressources, y compris leur bénéfice du seizième sur le prix des biens nationaux. Elles y joindront un extrait des actes qui les auraient autorisées à contracter lesdites dettes, avec indication des fonds qui auraient été destinés pour y pourvoir.

Les directoires de district les enverront, avec leurs avis, dans la quinzaine suivante, au directoire de leurs départemens, à qui il est enjoint également de les faire passer, avec leurs observations, avant la fin du même mois, audit commissaire du Roi directeur-général de la liquidation.

8. Faute par les villes et communes d'avoir satisfait aux dispositions de l'article précédent, elles seront déchues du bénéfice de la loi du 5 août dernier, et, dans ledit cas de déchéance, les maires et officiers municipaux, et les membres des directoires desdits corps administratifs qui ne justifieraient pas avoir fait en temps les diligences nécessaires, en demeureront responsables, chacun en ce qui le concerne.

9. L'Assemblée nationale se réserve de statuer sur la demande des créanciers qui prouveraient d'une manière authentique l'impossibilité où ils ont été de présenter leurs titres dans le délai prescrit, par des obstacles qu'il n'aurait pas été en leur pouvoir de surmonter; à la charge toutefois, par ces derniers, de remettre dans le délai prescrit par l'article 3, au commissaire du Roi directeur-général de la liquidation, un mémoire signé d'eux, contenant le détail de leurs réclamations, et les raisons qui les empêcheraient de produire leurs titres.

10. Le commissaire directeur-général de la liquidation est spécialement chargé d'accélérer les opérations qui lui sont confiées, et de rendre compte tous les quinze jours à l'Assemblée nationale de l'état de son travail.

11. Le commissaire directeur-général de la liquidation présentera le 15 juin prochain à l'Assemblée nationale, sous peine de responsabilité, un relevé sommaire de tous les titres et mémoires qui auront été liquidés ou présentés; il y joindra l'aperçu des états de situation des villes et communes qu'il aura reçus, afin de constater d'une manière certaine et précise le montant de toutes les dettes de l'État, de toute espèce, déclarées exigibles.

12. Le 1er mai prochain, l'Assemblée nationale nommera des commissaires pour arrêter l'enregistrement des titres de créance qui auront été présentés au commissaire du Roi directeur-général de la liquidation, et faire la clôture des registres employés auxdits enregistremens.

6 = 12 FÉVRIER 1792. — Décret relatif aux traitemens des officiers civils de l'administration de la marine. (L. 8, 145; B. 20, 163.)

L'Assemblée nationale, désirant accélérer l'organisation de la marine nationale, et voulant appliquer d'une manière encore plus précise aux officiers civils de l'administration de la marine, dont le sort a été réglé par le décret du 21 = 28 septembre dernier, les dispositions du décret du 29 avril = 15 mai précédent, concernant les officiers militaires de ce département, décrète qu'il y a urgence.

L'Assemblée nationale, après avoir ouï son comité de marine et décrété l'urgence, décrète que les traitemens accordés par le décret du 21 = 28 septembre dernier aux officiers civils de l'administration et autres employés du département de la marine, leur seront payés provisoirement sur les fonds de la marine, et seront compris dans un état de distribution faisant partie des dépenses générales de ce département.

6 = 8 FÉVRIER 1792. — Décret contenant l'acte d'accusation contre Louis-Stanislas-Xavier, Charles-Philippe et Louis-Joseph, princes français, et les sieurs Laqueuille, Riquetti et Calonne. (L. 8, 129; B. 20, 250.)

*Voy.* 2 JANVIER 1792.

Acte d'accusation contre Louis-Stanislas-Xavier, Charles-Philippe et Louis-Joseph, princes français; Calonne, ci-devant contrôleur-général des finances; Jean-Baptiste Laqueuille, l'aîné, et Grégoire Riquetti; ces deux derniers, députés de l'Assemblée constituante.

Une conspiration a été formée contre la constitution et la liberté de la nation française, par des français émigrés. Louis-Stanislas-Xavier, Charles-Philippe et Louis-Joseph Bourbon, princes français, sont prévenus de s'en être montrés publiquement les chefs; Calonne, ci-devant contrôleur-général des finances de France; Jean-Baptiste Laqueuille, l'aîné, et Grégoire Riquetti, l'un et l'autre députés à l'Assemblée nationale constituante, sont également prévenus de s'être montrés les principaux agens de cette conspiration; d'avoir répandu des doutes sur la volonté du peuple français, et sur son adhésion à la constitution, sur la pureté des intentions de ses représentans et sur la sincérité de l'acceptation de la constitution par le Roi; d'avoir provoqué l'émigration, fait des armemens, réclamé des secours auprès des puissances étrangères, pour soutenir cette ligue contre la France; excité dans l'intérieur de l'empire des troubles et la rébellion contre la loi et les pouvoirs constitués; tenté de séduire les différens agens de la force publique, et fait faire des enrôlemens au nom du Roi jusque dans le sein de la France. L'Assemblée nationale, dans sa séance du 2 janvier dernier, a décrété qu'il y avait lieu à accusation contre ces conspirateurs; et, en conséquence, elle accuse, par le présent acte, devant la haute-cour nationale, Louis-Stanislas-Xavier, Charles-Philippe et Louis-Joseph Bourbon, princes français; Calonne, ci-devant contrôleur-général des finances de France; Jean-Baptiste Laqueuille l'aîné, et Grégoire Riquetti, l'un et l'autre anciens députés à l'Assemblée nationale constituante, et tous prévenus de complot et de conspiration contre la sûreté générale de l'Etat et la constitution.

6 = 8 FÉVRIER 1792. — Décret contenant l'acte d'accusation contre les sieurs Chollet, Saillant, Felix, Adhémar et autres. (L. 8, 126; B. 20, 151.)

6 = 13 FÉVRIER 1792. — Décret relatif aux secours accordés aux ouvriers des ports de Brest, Toulon, Rochefort et Lorient, pour leurs enfans en bas âge. (B. 20, 161.)

6 FÉVRIER 1792. — Décret relatif au cérémonial à observer pour la réception des députés envoyés au Roi par le Corps-Législatif. (B. 20, 154.)

6 FÉVRIER 1792. — Décret qui autorise les comités à prendre, dans la bibliothèque nationale, tous les livres utiles à leurs travaux. (B. 20, 164.)

7 = 12 FÉVRIER 1792. — Décret relatif au paiement des rentes dues aux fabriques, colléges, maisons de charité et autres établissemens. (L. 8, 157; B. 20, 166.)

L'Assemblée nationale, après avoir entendu le rapport de son comité des secours publics, instruite que plusieurs fabriques, écoles, colléges, pauvres de paroisses, maisons de charité et autres établissemens qui devaient, aux termes du décret du 15 octobre 1790, toucher, dans les districts où ils sont situés, les arré-

rages des rentes qui leur sont dues sur les domaines et autres revenus, n'ont pas rempli les formalités prescrites par les articles 13, 14, 15, 16, 17 et 18 du décret du 15 du mois d'août précédent, et que le paiement des rentes échues pour l'année 1791 se trouve par là suspendu;

Voulant prévenir les maux qui pourraient résulter de cette négligence, et assurer avec promptitude la rentrée des fonds qui doivent servir à la nourriture des malheureux qui y cherchent un asile, décrète qu'il y a urgence.

L'Assemblée nationale, après avoir préalablement décrété l'urgence, modifiant les articles 13, 14, 15, 16, 17 et 18 du décret du 15 du mois d'août 1790, décrète que les rentes dues sur les domaines et autres revenus, ainsi que celles dues sur le ci-devant clergé, sur les emprunts faits par les anciens pays d'état pour le compte du Roi, et sur les dettes propres desdits pays, aux hôpitaux, fabriques, colléges, écoles, pauvres de paroisses, maisons de charité et autres établissemens non situés dans le département de Paris, qui n'ont pas encore satisfait aux formalités prescrites par le décret du 15 août 1790, continueront d'être acquittées pour l'année 1791, arrérages antérieurs seulement, tant par les payeurs des rentes de l'Hôtel-de-Ville que par tous autres trésoriers et payeurs qui en étaient et sont encore chargés; à l'effet de quoi, les articles desdites rentes concernant ces établissemens, qui ont été rejetés des états de paiemens, y seront rétablis.

Enjoint aux administrateurs desdits établissemens et à ceux des districts et départemens et à tous autres agens du pouvoir exécutif, d'exécuter, chacun en ce qui le concerne, dans trois mois à compter du jour de la publication du présent décret, tout ce qui est prescrit par le décret dudit jour 15 août 1790, à peine d'être responsable, chacun à son égard, des suites de sa négligence.

7 = 10 FÉVRIER 1792. — Décret qui déclare n'y avoir pas lieu à accusation contre le sieur Montagudo, arrêté dans la ville de Mortagne. (B. 20, 165.)

7 FÉVRIER = 1er AVRIL 1792. — Décret qui renvoie au pouvoir exécutif la pétition des soldats du 31e régiment, ci-devant Aunis, contre le sieur Béhague, et qui leur accorde des secours pour retourner dans leurs municipalités respectives. (B. 20, 165.)

7 FÉVRIER = 16 MARS 1792. — Décret qui réintègre le nommé Volot, caporal au 3e régiment d'artillerie, renvoyé de son corps sans jugement légal et préalable. (B. 20, 168.)

8 = 15 FÉVRIER 1792. — Décret additionnel à celui du 2 janvier 1791, relatif aux bibliothèques. (L. 8, 192; B. 20, 168.)

L'Assemblée nationale, considérant que l'exécution de l'article 2 du décret du 2 = 4 janvier est suspendue en ce qui concerne le département de Paris, décrète qu'il y a urgence.

L'Assemblée nationale, après avoir décrété l'urgence, décrète comme article additionnel au décret du 2 = 4 janvier concernant les bibliothèques, ce qui suit :

Les frais occasionés pour le transport et la garde des livres provenant des établissemens supprimés dans le département de Paris seront arrêtés économiquement par l'administration de ce département, et les états des frais remis au ministre de l'intérieur, pour être payés par la Trésorerie nationale.

8 = 12 FÉVRIER 1792. — Décret en faveur des sous-officiers et soldats qui ont déserté leurs drapeaux avant le 1er juin 1789. (L. 8, 152; B. 20, 169; Mon. du 9 février 1792.)

L'Assemblée nationale, considérant qu'il est de son devoir de rendre facile et prompte la rentrée dans le sein de l'empire des citoyens français qui, entraînés par un premier mouvement de sensibilité, ou séduits par des exemples pervers, ou rebutés par les abus des anciennes lois militaires, ont abandonné leurs drapeaux avant l'époque du 1er janvier 1789, décrète qu'il y a urgence.

L'Assemblée nationale, après avoir déclaré l'urgence et entendu le rapport de son comité militaire, décrète ce qui suit :

Art. 1er. Les sous-officiers et soldats qui, ayant abandonné leurs drapeaux et passé en pays étrangers avant l'époque du 1er juin 1789, rentreront en France pendant le cours de l'année 1792, obtiendront, en observant les formalités suivantes, la rémission de la peine qu'ils ont encourue par leur désertion.

2. Les sous-officiers et soldats qui rentreront en France en vertu de l'article 1er du présent décret se présenteront à la municipalité du chef-lieu du district par lequel ils seront rentrés : ils déclareront, en présence des officiers municipaux, qu'ils veulent profiter du bénéfice du présent décret; ils prêteront le serment civique, et feront connaître le lieu dans lequel ils désirent se retirer.

3. Les officiers municipaux qui recevront la déclaration des sous-officiers et soldats leur remettront, après les avoir admis à prêter le serment, un passeport qui présentera, outre le signalement du déclarant, un extrait de sa déclaration, et l'indication de la route qu'il devra suivre pour se rendre à l'endroit qu'il aura désigné.

4. Il sera accordé aux sous officiers et soldats qui profiteront du bénéfice du présent décret une somme de trois sous par lieue, pour se rendre à l'endroit qu'ils auront choisi pour leur retraite.

5. La somme de trois sous par lieue sera, en vertu d'un arrêté du directoire du district de la frontière, payée aux citoyens qui profiteront de la présente amnistie, par les receveurs des districts dans les chefs-lieux desquels ils passeront; en conséquence, le receveur du district de la frontière n'en fera le paiement que jusqu'au chef-lieu de district le plus voisin de ceux qui seront exactement placés sur la route que devra suivre le sous-officier ou soldat.

6. Si les sous-officiers et soldats qui jouiront du bénéfice du présent décret désirent de rentrer au service, ils seront, comme le reste des citoyens français, admis dans les différens corps de l'armée dans lesquels ils voudront servir.

7. Les sous-officiers et soldats qui, ayant déserté leurs drapeaux avant l'époque du 1er juin 1789, ne sont point sortis du royaume, ou y seront rentrés antérieurement à la publication du présent décret, jouiront de l'amnistie en se présentant à la municipalité de leur domicile actuel, et en remplissant les formalités prescrites par l'article 2.

8 FÉVRIER (13 JANVIER, 3 et) = 12 FÉVRIER 1792.—Décret relatif à l'organisation du bureau de comptabilité. (L. 8, 165; B. 20, 171; Mon. du 9 février 1792.)

*Voy.* loi du 9 = 12 FÉVRIER 1791.

TITRE 1er. Des commissaires du bureau de comptabilité, et de leurs fonctions en général.

L'Assemblée nationale, considérant qu'il est instant d'organiser le bureau de comptabilité, afin de donner bonne et prompte décharge à ceux des comptables qui ont soldé leurs comptes, et mettre l'agent du Trésor en état de poursuivre sans délai ceux qui seront reconnus en débet, décrète qu'il y a urgence.

L'Assemblée nationale, après avoir décrété l'urgence et avoir entendu son comité de l'examen des comptes, décrète ce qui suit :

Art. 1er. Les commissaires de la comptabilité se réuniront provisoirement, et jusqu'à ce qu'il en ait été autrement ordonné, dans le local de la ci-devant chambre des comptes de Paris; mais il ne pourra y être fait aucune dépense ni changement de distribution.

2. L'ordre et la distribution du travail des cinq sections établies par le décret du 17 = 29 septembre 1791, demeurent, quant à présent, fixés suivant les différentes natures de comptabilité, tant anciennes que nouvelles, conformément au tableau qui sera annexé au

présent décret : il ne pourra y être, par la suite, apporté de changemens qu'en vertu d'une loi nouvelle.

3. La division des quinze commissaires dans les cinq sections, et leur répartition au nombre de trois dans chacune de ces sections, se feront entre eux par la voie du scrutin individuel. Leur renouvellement aura lieu tous les ans de la même manière.

4. Les sections ainsi formées seront désignées par ordre numérique.

5. L'alternat prescrit par l'art. 2 du titre II du décret du 17 = 29 septembre 1791, se fera toujours de manière que les mêmes commissaires ne puissent se trouver ensemble, ni rentrer dans une section où ils auraient déjà été placés, qu'après un intervalle de deux années.

6. Autant que faire se pourra, et sans déroger aux dispositions de l'article ci-dessus, ils s'attacheront à passer successivement dans les cinq sections, et à parcourir ainsi le cercle entier de la comptabilité dans l'espace de cinq ans.

7. Les commissaires de la comptabilité s'assembleront et se formeront en comité général au moins une fois par semaine, et lorsqu'ils en seront requis par l'Assemblée nationale, ou que le bien du service l'exigera.

8. Le comité général sera présidé par un des commissaires choisis au scrutin pour deux mois, à la majorité absolue des suffrages : le président ne pourra être réélu qu'après un intervalle de deux mois.

9. Les délibérations seront prises à la majorité des voix : il en sera tenu registre, et elles seront signées par tous les membres présens. Dans le cas de partage, la voix du président départagera.

10. La nomination à toutes les places du bureau de comptabilité appartiendra aux commissaires. Elle sera toujours faite en comité général; pour la première fois, au scrutin, après discution, et sur l'indication des fonctions et emplois précédemment exercés par les sujets qui se présenteront.

A l'égard des remplacemens, la nomination sera faite à la majorité des voix, sur le rapport d'un des commissaires de la section où la place se trouvera vacante. En cas de partage d'opinions, le président aura voix prépondérante.

11. Le comité général aura seul le droit de destituer les commis et employés du bureau qui ne rempliraient pas leurs devoirs; mais les deux tiers des voix seront nécessaires pour effectuer la révocation.

12. Le comité général aura la surveillance sur tous les commis et employés du bureau. Lui seul ordonnera les changemens d'une section à une autre dans les cas nécessaires, et prendra, pour la police intérieure, telles délibérations que le bien du service et les circonstances exigeront, pourvu qu'elles ne soient pas contraires aux dispositions du présent décret.

13. Les commissaires du bureau de comptabilité correspondront tant avec les directoires des départemens qu'avec les commissaires de la Trésorerie nationale et de la caisse de l'extraordinaire, et généralement avec tous les administrateurs, les comptables et les préposés tenus de compter au bureau de comptabilité, pour accélérer la présentation et la remise des comptes, et, en outre, pour se procurer tous les renseignemens, pièces et instructions dont ils auront besoin dans le cours de la vérification des comptabilités tant anciennes que nouvelles.

14. Dans le cas où ils éprouveraient des refus ou retards de la part des ordonnateurs ou des comptables, ils en informeront l'Assemblée nationale, et lui proposeront les moyens d'y remédier et de les prévenir.

15. Conformément à l'article 7 du titre Ier du décret du 17 = 29 septembre 1791, ils presseront, vis-à-vis des directoires des départemens, la remise des registres, comptes et pièces à l'appui, retirés des greffes des anciennes chambres des comptes, ou rapportés depuis aux directoires.

16. Ils presseront également, vis-à-vis des comptables, la remise des états, mémoires et soumissions mentionnés aux articles 1er et 2 du titre III du même décret, ainsi que la remise des comptes qui seront déclarés être prêts et en état d'examen.

17. Le délai d'un mois, accordé aux comptables par l'article 1er du titre III du décret du 17 = 29 septembre dernier, ne commencera à courir que du 1er mars prochain, sans préjudice des amendes dont les condamnations sont encourues par les comptables en retard de leurs comptes au 31 décembre 1790, ainsi que des intérêts qui doivent être prononcés, aux termes des réglemens, contre ceux qui, par l'apurement de leurs comptes, sont déclarés en débet.

18. Il ne pourra être présenté au bureau de comptabilité aucun compte qui ne soit en état d'examen et accompagné de pièces justificatives.

19. Tous les comptes seront présentés au bureau central par les comptables en personne, ou par leur fondé de procuration spéciale. Il y sera joint un bordereau sommaire contenant l'intitulé et la somme en masse de chaque chapitre de recette, dépense, reprise, et le résultat du compte. Le bordereau, ainsi que le compte, seront certifiés véritables par les comptables ou leurs fondés de pouvoirs, aux peines prononcées par l'article 3 du titre III du décret du 17 = 29 septembre.

Il sera tenu registre de la présentation

des comptes et de leur distribution aux sections.

20. Les commissaires de la comptabilité seront tenus de délivrer, dans la quinzaine de la remise des pièces, aux différens comptables, une reconnaissance du jour auquel ils auront présenté leurs comptes; ils certifieront, dans le même délai, que le compte a été remis dans les formes prescrites par les articles 15 et 16 du titre I^er du présent décret, et il sera joint un état sommaire des pièces justificatives, coté et paraphé par le comptable.

21. Les commissaires ne pourront recevoir aucun compte qu'il ne soit paraphé sur chaque feuillet par le comptable; les renvois et ratures seront approuvés et signés de lui; il n'y aura point d'interligne, et il ne pourra y être fait aucun changement après la présentation.

22. Pour conserver l'unité de principes et instruire également tous les commissaires de l'état des différentes comptabilités, il sera donné connaissance au comité général, des rapports arrêtés dans les sections, des principales difficultés qui y auront été traitées, et des causes de responsabilité encourues par les ordonnateurs.

23. Dans le cas où l'Assemblée nationale décréterait une cause de responsabilité qui n'aurait pas été dénoncée par les commissaires de la comptabilité, les trois commissaires composant la section qui aurait vérifié le compte seront déchus de plein droit de leurs places.

24. Le bureau de comptabilité fera parvenir, de quinzaine en quinzaine, à l'Assemblée nationale, un état de tous les comptes qui lui seront remis par les directoires des départemens, ou par les comptables, et un état de la distribution de ces comptes aux différentes sections, ainsi que du travail qui aura été fait dans chaque section.

25. Le bureau de comptabilité fera un tableau des comptes de toutes natures, tant anciens que nouveaux, qui doivent lui être présentés conformément au décret du 17 = 29 septembre. Ce tableau sera imprimé et adressé aux quatre-vingt-trois départemens, qui seront tenus, à peine de responsabilité, d'indiquer, dans le mois, les noms des comptables et la nature des comptes à rendre dans leur arrondissement, qui auraient pu être omis dans ce tableau.

26. Après l'envoi, au bureau de comptabilité, des décrets rendus sur les comptes, le comité général en prendra d'abord connaissance, en fera mention sur le registre en marge des extraits des rapports, et les enverra ensuite, pour l'exécution, à la section où les comptes auront été vérifiés.

27. Après l'arrêté des comptes avec charges ou sans charges, les commissaires du bureau de comptabilité feront donner copie entière des résultats et décrets d'apurement des comptes à l'agent du Trésor public, qui en tiendra registre; ils lui feront aussi délivrer les certificats, copies et pièces nécessaires, dans tous les cas où il y aura lieu à contestations sur les comptes.

28. Toutes les fois que l'Assemblée nationale chargera le bureau de comptabilité de lui présenter un plan de travail sur la comptabilité en général, ou sur quelques-unes de ses parties, ces plans seront discutés et arrêtés en comité général, quoiqu'ils puissent avoir un rapport direct avec les travaux de quelques-unes des sections.

Il en sera de même lorsque les commissaires, par suite de leur vérification, croiront devoir proposer à l'Assemblée nationale des vues d'accélération, réforme ou amélioration dans les différentes parties de la comptabilité.

29. Indépendamment de leurs fonctions collectives, les commissaires de la comptabilité suivront journellement et individuellement, chacun dans leur section, toutes les opérations relatives à la vérification et au rapport des comptes qui y seront distribués.

TITRE II. Du bureau central.

Art. 1^er. Il y aura un bureau central dont les opérations seront surveillées par un commissaire nommé à cet effet et renouvelé chaque mois.

2. Il sera tenu dans ce bureau un registre des délibérations, un de présentation et de distribution des comptes, et tous autres registres nécessaires.

Les lettres et mémoires adressés aux commissaires de la comptabilité seront reçus à ce bureau pour être remis au président; on y distribuera sans délai, aux différentes sections, les comptes présentés.

3. Il ne pourra être délivré aucun certificat de présentation ni récépissé de comptes et autres pièces, qu'ils n'aient été visés par le commissaire de service au bureau central. Le même commissaire collationnera et signera les doubles des comptes, et toutes expéditions, extraits et copies des pièces émanées du bureau de comptabilité.

TITRE III. Des sections.

Art. 1^er. Il sera tenu dans chaque section deux registres: l'un, à colonnes, servira à constater, jour par jour, l'arrivée des comptes à la section, la remise des rapports, la date des récépissés, la réception des décrets rendus sur les comptes, et la remise des comptes et pièces au bureau central; l'autre registre, à mi-marge, contiendra littéralement les rapports et décrets y relatifs.

Il y aura de plus un répertoire, par ordre

alphabétique, des comptes en vérification dans chaque section.

2. Lorsque les commissaires, après avoir pris connaissance des pièces, auront quelques éclaircissemens à demander aux comptables, ils pourront appeler ces comptables ou leurs fondés de pouvoirs au bureau de leur section. Ces sortes de communications seront toujours faites en présence de trois commissaires et dans le lieu d'assemblée de la section. Dans aucun cas et sous aucun prétexte, les commis ne pourront communiquer avec les comptables ou leurs fondés de pouvoirs, ni entretenir avec eux, relativement à leurs comptes, aucune correspondance directe ou indirecte, sous peine d'être renvoyés.

3. Si, dans le cours de la vérification, les commissaires d'une section sont indécis sur quelque difficulté, ils pourront en référer au comité général, et se conformeront au résultat de la délibération dans la rédaction du rapport.

4. Dans le cas prévu par l'article précédent, tous les commissaires seront responsables, s'il y a lieu, du résultat de la délibération; cependant, ceux qui auront été d'un avis contraire seront déchargés de la responsabilité, pourvu qu'ils fassent mention motivée de leur avis dans la délibération.

5. Pour constater les rapports des diverses comptabilités entre elles et assurer l'exactitude des recettes, les commissaires des sections, après la vérification de chaque compte, feront un relevé des versemens d'une caisse à une autre, et le remettront au bureau central, où il en sera tenu registre, pour y recourir lors de l'examen des comptes.

6. Aussitôt que les décrets d'apurement seront parvenus aux sections, les trois commissaires procéderont ensemble à leur exécution sur les comptes; ils mettront les apostilles, sommeront chaque chapitre et dresseront l'arrêté définitif, en conformité des décrets.

Ces apostilles, sommes de chapitre et arrêtés définitifs, écrits de la main d'un des commissaires, sans interligne et en toutes lettres, seront signés de trois commissaires, qui parapheront les renvois et ratures.

7. Les décrets d'apurement seront transcrits en entier à la suite des arrêtés des comptes, et par extrait à la fin des bordereaux; après leur transcription sur le registre, ils seront déposés, ainsi que les bordereaux, aux archives, et les comptes et pièces seront remis au dépôt.

TITRE IV. Des dispositions de discipline générale.

Art. 1er. Les comptes et pièces pourront être communiqués, sans déplacement, à l'agent du Trésor public ou aux comptables, lorsqu'ils en requerront les commissaires; mais, dans aucun cas et sous aucun prétexte, les comptes et pièces ne pourront être transportés hors du bureau ou du dépôt, si ce n'est par ordre de l'Assemblée nationale. Il n'en sera délivré aucunes expéditions ou extraits, qu'ils ne soient collationnés et signés par le commissaire de service au bureau central.

2. Dans le cas prévu par l'article 15 du titre II du décret du 17 = 29 septembre 1791, et autres cas où les commissaires, en vertu d'un décret du Corps-Législatif, seront obligés de se transporter hors de leur résidence pour des vérifications ou autres missions, il leur sera alloué, outre leur traitement, une somme pour indemnité et frais de voyage, d'après un état certifié d'eux, arrêté au comité général, et définitivement réglé par l'Assemblée nationale.

3. En cas de décès, absence ou empêchement d'un des trois commissaires d'une section, il sera remplacé pendant l'interim, pour le travail de cette section, par un autre commissaire désigné par le comité général, en observant toutefois, à l'égard du substitué, les règles prescrites pour l'alternat par l'article 7 du titre Ier.

4. Si, lors du renouvellement des sections, la vérification d'un compte n'est pas achevée dans une section, le comité général le constatera, et les trois commissaires séparés par l'effet de l'alternat se réuniront pour terminer la vérification commencée et les autres opérations y relatives.

5. Aucun commis ou employé ne pourra s'absenter sans un congé par écrit des commissaires: il n'en sera délivré qu'au comité général, sur le rapport des commissaires de chaque section. La durée du congé ne sera jamais de plus de quinze jours; et le commis absent qui excédera ce délai ne pourra prétendre d'appointemens, ni même reprendre ses fonctions, sans être réintégré en vertu d'une décision du comité général.

TITRE V. Des traitemens et des dépenses.

Art. 1er. Les traitemens des commissaires, appointemens des commis, gages des concierges, garçons de bureau, et autres personnes attachées au bureau de comptabilité, sont fixés, pour l'année 1792, à raison de 204,900 livres par an, conformément à l'état annexé au présent décret.

2. L'entretien et les frais de bureau en papiers, bois, lumière et autres menus frais, non compris ceux d'impression, postes et messageries, sont fixés pour la même année à raison de 18,000 livres, de laquelle somme les commissaires rendront compte.

3. Les traitemens, appointemens et gages fixés par les articles précédens, compteront du jour auquel le bureau de comptabilité sera mis en activité; et ils seront payés chaque

mois par la Trésorerie nationale, sur un état dressé par le comité général et ordonnancé par le ministre de l'intérieur.

**État du traitement des commissaires, du nombre et du traitement des commis du bureau de comptabilité.**

Art. 1er. Chaque commissaire recevra pour son traitement annuel une somme de 6,000 livres, ce qui fait, pour les quinze commissaires, 90,000 livres.

2. Il y aura au bureau central un commis principal, aux appointemens de 2,400 livres; un second commis à 2,000 livres; deux commis aux écritures à 1,500 livres. — Total, 7,460 livres.

3. Il y aura à chaque section un commis principal, aux appointemens de 2,400 livres; un second commis à 2,000 livres; six commis vérificateurs à 2,000 livres; trois commis aux écritures à 1,500 livres. — Total, 20,900 livres, et pour les cinq sections, 104,5000 liv.

4. Pour gages d'un portier et de trois garçons de bureau, la somme de 3,000 livres.

Total général du présent état, 204,900 livres.

8 FÉVRIER 1792. — Accusation contre les princes et autres. — Idem, contre les sieurs Chollet, etc. Voy. 6 FÉVRIER 1792. — Assignats de vingt-cinq livres Voy. 4 FÉVRIER 1792. — Hauts-jurés des départemens. Voy. 1er FÉVRIER 1792. — Sieurs Malvoisin-Gauthier et Marc. Voy. 4 FÉVRIER 1792.

9 = 12 FÉVRIER 1792. — Décret relatif à l'instruction des procédures pour faux assignats. (L. 8, 142; B. 20, 192.)

L'Assemblée nationale, considérant combien il importe à la fortune publique que les procédures sur faux assignats soient instruites et jugées avec la plus grande activité, décrète qu'il y a urgence.

L'Assemblée nationale, après avoir décrété qu'il y a urgence, décrète ce qui suit:

Art. 1er. Le tribunal du premier arrondissement est autorisé à s'adjoindre les juges suppléans, pour coopérer à l'instruction des procédures de faux assignats.

2. Ce tribunal pourra nommer quatre commis-greffiers pour vaquer à ses instructions; et, pendant le temps qu'elles dureront, ils seront payés à raison de 150 livres par mois.

3. Les juges suppléans de ce tribunal seront, pendant le temps de cette instruction, payés ainsi que les autres juges.

9 = 12 FÉVRIER 1792. — Décret relatif au séquestre des biens des émigrés (1). (L. 8, 148; B. 20, 189; Mon. du 10 février 1792.)

Voy. lois du 14 = 15 SEPTEMBRE 1791; du 30 MARS = 8 AVRIL 1792.

L'Assemblée nationale, considérant qu'il est instant d'assurer à la nation l'indemnité qui lui est due pour les frais extraordinaires occasionés par la conduite des émigrés, et de prendre les mesures nécessaires pour leur ôter les moyens de nuire à la patrie, décrète qu'il y a urgence.

L'Assemblée nationale, après avoir décrété l'urgence, décrète que les biens des émigrés sont mis sous la main de la nation et sous la surveillance des corps administratifs.

9 = 12 FÉVRIER 1792. — Décret concernant la remise des pièces relatives aux opérations des commissaires de la comptabilité. (L. 8, 150; B. 20, 188.)

Art. 1er. Les directoires des départemens dans l'arrondissement desquels il existait des chambres des comptes, bureaux des finances et domaines, qui ne se seraient pas conformés aux articles 4, 5, 6, 7 et 8 du titre 1er du décret du 17 = 29 septembre 1791, et n'auraient pas eu la précaution, avant d'apposer les scellés sur les greffes de ces chambres, de retirer, soit de ces greffes, soit des mains des rapporteurs, les pièces des comptes non encore jugés, apurés ou corrigés,

(1) Cette loi est la première d'une longue série qui se termine par la loi du 27 avril 1825. Nous pensons qu'en indiquant sur chaque loi toutes les lois analogues, loin d'offrir des renseignemens utiles, nous tomberions dans une confusion inextricable. En conséquence, pour établir une liaison non interrompue et des rapports utiles entre les divers actes de la législation, nous avons cru devoir diviser les lois sur l'émigration en trois classes: la première embrassant les dispositions pénales contre la *personne des émigrés*, leurs *parens* ou *complices*; la seconde contenant les dispositions relatives à *leurs biens*, et enfin, la troisième réservée pour les lois sur les *listes* d'émigrés, l'*inscription*, le maintien et la *radiation*. Nous aurons soin, d'ailleurs, lorsqu'une loi contiendra à la fois des dispositions comprises dans les trois branches, de la rappeler pour chacun de ces objets différens, et nous n'indiquerons, en rapportant chaque loi, que celles qui l'ont immédiatement suivie et précédée: ainsi, la chaîne ne sera pas rompue, et l'on pourra aisément arriver du premier anneau au dernier. Toutefois, nous pouvons indiquer ici les lois les plus remarquables; ce sont celles du 28 mars 1793, du 25 brumaire an 3, du 9 floréal an 3, du 12 ventôse an 8; le sénatus-consulte du 6 floréal an 10, la loi du 5 décembre 1814, et celle du 27 avril 1825.

pour être remises au bureau de comptabilité, seront tenus, dans le plus bref délai, de retirer ces pièces, et de les faire parvenir au bureau de comptabilité.

2. A cet effet, les directoires feront lever les scellés apposés sur les greffes desdites chambres et bureaux, en présence du procureur-général-syndic, et en observant toutes les formalités prescrites par ledit décret.

3. Ils en retireront toutes les pièces des comptes non encore jugés, apurés ou corrigés ; et, immédiatement après les avoir retirées, ils feront réapposer les scellés sur ces greffes, pour y rester ainsi qu'il est prescrit par le décret du 17 = 29 septembre.

4. Le ministre de l'intérieur rendra compte, dans le mois, de l'exécution du présent décret, ainsi que de l'exécution du décret du 17 = 29 septembre 1791.

9 = 12 FÉVRIER 1792. — Décret qui répudie le legs fait en faveur de la nation par la demoiselle Picard. (L. 8, 164 ; B. 20, 185.)

L'Assemblée nationale décrète que son décret du 28 janvier dernier, concernant la répudiation faite de l'hérédité de la demoiselle Picard, sera rapporté et rédigé de la manière suivante :

« L'Assemblée nationale, considérant que « les héritiers naturels de la demoiselle Picard « sont dans le besoin, et qu'il importe de les « faire jouir au plus tôt d'une succession que « la loyauté et la bienfaisance de la nation « française ne permettent pas à ses représentans « d'accepter, décrète qu'il y a urgence.

« L'Assemblée nationale, après avoir décrété « l'urgence, décrète qu'elle renonce au « legs fait en faveur de la nation par Marie-« Antoinette Picard, selon le testament olographe « de cette dernière, en date du 1er « mars 1791. »

9 = 12 FÉVRIER 1792. — Décret relatif à la formation du jury d'accusation pour la ville de Paris. (L. 8, 143 ; B. 20, 190.)

9 = 12 FÉVRIER 1792. — Décret qui autorise le ministre de la justice à continuer la collection des lois. (L. 8, 149 ; B. 20, 184.)

9 = 12 FÉVRIER 1792. — Décret contenant l'acte d'accusation contre le sieur le Bigne. (L. 8, 178 ; B. 20, 186.)

9 FÉVRIER 1792. — Décret qui admet M. Alleaume à remplacer M. Cérutti, député du département de Paris. (B. 20, 183.)

9 FÉVRIER 1792. — Décret interprétatif de celui du 7 de ce mois, concernant la revue de formation de la marine. (B. 20, 184.)

9 FÉVRIER 1792. — Pensions. Voy. 20 JANVIER 1792.

10 = 15 FÉVRIER 1792. — Décret relatif aux bataillons de volontaires nationaux. (L. 8, 190 ; B. 20, 195.)

L'Assemblée nationale, considérant qu'il est aussi essentiel que pressant d'empêcher que les bataillons de volontaires nationaux, formés pour la défense de la patrie, ne puissent être affaiblis et décomplétés par des renvois ou des réformes qui prêteraient à l'arbitraire, décrète qu'il y a urgence.

L'Assemblée nationale, après avoir déclaré l'urgence, décrète que les citoyens qui ont été reçu pour servir dans les bataillons de volontaires nationaux, lors de leur formation, et ceux qui ont été admis depuis, ne pourront être renvoyés ni réformés pour défaut de taille, et que les volontaires nationaux qui ont subi la réforme sous ce prétexte seront libres de rentrer dans leur compagnie, pour y continuer leur service.

10 = 12 FÉVRIER 1792. — Décret contenant l'acte d'accusation contre les sieurs Loyauté, de Silly et Méyé. (L. 8, 180 ; B. 20, 193.)

10 = 15 FÉVRIER 1792. — Décret qui fixe le mode d'après lequel les chefs de légion de la garde nationale parisienne exerceront le commandement général. (L. 8, 193 ; B. 20, 195.)

10 FÉVRIER 1792. — Décret relatif au mode de renouvellement des membres des comités. (B. 20, 195.)

10 FÉVRIER 1792. — Décret portant qu'aucun membre de l'Assemblée nationale ne pourra se placer dans les places des pétitionnaires. (B. 20, 196.)

10 FÉVRIER 1792. — Certificats de résidence. Voy. 4 FÉVRIER 1792. — Emprunt de Gênes. Voy. 6 FÉVRIER 1792. — Sieur Montagudo. Voy. 7 FÉVRIER 1792.

11 = 15 FÉVRIER 1792. — Décret relatif au mode d'impression des décrets de liquidation. (L. 8, 191.)

L'Assemblée nationale, considérant que les lois rendues en fait de liquidation contiennent des états très-longs ; que l'impression en placard de ces lois est par conséquent très-coûteuse ; qu'elle est d'ailleurs inutile, et qu'elle ne produit d'autre effet que celui de retarder la promulgation des lois dont il s'agit ; considérant, d'un

5.

autre côté, qu'il convient de faire cesser au plus tôt un inconvénient de cette espèce, décrète qu'il y a urgence.

L'Assemblée nationale, après avoir décrété l'urgence, décrète que le ministère de la justice et les corps administratifs ne feront plus imprimer en placard, que par forme de résultat, les lois rendues en fait de liquidation, soit des dettes, soit des pensions sur l'Etat, dérogeant à toute loi précédente qui pourrait être contraire au présent décret.

———

11 FÉVRIER = 2 MARS 1792. — Décret relatif aux compagnies de chasseurs conservées en divers endroits dans les bataillons de la garde nationale. (L. 8, 236; B. 20, 221.)

L'Assemblée nationale, ayant entendu la troisième lecture d'un projet de décret présenté par son comité militaire, concernant les compagnies de chasseurs qui ont été conservées dans quelques lieux dans les bataillons de la garde nationale, les deux autres lectures en ayant été faites dans les séances des 7, 24 janvier et 11 février, et après avoir déclaré qu'elle était en état de statuer définitivement sur cette question, décrète ce qui suit:

Les légions et les bataillons de la garde nationale du royaume seront composés conformément au décret du 29 septembre dernier; et néanmoins, dans les lieux où il aurait été conservé des compagnies de chasseurs, elles continueront à faire le service comme par le passé, jusqu'au premier renouvellement des officiers et sous-officiers, fixé par la loi au deuxième dimanche du mois de mai de chaque année.

———

11 FÉVRIER 1792. — Décret sur les renseignemens à prendre relativement à l'arrestation d'un citoyen français à Ath par les émigrés. (B. 20, 196.)

11 = 24 FÉVRIER 1792. — Décret portant liquidation de plusieurs offices de perruquiers. (B. 20, 219.)

11 = 15 FÉVRIER 1792. — Décret qui rectifie des erreurs dans les titres et contrats de rentes viagères. (L. 8, 194; B. 20, 198.)

11 FÉVRIER 1792. — Décret qui enjoint au ministre de la guerre de rendre compte de sa conduite, relativement à la désertion des officiers du 4e régiment en garnison à Grenoble et au Fort-Barreau. (B. 20, 196.)

11 = 24 FÉVRIER 1792. — Résultat général du décret portant liquidation de plusieurs parties de la dette publique. (B. 20, 203.)

11 = 24 FÉVRIER 1792. — Résultat général du décret portant liquidation de plusieurs offices de judicature. (B. 20, 212.)

12 FÉVRIER 1792. — Proclamation du Roi pour le rétablissement de la tranquillité publique dans la ville de Nevers. (L. 8, 182.)

12 FÉVRIER 1792. — Décret relatif au tableau des districts en retard de fournir l'état des domaines nationaux vendus et à vendre. (B. 20, 222.)

12 = 15 FÉVRIER 1792. — Décret qui renvoie au pouvoir exécutif, à l'effet de procéder à l'installation des sieurs Gaudon et Pineau, l'un président et l'autre accusateur public du département de la Loire-Inférieure. (L. 8, 202; B. 20, 222.)

12 FÉVRIER = 2 MARS 1792. — Décret qui accorde une somme de 50,000 livres pour les citoyens de la ville de Port-Sainte-Marie, dont les maisons se sont écroulées. (B. 20, 223.)

12 FÉVRIER 1792. — Biens des émigrés; Bureau de comptabilité; Collection des lois; Commissaires de comptabilité. Voy. 9 FÉVRIER 1792. — Corps de la marine; Créances sur l'Etat. Voy. 6 FÉVRIER 1792. — Débiteurs avant 1789; Faux assignats; Jury d'accusation à Paris; Sieur Lebigne; Legs de la demoiselle Picard. Voy. 9 FÉVRIER 1792. — Sieur Loyauté, etc. Voy. 10 FÉVRIER 1792. — Officiers civils de l'administration de la marine; Ouvriers de Brest. Voy. 6 FÉVRIER 1792. — Rentes dues aux fabriques. Voy. 7 FÉVRIER 1792. — Soldats de Château-Vieux qui sont aux galères. Voy. 31 DÉCEMBRE 1791.

13 = 15 FÉVRIER 1792. — Décret relatif à la formule du serment de la garde soldée du Roi. (L. 8, 188; B. 20, 224.)

Art. 1er. Lorsque le Corps-Législatif sera assemblé, la garde soldée du Roi ne pourra le suivre s'il établit sa résidence à plus de vingt lieues de distance de la ville où l'Assemblée nationale tiendra ses séances; dans aucun cas, elle ne pourra le suivre hors du royaume.

2. Tous ceux qui composeront la garde soldée du Roi prêteront serment « d'être fidèles à la nation, à la loi et au Roi; de maintenir de tout leur pouvoir la constitution du royaume décrétée par l'Assemblée nationale constituante, aux années 1789, 1790 et 1791; de veiller avec fidélité à la sûreté de la personne du Roi, et de n'obéir à aucune réquisition ni ordre étrangers au service de sa garde. »

3. Ce serment sera public, et prêté en

présence des officiers municipaux de la ville où réside le Roi.

4. La formule du serment sera lue à haute voix par l'officier commandant, qui jurera le premier, et recevra le serment individuel de chaque officier; ensuite chacun des gardes le prêtera en levant la main et en prononçant les mots : *Je le jure.*

5. La formule du serment sera souscrite par tous les officiers. Pour cette année seulement, les divisions pourront prêter séparément le serment à mesure de leur formation.

6. Ce serment sera renouvelé chaque année, le même jour que celui où il aura été prêté la première fois.

7. La garde soldée ne pourra être admise à prêter le serment relatif à ses fonctions que lorsque les membres qui la composent auront justifié, à la municipalité du lieu où réside le Roi, de la prestation antérieure de leur serment civique, aux termes de l'article 12 du chapitre 2 du titre II de l'acte constitutionnel.

8. Le présent décret sera porté dans le jour à la sanction du Roi.

14=19 FÉVRIER 1792.—Décret relatif à la conservation des saisies et oppositions formées sur les sommes qui s'acquittent directement au Trésor public. ( L. 8, 208; B. 20, 226; Mon. du 15 février 1792.)

*Voy.* lois des 30 MAI, 8 JUIN 1793; décret du 18 AOÛT 1807; ordonnance du 1er MAI 1825.

L'Assemblée nationale, voulant pourvoir à ce qu'exigent le maintien de l'ordre et la régularité du service dans les opérations confiées aux commissaires de la Trésorerie nationale, et déterminer les règles à suivre pour la conservation des saisies et oppositions sur les sommes qui s'acquittent directement au Trésor public;

Après avoir entendu le rapport de son comité de la Trésorerie nationale, et les trois lectures du projet de décret faites dans les séances du 26 novembre 1791, 6 janvier 1792 et 14 février présent mois, et arrêté qu'il en serait délibéré définitivement, décrète ce qui suit :

Art. 1er. Les commissaires de la Trésorerie nationale seront chargés de l'enregistrement et de la conservation des saisies et oppositions formées sur les sommes dues par l'État aux absens, conformément au décret du 29 juillet dernier, ainsi que sur les arrérages des

pensions et secours pour la partie qui est déclarée saisissable par le décret du 18 août dernier.

2. Les propriétaires des offices supprimés avant le 1er mai 1789 seront tenus de fournir leurs quittances de finance, contrats d'acquisition, provisions et autres titres de propriété, auxdits commissaires de la Trésorerie nationale, d'ici au 1er mai prochain, sous les peines portées par l'article 5 du décret du 5 janvier dernier, 4 et 6 février présent mois; et, sur le vu de ces pièces, les commissaires de la Trésorerie procéderont auxdites liquidations, conformément au décret du 21 septembre 1791, et les remettront au comité de liquidation, qui en fera rapport à l'Assemblée nationale.

3. Lorsqu'un office devra être remboursé en quittances de finance, elles seront expédiées dans la même forme que celles précédemment délivrées, et le paiement des intérêts sera fait par les payeurs des rentes. Les offices payables comptant seront remboursés par la caisse de l'extraordinaire, à la charge par les propriétaires de remplir, dans l'un et dans l'autre cas, les formalités prescrites.

4. Les créanciers autorisés par le décret du 29 juillet dernier à poursuivre leur paiement sur les sommes dues par l'État aux absens hors du royaume, pourront saisir entre les mains du préposé à la conservation des oppositions et saisies, et établi près la Trésorerie nationale, ce qui est à payer à leurs débiteurs directement par le Trésor public; mais leur paiement ne pourra être effectué qu'après qu'ils auront rempli les conditions portées audit décret, qu'ils auront fait constater l'absence et prononcer la validité de la saisie (1).

5. Toute personne pourra s'opposer et saisir entre les mains des commissaires de la Trésorerie nationale les sommes qui doivent être acquittées directement au Trésor public, soit pour intérêts de finances, de cautionnement et de prix d'acquisition, soit pour fournitures, entreprises et travaux autres que ceux de charité.

6. Il pourra de même être formé opposition et saisie entre les mains des commissaires de la Trésorerie nationale de la moitié des arrérages, pensions, secours, dons et gratifications, autres néanmoins que les primes et encouragemens pour le commerce, par les créanciers desdits pensionnaires fon-

(1) À moins de dispositions ou de conventions contraires, les sommes dues par l'État sont réputées payables directement par le Trésor royal (notamment les créances pour fournitures de guerre); en conséquence, l'opposition de la part des tiers à la délivrance de ces sommes est valablement formée entre les mains du ministre des finances, et dès lors le paiement fait au mépris d'une telle opposition est nul à l'égard des opposans; peu importe qu'il ait été fait, non par l'agent du Trésor lui-même, mais par l'intermédiaire d'un receveur général ( 2 janvier 1830; Paris, 30, 2, 154; D. 30, 2, 81).

dés en titres, pour entretien, nourriture et logement, conformément au décret du 18 août dernier.

7. A la mort d'un créancier de l'Etat, tout ce qui sera dû à sa succession par la Trésorerie nationale sera saisissable par ses créanciers, quel que soit le titre dudit créancier.

8. Les saisies et oppositions ne pourront porter que sur les objets mentionnés aux articles précédens : elles seront datées du jour et de l'heure; elles exprimeront clairement, outre les noms des saisissans et opposans, les noms et qualités des parties prenantes, et l'objet saisi ou grevé d'opposition; faute de quoi elles seront regardées comme non avenues.

9. L'huissier chargé des saisies et oppositions sera tenu de déposer son exploit, pendant vingt-quatre heures, à la Trésorerie nationale, pour y être enregistré et visé sans frais : toutes saisies et oppositions non visées seront nulles.

10. Les commissaires de la Trésorerie nationale seront tenus, en inscrivant le *visa*, d'exprimer le montant des sommes dues par le Trésor public au débiteur saisi; au moyen de quoi le *visa* tiendra lieu d'affirmation, et les saisissans pourront, sans qu'il soit besoin de nouvelle déclaration ni de mise en cause de l'agent du Trésor public, poursuivre la validité des saisies et jugemens de distributions. Les sommes saisies resteront par forme de dépôt au Trésor public jusqu'audit jugement de distribution ou de main-levée, si mieux n'aiment lesdites parties saisissantes convenir d'un autre séquestre ou le faire nommer par justice, auxquels cas la Trésorerie nationale en videra ses mains en celles du séquestre agréé ou nommé à l'effet d'en fournir quittance comptable.

11. Les commissaires de la Trésorerie nationale feront faire annotation de celles des saisies et oppositions qui frapperont, soit sur les pensions et secours annuels, soit sur des objets que l'on comprend dans les états ordonnancés, sur les registres d'immatricule des payeurs de la Trésorerie et sur lesdits états. A l'égard des autres objets énoncés aux articles 5 et 6, ils ne seront acquittés par lesdits payeurs qu'après que les commissaires de la Trésorerie auront mis sur lesdites ordonnances qu'il n'existe point d'opposition.

12. Les oppositions qui pourraient avoir été formées entre les mains des conservateurs des finances et hypothèques sur les objets ci-dessus mentionnés, et qui s'acquittent directement au Trésor public, tiendront pendant trois mois, à compter du jour de la publication du présent décret; et, pendant ledit temps, les parties prenantes ne pourront toucher qu'en rapportant desdits conservateurs un certificat de non-opposition

dans les cas où elles étaient précédemment tenues d'en justifier. Lesdits trois mois expirés, les oppositions ne vaudront qu'autant qu'elles seront formées à la Trésorerie nationale et dans les formes ci-dessus prescrites.

13. Les saisies et oppositions dont il s'agit n'auront d'effet que pendant trois années, à compter de leurs dates.

14. Il sera délivré aussi, sans frais, par les commissaires de la Trésorerie nationale, des extraits d'opposition, à la charge par les requérans de fournir le papier timbré nécessaire.

15. Au moyen de ce que les pensions et secours annuels sont déclarés saisissables pour moitié par les créanciers porteurs de titres de la nature de ceux indiqués par le décret du 18 août, le paiement desdits pensionnaires ne pourra être suspendu par aucun ordre particulier : les ordres qui auraient pu être donnés précédemment par les ministres, en vertu de la déclaration du 7 janvier 1779, demeurent révoqués, sauf aux créanciers desdits pensionnaires à se pourvoir conformément au décret du 18 août dernier et aux dispositions ci-dessus.

———

14 FÉVRIER = 10 MARS 1792. — Décret relatif aux ci-devant gardes françaises qui ont été renvoyés sans avoir demandé leur congé. (L. 8, 251 ; B. 20, 231.)

L'Assemblée nationale, considérant qu'il s'agit de pourvoir aux besoins des soldats citoyens des compagnies du centre qui ont bien mérité de la patrie, et qui manifestent l'intention de continuer leurs services, décrète qu'il y a urgence.

L'Assemblée nationale, après avoir décrété l'urgence,

Décrète que tous les ci-devant gardes françaises qui ont été renvoyés sans avoir demandé leur congé toucheront leur solde à compter du jour de leur renvoi, et continueront à la toucher, comme s'ils n'avaient pas cessé d'être en activité de service, jusqu'à ce que l'Assemblée nationale ait statué sur leur réclamation.

———

14 = 15 FÉVRIER 1792. — Décret portant qu'il n'y a pas lieu à accusation contre les sieurs Augustin Sourdille et autres y dénommés. (L. 8, 203 ; B. 20, 226.)

———

14 FÉVRIER 1792. — Décret qui prend en considération la pétition du sieur Gaspard Gambis, relativement à sa pension. (B. 20, 231.)

———

14 = 19 FÉVRIER 1792. — Décret qui approuve et autorise l'échange de la maison de Sainte-Claire, de la ville de Confolens, contre les maisons et emplacemens où l'hôpital Sainte-Marthe, de la même ville, est établi. (B. 20, 233.)

L'Assemblée nationale, ayant entendu le rapport de son comité de l'ordinaire des finances; voulant assurer l'achèvement du Panthéon français, consacré par l'Assemblée constituante à la mémoire des grands hommes qui auront servi la patrie et la liberté, décrète:

Art. 1er. Que la somme de 1,469,478 livres 11 sous 10 deniers, formant, avec celle de 50,000 livres décrétée le 24 décembre dernier pour les travaux de cet édifice pendant le mois de janvier, celle de 1,519,478 livres 11 sous 10 deniers, montant du devis estimatif des travaux d'achèvement, présenté par le directoire du département de Paris, sera versée aux époques ci-après indiquées, par la Trésorerie nationale, dans la caisse du receveur que désignera le département de Paris.

2. Cette somme de 1,469,478 livres 11 sous 10 deniers sera payée par la Trésorerie nationale, à raison de 50,000 liv. par mois pendant vingt - neuf mois consécutifs, et de 19,478 livres 11 sous 10 deniers le trentième mois, sur les ordonnances du ministre de l'intérieur, qui en rendra compte à l'Assemblée nationale.

3. Cette somme sera employée à l'achèvement du Panthéon français, sous la surveillance et la responsabilité du directoire du département de Paris, qui rendra compte chaque mois, au ministre de l'intérieur, des progrès des travaux et des dépenses qui auront été faites.

14 FÉVRIER 1792.— Garde nationale de Paris. *Voy.* 15 FÉVRIER 1792.—Trésor public. *Voy.* 14 FÉVRIER 1792.

---

20 = 29 FÉVRIER 1792. — Décret portant qu'il y a lieu à accusation contre le sieur Dulery. (L. 8, 225 ; B. 20, 270.)

---

20 FÉVRIER 1792. — Décret qui enjoint au ministre de l'intérieur de rendre compte des mesures prises relativement aux troubles du département des Bouches-du-Rhône. (B. 20, 270.)

---

21 FÉVRIER = 7 MARS 1792. — Décret relatif aux cavaliers surnuméraires de la compagnie de la ci-devant prévôté des monnaies, gendarmerie et maréchaussée de France. (L. 8, 247 ; B. 20, 273.)

L'Assemblée nationale, voulant faire participer aux dispositions de la loi du 16 février 1791 les cavaliers surnuméraires de la compagnie de la ci-devant prévôté des monnaies, gendarmerie et maréchaussée de France, et considérant qu'il va être incessamment procédé à l'organisation, formation et emplacement des brigades de la gendarmerie nationale, dont elle a décrété l'augmentation, décrète qu'il y a urgence.

L'Assemblée nationale, après avoir entendu le rapport de son comité militaire et décrété l'urgence, décrète ce qui suit :

Art. 1er. Il sera fourni par le ci-devant prévôt général de la compagnie des monnaies, supprimée par l'article 1er du titre VI du décret du 16 janvier = 16 février 1791, sur l'organisation de la gendarmerie nationale, un état des cavaliers commissionnaires qui, depuis l'édit du mois d'octobre 1785, ont continué d'y faire leur service comme surnuméraires, et qui étaient portés sur le contrôle de la compagnie à l'époque du 1er janvier 1791, lequel état sera certifié par le commissaire des guerres inspecteur de la compagnie.

2. Tous les surnuméraires employés dans cet état, encore qu'ils n'aient pas le temps de service exigé par le décret du 16 février 1791, seront admissibles dans la gendarmerie nationale, concurremment avec les cavaliers et soldats sortant des troupes de ligne, pourvu toutefois qu'ils aient la taille exigée par l'article 8 du décret du 22 juin 1791.

3. Lesdits surnuméraires qui seront admis dans la gendarmerie nationale y prendront rang suivant l'ancienneté de leur service, qui équivaudra à celui fait dans la ligne ou dans la ci-devant maréchaussée.

---

21 = 24 FÉVRIER 1792. — Décret relatif à la viande à délivrer aux troupes dans leurs garnisons. (L. 8, 213 ; B. 20, 271.)

Art. 1er. A compter du 15 mars prochain,

il sera fourni à chaque sous-officier et soldat, tant des troupes de ligne que des bataillons des gardes nationales actuellement sur pied, une ration de quatre onces de viande fraîche par jour.

2. Il leur sera retenu sur leur solde quinze deniers par ration.

3. Cette fourniture ne pourra avoir lieu que pour l'effectif des hommes présens sous les armes et vivant à l'ordinaire.

4. Les marchés nécessaires à cet effet seront passés dans chaque département par les administrateurs du directoire dudit département, conformément aux dispositions des décrets des 21 avril 1791 et 20 septembre de la même année.

5. L'excédant des dépenses provenant de ces fournitures, qui n'auront lieu que jusqu'à ce qu'il ait été autrement statué par l'Assemblée nationale, qui se réserve de prononcer à cet égard lorsqu'il y aura lieu, sera imputé sur le fonds extraordinaire de vingt millions, décrété le 20 décembre dernier.

---

21 FÉVRIER = 7 MARS 1792. — Décret qui accorde des secours et une pension au sieur Laurent Bouy, dit Valois. (B. 20, 272.)

---

21 = 24 FÉVRIER 1792. — Décret qui autorise la reconstruction du pont d'Amboise. (B. 20, 274.)

---

22 = 24 FÉVRIER 1792. — Décret portant qu'il n'y a pas lieu à accusation contre Jean Gircourt, vicaire à Audun-le-Tiche, détenu pour fait présumé d'embauchement. (B. 20, 275.)

---

22 FÉVRIER = 1er MARS 1792. — Décret qui maintient le sieur Michel à la place d'administrateur du district de Metz. (B. 20, 276.)

---

23 FÉVRIER 1792. — Décret portant qu'il n'y a pas lieu à délibérer sur la réclamation de la commune de Nantes, contre les élections faites par le corps électoral du département de la Loire-Inférieure. (B. 20, 276.)

---

24 = 26 FÉVRIER 1792. — Décret qui prohibe provisoirement l'exportation à l'étranger des laines, chanvres, peaux, cuirs et cotons. (L. 8, 217 ; B. 20, 277.)

L'Assemblée nationale, après avoir entendu le rapport de son comité de commerce sur l'augmentation du prix des matières premières servant à la fabrication et sur leur exportation à l'étranger ; considérant que la sortie du lin et des soies est déjà prohibée, et qu'il n'est pas moins nécessaire de retenir les autres matières premières indispensables à nos manufactures; considérant qu'il est de sa sollicitude de prévenir les maux que causerait à la France la disette desdites matières, si leur exportation continuait plus long-temps à être permise; qu'elle doit conserver à tous les citoyens les moyens de pourvoir à leurs premiers besoins, et priver les ennemis de la chose publique de la faculté de faire passer à l'étranger, en matières premières, la masse de leurs capitaux, décrète qu'il y a urgence; et, après avoir préalablement pro-noncé l'urgence, décrète ce qui suit :

Art. 1er. La sortie du royaume, par mer ou par terre, des laines filées ou non filées, des chanvres en masse, en filasse, teillés ou apprêtés, des peaux et cuirs secs et en vert, ou salés et en vert, et des retailles de peaux et de parchemin, est provisoirement défen-due.

2. La sortie des cotons en laine des colo-nies est provisoirement défendue, jusqu'à ce que l'Assemblée nationale ait définitivement statué sur l'augmentation de droits à fixer sur l'exportation de cette denrée dans l'é-tranger.

24 FÉVRIER 1792. — Décret qui charge tous les ministres de justifier de l'exécution de la loi portant déchéance des fonctionnaires pro-testant contre la constitution. (B. 20, 277.)

24 FÉVRIER 1792. — Faux assignats. *Voy.* 25 FÉVRIER 1792. — Sieur Jean Gircourt. *Voy.* 22 FÉVRIER 1792. — Panthéon français *Voy.* 18 FÉVRIER 1792. — Perruquiers. *Voy.* 11 FÉVRIER 1792. — Pont d'Amboise. *Voy.* 21 FÉVRIER 1792 — Tribunal de commerce de Lyon. *Voy.* 18 FÉVRIER 1792. — Viande des troupes. *Voy.* 21 FÉVRIER 1792.

25 FÉVRIER = 10 MARS 1792. — Décret concer-nant l'élection aux cures vacantes. (L. 8, 252; B. 20, 279; Mon. du 26 février 1792.) *Voy.* loi du 5 = 6 AVRIL 1792.

L'Assemblée nationale, instruite qu'il s'est élevé des difficultés dans plusieurs départe-mens, sur l'élection de quelques curés par les assemblées électorales, décrète qu'il y a urgence.

L'Assemblée nationale, après avoir dé-crété l'urgence, décrète que les dispositions de la loi du 18 octobre 1791 regardent seu-lement les cures vacantes par mort ou dé-mission, et que les prêtres qui auront été élus en conformité des lois antérieures, pour remplacer les curés non assermentés ou qui ont rétracté le serment, seront maintenus dans leurs places.

25 FÉVRIER = 16 MARS 1792. — Décret relatif aux violences commises par les Espagnols de Ronceveaux sur le territoire français. (L. 8, 292; B. 20, 280.)

L'Assemblée nationale, vu la lettre du dé-partement des Basses-Pyrénées, copie de celle du directoire du district de Saint-Palais, écrite audit directoire du département, et de celle des municipalités d'Ascarat, d'Anhaux, d'Ivoulegny, de Laise et de Saint-Etienne en Baigorry, adressées audit directoire de dis-trict, toutes relatives à des violences commi-ses par des Espagnols de Roncevaux sur le territoire français et sur la montagne appelée *Ourdaïn-Sarroya*, où ils enlevèrent, le 6 du présent mois, sous la conduite de l'alcade dudit lieu, trois pasteurs Baigorriens et cinq cents brebis et chèvres appartenant à des ha-bitans de Laise, district de Saint-Palais;

Considérant que des excès aussi graves, portant l'empreinte d'une violation du terri-toire français par les Espagnols, ne sauraient être tolérés, et qu'il ne serait pas juste que des citoyens français, habitans paisibles des frontières, en fussent les victimes, décrète ce qui suit :

Art. 1er. Le pouvoir exécutif est chargé de prendre des informations exactes sur la na-ture des plaintes adressées au Corps-Législatif par le directoire du département des Basses-Pyrénées, ainsi que sur les pertes et domma-ges que les habitans de Laise ont essuyés de la part des Espagnols, pour, sur le compte qui en sera rendu, être statué par l'Assem-blée nationale ce qui sera dû en indemnité auxdits habitans.

2. Le Roi est invité à faire faire près du gouvernement espagnol les démarches conve-nables pour obtenir l'élargissement des trois pasteurs Baigorriens détenus prisonniers en Espagne, ainsi que la réparation de l'outrage fait à la nation, et des dommages causés aux habitans de Laise, et à en faire rendre compte à l'Assemblée nationale.

25 (24 et) = 27 FÉVRIER 1792. — Décret relatif aux fabricateurs et distributeurs de faux assi-gnats et de fausse monnaie. (L. 8, 221; B. 20, 281.)

L'Assemblée nationale, après avoir en-tendu le rapport de ses comités réunis de lé-gislation et des assignats et monnaies, consi-dérant que rien n'est plus important ni plus pressant que les précautions pour assurer la découverte et la conviction des fabricateurs et distributeurs de faux assignats ou fausse monnaie, décrète qu'il y a urgence.

L'Assemblée nationale, après avoir dé-crété l'urgence, décrète ce qui suit :

Art. 1er. Toutes plaintes ou dénonciations de fabrication ou distribution de faux as-signats ou fausse monnaie seront portées de-vant le directeur du jury du lieu du délit ou de la résidence de l'accusé.

2. Il n'y aura, pour le département de Pa-ris, relativement à cette espèce de crime, qu'un seul tableau de jury d'accusation, dressé

par les procureurs-syndics des districts de Saint-Denis et du Bourg-la-Reine, et par le procureur de la commune de Paris, réunis : il sera composé de seize jurés spéciaux pris parmi les citoyens éligibles, et ayant des connaissances relatives.

3. Le directeur de ce jury sera pris à tour de rôle, tous les trois mois, parmi les membres composant le tribunal du premier arrondissement.

4. Les directeurs de jury, juges-de-paix, officiers municipaux, et tous officiers de police de sûreté, sont autorisés à faire, en présence de deux notables ou fonctionnaires publics, ou après les avoir requis de les assister, les ouvertures de portes et perquisitions nécessaires, chez les personnes suspectées de fabrication ou distribution de faux assignats ou fausse monnaie et leurs complices, sur les dénonciations revêtues des caractères exigés par la loi, et d'après les renseignemens que ces officiers auront pris ; ils sont également autorisés à saisir toutes pièces de conviction, et à délivrer des mandats d'arrêt. L'agent du Trésor public à Paris, les procureurs-généraux-syndics des départemens, procureurs-syndics des districts et procureurs de communes, sont spécialement chargés de requérir ces recherches et perquisitions.

5. Les directeurs du jury, et autres officiers désignés en l'article précédent, qui auront commencé la recherche d'un délit de fabrication ou distribution de faux assignats ou fausse monnaie, pourront la continuer et faire les visites nécessaires hors de leur ressort.

6. Dans la huitaine de la publication du présent décret, les municipalités feront connaître aux directoires de leurs départemens, par la voie des districts, les différentes papeteries qui existent dans l'étendue de leurs communes. Les juges-de-paix sont autorisés à faire, quand ils le jugeront à propos, des visites dans ces papeteries, pour y saisir les papiers qui seraient destinés à fabriquer de faux assignats ; et ils seront tenus, ainsi que les autres officiers désignés en l'article 4, de procéder à ces visites à toute réquisition des procureurs-généraux-syndics des départemens ou procureurs-syndics des districts.

7. Il sera accordé au dénonciateur d'un délit de fabrication ou distribution de faux assignats ou fausse monnaie, dont les auteurs auront été déclarés convaincus, une récompense qui sera fixée par un décret du Corps-Législatif, pour service important rendu à la patrie.

8. Le dénonciateur ne pourra jamais être entendu comme témoin dans la procédure.

9. Si un particulier complice d'une fabrication de faux assignats ou fausse monnaie vient le premier la dénoncer, il sera exempt de la peine qu'il a encourue.

10. Si le même particulier procure l'arrestation des faussaires et la saisie des matières et instrumens de faux, il recevra en outre une somme d'argent.

11. Si, après qu'une fabrication de faux assignats ou de fausse monnaie aura été dénoncée, l'un des complices procure, de son propre mouvement, l'arrestation des faussaires et la saisie des matières et instrumens de faux, il sera exempt de la peine qu'il a encourue.

12. Les dispositions des trois articles précédens auront lieu à l'égard des complices de fabrication de faux assignats ou de fausse monnaie, entreprise hors du royaume, qui la dénonceraient, soit aux autorités constituées en France, soit à ses agens politiques dans les cours étrangères, ou qui procureraient l'arrestation des faussaires et la saisie des matières et instrumens de faux.

13. Le commissaire du Roi administrateur de la caisse de l'extraordinaire est autorisé à adresser à tous les corps administratifs, tribunaux, juges-de-paix, et autres officiers de police de sûreté, des exemplaires des procès-verbaux qui constatent ou constateraient à l'avenir le faux des assignats.

25 FÉVRIER = 7 MARS 1792. — Décret qui accorde au sieur Latude un secours de 3,000 livres. (B. 20, 284.)

25 FÉVRIER 1792. — Clôture de Paris. *Voy.* 11 AVRIL 1792.

26 = 29 FÉVRIER 1792. — Acte d'accusation contre le sieur Dalery, ci-devant capitaine-général des fermes. (L. 8, 226 ; B. 20, 285.)

26 FÉVRIER 1792. — Fonctionnaires publics. *Voy.* 30 DÉCEMBRE 1791. — Laines, chanvre, etc. *Voy.* 4 FÉVRIER 1792.

27 FÉVRIER = 16 MARS 1792. — Décret qui déclare incompatibles les fonctions de député à l'Assemblée nationale et celles de juré. (L. 8, 299 ; B. 20, 292.)

L'Assemblée nationale, considérant qu'il est nécessaire de statuer promptement sur la question de savoir si les membres de l'Assemblée nationale qui ont pu être employés dans les listes de jurés de jugement, dans les divers départemens du royaume, peuvent en remplir les fonctions, décrète qu'il y a urgence.

L'Assemblée nationale, après avoir décrété l'urgence, décrète qu'il y a incompatibilité de fait entre les fonctions de député à l'Assemblée nationale et celles de juré.

27 (17 et) = 29 FÉVRIER 1792. — Décret relatif à une augmentation à accorder aux gens de guerre qui entreront en campagne. (L. 8, 227; B. 20, 286; Mon. du 2 mars 1792.)

L'Assemblée nationale, après avoir entendu le rapport de son comité militaire sur une augmentation de traitement à accorder aux gens de guerre qui entreront en campagne; considérant qu'il est instant de procurer aux officiers attachés aux corps des troupes qui doivent marcher les moyens de former leurs équipages; considérant qu'il est juste de mettre tous les militaires, tant de troupes de ligne que des gardes nationales, depuis le soldat jusqu'au général, en état de soutenir les dépenses et les fatigues de la guerre, décrète qu'il y a urgence.

L'Assemblée nationale, après avoir décrété l'urgence, et délibérant sur la proposition faite par le Roi d'augmenter le traitement des militaires qui sont près d'entrer en campagne, décrète ce qui suit:

Art. 1er. Il sera accordé aux officiers de tous grades, tant de gardes nationales que des troupes de ligne, pour les mettre en état d'entrer en campagne, lorsqu'ils recevront l'ordre de s'y préparer, des gratifications fixées ainsi qu'il suit, savoir:

*Gardes nationales et infanterie des troupes de ligne.*

Aux lieutenans et aux sous-lieutenans, 300 livres; aux capitaines, 400 livres; aux lieutenans-colonels, 600 livres; aux colonels, 800 livres.

*Troupes à cheval.*

Aux lieutenans et sous-lieutenans, 400 liv.; aux capitaines, 500 livres; aux lieutenans-colonels, 700 liv.; aux colonels, 900 livres.

Les officiers de l'état-major de l'armée, et les aides-de-camp, les officiers de l'artillerie et du génie, ainsi que les commissaires des guerres, recevront les mêmes gratifications que la cavalerie, en raison de leurs grades respectifs.

Les chirurgiens-majors seront traités comme les capitaines, et les aumôniers comme les lieutenans, tant pour les gratifications que pour les autres traitemens qui seront accordés aux troupes pendant la campagne.

*Officiers généraux.*

Aux généraux d'armée, 6,000 livres; aux lieutenans-généraux, 3,000 livres; aux maréchaux-de-camp, 2,000 livres.

Il sera fourni des tentes aux officiers des gardes nationales et des troupes de ligne qui seront dans le cas de camper.

2. Les officiers de tous grades jouiront, pendant la campagne, d'une augmentation d'appointemens, réglée de la manière suivante:

Les lieutenans et sous-lieutenans des troupes de ligne, de la moitié en sus de leurs appointemens ordinaires; les capitaines, les lieutenans-colonels et les colonels, du tiers des appointemens dont ils jouissent pendant la paix, et les officiers généraux, du quart seulement en sus de leurs appointemens respectifs.

Les officiers des gardes nationales jouiront aussi, pendant la campagne, d'une augmentation d'appointemens réglée ainsi qu'il suit, savoir:

Les sous-lieutenans et lieutenans, de la moitié en sus de leurs appointemens ordinaires;

Les capitaines, de l'augmentation d'appointemens réglée pour les capitaines de la troisième classe de l'infanterie des troupes de ligne, faisant pour chacun un objet de 733 livres 6 sous 8 deniers, en sus de leurs appointemens ordinaires;

Les premiers lieutenans-colonels, de l'augmentation réglée pour les lieutenans-colonels de première classe, savoir:

De 1,400 livres en sus de leurs appointemens, et les seconds lieutenans-colonels, de celle fixée pour les lieutenans-colonels de la deuxième classe de l'infanterie des troupes de ligne, savoir:

De 1,200 livres en sus de leurs appointemens.

Il sera délivré aux officiers de tous grades, tant des gardes nationales que des troupes de ligne, des rations de pain du poids de vingt-huit onces, sous la retenue de 32 deniers, et des rations de fourrages en nature, sans aucune retenue, pour la nourriture de leurs chevaux, dont l'existence sera constatée par des revues faites dans les formes prescrites. Le nombre des rations de fourrages et des rations de pain attribuées à chaque grade demeurera fixé ainsi qu'il est établi dans le tableau annexé au présent décret; et, dans aucun cas ni sous aucun prétexte, les officiers, de quelque grade qu'ils soient, ne pourront exiger des rations au-delà du nombre fixé pour chaque grade.

3. Il sera attribué au sous-officier et au soldat de toute arme, pour chaque jour et à dater de l'ouverture de la campagne, une ration de pain de munition du poids de vingt-huit onces, sans aucune retenue; une once de riz ou deux onces de légumes secs, également sans retenue, et une demi-livre de viande, pour laquelle il lui sera retenu 1 sou 6 deniers.

4. Chaque sous-officier et soldat des bataillons de gardes nationales recevra par jour vingt-huit onces de pain de munition, pour lesquelles il lui sera retenu 32 deniers; 1 demi-livre de viande, sous la retenue de 1 sou 6 deniers, et une once de riz ou deux onces de légumes secs, sans retenue.

5. Il sera mis et entretenu à la suite de

l'armée, des approvisionnemens de vinaigre, eaux-de-vie, chemises, bas et souliers, pour être distribués aux troupes sous les ordres du général, lorsque les circonstances l'exigeront.

6. Le traitement de guerre aura lieu pour les officiers de tous grades, les gardes nationales et soldats des différentes armes destinés à servir dans les armées, à dater du jour où les uns et les autres partiront pour se rendre dans les camps ou cantonnemens.

Il pourra cependant être fourni, en attendant, aux officiers, et sans retenue, des rations de fourrages pour la nourriture de leurs chevaux, aussitôt qu'ils en seront pourvus.

Ces rations n'excéderont pas le nombre fixé pour chaque grade.

Le traitement de guerre cessera du jour où les troupes rentreront dans leurs garnisons ou quartiers, époque à laquelle celui qui pourra leur être jugé nécessaire dans lesdites garnisons ou quartiers, sera déterminé.

7. Le ministre de la guerre présentera, sous quinze jours, l'état de la dépense qui résultera des dispositions du présent décret; il sera autorisé, en attendant, à imputer ladite dépense sur le fonds de vingt millions décrété le 31 décembre dernier.

**État des rations de pain et de fourrages, allouées en campagne à chaque grade.**

Les officiers de l'état-major de l'armée, les aides-de-camp, les officiers du corps du génie et de l'artillerie, et les commissaires des guerres (1) recevront chacun, selon leur grade, le nombre des rations fixées pour la cavalerie, en comprenant aussi dans cette fixation les rations dont jouissent quelques-uns d'eux pendant la paix.

#### Officiers généraux.

Maréchaux-de-camp, 8 rations de pain, 10 rations de fourrages; lieutenans-généraux, 10 rations de pain, 12 rations de fourrages; commandans en chef, 20 rations de pain, 16 rations de fourrages.

**Gardes nationales et infanterie de troupes de ligne (2).**

Sous-lieutenans et lieutenans, 2 rations de pain, 1 ration et demie de fourrages; capitaines, 3 rations de pain, 2 rations de fourrages; lieutenans-colonels, 4 rations de pain, 3 rations de fourrages; colonels, 6 rations de pain, 4 rations de fourrages.

#### Troupes à cheval.

Lieutenans et sous-lieutenans, 2 rations de pain, 1 ration et demie de fourrages; capitaines, 3 rations de pain, 3 rations de fourrages; lieutenans-colonels, 4 rations de pain, 4 rations de fourrages; colonels, 6 rations de pain, 6 rations de fourrages.

27 FÉVRIER = 7 MARS 1792. — Décret de liquidation de diverses charges et offices, tant civils que militaires. (B. 20, 292.)

27 FÉVRIER 1792. — Faux assignats. *Voy.* 25 FÉVRIER 1792.

28 = 29 FÉVRIER 1792 — Décret relatif aux examens à subir par les aspirans au corps du génie. (L. 8, 234; B. 20, 299.)

L'Assemblée nationale, considérant qu'aux termes de la loi du 13 novembre, art. 8, les concours et les examens pour les corps du génie doivent avoir lieu dans les formes et aux époques accoutumées, et que les sujets qui se présenteront doivent être interrogés sur les principes de la constitution; que le ministre de la guerre n'a pas fait observer cette condition essentielle dans le dernier examen qui a eu lieu à Paris; que le même ministre n'a pu ordonner, sans une loi préalable, des formes nouvelles pour compléter cet examen à Mézières; que cependant il est nécessaire de faire subir promptement aux candidats, et sans les constituer en nouveaux frais, toutes les épreuves auxquelles ils doivent satisfaire pour être dignes d'être admis à l'école du génie; après avoir entendu ses comités d'instruction publique et militaires réunis, décrète qu'il y a urgence.

Après avoir décrété l'urgence, l'Assemblée nationale décrète ce qui suit:

Art. 1er. Les aspirans au corps du génie déjà jugés suffisamment instruits sur les mathématiques et le dessin par l'examinateur ordinaire, qui, d'après les ordres qu'ils ont reçus, se trouveront à Mézières lors de la publication du présent décret, y seront incessamment interrogés sur les principes de la constitution, par trois commissaires nommés par le directoire du département des Ardennes, en présence des officiers supérieurs de la garnison, et en public.

2. Ceux des aspirans qui répondront à cet examen d'une manière satisfaisante seront les seuls susceptibles d'être admis à l'école du génie; et, dans le cas où quelqu'un d'eux serait rejeté, celui qui le suit immédiatement dans l'ordre du mérite, eu égard aux mathé-

---

(1) *Voy.* loi des 10 = 15 avril 1792.
(2) Y compris les rations attribuées à leurs grades, et dont ils jouissent pendant la paix.

natiques, sera appelé à Mézières pour être interrogé de la même manière, pourvu qu'il ait aussi les autres connaissances exigées.

3. Le ministre de la guerre rendra compte à l'Assemblée nationale du résultat de cet examen, dès que la loi aura été exécutée.

4. Le présent décret ne sera envoyé que dans le département des Ardennes.

---

28 FÉVRIER = 7 MARS 1792. — Décret relatif aux erreurs qui se trouvent dans le décret du 21 septembre 1791, concernant l'administration de la marine. (L. 8, 242; B. 20, 300.)

L'Assemblée nationale, s'étant fait représenter le procès-verbal de la séance de l'Assemblée constituante du 21 septembre dernier, et l'état de distribution arrêté au comité de la marine, en vertu du décret du même jour sur l'administration de ce département; voulant accélérer l'organisation de cette administration, et pourvoir à la réparation des erreurs et omissions qui se sont glissées dans ledit procès-verbal, décrète que le nombre de trois cent cinquante-trois commis, porté par le décret du 21 septembre dernier, sera divisé ainsi qu'il suit : soixante-dix commis à 1,800 livres, quatre-vingt-onze à 1,500 livres, quatre-vingt-onze à 1,200 livres, soixante-dix à 900 livres et trente-un à 600 livres, formant en tout trois cent cinquante-trois, et montant à la somme de 453,300 livres : ce qui portera le total de la dépense d'administration à 1,591,900 livres, au lieu de 1,456,900 livres.

Décrète, en outre, que les commis des majorités et les commis de la marine attachés aux classes seront ajoutés à l'article 8, dans lequel ils ont été omis.

---

28 FÉVRIER = 7 MARS 1792. — Décret sur le service de la caisse de l'extraordinaire. (B. 20, 301.)

---

28 FÉVRIER = 7 MARS 1792. — Décret portant circonscription des paroisses de Provins. ( B. 20, 302.)

---

29 FÉVRIER = 7 MARS 1792. — Décret relatif aux secours à accorder aux officiers d'état-major des places de guerre supprimés. (L. 8, 244; B. 20, 305.)

L'Assemblée nationale, considérant que tous les emplois d'officiers d'état-major des places de guerre, citadelles, châteaux et autres postes militaires ou villes de l'intérieur, sont supprimés à compter du 1er août 1791; considérant que les traitemens en retraite qui sont dus à ces officiers supprimés n'ont pas encore être fixés, à cause du temps considérable qu'exige la vérification de leurs services; mais qu'il est de sa justice de venir au secours de ces militaires, qui se trouvent sans appointemens depuis six mois, décrète qu'il y a urgence.

L'Assemblée nationale, après avoir entendu le rapport de son comité de liquidation sur les secours provisoires à accorder aux officiers d'état-major des places de guerre, citadelles, châteaux et autres postes militaires ou villes de l'intérieur, supprimés par la loi du 10 juillet dernier, et après avoir décrété l'urgence, décrète ce qui suit :

Art. 1er. Tous les officiers d'état-major des places de guerre, citadelles, châteaux et autres postes militaires ou villes de l'intérieur, supprimés par le décret du 8 = 20 juillet dernier, dont les traitemens en retraite n'ont pas été encore définitivement fixés par l'Assemblée nationale, jouiront d'un secours déterminé par les articles suivans.

2. Les officiers d'état-major supprimés dont les appointemens n'excédaient pas 1,000 livres, continueront de jouir provisoirement et à titre de secours de la somme à laquelle leurs appointemens étaient fixés.

3. A l'égard de ceux dont les appointemens excédaient 1,000 livres, il leur sera accordé d'abord la somme de 1,000 livres, plus le quart du restant de leurs anciens appointemens, sans néanmoins que ces deux sommes réunies puissent excéder 2,400 livres, quel que fût le montant de leurs anciens appointemens.

4. Les sommes accordées auxdits officiers supprimés et désignés dans les articles précédens leur seront payées à compter du 1er août dernier, jour de leur suppression effective, par le payeur principal du département de la guerre, en deux parties, dont la première remontera au 1er février de la présente année, et la seconde devra avoir lieu le 1er août prochain; auquel effet, il sera tenu à la disposition du ministre de la guerre une somme de 400,000 livres.

5. Dans le cas où le même officier supprimé aurait joui précédemment de quelque pension ou secours annuel, outre les appointemens attachés à sa place, ils seront réunis, pour déterminer, d'après leur montant total, le secours provisoire qui pourra lui être accordé, sans cependant que, dans cette réunion, on puisse comprendre les rentes viagères créées pour arrérages suspendus, dont le paiement continuera d'être acquitté dans les formes prescrites par le décret du 20 = 25 février 1791.

6. Lesdits officiers supprimés qui se présenteront pour recevoir lesdits secours seront tenus de se conformer aux lois déjà rendues à l'égard des créanciers ou pensionnaires de l'État.

7. Les dispositions du présent décret ne pourront avoir lieu à l'égard desdits officiers qui seraient actuellement en activité de service.

29 FÉVRIER = 4 MARS 1792. — Décret relatif à l'emplacement des bureaux de la comptabilité. (L. 8, 237; B. 20, 304.)

L'Assemblée nationale, ouï le rapport de ses comités de l'examen des comptes & d'inspection réunis, concernant le local propre au rétablissement des bureaux de la comptabilité, décrète qu'il y a urgence.

L'Assemblée nationale, considérant que le local de la ci-devant chambre des comptes, destiné provisoirement au placement des bureaux de la comptabilité, est le plus propre à cet établissement; que les papiers et volumes conservés dans ce local seraient d'un transport difficile et dispendieux dans l'église des Feuillans, reconnue insuffisante pour les contenir; que, d'ailleurs, ce nouvel établissement occasionerait une dépense considérable qu'il importe d'éviter; après avoir décrété l'urgence, décrète que les bureaux de la comptabilité demeureront établis à la ci-devant chambre des comptes; en conséquence, autorise les commissaires de la comptabilité à faire faire les dispositions nécessaires pour ses bureaux et leur ameublement, conformément aux devis remis et réunis à ce sujet à son comité de l'examen des comptes, sous la surveillance des commissaires de la salle de l'Assemblée nationale; à l'effet de quoi le ministre de l'intérieur sera tenu de faire délivrer les sommes à verser, jusqu'à la concurrence de la somme portée audit devis, de laquelle il rendra compte en la forme ordinaire, après néanmoins avoir été soumis à l'examen des deux susdits comités.

———

29 FÉVRIER 1792. — Aspirans au corps du génie. *Voy.* 28 FÉVRIER 1792. — Sieur Dalery. *Voy.* 20 FÉVRIER 1792. — Gens de guerre. *Voy.* 27 FÉVRIER 1792.

———

1er MARS 1792. — Décret qui raie du tableau des postes militaires le château de Niort, et confirme la vente qui en a été faite à la municipalité. (B. 21, 1.)

———

1er MARS 1792. — Décret qui ordonne un projet pour distraire du tableau des postes militaires de l'intérieur, tous ceux dont la nécessité ne sera pas démontrée. (B. 21, 2.)

———

1er MARS 1792. — Décret qui ordonne au ministre des contributions de rendre compte du recouvrement des impositions de la capitale. (B. 21, 2.)

———

1er MARS 1792. — Sieur Michel. *Voy.* 22 FÉVRIER 1792.

———

2 = 7 MARS 1792. — Décret relatif au remplacement des officiers de l'armée. (L. 8, 243; B.

L'Assemblée nationale, voulant que le remplacement des officiers de l'armée n'éprouve aucun retard, décrète ce qui suit :

Tous les emplois vacans ou qui viendraient à vaquer d'ici au 1er avril prochain seront remplacés suivant le mode prescrit par le décret du 11 novembre dernier, concernant les remplacemens des officiers de l'armée, et le ministre de la guerre sera tenu de déposer au comité militaire, le 1er avril, tous les procès-verbaux de revues.

———

2 = 4 MARS 1792. — Acte d'accusation contre le sieur Fabiany. (L. 8, 240; B. 21, 3.)

———

2 MARS 1792. — Chasseurs de la garde nationale. *Voy.* 11 FÉVRIER 1792. — Lyon. *Voy.* 19 FÉVRIER 1792. — Port Sainte-Marie. *Voy.* 12 FÉVRIER 1792.

———

3 = 11 MARS 1792. — Décret relatif aux ci-devant gardes françaises et soldats du centre. (L. 8, 254; B. 21, 5.)

L'Assemblée nationale, après avoir entendu le rapport de ses comités de l'ordinaire des finances et militaire, considérant que la situation dans laquelle se trouvent plusieurs ci-devant gardes françaises exige de les faire jouir promptement du décret rendu en leur faveur le 14 février dernier, et qu'il est juste d'en étendre les dispositions aux soldats qui ont servi comme eux la cause de la révolution dans la garde soldée parisienne, déclare qu'il y a urgence.

L'Assemblée nationale, après avoir déclaré qu'il y a urgence et entendu ses comités de l'ordinaire des finances et militaire, décrète ce qui suit :

Art. 1er. Tout garde française ou autre soldat, tant des compagnies de grenadiers que des compagnies du centre ou de chasseurs de la garde soldée parisienne, résidant actuellement à Paris, qui prétendra avoir été renvoyé sans avoir demandé son congé, et qui n'aura pas de brevet de pension ni de gratification, se présentera sous huitaine, à compter du jour de la promulgation du présent décret, à la municipalité de Paris.

2. La municipalité en fera dresser un état nominatif qu'elle enverra au ministre de la guerre, qui fera vérifier si ces soldats n'ont réellement reçu ni pension ni gratification.

3. D'après cette vérification que le ministre de la guerre est tenu de faire dans trois jours, les ci-devant gardes françaises et soldats du centre dont il est question à l'article 1er du présent décret, toucheront la solde dont ils jouissaient dans leurs compagnies, à partir du jour de leur renvoi, jusqu'à ce que l'Assemblée nationale ait prononcé sur leurs réclamations.

4. A cet effet, les commissaires de la Trésorerie nationale tiendront une somme de

15,000 livres à la disposition du ministre de la guerre, qui en tiendra compte, et qui prendra les mesures les plus promptes pour faire payer lesdits soldats, conformément au présent décret.

4 MARS 1792. — Décret qui réunit au comité des assignats et monnaies la commission chargée de la surveillance de la fabrication des assignats. (L. 8, 273 ; B. 21, 6.)

4 = 11 MARS 1791. — Décret relatif à la nomination de trois commissaires, pour surveiller la fabrication des assignats. ( L. 8, 256 ; B. 21, 7.)

4 MARS 1792. — Bureaux de la comptabilité. *Voy.* 29 FÉVRIER 1792.—Sieur Fabiany. *Voy.* 2 MARS 1792.

5 et 6 MARS 1792. — Décret qui annule un arrêt du ci-devant conseil, rendu en faveur des pêcheurs des buttes et des prétendus pêcheurs hollandais réfugiés, et ordonne le mesurage et l'arpentage des terres concédées au sieur Vironchaux. (B. 21, 8.)

6 = 16 MARS 1792. — Décret relatif à M. d'Estaing, amiral de France. (L. 8, 300 ; B. 21, 11.)

L'Assemblée nationale, après avoir ouï le rapport de ses comités militaires et de la marine, considérant que la nation française se trouve dans des circonstances qui peuvent d'un jour à l'autre exiger le développement de ses forces de terre et de mer; que souvent il est nécessaire d'augmenter la force et l'économie des moyens, en mettant les troupes et les vaisseaux à portée de se fournir des secours mutuels; qu'alors les officiers qui ont acquis les connaissances qui les mettent à portée d'occuper les grades supérieurs dans l'un et l'autre service peuvent être doublement utiles à leur patrie, et qu'enfin il est très-pressant de régler tout ce qui regarde l'organisation de l'armée et de la marine, décrète ce qui suit :

Charles-Henri d'Estaing, nommé amiral de France, pourra en remplir les fonctions sans que cette place puisse nuire à son avancement dans l'armée de terre, et à la charge de ne pouvoir toucher les appointemens que d'un seul grade.

6 MARS 1792.—Décret pour un envoi de troupes à Versailles, Rambouillet et lieux circonvoisins. (B. 21, 10.)

6 MARS 1792. — Décret qui ordonne la formation d'une commission chargée de présenter les mesures propres au rétablissement de la tranquillité publique. (B. 21, 13.)

6 MARS 1792. — Décret qui autorise le département de Paris à envoyer six cents gardes nationaux et deux pièces de canon dans le département de Seine-et-Oise, et deux cents gardes nationaux, avec deux pièces de canon, dans le département de l'Eure. (B. 21, 12.)

7 MARS 1792. — Décret qui ordonne un rapport sur l'état actuel des travaux publics commencés. (B. 21, 13.)

7 MARS 1792. — Décret sur l'ordre des travaux de l'Assemblée nationale. (B. 21, 14.)

7 MARS 1792.—Caisse de l'extraordinaire. *Voy.* 28 FÉVRIER 1792. — Château de Niort. *Voy.* 1ᵉʳ MARS 1792. — Décrets du 21 septembre 1791 sur la marine. *Voy.* 28 FÉVRIER 1792.— Sieur Latude. *Voy.* 25 FÉVRIER 1792.—Sieur Laurent Bouy, dit Valois. *Voy.* 21 FÉVRIER 1792. — Liquidation. *Voy.* 27 FÉVRIER 1792. — Officiers de l'armée *Voy.* 2 MARS 1792.— Prévôté des monnaies. *Voy.* 21 FÉVRIER 1792. — Provins. *Voy.* 28 FÉVRIER 1792.

8 = 14 MARS 1792. — Décret relatif au versement de fonds à la Trésorerie nationale par la caisse de l'extraordinaire. (L. 8, 273 ; B. 21, 22.)

8 = 16 MARS 1792. — Décret qui ordonne le paiement des sommes dues aux entrepreneurs, constructeurs et ouvriers des églises de Saint-Sulpice, Saint-Philippe-du-Roule et autres églises de Paris. (L. 8, 302 ; B. 21, 23.)

8 = 16 MARS 1792. — Décret qui rectifie une erreur dans le décret de liquidation du 11 février dernier, au sujet de la créance du sieur Gamain. (B. 21, 15.)

8 MARS 1792.— Décret portant que vingt-quatre membres de l'Assemblée nationale assisteront à l'enterrement de M. Delivet-Saint-Mars. (B. 21, 16.)

8 MARS 1792. — Observations de l'Assemblée nationale au Roi sur la conduite du ministre de la marine, et réponse du Roi. (B. 21, 17).

9 = 18 MARS 1792.— Décret relatif à l'augmentation des officiers généraux de l'armée. ( L. 8, 306 ; B. 21, 26.)

L'Assemblée nationale, après avoir entendu le rapport de son comité militaire, considérant qu'il est nécessaire d'interpréter l'article 2 de son décret du 27 janvier dernier, et qu'il est instant de ne pas retarder la nomination, qui appartient au Roi, de la moitié des officiers généraux dont elle a décrété l'augmentation, décrète, comme articles additionnels à son décret du 27 janvier dernier, les articles suivans :

Art. 1er. Les douze officiers généraux qui sont à la nomination du Roi pourront être choisis parmi les maréchaux-de-camp non employés, qui, lorsqu'ils ont obtenu ce grade, n'étaient point en activité effective de service, pourvu que, depuis l'époque à laquelle ils en ont reçu le brevet, ils n'aient pas quitté le royaume, qu'ils aient prêté le serment civique, et qu'ils aient servi dans la garde nationale, ou qu'ils aient rempli des fonctions publiques à la nomination du peuple.

2. Les colonels et lieutenans-colonels qui, en vertu du décret du 15 février 1791, ont demandé, obtenu et préféré le grade de maréchal-de-camp en retraite au service effectif qu'ils faisaient dans leurs régimens, ne pourront être nommés par le Roi, quand même ils réuniraient toutes les conditions mentionnées dans l'article précédent.

---

9 = 14 MARS 1792. — Décret relatif aux secours en grains et farines à procurer aux départemens. (L. 8, 269; B. 21, 28.)

L'Assemblée nationale, instruite que la somme de deux millions remise à la disposition du ministre de l'intérieur, en exécution de la loi du 2 octobre dernier, est insuffisante pour procurer aux divers départemens du royaume les secours en grains ou farines qui leur seront nécessaires, et considérant qu'il importe à la tranquillité publique d'accélérer ces nouveaux approvisionnemens, décrète qu'il y a urgence.

L'Assemblée nationale, après avoir décrété l'urgence, décrète ce qui suit :

Art. 1er. La Trésorerie nationale tiendra à la disposition du ministre de l'intérieur une somme de dix millions, pour être employée à l'achat de grains ou de farines destinés à subvenir aux départemens du royaume qui réclameront des secours.

2. Ces achats de grains ou de farines ne pourront être faits que dans les pays étrangers, et l'expédition en sera faite pour les ports du royaume les plus commodes pour l'approvisionnement des départemens qui ont des besoins.

3. Les départemens feront, sur l'avis des districts, distribuer ces grains aux municipalités ayant des marchés publics. Ces municipalités en feront faire la vente en détail, au prix courant et en concurrence avec ceux du commerce; elles tiendront un compte exact et journalier du produit des grains ou farines dont elles auront fait la vente; elles en verseront le produit net tous les huit jours dans la caisse du receveur du district, qui

en comptera directement avec la Trésorerie nationale.

Les bordereaux de vente de ces grains, et ceux des frais de transport, magasinage et distribution, dressés par les municipalités, seront vérifiés et visés par les directoires de district, qui les adresseront aux directoires de département, et surveilleront immédiatement toutes ces opérations. Les directoires de département feront passer ces états tous les quinze jours au ministre de l'intérieur, avec les renseignemens relatifs à l'état des subsistances dans l'étendue desdits départemens.

4. Le ministre de l'intérieur rendra compte, tous les quinze jours, de cette partie de son administration, et remettra, à l'époque du 1er octobre 1792, un état détaillé de l'emploi des sommes qui auront été mises à sa disposition, en exécution du présent décret.

5. Les acquits-à-caution et toutes les formalités ordonnées par le décret des 6 et 28 janvier = 3 février dernier, pour le chargement des grains d'un port de France à l'autre, seront observées, et demeureront communes à tous les chargemens qui pourraient se faire dans les cinq lieux limitrophes.

6. Les départemens qui ont obtenu les secours sur les dix millions mis à la disposition du ministre de l'intérieur sont dispensés de l'intérêt auquel ils ont été assujétis par le décret du 26 septembre = 2 octobre dernier, article 3; dérogeant, quant à ce, à la disposition relative aux intérêts, à la charge par les départemens de rembourser les secours qu'ils ont obtenus aux époques fixées par la loi.

7. Le présent décret sera porté à la sanction dans le jour, et publié et affiché dans les quatre-vingt-trois départemens.

---

9 MARS 1792. — Décret qui ordonne la fabrication de trois nouveaux coins, pour le timbre des assignats de cinq livres. (B. 21, 26.)

---

10 = 14 MARS 1792. — Décret relatif à la manière de compléter les administrations de département. (L. 8, 275; B. 21, 31.)

L'Assemblée nationale, après avoir entendu le rapport de son comité de division;

Considérant que le nombre d'administrateurs auquel se trouve réduit le directoire du département du Pas-de-Calais est insuffisant pour l'administration de ce département, et que, néanmoins, il est d'un intérêt pressant qu'aucune partie de cette administration n'éprouve un retard qui deviendrait funeste à la chose publique;

Considérant encore qu'il est instant de donner à tous les directoires de départemens et de districts du royaume, qui se trouveraient dans le cas de celui du département du Pas-de-Calais, les moyens de se compléter promptement, décrète qu'il y a urgence; l'Assemblée nationale, après avoir décrété l'urgence, décrète ce qui suit :

Art. 1er. Les places qui sont actuellement ou qui deviendront vacantes par mort, démission ou autrement, dans les directoires de département et de district, seront remplies, à défaut de suppléans, par ceux des membres des conseils respectifs qui seront nommés à cet effet par les membres restans desdits directoires.

2. Les membres ainsi nommés exerceront leurs fonctions dans le directoire, jusqu'à l'époque légale de la réunion du conseil, qui élira définitivement aux places qu'ils auront remplies.

3. Dans les cas où des procureurs-syndics et membres de directoire de district, dont les places sont ou deviendront vacantes jusqu'aux prochaines élections, par mort ou démission, ne pourraient pas être remplacés parmi les membres de la même administration, soit par le refus d'accepter de la part des suppléans, soit à raison de l'incompatibilité des fonctions d'administrateur du conseil avec celles de membre de directoire, ou par tout autre empêchement, les directoires des départemens dans l'étendue desquels se trouveront les districts qui auront des sujets à remplacer, sont et demeurent autorisés à pourvoir aux remplacemens nécessaires, par des membres qui seront pris dans les conseils desdits départemens.

10 MARS 1792.— Décret portant qu'il y a lieu à accusation contre le sieur Delessart. ( L. 8, 253; B. 21, 31.)

10 MARS 1792. — Décret qui ordonne au ministre de la marine de rendre compte de divers objets relatifs au traité fait avec le dey d'Alger pour la délivrance des Français captifs. ( B. 21, 30.)

10 MARS 1792. — Cures vacantes. Voy. 15 FÉVRIER 1792.— Gardes françaises. Voy. 14 FÉVRIER 1792.

11 = 18 MARS 1792. — Décret relatif au paiement des appointemens, solde et masse des troupes, intérêts de finance et gages d'offices assignés sur les fonds de la guerre, indemnités, etc. (L 8, 308; B. 21, 33; Mon. du 13, mars 1792.)

L'Assemblée nationale, considérant que la disposition du décret du 29 septembre dernier, qui renvoie à la liquidation générale toutes les créances de l'arriéré de 1790, ne peut regarder celles qui, par leur nature, ne doivent souffrir aucun retard dans leur paiement, et qui, par les décrets des 22 janvier et 25 mars et 7 avril 1790, ont été formelle-

ment exceptées de l'arriéré de 1789, assujéti à la liquidation générale; après avoir entendu le rapport de ses comités militaires et de l'ordinaire des finances réunis, sur les demandes réitérées du ministre de la guerre, faites par ses lettres en date des 30 octobre, 18 novembre, 20 décembre 1791 et 15 janvier 1792, converties en motions, décrète définitivement ce qui suit :

Les appointemens, solde et masses de troupes, ceux des officiers et employés dans les différens services de la guerre, les intérêts des finances et gages d'offices qui sont assignés sur les fonds de la guerre, conformément au décret du 29 mai = 3 juin 1791, relatif au remboursement des charges et offices militaires; les travaux, approvisionnemens et dépenses particulières de l'artillerie et du génie; les indemnités accordées sur les fonds de la guerre par l'article 14 du titre V du décret du 8 = 10 juillet 1791, aux officiers de tout grade qui n'ont point été payés, pendant les années antérieures à 1791, des logemens en argent qui leur étaient affectés par les ordonnances; ensemble toutes les sommes résultant de ces différens objets, et qui étaient dues à l'époque du 1er janvier 1791, seront acquittées par le Trésor public dans les formes accoutumées, sans que lesdites créances puissent être regardées comme assujéties à la liquidation générale, les exceptant, à cet égard, des dispositions du décret du 29 septembre 1791.

11 MARS 1792. — Instruction sur le timbre des actes et délibérations des corps administratifs et municipaux, et autres actes tenant à l'administration publique, et sur l'enregistrement de ceux des actes de cette nature qui sont assujétis à cette formalité, adressée par ordre du Roi aux directoires de département. ( L. 8, 258.)

11 = 18 MARS 1792.— Décret qui autorise la municipalité de Chaumont à faire un emprunt de 30,000 francs, pour achat de grains. (B. 21, 34.)

11 = 16 MARS 1792.— Décret portant qu'il n'y a lieu à accusation contre les sieurs Vital et François, détenus à Douai. (B. 21, 35.)

11 MARS 1792. — Assignats. Voy. 4 MARS 1792. Gardes françaises. Voy. 3 MARS 1792. Voy. 3 MARS 1792.— Organisation forestière. — Sieur Saint-Martin. Voy. 14 JANVIER 1792.

12 = 16 MARS 1792.— Décret portant qu'il y a lieu à accusation contre les sieurs Charrier-Dubreuil et Gauthier. ( L. 8, 297; B. 21, 37.)

4.

6

12 MARS 1792. — Décret relatif aux dénonciations faites contre le ministre de la justice. (B.
21, 36.)

12 MARS 1792. — Décret portant que les six suppléans du comité diplomatique y seront adjoints et incorporés avec voix délibérative.
(B. 21, 36.)

13 = 18 MARS 1792. — Décret relatif aux canonniers et sapeurs attachés aux bataillons de
gardes nationales, et portant que chaque bataillon de gardes nationales pourra avoir deux
pièces d'artillerie. (L. 8, 310; B. 21, 41; Mon.
du 15 mars 1792.)

L'Assemblée nationale, considérant que le
nombre de dix-sept hommes est insuffisant
pour le service journalier des deux pièces
d'artillerie qui, en vertu du décret du 29
septembre 1791, peuvent être attachées à
chacun des bataillons de gardes nationales,
soit sédentaires soit volontaires, et reconnaissant qu'il est instant de donner aux canonniers des gardes nationales une organisation qui les mette à portée d'atteindre avec
facilité le but de leur institution, décrète
qu'il y a urgence.

L'Assemblée nationale, après avoir entendu
le rapport de son comité militaire, et rendu
le décret d'urgence, décrète ce qui suit :

Art. 1er. Il pourra être attaché deux pièces
d'artillerie à chacun des bataillons de gardes
nationales.

2. Il sera formé, pour le service des deux
pièces d'artillerie attachées à chaque bataillon, une compagnie de canonniers gardes
nationaux, composée d'un capitaine commandant la compagnie, un lieutenant, un
sous-lieutenant, un sergent-major, deux sergens, quatre caporaux, un tambour, trente-
six canonniers, quatre ouvriers et deux artificiers.

3. Il y aura, dans chaque bataillon, quatre
sapeurs qui seront spécialement attachés aux
compagnies de canonniers.

4. Au moyen de la formation des compagnies de canonniers gardes nationaux, et conformément au décret du 12 juin 1790, toutes
autres compagnies destinées au service des
bouches à feu seront réformées, quelque
nom qu'elles portent, et il ne pourra, sous
aucun prétexte, en être créé de nouvelles ou
conservé d'anciennes.

5. Les compagnies de canonniers gardes
nationaux seront attachées aux bataillons de
gardes nationales, et sous les ordres immédiats des commandans en chef desdits bataillons; elles ne pourront, sous aucun prétexte,
former un corps particulier dans la garde
nationale.

6. Les compagnies de canonniers gardes
nationaux seront formées de la manière prescrite par l'article 4 de la section II du décret

du 29 septembre 1791, relatif à l'organisation de la garde nationale.

Les canonniers gardes nationaux pourront,
malgré le changement de leur domicile, rester attachés à leurs compagnies.

7. L'uniforme des canonniers gardes nationaux est réglé ainsi qu'il suit :

Habit bleu de roi, doublure écarlate, collet
rouge, passe-poil blanc, paremens et revers
bleus, passe-poil écarlate. Les autres parties
de l'habillement seront ainsi qu'il a été réglé
par l'article 37 de la section II du décret du
29 septembre 1791, concernant les gardes nationales.

8. Lorsque les canonniers gardes nationaux
ne feront pas un service particulier comme
canonniers, ils seront, comme le reste des
gardes nationales, commandés, à tour de
rôle, pour le service ordinaire; il pourra cependant leur être affecté des postes particuliers, tels que les dépôts des canons, des
poudres, etc.

9. Les canonniers gardes nationaux auront
pour armement, outre leur fusil, des pistolets et un sabre; ils porteront le sabre en
ceinture : le ceinturon sera de cuir noir; la
giberne sera semblable à celle du reste de la
garde nationale.

10. L'armement des sapeurs consistera en
un sabre soutenu par un baudrier blanc,
une hache et son étui, deux pistolets à la
ceinture et un tablier de cuir fauve.

11. Des quatre ouvriers attachés à chaque
compagnie de canonniers volontaires, deux
seront choisis parmi les charrons ou charpentiers, et deux parmi les forgerons ou serru-
riers; ils seront armés comme les sapeurs.

12. Chacune des villes qui aura un bataillon de gardes nationales et deux pièces d'artillerie pourra entretenir, si les revenus de
la commune le lui permettent, et d'après
une délibération du conseil général de la
commune, un artificier et un canonnier ins-
tructeurs, qui seront choisis par le conseil
général, de concert avec les capitaines des
canonniers.

Dans les villes où la garde nationale formera plus d'une légion, il pourra être entretenu un instructeur par légion.

13. Dans les villes dont la garde nationale
formera plus de deux légions, il pourra être
nommé un adjudant particulièrement chargé
des détails du service des canonniers volontaires; lorsque le nombre des légions s'élè-
vera à plus de quatre, il pourra être nommé
et entretenu deux adjudans.

14. Les officiers et sous-officiers des canonniers gardes nationaux seront nommés
suivant le mode prescrit pour les officiers et
sous-officiers des gardes nationales; les adjudans seront nommés par tous les officiers des
compagnies de canonniers,

15. Dans les villes qui réuniront une ou plusieurs légions, il pourra être formé un polygone, pour servir à l'instruction des canonniers gardes nationaux.

Les municipalités prendront toutes les précautions nécessaires afin de prévenir les dangers qui pourraient résulter de ce genre d'instruction.

16. Les villes qui possèdent des pièces d'artillerie connues sous le nom de *bâtardes*, pièces qui sont d'un calibre différent de celui qui est usité dans les armées françaises, sont autorisées à les faire refondre sans délai.

17. Les municipalités fourniront aux canonniers gardes nationaux les armes et agrès nécessaires au service, ainsi que les munitions de guerre utiles à leur instruction.

Les administrations de département détermineront avec économie les dépenses relatives à ces divers objets; elles fixeront de même le nombre et la valeur des prix qui seront distribués aux meilleurs tireurs.

18. Les municipalités régleront, de concert avec les commandans en chef des gardes nationales, les jours et les heures des exercices, et particulièrement des exercices à boulet.

___

13 = 21 MARS 1792. — Décret relatif au service des transports militaires. (L. 8, 315; B. 21, 45.)

Art. 1er. Le ministre de la guerre rendra compte, au 1er mai prochain, à l'Assemblée nationale, de l'exécution du décret du 24 septembre dernier, relativement à la résiliation du marché passé au sieur Guillaume-Auguste Baudoin, pour les transports militaires.

2. Ledit service des transports militaires ne pourra, dans aucun cas, être fait en régie; mais il sera donné en entreprise et au rabais par une adjudication publique faite suivant les dispositions des articles 6, 7, 8 et 9 du décret du 20 septembre dernier, concernant les commissaires des guerres.

___

= 17 MARS 1792. — Décret pour la répression des troubles de la ville d'Arles. (L. 8, 304; B. 21, 38.)

___

= 14 MARS 1792. — Décret relatif au maintien de l'ordre et de la tranquillité dans les départemens du 'Midi. (L. 8, 272; B. 21, 40.)

___

MARS 1792. — Décret relatif à l'exécution de la loi concernant la police de la navigation. (B. 21, 37.)

___

= 18 MARS 1792. — Décret qui fixe définitivement le chef-lieu du département et du siége épiscopal de Corse. (B. 21, 41.)

___

14 = 21 MARS 1792. — Décret relatif aux emprunts contractés par les ci-devant pays d'états, avec la stipulation de non-retenue d'impositions. (L. 8, 325; B. 21, 51.)

L'Assemblée nationale, après avoir entendu le rapport de ses comités de l'ordinaire des finances et de liquidation réunis, délibérant sur un projet de décret dont la lecture a été faite aux séances des 20 janvier, 7 février et de ce jour; après avoir arrêté être en état de décider définitivement, décrète que:

Les intérêts dus par la nation pour emprunts contractés par les ci-devant pays d'états, avec la stipulation de non-retenue des impositions, continueront d'être payés comme par le passé, pourvu toutefois que ladite stipulation de non-retenue ait été autorisée dans les formes ci-devant prescrites et usitées pour les différens pays d'états, ladite autorisation équivalant aux lettres-patentes dûment enregistrées, exigées par l'article 3 du décret des 24 et 27 décembre dernier.

___

14 = 16 MARS 1792. — Acte d'accusation contre le sieur Delessart. (L. 8, 294; B. 21, 47.)

___

14 = 17 MARS 1792. — Acte d'accusation contre les nommés Schappe et Lassaux. (L. 8, 298; B. 21, 51.)

___

14 MARS 1792. — Proclamation du Roi concernant la répartition et le recouvrement des contributions foncière et mobilière pour 1791. (L. 8, 277.)

___

14 MARS 1792. — Décret qui admet le sieur Pucelle à remplacer le sieur Quillet, député du département de la Somme. (B. 21, 46.)

___

14 = 23 MARS 1792. — Décret relatif à la remise au corps diplomatique d'une copie certifiée de toutes les correspondances officielles du département des affaires étrangères. (B. 21, 50.) *Voy.* 14 AVRIL 1792.

___

14 MARS 1792. — Administration des départemens. *Voy.* 10 MARS 1792. — Caisse de l'extraordinaire. *Voy.* 18 MARS 1792. — Grains, etc. *Voy.* 9 MARS 1792. — Marine. *Voy.* 1er MAI 1792.

___

15 = 23 MARS 1792. — Décret relatif au traitement des sous-officiers surnuméraires du bataillon des îles, ports et quais de Paris. (L. 8, 324; B. 21, 56.)

___

15 = 23 MARS 1792. — Décret relatif à la poursuite et au jugement des citoyens sur la clameur publique, à la suite des excès commis dans le département de l'Eure. (B. 21, 52.)

15 MARS 1792. — Décret relatif au jugement des procédures criminelles commencées sur des plaintes ou accusations suivies d'informations antérieures à l'installation des tribunaux criminels. (B. 21, 55.)

15 MARS 1792. — Décret relatif à la nomination des présidens et accusateurs publics des tribunaux criminels. (B. 21, 56.)

16 = 23 MARS 1792. — Décret relatif aux assignats provenant de la contribution patriotique. (L. 8, 326; B. 21, 57.)

L'Assemblée nationale, après avoir entendu le rapport de son comité de l'extraordinaire des finances, considérant que le produit de la contribution patriotique, qui est versé par les receveurs des districts dans la caisse de l'extraordinaire, est compris dans les recettes ordinaires de la Trésorerie nationale, pour trente-cinq millions par an ; considérant, en outre, que la dernière création de trois cent millions qu'elle a décrétée n'est composée que d'assignats de petite valeur, ce qui rend nécessaire beaucoup plus lente la fabrication des sommes qu'exige le service des caisses publiques, et qu'il ne serait pas prudent, avant d'avoir assuré le service, d'annuler et brûler des assignats destinés à payer les dépenses fixes de l'État, décrète qu'il y a urgence.

L'Assemblée nationale, après avoir décrété l'urgence, dérogeant, en tant que de besoin, au décret du 6 décembre 1790, décrète ce qui suit :

Art. 1er. A compter du jour de la publication du présent décret, les receveurs des districts cesseront d'annuler les assignats provenus de la contribution patriotique.

2. Les receveurs des districts continueront de verser à la caisse de l'extraordinaire le produit de la contribution patriotique, à la déduction seulement de leurs taxations et des frais d'assiette et de recouvrement, qu'ils ne pourront cependant retenir par leurs mains ni acquitter que sur les ordonnances ou mandats des directoires de district, visés par les directoires des départemens : le tout sans préjudice des dispositions de l'article 5 du décret du 20 décembre 1790, qui seront exécutées et suivies comme par le passé.

3. Le commissaire du Roi près la caisse de l'extraordinaire fera verser par le trésorier de ladite caisse à la Trésorerie nationale, à mesure des rentrées, la totalité du produit de la contribution patriotique pour les années 1791 et 1792, jusqu'à la concurrence des sommes provenant de cette contribution, qui sont affectées aux dépenses fixées par les précédens décrets, et il instruira l'Assemblée nationale, à la fin de chaque mois, du montant de ces versemens.

16 MARS 1792. — Décret portant que dorénavant les distributions seront faites à domicile. (B. 21, 59.)

16 MARS 1792. — Amiral d'Estaing. Voy. 6 MARS 1792. — Sieurs Charrier, etc. Voy. 12 MARS 1792. — Sieur Delessart. Voy. 14 MARS 1792. — Espagnols de Ronceveaux. Voy. 25 FÉVRIER 1792. — Entrepreneur des églises; Sieur Gamain. Voy. 11 MARS 1792. — Incompatibilité des fonctions de jurés et de députés. Voy. 27 FÉVRIER 1792. — Sieurs Vidal et François. Voy. 11 MARS 1792. — Sieur Volot. Voy. 7 FÉVRIER 1792.

17 = 28 MARS 1792. — Décret relatif à l'emploi des biens des ordres de Saint-Lazare, de Notre-Dame du Mont-Carmel et autres y réunis. (L. 8, 352; B. 21, 60; Mon. du 19 mars 1792.)

L'Assemblée nationale, après avoir entendu la seconde lecture qui lui a été faite au nom de son comité des domaines, du projet de décret sur l'emploi des biens des ci-devant ordres royaux hospitaliers et militaires de Notre-Dame du Mont-Carmel et Saint-Lazare de Jérusalem ; considérant que, les revenus de ces ordres supprimés par les décrets du 30 juillet 1791 n'étant versés dans aucune caisse publique, il est instant de pourvoir à leur sûreté et à leur rentrée, décrète qu'il y a urgence.

Art. 1er. A dater du jour de la publication du présent décret, les domaines qui faisaient partie de la dotation des ordres religieux et militaires de Saint-Lazare et de Notre-Dame du Mont-Carmel et autres y réunis, supprimés par le décret du 30 juillet 1791, seront aliénés suivant les formes décrétées pour les autres biens nationaux, et leurs revenus administrés de même.

2. A compter de la même époque, il ne sera fait aucun paiement sur lesdits revenus aux commandeurs, chevaliers ou pensionnaires desdits ordres.

3. Toutes les nominations de commanderies ou pensions sur les ordres ci-dessus énoncés, postérieures à la promulgation du décret du 30 juillet 1791, seront regardées comme non avenues, et leur produit acquis au profit de la nation : en conséquence, tous trésoriers, receveurs et autres, demeurent personnellement responsables des paiemens qu'ils pourraient avoir faits.

4. Les ci-devant chancelier et trésorier des ordres de Saint-Lazare, Notre-Dame du Mont-Carmel et autres y réunis, seront tenus de rendre leurs comptes à la municipalité de Paris, quinze jours après la promulgation du présent décret, et de faire, dans le même délai, la déclaration des biens desdits ordres, tant à la municipalité de Paris qu'aux directoires des districts de la situation des-

dits biens, conformément aux dispositions des lois sur la déclaration des biens ci-devant ecclésiastiques.

5. Les pourvus de commanderies et de pensions militaires dans les susdits ordres supprimés présenteront leurs mémoires au commissaire du Roi directeur général de la liquidation, à l'effet d'être établi des pensions en leur faveur, s'il y a lieu, aux termes de la loi du 23 août 1790. Lesdits commandeurs et pensionnaires seront considérés, à cet effet, comme les personnes qui étaient pensionnées à l'époque du 1er janvier 1790, et ils seront traités en tout de la même manière qui a été réglée par l'article 6 du décret du 20 février 1791 sur les gouvernemens militaires supprimés.

6. Le traitement des pourvus de commanderies et de pensions ecclésiastiques, celui des chapelains, aumôniers et sacristains desdits ordres, sera fait suivant les dispositions du décret du 24 juillet 1790, sur le traitement du clergé, et leurs commanderies et autres revenus ecclésiastiques seront regardés comme pensions sur bénéfices. En conséquence, lesdits commandeurs, pensionnaires ecclésiastiques, chapelains, aumôniers et sacristains se présenteront à la municipalité de Paris, pour, sur son avis et celui du directoire du département, faire fixer ce traitement à raison des commanderies dont ils étaient titulaires.

7. Ceux des susdits commandeurs ecclésiastiques, pensionnaires, chapelains, aumôniers et sacristains qui jouissaient en même temps d'autres bénéfices ou d'autres pensions sur bénéfices, s'adresseront aux directoires qui ont réglé leur premier traitement; et, en tout ce qui regarde lesdits traitemens et ceux mentionnés en l'article précédent, la municipalité de Paris et les directoires de district se conformeront aux dispositions du décret du 11 août 1790 sur le traitement du clergé.

8. Le nouveau traitement des commandeurs ou pensionnaires ecclésiastiques de Saint-Lazare et de Notre-Dame du Mont-Carmel, à raison de leurs commanderies et pensions sur lesdits ordres, commencera à courir du 1er janvier 1792 ; mais ils tiendront compte de ce qu'ils pourront avoir touché depuis l'époque de la promulgation du décret du 30 juillet 1791.

9. La municipalité de Paris, sous la surveillance du département, pourvoira à la sûreté et à la conservation des archives des ordres de Saint-Lazare, et de ceux supprimés par le décret du 30 juillet 1791; elle fera procéder en outre à l'inventaire des titres de propriétés nationales qui peuvent se trouver dans lesdites archives.

10. Il sera créé, suivant les formes prescrites par le décret du 3 août 1790, en faveur des sieurs Landrieux, concierge; Guer-

ber, suisse; Philippe Tartara, frotteur de l'hôtel de l'ordre de Saint-Lazare, des pensions égales à la moitié des gages dont ils jouissaient, pour leurs services dans ledit ordre, à la charge par eux d'en justifier.

11. Les sommes que le sieur Duprat, régisseur et agent desdits ordres, leur a payées en entrant à l'agence, à la décharge de son prédécesseur, lui seront remboursées par le Trésor public, conformément aux règles établies pour les créances des corps supprimés; à cet effet, il se pourvoira par-devant le commissaire du Roi directeur général de la liquidation.

12. Les pensionnaires et titulaires de gratifications annuelles sur les ordres de Saint-Lazare et du Mont-Carmel, établies par titres authentiques, se pourvoiront également par-devant le même commissaire, pour faire recréer en leur faveur de nouvelles pensions, en conformité du décret du 3 août 1790.

17 MARS 1792. — Décret qui ordonne la censure des députés présens qui ne répondront pas à l'appel nominal. (B. 21, 59.)

17 MARS 1792. — Décret qui mande à la barre de l'Assemblée les commissaires civils envoyés à Arles. (B. 21, 60.)

17 MARS 1792. — Sieurs Schappe et Lassaux. *Voy.* 14 MARS 1792. — Troubles d'Arles. *Voy.* 13 MARS 1792.

18 = 21 MARS 1791. — Décret relatif aux officiers des troupes de ligne qui occupent les emplois d'adjudant-major ou d'adjudant sous-officier dans les bataillons de gardes nationales. (L. 8, 323 ; B. 21, 66.)

L'Assemblée nationale, considérant que les bataillons de gardes volontaires nationaux n'ont pu, à cause de la rigueur des saisons, manœuvrer jusqu'ici qu'en détail, et que, par conséquent, ils n'ont pu encore se livrer aux grandes évolutions militaires; considérant aussi que nous touchons à l'instant où les troupes peuvent être exercées ensemble et avec succès; considérant enfin qu'ils perdraient tout le fruit de leurs travaux de l'hiver, s'ils étaient actuellement privés des officiers et sous-officiers qui occupent les places d'adjudans-majors et sous-adjudans, qui, aux termes du décret du 28 décembre, doivent rentrer dans leurs régimens à l'époque du 1er avril, décrète ce qui suit :

Les officiers et sous-officiers des troupes de ligne qui occupent actuellement, dans les bataillons de gardes volontaires nationaux, les emplois d'adjudans-majors ou d'adjudans sous-officiers, et qui, aux termes du décret du 28 décembre, devaient rentrer dans leurs corps respectifs à l'époque du 1er avril, pourront rester dans lesdits bataillons de gardes nationales volontaires jusqu'à l'époque du 1er décembre 1792.

---

18 = 21 MARS 1792. — Décret portant qu'il sera
élevé une pyramide en mémoire de Guillaume
Simonneau, maire d'Etampes. (L. 8, 231 ; B.
21, 64.)

18 MARS 1792. — Décret relatif aux frais de
correspondance de l'Assemblée avec les grands
procurateurs. (B. 21, 64.)

18 MARS 1792. — Canonniers et sapeurs de la
garde nationale ; Corse. *Voy.* 13 MARS 1792. —
Grains. *Voy.* 11 MARS 1792. — Officiers généraux de l'armée. *Voy.* 9 MARS 1792. —
Soldes des troupes. *Voy.* 11 MARS 1792.

19 = 21 MARS 1792. — Décret relatif aux dépenses à faire pour découvrir les fabricateurs
de faux assignats. (L. 8, 318 ; B. 21, 69.)

L'Assemblée nationale, considérant qu'elle
doit au salut public la plus grande activité
dans la recherche des fabricateurs de faux
assignats et de fausse monnaie, afin que
leurs crimes soient punis suivant la rigueur
des lois ; considérant que la somme décrétée
le 7 décembre par l'Assemblée constituante
pour les frais de cette recherche, a été dépensée par la Trésorerie nationale, suivant l'état qu'elle en a remis ; après avoir entendu les
rapports des comités de l'ordinaire et de l'extraordinaire des finances, décrète que la caisse
de l'extraordinaire versera à la Trésorerie
nationale une somme de 100,000 livres, qui
sera à la disposition des commissaires de ladite Trésorerie, pour être employée, sous
leur responsabilité, aux frais et dépenses nécessaires pour la recherche des fabricateurs
de faux assignats et de fausse monnaie.

---

19 = 25 MARS 1792. — Décret relatif aux pensions accordées sur la caisse des invalides de
la marine. (L. 8, 335 ; B. 21, 70.)

L'Assemblée nationale, considérant que le
paiement des pensions accordées sur les fonds
des invalides de la marine est suspendu jusqu'à la vérification des motifs ;

Que l'ordre du travail établi ne permet pas
d'espérer que cette vérification soit faite encore de quelque temps ;

Que déjà il est des citoyens qui ont bien
mérité de la patrie, et qui souffrent de cette
suspension, décrète qu'il y a urgence.

L'Assemblée nationale, après avoir entendu
son comité de liquidation et décrété l'urgence, décrète ce qui suit :

Art. 1er. Les pensions accordées sur la
caisse des invalides de la marine continueront
d'être acquittées, depuis l'époque où le paie

ment a cessé d'être fait, et pendant l'année
1792, aux personnes qui auront déposé leurs
titres au comité de liquidation ; elles ne pourront l'être ultérieurement qu'après vérification de leurs motifs.

2. Ne seront lesdites pensions payées provisoirement que jusqu'à concurrence de 600
livres, sans que celles qui ne seront pas de
cette somme puissent y être portées, et celles
qui excéderont seront réduites à ce taux.

---

19 = 21 MARS 1792. — Décret concernant les
enrôlemens. (L. 8, 319 ; B. 21, 67 ; Mon. du
20 mars 1792.)

L'Assemblée nationale, instruite que plusieurs citoyens se sont présentés pour s'engager dans les troupes de ligne, interprétant
mal l'article 14 de la loi du 25 janvier dernier, ont cru pouvoir choisir, entre tous les
régimens de l'armée française, celui dans lequel ils désiraient servir ; considérant que ce
choix ne doit pas s'étendre au-delà des corps
compris dans l'une des quatre grandes divisions dont le ministre de la guerre a été
chargé d'envoyer le tableau aux municipalités
chefs-lieux de chaque canton ; qu'il est instant de remédier aux inconvéniens qui résulteraient de cette fausse interprétation, et
voulant ajouter quelques dispositions au décret du 24 janvier dernier, concernant le
nouveau mode de recrutement, décrète qu'il
y a urgence.

L'Assemblée nationale, après avoir entendu
le rapport de son comité militaire et décrété
l'urgence, décrète ce qui suit :

Art. 1er. Les citoyens qui se présenteront
à la municipalité chef-lieu de leur canton
pour contracter un engagement dans les troupes de ligne, ne pourront choisir d'autre régiment qu'un de ceux de la grande division
de l'armée française à laquelle leur département est attaché, d'après le tableau envoyé
par le ministre de la guerre.

Seront seulement exceptés des dispositions
ci-dessus ceux dont l'engagement se trouverait contracté lors de la publication du présent décret.

2. Les citoyens qui seront destinés pour un
régiment qui se trouverait complet lors de
leur arrivée à la garnison, pourront choisir
parmi tous ceux de la même arme et de la
même grande division qui n'auraient pas leur
complément.

3. Le ministre de la guerre se fera rendre
compte des progrès du recrutement dans les
différens régimens de chaque arme ; et, à
mesure qu'ils arriveront au complet de guerre,
il en informera les départemens auxquels ils
sont attachés, afin que les citoyens qui voudront s'engager ne choisissent que parmi les
régimens incomplets.

Il veillera également à ce que les citoyens

qui arriveraient dans une des quatre grandes divisions après qu'elle se trouverait complète, puissent être adressés et placés dans une autre division.

4. Le ministre de la guerre adressera, de quinzaine en quinzaine, à l'Assemblée nationale, l'état du nombre d'hommes qui se seront engagés dans chaque département.

---

19 MARS 1792. — Décret relatif au traitement et à la pension de M. Grognard. (B. 21, 69.)

---

20 = 25 MARS 1792. — Décret relatif au mode d'exécution de la peine de mort. (L. 8, 337; B. 21, 76; Mon. du 22 mars 1792.)

L'Assemblée nationale, considérant que l'incertitude sur le mode d'exécution de l'article 3 du titre Iᵉʳ du Code pénal suspend la punition de plusieurs criminels qui sont condamnés à mort; qu'il est très-instant de faire cesser des inconvéniens qui pourraient avoir des suites fâcheuses; que l'humanité exige que la peine de mort soit la moins douloureuse possible dans son exécution, décrète que l'article 3 du titre Iᵉʳ du Code pénal sera exécuté suivant la manière indiquée et le mode adopté par la consultation signée du secrétaire perpétuel de l'Académie de chirurgie, laquelle demeure annexée au présent décret; en conséquence, autorise le pouvoir exécutif à faire les dépenses nécessaires pour parvenir à ce mode d'exécution, de manière qu'il soit uniforme dans tout le royaume.

Avis motivé sur le mode de la décolation, du 7 mars 1792.

« Le comité de législation m'a fait l'honneur de me consulter sur deux lettres écrites par l'Assemblée nationale concernant l'exécution de l'article 3 du titre Iᵉʳ du Code pénal, qui porte que *tout condamné* à la peine de mort *aura la tête tranchée*. Par ces lettres, M. le ministre de la justice et le directoire du département de Paris, d'après les représentations qui leur ont été faites, jugent qu'il est de nécessité instante de déterminer avec précision la manière de procéder à l'exécution de la loi, dans la crainte que si, par la défectuosité du moyen, ou faute d'expérience et par maladresse, le supplice devenait horrible pour le patient et pour les spectateurs, le peuple par humanité n'eût occasion d'être injuste et cruel envers l'exécuteur, ce qu'il est important de prévenir.

« J'estime que les représentations sont justes, et les craintes bien fondées. L'expérience et la raison démontrent également que le mode en usage par le passé pour trancher la tête à un criminel, l'expose à un supplice

plus affreux que la simple privation de la vie, qui est le vœu formel de la loi : pour le remplir, il faut que l'exécution soit faite en un instant et d'un seul coup; les exemples prouvent combien il est difficile d'y parvenir.

« On doit rappeler ici ce qui a été observé à la décapitation de M. de Lally; il était à genoux, les yeux bandés : l'exécuteur l'a frappé à la nuque; le coup n'a point séparé la tête et ne pouvait le faire; le corps, à la chute duquel rien ne s'opposait, a été renversé en devant; et c'est par trois ou quatre coups de sabre que la tête a été enfin séparée du tronc : on a vu avec horreur cette *hacherie*, s'il est permis de créer ce terme.

« En Allemagne, les exécuteurs sont plus expérimentés, par la fréquence de ces sortes d'expéditions, principalement parce que les personnes du sexe féminin, de quelque condition qu'elles soient, ne subissent point d'autres supplice; cependant, la parfaite exécution manque souvent, malgré la précaution, en certains lieux, de fixer le patient assis dans un fauteuil.

« En Danemarck, il y a deux positions et deux instrumens pour décapiter. L'exécution qu'on pourrait appeler *honorifique*, se fait avec un sabre. Le criminel, à genoux, a un bandeau sur les yeux, et ses mains sont libres. Si le supplice doit être infamant, le patient, lié, est couché sur le ventre, et on lui coupe la tête avec une hache.

« Personne n'ignore que les instrumens tranchans n'ont que peu ou point d'effet lorsqu'ils frappent perpendiculairement; en les examinant au microscope, on voit qu'ils ne sont que des scies plus ou moins fines qu'il faut faire agir en glissant sur le corps à diviser. On ne réussirait pas à décapiter d'un seul coup avec une hache ou couperet dont le tranchant serait en ligne droite; mais avec un tranchant convexe, comme aux anciennes haches d'armes, le coup asséné n'agit perpendiculairement qu'au milieu de la portion du cercle; mais l'instrument, en pénétrant dans la continuité des parties qu'il divise, a sur les côtés une action oblique en glissant, et atteint sûrement au but.

« En considérant la structure du cou, dont la colonne vertébrale est le centre, composé de plusieurs os dont la connexion forme des enchevauchures, de manière qu'il n'y a pas de joint à chercher, il n'est pas possible d'être assuré d'une prompte et parfaite séparation, en la confiant à un agent susceptible de varier en adresse par des causes morales et physiques; il faut nécessairement, pour la certitude du procédé, qu'il dépende de moyens mécaniques invariables, dont on puisse également déterminer la force et l'effet. C'est le parti qu'on a pris en Angleterre : le corps du criminel est couché sur le ventre, entre deux poteaux barrés par le haut par une traverse, d'où l'on fait tomber sur le cou la hache convexe, au moyen d'une déclique. Le dos de l'instrument doit être assez fort et assez lourd pour agir efficacement comme le mouton qui sert à enfoncer des pilotis : on sait que sa force augmente en raison de la hauteur d'où il tombe.

« Il est aisé de faire construire une pareille machine, dont l'effet est immanquable. La décapitation sera faite en un instant, suivant l'esprit et le vœu de la nouvelle loi : il sera facile d'en faire l'épreuve sur des cadavres, et même sur un mouton vivant. On verra s'il ne serait pas nécessaire de fixer la tête du patient par un croissant qui embrasserait le cou au niveau de la base du crâne : les cornes ou prolongemens de ce croissant pourraient être arrêtés par des clavettes sous l'échafaud; cet appareil, s'il paraît nécessaire, ne ferait aucune sensation, et serait à peine aperçu. » *Signé* Louis, *secrétaire perpétuel de l'Académie de chirurgie.*

---

20 == 26 MARS 1792. — **Décret** concernant les contributions foncière et mobilière de 1791 et 1792. (L. 8, 341; B. 21, 72; Mon. du 21 mars 1792.)

L'Assemblée nationale, voulant faire cesser, dans un très-bref délai, tout prétexte de retard de la part des officiers municipaux et commissaires - adjoints, dans la confection des états de section et des matrices des rôles des contributions foncière et mobilière de 1791; faire suivre de près la répartition de celle de 1792, et assurer au Trésor public la rentrée prompte et successive desdites contributions échues et à échoir dans les termes qui ne soient pas trop onéreux aux contribuables, et après une première lecture faite le mardi 7 février, une seconde faite le jeudi 16 suivant, et une troisième le mardi 28, et après avoir décrété qu'elle est en état de rendre un décret définitif, décrète ce qui suit :

Art. 1er. Dans toutes les communautés dont les matrices de rôles pour les contributions foncière et mobilière de 1791 ne sont pas terminées, les officiers municipaux seront tenus, dans les trois jours de la publication de la présente loi, de choisir, ou dans la commune, ou hors de son sein, un ou plusieurs commissaires en état de les aider dans toutes les opérations relatives à la confection des matrices, et les terminer dans le délai d'un mois, au plus tard. Les salaires de ces commissaires seront fixés par le conseil général de la commune, et payés en vertu de l'arrêté du département, d'après l'avis du district, sur les fonds désignés, et ainsi qu'il

est prescrit par l'article 9 du décret du 13 == 17 juin 1791.

2. Les officiers municipaux, dans la quinzaine de la réception de la présente loi, donneront avis au directoire de district des mesures par eux prises pour l'exécution du précédent article; et, dans le cas où ils négligeraient de se conformer à ces dispositions, ou d'en instruire de suite le directoire de district, celui-ci, la quinzaine expirée, enverra autant de commissaires qu'il jugera nécessaires, pour faire les matrices des rôles dans le délai ci-dessus déterminé.

Le salaire de ces commissaires sera fixé par le directoire de district, et supporté moitié par les officiers municipaux en retard, et moitié par la communauté.

3. Dans les départemens où le répartement des contributions foncière et mobilière de 1792 a été fait entre les districts, les directoires de district seront tenus de procéder à la répartition de leurs contingens dans l'une et l'autre contribution, et d'envoyer leurs mandemens aux municipalités avant le 1er mai, au plus tard. Dans les départemens où le répartement des contributions foncière et mobilière de 1792 ne se trouverait pas fait entre les districts, les directoires de département seront tenus d'y procéder aussitôt après la réception de la présente loi, et d'expédier, dans la quinzaine, leurs commissions aux directoires de district.

Aussitôt après la réception de ces commissions, les directoires de district procéderont au répartement de leur contingent entre les municipalités, et leur enverront leur mandement avant le 15 mai, au plus tard.

4. Il ne sera pas formé par les officiers municipaux, pour les contributions foncière et mobilière de 1792, de nouvelles matrices de rôles; mais lesdits officiers municipaux et les commissaires-adjoints seront tenus, aussitôt après la réception du mandement, de s'assembler à l'effet de délibérer les changemens qu'ils croiront devoir faire, pour 1792, aux matrices de rôles de 1791; et, lesdits changemens étant opérés, les officiers municipaux en feront un simple relevé, qu'ils adresseront, signé d'eux, aux directoires de district, dans les quinze jours qui suivront la réception du mandement.

5. Les directoires de district, immédiatement après la réception des états adressés par les municipalités des changemens à faire aux matrices de rôles, feront expédier les rôles et les rendront exécutoires dans le délai de quinze jours au plus. Faute par les municipalités d'avoir adressé les états de changement dans le délai fixé par l'article précédent, les rôles seront expédiés sur les matrices de 1791, et rendus exécutoires avant le 15 juillet au plus tard.

6. Les contributions foncière et mobilière

de 1791 ne seront exigibles que pour deux tiers au 1er avril prochain, à la déduction des sommes payées à compte sur les rôles provisoires ordonnés par le décret du 28 = 29 juin 1791 : l'autre tiers sera divisé en trois portions égales, dont chacune, faisant un neuvieme de la totalité, écherra les derniers jours d'avril, mai et juin prochains, en sorte que, dans les premiers jours de juillet, les saisies et poursuites pourront être faites, pour la totalité de ces contributions, conformément aux décrets des 23 novembre = 1er décembre 1790, et 13 janvier = 18 février 1791.

7. Les contributions foncière et mobilière de 1792 écherront par neuvième, à compter du 31 juillet prochain jusqu'au 31 mars 1793, en sorte qu'à l'expiration de chaque trimestre, le tiers des impositions sera échu, et exigible par saisies et autres poursuites.

20 MARS 1792. — Décret relatif au désarmement de la ville d'Arles et aux moyens d'y maintenir la tranquillité. (L. 8, 316; B. 21, 75.)

20 MARS 1792. — Décret qui autorise le garde des archives nationales à remettre au sieur Phisemont, juge-de-paix de Saint-Martin-de-Maillot, un registre coté 5,223. (B. 21, 71.)

20 = 25 MARS 1792. — Décret qui met douze cents livres à la disposition du comité des assignats. (B. 21, 80.)

20 = 25 MARS 1792. — Acte d'accusation contre les sieurs Schappe et Lassaux. (L. 8, 529; B. 21, 80.)

21 MARS 1792. — Enrôlemens. — Faux assignats. Voy. 19 MARS 1792. — Guillaume Simonneau; Officiers de la ligne dans la garde nationale. Voy. 18 MARS 1792. — Pays d'états. Voy. 14 MARS 1792 — Sous-officiers des îles et de Paris. Voy. 15 MARS 1792. — Transports militaires. Voy. 13 mars 1792.

22 = 25 MARS 1792. — Décret relatif à la vente des sels et tabacs nationaux. (L. 8, 332; B. 21, 83; Mon. du 23 MARS 1792.)

L'Assemblée nationale, après avoir entendu le rapport de son comité de l'ordinaire des finances; voulant faire cesser les causes qui ont jusqu'à présent retardé la vente des sels et tabacs nationaux, et considérant que leur conservation exige des frais et dépenses qu'on ne peut continuer sans un préjudice considérable pour l'intérêt du Trésor public, décrète qu'il y a urgence.

L'Assemblée nationale, après avoir décrété l'urgence, décrète ce qui suit :

Art. 1er. Aussitôt après la publication du présent décret, les directoires de district continueront de mettre en vente, sous la surveillance des directoires de département, au plus offrant et dernier enchérisseur, les tabacs manufacturés, les tabacs en feuilles et les sels appartenant à la nation, dont il a dû être fait inventaire, en exécution de l'article 3 du décret du 20 = 27 mars 1791, et sans avoir égard à la fixation des prix faits par le même décret.

2. La vente sera annoncée par des affiches et publications faites un jour de dimanche dans toutes les municipalités du district, et au moins huit jours à l'avance. Ces affiches et publications indiqueront quelle sera la plus petite quantité de sel et de tabac qu'on pourra acheter, et annonceront aussi que la vente aura lieu par continuation les jours suivans, jusqu'à l'épuisement des objets à vendre.

3. Les tabacs manufacturés et en feuilles seront vendus par partie de vingt livres pesant et au-dessus, et le sel, par quintal et au-dessus.

4. Pour procéder avec plus d'activité et d'assiduité aux ventes dont il s'agit, les directoires de district qui ne pourront, sans nuire à la marche ordinaire des autres affaires confiées à leur administration, nommer des commissaires dans leur sein, sont autorisés à les choisir parmi les membres du conseil de district ou du conseil général d'une commune.

5. Sont exceptés de la vente les sels existant dans les salines des ci-devant provinces de Lorraine et Franche-Comté, et dans les salines de Peccais.

6. Les sommes provenant de la vente des sels et tabacs seront payées comptant par les adjudicataires, entre les mains du receveur du district.

7. Les receveurs de district verseront directement à la Trésorerie nationale, en même temps que le produit des contributions, les sommes provenant des ventes de sels et tabacs.

8. Les directoires de district adresseront, chaque semaine, des expéditions des procès-verbaux de ventes aux directoires de département, qui les feront de suite passer aux commissaires de la Trésorerie nationale : ces procès-verbaux et les expéditions seront exempts de la formule du timbre.

9. Il sera dressé, par les directoires de district, des états des frais occasionés par la vente et la conservation des sels et tabacs; ces états seront envoyés aux directoires de département, qui les vérifieront, les arrêteront, et les adresseront ensuite au ministre des contributions publiques, qui les ordonnancera et les fera acquitter par la Trésorerie nationale.

10. L'entier prix de la vente des sels nationaux de Peccais, fabriqués avant le 1er jan-

vier 1790, sera versé dans le Trésor public; et tous ceux qui, depuis la suppression de la gabelle, auraient touché partie du prix desdits sels autrement que par un décret spécial du Corps-Législatif, seront tenus de le restituer.

22 = 25 MARS 1792. — Décret concernant la prestation du serment civique par les commis et employés dans tous les bureaux et greffes. (L. 8, 331 ; B. 21, 82.)

22 MARS 1792. — Décret portant que le comité de division présentera désormais en masse la circonscription des paroisses de chaque département. (B. 21, 82.)

23 MARS = 1er AVRIL 1792. — Décret relatif à l'envoi de troupes, avec quatre pièces de canon, dans le département de Seine-et-Oise. (L. 8, 364; B. 21, 86.)

23 MARS 1792. — Décret relatif à l'envoi de troupes, avec deux pièces de canon, dans la ville d'Étampes. (B. 21, 85.)

23 MARS 1792. — Contribution patriotique. Voy. 15 MARS 1792. — Correspondance officielle. Voy. 14 MARS 1792. — Mines. Voy. 20 SEPTEMBRE 1791. — Pêcheurs de huttes, etc. Voy. 6 MARS 1792. — Poursuites (département de l'Eure). Voy. 15 MARS 1792.

24 MARS 1792. — Décret qui autorise les sieurs Pilavoine, Petit, Durand, Harmorandière, Ducluseau et Laboulay, exilés de Pondichéry par des ordres arbitraires, à retourner dans cette colonie, et qui leur accorde une indemnité. (B. 21, 86.)

24 MARS = 1er AVRIL 1792. — Décret portant vente de domaines nationaux à la municipalité de Poitiers. (B. 21, 88.)

24 = 28 MARS 1792. — Décret qui approuve l'arrestation de quelques chevaux faite par la municipalité de Langres. (B. 21, 89.)

25 MARS 1792. — Décret portant que les ministres quittant le ministère sont tenus de rendre leur compte de gestion dans la quinzaine de leur sortie du ministère. (B. 21, 92.)

25 MARS 1792. — Décret relatif au compte à rendre des aliénations de domaines nationaux aux municipalités, et portant que, provisoirement, il ne sera plus rendu de décrets d'aliénation. (B. 21, 92.)

25 MARS 1792. — Comité des assignats. Voy. 20 MARS 1792. — Invalides de la marine. Voy. 19 MARS 1792. — Sels et tabacs nationaux; Serment des commis et employés. Voy. 22

MARS 1792. — Sieurs Schappe et Lassaux; Peine de mort. Voy. 20 MARS 1792.

26 = 28 MARS 1792. — Décret relatif à l'organisation des deux ci-devant états d'Avignon et du Comtat Venaissin en deux districts, et qui accorde une amnistie pour tous les crimes et délits qui y ont été commis jusqu'au 8 novembre dernier. (L. 8, 344 ; B. 21, 93.)

28 MARS = 4 AVRIL 1792. — Décret relatif aux moyens d'apaiser les troubles des colonies. (L. 8, 373; B. 21, 99.)

L'Assemblée nationale, considérant que les ennemis de la chose publique ont profité des germes de discorde qui se sont développés dans les colonies, pour les livrer au danger d'une subversion totale, en soulevant les ateliers, en désorganisant la force publique et en divisant les citoyens, dont les efforts réunis pouvaient seuls préserver leurs propriétés des horreurs du pillage et de l'incendie;

Que cet odieux complot paraît lié aux projets de conspiration qu'on a formés contre la nation française, et qui devaient éclater à la fois dans les deux hémisphères;

Considérant qu'elle a lieu d'espérer de l'amour de tous les colons pour leur patrie, qu'oubliant les causes de leur désunion et les torts respectifs qui en ont été la suite, ils se livreront sans réserve à la douceur d'une réunion franche et sincère, qui peut seule arrêter les troubles dont ils ont tous été également victimes, et les faire jouir des avantages d'une paix solide et durable, décrète qu'il y a urgence.

L'Assemblée nationale reconnaît et déclare que les hommes de couleur et nègres libres doivent jouir, ainsi que les colons blancs, de l'égalité des droits politiques, et décrète ce qui suit :

Art. 1er. Immédiatement après la publication du présent décret, il sera procédé, dans chacune des colonies françaises des Iles-du-Vent et sous le Vent, à la réélection des assemblées coloniales et des municipalités, dans les formes prescrites par le décret du 8 mars 1790, et l'instruction de l'Assemblée nationale du 28 du même mois.

2. Les hommes de couleur et nègres libres seront admis à voter dans toutes les assemblées paroissiales, et seront éligibles à toutes les places, lorsqu'ils réuniront d'ailleurs les conditions prescrites par l'article 4 de l'instruction du 28 mars.

3. Il sera nommé par le Roi des commissaires civils, au nombre de trois pour la colonie de Saint-Domingue, et de quatre pour les îles de la Martinique, de la Guadeloupe, de Sainte-Lucie, de Tabago et de Cayenne.

29 MARS = 4 AVRIL 1792. — Décret relatif à l'habillement des gardes nationales volontaires. (L.
8, 370; B. 21, 109; Mon. du 30 mars 1792.)

L'Assemblée nationale, considérant que les
six millions qui ont été mis, par le corps
constituant, à la disposition du ministre de
la guerre, pour pourvoir à l'habillement des
bataillons des gardes nationales volontaires,
sont sur le point d'être consommés, et que
tous lesdits bataillons ne sont cependant point
habillés; considérant encore que plusieurs de
ceux qui sont déjà formés demandent que
l'État leur fasse des avances, afin qu'ils puissent faire réparer les dégradations que leurs
habits ont éprouvées; considérant aussi que
les moyens employés jusqu'à ce jour pour
l'habillement des gardes nationales volontaires n'ont pas eu tout le succès qu'on avait
lieu d'en espérer; considérant enfin qu'il
est indispensable de statuer sans délai sur
ces différens objets, décrète qu'il y a urgence.

L'Assemblée nationale, après avoir entendu
le rapport de son comité militaire et rendu le
décret d'urgence, décrète ce qui suit :

Art. 1er. Il sera mis par la Trésorerie nationale à la disposition du ministre de la guerre,
une somme de quatre millions, destinée à
faire des avances pour l'habillement des bataillons des gardes nationales volontaires déjà
sur pied, et pour celui des bataillons qui seront
levés en vertu des décrets du Corps-Législatif.

Lesdits quatre millions, de l'emploi desquels le ministre de la guerre rendra compte
au Corps-Législatif, seront rétablis dans le
Trésor public au moyen de la retenue de
3 sous par jour qu'en vertu du décret du
28 décembre dernier, le ministre de la guerre
doit faire exercer sur chaque solde des gardes
nationaux volontaires.

2. Il sera mis par la Trésorerie nationale
à la disposition du ministre de la guerre une
somme de deux millions, destinée à faire des
avances aux bataillons des gardes nationales
volontaires dont l'habillement a besoin d'être
réparé.

Lesdits deux millions, qui seront, par les
soins du ministre de la guerre, rétablis dans
le Trésor public, et de l'emploi desquels il
rendra compte au Corps-Législatif, seront
par lui répartis entre les bataillons, en proportion et à mesure de leurs besoins; et,
néanmoins, aucun desdits bataillons ne pourra
obtenir sur cette somme un secours qui s'é-
lève au-dessus de 10,000 livres.

3. Chaque garde national volontaire qui
aura obtenu un secours pour la réparation
de son habillement (secours qui, dans aucun
cas, ne pourra s'élever au-dessus de 15 liv.)
éprouvera, jusqu'à ce qu'il ait remboursé la
somme qui lui aura été avancée, une retenue
extraordinaire d'un sou par jour.

4. Lorsque les circonstances exigeront la
levée de nouveaux bataillons de gardes nationaux volontaires, le ministre de la guerre
donnera des ordres à l'administration de l'habillement des troupes de ligne, afin qu'elle
fasse parvenir sans délai au lieu du rassemblement desdits bataillons tous les objets
qu'elle est chargée de fournir aux troupes de
ligne, et qui seront nécessaires à l'habillement des gardes nationaux volontaires.

5. Le directoire du département dans le
territoire duquel un nouveau bataillon de
gardes nationaux volontaires devra se former,
remplira par lui-même ou par deux commissaires de son choix toutes les fonctions relatives à la réception des étoffes, à la vérification de leur qualité et de leur quantité, qui
sont attribuées par l'ordonnance du 20 juin
1788 aux conseils d'administration des régimens. Le ministre de la guerre leur adressera, en conséquence, des exemplaires de ladite ordonnance, ainsi que les échantillons
et factures des étoffes qui seront destinées à
l'habillement desdits bataillons.

6. Un commissaire des guerres nommé par
le ministre se rendra au lieu destiné pour le
rassemblement du bataillon, pour y veiller,
de concert avec le directoire du département
ou les commissaires nommés par lui, à l'achat
des objets dont les conseils d'administration
doivent se pourvoir, et y faire façonner, avec
autant de soin et d'économie que de promptitude, les différentes parties de l'habillement
et de l'équipement des gardes nationaux volontaires.

Le commissaire des guerres sera particulièrement chargé de la surveillance imposée
par le règlement du 20 juin 1788 au capitaine chargé de l'habillement.

7. Lorsque le bataillon sera habillé et
équipé, le conseil d'administration dudit bataillon donnera au commissaire des guerres
un récépissé de tous les objets qui auront été
délivrés aux gardes nationaux volontaires;
le commissaire des guerres présentera ce
reçu au directoire du département, et lui
remettra en même temps l'état général des
dépenses qui auront été faites pour l'achat
des étoffes et la confection de l'habillement et
de l'équipement. Chaque article de dépense
sera appuyé sur les pièces justificatives visées
par les commissaires nommés par le directoire.

Les comptes seront définitivement arrêtés
par le directoire du département, en présence de trois membres du conseil d'administration du bataillon, délégués par lui à
cet effet.

8. Les bataillons de gardes nationales volontaires qui auront besoin, pour la réparation de leur habillement, de quelques-uns des
objets que l'administration de l'habillement
est chargée de fournir, pourront en faire la

demande à ladite administration, qui sera tenue de les leur fournir, ainsi qu'il est dit article 22 du titre IV de l'ordonnance du 20 juin 1788.

9. Le ministre de la guerre fera vérifier les faits contenus dans une pétition et un mémoire qui ont été présentés au Corps-Législatif par le troisième bataillon du département de l'Oise ; et, après s'être fait représenter les procès-verbaux d'adjudication et toutes autres pièces qu'il jugera nécessaires, il fera poursuivre, s'il y a lieu, les adjudicataires, pour les contraindre au paiement des indemnités qui pourront être dues audit bataillon.

Le ministre de la guerre rendra, le 15 avril au plus tard, compte de cet objet au Corps-Législatif.

10. Le ministre de la guerre sera tenu de faire verser au Trésor public, tous les trois mois, la somme provenant du sou de retenue par homme, qui sera faite sur la paie des gardes nationaux pour l'entretien de leur habillement, en remboursement des deux millions d'avance mis à sa disposition pour cet objet, ainsi que la somme provenant de la retenue de 3 sous par jour qu'il a dû faire éprouver aux gardes nationaux depuis l'époque de leur formation.

29 MARS = 1er AVRIL 1792.— Décret relatif aux paiemens à faire par la Trésorerie nationale, jusqu'au 1er avril. (L. 8, 367 ; B. 21, 108.)

29 MARS 1792.—Décret qui admet parmi les représentans de la nation M. Bertrand, député de l'île de Bourbon. (B. 21, 113.)

29 MARS 1792. — Accusation contre Borel, etc.; Accusation contre Charrier, etc.; Procureur-général-syndic de la Lozère. *Voy.* 28 MARS 1792.

30 MARS = 8 AVRIL 1792. — Décret relatif aux biens des émigrés. (L. 8, 396; B. 21, 114; Mon. des 30 mars et 1er avril 1792.)

*Voy.* lois du 24 = 28 JUILLET 1792; du 2 SEPTEMBRE 1792.

L'Assemblée nationale, considérant qu'il importe de déterminer promptement de la manière dont les biens des émigrés, qu'elle a mis sous la main de la nation par son décret du 9 février dernier, seront administrés; de régler les moyens d'exécution de cette main-mise et les exceptions que la justice ou l'humanité prescrivent; désirant aussi venir au secours des créanciers qui seront forcés de faire vendre les immeubles de leurs débiteurs émigrés, en substituant aux saisies-réelles un mode plus simple et moins dispendieux, déclare qu'il y a urgence.

L'Assemblée nationale, après avoir déclaré qu'il y a urgence, décrète ce qui suit :

Art. 1er. Les biens des Français émigrés et les revenus de ces biens sont affectés à l'indemnité due à la nation.

2. Toutes dispositions de propriété, d'usufruit et de revenus de ces biens, postérieures à la promulgation du décret du 9 février dernier, ainsi que toutes celles qui pourraient être faites par la suite, tant que lesdits biens demeureront sous la main de la nation, sont déclarées nulles.

3. Ces biens, tant meubles qu'immeubles, seront administrés, de même que les domaines nationaux, par les régisseurs de l'enregistrement, domaines et droits réunis, leurs commis et préposés, sous la surveillance des corps administratifs, d'après les règles prescrites par les décrets des 9 mars, 16 et 18 mai et 19 août 1791.

4. L'administration des meubles, effets mobiliers et actions, se bornera aux dispositions nécessaires pour leur conservation; il en sera dressé des états ou inventaires sommaires par des commissaires nommés par les directoires de district, en présence de deux membres de la municipalité du lieu; un double de ces inventaires sera déposé aux archives du chef-lieu du département.

5. Les personnes qui sont en possession actuelle de ces meubles pourront y être conservées, en se chargeant, au bas de l'inventaire, de les représenter à toute réquisition, et en donnant caution de la valeur. Dans le cas où personne ne se trouverait en possession des meubles ou préposé à leur garde par le propriétaire, comme aussi dans le cas où les possesseurs ou préposés refuseraient de s'en charger et de donner caution, les commissaires qui procéderont à l'inventaire pourront y établir des gardiens, ou pourvoir de toute autre manière à leur conservation, régie et mise en valeur.

6. Ne sont point sujets aux dispositions du présent décret les biens des Français établis en pays étrangers avant le 1er juillet 1789; ceux dont l'absence est antérieure à la même époque, ceux qui ont une mission du Gouvernement, leurs épouses, pères et mères domiciliés avec eux, les gens de mer, les négocians et leurs facteurs notoirement connus, pour être dans l'usage de faire, à raison de leur commerce, des voyages chez l'étranger, ainsi que ceux qui justifieront par brevets, inscriptions, lettres d'apprentissage, qu'ils sont livrés à l'étude des sciences, arts ou métiers, et ceux qui ont été notoirement connus, avant leur départ, pour s'être consacrés à ces études, et ne s'être absentés que pour acquérir de nouvelles connaissances dans leur état.

7. Dans un mois à compter de la promulgation du présent décret, chaque municipa-

lité enverra au directoire de son district l'état des biens situés dans son territoire, appartenant à des personnes qu'elle ne connaîtra pas pour être actuellement domiciliées dans le département, ainsi que des rentes, prestations et autres redevances qui leur sont dues. Le directoire du district fera passer sur-le-champ ces états au département, avec son avis.

8. Le directoire du département, sur ces états, et d'après ses connaissances particulières, arrêtera définitivement, dans le mois suivant, la liste des biens qui devront être administrés conformément aux articles 3 et 4; il fera publier et afficher cette liste, dont il enverra une copie au ministre des contributions et une autre au commissaire régisseur des domaines nationaux, qui seront tenus, aussitôt après la réception de cette liste, de prendre l'administration des biens y contenus.

9. Pour éviter, dans la confection de ces listes, toute erreur préjudiciable à des citoyens qui ne seraient pas sortis du royaume, les personnes qui ont des biens hors le département où elles font leur résidence actuelle enverront au directoire du département de la situation de leurs biens un certificat de la municipalité du lieu qu'elles habitent, visé par le directoire du district, qui constatera qu'elles résident actuellement et habituellement depuis six mois dans le royaume. Ce certificat, qui sera affiché dans la municipalité qui l'aura délivré, sera donné gratuitement par les municipalités; mais le secrétaire desdites municipalités sera payé de son salaire par l'administration des domaines séquestrés; à raison de dix sous pour chaque certificat, compris le papier et le timbre.

10. Les officiers municipaux ou autres officiers préposés à cet effet, qui auraient délivré des certificats de résidence sans s'être procuré l'attestation de deux citoyens actifs domiciliés, seront personnellement responsables des sommes qui auraient été touchées indûment en vertu desdits certificats.

11. Les citoyens qui auraient faussement attesté, devant les officiers préposés, la résidence d'un citoyen, seront assujétis à la même responsabilité, et en outre renvoyés aux tribunaux pour y être poursuivis, jugés et punis de la manière prescrite par les lois criminelles.

12. Les difficultés qui pourront s'élever sur le fait de l'absence ou sur l'administration des biens séquestrés seront terminées par les directoires de département.

13. Les fermiers, locataires ou autres débiteurs des émigrés, qui, à raison du séquestre, auront été forcés à des déplacemens, soit pour fournir des renseignemens ou pour payer en des lieux où ils n'étaient pas tenus de se transporter, pourront retenir sur les sommes qu'ils verseront à la caisse du séquestre leurs frais de voyage et autres indemnités qui leur auront été allouées par un arrêté du directoire du district, homologué par celui du département.

14. Les débiteurs des émigrés, à quelque titre que ce puisse être, ne pourront se libérer valablement qu'en payant à la caisse du séquestre.

15. Les paiemens faits aux émigrés ou à leurs représentans depuis la promulgation du décret du 9 février sont déclarés nuls, ainsi que les paiemens faits par anticipation avant l'échéance des termes portés aux titres de créance, à moins que ce paiemens anticipés ne soit consignée dans le titre même, ou dans un autre acte dont la date soit légalement certaine.

16. Tous propriétaires de droits ou de biens indivis avec un émigré pourront, s'ils sont eux-mêmes résidans en France, présenter leurs titres au directoire du district de la situation des biens; et, sur son avis, le directoire du département réglera la portion qui leur appartiendra dans les revenus; et, si les biens ne sont pas affermés, il sera procédé au bail de ces biens, suivant le mode prescrit pour la location des domaines nationaux (1).

17. Dans tous les cas, on laissera aux femmes, enfans, pères et mères des émigrés, la jouissance provisoire du logement où ils ont leur domicile habituel, et des meubles et effets mobiliers à leur usage qui s'y trouveront; il sera néanmoins procédé à l'inventaire desdits meubles, lesquels, ainsi que la maison, demeureront affectés à l'indemnité.

18. Si lesdites femmes ou enfans, pères ou mères des émigrés sont dans le besoin, ils pourront en outre demander, sur les biens personnels de cet émigré, la distraction à leur profit d'une somme annuelle qui sera fixée par le directoire du département, sur l'avis du directoire de district du lieu du dernier domicile de l'émigré, et dont le *maximum* ne pourra excéder le quart du revenu net, toutes charges et contributions acquittées, de l'émigré, s'il n'y a qu'un réclamant, soit femme, enfant, père ou mère; le tiers, s'ils sont plusieurs, jusqu'au nombre de quatre; la moitié s'ils sont en plus grand nombre.

19. Les créanciers porteurs de titres authentiques antérieurs au 9 février dernier, les

---

(1) Le débiteur d'une somme appartenant pour le tout ou par indivis à un émigré s'est libéré valablement en versant la somme dans les caisses du domaine (24 décembre 1828; Mac. 10, 834).

ouvriers et fournisseurs qui justifieront de travaux et fournitures faits pour les émigrés avant la même époque, seront payés de leurs créances sur les revenus des biens des émigrés, échus avant ladite époque, en affirmant leur créance sincère et véritable devant le directoire du district du lieu où ils se trouveront; et à l'égard des ouvriers et fournisseurs, après vérification et réglement, par experts, de leurs travaux et fournitures, sans préjudice du droit que conserveront ces créanciers de faire vendre les biens pour l'acquit de leurs créances, dans la forme ordinaire pour les meubles, et dans celle prescrite par l'article suivant sur les immeubles.

20. Lorsqu'un créancier résidant en France sera fondé, en vertu d'un titre authentique antérieur à la promulgation du décret du 9 février dernier, à faire vendre un immeuble appartenant à son débiteur émigré, il pourra, un mois après le commandement fait au domicile connu du débiteur émigré, et dénoncé au procureur-général-syndic du département, provoquer d'abord l'estimation, et ensuite la vente de l'immeuble, dans la forme prescrite pour l'aliénation des domaines nationaux, en observant toutefois de faire publier chacune des affiches dans le lieu de la situation de l'immeuble, et dans celui du dernier domicile connu de l'émigré.

21. Le prix entier de l'immeuble, à la déduction des frais de vente, qui seront réglés par le directoire du district, sera versé dans la caisse du séquestre avec les intérêts, à compter du jour de l'adjudication, dans quatre mois de la date de ladite adjudication.

22. Les ventes faites suivant les formes prescrites par l'article 8 purgeront toutes les hypothèques autres que l'hypothèque nationale; les droits des créanciers seront conservés par des oppositions formées entre les mains du conservateur des hypothèques, ou en celles des receveurs du droit d'enregistrement, antérieurement à l'adjudication définitive.

23. Les actes relatifs à ces ventes, non plus que ceux qui les précéderont et les suivront, ne jouiront d'aucune exemption de droit d'enregistrement, lods et ventes, ou autres exemptions attribuées aux actes qui ont pour objet l'aliénation des domaines nationaux, auxquels les biens des émigrés ne sont assimilés qu'en ce qui concerne seulement le mode d'aliénation.

24. Les émigrés qui sont rentrés en France depuis le 9 février dernier, et ceux qui rentreront dans le délai d'un mois après la promulgation du présent décret, seront réintégrés par les directoires de département dans la jouissance de leurs biens, sans qu'ils soient obligés de fournir le certificat exigé par l'article 9 ci-dessus, en payant les frais d'administration, l'année courante de leurs contri-

butions foncière et mobilière, et toutes leurs contributions arriérées, et, de plus, à titre d'indemnité, une somme double de leurs contributions foncière et mobilière pour la présente année.

La même indemnité sera due à la nation, et par elle exercée sur les droits successifs échus ou à échoir aux enfans de famille en état de porter les armes qui ont émigré.

25. Ils seront en outre tenus de donner caution de la valeur d'une année de leur revenu; et, s'ils abandonnent de nouveau leur patrie avant que le Corps-Législatif ait proclamé que les dangers qui la menacent sont passés, l'année du revenu sera exigée de la caution, et les biens seront de nouveau mis en séquestre, nonobstant toutes ventes ou dispositions qu'ils en auraient pu faire avant de sortir du royaume, lesquelles sont dès à présent déclarées nulles.

26. Les émigrés rentrés en France depuis le 9 février dernier, et ceux qui y rentreront dans le mois de la publication du présent décret, seront privés, pendant deux ans, de l'exercice du droit de citoyen actif : ceux qui y rentreront après ledit délai seront privés pendant dix ans, à compter du jour de leur rentrée, qui sera constatée par leur inscription dans les municipalités, de l'exercice du droit de citoyen actif et de toutes fonctions publiques.

27. Ceux desdits émigrés qui ne rentreront pas dans le délai fixé par l'article précédent ne pourront obtenir la jouissance de leurs biens qu'après que l'indemnité nationale aura été arrêtée, répartie et payée.

28. Les autorités constituées et la force publique sont chargées de continuer de veiller à la conservation de toutes les propriétés qui forment le gage de l'indemnité due par les émigrés à la nation.

29. Le présent décret sera porté dans le jour à la sanction du Roi.

———

3o MARS = 1ᵉʳ AVRIL 1792. — Décret relatif à la vérification des caisses patriotiques ou de secours. (L. 8, 368; B. 21, 123.)

Art. 1ᵉʳ. Dans le jour de la publication du présent décret, les municipalités seront tenues de vérifier l'état des caisses patriotiques ou de secours qui ont émis des billets de confiance, de secours patriotiques, ou sous toute autre dénomination, de vingt-cinq livres et au-dessous, ainsi que des gages qui devaient en répondre.

2. Les municipalités constateront par des procès-verbaux le montant et le nombre desdits billets qui auront été mis en circulation; elles se feront représenter les fonds existans dans les caisses, ou autres valeurs qui forment le gage desdites émissions; elles prendront toutes les mesures convenables pour

prévenir et arrêter toutes nouvelles fabrications et émissions, qui sont prohibées à compter de la même époque.

3. Sont néanmoins exceptées de ladite prohibition les caisses qui ont été ou seront directement établies par les municipalités et autres corps administratifs, ou sous leur surveillance immédiate, et dont les fonds représentatifs ont été ou seront déposés en assignats ou numéraire.

4. Le montant des fonds déposés par ceux qui seront dans le cas de l'exception portée en l'article précédent sera vérifié au moins une fois tous les huit jours, savoir : par les directoires de district, dans les lieux de leur établissement, et par les corps municipaux, dans les autres communes. Les procès-verbaux de vérification seront envoyés de suite aux directoires de département, qui en feront passer les extraits certifiés d'eux au ministre de l'intérieur, ainsi que l'état de leurs caisses de dépôt, si eux-mêmes avaient fait de pareilles émissions.

30 MARS = 1er AVRIL 1792.—Décret relatif aux moyens de faire cesser les inquiétudes sur la situation de la caisse de la maison dite de secours. (L. 8, 365 ; B. 21, 114.)

30 MARS = 1er AVRIL 1792. — Décret relatif à la prorogation du service des gardes des ports de Paris. (B. 21, 113.)

30 MARS = 1er AVRIL 1792. — Décret portant que, dans ce jour, il sera versé cinq cent mille livres dans la caisse du département de Paris, qui les mettra à la disposition de la municipalité. (B. 21, 122.)

30 MARS 1792. — Pensions. Voyez 31 MARS 1792.

31 MARS = 1er AVRIL 1792.— Décret relatif au remboursement de partie de l'emprunt de cent vingt-cinq millions. (L. 8, 370; B. 21, 127.)

L'Assemblée nationale, après avoir entendu le rapport de son comité de l'extraordinaire des finances, considérant que le paiement des capitaux compris dans la dix-septième série de l'emprunt de cent vingt-cinq millions, créé par édit de décembre 1784, sortie en remboursement par le tirage fait en janvier dernier, est, aux termes de cette loi, exigible au mois d'avril prochain, et qu'il ne doit éprouver aucun retard, décrète que la caisse de l'extraordinaire ouvrira, dans le courant du mois d'avril prochain, le paiement de la somme de 6,250,000 livres, à laquelle s'élèvent les capitaux compris dans la dix-septième série de l'emprunt de cent vingt-cinq millions, créé par édit de décembre 1784,

sortie en remboursement par le tirage fait en janvier dernier.

31 MARS (30 et) = 4 AVRIL 1792.—Décret relatif aux pensions, dons, traitemens, gratifications et secours, et aux formalités à observer pour s'en procurer le paiement. (L. 8, 381 ; B. 21, 124; Mon. du 1er avril 1792.)

L'Assemblée nationale, considérant que la patrie ne doit les marques de sa reconnaissance qu'à ceux qui l'ont servie avec fidélité, et qu'il importe de faire la juste application de ce principe, décrète qu'il y a urgence.

L'Assemblée nationale, après avoir décrété l'urgence, voulant à la fois hâter le travail des pensionnaires restés fidèles à la patrie, et faire en ce point justice de ceux qui l'ont abandonnée ou trahie, et voulant encore étendre aux pensions les mesures qu'elle a déjà adoptées pour connaître, à une époque déterminée et avec plus de précision, le montant de la dette publique susceptible de liquidation, décrète ce qui suit :

Art. 1er. A l'avenir, il ne sera fait aucun paiement pour raison de dons, pensions, traitemens, gratifications ou secours, à quelque titre et pour quelque cause que ce soit, à aucun Français, à moins qu'il ne justifie d'un certificat expédié dans les formes prescrites, et constatant sa résidence sur le territoire français pendant tout le temps qui se sera écoulé depuis l'époque du dernier paiement qui lui aura été fait, jusqu'à celle où il se représentera pour recevoir.

2. Tous les ci-devant pensionnaires, à quelque titre, pour quelque cause et sur quelques fonds que ce soit, qui prétendront à la conservation, rétablissement ou concession d'une pension, gratification ou secours, seront tenus d'adresser, d'ici au 1er juillet prochain exclusivement, au commissaire du Roi directeur général de la liquidation, ou au ministre du département qui serait dans le cas de présenter les propositions du Roi sur les pensions nouvelles à accorder, un certificat délivré par les officiers municipaux, visé par le directoire du district, constatant leur résidence depuis six mois sur le territoire français. Ce certificat contiendra les noms de baptême et de famille de celui qui le requerra, la date de sa naissance, et une énonciation sommaire de la pension dont il jouissait ou des motifs qui lui en font demander une.

La présente disposition aura lieu également à l'égard de ceux dont les pensions ou secours ont été ou seront, d'ici au 1er juillet prochain, liquidés et décrétés.

3. Conformément au principe énoncé dans l'article précédent, il ne pourra être à l'avenir demandé ou accordé aucune pension ou secours, à quelque époque que ce soit, s'il n'est justifié, de la manière ci-dessus

prescrite, de la résidence du pétitionnaire sur le territoire français, pendant les six premiers mois de l'année 1792.

4. Seront éteintes et supprimées de fait, sans qu'il y ait lieu à les rétablir, recréer ni liquider, toutes les pensions, dons, gratifications, secours ou appointemens conservés, dont jouissaient ou pouvaient jouir ceux qui, à l'époque dudit jour 1er juillet prochain, n'auront pas adressé leur certificat de résidence dans la forme ci-dessus prescrite.

A cette époque, le commissaire du Roi directeur général de la liquidation adressera à l'Assemblée nationale, dans le plus court délai possible, le tableau des pensions ainsi éteintes et supprimées, en formant un relevé comparé des certificats de résidence à lui adressés, et des listes et registres des ci-devant pensionnaires qu'il peut avoir entre les mains.

5. Seront applicables au présent décret les exceptions contenues au décret concernant le séquestre des biens des émigrés.

31 MARS = 1er AVRIL 1792. — Décret relatif aux moyens de réprimer les troubles du département du Cantal. (B. 21, 128.)

31 MARS 1792. — Décret relatif à une lettre écrite à l'Assemblée nationale par la dame veuve Simonneau. (B. 21, 126.)

31 MARS = 2 AVRIL 1792. — Décret qui charge le pouvoir exécutif de rendre compte des mesures prises pour rétablir l'ordre dans le département du Cantal. (B. 21, 129.)

1er = 4 AVRIL 1792. — Décret qui assujétit au timbre et à l'enregistrement les certificats d'emploi des expéditions et extraits délivrés par le bureau de comptabilité. (L. 8, 384; B. 21, 131.)

L'Assemblée nationale, après avoir entendu son comité de l'ordinaire des finances, décrète que les certificats d'emploi pour tenir lieu d'immatricules, les expéditions et extraits délivrés aux parties prenantes par le bureau de comptabilité, seront sur du papier timbré et sujets à l'enregistrement; mais les comptes et leurs doubles, les mémoires, soumissions, états ou bordereaux, les journaux, registres et livres servant audit bureau de comptabilité, ainsi que les récépissés et reconnaissances des comptes pièces, certificats, expéditions ou extraits qui y seront délivrés, soit à l'agent du Trésor public, soit aux comptables, ne seront assujétis ni à la formalité du timbre, ni à l'enregistrement.

1er AVRIL 1792. — Décret relatif à la répression des troubles de Clamecy et communes voisines. (L. 8, 366; B. 21, 132.)

1er AVRIL 1792. — Décret relatif au remplacement des députés qui viendraient à décéder. (B. 21, 130.)

1er = 4 AVRIL 1792. — Décret qui autorise le ministre de la justice à rectifier une erreur de date qui s'est glissée dans l'acte d'accusation contre le sieur Delessart. (B. 21, 131.)

1er AVRIL 1792. — Caisse de Paris. *Voy.* 31 MARS 1792. — Caisse patriotique. *Voy.* 30 MARS 1792. — Canal de Juines. *Voy.* 19 FÉVRIER 1792. — Emprunt de cent millions. *Voy.* 31 MARS 1792. — Envois de troupes dans le département de Seine-et-Marne. *Voy.* 23 MARS 1792. — Gardes des ports de Paris. *Voy.* 30 MARS 1792. — Poitiers. *Voy.* 24 MARS 1792. — Soldats du trente-unième régiment. *Voy.* 7 FÉVRIER 1792. — Trésorerie nationale. *Voy.* 29 MARS 1792. — Troubles du Cantal. *Voy.* 31 MARS 1792. — Troubles de Mende. *Voy.* 28 MARS 1792.

2 AVRIL 1792. — Décret qui charge le pouvoir exécutif de rendre compte des poursuites dirigées contre les officiers déserteurs, spoliateurs de caisses militaires, etc. (B. 21, 133.)

2 AVRIL 1792. — Décret qui charge le ministre de la justice de rendre compte des dénonciations faites contre le tribunal du district de Vervins et contre trois juges de celui de Château-Thierry. (B. 21, 133.)

2 AVRIL 1792. — Décret portant qu'il n'y a pas lieu à accusation contre M. de Narbonne. (B. 21, 134.)

2 = 11 AVRIL 1792. — Décret relatif à la circonscription des paroisses de la ville d'Aire. (B. 21, 135.)

2 AVRIL 1792. — Mesures pour le Cantal. *Voy.* 31 MARS 1792.

3 = 4 AVRIL 1792. — Décret relatif aux assignats de petite valeur. (L. 8, 385; B. 21, 138.)

L'Assemblée nationale, considérant que les besoins des coupures d'assignats au-dessous de cent sous se font sentir de plus en plus, et qu'il est instant de les faire cesser par l'émission la plus prompte de ceux décrétés par la loi du 4 janvier 1792, décrète qu'il y a urgence.

L'Assemblée nationale, après avoir décrété l'urgence, décrète ce qui suit :

Art. 1er. Le papier des assignats de dix livres et des coupures au-dessous de cinq livres, dont l'Assemblée nationale a ordonné la fabrication, sera blanc.

4.

*Assignat de dix livres.*

### Filigrane.

D'un côté, à droite, sera placée verticalement la valeur de l'assignat, en chiffres arabes, suivie de la lettre *L*, en filigrane transparent.

Dans le milieu de l'assignat seront, en filigrane opaque, placés horizontalement sur deux lignes, ces mots : *La Nation, la Loi, le Roi*, en caractère grandes capitales italiques, et, au-dessous, deux fleurs de lis en transparent; lesdites fleurs de lis inclinées vers le centre.

Le cadre, en chaînette, sera en filigrane transparent; aux quatre extrémités seront placées diagonalement quatre fleurs de lis en opaque.

### Ornemens.

L'assignat de dix livres sera de quatre pouces trois lignes de largeur, sur deux pouces huit lignes de hauteur.

Les parties latérales de l'assignat seront composées ainsi qu'il suit :

En haut, à gauche, dans un petit carré, une rosace; au-dessous, dans un carré long, un arabesque; ensuite, une autre rosace; au-dessous, dans un carré long fond noir, un losange renfermant la valeur de l'assignat en chiffres romains; ensuite, une autre rosace pareille à celle ci-dessus décrite; et enfin un arabesque terminé par une rosace pareille à la première.

La partie latérale à droite sera absolument pareille.

Aux quatre angles du texte de l'assignat, quatre figures symboliques représentant *la Loi, la Justice, la Prudence et la Force.*

Dans la bordure supérieure: *Loi du 18 décembre 1791, l'an troisième de la liberté.*

Dans la bordure inférieure : *La loi punit de mort le contrefacteur. La nation récompense le dénonciateur.*

### Texte.

Dans le texte, à la première ligne:
*Domaines nationaux.*
Dans la 2ᵉ ligne, le mot : *Assignat*
Dans la 3ᵉ: *de Dix livres,*
Dans la 4ᵉ: *payable au porteur.*

Le Roi fera choix de la signature qui sera adoptée pour cette espèce d'assignats; elle sera gravée avec tout le soin possible.

Au-dessous de la signature, un parallélogramme fond noir, orné d'arabesques et d'une couronne civique, au milieu de laquelle se trouvera, en chiffres arabes, la valeur de l'assignat.

Quatre ovales d'un pouce de hauteur sur neuf lignes de largeur, absolument pareils à ceux adoptés, tant pour la taille-douce que pour le timbre sec, dans les assignats de vingt-cinq livres. Entre les deux médaillons de la gauche sera placé le numéro; entre ceux de la droite, la lettre de la série.

*Assignat de cinquante sous.*

### Filigrane.

Le filigrane des assignats de cinquante sous sera divisé en trois parties. Celle du milieu portera pour légende : *La Nation* ; à gauche, dans un cercle, en chiffres arabes, le nombre 50; dans le même côté, au-dessous, les lettres *N., L., R.*, initiales des mots : *Nation, Loi, Roi*; dans l'autre cercle, à droite, en toutes lettres, *sous*; au-dessous du mot *sous*, une fleur de lis. Le tout sera transparent dans le papier. Au-dessus de chaque cercle sera une étoile en opaque.

Le filigrane des autres coupures sera de même, à la différence, près des chiffres indicateurs, de la valeur numérique de chaque assignat.

### Ornemens.

L'assignat de cinquante sous sera de deux pouces huit lignes de hauteur, sur trois pouces deux lignes de large.

Dans le milieu de la partie supérieure, la lettre de la série; à gauche, dans un carré long, on lira : *Loi du 4 janvier 1792*; à droite: *l'an 4ᵉ de la liberté*; dans un des côtés, on lira : *La loi punit de mort le contrefacteur*; et dans l'autre : *La Nation récompense le dénonciateur.* Des quatre angles, l'un renfermera dans un rond: *La Nation, la Loi et le Roi* ; dans le second, l'écusson de France; dans le troisième, le bonnet de la Liberté; dans le quatrième, le chiffre du Roi. En bas, au milieu, dans la table d'un autel antique, la valeur de l'assignat en chiffres arabes; à gauche, une figure symbolique, tenant en main le livre de la constitution, et ayant à ses pieds un coq, symbole de la vigilance; à droite, la figure de *la Justice*, appuyée sur un faisceau et ayant une balance à la main.

Il aura deux timbres secs : l'un représentera l'effigie du Roi; l'autre, un génie gravant sur une table, avec le sceptre de la raison, le mot *Constitution.* Ils seront exécutés d'après le procédé du sieur Barthelet.

Le texte de l'assignat sera composé ainsi qu'il suit:

| | |
|---|---|
| 1ʳᵉ ligne : | *Domaines nationaux.* |
| 2ᵉ ligne : | *Assignat* |
| 3ᵉ ligne : | *de* |
| 4ᵉ ligne : | *Cinquante sous,* |
| 5ᵉ ligne : | *payable au porteur.* |

*Assignat de vingt-cinq sous.*

L'assignat de vingt-cinq sous aura trois pouces neuf lignes de largeur, sur deux pouces une ligne de hauteur.

Il sera composé d'une bordure formée par

une petite poste noire. En haut, deux rouleaux déployés, sur l'un desquels sera écrit : *La loi punit de mort le contrefacteur* ; sur l'autre : *La nation récompense le dénonciateur.* Au milieu, un œil rayonnant, symbole de la surveillance; dans l'intérieur de l'assignat, deux médaillons en timbre sec: l'un contenant le portrait du Roi ; l'autre, un faisceau surmonté du bonnet de la Liberté, entouré d'une couronne civique ; il sera écrit : *Loi du 4 janvier 1792, l'an 4e de la liberté. Domaines nationaux. Vingt-cinq sous.* En bas, au milieu, un coq, symbole de la vigilance, appuyé sur un bouclier, et un étendard déployé, sur lequel sera écrit : *La liberté ou la mort*, en timbre sec; plus bas, en chiffres arabes, la valeur de l'assignat.

### Assignat de quinze sous.

Il aura deux pouces et demi de hauteur, sur trois pouces de largeur.

### Ornemens.

Au milieu de la partie supérieure, la lettre de la série; à droite, dans un rond : *La Nation, la Loi et le Roi*; à gauche, l'écusson de France; et à côté, dans un carré: *Loi du 4 janvier*; et au côté opposé : *L'an quatrième de la liberté.* La partie latérale gauche aura au milieu, dans un carré long, un losange contenant la valeur de l'assignat en chiffres romains. La partie latérale droite présentera les mêmes ornemens.

Dans le milieu de la partie inférieure, dans un rond, la valeur de l'assignat, en chiffres arabes, surmontée du livre de la constitution. De chaque côté, une figure : l'une représentant *la Liberté* couronnant ce livre de son bonnet ; l'autre représentant *l'Histoire.* Deux rosaces et deux carrés, dans l'un desquels on lira : *La loi punit de mort le contrefacteur;* et dans l'autre: *La nation récompense le dénonciateur.*

Les deux timbres semblables aux assignats de cinquante sous.

Dans l'intérieur dudit assignat sera écrit :

1re ligne : *Domaines nationaux.*
2e ligne : *Assignat*
3e ligne : *de Quinze sous,*
4e ligne : *payable au porteur.*

### Assignat de dix sous.

Il aura vingt-neuf lignes de hauteur, sur deux pouces dix lignes de large.

### Ornemens.

La partie supérieure, dans un carré, présentera la lettre de la série, l'écusson de France; le chiffre du Roi; dans un carré, ces mots: *Loi du 4 janvier 1792*; dans un autre: *L'an quatrième de la liberté.*

Les deux parties latérales représenteront

un faisceau d'armes coupé par un carré, contenant la valeur de l'assignat en chiffres romains.

Dans le milieu de la partie inférieure, un triangle, symbole de l'égalité, sur lequel s'appuient deux figures supportant le bonnet de la Liberté.

Au milieu du triangle, la valeur de l'assignat en chiffres arabes, et de chaque côté, un carré long ; dans l'un, ces mots : *La loi punit de mort le contrefacteur* ; dans l'autre: *La nation récompense le dénonciateur.* A chacun des quatre angles, une rosace ; les deux timbres semblables à ceux de cinquante sous.

### Texte.

Le texte sera composé, à la 1re ligne:
*Domaines nationaux.*
2e ligne : *Assignat*
3e ligne : *de Dix sous,*
4e ligne : *payable au porteur.*

2. Le numérotage des assignats de 10 livres, et de 50, 25, 15 et 10 sous, sera fait par le procédé de l'impression.

3. Le présent décret sera porté dans le jour à la sanction du Roi.

---

3 AVRIL 1792. — Décret relatif au compte à rendre du travail de l'Académie des sciences, sur les poids et mesures. (B. 21, 136.)

---

3 = 11 AVRIL 1792. — Décret relatif à un versement de fonds dans la caisse des invalides de la marine. (B. 21, 136.)

---

3 = 4 AVRIL 1792. — Décret portant établissement d'une juridiction de prud'hommes-pêcheurs, dans les ports d'Antibes, Bandol et Saint-Nazaire. (B. 21, 137.)

---

3 = 11 AVRIL 1792. — Décret qui ordonne la remise au sieur Pottin de Vauvineux de cent soixante-quinze mille livres, dont il avait fait don à la nation. (B. 21, 144.)

---

4 = 4 AVRIL 1792. — Décret qui augmente de cinquante millions la masse des assignats en circulation. (L. 8, 371 ; B. 21, 146.)

L'Assemblée nationale, voulant pourvoir au moyen d'entretenir le service de la caisse de l'extraordinaire et celui de la Trésorerie nationale, en attendant qu'elle ait statué sur le système général des finances, dont elle est maintenant occupée, et sur lequel la discussion est ouverte, décrète qu'il y a urgence.

L'Assemblée nationale, après avoir décrété l'urgence, décrète ce qui suit :

Art. 1er. La somme des assignats à mettre en circulation, qui, d'après le décret du 28

7.

décembre dernier, est fixée à seize cent millions, sera portée, quant à présent, à seize cent cinquante millions.

2. Les cinquante millions destinés par le présent décret à augmenter la masse des assignats en circulation, ainsi que ceux nécessaires au remplacement des brûlemens, seront pris sur les cent millions d'assignats de 5 livres restant de la création du 1er novembre dernier, destinés à l'échange d'assignats de plus forte somme, et ils seront employés au service de la caisse de l'extraordinaire.

3. Ces cinquante millions d'assignats de cinq livres, ainsi que ceux qui remplaceront les brûlemens, seront suppléés, moitié par des assignats de 25 livres, et moitié par des assignats de dix livres, à prendre sur la création faite par l'article 3 du décret du 17 décembre dernier, lesquels serviront à retirer de la circulation les assignats de plus forte valeur, qui seront indiqués par l'Assemblée nationale.

4. La caisse de l'extraordinaire versera, dans le jour, à celle de la Trésorerie nationale, la somme de six millions, pour aider au service de cette dernière caisse.

———

4 = 4 AVRIL 1792. — Décret relatif aux comptes à rendre par les anciens administrateurs des domaines. (L. 8, 391; B. 21, 147.)

L'Assemblée nationale, considérant qu'il importe à la sûreté des recouvremens publics que les comptes des anciens administrateurs des domaines soient rendus avant qu'il soit procédé au remboursement de leurs fonds d'avance et de cautionnement, décrète que le remboursement des fonds d'avance et de cautionnement des anciens administrateurs des domaines sera suspendu jusqu'à ce qu'elle ait entendu le rapport de son comité des domaines, qui sera incessamment mis à l'ordre du jour, et qu'elle ait statué définitivement sur ce rapport.

———

4 = 6 AVRIL 1792. — Décret relatif au commandement en chef des bataillons de gardes volontaires nationaux. (L. 8, 392; B. 21, 145.)

L'Assemblée nationale, instruite qu'il s'est élevé des difficultés relativement au commandement en chef des bataillons de gardes volontaires nationaux, et reconnaissant qu'il importe au bien du service militaire de les lever sans délai, décrète ce qui suit :

Lorsque le lieutenant-colonel d'un bataillon de gardes volontaires nationaux le premier nommé, et qui, en cette qualité, a le commandement en chef dudit bataillon, laissera, par mort, démission ou autrement, son emploi vacant, le lieutenant-colonel le second nommé le remplacera dans le commandement en chef du bataillon, et il sera procédé de suite au remplacement dudit lieute-

nant-colonel le second nommé, en se conformant aux dispositions du décret du 4 août 1791.

———

4 = 6 AVRIL 1792. — Décret relatif aux secours à accorder aux citoyens pauvres des départemens et à ceux de la municipalité de Paris. (L. 8, 394; B. 21, 148.)

———

4 AVRIL 1792. — Décret relatif à la démission des députés. (B. 21, 150.)

———

4 AVRIL 1792. — Assignats. Voy. 3 AVRIL 1792. — Bureau de comptabilité. Voy. 1er AVRIL 1792. — Colonies. Voy. 28 MARS 1792. — Sieur Delessart. Voy. 1er AVRIL 1792. — Gardes nationales volontaires. Voy. 29 MARS 1792. — Pensions. Voy. 31 MARS 1792. — Prud'hommes-pêcheurs. Voy. 3 AVRIL 1792.

———

5 = 6 AVRIL 1792. — Décret qui rectifie une erreur dans le décret du 25 février 1792, relatif à l'élection des curés. (L. 8, 392; B. 21, 150.)

L'Assemblée nationale, après avoir entendu le rapport de son comité des décrets sur une erreur commise dans le décret du 25 février dernier, considérant qu'il est toujours pressant de détruire les erreurs commises dans la rédaction des lois, décrète que l'erreur sera rectifiée et le décret réduit en ces termes :

« Les curés qui ont été nommés pour remplacer ceux qui n'ont point prêté le serment, ou qui l'ont rétracté, seront maintenus dans leurs places. »

———

5 = 11 AVRIL 1792. — Décret relatif au paiement des sommes exigibles dues par les communautés ecclésiastiques ou laïques. (L. 8, 404; B. 21, 153.)

L'Assemblée nationale, ouï le rapport de son comité de liquidation, considérant qu'il est de sa justice de faciliter aux créanciers de l'État le moyen de toucher les sommes dues par les corps et communautés religieuses, séculiers et réguliers, même par les corps et compagnies laïques supprimés, dont la nation doit acquitter les dettes, et ayant pour cause le paiement d'ouvriers, fournitures de marchandises, ouvrages et autres objets également urgens, qui n'excéderaient pas la somme de 300 livres, et dont le principal serait presque absorbé par les frais de recouvrement, décrète qu'il y a urgence.

L'Assemblée nationale, après avoir décrété l'urgence, décrète ce qui suit :

Art. 1er. Les directoires des départemens sont autorisés à liquider définitivement, sur l'avis de ceux des districts, et après vérification, les créances exigibles sur les corps et communautés religieuses séculiers et réguliers, même sur les corps ou compagnies laïques supprimés, dont la nation doit acquitter les dettes qui auront pour cause les salaires d'ouvriers, fournitures de marchandises, ouvrages et autres objets également urgens, qui n'excéderaient pas la somme de 300 livres.

2. Ils sont aussi autorisés à faire payer par les receveurs de district les sommes ainsi liquidées, au moyen des reconnaissances qu'ils délivreront, en, par les créanciers ou leurs fondés de pouvoirs, donnant quittance entre les mains du directoire du département, par acte sous signature privée ou devant notaire, et remettant les originaux de leurs titres et pièces, les certificats nécessaires pour constater qu'il n'y a pas d'opposition, et remplissant toutes les autres formalités auxquelles il n'est pas dérogé par le présent décret.

3. Les directoires de département sont chargés de faire parvenir tous les mois au commissaire-liquidateur les pièces sur lesquelles ils auront fait des liquidations définitives, dont il leur sera fourni un reçu, ainsi que les bordereaux des sommes qui auront été payées, pour qu'il fasse opérer incessamment le remboursement.

5 = 6 AVRIL 1792. — Décret relatif à la poursuite, arrestation et jugement du sieur Colmin, commandant le navire l'*Emmanuel*, et à l'indemnité qui peut être due à la nation anglaise pour le débarquement de deux cent dix-sept nègres, fait à la baie d'Honduras. (B. 21, 151.)

5 = 15 AVRIL 1792. — Décret relatif à la liquidation des procureurs aux chambres des comptes et cour des aides de Rouen. (B. 21, 152.)

5 = 11 AVRIL 1792. — Décret sur la forme de la pyramide qui doit être élevée à la mémoire de Simonneau, maire d'Étampes. (B. 21, 154.)

6 = 6 AVRIL 1792. — Décret relatif à un envoi de troupes dans le département de Seine-et-Marne. (B. 21, 156.)

6 AVRIL 1792. — Décret relatif aux arrêtés des corps administratifs rendus sur les demandes en distraction de domaines nationaux (B. 21; 155.)

6 AVRIL 1792. — Décret qui autorise le département de l'Ardèche à requérir les gardes nationales des départemens voisins. (B. 21, 155.)

6 AVRIL 1792. — Sieur Colmin. *Voy.* 5 AVRIL 1792. — Commandans de la garde nationale. *Voy.* 4 AVRIL 1792. — Curés. *Voy.* 5 AVRIL 1792. — Secours aux pauvres. *Voy.* 4 AVRIL 1792.

7 = 18 AVRIL 1792. — Décret relatif aux employés comptables supprimés. (L. 8, 434 ; B. 21, 165 ; Mon. du 8 avril 1792.)

L'Assemblée nationale, considérant que, s'il est de la justice de la nation de venir au secours de ceux qui, par des mouvemens généraux, ont éprouvé des pertes qu'il n'était pas en leur pouvoir d'éviter, il serait contraire à l'intérêt national d'accorder des secours et des indemnités à des employés comptables qui n'auraient pas fait liquider leur gestion, ou se trouveraient réliquataires de deniers publics, décrète qu'il y a urgence.

L'Assemblée nationale, après avoir décrété l'urgence, décrète ce qui suit :

Art. 1er. Il ne sera délivré à aucun employé supprimé, comptable, ni brevet de pension de retraite, ni certificat de liquidation de secours ou indemnité, en exécution du décret du 31 juillet dernier et des décrets qui seront rendus en conformité, qu'au préalable il n'ait justifié au commissaire du Roi directeur général de la liquidation, par certificats en bonne forme, délivrés par les supérieurs auxquels il rendait ses comptes et versait ses fonds, qu'il a entièrement soldé les recettes qui lui étaient confiées, et qu'il n'a plus rien entre ses mains des deniers publics.

2. Pour accélérer et faciliter d'autant plus cette formalité, les commissaires à la liquidation, soit de l'ancienne ferme générale, soit de l'ancienne régie générale, soit de l'ancienne administration des domaines, seront tenus d'adresser au directeur général de la liquidation un état nominatif, d'eux certifié, de tous ceux des employés comptables supprimés qui se trouvent réliquataires pour raison de leur gestion; et, au moyen de ces états, ceux qui n'y seront pas dénommés et dont l'emploi supprimé appartenait à une de ces trois administrations, pourront se présenter à la direction générale de la liquidation, pour obtenir, soit un brevet de pension de retraite, soit une reconnaissance de liquidation, de secours ou indemnité, sans avoir besoin de certificat de *quitus*.

7 = 13 AVRIL 1792. — Décret relatif aux deux compagnies de gendarmerie nationale destinées pour le service des tribunaux et la garde des prisons. (L. 8, 414 ; B. 21, 176.)

L'Assemblée nationale, considérant qu'il est du plus grand intérêt pour le service des tribunaux, la garde des prisons et les transfèremens des prisonniers, d'augmenter le nombre des gendarmes destinés à ce service.

Considérant encore qu'il est de sa justice de donner aux gardes des ports de la ville une preuve de sa reconnaissance pour les services qu'ils ont rendus à la révolution, décrète qu'il y a urgence.

L'Assemblée nationale, après avoir décrété l'urgence, décrète définitivement ce qui suit :

Art. 1er. Les deux compagnies de gendarmerie nationale créées par les articles 2 et 3 du titre VI du décret du 16 janvier = 16 février 1791 seront portées provisoirement à trois cent soixante hommes, en y comprenant les officiers et sous-officiers.

2. Il sera pris dans les compagnies des gardes des ports et de la ville, au choix du département, le nombre d'hommes nécessaire pour compléter les deux compagnies en les portant à trois cent soixante hommes, en y comprenant les officiers et sous-officiers.

3. Les sous-officiers des gardes des ports ne pourront entrer dans les deux compagnies de gendarmerie qu'en qualité de gendarmes.

4. Les places de gendarmes qui viendront à vaquer par mort, démission ou retraite, ne seront remplies que lorsque les compagnies seront réduites au pied fixé par le décret du 16 janvier = 16 février 1791.

5. Les gardes des ports et de la ville, qui, aux termes du présent décret, ne seront point admis dans les compagnies de gendarmerie, seront réformés, conformément à la loi des 3, 4 et 5 août 1791. Il leur sera accordé une retraite proportionnée à leurs services, indépendamment de la liquidation qui sera due aux gardes de la ville pour leurs charges.

6. Le décret du 16 janvier = 16 février 1791 sera exécuté dans toutes les autres dispositions qui n'auront pas été abrogées ou modifiées.

---

7 AVRIL = 9 MAI 1792. — Décret portant re-création et création de pensions, et qui accorde des secours et gratifications à diverses personnes. (B. 21, 157.)

7 AVRIL = 5 MAI 1792. — Décret portant création de pensions en faveur d'employés supprimés, et qui accorde des secours à plusieurs. (B. 21, 162.)

7 = 29 AVRIL 1792. — Décret portant création de pensions militaires. (B. 21, 164.)

7 = 13 AVRIL 1792. — Décret portant liquidation de plusieurs offices de perruquiers. (B. 21, 167.)

7 = 18 avril 1792. — Décret portant liquidation d'offices de judicatures et ministériels. (B. 21, 168.)

---

7 = 20 AVRIL 1792. — Résultat général du décret portant liquidation de plusieurs parties de la dette publique. (B. 21, 169.)

7 = 15 AVRIL 1792. — Décret qui rectifie une erreur dans le décret du 14 avril 1791, concernant l'office de correcteur en la ci-devant chambre des comptes de Grenoble. (B. 21, 175.)

7 AVRIL 1792. — Tribunal de cassation. Voy. 10 AVRIL 1792.

8 = 11 AVRIL 1792. — Décrets qui accordent des secours aux incendiés des départemens d'Eure-et-Loir, de la Moselle, du Nord, des Vosges, des Côtes-du-Nord et de la Haute-Vienne. (L. 8, 406 et 408; B. 21, 178 et 179.)

8 AVRIL 1792. — Biens des émigrés. Voy. 30 MARS 1792.

9 = 15 AVRIL 1792. — Décret relatif aux vivres et fourrages de l'armée. (L. 8, 424; B. 21, 181.)

Les vivres et fourrages de l'armée seront mis en régie au compte de la nation, pendant tout le temps que pourront durer les approvisionnemens de campagne : le ministre de la guerre est autorisé à en régler les conditions, qu'il fera connaître au Corps-Législatif quand elles seront arrêtées ; et, dans la quinzaine suivante, elles seront rendues publiques par la voie de l'impression.

9 = 15 AVRIL 1792. — Décret relatif au versement de fonds à la Trésorerie nationale par la caisse de l'extraordinaire. (L. 8, 425; B. 21, 181.)

10 = 15 AVRIL 1792. — Décret relatif au mode de nomination et de remplacement des emplois militaires. (L. 8, 428; B. 21, 193.)

L'Assemblée nationale, considérant que le mode de nomination aux emplois militaires, prescrit par le décret du 1er août 1791, met des obstacles à la prompte organisation des troupes de ligne ; considérant aussi que l'état de réquisition permanente dans lequel se trouvent les gardes nationales ne leur a point permis d'acquérir les connaissances qui leur seraient nécessaires pour subir les examens exigés par le décret du 28 septembre 1791 ; considérant enfin que la discipline, et par conséquent la force de l'armée, exige que les emplois d'officiers soient remplis immédiatement après leur vacance, décrète qu'il y a urgence.

L'Assemblée nationale, après avoir entendu le rapport de son comité militaire et rendu le décret d'urgence, décrète ce qui suit :

Art. 1er. La nomination à tous les emplois de sous-lieutenans dans les régimens d'infanterie de ligne et des troupes à cheval, ainsi que dans les bataillons d'infanterie de troupes légères, sera faite jusqu'au 1er octobre prochain exclusivement, conformément aux dispositions des articles 3, 4, 5, 6 et 7 du décret du 29 novembre 1791.

2. Tous les emplois de lieutenans vacans et qui viendront à vaquer seront à l'avenir remplis, dans chaque régiment d'infanterie et de troupes à cheval, ainsi que dans les bataillons d'infanterie légère, par les premiers sous-lieutenans desdits régimens ou bataillons.

3. Les emplois de capitaines vacans et qui viendront à vaquer dans chaque régiment d'infanterie de ligne et dans chaque bataillon d'infanterie légère, seront à l'avenir remplis par les premiers lieutenans desdits régimens ou bataillons.

4. Dans les troupes à cheval, sur trois compagnies vacantes, deux seront remplies par les plus anciens lieutenans du régiment dans lequel elles vaqueront; la troisième sera déférée ou à un capitaine réformé par les décrets de l'Assemblée nationale, ou à un capitaine de remplacement, ou à un capitaine dit de réforme.

5. Les capitaines de remplacement ne concourront pour la troisième compagnie, que lorsque les capitaines réformés par les décrets de l'Assemblée nationale seront tous en activité, et les capitaines dits de réforme, que lorsque les capitaines dits de remplacement auront tous été employés. On suivra, pour les nominations, le rang d'ancienneté de commission de capitaine.

6. A compter du jour de la publication du présent décret, l'avancement au grade de colonel et de lieutenant-colonel pour les places destinées à l'ancienneté en temps de paix, sur toute l'arme, par rang de date du premier brevet ou première lettre d'officier : cependant nul ne pourra y être promu s'il n'a deux ans révolus de service actif dans la même arme, en qualité de lieutenant-colonel, pour devenir colonel, et de capitaine, pour devenir lieutenant-colonel.

7. Si, au moment de la promulgation du présent décret, les lieutenans d'un régiment ne suffisaient pas à remplir le nombre des compagnies vacantes dans ledit régiment, ou si les sous-lieutenans ne suffisaient pas au remplacement des lieutenans, l'excédant des compagnies et des lieutenances serait rempli par des officiers réformés ou de remplacement qui jouiraient d'une pension ou d'un traitement de réforme, et qui auraient produit les certificats de civisme et de service dans la garde nationale exigés par les articles 5, 6 et 7 du décret du 29 novembre 1791.

8. Le ministre de la guerre mettra, le 1er de chaque mois, sous les yeux de l'Assemblée nationale, l'état nominatif de tous les officiers qui ont abandonné leurs régimens sans congé ou démission, avec désignation du corps où ils servaient, du grade qu'ils occupaient et de l'époque de leur désertion.

Le ministre joindra à ce premier tableau l'état nominatif de tous les citoyens qui auront été promus par le pouvoir exécutif au grade de sous-lieutenant, ainsi qu'à ceux de lieutenant ou de capitaine, qui n'y seront point parvenus par rang d'ancienneté.

Le ministre de la guerre adressera au Corps-Législatif, immédiatement après la promulgation du présent décret, tous les certificats qu'en vertu de l'article 7 du décret du 29 novembre 1791, ont dû produire les citoyens qui, depuis le 1er octobre, ont été promus au grade de sous-lieutenant : il adressera de même, dans les huit premiers jours de chaque mois, à l'Assemblée nationale, les certificats qu'auront produit les citoyens qui auront été, pendant le mois précédent, élevés au grade de sous-lieutenant.

9. L'armée ne devant être composée que d'officiers et de soldats, il ne sera admis à la suite des régimens aucun citoyen qui ne soit compris dans l'une ou l'autre de ces deux classes de militaires; et nul ne pourra porter l'un des uniformes des régimens de l'armée, s'il n'y est employé en l'une ou l'autre desdites qualités.

10. Sont exceptés des dispositions du présent décret les remplacemens à faire dans le corps de l'artillerie et du génie.

10 = 15 AVRIL 1792. — Décret relatif aux commissaires ordonnateurs des guerres. (L. 8, 418; B. 21, 190.)

Art. 1er. Le Roi nommera, parmi les commissaires ordonnateurs des guerres, ceux qu'il jugera les plus propres à remplir ces fonctions, sans égard à leur ancienneté; et, dans le cas où l'on emploierait dans l'armée des commissaires des guerres plus anciens que le commissaire ordonnateur en chef, ils lui seront subordonnés tant qu'ils y seront employés.

2. Les commissaires ordonnateurs chargés en chef des détails de l'administration de l'armée en campagne ne recevront d'autre traitement extraordinaire que celui qui se trouve leur être fixé, relativement à leur rang dans l'armée, par le décret des 17 et 27 février derniers, concernant le traitement de l'armée en campagne; mais il leur sera tenu compte, sur les dépenses extraordinaires de la guerre, des frais de leurs bureaux, d'après les états certifiés qu'ils en fourniront, et auxquels ils joindront toutes les pièces à l'appui.

10 = 15 AVRIL 1792. — Décret relatif aux assi-gnats de vingt-cinq livres. (L. 8, 420 ; B. 21, 183.)

L'Assemblée nationale, après avoir en-tendu son comité des assignats et monnaies sur des inconvéniens qui pourraient résulter d'une disposition du décret du 4 février der-nier, relatif à l'assignat de vingt-cinq livres, décrète que, dans le titre du décret du 4 fé-vrier dernier, relatif à la gravure des carac-tères pour l'impression de l'assignat de vingt-cinq livres, il sera retranché ces mots : *gravés par M. Firmin Didot.*

————

10 (7 et) = 15 AVRIL 1792. — Décret relatif au jugement des procédures criminelles portées au tribunal de cassation. (L. 8, 421 ; B. 21, 87 ; Mon. des 8 et 11 avril 1792.)

*Voy.* lois du 27 NOVEMBRE = 1er DÉCEM-BRE 1790 ; du 28 JUIN = 6 JUILLET 1792 ; du 17 = 19 AOUT 1792.

L'Assemblée nationale, considérant que rien n'est plus pressant que d'assurer le cours de la justice ; que le jugement des procédures criminelles portées au tribunal de cassation y reste suspendu, parce que les accusés ne les poursuivent pas, et que la loi n'a pas prévu ce cas ; que les avances des droits de timbre et d'enregistrement, pour l'expédition des actes de ces procédures, présentent un autre obstacle ; qu'il n'a pas été pourvu aux frais de bureau du tribunal de cassation, et au trai-tement des différens officiers ministériels et concierges ; qu'il est important néanmoins que le service n'éprouve aucune interrup-tion, décrète qu'il y a urgence.

L'Assemblée nationale, après avoir dé-crété l'urgence, décrète :

Art. 1er. Tous actes de procédures crimi-nelles, de quelque nature qu'ils soient, et tous jugemens et ordonnances dans les pro-cès criminels, seront faits et expédiés sur pa-pier libre, et l'enregistrement, dans le cas où il y aura lieu à la formalité, en sera fait sans frais.

2. Lorsqu'un accusé condamné par le tri-bunal criminel aura déclaré, dans le délai prescrit par la loi, qu'il entend se pourvoir en cassation, il sera tenu de remettre sa re-quête en la forme indiquée par la loi et par l'instruction sur les jurés, dans le délai de huit jours.

Le commissaire du Roi, aussitôt qu'il aura reçu cette requête, l'adressera au ministre de la justice ; il lui enverra en même temps une copie du jugement, en papier libre, signée du greffier du tribunal criminel, et les procé-dures sur lesquelles ce jugement sera inter-venu. Le ministre de la justice transmettra ces pièces au tribunal de cassation, au plus tard dans les vingt-quatre heures de leur ré-ception.

3. Il en sera de même pour les demandes en cassation des jugemens qui seront rendus par les tribunaux de district, dans les cas où ils jugent suivant les anciennes formes : les commissaires du Roi seront tenus, en ce cas, de dresser (1) les expéditions des procédures criminelles qui auront été envoyées des tri-bunaux de première instance, sans que les greffiers des tribunaux d'appel puissent faire de secondes expéditions à l'occasion des de-mandes en cassation.

4. Les requêtes en cassation pourront être signées par le conseil de l'accusé, s'il ne sait signer ; et à défaut de conseil, en ce cas, le greffier attestera au bas de la requête que l'accusé a déclaré ne savoir signer.

5. La section de cassation statuera sur les requêtes en cassation dans les affaires crimi-nelles, et prononcera de suite la cassation, s'il y a lieu, des procédures et jugemens, sans qu'il soit besoin de jugement préalable pour admettre les requêtes.

6. Le décret du 27 novembre = 1er décem-bre 1790 sur l'institution du tribunal de cas-sation, et le décret et l'instruction sur les jurés, seront, au surplus, exécutés en ce qui n'est pas contraire au présent décret.

7. Les jugemens rendus par le tribunal de cassation, lorsqu'ils rejetteront les requêtes en cassation en matière criminelle, seront délivrés dans les trois jours au commissaire du Roi, par simple extrait signé du greffier et sur papier libre : cet extrait sera adressé au ministre de la justice, qui l'enverra aussi-tôt au commissaire du Roi près le tribunal criminel, chargé de faire exécuter les juge-mens de condamnation.

8. Le greffier du tribunal de cassation dé-livrera, sans frais et sur papier libre, au com-missaire du Roi du tribunal de cassation, tous les jugemens rendus sur ses réquisi-toires, ou dont il est chargé de poursuivre l'exécution.

9. Les frais de service du tribunal de cas-sation, pour concierge, feu, lumière et au-tres, sont fixés à cinq mille livres annuelle-lement.

10. Les huit huissiers du tribunal de cas-sation auront chacun quinze cents livres de traitement.

11. Il sera payé cette année au greffier du même tribunal, pour indemnité des commis qu'il a dû employer, le double de son traite-ment fixe.

12. Les six concierges des tribunaux cri-

————

(1) *Voy.* loi du 28 juin = 6 juillet 1792.

minels provisoires de Paris auront chacun pour traitement huit cents livres par an.

13. Les traitemens et frais de service ci-dessus décrétés auront lieu du jour de l'installation des tribunaux.

10 = 13 AVRIL 1792. — Acte d'accusation contre les sieurs Borel, Bardou, Charaix, Deretz, Sersière, Castellane et Jourdan-Combette. (L. 8, 411; B. 21, 184.)

10 AVRIL 1792. — Décret qui renvoie au pouvoir exécutif la pétition du sieur Beauchêne contre le concierge de l'hôtel de la Force. (B. 21, 183.)

10 AVRIL 1792. — Décret relatif à la sanction du décret du 13 mars, relatif aux troubles d'Arles. (B. 21, 190.)

11 = 15 AVRIL 1792. — Décret relatif au paiement de la contribution patriotique. (L. 8, 432; B. 21, 198.)

L'Assemblée nationale, après avoir entendu le rapport de son comité de l'extraordinaire des finances, considérant qu'il importe de prendre, sans aucun retard, les mesures nécessaires pour assurer le paiement de la contribution patriotique des Français qui ont des créances sur l'État, et de ceux qui jouissent des pensions ou traitemens quelconques, et que tous les délais accordés pour ce paiement sont expirés, décrète qu'il y a urgence.

L'Assemblée nationale, après avoir décrété l'urgence, décrète ce qui suit :

Art. 1er. A compter de ce jour, il ne sera fait, soit au Trésor public, soit à la caisse de l'extraordinaire, soit par les payeurs des rentes sur l'État, receveurs de districts et autres trésoriers, aux Français ayant traitement, pension ou créance sur la nation, aucun paiement qu'après qu'ils auront justifié, par quittance en bonne forme, qu'ils ont payé la totalité de leur contribution patriotique, ou qu'en rapportant la preuve qu'ils n'y sont pas sujets.

2. Les parties prenantes qui n'auront pas acquitté la totalité de leur contribution patriotique pourront en offrir la compensation jusqu'à due concurrence avec ce qu'elles auront à recevoir ; et, dans ce cas, lesdites parties prenantes ou leurs fondés de procuration rapporteront les bordereaux, certifiés par les directoires de district, de ce qu'elles devront pour leur contribution patriotique.

11 = 15 AVRIL 1792. — Décret relatif au paiement des travaux faits pour la clôture de Paris. (L. 8, 417; B. 21, 198.)

11 = 13 AVRIL 1792. — Décret qui annule l'arrêté du département de la Haute-Loire, relatif à l'élection de la municipalité de Crapone. (B. 21, 196.)

11 = 15 AVRIL 1792. — Décret qui autorise le sieur Destimanville à retourner à Pondichéry. (B. 21, 197.)

11 AVRIL 1792. Voy. 2 AVRIL 1792. — Invalides de la marine. Voy. 3 AVRIL 1792. — Sieur Poitin de Vauvineux. Voy. 4 AVRIL 1792. — Secours à divers incendiés ; Sommes dues par les communautés. Voy. 8 AVRIL 1792. — Pyramide pour le sieur Simonneau. Voy. 8 AVRIL 1792.

12 = 20 AVRIL 1792. — Décret relatif à l'établissement d'une garde près de la cour nationale d'Orléans. (L. 8, 445 ; B. 21, 202.)

12 AVRIL 1792. — Décret portant qu'il y a lieu à accusation contre les sieurs Plombat aîné et Charrier. (L. 8, 410 ; B. 21, 201.)

12 = 15 AVRIL 1792. — Décret qui autorise le sieur Guy-Lacroix, renvoyé arbitrairement de son régiment, à y rentrer. (B. 21, 200.)

12 = 15 AVRIL 1792. — Décret relatif à la liquidation des procureurs de la ci-devant sénéchaussée de Beaujolais. (B. 21, 201.)

13 AVRIL 1792. — Décret concernant l'élection des officiers municipaux aux places de maire. (B. 21, 205.)

L'Assemblée, considérant que l'art. 43 de la loi sur la formation des municipalités, permettant de réélire pour deux ans celui qui a déjà rempli les fonctions de maire pendant deux années, permet, à plus forte raison, de nommer maire le citoyen qui a pendant deux ans exercé les fonctions municipales, passe à l'ordre du jour.

13 = 14 AVRIL 1792. — Décret relatif aux moyens de faciliter la libre circulation des grains dans les départemens riverains de la Loire. (L. 8, 416 ; B. 21, 204.)

13 AVRIL 1792. — Décret qui ordonne au ministre de l'intérieur de rendre compte des moyens qu'il a pris pour assurer les subsistances de Nantes. (B. 21, 203.)

13 AVRIL 1792. — Décret relatif au paiement des dépenses pour les réjouissances ordonnées à l'occasion de la constitution. (B. 21, 203.)

13 AVRIL 1792. — Décret relatif à la remise de la clef du portefeuille de M. Delessart. (B. 21, 205.)

13 AVRIL 1792. — Accusation contre Borel, Bardou, etc. *Voy.* 10 AVRIL 1792.—Craponne. *Voy.* 11 AVRIL 1792. — Gendarmerie nationale; Perruquiers. *Voy.* 7 AVRIL 1792.

---

14 AVRIL (29 DÉCEMBRE 1791 et) = 20 AVRIL 1792. — Décret contenant la déclaration des motifs qui déterminent les résolutions de la France, et l'exposition des principes qui dirigeront sa conduite dans l'exercice du droit de la guerre. (L. 8, 438; B. 21, 206; Mon. du 15 avril 1792.)

L'Assemblée nationale, après avoir entendu la lecture d'un projet de déclaration solennelle de la nation française, qui lui a été présenté par l'un de ses membres; considérant qu'elle ne saurait trop tôt manifester les sentimens qu'elle exprime, décrète ce qui suit:

### Déclaration de l'Assemblée nationale.

A l'instant où, pour la première fois depuis le jour de sa liberté, le peuple français peut se voir réduit à la nécessité d'exercer le droit terrible de la guerre, ses représentans doivent à l'Europe, à l'humanité entière, le compte des motifs qui ont déterminé les résolutions de la France, l'exposition des principes qui dirigeront sa conduite.

« La nation française renonce à entreprendre aucune guerre dans la vue de faire des conquêtes, et n'emploiera jamais ses forces contre la liberté d'aucun peuple. » Tel est le texte de la constitution, tel est le vœu sacré par lequel nous avons lié notre bonheur au bonheur de tous les peuples, et nous y serons fidèles.

Mais qui pourrait regarder encore comme un territoire ami celui où il existe une armée qui n'attend, pour attaquer, que l'espérance du succès! Et n'est-ce donc pas nous avoir déclaré la guerre, que de prêter volontairement ses places, non-seulement à des ennemis qui nous l'ont déclarée, mais à des conspirateurs qui l'ont commencée depuis long-temps? Tout impose donc aux pouvoirs établis par la constitution pour le maintien de la paix et de la sûreté, la loi impérieuse d'employer la force contre les rebelles qui, du sein d'une terre étrangère, menacent de déchirer leur patrie.

Les droits des nations offensées, la dignité du peuple Français outragée, l'abus criminel du nom du Roi, que des imposteurs font servir de voile à leurs projets désastreux; la défiance que ces bruits sinistres entretiennent dans toutes les parties de l'empire; les obstacles que cette défiance oppose à l'exécution des lois et au rétablissement du crédit; les moyens de corruption employés pour égarer, pour séduire les citoyens; les inquiétudes qui agitent les habitans des frontières; les maux

auxquels les tentatives les plus vaines, les plus promptement repoussées, pourraient les exposer; les outrages toujours impunis qu'ils ont éprouvés sur des terres où les Français révoltés trouvent un asile; la nécessité de ne pas laisser aux rebelles le temps d'achever leurs préparatifs, et de susciter à leur patrie des ennemis plus dangereux:

Tels sont nos motifs: jamais il n'en a existé de plus justes, de plus pressans; et, dans le tableau que nous en présentons ici, nous avons plutôt atténué qu'exagéré nos injures: nous n'avons pas besoin de soulever l'indignation des citoyens, pour enflammer leur courage.

Cependant, la nation française ne cessera pas de voir un peuple ami dans les habitans des pays occupés par des rebelles, et gouvernés par des princes qui les protégent. Les citoyens paisibles dont ses armées occuperont le pays ne seront point des ennemis pour elle; ils ne seront pas même ses sujets. La force publique dont elle deviendra momentanément dépositaire ne sera employée que pour assurer leur tranquillité et maintenir leurs lois. Fière d'avoir reconquis les droits de la nature, elle ne les outragera point dans les autres hommes. Jalouse de son indépendance, résolue à s'ensevelir sous ses ruines plutôt que de souffrir qu'on osât ou lui dicter des lois, ou même garantir les siennes, elle ne portera point atteinte à l'indépendance des autres nations. Ses soldats se conduiront sur un territoire étranger comme ils se conduiraient sur le territoire français, s'ils étaient forcés d'y combattre; les maux involontaires que ses troupes auraient fait éprouver aux citoyens seront réparés.

L'asile qu'elle ouvre aux étrangers ne sera point fermé aux habitans des pays dont les princes l'auront forcée à les attaquer, et ils trouveront dans son sein un refuge assuré. Fidèle aux engagemens pris en son nom, elle se hâtera de les remplir avec une généreuse exactitude; mais aucun danger ne pourra lui faire oublier que le sol de la France appartient tout entier à la liberté, et que la loi de l'égalité y doit être universelle. Elle présentera au monde le spectacle nouveau d'une nation vraiment libre, soumise aux règles de la justice au milieu des orages de la guerre, et respectant partout, en tout temps, à l'égard de tous les hommes, les droits qui sont les mêmes pour tous.

La paix, que le mensonge, l'intrigue et la trahison ont éloignée, ne cessera point d'être le premier de nos vœux. La France prendra les armes pour sa sûreté, pour sa tranquillité intérieure; mais on la verra les déposer avec joie le jour où elle sera sûre de n'avoir plus à craindre pour cette liberté, pour cette égalité, devenues le seul élément où les Français puissent vivre. Elle ne redoute point la guerre, mais elle aime le paix; elle sent qu'elle en a besoin, et elle a trop la conscience de ses forces pour craindre de l'avouer.

Lorsqu'en demandant aux nations de respecter son repos, elle a pris l'engagement éternel de ne jamais troubler le leur, peut-être aurait-elle mérité d'en être écoutée; peut-être cette déclaration solennelle, ce gage de la tranquillité et du bonheur des peuples voisins, devaient-ils lui mériter l'affection des princes qui les gouvernent. Mais ceux de ces princes qui ont pu craindre que la nation française ne cherchât à produire dans les autres pays des agitations intérieures apprendront que le droit cruel de représailles, justifié par l'usage, condamné par la nature, ne la fera point recourir à ces moyens employés contre son repos; qu'elle sera juste envers ceux mêmes qui ne l'ont pas été pour elle; que partout elle respectera la paix comme la liberté, et que les hommes qui croient pouvoir se dire encore les maîtres des autres hommes n'auront à craindre d'elle que l'autorité de son exemple.

La nation française est libre, et, ce qui est plus que d'être libre, elle a le sentiment de sa liberté. Elle est libre; elle est armée; elle ne peut être asservie. En vain compterait-on sur des discordes intestines : elle a passé le moment dangereux de la réformation de ses lois politiques; et, trop sage pour devancer la leçon du temps, elle ne veut que maintenir sa constitution et la défendre. Cette division entre deux pouvoirs émanés de la même source, dirigés vers le même but, ce dernier espoir de nos ennemis, s'est évanoui à la voix de la patrie en danger; et le Roi, par la solennité de ses démarches, par la franchise de ses mesures, montre à l'Europe la nation française forte de tous ses moyens de défense et de prospérité. Résignée aux maux que les ennemis du genre humain réunis contre elle peuvent lui faire souffrir, elle en triomphera par sa patience et par son courage : victorieuse, elle ne voudra ni réparation ni vengeance.

Tels sont les sentimens d'un peuple généreux, dont ses représentans s'honorent d'être ici les interprètes; tels sont les projets de la nouvelle politique qu'il adopte. Repousser la force, résister à l'oppression, tout oublier lorsqu'il n'aura plus rien à redouter, et ne plus voir que des frères dans ses adversaires vaincus, réconciliés ou désarmés : voilà ce que veulent tous les Français, et voilà qu'elle est la guerre qu'ils déclareront à leurs ennemis.

L'Assemblée nationale, après avoir entendu la lecture du projet de déclaration solennelle de la nation française, qui lui a été présenté par l'un de ses membres, décrète qu'elle adopte ladite déclaration; ordonne qu'elle sera insérée dans son procès-verbal, qu'elle sera imprimée et distribuée; qu'elle sera portée au Roi par une députation de vingt-quatre membres; qu'elle sera envoyée aux quatre-vingt-trois départemens du royaume, à tous les régimens des troupes de ligne, et à tous les bataillons de gardes nationales volontaires.

14 = 22 AVRIL 1792. — Décret relatif à la fabrication de la monnaie provenant du métal des cloches. (L. 8, 460; B. 21, 208; Mon. des 15 et 16 avril 1792.)

L'Assemblée nationale, considérant que les fabrications des monnaies de bronze actuellement en activité ne peuvent suffire aux besoins du peuple, et que le moindre retard apporté aux mesures propres à accélérer et améliorer lesdites fabrications serait préjudiciable à la chose publique, décrète qu'il y a urgence.

L'Assemblée nationale, après avoir décrété l'urgence, décrète ce qui suit :

Art. 1er. Les procédés éprouvés par les commissaires du comité des assignats et monnaies, pour la fabrication de la monnaie de bronze des cloches, avec l'addition d'un sixième de cuivre seulement, seront répétés en grand, et il sera rédigé une instruction propre à rendre familière la pratique desdits procédés.

2. Ce travail sera terminé sous la direction de la commission des monnaies et des commissaires du comité des assignats et monnaies, qui s'en sont occupés jusqu'à ce jour.

3. La fabrication des flaons, selon les conditions décrétées le 3 = 6 août 1791, ne pourra être néanmoins suspendue sous aucun prétexte, jusqu'à ce qu'il en ait été autrement ordonné.

4. Les directoires de département et de district seront tenus d'employer tous leurs soins pour faire effectuer sans délai le transport des cloches et autres matières de cuivre provenant des biens nationaux, soit aux hôtels des monnaies, soit aux ateliers qui leur seront indiqués.

5. Les cloches de toutes les églises des maisons religieuses, et généralement de toutes celles qui n'auront pas été conservées comme paroisses, succursales ou oratoires nationaux, seront, sans exception, descendues et portées aux ateliers de fabrication des monnaies de bronze.

6. Quant à celle des églises paroissiales, succursales ou oratoires nationaux, elles pourront être réduites par un arrêté des directoires de département, sur la demande des conseils généraux des communes.

7. Il sera remis aux municipalités, en échange des cloches livrées en vertu du précédent article, pareille somme en poids d'espèce monnayées, déduction faite des frais d'achat du cuivre, des frais de la fabrication et monnayage, et des déchets, lesquels seront

évalués à quatre douzièmes du poids des cloches livrées.

8. Lesdites sommes seront employées, sous l'inspection des corps administratifs, en travaux de charité et autres objets d'utilité commune.

9. Le ministre des contributions publiques est autorisé à traiter avec ceux qui, dans tout le royaume, offriraient d'entreprendre la fabrication des flaons à un prix convenable.

10. Dans toutes les villes où il se sera formé un atelier propre à fournir plus de soixante mille flaons par semaine, il sera établi un ou plusieurs moutons ou balanciers, pour leur faire subir le monnayage sans déplacer.

11. Le service des moutons ou balanciers établis hors des hôtels des monnaies se fera sous la surveillance du commissaire du Roi de l'hôtel des monnaies de l'arrondissement, et sous l'inspection d'un contrôleur monétaire ambulant.

12. Lesdits contrôleurs seront nommés par les commissaires des monnaies, et pourvus par une commission du ministre des contributions publiques.

13. La clef du monnayage sera déposée chaque jour au greffe de la municipalité, laquelle déléguera un commissaire, à l'effet de surveiller l'usage que feront les monnayeurs des carrés à eux confiés.

14. Les soins des contrôleurs, durant leurs tournées, seront : 1° de faire aux monnayeurs la délivrance des flaons, après avoir vérifié s'ils sont à la taille décrétée et dans les remèdes accordés; 2° de faire aux caisses qui leur seront assignées la délivrance des espèces, après avoir vérifié leur poids et leurs empreintes. Les pièces fendues ou endommagées seront mises au rebut, ainsi que celles qui seront trouvées faibles de poids, et l'entrepreneur de la fabrication sera tenu de les refondre en présence du commissaire de la municipalité auquel sera remis le procès-verbal de vérification dressé par le contrôleur.

15. En cas de négligence, les contrôleurs désignés ci-dessus pourront être destitués par les directoires de département, sur l'avis motivé des directoires de district.

16. En cas de fraude par eux faite ou autorisée, ils seront poursuivis devant les tribunaux par le procureur-général-syndic du département.

17. Les carrés seront fournis par le graveur de l'hôtel des monnaies de l'arrondissement, remis aux monnayeurs par le contrôleur monétaire, lequel les fera éprouver en sa présence, et en présence du délégué de la municipalité.

18. Les contrôleurs monétaires recevront pour traitement trois deniers par marc des espèces monnayées sous leur inspection.

19. Les particuliers qui voudront fabriquer des flaons à leur profit seront admis à les faire monnayer après que le contrôleur monétaire en aura fait constater la qualité par des hommes de l'art, qui dresseront de leur examen procès-verbal, dont il sera envoyé copie à la commission des monnaies.

20. Lesdits particuliers paieront pour droit de monnayage, en espèce de la fabrication, quatre sous par marc. Leurs flaons seront soumis à la vérification des contrôleurs, qui leur feront aussi la délivrance des espèces; il en sera usé, pour les espèces et flaons rebutés, ainsi qu'il a été dit à l'article 14.

14 = 29 AVRIL 1792. — Décret relatif à l'organisation de la gendarmerie nationale. ( L. 8, 509; B. 21, 214; Mon. du 18 avril 1792.)

*Voy.* lois du 16 JANVIER = 16 FÉVRIER 1791; du 23 = 27 JUIN 1792; du 26 JUIN = 1er JUILLET 1792.

TITRE Ier. Nombre et emplacement des brigades.

L'Assemblée nationale, considérant la nécessité de mettre sur pied, le plus promptement possible, le nombre de brigades de gendarmerie nationale nécessaire pour assurer la tranquillité publique; d'en fixer les emplacemens, ainsi que les lieux de résidence des officiers; d'en déterminer le service d'une manière précise, et de lever enfin tous les obstacles qui pourraient encore s'opposer à ce qu'elles soient mises partout dans une pleine et entière activité, décrète qu'il y a urgence.

L'Assemblée nationale, après avoir décrété l'urgence, décrète définitivement ce qui suit :

Résidence des officiers.

Art. 1er. Outre les quinze cents soixante brigades de gendarmerie nationale décrétées le 5 janvier dernier, il en sera établi quarante nouvelles qui seront réparties dans les districts de Vaucluse et Louvèze, ainsi que dans les départemens du Midi, pour y augmenter momentanément la force publique; en conséquence, le nombre total des brigades sera porté à seize cents.

2. La maréchaussée des ci-devant comtat et pays d'Avignon demeure incorporée dans la gendarmerie nationale, pour les officiers, sous-officiers, et gendarmes y prendre place d'après leurs grades et ancienneté de service; et cependant les officiers et sous-officiers qui, d'après cette incorporation, pourraient excéder le nombre fixé par les décrets, seront réformés, réduits à moitié de leur traitement, et auront les premières places vacantes.

Les officiers et sous-officiers ainsi réformés qui refuseraient de remplir les places vacantes, perdront leur traitement de réforme.

3. Les villes chefs-lieux de département dont la population n'excédera pas trente mille âmes, ne pourront avoir plus de deux brigades de gendarmerie nationale, et il ne pourra en être placé qu'une seule dans celles qui, n'étant pas chefs-lieux de département, n'excéderaient pas cette population.

Les quinze cent soixante brigades de gendarmerie nationale décrétées le 5 janvier dernier, seront réparties entre tous les départemens du royaume, ainsi qu'il suit, savoir :

Ain, 18 ; Aisne, 23 ; Allier, 17; Hautes-Alpes, 15, Basses-Alpes, 19 ; Ardèche, 18 ; Ardennes, 18 ; Arriége, 17 ; Aube, 18 ; Aude, 19 ; Aveyron, 18 ; Bouches-du-Rhône, 19; Calvados, 21 ; Cantal, 17, Charente, 16; Charente-Inférieure, 19; Cher, 19; Corrèze, 18; Corse, 36 ; Côte-d'Or, 20 ; Côtes-du-Nord, 18 ; Creuze, 16; Dordogne, 19; Doubs, 15; Drôme, 18; Eure, 17; Eure-et-Loire, 17; Finistère, 18; Gard, 18; Haute-Garonne, 20 ; Gers, 16; Gironde, 18 ; Hérault, 21; Ille-et-Vilaine, 18; Indre, 19; Indre-et-Loire, 18 ; Isère, 19; Jura, 17; Landes, 15; Loir-et-Cher, 17; Haute-Loire, 17 ; Loire-Inférieure, 18 ; Loiret, 20 ; Lot, 18 ; Lot-et-Garonne, 18 ; Lozère, 17 ; Maine-et-Loire, 20 ; Manche, 18; Marne, 18 ; Haute-Marne, 16; Mayenne, 16 ; Meurthe, 18; Meuse, 18 ; Morbihan, 16 ; Moselle, 18; Nièvre, 18; Nord, 28 ; Oise, 21 ; Orne, 17 ; Paris, 28 ; Pas-de-Calais, 20 ; Puy-de-Dôme, 21 ; Hautes-Pyrénées, 15; Basses-Pyrénées, 18 ; Pyrénées-Orientales, 15; Haut-Rhin, 16; Bas-Rhin, 17; Rhône-et-Loire, 28 ; Haute-Saône, 15; Saône-et-Loire, 19; Sarthe, 18; Seine-et-Oise, 36; Seine-Inférieure, 21; Seine-et-Marne, 27; Deux-Sèvres, 16; Somme, 21; Tarn, 16; Var, 18 ; Vendée, 18 ; Vienne, 18; Haute-Vienne, 15; Vosges, 16; Yonne, 19. — Total, 1560.

3. Les quarante nouvelles brigades créées par le présent décret seront réparties, conformément à l'article 1er, de la manière suivante, savoir :

Hautes-Alpes, 1; Basses-Alpes, 1; Ardèche, 2; Aveyron, 2; Arriége, 1 ; Bouches-du-Rhône et district de Vaucluse, 5 ; Cantal, 1 ; Corrèze, 1; Dordogne, 1; Drôme et district de Louvèze, 5; Gard, 2; Gers, 1 ; Gironde, 2 ; Isère, 2; Landes, 2; Haute-Loire, 2; Lot, 1; Lot-et-Garonne, 1; Lozère, 1 ; Hautes-Pyrénées, 1; Pyrénées-Orientales, 1 ; Basses-Pyrénées, 2; Tarn, 1; Var, 1. — Total, 40.

6. L'emplacement de chaque brigade de gendarmerie nationale demeurera définitivement fixé conformément aux tableaux ci-joints. Ces tableaux contiendront aussi les lieux de résidence des officiers de chaque grade.

7. Le directoire du département de Corse sera tenu d'adresser, dans le mois de la publication du présent décret, le tableau de l'établissement provisoire des trente-six brigades qui lui ont été affectées ; les emplacemens des brigades, non plus que les lieux de résidence des officiers, ne deviendront définitifs que d'après un décret du Corps-Législatif.

8. La quinzième brigade du département des Hautes-Pyrénées alternera, de six en six mois, entre Tarbes et Bagnères, de manière que, depuis le 1er mai jusqu'au 1er novembre de chaque année, cette dernière ville ait, ainsi que la première, deux brigades de gendarmerie nationale.

9. Dans le département du Cantal, où il y a alternat pour le chef-lieu de département, cet alternat existera aussi pour une des brigades de gendarmerie nationale, qui sera placée dans le chef-lieu actuel du département, ainsi que pour le maréchal-des-logis et les officiers attachés à cette résidence et à celle de Saint-Flour.

10. Les directoires des départemens des Bouches-du-Rhône et de la Drôme feront passer au ministre de la guerre, dans la quinzaine de la publication du présent décret, les tableaux des emplacemens qu'ils croiront les plus convenables de fixer aux brigades d'augmentation qui leur seront accordées par l'article 5 ci-dessus : le ministre fera passer ces tableaux, avec ses observations, au Corps-Législatif, qui fixera définitivement les lieux de résidence de ces brigades, ainsi que de celle des officiers.

11. Les lieux où il se trouve une administration ou un tribunal de district seulement, ne pourront prétendre à la résidence définitive d'une brigade de gendarmerie nationale qui leur avait été provisoirement accordée par le décret du 5 janvier dernier ( art. 3 ), à moins qu'ils ne se trouvent à plus de deux lieues des brigades voisines ; en conséquence, les remplacemens des brigades resteront définitivement fixés conformément au tableau général annexé au présent décret.

12. Lorsque la sûreté et la tranquillité publique l'exigeront, les directoires de département pourront requérir qu'il soit formé momentanément de nouvelles brigades composées de détachemens des brigades voisines ; ils pourront aussi requérir la réunion de plusieurs brigades et détachemens, mais, dans l'un et l'autre cas, si les déplacemens durent plus de trois jours, ils seront tenus d'en rendre compte au Corps-Législatif et au pouvoir exécutif, et de huitaine en huitaine, jusqu'à ce que les brigades soient rentrées dans leurs résidences respectives.

13. Les colonels résideront dans l'étendue de leur inspection; les résidences des lieutenans-colonels demeureront fixées dans les lieux où celles des colonels ont été arrêtées d'après l'article 6 du décret du 22 juin 1791, le tout conformément aux tableaux annexés au présent décret.

14. Le plus ancien capitaine du département résidera toujours dans le chef-lieu avec un lieutenant et un maréchal-des-logis de sa compagnie, à la réserve de l'exception portée aux tableaux pour le département des Ardennes : les autres officiers et maréchaux-des-logis seront distribués de manière qu'ils ne se trouvent point ensemble dans les mêmes résidences, mais qu'ils soient placés en raison de leurs grades, dans les résidences les plus importantes du département, et de manière à pouvoir en surveiller toutes les parties.

15. Dans le mois qui suivra la publication du présent décret, il sera passé, par lieutenance, une revue générale de tous les officiers, sous-officiers et gendarmes de la gendarmerie nationale, en présence de deux officiers municipaux de la ville où se passera chacune de ces revues ; tous seront obligés de signer avec les officiers municipaux et les commissaires des guerres. Ceux qui se trouveront absens de leur poste, sans congé, lors de cette revue, seront destitués de leur emploi par le fait même de leur absence, à moins de causes légitimes, dont il serait référé au Corps-Législatif dans les quinze premiers jours qui suivront la revue.

TITRE II. Composition et avancement.

Art. 1er. A compter du 1er juillet prochain, le nombre des colonels affectés aux vingt-huit premières divisions de gendarmerie nationale demeurera définitivement fixé à huit, et celui des lieutenans-colonels à vingt-huit.

2. Les colonels auront le titre et feront les fonctions d'inspecteurs de la gendarmerie nationale dans les divisions auxquelles ils seront attachés, suivant le tableau des inspections joint au présent décret.

3. Chacun des lieutenans-colonels sera attaché à une division de gendarmerie nationale, et y fera le même service que celui attribué ci-devant aux colonels.

4. L'inspection de la gendarmerie nationale en Corse sera faite par un des officiers généraux commandant les troupes de ligne dans cette division, à qui le Roi en donnera chaque année la commission ; en conséquence, il n'y aura plus qu'un seul officier supérieur, lieutenant-colonel, dans ce département.

5. Tous les colonels et lieutenans-colonels de la gendarmerie nationale remettront l'état de leurs services au directoire du département de leur résidence, qui les adressera au ministre de la guerre avec ses observations.

D'après ces observations, le ministre accordera la retraite aux colonels et lieutenans-colonels excédant le nombre ci-dessus fixé, sans égard à leur ancienneté.

6. Ceux desdits colonels et lieutenans-colonels qui ne seront pas conservés, les premiers dans les places d'inspecteurs, les seconds dans celles de lieutenans-colonels de division, recevront leur retraite conformément à l'article ci-dessus et au décret du 3 août 1790 sur les pensions; mais elles ne pourront être, quelles que soient leurs années de service, au-dessous de la moitié des appointemens dont ils jouissent en ce moment; les uns et les autres ne pourront être remplacés.

7. Les deux compagnies de gendarmerie nationale servant près le Corps-Législatif, la haute-cour nationale et le tribunal de cassation, ne seront plus sous les ordres immédiats du commandant de la première division de gendarmerie nationale, mais seulement sous ceux de son chef particulier ; néanmoins elles seront soumises à l'inspection générale du colonel-inspecteur de cette division.

8. Les deux compagnies servant près des tribunaux et des prisons de Paris resteront sous le commandement immédiat du lieutenant colonel chef de la première division, et seront soumises à la même inspection.

9. Les vingt-neuvième et trentième divisions de gendarmerie nationale, créées par la loi du 24 août 1791, n'éprouveront aucun changement dans leur composition, et ne sont point comprises dans les dispositions des articles 2, 3, 5 et 6 du présent titre.

10. La maréchaussée ayant été supprimée par le décret du 16 janvier = 16 février 1791, et un nouveau corps créé sous le nom de gendarmerie nationale, le mode d'avancement décrété le 1er décembre dernier, en interprétation du même décret du 16 janvier = 16 février 1791, n'aura lieu que pour les officiers faisant partie de la première formation; ceux qui seront nommés par la suite en remplacement ne prendront rang dans la gendarmerie que du jour de leur nomination dans ce corps, et, si plusieurs sont nommés en même temps, ils prendront rang entre eux d'après leur ancienneté et leur grade antérieur, dans quelque arme qu'ils aient servi.

11. L'ancienneté de service, dans chaque grade, devant servir à fixer les rangs des officiers entre eux, d'après l'esprit du décret du 1er décembre dernier, celle des commissions, brevets ou rangs dont chacun aura été pourvu, ne sera comptée que d'après le temps de leur service, soit dans les troupes de ligne, soit dans les grenadiers royaux, les régimens provinciaux ou les bataillons de garnison.

12. En conséquence, les officiers retirés du service, ceux à la suite, à moins qu'ils ne

prouvent qu'ils ont fait chaque année un service effectif de trois mois, au moins; les lieutenans des maréchaux de France, et tous autres non désignés dans l'article précédent, qui ne faisaient point un service actif, ne pourront se prévaloir de l'ancienneté de leurs commissions, rangs ou brevets, mais seulement de leur temps d'activité dans chaque grade, à la réserve néanmoins des officiers qui, ayant été réformés, auraient obtenu leur replacement dans les dix premières années de leur réforme, ou dont les dix années ne seraient pas encore révolues.

13. Tout officier ayant servi dans un grade inférieur à celui dont il avait en même temps le brevet et le rang, ne comptera pour son avancement que du grade dans lequel il aura été réellement employé.

Sont exceptés ceux des lieutenans ayant brevet de capitaine qui ont servi pendant quinze ans en qualité d'officiers; ceux-ci prendront rang de la date de la commission de capitaine qu'ils auront obtenue après quinze années révolues de service d'officiers, dont aucune cependant ne pourra leur être comptée que comme lieutenant, sans entendre rien changer aux dispositions des articles 11 et 12 ci-dessus.

14. Les gendarmes prendront rang entre eux dans l'état de leur compagnie, d'après l'ancienneté de service effectif de chacun d'eux, dans quelque arme que ce soit qu'ils aient servi.

### Titre III. Formation.

Art. 1er. La liste des candidats que les directoires de département étaient tenus de composer librement ( articles 2 et 8 du titre II du décret du 16 janvier = 16 février 1791 ) pour être remise aux colonels, ils la feront de tous les sujets, sans distinction, qui se seront présentés pour être inscrits, pourvu qu'ils aient les qualités requises par la loi; mais dorénavant ces listes ne seront plus présentées aux colonels, mais elles seront rendues publiques par la voie de l'impression et de l'affiche, avec la désignation du domicile des sujets inscrits et de leurs services. Les directoires de district seront tenus, dans la quinzaine du jour de l'envoi qui leur sera fait de ces listes par les directoires de département, de faire leurs observations par écrit sur chacun des sujets de leur district qui y seront compris, sans pouvoir en exclure aucun : d'après ces observations et celles que pourront faire les officiers de la gendarmerie nationale, à qui la communication des listes ne pourra être refusée, les directoires du département nommeront, et ils donneront sur-le-champ avis de leur nomination au ministre de la guerre.

2. Si les maréchaux-des-logis ayant deux ans de service en cette qualité, parmi lesquels

doit être choisie (articles 5 et 7 du titre II du décret du 16 janvier = 16 février 1791) la moitié des lieutenans, ne se trouvaient pas au nombre de deux au moins dans chaque compagnie, le choix des lieutenans pourra indifféremment tomber sur l'un des deux plus anciens maréchaux-des-logis de la compagnie, quelle que soit d'ailleurs leur ancienneté de service dans ce grade : ils concourront alors, pour être faits lieutenans, avec les autres maréchaux-des-logis, comme s'ils avaient deux ans de service en cette qualité.

3. Dans le cas où une, deux, ou même les trois places de lieutenans, seraient vacantes dans une compagnie, au moment où il s'agirait (art. 7 du titre II du décret du 16 janvier = 16 février 1791) de nommer un maréchal-des-logis, le capitaine de la compagnie sera appelé à remplacer un des lieutenans; et les officiers les plus voisins, dans la même division, remplaceront les autres.

4. S'il ne se trouvait pas trois maréchaux-des-logis dans une compagnie, pour nommer ensemble un brigadier destiné (article 4 du titre II du décret du 16 janvier = 16 février 1791) à être placé sur la liste de six brigadiers à présenter, les maréchaux-des-logis les plus voisins de la même division seront appelés pour concourir à ce choix.

5. Pour hâter l'organisation définitive de la gendarmerie, l'Assemblée nationale décrète que les nominations de tous les maréchaux-des-logis, brigadiers et gendarmes, faites jusqu'au 4 avril 1792 inclusivement, par les directoires de département, pourvu qu'elles n'excèdent pas le nombre qui leur aura été ou qui leur sera fixé, conformément aux articles 5 et 6 du décret du 5 = 8 janvier dernier, sont confirmées. Ces maréchaux-des-logis et gendarmes seront mis sur-le-champ en activité, et il leur sera délivré des commissions par le ministre de la guerre, sans que, sous aucun prétexte, l'envoi puisse en être retardé. En conséquence, l'Assemblée nationale déroge à l'article 7 du même décret du 5 = 8 janvier, et à tous autres qui seraient contraires au présent article.

6. Si le nombre de nominations faites par un directoire de département excédait celles qui leur seront fixées d'après les articles 5 et 6 ci-dessus cités du décret du 5 = 8 janvier, les dernières nominations excédant le nombre fixé seront regardées comme non avenues.

7. Les directoires de département, pour toutes les nouvelles nominations qu'ils pourraient avoir à faire, *afin de compléter la première formation des brigades qui leur seront affectées par le présent décret*, se conformeront aux lois actuellement existantes sur les diverses conditions d'éligibilité, à la réserve de la disposition du décret du 16 janvier 1791, relative au temps de service exigé dans les troupes de ligne, qui demeure suspendue pour

*cette première formation seulement*, en ce que le service de la garde nationale sera compté sur le même pied que celui des troupes de ligne.

8. Le service dans les régimens frontaliers, aux pays des Basques, sera compté comme s'il eût été fait dans la garde nationale; et cependant il ne pourra dispenser de trois ans de service au moins dans les troupes de ligne.

9. Aussitôt que les directoires de département auront terminé les nominations pour la formation des brigades qui leur sont attribuées par le présent décret, ils les mettront sur-le-champ en activité, sans attendre les commissions que le ministre de la guerre fera expédier pour cette première formation seulement, d'après les contrôles des compagnies et les certificats des directoires de département, qui demeureront responsables de toutes infractions à la loi à cet égard, et notamment de la surcharge qui pourrait résulter d'un nombre de sous-officiers et gendarmes au-dessus de celui qui leur aurait été fixé, conformément aux articles 5 et 6 du décret du 5 = 8 janvier dernier.

10. Les sous-officiers, pour être choisis en cette qualité dans le corps de la gendarmerie nationale, devront avoir au moins la même ancienneté de service que celle prescrite pour les gendarmes; les uns et les autres ne pourront être admis avant l'âge de vingt-cinq ans, ni après celui de quarante-cinq.

11. Les sujets qui, lors de la nomination des officiers pour la première formation, auraient été nommés en qualité de lieutenans par les directoires de département, conformément à l'article 8 du titre VII du décret du 16 janvier = 16 février 1791, dans les places destinées aux officiers ayant servi au moins six ans dans la ligne en cette qualité, et aux maréchaux-des-logis et sergens, etc., en ayant servi huit aussi en cette qualité, seront pourvus de leur commission de lieutenant, quand même ils n'auraient point le temps effectif de service dans la ligne, s'ils ont d'ailleurs servi dans la garde nationale un temps suffisant pour compléter les six ou huit années exigées, et dans le cas toutefois où ils n'auraient pas été remplacés depuis par des officiers actuellement pourvus de leurs commissions, sur une nouvelle nomination des directoires de département.

12. L'entière organisation de la gendarmerie nationale sera censée terminée aussitôt que les directoires de département auront nommé le nombre de sous-officiers et gendarmes nécessaire pour compléter celui des brigades qui leur auront été affectées par le présent décret, et conformément aux articles 5 et 6 du décret du 5 = 8 janvier dernier. Dans tous les cas, un mois après la publication du présent décret, les nominations et avancemens auront lieu conformément au titre II du décret du 16 janvier = 16 février 1791, au présent décret, et au décret du 1er décembre dernier: jusqu'à cette époque, il ne sera fait aucun remplacement d'officiers de quelque grade que ce soit.

13. Pour établir d'une manière fixe et invariable les rangs d'après lesquels l'avancement des officiers pourra avoir lieu par la suite, il sera formé dans le mois de la publication du présent décret, par le ministre de la guerre, des listes nominatives de ces officiers, qui seront rendues publiques par la voie de l'impression; elles indiqueront les grades de ces officiers, la date des lettres, brevets ou commissions que chacun d'eux avait dans l'armée où il aura servi, le rang d'ancienneté dans son grade, et son temps d'activité, conformément aux articles 7, 8 et 9 du titre II ci-dessus. Au mois de janvier de chaque année, il sera imprimé un état nominatif des officiers morts ou retirés dans l'année précédente.

TITRE IV. Ordre intérieur.

Art. 1er. Aucun réglement particulier à la gendarmerie nationale ne pourra être mis à exécution qu'en vertu d'un décret du Corps-Législatif. Le ministre de la guerre proposera sous le plus court délai possible, et dans un mois au plus tard, ceux qu'il croira convenable d'établir sur la tenue, la discipline et le service intérieur de ce corps; en attendant, ceux actuellement en vigueur seront provisoirement exécutés dans tout ce qui ne sera pas contraire aux lois sur la gendarmerie nationale.

2. L'uniforme restera tel qu'il a été fixé par l'article 1er du titre III du décret du 16 janvier = 16 février 1791; et, néanmoins, les manches d'habits et paremens seront coupés comme ceux de la cavalerie.

3. Les conseils d'administration créés par l'article 16 du titre III du décret du 16 janvier = 16 février 1791, n'auront plus lieu par division, mais par département. Ils seront composés du lieutenant-colonel de la division, du plus ancien capitaine, du plus ancien lieutenant, du plus ancien maréchal-des-logis, du plus ancien brigadier et des deux plus anciens gendarmes. Sont exceptées de cette disposition les vingt-neuvième et trentième divisions.

4. A la réserve des colonels inspecteurs, qui ne pourront être suppléés que par un autre inspecteur, sur une commission expresse du Roi, tout officier ou sous-officier, dans quelque grade que ce soit, sera remplacé par le plus ancien de ceux du grade qui suivra immédiatement le sien, savoir: le lieutenant-colonel, par le plus ancien capitaine de la division; le plus ancien capitaine du département, par le second capitaine, et, à son défaut, par le plus ancien lieutenant du département; les capitaines et autres officiers et sous-officiers, par ceux de leur compagnie.

TITRE V. Traitement.

Art. 1er. Les sous-officiers et gendarmes de la ci-devant maréchaussée seront payés de leur traitement, à compter du 1er janvier 1791, sur le pied fixé par l'article 4 du titre IV du décret du 16 janvier = 16 février de la même année, dérogeant à cet égard aux dispositions des décrets des 13 = 18 février et 22 juin = 20 juillet 1791, rappelées dans l'article 8 de la loi du 8 janvier dernier; il sera fait, en conséquence, à chaque sous-officier et gendarme, une retenue équivalant au prix des rations de fourrage qu'il pourrait avoir reçues depuis cette époque, ainsi qu'aux sommes qui pourraient lui avoir été payées pour courses et services extraordinaires.

2. Tout officier, sous-officier ou gendarme qui était en activité de service lors de sa nomination dans la gendarmerie nationale, et qui a éprouvé une interruption de traitement en passant d'un corps dans l'autre, recevra, en apportant un certificat qui constate sa cessation de paiement sur les fonds de la gendarmerie nationale, une gratification en forme d'indemnité, équivalant à la somme à laquelle se serait élevé son traitement dans la place qu'il occupait, pendant tout le temps de son interruption de service.

3. Les directoires de département ne pourront répartir entre les officiers de la gendarmerie nationale plus du quart des fonds de gratification qui ont été mis à leur disposition par l'article 2 du titre IV du décret du 16 janvier = 16 février 1791.

4. Les sous-officiers et gendarmes de la ci-devant maréchaussée qui justifieront que, conformément à l'article 1er du titre X de l'ordonnance de 1778, ils ont versé dans la caisse de remonte la somme de trois cents livres, conserveront leurs chevaux comme s'ils les avaient achetés de leurs propres deniers, quand même ils auraient été remontés aux dépens de la masse. Ceux qui n'auront point versé cette somme seront tenus de se monter à leurs frais, conformément à ce qui est prescrit pour les nouveaux gendarmes par le décret du 16 janvier = 16 février 1791, article 5 du titre IV : mais le cheval de chacun, s'il est jugé propre au service, lui sera abandonné sur le prix de l'estimation qui en sera faite par deux experts nommés, l'un par lui, l'autre par le directoire de département. Dans le cas où les gendarmes n'achetteraient pas leurs chevaux, ils seront vendus en la manière accoutumée pour les chevaux de réforme, et l'argent en provenant sera déposé à la masse de remonte créée par l'article 9 du titre IV du décret du 16 janvier = 16 février 1791.

5. Les directoires de département, concurremment avec les colonels de la gendarmerie nationale, tiendront la main à l'exécu-

tion de l'article 3 du décret du 22 = 28 juillet 1791, relatif au temps fixé aux officiers, sous-officiers et gendarmes pour se monter : ils préviendront exactement le ministre de la guerre de son inexécution, et feront passer, dans le mois de la publication du présent décret, l'état des brigades qu'ils jugeraient devoir faire le service à pied.

TITRE VI. Service.

Art. 1er. Les colonels-inspecteurs seront tenus de faire deux revues, et les lieutenans-colonels quatre revues par an.

2. Les procès-verbaux de la gendarmerie nationale seront faits sur papier libre.

3. Dans le cas où elle soupçonnerait qu'il s'est réfugié un coupable dans la maison d'un citoyen, elle pourra investir cette maison ou la garder à vue, en attendant qu'il lui soit expédié un mandat de perquisition.

4. Il sera dressé par les directoires de département un état particulier de toutes les routes et communes où chaque brigade de gendarmerie nationale sera tenue de faire habituellement ses tournées. Les états qui devront servir pour les brigades voisines des limites des départemens seront faits de concert par les directoires des départemens respectifs, et chacune de ces brigades sera tenue d'y faire le même service que dans son département, jusqu'à la distance de quatre lieues communes de sa résidence. Tous ces états seront envoyés au ministre de la guerre, qui, après les avoir approuvés, en ordonnera l'exécution.

5. Conformément aux anciens réglemens, la gendarmerie nationale tiendra exactement des feuilles de service. Ces feuilles seront adressées chaque mois aux directoires des districts, par les officiers de la gendarmerie, dans leurs arrondissemens respectifs, ainsi que le contrôle exact de chaque brigade à leurs ordres; ils leur feront aussi connaître par écrit, le plus promptement possible, tous les objets qui pourraient intéresser la sûreté et la tranquillité publiques. Les directoires de district rendront compte sur-le-champ aux directoires de département, en leur faisant passer les feuilles de service qui leur auront été remises avec leurs observations; les officiers commandant dans les départemens correspondront aussi directement avec ces directoires, et leur feront connaître notamment les résultats des procès-verbaux, de l'extrait desquels ils sont tenus de faire l'enregistrement, par les articles 7 et 11 de la section II du décret du 16 janvier = 16 février 1791.

6. En cas de contravention aux dispositions de l'article précédent, les directoires de département en préviendront le ministre de la guerre, qui sera tenu de prendre tous les éclaircissemens nécessaires, et de faire punir,

s'il y a lieu, les officiers en faute, qui demeureront personnellement responsables des suites de leur négligence.

7. Les colonels et lieutenans - colonels, ainsi que les officiers et sous-officiers en leur absence, seront admis, quand ils le demanderont, à donner tous les renseignemens et éclaircissemens qu'ils croiront nécessaires au bien du service, tant aux directoires de département qu'à ceux de district.

8. Les secrétaires-greffiers créés par l'article 10 du titre Ier du décret du 16 janvier = 16 février 1791 ne pourront recevoir le traitement d'aucune autre fonction publique; ils seront employés à tous les objets de service et de correspondance qui leur seront prescrits par les commandans de la gendarmerie nationale des départemens auxquels ils resteront attachés. Ils demeureront chargés, sur les deux cents livres qui leur sont accordées par l'article 8 du titre IV de la même loi, de tous les menus frais et dépenses du secrétariat, même pendant la tenue des conseils d'administration, tels que papier, cire, etc., sans qu'ils puissent être admis à faire à cet égard aucune réclamation. Ils seront payés de leurs traitemens et frais de bureau du jour de leur prestation de serment entre les mains des directoires de département, en leur qualité de secrétaires-greffiers.

14 = 27 AVRIL 1792. — Décret relatif à la remise au comité diplomatique des différentes notes et éclaircissemens relatifs aux complots contre la patrie. (B. 21, 207.)

14 = 22 AVRIL 1792. — Décret relatif à la pétition du sieur Bertrand et aux plaintes et réclamations des sous-officiers et soldats du 38e régiment d'infanterie. (B. 21, 207.)

14 AVRIL 1792. — Décret d'accusation contre M. de Noailles, ambassadeur de France à Vienne. (B. 21, 211.) Voy. au 19 AVRIL.

14 = 18 AVRIL 1792. — Décret relatif à la circonscription des paroisses d'Aurillac. (B. 21, 212.)

14 AVRIL 1792. — Décret relatif à la demande faite par M. Thévenard, ex-ministre de la marine, pour la reddition de son compte. (B. 21, 213.)

14 AVRIL 1792. — Décret relatif à l'aliénation du domaine de l'abbaye de Vadgasse. (B. 21, 213.)

14 AVRIL 1792. — Circulation des grains sur la Loire. Voy. 13 AVRIL 1792.

15 = 20 AVRIL 1792. — Décret relatif au traitement des employés des eaux et forêts. (L. 8, 446; B. 21, 229.)

L'Assemblée nationale, après avoir entendu le rapport de son comité des domaines, considérant qu'il est instant de pourvoir au paiement du traitement des employés et des frais du bureau des eaux et forêts, décrète ce qui suit:

Les traitemens des employés et les frais du bureau des eaux et forêts seront acquittés depuis le mois d'octobre dernier, et continués à raison de 9,100 livres par trimestre, jusqu'à l'organisation définitive de l'administration forestière.

15 AVRIL 1792. — Assignats de vingt-cinq livres. Voy. 10 AVRIL 1792. — Avocats au conseil. Voy. 21 SEPTEMBRE 1791. — Chambre des comptes de Rouen. Voy. 5 AVRIL 1792. — Clôture de Paris. Voy. 11 AVRIL 1792. — Commissaires des guerres. Voy. 10 AVRIL 1792. — Contribution patriotique; Sieur Destimanville. Voy. 11 AVRIL 1792. — Emplois militaires. Voy. 10 AVRIL 1792. — Sieur Gay Lacroix. Voy. 12 AVRIL 1792. — Grenoble. Voy. 7 AVRIL 1792. — Trésorerie nationale. Voy. 9 AVRIL 1792 — Tribunal de cassation. Voy. 10 AVRIL 1792. — Vivres et fourrages de l'armée. Voy. 9 AVRIL 1792.

16 = 18 AVRIL 1792. — Décret qui met onze millions quatre cent cinquante mille livres à la disposition du ministre de la guerre, pour les travaux des fortifications des places de guerre. (B. 21, 230.)

L'Assemblée nationale, après avoir entendu le rapport de ses comités militaire ordinaire et des finances, considérant que les travaux des fortifications ne peuvent éprouver aucun retard, décrète qu'il y a urgence.

L'Assemblée nationale, après avoir décrété l'urgence, décrète que la Trésorerie nationale remettra à la disposition du ministre de la guerre, à compte des fonds qui seront décrétés pour la totalité des dépenses de la guerre de 1793 :

1° Deux millions quatre cent mille livres pour les dépenses ordinaires des fortifications, en 1792, conformément à la loi du 21 octobre 1792;

2° Deux millions quatre cent mille livres pour les fonds extraordinaires des fortifications décrétés par la loi du 21 juillet 1792, et qui n'ont pas été employés;

3° Quatre cent mille livres pour une pareille somme, pour les besoins de 1792;

4° Six cent mille livres pour les fortifications de Cherbourg;

5° Quatre cent cinquante mille livres pour celles du Hâvre.

Ensemble, onze millions quatre cent mille livres.

---

16 AVRIL 1792. — Décret relatif aux titres, contrats de rentes et récépissés de contrats, au profit de diverses maisons religieuses. ( B. 21, 231.)

L'Assemblée nationale décrète que le commissaire du Roi auprès de la caisse de l'extraordinaire fera connaître à l'Assemblée nationale à quelle somme s'élèvent les titres, contrats de rentes et récépissés de contrats au profit des diverses maisons religieuses, qui ont dû lui être adressés par les directoires de départemens, pour être ensuite brûlés en présence des commissaires de l'Assemblée nationale, conformément à la loi du 23 janvier 1791.

---

16 AVRIL 1792. — Décret relatif à la fabrication des pièces de quinze et trente sous, et qui charge le ministre des contributions de faire passer du cuivre dans les départemens meridionaux. (B. 21, 231.)

---

17 = 29 AVRIL 1792. — Décret qui augmente le corps de l'artillerie. (L. 8, 487 ; B. 21, 232 ; Mon. du 18 avril 1792 )

L'Assemblée nationale, ayant entendu le rapport de son comité militaire sur la proposition faite par le Roi d'ajouter au corps d'artillerie neuf compagnies de canonniers à cheval, et les trois lectures du projet de décret qui lui a été présenté dans la séance du 22 et 17 mars dernier et dans celle de ce jour, et, après avoir décrété qu'elle est en état de rendre le décret définitif, considérant combien il est important d'organiser cette partie de l'armée, décrète ce qui suit :

Art. 1er. Le corps de l'artillerie sera augmenté de neuf compagnies de canonniers à cheval : deux seront attachées à chacun des deux premiers régimens et une à chacun des cinq autres. Ces compagnies ne feront le service à cheval que pendant la guerre seulement.

2. Les compagnies de canonniers à cheval, lorsque les circonstances l'exigeront, pourront être séparées de leur régiment pour être réunies selon le besoin du service.

3. Chaque compagnie sera composée d'un sergent-major, trois sergens, un caporal fourrier, trois caporaux, trois appointés, trois artificiers, trente premiers, trente seconds canonniers et deux trompettes, faisant ensemble soixante-seize hommes, dont soixante-dix montés et six non montés.

4. Dans le nombre des soldats de chaque compagnie, il y aura deux ouvriers en fer et deux ouvriers en bois, et, parmi les six non montés, il y aura un sellier et un bottier.

5. Chaque compagnie sera commandée par un premier et un second capitaine, un premier et un second lieutenant.

6. Au moyen de la disposition de l'article précédent, les deux premiers régimens d'artillerie seront composés de cinq capitaines de la première classe, neuf capitaines de la deuxième classe, huit capitaines de la troisième classe, neuf capitaines de la quatrième classe, treize capitaines de la cinquième classe, onze premiers lieutenans de la première classe, onze premiers lieutenans de la seconde classe et vingt-deux seconds lieutenans.

Les cinq derniers régimens d'artillerie seront composés de cinq capitaines de la première classe, huit capitaines de la seconde, huit de la troisième, neuf de la quatrième, douze de la cinquième; onze premiers lieutenans de la première classe, dix premiers lieutenans de la seconde classe, et vingt-un seconds lieutenans.

7. Les officiers de l'artillerie à cheval recevront un supplément de deux cents livres, en augmentation des appointemens qu'ils auraient dans la classe de l'artillerie à pied où les placerait leur rang; les appointemens et solde, ainsi que les différentes masses des compagnies de canonniers à cheval, seront conformes au tableau annexé au présent décret. En conséquence, l'Assemblée nationale décrète une somme de 234,774 livres 12 sous 6 deniers pour solde et appointemens, et celle de 332,158 livres 10 sous pour les différentes masses de cette troupe; ces deux sommes seront allouées au département de la guerre, à compter du 1er mai prochain.

8. Pour former les neuf compagnies de canonniers à cheval et les mettre dès ce moment en état de remplir leur service, le ministre de la guerre choisira dans les sept régimens du corps de l'artillerie les officiers des différens grades et les sergens; le reste sera pris parmi les premiers canonniers ayant moins de quarante ans d'âge et parmi les seconds canonniers ayant au moins dix-huit mois de service. Les neuf caporaux-fourriers et les dix-huit trompettes seront tirés des troupes à cheval.

9. Les six cent cinquante-sept sous-officiers et canonniers qui seront fournis par les régimens d'artillerie y seront aussitôt remplacés pour les grades et pour l'effectif.

10. Le ministre de la guerre fera rassembler incessamment, dans l'une des villes du commandement des trois généraux d'armée du Nord, du Centre et du Rhin, les officiers, sous-officiers et soldats destinés au service des canonniers à cheval, pour y être organisés en compagnie, conformément au présent décret.

11. Les premiers frais d'habillement et d'armement, d'achat et d'équipement de chevaux pour les six cent quatre-vingt-quatre

8.

sous-officiers et canonniers à cheval, dont six cent trente montés, sont évalués à une somme de quatre cent quatre - vingt - seize mille neuf cent vingt-six livres, suivant le tableau annexé au présent décret. L'Assemblée nationale décrète que le ministre de la guerre prendra cette somme sur les vingt millions qu'elle a mis à la disposition de ce ministre par son décret du 1<sup>er</sup> janvier 1792, et que la retenue en sera faite par lui successivement sur les fonds affectés par le présent décret aux différentes masses de canonniers à cheval.

12. Les neuf divisions de bouches à feu que doivent servir ces neuf compagnies de canonniers à cheval feront, ainsi que leurs charretiers et attelages, partie des trois grands équipages d'artillerie destinés aux trois armées; mais, la nature du service qu'elles auront à remplir exigeant une augmentation de trente-six chevaux par division, ce qui fait trois cent vingt-quatre pour les neuf divisions, l'Assemblée nationale, conformément au marché passé avec les entrepreneurs, à raison d'une livre dix-huit sous par jour de service d'un cheval d'artillerie à la guerre et de vingt sous par ration de fourrage, décrète une somme de trois cent quarante-deux mille neuf cent cinquante quatre livres pour cette dépense, pendant trois cent soixante - cinq jours de campagne.

13. Cette somme de trois cent quarante-mille neuf cent cinquante - quatre livres ne sera allouée au ministre de la guerre qu'à dater du jour où l'armée française entrera en campagne.

Tableau des masses pour les trois brigades de canonniers à cheval.

FOURRAGES. Deux places de fourrage à 270 livres l'une pour chaque capitaine, et pour les dix-huit, 9,720 livres; une place de fourrage, *idem* à chaque lieutenant, et pour les dix - huit, 4,860 livres; masse de fourrage pour six cent trente chevaux des sous - officiers et canonniers, à 15 sous, pour trois cent soixante-cinq jours, 172,462 liv. 10 sous. Total, 187,042 liv. 10 sous.

MASSE GÉNÉRALE. A 125 livres pour six cent trente hommes montés, 78,750 livres; à 59 livres pour cinquante-quatre hommes non montés, 3,186 livres. Total, 81,936 liv.

MASSES de boulangerie, à 48 livres pour six cent quatre-vingt quatre hommes, 32,832 livres; *id.* d'hôpital, à 15 livres pour *idem*, 10,260 livres; *id.* de bois et lumières, à 9 livres pour *idem*, 6,156 livres; *id.* de campement, à 3 livres pour *idem*, 2,052 livres; *id.* de casernement, à 16 livres 10 sous, pour 720 officiers et canonniers, 11,880 livres. Total général, 332,158 livres 10 sous.

Etat estimatif de la dépense pour lever trois brigades de canonniers à cheval.

Achat de chevaux pour monter six cent trente sous-officiers et canonniers, à raison de 550 livres, comme les chasseurs, 346,500 livres; équipement du cheval pour *idem*, à 115 livres, 72,450 livres; habillement neuf pour six cent quatre-vingt-quatre sous-officiers et canonniers, à raison de 100 livres, 68,400 livres; sabres et ceinturons pour *idem*, à raison de 14 livres, 9,576 livres. Total, 496,926 livres.

(Suit le tableau de la formation et de la solde des neuf compagnies de canonniers à cheval.)

L'Assemblée nationale, considérant que la défense provisoire de la sortie des cotons en laine et en graine hors du royaume n'a été prononcée qu'en attendant une fixation nouvelle des droits sur cette denrée; après avoir entendu le rapport de son comité de commerce, et décrété préalablement qu'après les trois lectures du projet de décret, faites le 2 février, 26 mars et 18 avril, elle était en état de rendre le décret définitif, décrète ce qui suit :

Art. 1<sup>er</sup>. La défense provisoire prononcée le 24 février dernier, de la sortie des cotons en laine et en graine pour l'étranger, est en demeure révoquée par le présent décret.

2. Les cotons en laine ou en graine, devant sujets au droit de douze livres par quintal, paieront désormais, à leur sortie du royaume, soit par terre ou par mer, un droit de cinquante livres par quintal, poids de marc, jusqu'à ce qu'il en ait été autrement décrété par l'Assemblée nationale, et, au moyen de cette fixation nouvelle, l'ancien droit établi par le tarif du 2 mars 1791 est demeure révoqué.

18 = 22 AVRIL 1792. — Décret relatif au brûlement des anciens drapeaux, étendards et guidons. (L. 8, 464 ; B. 21, 240.)

L'Assemblée nationale, voulant faire cesser les difficultés survenues dans quelques villes au sujet du renvoi des anciens drapeaux, étendards ou guidons qui ont été remplacés, conformément au décret du 30 juin 1791, et prévenir celle qui pourraient encore s'élever à cette occasion, décrète qu'il y a urgence.

L'Assemblée nationale, après avoir décrété l'urgence, décrète ce qui suit :

Art. 1er. Le ministre de la guerre donnera des ordres pour que les anciens drapeaux, étendards et guidons, aussitôt qu'ils auront été remplacés, soient brûlés à la tête de la troupe sous les armes, et en présence des officiers municipaux, qui en dresseront procès-verbal pour être envoyé au Corps-Législatif et déposé dans ses archives.

2. Ceux des drapeaux, étendards et guidons qui peuvent avoir été envoyés au ministre de la guerre, et qui n'auraient pas encore été brûlés, le seront en présence de la municipalité de Paris, chargée également d'en dresser procès-verbal, qui sera envoyé à l'Assemblée nationale, et d'en faire remettre des extraits au ministre de la guerre, qui les adressera aux commandans des régimens respectifs.

18 = 22 AVRIL 1792. — Décret qui autorise le pouvoir exécutif à disposer des troupes qu devaient former un rassemblement dans les départemens du Midi. (L. 8, 452 ; B. 21, 242.)

18 AVRIL 1792. — Décret relatif au serment des personnes chargées de l'instruction publique. (B. 21, 239.)

18 AVRIL 1792. — Décret qui ordonne l'impression de la liste des officiers généraux. (B. 21, 240.)

18 AVRIL 1792. — Décret qui charge les ministres de l'intérieur et de la guerre de rendre compte de l'état d'Avignon et du Comtat. (B. 21, 243.)

18 AVRIL 1792.—Aurillac. Voy. 14 AVRIL 1792. — Employés supprimés comptables. Voy. 7 AVRIL 1792. — Fortification des places de guerre. Voy. 16 AVRIL 1792. — Offices de judicature. Voy. 7 AVRIL 1792. — Solde des gens de guerre. Voy. 23 = 29 JUIN 1792.

19 = 22 AVRIL 1792. — Décret relatif au local nécessaire pour la tenue des séances de la haute-cour nationale. (L. 8, 454 ; B. 21, 245.)

L'Assemblée nationale, considérant qu'il

est instant de faire procéder aux établissemens et distributions nécessaires à la tenue des séances de la haute-cour nationale dans la ville d'Orléans, et que l'aliénation faite de la ci-devant maison des Minimes ne permet pas de faire sur ce local les réparations sollicitées par ce tribunal, décrète qu'il y a urgence.

Art. 1er. Le pouvoir exécutif est chargé de faire vérifier et constater, parmi toutes les maisons nationales, même des religieuses de la ville d'Orléans, l'emplacement le plus avantageux à la tenue des séances de la haute-cour nationale, et où les prisons, le greffe et autres bâtimens accessoires pourraient être établis avec le plus de sûreté, de commodité et d'économie.

2. Le ministre de l'intérieur rendra compte, dans la quinzaine de la date du présent décret, des mesures qu'il aura prises, pour, par l'Assemblée, être définitivement statué ce qu'il appartiendra.

19 = 22 AVRIL 1792.—Décret relatif aux élèves de l'artillerie de l'école de Châlons. (L. 8, 455 ; B. 21, 247.)

Art. 1er. Tous les élèves de l'artillerie qui avaient eu des ordres de se rendre à Châlons, à l'examen, et qui ne s'y sont pas conformés, sont destitués de leur emploi.

2. Le nombre des élèves sous-lieutenans sera porté momentanément à quarante-sept, mais sera réduit par extinction à celui de quarante-deux, fixé par le décret du 2 = 15 décembre 1790.

19 = 22 AVRIL 1792. — Décret qui réintègre dans les 10e et 12e régimens plusieurs sous-officiers envoyés par des conseils de discipline tenus irrégulierement. (L. 8, 449 ; B. 21, 244.)

19 AVRIL 1792. — Décret qui charge le ministre des contributions de rendre compte du travail sur l'organisation des postes. (B. 21, 244.)

19 AVRIL 1792. — Décret qui ordonne le rapport du décret d'accusation contre M. de Noailles, ambassadeur de France auprès de la cour de Vienne. (B. 21, 246.)

19 AVRIL 1792. — Décret qui détermine la réponse que le président de l'Assemblée nationale fera aux pétitionnaires. (B. 21, 247.)

20 = 20 AVRIL 1792. — Décret portant déclaration de guerre contre le roi de Hongrie et de Bohême. (L. 8, 443 ; B. 21, 250 ; Mon. des 20 et 22 avril 1792.)

Voy. 25 AVRIL 1792.

L'Assemblée nationale, délibérant sur la

proposition formelle du Roi; considérant que la cour de Vienne, au mépris des traités, n'a cessé d'accorder une protection ouverte aux Français rebelles; qu'elle a provoqué et formé un concert avec plusieurs puissances de l'Europe contre l'indépendance et la sûreté de la nation française;

Que François Ier, roi de Hongrie et de Bohême, a, par ses notes des 18 mars et 7 avril derniers, refusé de renoncer à ce concert;

Que, malgré la proposition qui lui a été faite, par la note du 11 mars 1792, de réduire de part et d'autre à l'état de paix les troupes sur les frontières, il a continué et augmenté des préparatifs hostiles;

Qu'il a formellement attenté à la souveraineté de la nation française, en déclarant vouloir soutenir les prétentions des princes allemands possessionnés en France, auxquels la nation française n'a cessé d'offrir des indemnités;

Qu'il a cherché à diviser les citoyens français et à les armer les uns contre les autres, en offrant aux mécontens un appui dans le concert des puissances;

Considérant, enfin, que le refus de répondre aux dernières dépêches du roi des Français ne laisse plus d'espoir d'obtenir, par la voie d'une négociation amicale, le redressement de ces différens griefs, et équivaut à une déclaration de guerre;

Décrète qu'il y a urgence.

L'Assemblée nationale déclare que la nation française, fidele aux principes consacrés par sa constitution, *de n'entreprendre aucune guerre dans la vue de faire des conquêtes, et de n'employer jamais ses forces contre la liberté d'aucun peuple,* ne prend les armes que pour le maintien de sa liberté et de son indépendance;

Que la guerre qu'elle est forcée de soutenir n'est point une guerre de nation à nation, mais la juste défense d'un peuple libre contre l'injuste agression d'un roi;

Que les Français ne confondront jamais leurs frères avec leurs véritables ennemis; qu'ils ne négligeront rien pour adoucir le fléau de la guerre, pour ménager et conserver les propriétés, et pour faire retomber sur ceux-là seuls qui se ligueront contre sa liberté tous les malheurs inséparables de la guerre;

Qu'elle adopte d'avance tous les étrangers qui, abjurant la cause de ses ennemis, viendront se ranger sous ses drapeaux et consacrer leurs efforts à la défense de sa liberté; qu'elle favorisera même, par tous les moyens qui sont à son pouvoir, leur établissement en France.

Délibérant sur la proposition formelle du Roi, et après avoir décrété l'urgence, décrète la guerre contre le roi de Hongrie et de Bohême.

---

20 AVRIL 1792. — Coton. *Voy* 18 AVRIL 1792. — Cour nationale d'Orléans *Voy.* 12 AVRIL 1792 — Déclaration de guerre. *Voy.* 14 AVRIL 1792. — Dette publique. *Voy.* 7 AVRIL 1792 — Employés des eaux et forêts. *Voy.* 15 AVRIL 1792. — Solde des gens de guerre. *Voy.* 24 AVRIL 1792.

---

21 = 28 AVRIL 1792 — Décret qui permet à M. de Narbonne d'aller reprendre son poste à l'armée. (L. 8, 451; B. 21, 253.)

---

21 = 25 AVRIL 1792. — Décret portant qu'il n'y a pas lieu à accusation contre les sieurs Gaspard, Sambucy, Hubert et Guérin. (B. 21, 252.)

---

21 AVRIL 1792. — Hôpitaux. *Voy.* 27 AVRIL 1792.

---

22 AVRIL 1792. — Décret qui fixe les fonds que la Trésorerie nationale mettra à la disposition du ministre de la guerre, pour les dépenses de la campagne de 1792. (L. 8, 456; B. 21, 254.)

---

22 AVRIL 1792. — Décret portant que les députés donneront, pendant trois mois, le tiers de leurs indemnités pour les frais de la guerre (1). (B. 21, 253.)

---

22 AVRIL 1792. — Anciens drapeaux. *Voy.* 18 AVRIL 1792. — Sieur Bertrand. *Voy* 14 AVRIL 1792. — 10e et 12e régimens; École d'artillerie de Châlons; Haute cour nationale. *Voy.* 19 AVRIL 1792. — Monnaie provenant des cloches. *Voy* 14 AVRIL 1792. — M. de Narbonne. *Voy.* 21 AVRIL 1792. — Troupes du Midi. *Voy.* 18 AVRIL 1792.

---

23 = 27 AVRIL 1792. — Décret qui accorde une augmentation de fourrages aux officiers qui entreront en campagne. (L. 8, 467; B. 21, 258.)

L'Assemblée nationale, après avoir entendu le rapport de son comité militaire sur une augmentation de ration de fourrages, proposée par le ministre de la guerre, d'après la demande des généraux d'armée, en faveur des officiers qui entreront en campagne, a décrété l'urgence.

L'Assemblée nationale, après avoir décrété l'urgence, décrète ce qui suit :

Art. 1er. Il sera délivré aux lieutenans et sous-lieutenans, tant de l'infanterie des trou-

---

(1) Ce décret a été rapporté le lendemain.

pes de ligne que des bataillons des gardes nationaux volontaires, deux rations de fourrages sans retenue, au lieu d'une ration et demie qui leur avait été attribué par le décret des 17 et 27 février dernier; et aux lieutenans et aux sous-lieutenans de troupes à cheval, à ceux de l'artillerie et du génie, et pendant la campagne, trois rations de fourrages, également sans retenue, au lieu de deux et demie qui leur avaient été attribuées.

2. Les capitaines, tant de l'infanterie des troupes de ligne que des bataillons de gardes nationaux volontaires et des troupes à cheval, ceux de l'artillerie et du génie, sont autorisés à recevoir une ration de fourrages en sus de celles qui leur sont accordées pendant la campagne; mais les uns et les autres paieront quinze sous pour ladite ration de supplément.

3. Les dispositions des articles ci-dessus seront communes aux officiers de l'état-major, en raison de leur grade et de la fixation déjà décrétée pour eux.

4. Le traitement qu'il conviendra d'accorder aux troupes, lorsqu'elles prendront des quartiers d'hiver, sera réglé au moment où lesdits quartiers d'hiver seront déterminés et qu'on connaîtra le pays où ils devront être établis.

———

23 AVRIL 1792.—Décret d'accusation contre les sieurs Mollette et Debard. (L. 8, 493; B. 21, 255.)

23 AVRIL 1791. — Décret qui fixe les heures de l'ouverture du bureau de liquidation. (B. 21, 255.)

23 = 29 AVRIL 1792. — Décret qui accorde six cents livres aux sieurs Charles et Bonenfant, pour les dédommager de leurs peines et dépenses à l'effet de découvrir des auteurs d'enrôlement. (B. 21, 256.)

23 = 29 AVRIL 1792. — Décret relatif aux paiemens des secours accordés par les décrets du 8 avril, à des communautés ou à des particuliers incendiés. (L. 8, 486; B. 21, 257.)

24 = 29 AVRIL 1792.—Décret relatif à la solde des gens de guerre. (L. 8, 494; B. 21, 248; Mon. des 21 et 22 avril 1792.)

Art. 1er. La Trésorerie nationale fera payer aux sous-officiers et soldats des troupes de ligne, gardes nationales et compagnies d'invalides détachées, en numéraire, cinq sous dix deniers par jour, et par homme effectif sous le drapeau, sans distinction d'arme ni de grade; le restant de la solde et la totalité des appointemens des officiers de tous les grades continueront d'être payés en assignats.

Lorsque la fourniture de la viande, décrétée le 21 février dernier, aura lieu, la somme décrétée ci-dessus sera réduite à celle de quatre sous sept deniers, à cause de la retenue de quinze deniers fixée par le même décret.

2. Dans les places et quartiers dont l'état est annexé au présent décret, le restant de la solde et la totalité des appointemens des officiers de tous grades qui, conformément à l'article 1er du présent décret, devront être payés en assignat, seront augmentés jusqu'au 1er juillet dans les proportions suivantes, savoir: d'un quart pour les sous-officiers et soldats de toute arme, ainsi que pour les lieutenans, et d'un sixième pour les capitaines.

3. La somme destinée au paiement des masses d'habillement et de recrutement sera augmentée d'un dixième, jusqu'à la même époque et dans les mêmes lieux.

4. Les sous-officiers et soldats faisant partie des trois grandes armées seront payés de la totalité de leur solde en argent, à la réserve, pour les volontaires nationaux, des retenues ordonnées pour leur habillement, linge et chaussure.

Quant aux régimens en garnison dans les places de Givet, Huningue, Landau, Philippeville, Marienbourg, Bouillon et Monaco, ils continueront à toucher le tiers de leur masse, et tous les officiers de ces garnisons, les deux tiers de leurs appointemens, en numéraire, sans aucune plus-value pour les assignats qu'ils recevront.

5. Toutes dépenses du département de la guerre autres que celles détaillées ci-dessus, seront payées en assignats.

6. Les officiers généraux, aides-de-camp et adjudans-généraux qui ne sont point payés sur les états de revue, ne seront pas tenus, pour toucher leurs appointemens, de fournir des certificats de résidence; mais ils produiront une attestation de l'officier général commandant en chef la division, visée par le commissaire ordonnateur, par laquelle leur résidence continuelle dans la division sera constatée.

7. Les appointemens de tous les officiers de l'armée, faisant partie de la solde des troupes, sont compris dans l'exception portée dans le décret du 24 juin 1791, relative aux formalités à observer pour toucher des paiemens dans les différentes caisses nationales.

———

24 = 29 AVRIL 1792. — Décret relatif à divers officiers qui n'ont pas assisté à la revue de rigueur, ordonnée le 11 octobre dernier. (L. 8, 484; B. 21, 260.)

25 = 27 AVRIL 1792. — Décret relatif à la formation d'une compagnie de guides pour chacune des armées. (L. 8, 469; B. 21, 263.)

L'Assemblée nationale, délibérant sur la proposition formelle du Roi, contre-signée par le ministre de la guerre; après avoir entendu le rapport de son comité militaire; considérant la nécessité de compléter le plus tôt possible l'organisation des états-majors des armées, afin que rien ne puisse retarder leurs opérations et l'ouverture des marchés, décrète qu'il y a urgence.

L'Assemblée nationale, après avoir décrété l'urgence, décrète ce qui suit:

Art. 1er. Il sera formé, pour chacune des trois grandes armées, une compagnie de guides de l'armée.

2. Cette compagnie sera composée ainsi qu'il suit: un capitaine de guides; un lieutenant de guides; un maréchal-des-logis de guides; deux brigadiers de guides; seize guides.

3. Les officiers, sous-officiers et guides seront nommés par le Roi, sur la présentation des généraux, et pourvus de commissions particulières pour le service des guides, jusqu'à la réduction des armées au pied de paix.

Dans le cas où le choix du général tomberait sur des officiers, sous-officiers, cavaliers, hussards, dragons ou chasseurs en activité de service, ils conserveront leur rang dans leurs corps respectifs. Les sous-officiers, cavaliers, hussards, dragons ou chasseurs seront libres de rentrer dans leurs corps ou de se retirer après la guerre.

4. Le traitement de la compagnie des guides sera réglé ainsi qu'il suit: au capitaine, trois cent cinquante livres par mois; au lieutenant, deux cents livres; au maréchal-des-logis, soixante-quinze livres; aux brigadiers, soixante livres; aux guides, cinquante livres.

5. Le pouvoir exécutif déterminera l'uniforme et l'équipement particulier de cette troupe, dans le règlement qui sera proclamé pour sa formation.

6. Les fonds nécessaires pour monter, armer et équiper les trois compagnies de guides, seront pris sur les fonds destinés aux dépenses extraordinaires pour les préparatifs de campagne.

7. Les généraux d'armée sont autorisés à incorporer dans les compagnies de guides de l'armée le nombre de guides du pays qu'ils jugeront nécessaire. Le traitement de ces guides n'est point déterminé; ils seront payés sur les ordres des généraux des armées.

25 = 29 AVRIL 1792. — Décret qui proroge le délai accordé aux acquéreurs de biens nationaux par le décret du 14 mai 1790. (L. 8, 473; B. 21, 262.)

L'Assemblée nationale, voulant donner aux acquéreurs des biens nationaux qui restent encore à vendre les mêmes facilités pour le paiement qu'aux précédens acquéreurs, et considérant que le terme pour user de la faculté accordée par le décret du 17 mai 1790 expire au 1er mai 1792, décrète que le terme du 1er mai 1792, fixé par le décret des 3 et 8 = 15 décembre dernier aux acquéreurs de biens nationaux, pour jouir de la faculté accordée pour leur paiement par l'article 5 du titre III du décret du 14 mai 1790, sera prorogé jusqu'au 1er janvier 1793, mais seulement pour les biens ruraux, bâtimens et emplacemens vacans dans les villes, maisons d'habitation et bâtimens en dépendant, quelque part qu'ils soient situés, les bois et usines demeurant formellement exceptés de cette faveur.

Passé le 1er janvier 1793, les paiemens seront faits dans les termes et la manière prescrits par les articles 3, 4 et 5 du décret du 3 novembre 1790.

---

25 AVRIL 1792, an 4 de la liberté. — Déclaration de guerre (1). (L. 8, 466; Mon. du 22 avril 1792.)

DE LA PART DU ROI DES FRANÇAIS, AU NOM DE LA NATION.

La guerre est déclarée au roi de Hongrie et de Bohème.

---

25 AVRIL 1792. — Résultat général du décret portant liquidation des brevets de retenue, d'offices militaires, etc. (B. 21, 265.)

25 AVRIL 1792. — Sieurs Gaspard, etc. Voy. 21 AVRIL 1792.

26 = 29 AVRIL 1792. — Décret relatif à l'acceptation des offres faites de remettre au Trésor public du numéraire pour des assignats. (L. 8, 474; B. 19, 270; Mon. du 1er mai 1792.)

L'Assemblée nationale, après avoir entendu le rapport de son comité de l'ordinaire des finances; instruite que plusieurs personnes se sont adressées au Trésor public pour y porter du numéraire en échange d'une égale valeur en assignats; considérant qu'il importe de faciliter à tous les habitans de l'empire les moyens de donner cette nou-

---

(1) Voy. 20 avril 1792.

velle preuve de leur zèle pour la patrie et la liberté, décrète :

1° Que le caissier général du Trésor public recevra tout le numéraire, matières d'or et d'argent qu'on lui présentera pour les échanger contre une égale valeur en assignats, qu'il sera tenu de délivrer ;

2° Qu'il tiendra un registre particulier de ces échanges, et qu'il devra à chaque particulier un bordereau, signé de lui, du numéraire et matières d'or et d'argent qu'il aura reçus ;

3° Que, dans chaque district, les receveurs de district échangeront également le numéraire et les matières d'or et d'argent qui leur seront apportés ; qu'ils délivreront des assignats d'une égale valeur ; qu'ils tiendront un registre de ces échanges, et fourniront à chaque particulier un bordereau de la somme qu'il leur a échangée. Ces registres d'échanges seront cotés et paraphés par le directoire du district.

4° Que les bordereaux contiendront la nature des espèces et le poids des matières d'or et d'argent qui auront été reçues : ils ne seront point assujétis au droit du timbre ;

5° Que lesdits receveurs adresseront à la Trésorerie nationale, tous les quinze jours, un état certifié et visé par les directoires des échanges qu'ils auront faits, avec les noms des personnes qui auront donné cette preuve de civisme ; qu'ils en remettront un duplicata au directoire de leur département, et que ces états seront inscrits sur les registres du département ;

6° La Trésorerie nationale adressera, tous les quinze jours, à l'Assemblée nationale, un état du montant des échanges opérés par le caissier général, et des états qui lui auront été adressés par les receveurs des districts ; et elle remettra au directoire du département de Paris l'état nominatif des personnes qui auront fait ces échanges au Trésor public, pour que cet état soit également inscrit sur les registres du département ;

7° Les directoires des départemens feront imprimer, chaque mois, l'état nominatif des personnes qui se seront distinguées par cette preuve de dévouement pour la patrie ;

8° Les receveurs des districts tiendront aux ordres de la Trésorerie nationale le numéraire qui aura été versé dans leurs caisses, qui ne pourra être employé qu'au paiement des troupes et au service de la guerre ; et elle prendra les mesures nécessaires pour remplacer la valeur de ce numéraire dans les différentes caisses desdits receveurs, pour que le service particulier dont ils sont chargés n'éprouve aucun retard ;

9° Les particuliers qui voudront s'engager à faire de pareils échanges à terme fixe seront admis à leur souscription dans les mains du caissier général du Trésor public et des receveurs des districts. L'état de ces souscriptions, ainsi que de l'abandon des pensions ou traitemens qui seront offerts, sera joint aux états des échanges prescrits par les articles précédens.

---

26 = 29 AVRIL 1792. — Décret relatif aux transports des convois militaires. ( L. 8, 471 ; B. 21, 266.)

L'Assemblée nationale, après avoir entendu le rapport de ses comités d'agriculture et de commerce réunis ; considérant que toutes les dispositions relatives aux préparatifs de guerre ne peuvent éprouver aucun retard ; décrète qu'il y a urgence.

L'Assemblée nationale, après avoir décrété l'urgence, décrète ce qui suit :

Art. 1er. Les corps administratifs des départemens frontières et de ceux qui se trouveront à la proximité des armées nommeront, dans la huitaine de la publication du présent décret, des commissaires pour constater, en présence d'un officier municipal, le nombre des bêtes de somme ou de trait, de chariots et charettes existant chez chaque particulier.

2. Sur le rapport desdits commissaires, il sera dressé, par les directoires de département, un tableau contenant, sous plusieurs colonnes, les noms de chaque municipalité, ceux de chaque particulier ayant des bêtes de trait ou de somme, le nombre total de ce qu'il en aura, et la part contributive qu'il fournira lorsqu'il en sera requis.

3. Les directoires de département détermineront définitivement, d'après les observations des municipalités, et sur l'avis des districts, le prix à accorder pour le loyer des chevaux et voitures ; le double de ces tableaux et tarifs sera adressé au ministre de la guerre.

4. Les voitures seront fournies sur les réquisitions des commissaires ordonnateurs, d'après les ordres des directoires de district, qui en rendront compte aussitôt aux directoires de département.

5. Les loyers des voitures et chevaux seront acquittés à la fin de chaque convoi, d'après les ordres des commissaires ordonnateurs ; et indépendamment du prix desdits loyers, les fourrages et le pain seront fournis sans aucune retenue, et sur le même pied qu'aux troupes.

6. Les propriétaires qui auraient perdu des chevaux ou voitures seront indemnisés. Le montant de leur indemnité sera déterminé par les corps administratifs, sur le certificat du chef du convoi, et d'après l'estimation qui en sera faite par la municipalité du lieu du domicile du propriétaire.

7. Les particuliers seront tenus de donner, aussitôt qu'ils en seront requis, à la municipalité du lieu de leur domicile, la déclara-

tion des pailles et fourrages qu'ils auront en totalité, et celles qu'ils pourront vendre ; desquelles déclarations les municipalités dresseront un état qu'elles enverront aux directoires de district , et les directoires de district aux départemens, et ceux-ci en rendront compte aussitôt au pouvoir exécutif.

26 AVRIL = 1er MAI 1792. — Décret qui accorde des fonds pour les dépenses extraordinaires du département des affaires étrangères. (L. 9, 8; B. 21, 273.)

L'Assemblée nationale, délibérant sur la lettre écrite par le Roi, et contre-signée par le ministre des affaires étrangères, du 24 de ce mois; après avoir entendu le rapport de ses comités diplomatique et de l'extraordinaire des finances réunis; considérant que les circonstances actuelles exigent des dépenses politiques extraordinaires, décrète que la caisse de l'extraordinaire tiendra à la disposition du ministre des affaires étrangères la somme de six millions, pour les dépenses de son département (1).

26 AVRIL = 1er MAI 1792. — Décret relatif aux secours provisoires à accorder à des maisons religieuses. (L. 9, 9; B. 21, 269.)

L'Assemblée nationale , considérant que les secours provisoires à accorder à des maisons religieuses ne peuvent souffrir aucun retard, décrète que le décret du 17 mai 1791, sanctionné par le Roi le 27 du même mois, concernant les secours à donner à des maisons religieuses, sera prorogé pour l'année 1792, en faveur de celles de ces maisons qui auront présenté leurs comptes et se seront mises en règle pour la liquidation.

26 AVRIL = 1er MAI 1792. — Décret relatif au paiement des appointemens des officiers de la marine. (L. 9, 10; B. 21, 268.)

L'Assemblée nationale après avoir entendu le rapport de son comité de marine; considérant que le paiement des appointemens des officiers de la marine est suspendu , décrète que les officiers de la marine qui se sont présentés à la revue du 15 mars, ou qui ne se sont dispensés de s'y trouver que pour des causes légitimes et prouvées, toucheront les appointemens attachés à leur nouveau grade à compter du 1er janvier 1792, époque de l'expédition de leurs brevets.

26 AVRIL = 1er MAI 1792. — Décret qui ordonne le paiement , sans aucune retenue ni déduction , de la pension du maréchal Luckner. (B. 21, 272.)

_____

(1) Loi du 4 = 14 juin.

27 = 29 AVRIL 1792. — Décret relatif à la formation des légions. (L. 8, 477; B. 21, 281; Mon. des 25, 26 et 29 avril 1792.)

L'Assemblée nationale, considérant que le moyen le plus sûr de faire la guerre avec succès est d'opposer à l'ennemi des troupes de même arme que celles qu'il emploie; que les troupes légères, connues sous la dénomination de légions, rempliront cet objet, et qu'il est instant de les organiser; après avoir délibéré sur la proposition du Roi, contre-signée par le ministre; après avoir entendu le rapport de son comité militaire , décrète qu'il y a urgence.

L'Assemblée nationale, après avoir décrété l'urgence, décrète ce qui suit :

Art. 1er. Il sera incessamment formé six légions, sous la dénomination de 1re, 2e, 3e, 4e, 5e et 6e.

2. Chaque légion sera composée de deux bataillons d'infanterie légère , d'un régiment de chasseurs à cheval, et d'une division d'ouvriers.

3. Les six légions seront formées de six régimens de chasseurs à cheval, et des douze premiers bataillons d'infanterie légère.

4. Chacune des compagnies, tant d'infanterie légère que des chasseurs à cheval, sera portée dès à présent à cent trente hommes, y compris les officiers, et pourra, pendant la campagne, être portée à deux cents hommes.

5. Les compagnies de chasseurs à cheval seront composées d'un maréchal-des-logis en chef, de quatre maréchaux-des-logis, un brigadier-fourrier, huit brigadiers, huit appointés, deux trompettes, un maréchal-ferrant, et du nombre de chasseurs nécessaire pour porter lesdites compagnies sur le pied fixé par l'article 4.

6. Les compagnies d'infanterie légère seront composées d'un sergent-major, de quatre sergens, un caporal-fourrier, huit caporaux, huit appointés, deux tambours, et du nombre de chasseurs nécessaire pour porter lesdites compagnies sur le pied fixé par l'article 4.

7. Il ne sera rien changé à la composition de l'état-major des régimens de chasseurs et des bataillons d'infanterie légère, ni au nombre des officiers des compagnies.

8. Il sera formé , dans chacune des six légions, une division d'ouvriers composée de trente hommes, savoir : deux sergens , deux caporaux, deux appointés et vingt-quatre ouvriers, dont douze en bois et douze en fer.

Une moitié de cette division sera attachée

au premier bataillon d'infanterie légère, l'autre au second bataillon.

9. Tous les citoyens que des raisons particulières auraient mis dans dans le cas de prendre leur congé, après avoir servi dans les compagnies d'ouvriers, de mineurs ou de sapeurs, et qui, encore en état de servir, se présenteront pour entrer dans les divisions d'ouvriers légionnaires, y seront admis autant qu'il y aura de places à donner dans les mêmes grades dont ils auraient joui dans lesdites compagnies.

10. Les militaires retirés du service avec pension ou un traitement militaire quelconque, et qui rentreront au service dans les légions, toucheront, pendant la durée de la présente guerre seulement, outre les appointemens du grade qu'ils occuperont, la pension ou traitement militaire dont ils jouissent.

11. Sur les huit compagnies de chaque bataillon d'infanterie légère, et sans en augmenter le nombre, il en sera formé une sous la dénomination de *compagnie de carabiniers*, qui sera composée des hommes les plus adroits tireurs, les plus vigoureux et les plus lestes.

Ils seront armés de carabines, équipés et exercés d'une manière analogue au genre de service auquel ils seront destinés.

Le pouvoir exécutif prescrira l'ordre dans lequel s'exécutera cette formation, tant pour les officiers que pour les sous-officiers et soldats, sans que, sous aucun prétexte, on puisse augmenter le nombre des officiers.

12. Les bataillons d'infanterie légère et les régimens de chasseurs ne seront point incorporés, mais adjoints pour le temps qui sera jugé nécessaire; ils conserveront, réunis en légion, leur administration particulière; et, à cet effet, le pouvoir exécutif donnera tous les ordres et instructions convenables à ces différentes armes.

13. Chaque légion sera commandée en chef par un officier présenté par le général de l'armée où elle sera employée, et nommé par le Roi, sans que le nombre des officiers de l'armée puisse en être augmenté.

Il ne fera point partie de l'état-major de la légion, et le général pourra lui confier le commandement de plusieurs légions, s'il le juge à propos.

14. Les régimens de chasseurs à cheval et les batail'ons d'infanterie légère qui formeront les six légions, continueront d'être commandés par leurs chefs et leurs officiers respectifs, qui seront cependant sous les ordres du commandant en chef.

15. Le brevet et le grade de colonel sera donné au plus ancien des lieutenans-colonels des deux bataillons d'infanterie légère, formant ensemble l'infanterie de la même légion.

16. En présence comme en l'absence du commandant en chef, le plus ancien des colonels aura le commandement intérieur de la légion, pour tout ce qui concerne le service et la discipline; en l'absence des colonels, ce sera le plus ancien des lieutenans-colonels, et, à parité de service, ce commandement appartiendra au plus âgé des lieutenans-colonels, de quelque arme qu'il puisse être; mais, dans les détachemens de différentes armes, les lois déjà établies sur cet objet serviront de règle.

17. Pour parvenir à compléter les régimens de chasseurs et les douze bataillons d'infanterie légère destinés à former les six légions, les hommes licenciés des colonies et tous autres militaires arbitrairement destitués, qui seront munis de cartouches, ou, à défaut de cartouches, de certificats de leurs municipalités qui attesteront leur civisme et leurs services, seront admis dans lesdites légions; ils pourront choisir celle qui leur conviendra, ainsi que l'arme à laquelle ils se croiront propres.

A mesure qu'il y aura des places vacantes, elles seront données à ceux d'entre eux qui occupaient le même grade dans des régimens, à l'époque où ils les ont quittées; et, jusqu'à ce qu'ils aient été nommés à des places de sergent ou de maréchal-des-logis, de caporal ou de brigadier, ils recevront un sou par jour d'augmentation de paie.

18. Les étrangers seront admis dans les légions, et ils y seront traités comme les nationaux.

19. Le prix et les conditions pour les engagemens de légionnaires seront les mêmes que ceux portés pour l'infanterie et la cavalerie par le décret du 23 janvier dernier.

20. La solde, les masses et l'augmentation de paie pour la campagne seront les mêmes pour les légions que dans l'infanterie et les dragons, à l'exception des carabiniers et des ouvriers, qui jouiront d'un sou d'augmentation de paie en cette qualité.

Si, parmi les ouvriers et carabiniers, il s'en trouvait qui eussent quitté le service dans le grade de sous-officier, caporal ou brigadier, il leur sera payé en outre l'augmentation prescrite par l'article 17 du présent décret.

Les fonds seront faits, dans chaque régiment de chasseurs et bataillon d'infanterie légionnaire, pour les masses nécessaires à l'entretien des hommes et des chevaux d'augmentation, et elles recevront le même accroissement que dans les régimens d'infanterie et de dragons.

21. Le pouvoir exécutif donnera les ordres nécessaires pour le rassemblement, la formation et l'organisation des six légions, conformément à ce qui est prescrit par les différens articles du présent décret.

22. Les sous-officiers et soldats des troupes des colonies, qui se trouvent dans le cas désigné par l'article 17, rejoindront les différens lieux indiqués par le Roi pour le rassemblement des légions où ils auront désiré de servir, sur des routes par étapes.

23. Les appointemens du commandant en chef sont fixés à neuf mille livres; et, s'il est officier-général, il recevra les appointemens affectés à son grade.

24. Toutes les lois militaires faites pour l'infanterie et la cavalerie légère, auxquelles il n'est pas dérogé par le présent décret, seront applicables aux légionnaires.

25. Les conseils d'administration des bataillons d'infanterie légère et des régimens de chasseurs réunis en légion continueront, chacun dans leurs corps respectifs, à suivre le mode d'administration qui leur est prescrit par les décrets et les réglemens militaires; mais ils seront tenus de rendre compte de leurs délibérations au commandant en chef de la légion, qui pourra y assister lorsqu'il le jugera convenable; il le présidera et y aura voix délibérative.

26. Il sera formé un conseil général composé par la réunion des conseils d'administration de chasseurs à pied et à cheval; les trois quartiers-maîtres-trésoriers y rempliront alternativement les fonctions de secrétaire. Ce conseil s'assemblera toutes les fois que le bien général de la légion l'exigera.

27. Le général de l'armée réunira, quand il le jugera à propos, la quantité d'artillerie nécessaire, soit à pied, soit à cheval, pour le service desdites légions; elle sera toujours tirée du corps de l'artillerie.

28. Les six régimens de hussards et les six régimens de chasseurs qui ne seront point employés dans les légions seront portés le plus promptement possible à cent trente hommes par compagnie, en suivant la formation prescrite par l'article 5 du présent décret.

27 AVRIL = 1ᵉʳ MAI 1792. — Décret relatif aux officiers généraux et aides-de-camp de l'armée. (L. 9, 5; B. 21, 276; Mon. du 30 avril 1792.)

L'Assemblée nationale, après avoir entendu son comité militaire, considérant qu'aux termes du décret du 27 janvier dernier, il ne peut être nommé aux places de lieutenant-général et de maréchal-de-camp qui viendront à vaquer, qu'en vertu d'un décret du Corps-Législatif, et que, la force de l'armée et la situation politique actuelle de la France ne permettant pas de réduire le nombre de ces places, il est indispensable de mettre le pouvoir exécutif à même de nommer promptement à celles qui vaqueront, décrète qu'il y a urgence.

L'Assemblée nationale, après avoir décrété l'urgence, décrète ce qui suit:

Art. 1ᵉʳ. Jusqu'à ce que l'armée ait été remise au pied de paix, le nombre des places de lieutenant-général et de maréchal-de-camp employés n'éprouvera aucune réduction; en conséquence, il sera nommé à celles qui peuvent se trouver vacantes ou qui le deviendront d'ici à cette époque.

2. Il sera attaché aux vingt officiers généraux dont l'augmentation a été décrétée le 27 janvier dernier le nombre d'aides-de-camp fixé par les précédens décrets: ils pourront être pris, jusqu'à ce qu'il ait été autrement statué par l'Assemblée nationale, soit parmi les officiers des troupes de ligne qui ne seront pas brevetés depuis dix ans, soit parmi ceux de la garde nationale. Leur traitement sera le même que pour les autres aides-de-camp; mais, à la paix, et lors de la réduction des officiers généraux à quatre-vingt-quatorze, les aides-de-camp qui excéderont le nombre de cent trente-six, fixé par le décret du 23 = 29 novembre 1790, rentreront dans les corps dont ils auront été tirés, et y reprendront leur rang: en conséquence, les emplois de ceux qui seront pris dans les troupes de ligne y resteront vacans, jusqu'à ce qu'ils fassent partie des cent-trente-six premiers aides-de-camp.

27 AVRIL = 1ᵉʳ MAI 1792. — Décret portant qu'il y aura un payeur-général et un contrôleur des dépenses attachés à chacune des armées du Nord. (L. 9, 12; B. 20, 274.)

Art. 1ᵉʳ. Il y aura un payeur-général et un contrôleur des dépenses attachés à chacune des trois armées du Nord.

2. La Trésorerie nationale nommera ces payeurs-généraux et ces contrôleurs dans le nombre des citoyens les plus connus par leur civisme, leur probité et l'exactitude sévère de leur comptabilité.

3. Les payeurs-généraux de l'armée fourniront chacun un cautionnement de deux cent mille livres en effets nationaux ou immeubles.

4. Le traitement des payeurs-généraux de l'armée, pendant la guerre, sera de quinze cents livres par mois, et celui des contrôleurs, de sept cent cinquante livres aussi par mois.

5. Les frais de bureau des payeurs-généraux et de transport de numéraire seront payés sur des états certifiés par les payeurs et visés par le contrôleur des dépenses de l'armée, et approuvés par le commissaire-ordonnateur en chef.

6. Le ministre de la guerre adressera, avant la fin de chaque mois, à la Trésorerie nationale, l'état de distribution des fonds ordinaires et extraordinaires de chaque armée,

et ces fonds seront remis par la Trésorerie nationale au payeur-général.

7. Le payeur-général acquittera toutes les dépenses de l'armée, sur les ordres du général et les ordonnances des commissaires, visés du contrôleur des dépenses de l'armée, qui en tiendra registre. Les payeurs-généraux distingueront sur leurs registres et bordereaux de recettes et dépenses les parties qu'ils auront reçues ou payées en espèces ou en assignats, à peine de réjection des articles de leur compte qui ne seront pas conformes à la disposition du présent article.

8. Le ministre rendra compte des dépenses de chaque armée au Corps-Législatif; et les états de chaque mois, visés par le contrôleur des dépenses, seront adressés au payeur principal de la guerre, afin que cette dépense rentre dans l'ordre de la comptabilité générale.

9. L'Assemblée nationale fera remplacer au Trésor public les fonds des dépenses extraordinaires, dans les formes qu'elle décrétera pour le service de 1792.

---

27 AVRIL = 1ᵉʳ MAI 1792. — Décret relatif à la remise des titres de créances sur l'Etat. (L. 9, 11; B. 21, 287.)

L'Assemblée nationale, considérant que la loi du 12 février dernier n'a pu parvenir que depuis très-peu de temps dans divers départemens, et qu'à raison de ce retard, plusieurs créanciers seraient dans l'impossibilité de satisfaire à cette loi, si on ne prorogeait le délai qui y est fixé, décrète que le délai fixé par la loi pour la remise au commissaire-liquidateur des titres de créances d'offices et autres généralement quelconques sur l'Etat demeure fixé irrévocablement jusqu'au 1ᵉʳ juin prochain. La remise faite par les créanciers des ci-devant pays d'états, de leurs titres et mémoires, aux commissions établies pour le règlement des affaires de ce pays, vaudra la remise qui serait faite au commissaire-liquidateur, pourvu néanmoins que cette remise soit constatée par les procès-verbaux ou autres actes authentiques de ces commissions, ou de ceux qui les ont remplacées.

---

27 AVRIL (21 et) = 5 MAI 1792. — Décret relatif aux hôpitaux sédentaires et ambulans, pour le service des armées. (L. 9, 28; B. 21, 277; Mon. du 24 avril 1792.)

Art. 1ᵉʳ. Lors des rassemblemens de troupes, il sera établi à leur suite des hôpitaux sédentaires et des hôpitaux ambulans, où les militaires de tous les grades, et, en général, tous les citoyens attachés auxdites troupes pour leur service et leur utilité seront admis et traités aux frais de l'Etat lorsqu'ils seront

malades ou blessés, sous la seule déduction d'une retenue qui sera réglée ci-après.

2. Le service desdits hôpitaux ne pourra être donné en entreprise, et sera mis en régie au compte de la nation.

3. Le pouvoir exécutif fera les dispositions convenables pour que ces établissemens ne laissent rien à désirer pour les secours à donner aux malades, la sûreté du service et l'ordre à établir dans les dépenses; il rendra compte au Corps-Législatif des mesures qu'il aura prises en conséquence.

4. Les retenues à exercer pour chaque journée de malade demeureront fixées ainsi qu'il suit, savoir : pour les commandans en chef et les lieutenans-généraux, six livres; les maréchaux-de-camp, cinq livres.

Infanterie des troupes de ligne, troupes à cheval, corps de l'artillerie et du génie, et état-major de l'armée.

Pour les colonels, quatre livres; les lieutenans-colonels, trois livres; les capitaines, deux livres; les lieutenans et sous-lieutenans, une livre cinq sous. Pour les sous-officiers et soldats des troupes de ligne, de quelque arme qu'ils soient, leur solde, à la réserve des deniers de poche et de ce qui leur est retenu habituellement pour le linge et chaussure.

Bataillons de gardes nationaux volontaires.

Pour les lieutenans-colonels, deux livres cinq sous; capitaines, une livre dix sous; lieutenans et sous-lieutenans, une livre cinq sous; sergens, dix sous; caporaux, huit sous; soldats, six sous.

Employés et autres personnes à la suite de l'armée.

Pour les employés qui jouiront de deux mille livres d'appointemens et au-delà, trois livres; pour ceux qui auront douze cents livres et moins de deux mille livres, deux livres dix sous; pour ceux qui auront huit cents livres d'appointemens et moins de douze cents livres, une livre dix sous; pour les employés ayant moins de huit cents livres d'appointemens, ainsi que pour les vivandiers et les domestiques, une livre.

---

27 = 30 AVRIL 1792. — Décret portant qu'il n'y a pas lieu à accusation contre M. Larivière-Coincy. (B. 21, 273.)

27 AVRIL. — 1ᵉʳ MAI 1792. — Décret qui accorde quatorze cents livres d'indemnité au sieur Corbeau, pour voyages faits à Avignon et dans le Comtat. (B. 21, 280.)

27 AVRIL 1792. — Complot contre la patrie. *Voy.* 14 AVRIL 1792. — Compagnie des guides.

*Voy.* 25 AVRIL 1792. — Digues de Dol. *Voy.* 17 AVRIL 1792. — Fourrages. *Voy.* 23 AVRIL 1792.

---

28 AVRIL = 1er MAI 1792. —Décret relatif à la suspension provisoire de l'organisation de la garde nationale. (L. 9, 4; B. 21, 289.)

L'Assemblée nationale, considérant que le décret du 29 septembre 1791, relatif à l'organisation de la garde nationale, n'a pu être mis à exécution que fort tard et presque au moment où il faudra procéder à de nouvelles élections, décrète définitivement que l'exécution de l'article 23 de la IIe section du décret du 29 septembre 1791, relatif à l'organisation de la garde nationale, demeure provisoirement suspendu jusqu'au 2 mai 1793.

---

28 AVRIL = 1er MAI 1792. —Décret contenant rectification d'une erreur dans la liste des hauts-jurés. (L. 9, 14; B. 21, 287.)

---

28 AVRIL = 1er MAI 1792. — Décret sur le paiement des arrérages dus aux créanciers de la ville de Lyon. (B. 21, 288.)

---

29 AVRIL 1792. — Décret qui admet M Sulpice Hemery, député suppléant du département de la Somme, à prêter son serment et à prendre séance dans l'Assemblée. (B. 21, 290.)

---

29 AVRIL 1792. — Assignats. *Voy.* 26 AVRIL 1792. — Biens nationaux. *Voy.* 25 AVRIL 1792. — Sieurs Charles et Bonnefiant. *Voy.* 23 AVRIL 1792.—Convois militaires. *Voy.* 26 AVRIL 1792. — Corps d'artillerie. *Voy.* 17 AVRIL 1792. — Formation des légions. *Voy.* 27 AVRIL 1792.—Gendarmerie nationale. *Voy.* 14 AVRIL 1792.—MM. Mollette et Devard. *Voy.* 23 AVRIL 1792. — Pensions militaires. *Voy.* 7 AVRIL 1792. — Revue du 11 octobre 1791. *Voy.* 24 AVRIL 1792. — Secours à divers incendiés. *Voy.* 23 AVRIL 1792. — Solde des gens de guerre. *Voy.* 20 AVRIL 1792.

---

30 AVRIL = 1er MAI 1792. — Décret relatif au paiement des dépenses publiques de 1792. (L. 9, 7; B. 21, 291.)

L'Assemblée nationale, considérant que les circonstances ont retardé la discussion du rapport de ses comités des finances sur les dépenses publiques, et que le service de la Trésorerie nationale ne peut souffrir aucune interruption, décrète que la Trésorerie nationale continuera à payer les différentes parties des dépenses publiques de 1792 qui n'ont pas encore été décrétées, suivant les formes et les états de 1791, jusqu'au moment où chacune de ces parties de dépenses sera définitivement décrétée pour 1792.

---

30 AVRIL = 1er MAI 1792. — Décret relatif à une nouvelle fabrication d'assignats. (L. 9, 1; B. 21, 294.)

Art. 1er. Il sera fait une nouvelle création d'assignats, à concurrence de la somme de trois cent millions.

2. Cette création sera composée de cent millions en assignats de cinq livres, cent millions en assignats de cinquante livres, et cent millions en assignats de deux cents livres. Une partie des cent millions en assignats de cinq livres sera formée avec cinquante-neuf millions six cent mille livres en assignats de même coupure, de la création du 1er novembre dernier, qui ne sont point encore en circulation. On fera aussi usage, pour les assignats de deux cents livres, de quatre-vingt-quinze rames de papier de cette coupure, déposées aux archives nationales.

3. Le commissaire du Roi pour la fabrication des assignats, de service à Paris, est autorisé à retirer des archives nationales les formes qui ont été précédemment employées pour la fabrication du papier des assignats de mêmes coupures que celles de la présente création. Le garde des archives remettra aussi audit commissaire les ustensiles et matrices nécessaires pour l'impression, la gravure et le timbre desdits assignats.

4. Le trésorier de la caisse de l'extraordinaire est autorisé à prendre le nombre de signataires dont il aura besoin, pour que la signature des assignats de cinquante et de deux cents livres soit faite avec une célérité égale à celle de l'impression desdits assignats.

5. Le *maximum* des assignats en circulation, fixé à seize cent cinquante millions, sera porté à dix-sept cent millions.

6. Sur ces trois cent millions, la caisse de l'extraordinaire versera à la Trésorerie nationale celle de cinquante millions, pour les dépenses extraordinaires décrétées par l'Assemblée nationale.

7. Les assignats de la présente création formeront, dans le compte général de la caisse de l'extraordinaire, un compte particulier qui sera ouvert pour cet objet. Il sera fait écritures et procès-verbaux particuliers de tout ce qui regardera l'émission, la rentrée, le brûlement desdits assignats, de manière que tout ce qui y sera relatif demeure absolument distinct et séparé de ce qui regarde les précédentes émissions.

8. Aussitôt que l'émission des assignats de la création du 17 décembre dernier sera achevée, le trésorier de la caisse de l'extraordinaire rendra public le compte général de l'emploi des assignats tant de cette dite création que des précédentes. Les décrets en vertu desquels chacun des articles de dépense aura été fait y seront rappelés. Le compte sera visé et certifié par le commissaire du Roi à la caisse de l'extraordinaire,

imprimé et envoyé à tous les départemens et districts.

---

3o AVRIL = 6 MAI 1792. — Décret relatif à la formation d'un canal de navigation depuis Sommevoire jusqu'à la rivière d'Aube. (L. 9, 4o, B. 21, 292.)

L'Assemblée nationale, après avoir entendu le rapport qui lui a été fait, au nom de son comité d'agriculture, de la demande de Jacques-Antoine Mourgue, citoyen français, demeurant à Paris, tant en son nom qu'en celui de sa compagnie, de construire à leurs frais et aux conditions consignées dans leur soumission du 12 avril 1790, un canal de navigation qui prendra sa naissance au lieu de Sommevoire, dans le département de la Haute-Marne, et viendra aboutir dans la rivière d'Aube, au confluent de la rivière de Voire dans celle de l'Aube, un peu au-dessus du lieu de Magnicourt, district d'Arcis, département de l'Aube ; de faire les travaux nécessaires pour faciliter la navigation de l'Aube, de Magnicourt à Arcis ; de construire des écluses à Arcis, Plancy et Anglure, pour éviter les passages dangereux des pertuis placés à ces trois endroits, décrète ce qui suit :

Il sera ouvert un canal de navigation qui prendra sa naissance au lieu de Sommevoire, dans les départemens de l'Aube et de la Haute-Marne, et viendra aboutir dans la rivière d'Aube, au confluent de la rivière de Voire dans celle de l'Aube, un peu au-dessus du lieu de Magnicourt, district d'Arcis, département de l'Aube ; et il sera construit des écluses à Arcis, Plancy et Anglure, pour éviter les passages dangereux des pertuis placés à ces trois endroits. Les berges, levées, contre-fossés, écluses, ponts et bacs nécessaires, seront construits conformément aux plans qui seront déposés au comité d'agriculture.

L'Assemblée statuera définitivement sur les diverses dispositions du projet de décret de son comité d'agriculture, d'après les devis ultérieurs des déblaiemens à faire et chaussées à établir, qui seront constatés par les ingénieurs des départemens de la Haute-Marne et de l'Aube, en présence des commissaires des corps administratifs, et approuvés par le comité central des ponts-et-chaussées.

---

3o AVRIL = 9 MAI 1792. — Décret relatif au remboursement des bulletins de l'emprunt de quatre-vingt millions, sortis par le tirage de mars 1792 (L. 9, 44 ; B. 21, 296.)

L'Assemblée nationale, après avoir entendu le rapport de son comité de l'extraordinaire des finances, considérant que le remboursement des bulletins de l'emprunt de quatre-vingt millions, sortis par le tirage de mars dernier, ne doit éprouver aucun retard, et voulant y pourvoir ;

Décrète que la caisse de l'extraordinaire ouvrira, dans le cours de mai, le remboursement des huit cent mille livres, montant des bulletins dudit emprunt sortis par ce dernier tirage.

---

3o AVRIL = 16 MAI 1792. — Décret relatif à la conservation de l'Hôtel des Invalides, à son organisation et administration. (L. 11, 104 ; B. 21, 297 ; Mon. des 8 avril et 2 mai 1792.)

*Voy.* 23 MAI = 6 JUIN 1792 ; 29 OCTOBRE 1792 ; 12 et 27 JANVIER 1793 ; 31 MARS 1793 ; 27 JUIN 1793.

Art. 1er. L'établissement connu sous le nom d'*Hôtel des Invalides* est conservé sous la dénomination d'*Hôtel national des militaires invalides.*

2. Il ne sera désormais reçu à l'Hôtel national des militaires invalides que des officiers, sous-officiers et soldats qui auront été estropiés, ou qui auront atteint l'âge de caducité, étant sous les armes au service tant de terre que de mer.

3. Les officiers, sous-officiers et soldats, tant de terre que de mer, qui, avant été jugés admissibles à l'Hôtel national des militaires invalides, aimeront mieux se retirer dans leurs familles ou dans quelque autre partie de l'empire, obtiendront des pensions destinées à représenter le traitement de l'Hôtel ; lesdites pensions seront proportionnées aux grades qu'ils occuperont, et leur seront payées ainsi qu'il sera dit aux articles 14 et suivans du présent décret.

4. Sont dès à présent admissibles à l'Hôtel ou aux pensions destinées à le représenter : 1° les invalides actuellement retirés à l'Hôtel ; 2° les gendarmes retirés dans l hospice militaire de Lunéville ; 3° les invalides formant les compagnies détachées ; 4° les invalides retirés dans les départemens ; 5° les sous-officiers ou soldats qui ont obtenu la récompense militaire ; 6° ceux qui ont obtenu le brevet de vétérans de l'armée ; 7° ceux qui ont obtenu la pension de retraite désignée par le mot *solde* ; 8° enfin, ceux qui ont obtenu la pension de retraite connue sous le nom de *demi-solde.*

5. Il sera annuellement, en vertu d'un décret du Corps-Législatif, versé par la Trésorerie nationale dans la caisse de l'Hôtel national des militaires invalides la somme qui sera jugée nécessaire à l'entretien des édifices de l'Hôtel, à la subsistance, à l'habillement et à l'équipement des invalides qui y seront retirés, aux frais de l'administration générale de cet établissement, et à l'acquittement des pensions destinées à le représenter.

6. La somme qui, en vertu de l'article 5, aura été fixée par le Corps-Législatif pour l'Hôtel national des militaires invalides, ne sera susceptible d'aucune espèce de retenue ;

elle sera payée d'avance, mois par mois, en douze paiemens égaux. ¹

7. Le nombre des militaires qui seront admis à l'Hôtel sera annuellement fixé par le Corps-Législatif : il sera, pour l'année 1792, porté à trois cents places d'officiers, et à dix-sept cents pour les sous-officiers ou soldats.

8. Le nombre des pensions destinées à representer le traitement de l'Hôtel sera fixé chaque année par le Corps-Législatif, d'après les besoins de l'armée et le compte que lui rendra le ministre chargé de cet établissement.

Dans aucune circonstance, les militaires qui les auront obtenues ne pourront en être privés, les réductions ne devant jamais être exercées que dans le cas de vacance.

Pour l'année 1792, le nombre des pensions sera fixé à deux mille.

En exécution de l'article 5 du présent décret, il sera versé par la Trésorerie nationale, pour l'année 1792, une somme de deux millions dans la caisse de l'Hôtel national des militaires invalides.

9. Il sera, pendant la paix, constamment réservé cent places et cent pensions destinées aux officiers, sous-officiers ou soldats que des évènemens imprévus forceraient à quitter le service.

10. Les officiers, sous-officiers ou soldats qui auront été admis à l'Hôtel national des militaires invalides auront toujours la liberté d'en sortir; ils jouiront alors des pensions fixées par l'article 14 du présent décret.

11. Les officiers, sous-officiers ou soldats qui, ayant été jugés admissibles à l'Hôtel, auront opté pour une pension destinée à le représenter, auront toujours la faculté d'y rentrer; mais ils concourront, pour cet objet, avec le reste des officiers, sous-officiers et soldats.

12. Les officiers, sous-officiers et soldats qui auront été jugés admissibles à l'Hôtel ou à la pension qui le représente, seront conduits à l'Hôtel ou dans le lieu qu'il auront choisi pour leur retraite, aux dépens de la caisse des invalides. Il en sera de même de ceux qui, après être entrés à l'Hôtel, demanderont à jouir de la pension, et enfin de ceux qui, ayant opté pour la pension, obtiendront d'entrer à l'Hôtel.

13. Les officiers, sous-officiers et soldats qui, après avoir été admis à l'Hôtel national des militaires invalides, et en être sortis pour jouir de la pension, demanderont à y rentrer, pourront en obtenir l'agrément; mais ils s'y rendront à leurs frais. Ceux qui, après avoir opté pour la pension, auront obtenu d'entrer à l'Hôtel, et demanderont néanmoins de nouveau à jouir de la pension qui le représente, voyageront de même à leurs frais.

14. Les pensions destinées à représenter l'Hôtel seront, pour les colonels, dix-huit cents livres; pour les lieutenans-colonels, douze cents livres; pour les commandans de bataillon, mille livres; pour les capitaines, huit cents livres; pour les lieutenans, sous-lieutenans et porte-drapeaux, six cents livres; pour les maréchaux-des-logis en chef et sergens-majors, quatre cent vingt-deux livres trois sous quatre deniers; pour les sous-officiers, trois cents livres dix sous; pour les soldats, deux cent quarante livres.

15. Les invalides admis à l'Hôtel ou la pension n'obtiendront, dans aucun cas, après leur démission, une pension ou un traitement plus fort que celui du grade auquel ils étaient élevés au moment de leur admission.

16. Les pensions destinées à représenter l'Hôtel seront payées mois par mois, toujours d'avance, sans aucune espèce de retenue, aux dépens dudit établissement, et à la diligence de ses administrateurs, par le receveur du district dans lequel le pensionnaire sera sa résidence.

L'administration de l'Hôtel présentera au Corps-Législatif les moyens d'exécution du présent article, pour en obtenir l'approbation.

17. Tout paiement fait par anticipation à un invalide pensionné sera regardé comme non avenu.

18. Les trois quarts des pensions destinées à représenter l'Hôtel seront insaisissables, même pour fourniture d'alimens.

19. L'Assemblée nationale confie les invalides pensionnés aux soins paternels de tous les fonctionnaires publics, et particulierement à ceux des officiers municipaux et des procureurs des communes.

20. Immédiatement après la réception du présent décret, le directoire du département de Paris s'occupera de la formation du tableau général des officiers, sous-officiers et soldats qui devront être admis à l'Hôtel national des militaires invalides, ou à la pension destinée à le représenter. Il se conformera, dans la composition de ce tableau, aux dispositions des articles suivans.

21. Seront admis à l'Hôtel ou à la pension qui le représente :

1° Tous les invalides qui étaient retirés à l'Hôtel à l'époque du 28 mars 1791; 2° les gendarmes retirés dans l'hospice militaire de Lunéville; 3° les invalides formant les compagnies détachées qui seront réformées; 4° les invalides formant les compagnies détachées qui seront dans le cas prévu par l'article 2 du présent décret; 5° les officiers, sous-officiers et soldats, tant dans les troupes de ligne et gardes nationales volontaires, que dans les troupes et gens de mer, qui se trouveront dans le cas prévu par l'article 2; 6° les invalides retirés dans les départemens; 7° les sous-officiers et soldats qui se sont retirés avec la récompense militaire ou le brevet de vétéran; 8° les sous-officiers et soldats qui se sont retirés avec la solde; 9° les sous-officiers et soldats qui se sont retirés avec la demi-solde, lesquels se trouveront dans le cas prévu par l'article 2 du présent décret.

On observera d'accorder la préférence aux plus âgés de ceux qui auront été mutilés à la guerre, jusqu'au dernier; ensuite par rang d'ancienneté de service, en préférant, à égalité de service, ceux qui seront les plus âgés.

Les invalides qui ont été admis à l'Hôtel depuis l'époque du 28 mars 1791 n'y seront conservés que s'ils réunissent les conditions prescrites par le décret dudit jour; dans le cas contraire, ils rentreront dans la classe dont ils faisaient partie à ladite époque du 28 mars, et ils ne concourront, pour être de nouveau admis à l'Hôtel, qu'avec les militaires de la classe dans laquelle ils se trouvaient.

22. Pour mettre le directoire du département de Paris à portée de comparer ce tableau, les ministres de la guerre et de la marine adresseront à ce corps administratif, quinze jours après la proclamation du présent décret, l'état de tous les officiers, sous-officiers et soldats actuellement en activité de service, et celui de tous les autres militaires qui, conformément au présent décret, seront dans le cas d'être admis à l'Hôtel ou à la pension qui le représente.

23. Les états que les ministres de la guerre et de la marine adresseront au directoire du département de Paris seront conformes aux modèles annexés au présent décret, et appuyés sur les pièces justificatives mentionnées dans l'article 34.

Pour accélérer et assurer encore davantage la confection du tableau des invalides, l'administration de l'Hôtel remettra, immédiatement après la publication du présent décret, les contrôles de l'Hôtel au directoire du département.

24. Le directoire du département de Paris ne portera, ainsi qu'il est prescrit articles 7 et 8, le tableau général de l'année 1792, qu'à quatre mille places, y compris les pensions représentant l'Hôtel; mais il y joindra un état, rédigé dans le même ordre, de cinq cents militaires destinés à occuper les places qui vaqueront dans le cours de l'année. Les suppléans entreront en jouissance, au plus tard, un mois après la vacance de la place ou de la pension.

25. Avant de former l'état particulier des invalides qui devront être admis à l'Hôtel, et de ceux qui jouiront de la pension, le directoire du département s'assurera du vœu de chacun d'eux, et, pour cela, il leur adressera une invitation d'opter entre l'Hôtel et la pension.

26. Tout invalide qui n'aura pas fait connaître son vœu dans l'espace d'un mois, à dater du jour de l'invitation, sera censé avoir préféré la pension.

27. Six semaines après le départ des invitations d'opter, le directoire du département dressera l'état définitif des invalides qui devront habiter l'Hôtel, et de ceux qui jouiront de la pension.

28. Si le nombre des invalides qui désireront habiter l'Hôtel est plus grand que celui des places à donner, le directoire choisira parmi eux, et donnera la préférence à ceux qui, par leur âge, leurs infirmités, leurs blessures et leur isolement social, mériteront le plus d'obtenir les places de l'Hôtel.

29. Si le nombre des invalides qui désireront habiter l'Hôtel est moins grand que celui des places à donner, lesdites places resteront vacantes, et il leur sera de suite substitué un nombre au moins égal de pensions.

Il en sera usé de même toutes les fois qu'un invalide habitant l'Hôtel aura demandé par écrit, et huit jours d'avance, l'agrément, qui jamais ne pourra lui être refusé, d'aller jouir de sa pension.

3o. Dès que la liste que le directoire du département de Paris aura dressé en vertu du présent décret aura été approuvée par le Corps-Législatif, elle sera rendue publique par la voie de l'impression, et trois exemplaires en seront adressés, par les soins du ministre de l'intérieur, à chaque district du royaume, par l'intermédiaire de leurs départemens respectifs. Cette liste contiendra tous les détails qui auront été fournis au directoire par les ministres de la guerre et de la marine, et par l'administration de l'Hôtel, et sera rédigée conformément au modèle prescrit par l'article 23.

L'impression de ladite liste sera faite aux dépens de l'administration de l'Hôtel.

31. Le directoire du département de Paris formera de même chaque année, dans le cours du mois de décembre, sur la présentation de l'administration de l'Hôtel, une liste semblable qui sera mise sous les yeux du Corps-Législatif par le ministre chargé de l'Hôtel des invalides.

32. Une des listes que le directoire du département de Paris aura fait passer à chaque district de l'empire sera, à la diligence du procureur-syndic du district, successivement adressée à chaque municipalité de son territoire, et y restera déposée pendant un mois, afin que tous les citoyens, et surtout tous les militaires qui pourraient avoir des prétentions à l'Hôtel ou à la pension, puissent juger de la validité de leurs droits.

Ceux qui se croiront lésés, ou qui penseront avoir des réclamations à faire, les adresseront à leurs municipalités, qui, après avoir délibéré sur les faits exposés, les feront passer au directoire du département par l'inter-

4.

médiaire du district. Le directoire du département les adressera, avec son avis, à l'administration générale de l'Hôtel.

33. Les officiers, sous-officiers et soldats invalides actuellement retirés dans les départemens; les sous-officiers et soldats qui, ayant obtenu la récompense militaire, la solde, la demi-solde ou la vétérance, se croiront fondés à être admis à l'Hôtel ou à la pension destinée à le représenter, adresseront leurs demandes à leurs municipalités respectives, qui les feront parvenir, ainsi qu'il est dit article 32, au directoire de leurs départemens, par l'intermédiaire des directoires de district.

Les directoires de département rédigeront la demande des militaires dans la forme prescrite par l'article 23, et joindront à l'appui toutes les pièces justificatives qu'on leur aura fournies.

Lesdits états et pièces justificatives seront à l'avenir adressés à l'administration de l'Hôtel, avant l'époque du 1er décembre de chaque année.

34. Le ministre de la guerre et celui de la marine adresseront chaque année, et le 1er décembre au plus tard, à l'administration de l'Hôtel, un état visé et signé par eux des officiers, sous-officiers et soldats qu'ils jugeront devoir être admis à l'Hôtel. Cet état sera rédigé de la même manière que celui qui est prescrit article 23 du présent décret.

A cet état seront jointes les pièces suivantes:

1° Le mémoire de l'officier, sous-officier ou soldat, dans lequel il fera connaître son âge, le nombre de ses années de service, le grade dans lequel il sert, les campagnes qu'il a faites, les blessures qu'il a reçues, les infirmités dont il est affecté. Il exposera encore l'objet de sa demande et les motifs sur lesquels elle est fondée; 2° l'avis des officiers de la compagnie sur cette demande; 3° l'avis des officiers de santé du régiment et de l'hôpital militaire; 4° l'avis du conseil d'administration; 5° le vu des commissaires des guerres; 6° l'approbation de l'officier général chargé de l'inspection.

Ces différens avis ou certificats seront mis au bas du mémoire, et dans l'ordre ci-dessus indiqué.

35. Si les faits énoncés dans les pièces mentionnées article 34 sont reconnus et constatés ou faux ou exagérés, les personnes qui auront signé lesdits certificats en seront personnellement et solidairement responsables. En conséquence, outre la punition de discipline qui leur sera infligée en vertu des ordres du ministre de la guerre, ils seront condamnés, à la diligence de l'administration de l'Hôtel, à verser dans la caisse dudit Hôtel, et pendant la vie entière du militaire pensionné, une somme égale à la pension qui lui aura été indûment attribuée. Les signataires desdits certificats contribueront au paiement de cette pension, au prorata de leurs appointemens.

36. L'Etat s'étant, par l'article 5 du présent décret, chargé de pourvoir à l'entretien et à la subsistance des invalides, ainsi qu'au paiement des pensions, les indemnités dont jouissait l'Hôtel des invalides sur les fermes générales sont supprimées; il en est de même des pensions d'oblat. Les deux millions placés sur l'Etat sont censés acquittés; les terrains ci-devant en location au profit de l'Hôtel sont déclarés nationaux, et seront vendus ou loués comme tels, en observant néanmoins de conserver tous ceux qui pourront contribuer à l'agrément ou à la salubrité de l'Hôtel.

37. Toutes les pensions qui étaient ci-devant payées par la caisse des invalides le seront à l'avenir sur les fonds destinés aux pensions. Il en sera de même de toutes les retraites accordées à l'état-major des invalides et aux agens de l'administration qui ne seront point conservés dans leurs fonctions.

Il ne pourra à l'avenir, et sous aucun prétexte, être accordé aux agens de l'administration aucune espèce de pension de retraite sur les fonds de l'Hôtel, et nul ne pourra en tirer un traitement plus fort que celui qui aura été fixé par les décrets du Corps-Législatif.

38. L'état-major de l'Hôtel des invalides, supprimé par le décret du 28 mars 1791, et qui a continué ses fonctions jusqu'à ce jour, continuera d'être payé du traitement dont ils jouissaient, jusqu'au jour où le conseil d'administration tiendra sa première session.

39. Il sera accordé auxdits officiers des retraites dont la valeur sera déterminée tant en conséquence du traitement dont ils jouissent, que de l'ancienneté de leurs services. On prendra pour base le décret du 3 août 1790, relatif aux pensions, et celui du 1er juillet, relatif à la conservation et au classement des places de guerre.

L'Hôtel des invalides sera considéré comme ayant fait partie des places de première ligne.

40. Les officiers de santé actuellement en activité de service, et qui seront conservés par l'administration de l'Hôtel, jouiront du même traitement dont ils jouissent actuellement; quant à ceux qui les remplaceront, leur traitement sera fixé par le conseil.

41. Les officiers de santé de l'Hôtel qui demanderont ou obtiendront leur retraite recevront une pension proportionnée au traitement dont ils jouissent et à l'ancienneté de leurs services: on prendra pour base les ordonnances relatives aux pensions de retraite des officiers de santé des hôpitaux militaires.

42. Si d'anciens officiers de l'état-major de l'Hôtel, un des officiers de santé dudit Hôtel, ou des agens de son administration, ou enfin des citoyens employés dans les armées, avaient légalement obtenu, pour retraite ou supplément de retraite, un logement dans l'Hôtel

des invalides, ils obtiendront une indemnité en argent. Cette indemnité sera fixée par l'Assemblée nationale, d'après le rapport du commissaire du Roi liquidateur général.

43. Tous les agens actuels de l'administration de l'Hôtel videront, dans le délai d'un mois après la promulgation du présent décret, les logemens qu'ils occupent dans ledit Hôtel.

Nul des citoyens employés à l'avenir à l'administration de l'Hôtel ne logera dans son intérieur ou dans les bâtimens qui en dépendront, qu'en vertu des décrets du Corps-Législatif.

Les citoyens employés à l'administration de l'Hôtel, et qui y seront logés en vertu des décrets du Corps-Législatif, n'occuperont que le nombre de pièces qui sera fixé par les administrateurs de l'Hôtel, et ce nombre sera réduit au pur et absolu nécessaire.

Le directoire du département de Paris s'occupera sans délai à faire dresser un état et un plan général des logemens, et à faire, dans l'intérieur de l'Hôtel, les réparations et distributions qui pourront contribuer à rendre les logemens des soldats plus commodes, plus sains et plus agréables.

44. Aucun des citoyens employés à l'administration de l'Hôtel ne pourra, sous aucun prétexte, s'attribuer ni obtenir un jardin ou portion des jardins appartenant à l'Hôtel.

Les jardins actuellement cultivés seront, ainsi que les cours et les terrains vacans, susceptibles d'être mis en culture, divisés en petits carreaux et distribués par le sort entre les officiers, sous-officiers et soldats résidant à l'Hôtel.

Les officiers, sous-officiers et soldats qui jouissent actuellement de jardins ou portions de jardins, seront maintenus en possession pendant tout le temps qu'ils résideront à l'Hôtel.

Les invalides pourront dans tous les temps disposer de leurs jardins en faveur de ceux de leurs camarades retirés à l'Hôtel qu'ils voudront choisir; mais, dans aucun cas, nul individu ne pourra en conserver deux.

L'administration de l'Hôtel rédigera les réglemens qu'elle jugera nécessaires pour l'exécution du présent article.

45. Les invalides demeurant à l'Hôtel recevront, pour leurs menus besoins, indépendamment des fournitures ordinaires, les pensions suivantes :

Les colonels, cinquante livres par mois; les lieutenans-colonels, trente livres; les commandans de bataillons, vingt-quatre livres; les capitaines, seize livres; les lieutenans, douze livres; les maréchaux-des-logis en chef, huit livres; les sous-officiers, six livres; les soldats, cinq livres.

Ces pensions seront payées chaque mois, en paiemens égaux; qui seront faits le 1er, le 8, le 15 et le 22 de chaque mois.

TITRE II. De l'administration intérieure de l'Hôtel.

SECTION 1re. Du conseil d'administration.

Art. 1er. Les citoyens admis à l'Hôtel des invalides ne seront tenus à aucune espèce d'exercice ni de service militaire : chacun d'eux conservera néanmoins, à l'instar des vétérans nationaux, un esponton pour arme.

2. A dater du jour de la publication du présent décret, l'Hôtel des invalides fera partie du département du ministre de l'intérieur.

3. L'administration générale de l'Hôtel sera confiée, sous la surveillance du département de Paris, à un conseil électif qui sera composé ainsi qu'il sera dit ci-après.

4. Les membres de l'administration générale de l'Hôtel seront divisés en deux sections : l'une connue sous le nom de conseil général d'administration, et l'autre sous celui de bureau administratif.

5. Le conseil général d'administration sera composé de trente-six membres, savoir : six notables de la commune de la ville de Paris, et trente militaires retirés à l'Hôtel.

6. Il y aura de plus, dans l'administration de l'Hôtel national des militaires invalides, un syndic d'administration; il sera nommé ainsi qu'il sera dit article 13.

7. Les notables de la commune de Paris seront élus par le conseil général de ladite commune, au scrutin individuel et à la pluralité absolue des suffrages. Il en sera renouvelé trois chaque année, la première fois au sort, et ensuite à tour d'ancienneté.

8. Les militaires résidant dans l'Hôtel, qui devront, avec les membres de la commune de Paris, former le conseil général de l'Hôtel, seront élus par tous les invalides, au scrutin individuel et à la pluralité absolue des suffrages.

9. Les assemblées que les invalides devront tenir pour élire leurs administrateurs se formeront le premier lundi de chaque année; tous les invalides résidant à l'Hôtel auront le droit d'y voter. On suivra, pour les élections, les formes prescrites pour les assemblées primaires.

10. Les conditions nécessaires pour être éligible seront de résider dans l'Hôtel depuis un an et de savoir lire et écrire.

11. Les administrateurs élus seront renouvelés par moitié tous les ans, la première fois au sort, et ensuite à tour d'ancienneté.

12. Les administrateurs pourront être continués par une nouvelle élection; mais ensuite ils ne pourront être réélus qu'après un intervalle de deux ans.

13. Le syndic d'administration sera aussi nommé par les invalides, au scrutin et à la pluralité absolue des suffrages. Il sera élu

9.

pour deux ans; il pourra être continué par une nouvelle élection; mais ensuite il ne pourra être réélu qu'après un intervalle de deux ans.

Le syndic d'administration ne pourra être choisi que parmi les citoyens étrangers à l'Hôtel; il devra réunir les conditions nécessaires pour être élu membre des corps administratifs.

14. Le conseil d'administration nommera, dès sa première séance, un président et un vice-président : ils seront choisis, au scrutin individuel et à la pluralité absolue des suffrages, parmi les membres du conseil.

15. Le conseil nommera ensuite, au scrutin individuel et à la pluralité absolue des suffrages, un économe de l'Hôtel, un trésorier et un secrétaire.

Le premier sera élu pour quatre ans, les deux autres pour six; les uns et les autres pourront être continués par de nouvelles élections.

L'économe, le trésorier et le secrétaire ne pourront être choisis que parmi les citoyens étrangers à l'Hôtel; ils devront réunir les conditions nécessaires pour être élus membres des corps administratifs.

L'économe de l'Hôtel fournira un cautionnement en immeubles, qui s'élevera à la somme de quarante mille livres.

Le trésorier fournira un cautionnement en immeubles, qui s'élevera à la somme de deux cent cinquante mille livres.

16. Ces différens cautionnemens seront soumis aux mêmes formalités que les cautionnemens des receveurs de district : ils seront vérifiés à la diligence du syndic d'administration.

17. Le traitement de l'économe sera de cinq mille livres, celui du trésorier de six mille livres, celui du secrétaire de deux mille livres : les uns et les autres seront logés dans l'Hôtel.

18. Le conseil d'administration tiendra une séance le premier lundi de chaque mois, et plus souvent s'il le juge convenable, ou s'il en est requis, soit par le bureau, soit par le syndic d'administration.

19. Le conseil fixera les règles de l'administration, ordonnera les dépenses et prescrira les règles générales de police; il recevra tous les mois les comptes du bureau, et vérifiera l'état des différentes caisses.

20. Le syndic d'administration assistera à toutes les séances du conseil et du bureau, mais sans voix délibérative; il ne pourra être pris aucune délibération sans qu'il ait été entendu; il fera toutes les réquisitions qu'il croira utiles. Ces réquisitions, sur lesquelles le conseil délibérera toujours, seront, si le syndic d'administration le demande, inscrites sur le registre des délibérations.

21. Le syndic d'administration sera chargé de suivre l'exécution de tous les arrêtés du conseil, de défendre les intérêts et de poursuivre les affaires de l'Hôtel.

22. Le traitement du syndic d'administration sera de trois mille livres; il sera logé à l'Hôtel.

23. Le conseil nommera un de ses membres pour remplacer momentanément le syndic d'administration en cas d'absence, de maladie ou autre empêchement.

24. Les délibérations du conseil ne pourront être mises à exécution qu'autant qu'elles auront été revêtues de l'approbation du directoire du département de Paris : 1° quand il s'agira de faire des changemens au régime de l'administration générale de l'Hôtel, ou aux réglemens de la police intérieure; 2° de faire des achats autres que ceux nécessaires à la subsistance journalière des personnes qui doivent vivre à l'Hôtel; 3° d'augmenter ou de diminuer la quantité des alimens; 4° d'augmenter ou de diminuer le nombre des agens salariés de l'administration; 5° de faire faire des augmentations, des changemens ou des réparations aux édifices de l'Hôtel; 6° enfin de statuer sur des objets étrangers à l'Hôtel tels que l'habillement et la solde des invalides et autres militaires qui, aux termes du présent décret, doivent être soldés par les soins de l'administration de l'Hôtel.

25. Dans tous les cas prévus par l'article précédent, le syndic de l'administration sera tenu d'adresser, dans vingt-quatre heures, au directoire du département de Paris, une copie en forme de la délibération du conseil; le directoire du département statuera, sous huitaine au plus tard, sur les objets contenus dans ladite délibération.

26. Toutes les fois que le directoire du département de Paris devra statuer sur les délibérations du conseil d'administration de l'Hôtel, il préviendra ledit conseil du jour et de l'heure où il s'en occupera : le conseil pourra charger deux de ses membres de se rendre au directoire, pour y faire connaître les motifs de sa détermination; ils y auront voix consultative.

27. Le syndic d'administration sera appelé au directoire du département toutes les fois qu'il devra y être traité des objets relatifs à l'Hôtel; il y sera entendu sur lesdits objets toutes les fois qu'il le demandera, ou lorsqu'il sera requis de donner des renseignemens.

28. Le syndic d'administration sera tenu de dénoncer au conseil général de l'Hôtel tous les arrêtés que le bureau aura pris, qui lui paraîtront outre-passer le pouvoir des délégués audit bureau, ou être contraires soit aux lois, soit aux intérêts des administrés ou de la nation, soit aux arrêtés du conseil, soit à ceux du directoire du département.

29. Le syndic d'administration sera tenu de même de dénoncer au directoire du département de Paris tous les arrêtés que

conseil de l'Hôtel aura pris, et tous les ordres qu'il aura donnés, lorsqu'ils lui paraîtront outre-passer les pouvoirs délégués audit conseil, ou être contraires, soit aux lois, soit aux intérêts des administrés ou de la nation, soit aux arrêtés du département de Paris, ou aux ordres qu'il lui aura transmis.

30. Si le syndic d'administration négligeait de dénoncer au conseil de l'Hôtel les arrêtés du bureau administratif, ou au directoire du département les arrêtés du conseil qui seront contraires, soit aux lois, soit aux intérêts des administrés ou de la nation, soit aux ordres ou arrêtés du directoire, le directoire pourra, sous sa responsabilité, après avoir entendu ledit syndic, le suspendre provisoirement de ses fonctions, mais à la charge d'en instruire aussitôt le pouvoir exécutif, lequel levera ou laissera subsister ladite suspension.

31. Lorsque le pouvoir exécutif laissera subsister la suspension prononcée par le directoire du département de Paris contre le syndic de l'administration, ledit directoire nommera, pour le remplacer, un commissaire pris parmi les membres du conseil de l'administration de l'Hôtel.

32. Lorsque le pouvoir exécutif laissera subsister la suspension prononcée par le directoire du département, il en instruira sur-le-champ le Corps-Législatif, qui lèvera ou approuvera la suspension, ou renverra le syndic au tribunal criminel du département.

33. Le bureau et le conseil d'administration de l'Hôtel seront d'ailleurs assujétis, envers le directoire du département de Paris, aux dispositions prescrites pour la subordination des districts envers les départemens, par l'article 25 et suivans du décret du 15 = 27 mars 1791.

34. La fourniture des denrées nécessaires à la subsistance des invalides retirés à l'Hôtel, telles que le pain, vin, viande, beurre, œufs, fromages, légumes secs, bois, charbon, chandelle, et de tous les autres objets qui en seront susceptibles, sera donnée à l'entreprise.

Il en sera de même de la fourniture des étoffes, toiles et autres objets nécessaires à l'habillement, à l'équipement et à l'entretien des invalides.

Ces adjudications seront faites au rabais par-devant le directoire du département de Paris, en présence du syndic de l'administration de l'Hôtel et de deux membres de l'administration; on suivra, pour ces adjudications, les dispositions des articles 7, 8 et 9 du titre II du décret du 20 septembre = 4 octobre 1791.

35. Le secrétaire sera chargé de tenir registre de toutes les délibérations du conseil et du bureau administratif : il sera chargé, de plus, de tout ce qui est relatif aux archives.

36. Le trésorier ne fera aucun achat ni marché; il ne pourra, dans aucun cas, faire un paiement au-dessus de cent livres, si le mandat de l'économe n'est pas visé par le président ou le vice-président du bureau administratif. Tout mandat au-dessus de trois cents livres devra être ordonnancé par le bureau administratif.

37. Le trésorier recevra de la Trésorerie nationale tous les fonds qui seront confiés par les décrets à l'administration de l'Hôtel; il fera tous les paiemens d'après les mandats de l'économe de l'Hôtel, visés ainsi qu'il est dit ci-dessus.

38. L'économe de l'Hôtel sera chargé de tous les achats; mais, dans aucun cas, il ne fera aucun paiement; ses comptes seront vérifiés sur pièces et registres, le lundi de chaque semaine, par le bureau administratif; ils seront visés par le conseil, le premier lundi de chaque mois, et définitivement arrêtés chaque année par le directoire du département de Paris.

Les marchés faits par l'économe qui s'élèveront au-dessus de trois cents livres, ne seront obligatoires que lorsqu'ils auront été approuvés par le bureau administratif.

39. L'économe et le trésorier seront entendus dans le conseil et dans le bureau, toutes les fois qu'ils le demanderont, sur les objets de leur administration, ou lorsqu'ils seront requis de donner des renseignemens : ils pourront, lorsque le conseil ou le bureau le jugera convenable, être entendus sur des objets étrangers à ceux qui leur seront confiés.

40. Les séances du conseil et du bureau seront publiques. Toute délibération prise à huis clos sera nulle, et les dépenses qui en auront résulté seront à la charge du syndic de l'administration, s'il ne s'y est pas formellement opposé. Dans le cas d'opposition de la part du syndic de l'administration, elles seront à la charge des membres du conseil qui ne se seront point inscrits contre la délibération en refusant de la signer.

41. Le directoire du département de Paris vérifiera et arrêtera, chaque année, les comptes de recette et de dépense de l'Hôtel, sur registres, journaux et pièces, et il prescrira les règles d'administration : nulle dépense extraordinaire ne pourra être faite sans son autorisation préalable.

Les comptes de recettes et dépenses de l'Hôtel seront, chaque année, rendus publics par la voie de l'impression, après qu'ils auront été définitivement arrêtés par le Corps Législatif.

SECTION II. Du bureau administratif.

Art. 1er. Le bureau administratif de l'Hôtel sera composé de trois des notables de la commune de Paris, membres du conseil d'administration, et de six militaires pris dans l'Hôtel.

Le bureau nommera dans son sein un président et un vice-président.

2. Les membres du bureau seront élus, au scrutin individuel et à la pluralité absolue des suffrages, par le conseil d'administration et parmi ses membres.

3. Les fonctions du bureau seront :

1° De faire jouir les invalides des avantages attachés à la salubrité de l'air et à la propreté des édifices, cours, etc. ;

2° De veiller sur la quantité, la qualité, la préparation et la distribution des alimens et des remèdes ;

3° De faire donner aux malades, aux estropiés et aux infirmes, tous les soins que leur état exige et que l'humanité commande ;

4° De surveiller les achats et toutes les consommations ;

5° De porter une attention particulière à l'achat des toiles et étoffes, et à la fabrication des habits et du linge ;

6° D'empêcher les petites dégradations des édifices, et de prévenir les grandes par une continuelle surveillance ; en un mot, de faire exécuter avec exactitude et ponctualité les lois et réglemens, ainsi que les ordres donnés, soit par le directoire du département, soit par le conseil d'administration.

4. Le bureau distribuera entre ceux de ses membres pris dans l'Hôtel les différens détails d'administration, afin que chacun d'eux soit plus particulièrement chargé d'une ou plusieurs parties, dont il sera personnellement responsable au bureau.

5. Le bureau s'assemblera les lundi et jeudi de chaque semaine ; il s'assemblera plus souvent s'il le juge convenable, s'il en est requis par le syndic de l'administration, ou si l'ordre lui en est donné par le conseil.

### Section III. Tribunal de conciliation.

Art. 1er. Toutes les contestations qui s'élèveront dans l'Hôtel des invalides entre les militaires qui y sont retirés seront portées en première instance, par-devant un tribunal qui sera désigné par le nom de *Tribunal de conciliation.*

2. Le tribunal de conciliation sera composé de trois notables de la commune de Paris, qui ne seront point membres du bureau administratif, et de six militaires qui habiteront dans l'Hôtel.

3. Les six militaires qui devront composer le tribunal de conciliation seront élus après les membres du conseil d'administration, par les mêmes électeurs, pour le même temps et de la même manière.

4. Le tribunal de conciliation nommera, au scrutin et parmi ses membres, un président et un vice-président.

5. Le tribunal de conciliation s'assemblera deux fois par semaine, les lundi et jeudi.

Le tribunal s'assemblera extraordinairement toutes les fois qu'il en sera requis par un des habitans de l'Hôtel, ou par le syndic d'administration.

6. Le tribunal de conciliation prononcera dans les affaires contentieuses, après avoir entendu les parties, pris les connaissances qu'il croira nécessaires, et entendu le syndic d'administration.

7. Toutes les fois qu'un habitant de l'Hôtel aura contrevenu aux réglemens de police ou de discipline intérieure, il sera traduit devant le tribunal de conciliation, qui, après avoir entendu les témoins, fait vérifier les faits et ouï le syndic d'administration, prononcera : 1° si la faute a été commise ; 2° si le citoyen accusé en est coupable ; 3° quelle est la peine que le coupable a encourue.

8. Les jugemens portés par le tribunal de conciliation seront exécutoires par provision, sauf l'appel dans l'ordre prescrit ci-après.

9. L'appel de toutes les affaires contentieuses sera porté devant le tribunal de district dans l'arrondissement duquel l'Hôtel des invalides est situé.

L'appel de toutes les contestations relatives à l'administration sera porté devant le conseil administratif ; il en sera de même des appels des jugemens contre les habitans de l'Hôtel accusés d'avoir manqué aux réglemens de l'Hôtel.

10. Le tribunal de conciliation renverra aux tribunaux compétens tous les coupables accusés d'actions placées par les lois du royaume au rang des délits ou crimes.

11. Le tribunal de conciliation ne pourra, sous aucun prétexte, connaître que comme arbitre des affaires dans lesquelles un citoyen étranger à l'Hôtel serait impliqué ou intéressé.

12. Toutes les fois qu'un habitant de l'Hôtel aura des plaintes à porter contre l'un des membres du bureau, ou contre le bureau lui-même, en matière d'administration et de police, il se pourvoira par-devant le conseil d'administration.

13. Toutes les fois qu'un habitant de l'Hôtel aura des plaintes à porter contre les membres du conseil ou contre le conseil lui-même, en matière d'administration et de police, il se pourvoira par-devant le directeur du département de Paris, qui prononcera définitivement et en dernier ressort.

### Section IV. De la formation des réglemens de police et d'administration intérieures, et de la réception des comptes des précédens administrateurs.

Art. 1er. L'Assemblée nationale adressera au conseil d'administration de l'Hôtel des invalides, immédiatement après sa formation, toutes les plaintes, pétitions et mémoires qui lui ont été envoyés, soit par les citoyens qui ont voulu concourir à la perfection de cet établissement, soit par les invalides qui ont porté des plaintes ou dénoncé des abus, soit par le ministre de la guerre.

Les précédens administrateurs de l'Hôtel remettront de même au conseil, lors de la première session, tous les papiers, cartons, livres et registres relatifs à l'administration : les créanciers de l'Hôtel lui feront parvenir, sous quinzaine, la note des sommes qu'ils ont à répéter.

2. Immédiatement après son organisation, le conseil procédera, par des commissaires pris dans son sein, à l'inventaire général des meubles, effets et denrées existant dans l'Hôtel. Ces commissaires en fourniront leur récépissé aux anciens administrateurs, qui dès lors cesseront toutes les fonctions dont ils sont actuellement chargés.

3. L'une des premières fonctions du conseil sera de rédiger les réglemens qu'il jugera nécessaires. Il s'occupera principalement de la police intérieure, de l'ordre à établir dans la comptabilité, des détails de l'administration, de tous les objets, en un mot, qui pourront assurer aux citoyens retirés dans cet asile la tranquillité et le sort agréable que la patrie leur doit et dont elle veut les faire jouir.

A mesure que le conseil statuera sur chacun des différens objets qui lui sont délégués, il adressera une copie en forme de sa délibération au département de Paris.

4. Le directoire du département de Paris, après avoir délibéré ainsi qu'il est prescrit par les articles 26 et 27 de la section Ire du titre II du présent décret sur les projets de réglemens qui lui auront été présentés par le conseil d'administration de l'Hôtel, les adressera au Corps-Législatif avec son avis, aux fins d'être décrétés et présentés à la sanction du Roi.

5. Dès que le conseil d'administration aura rédigé tous les réglemens nécessaires à l'Hôtel, il s'occupera de la réception des comptes des précédens administrateurs. Ces comptes, lorsqu'ils auront été visés par le conseil, seront vérifiés par le directoire du département de Paris, et par lui adressés au Corps-Législatif, pour être définitivement arrêtés.

6. Le conseil présentera de même chaque année au Corps-Législatif, par l'intermédiaire du directoire du département de Paris, la note des changemens qu'il croira utiles, afin de conduire avec promptitude cet établissement au degré de perfection qu'il est susceptible d'atteindre.

TITRE III. Compagnies de vétérans (1).

Art. 1er. Il sera formé un corps composé de cinq mille hommes, destiné à remplacer les compagnies d'invalides détachées.

2. Nul ne devant être admis dans ce corps avant d'avoir servi vingt-quatre ans et obtenu la vétérance militaire, les membres qui le composeront seront nommés *Vétérans nationaux*.

3. Le corps des vétérans sera divisé en cent compagnies de cinquante hommes chacune, y compris les officiers, sous-officiers et tambours.

4. Douze de ces compagnies seront uniquement formées d'officiers, sous-officiers et soldats qui auront servi dans l'artillerie ; et les quatre-vingt-huit restantes, d'officiers, sous-officiers et soldats qui auront servi dans les autres corps de l'armée, sans que les militaires actuellement décorés du titre d'invalides ou qui auront obtenu la récompense militaire, solde ou demi-solde, soient tenus d'être décorés du signe de la vétérance.

5. Chacune de ces compagnies sera composée d'un capitaine, un lieutenant, un sergent-major, deux sergens, un caporal-fourrier, quatre caporaux, un tambour, trente-neuf fusiliers. — Total cinquante hommes.

6. Lors de la prochaine formation des compagnies de vétérans, on n'y admettra que des officiers, des sous-officiers et soldats actuellement employés dans les compagnies d'invalides détachées.

Dans le cas où les compagnies détachées ne pourraient fournir un nombre assez grand d'officiers, sous-officiers ou soldats, pour compléter les corps des vétérans, on y admettra des invalides retirés dans les départemens.

7. Pour compléter les compagnies de vétérans, on donnera la préférence aux officiers, sous-officiers et soldats les plus en état de servir. Le choix des hommes qui devront les composer est confié au pouvoir exécutif, qui le fera d'après les états formés par les municipalités, et qui lui seront adressés avec les avis des districts par l'intermédiaire des directoires de département.

8. Les places de capitaines seront données à des capitaines ; celles de lieutenans à des lieutenans ; celles de sergens-majors à des sous-officiers désignés par le nom de maréchaux-des-logis en chef ou sergens-majors ; celles de sergens à des sergens ou maréchaux-des-logis, et celles de caporaux à des caporaux ou brigadiers.

9. Les militaires qui seront compris dans les compagnies de vétérans seront considérés comme en activité de service, et, en cette qualité, ils seront susceptibles d'obtenir les décorations militaires et les autres récom-

___

(1) *Voy.* lois du 23 fructidor an 7 et du 4 germinal an 8.

penses que la nation accorde aux défenseurs de la patrie.

10. Les vétérans, lorsqu'ils ne pourront plus continuer leur service, obtiendront, ou l'Hôtel, s'ils doivent y être admis, ou leur pension de retraite sur le pied fixé par la loi du 3 août 1790. Tout militaire qui sera admis dans les compagnies de vétérans nationaux aura l'Hôtel ou sa retraite, du moment où il aura atteint sa soixantième année.

11. Les officiers, sous-officiers et soldats formant actuellement les compagnies d'invalides, se trouvant dans le cas prévu par l'article 11 du titre I.er du présent décret, et qui ne seront point compris dans la nouvelle formation des vétérans, seront, à leur choix, admis ou à l'Hôtel des invalides, ou à la pension qui le représente.

12. Jusqu'au moment où tous les invalides retirés dans les départemens auront été appelés à l'Hôtel ou à la pension qui le représente, ils concourront pour moitié dans les remplacemens à faire dans les compagnies de vétérans. Les sous-officiers et soldats qui ont obtenu la vétérance, la récompense militaire, la solde ou la demi-solde, concourront dans le même remplacement pour un quart, et l'armée pour l'autre quart. Du moment où ces différentes classes de militaires seront épuisées, la totalité des remplacemens appartiendra à l'armée.

13. On n'occupera jamais, en entrant dans les compagnies de vétérans, que le grade que l'on remplissait dans l'armée depuis deux ans au moins. Celui qui n'aura pas deux ans de service dans ce grade ne sera employé que dans le grade inférieur.

Seront exceptés de la présente disposition les officiers ci-devant dits de fortune, lesquels pourront être employés dans un grade égal à celui qu'ils occupaient au moment de leur admission aux compagnies de vétérans.

14. La moitié des places d'officiers et sous-officiers qui à l'avenir deviendront vacantes sera donnée, dans chaque compagnie, au plus ancien officier ou sous-officier du grade inférieur; l'autre moitié sera donnée par le pouvoir exécutif, en suivant les formes prescrites par les articles 2 et 8 du présent titre, aux plus anciens des officiers et sous-officiers de l'armée qui auront été jugés devoir y être admis.

15. Nul militaire en activité ne sera admis dans les compagnies de vétérans qu'il n'ait vingt quatre ans de service révolus, et qu'il n'ait été reconnu dans l'impossibilité de continuer son service dans l'armée de ligne. Cette impossibilité sera constatée dans les formes et certifiée de la manière prescrite par les articles 34 et 35 du titre I.er du présent décret.

16. La solde des compagnies de canonniers sera réglée sur le pied du corps de l'artillerie; celle des compagnies de fusiliers le sera sur le pied de celle de l'infanterie : il en sera de même des masses d'habillement, de réparations, de boulangerie, de bois et lumières, et d'hôpitaux. Les appointemens des capitaines seront les mêmes que ceux des capitaines de la cinquième classe, et ceux des lieutenans, les mêmes que ceux des lieutenans de la seconde classe.

17. La totalité de la solde et des masses destinées aux compagnies de vétérans nationaux sera versée chaque année par la Trésorerie nationale, en douze paiemens égaux, entre les mains du ministre de la guerre; la totalité de cette somme sera répartie entre les différentes compagnies et versée par le ministre de la guerre entre les mains des receveurs des districts dans lesquels ces compagnies seront en garnison.

18. Chaque compagnie sera administrée par un conseil composé de deux officiers, deux sous-officiers et deux soldats vétérans. Ce conseil sera présidé par un des membres du directoire du district; le procureur-syndic y assistera et sera entendu sur toutes les affaires qui s'y traiteront.

Le secrétaire du district servira auprès de ce conseil et en tiendra les registres.

Les deux sous-officiers et les deux soldats vétérans, membres du conseil, seront choisis chaque année par la compagnie entière, au scrutin individuel et à la pluralité absolue des suffrages.

Lorsque les sous-officiers ou vétérans élus seront absens ou malades, ils seront remplacés par ceux qui auront obtenu le plus de suffrages.

Lorsque les officiers membres du conseil seront absens ou malades, ils seront remplacés par les premiers des sous-officiers.

19. Ce conseil sera chargé de tout ce qui concerne la nourriture, l'habillement, l'équipement et le logement de la compagnie; il sera chargé encore de tout ce qui sera relatif à l'habillement, solde, demi-solde et récompense militaire des invalides retirés dans le département.

Les réglemens de discipline et de police des vétérans nationaux seront proposés au Corps-Législatif par le ministre de la guerre.

20. Les directoires des départemens vérifieront chaque année les comptes de l'administration des compagnies, et les adresseront au Corps-Législatif pour être définitivement arrêtés.

21. Les compagnies de vétérans nationaux ne changeront de garnison et ne sortiront de l'étendue du département dans lequel elles seront fixées, qu'en vertu d'un décret du Corps-Législatif. Les commandans militaires pourront néanmoins, sur la réquisition des directoires des départemens voisins, les trans-

porter momentanément où la tranquillité publique l'exigera.

22. Les commandans militaires inspecteront les compagnies de vétérans au moins deux fois chaque année; les commissaires des guerres les passeront en revue quatre fois par an, et aux mêmes époques que les troupes de ligne.

23. Le commandant militaire fixera, de concert avec les corps administratifs, le service ordinaire des vétérans nationaux; il l'établira de telle manière qu'ils ne montent jamais la garde plus d'une fois par semaine, et qu'ils ne fassent de patrouilles que lorsqu'ils seront de garde.

24. Cet ordre ne sera interverti que lorsque la tranquillité publique l'exigera, et d'après les réquisitions formelles du directoire du département.

25. Le logement sera fourni aux compagnies de vétérans par les départemens dans lesquels elles seront en garnison.

26. Les invalides seront reçus dans les hôpitaux du lieu de leur résidence, au moyen de leur paie journalière.

27. Il sera placé une compagnie de vétérans nationaux dans chacun des chefs-lieux de département.

Les douze compagnies de canonniers seront répandues sur les côtes, et les cinq compagnies restantes seront placées là où le pouvoir exécutif le jugera convenable, en se conformant néanmoins aux dispositions des articles suivans.

28. Les compagnies détachées seront remplacées dans les villes et châteaux qu'elles gardent actuellement, et où il sera jugé nécessaire de tenir une garnison, par des détachemens de troupes de ligne fournis par les garnisons les plus voisines.

29. Les compagnies de canonniers seront placées sur les côtes et répandues dans les différens ports, de préférence dans les lieux où il n'y a point de troupes de ligne en garnison; elles ne pourront néanmoins, hors le temps de guerre, être placées dans les forts ou châteaux bâtis dans la mer, tels que le château du Taureau, le Mont-Saint-Michel, Perquerolle, etc.

3o. Les compagnies de canonniers vétérans nationaux seront administrées et régies de la même manière que les compagnies de fusiliers vétérans nationaux.

31. Chaque compagnie de vétérans nationaux sera désignée par un numéro différent, à commencer par le n° 1er: leur rang sera tiré au sort.

32. Les vétérans nationaux porteront l'habit national, veste et culotte bleues, boutons blancs, sur lesquels on lira ces mots: Vétéran national.

33. On placera, autant que faire se pourra, les vétérans nationaux dans les départemens

pour lesquels ils opteront ou dans lesquels ils auront pris naissance.

34. Conformément à l'article 58 du décret du 24 mai, 25, 27 et 3o juin, 2, 4, 5 et 8 juillet 1791, les officiers, sous-officiers et soldats formant les compagnies de vétérans, ne seront imposés aux rôles des contributions directes et personnelles dans leurs garnisons, qu'autant qu'elles seront en même temps le lieu de leur domicile ou de leurs propriétés, ou qu'ils exerceront un métier, ou qu'ils y feront quelque commerce ou négoce.

35. Les vétérans nationaux jouiront, dans tout le royaume, des avantages accordés par l'article 34 de la section II du décret du 28 juillet 1791; mais ils ne pourront prétendre à être placés et appelés qu'immédiatement après les vétérans des gardes nationales du lieu.

36. Il sera donné, par forme d'indemnité, lors du prochain changement de garnison, un demi-mois de solde à chacun des invalides formant les compagnies détachées; un mois entier à ceux qui seront mariés et auront leur femme avec eux; un mois et demi à ceux qui auront des enfans avec eux, et deux mois entiers à ceux qui auront plus de trois enfans avec eux.

37. Les officiers formant l'état-major de la compagnie d'invalides détachée à Versailles obtiendront une pension de retraite proportionnée à leur grade et à leurs services; on prendra pour base le décret du 3 avril 1790.

Les officiers de santé attachés à ladite compagnie obtiendront une retraite proportionnée à leurs services: on prendra pour base le traitement accordé par les ordonnances militaires aux officiers de santé attachés aux régimens.

38. Les officiers, sous-officiers ou soldats invalides actuellement employés dans les compagnies détachées, qui, en passant dans les vétérans nationaux, éprouveraient une diminution d'appointemens ou de solde, conserveront celle dont ils jouissent aujourd'hui: il leur sera fait, tous les trois mois, un décompte particulier dudit supplément de paie. Ledit supplément cessera du moment où les officiers, sous-officiers ou soldats invalides jouiront d'appointemens d'une somme égale à celle dont ils jouissent aujourd'hui.

TITRE IV. Invalides retirés dans les départemens.

Art. 1er. Les militaires qui se sont retirés dans les départemens, après avoir été admis à l'Hôtel des invalides ou en avoir obtenu le brevet, seront appelés à l'Hôtel ou à la pension qui le représente à mesure qu'il y aura des places ou des pensions vacantes, pourvu toutefois que, par leur âge, leurs infirmités, leurs blessures et leurs services, ils se trou-

vent dans le cas prévu par les articles 2 et
21 du titre Ier du présent décret. Ils pourront
de même, aux termes des articles 12 et 14
du titre III du présent décret, être admis
dans les compagnies de vétérans.

2. Les officiers des invalides actuellement
retirés dans les départemens jouiront d'une
pension de six cents livres.

Les sous-officiers désignés par le nom de
maréchaux-des-logis en chef jouiront d'une
pension de deux cent cinquante livres; le reste
des sous-officiers, d'une pension de deux
cents livres, et tous les soldats invalides,
d'une pension de cent cinquante livres.

3. Les officiers, sous-officiers et soldats invalides, retirés dans les départemens, qui
avaient obtenu, soit à titre de pension, soit à
titre de gratification annuelle, un traitement
plus considérable que celui qui est fixé par l'article précédent, continueront à jouir desdites
gratifications ou pensions; mais, dans aucun
cas, la totalité de leur traitement ne pourra
s'élever au - dessus de la somme attribuée par
l'article 14 du titre Ier du présent décret,
aux différens pensionnaires de l'Hôtel.

4. Les pensions des invalides actuellement
retirés dans les départemens leur seront
payées de la même manière et aux mêmes
époques qu'aux invalides faisant partie de
l'Hôtel.

5. Les invalides retirés dans les départemens continueront à recevoir, aux mêmes
époques et de la même manière que par le
passé, l'habillement qui leur a été accordé
par les ordonnances militaires.

Les conseils d'administration des compagnies des vétérans seront chargés de l'achat
des étoffes, de la fabrication et de l'envoi des
habits.

Pour subvenir à l'achat des étoffes, aux
frais de la confection, et à l'envoi des habits
des invalides retirés dans les départemens, il
sera, par la Trésorerie nationale, en vertu
d'une ordonnance du ministre de la guerre,
versé chaque année dans la caisse de chacune des quatre-vingt-trois compagnies de
vétérans nationaux, dont la résidence est
fixée dans les chefs-lieux de département,
une somme de neuf livres pour chacun des
invalides retirés dans l'étendue du département auquel ladite compagnie sera affectée.

6. Les officiers, sous-officiers et soldats formant actuellement les compagnies d'invalides
détachées, pourront, au lieu de continuer
leurs services dans le corps des vétérans nationaux, se retirer dans les départemens : ils
conserveront leurs droits à l'Hôtel et à la
pension qui le représente; mais ils ne jouiront,
jusqu'au moment où ils seront admis à l'Hôtel ou à la pension, que du traitement fixé
par l'article 2 du titre IV du présent décret,

pour les invalides retirés dans les départemens.

7. Le ministre de la guerre donnera des
ordres, afin que les officiers, sous-officiers et
soldats invalides soient payés sans délai des
appointemens et soldes qui peuvent leur être
dus, et il rendra compte, dans la huitaine, de
l'exécution des ordres qu'il aura donnés pour
l'exécution du présent article.

TITRE V. Des soldes et demi-soldes des vétérans.

Art. 1er. Les militaires qui ont obtenu la
solde, la demi-solde ou le brevet de vétéran,
seront appelés à l'Hôtel ou à la pension qui
le représente, lorsque, par leur âge, leurs
blessures, leurs infirmités et leurs services,
ils se trouveront dans le cas prévu par les articles 2 et 21 du titre Ier du présent décret :
ils pourront de même, aux termes des articles
12 et 14 du titre III du présent décret, être
admis dans les compagnies de vétérans.

2. Il sera versé chaque année dans la
caisse des invalides une somme d'un million
trois cent vingt-deux mille vingt-huit livres,
pour servir au paiement des soldes, demi-
soldes, pensions et récompenses militaires
accordées avant le 1er août 1790.

3. Avec cette somme, on paiera d'abord à
chacun des militaires retirés la solde, demi-
solde, pension ou récompense qu'il a précédemment obtenue; l'excédant sera réparti
ainsi qu'il suit :

4. La récompense militaire des citoyens retirés avec quarante- cinq livres de pension
ne sera augmentée que lorsque ceux qui ne
jouissent actuellement que de quarante livres
jouiront de quarante-cinq livres; ceux qui ont
quarante-six livres dix sous, que lorsque ceux
des classes inférieures jouiront du même traitement; ainsi de suite, toujours en remontant, jusqu'au moment où ils jouiront tous de
la pension attribuée aux invalides par l'article 14 du titre Ier du présent décret.

5. Du moment où tous les militaires dénommés ci-dessus jouiront de la pension fixée
par l'article 14 du titre Ier, l'excédant sera
divisé par égale portion entre tous les vétérans de l'armée qui se sont retirés sans aucune
pension.

Lorsque ces vétérans jouiront tous d'une
pension égale à celle des invalides, la somme
qui excédera tournera au bénéfice de l'État.

6. Les soldes, demi-soldes et récompenses
militaires continueront à recevoir, aux mêmes
époques et de la même manière que par le
passé, l'habillement qui leur a été accordé par
les ordonnances militaires.

Les conseils d'administration des compagnies de vétérans seront chargés de l'achat
des étoffes, de la fabrication et de l'envoi desdits habits.

Pour subvenir à l'achat des étoffes, aux
frais de la confection et à l'envoi des habits,

des soldes, des demi-soldes et récompenses militaires, il sera, par la Trésorerie nationale, en vertu d'une ordonnance du ministre de la guerre, versé chaque année dans la caisse de chacune des quatre-vingt-trois compagnies de vétérans nationaux, dont la résidence est fixée dans les chefs-lieux de département, une somme de sept livres pour chacune des soldes, demi-soldes et récompenses militaires, dans l'étendue du département auquel ladite compagnie sera affectée.

7. L'administration de la caisse des soldes, demi-soldes, etc., sera confiée à l'administration générale de l'Hôtel des invalides.

8. Les articles 16, 17, 18 et 19 du titre Ier du présent décret, relatifs au paiement des pensions des invalides, sont et demeureront communs au paiement des soldes et demi-soldes, etc.

TITRE VI. Des Suisses et autres étrangers retirés hors de la France avec une pension militaire.

Art. 1er. Les officiers, sous-officiers et soldats étrangers retirés hors du royaume avec une pension, continueront à en jouir ; elle leur sera payée de la même manière qu'elle l'a été jusqu'à ce jour.

2. Les officiers, sous-officiers et soldats étrangers qui, après avoir obtenu une pension de retraite, s'établiront en France, obtiendront une augmentation de pension égale au tiers de celle dont ils jouissent.

3. Les officiers, sous-officiers et soldats étrangers pensionnés par l'État, qui s'établiront en France avec leurs femmes et enfans, obtiendront une augmentation égale à la moitié de celle dont ils jouissent.

4. Du moment où les officiers, sous-officiers ou soldats étrangers habiteront hors du royaume, ils seront réduits à leur pension primitive.

5. Les retraites des officiers, sous-officiers et soldats étrangers, seront dorénavant payées par la caisse des pensions, et par les soins des agens de la nation auprès du corps helvétique et des autres puissances ; en conséquence, les sommes accordées jusqu'à ce jour à la personne chargée de faire payer lesdites pensions, et les faux frais que leur paiement occasione, seront rayés des états de dépense.

TITRE VII. Des gendarmes retirés dans l'hospice militaire de Lunéville.

Art. 1er. L'hospice militaire de Lunéville, destiné aux invalides de la gendarmerie, est réformé ; les terrains, édifices, meubles et effets qui lui appartiennent sont déclarés nationaux.

2. Les gendarmes du ci-devant corps de la gendarmerie, retirés dans ledit hospice, seront considérés comme habitant l'Hôtel des invalides, avant l'époque du 8 mars ; lesdits gendarmes seront, en conséquence, placés par le directoire du département de Paris dans le tableau qu'il dressera en vertu de l'article 24 et suivans du titre Ier du présent décret. Les maréchaux-des-logis seront traités comme les lieutenans-colonels, les brigadiers comme les capitaines, et les gendarmes comme lieutenans ; le chirurgien-major de l'hospice sera traité comme capitaine, et le portier invalide comme maréchal-des-logis en chef.

TITRE VIII. Des gendarmes retirés dans les départemens.

Art. 1er. Il sera versé chaque année dans la caisse des invalides une somme de cinquante-quatre mille trois cents livres, pour servir au paiement des retraites des gendarmes de la ci-devant gendarmerie française : avec cette somme, on paiera d'abord les pensions de retraite sur le pied actuel, et l'excédant sera réparti de la manière suivante :

2. Les gendarmes qui ont obtenu un pension de quatre-vingt-une livres n'auront part à la répartition que lorsque ceux qui n'ont obtenu que soixante-dix-huit livres jouiront de quatre-vingt-une livres ; ceux qui jouissent de cent livres, que lorsque les classes inférieures jouiront de cent livres ; ainsi de suite.

3. Ne pourront plus prétendre à la répartition et augmentation annuelles prescrites par l'article précédent, les gendarmes qui jouiront d'une pension de six cents livres.

4. Au moment où tous les gendarmes jouiront de la pension de six cents livres fixée par l'article précédent, il ne sera plus versé chaque année pour eux, dans la caisse des invalides, que la somme nécessaire à l'acquittement desdites pensions ; l'excédant tournera au profit de l'État.

5. Les gendarmes seront payés de la manière prescrite dans les articles 16, 17, 18 et 19 du titre Ier du présent décret.

6. Il sera versé, chaque année, dans la caisse des invalides, une somme de dix-huit cent soixante-douze livres, pour servir au paiement des valets de la ci-devant gendarmerie. Avec cette somme, on paiera d'abord leurs pensions de retraite sur le pied actuel, et l'excédant sera réparti ainsi qu'il suit :

7. Les valets des gendarmes qui ont obtenu une pension de cent huit livres n'auront part à la répartition que lorsque les classes inférieures jouiront de cette somme.

8. Au moment où tous les valets des gendarmes jouiront d'une pension de cent huit livres, l'excédant sera également réparti entre eux, et ce, jusqu'au moment où ils jouiront chacun d'une pension de deux cents livres ; et alors il ne sera fait à la caisse des invalides que les fonds nécessaires pour l'acquittement desdites pensions de deux cents livres.

9. Les valets des gendarmes seront payés

ainsi qu'il est dit dans les articles 16, 17, 18 et 19 du titre I<sup>er</sup> du présent décret.

## TITRE IX. Des grenadiers à cheval.

Art. 1<sup>er</sup>. Il sera versé, chaque année, dans la caisse des invalides, une somme de dix-huit mille trois cents livres, pour servir au paiement des pensions de retraite des ci-devant grenadiers à cheval. Avec cette somme, on paiera d'abord les pensions de retraite sur le pied actuel, et l'excédant sera réparti ainsi qu'il suit :

2. Les grenadiers à cheval qui ont obtenu une pension de retraite qui s'élève au-dessus de cent dix-sept livres, n'auront part à la répartition que lorsque les grenadiers qui n'ont que cent dix livres jouiront de cent dix-sept livres; ceux qui ont cent trente-quatre livres huit sous, que lorsque les classes inférieures jouiront de cette somme; ainsi de suite.

3. Ne pourront plus prétendre à la répartition et augmentation annuelle les grenadiers à cheval qui jouiront d'une pension de six cents livres.

4. Du moment où tous les grenadiers à cheval jouiront d'une pension de six cents livres, il ne sera plus versé dans la caisse des invalides que la somme nécessaire à l'acquittement desdites pensions, l'excédant tournera au profit de l'Etat.

5. Les grenadiers à cheval seront payés de la manière prescrite par les articles 16, 17, 18 et 19 du titre I<sup>er</sup> du présent décret.

## TITRE X. Des officiers retirés à la suite des places.

Art. 1<sup>er</sup>. Il sera versé chaque année dans la caisse des invalides une somme de cent soixante-dix-huit mille cinq cent vingt-trois livres, destinée au paiement des pensions de retraite des officiers, guides et infirmiers retirés à la suite des places.

2. Avec la somme de cent soixante-dix-huit mille cinq cent vingt-trois livres, destinée aux officiers retirés à la suite des places, on paiera d'abord les pensions de retraite sur le pied actuel; l'excédant sera réparti ainsi qu'il sera dit ci-après.

3. Ce qui excédera le paiement des pensions actuelles sera destiné à ajouter auxdites pensions, dans l'ordre suivant :

1° A porter les pensions des infirmiers à deux cents livres; 2° les pensions des guides à trois cents livres; 3° les pensions des sous-lieutenans et porte-drapeaux à quatre cents livres; 4° les pensions des lieutenans à cinq cents livres; 5° les pensions des capitaines à six cents livres; 6° les pensions des commandans de bataillon à mille livres; 7° les pensions des majors à douze cents livres; 8° les pensions des lieutenans-colonels à quinze

cents livres; 9° les pensions des colonels à dix-huit cents livres; 10° les pensions des officiers-généraux à trois mille livres.

4. Les classes supérieures ne pourront prétendre à une augmentation que lorsque les classes inférieures jouiront du *minimum* fixé par l'article précédent.

5. Si l'excédant ne suffit point à porter une classe entière au *minimum* fixé par l'article 3, la somme à répartir sera divisée par égales portions entre tous les membres de ladite classe qui n'auront point atteint ce *minimum*.

6. Le *maximum* pour les différentes classes des militaires retirés à la suite des places sera, pour les officiers-généraux, quatre mille livres; pour les colonels, trois mille livres; pour les lieutenans-colonels, deux mille quatre cents livres; pour les majors, deux mille livres; pour les commandans de bataillon, quinze cents livres; pour les capitaines, douze cents livres; pour les lieutenans, huit cents livres, pour les sous-lieutenans et porte-drapeaux, six cents livres; pour les caporaux des guides, quatre cent cinquante livres; pour les guides, trois cent cinquante livres; pour les infirmiers, deux cent cinquante livres.

7. Du moment où les différens militaires retirés à la suite des places jouiront des pensions fixées par l'article précédent, l'Etat ne versera plus pour eux dans la caisse des invalides que la somme nécessaire à l'acquittement desdites pensions.

8. Les pensions des militaires retirés à la suite des places seront payées de la manière prescrite articles 16, 17, 18 et 19 du titre I<sup>er</sup> du présent décret.

## TITRE XI. Des veuves et des enfans des mortes-paies.

Art. 1<sup>er</sup>. Du moment où les invalides retirés dans les départemens jouiront du *maximum* du traitement qui leur est accordé par le présent décret, et où l'État commencerait à bénéficier par la diminution du nombre des individus, il sera accordé des pensions aux veuves des invalides de toutes les classes, ainsi qu'à celles des militaires qui ont obtenu des soldes, demi-soldes et récompenses militaires ou la vétérance; il sera accordé de même des supplémens de solde aux invalides, ou autres mortes-paies, qui, privés des moyens de subsister, auront des enfans à élever.

2. Les fonds destinés aux pensions des veuves s'élèveront provisoirement à cent mille livres.

3. Les fonds destinés aux supplémens de solde pour les invalides qui auront des enfans, s'élèveront provisoirement à cent mille livres.

4. Les premiers bénéfices que l'État fera par la diminution du nombre des militaires

retirés dans les départemens, seront également réparties entre la classe des veuves et celle des enfans.

5. La pension destinée à une veuve d'invalide ne s'élevera jamais au-dessus de cent livres et ne pourra être moindre de cinquante livres.

6. Le supplément de solde pour un enfant d'invalide ne s'élevera jamais au-dessus de trente-six livres et ne pourra être moindre de vingt-quatre livres.

7. Les veuves des invalides ne pourront obtenir des suppléments de solde pour les enfans qu'elles auront eus de leur mariage avec des mortes-paies.

8. Les enfans des invalides, orphelins de père et mère, pourront obtenir de même des suppléments de solde; ils leur seront accordés de préférence.

9. Les suppléments de solde pour les enfans des invalides cesseront du moment où lesdits enfans auront atteint leur douzième année.

10. Les suppléments de solde seront accordés de préférence aux invalides qui auront un plus grand nombre d'enfans; à nombre égal, à ceux qui auront le moins de moyens de subsister.

11. L'administration générale de l'Hôtel des invalides est chargée de distribuer et de faire payer les pensions des veuves et les suppléments de solde pour les enfans des invalides; lesdites pensions et lesdits suppléments seront payés ainsi qu'il est prescrit par les articles 16, 17, 18 et 19 du titre 1er du présent décret.

TITRE XII. De l'administration des pensions de retraite.

Art. 1er. Le conseil général de l'Hôtel des invalides fera dresser, dès ses premières séances, un contrôle général de chacune des classes des militaires pensionnés. Ce contrôle, qui contiendra : 1° le nom du pensionnaire, 2° son grade, 3° son âge, 4° le lieu de sa résidence, 5° la pension dont il jouit, sera conforme au modèle annexé au présent décret.

Ces différens états seront imprimés aux frais des différentes classes de pensionnaires: un exemplaire en sera envoyé à chacun d'eux, et un à chaque district du royaume.

2. Chaque année, l'administration de l'Hôtel fera imprimer le nom des pensionnaires de chaque classe qui seront morts ou qui n'auront plus droit à la pension de cette classe. Dans une seconde colonne, on placera le montant de la pension dont chacun d'eux jouissait. Au bas de chaque état, on imprimera le résultat de l'augmentation qu'aura produite, pour les autres individus de cette classe, l'extinction des pensions pendant l'année.

L'administration générale de l'Hôtel fera connaître enfin, dans ces états annuels, les dépenses auxquelles l'administration de chaque classe aura donné lieu.

3. Il sera passé, le 1er juillet prochain, une revue générale des invalides, soldés, demi-soldés, récompenses militaires et vétérans.

Tout invalide, soldé, demi-soldé, récompense militaire et vétéran, qui ne passera pas cette revue et qui ne produira pas un certificat de résidence sans interruption dans le royaume depuis six mois au moins, sera irrévocablement privé de sa pension ou de son traitement et de tout espoir aux récompenses nationales.

Seront exceptés des dispositions du présent décret les invalides, soldés, demi-soldés, récompenses militaires et vétérans qui auront obtenu, avant le 1er janvier 1792, une permission légale de passer ou de s'établir en pays étrangers, et qui seront compris comme tels dans les états fournis par le ministre de la guerre.

Seront encore exceptés les officiers, sous-officiers et soldats qui constateront, par des extraits de revue, qu'ils servent actuellement dans les troupes de ligne ou dans les gardes nationales.

4. La revue de rigueur sera passée dans le chef-lieu du district par un commissaire des guerres, en présence de deux commissaires de la municipalité chef-lieu du district.

Le commissaire des guerres pourra, d'après la demande du ministre de la guerre, être suppléé par un commissaire de l'administration du district, désigné à cet effet par le directoire, d'après l'avis que le ministre lui en donnera.

5. Le commissaire des guerres ou son suppléant inscrira sur un registre à ce destiné, et dont le modèle est annexé au présent décret, les nom, surnoms, âge, taille, service, campagnes, blessures, infirmités, domicile et traitement actuel des mortes-paies.

Il sera, dans ce registre, ouvert un tableau particulier pour chacune des différentes classes de mortes-paies. Un double de ce registre sera adressé à l'administration de l'Hôtel.

6. Les mortes-paies qui, par leur âge ou leurs blessures, seront dans l'impossibilité de se rendre au chef-lieu du district, se présenteront à leur municipalité; ils se feront délivrer un certificat de vie et de résidence qui constatera leur nom, surnoms, âge, taille, service, campagnes, blessures, infirmités, domicile et traitement actuel; ils adresseront ce certificat au directoire de leur district.

3o AVRIL 1792. — Décret relatif au versement d'une somme de quatre cent quatre-vingt-seize livres dix sous, dans la caisse de la marine. (B. 21, 290.)

30 AVRIL = 9 MAI 1792. — Décret qui admet les adjudans-fourriers, sergens-majors et simples sergens des bataillons des îles et ports de Paris, à jouir des dispositions du décret du 15 mars, en faveur des sous-officiers surnuméraires de ce corps. (L. 9, 47.)

30 AVRIL 1792. — Larivière-Coincy. *Voy.* 27 AVRIL 1792.

1er = 5 MAI 1792.—Décret relatif aux appointemens des officiers et à la formation de leurs équipages. (L. 9, 27 ; B. 22, 5.)

L'Assemblée nationale, après avoir entendu le rapport de ses comités militaire et des finances sur la nécessité d'accorder aux officiers de l'armée les moyens de former rapidement leurs équipages, et de régler la nature de leur paiement sur le territoire étranger, décrète :

1° Que la gratification accordée par le décret du 27 février 1792 aux capitaines, lieutenans et sous-lieutenans d'infanterie, pour la formation de leurs équipages, sera portée à quatre cent cinquante livres ; celle accordée aux capitaines, lieutenans et sous-lieutenans des troupes à cheval, artillerie et génie, aides-de-camp, commissaires des guerres, sera portée à cinq cent cinquante livres pour ceux qui entreront en campagne avant le 10 de juin;

2° Que les appointemens des officiers seront payés en numéraire, du jour que l'armée entrera sur le territoire étranger.

1er MAI ( 14 MARS et ) = 6 MAI 1792. — Décret relatif à l'organisation de la marine. (L. 9, 34 ; B. 22, 3.)

*Voy.* lois du 31 DÉCEMBRE 1790 = 7 JANVIER 1791 ; du 1er = 15 MAI 1791 ; du 31 MAI = 14 JUIN 1792.

L'Assemblée nationale, après avoir entendu pendant trois lectures, dont la première le 6 février, la seconde le 11 du même mois, et la troisième cejourd'hui, le rapport de son comité de marine ; considérant les inconvéniens qui résulteraient d'une interprétation trop rigoureuse de l'article 25 de la loi du 7 janvier 1791, sur les classes des gens de mer, ainsi que de l'article 15 de la loi du 15 mai 1791, relative au corps de la marine, et voulant rendre justice aux officiers qui peuvent être susceptibles de leur retour au service, et être compris dans la nouvelle organisation de la marine, décrète ce qui suit :

Art. 1er. Les officiers militaires de la marine mentionnés en l'article 25 du décret du 31 décembre 1790 = 7 janvier 1791, sur les classes des gens de mer, qui avaient quitté le service de la mer avant d'entrer dans celui des classes, et qui seront susceptibles de ren-

trer au service, pourront concourir avec les autres officiers militaires des classes, mentionnés en l'article 24 du susdit décret, pour la nouvelle organisation du corps de la marine, ou pour les remplacemens qui seraient à faire après ladite organisation, dans le cas où ils n'auraient pu y être compris.

2. Les sous-lieutenans supprimés qui ont servi sur les vaisseaux de l'État pendant la dernière guerre, et qui ont navigué sur les navires du commerce depuis qu'ils ont été faits sous-lieutenans, sont dispensés du service exigé par l'article 15 du décret du 1er = 15 mai 1791, relatif au corps de la marine, et pourront concourir, suivant l'article 14 du même décret, avec les autres sous-lieutenans, pour le grade de lieutenant de vaisseau et d'enseigne entretenu, en exécution du susdit décret du 1er = 15 mai 1791.,

3. L'Assemblée nationale, voulant traiter les lieutenans, sous-lieutenans de la marine, capitaines de brûlot et lieutenans de frégate supprimés par les décrets des 31 décembre 1790, 22 avril et 1er mai 1791, sanctionnés les 7 janvier et 15 mai 1791, avec la même faveur que les capitaines et majors de vaisseau, décrète que l'article 21 du décret du 29 avril = 15 mai 1791, relatif au corps de la marine, sera applicable auxdits lieutenans, sous-lieutenans de la marine, capitaines de brûlot et lieutenans de frégate, pour obtenir en retraite, dans ce moment-ci seulement, les deux tiers des appointemens du grade dont ils jouissaient ci-devant dans la marine, dans le cas où la durée de leurs services ne leur donnerait pas droit à une pension égale ou plus forte que les deux tiers de leursdits appointemens. et pour jouir aussi en retraite de grade supérieur, lorsqu'ils auront dix ans de service dans leur grade ; le tout d'après les bases fixées pour les capitaines et majors de vaisseau, sans que, dans aucun cas, ce grade supérieur puisse donner ouverture à aucune augmentation de pension, ni pour les capitaines de vaisseau, ni pour les autres officiers.

4. Le décret du 5 = 21 septembre 1791, concernant les officiers des troupes de ligne destitués arbitrairement et sans jugement, sera applicable aux officiers de la marine.

1er = 9 MAI 1792. — Décret relatif au paiement des troupes employées dans l'île de Corse. (L. 9, 48 ; B. 22, 6.)

L'Assemblée nationale, après avoir entendu le rapport de son comité de l'ordinaire des finances, sur le paiement des troupes employées dans le département de Corse, décrète que les troupes employées dans l'île de Corse seront payées de la même manière qui a été réglée par l'article 4 du décret des 18 et 20 avril, pour les régimens en garnison dans les villes de Givet, Landau, Philippe-ville, Marienbourg, Bouillon, Monaco.

1er = 15 MAI 1792. — Décret portant qu'il sera mis à la disposition de chaque général d'armée une somme de cinq cent mille livres. (L. 9, 2.)

1er = 6 MAI 1792. — Décret relatif à la nomination d'un trésorier chargé du recouvrement des impositions arriérées des ci-devant états de Languedoc, et du paiement des intérêts dus aux créanciers desdits états. ( L. 9, 31; B. 22, 5.)

1er = 6 MAI 1792. — Décret portant que les biens dépendant de la ci-devant abbaye de Clairac font partie des domaines mis à la disposition de la nation. (B. 22, 1.)

1er MAI 1792. — Décret qui admet M. Lebrun à remplir les fonctions de député aux lieu et place de M. Legendre, député du département de l'Eure. (B. 22, 2.)

1er MAI 1792. — Décret relatif au compte à rendre sur l'exécution du décret concernant les caisses patriotiques ou de confiance, sur les petits coupons d'assignats, et qui ordonne de présenter un projet sur le droit d'émettre les pièces métalliques en circulation. (B. 22, 7.)

1er = 6 MAI 1792. — Décret qui autorise la commune de Saint-Etienne à emprunter cinquante mille livres. (B. 22, 10.)

1er = 6 MAI 1792. — Décret qui charge la caisse de l'extraordinaire du remboursement des frais du bureau du comité des savans. (B. 22, 8.)

1er MAI 1792. — Décret portant qu'il n'y a pas lieu à délibérer relativement à une pétition de plusieurs juifs de Nancy, au sujet de la loi du 20 mars 1791, concernant les rôles de la ci-devant communauté des juifs de Metz (1). (B. 22, 8.)

1er MAI 1792. — Affaires étrangères. Voy. 26 AVRIL 1792. — Assignats. Voy. 29 AVRIL 1792. — Sieur Corbeau; Créances sur l'État. Voy. 27 AVRIL 1792. — Créanciers de Lyon. Voy. 28 AVRIL 1792. — Dépenses de 1792. Voy. 29 AVRIL 1792 — Garde nationale; Hauts-Jurés. Voy. 28 AVRIL 1792. — Maréchal Luckner; Officiers de marine. Voy. 26 AVRIL 1792. — Officiers généraux et aides de camp de l'armée. Voy. 27 AVRIL 1792. — Payeurs, etc., de chaque armée du Nord. Voy 27 AVRIL 1792. — Secours à des maisons religieuses. Voy. 26 AVRIL 1792.

2 = 6 MAI 1792. — Décret relatif au paiement de la demi-solde accordée à l'ancienne garde de Paris. (L. 9, 33; B. 22, 15.)

L'Assemblée nationale, après avoir entendu le rapport de son comité de liquidation sur la lettre du ministre de l'intérieur, en date du 13 avril dernier, concernant le paiement des demi-soldes accordées aux sous-officiers, cavaliers et soldats de l'ancienne garde de Paris;

Considérant que ces demi-soldes sont le prix des services de ceux qui les ont obtenues, et qu'elles sont pour eux des secours alimentaires de première nécessité, décrète qu'il sera mis à la disposition du ministre de l'intérieur la somme de quarante-un mille neuf cent sept livres, pour être employée au paiement des demi-soldes accordées par le Roi aux sous-officiers, cavaliers et soldats de l'ancienne garde de Paris, pour l'année 1792, suivant l'état annexé à sa lettre du 13 avril dernier.

2 = 14 MAI 1792. — Décret qui met trois millions cent soixante mille deux cent quarante-une livres six sous à la disposition du ministre des contributions, pour être réparties entre plusieurs départemens, dont les quatre sous pour livre additionnels de leurs contributions foncière et mobilière sont insuffisans pour le paiement de leurs dépenses de 1791. (L. 9, 9.)

2 MAI 1792. — Proclamation du Roi sur plusieurs brevets d'invention. (L. 9. 13.)

2 MAI 1792. — Décret qui supprime les maisons militaires des princes français frères du Roi. (B. 22, 9.)

2 = 6 MAI 1792. — Décret qui autorise le district de Bergerac à faire un emprunt pour achat de grains. (B. 22, 16.)

2 = 6 MAI 1792. — Acte d'accusation contre les sieurs Plombat aîné et Charrier. (B. 22, 16.)

3 = 3 MAI 1792. — Décret d'accusation contre l'auteur de l'ouvrage périodique intitulé: L'Ami du Roi. (B. 22, 17.)

3 = 3 MAI 1792. — Décret d'accusation contre l'auteur de la feuille périodique intitulée: L'Ami du peuple. (B. 22, 18.)

3 = 14 MAI 1792. — Décret relatif aux nouveaux troubles d'Avignon. (L. 9, 77.)

3 MAI 1792. — Décret qui renvoie au pouvoir exécutif les réclamations du sieur Caffe, rela-

(1) Voy, arrêté du 5 nivose an 10.

tivement au jugement rendu contre lui par le sénat de Chambéry. (B. 22, 18.)

**4 = 5 MAI 1792.** — Décret relatif aux prisonniers de guerre. (L. 9, 22 ; B. 22, 19 ; Mon. du 5 mai 1792.)

L'Assemblée nationale, voulant, au commencement d'une guerre entreprise pour la défense de la liberté, régler, d'après les principes de la justice et de l'humanité, le traitement des militaires ennemis que le sort des combats mettrait au pouvoir de la nation française ;

Considérant qu'aux termes de la déclaration des droits, lorsque la société est forcée de priver un homme de sa liberté, toute rigueur qui ne serait pas nécessaire pour s'assurer de sa personne, doit être sévèrement réprimée par la loi ;

Reconnaissant que ce principe s'applique plus particulièrement encore aux prisonniers de guerre, qui, ne s'étant pas rangés volontairement sous la puissance civile de la nation, demeurent sous la sauve-garde plus spéciale du droit naturel des hommes et des peuples, décrète ce qui suit :

Art. 1er. Les prisonniers de guerre sont sous la sauve-garde de la nation et la protection spéciale de la loi.

2. Toute rigueur, violence ou insultes commises envers un prisonnier de guerre seront punies comme si ces excès avaient été commis contre un citoyen français.

3. Les prisonniers de guerre seront transportés sur les derrières des armées, dans les dépôts que les généraux auront désignés.

4. Ils seront ensuite répartis dans l'intérieur du royaume, à la distance de vingt lieues au moins des frontières, et placés principalement dans les chefs-lieux de district et les villes fermées.

5. Il leur sera alloué provisoirement pour leur entretien, sur les fonds extraordinaires de la guerre, la totalité de la solde et des appointemens de paix dont jouissent les grades correspondans de l'infanterie française.

6. Les prisonniers de guerre seront admis à prendre, en présence des officiers municipaux, l'engagement d'honneur de ne point s'écarter du lieu qui leur aura été désigné pour demeure ; et, dans ce cas, ils auront la ville pour prison, et ne seront soumis qu'aux appels qui seront fixés par un règlement particulier.

7. Ceux qui, outre l'engagement d'honneur, fourniront une caution, ne seront tenus de se présenter qu'à un appel par jour, sans pouvoir néanmoins s'écarter de la ville de plus de deux lieues.

8. Les uns et les autres seront tenus d'être vêtus de leur uniforme, et ne pourront, en aucun cas, avoir ni porter des armes.

9. Ceux qui ne fourniront point de caution et refuseraient l'engagement d'honneur mentionné en l'article 7 seront détenus dans les édifices nationaux fermés.

10. Ceux qui, ayant pris l'engagement d'honneur ou fourni caution, manqueraient aux obligations qui leur sont imposées par les articles 7, 8 et 9, seront traduit devant le tribunal de police correctionnelle et condamnés à garder prison pendant un temps plus ou moins long, selon la gravité des circonstances, et qui pourra être indéfini, si le projet d'évasion est prouvé.

11. Les prisonniers de guerre jouiront, au surplus, du droit commun des Français. Ils pourront se livrer à toute espèce de professions, en remplissant les conditions prescrites par les lois. Ils seront traduit devant les tribunaux ordinaires en cas de délit, y seront poursuivis pour révolte, et y recevront la réparation des injures ou dommages dont ils auraient à se plaindre.

12. Le pouvoir exécutif présentera, dans le plus court délai, un projet de réglement sur les lieux où les prisonniers de guerre seront transférés, sur le mode de leur translation, sur le nombre qui en pourra être réuni dans le même lieu, sur la manière dont ils y seront surveillés et gardés, sur les appels auxquels seront soumis ceux qui jouiront de la faveur des articles 7 et 8, sur la police des maisons où seront renfermés ceux qui ne jouiront pas de cette faveur, sur la correspondance des uns et des autres avec l'étranger, et, en un mot, sur tous les moyens d'exécution du présent décret.

13. Le présent décret sera porté dans le jour à la sanction.

**4 = 9 MAI 1792.** — Décret relatif aux Acadiens et Canadiens. (L. 9, 49 ; B. 22, 21.)

L'Assemblée nationale, sur le rapport de son comité des secours publics, considérant que les formalités portées par l'article 4 du décret du 21 février 1791 ont été le motif ou le prétexte du retard que les Acadiens et Canadiens ont éprouvé dans le paiement de leur solde, et voulant venir promptement au secours de cette classe précieuse d'individus devenus Français, décrète qu'il y a urgence.

L'Assemblée, après avoir décrété l'urgence, décrète ce qui suit :

Art. 1er. Tous les états des Acadiens et Canadiens qui ont été envoyés des divers départemens, en exécution de l'article 4 du décret du 21 = 25 février 1791, seront remis au ministre de l'intérieur, pour être par lui pourvu, sur les fonds du Trésor public, au paiement de la solde des individus compris auxdits états.

2. Les directoires des départemens où résident les Acadiens et Canadiens feront pas-

ser, dans le plus bref délai, au ministre de l'intérieur, un état nominatif des individus qui ont droit à des secours ; il sera formé de ces états particuliers un état général, que le ministre remettra à l'Assemblée nationale.

3. Il sera procédé, tous les trois mois, par les directoires de département, au recensement de l'état ordonné par l'article ci-dessus, à l'effet de constater le nombre des morts et le nom des absens, lesquels états seront adressés au ministre de l'intérieur, qui en rendra compte au Corps-Législatif.

4 = 9 MAI 1792. — Décret portant dérogation à celui des 14 et 15 septembre 1790, et suppression de différentes peines correctionnelles ci-devant appliquées aux soldats. (L. 9. 51; B. 22, 22.)

L'Assemblée nationale, après avoir entendu le rapport de son comité militaire sur le règlement du 1er janvier 1792, concernant le service intérieur, la police et la discipline de l'infanterie; considérant : 1° que le titre de ce règlement, ne rappelant point la loi qui y a donné lieu, a pu laisser quelques doutes à l'armée française; 2° que le second membre de l'article 13 du titre VI n'est point conforme aux principes de la justice; 3° que ce règlement laisse aux officiers supérieurs et autres commandans militaires trop de latitude dans l'application des moyens correctionnels; 4° que la loi ne doit établir que des peines strictement et évidemment nécessaires; considérant enfin que l'armée française ne peut exister sans discipline, mais qu'il faut qu'elle soit juste, modérément sévère et toujours paternelle, décrète ce qui suit :

Art. 1er. L'Assemblée nationale, dérogeant au décret des 14 et 15 septembre 1790, supprime la peine prononcée contre les soldats de l'armée française qui, pour fait d'ivrognerie, étaient obligés de boire une chopine d'eau pendant trois jours de la semaine, à l'heure de la garde montante, quoiqu'ils eussent en outre mérité de garder prison.

2. La peine du piquet est pareillement supprimée dans les garnisons, quartiers et cantonnemens.

3. Toutes les lois militaires rendues par l'Assemblée constituante, et toutes les lois faites antérieurement et postérieurement, comme aussi tous réglemens en vertu des mêmes lois auxquels il n'aura point été dérogé, continueront d'être exécutés provisoirement.

4. A dater du jour de la publication du présent décret, l'intitulé de tous les réglemens à faire par le Roi sera dans la forme suivante :

4.

AU NOM DE LA LOI.

DE PAR LE ROI.

Règlement concernant (mettre le texte de la loi, sa date et celle de la sanction).

4 = 13 MAI 1792. — Décret relatif aux dépenses extraordinaires de la marine. (L. 9, 64; B. 22, 18.)

L'Assemblée nationale, considérant qu'il est nécessaire de donner au commerce maritime une protection suffisante et prompte; d'après la demande du Roi, sur le rapport de son comité de la marine et de celui de l'extraordinaire des finances, décrète que, pour subvenir aux dépenses des armemens extraordinaires ordonnés par le Roi, il sera mis à la disposition du ministre de la marine une somme de six millions huit cent cinquante-six mille neuf cent soixante-deux livres, savoir : sur-le-champ, la somme de deux millions six cent quatre-vingt-dix-sept mille six cent quatre-vingt-deux livres, dont neuf cent dix mille neuf cent douze livres en espèces, et le reste, montant à quatre millions cent cinquante-neuf mille deux cent quatre-vingts livres, en six paiemens égaux, de mois en mois, à raison de six cent quatre-vingt-treize mille deux cent treize livres six sous huit deniers chaque mois, à compter du 1er juin prochain.

4 MAI 1792. — Décret qui charge le pouvoir exécutif de faire un nouveau règlement sur la discipline de l'infanterie. (B. 22, 23.)

4 = 9 MAI 1792. — Décret portant qu'il sera pourvu, aux frais du Trésor public, à l'éducation de Pierre-Joseph Franques. (B. 22, 24.)

5 = 6 MAI 1792. — Décret relatif à la formation de trente-un bataillons de gardes nationaux volontaires. (L. 9, 36; B. 22, 26.)

L'Assemblée nationale, voulant procurer sans délai à tous les citoyens français la possibilité de concourir, d'une manière active, au maintien de la constitution et de la liberté, et mettre entre les mains du pouvoir exécutif tous les moyens qui peuvent assurer le succès d'une guerre entreprise pour repousser les attaques d'un prince qui, sous de frivoles et faux prétextes, déguise le désir d'asservir les Français et de démembrer l'empire, décrète ce qui suit :

Art. 1er. Afin de compléter le nombre des gardes nationales pour lesquelles les fonds ont été proposés dans le tableau général des dépenses ordinaires de l'année 1792, il sera levé sans délai trente-un nouveaux bataillons de gardes volontaires nationaux.

10

2. Sur les trente-un bataillons qui doivent être levés en vertu de l'article précédent, vingt seront répartis entre les départemens qui n'ont point encore été admis à fournir le contingent volontaire, et les onze restans seront accordés aux départemens qui ont offert de lever de nouveaux bataillons, ou qui n'ont point encore levé ceux qu'ils avaient offerts.

3. Les départemens du Cantal, de l'Aveyron, du Tarn, du Lot, de Lot-et-Garonne, de l'Ardèche, de la Lozère, du Gers, de la Dordogne et de la Haute-Loire, fourniront chacun deux bataillons.

4. Le pouvoir exécutif proposera, sous trois jours, au Corps-Législatif, la répartition qu'il jugera la plus convenable des onze bataillons restans, en observant de les accorder de préférence aux départemens de l'intérieur du royaume qui ont offert d'en lever, et qui, par leur population, pourront le plus aisément les fournir sans nuire au commerce et à l'agriculture.

5. Lesdits trente-un bataillons seront organisés d'après les dispositions du décret du 4 août. Le pouvoir exécutif donnera tous les ordres nécessaires pour la plus prompte formation, l'habillement et l'armement desdits bataillons.

6. Afin de compléter le nombre des volontaires nationaux nécessaires à la défense de l'Etat, il sera fait dans chacun des bataillons déjà existans, et dans ceux qui seront levés en vertu du présent décret, une augmentation de deux cent vingt-six hommes.

7. Au moyen de cette augmentation, chacun des bataillons sera composé de huit cents hommes, chaque compagnie de fusiliers de quatre-vingt-huit hommes, et celle des grenadiers de quatre-vingt-neuf. Le nombre des officiers et sous-officiers restera tel qu'il a été fixé par le décret du 4 août.

8. Le pouvoir exécutif donnera sans délai tous les ordres nécessaires afin que les deux cents bataillons soient le plus promptement possible portés au pied prescrit par l'article précédent, et pour que les citoyens soldats soient armés, équipés et habillés à mesure qu'ils rejoindront leurs corps.

9. Le pouvoir exécutif tiendra la main à ce que les deux cents bataillons de gardes volontaires nationaux soient constamment complets et à ce qu'ils soient convenablement armés, habillés et équipés.

10. Il sera ouvert de nouveau, dans chaque municipalité de l'empire, un registre d'inscription volontaire, tant pour servir au recrutement des bataillons déjà formés que pour en former de nouveaux, si les circonstances rendent cette formation nécessaire.

11. Les municipalités adresseront chaque mois aux directoires de leur département, par l'intermédiaire des directoires de district, un extrait sommaire des registres d'inscription volontaire.

12. Les directoires de département adresseront chaque mois au ministre de la guerre un extrait sommaire et par district des inscriptions qui auront eu lieu dans l'étendue de l'empire.

13. Le ministre de la guerre mettra chaque mois sous les yeux du Corps-Législatif un résumé général et par département des inscriptions qui auront eu lieu dans l'étendue de l'empire.

---

5 = 6 MAI 1792. — Décret relatif aux trois cent millions d'assignats décrétés le 30 avril 1792. (L. 9, 39 ; B. 22, 28.)

L'Assemblée nationale, sur le rapport de son comité de l'extraordinaire des finances, considérant qu'il importe d'accélérer la fabrication des trois cent millions d'assignats de la création du 30 avril dernier, décrète que les trois cent millions d'assignats de la création du 30 avril dernier porteront le même timbre que ceux de cinq livres décrétés l'année dernière, et qu'à cet effet on emploiera les poinçons gravés par le sieur Gatteaux.

---

5 = 11 MAI 1792. — Décret relatif au jais brut et au jais travaillé. (L. 9, 57 ; B. 22, 26.)

L'Assemblée nationale, après avoir entendu le rapport de son comité de commerce, décrète ce qui suit :

L'Assemblée nationale, interprétant le tarif des douanes décrété par l'Assemblée constituante le 2 mars 1791, décrète que le jais brut est exempt de tout droit à l'entrée du royaume ; que le jais travaillé continuera d'être passible d'un droit d'entrée de dix livres du quintal, et que ledit droit de dix livres perçu à l'entrée sur le jais brut, depuis et en exécution dudit tarif, sera restitué par les receveurs des douanes à tous les propriétaires, voituriers et marchands qui l'ont acquitté.

---

5 = 16 MAI 1792. — Décret relatif aux canonniers-matelots formant les cinq divisions du port de Brest. (L. 9, 88 ; B. 22, 22.)

L'Assemblée nationale, après avoir entendu le rapport de son comité de marine et les trois lectures du projet de décret qui lui ont été faites dans les séances des 6 et 14 février et dans celle de ce jour, considérant que la loi du 15 août 1790, qui ordonne l'inspection et l'examen des comptes des cinq premières divisions des canonniers-matelots, n'a eu pour but que de constater la nature et la validité de leurs diverses réclamations ;

afin d'accueillir celles qui en seront jugées susceptibles ;

Considérant qu'on a depuis long-temps fait droit aux réclamations des autres corps militaires qui ont paru admissibles;

Considérant qu'il est de la justice d'avoir également égard à celles des canonniers-matelots, qui sont fondées;

Désirant enfin leur donner en même temps un témoignage de satisfaction pour les services qu'ils ont jusqu'ici rendus à la patrie, et de sa confiance dans ceux qu'elle en attend encore, décrète qu'elle est en état de rendre e décret définitif, ainsi qu'il suit :

Art. 1er Il sera compté aux canonniers-matelots formant actuellement les cinq divisions du port de Brest, pour la demi-solde retenue aux hommes absens par congé depuis l'année 1778 jusqu'au 1er janvier 1786, somme de soixante-huit mille cinq cent quatre livres quatre deniers, qui est constatée pour être due, et qui sera prise des masses respectives des cinq premières divisions, où elle avait été indûment versée.

2. Il sera également payé des fonds de la marine une somme de trente-deux mille quatre cents livres, en forme d'indemnité sur la non-jouissance du droit de cantine, à raison de douze livres par mois pour chacune des quarante-cinq compagnies, à compter du 1er janvier 1786, jusques et compris le mois de décembre 1790.

3. Les sommes attribuées aux canonniers-matelots en vertu des articles 1 et 2 du présent décret leur seront distribuées par portions égales, sans égard aux grades ni à l'ancienneté.

4. La part des absens par congé ou pour le service sera réservée pour leur être remise à leur retour au corps.

5. Le présent décret sera exécuté à l'égard des autres divisions des canonniers-matelots des ports de Toulon et Rochefort, en justifiant, par-devant le pouvoir exécutif, des sommes dont la restitution leur est pareillement due.

———

= 9 MAI 1792. — Acte d'accusation contre les sieurs Molette et Debard. (L. 9, 53; B. 22, 24.)

———

MAI 1792. — Décret qui ordonne aux ministres de la justice et de l'intérieur de rendre compte des mesures prises pour rétablir le calme à Avignon, et pour faire réintégrer dans les prisons les accusés qui s'en sont évadés (B. 22, ..)

———

MAI 1792. — Décret qui autorise M. Dumoisy à faire peser et évaluer les bijoux et effets d'or et d'argent donnés pour les frais de la guerre. (B. 22, 29.)

5 MAI 1792. — Hôpitaux sédentaires. Voy. 27 AVRIL 1792. — Officiers. Voy. 1er MAI 1792. — Prisonniers de guerre. Voy. 4 MAI 1792. — Secours à divers. Voy. 7 AVRIL 1792. — Sommes mises à la disposition des généraux. Voy. 1er MAI 1792.

———

6 MAI 1792. — Décret portant circonscription des paroisses de Dijon. (L. 9, 31.)

———

6 MAI 1792. — Décret portant qu'il sera rendu au Champ-de-Mars, et au nom de la nation, des honneurs funèbres en mémoire de M. Simonneau, maire d'Étampes. (B. 22, 30.)

———

6 = 9 MAI 1792. — Décret qui autorise la municipalité de Semur à emprunter dix mille livres pour achat de grains. (B. 22, 31.)

———

6 MAI 1792. — Abbaye de Clairac. Voy. 1er MAI 1792. — Assignats; Bataillons des gardes nationaux. Voy. 5 MAI 1792. — Bergerac. Voy. 2 MAI 1792. — Canal de Sennevoir. Voy. 29 AVRIL 1792. — Comité des savans; États de Languedoc; Marine; Saint-Étienne. Voy. 1er MAI 1792. — Sieurs Plombat et Charrier, anciens gardes de Paris. Voy. 2 MAI 1792.

———

7 MAI = 8 JUILLET 1792. — Décret relatif au remplacement des officiers généraux en activité. (L. 9, 505; B. 22, 33.)

L'Assemblée nationale, après avoir entendu le rapport de son comité militaire, considérant qu'il est de toute nécessité de pourvoir promptement au remplacement des officiers généraux en activité, décrète que le pouvoir exécutif est autorisé à nommer aux places de maréchal-de-camp en activité qui se trouvent vacantes les colonels de l'armée, et aux places de colonels, les lieutenans-colonels, sans qu'ils soient soumis aux conditions prescrites par l'article 20 du titre XI du décret du 23 octobre 1790, qui demeure provisoirement suspendu.

———

7 = 11 MAI 1792. — Décret qui accorde une somme de quinze mille huit cent vingt-cinq livres dix sous dix deniers aux hôpitaux de Poitiers, Sevrac, etc., en remplacement de leurs dîmes. (L. 9, 34.) Voy. 22 MAI 1792.

———

7 MAI 1792. — Décret qui déclare en état de guerre les villes et postes militaires des frontières. (B. 22, 46.)

———

7 MAI 1792. — Décret en témoignage de satisfaction de la conduite de M. de Rochambeau. (B. 22, 33.)

8 = 11 MAI 1792. — Décret relatif aux officiers de gardes nationaux volontaires. (L. 9, 58 ; B. 22, 35.)

L'Assemblée nationale, ne voulant laisser aucun doute sur l'article 1er de la section V du décret du 21 décembre 1791, relatif aux récompenses militaires dues aux gardes nationales ; après avoir entendu le rapport de son comité militaire, décrète définitivement que les officiers des bataillons de gardes nationales volontaires obtiendront, comme les officiers des troupes de ligne, la décoration militaire, d'après les règles fixées par le décret du 1er janvier 1791.

8 = 11 MAI 1792. — Décret relatif aux employés, exprès et courriers dépêchés pour les besoins du service de l'armée. (L. 9, 63 ; B. 22, 35.)

L'Assemblée nationale, voulant assurer l'activité et la ponctualité du service de l'armée, et interprétant, en tant que de besoin, l'article 7 du décret du 1er février = 28 mars dernier, décrète que les commissions ou ordres particuliers dont seront porteurs les employés servans, exprès et courriers dépêchés pour les besoins du service, leur tiendront lieu de passeports, même lorsqu'ils passeront d'un département à l'autre.

8 = 13 MAI 1792. — Décret relatif aux marchés à faire pour le service du département de la marine. (L. 9, 65 ; B. 22, 40.)

L'Assemblée nationale, considérant que les besoins du service de la marine, au moment où le commerce est menacé par les ennemis de l'État, peuvent souvent exiger des mesures promptes ; après avoir entendu le rapport de son comité de la marine, décrète que le pouvoir exécutif, jusqu'à ce qu'il en soit autrement ordonné, est autorisé à résilier de gré à gré et renouveler dans les formes ordinaires, avec les entrepreneurs et fournisseurs de la marine, les différens marchés nécessaires pour le service de ce département, aux conditions les plus avantageuses qu'il pourra obtenir.

8 = 11 MAI 1792. — Décret qui charge le pouvoir exécutif de rendre compte de l'état des procédures et poursuites relatives aux attentats commis sur MM. Dillon, Chaumont et Berthois. (B. 22, 39.)

8 = 11 MAI 1792. — Décret qui autorise M. de Grave à aller reprendre son poste à l'armée. (L. 9, 41.)

8 MAI 1792. — Adresse à l'armée française. (B. 22, 36.)

8 MAI 1792. — Décret relatif à la réintégration des prisonniers d'Avignon. (B. 22, 57.)

8 MAI 1792. — Décret portant qu'il n'y a pas lieu à délibérer sur la demande faite par les ministres de la guerre et des affaires étrangères, d'une loi qui réprime les attentats contre l'honneur ou l'autorité des généraux et autres agens publics. (B. 22, 38.)

8 = 13 MAI 1792. — Décret qui accorde à M. Rivas, lieutenant au régiment de Courten, suisse, la totalité de ses appointemens à titre de retraite. (B. 22, 40.)

9 = 13 MAI 1792. — Décret relatif à une erreur existant dans le décret du 2 décembre 1790, concernant l'organisation de l'artillerie. (L. 9, 66 ; B. 22, 43.)

L'Assemblée nationale, considérant combien il importe de réparer promptement l'erreur qui s'est glissée dans l'article 6 du décret du 2 décembre 1790, relatif à l'organisation du corps d'artillerie, qui déclare réformés par l'ordonnance de 1776 les lieutenans en second dudit corps, détachés dans les places et connus sous le nom d'anciens garçons-majors ; sur les réclamations desdits officiers, et après avoir entendu le rapport de son comité militaire, décrète qu'il y a urgence.

L'Assemblée nationale, après avoir décrété l'urgence, décrète ce qui suit :

Art. 1er. L'article 6 du décret du 2 décembre 1790, relatif à l'organisation du corps d'artillerie, en ce qui concerne les lieutenans en second dudit corps détachés dans les places, et connus jusqu'ici sous le titre d'anciens garçons-majors, est abrogé par le présent décret.

2. Lesdits lieutenans seront censés n'avoir point cessé d'être en activité ; ils rentreront dans les régimens d'artillerie, où ils seront pourvus des premières places vacantes dans les grades où ils sont appelés par la date et leur commission et leur rang d'ancienneté.

3. Ceux d'entre les susdits officiers à qui leur âge, leurs blessures ou leurs infirmités ne permettront pas de continuer leur service, seront traités, pour leur pension de retraite, sur le pied des appointemens du grade auquel le droit de prétendre leur est conservé par le présent décret.

9 = 13 MAI 1792. — Décret relatif aux distributions à faire sur les secours accordés aux employés des administrations supprimées. (L. 9, 69 ; B. 22, 42.)

L'Assemblée nationale, après avoir entendu le rapport de son comité de liquidation sur la pétition des ci-devant employés aux entrées de Paris ; considérant qu'il s'est élevé

Routes sur les dispositions de l'article 16 du Décret du 31 juillet 1791, relatives à la déduction à faire des secours accordés aux ci-devant employés des administrations supprimées, lors du paiement des pensions et indemnités qu'ils auront obtenues, et que ces routes pourraient donner lieu à des difficultés pour le paiement desdits employés dont les pensions ou indemnités ont été définitivement arrêtées; interprétant l'article 16 du décret du 31 juillet 1791, décrète que la déduction à faire des secours accordés aux ci-devant employés des administrations supprimées, lors du paiement des pensions et indemnités qu'ils auront obtenues, ne doit porter que sur les secours que les ci-devant employés ont reçus en vertu des décrets postérieurs au 1er juillet 1791.

2. L'Assemblée nationale, considérant que la plupart desdits employés ont touché, en secours provisoires, des sommes plus considérables que celles auxquelles ils ont droit de prétendre à titre d'indemnités, et que son comité de liquidation s'occupe avec activité de lui présenter le travail définitif sur la fixation des pensions et indemnités de tous les employés, ajourne le surplus de la pétition des ci-devant employés aux entrées de Paris, et le rapport sur le traitement définitif de tous les ci-devant employés, à un bref délai.

3. L'Assemblée nationale décrète que le ministre des contributions publiques sera tenu de donner aux ci-devant employés des administrations supprimées communication des pièces nécessaires pour constater les droits qu'ils ont à exercer envers les administrations de la ferme de la régie générale.

9 MAI = 6 JUIN 1792. — Décret relatif aux vétérans de la garde nationale. (L. 9, 260.)

Art. 1er. L'Assemblée nationale, dérogeant à l'article 30 du décret du 29 septembre 1791, relatif à l'organisation de la garde nationale, décrète que les citoyens qui sont au-dessus de cinquante ans pourront continuer à servir dans les bataillons de vétérans, en justifiant toutefois de leur inscription dans ces bataillons avant la loi relative à l'organisation de la garde nationale.

2. L'Assemblée nationale, applaudissant au zèle des vétérans qui demandent à marcher à leurs frais aux frontières, renvoie leur demande au pouvoir exécutif.

9 = 13 MAI 1792. — Décret qui autorise le directoire du département de Seine-et-Oise à acquérir le château de Dourdan, pour y établir des prisons et une maison de correction. (B. 22, 41.)

MAI = 6 JUILLET 1792. — Décret qui rectifie plusieurs erreurs qui se sont glissées dans le décret du 24 mars dernier, qui adjuge des domaines nationaux à la municipalité de Poitiers. (B. 22, 44.)

9 MAI 1792. — Acadiens et Canadiens. Voy. 4 MAI 1792. — Gratifications à divers. Voy 7 AVRIL 1792. — Sieurs Molette et Debard. Voy. 5 MAI 1792. — Peines; Pierre et Joseph Franques. Voy. 4 MAI 1792. — Remboursement du tirage de mars 1792. Voy. 29 AVRIL 1792. — Semur. Voy. 6 MAI 1792. — Soldats. Voy. 4 MAI 1792. — Sous-officiers. Voy. 29 AVRIL 1792. — Troupes de Corse. Voy. 1er MAI 1792.

10 = 16 MAI 1792. — Décret relatif à un versement de fonds à la Trésorerie nationale par la caisse de l'extraordinaire. (L. 9, 85; B. 22, 6.)

11 = 16 MAI 1792. — Décret qui accorde une pension de deux cents livres à chacune des veuves Julien et Ouvry, et une pension de douze cents livres pour les enfans de la veuve Julien. (B. 22, 51.)

11 = 11 et 14 MAI 1792. — Décret qui mande à la barre de l'Assemblée les deux commissaires du département des Bouches-du-Rhône, chargés de l'organisation des districts de Vaucluse et Louvèze, et transfère à Montélimar le tribunal établi à Avignon. (L. 9, 55; B. 22, 47.)

11 MAI 1792. — Décret portant qu'il n'y a lieu à délibérer sur les changemens proposés dans les jurys militaires et dans les conseils de discipline. (B. 22, 49.)

11 MAI 1792. — Décret qui charge le pouvoir exécutif de rendre compte des places mises en état de siége. (B. 22, 49.)

11 MAI 1792. — Décret qui charge le ministre de l'intérieur de rendre compte de l'exécution de la loi relative aux biens des religionnaires fugitifs. (B. 22, 51.)

11 MAI 1792. — Décret portant qu'il n'y a lieu à délibérer sur la pétition du sieur Soler. (B. 22, 51.)

11 MAI 1792. — Attentats sur MM. Dillon, etc. Voy. 8 MAI 1792. — Cours martiales. Voy. 12 MAI 1792. — Employés des armées. Voy. 8 MAI 1792. — M. de Grave. Voy. 8 MAI 1792. — Hôpital de Poitiers. Voy. 7 MAI 1792. — Jais. Voy. 5 MAI 1792. — Officiers. des gardes nationaux volontaires. Voy. 8 MAI 1792.

12 = 16 MAI 1792. — Décret qui ordonne une cérémonie nationale pour honorer la mémoire du maire d'Étampes. (L. 9, 80; B. 20, 52; Mon. du 13 mai 1792.)

L'Assemblée nationale, après avoir entendu la pétition d'un grand nombre de citoyens de Paris, sur les honneurs à rendre à la mémoire de Jacques-Guillaume Simonneau, maire d'Etampes, mort victime de son dévouement à la loi;

Considérant que la nation entière est outragée lorsque la loi est violée dans la personne d'un magistrat du peuple; considérant de plus que le Champ de la Fédération, qui a reçu de tous les Français le serment à la loi, et qui, par sa destination, appartient à tout l'empire, est le lieu le plus propre à rendre vraiment national l'hommage que les représentans du peuple ont résolu de décerner à la loi; et empressée de répondre au vœu qui lui a été manifesté, décrète ce qui suit:

Art. 1er. Une cérémonie nationale, consacrée au respect dû à la loi, honorera la mémoire de Jacques-Guillaume Simonneau, mort le 3 mars 1792, victime de son dévouement à la patrie.

2. Les dépenses de cette cérémonie seront acquittées par le Trésor public; la somme qu'il fournira ne pourra excéder six mille livres.

3. Le pouvoir exécutif fera ouvrir et disposer le Champ de la Fédération pour la pompe qui doit y avoir lieu; il donnera les ordres les plus prompts pour l'ordonnance de la cérémonie, qui sera fixée au premier dimanche de juin.

4. L'Assemblée nationale y assistera par une députation de soixante-douze de ses membres.

5. Le cortège sera composé des magistrats nommés par le peuple, des différens fonctionnaires publics et de la garde nationale.

6. Le procureur-général de la commune d'Etampes et le sieur Blanchet, citoyen de cette ville, qui ont été blessés en prêtant force à la loi, et la famille de Jacques-Guillaume Simonneau, seront nommément invités à la cérémonie.

7. L'écharpe du maire d'Etampes sera suspendue aux voûtes du Panthéon français.

12 = 16 MAI 1792. — Décret relatif à l'établissement d'une cour martiale, pour juger les crimes commis à l'affaire de Mons par les cinquième et sixième régimens. (L. 9, 82; B. 22, 77.)

L'Assemblée nationale, considérant qu'elle doit au salut public, à l'honneur national et au juste ressentiment de l'armée, de veiller à ce que la punition de ceux qui ont abandonné la cause qui ont abandonné à la liberté à l'affaire de Mons, et désobéi aux ordres du général Biron, soit prompte et éclatante;

Voulant, au nom de la nation, que les généraux soient toujours et promptement obéis; considérant cette entière obéissance comme la sauve-garde de la liberté et de la constitution;

Voulant que la tache de cette défection demeure aux traîtres seuls, dont la lâche désobéissance a porté le désordre dans les rangs des soldats fidèles;

Voulant, par cet acte de justice, consoler ceux-ci d'un revers que leur courage va réparer; après avoir entendu le rapport de ses comités militaire, diplomatique et de législation réunis, décrète:

Art. 1er. Le pouvoir exécutif donnera des ordres pour qu'il soit assemblé, dans tel lieu que le général de l'armée du Nord désignera, une cour martiale devant laquelle seront traduits les officiers, sous-officiers et dragons des cinquième et sixième régimens, prévenus d'avoir abandonné le poste qui leur avait été confié dans l'ordre de bataille du corps des troupes commandé par le lieutenant-général Biron.

2. Immédiatement après la publication du présent décret, le général de l'armée fera sommer les cinquième et sixième régimens de dragons de déclarer et de faire connaître les officiers, sous-officiers ou dragons qui, soit en prononçant le cri de la trahison, soit en excitant leurs compagnons à la défection, se seraient les premiers rendus coupables d'avoir quitté le poste de bataille.

3. Dans le cas où ces deux régimens de dragons ne feraient pas connaître les coupables dans le délai prescrit par le général, et se trouveraient par là chargés collectivement du crime de l'abandon du poste devant l'ennemi, le pouvoir exécutif donnera les ordres nécessaires pour que ces deux régimens soient cassés, sans préjudice toutefois de l'information et poursuites qui pourront résulter des comptes déjà rendus et des dénonciations qui sont ou qui pourraient être faites contre les prévenus coupables, comme aussi de l'examen et justification légale et authentique de la conduite des officiers, sous-officiers et dragons qui auront fait leur devoir.

4. Si, en conséquence des articles ci-dessus, il y a lieu à casser les cinquième et sixième régimens de dragons, les guidons des deux régimens seront déchirés et brûlés à la tête du camp; les numéros qui marquent leur rang dans l'armée resteront à jamais vacans.

5. Le ministre de la justice rendra compte, de huitaine en huitaine, des poursuites que les accusateurs publics ont dû faire, en vertu de l'article 3 du titre III du décret du 16 = 30 septembre 1791, contre toutes les personnes suspectes d'avoir provoqué à commettre les crimes qui ont eu lieu dans les journées des 29 et 30 avril, soit par des discours prononcés dans les lieux publics, soit par des placards ou bulletins affichés ou répandus, soit par des écrits rendus publics par la voie de l'impression.

12 = 16 MAI 1792. — *Décret relatif au brûlement des papiers déposés aux Augustins, concernant les ci-devant ordres de chevalerie et la noblesse.* (L. 9 , 92 ; B. 22, 58.)

L'Assemblée nationale, considérant qu'il s'agit de déterminer un local où seront déposés les titres qui l'ont été jusqu'à présent dans les bâtimens du couvent des ci-devant Grands-Augustins, et qu'il importe de réduire le dépôt de ces titres à ce qu'il doit être de nos jours et à l'espace qu'un tel dépôt doit occuper, décrète ce qui suit :

Les papiers déposés aux Augustins, appartenant ci-devant aux ordres de chevalerie et à la noblesse, seront brûlés, sous les ordres du département de Paris, après qu'il aura été distrait, sous sa surveillance, par la municipalité et la commission des savans, les titres des propriétés tant nationales que particulières, et les pièces qui pourraient intéresser les sciences et les arts.

---

12 = 16 MAI 1792. — *Décret qui autorise les généraux d'armée à nommer provisoirement les commandans amovibles.* ( L. 9, 93 ; B. 22, 58.)

L'Assemblée nationale, considérant que les généraux d'armée ne pourraient répondre à la nation de la sûreté des places qui couvrent les frontières du royaume, et qu'ils croiraient exposées aux attaques de l'ennemi, qu'autant qu'ils auront le droit d'en confier momentanément le commandement à des officiers dignes, par leur civisme, de la confiance publique, et propres, par leur activité, leur expérience et leur talent, à défendre vaillamment le boulevard de l'Etat, décrète qu'il y a urgence.

L'Assemblée nationale, après avoir décrété l'urgence, décrète ce qui suit :

Art. 1er. Les commandans en chef des armées sont autorisés provisoirement, et jusqu'à la réduction de l'armée au pied de paix, à nommer dans les places ou postes de guerre situés dans l'étendue de leur commandement, et qu'ils croiraient menacés, des commandans amovibles, choisis parmi les officiers de toutes les armes, du grade de capitaine et au-dessus, se trouvant en activité de service, dérogeant, quant à présent, à l'article 3 du titre III du décret du 8 = 10 juillet 1791, qui accorde le commandement dans les places au plus ancien officier du grade le plus élevé en activité dans la garnison.

2. Les officiers qui seront ainsi pourvus momentanément des lettres de commandant conserveront leur rang et leurs appointemens dans le corps où ils servaient, et ils jouiront, dans les places, du logement affecté à leur grade.

---

12 (11 et ) = 16 MAI 1792. — *Décret relatif à la tenue des cours martiales et à la forme des jugemens militaires en campagne.* (L. 9, 97; B. 22, 53 ; Mon. des 12 et 13 mai 1792.)

*Voy.* lois du 22 SEPTEMBRE = 29 OCTOBRE 1790; du 17 = 23 MAI 1792 ; du 18 = 23 MAI 1792.

L'Assemblée nationale, considérant que la désobéissance aux ordres des généraux et l'insubordination doivent être réprimées avec d'autant plus de sévérité que l'infamie et la tache de tels délits compromettent l'honneur national , la gloire des vrais soldats de la liberté et le succès de leurs armes; considérant que la première marque de satisfaction que la nation doit donner aux soldats fidèles est la prompte punition des infracteurs de la loi; voulant remplir le vœu de la nation, et donner au chef suprême de l'armée tous les moyens de la préserver des séductions et des défiances qui compromettent le sort de l'empire;

Considérant cependant que les bases de l'égalité et de la liberté individuelle doivent être soigneusement conservées dans toutes les institutions, et que les lois ont d'autant plus de force qu'elles tiennent de plus près à ces principes inviolables; délibérant sur la proposition du ministre de la guerre, convertie en motion par un de ses membres, relativement à la tenue des cours martiales et à la forme des jugemens militaires en campagne; après avoir entendu le rapport de ses comités militaire, diplomatique et de législation réunis, décrète qu'il y a urgence.

L'Assemblée nationale, après avoir décrété l'urgence, décrète ce qui suit :

TITRE Ier. *Des tribunaux militaires à l'armée.*

Art. 1er. Tout délit militaire ou commun commis à l'armée pendant la guerre par les individus qui la composent, sans distinction de grade, de métier ou de profession, seront jugés par des cours martiales ou par la police correctionnelle militaire, suivant la gravité du délit, conformément aux dispositions suivantes.

2. Tout prévenu d'un délit militaire ou d'un délit commun dont la peine, s'il est trouvé coupable par le jury, doit être la privation de la vie ou de son état, sera traduit devant la cour martiale.

3. Tout prévenu d'un délit ou d'une faute excédant celles de pure discipline, dont la connaissance est réservée par les lois militaires au conseil de discipline, et dont la punition ne devra être ni la privation de la vie ni celle de son état, sera traduit devant le tribunal de police correctionnelle militaire.

4. A l'armée, les cours martiales et les tribunaux de police correctionnelle militaire

appliqueront aux délits militaires les peines énoncées dans le Code pénal militaire, ainsi que dans les réglemens que les généraux et commandans en chef sont autorisés à faire par l'article 11 du décret du 30 septembre = 19 octobre 1791. Les cours martiales et les tribunaux de police correctionnelle militaire appliqueront aux délits civils les peines énoncées dans les lois pénales ordinaires.

### Titre II. Des cours martiales.

Art. 1er. Conformément à ce qui est prescrit par l'article 7 du décret du 22 septembre = 29 octobre 1790, il sera établi dans chaque armée le nombre de cours martiales que le général d'armée aura jugé nécessaire.

2. La juridiction de chacune des cours martiales dans la même armée s'étendra, dans le royaume et hors du royaume, sur tous les militaires attachés à cette armée, et sur toutes les personnes attachées à son service ou qui la suivent.

3. Le siége habituel de chacune de ces cours sera déterminé par le général, en sorte que, de chacun des points qu'occupera l'armée, on puisse promptement recourir à l'une d'elles. Cependant il sera libre au grand-juge d'ordonner le transport de la cour martiale hors du lieu où elle siége habituellement, toutes les fois que cette mesure pourra contribuer à la sûreté des prisonniers, à la prompte expédition des affaires, ou pour toute autre considér. ion importante.

Les cours martiales à l'armée pourront tenir leurs séances partout, et même en plein air.

4. Les prévenus de délits qui devront être jugés par les cours martiales seront traduits devant la plus prochaine, sur la plainte du commissaire-auditeur qui en aura le plus tôt été averti, soit par une dénonciation expresse ou par la clameur publique, ou de toute autre manière.

5. La formation du tableau des jurés établis par le décret du 22 septembre = 29 octobre 1790, ne sera pas obligatoire à l'armée.

Le service de ces deux jurés sera rempli alternativement par tous les individus qui composent ou suivent les armées, sans qu'aucune raison puisse les en dispenser, de quelque arme, de quelque grade, de quelque profession qu'ils soient, soit qu'ils servent en corps ou par détachemens, ou même hors de ligne.

On sera appelé, pour le service des jurés, par le commandant militaire de la division. Lorsqu'il n'y aura qu'un seul régiment dans le lieu où les deux jurys devront être convoqués, le régiment fournira les jurés nécessaires, en prenant les plus anciens officiers, sous-officiers et soldats, qui seront soumis à cet égard à un tour de service, et en suivant l'ordre des colonnes.

Lorsqu'il y aura deux régimens dans le lieu de la convocation, il sera nommé des jurés sur la totalité des deux régimens. Lorsqu'il y en aura trois, il en sera de même, jusques et compris le nombre de quatre régimens, nombre auquel on s'arrêtera, quel que soit celui des troupes comprises dans la même division; mais, quand les quatre premiers régimens auront satisfait à cette obligation, on recommencera à nommer des jurés dans les régimens qui suivront.

Les officiers des états-majors des armées, les officiers et sous-officiers pris dans les détachemens envoyés aux armées, quelle que soit leur arme, seront, dans toute circonstance, nommés par l'officier qui se trouvera commander, en les prenant à leur tour dans la colonne de leur grade.

Nul ne sera appelé pour les jurés s'il n'a les qualités requises par l'article 19 du décret du 22 septembre = 29 octobre 1790.

6. Lorsque les prévenus seront militaires, quels que soient leur nombre et leur grade, le jury d'accusation sera formé par des militaires, à raison d'un par chacune des sept premières colonnes et de deux du grade du prévenu. Lorsque les prévenus seront des personnes attachées au service de l'armée ou étant à sa suite, quel que soit leur nombre, le jury d'accusation sera composé de neuf personnes, à raison d'une par chacune des sept colonnes militaires, et de deux, prises à tour de rôle, parmi les personnes du même état que l'accusé. Il en sera de même lorsque, dans le nombre des prévenus, il y aura des militaires et des personnes non militaires. Dans tous les cas, la majorité absolue entre les jurés d'accusation fixera leur détermination, ainsi qu'il est prescrit par l'article 41 du décret du 22 septembre = 29 octobre 1790.

7. Lorsque les accusés seront militaires, quels que soient leur nombre et leur grade, le jury de jugement sera formé d'après l'article 23 du décret du 22 septembre = 29 octobre. Lorsque les accusés seront des personnes attachées au service de l'armée ou étant à sa suite, quel que soit leur nombre, il sera présenté pour le jury du jugement vingt-huit militaires, à raison de quatre par colonne, et huit personnes prises à tour de rôle parmi celles attachées au service de l'armée ou étant à sa suite: ce qui donne le nombre de trente-six, qui, au moyen de récusations, se réduit à neuf, dont deux de l'état de l'accusé attaché à l'armée. Il en sera de même lorsque, dans le nombre des accusés, quel qu'il soit, il y aura des militaires et des personnes non militaires. Dans tous les cas, les récusations seront proposées sur chacune des sept colonnes, pour les réduire successivement au quart, conformément à ce qui est prescrit par l'article 24 du décret du

22 septembre = 29 octobre 1790; et, s'il y a plusieurs accusés, les récusations seront proposées alternativement par chacun d'eux, à commencer par le plus jeune, ainsi qu'il est prescrit par la deuxième partie de l'art. 26 du décret du 22 septembre = 29 octobre 1790.

TITRE III. Des juges-de-paix et de la police correctionnelle militaire.

Art. 1er. Les commissaires-auditeurs, qui, dans les cours martiales, resteront toujours chargés de la poursuite de tous les délits militaires, rempliront encore dans les camps et armées les fonctions de juges-de-paix envers les gens de guerre et autres attachés à leur service ou qui sont à leur suite.

2. Ils jugeront toutes les contestations qui pourront naître, d'après les principes de la police correctionnelle civile; ils jugeront aussi tous les délits qui n'emporteront pas la peine de la privation de la vie et de l'état des personnes : ils seront en conséquence assistés, dans leurs jugemens, par deux commissaires ordinaires des guerres, et, à leur défaut, par les deux capitaines qui, sur l'état de service, se trouveront être rentrés les derniers au camp.

3. Les jugemens des tribunaux de police correctionnelle militaire, non plus que ceux des cours martiales, ne seront sujets ni à l'appel ni à la cassation.

4. Les généraux d'armée, dans les réglemens que la loi les autorise à proclamer pendant la durée de la guerre, y classeront tous les objets qui doivent être soumis à la police correctionnelle, et jugés par les commissaires-auditeurs.

5. Le pouvoir exécutif fera publier une instruction détaillée, tant sur le service des cours martiales que sur le tribunal de police correctionnelle militaire dans les armées. Ce réglement, uniquement relatif au service en campagne, devra être conforme aux bases établies par le présent décret et aux lois antérieures, tant sur la compétence des tribunaux militaires, que dans le Code pénal, pour tout ce qui ne se trouve pas expressément abrogé.

12 = 16 MAI 1792. — Décret qui distrait du district de Pont-l'Évêque, pour le réunir à celui de Caen, les paroisses de Cabourg, Melville, le Buisson et autres. (L. 9, 103; B. 22, 60.)

12 = 16 MAI 1792. — Décret concernant l'église et l'oratoire de la paroisse de Saint-Pierre de Toulouse. (B. 22, 59.)

12 MAI 1792. — Décret qui autorise le sieur Paroisse à retirer des archives nationales le modèle de retranchement portatif. (B. 22, 75.)

13 MAI 1792. — Décret d'ordre du jour portant que toute espèce de retraits est abolie. (B. 22, 40.)

Voy. loi du 13 = 18 JUIN 1790, et notes.

L'Assemblée nationale, en supprimant les retraits lignagers, demi-denier féodal, censuel et autres, a entendu abolir toutes les autres espèces de retraits; en conséquence, l'Assemblée passe à l'ordre du jour.

13 MAI 1792. — Décret qui charge le président d'écrire au grenadier Pie, et d'adresser au général de l'armée un sabre pour être remis à ce grenadier. (B. 22, 88.)

13 MAI 1792. — Château de Dourdan; Décret du 2 décembre 1790 sur l'artillerie. Voy. 9 MAI 1792. — Dépenses extraordinaires de la marine. Voy. 4 MAI 1792. — Employés supprimés. Voy. 9 MAI 1792. — Marine; M. Rivar. Voy. 8 MAI 1792.

14 = 16 MAI 1792. — Décret qui défend provisoirement la sortie des bestiaux pour l'étranger dans le département du Nord et autres. (L. 9, 87; B. 22, 63.)

L'Assemblée nationale, après avoir entendu le rapport de ses comités diplomatique et de commerce réunis, considérant que l'approvisionnement des armées françaises sur les frontières du Nord cause un surhaussement sur les denrées de première nécessité, onéreux aux citoyens de ces départemens;

Décrète que la sortie des bestiaux de toute espèce à l'étranger est provisoirement défendue dans les départemens du Nord, de l'Aisne, des Ardennes, de la Meuse, de la Moselle et de la Meurthe.

14 = 18 MAI 1792. — Décret relatif aux nouveaux bataillons de gardes nationales fournis par les départemens de l'Ain, des Ardennes et autres. (L. 9, 154; B. 22, 64.)

L'Assemblée nationale, instruite que, pendant le temps qui s'est écoulé depuis le moment où le ministre de la guerre a mis sous ses yeux l'état de situation des forces nationales, jusqu'à celui où elle a rendu le décret du 5 mai, relatif au complément des bataillons de gardes volontaires nationaux, les départemens de l'Ain, des Ardennes, de Corse, du Finistère, de la Haute-Garonne, des Hautes-Alpes, des Hautes-Pyrénées et de la Seine-Inférieure, ont ensemble levé quatorze bataillons, et qu'il est par conséquent aussi instant que nécessaire de modifier ou les articles du décret du 5 mai relatifs au nombre des bataillons, ou ceux qui concernent la répartition desdits bataillons entre les départemens.

Art. 1er. Le nombre des bataillons de gardes volontaires nationaux, fixé à deux cents par l'article 1er du décret du 5 mai, sera porté à deux cent quatorze; en conséquence, la Trésorerie nationale tiendra à la disposition du ministre de la guerre les fonds nécessaires à la solde desdits deux cent quatorze bataillons.

2. Les quatorze bataillons fournis par les départemens désignés dans le présent décret seront, ainsi que tous les autres, portés à huit cents hommes, et organisés de la même manière.

3. Le reste des articles du décret du 5 mai seront exécutés suivant leur forme et teneur.

———

14 = 18 MAI 1792. — Décret relatif à l'augmentation des commissaires ordonnateurs et ordinaires des guerres. (L. 9, 160; B. 22, 66.)

*Voy.* loi du 20 SEPTEMBRE = 14 OCTOBRE 1791.

L'Assemblée nationale, après avoir entendu le rapport de son comité militaire sur la proposition du ministre de la guerre, convertie en motion par l'un de ses membres, relative à l'augmentation de douze commissaires des guerres dans l'armée;

Considérant que l'état de guerre où nous nous trouvons, le rassemblement des armées qui en est la suite, l'augmentation du nombre de nos troupes, porté plus qu'au double de celui fixé pour l'état de paix; enfin, que les établissemens des cours martiales et des tribunaux de police correctionnelle, qui doivent être formés dans chaque division d'armée, augmentent considérablement tous les détails d'administration et de police, et nécessitent momentanément une augmentation dans le nombre des agens militaires qui en sont chargés, décrète qu'il y a urgence.

L'Assemblée nationale, après avoir décrété l'urgence, décrète ce qui suit:

Art. 1er. Le nombre des commissaires-ordonnateurs des guerres, fixé à vingt-trois par le décret du 20 septembre = 14 octobre 1791, sera augmenté de deux et porté provisoirement à vingt-cinq, et celui des auditeurs, fixé à vingt-trois par la même loi, sera également porté provisoirement à vingt-cinq. Ces nouvelles places seront conférées, au choix du Roi, à des commissaires des guerres, ayant au moins trente-cinq ans d'âge, conformément à la disposition des articles 2 et 3 du titre V dudit décret du 20 septembre = 14 octobre 1791.

2. Le nombre des commissaires ordinaires des guerres, fixé à cent trente-quatre par la loi du 14 octobre 1791, sera augmenté provisoirement de huit, et porté à cent quarante-deux. Ces nouvelles places seront conférées, au choix du Roi, à des citoyens actifs ayant au moins vingt-cinq ans d'âge, conformément à l'article 5 du titre V du décret du 20 septembre = 14 octobre 1791.

3. Les appointemens attachés à ces nouvelles places de commissaires-ordonnateurs, commissaires-auditeurs et commissaires ordinaires des guerres, créées provisoirement par le présent décret, seront les mêmes que ceux affectés aux dernières classes de ces mêmes grades, par les articles 2, 3 et 4 du titre IX dudit décret du 20 septembre = 14 octobre 1791.

Lorsque l'armée sera réduite à l'état de paix, le nombre des commissaires-ordonnateurs, commissaires-auditeurs et commissaires ordinaires des guerres, sera réduit à celui fixé par le décret du 20 septembre = 14 octobre 1791; en conséquence, les deux commissaires-ordonnateurs, les deux auditeurs et les huit commissaires ordinaires des guerres les derniers nommés, seront réformés et replacés à leur tour dans leurs grades respectifs, aussitôt qu'ils viendront à vaquer; et, en attendant leur remplacement, ils jouiront de la moitié de leurs appointemens.

———

14 = 18 MAI 1792. — Décret relatif aux rentiers sur la ville de Paris. (L. 9, 156; B. 22, 65.)

L'Assemblée nationale, sur le rapport qui lui a été fait par son comité de l'ordinaire des finances, d'une pétition présentée par les rentiers de la ville de Paris, appuyée par la municipalité de Paris et le directoire du département; considérant que les emprunts qui ont été faits pour la ville de Paris, à différentes époques, ont eu pour objet l'acquisition des perceptions fiscales, qui sont abolies par les lois nouvelles; désirant venir au secours d'une classe de citoyens que la suspension de paiement des rentes réduit aux plus pénibles privations, puisque la municipalité de Paris se trouve dans l'impossibilité de s'acquitter envers eux, par la perte de ses revenus; considérant enfin qu'il est de la plus grande justice que la nation paie les rentes dont les capitaux ont été versés dans le Trésor public, décrète qu'il y a urgence.

L'Assemblée nationale, après avoir rendu le décret d'urgence, décrète ce qui suit:

Art. 1er. Il sera versé dans la caisse de la municipalité de Paris par la Trésorerie nationale, qui en sera remboursée par la caisse de l'extraordinaire, jusqu'à concurrence de la somme de neuf cent quatre-vingt-onze mille sept cent douze livres dix sous, formant la moitié des arrérages annuels de ses rentes viagères et perpétuelles, à titre d'avance et par imputation, tant sur les sommes que ladite municipalité pourrait avoir droit de réclamer sur le Trésor public, que sur le seizième à elle attribué dans le prix des ventes des biens nationaux par elle acquis, pour être, ladite somme de neuf cent quatre-vingt-onze mille sept cent douze livres dix sous, employée au paiement d'un semestre des rentes dues par la municipalité, à la charge par elle de justifier au département de cet emploi.

2. Le versement de ladite somme de neuf cent quatre-vingt-onze mille sept cent douze livres dix sous se fera immédiatement après la promulgation du présent décret, à raison de cent cinquante mille livres par semaine.

3. Le trésorier de la ville de Paris sera tenu de remettre à la Trésorerie nationale, chaque semaine, un bordereau des sommes qui auront été payées, de lui certifié; ce bordereau sera vérifié par les commissaires de ladite Trésorerie nationale; et, dans le cas où la somme qui aurait été versée ne serait pas entièrement consommée, il ne sera fourni que celle qui sera nécessaire pour compléter les cent cinquante mille livres mentionnées en l'article précédent.

4. Les rentiers de la ville de Paris seront assujétis aux formalités prescrites par le décret du 13 décembre dernier.

5. La municipalité de Paris justifiera qu'elle s'est conformée au décret du 5 = 10 août 1791, au directoire du département, qui en informera le ministre de l'intérieur, lequel en rendra compte à l'Assemblée nationale dans le délai d'un mois.

Le présent décret ne sera envoyé qu'au département de Paris.

14 = 18 MAI 1792. — Décret qui accorde des secours aux enfans des habitans de Saint-Domingue qui se trouvent en France. (L. 9, 158; B. 22, 62.)

L'Assemblée nationale, instruite qu'il existe dans diverses maisons d'éducation du royaume un grand nombre de jeunes personnes des deux sexes nées à St.-Domingue de parens qui, ayant souffert des derniers troubles de cette colonie, sont dans l'impuissance, quant à présent, de fournir à leurs besoins; considérant que l'humanité réclame en faveur de ces enfans des secours provisoires, décrète qu'il y a urgence.

L'Assemblée nationale, après avoir entendu le rapport de ces comités des colonies, d'instruction et des secours publics, et après avoir décrété l'urgence, décrète définitivement ce qui suit :

Art. 1er. Le ministre de la marine est autorisé à prendre sur les fonds des six millions qui ont été mis à sa disposition par décret du 28 mars dernier, jusqu'à la concurrence de cent mille livres, pour être distribués ainsi qu'il sera dit ci-après, en secours provisoires et à titre d'avance, aux enfans des habitans de Saint-Domingue qui se trouvent en France pour leur éducation, et dont les parens ont souffert des derniers troubles qui ont agité cette colonie.

2. Les maîtres ou maîtresses de pension qui réclameront des secours pour leurs élèves devront représenter :

1° Un certificat de la municipalité du lieu de leur résidence, qui constatera le nom et l'âge des enfans nés à Saint-Domingue qui se trouveront dans leur pension, et le *minimum* du prix des pensions du lieu pour les enfans des deux sexes, depuis cinq jusqu'à vingt ans, pour la pension, l'entretien et l'éducation essentielle seulement;

2° Un certificat des commissaires de Saint-Domingue auprès l'Assemblée nationale, qui constatera que les parens de ces élèves ont eu leurs propriétés dévastées, et n'ont pas d'autres moyens de subvenir à leurs enfans.

Ces certificats devront rester annexés aux quittances des maîtres et maîtresses de pension.

3. Sur ces certificats, les maîtres et maîtresses de pension recevront, pour chaque enfant, le montant de trois mois de pension calculés sur le *maximum* du lieu, et s'engageront de continuer leurs soins à leurs élèves pendant le trimestre qui suivra cette avance de secours.

4. Le ministre de la marine rendra compte, tous les mois, des dispositions qu'il aura faites pour l'exécution du présent décret.

5. L'Assemblée nationale recommande à la sollicitude des municipalités et met sous leur surveillance les enfans des habitans de Saint-Domingue à qui il sera accordé des secours; elles s'assureront s'ils sont élevés dans les principes de la constitution.

14 = 23 MAI 1792. — Décret relatif à la fabrication des poudres et salpêtres. (L. 9, 186; B. 22, 68.)

L'Assemblée nationale, après avoir entendu le rapport de ses comités de commerce et de l'ordinaire des finances sur les encouragemens et indemnités à accorder aux fabricans de salpêtre, afin d'assurer cette partie importante du service public, décrète qu'il y a urgence.

L'Assemblée nationale, après avoir décrété l'urgence, considérant que, l'Assemblée constituante ayant réservé à la nation, comme une dépendance nécessaire de la souveraineté nationale, le privilège de la fabrication de la poudre et de la recherche du salpêtre, les réglemens qu'elle n'a point abrogés par son décret du 27 septembre doivent subsister conformément à ce décret; considérant que la perte qu'ont éprouvée les salpêtriers, la diminution de leurs récoltes, et la nécessité d'assurer à la régie des approvisionnemens suffisans pour la fabrication de la poudre, doivent déterminer une augmentation de prix pour la récolte prochaine et une indemnité pour les fournitures déjà faites ; considérant enfin qu'il est de sa justice de régler, d'une manière invariable, les formes de réception et d'épreuves, décrète :

Art. 1er. La fabrication des poudres et salpêtres continuera d'être exploitée conformément au décret du 27 septembre.

2. Le prix du salpêtre, pour 1792, sera réglé par la régie, conformément au tarif annexé au présent décret.

3. L'indemnité que l'Assemblée nationale accorde aux salpêtriers pour leurs fournitures de 1790 et 1791 sera payée conformément au même tarif, en déduisant, sur le compte particulier de chaque salpêtrier, les augmentations particulières que la régie lui aurait déjà accordées pour les mêmes années 1790 et 1791.

4. Cette indemnité sera payée par la régie, et le Trésor public lui en tiendra compte sur ses produits : il sera tenu un compte particulier pour chacun des exercices de 1790 et de 1791, et le ministre des contributions publiques est chargé de remettre à l'Assemblée nationale les comptes avant la fin du mois de juillet prochain.

5. Afin de ne pas diminuer les produits de la régie compris dans les moyens ordinaires de 1792, la caisse de l'extraordinaire remplacera au Trésor public le montant de cette indemnité, d'après un décret qui sera rendu pour cet objet, lorsque ces comptes d'indemnités auront été vérifiés et approuvés.

6. Les salpêtres seront provisoirement reçus dans les formes usitées jusqu'à ce jour ; mais le ministre des contributions publiques est chargé, de concert avec la régie des poudres et salpêtres et l'Académie des sciences, de présenter un projet de réglement pour les formes de réception et la fixation du degré de force du salpêtre, ainsi que de la qualité de la potasse ou du salin qui seront délivrés par la régie aux salpêtriers, l'Assemblée se réservant de statuer définitivement sur ce réglement.

7. La régie continuera à fournir la potasse au prix actuel de trente-sept livres dix sous par quintal à Paris, et de quarante-deux livres dans les départemens d'Indre-et-Loire, Maine-et-Loire, et dans les départemens du Midi, ou dans ceux qui la reçoivent de Paris ou de Lyon.

8. Avant la fin du mois d'octobre prochain, le ministre des contributions publiques présentera à l'Assemblée nationale le projet de tarif à décréter pour 1793.

9. Le ministre des contributions publiques rendra compte à l'Assemblée nationale du succès des nitrières artificielles qui ont été ou qui seront établies en France, des nouvelles découvertes qui pourraient être faites pour les fabriques de poudre et de salpêtre, et des encouragemens qu'il pourrait être nécessaire de donner aux entrepreneurs ou inventeurs.

14 MAI 1792. — Décret relatif à la liquidation des titulaires d'office de perruquiers. (L. 9, 61.)

14 = 18 MAI 1792. — Décret qui charge le pouvoir exécutif de pourvoir au remplacement de la médaille qui avait été accordée en 1785 au sieur Réveillon, en considération de ses services. (B. 22, 65.)

14 MAI 1792. — Commissaires des Bouches-du-Rhône. *Voy.* 11 MAI 1792. — Sommes à départir entre plusieurs départemens. *Voy.* 2 MAI 1792. — Troubles d'Avignon. *Voy.* 3 MAI 1792.

15 = 23 MAI 1792. — Décret qui règle la destination de trois cent millions d'assignats décrétés le 30 avril 1792. (L. 9, 170 ; B. 20, 70.)

L'Assemblée nationale, considérant qu'il importe au crédit des assignats qu'ils ne se trouvent pas en trop grand nombre dans la circulation, et de s'assurer les moyens de fournir aux dépenses de la guerre, décrète qu'il y a urgence.

L'Assemblée nationale, après avoir décrété l'urgence, décrète ce qui suit :

Art. 1er. Les trois cent millions d'assignats créés par le décret du 30 avril dernier seront spécialement destinés à fournir aux dépenses de la guerre et aux besoins extraordinaires de la Trésorerie nationale ; néanmoins, il sera pris sur ces trois cent millions les sommes nécessaires pour que les créances exigibles de dix mille livres et au-dessous continuent d'être remboursées dans la forme suivie jusqu'à ce jour, sans que les remboursemens puissent s'élever à plus de six millions par mois.

2. Lorsque les reconnaissances définitives de liquidation excédant la somme de dix mille livres, dont les possesseurs auront satisfait aux formalités prescrites par les précédens décrets, seront représentées à la caisse de l'extraordinaire, elles seront visées et numérotées par l'administrateur de ladite caisse ou ses préposés. L'intérêt desdites reconnaissances courra du jour de leur présentation, et cessera quinze jours après qu'elles auront été appelées en remboursement, dans l'ordre et d'après le mode qui seront incessamment décrétés par l'Assemblée nationale.

15 = 23 MAI 1792. — Décret relatif au recrutement et au remplacement dans les différens corps d'armée. (L. 9, 172 ; B. 22, 72.)

L'Assemblée nationale, après avoir entendu

le rapport de son comité militaire, considérant que la faculté donnée aux citoyens de choisir le régiment où ils veulent servir ralentit la marche des répartitions des hommes de recrue dans les régimens incomplets, et que le succès de la guerre dépend surtout de la promptitude avec laquelle se font les remplacemens dans les différens corps qui composent les armées, décrète qu'il y a urgence.

L'Assemblée nationale, après avoir décrété l'urgence, décrète ce qui suit :

Art. 1er. Les citoyens qui voudront s'engager dans les troupes de ligne par-devant les municipalités, seront tenus de déclarer dans quelle armée et dans quelle arme ils désirent servir.

2. Ceux qui opteront pour l'armée du Nord se rendront à Valenciennes ; ceux pour l'armée du Rhin, à Strasbourg ; ceux pour l'armée de la Moselle, à Metz, et ceux pour l'armée du Midi, à Nîmes et au Saint-Esprit.

3. Les généraux en chef dirigeront et ordonneront, de ces quatre points de rassemblement, la répartition des hommes de recrue dans les régimens de leur armée qui n'auront pas un excédant au-delà du complet.

15 MAI 1792. — Décret qui autorise le garde des archives nationales à remettre au sieur Corbel les pièces par lui demandées. (B. 22, 69.)

15 MAI 1792. — Décret relatif au jugement rendu par le tribunal de police correctionnelle d'Arras contre le sieur Roussel. (B. 22, 70.)

15 — 23 MAI 1792. — Décret qui autorise le directoire du département des Deux-Sèvres et le conseil-général de la commune de Bléré à faire des acquisitions. (B. 22, 71 et 72.)

16 — 23 MAI 1792. — Décret relatif à la convention faite avec les princes de Salm-Salm et de Loveinstein-Wertheim. (L. 9, 166 ; B. 22, 73.)

L'Assemblée nationale, considérant qu'en exécution des décrets des 28 octobre 1790 et 19 juin 1791, il est de la loyauté française d'accélérer, autant qu'il est possible, les mesures qui tendent à indemniser, les princes allemands possessionnés en France de leurs droits seigneuriaux et féodaux supprimés, décrète qu'il y a urgence ;

L'Assemblée nationale, après avoir décrété l'urgence, ratifie la convention passée le 29 du mois dernier, entre le sieur Bonnecarrère, au nom du Roi, et les fondés de pouvoirs des princes de Salm-Salm et de Loveinstein-Wertheim ;

Décrète, en conséquence, que ladite convention sera exécutée selon sa forme et teneur, et que copie en restera annexée au présent décret, sauf la confirmation du Corps-Législatif, lorsque l'indemnité sera définitivement fixée et arrêtée.

Copie de la convention entre le Roi et le prince de Salm-Salm, concernant l'indemnité qui lui est accordée pour la suppression de ses droits féodaux et seigneuriaux.

En conformité des décrets de l'Assemblée nationale constituante des 28 octobre 1790 et 19 juin 1791, sanctionnés par le Roi, il a été convenu, entre les sieurs Guillaume de Bonnecarrère, directeur général du département politique, au nom du Roi, et Claude-Ambroise Reignier, citoyen de Nancy et fondé de pouvoirs de M. le prince de Salm-Salm, sauf ratification :

Art. 1er. Que l'indemnité due à M. le prince de Salm-Salm, à raison des droits seigneuriaux et féodaux, ainsi que des dîmes inféodées dont il jouissait dans la ci-devant province de Lorraine et dans la ci-devant principauté d'Arches et de Charleville, qui lui appartient pour un neuvième, lui sera payée d'après l'évaluation qui sera faite de leur produit au denier *trente* ; ledit prince renonçant à toute indemnité pour les droits seigneuriaux et féodaux purement honorifiques.

2. Pour parvenir à ladite évaluation, il sera nommé deux experts, l'un par le commissaire du Roi qu'il plaira à Sa Majesté de nommer, l'autre par le prince de Salm-Salm, avec la faculté auxdits experts de convenir entre eux d'un tiers, au cas qu'ils se trouvassent partagés d'opinions, auxquels experts M. le prince de Salm-Salm fera remettre les titres, renseignemens et documens propres à les diriger dans leur opération.

L'indemnité sera définitivement fixée et arrêtée d'après le rapport desdits experts, et le montant en sera acquitté immédiatement après le décret de confirmation du Corps-Législatif.

3. Lesdits experts détermineront pareillement l'indemnité due à M. le prince de Salm-Salm, à raison du défaut de perception des droits supprimés depuis l'abolition du régime féodal, laquelle indemnité sera payée comme ci-dessus.

Copie de la convention entre le Roi et le prince de Loveinstein - Wertheim, concernant l'indemnité qui lui est accordée pour la suppression de ses droits seigneuriaux et féodaux.

En conformité des décrets de l'Assemblée nationale constituante des 28 octobre 1790 et 19 juin 1791, sanctionnés par le Roi, il a été convenu entre les sieurs Guillaume de Bonnecarrère, directeur-général du département politique, au nom du Roi, et de Hinkeldey, conseiller intime de Son Altesse M. le prince de Loveinstein-Wertheim, et son fondé de pouvoirs, sauf ratification :

Art. 1er. Que l'indemnité due à M. le prince de Loveinstein-Wertheim, à raison des droits seigneuriaux et féodaux supprimés dans les terres situées dans les départemens de la Meurthe et de la Moselle, ainsi qu'à raison des dîmes inféodées qui lui appartenaient tant dans lesdits départemens que dans celui du Bas-Rhin, lui sera payée d'après l'évaluation qui sera faite de leur produit annuel et au taux du denier *trente* ; ledit prince renonçant à toute indemnité pour les droits seigneuriaux et féodaux purement honorifiques.

2. Pour parvenir à ladite évaluation, il sera nommé deux experts, l'un par le commissaire du Roi qu'il plaira à sa Majesté d'en charger, l'autre par M. le prince de Loveinstein-Wertheim, avec faculté auxdits experts de convenir entre eux d'un tiers, au cas qu'ils se trouvassent partagés d'opinions ; auxquels experts M. le prince de Loveinstein-Wertheim fera remettre les titres, renseignemens et documens propres à les diriger dans leur opération.

L'indemnité sera définitivement fixée et arrêtée d'après le rapport desdits experts, et le montant en sera acquitté immédiatement après le décret de confirmation du Corps-Législatif.

3. Lesdits experts détermineront pareillement l'indemnité due à M. le prince de Loveinstein-Wertheim, à raison du défaut de perception des droits supprimés depuis l'abolition du régime féodal, laquelle indemnité sera payée comme ci-dessus.

4. M. le prince de Loveinsteim-Wertheim se désiste de l'indemnité qu'il avait réclamée par rapport à la suppression de quatre bénéfices fondés en 1726 dans la cathédrale de Strasbourg, par un prince de sa maison, alors évêque de Tournay.

Les articles ci-dessus énoncés ont été convenus et arrêtés par les soussignés fondés de pouvoirs, sauf ratification.

---

16 = 23 MAI 1792. — Décret qui supprime la distribution de la viande en nature dans les garnisons du royaume. (L. 9, 198 ; B. 22, 73.)

L'Assemblée nationale, d'après les observations qui lui ont été adressées par le ministre de la guerre, dans sa lettre du 7 du présent mois, sur les inconvéniens qui résultent des dispositions du décret du 24 février dernier, relativement à la fourniture de viande aux troupes dans leurs garnisons, et sur la motion de l'un de ses membres, décrète définitivement qu'à compter du 1er du mois de juin prochain, la distribution de quatre onces de viande fraiche par jour, ordonnée par le décret du 24 février dernier, pour chaque soldat présent sous les armes, cessera d'avoir lieu dans toutes les garnisons du royaume.

---

16 MAI 1792. — Bestiaux pour l'étranger. *Voy.* 14 MAI 1792. — Canonniers-matelots de Brest. *Voy.* 5 MAI 1792. — Commandans amovibles ; Cours martiales en campagne. *Voy.* 12 MAI 1792. — Hôtel des invalides. *Voy.* 29 AVRIL 1792. — Maire d Etampes ; Papiers déposés aux Augustins ; Pont-l'Evêque, etc. ; Saint-Pierre de Toulouse. *Voy.* 12 MAI 1792. — Trésorerie nationale. *Voy.* 10 MAI 1792. — Veuve Jullien et Ouvry. *Voy.* 11 MAI 1792.

17 = 23 MAI 1792. — Décret relatif aux dépenses de la marine et des colonies. (L. 9, 199 ; B. 22, 87.)

L'Assemblée nationale, ouï le rapport de ses comités réunis de marine et de liquidation ; considérant que la disposition du décret du 29 septembre dernier, qui renvoie à la liquidation générale toutes les créances de l'arriéré de 1790, ne peut regarder celles qui, par leur nature, ne doivent souffrir aucun retard dans leur paiement, et que les motifs qui ont fait excepter de l'arriéré, par les art. 2 et 11 de la loi du 28 mars 1790, la solde des troupes de terre et de mer, et les lettres-de-changes expédiées pour le service de la marine et des colonies, subsistent toujours ; après avoir entendu les trois lectures faites dans les séances des 12 avril dernier, 8 et 17 du présent mois de mai, et avoir délibéré qu'elle était en état de rendre le décret définitif, décrète ce qui suit :

Art. 1er. Les dépenses de la marine et des colonies, de l'année 1790, s'élevant à la somme d'un million quatre cent vingt-quatre mille quatre cent vingt-trois liv. six sous 7 deniers, suivant les deux états annexés au présent décret, qui n'étaient pas acquittées le 1er octobre 1791, sont exceptées de l'exécution du décret du 29 septembre dernier, et continueront d'être payées par la Trésorerie nationale, conformément à celui du 17 avril précédent, qui règle toutes les formalités requises pour l'extinction de l'arriéré de 1790.

2. Ne sont point comprises dans l'exception de l'article ci-dessus les dépenses relatives à la négociation d'Alger et de la chambre du commerce de Marseille, qui n'étaient pas payées à ladite époque du 1er octobre 1791, desquelles dépenses le ministre de la marine remettra le compte détaillé et motivé avant le 1er juin prochain.

3. Le ministre de la marine rendra compte, en outre, avant ladite époque du 1er juin prochain, de toutes les sommes qui ont été payées à la chambre du commerce de Marseille, à l'occasion de la même négociation d'Alger, et il fera connaître en vertu de quels

ordres et d'après quelles lois lesdites dépenses ont été ordonnées dans son département.

4. Les lettres-de-change tirées des ports et celles tirées ou à tirer encore des colonies de l'année 1789, comme aussi les dettes de ce département de ladite année 1789 et des années antérieures, ayant pour cause la solde des troupes et les salaires des gens de mer et journées des malades dans les hôpitaux, sont affranchies des formalités du décret du 22 mars 1791, et continueront d'être acquittées par la Trésorerie nationale, conformément aux articles 2 et 11 du décret du 28 mars 1790, qui les a exceptées de l'arriéré.

5. Les ordonnances, pièces justificatives et quittances fournies jusqu'à présent, et celles qui seront fournies par la suite au directeur-général de la liquidation, seront par lui remises,, sur inventaires et récépissés, aux comptables des exercices auxquels elles appartiennent, à l'effet par eux de les comprendre dans les comptes qu'ils doivent rendre incessamment desdits exercices.

### COLONIES, 1790.

Dépenses restant à acquitter au 28 avril 1792.

#### AMÉRIQUE.

Parfait paiement des piastres fournies par M. Le Normand, quatre-vingt-un mille deux cent trente livres huit sous; *idem* de la masse d'habillement des bataillons de la Guiane et d'Afrique, douze mille neuf cent vingt-quatre livres; fournitures faites par les sieurs Raynaud frères et compagnie, de Saint-Marc, aux membres de l'assemblée générale de Saint-Domingue, trente-six mille cent soixante-deux livres treize sous quatre deniers; première moitié des appointemens de feu M. Brebeuf, neuf cent livres; au sieur Dumesnil-Ambert, major, pour la moitié du traitement attaché au commandant en chef des îles Saint-Pierre et Miquelon, trois mille cinquante-cinq livres onze sous un denier; aux sieurs Laprée frères, pour transport de passagers, cent livres; au sieur Milhas aîné, pour *idem*, deux cents livres; au sieur Pélissier, pour *idem*, cent livres; aux sieurs Coppinger père et fils, pour transport de passagers, cent livres; au sieur L. Barthes, pour *idem*, neuf cent vingt livres; aux sieurs Bruno frères, pour transport de passagers, trois cents livres; au sieur Seignouret, pour *idem*, trois cents livres; au sieur Chicon Sainte Brice, pour *idem*, deux cents livres; au sieur Raby aîné, pour *idem*, deux cents livres; aux sieurs Domenget père et fils, pour *idem*, cent livres; aux sieurs Casa-Major et compagnie, pour *idem*, deux mille quatre cents livres; au sieur Lalanne, cent livres; au sieur Poydenot jeune, pour *idem*, quatre vingt-dix livres, lettres-de-change en-registrées des colonies, cent deux mille cent quatre-vingt-douze livres seize sous dix deniers.

#### Iles de France et de Bourbon.

Parfait paiement des piastres fournies par M. le Normand, cent six mille sept cent soixante-cinq livres trois sous dix deniers; *idem* du produit de la masse d'habillement des régimens de l'île de France, de l'île de Bourbon et de Pondichéry, quarante-un mille trois cent vingt-huit livres; lettres-de-change enregistrées des îles de France et de Bourbon, trente sept mille six cent cinquante-six livres dix-neuf sous onze deniers.

#### INDE.

Au sieur de Kjean, major du bataillon des Cipayes, pour relief d'appointemens, deux mille deux cent cinquante livres; lettres-de-change enregistrées, cinq mille cent seize livres.

Total général, quatre cent trente-quatre mille six cent quatre-vingt-onze livres treize sous.

#### MARINE (1790).

État des sommes restant à payer sur l'exercice 1790, à l'époque du 28 avril 1792.

*Service ordinaire.*

Au sieur Huon de l'Étang, ci-devant commissaire des classes, pour appointemens, douze cents livres; au sieur Ollivier, ingénieur constructeur de la marine, pour *idem*, trois mille livres; au sieur l'Aumonier, chirurgien, pour *idem*, six cents livres; au sieur de Quercy, consul général à Alger, pour remboursement de dépenses, trois mille six cent neuf livres deux sous trois deniers; au sieur Gamelin, consul à Palerme, pour *idem*, cinq cent quatre-vingt neuf livres seize sous un denier; au trésorier de la guerre à Rennes, pour remboursement des avances qu'il a faites pour loyer des voitures et chevaux de selle qui ont été fournis à des matelots et soldats de la marine, pendant l'année 1790, douze mille quarante cinq livres treize sous huit deniers; aux sieurs Raynaud frères et compagnie, de Saint-Marc, pour fournitures faites à l'équipage du vaisseau *le Léopard*, dix-huit mille sept cent quatorze livres; au sieur Raynaud de Bellefond, pour fournitures de canons, vingt-cinq mille trois cent quatre-vingt-quinze livres cinq sous onze deniers; au sieur Capel, imprimeur à Dijon, pour frais d'impression, 20 livres; à divers fournisseurs du Havre, seize mille quatre cent cinq livres un sou trois deniers; au sieur Lalanne, armateur du navire *la Laurette*, pour frais de bois, quatre mille cent soixante livres; au sieur Meynières, joaillier, pour solde des présens envoyés au dey d'Alger, quatre mille cent soixante-une livres; au sieur Lormand, marchand drapier, pour réparations faites aux draps destinés au dey d'Alger, soixante douze livres; au sieur Rostagny, député de la chambre de commerce de Marseille, pour remboursement de dépenses, à l'occasion de la négociation d'Alger en 1790, cinquante mille livres; au trésorier du port du Havre, pour remboursement de journées de malades, payées à divers hôpitaux des départemens, deux cent quarante cinq livres douze sous; lettres-de-change tirées des colonies ci-après indiquées, pour le service des vaisseaux de l'Etat, et enregistrées par le payeur général de la marine: St-Domingue douze cents livres; la Martinique, vingt-deux mille quatre cent trente deux livres treize sous six deniers; île de France, sept cents livres; *idem*, tirées par le trésorier de Toulon, pour achats de marchandises, cent quatre-vingt-dix livres treize sous huit deniers; *idem*, tirées de la Martinique et enregistrées par le caissier-général des vivres de la marine, pour vivres et rafraîchissemens fournis aux bâtimens de l'Etat, cinq mille quatre cent vingt-deux livres dix sous trois deniers; remises à faire dans les ports et quartiers des classes, pour solde des armemens et désarmemens des bâtimens de l'Etat en 1790 (par aperçu), huit cent vingt-six mille deux cent quatre-vingt-treize livres six sous quatre deniers; lettres-de-change tirées de Toulon, pour achat de marchandises, et payables dans le mois de mai 1792, quatre mille soixante-quatorze livres dix-huit sous huit deniers. — Total général, neuf cent quatre-vingt-neuf mille sept cent trente et une livres treize sous sept deniers.

17 = 23 MAI 1792. — Décret relatif au papier des assignats. (L. 9, 177; B. 22, 75.)

L'Assemblée nationale après avoir entendu le rapport de ses comités de l'extraordinaire des finances et des assignats et monnaies, considérant qu'il tient au bon ordre de ne pas laisser plus long-temps subsister, soit le papier blanc restant de celui qui a été nécessaire pour fournir les six cent millions d'assignats en différentes coupures, de la création décrétée le 19 juin 1791, soit les assignats mis en défets à l'imprimerie du sieur Didot, soit enfin ceux qui ont été fautés et viciés à la caisse de l'extraordinaire, décrète qu'il y a urgence.

L'Assemblée nationale, après avoir décrété l'urgence, décrète ce qui suit:

Art. 1er. Chacun des comités de l'extraordinaire des finances et des assignats et monnaies nommera trois commissaires pris dans son sein, pour procéder, conjointement avec le commissaire du Roi, à la confection des assignats de service à Paris, au compte et recensement de la troisième création des six cent millions d'assignats, ordonnée par le décret de l'Assemblée constituante, le 19 juin 1791, en différentes coupures, soit de ceux mis en défets à l'imprimerie du sieur Didot, soit du papier blanc non employé, soit enfin des assignats fautés et viciés à la caisse de l'extraordinaire lors du numérotage, de la signature et du timbrage, et il en sera dressé procès-verbal par lesdits commissaires.

2. Ces mêmes commissaires vérifieront si le nombre de ces assignats, tant de ceux mis en circulation que des défectueux qui leur seront représentés, est parfaitement d'accord avec le produit de la quantité des rames de papier fabriqué et livré aux archives nationales.

3. Après ce recensement, le papier resté blanc et tous les assignats qui n'ont pas pu servir, ou qui se trouveront excéder le nombre propre à compléter l'émission desdits six cents millons, seront brûlés publiquement dans la cour de l'hôtel de la caisse de l'extraordinaire, en présence desdits commissaires, lesquels en rédigeront procès-verbal, pour être imprimé et rendu public avec celui du compte et recensement, ordonné par l'article 1er, et il en sera déposé un exemplaire aux archives nationales.

4. L'Assemblée nationale approuve le brûlement fait publiquement le vendredi 23 mars dernier, de quarante sept mille huit cent cinquante livres d'assignats défectueux de cinq cents livres, trois cents livres, deux cents livres et cent livres, dans la cour de la caisse de l'extraordinaire, par-devant les membres du comité de l'extraordinaire des finances, et suivant la forme précédemment usitée, ainsi qu'il est constaté par le procès-verbal dressé ledit jour 23 mars, à midi.

5. Lesdits commissaires procéderont de la même manière au compte, recensement et brûlement du papier resté en blanc, et des assignats de cent sous qui n'ont pu servir pour les cinq cent millions, lorsque l'émission de cette sorte d'assignats sera complète et terminée sans qu'il soit besoin d'un nouveau décret.

17 = 23 MAI 1792. — Décret relatif au paiement de rentes constituées par la ci-devant compagnie des secrétaires du Roi du grand collège et par les communautés d'arts et métiers. (L. 9, 179; B. 22, 77.)

L'Assemblée nationale, après avoir entendu le rapport de son comité de liquidation, considérant que les états et sommiers remis au commissaire du Roi, directeur-général de la liquidation, en exécution de la loi du 17 juin 1791, par les payeurs chargés de l'acquittement des rentes constituées

[ par la ci-devant compagnie des secrétaires du Roi du grand collége, et de celles dues par les communautés et corps d'arts et métiers supprimés en 1776, sont journellement nécessaires auxdits payeurs, pour effectuer et continuer le paiement desdites rentes, et qu'il n'est pas juste de faire essuyer plus longtemps aux rentiers la double privation, et du paiement de leurs arrérages, et de la disposition de leurs capitaux, par la voie de la reconstitution qui leur a été accordée par la susdite loi, décrète qu'il y a urgence.

L'Assemblée nationale, après avoir décrété l'urgence, décrète ce qui suit :

Art. 1er. Les rentes provenant d'emprunts faits par les ci-devant secrétaires du Roi du grand collége, dont le capital a été versé au Trésor public, et celles dues par les communautés et corps d'arts et métiers supprimés en 1776, montent, suivant l'état actuel des registres et sommiers fournis et certifiés par les payeurs, visés par le commissaire du Roi directeur-général de la liquidation, et vérifiés par le comité de liquidation de l'Assemblée nationale, en conformité du décret du 9 = 17 juin 1791, savoir:

Les rentes provenant des emprunts des ci-devant secrétaires du Roi, à la somme de vingt-trois millions six cent quatre-vingt-six mille livres, dont :

Douze millions résultant de l'emprunt fait en vertu de l'édit de septembre 1755, au denier vingt, avec retenue d'impositions, en mille treize parties, dont les capitaux montent à onze millions neuf cent quatre-vingt-dix-neuf mille neuf cent quatre-vingt-sept livres neuf sous neuf deniers, lesquelles, jointes au douze livres neuf sous neuf deniers versés par lesdits secrétaires, forment le total de douze millions;

Trois millions six mille livres proviennent de l'emprunt fait en vertu de l'édit d'août 1758, dont les capitaux, au denier vingt, sans retenue d'impositions, mais soumis au dixième d'amortissement, montant, en quatre cent vingt-quatre parties, à ladite somme de trois millions six mille livres, au lieu de trois millions seulement, dont l'emprunt avait été autorisé par l'édit; dans lequel emprunt se trouvent néanmoins cinq parties de rentes reconstituées au denier vingt-cinq sans retenue, en vertu de l'édit de 1766, et montant par année à 864 livres, ainsi qu'il est énoncé à chacun des numéros de leur constitution originaire;

Et huit millions six cent quatre-vingt mille livres, restant de l'emprunt fait, en six cent cinquante-une parties, au denier vingt, avec retenue d'impositions, en vertu de l'édit de février 1770, déduction faite du remboursement de quatre parties, qui montaient à trois cent vingt mille livres;

Et les rentes dues par les communautés et corps d'arts et métiers supprimés en 1776, telles qu'elles ont été liquidées par les commissaires du conseil, et d'après lesdits registres, états et sommiers certifiés, visés et vérifiés, montant à la somme de neuf millions trente-cinq mille cent soixante-quatre livres onze sous huit deniers en principal, et à celle de quatre cent treize mille trois cent soixante-treize livres un sou neuf deniers en arrérages sujets à la retenue du cinquième.

2. Lesdites rentes jouiront dès à présent de la faculté de la reconstitution, comme toutes les autres rentes dues par la nation, en exécution de l'article 3 du décret dudit jour 9 juin 1791.

Ne pourront néanmoins être reconstituées les rentes appartenant aux communautés religieuses et autres corporations des établissemens publics supprimés, lesquelles, aux termes des décrets qui les concernent, ne peuvent plus être acquittées par les payeurs, et doivent être rayées des états de la dette publique.

3. Les commissaires de la Trésorerie nationale sont tenus de fournir, dans le plus bref délai possible, les états définitifs des montans nets desdites rentes en capitaux et intérêts, déduction faite de toutes celles qui auraient été rejetées et distraites comme appartenant à des corps et communautés supprimés par les précédens décrets.

L'agent du Trésor public est pareillement chargé de faire les vérifications nécessaires dans les comptes du trésorier des parties casuelles, à raison du versement au Trésor public des six mille livres et de l'excédant de l'emprunt de trois millions fait par la ci-devant compagnie des secrétaires du grand collége, en suite de l'édit d'août 1758, à l'effet de se pourvoir contre ledit trésorier ou tous autres qu'il appartiendra, pour faire verser ladite somme au Trésor public, s'il y a lieu.

17 = 23 MAI 1792. — Décret relatif à la discipline de l'armée. (L. 9, 182; B. 22, 84; Mon. du 18 mai 1792.)

*Voy.* arrêté du 26 FLORÉAL an 10.

L'Assemblée nationale, considérant la pressante nécessité de raffermir la discipline militaire en rétablissant la confiance entre les soldats et leurs chefs, de déjouer les éternelles espérances des conspirateurs, et de punir le crime de parjure et de désertion qui s'est multiplié parmi les officiers, décrète qu'il y a urgence.

L'Assemblée nationale, après avoir entendu le rapport de son comité militaire et décrété l'urgence, décrète définitivement ce qui suit :

Art. 1er. Tout militaire, de quelque grade qu'il soit, qui se sera absenté de son camp, de sa garnison, de son quartier, sans congé, ordre ou démission acceptée comme il sera dit ci-après, sera réputé déserteur.

4.

11

2. Tout militaire, de quelque grade qu'il soit, déserteur à l'ennemi, sera puni de mort.

3. Tout militaire, de quelque grade qu'il soit, déserteur n'allant pas à l'ennemi, sera puni de la peine des fers, savoir : le soldat pour dix ans, le sous-officier pour quinze ans, et l'officier pour vingt ans.

4. Sera réputé déserteur à l'ennemi tout militaire, de quelque grade qu'il soit, qui aura passé, sans en avoir reçu l'ordre, les limites fixées par le commandant du corps des troupes dont il fait partie.

5. Les congés dont devra être porteur tout militaire, de quelque grade qu'il soit, pour s'absenter de son camp, sa garnison ou son quartier, seront signés, pour les soldats et sous-officiers, par le commandant de leurs compagnies et par le commandant du corps, pour les officiers d'un corps, de quelque grade qu'ils soient, par le commandant du corps et par le chef de la division; pour les chefs des corps et officiers généraux, par le général de l'armée dont ils font partie. Lesdits congés continueront à être visés par des commissaires des guerres.

6. Tout chef de complot de désertion, quand même le complot ne serait pas exécuté, sera puni de mort.

7. Lorsque les militaires de différens grades auront déserté ensemble, ou en auront formé le complot, le plus élevé en grade, ou, à grade égal, le plus ancien de service, sera présumé chef du complot.

8. Tout complice qui découvrira un complot de désertion ne pourra être poursuivi ni puni à raison du crime qu'il aura découvert.

9. Les généraux détermineront, suivant les circonstances, les récompenses à accorder à ceux qui rameneraient des déserteurs échappés à la surveillance des postes avancés.

10. Les officiers, de quelque grade qu'ils soient, qui donneront leur démission, ne pourront pas quitter les emplois qu'ils occupent dans l'armée avant que cette démission ait été annoncée à l'ordre du camp, de la garnison ou du quartier, suivant ce qui sera dit ci-après. Ceux qui s'absenteraient avant cette formalité seront réputés déserteurs et punis comme tels, suivant les cas prévus par les articles précédens.

11. La démission d'un officier, de quelque grade qu'il soit, sera toujours remise au commandant du camp, de la garnison ou du quartier, qui sera tenu de la faire publier à l'ordre le lendemain.

12. Les officiers démissionnaires, même après la publication à l'ordre mentionnée en l'article précédent, n'en devront pas moins être porteurs d'un congé militaire, pour se rendre aux lieux qu'ils se proposent d'habiter.

Ce congé fera mention de la démission.

13. Lesdits congés ne seront délivrés que lorsque les officiers démissionnaires auront remis tous les effets militaires, ainsi que les gratifications en avance qu'ils auraient touchées pour la campagne, sous peine de responsabilité réelle et pécuniaire contre les supérieurs signataires des congés.

14. Tout officier qui, après la publication du présent décret, et pendant la guerre, donnera sa démission sans cause légitime, jugée, pour les officiers des corps, par les conseils d'administration, et, pour les autres officiers, par les cours martiales, ne pourra plus à l'avenir occuper aucun grade dans l'armée, ni obtenir aucun traitement ou pension à raison de ses services militaires.

15. Dans les premiers jours de chaque mois, le pouvoir exécutif fera publier une liste de tous les militaires, de quelque grade qu'ils soient, qui auront déserté dans le mois précédent : elle contiendra, outre les noms des déserteurs, leur signalement, la désignation de leur grade et le lieu de leur naissance; elle sera adressée à l'Assemblée nationale et aux procureurs-généraux-syndics de tous les départemens.

16. Le pouvoir exécutif adressera dans la quinzaine à l'Assemblée nationale et aux départemens une liste de tous les officiers qui ont quitté leurs emplois sans démission, depuis la loi d'amnistie.

17 = 27 MAI 1792. — Décret qui rectifie plusieurs erreurs dans divers titres et contrats de rentes viagères dues par le Trésor public. ( L. 9, 210; B. 22, 79.)

17 = 23 MAI 1792. — Décret qui autorise les entrepreneurs d'armes à Charleville à extraire, chaque année, en exemption de droits, dix-huit cents voitures de mines de Saint-Pancré et de Sapogne, et quatre cents bannes de charbon de bois. (B. 22, 74.)

17 = 22 MAI 1792. — Décret portant qu'il n'y a lieu à accusation contre l'abbé Gauban. (B. 22, 74.)

17 MAI 1792. — Décret portant reconstitution des rentes dues par les ci-devant pays d'états. (B. 22, 75.)

17 = 23 MAI 1792. — Décret relatif à la circonscription de la paroisse d'Hennebon. (B. 22, 86.)

18 = 23 MAI 1792. — Décret relatif à l'établissement d'une douane nationale pour les marchandises venant par mer à la foire de Beaucaire. (L. 9, 192; B. 22, 91.)

L'Assemblée nationale, après avoir entendu le rapport de son comité de commerce, considérant qu'il est avantageux au com-

merce d'établir un bureau de douane nationale dans la ville de Beaucaire, pour la visite et perception des droits des marchandises
venant par mer à la foire de ladite ville;
considérant en outre que l'époque de ladite
foire, fixée au mois de juillet, est tres-pro-
chaine, décrète qu'il y a urgence.

L'Assemblée nationale, après avoir décrété
l'urgence, voulant accorder aux relations
commerciales que facilite la foire de Beaucaire tous les moyens d'accroissement qui dépendent d'elle, décrète ce qui suit:

Art. 1er. Les capitaines des bâtimens de mer
chargés de marchandises destinées pour la foire
de Beaucaire, qui entreront dans le Rhône
pendant le mois de juillet de chaque année, et
qui voudront remonter de suite à Beaucaire,
seront seulement tenus de donner, à l'un des
bureaux de Boire ou Silvaréas, une déclaration de leur chargement, conforme à l'article 19 du titre II du décret du 6 = 22 août
1791, de passer soumission de conduire de
suite et par le même bâtiment ledit chargement à Beaucaire, au lieu qui sera indiqué
par l'expédition, après avoir été fixé par le
directoire du département et sur l'avis de la
régie des douanes.

2. L'acquit-à-caution qui aura été pris à
l'un des bureaux pour assurer la destination
sera présenté par le capitaine de bâtiment, à
son arrivée à Beaucaire, aux préposés du
bureau qui y sera établi chaque année pendant le mois de juillet, et fourni par la commune.

Il sera procédé de suite au déchargement
et à la visite du contenu audit bâtiment;
après quoi le bâtiment déchargé sera placé
dans un autre lieu, qui sera également réglé
par le directoire du département du Gard.

3. Les dépenses à faire par la régie des
douanes pour subvenir au service extraordinaire nécessité par les dispositions des deux
articles ci-dessus, lui seront remboursées sur
les quittances des parties prenantes, sans
pouvoir cependant excéder la somme de cinq
mille livres.

8 = 23 MAI 1792. — Décret relatif à la force
publique nécessaire pour l'exécution des jugemens des cours martiales, et pour veiller au
maintien de l'ordre dans les camps. (L. 9, 175;
B. 22, 93.)

*Voy.* loi du 12 = 16 MAI 1792.

L'Assemblée nationale, après avoir entendu le rapport de son comité militaire, considérant qu'il est indispensable qu'il y ait à la
suite des armées une force publique suffisante,
soit pour prêter main-forte à l'exécution des
jugemens qui seront rendus par les cours martiales et par les tribunaux de police correctionnelle, soit pour veiller au maintien de

l'ordre intérieur dans les camps, décrète qu'il
y a urgence.

L'Assemblée nationale, après avoir décrété
l'urgence, décrète ce qui suit:

Art. 1er. Il sera établi à la suite de chaque armée un détachement de gendarmerie
nationale, composé d'un capitaine, de deux
lieutenans, deux maréchaux-des-logis, quatre
brigadiers et vingt-quatre gendarmes; en
tout trente-trois hommes montés.

2. Ces détachemens recevront l'étape en
route, depuis le lieu de leur résidence jusqu'à leur arrivée au quartier général de l'armée pour laquelle ils sont destinés.

3. Il sera accordé à chaque individu composant ces détachemens, une somme équivalente à celle d'un mois d'appointemens,
pour fournir aux dépenses des équipages de
campagne.

4. Le capitaine et les lieutenans jouiront
du traitement dont jouissent les officiers du
grade correspondant dans la cavalerie.

5. Il sera accordé, en supplément de paiement, vingt sous à chaque gendarme, vingt-
cinq sous à chaque brigadier, et trente sous à
chaque maréchal-des-logis, pendant toute la
campagne, et cette somme sera payée en
argent.

6. Les uns et les autres conserveront leur
traitement et leur rang dans leur résidence
respective, comme s'ils y faisaient leur service.

18 MAI 1792. — Décret relatif à la solde à accorder aux gardes nationales de Strasbourg
qui ont remplacé les déserteurs du régiment
de Saxe, hussards. (L. 9, 197; B. 22, 92.)

18 MAI = 21 JUILLET 1792 — Décret portant
réunion de la paroisse du Temple à celle de
Carentoir. (L. 9, 665.)

18 = 23 MAI 1792. — Décret portant établissement d'un détachement de gendarmerie nationale à la suite de chaque armée. (B. 22, 93.)

18 MAI 1792.—Commissaires des guerres; Gardes nationales de l'Ain, etc.; Médailles du
sieur Réveillon; Perruquiers; Police de Paris;
Rentiers sur la ville de Paris; Secours aux
enfans des habitans de Saint-Domingue.
*Voy.* 14 MAI 1792.

19 = 23 MAI 1792. — Décret relatif au paiement du traitement et de la rente apanagère
accordée aux deux princes français frères du
Roi. (L. 9, 189; B. 22, 94; Mon. du 22 mai
1792.)

L'Assemblée nationale, après avoir entendu le rapport de son comité de l'ordinaire des
finances sur la demande des commissaires de
la Trésorerie nationale, relative au paiement du traitement et de la rente apanagère

accordés aux deux princes français, frères du Roi; lecture faite du projet de décret dans les séances des 17 avril, 4 mai et de ce jour; après avoir décrété qu'elle est en état de délibérer définitivement, décrète ce qui suit :

Art. 1er. Le traitement d'un million accordé à chacun des frères du Roi par les décrets du 20 et 21 décembre 1790, pour l'entretien de leurs maisons réunies à celles de leurs épouses, est et demeure supprimé à compter du 12 février dernier.

2. Il sera remis, dans quinzaine à compter de la promulgation du présent décret, par les ci-devant trésoriers des princes français, au commissaire du Roi directeur-général de la liquidation, des états nominatifs et détaillés des officiers et titulaires tant civils que militaires de leurs maisons. Ces états, qui seront certifiés par le ministre de l'intérieur, indiqueront les gages, émolumens et finances des charges, et ne comprendront que les officiers qui étaient titulaires avant le 1er juin 1789.

3. Le commissaire du Roi liquidera, par ordre de numéros, dans les proportions déterminées par l'article 4 ci-après, ce qui devra être payé annuellement pour tenir lieu de gages ou traitemens fixes dont ont joui jusqu'à ce jour les titulaires d'offices, lesquels seront tenus de lui remettre leurs titres au 1er juillet prochain, sous peine de déchéance, ensemble les quittances du garde du Trésor royal ou les preuves que leurs charges sont employées dans les édits de création des maisons des princes.

4. Les sommes seront fixées par le commissaire-liquidateur, à titre de rente viagère sur la tête des titulaires, dans les proportions suivantes, savoir: pour les titulaires qui sont âgés depuis vingt-cinq jusqu'à quarante ans, à raison de sept pour cent;

Depuis quarante jusqu'à cinquante, à raison de huit pour cent;

Depuis cinquante jusqu'à soixante, à raison de neuf pour cent;

Et depuis soixante ans et au-delà, jusqu'à la mort desdits titulaires, à raison de dix pour cent du montant de la liquidation de la finance de leurs offices, lorsqu'il aura été prouvé qu'elle aura été versée dans le Trésor public, et sans que, pour chacune des classes ci-dessus fixées, chacune des rentes puisse s'accroître à raison de l'âge des rentiers.

5. Lesdits titulaires et officiers qui justifieront d'une résidence habituelle et continue en France depuis le 14 juillet dernier, seront payés, chacun individuellement, dans les proportions fixées par l'article 4 ci-dessus, des arrérages qui leur seront dus, à compter du 12 février dernier jusqu'à l'époque de sa liquidation, sauf à exercer leurs droits pour les arrérages, s'il en était dû antérieurement au 12 février, soit contre les trésoriers des princes, soit sur les biens patrimoniaux des frères du Roi.

6. L'Assemblée nationale déclare saisissable par les créanciers légitimes des princes français la rente apanagère qui leur est affectée par le décret du 29 juillet 1791 : en conséquence, renvoie lesdits créanciers à se pourvoir dans les formes déterminées par les lois, sans que main-levée puisse être prononcée, au profit desdits créanciers, que conformément aux règles prescrites par le décret du 30 mars = 8 avril 1791.

7. Les fonctions des trésoriers et administrateurs des maisons des deux frères du Roi sont supprimées, ainsi que les appointemens, gages et rétributions attribués à leurs charges, à compter du 12 février dernier, conformément à l'article 1er du présent décret, sauf à statuer sur les indemnités qu'ils pourraient réclamer à raison de la continuation de leurs services jusqu'à ce jour et de la reddition de leurs comptes, qu'ils seront tenus de présenter aux commissaires de la Trésorerie nationale dans le délai d'un mois.

8. Les ci-devant gardes-suisses de Louis-Stanislas-Xavier et de Charles-Philippe, qui, par les dispositions du présent décret, sont compris dans la masse des créanciers desdits princes, et qui sont supprimés à dater du 1er de ce mois, toucheront sur la rente apanagère, à titre de secours provisoire, les sept mois de paie et solde qui leur sont dus depuis le 1er octobre dernier, époque où ils ont cessé d'être payés par les trésoriers des princes, jusqu'au 1er de ce mois, époque de leur suppression légale.

19 = 23 MAI 1792. — Décret relatif aux moyens de réparer les pertes éprouvées par le second bataillon du département de Paris à l'affaire de Mons. (L. 9, 94.)

20 (18, 19 et) = 23 MAI 1792. — Décret relatif à la police de Paris et aux moyens de constater les noms, qualités et demeures des individus qui y arrivent journellement. (L. 9, 194; B. 22, 96; Mon. des 17 et 20 mai 1792.)

L'Assemblée nationale, considérant qu'il importe à la tranquillité publique de constater les noms, les qualités et demeures des Français non domiciliés et des étrangers qui sont dans la ville de Paris, afin de prendre ensuite les mesures qui seront jugées convenables, décrète :

Art. 1er. Toute personne arrivée à Paris depuis le 1er janvier dernier, sans y avoir eu antérieurement son domicile, sera tenue, dans la huitaine qui suivra la publication du présent décret, de déclarer, devant le comité de la section qu'elle habite, son nom, son état, son domicile ordinaire et sa demeure à Paris, et d'exhiber son passeport, si elle en a un.

2. La disposition de l'article précédent n'aura lieu, à l'égard des voyageurs, qu'autant qu'ils feraient à Paris un séjour de plus de trois jours, et à l'égard de tous ceux qui viennent à Paris pour son approvisionnement, qu'autant qu'ils devraient y séjourner plus de huit jours.

3. Indépendamment de la déclaration ci-dessus ordonnée, tout propriétaire, locataire principal, concierge ou portier, sera tenu, dans le même délai, de déclarer également au comité de sa section tout étranger logé dans la maison dont il est propriétaire, locataire principal, concierge ou portier.

4. Toutes personnes autres que celles ci-dessus exceptées qui négligeront de faire leur déclaration dans le délai prescrit, seront condamnées, par voie de police correctionnelle, à une amende qui ne pourra excéder trois cents livres, et à trois mois d'emprisonnement; celles qui auraient fait une déclaration fausse seront condamnées à mille livres d'amende et à six mois d'emprisonnement.

La peine de trois cents livres d'amende, sauf modération, sera encourue par le propriétaire, locataire principal, concierge ou portier qui aura négligé de faire la déclaration ci-dessus prescrite.

5. Il est défendu, sous les mêmes peines, de donner des logemens à ceux qui, devant avoir des passeports, n'en seraient pas porteurs, sans en prévenir à l'instant le comité de la section.

6. Chaque déclaration sera faite en double sur deux feuilles séparées non sujettes au timbre, et signée par celui qui la présentera. Dans le cas où il ne saurait signer, le commissaire de la section en fera mention sur les deux actes, ainsi que de l'affirmation faite en sa présence, par le déclarant, de la vérité de sa déclaration. L'un des doubles restera au comité de la section, et l'autre, signé du commissaire de la section, sera remis au déclarant.

7. Il sera procédé sans délai, par la municipalité de Paris, aux vérifications tant desdites déclarations que du recensement qui a dû être fait en 1791, en exécution du décret du 19 juillet de la même année sur la police municipale.

8. Les dispositions du présent décret ne sont aucunement dérogatoires aux réglemens de police concernant les maitres d'hôtel, aubergistes et logeurs, qui seront exécutés selon leur forme et teneur.

9. Les dispositions du présent décret seront également suivies dans les municipalités des deux districts extérieurs de Paris.

20 MAI 1792. — Décret portant qu'il y a lieu à accusation contre Etienne Larivière. (L. 9, 164; B. 22, 98.)

21 = 25 MAI 1792. — Actes d'accusation contre les auteurs des journaux intitulés *l'Ami du peuple* et *l'Ami du Roi.* (L. 9, 98 et 99.)

21 = 27 MAI 1792. — Décret relatif à la formation de dix bataillons de gardes nationaux volontaires qui doivent être levés en vertu des décrets des 5 et 14 mai. (L. 9, 100.)

21 MAI 1792. — Décret qui condamne M. Lecointre, député, à trois jours de prison. ( B. 22, 101.)

21 = 24 MAI 1792. — Décret qui charge le pouvoir exécutif de faire mettre en liberté plusieurs cent-suisses de la garde du Roi, détenus à Belfort. (B. 22, 101.)

21 = 27 MAI 1792. — Décret qui autorise le commissaire du Roi près le tribunal du district d'Orléans à prendre un secrétaire aux appointemens de douze cents livres. (B. 22, 101.)

21 MAI 1792. — Papier des assignats. *Voy.* 17 MAI 1792.

22 = 27 MAI 1792. — Décret relatif à la police des ports, à la perception des droits de navigation, et à la nouvelle forme des passeports qui doivent être délivrés aux capitaines de navires étrangers. (L. 9, 219; B. 22, 104; Mon. du 25 mai 1792.)

*Voy.* loi du 21 SEPTEMBRE = 12 OCTOBRE 1791.

L'Assemblée nationale, ouï le rapport de son comité de marine, considérant qu'il importe essentiellement à l'ordre public, à l'intérêt de l'Etat et au bien de la navigation marchande, de faire cesser au plus tôt le conflit d'attribution et les contestations qui se sont élevées entre les anciens préposés du ci-devant amiral de France et les nouveaux officiers de police et receveurs établis dans tous les ports du royaume, relativement à la perception et recouvrement des droits de navigation, et à la délivrance de papiers de mer;

Considérant qu'il n'est ni moins essentiel ni moins pressant de déterminer la nouvelle forme des passeports étrangers qui doivent être délivrés, au nom du Roi, aux capitaines des navires étrangers, en place de ceux qui étaient délivrés au nom du ci-devant amiral, déclare qu'il y a urgence.

L'Assemblée nationale, après avoir décrété l'urgence, décrète ce qui suit:

Art. 1er. Les anciens préposés, greffiers et receveurs du ci-devant amiral de France, pour la délivrance des papiers de mer et la réception des droits et émolumens quelconques qui étaient ci-devant attribués à cette charge et aux fonctions des préposés, seront tenus de rendre compte des droits et recou-vremens par eux exigés depuis le 15 mai 1791 jusqu'au jour de l'installation des nouveaux officiers et receveurs nommés en exécution du décret du 9 = 13 août 1791.

2. Dans la huitaine à compter du jour de la publication du présent décret, les munici-palités des villes maritimes recevront, en pré-sence des juges de commerce et des nouveaux receveurs, les comptes des anciens préposés, greffiers et receveurs du ci-devant amiral, procéderont à leur vérification, et feront faire le versement du produit de tous les droits, émolumens et attributions dans les caisses de districts, sous l'autorisation des corps administratifs, qui arrêteront clôture-ront définitivement lesdits comptes, confor-mément aux dispositions du même décret du 9 = 13 août 1791.

3. Les préposés, greffiers et receveurs du ci-devant amiral seront salariés par l'Etat, à compter du 15 mai 1791, jusqu'au jour de leur remplacement; leurs salaires et remises seront déterminés par les corps administratifs, d'après les bases établies par le même décret du 9 = 13 août 1791.

4. Le ci-devant amiral de France remettra au ministre de la marine le mémoire des frais d'impression des congés et passeports de mer par lui fournis depuis le 15 mai 1791, et il sera pourvu à son remboursement sur le produit des droits dont la restitution est or-donnée par le présent décret.

5. Le ministre de la marine est autorisé à faire payer aux nouveaux préposés à la police des ports un traitement provisoire, d'après l'avis des municipalités et des juges de com-merce des villes maritimes, approuvé par les corps administratifs, lequel traitement provi-soire ne pourra excéder le *maximum* ci-après, savoir :

Deux cents livres par mois aux capitaines de ports;

Cent cinquante livres *idem* aux lieutenans de ports;

Quatre-vingts livres *idem* aux jaugeurs.

Le ministre est également autorisé à faire fournir provisoirement aux frais d'emplace-ment et d'entretien des tribunaux de com-merce des villes maritimes, et au supplément des frais de bureau des classes; le tout à pren-dre sur le produit des droits de navigation, dont la perception en entier est maintenue sur l'ancien pied, jusqu'à la promulgation du nouveau tarif.

6. Les passeports étrangers à délivrer aux capitaines des navires étrangers qui aborde-ront dans les ports de France seront faits à l'avenir, et à compter du 1er juillet prochain, dans la forme et selon le modèle annexé au présent décret.

*Passeport de vaisseau étranger.*

Louis, par la grace de Dieu et par la loi constitutionnelle de l'Etat, Roi DES FRANÇAIS, à tous ceux qui ces présentes verront, SALUT.

Savoir faisons que nous avons permis à..... maître du..... nommé..... de..... ou environ, de sortir du port et hâvre de...... où il est présentement, pour aller à..... chargé de...... après que la présente permission aura été enregistrée au bureau des classes, et la visite de son vaisseau faite à l'ordinaire. En témoin de quoi, nous avons mis notre seing au pré-sent passeport, et icelui fait contre-signer par le ministre de la marine.

Louis.

Par le Roi: *Certifié conforme à l'original.*

———

22 = 30 MAI 1792. — Décret relatif à la con-fection et à l'entretien des routes. (L. 9, 229; B. 22, 106; Mon. du 25 mai 1792 )

L'Assemblée nationale, après avoir en-tendu le compte qui lui a été rendu, par son comité d'agriculture, du rapport du ministre de l'intérieur du 2 décembre dernier, relatif aux avances à faire aux départemens pour la confection et entretien des routes, dans le-quel sont compris plusieurs articles relatifs aux ingénieurs, décrète qu'il y a urgence.

L'Assemblée nationale, après avoir dé-crété l'urgence, décrète ce qui suit :

Art. 1er. Les commissaires de la Trésore-rie nationale tiendront à la disposition du ministre de l'intérieur et paieront sur ces ordonnances une somme d'un million deux cent mille livres. Cette somme, à titre d'a-vance et à charge de remplacement sur les sous additionnels des contributions foncière et mobilière de 1791, sera distribuée, pour les travaux des routes et objets accessoires, aux divers départemens, comme il suit :

Aisne, cent mille livres; Ardennes, vingt-cinq mille livres; Calvados, quinze mille livres; Aube, quarante mille livres, Hautes-Alpes, cinquante mille livres; Basses-Alpes, cinquante mille livres; Finistère, cinquante mille livres; Haute-Garonne, trente mille livres; Loiret, cinquante mille livres; Lot-et-Garonne, quatre-vingt-dix mille livres; Marne, soixante-dix mille livres; Haute-Marne, cinquante mille livres; Nord, trente mille livres; Basses-Pyrénées, quarante mille livres; Pyrénées-Orientales, trente mille livres; Haut-Rhin, quatre-vingt mille livres; Bas-Rhin, cent cinquante mille livres; Sar-the, dix mille livres; Saône-et-Loire, trente mille livres; Allier, trente mille livres; Seine-Inférieure, trente mille livres; Seine-et-Marne, soixante-quinze mille livres; Tarn, quinze mille livres; Isère, trente mille livres; Ain, trente mille livres. — Total, un million deux cent mille livres.

2. En attendant la loi générale sur les travaux des ponts-et-chaussées, le pouvoir exécutif est autorisé à faire acquitter provisoirement les dépenses des travaux publics par la Trésorerie nationale, jusqu'au 1er juillet prochain, sans que néanmoins cette dépense puisse excéder la somme de deux millions cinq cent mille livres.

3. Les ingénieurs des ponts-et-chaussées des différens grades recevront le traitement attaché à ces grades par le décret du 6 = 18 août 1791, à compter du jour où ils auront été en activité dans les départemens; et la portion du traitement des ingénieurs en chef qui est à la charge du Trésor public, aux termes de l'article 6 du même décret, leur sera payée sur le certificat des directoires du département, qui constatera l'époque de leur entrée en fonctions.

4. Quant aux ingénieurs en chef qui se sont trouvés au service de plusieurs départemens jusqu'à l'organisation complète des ponts-et-chaussées, ils seront payés par le Trésor public, et ce, tant pour leur traitement sur le pied du décret du 6 = 18 août dernier, que pour leurs frais de bureau, d'après la fixation qui aura été arrêtée par les directoires de départemens chefs-lieux des anciennes provinces.

5. Les ingénieurs ordinaires dont les appointemens, par l'effet des circonstances, se trouveront, depuis le 1er janvier 1791, n'avoir été à la charge d'aucun département pendant un temps quelconque antérieur à l'organisation définitive des ponts-et-chaussées, seront également payés de ces appointemens sur le Trésor public, et toujours sur le pied fixé par le décret du 6 = 18 août dernier.

6. Les ingénieurs qui n'ont pu être placés dans les départemens jouiront d'un secours provisoire, à raison de cinquante livres par mois, depuis l'époque où ils ont cessé d'être employés jusqu'au 1er janvier 1793, ou jusqu'au moment qu'ils seront replacés avant le 1er janvier.

7. Les ingénieurs ordinaires qui auront la conduite de quelques-uns des travaux à la charge du Trésor public, et qui, en même temps, surveilleront d'autres travaux à la charge des départemens, seront provisoirement payés de leur traitement, moitié par le Trésor public, et moitié sur les sous additionnels aux contributions foncière et mobilière desdits départemens.

22 = 27 MAI 1792. — Décret portant rectification d'une erreur existant dans un décret du 7 mai, relatif à des secours accordés à divers hôpitaux. (L. 9, 218; B. 22, 103.)

22 MAI 1792. — Décret relatif à la libre circulation des orges, avoines, grenailles, etc. (B. 22, 102.)

22 MAI 1792. — Décret relatif au paiement des appointemens des officiers de l'armée. (B. 22, 103.)

22 MAI 1792. — Décret portant qu'il n'y a lieu à délibérer sur les réclamations des sieurs Boulabert et Mignot, entrepreneurs des travaux de la rade de Cherbourg. (B. 22, 106.)

22 MAI 1792. — Décret relatif au paiement des professeurs de l'école publique de chant et de déclamation. (B 22, 108.)

22 MAI 1792. — Abbé Gauban. Voy. 17 MAI 1792. — Le Temple, etc. Voy. 18 MAI 1792.

23 MAI 1792 = 18 JANVIER 1793. — Décret relatif au logement et casernement des troupes et des fonctionnaires militaires. (L. 12, 463; B. 22, 109; Mon. du 27 mai 1792.)

Voy. loi du 23 JANVIER = 7 AVRIL 1790; arrêtés du 23 VENDÉMIAIRE, du 9 VENTOSE et du 13 MESSIDOR an 10; décret du 29 MARS 1811.

L'Assemblée nationale, après avoir entendu le rapport de son comité militaire, et vu le projet de réglement sur le logement et casernement des troupes et fonctionnaires militaires proposé par le ministre de la guerre, en vertu de l'article 5 du décret du 27 septembre = 12 octobre 1791;

Conformément à l'article 11 du titre V du décret du 8 = 10 juillet 1791, l'Assemblée nationale, statuant sur la somme à attribuer à chaque officier ou employé de l'armée, pour lui tenir lieu du logement qui ne pourra lui être fourni en nature dans les établissemens militaires;

Considérant que cette partie du service public est en souffrance depuis le 1er janvier 1791, et qu'un plus long retard deviendrait préjudiciable aux intérêts des habitans comme à celui des officiers et fonctionnaires militaires, décrète ce qui suit:

Art. 1er. Tous les articles du réglement présenté par le ministre de la guerre et annexé au présent décret sont approuvés.

2. Le prix représentatif du logement sera payé aux différens officiers et fonctionnaires militaires, conformément à l'article 47 du réglement.

3. Le ministre de la guerre prendra les moyens convenables pour faire meubler les logemens destinés aux officiers et fonctionnaires militaires sur le montant des masses affectées au logement et casernement des troupes, et par économie desdites masses,

conformément au décret du 27 septembre = 12 octobre 1791.

4. Les maisons particulières placées dans l'intérieur des villes, et qui ne seront point comprises dans l'enceinte des établissemens militaires, comme ouvrages de fortifications, arsenaux, fonderie, etc., ne pourront être conservées pour servir de logement aux officiers du génie et d'artillerie, ainsi qu'aux autres officiers détachés; elles seront vendues comme tous autres biens nationaux ou rendues aux villes si elles leur appartiennent, à moins que, sur la proposition du Roi, le Corps-Législatif n'en détermine un autre emploi pour l'avenir.

Aucun nouveau logement ne pourra être établi à l'avenir pour les mêmes officiers, à moins que ce ne soit dans des bâtimens servant actuellement et habituellement de casernes et pavillons.

5. La masse de casernement établie par le décret du 27 septembre = 12 octobre 1791, pour les troupes de ligne, s'étendra, à compter du jour de leur formation, aux bataillons des gardes nationales volontaires; au moyen de quoi l'article 12, section IV, du décret du 28 décembre 1791 = 3 février dernier, n'aura point son exécution en ce qui concerne les fonds mis à la disposition du ministre de la guerre pour le logement des officiers de ces bataillons, parce qu'ils le recevront sur la masse de casernement.

6. La masse de chauffage établie par le décret du 1er = 11 février 1791 s'étendra aussi, mais seulement à dater du 1er janvier 1792, aux bataillons des gardes nationales, lesquelles recevront le chauffage à l'instar des troupes de ligne, soit qu'elles aient leur logement dans les casernes, soit chez l'habitant, les cas de passage exceptés, conformément à l'article 19 du projet de réglement.

La dépense du chauffage de ces bataillons, pendant le temps qu'ils auront été casernés, depuis leur formation jusqu'au 1er janvier 1792, sera supportée par la masse du chauffage affectée aux troupes de ligne pour 1791.

7. Le logement qui sera dû aux officiers qui n'auront point été logés en nature sera avancé par la Trésorerie nationale, à l'instar des appointemens; et le décompte en sera fait et soldé dans les premiers jours du mois qui suivra chaque trimestre, sur des revues et états ordonnancés par les commissaires-ordonnateurs.

Le chauffage en argent sera avancé aux troupes avec le prêt; et le décompte s'en fera également à la fin de chaque trimestre, d'après les revues.

8. Les commissaires des guerres supprimés et recréés en exécution du décret du 20 septembre = 14 octobre 1791 seront payés de leur logement, ainsi qu'il était d'usage par le passé, jusques et y compris le 30 septem-

bre de ladite année 1791, pour ceux d'entre eux qui, employés au service des troupes dans des résidences actives depuis le 1er janvier 1791, n'auraient point joui du logement en nature, et auxquels l'indemnité serait due; ce qui sera dûment certifié par les municipalités des lieux où ils ont exercé leurs fonctions, lesdites municipalités en demeurant responsables.

9. Les commissaires des guerres seront personnellement responsables de toute extension au logement fixé par le présent réglement pour les différens grades.

Ils seront de même responsables de tout logement accordé ou concédé à des personnes à qui le présent réglement n'en accorde point.

Ils demeurent enfin responsables de tout logement en argent dont ils auraient attesté ou ordonnancé le paiement, lorsqu'il y aura dans la place des bâtimens vacans destinés au logement des officiers et fonctionnaires militaires.

---

Réglement sur le logement et casernement des troupes, présenté à l'Assemblée nationale, en exécution du décret du 12 octobre 1791.

*Dispositions générales.*

Art. 1er. Tous les officiers de l'armée et les fonctionnaires militaires seront logés dans les bâtimens qui leur auront été affectés dans les villes de leur résidence ou garnison; et, à défaut de bâtimens à ce destinés, ou en cas d'insuffisance, il leur sera payé une somme par mois pour leur tenir lieu du logement qui n'aura pu leur être fourni, et qu'ils se procureront de gré à gré chez l'habitant.

2. Les officiers et les fonctionnaires militaires recevront aussi le logement en argent lorsqu'ils seront en détachement ou en cantonnement, sauf à indemniser, ainsi qu'il sera dit ci-après, les habitans chez qui ils auront été logés par billets des officiers municipaux.

3. Les sous-officiers, les soldats, les charretiers des équipages attachés au service de l'armée, et les autres employés dont le logement devra être établi comme celui du soldat, seront, dans les villes de garnison, logés aux bâtimens militaires ou bien dans les maisons propres à ces usages, qui pourront être louées par les commissaires des guerres, avec l'intervention des officiers municipaux, s'il en était besoin.

A défaut et en cas d'insuffisance des bâtimens militaires ou des maisons qui y suppléeront, les sous-officiers, soldats et autres seront logés chez l'habitant.

Leur logement sera également établi chez l'habitant lorsqu'ils seront en détachement ou cantonnement dans les villes, bourgs ou villages; mais, dans tous les cas, l'habitant recevra une indemnité pour chacun des sous-officiers, soldats et autres qu'il aura logés.

4. Lorsqu'il ne se trouvera pas dans les villes de garnison une suffisante quantité de lits pour le casernement des sous-officiers et soldats dans les bâtimens militaires ou maisons vides qui seront louées pour y suppléer, les lits qui y deviendront nécessaires seront fournis par les habitans, à qui il sera payé une indemnité pour chaque lit et l'ustensile qui en dépend.

5. Lorsqu'il aura été nécessaire de faire fournir par les habitans des écuries pour les chevaux des officiers et de la troupe, les habitans en seront indemnisés par le département de la guerre, en ce qui concernera les chevaux des officiers et soldats des régimens et ceux des équipages.

Quant aux chevaux des autres officiers et des fonctionnaires militaires, l'indemnité sera payée directement par ces officiers et fonctionnaires, au moyen du logement qu'ils recevront en argent.

6. Les magasins dont les troupes détachées et cantonnées pourront avoir besoin seront fournis par les habitans, à qui le loyer en sera payé pour le temps qu'ils auront été occupés.

7. Les dispositions ci-dessus ne concernent point les officiers et soldats des troupes de passage, non plus que les charretiers des équipages et autres employés qui marcheront sur les revues des routes; en conséquence, les habitans continueront à leur fournir, sans indemnité, le logement et les écuries dont ils auront besoin (1).

8. Pour mettre les municipalités à portée de toujours connaître si les logemens, magasins, lits et ustensiles qui pourront leur être demandés dans les villes de garnison sont proportionnés aux besoins réels du service, il sera remis par les commissaires des guerres aux officiers municipaux un état détaillé des logemens et magasins que les bâtimens renferment, et des lits qui y seront destinés.

9. Aucune personne ne pourra jouir d'un logement quelconque que pendant le temps de sa présence dans le lieu destiné à l'exercice de ses fonctions, et personne ne pourra en avoir plusieurs à la fois. Cependant les officiers en résidence dans les places et les fonctionnaires militaires conserveront, lorsqu'ils marcheront momentanément avec les troupes ou qu'ils seront employés pour des cantonnemens de rassemblemens et reconnaissances, le logement dont ils jouissaient dans les bâtimens militaires.

## Du logement chez l'habitant.

10. Dans tous les cas où les troupes devront être logées chez l'habitant, les commissaires des guerres donneront avis aux municipalités du jour de leur arrivée et du temps de leur séjour, lorsqu'il sera fixé. Le commandant de la troupe préviendra d'ailleurs les commissaires des guerres, et informera les officiers municipaux du moment de leur arrivée, ainsi que de celui de leur départ.

Ces officiers municipaux délivreront ensuite, sur la représentation de la revue de route, les billets de logement, en observant de réunir, autant qu'il sera possible, dans le même quartier, tous les hommes d'une même compagnie, afin d'en faciliter le rassemblement.

Les chevaux des troupes à cheval devront être également établis, autant que faire se pourra, dans des écuries à portée du logement de chaque compagnie.

Les officiers municipaux donneront connaissance au commandant de la place et aux commissaires des guerres de l'assiette du logement.

11. Dans l'établissement du logement chez l'habitant, les officiers municipaux ne feront distinction de personne, quelles que soient leurs fonctions et leurs qualités, à l'exception des dépositaires des caisses pour le service public, lesquels ne seront point obligés de fournir de logement dans les maisons qui renferment lesdites caisses, mais seront tenus d'y suppléer en fournissant des logemens en nature chez d'autres habitans avec lesquels ils s'arrangeront pour cet effet. La même exception aura lieu, avec pareille condition, en faveur des veuves et des filles; et les municipalités veilleront à ce que la charge du logement ne tombe pas toujours sur les mêmes individus, et que chacun y soit soumis à son tour.

12. Les officiers et autres fonctionnaires militaires, dans leur garnison ou résidence, ne logeront point les gens de guerre dans le logement militaire qui leur sera fourni en nature; et, lorsqu'ils recevront leurs logemens en argent, ils ne seront tenus de fournir le logement aux troupes qu'autant que celui qu'ils occuperont excédera la proportion affectée à leur grade et à leur emploi.

Quant aux officiers en garnison dans le lieu de leur habitation ordinaire, ils seront tenus de fournir le logement dans leur domicile propre, comme tous les autres habitans.

13. Le logement des troupes ne pourra

---

(1) L'article 46 de la loi du 15 mai 1818 et l'article 9 de l'ordonnance royale du 5 août suivant ont remis en vigueur les dispositions de ce réglement, et laissent le logement des troupes de passage, et notamment des prisonniers de guerre, à la charge des communes, sans indemnité (28 octobre 1829; Mac. 11, 393).

être établi chez l'habitant qu'à raison de l'effectif présent.

14. Les logemens qui seront fournis par les habitans seront composés à raison des différens grades, ainsi qu'il suit :

1° Le logement d'un général d'armée sera du nombre des chambres garnies dont il aura besoin, tant pour lui, ses secrétaires, que pour ses domestiques; d'une cuisine, et des écuries nécessaires à ses chevaux;

2° Celui d'un lieutenant-général sera de quatre chambres et un cabinet garnis, tant pour lui que pour ses secrétaires; d'une cuisine, des chambres et lits suffisans pour coucher de deux en deux six domestiques;

3° Celui d'un maréchal-de-camp, de trois chambres et un cabinet garnis, tant pour lui que pour son secrétaire; d'une cuisine, des chambres et lits suffisans pour coucher de deux en deux quatre domestiques;

4° Celui d'un colonel, de trois chambres garnies, d'une cuisine, des chambres et lits suffisans pour coucher trois domestiques;

5° Celui d'un lieutenant-colonel, de deux chambres garnies, d'une cuisine, d'une chambre garnie d'un lit pour deux domestiques;

6° Celui d'un quartier-maître-trésorier sera de deux chambres garnies, dont une sans lit, et d'une autre chambre avec un lit pour son domestique;

7° Celui d'un capitaine, adjudant-major, chirurgien-major et aumônier, sera d'une chambre avec un lit, et d'une autre chambre avec un lit pour son domestique.

8° Les lieutenans et sous-lieutenans seront logés deux à deux dans des chambres à deux lits, en leur donnant une chambre avec un lit pour leurs domestiques.

9° Les adjudans-généraux et leurs aides-de-camp seront logés suivant leurs grades.

10° Les lieutenans-colonels et les capitaines du corps du génie, et les officiers de l'artillerie non attachés au régiment, auront, en sus du logement affecté à leur grade, une chambre claire garnie, sans lit; quant aux lieutenans du corps du génie, ils auront le logement de capitaine;

11° Le logement du commissaire-ordonnateur employé en chef sera composé du nombre de chambres garnies dont il aura besoin, tant pour lui et ses secrétaires que pour ses domestiques et sa cuisine.

Celui de chaque commissaire-ordonnateur sera de trois chambres et un cabinet garnis, tant pour lui que pour son secrétaire; d'une cuisine, de chambres et lits suffisans pour coucher de deux en deux quatre domestiques.

Celui de chaque commissaire-auditeur sera de trois chambres garnies, d'une cuisine, de chambres et lits suffisans pour trois domestiques.

Celui de chaque commissaire des guerres sera de deux chambres garnies, d'une cuisine et d'une chambre à un lit pour ses domestiques.

Celui de chaque aide-commissaire sera d'une chambre garnie et d'une autre chambre avec un lit de domestique.

12° Les habitans fourniront aux sous-officiers et soldats un lit pour deux hommes effectifs, excepté les adjudans, tambours et trompettes-majors, les sergens-majors et les maréchaux-des-logis en chef, qui seront couchés seuls, ainsi que les conducteurs principaux des charrois; quant aux ouvriers et charretiers des équipages et autres employés, ils coucheront deux à deux.

13° Les écuries seront fournies à raison de trois pieds et demi par cheval effectif. Le nombre des chevaux n'excédera pas celui qui sera prescrit par les réglemens.

15. En cas de guerre ou de rassemblement, il sera fourni aux officiers de tous grades et de toutes armes les logemens nécessaires pour le nombre de domestiques et de chevaux qui leur sera particulièrement attribué par le réglement du service de campagne.

16. Les personnes employées aux différens services des troupes, qui, en cas de guerre, de rassemblement ou de marche, devront avoir un logement différent de celui des sous-officiers et soldats, seront fournies du nombre de chambres, de cuisines et écuries dont elles pourront avoir respectivement besoin, selon leurs fonctions, ainsi qu'il sera réglé par les commissaires-ordonnateurs.

17. Les lits qui seront fournis par les habitans, dans les logemens des officiers, seront garnis d'une housse, d'une paillasse, de deux matelas, ou d'un seul avec un lit de plume; d'un traversin, de deux couvertures, d'une paire de draps, changés tous les quinze jours pendant l'été, et de trois en trois semaines pendant l'hiver.

Chaque chambre à lit sera meublée d'une table, de chaises, d'une armoire ou commode fermant à clef, d'un porte-manteau, d'un pot à l'eau avec sa cuvette et de deux serviettes par semaine.

Quant aux autres chambres qui sont accordées aux officiers et qui ne doivent point être garnies de lits, elles seront meublées de tables, chaises, chandeliers et autres ustensiles nécessaires. Chaque lit de domestique sera composé comme celui du soldat.

18. Les lits qui seront fournis par les habitans aux sous-officiers, soldats et autres, seront garnis d'une paillasse, d'un matelas ou bien d'un lit de plume, suivant les facultés; d'une couverture de laine, d'un traversin, d'une paire de draps, changés tous les mois pendant l'hiver, et de trois en trois semaines pendant l'été : il y aura dans la chambre deux chaises ou un banc.

19. Les ustensiles de cuisine ne seront

fournis par l'habitant aux officiers-généraux, à ceux de l'état-major et aux commissaires des guerres, que lorsqu'ils seront en marche avec les troupes; ils s'en pourvoiront à leurs dépens dans les lieux de cantonnement et de rassemblement; dans aucun cas, les hôtes ne seront tenus de leur fournir le bois et le linge de table.

A l'égard des officiers, sous-officiers et soldats des régimens qui ne feront que passer, leurs hôtes leur donneront, indépendamment des autres ustensiles dont ils auraient besoin pour leur cuisine, place au feu et à la lumière. Les troupes en cantonnement, détachement ou garnison, ne pourront prétendre de place au feu et à la chandelle, attendu qu'elles recevront dans ce cas du département de la guerre le chauffage en nature ou en argent.

20. Les hôtes ne seront jamais délogés de la chambre ou du lit où ils auront coutume de coucher; ils ne pourront néanmoins, sous ce prétexte, se soustraire à la charge du logement, selon leurs facultés.

21. Les officiers municipaux ne pourront, dans tous les cas où les habitans doivent loger les troupes et les employés à leurs différens services, refuser d'établir leurs logemens ainsi qu'il est prescrit, et de faire fournir dans les casernes les lits qui y seraient nécessaires, en cas d'insuffisance de ceux à la disposition du département de la guerre.

22. Les troupes seront responsables des dégâts et dommages qu'elles auraient faits dans leurs logemens; en conséquence, lors de leur départ, elles seront tenues de faire réparer à leurs dépens ou de payer les dégradations faites à leurs logemens et aux fournitures.

23. Les habitans qui auront à se plaindre de quelques dommages ou dégâts occasionés par les troupes, devront faire leur réclamation avant leur départ, soit au commandant du régiment ou des détachemens, soit aux commissaires des guerres ou aux officiers municipaux, afin qu'il y soit fait droit; et, à défaut de se présenter avant le départ de la troupe, ou une heure au plus tard après, ils ne seront plus reçus dans leurs demandes; en conséquence, le commandant du corps chargera un officier de rester après le départ du régiment, pour recevoir les plaintes, s'il y en a, et y faire droit, si elles sont fondées.

24. Les officiers municipaux donneront aux régimens ou détachemens qui auront logé chez l'habitant, un certificat qui constatera qu'il n'est parvenu aucune plainte de la part des personnes qui auront fourni le logement, ou bien que le corps a satisfait aux réclamations qui ont été faites. La municipalité ne pourra refuser ce certificat de bienvivre, si, une heure après le départ, il n'est

parvenu aucune plainte de la part des habitans.

25. Dans les places de guerre, postes militaires, villes de garnison habituelle, et dans tous les lieux où passent les troupes, il sera fait par les officiers municipaux un recensement de tous les logemens et établissemens qu'ils peuvent fournir sans fouler les habitans, à l'effet d'y avoir recours au besoin et momentanément, soit dans les cas de passage de troupes et de mouvemens imprévus, soit dans les circonstances extraordinaires, lorsque les établissemens militaires ne suffiront pas, ou qu'il sera nécessaire d'y faire établir des lits.

26. Lorsqu'il y aura nécessité, dans les villes de garnison ordinaire, de loger chez les habitans les troupes, si leur séjour doit s'étendre à la durée d'un mois, les officiers ne pourront prétendre à des billets de logement pour plus de trois nuits: ce terme expiré, ils se logeront de gré à gré; mais ils indemniseront leur hôte pour le temps qu'il les aura logés, nul officier ne devant être logé sans donner d'indemnité que lorsqu'il marchera avec les troupes.

Les municipalités veilleront à ce que les habitans n'abusent point, dans le prix des loyers, du besoin de logement où se trouveront les officiers.

### Du logement dans les casernes.

27. Il sera fourni dans les casernes un lit pour chacun des adjudans, tambours et trompettes-majors, chefs-musiciens, maîtres-ouvriers, sergens-majors et sergens, maréchaux-des-logis en chef, et un pareil lit pour deux caporaux, brigadiers et soldats.

28. Les adjudans jouissant en gratification des appointemens de sous-lieutenans ne pourront prétendre qu'au logement fixé à leur emploi.

29. Il sera de plus fourni à chaque régiment un supplément de lits pour les hommes mariés, les infirmeries destinées au traitement des maladies légères, et les chambres de police.

Les lits seront en tout semblables à ceux des soldats; ceux des chambres de police ne seront point garnis de draps.

30. Chaque lit de caserne sera composé d'une couchette, d'une paillasse, d'un matelas, d'un traversin, d'une paire de draps et d'une couverture.

31. Il ne sera donné dans l'île de Corse que des demi-fournitures pour le service des casernes: chaque demi-fourniture sera composée d'une couchette ou châlit sur tréteaux, d'une paillasse, d'une couverture, d'une paire de draps et d'un sac à paille ou traversin.

32. Les lits ne seront fournis dans les casernes qu'à raison de l'effectif présent, y compris les hommes aux hôpitaux.

33. Les troupes ne pourront occuper dans les casernes que le nombre de chambres qui leur sera indispensable; elles paieront les dégâts et dommages qu'elles feront aux lits, effets et ustensiles qui leur seront délivrés.

34. Il sera fourni aux troupes des emplacemens convenables pour y établir leurs magasins et ouvriers.

35. Les chambres des casernes seront garnies de bancs, tables, planches à pain, râteliers d'armes et porte-hâvre-sacs; et les écuries, de mangeoires, râteliers, bacs, baquets et coffres.

36. L'entretien des lits militaires continuera d'être soumis aux marchés qui sont ou seront passés à cet effet, et dont les bases tendront à assurer le service dans toutes les places, et principalement dans tous les cas d'augmentation de garnison.

Les lits pourront être transportés, d'après les ordres du ministre, dans les différentes places où des supplémens seraient nécessaires; il ne pourra, dans aucun cas, être opposé d'empêchement à ces transports.

**Du logement des officiers dans les bâtimens militaires.**

37. Les généraux d'armée seront logés dans les maisons qui leur seront destinées.

Le logement d'un lieutenant-général sera de cinq chambres, dont une pour un secrétaire; d'une cuisine, de trois chambres de domestiques et des écuries nécessaires pour ses chevaux;

Celui d'un maréchal-de-camp, de quatre chambres, dont une pour son secrétaire; d'une cuisine, de trois chambres de domestiques et des écuries nécessaires pour ses chevaux;

Celui d'un colonel sera de trois chambres, dont une pour son domestique; une cuisine et une écurie pour trois chevaux;

Celui d'un lieutenant-colonel, de deux chambres, une cuisine, une chambre de domestiques et une écurie pour deux chevaux.

Ces logemens ne seront point meublés; les meubles qui s'y trouvent, et qui ont dû être mis à la disposition du ministre de la guerre par les municipalités, seront vendus, et le produit de la vente sera ajouté au fonds de la masse du logement.

38. Le logement du capitaine sera d'une chambre meublée d'un lit de maître, avec les ustensiles nécessaires, et d'un cabinet avec un lit pour son domestique.

Les lieutenans et sous-lieutenans seront logés dans les chambres meublées de deux lits et des effets accessoires; à chacune de ces chambres sera affecté un cabinet avec un lit pour leurs domestiques.

Le logement des quartiers-maîtres-trésoriers sera d'une chambre meublée d'un lit de maître et des ustensiles accessoires; d'une autre chambre non garnie de lit, mais seulement d'ustensiles, et d'un cabinet avec un lit de domestique.

Les adjudans-majors, chirurgiens-majors et aumôniers seront logés comme les capitaines.

Seront également logés comme capitaines les lieutenans du corps du génie, les adjudans, lieutenans et secrétaires-écrivains de place.

39. Les colonels, lieutenans-colonels et capitaines du corps du génie, et les lieutenans de ce corps employés en chef dans les places, les officiers d'artillerie attachés au service des places, les adjudans-généraux et les adjudans des places, auront, en sus du logement fixé pour leurs grades, une chambre claire non garnie de lit, mais des autres ustensiles.

Les aides-de-camp seront logés selon leur grade respectif, et il leur sera donné des écuries pour leurs chevaux. Les officiers des compagnies d'invalides détachées dans les places seront logés suivant leur grade, et les officiers retirés à la suite des places, qui auront obtenu le logement en nature, en conserveront un dans les bâtimens militaires, ou bien il leur sera payé en argent.

40. Il sera désigné dans les bâtimens militaires de chaque place un local suffisant pour le secrétariat, à portée duquel sera établi le logement du secrétaire-écrivain.

41. Les lits des capitaines, lieutenans et autres officiers seront garnis d'une housse, d'une paillasse, de deux matelats, d'un traversin, d'une paire de draps et de deux couvertures d'hiver et d'une seule d'été.

Les chambres des officiers seront meublées de tables, chaises, fauteuils, chenets et autres ustensiles qu'il est d'usage de leur fournir.

Les lits de domestiques seront en tout conformes aux lits des soldats.

Il en sera distribué un pour chaque capitaine, et un pareil pour deux lieutenans, sous-lieutenans et autres officiers; mais ils n'en pourront exiger qu'autant qu'ils auront des domestiques à leur suite.

42. Les régimens seront responsables des lits et ustensiles qui auront été fournis aux officiers, ainsi qu'à leurs domestiques, sauf leur recours contre ces officiers.

43. Dans tous les cas où les pavillons ne seraient point meublés, les capitaines et autres officiers qui seront dans le cas d'en habiter les logemens recevront, pour leur donner les moyens de s'y procurer les meubles nécessaires, savoir: les officiers supérieurs, le tiers du prix du logement réglé pour leur grade respectif, et moitié pour les capitaines inclusivement, jusques et y compris les sous-lieutenans.

44. Les logemens qui, à l'époque du départ des semestriers, deviendront vacans dans

les pavillons, seront remplis sur-le-champ par les officiers à qui il n'aurait pu en être fourni à cause de leur insuffisance.

45. Les officiers de l'artillerie attachés au service des places, ceux du corps du génie et les adjudans de place, conserveront seuls, pendant leur absence par congé, les logemens en nature qui leur auront été affectés dans le lieu de leur résidence.

46. Il ne sera point affecté de logement en nature aux inspecteurs généraux de l'artillerie et du génie, non plus qu'à leurs aides-de-camp et aux commissaires des guerres.

#### Du logement payé en argent.

47. Dans les garnisons et quartiers où il ne se trouvera point de bâtimens militaires affectés aux logemens des officiers et autres fonctionnaires militaires, et dans ceux où les bâtimens seront insuffisans pour compléter les logemens nécessaires, il sera payé, par mois de présence, à tous les officiers qui n'auront pu être logés en nature, les sommes ci-après, pour leur tenir lieu de logement, savoir :

A un général d'armée, cinq cents livres; à un lieutenant-général, cent cinquante livres; à un maréchal-de-camp employé, cent livres; à un adjudant-général colonel, cinquante livres; à un adjudant-général lieutenant-colonel, quarante livres; aux capitaines et aux lieutenans adjoints aux adjudans-généraux, attendu qu'il n'y a point de loi de création pour ces grades, *néant*; à un aide-de-camp colonel, cinquante livres; à un aide-de-camp lieutenant-colonel, quarante livres; à un aide-de-camp capitaine, dix-huit livres; à un aide-de-camp lieutenant, douze livres; à un adjudant de place capitaine, dix-huit livres; à un adjudant de place lieutenant, douze livres; à un secrétaire-écrivain de place, douze livres.

#### Régimens d'infanterie, de troupes à cheval et d'artillerie.

Au colonel, cinquante livres; au lieutenant-colonel en chef d'infanterie légère et autres lieutenans-colonels de la ligne, quarante livres; au quartier-maître-trésorier, comme capitaine, dix-huit livres; à l'adjudant-major de régiment, s'il est capitaine, dix-huit livres, et s'il n'est point capitaine, douze livres; au capitaine, dix-huit livres; au lieutenant, douze livres; au sous-lieutenant, douze livres; au chirurgien-major, dix-huit livres; à l'aumônier, douze livres.

#### Officiers d'artillerie attachés au service des places, et employés de ce corps en résidence.

Au commandant de l'école, s'il est colonel, cinquante livres; au colonel-directeur, cinquante livres; au lieutenant-colonel, quarante

livres; au capitaine, dix-huit livres; aux professeurs des écoles, dix-huit livres; aux répétiteurs, dix livres; aux garde-magasins, dix livres; aux gardiens et artificiers, six livres; aux chefs d'ouvriers d'état, dix livres; aux ouvriers d'état et bateliers, six livres; aux contrôleurs, douze livres; aux conducteurs, dix livres; aux réviseurs, dix livres.

#### Officiers du génie et employés de ce corps en résidence.

Au colonel-directeur, cinquante livres; au lieutenant-colonel, quarante livres; au capitaine employé en chef, dix-huit livres; au capitaine non employé en chef, dix-huit livres; au lieutenant, dix-huit livres.

Il sera accordé cent vingt livres à l'officier du génie chargé en chef de la place, pour lui tenir lieu de l'augmentation du logement nécessaire à l'emplacement de ses bureaux et au dépôt des plans, mémoires et papiers de la place, sans que ladite augmentation puisse, dans aucun cas, être attribuée au colonel-directeur.

Au garde des fortifications de première classe, dix livres, de deuxième, neuf livres, de troisième, huit livres; de quatrième, six livres.

A l'éclusier des fortifications de première classe, dix livres; de deuxième, neuf livres; de troisième, huit livres; de quatrième, six livres; aux conservateurs des casernes, neuf livres.

#### Compagnies des invalides.

Les officiers de ces compagnies seront en tout point assimilés, pour le logement en argent, aux officiers des régimens.

#### Officiers retirés à la suite des places.

Ceux des officiers qui ont obtenu le logement en argent en seront payés conformément à leurs grades.

#### Commissaires des guerres.

Conformément au réglement du 1er novembre 1791, en exécution du décret du 20 septembre = 14 octobre de la même année, concernant la suppression, la recréation et les appointemens du corps desdits commissaires des guerres, et d'après l'article 4 de ce réglement, ils ne pourront prétendre à être payés du logement en argent, puisqu'il fait partie de leurs appointemens.

Mais, lorsqu'ils marcheront avec les troupes, ils auront le logement suivant leurs grades et dans les lieux de rassemblement.

48. Le tiers des sommes fixées par l'article 47 du présent décret sera payé aux officiers supérieurs, et la moitié sera pareillement payée aux capitaines inclusivement, jusques et y compris les sous-lieutenans, pour ceux

d'entre eux qui auront des logemens non meublés dans les bâtimens militaires.

49. Le logement en argent ne sera payé aux officiers que pour le temps de leur présence; en conséquence, nul ne devra en jouir pendant ses absences par congé ou autrement.

Les officiers de l'artillerie attachés au service des places, ceux du corps du génie et les adjudans des places, recevront seuls, pendant leurs congés, le logement, absens comme présens, dans le lieu de leur résidence.

Les inspecteurs généraux de l'artillerie et du génie, ainsi que leurs aides-de-camp, recevront toujours leur logement en argent, et il leur sera payé pendant toute l'année.

50. Les officiers et fonctionnaires militaires qui rempliront par *interim* les fonctions du grade supérieur à celui dans lequel ils sont employés ne pourront point s'en prévaloir pour demander à jouir du logement fixé à ce grade.

51. Les logemens des officiers et fonctionnaires militaires employés à Paris, et ceux des officiers de la garnison de cette ville, seront payés sur le pied de la moitié en sus des sommes déterminées pour leurs grades respectifs.

52. Les officiers et fonctionnaires militaires employés dans les cantonnemens et rassemblemens paieront eux-mêmes, au moyen du logement en argent qu'ils recevront, l'indemnité due aux habitans qui leur auront fourni, par billet des officiers municipaux, le logement en nature et les écuries nécessaires à leurs chevaux. Les officiers des régimens paieront également cette indemnité, mais seulement pour leur logement. Les officiers municipaux prononceront sur les contestations auxquelles ces indemnités pourront donner lieu.

53. Les habitans qui, dans les mêmes cas de rassemblement, de cantonnement, de détachement ou d'insuffisance des bâtimens militaires, auront logé les troupes, seront indemnisés, sur le pied ci-après, du logement qu'ils leur auront donné, et des écuries qu'ils auront fournies aux chevaux des régimens et des équipages, savoir:

Logement d'un adjudant, tambour et trompette-major, sergent-major, maréchal-des-logis en chef, conducteurs et principaux employés des équipages, qui doivent coucher seuls, trois sous par nuit.

Logement des autres sous-officiers, des soldats et employés logés comme soldats, un sou six deniers par nuit et par homme.

Place dans les écuries pour les chevaux des troupes à cheval, et pour ceux des équipages, un sou par nuit et par cheval.

Et lorsqu'il manquera des lits pour le casernement des troupes dans les bâtimens militaires, les habitans seront indemnisés de ceux qu'ils y fourniront avec les ustensiles, à raison de deux sous par lit et par nuit.

Quant aux magasins dont les troupes détachées ou cantonnées pourront avoir besoin momentanément, le loyer en sera réglé par les officiers municipaux pour le temps de leur occupation.

54. Les indemnités fixées par l'article ci-dessus seront payées aux habitans par l'intermédiaire des officiers municipaux, qui en dresseront un état tous les trois mois: cet état sera appuyé de certificats délivrés par les commandans des troupes; il sera ensuite arrêté par le commissaire des guerres, et ordonnancé par le commissaire ordonnateur, pour être payé sur la masse du casernement.

55. Le logement et les écuries nécessaires aux troupes de passage devant leur être fournis sans indemnité, les officiers de ces troupes ne recevront point le logement en argent pendant qu'ils seront en marche; il ne le recevront point aussi lorsqu'ils seront campés (1).

23 = 27 MAI 1792 — Décret relatif aux moyens de pourvoir aux places vacantes dans les corps de l'artillerie. (L. 9, 226; B. 22, 126)

L'Assemblée nationale, après avoir entendu le rapport de son comité militaire, considérant combien il est instant de remplacer dans les compagnies d'artillerie les places d'officiers vacantes par de nombreuses démissions; considérant encore que la loi du 1er août 1791, qui donne momentanément la moitié des places de sous-officiers aux régimens de ligne, ne s'est pas expliquée d'une manière formelle pour le corps de l'artillerie, décrète qu'il y a urgence.

L'Assemblée nationale, après avoir décrété l'urgence, décrète ce qui suit:

Art. 1er. Il sera accordé aux officiers du corps de l'artillerie la moitié des places des lieutenans en second vacantes en ce moment, et la moitié de celles qui viendront à vaquer d'ici au 1er août prochain; mais, à cette époque-ci-dessus indiquée, il sera nommé aux places conformément à l'article 2 du titre II du décret du 16 = 27 avril 1791.

2. Le pouvoir exécutif donnera les ordres nécessaires pour qu'au 1er août prochain, il soit fait à Châlons un examen, tant des élèves de l'artillerie, que des aspirans qui se présenteront pour les remplacer.

3. Les sujets qui se présenteront pour être élèves pourront y être admis jusqu'à l'âge de trente ans, et, s'ils ont servi dans le corps, à tout âge.

_____

(1) *Voy.* note sur l'article 7.

4. Le pouvoir exécutif fera délivrer des lettres d'examen aux sous-officiers et soldats de toutes les armes qui croiront avoir les connaissances sur lesquelles ils seront examinés, et moyennant qu'ils aient justifié préalablement des autres conditions exigées par la loi.

23 = 27 MAI 1792. — Décret relatif à la suspension des pensions de retraite pour les militaires. (L. 9, 225; B. 22, 125.)

L'Assemblée nationale, considérant que, chez un peuple libre, servir l'Etat est un devoir que tout citoyen est tenu de remplir; considérant que, lorsque la patrie est menacée, ce devoir devient plus impérieux pour tous les citoyens, et même indispensable pour les militaires qui se sont spécialement consacrés à sa défense; considérant qu'il est instant de faire l'application de ces principes, décrète qu'il y a urgence.

L'Assemblée nationale, après avoir décrété l'urgence, décrète qu'à compter du jour de la publication du présent décret, et tant que la guerre durera, l'exécution des dispositions du décret du 3 = 22 août 1790, qui assure des récompenses pécuniaires en retraite aux militaires en activité, après un temps déterminé de service, demeure suspendue. Sont exceptés de cette disposition les officiers qui, pendant la guerre, seront forcés de quitter le service pour cause d'infirmités ou blessures constatées par le général sous les ordres duquel ils serviront, et par le conseil d'administration de leur corps.

23 = 27 MAI 1792. — Décret relatif à la pêche de la baleine et du cachalot dans les mers du Nord et du Sud. (L. 9, 223; B. 22, 127.)

L'Assemblée nationale, sur le rapport de son comité de commerce, considérant que la pêche de la baleine et du cachalot, dans les mers du Nord et du Sud, est une source prospère pour la marine et le commerce national; considérant que tous les citoyens de l'empire ont un droit égal aux mêmes encouragemens, décrète qu'il y a urgence.

L'Assemblée nationale, après avoir décrété l'urgence, décrète ce qui suit:

Art. 1er. Les armateurs de tous les ports du royaume qui se livreront à la pêche de la baleine et du cachalot dans les mers du Nord et du Midi, jouiront, à compter de la publication du présent décret, en observant les réglemens de la navigation française, de la prime de cinquante livres par tonneau de jauge, accordée le 5 mai 1786 aux Nantukois établis en France.

2. Les commissaires de la Trésorerie nationale acquitteront incessamment les primes échues aux Nantukois, sur les mandats du ministre de l'intérieur, à prélever sur les fonds destinés aux primes.

23 MAI = 27 JUIN 1792. — Décret relatif aux écoles vétérinaires, et particulièrement à celles d'Alfort et de Lyon. (L. 9, 418; B. 22, 124.)

L'Assemblée nationale, après avoir entendu le rapport de son comité d'agriculture et les trois lectures du projet de décret par lui présenté dans les séances des 17 et 26 janvier, et dans celle de ce jour; reconnaissant l'utilité des écoles vétérinaires, et voulant pourvoir au paiement des sommes dues pour leur entretien, et aux dettes contractées par celle de Lyon, dont le dépérissement serait inévitable si les fonds qui leur ont été attribués ne leur étaient pas payés; après avoir décrété qu'elle est en état de délibérer définitivement, décrète ce qui suit:

Art. 1er. La réduction proposée par le comité des finances de l'Assemblée constituante, pour l'école vétérinaire d'Alfort, demeure fixée provisoirement à la somme de vingt-huit mille sept cents livres; en conséquence, les commissaires à la Trésorerie nationale en acquitteront les dépenses sur ce pied, jusqu'à l'entière et définitive organisation des écoles vétérinaires en France.

2. Il sera payé par la Trésorerie nationale à l'école vétérinaire de Lyon la somme de vingt-un mille vingt-sept livres six sous, montant des dettes qu'elle a contractées jusqu'au 31 décembre 1791, laquelle somme sera employée à l'acquit de ses dettes, sous la surveillance du directoire du département de Rhône-et-Loire.

3. L'Assemblée nationale charge son comité d'agriculture de lui présenter incessamment un projet de décret sur l'organisation définitive des écoles vétérinaires.

23 MAI 1792. — Décret relatif à la nomination des gardes du commerce. (B. 22, 126.)

23 = 27 MAI 1792. — Décret relatif à la demande en extradition des nommés Bargence, Gustineyer et Schwartz, détenus à Huningue, et prévenus d'avoir contrefait des billets de la banque de Vienne (B. 22, 127.)

23 MAI 1792. — Décret relatif à la demande en extradition du nommé Dyon, garçon perruquier, détenu à Ath, dans le Hainaut autrichien, pour vol commis à Paris. (B. 22, 128.)

23 MAI 1792. — Affaire de Mons. Voy. 19 MAI 1792. — Corps de l'armée. Voy. 15 MAI 1792. — Cours martiales. Voy. 18 MAI 1792. — Destination des trois cents millions d'assignats; Deux-Sèvres. Voy. 15 MAI 1792. — Discipline de l'armée; Entrepreneurs d'armes à Charleville. Voy. 17 MAI 1792. — Frères du Roi. Voy. 19 MAI 1792. — Gardes nationales de Strasbourg; Gendarmerie à la suite

de l'armée. *Voy.* 18 MAI 1792. — Hennebon. *Voy.* 17 MAI 1792. — Marchandises venant par mer de Beaucaire *Voy.* 18 MAI 1792. — Marine et colonies. *Voy.* 17 MAI 1792. — Police de Paris. *Voy.* 20 MAI 1792. — Poudres et salpêtres. *Voy.* 14 MAI 1792. — Princes de Salm-Salm et Lovenstein Wertheim. *Voy.* 16 MAI 1792. — Rentes. *Voy.* 17 MAI 1792. — Viandes pour les garnisons. *Voy.* 16 MAI 1792.

24 MAI 1792. — Décret sur l'organisation du bureau des procès-verbaux de l'Assemblée nationale. (B. 22, 129.)

24 = 30 MAI 1792. — Décret concernant la réunion des paroisses de la ville de Verneuil. (B. 22, 128.)

24 MAI 1792. — Décret qui autorise le rapporteur des comités des Douze et de surveillance à prendre communication, même par déplacement, des pieces relatives à l'affaire d'Arles, déposées aux archives. (B. 22, 131.)

24 MAI 1792. — Cent-Suisses. *Voy.* 21 MAI 1792.

25 = 27 MAI 1792. — Décret relatif aux adjudans généraux. (L. 9, 228; B. 22, 132.)

L'Assemblée nationale, délibérant sur la proposition du Roi, relative à l'avancement des adjudans-généraux de l'armée pendant la guerre; considérant que l'exécution de l'article 5 de la loi du 24 septembre ne peut avoir lieu pendant la guerre; voulant déterminer l'avancement des adjudans-généraux d'une manière semblable à celle qui a lieu dans tout le reste de l'armée, et faciliter leur remplacement, décrète qu'il y a urgence. L'Assemblée nationale, après avoir décrété l'urgence, décrète que l'avancement au tour d'ancienneté aura lieu, pendant la guerre seulement, parmi les adjudans-généraux, et les deux tiers des emplois du grade de colonel seront réservés aux adjudans-généraux lieutenans-colonels, conformément aux règles de l'avancement en temps de guerre.

25 = 30 MAI 1792. — Décret relatif aux moyens de porter au complet les régimens d'artillerie. (L. 9, 235; B. 22, 131.)

Art. 1er. Les régimens d'artillerie seront complétés par des hommes de bonne volonté, pris en nombre égal dans chaque bataillon de l'infanterie de ligne, autant que faire se pourra.

2. Les hommes destinés à compléter les régimens d'artillerie seront tirés au sort parmi ceux qui se présenteront pour cet objet, et qui auront d'ailleurs la taille de cinq pieds trois pouces, pieds nus, et au moins deux ans de service.

3. Ces hommes recevront, en arrivant aux régimens pour lesquels ils seront destinés, l'excédant qui se trouve entre le prix de l'engagement de l'artillerie et celui de l'infanterie, à raison des années qu'ils auront à courir pour achever leurs congés.

4. Le pouvoir exécutif indiquera incessamment à chaque régiment le nombre d'hommes qu'il devra fournir, et les régimens d'artillerie que ces hommes devront aller compléter; enfin il donnera tous les ordres nécessaires pour la prompte exécution du présent décret.

25 MAI 1792. — Décret qui déclare compétent le tribunal du district de Pontarlier, pour prononcer sur l'instruction faite par-devant lui contre François-Xavier Pochard, prêtre. (B. 22, 133.)

25 MAI 1792. — Décret portant que le 5e régiment de dragons, ayant dénoncé les coupables, est, par la loi même, honorablement acquitté. (B. 22, 132.)

25 MAI 1792. — Décret portant établissement d'un bureau de distribution des projets, avis et écrits que les citoyens voudront faire parvenir aux députés. (B. 22, 201.)

25 = 30 MAI 1792. — Décret concernant une erreur dans le classement des procureurs du ci-devant bailliage d'Etampes. (L. 9, 234; B. 22, 203.)

25 MAI 1792. — Journal l'*Ami du peuple et du Roi.* *Voy.* 21 MAI 1792.

26 = 31 MAI 1792. — Décret relatif aux places et postes militaires à mettre en état de guerre. (L. 9, 241; B. 22, 136; Mon. du 27 mai 1792.)

*Voy.* loi du 8 = 10 JUILLET 1791.

Art. 1er. Les places de guerre et postes militaires dont l'état est ci-après seront, jusqu'à ce qu'il ait été autrement statué, comme étant en état de guerre, sauf les cas où ils seraient déclarés par les généraux d'armée être en état de siége, conformément aux articles 10, 11 et 12 du titre Ier du décret du 8 = 10 juillet 1791.

2. Indépendamment des places et postes militaires portés au tableau annexé au décret du 8 = 10 juillet 1791, le Roi proposera au Corps-Législatif les postes que, par leur position, il croira devoir être considérés comme étant en état de guerre.

3. Les généraux d'armée sont autorisés à déclarer et à faire proclamer que tels ou tels postes qu'ils occuperont sont en état de guerre, toutes les fois qu'ils le jugeront nécessaire à la sûreté et à la police de l'armée; ils feront également proclamer lorsque cet état devra cesser. Le pouvoir exécutif de-

meure chargé d'en rendre compte sur-le-champ au Corps-Législatif.

*État des places de guerre et des postes militaires qui paraissent dans le cas d'être mis en état de guerre.*

16e *Division.* — Saint-Omer, Aire, Saint-Venant, Béthune.

1re *Division.* — Gravelines, Dunkerque, Bergues, Lille, Douai, Bouchain, Valenciennes, Condé, le Quesnoy, Bavay, Maubeuge, Landrecies, Avesnes.

2e *Division.* — Philippeville, Marienbourg, Rocroy, Charlemont et Lès, Givet, Mézières, Sedan, Bouillon, Carignan.

3e *Division.* — Montmédi, Stenay, Verdun, Longwy, Metz, Thionville, Rodemack, Sierk, Sarrelouis, Bitche.

4e *Division.* — Marsal, Phalsbourg.

5e *Division.* — Landau, Weissembourg, Lauterbourg, Fort-Louis du Rhin, Haguenau, la Petite-Pierre, Strasbourg, Schelestat, Neuf-Brisach, Huningue, Landscroon, Béfort.

6e *Division.* — Château de Blamont, Besançon, Fort-l'Ecluse, Pierre-Châtel.

7e *Division.* — Fort-Barreaux, Grenoble, Briançon, Queyras, Mont-Dauphin, Embrun, Saint-Vincent, Seyne, Colmar, Entrevaux.

8e *Division.* — Antibes, Toulon, îles d'Hières, île Sainte-Marguerite.

[Postes non compris dans le tableau annexé au décret du 8 = 10 juillet 1791.

Villes de Blamont, Drusenhem, les postes sur les côtes et îles voisines du département du Var.

26 = 31 MAI 1791. — Décret qui autorise le pouvoir exécutif à tirer des troupes de ligne qui sont à Paris les détachemens pour envoyer dans les départemens de l'Oise, de Seine-et-Marne et Seine-et-Oise. (L. 9, 244; B. 22, 135.)

26 = 31 MAI 1792. — Décret qui autorise la commune de Montauban à faire emprunt de huit mille livres, pour être employées à l'achat des armes nécessaires à la garde nationale. (L. 9, 251; B. 19, 135.)

26 MAI 1792. — Décret relatif au paiement de l'indemnité due aux hauts-jurés assemblés à Orléans. (B. 19, 138.)

26 MAI 1792. — Décret portant que la fabrication des pièces de quinze et trente sous sera continuée. (B. 19, 138.)

26 MAI = 10 JUIN 1792. — Décret portant liquidation de plusieurs parties de la dette publique. (B. 22, 138.)

27 MAI 1792. — Décret sur la déportation des prêtres insermentés (1). (B. 22, 146.)

*Voy.* loi du 26 AOUT 1792.

L'Assemblée nationale, après avoir entendu le rapport de son comité des Douze, considérant que les troubles excités dans le royaume par les ecclésiastiques non sermentés, exigent qu'elle s'occupe sans délai des moyens de les réprimer, décrète qu'il y a urgence;

L'Assemblée nationale, considérant que les efforts auxquels se livrent constamment les ecclésiastiques non sermentés pour renverser la constitution ne permettent pas de supposer à ces ecclésiastiques la volonté de s'unir au pacte social, et que ce serait compromettre le salut public, que de regarder plus long-temps comme membres de la société des hommes qui cherchent évidemment à la dissoudre; considérant que les lois sont sans force contre ces hommes, qui, agissant sur les consciences pour les égarer, dérobent presque toujours leurs manœuvres criminelles aux regards de ceux qui pourraient les faire réprimer et punir; après avoir décrété l'urgence, décrète ce qui suit :

Art. 1er. La déportation des ecclésiastiques insermentés aura lieu comme mesure de sûreté publique et de police générale, dans le cas et suivant les formes énoncées ci-après.

2. Seront considérés comme ecclésiastiques insermentés tous ceux qui, assujétis au serment prescrit par la loi du 26 décembre 1790, ne l'auraient pas prêté; ceux aussi qui, n'étant pas soumis à cette loi, n'ont pas prêté le serment civique postérieurement au 3 septembre dernier, jour où la constitution française fut déclarée achevée; ceux enfin qui auront rétracté l'un ou l'autre serment.

3. Lorsque vingt citoyens actifs du même canton se réuniront pour demander la déportation d'un ecclésiastique non sermenté, le directoire de département sera tenu de prononcer la déportation, si l'avis du directoire du district est conforme à la pétition.

4. Lorsque l'avis du directoire de district sera conforme à la pétition, le directoire de département sera tenu de faire vérifier par des commissaires si la présence de l'ecclésiastique ou des ecclésiastiques dénoncés nuit à la tranquillité publique, et sur l'avis de ces commissaires, s'il est conforme à la pétition,

---

(1) Le Roi a refusé la sanction par la formule : *le Roi examinera.*

le directoire du département sera tenu de prononcer la déportation.

5. Dans le cas où un ecclésiastique non sermenté aurait, par des actes extérieurs, excité des troubles, les faits pourront être dénoncés au directoire du département par un ou plusieurs citoyens actifs, et, après la vérification des faits, la déportation sera pareillement prononcée;

6. La demande ou pétition dont il est parlé dans les précédens articles, devant être signée de ceux qui la formeront, sera remise par eux au directoire du district; ils en affirmeront la vérité devant le même directoire, qui leur fera délivrer par son secrétaire, sur papier libre et sans frais, un certificat du dépôt de cette pétition.

7. Le directoire du district vérifiera sur les tableaux qui doivent être déposés dans son secrétariat, ou par tout autre moyen, si les signataires de la pétition sont véritablement citoyens actifs; et après cette vérification, il donnera son avis et le fera passer à l'administration du département, dans les trois jours qui suivront celui de la date du dépôt.

8. Dans le cas où les citoyens actifs qui auront à former la pétition prescrite ne sauraient écrire, elle sera reçue, en présence du procureur-syndic, par le secrétaire du district, qui, après l'avoir rédigée, en donnera lecture aux pétitionnaires, et relatera leur déclaration de ne savoir signer.

9. Lorsque les préalables prescrits par les articles précédens auront été remplis, tant de la part des pétitionnaires que de la part du directoire de district, le directoire de département sera tenu de statuer dans les trois jours, si l'avis du directoire de district est conforme à la pétition.

10. Lorsque l'avis du directoire de district ne sera pas conforme à la pétition, le directoire de département aura quinze jours pour faire procéder aux vérifications prescrites en pareil cas, et pourra statuer définitivement.

11. L'avis du directoire de district ou celui des commissaires-vérificateurs étant conforme à la pétition, il sera enjoint par l'arrêté du directoire de département aux ecclésiastiques sujets à la déportation de sortir et se retirer dans vingt-quatre heures hors des limites du district de leur résidence, dans trois jours hors des limites du département, et dans le mois hors du royaume. Ces différens délais courront du jour de la sommation qui leur en sera faite à la requête du procureur-général-syndic du département, suites et diligences du procureur-général-syndic du district.

12. Copie de l'arrêté du département sera notifiée à chacun des ecclésiastiques sujets à la déportation, ou à leur dernier domicile connu, avec sommation d'y obéir et de s'y

conformer. Cette notification se fera sur papier libre, sans autres frais que les vacations de l'huissier, modérées aux deux tiers des vacations ordinaires, et sera soumise à l'enregistrement gratuit.

13. Sitôt après cette notification, l'ecclésiastique sera tenu de déclarer devant la municipalité du lieu de sa résidence ou devant le directoire de district, le pays étranger dans lequel il entend se retirer; et il lui sera délivré sur-le-champ, par la municipalité ou le directoire du district, un passeport qui contiendra son signalement, sa déclaration, la route qu'il doit tenir et le délai dans lequel il doit être sorti du royaume.

14. Dans le cas où l'ecclésiastique n'obéirait pas à la sommation à lui faite, le procureur-syndic du district sera tenu de requérir la gendarmerie nationale pour le faire transférer, de brigade en brigade, au-delà des frontières les plus voisines du lieu de son départ; et les frais de cette translation, dont il sera dressé procès-verbal, seront retenus sur sa pension ou ses revenus.

15. Lorsque l'ecclésiastique contre lequel la déportation sera prononcée n'aura ni pension ni revenus, il recevra trois livres par journée de dix lieues, jusqu'aux frontières, pour le faire subsister pendant la route; ces frais seront supportés par le Trésor public et avancés par la caisse du district dans lequel résidait cet ecclésiastique.

16. Ceux des ecclésiastiques contre lesquels la déportation aura été prononcée, qui resteraient dans le royaume après avoir déclaré leur retraite, ou qui rentreraient après leur sortie, seront condamnés à la peine de la détention pendant dix ans.

17. Le directoire de département sera tenu d'envoyer chaque mois au pouvoir exécutif, qui en rendra compte à l'Assemblée nationale, l'état nominatif des ecclésiastiques dont il aura prononcé la déportation.

18. L'Assemblée nationale n'entend, par les précédentes dispositions, soustraire aux peines établies par le Code pénal les ecclésiastiques non sermentés qui les auraient encourues ou pourraient les encourir par la suite.

19. Le présent décret sera porté dans le jour à la sanction.

27 MAI 1792. — Décrets qui mandent à la barre de l'Assemblée M. Delaporte, intendant de la liste civile, et les sieurs Gueffier, Regnier, Gérard, Garnier et Longuet. (B. 22, 150.)

27 MAI 1792. — Décret par lequel l'Assemblée déclare ses séances permanentes. (B. 22, 150.)

27 = 31 MAI 1792. — Décret qui accorde une gratification aux sieurs Maillard et Thieble. (B. 22, 151.)

27 MAI 1792. — Décret sur les observations du ministre de la guerre, relativement à la formation de six légions. (B. 22, 151.)

= 30 MAI 1792. — Décret portant qu'il n'y a pas lieu à accusation contre le sieur Gougnaud. (B. 22, 155.)

MAI 1792. — Décret relatif au paiement de la solde de Georges Otto, cavalier au régiment royal-allemand. (B. 22, 156.)

MAI 1792. — Adjudans-généraux. *Voy.* 25 MAI 1792. — Sieur Barègence, etc. *Voy.* 23 MAI 1792. — Commissaires du Roi près le tribunal d'Orléans. *Voy.* 21 MAI 1792. — Compagnies franches. *Voy.* 28 MAI 1792. — Corps de l'artillerie. *Voy.* 23 MAI 1792. — Gardes nationaux. *Voy.* 21 MAI 1792. — Hôpitaux. *Voy.* 22 MAI 1792. — Pêche de la baleine, etc. *Voy.* 23 MAI 1792. — Police des ports, etc.; Professeurs de chant. *Voy.* 22 MAI 1792. — Rentes viagères dues par le Trésor public. *Voy.* 17 MAI 1792.

=== 31 MAI 1792. — Décret relatif à la création de cinquante-quatre compagnies franches. IL. 9, 245; B. 22, 152.)

L'Assemblée nationale, considérant qu'il nécessaire d'augmenter le nombre des troupes légères;

Après avoir entendu le rapport de son comité militaire, décrète qu'il y a urgence.

L'Assemblée nationale, après avoir décrété l'urgence, décrète définitivement ce qui suit:

ART. 1er. Il sera levé cinquante-quatre compagnies franches, qui pourront être portées successivement à deux cents hommes chacune, officiers compris, pour servir aux différentes armées pendant la présente guerre seulement, et suppléer les seconds bataillons d'infanterie légère détachés des légions.

Indépendamment et en outre des cinquante-quatre compagnies franches ci-dessus, sera levé une légion franche par les soins du général Kellermann, sous la surveillance du pouvoir exécutif et du général en chef de l'armée dans laquelle il est employé.

Cette légion sera composée de dix-huit compagnies d'infanterie légère et de huit compagnies à cheval, dont les hussards ci-devant Saxe et les cavaliers ci-devant Royal-allemand formeront le noyau.

Il sera de plus levé, dans chacune des armées commandées par les généraux Luckner et Fayette, par leurs soins et sous la surveillance du pouvoir exécutif, une légion franche, composée pareillement de dix-huit compagnies d'infanterie et de huit compagnies à cheval.

Les vingt-six compagnies qui doivent

composer chacune des trois légions ci-dessus pourront être portées à cent huit hommes, y compris trois officiers. La paie, la solde et les masses seront les mêmes, pour les différentes armes qui entreront dans sa composition, que pour les armes de même espèce que dans l'armée française.

6. L'état-major de ces légions ne pourra être composé au plus que de trois lieutenans-colonels, d'un quartier-maître-trésorier, de trois adjudans, d'un chirurgien-major, d'un tambour-maître et quatre maîtres ouvriers.

7. Pour parvenir à cette levée, il sera ouvert une inscription volontaire dans toutes les municipalités des quatre-vingt-trois départemens du royaume, où tous les hommes, depuis l'âge de dix-huit ans, valides, de la taille de cinq pieds au moins et bien constitués, seront admis, pour servir, dans lesdites légions et compagnies franches, pendant l'espace de trois années.

Cependant, si la guerre cessait avant que les trois années de l'engagement fussent expirées, les engagemens cesseraient pareillement à l'époque où la paix serait faite.

8. Tous les anciens militaires qui croiront que leurs forces peuvent encore seconder leur courage et leur expérience seront admis à l'inscription, lorsque d'ailleurs ils n'auront point d'infirmités apparentes.

9. Ceux des anciens militaires qui seront admis à l'inscription, et qui auraient obtenu des pensions de retraite sur le Trésor public, les conserveront en entier.

10. L'inscription à faire dans chaque municipalité contiendra les noms de baptême et de famille, l'âge, la taille, le lieu de la naissance, les services et la profession des hommes inscrits, pour qu'elle puisse servir à déterminer les commandans en chef des armées à faire choix, pour les places d'officiers, de sous-officiers et de caporaux ou brigadiers, des sujets qui auraient des services anciens et distingués, pour, sur la présentation desdits commandans, être pourvus des lettres, commissions ou brevets par le Roi, depuis le grade de sous-lieutenant, en remontant jusqu'à celui de lieutenant-colonel d'un bataillon ou autre corps franc, inclusivement.

Le ministre de la guerre prendra les moyens les plus prompts pour faire passer des imprimés de ces états d'inscription, ainsi que des engagemens qui en deviennent la conséquence, aux municipalités.

11. Ceux des officiers et sous-officiers caporaux ou brigadiers qui se seront fait inscrire, ne pourront point être contraints de servir dans un grade inférieur à celui dans lequel ils auraient précédemment été employés dans tout autre corps militaire.

12. Le pouvoir exécutif prendra toutes les mesures nécessaires pour accélérer l'inscription dans toutes les municipalités du royaume,

comme aussi pour que les hommes qui se seront voués volontairement à servir dans les corps francs rejoignent les armées où ils seront le plus nécessaires, et, autant que faire se pourra, celles les plus à la portée des lieux où ils se seront fait inscrire.

Ils recevront trois sous par lieue pour rejoindre les armées, sur des routes particulières de logement.

13. La formation, la composition et l'organisation de ces compagnies et légions franches, sont confiées au commandant en chef de chaque armée; cependant moitié au moins des places d'officiers par grade et des places de sous-officiers, de caporaux et de brigadiers ne pourront être occupées que par des sujets qui, outre des qualités de civisme et de patriotisme bien attestées, auront aussi servi avec distinction, et seront en conséquence porteurs de brevets, commissions ou congés en bonne forme, qui constateront qu'ils ont servi depuis la révolution, soit dans les gardes nationales, soit dans les troupes de ligne ou dans les troupes légères en France.

Le surplus de ces places pourra être accordé à des étrangers, sur la connaissance que les généraux auront de leurs talens militaires.

14. Il sera payé à chaque homme, à titre d'engagement, cinq livres pour le premier mois, et une livre dix sous, au même titre, à la fin de ceux qu'il servira ensuite, en sus de la paie du grade qui lui sera accordé par le général, soit comme sous-officier, soit comme caporal.

15. La solde et la paie de tous les grades, dans les cinquante-quatre compagnies franches, sera la même que celle réglée par les décrets précédens pour l'infanterie légère; et, si le général juge nécessaire de les réunir pour servir à remplacer les bataillons détachés des six légions, alors ces bataillons seront formés à l'instar de ceux déjà réunis en légions, et auront en conséquence le même état-major.

16. L'uniforme et l'armement des compagnies franches seront les mêmes pour le fond que celui réglé pour l'infanterie légère; cependant, quant à l'armement et aux coupes de l'uniforme, les circonstances et le pays où ces corps seront employés pourront les déterminer; et les commandans en chef des armées feront, à cet égard, leurs demandes particulières au pouvoir exécutif, qui donnera les ordres en conséquence.

17. Le ministre de la guerre rendra compte tous les mois au Corps-Législatif des progrès de la levée et formation des corps francs, ainsi que des dépenses qui y seront relatives.

18. Il sera mis à la disposition du ministre de la guerre les fonds nécessaires pour la levée, la solde et les masses de ces différens corps, sur l'aperçu que l'Assemblée nationale charge ses comités de l'extraordinaire, des finances et militaire réunis, de lui présenter dans le plus court délai, et provisoirement la somme de deux millions, dont le ministre rendra compte.

19. L'inscription pour servir dans les compagnies franches sera ouverte à dater du jour de la publication du présent décret, jusqu'au 1er octobre de la présente année, pour les nationaux.

Elle restera ouverte pour les étrangers pendant la durée de la guerre, ou jusqu'au temps où le Corps-Législatif jugera convenable de fermer ladite inscription.

28 = 31 MAI 1792. — Décret relatif au voyage du sieur du Petit-Thouars, pour la recherche du sieur de La Pérouse. (L. 9, 239; B. 22, 149; Mon. du 29 MAI 1792.)

L'Assemblée nationale, ouï le rapport de son comité de la marine, s'étant fait représenter le décret rendu le 22 décembre dernier, par lequel il a été accordé un encouragement de dix mille livres à l'expédition que le sieur du Petit-Thouars va faire autour du monde pour la recherche de M. de La Pérouse et de ses compagnons d'infortune, et sur le compte qui lui a été rendu des retards et contrariétés que le sieur du Petit-Thouars a éprouvés dans la Manche à la première sortie; voulant lui donner une nouvelle marque de bienveillance nationale, attendu que son entreprise a un double objet d'intérêt général, et le mettre en état de réparer au plutôt les avaries qu'il a souffertes, décrète que le pouvoir exécutif est autorisé à faire au sieur du Petit-Thouars et aux officiers militaires qui doivent s'embarquer pour son expédition avec l'agrément du Roi, une avance équivalente à deux années de leurs appointemens dans leurs grades respectifs, sur le pied d'activité de service, laquelle avance sera prise sur l'exercice de la présente année 1792.

28 = 31 MAI 1792 — Décret qui fixe provisoirement à Lagny le lieutenant de gendarmerie nationale placé à Melun. (L. 9, 550; B. 155.)

28 MAI 1792. — Artillerie et infanterie des Marine. Voy. 31 MAI 1792. — Sieur Cougnas. Formation de six légions; Sieur Otto; Sieur Maillard et Thieble. Voy. 27 MAI 1792.

29 = 31 MAI 1792. — Décret relatif au licenciement de la garde soldée du Roi. (L. 238; B. 22, 194.)

L'Assemblée nationale, considérant l'admission dans la garde soldée actuelle du Roi, d'un grand nombre d'individus qui ne réunissent point les conditions exigées ce service par l'acte constitutionnel; que l'esprit d'incivisme dont ce corps est généralement animé, et la conduite de ses officiers supérieurs excitent de justes alarmes, et pourraient compromettre la sûreté personnelle du Roi et la tranquillité publique, décrète ce qui suit :

Art. 1er. La garde soldée actuelle du Roi est licenciée, et elle sera renouvelée sans délai, conformément aux lois.

2. Jusqu'à ce renouvellement de la garde soldée du Roi, la garde parisienne fera le service auprès de sa personne, ainsi et de la même manière qu'elle l'a fait avant l'établissement de la garde soldée.

---

29 MAI = 6 JUIN 1792. — Décret qui accorde des secours provisoires aux différens collèges qui ont perdu leurs revenus par la suppression des dîmes et des droits féodaux. (L. 9, 254; B. 22, 158.)

L'Assemblée nationale, après avoir entendu le rapport de son comité d'instruction publique, considérant l'instante nécessité qu'il y a de secourir provisoirement les collèges qui ont perdu leurs revenus annuels par la suppression des dîmes ou droits féodaux, déclare qu'il y a urgence.

L'Assemblée nationale, après avoir décrété l'urgence, décrète ce qui suit :

Art. 1er. L'Assemblée nationale, après avoir reconnu et décrété l'urgence, décrète qu'il sera mis par la Trésorerie nationale à la disposition du ministre de l'intérieur une somme de deux cent mille livres, pour être employée, sur les demandes qui lui en seront faites par les directoires du département, à donner des secours aux professeurs des collèges ou des universités qui ont perdu en tout ou en partie leurs revenus par la suppression des dîmes ou des droits féodaux, ou d'une autre manière quelconque, et qui justifieront que les revenus qui leur restent ne suffisent pas à leurs besoins.

2. Les directoires des départemens détermineront s'il y a lieu à accorder des secours ou des indemnités aux professeurs qui en réclameront, et fixeront les sommes qui leur seront dues.

---

29 MAI = 6 JUIN 1792. — Décret relatif aux moyens d'accélérer les fonctions de la haute-cour nationale. (L. 9, 255; B. 22, 192.)

Art. 1er. Les grands procurateurs de la nation enverront les assignations à donner aux témoins aux procureurs-généraux-syndics des départemens dans l'étendue desquels les témoins seront domiciliés.

2. Les procureurs-généraux-syndics feront donner les assignations aux témoins, et en renverront sans délai les originaux aux grands procurateurs de la nation : ils feront aussi délivrer à chaque témoin un mandat du directoire sur le receveur du district dans l'étendue duquel réside le témoin, du montant de la taxe qui lui reviendra, à raison de vingt sous par lieue, pour se rendre au lieu où siége la haute-cour nationale.

3. Chaque témoin recevra six livres par jour pendant le temps qu'il sera obligé de passer auprès de la haute-cour nationale, et le montant de cette taxe, ainsi que celle de son retour, sur le même pied de vingt sous par lieue, lui seront payés par le receveur du district, sur l'ordonnance des grands-juges, visée par le directoire du département.

4. Le greffier employé auprès de la haute-cour nationale recevra tous les trois mois du receveur du district un traitement sur le pied de trois mille livres par année, lequel cessera au moment où cette cour se séparera.

5. Les huissiers qui y sont de service seront payés de même à raison de dix-huit cents livres chacun, et le garçon de bureau à raison de neuf cents livres.

Le présent décret sera envoyé dans tous les départemens.

---

29 MAI = 6 JUIN 1792. — Décret relatif à la monnaie de cuivre provenant du métal des cloches. (L. 9, 257; B. 22, 187.)

L'Assemblée nationale, considérant que le décret du 30 août = 8 septembre 1791, relatif à l'organisation des monnaies, a eu principalement en vue les espèces d'or et d'argent, et que l'extension des dispositions de l'article 8 à celles provenant de la fonte des cloches présenterait plusieurs inconvéniens sans aucun avantage réel, décrète que les espèces de cuivre seront dispensées de la formalité de l'article 8 du décret du 20 août = 8 septembre 1791, et monnayées sans distinction des semestres où elles auront été fabriquées.

---

29 MAI = 6 JUIN 1792. — Décret relatif aux récusations que peuvent faire les accusés en matière criminelle. (L. 9, 258; B. 22, 191.)

L'Assemblée nationale, considérant qu'il importe de faire cesser promptement la difficulté qui s'est élevée sur l'exécution de l'article 12 du titre XI du décret du 16 = 29 septembre 1791, concernant la procédure par jurés; considérant que, suivant le principe établi dans cette loi, sur le nombre des récusations que peuvent faire les accusés sans en déclarer les motifs, les récusations ne peuvent pas s'étendre au-delà de vingt jurés, en quelque quantité que soient les accusés, et que l'article 12 du titre XI dudit décret doit être interprété conformément à ce principe, décrète ce qui suit :

Art. 1er. La faculté de récuser sans en déclarer les motifs ne peut s'étendre au-delà du nombre de vingt jurés, quel que soit celui des accusés, et soit qu'ils se concertent pour exercer ensemble leurs récusations, soit qu'ils le fassent séparément.

2. Si les accusés ne se concertent pas pour récuser, le sort réglera entre eux le rang dans lequel se feront les récusations.

3. Il sera libre aux accusés de se concerter pour récuser une partie des vingt jurés, sauf à exercer ensuite séparément le reste des récusations, suivant le rang fixé entre eux par le sort.

29 MAI = 6 JUIN 1792. — Décret relatif aux officiers étrangers qui désirent consacrer leur expérience et leurs armes au service de la liberté française. (L. 9, 261; B. 22, 157.)

L'Assemblée nationale, après avoir entendu le rapport de son comité militaire sur la lettre du ministre de la guerre; considérant que la guerre que fait la nation française intéresse tous les peuples, et qu'il peut être intéressant d'attacher à son service quelques officiers étrangers qui désirent combattre pour la liberté, décrète qu'au-delà du nombre fixé par les précédens décrets, le pouvoir exécutif sera autorisé à employer dans nos armées, dans les mêmes grades qu'ils occupaient dans le service auquel ils étaient attachés, quatre officiers généraux qui voudraient consacrer leur expérience et leurs armes au service de notre liberté.

29 MAI = 8 JUIN 1792. — Décret relatif aux officiers de santé de la marine. (L. 9, 264; B. 22, 190.)

L'Assemblée nationale, après avoir entendu le rapport de son comité de marine; considérant qu'il est juste que les officiers de santé de la marine, embarqués sur les vaisseaux de l'État, reçoivent, pendant qu'ils sont de service à la mer, un supplément d'appointemens, en attendant l'organisation générale des hôpitaux de toutes les parties du service de santé, décrète ce qui suit :

Le ministre de la marine est provisoirement autorisé à accorder auxdits officiers de santé, embarqués sur les vaisseaux de l'État, pendant qu'ils seront de service à la mer, à titre de supplément d'appointemens, savoir :

Aux chirurgiens-majors, huit cents livres par an ;

Aux seconds chirurgiens, quatre cents livres ;

Aux aides-chirurgiens, deux cent quarante livres ; et à faire payer aux apothicaires et aux chirurgiens qui en rempliraient les fonctions à bord un traitement annuel de huit cents livres.

29 MAI = 8 JUIN 1792. — Décret qui règle la manière de former les actions relatives à la caisse de l'extraordinaire. (L. 9, 265; B. 22, 188.)

L'Assemblée nationale, considérant que plusieurs actions concernant la caisse de l'extraordinaire sont en souffrance, par la raison que la loi n'a pas déterminé à la requête de quel agent du pouvoir exécutif elles doivent être poursuivies, décrète qu'il y a urgence.

L'Assemblée nationale, après avoir décrété l'urgence, décrète ce qui suit :

Art. 1er. Toutes les actions concernant la caisse de l'extraordinaire qui seront de nature à être portées dans les tribunaux, seront intentées et suivies au nom de l'agent du Trésor public : il défendra pareillement aux demandes qui pourraient être formées contre cette caisse, et les parties qui voudront les exercer ne pourront se pourvoir que contre lui.

2. Lorsque les affaires lui paraîtront susceptibles de difficulté, soit avant l'instance, soit pendant la durée de l'instruction, il prendra, sur le compte qu'il en rendra au commissaire du Roi administrateur de la caisse de l'extraordinaire, l'avis par écrit des hommes de loi qu'il lui indiquera ; il présentera ensuite cet avis au commissaire du Roi administrateur, qui l'autorisera à agir de la manière la plus convenable aux intérêts de la nation.

3. S'il s'agit de transiger, l'agent du Trésor public pourra y être autorisé par le commissaire du Roi, administrateur de la caisse de l'extraordinaire ; mais la transaction n'aura d'effet, vis-à-vis de la nation, que d'après l'approbation du Corps-Législatif.

4. Toutes les actions énoncées au présent décret seront portées au tribunal du premier arrondissement de la ville de Paris, et instruites en la même forme que les matières sommaires.

5. L'appel des jugemens rendus par le tribunal du premier arrondissement ne pourra être porté que dans l'un des autres tribunaux d'arrondissement de Paris ; et, en cas d'appel, les jugemens seront exécutés par provision, soit qu'ils aient été prononcés en faveur de la caisse de l'extraordinaire ou contre cette caisse ; mais, en ce dernier cas, l'exécution provisoire n'aura lieu qu'en donnant caution par les parties qui poursuivront cette exécution.

6. Les assignations et significations qui seront dans le cas d'être faites au domicile de l'agent du Trésor public, ne seront valables que quand il les aura visées.

7. Chaque année, le commissaire du Roi administrateur de la caisse de l'extraordinaire comprendra dans un état général les frais de procédure qui auront été faits pendant l'année pour la suite des affaires : cet état, visé par le commissaire-administrateur, sera présenté au Roi par le ministre de l'intérieur, pour être ordonnancé.

29 MAI = 12 JUILLET 1792. — Décret relatif à la circonscription de toutes les paroisses du département des Basses-Pyrénées. (L. 9, 552 ; B. 22, 159.)

29 MAI 1792. — Décret portant qu'il n'y a pas lieu à délibérer sur une pétition de la commune de Versailles, tendant à obtenir du Trésor public les moyens de pourvoir au service de son hôpital. (L. 9, 236.)

29 MAI 1792. — Décret qui charge le pouvoir exécutif de faire connaître les poursuites relativement à l'insurrection qui a eu lieu au camp de Tiercelet. (B. 22, 159.)

29 MAI = 6 JUIN 1792. — Décret qui renvoie au pouvoir exécutif la demande faite par des vétérans de la garde nationale de marcher à leurs frais aux frontières. (B. 22, 157.)

29 MAI 1792. — Décret portant qu'il n'y a pas lieu à délibérer sur la demande faite par le sieur Rouillé de l'Etang, trésorier-général des dettes des communautés d'arts et métiers, de valider un arrêt du conseil non revêtu de lettres-patentes, qui décharge le sieur Lacroix, receveur des dettes actives et passives des communautés d'arts et métiers de Perpignan. ( B. 22, 187.)

29 MAI 1792. — Décret qui fixe le traitement à accorder aux trois nouveaux commissaires du Roi nommés au mois de mars dernier pour surveiller la fabrication des assignats. (B. 22, 188.)

29 MAI = 6 JUIN 1792. — Décret relatif aux épreuves à faire de la poudre fabriquée par le sieur Weyland Stald. (B. 22, 189.)

29 MAI 1792. — Décret relatif à l'explication demandée sur l'article 21 de la loi du 15 mars 1791, relativement à la formation de la haute-cour nationale, qui accorde aux accusés un délai de quinze jours pour déclarer leurs récusations. (B. 22, 191.)

29 MAI 1792. — Décret qui charge le maire de Paris de faire connaître à la garde nationale la satisfaction de l'Assemblée pour le zèle et le patriotisme qu'elle ne cesse de manifester. (B. 22, 192.)

29 MAI 1792. — Décret qui mande à la barre de l'Assemblée M. Mongin, capitaine en second de la compagnie de Coquebert, et M. de la Jannière, officier-major de l'Hôtel-des-Invalides. (B. 22, 193.)

29 MAI 1792. — Décret qui mande à la barre de l'Assemblée M Sombreuil, gouverneur de l'Hôtel-des-Invalides. (B. 22, 194.)

29 = 30 MAI 1792. — Décret d'accusation contre le sieur Cossé Brissac, commandant de la garde soldée du Roi. (B. 22, 194.)

29 MAI 1792. — Décret qui charge le ministre de la guerre de rendre compte des mesures prises pour l'établissement d'une cour martiale destinée à punir les délits commis à Lille. (B. 22, 195.)

29 MAI 1792. — Artillerie et infanterie de la marine. *Voy*. 31 MAI 1792. — Pensions sur la caisse des invalides. *Voy*. 30 MAI 1792.

30 MAI = 8 JUIN 1792. — Décret relatif aux pensions accordées sur la caisse des invalides de la marine. (L. 9, 268 ; B. 22, 196.)

Art. 1er. Les pensions accordées sur la caisse des invalides de la marine continueront, en conformité du décret du 19 mars dernier, d'être acquittées depuis l'époque où le paiement a cessé d'en être fait, et pendant l'année 1792, à titre de secours provisoire, et jusqu'à la concurrence de six cents livres, à tous les pensionnaires qui, conformément à l'article 3 du titre III du décret du 30 avril = 13 mai, n'auront aucun autre traitement ou pension sur l'Etat, sans qu'il soit besoin d'autre formalité ni d'autre dépôt que de celui ordonné par l'article suivant.

2. Le ministre de la marine sera tenu, d'ici au 1er juillet prochain, de se conformer à l'article 5 du titre IV du décret du 30 avril = 13 mai 1791 ; ce faisant, de remettre au bureau du commissaire liquidateur les titres ou décisions, avec les motifs ou informations prises dans les ports respectifs, sur les pensions des invalides de la marine suspendues ; à l'effet, par le commissaire-liquidateur, d'en faire l'examen et vérification, et de remettre le tout au comité de la marine, pour en faire le rapport à l'Assemblée nationale.

3. Le secours de trois livres par mois accordé aux ouvriers des ports, domiciliés à Brest, à Toulon, à Rochefort et à Lorient, c'est-à-dire attachés au service des ports et arsenaux, par eux ou par leurs familles, depuis plus de quarante ans, et qui leur a été payé à compter du 1er février, pour chacun de leurs enfans au-dessous de huit ans, s'appliquera à tous leurs enfans, quels qu'en soient le sexe et le nombre.

4. Le ministre de la marine tiendra la main à ce que la liste générale des soldes, demi-soldes et pensions, qui a dû être dressée ensuite de l'article 6 du titre II du décret du 30 avril = 13 mai 1791, et d'après les demandes certifiées par les municipalités et envoyées par les syndics des gens de mer, soit très-incessamment terminée et adressée dans les divers ports du royaume où les paiemens seront faits.

5. Les soldes, demi-soldes ci-devant accordées aux sous-officiers et soldats des troupes de la marine et des colonies, continueront à être payées par la caisse particulière des invalides de la marine.

6. Celles qui leur seront accordées à l'avenir seront réglées conformément aux décrets rendus pour l'armée de ligne.

7. Les pensions des invalides de la marine, mutilés, estropiés ou caducs qui ne seraient point admis à l'Hôtel, seront, pour les sergens-majors et fourriers, de quatre cent vingt-deux livres trois sous quatre deniers; pour les sous-officiers, de trois cents livres dix sous; pour les soldats, de deux cent quarante livres.

8. Les sous-officiers et soldats qui auront obtenu la solde ou la demi-solde sur la caisse des invalides de la marine seront appelés aux pensions déterminées par l'article précédent, chacun dans leur grade, lorsque, par leur âge, leurs blessures, leurs infirmités et leurs services, ils se trouveront dans le cas de les obtenir; mais ils ne parviendront que successivement d'une paie inférieure à la paie supérieure et immédiate, conformément au décret du 19 = 28 mars 1792.

9. L'article 7 du titre II du décret du 30 avril = 13 mai 1791, ayant fixé à quatre-vingt-seize livres le *minimum* des pensions sur la caisse des invalides de la marine, cette disposition sera suivie à l'égard des sous-officiers et soldats dont la demi-solde est inférieure à huit livres par mois; mais il ne leur sera rien payé pour leur tenir lieu d'habillement.

10. Les veuves des sous-officiers et soldats invalides de la marine qui seront parvenus au *maximum* du traitement fixé par l'art. 7, auront droit à une pension, laquelle ne s'élevera jamais au-dessus de cent livres, et ne pourra être moindre de cinquante livres.

11. Les dispositions du décret du 30 avril = 13 mai 1791, concernant les enfans des marins invalides et les orphelins de père et de mère, seront communes aux enfans et orphelins des sous-officiers et soldats invalides de la marine; mais ces derniers jouiront du secours qui leur est attribué, jusqu'à ce qu'ils aient atteint l'âge de seize ans.

12. Les soldes, demi-soldes et pensions accordées sur la caisse des invalides de la marine, ne seront sujettes à aucune imposition particulière, et les invalides de la marine ne pourront être assujétis qu'aux contributions foncière et mobilière, ainsi que les autres citoyens.

13. Les dispositions du titre V du décret du 30 avril = 13 mai 1791, relatives à la comptabilité de la caisse des invalides de la marine, seront exécutées nonobstant toutes lois postérieures, inapplicables à ladite caisse.

14. Pour l'entière exécution du décret, le chef du bureau des invalides à Paris, chargé par l'article 11 du même titre des poursuites à faire pour la rentrée des sommes dues à ladite caisse, continuera à remplir, à l'égard des invalides de la marine résidant à Paris ou qui y sont payés, les mêmes fonctions attribuées aux chefs d'administration, ordonnateurs dans les ports, avec lesquels il sera assimilé à compter de la date de sa commission.

15. Il certifiera, en outre, le bordereau de la situation des différentes caisses, ainsi que le compte général contenant le tableau ou résumé des différentes natures de recettes et dépenses des divers trésoriers des invalides, tant en France que dans les colonies.

16. Les parts des prises, les soldes des déserteurs, les salaires des marins morts en mer, ainsi que le produit de leurs inventaires vendus pendant la campagne, et tous autres objets non réclamés, compris dans l'article 4 du titre Ier du décret du 30 avril = 13 mai 1791, continueront à être versés par les armateurs, et sans frais, dans les caisses des invalides de la marine.

17. Seront mis en dépôt ès-mains des receveurs des droits de navigation, aux termes de l'art. 1er du tit. IV du décret du 9 = 13 août 1791, seulement les marchandises et effets provenant des bris et naufrages ou épaves, les hardes des marins décédés en mer, et autres objets dont la vente et la liquidation devront être ordonnées par les tribunaux de commerce maritime, pour être, lesdits dépôts, restitués aux parties intéressées, ou leur produit versé dans la caisse des invalides, dans le délai d'une année à compter de la date du dépôt.

———

30 MAI = 29 JUIN 1792. — Décret relatif aux troupes coloniales. (L. 9, 436; B. 22, 200.)

Art. 1er. En exécution du décret rendu par l'Assemblée constituante du 11 juillet 1791, tous les régimens et bataillons de l'Ile-de-France, de Bourbon, Pondichéry, Port-au-Prince, du Cap, de la Martinique, la Guadeloupe, la Guiane, d'Afrique, Saint-Pierre de Miquelon, le bataillon auxiliaire, et le corps des volontaires de Bourbon, qui n'a pas été compris dans ce décret, les compagnies de Cipayes de Pondichéry, et toutes autres troupes soldées et employées à la défense des colonies et des possessions d'outre-mer, seront à l'avenir sous la direction du département de la guerre.

2. Tous lesdits régimens, corps de volontaires et compagnies détachées, portés en l'article 1er, à l'exception de six compagnies de Cipayes et des volontaires de Bourbon, sans avoir égard à leurs ordonnances de création ni à la date d'icelles, demeureront réformés; les officiers comme les soldats seront incorporés de la manière prescrite ci après:

3. Il sera formé de tous ces régimens, bataillons et compagnies, six régimens d'infanterie de deux bataillons chacun, dont la composition sera la même que celle des régimens de ligne, au nombre desquels ils seront compris, et tireront au sort entre eux pour prendre rang après le cent cinquième.

4. Indépendamment de ces six régimens, et conformément à l'article 6 du décret du 29 septembre 1791, il sera particulièrement affecté à la garde de Pondichéry et comptoirs dépendans deux bataillons de Cipayes, dont l'avancement roulera sur eux-mêmes.

5. L'Assemblée nationale, dérogeant au décret rendu le 29 septembre dernier par l'Assemblée constituante, lequel licencie lesdits régimens, décrète que lesdits régimens seront réformés, tiercés et incorporés : le pouvoir exécutif prendra le mode de tiercement qui pourra le plus promptement opérer la nouvelle formation des six régimens.

6. Tous les officiers desdits régimens et les officiers du régiment de Bourbon, précédemment réformés, comme tous les autres incorporés dans les susdits régimens, prendront rang entre eux à la date de leur commission.

7. Lesdits six régimens prendront les nos 106, 107, 108, 109, 110 et 111; il leur sera envoyé les drapeaux décrétés pour les régimens de ligne.

8. Les officiers qui, par cette formation, ne seront pas placés, obtiendront des retraites, conformément à la disposition du décret du 14 décembre 1790, et seront susceptibles d'être replacés aux emplois réservés au choix du Roi par le décret du. . . . avril 1792.

9. Le pouvoir exécutif pourra porter, même en temps de paix, au complet de guerre les troupes qui passeront aux colonies dans ce moment : les six nouveaux régimens créés en remplacement des régimens coloniaux seront portés au complet de guerre, ainsi que tous les régimens de ligne.

30 MAI = 18 JUIN 1792. — Décret portant qu'il n'y aura qu'une seule commune dans la ville de Commercy. (L. 9, 273.)

30 MAI = 8 JUIN 1792. — Décret portant que les majeurs ne sont plus soumis à la puissance paternelle. Voy. 28 AOUT 1792.

30 MAI = 10 JUIN 1792. — Décret qui proroge jusqu'au 1er juillet le service des gardes des ports de Paris. (B. 22, 297.)

30 MAI = 8 JUIN 1792. — Décret qui accorde une indemnité de six cents livres au sieur Millot. (B. 22, 298.)

30 MAI 1792. — Sieur Cossé Brissac. Voy. 29 MAI 1792. — Sieur Cougnau I. Voy. 27 MAI 1792. — Procureurs d'Etampes: Régimens d'artillerie. Voy. 25 MAI 1792. — Routes. Voy. 22 MAI 1792. — Verneuil. Voy. 24 MAI 1792.

31 MAI (6 AVRIL, 28, 29 et) = 14 JUIN 1792. — Décret relatif à l'organisation de l'artillerie et de l'infanterie de la marine. (L. 9, 311; B. 22, 207.)

Voy. loi du 3 BRUMAIRE an 4.

TITRE Ier. Des forces entretenues pour la marine; de leur organisation, solde et masse.

L'Assemblée nationale, délibérant sur la proposition du Roi relative à l'organisation de l'artillerie et de l'infanterie de la marine; après avoir entendu les trois lectures d'un rapport de son comité de la marine faites dans les séances des 6 avril, 28, 29 et 31 mai 1792, et après avoir décrété qu'elle était en état de rendre le décret définitif, décrète ce qui suit :

Art. 1er. Le corps royal des canonniers-matelots est et demeure supprimé.

2. Il sera habituellement entretenu, pour le service de la marine et de son artillerie, neuf mille cinq cent quarante-sept hommes.

3. Cette force sera divisée en cent quarante-sept officiers et trois mille six cent quatre-vingt-dix-neuf hommes d'artillerie; deux cent quarante-un officiers, et cinq mille quatre cent soixante hommes d'infanterie, répartis ainsi qu'il suit :

### ARTILLERIE.

4. L'artillerie sera composée d'un état-major général, de deux régimens, de trois compagnies d'ouvriers et de quatre compagnies d'apprentis-canonniers des classes.

#### Composition de l'état-major général.

Un inspecteur-général; trois commandans d'artillerie; quatre lieutenans-colonels chefs de construction; trois capitaines directeurs des fonderies et manufactures d'armes; quatre adjudans-majors; quatre gardes principaux; soixante maîtres-canonniers entretenus, dont quatre attachés aux compagnies d'apprentis-canonniers des classes; douze élèves. — Total, quatre-vingt-onze, dont dix-neuf officiers, soixante maîtres canonniers entretenus et douze élèves.

5. Chaque régiment d'artillerie sera de quatorze cent cinquante-neuf hommes, formant deux bataillons, et chaque bataillon huit compagnies.

### Composition de l'état-major d'un régiment d'artillerie.

Un colonel, deux lieutenans-colonels, deux adjudans-majors, un quartier-maître-trésorier, un chirurgien-major, un aumônier, un tambour-major, un caporal-tambour, huit musiciens, un maître-armurier, un maître-tailleur, un maître-cordonnier. — Total, vingt-un, dont six officiers, treize sous-officiers.
Pour deux régimens, douze officiers, vingt-six sous-officiers.

### Composition d'une compagnie de canonniers bombardiers.

Un capitaine, un premier lieutenant, un second lieutenant, un sergent-major maître-canonnier, quatre sergens maîtres canonniers, un caporal-fourrier second maître, huit caporaux seconds maîtres, vingt-quatre aides-canonniers de première classe, vingt-quatre aides canonniers de deuxième classe, vingt-quatre canonniers-apprentis, un tambour. — Total, quatre-vingt-dix, dont trois officiers, quatorze sous-officiers, soixante-treize canonniers ou tambours.
Pour seize compagnies, quarante-huit officiers, deux cent vingt-quatre sous-officiers, onze cent soixante-huit canonniers ou tambours;
Et pour deux régimens, quatre-vingt-seize officiers, quatre cent quarante-huit sous-officiers, deux mille trois cent trente-six canonniers ou tambours.

### Composition d'une compagnie d'ouvriers.

Un premier capitaine, un second capitaine, un premier lieutenant, un second lieutenant, un sergent-major, quatre sergens, un caporal-fourrier, quatre caporaux, quatre appointés, douze ouvriers de première classe, seize ouvriers de deuxième classe, trente-deux apprentis, un tambour. — Total, soixante-dix-neuf, dont quatre officiers, dix sous-officiers, soixante-cinq ouvriers ou tambours.
Et pour trois compagnies, douze officiers, trente sous-officiers, cent quatre-vingt-quinze ouvriers ou tambours.

### Composition d'une compagnie d'apprentis-canonniers des classes.

Un capitaine, un lieutenant, un maître-canonnier entretenu, quatre maîtres-canonniers des classes, huit seconds maîtres-canon-niers des classes, seize aides-canonniers des classes, cent vingt matelots apprentis-canonniers. — Total, cent cinquante-un, dont deux officiers, treize maîtres de canonnage, cent trente-six aides-canonniers ou apprentis-canonniers.

Et pour quatre compagnies, huit officiers, cinquante-deux maîtres ou seconds maîtres de canonnage, cinq cent quarante-quatre aides-canonniers ou apprentis-canonniers.

6. Les appointemens et solde des officiers, sous-officiers et soldats des troupes de l'artillerie de la marine, seront réglés conformément au tableau annexé au présent décret.

7. Les sous-officiers et soldats des compagnies d'ouvriers de l'artillerie de la marine recevront, chaque jour de travail, indépendamment de la solde fixée par l'article précédent, un supplément, savoir :
A chaque sergent, dix-huit sous; à chaque caporal, ouvrier et apprenti treize sous.

8. Les appointemens et solde des officiers, officiers-mariniers et matelots-canonniers, composant les quatre compagnies d'apprentis-canonniers des classes, seront réglés conformément au tableau annexé au présent décret.

9. Indépendamment de la somme fixée, tant pour les compagnies de canonniers-bombardiers que pour celles d'ouvriers d'artillerie et apprentis-canonniers des classes, chaque sous-officier et soldat, officier-marinier et apprenti-canonnier des classes, présent ou détaché pour le service, recevra par journée une ration de pain du poids de vingt-quatre onces, évaluée à un sou six deniers.

10. Pour subvenir aux dépenses du recrutement, rengagement, habillement, entretien de l'armement et frais de bureau de l'état-major, dans les régimens d'artillerie et compagnies d'ouvriers, il sera formé une masse, sous le titre de *masse générale*, de cinquante et une livres par homme et par an, et payée au complet desdits régimens et desdites compagnies.

11. La masse générale n'appartiendra point individuellement aux hommes; ils n'auront aucun droit à en demander des décomptes partiels. Elle sera administrée par les conseils d'administration des régimens et capitaines d'ouvriers pour ces compagnies; ils en rendront compte chaque année à l'inspecteur, et celui-ci au ministre.

#### INFANTERIE.

12. L'infanterie aura un inspecteur général, et formera quatre régimens.

13. Chaque régiment sera de quatorze cent vingt-cinq hommes, formant deux bataillons.

14. Chaque bataillon sera composé de huit compagnies de fusiliers et une de grenadiers.

Composition de l'état-major d'un régiment d'infanterie.

Un colonel, deux lieutenans-colonels, deux adjudans-majors, un quartier-maître-trésorier, un chirurgien-major, un aumônier, deux adjudans, un tambour-major, un caporal-tambour, huit musiciens, un maître-armurier, un maître-tailleur, un maître cordonnier. — Total, vingt-trois, dont six officiers et quinze sous-officiers.

Pour quatre régimens, vingt-quatre officiers et soixante sous-officiers, non compris les chirurgiens-majors et aumôniers.

Composition d'une compagnie de grenadiers ou fusiliers.

Un capitaine, un lieutenant, un sous-lieutenant, un sergent-major, quatre sergens, un caporal-fourrier, quatre caporaux, quatre appointés, soixante grenadiers ou fusiliers, un tambour. — Total, soixante-dix-huit, dont trois officiers, dix sous-officiers, soixante-cinq grenadiers, fusiliers ou tambours.

Pour dix-huit compagnies, cinquante-quatre officiers, cent quatre-vingts sous-officiers, onze cent soixante-dix grenadiers ou fusiliers; et pour quatre régimens, deux cent seize officiers, sept cent vingt sous-officiers, quatre mille six cent quatre-vingts grenadiers ou fusiliers.

15. Les appointemens et solde des officiers, sous-officiers et soldats des régimens d'infanterie de la marine, seront payés conformément au tableau annexé au présent décret.

16. Il sera accordé un supplément de solde à ceux des sous-officiers et soldats d'infanterie de la marine qui auront acquis des mérites à la mer, dans la manœuvre ou le canonnage, lesquels supplémens seront payés conformément au tableau annexé au présent décret.

17. Les sous-officiers et soldats présens aux drapeaux ou détachés pour le service, jouiront, indépendamment de la solde fixée par l'article 15, d'une ration de pain du poids de vingt-quatre onces, évaluée à un sous six deniers.

18. Pour subvenir aux dépenses du recrutement, rengagement, habillement, entretien de l'armement et frais de bureau de l'état-major, il sera formé une masse, sous le titre de masse générale, de quarante-huit livres par homme et par an, et payée au complet.

19. La masse générale n'appartiendra pas individuellement aux hommes; ils n'auront aucun droit à en demander des décomptes partiels: elle sera administrée par les conseils d'administration des régimens, qui en rendront compte chaque année à l'inspecteur, et celui-ci au ministre.

20. Il sera entretenu au-delà du complet, à la demi-solde, sous le nom d'enfans du corps, deux enfans de sous-officiers ou soldats par compagnie, dans les régimens d'artillerie et d'infanterie, quatre dans chaque compagnie d'ouvriers, et huit enfans d'officiers-mariniers de canonnage dans celle d'apprentis canonniers des classes.

Ils ne seront admis qu'à l'âge de huit ans, par l'inspecteur-général, sur la présentation du conseil d'administration: parvenus à l'âge de seize ans, ils jouiront de la solde entière s'ils veulent contracter un engagement, ou cesseront, dans le cas contraire, à cette époque, de recevoir celle attribuée aux enfans du corps.

21. Les troupes de la marine seront augmentées en temps de guerre, savoir: les régimens d'artillerie, de douze hommes par compagnie; ceux d'infanterie, de vingt hommes par compagnie.

Le complet de chaque régiment d'artillerie sera alors de seize cent cinquante-un homme, et celui des régimens d'infanterie, de dix-sept cent quatre-vingt-cinq.

22. Cette augmentation sera fournie par les vingt-cinq mille auxiliaires affectés au service de la marine par le décret du 4 = 12 juin 1791.

Le mode de leur incorporation sera fixé par un décret particulier.

23. Les drapeaux seront portés, dans chaque bataillon, par un sergent au choix du colonel.

24. Les troupes de l'artillerie et d'infanterie de la marine seront susceptibles des récompenses et décorations militaires décrétées pour l'armée. Les services des officiers, sous-officiers et soldats, seront comptés conformément aux lois portées sur l'avancement des gens de mer.

25. Les lois établies pour le nombre, le choix et l'avancement des aides-de-camp des généraux de l'armée seront communes aux aides-de-camp des inspecteurs de l'artillerie et de l'infanterie de la marine.

26. Les inspecteurs ne pourront à l'avenir proposer, pour les places d'aides-de-camp, que des officiers des troupes de leur inspection, dans lesquelles lesdits officiers conserveront exclusivement leur avancement. Pour cette fois seulement, les inspecteurs pourront choisir parmi les sujets ayant précédemment servi comme officiers dans le corps ou dans les troupes de la marine. Ils pourront choisir également parmi les lieutenans de vaisseau des trois classes et enseignes de vaisseau, lesquels conserveront leur rang et leurs appointemens là où ils excéderaient ceux d'aides-de-camp. Pourront aussi être nommés aides-de-camp ceux qui auront servi comme officiers dans la garde nationale.

27. Les aumôniers des régimens d'artillerie et d'infanterie de la marine seront compris dans les frais du culte et fixés par un décret particulier.

28. Les chirurgiens-majors des régimens de l'artillerie et de l'infanterie de la marine seront payés sur les fonds destinés aux hôpitaux de la marine; leur traitement sera fixé par les décrets qui seront rendus sur cette partie du service.

29. Les troupes de la marine continueront à prendre rang à la suite des régimens créés en 1790.

30. Les dispositions énoncées dans les articles du décret de l'Assemblée nationale constituante, du 28 février 1790, relatives au mode dans lequel les militaires jouiront des droits politiques, et aux circonstances dans lesquelles ces droits seront accordés à ceux d'entre eux qui ne réuniront pas les conditions exigées par la constitution, seront communes à l'artillerie et à l'infanterie de la marine, en se conformant, pour compter l'ancienneté, aux lois rendues à cet égard sur le service des gens de mer.

TITRE II. Mode d'admission et d'avancement dans l'artillerie de la marine.

*Du recrutement des troupes d'artillerie.*

Art. 1er. Les troupes de l'artillerie se recruteront par des enrôlemens volontaires; en se conformant à cet égard aux lois et réglemens de police sur le recrutement des troupes de l'artillerie de l'armée.

Des qualités exigées dans les recrues.

2. Il ne sera admis dans les régimens d'artillerie de la marine que des Français de l'âge de dix-huit à vingt-quatre ans.

Des qualités exigées pour les recrues faites pour les compagnies d'ouvriers d'artillerie.

3. Il ne sera engagé dans les compagnies d'ouvriers d'artillerie que des jeunes gens ayant une profession utile en raison du service desdites compagnies, et réunissant d'ailleurs les qualités prescrites par les ordonnances pour les recrues des régimens d'artillerie.

De la durée des engagemens.

4. La durée des engagemens des troupes de l'artillerie sera de huit ans.

Des sous-officiers et soldats qui atteindront le terme de leur engagement, étant à la mer.

5. Les sous-officiers et soldats dans le cas d'obtenir leur congé d'ancienneté, étant à la mer, ne pourront le réclamer qu'à la fin de la campagne; mais il sera tenu compte à ceux qui ne voudront pas contracter un nouvel engagement du temps qu'ils auront servi au-delà de leur congé, sur le pied d'un huitième du prix de l'engagement pour chaque année.

6. Aucun sous-officier ou soldat de l'artillerie et de l'infanterie de la marine ne pourra être embarqué contre son gré pour les Grandes-Indes, si le terme de son engagement n'est pas éloigné de plus d'un an; pour l'Amérique et les côtes d'Afrique, s'il a encore six mois à servir, et pour le Levant, si son congé lui est dû avant trois mois.

De la suspension des congés.

7. L'expédition des congés au terme de leur expiration ne pourra être suspendue, même en temps de guerre, que par un décret du Corps-Législatif, sanctionné par le Roi.

Lois générales sur les différens degrés d'avancement parmi les soldats, et sur la nomination au grade de sous-officier.

8. Aucun canonnier-apprenti, aide et second canonnier, ne pourra passer à un grade supérieur, s'il n'en a été jugé susceptible par les commandans des bâtimens sur lesquels il aura navigué.

Des places d'aides-canonniers de seconde classe.

9. Les places d'aides-canonniers de seconde classe vacantes seront remplacées, dans chaque compagnie, par le plus ancien apprenti-canonnier, ayant au moins douze mois de navigation sur les vaisseaux de l'État, et ayant été jugés susceptible de cet avancement par les commandans des bâtimens sur lesquels il aura été employé.

De la nomination aux places d'aides-canonniers de première classe.

10. Le plus ancien aide-canonnier de seconde classe dans chaque compagnie passera de droit à la place d'aide canonnier de première classe qui viendra à vaquer.

Choix des caporaux seconds maîtres-canonniers.

11. Le choix des caporaux seconds maîtres-canonniers aura lieu sur tout le bataillon, parmi les aides-canonniers qui, en ayant obtenu le mérite à la mer, auront au moins vingt mois de service effectif en qualité d'aides-canonniers sur les vaisseaux de l'État.

Les places de caporaux seconds maîtres-canonniers seront données à l'ancienneté et au choix.

12. Sur trois places de caporaux seconds maîtres-canonniers vacantes dans un bataillon, deux seront données à l'ancienneté et la troisième au choix.

De la formalité prescrite pour la nomination aux places de caporaux seconds maîtres-canonniers.

13. Les caporaux seconds maîtres-canon-

niers, dans chaque compagnie, s'assembleront et feront choix de deux sujets dans leurs compagnies respectives. Les sergens-majors et les sergens maitres-canonniers presenteront celui des deux qu'ils croiront le plus susceptible d'être élu, et la nomination sera faite parmi les sujets ainsi présentés par les sergens-majors et les sergens maitres-canonniers de chaque compagnie, au scrutin et à la pluralité absolue des suffrages, dans un conseil composé du lieutenant-colonel, de l'adjudant-major, du commandant de chacune des compagnies du bataillon, et présidé par le colonel.

*Nomination aux places de caporaux-fourriers seconds maitres-canonniers.*

14. Lorsqu'il vaquera une place de caporal-fourrier second maitre-canonnier dans une compagnie de canonniers-bombarbiers, le capitaine commandant de la compagnie où la place sera vacante choisira, parmi les seconds maitres du bataillon et les aides-canonniers, le sujet qui devra la remplir.

*Nomination aux places de sergens maitres-canonniers.*

15. La nomination aux places de sergens maitres-canonniers sera faite sur tout le bataillon, parmi les caporaux seconds maitres-canonniers qui en auront obtenu le mérite à la mer, et qui auront été employés pendant vingt mois au moins en leur qualité de seconds maitres-canonniers sur les vaisseaux de l'Etat.

*Les places de sergens maitres-canonniers seront données alternativement à l'ancienneté et au choix.*

16. Sur quatre places de sergens maitres-canonniers vacantes, deux seront données à l'ancienneté et deux au choix.

*Manière de procéder au choix des sergens maitres-canonniers.*

17. Les sergens-majors et les sergens maitres-canonniers, dans chaque compagnie du bataillon, présenteront trois sujets, parmi lesquels les officiers desdites compagnies feront choix de celui qu'ils jugeront mériter la préférence. Il en sera formé une liste, et la nomination se fera à la pluralité absolue des suffrages, parmi les sujets qui y seront inscrits, dans un conseil présidé par le commandant de l'artillerie, et composé des officiers supérieurs du régiment, du commandant de la compagnie dans laquelle la place sera vacante, du plus ancien capitaine et du premier lieutenant du bataillon. La liste sera brûlée immédiatement après la nomination.

*Liste formée pour la nomination aux places de sergens-majors maitres-canonniers.*

18. Lorsqu'il vaquera une place de sergent-major maitre-canonnier, les sergens-majors du régiment présenteront chacun, pour la remplir, un sergent maitre-canonnier de leur compagnie, et il en sera fait une liste.

*Choix fait par le capitaine de trois sujets pour remplir la place vacante.*

19. Le capitaine de la compagnie dans laquelle la place de sergent-major maitre-canonnier sera vacante choisira trois sujets parmi ceux présentés par les sergens-majors maitres-canonniers du régiment.

*Nomination à la place de sergent-major.*

20. Le commandant du régiment choisira, parmi les trois sujets présentés par le capitaine, celui qui devra remplir la place vacante : la nomination faite, la liste sera annulée.

*Forme à suivre dans le cas où les bataillons du même régiment seront séparés.*

21. Lorsque les bataillons du même régiment seront séparés, la nomination aux places de sergens majors maitres-canonniers vacantes se fera dans la même forme que ci-dessus, mais par bataillon.

*Nomination déposée par le sergent-major maitre-canonnier des sujets qu'il croira les plus susceptibles d'être élevés à ce grade.*

22. Lorsqu'un sergent-major maitre-canonnier recevra l'ordre de s'embarquer, il déposera au bureau de l'état-major deux billets cachetés, numérotés intérieurement et extérieurement de sa main et en toutes lettres. Dans le billet n° 1, sera le nom du sergent-major maitre-canonnier qu'il croira le plus susceptible d'être élevé au grade de sergent-major, et, dans le billet n° 2, le nom de celui qu'il regarde comme le plus digne d'obtenir la seconde place qui pourrait devenir vacante pendant son absence.

*Par qui sera ouvert cet écrit, en cas de nomination.*

23. Le premier billet sera ouvert par l'adjudant-major du bataillon, en présence des sergens-majors maitres-canonniers du régiment, mais dans le cas seulement où on devra procéder au choix d'un sergent-major ; et il sera rendu cacheté à celui qui l'aura déposé, s'il n'y a point eu de remplacement pendant la durée de sa campagne ; il en sera de même relativement au deuxième billet.

*Du choix des aides-canonniers-artificiers.*

24. Il sera fait choix par le commandant du régiment, sur la proposition du capitaine, parmi les aides-canonniers de chaque compagnie, de quatre artificiers, qui jouiront

d'un sous de haute-paie en sus de leur grade.

### Du choix des canonniers-tonneliers.

25. Il sera également fait choix par le commandant du régiment, et sur la proposition du capitaine, parmi les aides ou apprentis-canonniers, de deux canonniers-tonneliers, dans chaque compagnie, et ils recevront un sous de haute-paie par cumulation à celle de leur grade.

### De la nomination de second et premier ouvrier, et de sous-officier dans les compagnies d'ouvriers d'artillerie.

26. La nomination aux places de second et premier ouvrier, et de sous-officier des compagnies d'ouvriers d'artillerie de la marine, sera faite suivant le mode adopté dans les compagnies d'ouvriers d'artillerie du département de la guerre.

### Nomination aux places de maîtres - canonniers entretenus.

27. Le choix des maîtres-canonniers entretenus sera fait, dans chaque département, parmi les premiers maîtres-canonniers à la haute-paie de l'artillerie de la marine et des classes : la manière de procéder à ce choix sera fixée par un réglement particulier.

### Nomination aux places de gardes principaux et particuliers d'artillerie.

28. Le choix des gardes principaux et particuliers d'artillerie sera fait parmi les officiers d'artillerie maîtres-canonniers entretenus, premiers maîtres canonniers des troupes et des classes, officiers et sergens des compagnies d'ouvriers.

### Nomination des gardiens des batteries.

29. Les gardiens des batteries seront pris parmi les seconds maîtres et aides-canonniers des troupes et des classes; le choix en sera fait par l'ordonnateur entre trois sujets qui lui seront présentés par le commandant de l'artillerie.

### Du choix des gardes d'artillerie.

30. Il sera procédé au choix des gardes d'artillerie dans un conseil composé des officiers supérieurs de l'artillerie et des troupes de la marine présens, du capitaine de la compagnie d'ouvriers, du plus ancien officier de chaque grade de l'artillerie et des troupes de la marine. Ce conseil désignera trois sujets, à la pluralité absolue des suffrages; la liste en sera remise à l'ordonnateur, qui l'enverra au ministre en y joignant son avis, et le Roi nommera celui des trois sujets qui devra remplir la place vacante.

### Nomination aux emplois d'officiers.

31. La nomination des emplois d'officiers sera, pour cette fois seulement, fixée par un décret d'application; mais, à l'avenir, elle aura lieu dans la forme suivante :

### Nomination aux places de seconds lieutenans.

32. Il sera pourvu de deux manières aux places de seconds lieutenans; elles seront partagées entre les sujets parvenus par les grades aux places de maîtres-canonniers entretenus, sergens-majors et sergens maîtres-canonniers, et ceux qui arriveront immédiatement au grade d'officier par les examens.

### Proportion établie pour la nomination des places de seconds lieutenans entre les sous-officiers et les élèves d'artillerie.

33. Sur huit places de seconds lieutenans, vacantes dans les régimens d'artillerie, la première sera donnée au plus ancien maître-canonnier entretenu; la seconde, au plus ancien sergent-major ou sergent; la troisième et quatrième, aux élèves de l'artillerie; la cinquième sera donnée, au choix, parmi les maîtres-canonniers entretenus; la sixième, au choix, parmi les sergens-majors ou sergens; la septième et la huitième, aux élèves de l'artillerie.

### Rang assigné aux maîtres-canonniers entretenus, parvenus au grade de second lieutenant.

34. Les maîtres-canonniers entretenus, parvenus au grade de second lieutenant, prendront rang de la date de leurs brevets de canonniers entretenus.

### Manière dont sera déterminée l'ancienneté des maîtres-canonniers et sergens d'artillerie pour les nominations aux emplois de seconds lieutenans.

35. L'ancienneté des maîtres-canonniers entretenus sera comptée parmi ceux de chaque département; celle de sergens, parmi ceux du régiment dans lequel le remplacement doit avoir lieu. Cette ancienneté sera comptée, pour les maîtres-canonniers entretenus, de l'époque de leur entretien, et, pour les sergens, du jour de leur nomination à ce grade.

### De la nomination par le choix.

36. Le choix sera fait par les officiers, au scrutin, à la majorité absolue des suffrages, parmi tous les maîtres-canonniers entretenus du département, et les sergens du régiment où la place viendra à vaquer. Tous les officiers présens, ayant vingt-cinq ans accomplis, seront admis à voter.

### Nomination aux places de seconds lieutenans des compagnies d'ouvriers d'artillerie.

37. Sur cinq places de seconds lieutenans

dans les compagnies d'ouvriers, deux appartiendront aux sous-officiers; les trois autres
seront données aux élèves de l'artillerie.

*Des emplois de seconds lieutenans d'ouvriers
données aux sous-officiers.*

38. Les places destinées aux sous-officiers
des compagnies d'ouvriers seront alternativement données à l'ancienneté et au choix.

*Manière de déterminer l'ancienneté des sergens
d'ouvriers.*

39. L'ancienneté sera comptée indistinctement parmi tous les sergens des trois compagnies d'ouvriers, à dater de leur nomination
à ce grade.

*De la nomination au choix des places de seconds
lieutenans destinées aux sous-officiers d'ouvriers.*

40. Le choix sera fait, dans chaque compagnie, parmi tous les sergens d'ouvriers, au
scrutin, à la pluralité absolue des suffrages,
par tous les officiers présens ayant vingt-cinq
ans accomplis, l'adjudant-major du parc, le
chef des constructions et le commandant de
l'artillerie.

*Des emplois de seconds lieutenans donnés aux
élèves d'artillerie.*

41. Les autres places de seconds lieutenans dans les régimens et compagnies d'ouvriers d'artillerie seront données aux élèves
de l'artillerie.

*Conditions exigées pour être fait élève d'ar-
tillerie.*

42. Nul ne pourra être élu élève de l'artillerie qu'il n'ait subi les examens généraux
prescrits pour l'admission au service et ceux
particuliers à l'artillerie de la marine.

*Par qui seront examinés les élèves de l'artillerie,
et leur rang entre eux.*

43. Les sujets qui se présenteront pour
concourir aux places d'élèves de l'artillerie
seront examinés par l'examinateur de la marine, et ceux qui seront admis parviendront
aux places de seconds lieutenans, suivant le
rang qu'ils auront obtenu dans leur examen.

*Nomination aux places de lieutenans des com-
pagnies d'apprentis-canonniers des classes.*

44. Toutes les places de lieutenans vacantes dans les compagnies d'apprentis-canonniers des classes seront données aux maîtres-
canonniers entretenus des classes, alternativement à l'ancienneté et au choix.

*Manière de procéder au choix.*

45. Le choix sera fait parmi tous les maîtres-canonniers entretenus des classes du dé-

partement, par tous les officiers de l'artillerie
présens ayant vingt-cinq ans accomplis, au
scrutin et à la pluralité absolue des suffrages.

*Nomination aux places de premiers lieutenans.*

46. Les seconds lieutenans d'artillerie parviendront, à leur tour d'ancienneté dans le
régiment ou dans la compagnie d'ouvriers
dont ils feront partie, aux emplois de premiers lieutenans.

*Nomination aux places d'adjudans-majors
d'artillerie.*

47. Les adjudans-majors d'artillerie seront
pris, dans chaque régiment, parmi les lieutenans, et la nomination s'en fera au choix
du colonel.

*Du choix des quartiers-maîtres-trésoriers.*

48. Les quartiers-maîtres-trésoriers d'artillerie seront choisis par les conseils d'administration parmi les officiers et sous-officiers
du régiment, à la pluralité des suffrages.

*Rang des quartiers-maîtres-trésoriers.*

49. Les quartiers-maîtres-trésoriers, pris
parmi les sous-officiers, auront rang de seconds lieutenans; ils conserveront leur rang,
s'ils sont pris parmi les officiers.

*De l'avancement des quartiers-maîtres-trésoriers.*

50. Les quartiers-maîtres-trésoriers suivront leur avancement dans les différens
grades, pour le grade seulement; ils ne pourront jamais être titulaires, mais ils jouiront
en gratification, et par supplément d'appointemens, de ceux attribués aux différens grades auxquels les portera leur ancienneté.

*De la nomination aux places de capitaines, en
temps de paix.*

51. Les lieutenans parviendront, en temps
de paix, sans aucune exception, à leur tour
d'ancienneté, sur toute l'artillerie, aux emplois de capitaines.

*La quatrième place de capitaine, au choix du
Roi, en temps de guerre.*

52. En temps de guerre, la quatrième
place de capitaine vacante sera à la nomination du Roi; mais son choix ne pourra s'exercer que parmi les lieutenans.

*De l'avancement au grade de lieutenant-colonel.*

53. On parviendra du grade de capitaine à
celui de lieutenant-colonel, par ancienneté
et par le choix du Roi, ainsi qu'il suit:
Sur deux places de lieutenans-colonels d'artillerie vacantes, la première sera donnée à

l'ancienneté; la seconde, au choix du Roi, à un capitaine en activité dans ce grade depuis deux ans au moins.

L'avancement au grade de lieutenant-colonel d'artillerie, soit par ancienneté, soit par le choix du Roi, aura lieu parmi tous les capitaines des régimens d'artillerie, des compagnies d'ouvriers, de celles d'apprentis-canonniers des classes, et des directeurs de forges, fonderies et manufactures d'armes.

La destination des lieutenans-colonels sera toujours réglée par le Roi.

54. La destination des lieutenans-colonels d'artillerie, soit dans les régimens, soit dans les ports comme chefs de construction d'artillerie; celle des capitaines dans les forges et fonderies, sera toujours réglée par le Roi, sans égard à l'ancienneté.

De l'avancement au grade de colonel d'artillerie.

55. On parviendra du grade de lieutenant-colonel à celui de colonel alternativement par ancienneté et par le choix du Roi, et cet avancement aura lieu sur tous les lieutenans-colonels employés, soit dans les régimens, soit dans les arsenaux, comme chefs des constructions d'artillerie.

Des places de colonels qui seront données à l'ancienneté, et de celles qui seront au choix du Roi.

56. Sur deux places de colonels vacantes, la première sera donnée au plus ancien lieutenant-colonel; la seconde, par le choix du Roi, à un lieutenant-colonel en activité dans ce grade depuis deux ans au moins.

Nomination aux places de commandans de l'artillerie.

57. Sur trois places de commandans de l'artillerie, vacantes dans les ports, la première sera donnée à l'ancienneté, et les deux autres, par le choix du Roi, à un colonel ayant au moins deux ans d'activité dans ce grade.

Nomination à la place d'inspecteur-général d'artillerie.

58. La nomination de l'inspecteur-général de l'artillerie sera au choix du Roi; mais ce choix ne pourra s'exercer que parmi les officiers qui auront rempli activement, pendant quatre ans au moins, les fonctions de commandant de l'artillerie dans les ports.

Grade accordé à l'inspecteur-général de l'artillerie.

59. L'inspecteur-général de l'artillerie aura le grade de maréchal-de-camp: le Roi pourra lui conférer celui de lieutenant-général, lorsqu'il aura exercé pendant deux ans les fonctions d'inspecteur.

L'inspecteur devenu lieutenant-général conservera néanmoins son inspection.

L'inspecteur-général, ainsi que les commandans et officiers supérieurs de l'artillerie, seront susceptibles d'occuper dans les colonies les places de gouverneurs ou de commandans.

Mode d'admission dans les compagnies d'apprentis-canonniers des classes.

De la levée des compagnies d'apprentis-canonniers des classes.

60. Les matelots composant les compagnies d'apprentis-canonniers des classes seront levés chaque année aux époques fixées par le ministre de la marine, et de la manière la plus conforme aux intérêts des gens de mer.

De la manière de faire les levées.

61. Ces levées se feront par partie, de manière qu'une compagnie ne soit jamais renouvelée en totalité dans le même instant.

Des conditions d'admission en qualité d'apprentis-canonniers des classes dans lesdites compagnies.

62. Il ne sera compris dans les levées des apprentis-canonniers des classes que de jeunes matelots de dix-huit à vingt-cinq ans, bien constitués, et classés comme matelots à la basse-paie.

De la préférence accordée dans les levées.

63. Seront choisis de préférence les jeunes gens qui annonceront des dispositions particulières pour le canonnage, et qui sauront lire et écrire.

64. Aucun homme classé ne sera enregistré contre son gré sur la liste des sujets destinés à être apprentis-canonniers des classes; ceux qui se présenteront volontairement recevront trente livres en contractant l'engagement de servir une année, qui leur sera comptée comme une campagne à bord des vaisseaux de l'Etat.

Conduite payée aux apprentis-canonniers des classes lors de leur levée et de leur renvoi dans leurs quartiers.

65. Il sera payé une conduite aux apprentis-canonniers des classes, pour se rendre de leur quartier dans le port de leur destination; la même conduite leur sera payée lors de leur renvoi dans leurs quartiers respectifs.

Temps de service exigé des apprentis-canonniers des classes dans lesdites compagnies.

66. Les jeunes matelots admis dans les compagnies d'apprentis-canonniers des classes n'y seront retenus que pendant un an.

De la levée des officiers-mariniers de canonnage attachés aux compagnies d'apprentis-canonniers des classes.

67. Les officiers-mariniers de canonnage
attachés aux compagnies d'apprentis-canonniers des classes seront engagés pour deux
ans, et le renouvellement s'en fera chaque
année par moitié.

Engagement et conduite payés aux officiers-mariniers de canonnage employés dans les compagnies d'apprentis-canonniers des classes.

68. Il sera payé à chacun des officiers ma-
riniers engagés dans les compagnies d'apprentis-canonniers des classes un mois de
solde comme prix de l'engagement, et une
conduite suivant le tarif, pour se rendre
dans les ports.

Facilité accordée aux apprentis-canonniers des
classes de contracter un engagement dans les
compagnies de canonniers-bombardiers.

69. Pourront les apprentis-canonniers des
classes, mais seulement après avoir fini leur
année d'instruction en cette qualité, s'engager, quelle que soit leur taille, dans les compagnies de canonniers-bombardiers, pour
deux ou pour quatre ans, et prendront rang
dans lesdites compagnies du jour de leur admission dans celles d'apprentis-canonniers
des classes.

Il leur sera donné pour leur engagement
une somme proportionnelle à celle fixée pour
les engagemens de huit ans.

70. Il sera fait un examen général des apprentis-canonniers de chaque compagnie,
aux époques qui seront désignées pour le licenciement et le remplacement d'une partie
de la compagnie.

71. D'après l'examen qui aura été fait par
le commandant d'artillerie en présence du
commandant des armes, ce dernier donnera
des certificats de mérite à ceux qu'il en jugera dignes; ils seront alors portés à la paie
de vingt-une livres par mois, et susceptibles
d'être nommés aides-canonniers, lorsqu'ils
auront rempli les conditions prescrites par la
loi relative à l'avancement des gens de mer.

72. Il sera remis au bureau des armemens,
ainsi qu'à l'ordonnateur, un état nominatif
des apprentis qui auront obtenu des certificats, afin qu'il en soit envoyé des extraits
dans les différens quartiers auxquels ces apprentis appartiendront.

73. Il pourra être accordé des avancemens
aux officiers-mariniers des compagnies d'apprentis-canonniers par le commandant des
armes, sur le compte qui lui sera rendu par
le commandant de l'artillerie; ces avancemens seront déterminés conformément à la
loi portée sur les services des gens de mer,
en comptant seulement pour moitié celui
qu'ils auront fait dans les compagnies.

4.

TITRE III. Répartitions, fonctions et service de
l'artillerie dans les ports, forges, fonderies et
manufactures d'armes.

### De l'inspecteur-général.

Art. 1er. L'inspecteur-général dirigera
toutes les parties du service et de l'instruction générale de l'artillerie, et sera particulièrement chargé de l'exécution des lois et
réglemens, d'établir la plus exacte uniformité
dans toutes les constructions de l'artillerie:
à cet effet, il lui sera rendu des comptes ha-
bituels par les commandans, directeurs et
chefs des constructions de l'artillerie; il fera
chaque année l'inspection de l'artillerie des
ports, celle des fonderies, manufactures
d'armes de la marine, et en rendra compte
au ministre, auprès duquel il sera tenu de
résider dans l'intervalle de ses inspections.

### Des commandans d'artillerie.

2. Les trois commandans de l'artillerie seront employés dans les ports de Brest, Toulon et Rochefort; ils y commanderont en chef,
et sous l'autorité du commandant des armes,
toutes les troupes d'artillerie, les compagnies
d'apprentis-canonniers des classes, les batteries établies pour la défense des ports, rades
et goulets, et toutes les dispositions militaires qui y seront relatives. Ils inspecteront et
dirigeront les écoles et exercices théoriques
et pratiques de l'artillerie; ils auront le droit
d'inspection sur toutes les armes, munitions
et attirails d'artillerie; ils se concerteront
avec l'ordonnateur du port sur tout ce qui
peut intéresser leur conservation, l'ordre et
l'arrangement établis dans les parcs et magasins d'artillerie; ils rendront des comptes à
l'inspecteur-général sur toutes les parties du
service de l'artillerie.

### Des lieutenans-colonels chefs des constructions d'artillerie.

3. Les lieutenans-colonels chefs des constructions d'artillerie seront employés dans
les ports de Brest, Toulon, Rochefort et Lorient; ils auront le commandement des compagnies d'ouvriers d'artillerie.

Ils dirigeront les travaux et constructions
d'artillerie, conformément à ce qui sera prescrit par l'ordonnateur du port, et seront
soumis à cet égard aux mêmes lois et réglemens que les autres chefs des travaux.

### De la comptabilité en matières et journées d'ouvriers employés aux travaux de l'artillerie.

4. La comptabilité en matières et journées d'ouvriers employés aux travaux de l'artillerie fera partie de la comptabilité générale de l'arsenal, et sera soumise au chef de
cette partie de l'administration.

*De la recette et de la conservation des effets
d'artillerie.*

5. Les chefs de constructions assisteront
à l'examen, recette et vérification des armes,
munitions et approvisionnemens d'artillerie;
ils en surveilleront l'arrangement et la conservation dans les parcs et magasins; ils remettront tous les mois au commandant de l'artillerie un état de la situation des armes et
munitions.

*Forme à suivre par les chefs de constructions
d'artillerie pour les travailleurs.*

6. Ils feront journellement et par écrit la
demande au commandant de l'artillerie du
nombre d'hommes qui leur seront nécessaires
pour les mouvemens d'artillerie, et le commandant donnera des ordres pour qu'ils leur
soient fournis.

*Des compagnies d'ouvriers d'artillerie.*

7. Les compagnies d'ouvriers d'artillerie
seront employées, dans les ports de Brest,
Toulon, Rochefort et Lorient, en raison des
besoins du service, sous les ordres des lieutenans-colonels chefs des constructions, aux
travaux et constructions d'artillerie.

*Des officiers des compagnies d'ouvriers.*

8. Les capitaines-commandans des compagnies d'ouvriers suppléeront les chefs des
constructions d'artillerie; ils les remplaceront, en cas d'absence ou de maladie, dans
toute l'étendue de leurs fonctions; ils seront
habituellement chargés, sous leur autorité,
de la conduite des travaux, d'en mener l'ensemble, d'en distribuer les différentes parties aux ouvriers employés dans les ateliers.

Le second capitaine et les lieutenans feront les plans et tracés des ouvrages ordonnés : ils en surveilleront et dirigeront l'exécution dans tous les détails, d'après les ordres
du capitaine-commandant.

*Des capitaines-directeurs des fonderies et ma-
nufactures d'armes.*

9. Les capitaines-directeurs des fonderies
et manufactures d'armes continueront à être
employés, savoir : un à la fonderie d'Indret,
un à celle de Ruel et Forgeneuve, le troisième à la manufacture d'armes de Tulles : ils
y rempliront les fonctions qui leur sont ou
qui leur seront attribuées par les ordonnances et réglemens sur les fonderies et manufactures d'armes.

*Des maîtres-canonniers entretenus.*

10. Les maîtres-canonniers entretenus auront le même rang que les adjudans des
troupes du département de la guerre.

Ils seront employés et répartis dans les
ports, à la suite des écoles et des travaux de
l'artillerie, sous les ordres des officiers chargés de ces différens détails. Ils seront susceptibles d'être détachés dans les forges, fonderies, manufactures d'armes et autres établissemens de l'artillerie de la marine, pour y
prendre les connaissances relatives à la fabrication et à la qualité des armes et munitions de guerre.

*Des élèves d'artillerie.*

11. Les élèves d'artillerie seront employés
à la suite des écoles d'artillerie de Brest et de
Toulon; ils y suivront toutes les instructions
théoriques et pratiques de l'artillerie; ils seront détachés successivement pendant un certain temps, à la suite des constructions, dans
les forges, fonderies et manufactures d'armes,
et même dans les grands établissemens de
l'artillerie de la guerre, pour y prendre toutes les connaissances relatives au service général de l'artillerie.

*Fonctions des colonels d'artillerie.*

12. Les colonels commanderont supérieu-
rement leurs régimens, sous l'autorité des
commandans de l'artillerie; ils seront particulièrement chargés d'y maintenir l'exécution
des lois et réglemens; ils suppléeront le commandant de l'artillerie dans toutes ses fonctions, en cas d'absence ou de maladie.

*Fonctions des lieutenans-colonels des régimens
d'artillerie.*

13. Les lieutenans-colonels commanderont
sous l'autorité du colonel; ils seront néanmoins attachés particulièrement, l'un au premier, l'autre au second bataillon, et spécialement chargés de veiller à l'instruction des
officiers de celui qui leur sera confié; de les
diriger dans leurs études, dans l'application
de la théorie à la pratique de l'artillerie; de
leur donner enfin toutes les connaissances
relatives à ce service.

*Fonctions des adjudans-majors.*

14. Les adjudans-majors seront personnellement chargés, sous l'autorité des officiers
supérieurs, de la distribution du service; d'é-
tablir l'uniformité dans les exercices de détails et dans l'instruction des recrues; de
rassembler les comptes des différentes compagnies; de transmettre les ordres du colonel et du lieutenant-colonel du bataillon auquel ils sont attachés : ils surveilleront d'ailleurs les ordres donnés par le conseil d'administration, relativement à l'entretien et
menues dépenses des canonniers-bombardiers.

*Fonctions du quartier-maître-trésorier.*

15. Le quartier-maître-trésorier sera chargé
de tous les paiemens de la caisse, de la tenue

les registres et de tous les détails de la comptabilité, sous les ordres et sous l'inspection du conseil d'administration.

### Du conseil d'administration.

16. La composition du conseil d'administration et la forme de comptabilité actuellement établie dans les troupes de la marine sera maintenue et suivie dans les régimens d'artillerie.

### Fonctions des capitaines de canonniers-bombardiers.

17. Les capitaines des canonniers-bombardiers seront particulièrement chargés de l'instruction de leur compagnie dans les exercices de théorie et de pratique de l'artillerie; ils seront responsables de la tenue et de la discipline de leur troupe; ils donneront surtout la plus grande attention à l'entretien et au bien-être du soldat.

### Fonctions du premier lieutenant.

18. Les premiers lieutenans des compagnies d'artillerie commanderont la première section, sous l'autorité du capitaine, et seront spécialement chargés de suivre et de surveiller l'instruction, la conduite des individus qui la composent : ils seront susceptibles d'être employés dans les forges, fonderies et manufactures d'armes, si les besoins du service l'exigent.

### Fonctions du second lieutenant.

19. Les seconds lieutenans auront à remplir les mêmes devoirs et les mêmes fonctions dans la seconde section, au commandement de laquelle ils seront particulièrement attachés. Ils pourront être détachés, pour le service ou pour leur instruction, dans les différens établissemens de l'artillerie de la marine.

### Fonctions des sous-officiers.

20. Les sergens - majors, sergens maîtres-canonniers, caporaux - fourriers, caporaux-seconds maîtres-canonniers, rempliront, dans les compagnies et escouades auxquelles ils seront attachés, les fonctions attribuées jusqu'à ce jour aux sous-officiers des mêmes grades dans les troupes de la marine.

### Postes confiés aux troupes de l'artillerie.

21. La garde des magasins à poudre, parcs, casernes de l'artillerie, rondes et gardes des feux, sera confiée aux troupes de l'artillerie; mais elles seront dispensées de tout autre service d'infanterie, excepté dans les cas de nécessité urgente et sur l'ordre exprès du commandant des armes, qui sera tenu de rendre compte immédiatement au ministre de la marine des dispositions qu'il aura faites à cet égard.

### Leur service dans les arsenaux.

22. Elles seront employées dans les ports et arsenaux, concurremment avec les compagnies d'apprentis-canonniers des classes, à tous les travaux et mouvemens d'artillerie, tant dans les arsenaux que sur les batteries, dans les magasins à poudre et autres établissemens qui en dépendent, à la confection des artifices, mitrailles et grémens du canon, à l'embarquement, débarquement et emmagasinement des armes, munitions et attirails, et en général à tout ce qui concerne le service de l'artillerie.

23. Il ne sera alloué aucun supplément de solde aux canonniers-bombardiers et apprentis-canonniers des classes, pour l'exécution les travaux d'artillerie énoncés dans l'article précédent, lorsque le nombre des travailleurs journellement employés ne s'élevera pas au tiers des hommes présens, déduction faite des malades et des hommes de garde; mais il sera fourni des vivres aux détachemens qui seront employés sur les batteries de la côte et dans les magasins à poudre extérieurs.

### Cas dans lequel les soldats travailleurs seront payés.

24. Lorsque le nombre des travailleurs employés égalera ou excédera le tiers des sous-officiers, canonniers - bombardiers ou apprentis-canonniers présens, il sera alloué à chaque maître et second maître canonnier-bombardier des classes un supplément de solde de quinze sous, et à chaque canonnier-bombardier et apprenti - canonnier des classes, un de douze sous.

### Des détachemens fournis pour les travaux du port étrangers au service de l'artillerie.

25. Lorsque les besoins du service exigeront qu'il soit employé des détachemens de canonniers-bombardiers et d'apprentis - canonniers des classes, pour les travaux et opérations du port, il leur sera accordé les supplémens stipulés dans l'article précédent.

### Exceptions aux articles 23 et 24.

26. Ne sont pas compris dans les dispositions énoncées par les articles 23 et 24 les détachemens de garde aux poudrières extérieures, magasins et batteries de la côte ou en garnison dans les forts, sur le traitement desquels il sera statué, s'il y a lieu, par le ministre de la marine, d'après la demande du commandant de l'artillerie et de l'ordonnateur du port.

### Titre IV. Du service de l'artillerie à la mer et en campagne.

Art. 1er. Les régimens d'artillerie seront employés, à bord des bâtimens de l'Etat, au

service de l'artillerie, concurremment et par
moitié avec les canonniers des classes.

**Du rang que prendront entre eux les canonniers-bombardiers des troupes et des classes.**

2. Les canonniers-bombardiers des troupes et des classes prendront rang entre eux et occuperont les différens postes en raison de leur grade et de leur ancienneté respective dans le canonnage.

**De l'armement des galiotes à bombes et brûlots.**

3. Les canonniers-bombardiers seront chargés de l'établissement et du service des mortiers sur les galiotes, de la fabrication et de la disposition des artifices à bord des brûlots.

**De l'établissement des batteries dans les descentes.**

4. En cas de descente, l'artillerie sera chargée de la construction, de l'établissement et de tout ce qui regarde la disposition des batteries, sous les ordres du commandant de l'escadre ou du bâtiment.

**Des compagnies d'ouvriers d'artillerie.**

5. Les compagnies d'ouvriers d'artillerie pourront être embarquées par détachemens sur les escadres, pour y faire le service en qualité de canonniers-ouvriers d'artillerie, et ces détachemens jouiront de la solde de travail.

**Du rang des canonniers-bombardiers dans l'infanterie.**

6. Lorsque les canonniers-bombardiers seront employés dans des détachemens d'infanterie, ils y serviront sur le pied de grenadiers, en occuperont les postes, et en rempliront en tout les fonctions.

**De la solde accordée à la mer aux maîtres, seconds maîtres et aides-canonniers des régimens d'artillerie.**

7. Les maîtres, seconds maîtres et aides-canonniers des régimens d'artillerie de la marine recevront, lorsqu'ils seront embarqués sur les bâtimens de l'Etat, un supplément de solde tel, qu'il forme, avec celle dont ils jouissent à terre, le traitement accordé aux différentes classes d'officiers-mariniers de canonnage dont ils auront acquis les mérites à la mer.

**Supplément accordé aux canonniers-bombardiers apprentis qui auront six mois de navigation.**

8. Les canonniers-apprentis des troupes de l'artillerie ayant au moins six mois de navigation sur les bâtimens de l'Etat, jouiront d'un supplément de cinq livres par mois, lorsqu'ils auront été jugés, par le comman-

dant du bâtiment, susceptibles d'être employés comme canonniers-chargeurs dans les batteries.

**Des officiers parvenus par les examens ne pourront être embarqués dans leur grade, s'ils n'ont rempli les fonctions de sous-officiers.**

9. Les officiers parvenus par les examens ne pourront être employés dans leur grade à bord des bâtimens de l'Etat, s'ils n'ont rempli pendant trois mois au moins les différentes fonctions d'aides, de seconds et maîtres-canonniers.

**De l'embarquement des élèves d'artillerie.**

10. Les élèves d'artillerie seront en conséquence susceptibles d'être embarqués, lorsque les commandans d'artillerie les jugeront suffisamment instruits dans les manœuvres et la pratique de l'artillerie.

**Ils ne pourront être employés dans un grade supérieur de sous-officier, que sur la demande que l'officier ou maître-canonnier en fera au capitaine.**

11. Ils ne pourront, même après avoir rempli pendant trois mois, à bord des bâtimens sur lesquels ils seront embarqués, les fonctions d'aide ou de second-canonnier, être employés dans le grade supérieur, que sur la demande de l'officier chargé de l'artillerie du vaisseau, et avec l'agrément du capitaine.

**Des officiers d'artillerie embarqués sur les bâtimens particuliers.**

12. Il sera embarqué un capitaine d'artillerie sur les bâtimens dont les détachemens excéderont une demi-compagnie, et un lieutenant avec les détachemens composés de plus d'une escouade de la section à laquelle ils sont attachés.

**Fonctions des officiers d'artillerie embarqués sur les bâtimens particuliers.**

13. Les officiers d'artillerie embarqués ne feront pas partie de l'état-major, et seront uniquement chargés du détail de l'artillerie, sous les ordres du commandant du bâtiment.

**Des officiers supérieurs et capitaines embarqués à la suite des armées navales.**

14. Les officiers supérieurs et capitaines d'artillerie seront susceptibles d'être employés sur les escadres comme majors de l'artillerie de l'armée, et seront dans ce cas embarqués sur le vaisseau général.

TITRE V. Mode d'admission et d'avancement dans les régimens d'infanterie de la marine.

*Recrutement.*

Art. 1er. Les régimens d'infanterie de la marine se recruteront par des enrôlemens volontaires, et se conformeront aux lois et réglemens de police sur le recrutement de l'armée.

#### Des qualités exigées dans les recrues.

2. Il ne sera admis dans les régimens d'infanterie de la marine, que des Français de l'âge de dix-huit à trente ans.

#### De la durée des engagemens.

3. La durée des engagemens dans les régimens d'infanterie de la marine sera de huit ans.

##### Des sous-officiers et soldats qui atteindront le terme de leur engagement à la mer.

4. Les sous-officiers et soldats dont le congé expirera dans le cours d'une campagne ne pourront le réclamer qu'à l'époque du désarmement du bâtiment sur lequel ils auront été embarqués, mais il sera tenu compte à ceux qui ne voudront pas contracter un nouvel engagement du temps qu'ils auront servi au-delà du terme de leur congé, sur le pied d'un huitième du prix de l'engagement par année.

#### De la suspension des congés.

5. L'expédition des congés d'ancienneté ne pourra être suspendue, même en temps de guerre, que par un décret du Corps-Législatif, sanctionné par le Roi.

#### Des sous-officiers.

6. Seront compris à l'avenir sous la dénomination de sous-officiers les sergens-majors, sergens, caporaux-fourriers et caporaux.

#### Nomination aux places de caporaux.

7. Les caporaux présenteront chacun à leur capitaine celui des soldats qu'ils jugeront le plus capable d'être élevé au grade de caporal, et nul ne pourra être présenté, qu'il n'ait ou qu'il ne soit employé à la mer.

#### Liste formée pour l'élection.

8. Chaque capitaine choisira un sujet parmi ceux qui lui auront été présentés par les caporaux de sa compagnie, et il sera formé dans chaque régiment une liste de dix-huit sujets que les capitaines auront choisis.

#### Choix du caporal.

9. Lorsqu'il vaquera une place de caporal dans une compagnie, le capitaine choisira trois sujets dans la liste, et le colonel nommera celui des trois qui devra remplir la place vacante.

#### Du renouvellement de la liste supprimée.

10. La liste sera supprimée lorsqu'elle sera réduite au-dessous de moitié, et il en sera fait une nouvelle, en suivant le même mode.

#### Choix des caporaux-fourriers.

11. Lorsqu'il vaquera une place de caporal-fourrier dans un régiment, le capitaine de la compagnie où la place sera vacante choisira parmi les caporaux ou les soldats ayant au moins trois ans de service et six mois de mer, celui qui devra la remplir.

#### De la nomination aux places de sergens.

12. Les sergens et les sergens-majors présenteront chacun à leur capitaine celui des caporaux qu'ils jugeront le plus capable d'être élevé au grade de sergent ; nul ne pourra être présenté qu'il n'ait fait une campagne dans le grade de caporal.

#### Liste formée pour l'élection.

13. Chaque capitaine choisira un sujet parmi ceux qui lui seront présentés, et il en sera formé une liste dans chaque régiment.

#### Choix du sergent.

14. Lorsqu'il vaquera une place de sergent dans une compagnie, le capitaine choisira trois sujets dans la liste du régiment, et le colonel nommera celui des trois qui devra remplir la place vacante.

#### Choix des sergens-majors.

15. Lorsqu'il vaquera une place de sergent-major, les sergens-majors du régiment présenteront chacun, pour le remplir, un sergent de leur compagnie ; il en sera formé une liste, dans laquelle le capitaine de la compagnie choisira trois sujets ; le colonel nommera celui des trois qui devra remplir la place vacante, et, l'élection faite, la liste sera supprimée.

#### Précaution à prendre par les sergens-majors qui s'embarqueront.

16. Les sergens-majors qui devront s'embarquer désigneront deux sujets de leur compagnie pour les élections qui pourraient avoir lieu pendant leur absence, dans la forme prescrite pour les régimens d'artillerie.

#### Nomination aux places d'adjudans.

17. Lorsqu'il vaquera une place d'adjudant, les officiers supérieurs du régiment réunis nommeront, à la pluralité des suffrages, parmi tous les sergens-majors et sergens, celui qui devra la remplir.

#### De l'avancement des adjudans.

18. Les sergens nommés aux places d'adjudans concourront, du moment de leur nomination, avec les seconds lieutenans (sans cependant être brevetés) pour arriver au grade de lieutenant, et ils resteront adjudans jusqu'à ce que leur ancienneté les y porte.

Appointemens de sous-lieutenant accordés aux adjudans.

19. Lorsqu'un sergent moins ancien qu'un adjudant sera fait sous-lieutenant, l'adjudant jouira en gratification, et par supplément, des appointemens de sous-lieutenant.

De la nomination aux emplois de sous-lieutenans.

20. Sur quatre places de sous-lieutenans vacantes par régiment, il en sera donné deux aux sous-officiers, et les deux autres à ceux qui parviendront immédiatement au grade d'officier par les examens.

De la nomination des sous-officiers aux places de sous-lieutenans.

21. Les places de sous-lieutenans destinées aux sous-officiers seront données alternativement à l'ancienneté et au choix; l'ancienneté se comptera sur tous les sergens du régiment, de la date de leur nomination à ce grade. Le choix aura lieu parmi tous les sergens du régiment; il sera fait au scrutin, à la pluralité absolue des suffrages, par tous les officiers présens ayant vingt-cinq ans accomplis.

Des sous-lieutenances accordées au concours.

22. Les sous-lieutenances destinées aux sujets qui parviendront par les examens seront données au concours aux jeunes gens de dix-huit à vingt-cinq ans ayant au moins six mois de navigation.

Du concours.

23. Le concours aura lieu dans les ports de Brest, Toulon et Rochefort, dans des examens publics dont le mode sera déterminé par un décret particulier.

Nomination aux places de lieutenans.

24. Les sous-lieutenans parviendront dans chaque régiment, à leur tour d'ancienneté, aux emplois de lieutenans.

Nomination aux emplois de capitaines.

25. Les lieutenans de tous les régimens d'infanterie de la marine, sans aucune exception, parviendront à leur tour aux emplois de capitaines.

De la nomination aux places de capitaines, en temps de guerre.

26. En temps de guerre, la cinquième place de capitaine vacante sera à la nomination du Roi; mais son choix ne pourra s'exercer que parmi les lieutenans.

Du choix des quartiers-maîtres-trésoriers.

27. Les quartiers-maîtres-trésoriers seront choisis dans chaque régiment d'infanterie, par les conseils d'administration, parmi les officiers et sous-officiers du régiment, à la pluralité absolue des suffrages.

Du rang des quartiers-maîtres-trésoriers.

28. Les quartiers-maîtres pris parmi les sous-officiers auront le rang de sous-lieutenant; ils conserveront leur rang s'ils sont pris parmi les officiers.

De l'avancement des quartiers-maîtres-trésoriers.

29. Les quartiers-maîtres-trésoriers suivront leur avancement dans les différens grades, pour le grade seulement, ne pouvant jamais être titulaires, mais jouissant en gratification, et par supplément d'appointemens, de ceux attribués aux différens grades où les portera leur ancienneté.

Du choix des adjudans-majors.

30. Les adjudans-majors seront pris, dans chaque régiment d'infanterie, parmi les lieutenans, et la nomination en sera au choix du colonel.

De l'avancement au grade de lieutenant-colonel.

31. On parviendra du grade de capitaine à celui du lieutenant-colonel, par l'ancienneté et par le choix du Roi; l'avancement aura lieu sur tous les régimens.

Les deux tiers des places de lieutenans-colonels seront donnés à l'ancienneté.

32. Sur trois places de lieutenans-colonels vacantes, deux seront données aux plus anciens capitaines en activité, et la troisième, par le choix du Roi, à un capitaine en activité depuis deux ans au moins.

Avancement au grade de colonel.

33. On parviendra du grade de lieutenant-colonel à celui de colonel, par ancienneté et par le choix du Roi, sur tous les régimens.

Nombre des places de colonels données à l'ancienneté.

34. Sur trois places de colonels vacantes, deux seront données aux plus anciens lieutenans colonels en activité; la troisième, par le choix du Roi, à un lieutenant-colonel en activité dans son grade depuis deux ans au moins.

De l'inspecteur-général de l'infanterie de la marine.

35. L'inspecteur-général des troupes d'infanterie de la marine sera au choix et à la nomination du Roi. Il aura le grade de maréchal-de-camp.

#### Du choix de l'inspecteur-général.

36. Le choix de l'inspecteur-général des troupes d'infanterie de la marine ne pourra être exercé que parmi les colonels en activité dans ce grade depuis deux ans au moins.

#### Avancement de l'inspecteur-général.

37. L'inspecteur-général sera susceptible d'être promu par le Roi au grade de lieutenant-général, après deux ans d'activité dans ses fonctions d'inspecteur; il conservera néanmoins son inspection.

#### Perspective accordée à l'inspecteur et aux officiers supérieurs.

38. L'inspecteur-général, les colonels et les officiers supérieurs des régimens d'infanterie de la marine seront susceptibles d'être nommés aux places de gouverneurs et commandans dans les colonies.

#### Titre VI. Du service des régimens d'infanterie de la marine dans les ports et à la mer.

##### De la garde des ports et arsenaux.

Art. 1er. Les régimens d'infanterie de la marine seront employés dans les ports et arsenaux, à la police, garde et sûreté des magasins et de tous les bâtimens civils dépendans du département de la marine.

#### Des détachemens de travailleurs.

2. Ils fourniront des détachemens de travailleurs dans les ports, pour y être employés aux grémens, armemens, désarmemens et mouvemens des vaisseaux, ainsi qu'aux autres manœuvres et travaux des ports, lorsque les besoins du service l'exigeront.

#### Supplément de solde accordé aux travailleurs.

3. Les sous-officiers et soldats recevront, lorsqu'ils seront employés aux travaux des ports, grémens, armemens et désarmemens des vaisseaux, ainsi qu'aux autres manœuvres, un supplément de solde qui sera de 15 sous par chaque sous-officier, et de 12 sous par chaque soldat.

#### Du service à la mer.

##### Du capitaine d'armes et de la garnison des vaisseaux.

4. Les troupes d'infanterie fourniront les capitaines d'armes à bord des bâtimens de l'Etat, et elles y feront le service de garnison.

#### De la formation des détachemens.

5. Les détachemens de garnison à bord des vaisseaux de l'Etat seront, autant que cela sera possible, formés par compagnie, section de compagnie ou escouade.

#### Des mérites accordés dans la manœuvre et le canonnage.

6. Les sous-officiers et soldats seront susceptibles d'obtenir des mérites dans la manœuvre ou le canonnage, et en porteront la marque distinctive.

#### Ils seront employés dans la manœuvre ou le canonnage.

7. Les sous-officiers et soldats qui auront acquis des mérites dans la manœuvre ou le canonnage seront susceptibles d'être employés sur les bâtimens de l'Etat, selon le rang attaché à ces mérites.

#### Supplément accordé aux sous-officiers et soldats employés comme officiers-mariniers.

8. Les sous-officiers et soldats employés à bord des vaisseaux de l'Etat comme officiers-mariniers de manœuvre ou de canonnage recevront un supplément de solde tel, qu'il forme, avec celui dont ils jouissent, le traitement accordé au grade d'officier marinier des classes dont ils rempliront les fonctions.

#### Incorporation accordée aux sous-officiers et soldats.

9. Les sous-officiers et soldats qui auront obtenu des mérites dans le canonnage pourront demander leur incorporation, en raison de leur ancienneté, dans les compagnies de canonniers-bombardiers.

#### De la subordination des sous-officiers et soldats aux maîtres d'équipage ou de canonnage.

10. Les sous-officiers et soldats employés à bord des vaisseaux dans la manœuvre ou dans le canonnage, y seront immédiatement aux ordres des maîtres d'équipage et maîtres-canonniers, et y prendront leur poste et leur rang conjointement avec les officiers-mariniers des classes, par ancienneté de service entre eux dans la manœuvre ou le canonnage.

#### Supplément accordé aux sous-officiers et soldats employés comme canonniers-chargeurs.

11. Les sous-officiers et soldats ayant au moins neuf mois de navigation à bord des bâtimens de l'Etat, et qui seront employés par le commandant du bâtiment comme canonniers-chargeurs dans les batteries, recevront un supplément de solde de 5 livres par mois.

#### Équipement accordé aux détachemens qui s'embarqueront.

12. Il sera accordé à tous les sous-officiers et soldats, lorsqu'ils s'embarqueront comme garnison sur les vaisseaux de l'Etat, deux chemises, un paletot, une grande culotte de toile, un hamac et une couverture.

Rapport entre les troupes de la marine et celles
du département de la guerre.

13. Les troupes de terre et de mer se prêteront un secours mutuel, et se suppléeront
réciproquement, soit à terre, soit à bord des
vaisseaux de l'Etat, toutes les fois que les circonstances et le bien du service l'exigeront.

14. Lorsque l'augmentation du service,
pendant la guerre, exigera que des détachemens des régimens de l'armée soient embarqués comme garnison de vaisseau, les troupes
de l'infanterie de la marine seront exclusivement employées à la garde du vaisseau
portant le pavillon amiral.

Décret d'application pour l'exécution des décrets
rendus sur l'organisation de l'artillerie et de
l'infanterie de la marine.

Art. 1er. Il sera, pour cette fois seulement,
procédé à l'exécution des décrets sur l'organisation de l'infanterie et de l'artillerie de la
marine, ainsi qu'il suit :

Formation des régimens d'artillerie et d'infanterie de la marine.

2. Les sous-officiers et soldats des cinq
premières divisions réunies à Brest fourniront à la composition du premier régiment
d'artillerie; du premier et du second régiment
d'infanterie, ceux des sixième et septième
divisions employées à Toulon fourniront à
celle du premier bataillon du second régiment
d'artillerie et du troisième régiment d'infanterie. Les sous-officiers et soldats des huitième et neuvième divisions, attachées au
port de Rochefort, seront employés à la
composition du second bataillon du deuxième
régiment d'artillerie, et à celle du quatrième
régiment d'infanterie.

Des régimens d'infanterie.

3. Les régimens d'artillerie et d'infanterie
seront formés sur le pied de paix, conformément aux décrets de ce jour, sur l'organisation
des troupes de la marine.

Des régimens d'artillerie.

4. Il ne sera nommé, quant à présent,
dans les régimens d'artillerie, que la moitié
des places de sergens maîtres-canonniers, de
caporaux seconds maîtres, et les deux tiers
de celles d'aides-canonniers et de canonniers-
apprentis dans chaque compagnie.

Composition des compagnies d'artillerie.

5. Chaque compagnie de canonniers-bombardiers sera en conséquence composée, en
sous-officiers et soldats, ainsi qu'il suit, savoir:
Un sergent-major maître-canonnier,
deux sergens maîtres canonniers, un caporal-fourrier second maître-canonnier, quatre

caporaux seconds maîtres, seize aides-canonniers de première classe, seize aides-canonniers de deuxième, seize canonniers-apprentis, un tambour. — Total, cinquante-sept,
non compris les officiers.

Du complet des régimens d'artillerie.

6. Au moyen des dispositions énoncées par
les articles 4 et 5, chaque régiment d'artillerie ne sera, quant à présent, que de neuf
cent trente-un hommes. Le ministre de la
marine prendra les mesures les plus convenables, et qui se concilieront plus particulièrement avec le bien du service, pour élever
lesdits régimens successivement au complet
de paix, d'après les comptes qui lui seront
rendus par l'inspecteur-général.

De l'incorporation des sous-officiers et soldats
dans les compagnies d'artillerie et d'infanterie.

7. Les sous-officiers et soldats seront employés dans les compagnies d'artillerie et
d'infanterie, en raison de leur grade et de
leur ancienneté de service dans chaque grade;
mais les places de sergens-majors et de sergens
maîtres-canonniers, caporaux seconds maîtres et aides-canonniers dans les compagnies
d'artillerie, ne pourront être occupées que
par les sous-officiers et soldats qui en auront
acquis les mérites à la mer.

De l'option accordée aux sous-officiers et
soldats.

8. Les sous-officiers et soldats qui réuniront les qualités exigées pour l'un et l'autre
service, seront libres d'opter pour celui des
deux auquel ils préféreront d'être attachés.

Des compagnies d'ouvriers.

9. Les trois compagnies d'ouvriers d'artillerie actuellement employées dans les ports
seront organisées conformément aux décrets
de ce jour, sur la composition desdites compagnies : elles seront désormais uniquement
affectées au service de la marine.

Des compagnies d'apprentis-canonniers des
classes.

10. Les quatre compagnies d'apprentis-
canonniers des classes seront formées par des
levées successives et portées dans l'année
1792 au complet fixé par les décrets de ce
jour; les époques des levées seront désignées
par le ministre de la marine.

Nomination aux emplois d'officiers d'artillerie.

De l'inspecteur-général.

11. L'inspecteur-général d'artillerie sera
à la nomination et au choix du Roi, parmi
les officiers d'artillerie des ports qui y auront

rempli activement, pendans quatre ans au moins, les fonctions de directeurs des arsenaux et commandans des écoles d'artillerie, qui auront six ans d'ancienneté de colonels ou lieutenans-colonels.

### Des officiers supérieurs.

12. Les commandans, les colonels et lieutenans-colonels d'artillerie seront à la nomination et au choix du Roi, parmi les directeurs et sous-directeurs d'artillerie des ports, les majors du corps des canonniers-matelots et les deux lieutenans-colonels inspecteurs dans les fonderies et manufactures d'armes de la marine.

### Nomination aux places de capitaines et lieutenans d'artillerie.

13. Il sera procédé au choix des capitaines et des lieutenans d'artillerie, ainsi qu'il suit :

14. Seront appelés à occuper les emplois de capitaines dans les compagnies de canonniers-bombardiers, de capitaines-commandans d'ouvriers, de capitaines-directeurs dans les forges, fonderies et manufactures d'armes :

1° Les chefs de compagnie ayant au moins huit ans de navigation, ou six de service comme officiers ;

2° Les officiers de vaisseau sortis du corps des maîtres-canonniers entretenus, ayant six ans révolus de navigation en qualité d'officiers-mariniers de canonnage ;

3° Les aides-majors, garçons-majors et sous-lieutenans des divisions, ayant navigué en qualité de canonniers ou servi dans le corps de l'artillerie, et ayant au moins six ans de service comme officiers ;

4° Les officiers des compagnies d'ouvriers, et ceux qui ont été tirés du corps de l'artillerie des colonies, pour être employés en qualité d'inspecteurs dans les forges, fonderies et manufactures d'armes de la marine, et ayant au moins six ans de service comme officiers.

### Emplois de capitaines laissés vacans.

15. Dans le cas où les officiers désignés dans l'article précédent, réunissant les qualités exigées pour être élus au grade de capitaine, ne seraient pas en nombre suffisant pour occuper toutes les places, le surplus sera laissé vacant, et ne sera remplacé que conformément au décret sur l'organisation de l'artillerie.

### Rang que prendront les officiers entre eux.

16. Les officiers appelés aux compagnies y seront employés en raison de leur grade et de leur ancienneté, et conformément aux règles du service.

### Nomination aux emplois de premiers lieutenans de canonniers-bombardiers.

17. Les places de premiers lieutenans dans les compagnies de canonniers-bombardiers seront remplies :

1° Par tous les officiers des différentes classes désignées dans l'article 14, qui auront moins de huit ans de navigation ou de service d'officier ;

2° Par les maîtres-canonniers entretenus ayant six ans révolus de service en cette qualité.

### Places des premiers lieutenans de canonniers-bombardiers laissées vacantes.

18. Les emplois de premiers lieutenans qui ne se trouveraient pas remplis après la promotion des sujets désignés dans l'article 17, seront laissés vacans, et il n'y sera pourvu que conformément au décret sur l'organisation de l'artillerie.

### Nomination aux deux tiers des places de seconds lieutenans dans les compagnies de canonniers-bombardiers.

19. Les deux tiers des places de seconds lieutenans dans les compagnies de canonniers-bombardiers, seront donnés à l'ancienneté aux maîtres-canonniers entretenus ayant au moins quatre ans de service en cette qualité, et aux sergens ayant au moins quatre campagnes de maîtres-canonniers à bord des vaisseaux de l'État, dont une de premier maître chargé.

### Nomination au dernier tiers des places de seconds lieutenans de canonniers-bombardiers.

20. Il sera ouvert, pour la nomination au dernier tiers des emplois des seconds lieutenans vacans, un concours auquel seront admis tous les jeunes gens de dix-huit à vingt-quatre ans, fils de citoyens actifs, qui ont prêté le serment civique.

### De l'examen des sujets admis au concours pour les places de seconds lieutenans de canonniers-bombardiers.

21. L'examen sera fait dans les ports par l'examinateur de la marine, ou, à son défaut, par les professeurs des écoles de la marine, en présence des officiers de la marine, de l'artillerie, de l'infanterie et des corps administratifs, sur les deux premiers volumes du cours de Bezout. La préférence sera accordée aux sujets qui auront fait preuve d'une meilleure instruction ; dans le cas d'égalité, à ceux qui auront navigation ; et, s'il se trouvait parité d'instruction et de navigation, la préférence serait donnée à l'âge.

De la nomination aux emplois de seconds capitaines dans les compagnies d'ouvriers d'artillerie.

22. Les emplois de seconds capitaines vacans dans les compagnies d'ouvriers d'artillerie seront donnés aux lieutenans en premier dans chaque compagnie, et, à leur défaut, au choix du Roi, parmi ceux des lieutenans en troisième qui auront au moins six ans de service comme officiers.

De la nomination aux places de premiers et seconds lieutenans d'ouvriers.

23. Les emplois de premiers lieutenans qui vaqueront, et ceux de seconds lieutenans dans les compagnies d'ouvriers d'artillerie, seront donnés, savoir :

Ceux de premiers lieutenans dans chaque compagnie, au lieutenant en troisième, ou, à son défaut, au sergent-major.

Ceux de seconds lieutenans :

1° Aux lieutenans en troisième qui ne seront pas faits premiers lieutenans;

2° Aux sous-officiers desdites compagnies, alternativement à l'ancienneté et au choix; en se conformant, pour l'une et l'autre nomination, aux règles prescrites par les décrets sur l'avancement dans lesdites compagnies.

De la nomination aux emplois de capitaines et lieutenans dans les compagnies d'apprentis-canonniers des classes.

24. Les places de capitaines et de lieutenans dans les compagnies d'apprentis-canonniers des classes, seront données au choix du Roi, savoir :

Celles de capitaines, aux sous-lieutenans ayant été maîtres-canonniers entretenus des classes, et réunissant les services exigés par l'article 14;

Celles de lieutenans, aux maîtres-canonniers entretenus sortis des classes, qui auront six ans de service en cette qualité.

25. Les officiers-mariniers de canonnage *actuellement* employés dans les ports de Brest, Toulon et Rochefort, qui ne seront pas promus à l'entretien, ou compris dans la formation des compagnies d'apprentis-canonniers des classes, seront employés à la suite desdites compagnies, et à la solde dont ils jouissent.

Du concours pour l'admission des élèves d'artillerie.

26. L'époque du concours pour l'admission aux douze places d'élèves de l'artillerie, sera déterminée par un décret particulier qui en fixera toutes les conditions conformément aux décrets de ce jour sur l'organisation de l'artillerie de la marine.

Nomination aux emplois d'officiers dans l'infanterie de la marine.

*Nomination de l'inspecteur-général de l'infanterie de la marine.*

27. L'inspecteur-général de l'infanterie de la marine sera à la nomination et au choix du Roi, parmi les officiers de la marine ou de l'armée ayant au moins six ans de service, les premiers comme majors, capitaines de vaisseaux ou contre-amiraux; les seconds, comme lieutenans-colonels ou capitaines.

Le Roi pourra également faire un choix parmi les capitaines de vaisseau qui auront trois ans de commandement comme capitaines ou lieutenans de vaisseau.

Nomination aux emplois de colonels.

28. Les colonels des régimens d'infanterie de la marine seront à la nomination et au choix du Roi, parmi les capitaines ou majors de vaisseau ayant deux ans d'activité dans ce grade, et parmi les lieutenans-colonels des troupes de ligne ayant au moins quatre ans d'activité dans ce grade ou dans celui de major.

Deux de ces places pourront être données, l'une au plus ancien major de vaisseau, l'autre au choix du Roi dans ce grade, sans avoir égard à la durée de l'activité que l'officier nommé pourrait avoir dans ce grade.

Les officiers de la marine employés dans les troupes opteront.

29. Les officiers de la marine nommés aux emplois d'inspecteurs ou colonels dans les régimens d'infanterie de la marine, seront obligés d'opter.

Nomination aux places de lieutenans-colonels.

30. Les places de lieutenans-colonels des régimens d'infanterie de la marine seront données :

1° Aux majors des divisions qui n'auront pas été compris dans l'organisation des régimens d'artillerie;

2° Aux chefs de compagnies et aides-majors des divisions, moitié à l'ancienneté et moitié au choix du Roi.

Nomination aux places de capitaines des compagnies d'infanterie de la marine.

31. Les places de capitaines dans l'infanterie de la marine seront données :

1° Aux chefs de compagnies, aides et garçons-majors des divisions qui n'auront pas été faits capitaines de l'artillerie;

2° Aux sous-lieutenans des divisions ayant au moins cinq ans d'activité de service dans ce grade.

Emplois de capitaines laissés vacans.

32. Les emplois de capitaines d'infanterie qui ne seront pas remplis par les dispositions de l'article précédent resteront vacans, et il n'y sera nommé que conformément au décret sur l'organisation des troupes de la marine.

Nomination aux places de lieutenans d'infanterie de la marine.

33. Les places de lieutenans d'infanterie seront données :

1° Aux sous - lieutenans des divisions ayant au moins cinq ans de service comme officiers;

2° Aux sergens-majors ou sergens ayant six ans d'activité dans le grade de sergens, et ayant navigué en qualité de capitaines d'armes ou de maîtres-canonniers.

Nomination aux places de sous-lieutenans.

34. Les places de sous-lieutenant d'infanterie seront données :

1° Moitié aux sergens-majors et sergens;

2° Moitié au concours, à des jeunes gens de dix-huit à vingt-quatre ans.

Des places de sous-lieutenans destinées aux sous-officiers.

35. Les places destinées aux sous-officiers seront données alternativement à l'ancienneté et au choix.

Qualités exigées pour être admis au concours pour les places de sous-lieutenans.

36. Ne seront admis au concours ouvert pour la moitié des places de sous-lieutenans, dans les compagnies d'infanterie, que les jeunes gens de dix-huit à vingt-quatre ans, ayant prêté le serment civique, fils de citoyens actifs, enregistrés dans la garde nationale, ou employés sur les vaisseaux de l'Etat.

Examen et préférence.

37. Le concours aura lieu dans un examen qui sera fait par le professeur des écoles de la marine, sur le premier volume du cours de Bezout, en présence des officiers de la marine, de ceux de l'artillerie et de l'infanterie; la préférence sera accordée aux sujets qui auront répondu de la manière la plus satisfaisante, et le rang qu'ils prendront entre eux sera établi sur le même principe.

38. Dans le cas d'égalité d'instruction entre deux sujets admis au concours, la préférence sera accordée à l'ancienneté de service dans la garde nationale ou à bord des vaisseaux de l'Etat; et, s'il existait encore parité à cet égard, elle serait donnée au plus âgé des concurrens.

Le temps de navigation sera compté conformément aux lois sur les gens de mer.

Option donnée aux quartiers-maîtres en exercice.

39. Les quartiers-maîtres-trésoriers en exercice auront l'option de conserver leur place, ou d'occuper, dans les troupes d'infanterie et artillerie, celles auxquelles ils seront portés par leur grade et par leur ancienneté de service.

Nomination des quartiers-maîtres et adjudans-majors.

40. Les places de quartiers-maîtres-trésoriers vacantes, et toutes celles d'adjudans-majors dans l'artillerie et l'infanterie de la marine, seront données, après la formation des régimens, conformément à ce qui est prescrit par les décrets sur l'organisation de l'artillerie et de l'infanterie de la marine.

Nomination des adjudans dans l'infanterie de la marine.

41. Il ne sera procédé au choix des adjudans dans chaque régiment d'infanterie qu'après la nomination des officiers, qui les éliront dans la forme prescrite par les décrets sur l'organisation de l'infanterie de la marine.

42. Les maîtres-canonniers entretenus que leur âge ou leurs infirmités empêcheront de continuer leur service au moment de l'organisation de l'artillerie, obtiendront en retraite la totalité de leurs appointemens et les grades auxquels ils auraient été portés par la nouvelle formation.

43. Dans les cas où quelques officiers, sous-officiers ou soldats se trouveraient, par l'effet de la nouvelle formation, portés à un traitement inférieur à celui dont ils jouissaient, il leur en sera tenu compte par supplément d'appointemens ou de solde.

44. La formation de l'artillerie et de l'infanterie de la marine étant terminée, les emplois de tous grades demeurés vacans, ainsi que ceux qui vaqueront à l'avenir, seront remplacés conformément aux règles établies par les décrets de ce jour, sur l'organisation de l'artillerie et de l'infanterie de la marine.

31 MAI = 8 JUIN 1792. — Décret relatif à la vente des poudres et salpêtres. (L. 9, 274; B. 22, 204.)

L'Assemblée nationale, après avoir entendu la lecture du projet du présent décret dans ses séances du 7, du 14 mai et de ce jour, et après avoir décrété qu'elle était en état de délibérer définitivement; considérant que, par son décret du 14 de ce mois, elle a accordé aux salpêtriers une augmentation de prix sur les salpêtres qui seront délivrés à la régie nationale des poudres et salpêtres, et que, pour soutenir les produits de cette régie, il est indispensable d'augmenter aussi le prix des poudres et salpêtres qui sont vendus par ladite régie; considérant qu'il est essentiel d'accorder aux manufactures particulières et au commerce la liberté de s'approvisionner de salpêtres étrangers; considérant enfin qu'il importe à la sûreté de l'Etat de favoriser toutes les découvertes utiles qui pourraient perfectionner là fabrication de la poudre, et d'augmenter, par tous les moyens qui peuvent se concilier avec les principes de la liberté, la récolte des salpêtres dans toutes les parties de l'empire, décrète ce qui suit :

Art. 1er. Les poudres et salpêtres de différentes qualités, vendus aux particuliers par la régie nationale des poudres et salpêtres, ou par les débitans, seront payés comme il suit :

1° Salpêtre brut, vendu par la régie, seize sous; salpêtre de deux cuites, une livre; salpêtre de trois cuites, une livre quatre sous.

2° Poudre de traite, une livre; poudre de mine, dix-huit sous; poudre de guerre vendue aux armateurs, une livre cinq sous; poudre de chasse, dans les magasins de la régie, deux livres quatre sous; *idem,* pour les débitans, deux livres huit sous; poudre superfine, dans les magasins de la régie, trois livres quinze sous; *idem,* chez les débitans, quatre livres.

A compter du jour de la publication du présent décret, il sera permis à tout commerçant et manufacturier de s'approvisionner de salpêtre étranger, dont l'introduction cessera d'être prohibée.

3. Le ministre des contributions publiques est chargé de faire répéter les expériences nécessaires pour constater l'avantage que présenterait l'emploi du *muriate oxigéné,* au lieu de salpêtre, dans la fabrication de la poudre.

4. Les corps administratifs et les municipalités sont spécialement chargés de veiller, dans l'étendue de leur territoire, au maintien des réglemens et des lois relatifs à la fabrication des poudres et salpêtres, et à tout ce qui peut animer l'industrie et l'activité des salpêtriers.

31 MAI 1792 = 18 JANVIER 1793 — Décret relatif à l'acquittement des appointemens et frais de bureau qui se paient à la Trésorerie nationale. (L. 9, 481; B. 22, 205.)

L'Assemblée nationale, voulant faciliter, à l'égard des employés des divers bureaux dont les appointemens sont payés par la Trésorerie nationale, l'exécution de l'article 22 du titre II de la loi du 18 février 1791, qui ordonne que toute personne ayant un salaire,

traitement ou pension au-dessus de quatre cents livres, à recevoir du Trésor public, ne pourra en toucher aucune portion pour 1792 sans justifier du paiement de sa contribution mobilière de 1791, et de la loi du 23 mars 1792, qui prescrit également la justification de l'acquittement du dernier tiers de la contribution patriotique, décrète qu'il y a urgence.

L'Assemblée nationale, après avoir décrété l'urgence, décrète ce qui suit :

Art. 1er. Le payeur principal de la Trésorerie nationale, chargé de l'acquittement des appointemens et frais de bureaux des ministres et commissaires du Roi, et du bureau de comptabilité, ne sera tenu d'exiger les justifications prescrites par les décrets des 13 janvier = 18 février 1791 et 11 = 15 avril 1792, que de la part desdits ministres et commissaires du Roi, ou des chefs desdits bureaux sur les quittances desquels lesdits appointemens et frais de bureaux sont payés en masse; mais lesdits ministres et commissaires du Roi sont tenus, sous leur responsabilité, d'exiger des employés de leurs bureaux lesdites justifications.

2. A l'égard des bureaux de l'Assemblée nationale, leurs appointemens seront également payés en masse, sur la quittance de celui desdits bureaux au nom duquel le mandat général en sera délivré, lequel sera seulement tenu de justifier qu'il a personnellement acquitté sa contribution mobilière de 1791 et le troisième tiers de la contribution patriotique, et demeurera chargé d'exiger les mêmes justifications des divers employés.

31 MAI = 8 JUIN 1792. — Décret relatif aux grenadiers royaux, régimens provinciaux et bataillons de garnison supprimés par la loi du 4 mars 1791. (L. 9, 284; B. 22, 203.)

L'Assemblée nationale, considérant que les régimens des grenadiers royaux, régimens provinciaux et bataillons de garnison supprimés par la loi du 20 mars 1791, ont servi à la guerre avec ce courage qui caractérisa toujours les légions vraiment nationales; qu'il est de la justice de faire participer les officiers de ce corps aux avantages dont jouissent tous les officiers réformés; persuadée enfin qu'en les rappelant dans l'armée de ligne, ils redoubleront d'efforts pour acquérir de nouveaux titres à la reconnaissance de la patrie, décrète qu'il y a urgence.

L'Assemblée nationale, après avoir décrété l'urgence, décrète ce qui suit :

Art. 1er. Les officiers de tout grade des ci-devant grenadiers royaux, régimens provinciaux et bataillons de garnison, jouiront des avantages accordés aux officiers des troupes de ligne réformés.

2. Lesdits officiers sont susceptibles d'être replacés dans l'armée de ligne, en justifiant toutefois des conditions prescrites par les articles 4 et 7 du décret du 29 novembre dernier.

3. Ceux des officiers qui seront replacés cesseront de jouir du traitement qui leur a été accordé par la loi de leur suppression.

4. L'Assemblée nationale déroge aux dispositions des articles 3 du décret du 9 janvier 1791, et 7 de celui du 4 mars suivant.

31 MAI = 8 JUIN 1792. — Décret relatif à l'examen de divers projets concernant la construction d'un port de marine nationale près Saint-Malo et Saint-Servan. (L. 9, 286 ; B. 22, 202.)

L'Assemblée nationale, après avoir entendu le rapport de son comité de marine, sur trois projets de construction d'un port de marine nationale près Saint-Malo et Saint-Servan, qui ont été présentés, l'un par le sieur Bigot, le second par la municipalité de Saint-Malo, et le troisième par le sieur Marestier, citoyen de Saint Servan; considérant qu'il importe que ces projets soient soumis le plus tôt possible à une vérification régulière et exacte sur la vue des lieux, afin qu'elle soit en état de statuer définitivement en pleine connaissance et sur des données justes, certaines et authentiques, décrète qu'il y a urgence.

L'Assemblée nationale, après avoir décrété l'urgence, décrète ce qui suit :

Art. 1er. Le pouvoir exécutif nommera des commissaires qui se transporteront incessamment sur les lieux, pour y examiner lesdits projets, circonstances et dépendances; vérifier tout ce qui peut concerner la possibilité et la facilité annoncées dans l'exécution de celui qui pourrait, dans ce cas, mériter la préférence; en évaluer la dépense, donner leur avis sur les avantages qui pourraient résulter de cet établissement pour l'État en général, pour la marine nationale, pour la navigation et la liberté des mers, pour la protection du commerce, et pour la sûreté de nos côtes; présenter leurs idées et leurs vues particulières sur tout autre plan qui leur paraîtrait plus convenable d'après l'examen des lieux, et généralement sur tout ce qui leur paraîtra pouvoir donner à leur commission le degré d'utilité et de certitude qui doit en être le résultat.

2. Les commissaires seront tenus d'appeler à ces examens et vérifications, des commissaires des municipalités et des corps administratifs de Saint-Malo et de Saint-Servan, ainsi que le sieur Bigot et le sieur Marestier : ils pourront y appeler, au surplus, les ingénieurs et gens de l'art dont ils jugeront avoir besoin pour l'exactitude de leur opération.

3. Le comité de marine est chargé de faire remettre auxdits commissaires, sous leur récépissé, les plans et mémoires y relatifs, qu'ils seront tenus de rapporter aussitôt leur commission finie, d'après laquelle, et sur le compte qui lui en sera rendu, l'Assemblée nationale prendra telles mesures qui seront jugées convenables.

31 MAI = 8 JUIN 1792. — Décret relatif à un versement à faire par le ministre de la guerre dans la caisse de l'extraordinaire de divers fonds provenant de la caisse des dépôts militaires et autres. (L. 9, 288 ; B. 22, 201.)

L'Assemblée nationale, considérant qu'aux termes de la constitution, il n'y a plus de vénalité d'offices; que le décret du 6 = 15 décembre 1790 veut que les sommes dues aux porteurs de brevets de retenue, pour finances de charges et emplois militaires, soient acquittées, d'après la liquidation, par la caisse de l'extraordinaire; considérant que le ministre de la guerre demande, de la part du Roi, dans quelle caisse doit être versée la somme d'un million trente-cinq mille livres, existant dans celle des dépôts militaires, soit en effets publics, soit en effets particuliers, non compris les sommes dont le dernier trésorier général de la guerre se trouvera débiteur, décrète que le ministre de la guerre fera verser sans délai dans la caisse de l'extraordinaire, sur le récépissé que lui fournira le trésorier, non-seulement les sommes qui existent à la caisse des dépôts militaires, en espèces, assignats, effets publics ou particuliers, mais encore celles dont le ci-devant trésorier général des guerres, le sieur Biré, et tous autres, pourraient se trouver débiteurs, pour maniement des deniers provenant desdits dépôts, sans préjudice de la reddition et apurement de leurs comptes, suivant les règles prescrites par les décrets des 17 = 29 septembre et 9 = 12 février derniers.

31 MAI = 8 JUIN 1792. — Décret relatif aux déclarations à faire par les bâtimens de mer qui entrent dans le Rhône pour se rendre à la foire de Beaucaire. (L. 9, 267 ; B. 22, 206.)

L'Assemblée nationale, après avoir entendu le rapport de son comité de commerce, considérant que, par son décret du 18 du courant, elle n'a pas prévu le cas où les bâtimens de mer qui seraient entrés dans le Rhône pour se rendre en foire à Beaucaire n'auraient pas touché au bureau de Bouc ou de Silvaréal, et n'auraient, par conséquent, pas pu faire leur déclaration à l'un de ces deux bureaux, décrète que les capitaines de bâtimens de mer qui, durant le mois de juillet de chaque année, et avec destination pour la foire de Beaucaire, seront entrés dans le

Rhône sans toucher aux bureaux de Bouc ou de Silvaréal, seront obligés de faire, au bureau d'Arles, la déclaration portée par le décret du 18 du courant, ainsi qu'ils auraient dû la faire auxdits bureaux de Bouc ou de Silvaréal.

31 MAI = 8 JUIN 1792. — Décret portant que la lettre écrite à l'Assemblée nationale par la veuve du maire d'Etampes sera inscrite sur la base du monument élevé à la mémoire de ce magistrat. (L. 9, 262.)

31 MAI 1792. — Décret qui renvoie, soit devant les tribunaux de France, soit devant celui de Pondichéry, les sieurs Gallet et Labadie, pour poursuivre ou faire juger leurs droits et prétentions vers l'administration de la marine et de ses agens. (B. 22, 202.)

31 MAI 1792. — Décret qui autorise les gardes des archives à communiquer diverses pièces aux sieurs Bodeau et Heudelet. (B. 22, 207.)

31 MAI = 8 JUIN 1792. — Décret portant qu'il sera placé à Lagny un des trois lieutenans de la gendarmerie nationa'e fixés à Melun. (B. 22, 248.)

31 MAI 1792. — Décret qui vote des remerciemens au directoire du département et à la municipalité de Paris. (B. 22, 249.)

31 MAI 1792. — Compagnies franches; De La Pérouse; Faux assignats; Garde soldée du Roi; Lagny; MM. Maillard et Thieble. Voy. 27 MAI 1792. — Montauban: Places à mettre en état de guerre; Troupes de ligne. Voy. 26 MAI 1792.

1<sup>er</sup> = 8 JUIN 1792. — Décret relatif au projet d'établiss<sup>.</sup> ment d'un contrôle d'assignats nationaux. (L. 9, 290; B. 22, 250.)

L'Assemblée nationale, après avoir entendu ses comités d'assignats et monnaies sur la dénonciation faite par le directoire du district de Versailles de l'établissement projeté d'un contrôle d'assignats nationaux; considérant qu'il importe à l'utilité publique qu'un pareil établissement ne commence pas ses opérations, ou cesse de les suivre dans le plus bref délai, décrète qu'il y a urgence.

L'Assemblée nationale, considérant que tout établissement qui pourrait directement ou indirectement favoriser la circulation des faux assignats doit être sévèrement prohibé, et que des bureaux de contrôle et de vérification des assignats nationaux peuvent, entre les mains des particuliers, faire craindre ce résultat, attendu que la vérification n'en serait jamais qu'incomplète, et que leur garantie ne saurait être qu'insuffisante et illusoire; après avoir décrété l'urgence, décrète ce qui suit:

Art. 1<sup>er</sup>. L'établissement formé par les sieurs Jacques-Auguste Dutry et Jean-Mathieu le Leu, citoyens de Paris et de Versailles, sous le nom de Bureau de contrôle pour les assignats nationaux, et pour lequel ils ont obtenu, le 10 mars dernier, un brevet d'invention, ne pourra point être mis en activité; et, s'ils avaient déjà commencé les opérations qui y sont relatives, ils sont tenus de les cesser du moment de la publication du présent décret.

2. Il est interdit à toute personne de former aucun établissement tendant à apposer aux assignats des signes de contrôle et de vérification.

1<sup>er</sup> = 8 JUIN 1792. — Décret relatif à l'élection de commissaires de police dans les lieux où ils seront jugés nécessaires. (L. 9, 276; B. 22, 251; Mon. du 2 juin 1792.)
Voy. loi du 19 VENDÉMIAIRE an 4, titre II.

L'Assemblée nationale, après avoir entendu le rapport de son comité de division sur le mode à régler pour les élections des commissaires de police qui seront établis conformément à la loi du 29 septembre 1791; considérant qu'il importe au maintien de l'ordre et de la tranquillité publique d'accélérer ces établissemens dans les villes où le zèle et la vigilance des officiers municipaux et des juges-de-paix ne peuvent pas suffire à tous les détails qu'embrassent les différentes parties des fonctions qui leur sont respectivement déléguées en matière de police, décrète qu'il y a urgence.

L'Assemblée nationale, après avoir décrété l'urgence, décrète ce qui suit:

Art. 1<sup>er</sup>. Les commissaires de police qui seront établis dans les différentes villes du royaume où ils seront jugés nécessaires, conformément au décret du 21 = 29 septembre 1791, seront élus pour deux ans, et pourront être réélus à chaque nouvelle nomination.

2. Les décrets concernant la forme des élections des municipalités, et qui règlent les qualités nécessaires pour exercer les droits de citoyen actif et pour être éligible, seront suivis pour la nomination des commissaires de police, dont les fonctions sont déclarées incompatibles avec l'exercice de celles d'officier municipal, de notaire et d'avoué.

3. L'élection des commissaires de police se fera au scrutin individuel et à la pluralité absolue des suffrages.

4. Le renouvellement en sera fait tous les deux ans, et aura lieu immédiatement après les élections des membres du corps municipal et du conseil général de la commune; néanmoins, le remplacement ou le renouvellement de ceux qui seront nommés avant la première rénovation des municipalités, qui aura lieu

à la Saint-Martin de la présente année 1792, ne pourra être fait qu'à la même époque de l'année 1794, et il en sera de même de ceux qui seront nommés postérieurement ; leur remplacement ne pourra avoir lieu qu'après deux années révolues, à compter du plus prochain jour de Saint-Martin qui suivra leur nomination.

5. Les élections qui seront faites avant l'époque du renouvellement des municipalités auront lieu dans une assemblée extraordinaire des citoyens actifs de chaque commune, qui sera convoquée d'après une délibération du conseil général de la commune, qui en indiquera le jour huitaine avant la tenue.

6. Lorsque les commissaires de police seront en fonctions, ils porteront pour marque distinctive un chaperon aux trois couleurs.

7. Les commissaires de police ne pourront être révoqués dans le cours de leur exercice; mais ils pourront être destitués pour forfaiture jugée.

8. Au cas de vacance d'un ou de plusieurs commissaires de police dans les villes où il y en aura plusieurs, par mort, démission ou par une cause quelconque, dans la seconde année de leur élection, le conseil général de la commune pourra commettre un ou plusieurs des citoyens actifs et éligibles de ladite commune, pour en exercer les fonctions jusqu'à l'époque des élections ordinaires, et, si la vacance arrive dans la première année, il y sera pourvu dans la forme indiquée dans l'article 5 du présent décret.

9. Les commissaires de police, avant d'entrer en exercice, prêteront, en présence du conseil général de la commune, le serment civique, et celui de bien et fidèlement remplir leurs devoirs.

La ville de Paris, ayant reçu un régime particulier quant à ce, par le décret du 21 mai = 27 juin 1790, demeure exceptée du présent décret.

1ᵉʳ JUIN = 1ᵉʳ JUILLET 1792. — Décret portant qu'il y a lieu à accusation contre le sieur Jean-Joseph Henri. (L. 9, 483; B. 20, 253.)

1ᵉʳ = 14 JUIN 1792. Décret qui accorde une somme de six cents livres à la dame Martin, épouse du sieur Lavarenne, et renvoie ce dernier devant le ministre, pour être placé à l'hôtel des Invalides. (B. 22, 249.)

11ᵉʳ JUIN 1792. — Décret relatif aux concessions faites en faveur du ci-devant seigneur de Saint-Louis, de la dame Dannian et du sieur Duperraud. (B. 22, 250.)

11ᵉʳ JUIN 1792. — Décret qui charge le ministre de l'intérieur de rendre compte des fonds qui restent sur les douze millions mis à sa disposition pour secours à accorder aux départemens. (B. 22, 253.)

2 = 5 JUIN 1792. — Décret portant accusation contre le sieur Etienne Larivière, juge-de-paix de la section de Henri IV. (L. 9, 252; B. 22, 255.)

2 = 8 JUIN 1792. — Décret qui unit au département de la Haute-Loire les paroisses de Riotard et de Saint-Ferréol. (B. 22, 256.)

2 = 8 JUIN 1792. — Décret qui autorise le département de la Dordogne à acquérir l'emplacement et la maison des ci-devant Augustins de Périgueux. (B. 22, 254.)

2 = 8 JUIN 1792. — Décret qui autorise la municipalité de Gannat à faire procéder à l'adjudication des ouvrages et réparations nécessaires à la maison commune. (B. 22, 255.)

2 JUIN 1792. — Décret qui porte à deux mille quatre cents livres le traitement des huissiers de l'Assemblée. (B. 22, 255.)

2 JUIN 1792. — Décret qui ordonne l'estimation de tableaux représentant divers combats sur mer, faits pour le Gouvernement par le sieur Rossel. (B. 22, 257.)

4 = 8 JUIN 1792. — Décret relatif au numérotage des assignats. (L. 9, 292; B. 22, 258.)

Art. 1ᵉʳ. Les assignats au-dessous de cent sous, dont l'émission a été ordonnée par une loi du 4 janvier 1792, ne recevront point de numéro.

2. Ces assignats seront divisés en séries de quarante mille billets chaque.

Les séries seront indiquées par des chiffres arabes seulement.

Leur nombre est déterminé ainsi qu'il suit : Assignats de *cinquante sous*, mille séries. Assignats de *vingt-cinq sous*, deux mille séries. Assignats de *quinze sous*, deux mille séries. Assignats de *dix sous*, deux mille séries.

4 = 14 JUIN 1792. — Décret relatif aux six millions accordés au ministre des affaires étrangères. (L. 9, 306; B. 22, 257.)

L'Assemblée nationale, considérant qu'il est important de réparer une erreur qui se trouve dans la rédaction du décret du 26 avril dernier, et qu'elle ne peut retarder la disposition que le ministre des affaires étrangères pourrait faire des sommes qu'elle a décrété devoir être employées aux dépenses extraordinaires et secrètes que peuvent nécessiter les circonstances actuelles, décrète que les six millions portés au décret du 26 avril dernier étaient et sont destinés aux dépenses extraordinaires et secrètes du département des affaires étrangères.

5 JUIN 1792. — Décret relatif au compte à rendre des dons et soumissions faits à l'Assemblée pour les frais de la guerre. (B. 22, 359.)

5 JUIN 1792. — Décret qui ordonne au ministre de l'intérieur de justifier de l'emploi de douze millions mis à sa disposition pour des secours imprévus à donner aux départemens. (B. 22, 259.)

5 JUIN 1792. — Sieur Etienne Larivière. *Voy.* 2 JUIN 1792.

6 = 8 JUIN 1792. — Décret relatif aux contre-seings et aux franchises des lettres. (L. 9, 282; B. 22, 261.)

*Voy.* lois du 16 JUILLET 1790 ; du 3 SEP-TEMBRE 1792; arrêté du 27 VENDÉMIAIRE an 6.

L'Assemblée nationale, informée par le ministre des contributions publiques de l'abus qui existe dans l'administration des postes, relativement aux contre-seings et aux franchises des lettres; considérant qu'il est instant de remédier à cet abus, décrète que la franchise et le contre-seing des lettres par la poste sont supprimés, excepté pour l'Assemblée nationale, les administrations publiques et les fonctionnaires publics actuellement en activité, et qui en ont joui jusqu'à présent.

6 = 8 JUIN 1792. — Décret relatif aux dépenses de l'administration de la caisse de l'extraordinaire. (L. 9, 280; B. 22, 260.)

L'Assemblée nationale, après avoir entendu le rapport de son comité de l'extraordinaire des finances, considérant que les vingt mille livres accordées provisoirement par son décret du 30 septembre dernier, pour l'augmentation des dépenses de l'administration de la caisse de l'extraordinaire, occasionée par l'effet du décret du 23 = 26 août précédent, et en attendant le réglement définitif de ces dépenses, n'ont point suffi pour acquitter celles qui ont eu lieu depuis le 1ᵉʳ octobre 1791 jusqu'au 1ᵉʳ mai 1792; considérant encore qu'indépendamment de cette augmentation, il en est résulté une nouvelle dans les bureaux de la comptabilité de cette administration, pour l'exécution du décret du 28 septembre 1791, et qu'il est nécessaire et juste de pourvoir sans retard tant au paiement du salaire des personnes attachées à cette administration qu'au remboursement des fournisseurs et frais des bureaux, décrète qu'il y a urgence.

L'Assemblée nationale, après avoir décrété l'urgence, décrète ce qui suit:

Art. 1ᵉʳ. La Trésorerie nationale remettra au commissaire du Roi administrateur de la caisse de l'extraordinaire, ou à la personne préposée par lui, sous sa responsabilité, la somme de soixante-dix mille neuf cent vingt-trois livres onze sous cinq deniers, formant le complément des dépenses qui ont eu lieu dans l'administration de la caisse de l'extraordinaire, depuis le 1ᵉʳ octobre 1791 jusqu'au 1ᵉʳ mai 1792, par l'effet de transmission des travaux du comité d'aliénation de l'Assemblée constituante, ordonnée par le décret du 26 août dernier, et pour l'exécution du décret du 28 septembre suivant.

2. La Trésorerie nationale remettra aussi au même administrateur, ou à la personne par lui préposée, la somme de dix mille livres, à compte sur les dépenses qui ont pu être faites depuis le 1ᵉʳ mai 1792, pour les causes mentionnées en l'article 1ᵉʳ, à la charge par ledit administrateur d'en rendre compte.

6 = 10 JUIN 1792. — Décret portant qu'il y a lieu à accusation contre le sieur Alexandre Vigier. (B. 22, 262.)

6 JUIN 1792. — Décret relatif à la circonscription des paroisses de la ville de Chaumont. (B. 22, 261.)

6 JUIN 1792. — Décret qui admet M. Dusaulx à remplir les fonctions de député aux lieu et place de M. Boscari. (B. 22, 262.)

6 = 10 JUIN 1792. — Décret relatif à la procédure instruite par le directeur du jury du district de Sables, sur les troubles arrivés à Angle. (B. 22, 263.)

6 JUIN 1792. — Haute-cour nationale. *Voy.* 29 MAI 1792. — Monnaie provenant des cloches. *Voy.* 28 MAI 1792. — Officiers étrangers; Récusation; Secours. *Voy.* 29 MAI 1792. — Vétérans de la garde nationale. *Voy.* 9 et 29 MAI 1792. — Sieur Weyland Satlh. *Voy.* 29 MAI 1792.

8 JUIN = 20 AOUT 1792. — Décret relatif aux citoyens composant les ci-devant gardes du Roi. (B. 22, 267.)

L'Assemblée nationale décrète que les citoyens composant la ci-devant garde du Roi, qui ont été licenciés par le décret du 29 mai dernier, et qui, ayant rempli les conditions d'éligibilité prescrites par la constitution et par le décret du mois de février dernier, obtiendront un certificat de la municipalité de Paris, et déclareront désirer rentrer dans les différens corps d'où ils avaient été précédemment tirés, y prendront les grades qu'ils y auraient actuellement s'ils ne les eussent pas quittés.

S'il n'y avait point d'emploi vacant dans les grades qu'ils devraient remplir, ils en feront les fonctions, ou en recevront le traitement jusqu'à ce qu'il s'en trouve de vacans; ils seront alors les premiers à les remplir, sans pouvoir cependant prendre rang sur ceux qui auraient été placés avant eux dans le même grade.

———

8 = 8 JUIN 1792. — Décret relatif à la prohibition d'exporter à l'étranger les orges, avoines, légumes, grenailles, chevaux, bestiaux et fourrages. (L. 9, 283; B. 22, 267.)

L'Assemblée nationale, après avoir entendu le rapport de ses comités d'agriculture et de commerce, considérant qu'il est instant d'arrêter l'exportation qui se fait à l'étranger, en orges, avoines, légumes, grenailles, chevaux, bestiaux et fourrages de toute espèce, par les départemens du Jura, de l'Ain, de l'Isère, Hautes-Alpes, Basses-Alpes et Var; afin de ménager à l'armée du Midi les vivres et fourrages dont elle peut avoir besoin, décrète que la prohibition de la sortie à l'étranger des denrées et bestiaux, prononcée par les décrets des 31 décembre et 14 mai derniers, s'étendra depuis la hauteur de Pontarlier, en suivant les frontières, jusqu'au département des Bouches-du-Rhône.

———

8 = 10 JUIN 1792. — Décret en faveur des sieurs Banet, Basset, Dondonneau, Chevalier père et fils, etc., bannis des îles Saint-Pierre et Miquelon. (L. 9, 297; B. 22, 268.)

———

8 JUIN 1792. — Décret relatif à la formation d'un corps de vingt mille hommes, qui se rassembleront à Paris pour le 14 juillet prochain. (B. 22, 263).

———

8 JUIN 1792. — Décret qui charge le ministre de la justice de rendre compte, de huitaine en huitaine, des procédures relatives aux troubles d'Issengeaux, et approuve la conduite de plusieurs officiers municipaux. (B. 22, 269.)

———

8 JUIN 1792. — Bâtimens qui entrent dans le Rhône. *Voy.* 31 MAI 1792. — Caisse de l'extraordinaire. *Voy.* 29 MAI 1792; 31 MAI 1792; 6 JUIN 1792. — Caisse des invalides de la marine. *Voy.* 29 MAI 1792. — Commercy. *Voy.* 30 MAI 1792. — Commissaires de police. *Voy.* 1ᵉʳ JUIN 1792. — Contre-seings, etc., des lettres. *Voy.* 6 JUIN 1792. — Contrôle d'assignats. *Voy.* 1ᵉʳ JUIN 1792. — Dordogne; Gannat. *Voy.* 2 JUIN 1792. — Grenadiers royaux, etc. *Voy.* 31 MAI 1792. — Haute-Loire. *Voy.* 2 JUIN 1792. — Lagny; Lettre de la veuve du maire d'Etampes. *Voy.* 31 MAI 1792. — Sieur Millot. *Voy.* 30 MAI 1792. — Numérotage des assignats. *Voy.* 4 JUIN 1792. — Officiers de santé de la marine. *Voy.* 29 MAI 1792. — Port de marine à construire près Saint-Malo; Poudres et salpêtres. *Voy.* 31 MAI 1792. — Puissance paternelle. *Voy.* 30 MAI 1792.

9 = 14 JUIN 1792. — Décret relatif aux guides de l'armée du Midi. (L. 9, 304; B. 22, 283.)

Art. 1ᵉʳ. Il sera attaché une compagnie de guides à l'état-major de l'armée du Midi.

2. La formation de cette compagnie sera la même que celle des trois compagnies qui ont été décrétées, le 25 avril dernier, pour les autres armées.

———

9 = 14 JUIN 1792. — Décret relatif aux pensions et secours. (L. 9, 307; B. 22, 281.)

*Voy.* loi du 25 = 27 JUIN 1792.

Art. 1ᵉʳ. Les personnes qui jouissaient de pensions et gratifications annuelles, assignées sur toutes autres caisses que le Trésor public, et qui, aux termes du décret du 27 juin 1790, devaient les toucher jusqu'au 31 décembre 1789, seront payées par le payeur des dépenses diverses de la Trésorerie nationale, de ce qui peut leur en rester dû jusqu'à ladite époque.

2. Elles seront payées de même par la Trésorerie nationale, de ce qui peut leur rester dû des secours provisoires accordés par le décret du 2 juillet 1791 et autres antérieurs, notamment par l'article 8 du décret du 20 février 1791; et sur ces secours provisoires accordés par le présent article il sera fait une déduction des sommes qui auraient été payées, en vertu du décret du 20 = 25 février 1791, sur le fond de cent cinquante mille livres.

3. Lesdites personnes ayant droit au paiement ordonné par les articles précédens seront tenues de fournir à la Trésorerie le certificat, sur papier libre, des caissiers, régisseurs ou administrateurs des caisses, fonds et administrations sur lesquels leurs pensions ou gratifications annuelles étaient assignées, lequel constatera le montant des sommes dont elles jouissaient et l'époque à laquelle le paiement des arrérages antérieurs au 31 décembre 1789, ou celui des secours provisoires accordés par les décrets du 2 juillet 1791 et autres y énoncés, aura cessé d'être faits.

4. Pour effectuer le paiement des pensions, gratifications annuelles ou secours ordonnés par le présent décret, la Trésorerie nationale se conformera aux décrets précédemment rendus à cet égard, et notamment aux dispositions relatées dans celui du 27 = 28 juin 1791, auxquelles le présent décret n'a point dérogé.

———

9 = 14 JUIN 1792. — Décret concernant le mode de nomination des capitaines de gendarmerie. (L. 9, 309; B. 22, 271.)

L'Assemblée nationale, considérant qu'il est instant de statuer sur la réclamation du sieur Leteneur, relative à la validité de sa nomination par le directoire du département

14

de Seine-et-Oise, le 4 juillet 1791, à une place de capitaine de gendarmerie nationale, qui a été ensuite conférée au sieur Redy de la Grange, par une élection ultérieure du même directoire, sur le refus de M. Duportail, ministre de la guerre, de faire expédier au sieur Leteneur la commission de capitaine, et qu'il est instant de prononcer sur le sort des deux officiers nommés au même emploi;

Considérant que l'article 7 du titre VI du décret du 16 janvier = 16 février 1791, sur l'organisation de la gendarmerie nationale, qui accorde la moitié des places de capitaines aux officiers de la ci-devant maréchaussée, et qui laisse aux directoires de département le choix de l'autre moitié parmi les sujets ayant servi au moins dix ans en qualité d'officiers, n'interdisait point aux directoires la faculté de choisir parmi les officiers de la ci-devant maréchaussée, pourvu qu'ils eussent les qualités exigées par cet article;

Considérant que la réclamation du sieur Leteneur, à l'Assemblée nationale, contre le refus du ministre de la guerre de lui délivrer sa commission de capitaine, et contre l'interprétation qu'il s'était permis de faire de l'art. 7 du titre VI du même décret, devait empêcher le directoire de procéder à une nouvelle élection, jusqu'à ce qu'il eût été statué;

Considérant enfin que le directoire du département de Seine-et-Oise, consulté le 14 septembre suivant par le ministre de la guerre, sur les deux nominations au même emploi, qu'il reconnaissait valables, et auquel des deux officiers élus la préférence devait être accordée, au lieu de s'expliquer positivement sur le choix qu'il était requis de faire, avait seulement proposé au ministre des moyens de réparer la double injustice à laquelle il avait exposé les administrateurs du directoire; que cette proposition ne pouvait pas être considérée comme un choix de sa part en faveur de M. Redy de la Grange,

Décrète que la nomination faite par le directoire du département de Seine-et-Oise de M. Leteneur, à une place de capitaine de gendarmerie nationale, est valable, et que la commission lui en sera délivrée; qu'il sera rappelé de ses appointemens de lieutenant depuis le 4 juillet 1791; décrète que le sieur Redy de la Grange, nommé au même emploi, remplira la place de lieutenant destinée par le ministre de la guerre au sieur Leteneur; qu'il en fera les fonctions et en touchera les appointemens jusqu'à ce qu'il soit replacé dans la ligne et dans le grade qu'il aurait obtenu s'il n'en eût pas sorti, si mieux il n'aime continuer son service dans la gendarmerie nationale, où il prendra son rang pour l'avancement suivant les règles établies par les précédens décrets; décrète

enfin que le présent décret sera envoyé aux directoires du département et des districts de Seine-et-Oise.

9 JUIN 1792. — Décret qui déclare que MM. Dillon et Berthois ont bien mérité de la patrie, accorde des pensions à leurs enfans, et la décoration militaire à MM. Dupont et Chaumont. (B. 22, 284.)

9 JUIN 1792. — Décret qui renvoie au pouvoir exécutif la réclamation de la commune d'Ustaritz contre un arrêté du département des Basses-Pyrénées, qui autorise le directoire du district d'Ustfaritz à tenir ses séances à Bayonne. (B. 22, 269.)

9 = 24 JUIN 1792. — Décret portant rétablissement et création de pensions, et qui accorde des gratifications à plusieurs personnes, en remplacement de pensions. (B. 22, 272.)

9 JUIN = 6 JUILLET 1792. — Décret qui charge la caisse de l'extraordinaire de verser à la Trésorerie nationale cinquante-quatre millions cent soixante-six mille neuf cent quatre-vingts livres. (L. 9, 270.)

9 JUIN 1792. — Décret qui charge le ministre des contributions publiques des opérations relatives au timbrage des assignats. (B. 22, 405.)

9 JUIN = 21 JUILLET 1792. — Décret qui accorde des pensions, secours et indemnités à plusieurs employés des ci-devant fermes, régies et administrations supprimées. (B. 22, 277.)

9 JUIN = 8 JUILLET 1792. — Décret qui accorde des pensions et gratifications à des fonctionnaires et veuves des fonctionnaires publics dans les départemens de la guerre et de l'intérieur. (B. 22, 279.)

9 = 14 JUIN 1792. — Décret en faveur du sieur Borée, renvoyé arbitrairement de Saint-Domingue. (B. 22, 282.)

9 = 14 JUIN 1792. — Décret pour qu'il soit statué sur les réclamations faites par la dame Saint-Laurent et sa sœur, pour les pertes qu'elles ont éprouvées dans l'insurrection arrivée à Dunkerque. (B. 22, 282.)

10 = 24 JUIN 1792. — Décret relatif à une contestation entre l'agent du Trésor public et le sieur de Rossel, pour prix de tableaux. (L. 9, 407; B. 22, 285.)

L'Assemblée nationale, ayant entendu la lecture d'une lettre de l'agent du Trésor public, par laquelle il instruit l'Assemblée que le décret qu'elle a rendu le 2 de ce mois sur la pétition du sieur de Rossel, au sujet du prix des tableaux par lui faits pour le compte du Gouvernement, arrête absolument la marche et l'action du pouvoir judiciaire, qui est saisi d'une contestation relative au même objet, indécise entre le sieur de Rossel et l'agent du Trésor public; après s'être fait représenter les pièces de cette contestation, considérant que rien n'est plus instant que d'assurer à toutes les autorités constituées l'exercice du pouvoir qui leur est délégué par la constitution, déclare rapporter le décret qu'elle a rendu le 2 de ce mois, en suite de la pétition d'Auguste-Louis de Rossel, ancien capitaine de vaisseau du Roi; le renvoie à suivre par-devant les tribunaux la contestation qui y est indécise entre lui et l'agent du Trésor public, au sujet des tableaux qu'il a peints pour le compte du Gouvernement.

10 JUIN = 25 JUILLET 1792. — Décret relatif aux manufactures d'armes, et particulièrement à celle de Maubeuge. (L. 9, 671; B. 22, 285.)

L'Assemblée nationale, prenant en considération les réclamations des ouvriers de la manufacture d'armes de Maubeuge, et la nécessité de ranimer sans délai l'activité du travail dans ces importans ateliers; après avoir entendu son comité militaire, décrète qu'il y a urgence.

L'Assemblée nationale, après avoir décrété l'urgence, décrète ce qui suit:

Art. 1er. L'entrepreneur de la manufacture d'armes de Maubeuge, dans le délai de 15 jours après la publication du présent décret, justifiera, en présence de la municipalité de ladite ville, à quel titre il a reçu, dans le courant de l'année dernière, la somme de trente-huit mille six cents livres seize sous onze deniers du ministre de la guerre, et de l'emploi qu'il a fait de ladite somme.

2. Jusqu'au moment où l'Assemblée nationale aura rendu un décret général sur les manufactures d'armes de l'empire, les ouvriers de la manufacture d'armes de Maubeuge recevront généralement, pour les ouvrages de la même espèce et de la même nature, les mêmes prix que ceux qui sont alloués aux ouvriers de la manufacture d'armes de Charleville.

3. Les gratifications et primes accordées par le réglement de 1777 et antérieurs, aux différentes classes des ouvriers des manufactures de l'empire, ainsi que les prix destinés à exciter le zèle des maîtres et le succès des élèves, seront provisoirement distribuées.

4. Le ministre de la guerre rendra compte à l'Assemblée nationale, dans le délai de quinze jours, de l'état des pensions et secours accordés ou à accorder aux ouvriers infirmes et hors d'état de continuer leurs utiles travaux dans la manufacture d'armes de Maubeuge, ainsi que de l'état actuel d'approvisionnement en matières premières dans toutes les manufactures d'armes du royaume.

10 JUIN 1792. — Proclamation du Roi concernant les observations à faire pour les commissaires de l'Académie des sciences pour l'exécution de la loi du 22 août 1790, qui a ordonné l'uniformité des poids et mesures. (L. 9, 209.)

10 JUIN 1792. — Décret portant que le sixième régiment de dragons, ayant dénoncé les coupables de désobéissance au général Biron dans l'affaire de Mons, est honorablement acquitté. (B. 22, 286.)

10 JUIN 1792. — Sieurs Banet, Basset, etc. Voy. 8 JUIN 1792. — Dette publique. Voy. 26 MAI 1792. — Gardes des ports de Paris. Voy. 30 MAI 1792. — Troubles d'Angle. Voy. 6 JUIN 1792. — Sieur Alexandre Vigier. Voy. 6 JUIN 1792.

11 JUIN = 1er JUILLET 1792. — Décret relatif au remplacement des emplois vacans dans le régiment d'artillerie des colonies. (L. 9, 476; B. 22, 287.)

L'Assemblée nationale, après avoir entendu le rapport de son comité militaire sur les réclamations de plusieurs individus du régiment d'artillerie des colonies, qui lui ont été exposées par le ministre de la guerre le 5 de ce mois;

Considérant que plusieurs circonstances ont empêché que les emplois qui ont vaqué successivement dans le régiment d'artillerie des colonies, depuis plus de deux ans, aient pu être remplacés jusqu'à ce jour;

Considérant qu'il est juste que ceux qui auraient dû être pourvus de ces emplois aux différentes époques de leur vacance ne souffrent plus long-temps de ce retard à leur avancement militaire, et qu'ils en soient dédommagés;

Considérant enfin que plusieurs compagnies de ce régiment sont à la veille de s'embarquer, et qu'il est indispensablement nécessaire, pour l'utilité du service, que tous les emplois d'un régiment soient remplis, décrète qu'il y a urgence.

L'Assemblée nationale, après avoir décrété l'urgence, décrète ce qui suit:

Art. 1er. Le Roi donnera tous les ordres nécessaires pour qu'il soit procédé sans délai au remplacement de tous les emplois vacans dans le régiment d'artillerie des colonies.

2. La place d'inspecteur-général, vacante par la démission du sieur Mauson, ne sera point nommée jusqu'à l'organisation définitive de l'artillerie des colonies.

3. Les officiers du régiment d'artillerie des colonies ne rouleront plus, pour leur avancement, sur la brigade seule à laquelle ils sont attachés, mais sur la totalité du régiment.

4. Les remplacemens seront faits conformément au mode prescrit par le décret du

14.

ASSEMBLÉE LÉGISLATIVE. — DU 11 AU 12 JUIN 1792.

16 = 27 avril 1791, relative à l'avancement du corps de l'artillerie de terre, en observant que les sous-officiers et soldats ne rouleront que sur la totalité des compagnies qui se trouveront réunies dans le même département.

5. Les officiers qui monteront à des emplois vacans antérieurement au 1er avril 1791 seront censés en avoir été pourvus à cette époque du 1er avril; les brevets des autres auront la date de la vacance des emplois.

6. Ils seront rappelés de ces mêmes époques, pour le paiement des appointemens dont ils auraient dû jouir.

Il en sera de même des sous-officiers, caporaux et soldats.

11 = 21 JUIN 1792. — Décret relatif à l'établissement d'un payeur général et d'un contrôleur des dépenses pour l'armée du Midi. (L. 9, 393; B. 22, 287.)

L'Assemblée nationale, considérant que l'économie des dépenses et l'ordre de la comptabilité exigent qu'il soit incessamment nommé un payeur général et un contrôleur des dépenses de l'armée du Midi, décrète:

Art. 1er. Qu'il y aura un payeur général et un contrôleur des dépenses pour l'armée du Midi;

2. Que la Trésorerie nationale nommera ce payeur général et ce contrôleur des dépenses, conformément aux dispositions du décret du 27 avril, relatif aux payeurs généraux et aux contrôleurs des dépenses des armées du Nord.

3. Le payeur général et le contrôleur de l'armée du Midi jouiront des mêmes traitemens que ceux des armées du Nord, et se conformeront, pour leur service et leur comptabilité, aux dispositions du même décret.

11 = 14 JUIN 1792. — Décret qui met cent neuf mille livres à la disposition du ministre de l'intérieur, pour subvenir aux besoins du département de l'Aisne. (B. 22, 288.)

11 = 14 JUIN 1792. — Décret qui autorise le ministre de la guerre à rembourser au sieur Duvellery les déboursés qu'il a faits pour les sieurs Brisson et Carteret. (L. 9, 305; B. 19, 289.)

11 = 21 JUIN 1792. — Décret qui réintègre le sieur Bonnay dans son emploi de capitaine au corps d'artillerie. (L. 9, 492; B. 22, 289.)

12 JUIN = 21 JUILLET 1792. — Décret concernant l'approvisionnement des armes dans les arsenaux et magasins nationaux. (L. 12, 489; B. 22, 291.)

L'Assemblée nationale, considérant que rien n'est plus instant, dans les circonstances actuelles, que de pourvoir d'une manière certaine à ce que les arsenaux et magasins nationaux soient toujours approvisionnés d'une quantité suffisante de bonnes armes; considérant aussi l'avantage d'armer dans ce moment toutes les gardes nationales des départemens frontières, décrète qu'il y a urgence.

L'Assemblée nationale, après avoir entendu son comité militaire et décrété l'urgence, décrète ce qui suit:

Art. 1er. Jusqu'à ce qu'il en ait été autrement ordonné, la sortie à l'étranger de toute espèce d'armes et munitions de guerre est et demeure prohibée.

2. Sont expressément compris dans cette prohibition les fusils et la poudre de chasse, les pistolets de poche et d'arçons, ainsi que les épées, sabres et couteaux de chasse.

3. En cas de contravention à l'article précédent, les armes et munitions saisies seront confisquées, ainsi que les chevaux, voitures et bateaux qui s'en trouveraient chargés. Il sera en outre payé une amende de cinquante livres par chaque arme saisie, et, pour les munitions, il en sera payé une qui sera équivalente à trois fois leur valeur réelle: dans l'un et dans l'autre cas, ces amendes seront exigibles et payables par corps.

Le pouvoir exécutif donnera les ordres les plus précis pour faire le plus promptement possible, dans tous les arsenaux et magasins nationaux du royaume, la recherche de tous les fusils qui, soit par leur calibre, soit par leur longueur, par leur forme, par leur défaut de baïonnettes, etc., ne pourraient être d'aucun usage dans les armées, mais pourraient cependant être d'une grande utilité entre les mains des citoyens habitant les campagnes des départemens frontières. Ces fusils seront sur-le-champ mis en réparation, et il sera fait, s'ils ne sont pas du calibre actuellement en usage, des moules à balle en quantité suffisante pour en envoyer partout où l'on fera passer de ces fusils, qui ne seront délivrés que sur un décret du Corps-Législatif, et seront alors marqués des lettres *A. N.*, signifiant *arme nationale*.

4. Il sera fait, dans la huitaine de la publication du présent décret, un inventaire exact des armes et munitions de guerre de toute espèce qui pourraient se trouver dans les maisons des émigrés, et sur lesquelles les scellés seraient ou auraient été précédemment posés. Un extrait de cet inventaire, désignant les différentes espèces d'armes et de munitions, sera envoyé dans la huitaine au directoire du département, qui l'adressera sur-le-champ au pouvoir exécutif: celui-ci, de son côté, en donnera connaissance sans délai au Corps-Législatif.

5. Les fusils du modèle de 1777 existant dans les magasins nationaux ne pourront

sous aucun prétexte, être délivrés aux troupes de nouvelle levée tant qu'il sera possible de leur en fournir d'autres neufs ou réparés, à moins que les troupes ne soient employées contre les ennemis extérieurs; auquel cas, s'il est jugé nécessaire, leur armement pourra être renouvelé, en tout ou en partie, en armes du modèle de 1777.

12 JUIN = 16 AOUT 1792. — Décret relatif aux enchères pour la vente des sels et tabacs. (L. 10, 379; B. 22, 290.)

L'Assemblée nationale, après avoir entendu le rapport de son comité de l'ordinaire des finances, qui lui a rendu compte des pertes considérables que le Trésor public éprouve sur la vente des sels et tabacs, par l'effet de la coalition de plusieurs citoyens qui se concertent pour ne pas enchérir; voulant faire cesser promptement un semblable désordre, décrète qu'il y a urgence.

L'Assemblée nationale, après avoir décrété l'urgence, décrète ce qui suit:

Art. 1er. Aussitôt après la publication du présent décret, les enchères pour la vente des sels et tabacs, ordonnée par le décret du 22 = 25 mars dernier, ne seront reçues qu'au-dessus du *minimum* du prix qui sera déterminé de la manière prescrite par les articles suivans, et, jusqu'à ce que ce *minimum* soit fixé, la vente sera suspendue.

2. Pour parvenir à la fixation de ce *minimum*, les corps administratifs feront parvenir sans délai au ministre des contributions publiques des renseignemens sur le prix commun du commerce des sels et tabacs dans leurs départemens, et ils indiqueront le prix qu'il paraît convenable de déterminer, et au-dessous duquel il ne pourra être reçu d'enchères pour la vente des sels et tabacs nationaux.

3. Aussitôt que le ministre aura reçu ces renseignemens et avis, il fixera le *minimum* du prix au-dessous duquel ces denrées ne pourront être adjugées, et il en instruira de suite les directoires de département, qui, de leur côté, en instruiront les directoires de district.

12 JUIN 1792. — Décret portant qu'il sera attaché aux six légions créées le 27 avril dernier une compagnie sous la dénomination de volontaires gardes nationaux chasseurs à cheval. (L. 9, 347; B. 22, 292.)

12 = 15 JUIN 1792. — Acte d'accusation contre Jean-Joseph Henri, prêtre. (L. 9, 340; B. 22, 295.)

12 = 14 JUIN 1792. — Acte d'accusation contre le sieur Brissac, ci-devant commandant de la garde soldée du Roi. (L. 9, 302; B. 22, 296.)

13 = 19 JUIN 1792. — Décret relatif à la fabrication des assignats. (L. 9, 385; B. 22, 298.)

L'Assemblée nationale, informée que le défaut d'unité qui a eu lieu jusqu'à ce jour dans les différentes parties de l'administration concernant la confection des assignats a nui souvent à la célérité comme à la perfection de leur fabrication; voulant empêcher ces inconvéniens de se reproduire, et considérant que les opérations nécessaires pour l'achèvement des petites coupures décrétées les 17 et 23 décembre 1791, exigent des dispositions qu'il est convenable de confier incessamment à des administrateurs qui, libres de toutes autres fonctions, puissent en suivre les détails dans toute leur étendue; après avoir entendu le rapport de ses comités de l'extraordinaire des finances et des assignats réunis, décrète qu'il y a urgence.

L'Assemblée nationale, après avoir décrété l'urgence, décrète ce qui suit:

Art. 1er. Il sera établi, pour la fabrication des assignats, une administration particulière, sous le nom de *direction pour la fabrication des assignats*.

2. Cette administration n'appartiendra à aucun département du ministère.

3. Elle sera composée de trois commissaires nommés par le Roi, dont chacun aura un traitement annuel de neuf mille livres, et fournira un cautionnement en immeubles, qui ne pourra être moindre de cent mille livres.

4. L'administration ainsi formée dirigera les opérations, fera les conventions et passera tous les marchés nécessaires pour la confection des assignats, depuis le moment de leur création jusqu'à leur remise dans la caisse à trois clefs; mais aucun desdits marchés ne pourra être exécuté qu'en vertu d'un décret du Corps-Législatif, sanctionné par le Roi.

5. La surveillance la plus immédiate des directeurs devant avoir pour objet les travaux de la gravure, de l'impression, du timbrage, et les autres opérations nécessaires pour donner aux assignats le caractère de monnaie, ils nommeront et ils auront sous leurs ordres, dans chaque papeterie, des inspecteurs chargés de diriger la fabrication du papier.

6. Ils auront également à leur nomination et sous leurs ordres des employés pour la signature, le numérotage, le timbrage et le comptage des assignats. Leur nombre et leur traitement seront réglés par l'Assemblée nationale, sur les états qui lui seront remis par lesdits commissaires, à chaque fabrication.

7. Chaque inspecteur aux papeteries recevra trois cents livres par mois pour ses appointemens, pendant la durée de son service

Les fonctions desdits inspecteurs dans les ateliers seront celles qu'y remplissent aujourd'hui les commissaires du Roi.

8. L'Assemblée nationale continuera d'envoyer aux papeteries des commissaires pris dans son sein, pour assister aux délivrances et surveiller les fabrications.

9. Le papier fabriqué suivant les formes et dans les quantités prescrites par les décrets continuera d'être déposé aux archives au fur et à mesure de la fabrication : à cet effet, il sera compté, ficelé, scellé des doubles cachets de la direction et du commissaire de l'Assemblée nationale. Les rames ainsi formées seront comptées et pesées, et le procès-verbal qui en sera dressé sera signé du fabricant, de l'inspecteur et du commissaire de l'Assemblée nationale.

10. Le procès-verbal du dépôt aux archives sera signé par un des directeurs et par l'archiviste; celui de la sortie des archives le sera également des directeurs entre les mains desquels le papier sera remis, et d'un commissaire de l'Assemblée nationale.

11. Immédiatement après chaque fabrication, seront également déposés aux archives de l'Assemblée nationale, et n'en pourront sortir qu'en vertu d'un décret, les formes, planches, coins, poinçons, matrices et autres ustensiles qui auront servi tant à la fabrication du papier qu'à son impression, et autres opérations ordonnées pour sa conversion en assignats.

12. Les commissaires établis par le présent décret, devant être présens en personne ou par le moyen de leurs agens à tous les mouvemens relatifs à la confection des assignats, deviendront responsables de toutes les erreurs de compte qui pourraient avoir lieu jusqu'au moment de la remise desdits assignats dans la caisse à trois clefs.

13. A l'effet de ladite remise, et lorsque les assignats auront acquis tous les caractères qui peuvent leur donner cours de monnaie, ils seront comptés contradictoirement par les directeurs de la fabrication et le trésorier de la caisse de l'extraordinaire, en présence de l'administrateur de ladite caisse et d'un commissaire de l'Assemblée nationale. Le récépissé donné par le trésorier et visé par le commissaire administrateur de la caisse de l'extraordinaire opérera la décharge des directeurs.

14. Chaque versement à la caisse à trois clefs aura lieu tous les trois jours; il comprendra les assignats terminés dans les vingt-quatre heures.

15. Les assignats ainsi comptés et déposés dans la caisse à trois clefs n'en pourront sortir que dans les formes prescrites par le décret du 6 = 15 décembre 1790, sur l'organisation de la caisse de l'extraordinaire.

16. Les trois clefs de la caisse continueron t

d'être remises, l'une à un commissaire de l'Assemblée nationale, l'autre au commissaire du Roi près la caisse de l'extraordinaire, et la troisième au trésorier de ladite caisse de l'extraordinaire.

17. Il sera établi un registre en parties doubles, paraphé par les commissaires de l'Assemblée nationale et l'administrateur de la caisse, sur lequel seront portées toutes les entrées et sorties de la caisse à trois clefs; il en sera fait procès-verbaux. Les commissaires et administrateur signeront chaque article de crédit et de débet, lors des rentrées et sorties de ladite caisse. Ledit registre restera toujours enfermé dans la caisse à trois clefs, et n'en sortira que lorsqu'il sera rempli, pour être déposé aux archives.

18. Les directeurs établis par le présent décret continueront d'observer, pour le placement du timbre des petits assignats, les dispositions auxquelles le ministre des contributions publiques était autorisé par le décret du 9 juin dernier.

19. Les dispositions ordonnées par le présent décret n'auront lieu que pour la fabrication des assignats à décréter, et pour la continuation des opérations relatives aux assignats de vingt-cinq livres, dix livres et au-dessous, décrétées les 17 et 23 décembre 1791; en conséquence, la dernière création de trois cents millions, décrétée le 30 avril dernier, continuera de se faire suivant les formes et sous les responsabilités qui ont eu lieu jusqu'à ce jour.

20. Les commissaires - directeurs remettront, tous les huit jours, à l'Assemblée nationale un état de situation de la fabrication de chaque nature d'assignats, afin que, dans tous les temps, il lui soit facile de comparer le degré d'avancement desdites fabrications avec les besoins du service.

21. Ils seront de plus chargés, relativement à l'examen et vérification des faux assignats, des fonctions attribuées au commissaire du Roi près la caisse de l'extraordinaire, par le décret du 25 = 27 février 1792.

22. Leurs emplois dureront tout le temps de la fabrication des assignats, et ils ne seront destituables qu'en vertu d'un décret du Corps-Législatif.

23. Tous les quinze jours, il sera procédé, en présence des commissaires de l'Assemblée nationale, au brûlement de tous les assignats fautés tant à l'imprimerie qu'au timbre, ou pendant les autres opérations nécessaires pour leur donner cours de monnaie.

24. Les commissaires-administrateurs présenteront à l'Assemblée nationale, dans la huitaine à compter du jour de leur nomination, un état de la situation actuelle de la fabrication des assignats confiés à leur surveillance, avec l'indication des moyens propres pour l'accélérer; et, dans la quinzaine,

à compter également du jour de leur nomination, ils fourniront l'état des dépenses à faire pour les frais et l'établissement de leurs bureaux.

---

13 = 26 JUIN 1792. — Décret qui autorise l'administration de la caisse de l'extraordinaire à émettre les assignats nécessaires pour effectuer les versemens et dépenses décrétés. (L. 9, 409; B. 22, 298.)

L'Assemblée nationale, considérant que les versemens qui doivent être faits à la Trésorerie nationale par la caisse de l'extraordinaire ne sauraient être différés sans arrêter l'activité du service du trésor public, décrète que l'administrateur de la caisse de l'extraordinaire est autorisé à émettre la quantité d'assignats nécessaire pour effectuer les dépenses et les versemens décrétés par l'Assemblée nationale, jusqu'à ce que la somme des assignats en circulation s'élève à dix-huit cents millions.

---

13 JUIN 1792. — Décret relatif à la formation d'une commission composée de douze membres, chargée de vérifier tous les comptes des ministres de la guerre, et de rendre compte de l'approvisionnement des armées et de l'état des places de guerre. (B. 22, 297.)

---

14 = 21 JUIN 1792. — Décret relatif aux laines étrangères non filées et à d'autres objets de commerce. (L. 9, 394; B. 22, 302.)

L'Assemblée nationale, après avoir entendu le rapport de son comité de commerce sur quelques faveurs à accorder à la main-d'œuvre nationale, dans ses séances des 22 mars, 5 avril derniers et dans celle de ce jour, et après avoir déclaré qu'elle est en état de délibérer, décrète ce qui suit :

Art. 1er. Les laines étrangères non filées continueront d'être réexportées à l'étranger, en franchise de droits, et en justifiant de leur origine.

2. Les fabricans de drap de Sedan et les manufacturiers de Rethel et de Reims continueront de jouir de l'exemption de droits sur les laines préparées qu'ils enverront filer à l'étranger, et qu'ils feront rentrer en France.

3. Les entrepreneurs des retordoirs de fil dans le département du Nord et dans celui de l'Aisne, pourront envoyer ces fils à l'étranger pour y être blanchis, et ensuite réimportés dans le royaume en franchise.

4. Les habitans de la commune de Bois-d'Amont, département du Jura, jouiront de la faculté de réexporter en franchise les bois qu'ils auront importés pour être façonnés.

5. Le pouvoir exécutif réglera le mode d'exécution des faveurs accordées par les articles précédens, et il prendra toutes les précautions nécessaires pour qu'il n'en soit point abusé.

6. Il sera tenu de faire connaître au Corps-Législatif la proclamation qu'il se proposera de rendre à cet effet, et sa publication ne pourra avoir lieu que quinze jours après cette communication.

---

14 = 27 JUIN 1792. — Décret qui autorise les municipalités de Champagney et Plancher-Bas à exporter à l'étranger une certaine quantité de tan. (L. 9, 420; B. 22, 302.)

---

14 JUIN = 1er JUILLET 1792. — Décret relatif à l'érection d'une paroisse en la ville de Port-Louis. (L. 9, 455; B. 22, 301.)

---

14 JUIN 1792. — Affaires étrangères. Voy. 4 JUIN 1792. — Artillerie, etc., de la marine. Voy. 31 MAI 1792. — Sieur Borée. Voy. 9 JUIN 1792. — Sieur Brissac. Voy. 12 = 15 JUIN 1792. — Capitaines de gendarmerie. Voy. 9 JUIN 1792. — Département de l'Aisne; Sieur Duvellery. Voy 11 JUIN 1792. — Guides de l'armée du Midi. Voy. 9 JUIN 1792. — Pensions et secours. Voy. 9 JUIN 1792. — Dame St.-Laurent de Dunkerque. Voy. 9 JUIN 1792. — Sieur Jean-Joseph Tencé. Voy. 12 JUIN 1792.

---

15 = 22 JUIN 1792. — Décret relatif aux commissaires civils nommés pour la pacification des colonies. (L. 9, 396; B. 22, 303.)

L'Assemblée nationale, considérant qu'il importe au succès de différentes expéditions ordonnées pour les colonies de les accélérer et de déterminer avec précision les pouvoirs donnés aux commissaires civils chargés d'y ramener la paix, décrète qu'il y a urgence.

L'Assemblée nationale, après avoir décrété l'urgence, décrète ce qui suit :

Art. 1er. Les commissaires civils nommés pour la pacification des colonies, en vertu du décret du 24 mars, seront autorisés à suspendre et à dissoudre non-seulement les assemblées coloniales, mais encore les assemblées provinciales, les municipalités, ainsi que tous les corps administratifs ou autres se disant populaires, sous quelque dénomination qu'ils soient établis.

2. Les commissaires civils sont également autorisés à suspendre provisoirement, et sauf le recours à l'Assemblée nationale, l'exécution des arrêtés desdites assemblées ou corps qu'ils jugeraient contraires à la souveraineté nationale ou au rétablissement de la paix; et généralement, dans tous les conflits des pouvoirs, dans les doutes qui pourraient s'élever sur la nature ou l'étendue de ceux desdits commissaires civils, on sera tenu de déférer provisoirement à leurs réquisitions, sauf le recours à l'Assemblée nationale.

3. Pourront les commissaires civils, en attendant l'organisation définitive de l'ordre judiciaire dans les colonies, rétablir et remettre provisoirement en activité les anciens tribunaux, tant de première instance que de dernier ressort, transférer les séances desdits tribunaux dans tels lieux que les circonstances exigeront. En cas d'absence, mort ou démission des ci-devant titulaires, les commissaires civils présenteront au gouverneur général un nombre de sujets ayant les qualités requises par la loi pour être juges, double de celui des places vacantes, et le gouverneur sera tenu de choisir entre les sujets présentés, et de leur donner des commissions provisoires.

4. Dans le cas où les commissaires éprouveraient quelques difficultés pour débarquer dans la colonie, de la part des troupes de terre ou de mer qui s'y trouveront, ils requerront, par des avisos qu'ils enverront tant à terre qu'à bord des vaisseaux et frégates stationnés, les commandans généraux et particuliers, administrateurs civils, assemblées coloniales et provinciales, municipalités et autres corps administratifs, ainsi que les commandans desdits vaisseaux et frégates, de faire proclamer et reconnaitre dans l'intérieur des colonies et à bord desdits vaisseaux et frégates, le caractère d'autorité, tant desdits commissaires civils que du gouverneur général nouvellement nommé par le Roi, sur les copies de leurs commissions qu'ils enverront d'eux certifiées véritables, et d'obéir aux ordres qui leur seront donnés sur la réquisition desdits commissaires.

5. La désobéissance sera regardée comme crime de haute trahison, et ceux qui s'en rendraient coupables seront envoyés en France avec les pièces qui constateront le délit, pour être poursuivis et jugés suivant la rigueur des lois.

6. Les commissaires civils porteront, dans l'exercice de leurs fonctions, un ruban tricolore passé en sautoir, auquel sera suspendue une médaille d'or portant d'un côté ces mots : *la Nation, la Loi, le Roi*; de l'autre, ceux-ci : *Commissaires civils*.

———

16 = 27 JUIN 1792. — Décret relatif à la création d'un état-major pour le corps de troupes envoyé à Saint-Domingue. (L. 9, 410 ; B. 22, 305.)

L'Assemblée nationale, sur la proposition du Roi, et après avoir entendu le rapport de son comité militaire, considérant que le bien du service exige qu'il soit créé un état-major pour le corps de troupes envoyé à Saint-Domingue, décrète qu'il y a urgence.

L'Assemblée nationale, après avoir décrété l'urgence, décrète ce qui suit :

Art. 1er. L'état-major de l'armée de Saint-Domingue sera composé de trois adjudans généraux, dont l'un colonel et les deux autres lieutenans-colonels, et de quatre aides-de-camp.

2. A la paix, le nombre des adjudans et aides-de-camp sera réduit au nombre fixé par l'Assemblée constituante.

———

16 = 27 JUIN 1792. — Décret relatif à l'établissement d'un monument sur la place de la Bastille. (L. 9, 421 ; B. 22, 306.)

L'Assemblée nationale, après avoir entendu le rapport de son comité d'instruction publique sur la pétition présentée, le 11 mars dernier, par le patriote Palloy, architecte-entrepreneur, pour l'érection du monument consacré à la Liberté, et sur la manière de donner à ce citoyen un témoignage de la reconnaissance nationale; considérant que l'époque du 14 juillet est très-prochaine, décrète qu'il y a urgence.

L'Assemblée nationale, après avoir décrété l'urgence, décrète ce qui suit :

Art. 1er. Il sera formé, sur l'ancien terrain de la Bastille, une place qui portera le nom de *place de la Liberté*.

2. Il sera élevé, au milieu de cette place, une colonne surmontée de la statue de la Liberté.

3. La première pierre des fondations sera posée, le 14 juillet prochain, par une députation de l'Assemblée nationale, dans le lieu sur lequel la colonne sera élevée. Le pouvoir exécutif donnera à cet égard les ordres nécessaires.

4. Les plans, dessins et devis de Pierre-François Palloy seront renvoyés au pouvoir exécutif, pour les examiner, les comparer avec tous ceux qui ont été présentés ou qui pourraient l'être, et en rendre compte ensuite à l'Assemblée nationale.

5. Il sera ouvert, à cet effet, pendant quatre mois, un concours auquel seront invités les artistes de tous les départemens de l'empire.

6. L'Assemblée nationale, voulant, conformément à son décret du 11 mars dernier, donner à Pierre-François Palloy un témoignage de la reconnaissance publique, lui accorde une portion du terrain qui formait l'emplacement de la Bastille; cette portion sera déterminée par un décret particulier, sur le rapport des comités réunis des domaines et d'instruction publique.

7. L'Assemblée nationale se réserve de statuer sur la vente ou l'emploi de tout le reste du terrain, d'après les plans qui seront présentés pour la formation de la place.

8. La démolition des tours de la Bastille sera incessamment achevée.

———

16 JUIN = 1er JUILLET 1792. — Décret relatif au paiement des appointemens, solde et masse de l'armée du Midi. (L. 9, 457 ; B. 22, 305.)

L'Assemblée nationale, considérant que les mêmes motifs qui ont déterminé le décret du 20 = 29 avril dernier, en faveur des armées du Nord, sollicitent la même justice en faveur de celle du Midi, et que cette justice ne doit pas être plus long-temps attendue ;

Décrète que l'armée du Midi sera payée de ses appointemens, solde et masse, conformément aux dispositions du décret du 20 = 29 avril dernier, relativement aux armées du Nord.

16 JUIN 1792. — Décret qui condamne M. Jouneau, député, à garder prison pendant trois jours. (B. 22, 303.)

17 = 24 JUIN 1792. — Décret relatif à l'organisation des deux compagnies de gendarmerie nationale faisant le service des tribunaux et des prisons. (L. 9, 405 ; B. 22, 307.)

L'Assemblée nationale, après avoir entendu le rapport de son comité militaire, et considérant qu'il est de la plus grande nécessité d'organiser définitivement les deux compagnies de gendarmerie nationale, faisant le service des tribunaux et des prisons, qui ne peuvent plus suffire au service pénible dont elles sont chargées, décrète qu'il y a urgence.

L'Assemblée nationale, après avoir décrété l'urgence, décrète ce qui suit :

Art. 1er. Le département de Paris demeure autorisé à choisir, dans les ci-devant corps des gardes des ports de la ville, le nombre de cent cinquante-huit hommes, pour porter au complet décrété le 10 avril dernier les deux compagnies de gendarmerie nationale faisant le service près les tribunaux et les prisons.

2. Pourront être admis, pour compléter les deux susdites compagnies de gendarmerie, tous gardes des ports et de la ville qui étaient en activité avant l'époque de leur suppression, et qui auront la taille de cinq pieds trois pouces au moins, dérogeant, quant à ce, et pour cette fois seulement, au décret du 16 janvier = 16 février 1791.

3. Nul ne pourra être admis au-dessus de l'âge de quarante-cinq ans, ni être choisi, qu'il ne sache lire et écrire, et ne se conforme au mode d'habillement et équipement décrété par l'article 5 du titre IV du décret du 16 janvier = 16 février 1791.

Le présent décret ne sera envoyé qu'au département de Paris.

17 JUIN 1792. — Décret portant que tous les citoyens seront tenus de faire en personne le service de la garde nationale. (B. 22, 308.)

L'Assemblée nationale décrète, comme principe, que tout citoyen sera tenu de faire personnellement son service de garde national, sauf les exceptions établies par les lois.

17 = 26 JUIN 1792. — Acte d'accusation contre le sieur Alexandre Vigier. (L. 9, 414 ; B. 22, 308.)

17 JUIN 1792. — Décret qui ordonne la remise à l'Assemblée de la procédure instruite par le juge-de-paix de la section des postes, sur les faits qui intéressent la police de l'Assemblée. (B. 22, 309.)

18 = 24 JUIN 1792. — Décret relatif au transport des vivres et fourrages de l'armée. (L. 9, 402 ; B. 22, 309.)

L'Assemblée nationale, considérant que les transports des vivres et fourrages des armées ne peuvent, sans nuire à l'activité du service, éprouver le moindre retard ; que quelques citoyens, que le décret du 26 = 29 avril dernier oblige à ces transports, refusent de se prêter aux réquisitions des administrations, sous le prétexte que le décret du 26 = 29 avril ne fait mention que des réquisitions à faire par les commissaires ordonnateurs des vivres ; et en interprétant le décret du 26 = 29 avril dernier, décrète que les administrations de district, ou des commissaires nommés par ces administrations, sont autorisés à faire toutes les réquisitions nécessaires pour le transport des vivres et fourrages des armées, dans tous les cas où les commissaires ordonnateurs des vivres ne pourraient les transporter sur les lieux pour faire eux-mêmes ces réquisitions.

18 JUIN = 6 JUILLET 1792. — Décret relatif aux droits féodaux. (L. 9, 488 ; B. 22, 310.)

*Voy.* loi du 25 = 28 AOUT 1792.

Art. 1er. L'Assemblée nationale, dérogeant aux articles 1 et 2 du titre III du décret du 15 mars 1790, et à toutes lois à ce relatives, décrète que tous les droits casuels, soit censuels, soit féodaux, et tous ceux qui en sont représentatifs, connus sous le nom de *quint, requint, treizième, lods et treizains, lods et ventes et issue, mi-lods, rachaps, venteroles, reliefs, relevaison, plaids-acapte, arrière-acapte,* et autres droits casuels, sous quelque dénomination que ce soit, qui se percevaient à cause des mutations qui survenaient dans la propriété ou la possession d'un fonds, sur le vendeur, l'acheteur, les donataires, les héritiers et tous autres ayant-cause du précédent propriétaire ou possesseur, sont et demeurent supprimés sans indemnité, à moins que lesdits droits ne soient justifiés par le titre primitif d'inféodation, d'acensement ou de bail à cens, être le prix et la condition d'une concession du fonds pour lequel ils étaient perçus; auxquels cas, lesdits droits continueront d'être perçus et d'être rachetables.

2. Tous les rachats de droits casuels non justifiés, ainsi qu'il est dit par l'art. 1er, qui ne sont point encore consommés par le paiement, cesseront d'avoir lieu, soit pour la totalité du prix, s'il est dû, soit pour ce qui en reste dû, encore qu'il y eût eu expertise, offre, accord ou convention; mais ce qui aura été payé ne pourra être répété.

3. Les ventes faites et les mutations survenues jusqu'au jour de la publication du présent décret ne seront censées avoir donné ouverture auxdits droits casuels qu'autant que la preuve imposée par l'article 1er aux possesseurs de ces droits aura été faite, sans néanmoins qu'il puisse y avoir lieu à aucune répétition contre eux pour tout paiement fait conformément aux lois préexistantes, et sans préjudicier aux facultés, actions et indemnités réservées aux fermiers contre les propriétaires desdits droits, conformément à l'article 37 du titre II du décret du 15 mars 1790, pour raison seulement des droits échus depuis le 4 août 1789, dont ils n'auraient pas perçu le paiement.

4. Ceux qui ont acquis de la nation des droits abolis par le présent décret, sans mélange d'autres biens ou de droits conservés, ne pourront exiger d'autre indemnité que le remboursement des sommes payées par eux. Quant aux intérêts de ces sommes dues aux acquéreurs, il en sera fait compte, ainsi que des droits par eux perçus et des rachats faits entre leurs mains, devant le directoire du district, contradictoirement avec le procureur-syndic, pour être le tout compensé jusqu'à due concurrence; et l'excédant des intérêts ou des perceptions sera supporté ainsi que de droit, soit par la nation, soit par les acquéreurs.

5. Il sera libre à ceux qui ont acquis de la nation quelques-uns des mêmes droits abolis par le présent décret, conjointement avec d'autres biens ou avec des droits conservés, de renoncer à leurs acquisitions; et, dans ce cas, les sommes qu'ils auront payées leur seront aussi remboursées, et la compensation des intérêts sera faite comme il est dit dans l'article précédent; mais ils seront tenus de faire cette renonciation, dans le mois qui suivra le jour de la publication du présent décret, au secrétariat du directoire du district de la situation desdits biens.

6. Ceux qui n'auront pas renoncé à leurs acquisitions dans le délai fixé par l'article précédent ne pourront plus y être admis; ils ne pourront également prétendre à aucune indemnité ni diminution de prix, à raison de la suppression des droits casuels compris dans les mêmes acquisitions.

7. Tous procès intentés et non décidés par jugement en dernier ressort avant la publication du présent décret, relativement auxdits droits casuels supprimés sans indemnité par l'article 1er, ne pourront être jugés que pour les frais des procédures faites jusqu'à ce jour.

---

19 = 24 JUIN 1792. — Décret concernant le brûlement des titres de noblesse existant dans les dépôts publics. (L. 9, 408; B. 22, 313.)

L'Assemblée nationale, considérant qu'il existe dans plusieurs dépôts publics, comme à la bibliothèque nationale, dans les greffes des chambres des comptes, dans les archives des chapitres, etc., des preuves et des titres généalogiques qu'il serait dispendieux de conserver, et qu'il est utile d'anéantir, décrète qu'il y a urgence.

L'Assemblée nationale, après avoir décrété l'urgence, décrète ce qui suit :

Art. 1er. Tous les titres généalogiques qui se trouveront dans un dépôt public, quel qu'il soit, seront brûlés.

2. Les directoires de chaque département seront chargés de l'exécution du présent décret, et chargeront des commissaires de séparer ces papiers inutiles des titres de propriété qui pourraient être confondus avec eux dans quelques-uns de ces dépôts.

---

19 JUIN = 1er JUILLET 1792. — Décret relatif aux ponts-et-chaussées. (L. 9, 460; B. 22, 318.)

L'Assemblée nationale, après avoir entendu le rapport de son comité d'agriculture et la troisième lecture du projet de décret lu à ses séances des 14 avril et 2 mai derniers, et déclaré qu'elle est en état de statuer définitivement; considérant que la disposition de la loi du 19 janvier 1791, portant que les élèves de l'école gratuite et nationale des ponts-et-chaussées seront choisis au concours dans les départemens, ne peut être actuellement mise à exécution, parce que les règles de ce concours ne sont pas encore fixées, et que, même après qu'elles l'auront été, il s'écoulerait nécessairement encore un espace de plus de six mois avant que les places vacantes puissent être remplies par cette voie;

Que cependant le nombre des élèves restant de l'ancienne école est insuffisant pour mettre en activité l'instruction dans la nouvelle, et pourvoir en même temps au service dont les élèves les plus instruits sont ordinairement chargés dans les départemens; et qu'il importe de prévenir toute interruption dans cette partie essentielle de l'instruction et du service public, décrète ce qui suit :

Art. 1er. Les élèves de l'ancienne école des ponts-et-chaussées de Paris, ensemble ceux des anciennes écoles des ci-devant provinces de Bretagne et de Languedoc, qui n'ont point obtenu de grade d'ingénieurs, et justifieront authentiquement qu'ils étaient attachés comme élèves auxdites écoles, et en suivaient habituellement les leçons et les exercices antérieurement à la promulgation du décret du 31 décembre 1790 = 19 janvier 1791, sont et demeurent admis, au même titre d'élèves, à la nouvelle école gratuite et nationale des ponts-et-chaussées, créée par ledit décret du 31 décembre 1790 = 19 janvier 1791; et ce, jusqu'à la concurrence du nombre de soixante élèves, fixé par le même décret, à la charge néanmoins, par ceux des écoles de Bretagne et de Languedoc qui voudront profiter de cet avantage, de le déclarer aux directoires des départemens où lesdites écoles étaient situées, dans la quinzaine qui suivra la publication du présent décret, et de se présenter dans la quinzaine suivante au ministre de l'intérieur, munis de l'attestation desdits directoires, justifiant qu'ils ont rempli les conditions ci-dessus prescrites, pour être de suite admis et inscrits à ladite école de Paris.

Dans le cas où le nombre des élèves qui se présenteront avec les conditions requises excéderait celui de soixante, tous ceux de l'ancienne école de Paris seront admis; et, parmi ceux des écoles de Bretagne et de Languedoc, les plus anciens seront préférés.

Si, au contraire, le nombre des élèves des différentes écoles se trouve inférieur à celui de soixante, les places qui resteront vacantes, après le susdit délai seront remplies, dans le mois ensuivant, de la manière qui va être indiquée.

2. Les surnuméraires de l'ancienne école de Paris, et subsidiairement les aspirans de la même école, seront admis à remplir lesdites places vacantes, pourvu qu'au jugement de l'assemblée des ponts-et-chaussées, et d'après un examen préalable, ils aient été reconnus avoir les talens et l'aptitude requis pour lesdites places. A mérite égal, les plus anciens seront préférés, et l'admission aura lieu, pour cette fois seulement, sans la formalité du concours, et ce dans le délai de deux mois, à compter de la publication du présent décret; passé lequel délai, les places qui pourraient alors rester vacantes, et celles qui vaqueront par la suite, ne pourront être remplies que par la voie du concours établi par le décret du 31 décembre 1790 = 19 janvier 1791.

3. Tous les élèves qui seront admis en vertu des dispositions précédentes seront, à leur entrée dans l'école, examinés par l'assemblée des ponts-et-chaussées, qui déterminera les différentes classes dans lesquelles chacun devra être placé suivant son degré d'instruction. Ladite assemblée déterminera aussi, d'après le même examen, le nombre

de degrés qui devront être attribués à chacun des élèves, suivant les règles et dans les proportions observées à cet égard à l'ancienne école de Paris.

4. Les réglemens et usages suivis jusqu'à présent dans l'ancienne école des ponts-et-chaussées de Paris, pour sa discipline intérieure, continueront d'être observés dans la nouvelle école, en tout ce qui n'est pas contraire, soit au présent décret, soit à ceux précédemment rendus par l'Assemblée constituante, et ce provisoirement et jusqu'à ce qu'il y ait été autrement pourvu par l'Assemblée nationale.

───────────

19 JUIN = 8 JUILLET 1792. — Décret et instruction concernant la vérification, épreuve et réception des armes. (L. 9, 506; B. 22, 314.)

L'Assemblée nationale, connaissant l'empressement des citoyens à voler à la défense des frontières; considérant que le meilleur moyen de les y faire concourir efficacement, sans les enlever à leurs utiles travaux, est de procurer des armes à tous ceux qui, par leur proximité de l'ennemi, sont le plus à portée de s'opposer à ses entreprises, et de veiller à la sûreté de l'Etat en en défendant les barrières, décrète qu'il y a urgence.

L'Assemblée nationale, après avoir entendu le rapport de son comité militaire et décrété l'urgence, décrète définitivement ce qui suit:

Art. 1er. Aussitôt après la publication du présent décret, il sera établi dans chacun des départemens du Bas-Rhin, du Doubs, de la Drôme, des Bouches-du-Rhône, de la Gironde, de la Loire-Inférieure, du Pas-de-Calais, de la Moselle et de Paris, et indépendamment de celles qui le seront dans les lieux ordinaires d'épreuves des manufactures nationales, une commission composée d'un commissaire du département et d'un officier d'artillerie, à laquelle il sera attaché deux armuriers experts-jurés, nommés par le directoire, à l'effet de vérifier, éprouver et recevoir les armes qui, conséquemment aux articles suivans, pourront lui être présentées.

2. Les commissaires et officiers d'artillerie nommés pour la vérification et réception des armes, seront indemnisés de leurs frais de voyage, ainsi que les armuriers; ceux-ci seront en outre payés du prix de leurs journées: le tout ainsi qu'il sera réglé par les directoires des départemens respectifs.

3. Tous ceux qui présenteront à l'une ou à l'autre de ces commissions des fusils de guerre neufs, des calibre et longueur qui seront fixés dans une instruction particulière annexée au présent décret, que ces fusils soient d'une fabrique nationale ou étrangère, pourvu d'ailleurs que, d'après les visites et

épreuves déterminées dans l'instruction, ils soient jugés propres à servir à l'armement d'un citoyen, recevront comptant, pour chaque fusil garni de sa baïonnette et son fourreau, une somme qui ne sera pas au-dessous de vingt-quatre livres, mais qui ne pourra s'élever au-dessus de trente livres.

4. La Trésorerie nationale tiendra à la disposition du ministre de la guerre une somme de trois millions, pour subvenir aux frais d'achat de ces armes et autres dépenses accessoires, telles que celles d'épreuves, encaissement, transport, etc. L'Assemblée nationale décrète en outre, mais successivement, de nouveaux fonds, jusqu'à la concurrence de ceux nécessaires pour subvenir à un approvisionnement de trois cent mille armes.

5. Ces fusils, aussitôt qu'ils seront reçus, seront déposés dans des magasins destinés à cet usage, et qui seront indiqués par le ministre de la guerre. Il rendra compte, de mois en mois, à l'Assemblée nationale, de l'état où se trouveront ces magasins, et lui proposera, d'après les demandes des directoires, et notamment de ceux des départemens frontières, les distributions d'armes qu'il croira convenable de faire aux citoyens; en conséquence, il n'en sera fait aucune que sur un décret du Corps-Législatif.

6. Les fusils ainsi distribués seront marqués, sur le canon et à la crosse, des deux lettres *A. N.*, signifiant *arme nationale* : les corps administratifs et municipalités veilleront à ce qu'ils ne soient point dilapidés ; en conséquence, il n'en sera délivré aucun qu'à des citoyens inscrits sur les registres de la garde nationale. Les noms de ceux à qui les armes auront été confiées seront enregistrés dans chaque municipalité, qui en enverra un double au directoire du district dont elle relève, et celui-ci, tous les mois, au département. Chaque municipalité se fera représenter les armes quand elle le jugera à propos, et veillera à ce qu'elles soient conservées dans le meilleur état, sans que ceux qui en seront dépositaires puissent y faire aucune espèce de changement.

Tout citoyen qui sera convaincu d'avoir vendu son fusil sera déclaré incapable de porter les armes pendant trois années, sans que, pour ce, il puisse être dispensé de rembourser le prix de l'arme qui lui aurait été confiée; pour lequel remboursement il sera poursuivi par le procureur-syndic du district, sous sa responsabilité personnelle.

7. A la fin de la guerre, les armes qui auront été ainsi délivrées aux citoyens seront laissées en dépôt entre leurs mains, à la charge de les entretenir et de les représenter toutes les fois qu'ils en seront requis par les corps administratifs et les municipalités.

8. Comme il importe essentiellement de connaître quel est le nombre d'armes sur lequel il est possible de compter sur chaque point de la frontière, et même dans l'intérieur du royaume, tous les citoyens qui ont chez eux des fusils de guerre, soit qu'ils leur appartiennent en propriété ou qu'ils leur aient été fournis précédemment des magasins nationaux, feront, dans les huit jours de la publication du présent décret, à la municipalité de leur domicile, la déclaration du nombre qu'ils en auront. Si ces armes ont été tirées des magasins nationaux, elles seront marquées des lettres *A. N.* Elles seront soumises, ainsi que les premières, aux inspections des municipalités et corps administratifs; et, comme elles, elles resteront en dépôt, à la fin de la guerre, entre les mains de ceux qui se seront ainsi engagés d'en faire usage contre les ennemis de l'État: celles qui auraient été tirées des arsenaux ou magasins nationaux, et qui ne seront point marquées ni enregistrées, y seront rétablies, sans qu'elles puissent rester plus long-temps entre les mains des particuliers qui se seraient refusés ou qui auraient négligé de les faire marquer et enregistrer.

9. Les citoyens qui auraient plusieurs fusils de guerre à leur disposition, et dont quelques-uns leur seraient inutiles, sont invités de s'en défaire le plus tôt possible, et de manière à ce qu'ils passent entre les mains d'autres bons citoyens; l'Assemblée nationale déclarant que celui-là aura le mieux mérité de la patrie, qui, dans les circonstances actuelles, aura contribué à armer un plus grand nombre de défenseurs de la liberté.

10. Aucun citoyen inscrit sur le registre de la garde nationale ne pourra être contraint de céder son fusil, même sous prétexte d'en armer plus utilement un autre citoyen; et, dans le cas où, pour le besoin de l'État, il consentirait à s'en dessaisir pendant quelque temps, il en sera tenu note sur les registres de la municipalité, pour son fusil lui être rendu aussitôt qu'il sera possible de le faire, et qu'il le demandera.

11. Toute personne qui se sera permis de marquer une arme des lettres *A. N.*, ou d'acheter pendant le temps de la guerre une arme ainsi marquée, sera privée du droit de porter les armes pendant un an, et condamnée en trente livres d'amende pour chaque arme qu'elle aura ainsi achetée ou marquée.

Instruction pour être annexée au décret (1).

Lorsqu'il sera présenté un fusil, ceux qui seront préposés à la réception examineront si ce fusil est neuf; ils exigeront qu'il soit

(1) Décrétée le 4 juillet 1792.

garni de la baïonnette et complet dans toutes les parties.

Le canon aura au moins quarante pouces de longueur; son calibre sera tel, qu'un cylindre de sept lignes neuf points passe librement dans toute sa longueur. Tout canon dans lequel le cylindre de huit lignes passera sera rebuté comme d'un trop faible calibre.

Si ces conditions sont remplies, le fusil sera démonté et le canon éprouvé sur un banc disposé à cet effet. Chaque canon subira deux épreuves. La première sera de sept gros huit grains de poudre, c'est-à-dire de la pesanteur de la balle de dix-huit à la livre. La seconde épreuve sera d'un cinquième de moins que la première; on mettra sur la balle une bourre pareille à celle qui sera sur la poudre.

Après l'épreuve, le canon sera examiné, et rebuté s'il s'y trouve des soufflures, pailles ou travers, capables de rendre le service dangereux. Les canons reçus seront marqués, à froid, d'un poinçon de réception; les canons rebutés seront marqués de la lettre R., et on tiendra registre des uns et des autres, ainsi que du nom de ceux à qui ces fusils appartiennent.

Si le canon est rebuté, on ne passera pas à un examen ultérieur; mais, si le canon est jugé bon, on examinera la platine, qui doit être forte, solide, sans déchirure ni crique aux ressorts; la batterie doit être épaisse, bien acérée, et trempée assez dur pour que la lime ne l'entame pas. Le bois sera aussi examiné, et rebuté s'il se trouve des fentes ou cassures.

Cet examen fait, le fusil sera remonté, et on fera jouer la platine, qui doit être bien mise en bois, retenue par deux vis bien taraudées; elle doit fournir beaucoup de feu; le chien ne doit pas partir au repos, et, étant armé, céder à une moyenne pression du doigt.

Le canon doit être bien mis en bois, bien solidement contenu par les garnitures; celles-ci seront fortes et bien assujéties. La baïonnette doit être d'acier. L'arme ainsi conditionnée sera reçue définitivement et marquée des lettres *A. N.*

Les corps administratifs et les municipalités veilleront, au surplus, à ce qu'il ne soit présenté aucun des fusils qui leur ont été remis des magasins de l'Etat, ou qui en sont sortis pour l'armement des gardes nationales.

19 = 24 JUIN 1792. — Décret qui ordonne le remboursement de la somme de quatorze mille huit cents livres, montant de la reconnaissance de liquidation délivrée aux veuve, héritiers et représentans du sieur Gravière, et au sieur Pierrault et veuve Biscard. (L. 9, 408; B. 22, 312.)

19 JUIN = 1er JUILLET 1792. — Décret qui ordonne l'installation du sieur Leture, nommé juge-suppléant au tribunal du district de Gonesse, séant à Montmorency. (L. 9, 458; B. 22, 317 et 318.)

19 = 26 JUIN 1792. — Décret qui rectifie une erreur de calcul dans le décret de liquidation de l'office de greffier de l'élection d'Angers, dont était pourvu le sieur Allain. (B. 22, 311.)

19 JUIN 1792. — Décret sur la demande du tribunal du district d'Uzès, en interprétation de la loi sur la suppression de la gabelle. (B. 22, 314.)

19 JUIN 1792. — Décret qui permet à M. Dumouriez de quitter la capitale pour aller servir à l'armée du général Luckner. (B. 22, 314.)

19 JUIN 1792. — Assignats. *Voy.* 13 JUIN 1792. — Désertion; Salins et salines. *Voy.* 28 SEPTEMBRE 1790.

20 = 29 JUIN 1792. — Décret relatif à l'achat du numéraire. (L. 9, 441; B. 22, 323.)

L'Assemblée nationale, considérant qu'il importe, pour l'économie des dépenses publiques, qu'elle doit sans cesse surveiller d'éviter, dans toutes les opérations relatives au numéraire, une concurrence d'achats qui, en favorisant l'agiotage, augmente les dépenses de la nation et le prix de l'argent, décrète qu'il y a urgence.

L'Assemblée nationale, après avoir décrété l'urgence, décrète ce qui suit:

Art. 1er. Les commissaires de la Trésorerie nationale continueront, sous la surveillance du comité de l'ordinaire des finances, de diriger les opérations relatives à l'achat du numéraire; ils seront seuls chargés de pourvoir à l'approvisionnement des espèces nécessaires pour les différentes parties du service public.

2. A compter de la date du présent décret, aucun agent des départemens des ministres et des administrations et régies qui en dépendent ne pourra faire à Paris des achats de numéraire ou de matières d'or et d'argent, pour le compte desdits départemens ou administrations: il ne pourra, en conséquence, être employé en dépense, dans les comptes desdites administrations ou régies, aucune somme pour frais d'achats d'espèces qui auraient eu lieu à Paris postérieurement à la date du présent décret.

3. Dans le cas où les agens des ministres ou des administrations et régies qui en dépendent auraient donné des ordres pour acheter du numéraire dans les autres départemens de l'empire, ces ordres seront aussitôt révoqués, et la dépense desdits achats ne

pourra être employée dans les comptes desdites administrations ou régies, qu'autant
qu'elles justifieront, par des procès-verbaux
authentiques, que ces achats ont été faits
avant le jour où la révocation de leurs ordres aura pu parvenir aux agens qu'elles em-
ploient.

4. Les ministres énonceront, sous leur responsabilité, dans les ordres de paiement
qu'ils délivreront sur la Trésorerie nationale,
la portion qui devra être payée en numéraire.

Le présent décret sera porté dans le jour à
la sanction du Roi.

20 JUIN = 15 AOUT 1792. — Décret relatif au pilotage. (B. 22, 326.)

*Voy.* décret du 12 DÉCEMBRE 1806.

L'Assemblée nationale, ouï le rapport de
son comité de marine, considérant que la
sûreté et la conservation des vaisseaux de
l'Etat et du commerce exigent qu'il soit pris
des dispositions d'ordre et de police qui,
seules, doivent garantir les avantages résultant de l'établissement du pilotage, pour
l'entrée et la sortie des ports, rades et rivières; considérant qu'il est important, avant
de rien statuer définitivement à cet égard,
de bien connaître les bases, tant générales
que locales, qui doivent déterminer le service des pilotes lamaneurs, décrète qu'il y a
urgence.

L'Assemblée nationale, après avoir décrété l'urgence, décrète ce qui suit :

Art. 1er. Aussitôt après la publication du
présent décret, les juges des tribunaux de
commerce, dans tous les ports, hâvres et rivières où il y a actuellement des pilotes lamaneurs, ou dans lesquels il paraîtrait convenable d'en établir, se réuniront aux officiers
municipaux du lieu; et, après avoir appelé
le chef des classes, deux des principaux armateurs, deux des plus anciens enseignes
commandant actuellement des bâtimens de
commerce, et un pilote au moins de chaque
station, dans les endroits où il y en aura plusieurs, ils examineront, conjointement avec
les personnes qu'ils auront appelées, si, dans
le port ou la rivière qu'ils habitent, il est
avantageux ou non de fixer le nombre des
pilotes, et, dans le premier cas, la quantité
qu'il devrait y en avoir : si, dans les endroits
où il y a plusieurs stations, le nombre de
celles actuellement existantes est trop ou
trop peu considérable, et si le prix fixé pour
le pilotage à raison de leur tirant d'eau ou de
leur port en tonneaux, pour leur entrée ou
sortie du port ou d'une station à l'autre, est
suffisant, ou s'il doit être augmenté. Ils examineront également quels articles, tant généraux que locaux, d'ordre et de police, il serait convenable d'adopter pour assurer le

service; et de tout ce qui sera arrêté à ce sujet il sera dressé un procès-verbal, qui sera
envoyé, sans aucun délai, au ministre de la
marine, par le tribunal de commerce dans les
ports, hâvres et rivières où il y en aura, et
par les municipalités, qui rempliront, relativement au présent décret, les fonctions des
juges de commerce dans les endroits où il n'y
aura pas de tribunal de commerce.

2. Le ministre de la marine adressera à
l'Assemblée nationale tous ces procès-verbaux, avec ses observations sur les différens
objets qu'ils contiendront, et ses vues particulières sur les pilotes lamaneurs, pour être
pris par l'Assemblée tel parti qu'elle jugera
convenable.

3. En attendant que l'Assemblée nationale
ait décrété un réglement sur les pilotes lamaneurs, le nombre desdits pilotes demeurera,
dans chaque port, hâvre et rivière, provisoirement fixé à celui qui a été précédemment
réglé; et, quant aux places qui sont vacantes
ou qui viendront à vaquer, le pouvoir exécutif ne pourra délivrer les lettres d'admission
prescrites par le décret du 30 juillet = 19 août
1791, qu'aux plus anciens des aspirans qui
auront subi l'examen ordonné par ladite loi,
qui auront navigué pendant six ans, et qui
seront âgés de trente ans accomplis.

4. Les fonctions de pilotes lamaneurs exigeant un service continuel, et qu'il serait
très-dangereux d'interrompre, ils seront,
comme par le passé, exempts d'être levés et
commandés pour le service des vaisseaux de
l'Etat et pour tout autre service personnel.

———

20 = 26 JUIN 1792. — Décret qui autorise la
municipalité de Valenciennes à faire une acquisition. (B. 22, 320.)

20 = 27 JUIN 1792. — Décret sur l'emplacement
définitif de la haute-cour nationale dans la
maison des Ursulines à Orléans. (B. 22, 322.)

20 JUIN 1792. — Décret portant qu'il n'y a pas
lieu à délibérer sur la proposition faite par les
grands procurateurs d'autoriser les grands
juges à commettre des juges pour l'audition
des témoins. (B. 22, 322.)

20 = 27 JUIN 1792. — Décret qui autorise le ministre de la marine à compter en espèces au
sieur Bosque une somme égale à celle qu'aurait coûté son passage pour Tabago. (B. 22,
323.)

20 = 29 JUIN 1792. — Décret qui autorise le département de l'Indre à faire une acquisition,
et le directoire du district de Châteauroux à
louer du département trois pieces pour son
emplacement. (B. 22, 325.)

20 JUIN 1792. — Décret qui accorde des secours aux familles des citoyens qui ont péri dans le Rhône, en allant au secours de la ville d'Arles. (L. 9, 439; B. 22, 324.)

20 = 29 JUIN 1792. — Décret qui autorise le directoire du district de Saint-Amand à faire les réparations nécessaires à l'emplacement qu'il occupe. (B. 22, 326.)

21 = 26 JUIN 1792. — Décret relatif aux dépenses d'un armement destiné à faire respecter le pavillon français et à assurer la liberté du commerce national. (L. 9, 411; B. 22, 328.)

L'Assemblée nationale, délibérant sur la proposition du Roi, contre-signée par le ministre du département de la marine; après avoir entendu le rapport de ses comités de marine et de l'extraordinaire des finances; considérant que, dans une guerre entreprise pour le maintien de la liberté française, il est de la dignité nationale de faire concourir toutes les parties de la force publique à la défense d'une si belle cause; considérant que les circonstances commandent impérieusement qu'une partie de l'armée navale soit incessamment mise en activité pour faire respecter le pavillon et assurer la liberté du commerce national, décrète qu'il y a urgence.

L'Assemblée nationale, après avoir décrété l'urgence, décrète ce qui suit :

Art. 1er. Il sera versé par la caisse de l'extraordinaire, dans celle de la Trésorerie nationale, la somme de six millions quatre cent quarante-trois mille deux cent cinquante-deux livres, pour subvenir aux frais de l'armement proposé par le Roi.

2. Il sera mis dès ce moment à la disposition du ministre de la marine la somme de trois millions cinq cent sept mille cent soixante-dix livres, dont un million quatre cent quatre-vingt-deux mille neuf cent dix livres en numéraire, et deux millions vingt-quatre mille deux cent soixante livres en assignats.

Le Trésor public fournira le surplus, sur la demande du ministre, à raison de quatre cent quatre-vingt-neuf mille trois cent quarante-sept livres par mois.

4. Le pouvoir exécutif rendra compte chaque mois à l'Assemblée nationale du progrès de cet armement, ainsi que de l'emploi des fonds qui y sont destinés.

21 = 27 JUIN 1792. — Décret relatif à la nomination des contre-amiraux. (L. 9, 430; B. 22, 329.)

L'Assemblée nationale, après avoir entendu le rapport de son comité de la marine, considérant qu'il importe à la gloire du pavillon national de ne confier le commande-ment des divisions et escadres qu'aux officiers dont les services présentent une garantie suffisante de leurs talens et de leur expérience; considérant qu'il est instant de nommer les généraux qui doivent établir et faire régner l'ordre et la discipline dans les escadres qui sont en armement, décrète ce qui suit :

Le choix du Roi, pour la nomination des contre-amiraux, pourra s'exercer, pour cette fois seulement, sur ceux des capitaines de vaisseaux qui auront plus de quatre ans de commandement dans les grades de major et de lieutenant de vaisseau, plus de quinze ans de navigation sur les vaisseaux de l'Etat, et au moins trois années de service pendant la guerre.

21 = 21 JUIN 1792. — Décret relatif aux rassemblemens armés sans réquisition légale. (L. 9, 391; B. 22, 328.)

L'Assemblée nationale, considérant que tout ce qui a l'appareil de la force, sans réquisition légale, doit être écarté des autorités constituées, et qu'il est instant de rappeler ce principe essentiellement lié aux bases de la constitution et de l'ordre social, décrète que désormais, sous aucun prétexte que ce puisse être, aucune réunion de citoyens armés ne pourra être admise à sa barre, défiler dans la salle de ses séances, ni se présenter à aucune autorité constituée, sans réquisition légale.

21 JUIN 1792. — Armée du Midi; Sieur Bonnay. *Voy.* 11 JUIN 1792. — Haute-cour nationale. *Voy.* 20 JUIN 1792. — Laines étrangères non filées. *Voy.* 14 JUIN 1792.

22 JUIN 1792. — Proclamation du Roi sur les évènemens du 20 juin. (L. 9, 399.)

Les Français n'auront pas appris sans douleur qu'une multitude égarée par quelques factieux est venue à main armée dans l'habitation du Roi, a traîné du canon jusque dans la salle des gardes, a enfoncé les portes de son appartement à coups de hache, et là, abusant audacieusement du nom de la nation, a tenté d'obtenir par la force la sanction que S. M. a constitutionnellement refusée à deux décrets.

Le Roi n'a opposé aux menaces et aux insultes des factieux que sa conscience et son amour pour le bien public.

Le Roi ignore quel sera le terme où ils voudront s'arrêter; mais il a besoin de dire à la nation française que la violence, à quelque excès qu'on veuille la porter, ne lui arrachera jamais un consentement à tout ce qu'il croira contraire à l'intérêt public. Il expose sans regret sa tranquillité, sa sûreté; il sacrifie même sans peine la jouissance des droits qui appartiennent à tous les hommes, et que la loi devrait faire respecter chez lui comme chez tous les citoyens : mais, comme représentant héréditaire de la nation française, il a des droits sévères à remplir ; et, s'il peut faire le sacrifice de son repos, il ne fera pas le sacrifice de ses devoirs.

Si ceux qui veulent renverser la monarchie ont besoin d'un crime de plus, ils peuvent le commettre. Dans l'état de crise où elle se trouve, le Roi donnera, jusqu'au dernier moment, à toutes les autorités constituées, l'exemple du courage et de la fermeté, qui seuls peuvent sauver l'empire ; en conséquence, il ordonne à tous les corps administratifs et municipalités de veiller à la sûreté des personnes et des propriétés.

22 = 29 JUIN 1792. — Décret qui détermine les pouvoirs des commissaires civils envoyés dans les colonies, et les mesures à prendre pour mettre les colons à portée de poursuivre le recouvrement de leurs droits et propriétés, et d'obtenir les indemnités qui leur sont dues à raison des pertes qu'ils ont essuyées. (L. 9, 443 ; B. 22, 330.)

L'Assemblée nationale, après avoir entendu son comité colonial, considérant combien il importe à la tranquillité des Iles-du-Vent que le décret du 28 mars dernier soit mis à exécution ;

Considérant que le retard des commissaires civils, des officiers généraux et des troupes qui doivent les accompagner, augmente les dépenses du Trésor public, décrète qu'il y a urgence.

L'Assemblée nationale, considérant que le décret du 28 septembre, qui étend aux colonies les bienfaits de l'amnistie prononcée par celui du 14 du même mois, pour tous les délits relatifs à la révolution, s'applique aux faits imputés aux citoyens mis en état d'arrestation par la loi du 21 avril dernier ;

Considérant qu'il importe de prononcer définitivement sur la réclamation de ces citoyens, et de les mettre à portée de poursuivre le recouvrement de leurs droits et propriétés ;

Considérant que, s'il est juste qu'ils obtiennent l'indemnité des pertes qu'ils ont essuyées, l'équité veut que cette indemnité leur soit fournie par la colonie même, et qu'elle rembourse les particuliers qui ont fait des prêts à l'un ou à l'autre des partis ;

Considérant qu'il est du plus grand intérêt de la métropole qu'il lui soit rendu compte des sommes par elle envoyées à la colonie pendant les troubles qui l'ont agitée, et qui ont été interceptées, et que l'arriéré des impositions de 1788, 1789, 1790 et 1791 soit versé à la caisse publique ; après avoir décrété l'urgence, décrète ce qui suit :

Art. 1er. Les sieurs Lebreton, Pierre Gom-

bault, Jean-Baptiste Echard, Jacques-Martic de La Tour, Mathurin Chevrier, Etienne Clais, François Léonard, les sieurs Tanais, Frenin, Berdun et autres citoyens renvoyés en France sans jugement légal, dénommés dans le procès-verbal de débarquement qui a déterminé le décret du 21 avril 1791, seront libres d'y retourner, et y demeureront sous la sauve-garde de la loi.

2. Les frais de leur passage seront avancés par le Trésor public, sur les fonds de la marine, ainsi qu'une somme de deux cents livres pour chacun d'eux, afin de les mettre à portée de gagner la ville d'embarquement, sauf le recours sur la colonie, ainsi qu'il va être dit ci-après. En conséquence, *le ministre de la marine est chargé de prendre, pour ce passage, le moyen le plus économique.*

3. Ces citoyens pourront se pourvoir par voie civile devant les tribunaux à qui la connaissance en appartient, soit pour se faire réintégrer dans leurs biens, soit pour obtenir le paiement de leurs créances.

4. On ne pourra leur opposer la prescription ; elle ne commencera à courir contre eux que du jour de leur rentrée dans la colonie, à laquelle fin ils seront tenus de se présenter à la municipalité du lieu de leur débarquement, et d'en prendre certificat.

5. Les sieurs Joseph Lafargue, Jean Lavaux, et autres citoyens ayant prêté des sommes, soit au parti de Saint-Pierre, soit au parti du Gros-Morne, feront, par-devant les commissaires civils, reconnaître et apurer les créances qu'ils réclament.

6. Les sieurs Labaume et Picard, officiers au régiment de la Martinique, seront, aux dépens du Trésor public, indemnisés des pertes qu'ils ont essuyées, en justifiant de ces mêmes pertes, sauf le recours de la colonie, ainsi qu'il va être dit.

7. Les citoyens qui, pendant le cours de la guerre, auront essuyé des dégâts, et les auront légalement fait constater, recevront l'indemnité qui leur est due, par la voie indiquée dans l'article 9.

8. Les jugemens qu'ils auraient pu obtenir contre les administrateurs ou officiers municipaux, comme personnellement garans de leurs pertes, ne pourront être mis à exécution contre ces derniers : toutes les diligences qui en auraient été la suite sont déclarées nulles : main-levée pleine et entière est accordée, par le présent décret, de tous arrêts ou oppositions faits en conséquence.

9. Il sera formé par les commissaires civils, des frais de passage mentionnés en l'article 3, des remboursemens et indemnités indiqués dans les articles 5, 6, 7 et 8, une masse, et répartition s'en fera, sur la colonie, en sous additionnels aux impositions de 1792 et 1793.

10. Les mêmes commissaires civils se fe-

ront rendre compte des sommes interceptées, soit par le parti du Gros-Morne, soit par le parti de Saint-Pierre, pour mettre l'Assemblée nationale à portée de statuer sur l'emploi qui en a été fait.

11. Ils emploieront les moyens les plus efficaces pour faire rentrer au Trésor public l'arriéré des impositions de 1788, 1789, 1790 et 1791.

12. Les commissaires civils seront tenus de rendre compte des sommes qu'ils ont employées à secourir les habitans de la colonie.

13. L'Assemblée nationale charge le pouvoir exécutif de faire rentrer au Trésor national la somme qui est due au Gouvernement par le sieur Dubuc, et de l'instruire des précautions qu'il aura prises pour en hâter le recouvrement : les pièces relatives à cette créance lui seront à cet effet renvoyées.

22 JUIN 1792. — Décret relatif aux indemnités réclamées par M. Demandres, curé de Donneley, pour l'invention de plusieurs machines. (B. 22, 329.)

22 JUIN 1792. — Décret qui charge les ministres de rendre compte des mesures qu'ils ont prises pour arrêter les troubles excités par le fanatisme, et pour placer une armée de réserve entre Paris et les frontières. (B. 22, 330.)

22 JUIN 1792. — Colonies. *Voy.* 15 JUIN 1792.

23 = 23 JUIN 1792. — Décret relatif au maintien de la tranquillité publique. (L. 9, 400; B. 22, 339.)

L'Assemblée nationale, instruite par le ministre de l'intérieur que les ennemis du peuple et de la liberté recherchent tous les moyens de renverser la constitution, et, usurpant le langage du patriotisme, sont sur le point d'égarer quelques hommes actuellement résidant à Paris ;

Justement indignée des provocations coupables et des placards criminels qui lui ont été dénoncés ;

Considérant que le devoir du Corps-Législatif est de maintenir la constitution et l'inviolabilité du représentant héréditaire de la nation, mais que les lois ont remis entre les mains des autorités constituées tous les moyens qui leur sont nécessaires pour assurer l'ordre et la tranquillité publique, déclare qu'il n'y a pas lieu à prendre de nouvelles mesures législatives ; mais invite, au nom de la nation et de la liberté, tous les bons citoyens, à la fidélité desquels le dépôt de la constitution a été remis, à réunir tous leurs efforts à ceux des autorités constituées, pour le maintien de la tranquillité publique, et pour garantir la sûreté des personnes et des propriétés.

4.

L'Assemblée nationale décrète que le présent acte du Corps-Législatif sera envoyé par le pouvoir exécutif aux quatre-vingt-trois départemens, pour être publié et affiché, et elle ordonne que le ministre de l'intérieur lui rendra tous les jours un compte exact de la ville de Paris.

23 = 26 JUIN 1792. — Décret relatif aux dépenses de la haute-cour nationale. (L. 9, 413; B. 22, 334.)

L'Assemblée nationale, considérant que les traitemens des membres et des personnes employées auprès de la haute-cour nationale, ainsi que le paiement des frais de bureau, ne doivent éprouver aucun retard, décrète que la Trésorerie nationale paiera jusqu'à concurrence de trois cent mille livres pour les dépenses de la haute-cour nationale, conformément aux décrets qui fixent les traitemens des membres de cette cour et des employés et frais des bureaux qui y sont attachés ; que cette dépense sera payée sur les états certifiés du directoire du département du Loiret, et que les fonds en seront versés dans la caisse du payeur général de ce département, sur les ordonnances du ministre de l'intérieur.

23 = 27 JUIN 1792. — Décret relatif aux dépenses extraordinaires que pourra occasioner l'armée du Midi. (L. 9, 428; B. 22, 338.)

Art. 1er. A compte de la somme totale des fonds qui seront décrétés incessamment pour le service de la guerre en 1792, la Trésorerie nationale tiendra à la disposition du ministre de ce département une somme de huit millions huit cent vingt-cinq mille cent dix-sept livres dix sous, montant des dépenses extraordinaires de première mise, pour le service de l'armée du Midi.

2. A compter du 1er mai dernier, la Trésorerie nationale tiendra également à la disposition du ministre de la guerre une somme de deux millions cent soixante-seize mille sept cents livres par mois, pour le même service.

3. Le ministre de la guerre rendra compte à l'Assemblée nationale, tous les quinze jours, des dépenses ordonnées sur ces fonds.

4. Il sera mis à la disposition du général de l'armée du Midi une somme de deux cent mille livres, dont moitié, en numéraire, destinée aux dépenses particulières de la campagne, et dont la comptabilité sera suffisamment justifiée par l'ordonnance du commissaire-ordonnateur en chef, expédiée en vertu de l'ordre du général.

5. Il ne sera point fait de fonds extraordinaires pour les avances mentionnées en l'article précédent ; elles seront imputées sur les cinq cent mille livres de dépenses imprévues

15

comprises dans l'état de deux millions cent soixante-seize mille sept cents livres, décrété par mois par l'article 2 du présent décret.

23 = 27 JUIN 1792.—Décret relatif aux officiers de la gendarmerie nationale dont les appointemens ont été réduits par la nouvelle organisation. (L. 9, 425 ; B. 22, 334.)

L'Assemblée nationale, après avoir entendu le rapport de son comité militaire sur la pétition de quelques officiers des grenadiers de la gendarmerie nationale, tendant à obtenir un supplément d'appointemens ; considérant que l'article 7 du décret du 18 août 1790 dit que les officiers, sous-officiers et soldats qui, par l'effet de la nouvelle organisation, éprouveront une réduction sur leur traitement actuel, le conserveront jusqu'à ce qu'ils en obtiennent un équivalent, et qu'en attendant ils seront payés du supplément sur des états particuliers ; et voulant faire jouir promptement les pétitionnaires du bénéfice de la loi, décrète ce qui suit :

Les officiers des grenadiers de la gendarmerie nationale dont les appointemens ont été réduits par la nouvelle organisation de leur corps, recevront, conformément à l'article 7 du décret du 18 août 1790, un supplément qui équivaudra à la diminution qu'ils ont éprouvée, et ce sur des états particuliers, dans la forme prescrite.

23 = 27 JUIN 1792.—Décret relatif à l'avancement des adjudans attachés aux deux divisions de gendarmerie nationale créées le 28 août 1791. (L. 9, 431; B. 22, 335.)

Art. 1er. Les maréchaux-des-logis nommés aux places d'adjudans concourront, du moment de leur nomination, avec tous les lieutenans (sans cependant être brevetés) pour arriver à la compagnie, et ils pourront rester adjudans jusqu'à ce que leur ancienneté les y porte.

2. Lorsqu'il vaquera une place de lieutenant dans l'une des vingt-neuvième ou trentième divisions de gendarmerie nationale, et qu'elle appartiendra au tour des maréchaux-des-logis, les deux adjudans concourront au choix comme les maréchaux-des-logis.

3. Dans le cas où un maréchal-des-logis moins ancien que les adjudans, sera nommé à une lieutenance, les adjudans jouiront en gratification, par supplément d'appointemens, des appointemens de lieutenant : s'il n'y avait qu'un des adjudans qui se trouvât plus ancien que le maréchal-des-logis, il jouirait seul de ladite augmentation.

4. Il y aura un quartier-maître-trésorier attaché à chacune des vingt-neuvième et trentième divisions de gendarmerie nationale ; en conséquence, celui qui remplit ces deux places sera tenu de déclarer la division à laquelle il désire rester fixé, et l'autre division procédera à la nomination du sien, en se conformant à l'article 9 du titre II du décret du 23 septembre 1790.

Leurs appointemens seront les mêmes que dans les troupes de ligne.

5. Il sera en outre attaché à chacune desdites divisions un secrétaire greffier, qui sera nommé conformément au décret du 16 janvier = 16 février 1791, et jouira du traitement fixé par ledit décret.

Ce traitement sera payé à compter du jour de la formation de chaque division ; au moyen de quoi, il ne sera accordé aucune autre somme, pour tenir lieu d'indemnité, à ceux qui ont rempli jusqu'à ce moment les fonctions de secrétaire-greffier.

23 = 27 JUIN 1792. — Décret relatif à la taxe des lettres destinées pour l'armée. (L. 9, 423 ; B. 22, 335.)

L'Assemblée nationale décrète que les lettres adressées aux armées seront taxées conformément au tarif de 1791, jusqu'au dernier bureau de poste de la frontière, sans que la taxe puisse être augmentée pour le transport de la frontière aux armées, lorsqu'elles seront sur territoire étranger.

23 = 29 JUIN 1792. — Décret relatif à la solde des gens de guerre. (L. 9, 447 ; B. 22, 336.)

Art. 1er. Les dispositions des articles 2 et 3 des décrets des 18 et 20 avril dernier, sur la solde des gens de guerre, auront lieu à compter du 1er avril de la présente année, et jusqu'à ce qu'il en soit autrement ordonné, pour les sous-officiers et soldats qui ont été payés en assignats, ainsi que pour l'augmentation de la masse générale des corps.

2. L'augmentation de traitement accordée par le décret cité dans l'article ci-dessus aux capitaines, lieutenans et sous-lieutenans des armées, pour raison de la perte en assignats, aura lieu également, à dater du 1er avril de la présente année, et jusqu'à ce qu'il en soit autrement ordonné, dans toutes les garnisons, quartiers et cantonnemens, ainsi que pour les sous-officiers et soldats, à l'exception des places où le paiement doit être fait en numéraire, conformément aux dispositions de l'article 4 du même décret, et celui du 1er mai pour les troupes qui sont en Corse.

3. Le supplément de quatre onces ajouté à la ration de pain de munition par les décrets des 17 et 27 février dernier, n'aura lieu que pour les sous-officiers et soldats ou volontaires seulement faisant partie des armées ; les rations accordées aux officiers de tous grades continueront d'être de vingt-quatre onces.

4. A compter du 1er juillet prochain, il sera

fourni à chaque officier, indépendamment des rations de pain et des rations de fourrage déterminées par les décrets des 17 et 27 février et du 23 avril, des rations de viande d'une livre chacune et des rations de riz de quatre onces, jusqu'à concurrence du nombre de rations de pain attribuées par lesdits décrets à chaque grade.

Le prix des rations de viande sera fixé à dix sous, et celui des rations de riz à deux sous, dont le montant sera retenu sur les appointemens des officiers qui les auront reçues.

5. En conséquence des dispositions de l'article ci-dessus et des facilités accordées aux officiers pour se procurer des vivres, il sera payé dans les armées, et à dater du 1er juillet prochain, à chaque officier, de quelque grade qu'il soit, sur ses appointemens, une somme de cinquante livres en numéraire; au moyen de quoi, l'augmentation du quart pour les lieutenans et sous-lieutenans, et du sixième pour les capitaines, n'aura lieu que sur la somme qui leur sera payée en assignats, déduction faite de celle qui est affectée au paiement des rations attribuées à chaque grade, soit qu'elles aient été prises ou non.

6. La fourniture du riz et des légumes secs ne devant avoir lieu qu'à défaut de légumes verts, il sera donné aux sous-officiers, soldats et gardes nationaux volontaires, lorsque la fourniture du riz ou des légumes secs n'aura pas lieu, ce qui sera déterminé par le général, un supplément de solde de six deniers par jour, pour se procurer des légumes verts.

7. Les gratifications et traitemens réglés par les précédens décrets pour les armées du Nord auront lieu sur le même pied pour celles qui sont ou pourront être rassemblées dans le Midi.

———

23 = 29 JUIN 1792. — Décret relatif aux assignats-coupures et à la surveillance de leur fabrication. (L. 9, 450; B. 22, 333.)

Art. 1er. Les assignats-coupures seront provisoirement, et jusqu'à ce que la nouvelle administration pour la confection des assignats soit organisée et logée, transportés aux archives de l'Assemblée nationale au fur et à mesure de leur impression, après avoir été mis en ballots, comptés, vérifiés et scellés en présence d'un des commissaires de l'Assemblée nationale et d'un des commissaires du Roi.

2. Ils seront déposés dans une chambre attenant aux archives de l'Assemblée nationale sous la garde spéciale de l'archiviste.

———

23 = 27 JUIN 1792. — Décret relatif aux certificats de résidence à fournir par les militaires en activité, pour recevoir au Trésor public. (L. 9, 424; B. 22, 333.)

L'Assemblée nationale, après avoir entendu le rapport de son comité militaire, considérant que les militaires en activité sont exposés, surtout en temps de guerre, à de fréquens changemens de domicile, et ne peuvent obtenir des certificats de résidence de six mois des municipalités, décrète que les militaires en activité, pour recevoir les remboursemens qui leur sont dus au Trésor public, seront tenus de présenter un certificat de résidence depuis six mois, du conseil d'administration du régiment ou du bataillon où ils serviront, et ce certificat sera visé par le commissaire des guerres chargé de la police desdits corps.

———

24 JUIN (23 et) = 1er JUILLET 1792. — Décret relatif aux officiers et employés ecclésiastiques et laïques des chapitres supprimés. (L. 9, 478; B. 22, 340.)

L'Assemblée nationale, voulant statuer sur les réclamations faites par les chantres, musiciens, officiers et employés ecclésiastiques et laïques des chapitres supprimés, relativement à l'exécution du décret du 20 août dernier, et s'agissant de pourvoir aux secours que sollicitent leurs besoins, et que la rigueur des conditions exigées par cette loi rendait inapplicables à la plupart d'entre eux, quoique âgés et dépourvus d'autres ressources, décrète qu'il y a urgence;

L'Assemblée nationale, après avoir entendu le rapport de son comité de liquidation, considérant que, pour remplir le vœu de l'article 13 du décret du 24 juillet 1790, celui du 20 août dernier, qui a déterminé les pensions et gratifications à accorder aux officiers ecclésiastiques et laïques, chantres et musiciens, organistes et autres, et autres personnes employées pour le service divin dans les chapitres supprimés, a besoin d'une explication et d'une interprétation qui en rende les dispositions plus étendues et plus applicables aux individus, eu égard à leur âge et au temps de leur service, et trouvant d'ailleurs dans la déduction qui a été prescrite par le décret du 10 décembre 1790, sur les revenus des ci-devant chanoines, les moyens de donner plus d'extension aux pensions et gratifications desdits officiers et employés, d'après les bases générales indiquées par le décret du 24 juillet 1790; après avoir rendu le décret d'urgence, décrète ce qui suit :

Art. 1er. Les officiers ou employés ecclésiastiques ou laïques des chapitres séculiers ou réguliers de l'un et l'autre sexe, qui prouveront, par acte capitulaire ou autre écrit *ayant date certaine*, antérieure au 1er janvier 1789, avoir été reçus à vie ou *avec convention de retraite*, pour remplir dans les

15.

églises desdits chapitres des fonctions relatives au service divin, sans avoir été pourvus d'aucun titre de bénéfice *en considération desdites fonctions*, auront, pour traitement ou pension de retraite, ce dont ils jouissaient en gages et émolumens ordinaires fixes, ou *la somme fixée pour leur retraite par lesdits actes ou écrits, quelle que soit ladite somme.*

2. Lesdits officiers ou employés ecclésiastiques ou laïques qui ne rapporteront aucune convention à vie ou de retraite faite avec lesdits chapitres, recevront une pension ou gratification, selon leur âge, le taux et la durée de leur service, ainsi qu'il va être déterminé par les articles suivans.

3. Ceux desdits employés ou officiers ecclésiastiques ou laïques qui, à compter du 1er janvier 1791, auront atteint l'âge de soixante ans, avec vingt années de service dans une ou plusieurs églises, recevront, à titre de pension, la totalité de leurs gages ou émolumens ordinaires, sans que ladite pension puisse excéder néanmoins la somme de quatre cents livres.

Jouiront de semblables traitemens ceux qui, étant d'un âge au-dessous de soixante ans, auront trente années de service.

4. Il sera accordé, au même titre de pension, à ceux desdits officiers ou employés âgés de soixante ans, qui, n'ayant point vingt années de service, en auront au moins dix, et à ceux qui, étant âgés de cinquante ans, auront au moins quinze années de service, la moitié de leurs gages et émolumens ordinaires; et ladite moitié ne pourra excéder la somme de deux cents livres.

Jouiront de semblables traitemens ceux qui, étant d'un âge au-dessous de cinquante ans, auront vingt-cinq années de service.

5. Ceux qui, étant âgés de cinquante ans, n'auront point quinze années de service, mais en auront au moins dix, et ceux au-dessous de l'âge de cinquante ans qui auront depuis quinze jusqu'à vingt-cinq années de service, recevront, à titre de pension, le tiers seulement de leurs gages et émolumens ordinaires, sans excéder toutefois le tiers de la somme de quatre cents livres.

6. A l'égard de ceux desdits officiers ou employés qui n'auront point quinze années de service, et ne seront point dans le cas de l'application des articles précédens, relativement à leur âge, ils jouiront d'une simple gratification d'une somme une fois payée, qui sera fixée à une année de leurs gages et émolumens effectifs ordinaires, depuis cinq années de service jusqu'à dix, et à une année et demie desdits gages et émolumens, depuis dix années de service jusqu'à quinze.

7. Ceux desdits officiers ou employés qui n'auront pas cinq années de service, et ceux dont le service n'était point habituel, mais seulement déterminé à certains jours de l'année, comme de dimanches et de fêtes, autres néanmoins que les organistes, n'auront droit à aucune pension ni gratification.

8. Dans les années de service ne seront point comprises celles où lesdits officiers ou employés auraient été enfans de chœur dans lesdites églises ou autres.

9. Il sera accordé aux enfans de chœur desdits chapitres supprimés les mêmes gratifications ou secours que lesdits chapitres étaient dans l'usage de leur donner en sortant.

10. Ceux desdits officiers ou employés qui, dès avant la suppression desdits chapitres, avaient obtenu des pensions de retraite dont ils jouissaient sans activité, continueront d'en jouir, *si elles sont établies par acte capitulaire ou autre écrit ayant date certaine, antérieure au 1er janvier 1789, pour les sommes accordées par lesdits chapitres, attendu le retranchement desdites sommes sur les revenus desdits chapitres, dans la fixation du traitement de leurs membres, suivant le décret du 10 décembre 1790.*

11. Lesdites pensions et gratifications seront liquidées et arrêtées définitivement, d'après les bases ci-dessus déterminées, par les directoires de département, sur l'avis des directoires de district, et seront payées dans la même forme que les traitemens des religieux et ci-devant bénéficiers; et, à cet effet, nouvel état en sera envoyé au ministre de l'intérieur, pour procurer les fonds nécessaires dans chaque département, conformément à l'article 4 du décret du 28 septembre dernier.

12. L'Assemblée nationale déroge au décret du 20 août dernier, en tout ce qui serait contraire aux présentes dispositions; le surplus dudit décret recevra son entière exécution.

13. Les dispositions des articles 3 et 4 seulement du présent décret seront applicables aux anciens serviteurs, domestiques, de l'un et de l'autre sexe, des maisons et établissemens religieux supprimés qui y étaient encore attachés au moment de leur suppression, et auxquels il n'aurait été assuré d'ailleurs aucun secours par lesdites maisons et établissemens religieux, par acte ayant date certaine, antérieure au 1er janvier 1789, et qui auront rempli dans lesdites maisons le nombre d'années de service prescrit par lesdits articles, sans que les années de service puissent être comptées avant l'âge de dix-huit ans. Ne pourront néanmoins les secours annuels qui leur seront accordés conformément auxdits articles, excéder la somme de cent cinquante livres pour ceux qui seront dans le cas de l'article 3, et soixante-quinze livres pour ceux qui seront dans le cas de l'article 4.

24 JUIN = 1er JUILLET 1792. — Décret qui suspend provisoirement toute destitution des

administrateurs généraux. (L. 9, 465 ; B. 22, 345.)

L'Assemblée nationale, considérant que l'arbitraire des agens supérieurs du pouvoir exécutif pourrait désorganiser à chaque instant toutes les administrations secondaires, décrète la suspension provisoire de toute destitution des administrateurs généraux, jusqu'à ce qu'elle ait fixé le mode d'après lequel cette destitution pourra avoir lieu.

24 JUIN = 1ᵉʳ JUILLET 1792. — Décret sur la suppression et la réunion des paroisses de Chinon. (L. 9, 466 ; B. 22, 343.)

24 JUIN = 1ᵉʳ JUILLET 1792. — Décret relatif au remplacement de tous les grades d'officiers d'état-major vacans dans le régiment de Salis-Marchelins-Grisons. (B. 22, 344.)

24 JUIN = 1ᵉʳ JUILLET 1792. — Décret qui détermine les limites dont jouiront respectivement les matelots des paroisses de Cueq et de Merlimont. (B. 22, 340.)

24 JUIN = 1ᵉʳ JUILLET 1792. — Décret qui accorde un secours de mille livres au sieur Caudier. (B. 22, 344.)

24 = 25 JUIN 1792. — Décret relatif à la dénonciation faite contre M. Chabot. (B. 22, 346.)

24 JUIN 1792. — Brûlement de titres de noblesse. *Voy.* 19 JUIN 1792. — Gendarmerie près les tribunaux. *Voy.* 17 JUIN 1792. — Sieurs Gravière et Birard. *Voy.* 19 JUIN 1792. — Sieur Lavarenne. *Voy.* 1ᵉʳ JUIN 1792. — Pensions et gratifications. *Voy.* 9 JUIN 1792. — Sieur Rossel. *Voy.* 10 JUIN 1792. — Transport de vivres, etc., de l'armée. *Voy.* 18 JUIN 1792.

25 = 27 JUIN 1792. — Décret qui rectifie celui du 9 juin 1792, concernant le paiement des arrérages des pensions. (L. 9, 426 ; B. 22, 346.)

L'Assemblée nationale, après avoir entendu son comité de liquidation sur quelques omissions faites dans les différens articles du décret du 9 juin 1792, concernant le paiement des arrérages des pensions sur toute autres caisses que le Trésor public; considérant que les pensionnaires de mauvaise foi pourraient abuser de ces omissions au préjudice de l'intérêt public, décrète qu'il y a urgence;

L'Assemblée nationale, après avoir décrété l'urgence, décrète ce qui suit :

Art. 1ᵉʳ. Dans l'article 1ᵉʳ du décret du 9 juin 1792, après ces mots : *les personnes qui jouissaient de pensions; gratifications,* il sera ajouté ceux-ci, *et secours.*

2. Dans l'article 2 du même décret, après ces mots : *par le décret du 2 juillet 1791 et autres antérieurs, notamment par les articles,* il sera ajouté celui-ci, 5.

3. Dans l'article 3 du même décret, après ces mots : *des caissiers, régisseurs, administrateurs,* il sera ajouté ceux-ci, *ou les premiers commis.*

4. Seront exceptées des dispositions contenues aux deux premiers articles du décret du 9 juin 1792, mentionnés ci-dessus, les personnes dont les pensions seraient déjà liquidées définitivement par les précédens décrets de l'Assemblée nationale.

26 = 29 JUIN 1792. — Décret relatif aux moyens de secourir la colonie de Saint-Domingue. (L. 9, 434 ; B. 22, 349.)

Art. 1ᵉʳ. Le pouvoir exécutif est autorisé à traiter avec le ministre des États-Unis, afin d'en obtenir des fournitures pour Saint-Domingue, en comestibles et matières premières propres à la construction, jusqu'à la concurrence de quatre millions de livres tournois, imputables sur la dette américaine.

2. Ce fonds de quatre millions fera partie de l'avance de six millions déjà accordée, par le décret du 27 mars, à titre de secours pour la même colonie.

3. Dans le cas où, sur les demandes des gouverneur et ordonnateur, il aurait été fait des envois des mêmes lieux et pour la même destination, lesquels ne seraient point encore acquittés, ou l'auraient été provisoirement en lettres de change sur le Trésor public, le paiement en sera prélevé sur ladite somme de quatre millions.

4. Les lettres de change fournies sur le Trésor public par l'ordonnateur de Saint-Domingue, s'élevant, jusqu'au 31 décembre 1791, à la somme de deux millions sept cent vingt-quatre mille soixante-dix-neuf livres, seront acquittées par les commissaires de la Trésorerie nationale, et l'ordonnateur sera tenu d'en justifier l'emploi en dépenses publiques dûment autorisées.

5. Quant aux lettres de change qui auront été fournies depuis le 31 décembre, l'Assemblée nationale se réserve de statuer, d'après les bordereaux qui lui seront fournis par le ministre de la marine, si elles devront être acquittées par les commissaires de la Trésorerie nationale; et cependant ces commissaires seront tenus de mettre leur *vu* à la présentation de ces lettres, afin que le terme fixé pour leur échéance coure du jour de leur présentation.

6. Ces fonds avancés par la nation, à la charge de remboursement et hypothèque sur les impositions de cette colonie, seront payés par la Trésorerie nationale sur les ordonnan-

ces du ministre de la marine, et le remplacement en sera fait dans la caisse du Trésor public par la caisse de l'extraordinaire.

**26 JUIN = 1ᵉʳ JUILLET 1792.** — Décret relatif aux colonels et lieutenans-colonels de la gendarmerie nationale. (L. 9, 470; B. 22, 350.)

L'Assemblée nationale, considérant que, le décret du 14 = 29 avril dernier, relatif à l'organisation de la gendarmerie nationale, n'ayant pu être envoyé que fort tard aux directoires de département, la plupart d'entre eux n'ont point encore adressé au ministre de la guerre les observations qui, d'après l'article 5 du titre II de ce décret, doivent déterminer le choix des colonels et lieutenans-colonels, de manière à ce que la nouvelle organisation fût définitivement terminée au 1ᵉʳ juillet,

Décrète que les colonels et lieutenans-colonels de la gendarmerie nationale actuellement en activité continueront leur service et seront payés de leurs appointemens jusqu'au 1ᵉʳ août prochain, dérogeant à cet égard à l'article 1ᵉʳ du titre II du décret du 14 = 29 avril dernier, qui fixe au 1ᵉʳ juillet la réduction de ces officiers.

**26 JUIN (18, 29 MAI et) = 1ᵉʳ JUILLET 1792.** — Décret relatif à la liquidation de divers offices militaires. (L. 9, 468; B. 22, 351.)

L'Assemblée nationale, après avoir entendu le rapport de son comité de liquidation et les trois lectures du projet de décret qui lui ont été faites dans les séances des 18 et 29 mai, et dans celle de ce jour 26 juin, sur la fixation de bases de la liquidation des offices des secrétaires-généraux, prévôts, lieutenans de prévôts, greffiers, exempts, fourriers, trompettes, médecins, chirurgiens, apothicaires, aumôniers, chapelains attachés aux états-majors de la cavalerie, dragons, et des officiers composant la prévôté générale des bandes, et du ci-devant régiment des gardes-françaises, et après avoir décrété qu'elle est en état de rendre le décret définitif, décrète ce qui suit:

Art. 1ᵉʳ. Les officiers des états-majors-généraux de la cavalerie et des dragons, qui n'ont été assujétis ni à la fixation prescrite par les édits de 1756 et de 1774, ni à l'évaluation prescrite par l'édit de 1771, seront liquidés suivant les règles établies pour les offices de municipalités et de chancelleries, par les articles 3, 5, 6 et 10 du décret des 2 et 6 septembre 1790, et par l'article 19 du décret du 21 décembre suivant.

2. Les offices de la prévôté générale des ci-devant bandes et régimens des gardes françaises, seront liquidés conformément aux décrets des 21 et 24 décembre 1790, portant fixation des bases de liquidation des officiers ministériels du royaume.

**26 JUIN = 1ᵉʳ JUILLET 1792.** — Décret relatif aux dépenses de l'ancienne administration, tant civile que judiciaire, de l'île de Corse. (L. 9, 452; B. 22, 347.)

Art. 1ᵉʳ. La Trésorerie nationale tiendra à la disposition du ministre des contributions publiques, et sous sa responsabilité : 1° la somme de soixante-deux mille cinq cents livres, pour compléter le fonds de deux cent cinquante mille livres attribué, en 1791, aux dépenses de la caisse civile de l'île de Corse; 2° celle de deux cent cinquante mille livres, pour semblable fonds en 1792.

2. Ces deux sommes réunies seront employées à acquitter ce qui reste dû des dépenses de l'ancienne administration, tant civile que judiciaire, de l'île de Corse.

**26 JUIN 1792.** — Décret portant qu'il sera élevé dans toutes les communes un autel à la patrie. (L. 9, 488.)

L'Assemblée nationale décrète que, dans toutes les communes de l'empire, il sera élevé un autel à la patrie, sur lequel sera gravée la déclaration des droits, avec l'inscription : *Le citoyen naît, vit et meurt pour la patrie*; et renvoie le mode d'exécution et le surplus du projet de décret de M. Gohier au comité d'instruction publique.

**26 JUIN = 2 JUILLET 1792.** — Décret relatif au paiement du loyer des casernes de la garde soldée parisienne. (L. 9, 537; B. 22, 348.)

**26 JUIN 1792.** — Décret portant qu'il n'y a pas lieu à délibérer sur les demandes des sieurs Perrier frères et des administrateurs des eaux de Paris. (B. 22, 348.)

**26 JUIN 1792.** — Décret portant que le président ne pourra faire donner lecture d'aucune dénonciation qu'elle ne soit accompagnée de formes légales. (B. 22, 349.)

**26 = 27 JUIN 1792.** — Décret qui ratifie un acte en forme de compromis, passé entre l'agent du Trésor public et le sieur Pommeret, représentant les acquéreurs de l'ancien enclos des Quinze-Vingts. (B. 22, 351.)

**26 JUIN 1792.** — Sieur Allain. *Voy.* 19 JUIN 1792. — Armemens. *Voy.* 21 JUIN 1792. — Caisse de l'extraordinaire. *Voy.* 13 JUIN 1792. — Haute-cour nationale. *Voy.* 23 JUIN 1792. — Troupes envoyées à Saint-Domingue. *Voy.* 16 JUIN 1792. — Valenciennes. *Voy.* 20 JUIN 1792.

27 JUIN = 1er JUILLET 1792. — Décret relatif aux reconnaissances de liquidation provisoires ou définitives. (L 9, 471 ; B. 22, 354.

L'Assemblée nationale, considérant qu'il importe de prévenir sans délai les difficultés qui pourraient s'élever dans l'exécution du décret du 15 mai dernier, qui affecte spécialement aux besoins de la guerre et au service de la Trésorerie nationale les assignats de la dernière création; considérant encore que, pour maintenir le crédit des assignats, il est nécessaire d'empêcher que les biens qui leur servent de gage ne puissent avoir une autre destination, décrète qu'il y a urgence.

L'Assemblée nationale, après avoir entendu le rapport de ses comités de l'ordinaire et de l'extraordinaire des finances, et après avoir décrété l'urgence, décrète ce qui suit :

Art. 1er. Les propriétaires de créances exigibles susceptibles de liquidation, qui auront acquis des domaines nationaux antérieurement au 1er août 1792, pourront donner en paiement desdits domaines leurs reconnaissances de liquidation provisoires ou définitives; mais cette faculté ne sera point transmissible; elle n'existera que pour les créanciers directs de l'Etat.

A l'égard des biens dont l'aliénation est actuellement décrétée, qui seront adjugés postérieurement au 1er août, ils ne pourront être payés qu'en assignats ou en numéraire, et aucune classe de créanciers ne pourra donner en paiement des reconnaissances provisoires ou définitives de liquidation.

2. Les porteurs de reconnaissances provisoires ou définitives de liquidation, délivrées avant la publication du présent décret, pourront donner ces reconnaissances en paiement des biens nationaux acquis antérieurement au 1er août prochain; mais les receveurs de district ne pourront, à peine d'en demeurer responsables, recevoir aucune reconnaissance d'une date postérieure à la publication du présent décret, et, à l'exception des assignats ou du numéraire, ils ne pourront recevoir en paiement de biens nationaux que des récépissés du trésorier de la caisse de l'extraordinaire, délivrés conformément aux dispositions de l'article suivant.

3. A l'avenir, les reconnaissances provisoires ou définitives de liquidation ne seront plus directement admissibles en paiement de domaines nationaux; mais ceux qui auront acquis des domaines antérieurement au 1er août 1792 seront tenus, s'ils veulent donner des reconnaissances en paiement, de les présenter à l'administrateur de la caisse de l'extraordinaire. Cet administrateur vérifiera si le propriétaire est vraiment acquéreur, et quelle est la somme par lui due à raison de ses acquisitions. Après cette vérification, il fera l'emploi de la totalité ou d'une partie

des sommes énoncées dans lesdites reconnaissances, en délivrant à l'acquéreur des mandats sur le trésorier de la caisse de l'extraordinaire, dont le récépissé sera pris pour comptant par les receveurs du district où les biens sont situés.

4. Aussitôt qu'il aura été fait emploi de la totalité ou d'une partie des sommes mentionnées dans les reconnaissances provisoires de liquidation, l'administrateur de la caisse de l'extraordinaire adressera au commissaire du Roi directeur - général de la liquidation un bordereau des imputations faites à la caisse de l'extraordinaire, au profit de chaque créancier. Le commissaire du Roi liquidateur en tiendra compte, pour en être fait distraction lors de l'expédition de la reconnaissance définitive.

5. Les retenues à titre de dépôt d'un dixième sur des créances déjà acquittées, faites aux créanciers pour non-sûreté du non - paiement de leurs impositions, contribution mobilière ou contribution patriotique, lors même que lesdites retenues excéderaient la somme de dix mille livres, seront remboursées aux créanciers aussitôt qu'ils justifieront de leur acquittement, et le montant desdits remboursemens ne sera pas imputé sur les sommes destinées à rembourser les reconnaissances de liquidation au-dessous de dix mille livres.

6. Aussitôt que, conformément aux dispositions de l'article 2 du décret du 15 mai dernier, les porteurs de reconnaissances définitives de liquidation, excédant la somme de dix mille livres, se présenteront à la caisse de l'extraordinaire, l'administrateur de cette caisse leur délivrera, après qu'ils auront fait les justifications prescrites par les décrets des 24, 27 juin et 29 juillet 1791, un mandat séparé pour le montant des intérêts alors dus et échus, aux termes des précédens décrets : ces mandats seront acquittés par le trésorier de la caisse de l'extraordinaire, et ne le seront pas des fonds destinés au paiement des reconnaissances de liquidation au-dessus de dix mille livres.

7. Pour que l'intérêt des reconnaissances de liquidation excédant la somme de dix mille livres commence à courir du jour de leur présentation à la caisse de l'extraordinaire, conformément à l'article 2 du décret du 15 mai dernier, il suffira que les créanciers justifient de leur résidence dans le royaume pendant le temps prescrit par les précédens décrets.

8. Dans le cas où la somme de six millions, au-delà de laquelle le remboursement de la dette liquidée ne peut s'élever chaque mois, serait absorbée avant la fin du mois, les porteurs de créances qui doivent être remboursées au moyen de cette somme seront inscrits sur un registre tenu à cet effet dans

l'ordre de leur présentation, et seront remboursés dans le même ordre sur les fonds du mois suivant. L'intérêt leur sera bonifié depuis le jour de leur présentation jusqu'à celui de leur remboursement, qui sera indiqué dans le bordereau numéroté qu'on délivrera à la caisse de l'extraordinaire.

9. Dans le cas où la somme de six millions ne serait pas épuisée par les remboursemens faits dans le courant d'un mois, la partie non employée de cette somme servira à accroître les fonds du mois suivant.

10. Les effets au porteur et contrats provenant d'emprunts à terme, sortis ou à sortir en remboursement, ainsi que ceux provenant d'emprunts faits en pays étrangers, et les supplémens nécessaires pour solder la différence du change, lors même que lesdits objets excéderaient la somme de dix mille livres, seront payés concurremment avec les créances liquidées au-dessous de dix mille livres sur les six millions affectés tous les mois au remboursement de la dette exigible.

11. Ne seront pas considérées comme dettes à termes diverses créances à terme fixe qui se liquident à la Trésorerie nationale, telles que les offices de la maison du Roi et de celle de la Reine, supprimés en 1788, non plus que les remboursemens de rentes sur le clergé, et ceux dus aux ci-devant fermiers-généraux, régisseurs-généraux et administrateurs des domaines.

---

27 JUIN = 8 JUILLET 1792. — Décret relatif à une nouvelle fabrication d'assignats de cent sous. (L. 9, 502; B. 22, 353.)

L'Assemblée nationale, considérant que le nombre des assignats de cent sous décrétés jusqu'à ce jour se trouve dans une proportion inférieure aux besoins de l'administration et du commerce, décrète que, par les soins et sous la responsabilité des commissaires-directeurs à la fabrication des assignats, il sera incessamment fabriqué pour cent millions de livres d'assignats de cent sous, dans les formes et les dimensions qui ont eu lieu jusqu'à ce jour, pour lesdits assignats être employés à l'échange d'assignats de plus forte valeur.

---

27 JUIN 1792. — Décret portant qu'il n'y a lieu à délibérer relativement à une pétition du sieur Cazin. (B. 22, 352.)

---

27 JUIN = 8 JUILLET 1792. — Décret qui autorise les administrateur de l'Hôtel-Dieu de Crécy à faire un emprunt. (B. 22, 352.)

---

27 JUIN 1792. — Décret portant que les personnes qui possèdent plusieurs créances de dix mille francs sur l'État en seront remboursées,

quoiqu'elles soient liquidées sous le même numéro. (B. 22, 353.)

---

27 = 28 JUIN 1792. — Décret portant qu'il n'y a pas lieu à accusation contre les sieurs Bazelaire, Devigneron et Pierron. (B. 22, 354.)

---

27 JUIN 1792. — Adjudans de gendarmerie; Armée du Midi. *Voy.* 23 JUIN 1792. — Sieur Bosque. *Voy.* 20 JUIN 1792. — Champagney, etc. *Voy.* 14 JUIN 1792. — Contre-amiraux. *Voy.* 21 JUIN 1792. — Écoles vétérinaires. *Voy.* 23 MAI 1792. — Haute-cour nationale. *Voy.* 21 JUIN 1792. — Lettres destinées pour l'armée; Militaires en activité. *Voy.* 23 JUIN 1792. — Monument à élever sur la place de la Bastille. *Voy.* 16 juin 1792. — Officiers de la garde nationale. *Voy.* 23 JUIN 1792. — Sieur Pommeret. *Voy.* 26 JUIN 1792.

---

28 JUIN = 6 JUILLET 1792. — Décret qui rectifie une erreur dans le décret des 7 et 10 avril 1792. (L. 9, 494; B. 22, 357.)

L'Assemblée nationale, après avoir entendu le rapport de son comité des décrets, considérant qu'il est pressant de rectifier une erreur qui a été commise dans la rédaction du décret des 7 et 10 avril dernier, décrète que, dans l'article 3 dudit décret, le mot *adresser* sera substitué à celui de *dresser*.

---

28 JUIN = 6 JUILLET 1792. — Décret relatif aux espèces monnayées provenant du métal des cloches. (L. 9, 493; B. 22, 358.)

L'Assemblée nationale, considérant qu'elle doit employer les espèces de cuivre et de métal de cloche, fabriquées ou à fabriquer dans les divers hôtels des monnaies, de la manière la plus avantageuse au service public, décrète: 1° que les directeurs de chaque hôtel des monnaies tiendront, à compter du jour de la réception du présent décret, à la disposition du ministre des contributions publiques, la moitié des espèces de cuivre ou de métal de cloche à fabriquer, ou qui, étant déjà fabriquées, ne sont pas encore distribuées;

2° Le ministre des contributions publiques fera verser, d'après les états qui lui seront fournis par la Trésorerie nationale, les espèces de cuivre ou de métal de cloche mises à sa disposition par le précédent article, dans la caisse de divers payeurs de la Trésorerie nationale, suivant l'exigence du service public;

3° Il ne sera fait aucune livraison de ces espèces par les directeurs des monnaies aux divers payeurs de la Trésorerie nationale, que la valeur ne leur en soit remise en assignats.

---

28 JUIN = 8 JUILLET — Décret relatif à la distribution de la monnaie provenant du métal des cloches. (L. 9, 517 ; B. 22, 359.)

L'Assemblée nationale, après avoir décrété l'urgence, considérant que l'augmentation des instrumens de monnayage dans quelques hôtels des monnaies, et les nouveaux établissemens faits pour la fabrication des espèces provenant du métal des cloches, demandent que la répartition dans les départemens en soit faite sur d'autres bases que celles déterminées par le décret du 3 = 6 août 1791, décrète ce qui suit :

Art. 1er. A compter du 1er juillet prochain, la distribution de la moitié des espèces provenant du métal des cloches, frappées tant dans les hôtels des monnaies que dans les villes de Clermont-Ferrand, Besançon, Dijon, Arras et Saumur, se fera entre les quatre-vingt-trois départemens, dans les proportions indiquées par l'état annexé au présent décret.

2. Les directeurs des hôtels des monnaies et leurs préposés dans les nouveaux ateliers de monnayage seront tenus de se conformer, à l'égard des départemens attachés à leurs établissemens respectifs, aux articles 2, 3, 4, 5 et 6 du décret du 3 = 6 août 1791.

(Suivent les noms des départemens et la proportion dans laquelle ils doivent participer au produit de la fabrication.)

28 JUIN = 20 SEPTEMBRE 1792. — Décret relatif aux procès criminels pendans devant les tribunaux de district à l'époque du 1er janvier 1792, et au traitement des accusateurs publics près les mêmes tribunaux. (B. 22, 357.)

Sur la proposition d'un membre, l'Assemblée nationale décrète :

1° Que le ministre de la justice rendra compte à l'Assemblée nationale, le 15 juillet prochain, du nombre des procès criminels qui étaient pendans devant chaque tribunal de district du royaume à l'époque du 1er janvier 1792, et du nombre des procès jugés depuis cette époque;

2° Que les tribunaux de district mettront toute l'activité possible dans le jugement des procès criminels, et que, pour accélérer d'autant plus l'achèvement de ces procès, les tribunaux de district qui n'auront pas jugé tous les procès criminels pendans devant eux avant l'époque de leurs vacances ne pourront en prendre cette année, et emploieront ce temps au jugement des procès criminels ;

3° Que le traitement des accusateurs publics près les tribunaux de district cessera à compter du 1er janvier dernier, et que, pour leur en tenir lieu, ils dresseront un état des vacations qu'ils auront employées à l'instruction des procès criminels, lequel état, après

avoir été taxé par le président et le commissaire du Roi près le tribunal criminel, et visé par le directoire du département, sera acquitté par le receveur de district.

29 JUIN = 1er JUILLET 1792. — Décret relatif au service des étapes et convois militaires. (L. 9, 453 ; B. 22, 364.)

Art. 1er. La régie des étapes et convois militaires, qui était dans le département du ministre de l'intérieur, sera, à compter du 1er juillet, dans le département du ministre de la guerre.

2. Le ministre de la guerre donnera à la régie des étapes et convois militaires les ordres nécessaires pour le service des troupes marchant par étapes.

3. Le ministre de la guerre est chargé d'autoriser, après les avoir approuvés, les marchés particuliers que la régie des étapes et convois militaires croira nécessaires pour assurer cette partie du service public, ainsi que les augmentations de prix, ou la nature du paiement pour les marchés déjà contractés pour le service de 1792.

4. Le ministre adressera chaque mois à l'Assemblée nationale une copie certifiée des marchés particuliers qu'il aura autorisés, et un état des augmentations ou des conditions de paiement qu'il aura jugé convenable d'accorder sur la demande de la régie. Ces marchés et ces états, après avoir été vérifiés par les comités militaire et de l'ordinaire des finances, seront déposés aux archives.

5. La régie remettra au ministre de l'intérieur l'état des indemnités qu'il pourrait y avoir lieu d'accorder aux étapiers, pour leur service jusqu'au dernier juin 1792. Ce ministre, après avoir vérifié et approuvé cet état, l'adressera à l'Assemblée nationale, qui y statuera, sur le rapport de ses comités militaire et de l'ordinaire des finances.

29 JUIN = 6 JUILLET 1792. — Décret relatif au mode d'avancement des divers officiers nouvellement nommés. (L. 9, 495; B. 22, 363.)

Art. 1er. Le rang des capitaines et des lieutenans continuera à être réglé ainsi qu'il a été prescrit par les articles 4 et 7 du décret du 1er août 1791.

2. Le rang des sous-lieutenans ne sera plus fixé par la date de leurs brevets, mais par celle de leur arrivée au corps auquel ils auront été attachés.

En conséquence, il sera tenu registre, par l'état-major de chaque régiment, de l'arrivée des citoyens destinés au grade de sous-lieutenant; l'époque de cette arrivée au corps, servant à constater le rang, sera, par le quartier-maître-trésorier, transcrite sur le brevet, et visée par le conseil de l'administration du régiment.

3. Lorsque plusieurs sous-lieutenans auront joint leurs drapeaux le même jour, ils prendront rang entre eux dans l'ordre suivant :

Les sous-lieutenans pris parmi les officiers réformés ou retirés ;

Les sous-lieutenans pris parmi les sous-officiers du corps ;

Les sous-lieutenans pris parmi les volontaires gardes nationaux ;

Les sous-lieutenans pris parmi les gardes nationales sédentaires.

4. Le rang entre les sous-lieutenans pourvus avant la publication du présent décret, sera déterminé ainsi qu'il est dit dans l'article 3 du présent décret.

5. Lorsque des sous-lieutenans de la même classe auront joint le même jour, leur rang sera déterminé par l'ancienneté de leurs services, et, à égalité de services, le plus âgé aura le rang.

6. Les appointemens ne courront, pour aucun sujet nouvellement pourvu, que du jour de son arrivée au corps ; mais chacun de ceux qui se seront déplacés pour joindre leurs drapeaux obtiendra à l'avenir en indemnité un demi-mois d'appointemens ; en conséquence, les commissaires des guerres les rappelleront, dans la première revue qu'ils passeront, pour quinze jours avant l'époque de leur arrivée au corps.

---

29 JUIN 1792. — Décret relatif à l'acquisition du port Montmarin. (B. 22, 365.)

---

29 JUIN 1792. — Achat de numéraire. — *Voy.* 20 JUIN 1792. — Assignats-coupures. *Voy.* 23 JUIN 1792. — Commissaires civils envoyés dans les colonies. *Voy.* 22 JUIN 1792. — Indre. *Voy.* 20 JUIN 1792. — Saint-Amand. *Voy.* 20 JUIN 1792. — Saint-Domingue. *Voy.* 26 JUIN 1792. — Solde des gens de guerre. *Voy.* 23 JUIN 1792.

---

30 JUIN = 6 JUILLET 1792. — Décret relatif au canal de Loing. (L. 9, 497 ; B. 22, 366.)

L'Assemblée nationale, après avoir entendu le rapport de son comité de l'extraordinaire des finances, sur la pétition du sieur Louis-Joseph-Philippe Bourbon, prince français, propriétaire du canal de Loing ; considérant qu'il est nécessaire pour le bien de la chose publique de prendre des précautions pour qu'il ne soit jamais porté aucune atteinte à la sûreté de la navigation de ce canal ; mais qu'avant de prononcer définitivement sur l'objet de la pétition, elle doit avoir l'avis des différens corps constitués qui doivent en connaître, décrète qu'il sera sursis pendant un mois à l'adjudication des deux

moulins de Nemours, dont jouissait ledit sieur Louis-Joseph-Philippe Bourbon, en vertu de son ci-devant apanage de Nemours, et que, pendant ce délai, ledit sieur Louis-Joseph-Philippe Bourbon fera parvenir à l'Assemblée nationale, par la voie du pouvoir exécutif, l'avis des corps constitués qui doivent en connaître.

---

30 JUIN = 6 JUILLET 1792. — Décret qui proroge le délai pour les certificats de résidence à fournir par les pensionnaires sur le Trésor royal. (L. 9, 501 ; B. 22, 367.)

L'Assemblée nationale, considérant que le retard qu'a éprouvé la publication du décret du 31 mars = 4 avril dernier a pu être un obstacle à ce que les personnes qui prétendent à la conservation, rétablissement ou concession de pensions, gratifications ou secours sur le Trésor national, aient pu adresser au commissaire du Roi directeur-général de la liquidation, ou au ministre, les certificats qui constatent leur résidence depuis six mois sur le territoire français, dans le délai prescrit par l'article 2 de ladite loi, et que ce délai expire aujourd'hui, décrète ce qui suit :

Le délai fixé par l'article 2 du décret du 31 mars = 4 avril dernier, aux ci-devant pensionnaires, à quelque titre, pour quelque cause et sur quelque fonds que ce soit, qui prétendent à la conservation, rétablissement ou concession d'une pension, gratification ou secours sur le Trésor national, pour fournir les certificats qui constatent leur résidence depuis six mois sur le territoire français, est prorogé jusqu'au 1er septembre prochain exclusivement.

---

30 JUIN = 6 JUILLET 1792. — Décret qui destine à l'exercice du culte de la ville d'Ambronay l'église des ci-devant Bénédictins. (B. 22, 365.)

---

30 JUIN = 6 JUILLET 1792. — Décret qui destine à l'exercice du culte de la ville de Nantua l'église du ci-devant chapitre des religieux bénédictins. (B. 22, 367.)

---

1er JUILLET 1792. — Décret qui ordonne au ministre de l'intérieur de rendre compte de l'exécution de la loi qui défend aux administrateurs de département d'envoyer et entretenir des agens auprès du Roi. (B. 23, 1.)

---

1er JUILLET 1792. — Décret qui charge le ministre de la justice de rendre compte de l'exécution de la loi sur les sociétés populaires. (B. 23, 1.)

---

1er JUILLET 1792. — Décret portant que les séances des corps administratifs seront publiques. (B. 23, 2.)

1ᵉʳ = 1) JUILLET 1792. — Décret qui autorise les directeurs généraux de la fabrication des assignats à retirer des archives nationales les formes des assignats de cinq livres. (B. 23, 2.)

1ᵉʳ JUILLET 1792. — Administrations générales. *Voy.* 24 JUIN 1792. — Armée du Midi. *Voy.* 16 JUIN 1792. — Sieur Caudier; Chantres, etc., des chapitres supprimés; Chinon. *Voy.* 24 JUIN 1792. — Colonels, etc., de gendarmerie; Corse. *Voy.* 26 juin 1792. — Cucq et Tirlemont. *Voy.* 24 JUIN 1792. — Étapes et convois militaires *Voy.* 29 JUIN 1792. — Jean-Joseph Hervié. *Voy.* 1ᵉʳ JUIN 1792. — Sieur Lelurc. *Voy.* 19 juin 1792. — Officiers militaires. *Voy.* 26 juin 1792. — Ponts-et-chaussées. *Voy.* 19 JUIN 1792. — Port-Louis. *Voy.* 14 JUIN 1792. — Reconnaissances de liquidation. *Voy.* 26 JUIN 1792. — Régiment d'artillerie des colonies. *Voy.* 11 JUIN 1792. — Régiment de Salis Grisons. *Voy.* 24 JUIN 1792.

2 JUILLET 1792. — Décret concernant les mesures à prendre relativement aux gardes nationaux des départemens, qui se rendent à Paris. (L. 9, 484; B. 23, 4.)

L'Assemblée nationale, instruite qu'un grand nombre de gardes nationaux des différens départemens de l'empire, jaloux de concourir au maintien de la constitution et à la défense de la patrie, sont en marche pour se rendre dans la capitale, afin d'être transportés ensuite dans les lieux où seront rassemblées les troupes destinées soit à couvrir Paris, soit à défendre les frontières les plus menacées, décrète qu'il y a urgence.

L'Assemblée nationale, après avoir entendu le rapport de la commission extraordinaire des Douze, et rendu le décret d'urgence, décrète ce qui suit:

Art. 1ᵉʳ. Les citoyens gardes nationaux que l'amour de la constitution et de la liberté a déterminés à se rendre à Paris, pour être de là transportés soit à la réserve destinée à couvrir la capitale, soit aux armées chargées de la défense des frontières, se rendront, au moment de leur arrivée, à la municipalité de Paris, pour y faire inscrire leur nom, celui de leur département et municipalité, ainsi que la note des certificats dont ils seront pourvus.

2. La municipalité de Paris donnera des ordres afin que ceux desdits gardes nationaux qui se feront inscrire avant le 14 juillet reçoivent, au moment de leur inscription, un billet de logement militaire jusqu'au 18 du même mois: quant à ceux qui n'arriveront à Paris qu'après le 14 juillet, et qui se feront inscrire à la municipalité de Paris, il leur sera délivré un billet de logement militaire pour trois jours seulement.

3. Ceux desdits gardes nationaux qui se trouveront à Paris à l'époque du 14 juillet assisteront au serment fédératif; ils se réuniront, pour cette cérémonie civique, avec les compagnies de la garde nationale parisienne dans l'arrondissement desquelles ils auront obtenu des logemens.

4. Le pouvoir exécutif donnera des ordres afin que chacun desdits gardes nationaux reçoive à la municipalité de Paris, au moment de son arrivée, un ordre de route par étape, pour se rendre dans la ville de Soissons, lieu désigné par les précédens décrets pour le rassemblement de la réserve.

5. Le pouvoir exécutif donnera des ordres afin qu'il se trouve dans la ville de Soissons des commissaires chargés de préparer les logemens pour lesdits gardes nationaux, soit dans ladite ville, soit dans les communes voisines.

6. Le pouvoir exécutif donnera des ordres afin que lesdits gardes nationaux soient, au moment de leur arrivée dans la ville de Soissons, répartis en compagnies et en bataillons. Ces compagnies et ces bataillons seront organisés et soldés conformément au décret du 4 août 1791 et autres lois subséquentes.

7. Le pouvoir exécutif donnera des ordres afin que lesdits gardes nationaux reçoivent, conformément aux précédens décrets, sous le plus court délai possible, les armes, l'équipement et l'habillement qui leur sont nécessaires.

8. Lesdits gardes nationaux recevront, au moment de leur formation en bataillons, les indemnités fixées par le décret du 28 décembre = 3 février 1792.

9. Le présent décret sera porté de suite à la sanction du Roi, et envoyé par des courriers extraordinaires aux différens départemens du royaume.

————

2 = 6 JUILLET 1792. — Décret relatif aux colonies. (L. 9, 498; B. 23, 2.)

L'Assemblée nationale, après avoir entendu son comité des colonies, considérant combien il importe à la tranquillité des Iles-du-Vent de mettre à exécution dans les colonies le décret du 28 mars dernier;

Considérant que les commissaires civils chargés de le faire exécuter sont sur le point de s'embarquer; que le retard des vaisseaux qui doivent les porter, des gouverneurs et des troupes qui doivent les accompagner, augmente considérablement les dépenses de cette expédition; que l'approche de l'équinoxe presse leur départ de France;

Considérant que les fédérations faites à Sainte-Anne et à la Basse-Terre, les 3 et 17 août dernier, sont irrégulières, capables d'exciter la division parmi les citoyens;

Considérant que l'arrêté pris par l'assemblée coloniale, qui, le 13 septembre, casse les officiers municipaux de la Basse-Terre, et les déclare incapables d'être élus pour aucune place de fonctionnaires publics pendant l'espace de cinq années, est également irrégulier, illégal, et contraire aux droits qui assurent aux citoyens la faculté de se choisir des magistrats ;

Considérant que l'arrêté de la même assemblée coloniale du 25 octobre, l'arrêt du conseil supérieur concernant Bernard Caslandet, Joseph Garcy et François Serre, à la date du 24 novembre suivant, sont attentatoires à l'autorité du Corps-Législatif; que l'arrêté concernant la déportation du sieur Coby est une infraction au décret du 24 == 28 septembre 1791, promulgué dans la colonie le 15 décembre suivant;

Considérant enfin qu'il faut empêcher cet abus de pouvoir, qui, depuis long-temps, s'exerce dans les colonies, décrète ce qui suit :

Art. 1er. L'Assemblée nationale casse et annule les statuts des fédérations faites à Sainte-Anne et à la Basse-Terre les 3 et 17 août dernier; défend à tout citoyen entré dans ces associations irrégulières de faire, en cette qualité, aucun acte quelconque, sous peine d'être poursuivi comme perturbateur du repos public.

2. Casse et annule également l'arrêté de l'assemblée coloniale à la date du 13 septembre, par lequel elle déclare les officiers municipaux de la Basse-Terre incapables de pouvoir être élus à aucune place de fonctionnaires publics pendant cinq ans; celui du 25 octobre suivant, qui renvoie à la haute-cour nationale les sieurs Caslandet, Garcy et Serre; celui du 4 novembre, prononçant la déportation du sieur Coby, et l'arrêt du conseil supérieur du 24 du même mois, relatif à l'arrêté du 25 octobre précédent.

3. En conséquence, elle renvoie les parties à se pourvoir par-devant les tribunaux à qui la connaissance en appartient, pour réclamer les dommages et intérêts qu'ils prétendent leur être dus.

4. Bernard Caslandet, Joseph Garcy, François Serre et Dominique Coby sont libres de retourner dans la colonie, pour y vivre sous la protection des lois.

5. Les frais de leur passage seront avancés par le Trésor public, sur les fonds destinés à l'administration des colonies; il leur sera, en outre, payé à chacun une somme de deux cents livres, pour les mettre à portée de se rendre au lieu de l'embarquement.

6. Les sommes employées par le ministre de la marine pour l'exécution de l'article précédent seront rejetées sur la colonie de la Guadeloupe, sauf son recours sur les auteurs de la déportation, en sous additionnels aux impositions de 1793 : les commis-

saires civils sont chargés de veiller à ce qu'elles rentrent au Trésor public.

7. Il est défendu à toute assemblée coloniale, tout corps administratif, tout gouverneur, d'ordonner la déportation d'aucune personne sans jugement légal, sous peine de forfaiture et de tous dommages et intérêts envers la partie déportée.

8. Les commissaires civils se feront rendre compte de l'affaire de l'hôpital de la Basse-Terre, et en instruiront le Corps-Législatif, pour le mettre à portée de prononcer.

9. Le décret du 15 juin dernier, fait pour la colonie de Saint-Domingue, est déclaré commun aux Iles-du-Vent.

2 JUILLET 1792. — Décret qui mande à la barre de l'Assemblée le directeur de l'imprimerie royale. (B. 23, 6.)

2 JUILLET 1792. — Décret qui charge le ministre de l'intérieur de rendre compte des ordres qu'il a donnés pour l'impression d'un arrêté du département de la Somme. (B. 23, 6.)

2 == 4 JUILLET 1792. — Décret qui mande à la barre les sieurs Maudenoin, Behagre, Clugny et Darot. (L. 9, 487; B. 23, 4.)

2 == 8 JUILLET 1792. — Décret qui accorde une continuation de solde aux gardes des ports de Paris. (L. 9, 487; B. 23, 6.)

2 JUILLET 1792. — Garde soldée de Paris. Voy. 26 JUIN 1792.

3 == 19 JUILLET 1792. — Décret relatif à la vérification des comptes de tous les agens du Trésor public. (L. 9, 609; B. 23, 7.)

L'Assemblée nationale, après avoir entendu le rapport de ses comités de l'ordinaire des finances et de l'examen des comptes, réunis ;

Considérant que, l'établissement du bureau de comptabilité ayant pour objet la vérification des comptes de tous les différens agens du Trésor public, il ne peut être en pleine activité que par la prompte remise de leurs comptes respectifs et des pièces justificatives à l'appui;

Considérant que, malgré l'échéance du délai fixé par la loi du 2 février dernier au 1er avril, il n'a encore reçu que cinquante-deux soumissions de présentation desdits comptes, et que les réserves et conditions y insérées annoncent le plus grand éloignement de leur apurement;

Considérant également que deux des comptables des pays d'élection, qui ont offert la reddition de leurs comptes, sont tombés en faillite depuis leur présentation;

qu'il est instant de vérifier si leurs fonds d'avance ou cautionnement peuvent équivaloir à leurs débets ou les couvrir ;

Considérant enfin qu'il est du plus pressant intérêt de connaître et de régler l'état de situation des différens comptables de l'empire ; de faire verser sans délai au Trésor public les sommes qui sont entre leurs mains, et que ce n'est que par l'ordre le plus régulier que le bureau de comptabilité peut atteindre le vrai but de son établissement, décrète qu'il y a urgence.

l'Assemblée nationale, après avoir décrété l'urgence, décrète ce qui suit :

TITRE Iᵉʳ. Arrêté des registres et des états de situation des caisses et recouvremens des receveurs particuliers.

Art. 1ᵉʳ. Dans les vingt-quatre heures de la réception du présent décret, les directoires de département prescriront aux directoires de district de nommer dans leur sein, et dans le même délai, un commissaire qui se transportera sur-le-champ, accompagné du procureur - syndic, au domicile de tous receveurs particuliers des finances, ou leurs préposés, résidant dans leurs arrondissemens. Ils se feront représenter les registres des recettes et dépenses, qui seront aussitôt arrêtés et paraphés, et sans déplacement ; chacun de ces comptables leur remettra des bordereaux de situation de sa caisse sur l'exercice de 1790, dont les comptes ne seront pas définitivement apurés, avec des états également certifiés des recouvremens à faire sur cet exercice.

2. Les commissaires formeront des bordereaux de tous les fonds qui se trouveront dans leurs caisses, et les feront remettre à la Trésorerie nationale.

3. D'après cet arrêté provisoire, les comptables ne pourront plus faire aucun recouvrement sur ledit exercice de 1790, ni employer d'autres dépenses dans leur compte, que celles qui se trouveront comprises dans les bordereaux qu'ils auront remis au commissaire, à peine de la restitution du quadruple, à moins d'erreurs ou omissions, qui ne pourront être relevées qu'avec le concours des commissaires nommés par les directoires de district, sauf la vérification définitive.

4. Les receveurs de district, sous la surveillance du directoire, remplaceront, pour le recouvrement de l'arriéré de 1790, les receveurs particuliers qui résident sur leur territoire, et ils compteront de cet arriéré à la Trésorerie nationale.

5. Les ci-devant receveurs particuliers des finances sont autorisés à faire arrêter leurs comptes, pour les six derniers mois de 1789 seulement, par le directoire du département de leur résidence.

6. Les sommes provenant d'impositions des six derniers mois de 1789 sur les privilégiés, ou pour les charges locales de certaines villes et communes, ou autres ouvrages publics, seront versées, d'après les procès-verbaux, dans les caisses des receveurs de district, qui les paieront sur les ordonnances motivées des commissaires ou directoires, jusqu'à concurrence des fonds provenant de ces impositions locales desdites villes et communes, dont il leur sera donné, par les directoires, des états relevés sur les procès-verbaux ci-dessus.

7. Les reprises des receveurs particuliers qui constateront leurs diligences pour leurs recouvremens seront allouées dans le chapitre des dépenses ; et, s'ils n'en justifiaient pas par la représentation des contraintes dûment visées par les directoires de district et suivies des procès-verbaux de carence ou empêchement de force majeure, ils en seront personnellement comptables.

TITRE II. Comptabilité antérieure à 1790.

Art. 1ᵉʳ. L'agent du Trésor public est autorisé, sur la remise qui lui sera faite par les commissaires de la Trésorerie nationale des rescriptions souscrites par les ci-devant receveurs généraux des finances pour les exercices antérieurs à l'année 1790, à décerner des contraintes contre lesdits anciens receveurs généraux ; lesdites contraintes seront visées par les commissaires de la Trésorerie nationale, et elles seront exécutoires. L'agent du Trésor public est tenu d'en suivre l'effet jusqu'au paiement définitif du montant desdites rescriptions.

2. Les directoires de département seront tenus d'adresser, dans le plus bref délai, à l'agent du Trésor public, un extrait de l'état de situation de ceux des receveurs particuliers qui se trouveraient redevables de quelques sommes envers les ci-devant receveurs généraux, pour les exercices antérieurs à celui de 1790 ; et, à défaut de paiement du montant des rescriptions dues par les receveurs généraux auxquels les receveurs particuliers comptaient, l'agent du Trésor public est et demeure autorisé à décerner des contraintes contre eux, jusqu'à la concurrence du montant des sommes dont ils sont débiteurs envers lesdits receveurs généraux, et à en faire verser le montant à la Trésorerie nationale.

TITRE III. Comptes des receveurs particuliers et des receveurs généraux.

Art. 1ᵉʳ. Le département de Paris nommera deux commissaires aussitôt la réception du présent décret ; ils se transporteront avec le procureur - général - syndic ou son suppléant chez tous les ci-devant receveurs-généraux des finances ou leurs commis aux exercices et ayant-cause; ils arrêteront les registres de ces comptables, et se feront remettre, par eux ou leurs représentans, des états de situation de leurs caisses sur les difiérens exercices dont ils n'auront pas définitivement compté.

2. Les mêmes commissaires formeront le bordereau des espèces et effets qui se trouveront dans les caisses de ces comptables, et ils feront verser le tout à la Trésorerie nationale, jusqu'à la concurrence des débets.

3. Dans le mois qui suivra l'arrêté de leurs registres, les receveurs particuliers seront tenus, à peine de trois cents livres d'amende et de dix livres pour chaque jour de retard, de présenter aux receveurs généraux les comptes de tous les exercices antérieurs à 1790, avec toutes les pièces à l'appui, et ceux de 1790, au bureau de comptabilité.

4. Dans le mois qui suivra la remise des comptes et pièces des receveurs particuliers aux receveurs généraux, ceux-ci seront tenus de présenter leurs comptes au bureau de comptabilité, pour tous les exercices antérieurs à 1790 dont ils n'ont pas compté, à peine de cent livres d'amende pour chaque jour de retard; abrogeant, en conséquence, la disposition de l'article 6 du décret du 30 janvier 1790.

5. Conformément à l'article 2 du décret du 20 = 25 décembre 1790, les receveurs généraux présenteront au bureau de comptabilité, dans le mois qui suivra la publication du présent décret, leurs comptes définitifs de 1790.

6. Les receveurs généraux qui seront en retard de verser leurs débets seront tenus d'en payer les intérêts depuis le jour où ils ont dû verser lesdits débets, jusqu'à celui où le versement sera effectué.

7. Les reprises des receveurs généraux des finances ne seront admises que conformément à l'article 1er du présent décret.

8. En cas de décès, fuite, absence ou faillite d'aucun desdits receveurs, les dispositions du décret du 14 = 24 novembre 1790, concernant les receveurs de district, seront exécutées contre les receveurs généraux, et, à Paris, par l'agent du Trésor public.

9. Les dispositions du présent décret demeurent communes aux receveurs généraux et particuliers des ci-devant pays d'états; quant aux trésoriers généraux et particuliers desdits pays d'états, l'Assemblée nationale renvoie à son comité de l'examen des comptes, pour lui présenter incessamment un mode d'exécution.

———

3 = 8 JUILLET 1792. — Décret qui étend aux municipalités et aux tribunaux la défense faite aux corps administratifs d'entretenir des agens auprès du Roi et du Corps-Législatif, et excepte provisoirement les colonies. (L. 9, 504; B. 23, 6.)

L'Assemblée nationale, considérant que les députations extraordinaires constituent les municipalités en frais inutiles; que les députés extraordinaires qui séjournent auprès du Corps-Législatif sont presque tous fonctionnaires publics; qu'il est instant de les rendre à leurs fonctions et de prévenir à l'avenir l'abus qui les éloigne, décrète que le décret du 24 décembre 1790, qui défend aux administrations de département et de district d'entretenir des agens auprès du Corps-Législatif et du Roi, sera étendu aux municipalités et aux tribunaux. Les colonies sont exceptées du présent décret jusqu'à leur organisation définitive.

———

3 JUILLET 1792. — Décret portant qu'il n'y a pas lieu à accusation contre les sieurs Parron et Bayle. (B. 23, 7.)

———

3 JUILLET 1792. — Décret portant que la mention honorable insérée au décret du 18 août dernier sera commune aux sieurs Chevalot, Beaugeois l'aîné, Vincent, Gentil et Bodau. (B. 23, 7.)

———

3 = 14 JUILLET 1792. — Décret relatif aux indemnités à accorder relativement à l'incendie des maisons des faubourgs de Courtrai. (B. 23, 11.)

———

3 JUILLET 1792. — Décret portant que le maréchal Luckner conserve la confiance de la nation. (B. 23, 12.)

———

4 = 11 JUILLET 1792. — Décret relatif à l'instruction destinée pour les bataillons des gardes nationaux volontaires. (L. 9, 524; B. 23, 12.)

L'Assemblée nationale, après avoir entendu le rapport de son comité militaire sur la demande du ministre de l'intérieur d'envoyer à tous les bataillons des gardes nationales du royaume l'instruction sur leurs exercices, rédigée par le comité militaire de l'Assemblée constituante, en date du 1er janvier 1791;

Considérant la nécessité de mettre tous les citoyens de l'empire qui se sont voués à sa défense à portée de puiser dans cette instruction des principes et des moyens uniformes pour le maintien des armes et des évolutions militaires;

Considérant enfin que, si les volontaires nationaux font partie intégrante de l'armée, les gardes nationales du royaume sont comme eux aussi les soutiens de la constitution et les défenseurs de la liberté pour toujours, et qu'en conséquence les dépenses relatives à l'instruction militaire de tous doivent être prises sur le Trésor public, à l'exception des frais dont les administrations de département demeurent chargées, conformément à l'article 16 de la section III de la loi du 14 octobre dernier, décrète qu'il y a urgence.

L'Assemblée nationale, après avoir décrété l'urgence, décrète ce qui suit :

Art. 1er. Le ministre de la guerre rendra compte à l'Assemblée nationale, dans le plus bref délai, des moyens d'exécution qui ont été employés pour l'envoi de l'instruction des gardes nationales à tous les bataillons de volontaires nationaux, et il demeure autorisé à faire toutes dispositions nécessaires pour faire compléter cet envoi par le sieur Baudoin, imprimeur de l'Assemblée nationale, aux deux cent quatorze bataillons de volontaires nationaux dont elle a décrété la levée, à raison de onze exemplaires par bataillon.

2. Les directoires de département enverront au ministre de l'intérieur, quinze jours après la publication du présent décret, l'état des bataillons de gardes nationales sédentaires organisés conformément au décret du 5 septembre = 14 octobre 1791.

3. Le ministre de l'intérieur se fera remettre par le sieur Baudouin, imprimeur de l'Assemblée nationale, qui demeure autorisé à cet effet, le nombre d'exemplaires de l'instruction du 1er janvier 1791, semblables à celui déposé aux archives de l'Assemblée, concernant l'exercice des gardes nationales, sur les états de demandes des administrations de département, à raison de sept exemplaires pour chaque bataillon de gardes nationales sédentaires organisé d'après le décret du 5 septembre = 14 octobre dernier.

Le ministre de l'intérieur rendra compte à l'Assemblée nationale, pour ce qui le concerne, de l'exécution du présent décret.

L'Assemblée nationale charge les commissaires-inspecteurs de son imprimerie de recevoir du sieur Baudouin la soumission de tirer avec célérité au moins trente mille exemplaires de l'instruction du 1er janvier 1791, concernant l'exercice des gardes nationales, et de les tenir à la disposition des ministres, pour être envoyés, sous leur surveillance, aux différens bataillons de gardes nationales et des volontaires nationaux du royaume, lesquels lui seront payés par le Trésor public à raison de vingt-quatre sous chacun, sur les états de demandes des différens départemens, certifiés livrés par les ministres de la guerre et de l'intérieur (1).

4 JUILLET 1792. — Décret sur l'envoi fait au Corps-Législatif de la procédure instruite à Douai contre les sieurs Tolivet fils, Saint-Alouarn et Debrie. (B. 23, 14.)

4 = 11 JUILLET 1792. — Décret relatif à l'adjudication de trois moulins situés sur la rivière de Merold, district de Nantua. (L. 9, 335 ; B. 23, 15.)

4 JUILLET 1792. — Maréchal Luckner. *Voy.* 3 JUILLET 1792. — Sieurs Maudenoin, etc. *Voy.* 2 JUILLET 1792. — Sieurs Parron et Bayle. *Voy.* 3 JUILLET 1792.

5 (4 et) = 8 JUILLET 1792. — Décret qui fixe les mesures à prendre quand la patrie est en danger. (L. 9, 512 ; B. 23, 21.)

L'Assemblée nationale, considérant que les efforts multipliés des ennemis de l'ordre, et la propagation de tous les genres de troubles dans les diverses parties de l'empire, au moment où la nation, pour le maintien de sa liberté, est engagée dans une guerre étrangère, peuvent mettre en péril la chose publique et faire penser que le succès de notre régénération politique est incertain ;

Considérant qu'il est de son devoir d'aller au-devant de cet évènement possible, et de prévenir, par des dispositions fermes, sages et régulières, une confusion aussi nuisible à la liberté et aux citoyens que le serait alors le danger lui-même ;

Voulant qu'à cette époque la surveillance soit générale, l'exécution plus active, et surtout que le glaive de la loi soit sans cesse présent à ceux qui, par une coupable inertie, par des projets perfides ou par l'audace d'une conduite criminelle, tenteraient de déranger l'harmonie de l'État ;

Convaincue qu'en se réservant le droit de déclarer le danger elle en éloigne l'instant et rappelle la tranquillité dans l'ame des bons citoyens ;

Pénétrée de son serment *de vivre libre ou de mourir, et de maintenir la constitution ;* forte du sentiment de ses devoirs et des vœux du peuple, pour lequel elle existe, décrète qu'il y a urgence.

L'Assemblée nationale ; après avoir entendu le rapport de sa commission des Douze et décrété l'urgence, décrète ce qui suit :

Art. 1er. Lorsque la sûreté intérieure ou la sûreté extérieure de l'État seront menacées, et que l'Assemblée nationale aura jugé indispensable de prendre des mesures extraordinaires, elle le déclarera par un acte du Corps-Législatif, conçu en ces termes :

*Citoyens, la patrie est en danger.*

---

(1) Cet alinéa n'est pas dans la Collection du Louvre. *Voy.* l'instruction à la date du 19 juin 1792.

2. Aussitôt après la déclaration publiée, les conseils de département et de district se rassembleront et seront, ainsi que les conseils-généraux des communes, en surveillance permanente; dès ce moment, aucun fonctionnaire public ne pourra s'éloigner ou rester éloigné de son poste.

3. Tous les citoyens en état de porter les armes et ayant déjà fait le service de gardes nationales, seront aussi en état d'activité permanente.

4. Tous les citoyens seront tenus de déclarer devant leurs municipalités respectives le nombre et la nature des armes et munitions dont ils sont pourvus. Le refus de déclaration ou la fausse déclaration dénoncée et prouvée seront punis par la voie de la police correctionnelle, savoir: dans le premier cas, d'un emprisonnement dont le terme ne pourra être moindre de deux mois ni excéder une année, et dans le second cas, d'un emprisonnement dont le terme ne pourra être moindre d'une année ni excéder deux ans.

5. Le Corps-Législatif fixera le nombre de gardes nationales que chaque département devra fournir.

6. Les directoires de département en feront la répartition par district, et les districts entre les cantons, à proportion du nombre de gardes nationales de chaque canton.

7. Trois jours après la publication de l'arrêté des directoires, les gardes nationales se rassembleront par canton, et, sous la surveillance de la municipalité du chef-lieu, elles choisiront entre elles le nombre d'hommes que le canton devra fournir.

8. Les citoyens qui auront obtenu l'honneur de marcher les premiers au secours de *la patrie en danger* se rendront, trois jours après, au chef-lieu de leur district; ils s'y formeront en compagnies, en présence d'un commissaire de l'administration du district, conformément à la loi du 4 août 1791: ils y recevront le logement sur le pied militaire, et se tiendront prêts à marcher à la première réquisition.

9. Les capitaines commanderont alternativement et par semaines les gardes nationales choisies et réunies au chef-lieu de district.

10. Lorsque les nouvelles compagnies de gardes nationales de chaque département seront en nombre suffisant pour former un bataillon, elles se réuniront dans les lieux qui leur seront désignés par le pouvoir exécutif, et les volontaires y nommeront leur état-major.

11. Leur solde sera fixée sur le même pied que celle des autres volontaires nationaux; elle aura lieu du jour de la réunion au chef-lieu de canton.

12. Les armes nationales seront remises, dans les chefs-lieux de canton, aux gardes nationales choisies pour la composition des nouveaux bataillons de volontaires. L'Assemblée nationale invite tous les citoyens à confier volontairement, et pour le temps du danger, les armes dont ils sont dépositaires à ceux qu'ils chargeront de les défendre.

13. Aussitôt après la publication du présent décret, les directoires de district se fourniront chacun de mille cartouches à balle, calibre de guerre, qu'ils conserveront en lieu sain et sûr, pour en faire la distribution aux volontaires, lorsqu'ils le jugeront convenable.

Le pouvoir exécutif sera tenu de donner les ordres pour faire parvenir aux départemens les objets nécessaires à la fabrication des cartouches.

14. La solde des volontaires leur sera payée sur les états qui seront délivrés par les directoires de district, ordonnancés par les directoires de département, et les quittances en seront reçues à la Trésorerie nationale comme comptant.

15. Les volontaires pourront faire leur service sans être revêtus de l'uniforme national.

16. Tout homme résidant ou voyageant en France est tenu de porter la cocarde nationale.

Sont exceptés de la présente disposition les ambassadeurs et agens accrédités des puissances étrangères.

17. Toute personne revêtue d'un signe de rébellion sera poursuivie devant les tribunaux ordinaires; et, en cas qu'elle soit convaincue de l'avoir pris à dessein, elle sera punie de mort: il est ordonné à tout citoyen de l'arrêter ou de la dénoncer sur-le-champ, à peine d'être réputé complice. Toute cocarde autre que celle aux trois couleurs nationales est un signe de rébellion.

18. La déclaration du danger de la patrie ne pourra être prononcée dans la même séance où elle aura été proposée, et, avant tout, le ministère sera entendu sur l'état du royaume.

19. Lorsque le danger de la patrie aura cessé, l'Assemblée nationale le déclarera par un acte du Corps-Législatif, conçu en ces termes:

*Citoyens, la patrie n'est plus en danger.*

---

5 = 11 JUILLET 1792. — Décret relatif aux colonies, et particulièrement à celles de l'île de Cayenne et de la Guiane française. (L. 9, 526; B. 23, 16.)

L'Assemblée nationale, après avoir entendu le rapport de son comité colonial, considérant combien il importe à la tranquillité et à la prospérité de l'île de Cayenne et de la Guiane française de presser, dans cette colonie, l'organisation d'une assemblée coloniale, d'après les bases établies par le décret du 24 mars dernier, décrète qu'il y a urgence.

L'Assemblée nationale, après avoir décrété l'urgence, décrète ce qui suit :

Art. 1er. Les dispositions consignées dans les décrets des 24 mars et 16 juin derniers, relatives à la nouvelle organisation des colonies françaises, sont particulièrement applicables à la colonie de la Guiane française; en conséquence, le commissaire civil envoyé dans cette colonie est chargé de faire procéder sans délai à la réorganisation de l'assemblée coloniale, des municipalités, tribunaux et autres établissemens publics, conformément à ce qui est prescrit par lesdits décrets des 24 mars et 16 juin derniers.

2. Néanmoins, les jugemens rendus par les tribunaux que l'assemblée coloniale aurait substitués aux tribunaux précédemment existans, ainsi que les contrats de mariage, testamens et autres actes de cette nature, faits par les officiers nouvellement créés, ne pourront être attaqués à raison de l'illégalité des tribunaux et officiers dont ils sont émanés, et seront exécutés selon leur forme et teneur, sauf les voies de droit.

3. Sont aussi confirmés les actes par lesquels l'assemblée coloniale de la Guiane française aurait affranchi, en récompense de leurs services, des nègres attachés aux établissemens publics, ou appartenant à des habitans, en les remboursant sur les fonds publics.

4. Tous les citoyens qui auraient été exilés ou déportés sans jugement légal sont libres de retourner dans la colonie, et y demeureront sous la sauve-garde de la loi, sans préjudice de leurs recours contre qui il appartiendra.

5. Il sera avancé aux sieurs Bertholon et Sigoigne, par le Trésor public, sauf son recours sur la colonie, les frais de leur passage, et deux cents livres pour se rendre au port de leur embarquement, et le pouvoir exécutif est chargé de prendre à cet égard la voie la plus économique.

6. Le commissaire civil prendra les renseignemens les plus précis sur l'étendue et la nature des possessions ci-devant cultivées au nom du Gouvernement, et se fera rendre compte de l'administration de ces biens, soit avant, soit depuis l'époque où l'assemblée coloniale de la Guiane s'en est emparée.

7. Le commissaire civil se fera représenter les actes des concessions qui auraient été faites par l'assemblée coloniale, et est autorisé à confirmer lesdites concessions, dans le cas où elles auraient été faites conformément aux anciennes ordonnances, et à les annuler dans le cas contraire.

8. D'après l'avis de l'assemblée coloniale, le commissaire civil pourra donner provisoi-

rement aux établissemens nationaux dans la colonie de la Guiane, telle destination, ou en tirer tel parti qu'il croira le plus convenir au bien de la colonie et à l'intérêt de la métropole.

9. Le commissaire civil prendra aussi des renseignemens sur les moyens les plus propres à accélérer la prospérité de la colonie de la Guiane, et à rendre cette possession avantageuse à l'empire français.

5 = 12 JUILLET 1792. — Décret relatif à la fabrication des assignats. (L. 9, 550; B. 23, 18.)

Art. 1er. La convention passée par les commissaires directeurs généraux de la fabrication des assignats, le 30 du mois dernier, avec madame de La Garde, copropriétaire, avec ses fils, des papeteries de Courtalin et du Marais, pour la fourniture du papier destiné à l'émission de cent millions d'assignats de cinq livres décrétée le 27 du mois dernier, à raison de trente-cinq sous la livre dudit papier, aura sa pleine et entière exécution, aux clauses et conditions portées par ladite convention.

2. L'Assemblée nationale approuve également que le marché fait avec M. Didot, le juillet 1791, à raison de quinze livres dix sous par rame, pour l'impression des premiers assignats de cinq livres, et qui a jusqu'à présent eu son exécution pour toute cette nature d'assignats, continuera d'être exécuté, seulement pour l'impression des cent millions ci-dessus.

3. Le trésorier de la caisse de l'extraordinaire, par les soins et sous la responsabilité duquel ont été jusqu'à présent timbrés, signés et numérotés tous les assignats des différentes créations, sera tenu de remettre, le 12 de ce mois, aux directeurs-généraux de la fabrication, tout l'emplacement occupé, dans l'ancien couvent des Petits-Pères, par l'atelier où se pratiquent ces différentes opérations : ledit atelier, tel qu'il se trouve disposé, et avec les tables, effets et tous les ustensiles de bureaux qui y sont, après néanmoins qu'il aura été fait un double inventaire des meubles et effets, signé dudit trésorier ou son représentant et d'un desdits directeurs-généraux ou leur préposé.

4. Le comité de l'extraordinaire des finances s'occupera, sans délai, du comptage et du brûlement des assignats fautés qui se trouvent actuellement dans l'atelier des Petits-Pères, en sorte qu'au 12 du présent mois il ne s'en trouve aucune coupure dans ledit atelier.

5 = 12 JUILLET 1792. — Décret pour la répartition de deux millions trois cent cinquante

4.

16

mille livres de secours entre les départemens. (L. 9, 584 ; B. 23, 23.)

L'Assemblée nationale, sur le rapport qui lui a été fait par son comité des secours publics, pour la distribution de deux millions trois cent cinquante mille livres destinées, par le décret du 19 = 22 janvier 1792, à subvenir aux besoins des départemens qui ont éprouvé des pertes considérables, à aider ceux qui ont entrepris des travaux d'une utilité générale, et à soulager les indigens, décrète ce qui suit :

Art. 1er. État de distribution de la somme de deux millions trois cent cinquante mille livres de secours aux départemens.

Ain, vingt-quatre mille liv.; Aisne, vingt-neuf mille liv.; Allier, vingt-quatre mille liv.; Alpes (Hautes), trente-neuf mille liv.; Basses-Alpes, dix-huit mille liv.; Ardèche, quarante-neuf mille liv.; Ardennes, vingt-neuf mille liv.; Ariége, vingt-neuf mille liv.; Aube, quatorze mille liv.; Aude, vingt-neuf mille liv.; Aveiron, trente-cinq mille liv.; Bouches-du-Rhône, trente-quatre mille liv.; Calvados, cent mille liv.; Cantal, trente-neuf mille liv.; Charente, quatorze mille liv.; Charente-Inférieure, trente-neuf mille liv.; Cher, dix-neuf mille liv.; Corrèze, vingt-neuf mille liv.; Corse, douze mille liv.; Côte-d'Or, trente-neuf mille liv.; Côtes-du-Nord, vingt-quatre mille liv.; Creuse, dix-huit mille liv.; Dordogne, vingt-neuf mille liv.; Doubs, vingt-neuf mille liv.; Drôme, soixante-cinq mille liv.; Eure, douze mille liv.; Eure-et-Loire, vingt-quatre mille liv.; Finistère, douze mille liv.; Gard, vingt-neuf mille liv.; Garonne (Haute), cinquante-neuf mille liv.; Gers, trente-neuf mille liv.; Gironde, cinquante-neuf mille liv.; Hérault, douze mille liv.; Ille-et-Vilaine, trente-neuf mille liv.; Indre, quatorze mille liv.; Indre-et-Loire, douze mille liv.; Isère, vingt-neuf mille liv.; Jura, vingt-cinq mille liv.; Landes, trente-neuf mille liv.; Loir-et-Cher, douze mille liv.; Loire (Haute), trente mille liv.; Loire-Inférieure, quatorze mille livres; Loiret, vingt-quatre mille liv.; Lot, trente-quatre mille liv.; Lot-et-Garonne, vingt-neuf mille liv.; Lozère, trente-quatre mille liv.; Maine-et-Loire, vingt-quatre mille liv.; Manche, vingt-six mille liv.; Marne, vingt-neuf mille liv.; Marne (Haute), douze mille liv.; Mayenne, vingt-quatre mille liv.; Meurthe, vingt-quatre mille liv.; Meuse, quatorze mille liv.; Morbihan, quatorze mille liv.; Mozelle, trente-quatre mille liv.; Nièvre, vingt-neuf mille liv.; Nord, trente-neuf mille liv; Oise, vingt-quatre mille liv.; Orne, dix-neuf mille liv.; Paris, néant; Pas-de-Calais, trente-quatre mille liv.; Puy-de-Dôme, trente-neuf mille liv.; Pyrénées (Hautes), vingt mille liv.; Pyrénées (Basses),

vingt-neuf mille liv.; Pyrénées-Orientales, vingt-neuf mille liv.; Rhin (Haut), vingt-neuf mille liv.; Rhin (Bas), quarante-neuf mille liv.; Rhône-et-Loire, dix-sept mille liv.; Saône-et-Loire, douze mille liv.; Saône (Haute), trente mille liv.; Sarthe, douze mille liv.; Seine-et-Oise, trente-neuf mille liv.; Seine-Inférieure, soixante dix-neuf mille liv.; Seine-et-Marne, douze mille liv.; Sèvres (Deux), vingt-neuf mille liv.; Somme, vingt-quatre mille liv.; Tarn, vingt-neuf mille liv.; Var, douze mille liv.; Vendée, quatorze mille liv.; Vienne, douze mille liv.; Vienne (Haute), trente-neuf mille liv.; Vosges, trente-neuf mille liv.; Yonne, vingt-quatre mille liv. — Total, deux millions trois cent cinquante mille livres.

2. Le ministre de l'intérieur mettra ces fonds à la disposition des départemens, de même que ceux qui leur ont été accordés précédemment, à charge par eux de rendre compte, le 1er octobre prochain, de l'emploi des sommes qu'ils auront touchées.

3. La destination de ces fonds pourra être changée, avec l'approbation du Roi, sur la demande des départemens, sans qu'aucune partie desdits fonds puisse être appliquée aux grandes routes, à moins que ce ne soit pour commencer ou continuer des ouvrages neufs.

5 = 11 JUILLET 1792. — Décret qui autorise M. Thevenard à aller prendre le commandement auquel il a été nommé par le Roi à Brest. (L. 9, 533 ; B. 23, 18.)

5 = 12 JUILLET 1792. — Décret qui met à la disposition des directeurs de la fabrication des assignats l'emplacement qu'occupent les archives du ci-devant clergé. (L. 9, 548 ; B. 23, 19.)

5 JUILLET 1792. — Décret qui déclare le tribunal du district de Gex compétent pour juger une contestation d'argent. (B. 23, 23.)

5 JUILLET 1792. — Décret relatif à la demande faite par l'assemblée coloniale de la Guiane française, de démolir des fortifications, et de l'envoi d'une imprimerie aux frais du Trésor public. (B. 23, 17.)

6 = 20 JUILLET 1792. — Décret relatif à l'élection des officiers des états-majors des bataillons et légions de la garde nationale. (L. 9, 621 ; B. 23, 28.)

L'Assemblée nationale, considérant qu'il est nécessaire de prendre des mesures pour conserver dans toute leur pureté les principes de l'institution de la garde nationale; que la promptitude de ces mesures doit être spécialement appliquée aux villes dont la population est de cinquante mille ames et au-dessus, et que le moyen le plus sûr d'atteindre ce but est de faire jouir tous les citoyens qui composent la garde nationale de la faculté de nommer immédiatement les officiers de l'état-major des bataillons et ceux des légions, décrète qu'il y a urgence.

L'Assemblée nationale, après avoir décrété l'urgence, décrète ce qui suit :

Art. 1er. Dans les villes dont la population est de cinquante mille ames et au-dessus, tous les citoyens qui composent la garde nationale concourront directement et procéderont à une nouvelle élection des officiers de l'état-major des bataillons et de ceux de l'état-major des légions.

Cependant les officiers actuels continueront leurs fonctions jusqu'au jour de leur remplacement, ce qui sera fait dans les formes prescrites ci-après.

2. Trois jours après la publication du présent décret, tous les citoyens composant les bataillons de la garde nationale, dans les villes dont la population est de cinquante mille ames et au-dessus, se réuniront par bataillon pour procéder à l'élection des officiers de l'état-major des bataillons et de ceux des légions.

Les officiers composant cesdits états-majors pourront être réélus.

3. Les citoyens qui ne justifieront pas d'une inscription sur les registres de la garde nationale, antérieure d'un an à la publication du présent décret, ladite inscription suivie d'une année de service effectif dans la garde nationale, ne pourront élire ni être élus.

4. L'ouverture de chacune de ces assemblées sera faite par un commissaire nommé par la municipalité; et tous les citoyens, après avoir élu un président, un secrétaire et trois scrutateurs, dans les formes prescrites par les articles 10 et 11 du décret du 14 décembre 1789, concernant la constitution des municipalités, procéderont, par le scrutin individuel et à la pluralité absolue des suffrages, à la nomination des officiers de l'état-major des légions, et de ceux de l'état-major des bataillons.

5. Le recensement des scrutins des bataillons de chaque légion se fera à la maison commune; en conséquence, l'assemblée de chacun de ces bataillons y enverra, par deux commissaires, son scrutin particulier. Ce scrutin contiendra la mention du nombre des votans dont l'assemblée aura été composée et celle du nombre des suffrages que chaque candidat aura obtenus.

6. Le corps municipal proclamera par affiches les noms des officiers de l'état-major de chaque bataillon et de chaque légion nouvellement élus.

7. Les dispositions des décrets relatifs à la garde nationale précédemment rendus seront exécutés quant à présent, sauf les articles 14 et 15 du décret du 12 septembre 1791 et les articles 19 et 20 de la section II du décret du 29 septembre 1791, auxquels l'Assemblée nationale déroge par le présent décret.

———

6 JUILLET 1792. — Décret relatif aux réparations et reconstructions à faire au port de Boulogne. (L. 9, 581 ; B. 23, 24.)

———

6 = 13 JUILLET 1792. — Décret portant établissement de commissaires de police dans différentes villes. (L. 9, 590 ; B. 23, 26.)

———

6 = 13 JUILLET 1792. — Décret relatif à la poursuite des délits commis dans la ville d'Issengeaux. (L. 9, 594 ; B. 23, 27.)

———

6 = 19 JUILLET 1792. — Décret qui lève la suspension prononcée contre le sieur Blin, administrateur du district du Puy. (L. 9, 607 ; B. 23, 27.)

———

6 JUILLET 1792. — Décret relatif à la punition des auteurs des évenemens qui ont eu lieu au camp de l'armée du Rhin, sous Neuf-Brisach. (B. 23, 25.)

———

6 JUILLET 1792. — Décret portant qu'il n'y a pas lieu à délibérer sur une pétition des citoyens et de la municipalité d'Orléans et du département du Loiret. (B. 23, 26.)

———

6 JUILLET 1792. — Décret relatif à l'impression des pièces dont l'Assemblée nationale ordonnera l'envoi aux départemens. (B. 23, 27.)

———

6 JUILLET 1792. — Décret qui charge les ministres de rendre compte de l'état du royaume. (B. 23, 29.)

———

6 JUILLET 1792. — Avancement d'officiers. *Voy.* 29 JUIN 1792. — Caisse de l'extraordinaire. *Voy.* 9 JUIN 1792. — Canal de Loing. *Voy.* 30 JUIN 1792. — Colonies. *Voy.* 2 JUILLET 1792. — Décrets des 7 et 10 avril 1792. *Voy.* 28 JUIN 1792. — Droits féodaux. *Voy.* 18 JUIN 1792. — Moulins de Nemours ; Nantua ; Pensionnaires du Trésor royal. *Voy.* 30 JUIN 1792. — Portiers. *Voy.* 9 MAI 1792. — Ville d'Ambrenay. *Voy.* 30 JUIN 1792.

———

7 = 13 JUILLET 1792. — Décret relatif aux échangistes de forêts ci-devant domaniales dont les échanges ne sont pas consommés. (L. 9, 588 ; B. 23, 33 )

L'Assemblée nationale, considérant qu'un grand nombre d'échangistes de forêts ci-devant domaniales dont les échanges ne sont pas consommés, se permettent de couper des bois dont l'exploitation leur est interdite par les lois des 26 mars et 1er décembre 1790, et d'en user comme s'ils étaient propriétaires incommutables; que ces échangistes, dont les titres sont pour la plupart infectés de fraudes, prévoyant qu'ils ne tarderont pas à en être dépouillés, profitent d'une jouissance passagère pour en tirer le parti le plus avantageux, non-seulement en exploitant les coupes ordinaires, mais encore en forçant ces coupes et en abattant des réserves; qu'il est extrêmement important de réprimer un genre d'abus aussi préjudiciable aux intérêts de la nation; mais qu'en même temps il est indispensable de pourvoir à ce que les adjudications des bois nécessaires à la consommation et au commerce ne soient pas suspendues, décrète qu'il y a urgence.

L'Assemblée nationale, après avoir entendu le rapport de son comité des domaines et déclaré l'urgence, décrète ce qui suit:

Art. 1er. Les coupes ordinaires des bois ci-devant domaniaux, tant en futaie qu'en demi-futaie, et taillis recrus sur futaies coupées ou dégradées, comprises dans les échanges non consommés, seront désormais adjugées conformément au décret du 15 = 29 septembre 1791, et le prix des adjudications sera versé dans les caisses des receveurs de districts, pour y demeurer séquestré jusqu'à ce qu'il ait été statué sur lesdits échanges.

2. Le pouvoir exécutif se fera rendre compte des contraventions commises au décret du 18 = 26 mars/1790, et il en fera poursuivre les auteurs conformément à l'article 1er du même décret.

7 = 21 JUILLET 1792. — Décret portant création d'une quatrième légion franche. (L. 9, 632; B. 23, 31.)

L'Assemblée nationale, après avoir entendu le rapport de son comité militaire sur la demande faite par le ministre de la guerre d'une quatrième légion franche, pour servir à l'armée du Midi; considérant qu'il est nécessaire d'avoir à cette armée une augmentation de troupes légères, décrète qu'il y a urgence.

L'Assemblée nationale, après avoir décrété l'urgence, décrète ce qui suit:

Art. 1er. Il sera levé une quatrième légion franche, par les soins du général commandant en chef l'armée du Midi, sous la surveillance du pouvoir exécutif.

2. Cette légion sera composée de dix-huit compagnies d'infanterie légère et de quatre compagnies à cheval.

3. Le décret du 28 = 31 mai dernier, relatif à la création de cinquante-quatre compagnies et de trois légions franches, sera exécuté pour la nouvelle légion du Midi, en tout ce qui n'est pas contraire à l'article 2 du présent décret.

7 = 21 JUILLET 1792. — Décret qui fixe la couleur de l'uniforme des cinquante-quatre compagnies franches. (L. 9, 631; B. 23, 31.)

7 = 11 JUILLET 1792. — Décret qui fixe à vingt-cinq mille livres les frais de la Fédération. (L. 9, 529; B. 23, 34.)

7 = 11 JUILLET 1792. — Décret relatif au marché passé entre M. Servan, ministre de la guerre, et les sieurs Obry, Hagem, Worms père et fils, pour l'approvisionnement des villes de Huningue, Fort-Louis et Neuf-Brisach. (L. 9, 534; B. 23, 30.)

7 = 12 JUILLET 1792. — Décret qui permet à M. Cahier, ci-devant ministre, de sortir de Paris. (L. 9, 543; B. 23, 29.)

7 = 13 JUILLET 1792. — Décret qui met différentes sommes à la disposition du ministre de la marine, pour l'acquit de l'excédant des dépenses de la marine et des colonies. (L. 9, 592; B. 23, 30.)

7 JUILLET 1792. — Décret qui charge le ministre de l'intérieur de rendre compte de l'exécution de la loi relative aux biens des religionnaires fugitifs. (B. 23, 34.)

7 = 20 JUILLET 1792. — Décret relatif à l'établissement d'un second juge-de-paix à Bayonne. (L. 9, 624; B. 23, 33.)

7 JUILLET 1792. — Décret qui invite les tribunaux et les corps administratifs de Paris à se rendre à la barre de l'Assemblée. (B. 23, 32.)

7 JUILLET 1792. — Décret qui charge le pouvoir exécutif de rendre compte des mesures prises relativement à la suspension du maire et du procureur de la commune de Paris. (B. 23, 32.)

8 = 18 JUILLET 1792. — Décret portant réunion des municipalités de Saint-Jean-Auboin et de la Rivière. (L. 9, 605; B. 23, 35.)

8 JUILLET 1792. — Décret portant que le délit imputé au sieur Séguin est de la compétence des tribunaux ordinaires. (B. 23, 35.)

8 = 21 JUILLET 1792. — Décret qui charge le pouvoir exécutif de donner des ordres pour faire dissiper les troupes du sieur Saillant, qui assiégent le château de Bannes. (L. 9, 636.)

8 JUILLET 1792. — Agens auprès du Roi, etc. Voy. 3 JUILLET 1792. — Assignats de cent sous. Voy. 27 JUILLET 1792. — Gardes des Ports de Paris. Voy. 2 JUILLET 1792. — Hôtel-Dieu de Crécy. Voy. 27 JUILLET 1792.

Mesures à prendre quand la patrie est en danger. *Voy.* 3 JUILLET 1792. — Officiers généraux en activité. *Voy.* 7 MAI 1792. — Pensions aux veuves des fonctionnaires. *Voy.* 9 JUIN 1792.—Vérification, etc., des armes. *Voy.* 19 JUIN 1792.

9 = 25 JUILLET 1792. — Décret relatif au renouvellement des actions et portions d'actions de l'ancienne compagnie des Indes. (L. 9; 712; B. 23, 37.)

Art. 1ᵉʳ. Les commissaires de la Trésorerie nationale sont chargés de faire exécuter toutes les opérations nécessaires pour le renouvellement au public des actions et portions d'actions de l'ancienne compagnie des Indes, et de nommer, à cet effet, le nombre de signataires suffisant.

2. Le renouvellement sera fait pour dix années, y compris celle de 1792.

3. Les actions et les seize vingt-cinquièmes d'actions seront garnis de vingt coupons, payables par semestre à la Trésorerie nationale, à compter des six premiers mois 1792, jusques et compris les six derniers 1801, conformément aux modèles annexés au présent décret, qui seront imprimés en nombre suffisant, sous la surveillance desdits commissaires de la Trésorerie nationale.

4. Les huitièmes et les vingt-cinquièmes d'action, dont les intérêts ne se paient que par année, et non par semestre, seront garnis de dix coupons pour dix années, y compris l'année 1792 et celle de 1801, conformément aux modèles annexés au présent, qui seront imprimés sous la surveillance des commissaires de la Trésorerie nationale.

5. Les frais d'impression de ces états et autres frais relatifs au renouvellement seront acquittés par la Trésorerie nationale, après qu'ils auront été arrêtés par un décret, ensuite de l'état qui en sera fourni par les commissaires de la Trésorerie nationale.

6. Le tirage qui aurait dû être fait au mois de mars dernier, sous la surveillance de l'ancien bureau de la compagnie des Indes, sera fait sans retard en présence de deux commissaires de la Trésorerie nationale.

9 = 12 JUILLET 1792. — Décret relatif à l'envoi d'une somme de deux cent mille livres en petits assignats de dix et quinze sous, pour la municipalité de Beaucaire. (L. 9, 546; B. 23, 36.)

9 — 23 JUILLET 1792. — Décret portant qu'il n'y a pas lieu à délibérer relativement à la pétition du sieur Serard, curé de la paroisse de Champdeuil. (L. 9, 668; B. 23, 36.)

9 JUILLET 1792. — Décret qui charge le ministre de la guerre de rendre compte de l'état actuel du royaume, relativement à la sûreté intérieure et extérieure. (B. 23, 38.)

9 JUILLET 1792. — Sieur Jolivet fils et compagnie. *Voy.* 4 JUILLET 1792.

10 = 16 JUILLET 1792. — Décret portant qu'il pourra être nommé quatre suppléans dans chaque tribunal de commerce. (L. 9, 600; B. 23, 41.)

L'Assemblée nationale, considérant que plusieurs tribunaux de commerce se trouvent journellement dans l'impossibilité de remplir l'objet de leur établissement pour les cas d'absence ou récusation de plusieurs juges, le décret du 16 = 24 août 1790, relatif à leur formation, ne les ayant pas autorisés à se nommer des suppléans, décrète que dans toutes les villes du royaume où il y a des tribunaux de commerce il pourra être nommé quatre suppléans, en se conformant, pour leur nomination, aux formalités prescrites pour l'élection des juges desdits tribunaux de commerce.

10 JUILLET 1792. — Décret portant qu'il n'y a lieu à délibérer sur la pétition du sieur Vauvineux et de ses co-intéressés à la banque française. (B. 23, 38.)

10 JUILLET 1792. — Décret qui consacre trois jours par semaine aux discussions sur les finances, et charge le ministre des contributions de rendre compte de la répartition des contributions de 1792. (B. 23, 40.)

10 JUILLET 1792. — Décret qui charge le pouvoir exécutif de rappeler le tribunal de la haute-cour nationale à l'exécution de l'art. 5 du titre II de la loi sur le haut-jury. (B. 23, 40.)

10 JUILLET 1792. — Décret qui affecte aux gardes nationales que la Fédération attire à Paris toutes les tribunes et galeries de l'Assemblée. (B. 22, 40.)

10 JUILLET 1792. — Décret qui charge le pouvoir exécutif de rendre compte demain de la détermination sur la suspension du maire et du procureur de la commune de Paris. (B. 23, 41.)

10 = 12 JUILLET 1792. — Décret relatif à un versement de fonds à la Trésorerie nationale par la caisse de l'extraordinaire. (L. 9, 341; B. 23, 39.)

10 = 12 JUILLET 1792. — Décret relatif au paiement des gratifications dues aux sous-officiers et soldats de la garde soldée parisienne. (L. 9, 544; B. 23, 39.)

11 = 12 JUILLET 1792. — Décret qui déclare que la patrie est en danger. (L. 9, 538 ; B. 23, 43.)

Des troupes nombreuses s'avancent vers nos frontières; tous ceux qui ont horreur de la liberté s'arment contre notre constitution.

Citoyens, la patrie est en danger. Que ceux qui vont obtenir l'honneur de marcher les premiers pour défendre ce qu'ils ont de plus cher, se souviennent toujours qu'ils sont Français et libres ; que leurs concitoyens maintiennent dans leurs foyers la sûreté des personnes et des propriétés; que les magistrats du peuple veillent attentivement; que tous, dans un courage calme, attribut de la véritable force, attendent pour agir le signal de la loi, et la patrie sera sauvée.

11 = 12 JUILLET 1792. — Décret qui fixe l'indemnité à accorder aux gardes nationaux qui contracteront l'engagement de se rendre, après la fédération, au camp qui leur sera indiqué. (L. 9, 596 ; B. 23, 46.)

11 JUILLET 1792. — Décret qui accorde des récompenses à plusieurs dénonciateurs de la fabrique des assignats de Passy. (B. 23, 41.)

11 JUILLET 1792. — Décret portant que les volontaires députés à la fédéral on seront reçus aux tribunes de l'Assemblée, en présentant leurs cartes. (B. 23, 42.)

11 JUILLET 1792. — Décret qui charge le pouvoir exécutif de prononcer la suspension du maire et du procureur de la commune de Paris, et de faire parvenir sa décision demain avant-midi. (B. 23, 43.)

11 JUILLET 1792. — Décret relatif à la capitulation du château de Bannes. (B. 23, 43.)

11 JUILLET 1792. — Décret qui charge le ministre de la guerre et de la marine de rendre compte des mesures qu'ils ont prises pour les communications des signaux. (B. 23, 44.)

11 JUILLET 1792. — Approvisionnement de Huningue. *Voy.* 7 JUILLET 1792. — Colonies. *Voy.* 5 JUILLET 1792. — Formes d'assignats de cinq livres. *Voy.* 1er JUILLET 1792. — Frais de la Fédération. *Voy.* 7 JUILLET 1792. — Gardes nationales ; Moulins près Nantua. *Voy.* 4 JUILLET 1792. — M. Thevenard. *Voy.* 5 JUILLET 1792.

12 = 12 JUILLET 1792. — Décret relatif à la Fédération. (L. 9, 539 ; B. 23, 47.)

Art. 1er. L'Assemblée nationale se rendra en corps au champ de la Fédération, le 14 de ce mois, pour prêter le serment prescrit par l'article 6 de la section V du chapitre Ier de la constitution.

2. Le président prononcera la formule du serment; les membres de l'Assemblée nationale, debout et la main levée, répondront : *Je le jure.*

3. Le Roi prêtera ensuite le serment prescrit par l'article 4 de la section Ire du chapitre II de la constitution.

4. Les citoyens prêteront le serment civique; la formule en sera prononcée par le commandant de la garde nationale parisienne, et tous répéteront : *Je le jure.*

5. Au champ de la Fédération, le Roi sera placé à la gauche du président et sans intermédiaire; les députés seront placés immédiatement après, tant à la droite du président qu'à la gauche du Roi.

L'Assemblée charge le pouvoir exécutif de régler le surplus du cérémonial.

6. Le présent décret sera porté dans le jour à la sanction.

12 JUILLET 1792. — Décret sur la décoration que doivent porter les membres du Corps-Législatif. (B. 23, 45.)

L'Assemblée nationale décrète que les membres du Corps-Législatif porteront dans le lieu de leurs séances, et quand ils feront partie d'une députation, ou rempliront une commission, un ruban aux trois couleurs et à trois bandes ondées. Ce ruban sera placé en sautoir. Les tables de la loi seront attachées à son extrémité inférieure. Le livre sera de métal doré et ouvert. On lira sur le *folio verso* les mots : *Droits de l'homme*, et sur le *folio recto*, le mot : *Constitution.*

12 = 22 JUILLET 1792. — Décret relatif aux marques distinctives des administrateurs de district et de département, des procureurs-généraux et des procureurs-syndics. (L. 9, 637 ; B. 23, 45.)

L'Assemblée nationale, considérant qu'il importe de donner aux administrateurs, dans l'exercice de leurs fonctions, un signe extérieur qui puisse les faire reconnaître, et qui leur assure le respect et l'obéissance que la loi attache à leur caractère, décrète que les administrateurs de département et de district, les procureurs-généraux et procureurs syndics, porteront, dans l'exercice de leurs fonctions, un ruban tricolore en sautoir, et une médaille sur laquelle on lira ces mots : *Respect à la Loi.* La médaille des administrateurs de département et procureurs-généraux-syndics sera de métal jaune; celle des administrateurs de district et procureurs-syndics sera de métal blanc. Les médailles des procureurs-généraux et procureurs-syndics seront attachées au ruban, à la distance de deux pouces, par une tresse et deux glands de la couleur de leurs médailles respectives.

12 JUILLET 1792. — Décret qui renvoie au pouvoir exécutif des dénonciations de quelques actes de juridiction faits au château des Tuileries. (B. 23, 44.)

12 = 18 JUILLET 1792. — Décret concernant l'imposition à la contribution foncière des propriétaires du canal de Givors. (B. 23, 44.)

12 JUILLET 1792. — Décret relatif à la position de la première pierre du monument à élever à la Liberté sur les ruines de la Bastille. (B. 23, 48.)

12 JUILLET 1792. — Décret relatif à une levée de quatre-vingt-cinq mille quatre cents hommes, pour compléter l'armée. (B. 23, 48.)

12 JUILLET 1792. — Décret qui met un million à la disposition du ministre de l'intérieur, pour l'indemnité à accorder aux gardes nationales qui se rendent à Paris. (B. 23, 45.)

12 JUILLET 1792. — Assignats. *Voy.* 5 JUILLET 1792. — Assignats de dix et quinze sous pour Beaucaire. *Voy.* 9 JUILLET 1792. — M. Cahier. *Voy.* 7 JUILLET 1792. — Déclaration que la patrie est en danger. *Voy.* 11 JUILLET 1792. — Fabrication d'assignats. *Voy.* 5 JUILLET 1792. — Gardes nationales. *Voy.* 11 JUILLET 1792. — Garde soldée parisienne. *Voy.* 10 JUILLET 1792. — Paroisses des Basses-Pyrénées. *Voy.* 29 MAI 1792. — Port de Boulogne. *Voy.* 6 JUILLET 1792. — Secours entre les départemens. *Voy.* 5 JUILLET 1792.

13 JUILLET 1792. — Décret qui met trois mille livres à la disposition du ministre de l'intérieur, pour fournir aux frais de position de la première pierre de la colonne de la Liberté. (L. 9, 595; B. 23, 49.)

13 = 16 JUILLET 1792. — Décret qui accorde une somme de quatre cent mille livres, à titre d'avance, à la ville de Metz, pour le remboursement de ses dettes exigibles. (L. 9, 598; B. 23, 49.)

13 = 14 JUILLET 1792. — Décret qui lève la suspension du maire de Paris. (B. 23, 50.)

13 JUILLET 1792. — Décret qui charge le ministre de la justice de rendre compte de l'état des poursuites contre les auteurs des évènemens du 20 juin. (B. 23, 50.)

13 JUILLET 1792. — Commissaires de police. *Voy.* 6 JUILLET 1792. — Echangistes de forêts domaniales; Ministre de la marine. *Voy.* 7 JUILLET 1792. — Ville d'Issengeaux. *Voy.* 6 JUILLET 1792.

14 JUILLET 1792. — Indemnité aux incendiés de Courtrai. *Voy.* 23 JUILLET 1792. — Maire de Paris. *Voy.* 13 JUILLET 1792.

15 = 22 JUILLET 1792. — Décret relatif à l'organisation des troupes des colonies qui sont actuellement en France. (L. 9, 638; B. 23, 51.)

L'Assemblée nationale, considérant qu'il est instant d'organiser toutes les troupes des colonies qui sont actuellement en France, décrète ce qui suit:

Les troupes des colonies qui sont actuellement en France seront sans délai formées en régimens de ligne; charge la commission militaire de lui proposer, dans sa séance de demain, le mode de leur organisation.

15 JUILLET 1792. — Décret qui charge le pouvoir exécutif de rendre compte, tous les jours, du nombre des volontaires nationaux déjà rendus à Paris. (B. 23, 50.)

15 JUILLET 1792. — Décret qui charge le pouvoir exécutif de faire sortir de Paris les troupes de ligne qui y sont en garnison. (B. 23, 51.)

15 JUILLET 1792. — Décret qui charge le pouvoir exécutif de rendre compte des ordres donnés à M. Montesquiou, de leur exécution, et des mesures prises pour augmenter les armées. (B. 23, 51.)

15 JUILLET 1792. — Décret qui charge le pouvoir exécutif de rendre compte de l'état des habillemens envoyés aux régimens de la Martinique et de la Guadeloupe. (B. 23, 52.)

16 = 20 JUILLET 1792. — Décret qui accorde des aides-de-camp aux quatre officiers généraux étrangers créés par le décret du 29 mai 1792. (L. 9, 626; B. 23, 52.)

L'Assemblée nationale, considérant que, par son décret du 29 mai dernier, elle a fait une augmentation de quatre officiers généraux étrangers qui pourront être employés à l'armée, mais que, par ce même décret, elle n'a point autorisé l'augmentation des aides-de-camp qu'il est nécessaire d'accorder à ces officiers généraux, pour qu'ils puissent servir utilement, décrète ce qui suit:

Il sera attaché aux quatre officiers généraux étrangers, dont l'augmentation dans l'armée a été décrétée le 29 mai dernier, le nombre d'aides-de-camp qui est attribué aux autres officiers généraux par les précédens décrets; ils seront choisis conformément à ce qui est prescrit par l'article 2 du décret du 27 avril = 1er mai dernier, relatif à une augmentation d'aides-de-camp, et ils seront aussi assimilés à ces derniers, relativement à leur replacement, à la paix, dans les corps dont ils seront sortis.

---

16 = 18 JUILLET 1792. — Décret relatif à l'organisation de la gendarmerie nationale à pied. (L. 9, 602; B. 23, 54.)

L'Assemblée nationale, considérant que les troupes de ligne sont destinées particulièrement à préserver le territoire français de toute invasion; qu'il importe à la sûreté de l'empire de rapprocher des frontières celles qui sont en garnison à Paris et dans l'intérieur du royaume; qu'il n'est pas moins essentiel de maintenir l'ordre dans une ville où résident le Corps-Législatif et le Roi; qu'il est nécessaire de dissiper les craintes des citoyens sur l'éloignement des régimens qui ont résidé jusqu'à présent à Paris, et qui ont joui d'une confiance méritée; qu'il importe cependant à la sûreté et à la tranquillité de cette ville que les postes les plus importans, occupés par des troupes de ligne, soient gardés; considérant enfin qu'on ne peut, d'une manière plus prompte et plus convenable, pourvoir à ces remplacemens, qu'en rappelant au service de la nation les hommes du 14 juillet, qui ont concouru avec la garde nationale à la conquête de la liberté, qui ont bien mérité de la patrie; voulant leur procurer l'honneur de donner de nouvelles preuves de civisme, en défendant la constitution, décrète qu'il y a urgence.

L'Assemblée nationale, après avoir entendu le rapport de son comité militaire et décrété l'urgence, décrète ce qui suit:

Art. 1er. Les ci-devant gardes-françaises qui ont servi la révolution à l'époque du 1er juin 1789, les officiers, sous-officiers, canonniers et soldats de divers régimens qui se sont réunis sous les drapeaux de la liberté, à compter du 12 juillet de la même année, qui ont été inscrits ou enrôlés, soit à la municipalité, soit dans les districts de Paris, jusqu'au 1er novembre 1789; les gardes des ports et ceux de la ville de Paris, les Cent-Suisses de la garde ordinaire du Roi, les Suisses licenciés qui ont servi dans la ci-devant maison militaire des princes, et qui, depuis leur licenciement, ont fait un service personnel et continu dans la garde nationale, s'inscriront volontairement, ainsi qu'il suit, pour être de suite organisés en gendarmerie nationale à pied.

2. Tous ceux dénommés en l'article précédent qui ont contracté des engagemens dans les troupes de ligne, ne seront admis, sous aucun prétexte, dans les nouvelles divisions de gendarmerie nationale, qu'après l'expiration de leurs engagemens: ils pourront néanmoins se faire inscrire dès à présent.

3. Ne seront point admis ceux qui auraient été destitués de leurs emplois, ou renvoyés de leurs corps par un jugement légal.

4. Il sera de suite ouvert, au greffe de la municipalité de Paris, un registre d'inscription volontaire, sur lequel ne pourront être inscrits que ceux qui justifieront réunir les qualités exigées par le présent décret.

5. Ce registre ne demeurera ouvert pour ceux qui résident à Paris que pendant quinze jours, et pendant deux mois au plus pour ceux des autres départemens, qui enverront aussi leurs inscriptions, titres ou cartouches à la municipalité de Paris, le tout à dater de la publication du présent décret.

6. Dans le délai ci-dessus prescrit, et plus tôt s'il est possible, la municipalité adressera au ministre de l'intérieur l'état nominatif de ceux qui se seront fait inscrire, ainsi que de leurs titres ou cartouches certifiés véritables.

7. L'état nominatif, titres ou cartouches des citoyens inscrits au greffe de la municipalité de Paris, seront adressés sur-le-champ à l'Assemblée nationale par le ministre de l'intérieur.

L'Assemblée nationale charge son comité militaire de lui présenter un projet d'organisation pour ces nouvelles divisions de gendarmerie nationale, vingt-quatre heures après que les états nominatifs et autres pièces relatives lui auront été envoyées.

16 = 19 JUILLET 1792. — Décret qui charge le Roi de repousser par la force des armes tout ennemi déclaré en état d'hostilité, et de le faire attaquer et poursuivre. (L. 9, 608; B. 23, 55.)

L'Assemblée nationale, après avoir entendu le rapport de sa commission extraordinaire des Douze, et de ses comités diplomatique et militaire réunis, déclare que le Roi est chargé de repousser par la force des armes tout ennemi déclaré en état d'hostilités imminentes ou commencées contre la France, et de le faire attaquer et poursuivre partout où il conviendra, d'après les dispositions militaires.

16 = 19 JUILLET 1792. — Décret qui sursoit à l'exécution du traité d'échange ou partage relatif aux récoltes des citoyens respectifs de France et de l'électorat de Trèves. (L. 9, 615; B. 23, 56.)

L'Assemblée nationale, considérant que la nécessité d'augmenter les armées sur les frontières oblige de s'assurer des moyens de pourvoir promptement à leur subsistance;

Vu l'arrêté du directoire du département de la Moselle; après avoir ouï le rapport du comité diplomatique, décrète qu'il sera sursis à l'exécution de l'article du traité d'échange ou partage relatif aux récoltes des citoyens respectifs de France et de l'électorat de Trèves, pendant tout le temps que la France sera en état de guerre; à charge de payer la valeur des récoltes aux prix à convenir de gré à gré, ou sur l'estimation qui en sera faite contradictoirement au taux courant des denrées ; et que le présent décret sera porté dans le jour à la sanction.

Le pouvoir exécutif fera parvenir le présent décret, par un courrier extraordinaire, au département de la Moselle, lequel le fera passer sur-le-champ au district de Sarre-Louis.

16 JUILLET 1792. — Décret qui accorde six cents livres aux familles de plusieurs citoyens qui ont été submergés lors des troubles d'Arles. (B. 23, 56.)

16 = 22 JUILLET 1792. — Décret qui accorde une indemnité de cent livres aux sieurs Soland, Lebrun et Fortin, ci-devant chefs des ateliers de Paris. (B. 23, 37.)

16 JUILLET 1792. — Décret qui suspend l'exécution du décret du 11 juillet, qui accorde des récompenses aux dénonciateurs de la fabrication des faux assignats de Passy, et ordonne de briser les poinçons, planches, etc., qui ont servi à cette fabrication. (B. 23, 52.)

16 JUILLET 1792. — Décret qui charge le ministre de la guerre de rendre compte de l'exécution de la loi sur les canonniers gardes nationaux. (B. 23, 52.)

16 = 21 JUILLET 1792. — Décret sur les explications demandées par le ministre de la guerre, d'après les observations du général Lamolière, sur les places à mettre en état de guerre. (B. 23, 53.)

16 JUILLET 1792. — Décret qui charge M. Luckner de rendre compte des ordres qu'il a reçus et de ceux qu'il a donnés relativement aux opérations de la campagne. (B. 23, 55.)

16 JUILLET 1792. — Caisse de l'extraordinaire. Voy. 10 JUILLET 1792. — Metz. Voy. 13 JUILLET 1792. — Suppléans au tribunal de commerce. Voy. 10 JUILLET 1792.

17 — 19 JUILLET 1792. — Décret relatif à la manufacture d'armes de Moulins. (L. 9, 616; B. 23, 58.)

L'Assemblée nationale, considérant que dans un état libre les citoyens doivent être pourvus d'armes de guerre, afin de repousser avec autant de facilité que de promptitude les attaques des ennemis intérieurs et extérieurs de leur constitution;

Considérant que la fabrication des armes de guerre demande, pour être portée à une grande perfection, la réunion d'un nombre considérable de machines que des ouvriers isolés ne peuvent facilement se procurer;

Considérant qu'une surveillance journalière et constante, exercée par des hommes versés dans la connaissance des matières premières et dans les détails de la fabrication des armes, peut seule rassurer l'Etat sur les dangers que courraient les citoyens qui se serviraient d'armes fabriquées avec peu d'art et de soin;

Considérant que l'établissement d'une manufacture d'armes dans la ville de Moulins, chef-lieu du département de l'Allier, procurera à l'Etat plusieurs avantages politiques, fournira aux habitans de cette contrée un genre de travail pour lequel ils ont du goût et de l'aptitude, et donnera une nouvelle énergie au commerce national;

Considérant enfin qu'il est instant de procurer à cette manufacture les moyens d'acquérir l'activité et la perfection qu'elle doit atteindre, décrète qu'il y a urgence.

L'Assemblée nationale, après avoir entendu le rapport de son comité militaire et décrété l'urgence, décrète ce qui suit :

Art. 1er. La manufacture d'armes de guerre établie à Moulins sera sous la surveillance du ministre de la guerre et sous l'inspection immédiate des officiers du corps de l'artillerie et des autres agens du Gouvernement, désignés à cet effet par le pouvoir exécutif.

2. Il sera attaché à la manufacture d'armes de Moulins un officier d'artillerie du grade de lieutenant-colonel, qui portera le titre de sous-directeur commandant en chef de ladite manufacture.

Il sera attaché aussi à ladite manufacture un capitaine d'artillerie de la première classe, qui en sera le commandant en second.

3. Le corps de l'artillerie de France sera, en conséquence de l'article 2 du présent décret, augmenté d'un lieutenant-colonel et d'un capitaine de la première classe.

Il sera créé, pour la surveillance et le service de ladite manufacture, un emploi de premier contrôleur, quatre de contrôleurs ordinaires, et deux de réviseurs d'armes de guerre, un garde-magasin et un de portier.

4. Il sera mis annuellement par la Trésorerie nationale, à la disposition du ministre de la guerre, une somme de seize mille six cent soixante-dix livres, pour le traitement des officiers d'artillerie et des autres préposés du Gouvernement qui seront attachés à la manufacture de Moulins, savoir :

Pour le lieutenant-colonel sous-directeur, y compris une ration de fourrage, quatre mille deux cent soixante-dix livres, pour un capitaine en premier, deux mille huit cents livres; premier contrôleur, mille huit cents livres; quatre contrôleurs, à mille deux cents livres, quatre mille huit cent livres; deux réviseurs, à huit cents livres, seize cents livres; un garde-magasin, huit cents livres;

un portier, six cents livres. — Total, seize mille six cent soixante-dix livres.

Lesdits officiers, contrôleurs, réviseurs, garde-magasin et portier, jouiront d'ailleurs du logement attribué à leurs grades ou emplois respectifs dans les autres manufactures d'armes, ainsi que des autres avantages qui leur auront été accordés par des lois antérieures.

17 = 18 JUILLET 1792. — Décret relatif au régiment des gardes-suisses. (L. 9, 606; B. 23, 60.)

L'Assemblée nationale, considérant qu'il importe de développer toutes les forces nationales pour la défense des frontières, décrète que le pouvoir exécutif est tenu, en exécution du décret du 15 de ce mois, de faire passer pour la défense des frontières, au-delà de trente mille toises de la résidence du Corps-Législatif, les deux tiers formant deux bataillons du régiment des gardes-suisses, et ajourne la disposition du surplus jusqu'après le rapport du comité diplomatique, auquel elle renvoie les deux lettres du ministre de la guerre et de M. Daffry.

17 = 28 JUILLET 1792. — Décret relatif à la formation de plusieurs compagnies de chasseurs nationaux. (L. 9, 730; B. 23, 60.)

L'Assemblée nationale, désirant seconder le zèle des volontaires qui, impatiens de remplir le serment qu'ils ont renouvelé au champ de la Fédération, veulent faire triompher notre liberté ou mourir glorieusement les armes à la main;

Considérant qu'il est nécessaire et très-urgent d'opposer aux nombreuses troupes légères de nos ennemis l'espèce de troupe dont la composition et l'organisation particulière permettent de tirer avantage de l'aptitude et de l'impulsion du caractère national pour ce genre de service;

Considérant qu'il est juste de donner aux citoyens qui se sont empressés de voler au secours de la patrie en danger le choix du poste où le péril presse davantage, le choix des armes avec lesquelles ils préféreront combattre, enfin l'honneur et l'avantage d'être les premiers qui rencontreront l'ennemi;

Délibérant sur la proposition du Roi relative à la formation des troupes légères; après avoir entendu le rapport de ses comités militaire et diplomatique réunis, décrète qu'il y a urgence.

L'Assemblée nationale, après avoir décrété l'urgence, décrète:

Art. 1er. Tous les volontaires gardes nationaux qui se seront fait inscrire à la municipalité de Paris pour aller aux frontières feront connaître individuellement leur vœu pour le genre de service qu'ils préfèrent, soit dans les bataillons qui vont être formés pour composer les réserves intérieures, soit dans les compagnies de chasseurs nationaux dont il sera parlé, et qui, d'abord après leur formation, pourront être employées aux avant-gardes des différentes armées.

2. A mesure que cent cinquante volontaires se trouveront inscrits pour servir dans les troupes légères, il sera formé successivement des compagnies sous la dénomination de chasseurs volontaires nationaux.

3. Si un même département fournit le nombre d'hommes nécessaire pour une de ces compagnies, elle portera la dénomination de chasseurs d'un tel département.

4. Si les cent cinquante volontaires inscrits se trouvent être de plusieurs départemens, la compagnie portera le nom du département qui en aura fourni le plus grand nombre.

5. Les compagnies de chasseurs volontaires nationaux seront formées de la manière suivante:

Un premier capitaine, un second capitaine, trois sous-lieutenans, un sergent-major, quatre sergens, onze caporaux, quatre cornettes, cent vingt-quatre chasseurs.

6. Sur les cent vingt-quatre chasseurs, quatre-vingt-dix seulement entreront en campagne; les trente-quatre autres formeront, dans les places les plus à portée des armées où ces compagnies seront employées, des dépôts pour les maintenir au courant durant la campagne. Le choix des quatre-vingt-dix premiers chasseurs employés sera fait parmi les plus instruits, au jugement de leurs officiers, et à l'épreuve faite de leur plus ou moins de force ou d'agilité pour soutenir les fatigues de la campagne.

7. Les officiers et sous-officiers de ces compagnies seront élus par les chasseurs, conformément au mode prescrit pour la nomination des officiers et sous-officiers des bataillons de volontaires nationaux.

8. Les appointemens et soldes, les retenues pour l'habillement, seront les mêmes que dans les bataillons nationaux. Les capitaines commandans auront un supplément de traitement de cinquante livres par mois.

9. Dans le cas où cinq de ces compagnies se trouveraient rassemblées dans une armée, si le général de l'armée veut les rassembler en bataillon, il sera procédé, dans la forme prescrite pour les bataillons de volontaires nationaux, à l'élection des lieutenans-colonels et des adjudans.

10. Le pouvoir exécutif est chargé de rassembler et organiser le plus promptement possible, au rendez-vous général de la réserve, d'après les tableaux qui seront remis par la municipalité de Paris, autant de compagnies de chasseurs nationaux qu'il pourra en être formé, et de pourvoir à ce qu'elles soient promptement armées et équipées

d'une manière analogue à leur genre de service, et envoyées à l'armée.

11. Le ministre de la guerre présentera particulièrement le tableau de l'augmentation des fonds nécessaires.

---

17 = 25 JUILLET 1792. — Décret relatif au rachat des droits de banalité des moulins situés dans la commune de Manosque. (L. 9, 690; B 23, 62.)

L'Assemblée nationale, considérant la nécessité de favoriser le prompt rachat des droits de banalité établis dans les moulins situés sur le territoire de la commune de Manosque, d'après le vœu des habitans ; la délibération de ladite ville du 16 novembre 1791, et l'avis des directoires de district et du département des Basses-Alpes, décrète qu'il y a urgence.

L'Assemblée nationale, après avoir décrété l'urgence, ouï le rapport de son comité de l'ordinaire des finances, décrète définitivement ce qui suit :

Art. 1er. La ville et commune de Manosque, district de Forcalquier, département des Basses-Alpes, est autorisée à faire l'emprunt de la somme de deux cent trente-six mille livres, et d'en employer le montant au rachat des moulins banaux situés dans son territoire, à la charge par ladite commune de procéder à la revente desdits moulins sans banalité, dans le plus court délai.

2. Ladite ville et commune emploiera à sa libération : 1° le prix provenant desdits moulins; 2° le seizième qui pourrait lui revenir sur la revente des biens nationaux qu'elle aurait pu acquérir ; 3° le montant de ses biens patrimoniaux dont l'aliénation serait nécessaire à l'acquittement de sa dette : le tout avec l'approbation des directoires de district et de département, et conformément au décret du 29 mars = 3 avril 1791.

3. En cas d'insuffisance des moyens de libération ci-dessus, et en attendant qu'elle puisse être effectuée, ladite ville et commune de Manosque donnera assignation de deniers pour le paiement des intérêts et du capital restant, conformément au décret du 5 = 10 août 1791, et à sa délibération du 16 novembre dernier sur les sous additionnels de ses contributions foncière et mobilière, de manière que le restant du prix soit payé en trois termes et à trois époques différentes, dont la dernière ne pourra excéder celle de vingt années.

---

17 = 25 JUILLET 1792. — Décret relatif au remboursement des frais occasionés par le déplacement de la force publique. (L 9, 682; B. 23, 57.)

L'Assemblée nationale, considérant que des circonstances impérieuses ont nécessité dans plusieurs départemens le déplacement de la force publique; que les frais occasionés par cette mesure ont été pris et avancés par les corps administratifs sur les fonds destinés au service public, et qu'il importe qu'ils soient incessamment remplacés, décrète qu'il y a urgence.

L'Assemblée nationale, après avoir entendu le rapport de ses comités réunis des finances, et décrété l'urgence, décrète ce qui suit :

Art. 1er. Il sera mis à la disposition du ministre de l'intérieur, par les commissaires de la Trésorerie nationale, la somme de deux cent mille livres, pour faire le fonds et avances des frais extraordinaires de déplacement de la force publique que des troubles intérieurs auront nécessités.

2. Les départemens, districts et communes où des troubles auront pris naissance par le fait de leurs habitans, seront tenus de rembourser au Trésor national les avances qui leur seront faites, et d'en imposer le montant par sous additionnels sur les contributions foncière et mobilière, sauf leur recours sur les instigateurs et complices desdits troubles, le ministre de l'intérieur demeurant chargé de surveiller la rentrée desdites avances.

3. Ne seront allouées comme frais extraordinaires d'emploi de la force publique que la solde attribuée aux gardes nationales en activité de service, et les avances ou fournitures ayant pour objet de compléter la solde des diverses armes, lorsqu'elles sont employées pour un service extraordinaire. Les frais de déplacement ne seront attribués que pour une absence de plus de vingt-quatre heures du lieu de la résidence de la force légalement requise et employée.

4. Les trésoriers ou fournisseurs publics qui, d'après les mandats des administrations, auront fait des avances de fonds, de vivres ou de munitions pour de semblables déplacemens, en dresseront des états détaillés et appuyés de pièces justificatives. Ces états seront visés par les directoires de district et envoyés aux directoires de département, qui les feront passer, dûment certifiés, au ministre de l'intérieur.

5. Ce ministre remplira les réclamans de leurs avances dûment constatées, et rendra compte, de trimestre en trimestre, de l'emploi des sommes à sa disposition.

---

17 = 25 JUILLET 1792. — Décret qui autorise les communes de Sallier, de Tallard et de Gorgy à faire des emprunts. (L. 9, 697 ; B. 23, 63 )

---

17 JUILLET 1792. — Décret qui autorise les directeurs généraux de la fabrication des assignats à retirer des archives nationales les

poinçons des assignats de quinze sous. (B. 23, 60.)

17 JUILLET 1792. — Armée de ligne. *Voy.* 20 JUILLET 1792.

18 = 22 JUILLET 1792. — Décret relatif aux frais faits pour la vente et estimation des biens nationaux dans l'île de Corse. (L. 9, 663 ; B. 23, 66.)

L'Assemblée nationale, considérant la nécessité de pourvoir promptement au paiement de partie des frais d'estimation des biens nationaux dans les divers districts de l'île de Corse, afin d'accélérer l'entière aliénation desdits biens ; considérant la nécessité de faire une exception en faveur du département de la Corse, relativement aux formalités auxquelles les décrets des 18 = 28 juillet et 5 septembre = 8 octobre 1791 ont subordonné le paiement des frais d'estimation, de vente et d'administration des biens nationaux, à raison de la position de ce département,

Décrète que, sur l'ordonnance du commissaire de la caisse de l'extraordinaire, le trésorier de ladite caisse adressera sans délai et directement aux receveurs des districts du département de la Corse une somme de dix-huit mille livres, pour servir à acquitter, en tout ou en partie, les frais d'estimation, vente et administration des biens nationaux, faits dans cette île ; et néanmoins les directoires des districts de la Corse se conformeront, dans le délai de deux mois, à toutes les formalités prescrites par les décrets des 18 = 28 juillet et 5 septembre = 8 octobre 1791, pour la formation et l'envoi des états desdits frais.

18 = 21 JUILLET 1792. — Décret relatif aux communes qui, lors du recrutement, ajouteront à leur contingent. (L. 9, 634 ; B. 23, 65.)

L'Assemblée nationale, convaincue que la défense de la patrie ne sera pas seulement pour les Français un devoir que la loi commande, mais un honneur qu'ils seront tous jaloux d'obtenir ; voulant leur laisser la gloire de manifester leur patriotisme par des mouvemens spontanés que la loi ne prescrit pas, et accorder aux communes qui auront montré le plus de zèle la seule récompense digne des citoyens et des représentans d'une nation généreuse et libre ; impatiente d'honorer les élans des communes que leur population mettra à même de fournir subitement un grand nombre de citoyens armés, décrète qu'il y a urgence.

L'Assemblée nationale, après avoir décrété l'urgence, décrète ce qui suit :

Art. 1er. Toutes les communes qui, indé-pendamment de l'inscription volontaire pour le recrutement de l'armée, et du contingent demandé par le décret du 4 juillet, et déterminé en vertu du décret de ce jour, fourniront subitement, en proportion de leur population, un ou plusieurs bataillons, une ou plusieurs compagnies, et même une ou plusieurs escouades de gardes nationaux, armés et équipés, auront bien mérité de la patrie.

2. Pour obtenir ce titre à la reconnaissance publique, chaque commune fera parvenir au Corps-Législatif, avec l'état de sa population, celui des bataillons, compagnies ou escouades qu'elle aura fournies en sus du contingent commun.

3. Indépendamment de l'honneur de l'inscription au procès-verbal, avec mention honorable, la liste des communes que le Corps-Législatif aura déclaré avoir bien mérité de la patrie sera déposée dans ses archives, comme un monument national transmis à la postérité par la reconnaissance publique.

18 = 20 JUILLET 1792. — Décret portant qu'il y a lieu à accusation contre le sieur Seran, négociant de Montpellier. (L. 9, 601 ; B. 23, 68.)

18 = 27 JUILLET 1792. — Décret qui charge les juges des tribunaux de Montpellier d'adresser à l'Assemblée les pièces déposées dans leurs greffes, relatives à une coalition des conjurés du département de l'Ardèche avec des citoyens du département de l'Hérault. (L. 9, 728 ; B. 23, 69.)

18 = 27 JUILLET 1792. — Décret relatif à la réunion des paroisses et municipalités du Temple et de Carentoir. (B. 23, 64.)

18 = 22 JUILLET 1792. — Décret qui confie au ministre de la guerre la surveillance du dépôt général des plans en relief. (B. 23, 64.)

18 JUILLET 1792. — Décret qui renvoie au pouvoir exécutif une lettre des administrateurs du département du Bas-Rhin, tendant à obtenir les fonds pour pourvoir aux dépenses qu'occasionnent les rapports des administrateurs avec le service militaire. (B. 23, 66.)

18 JUILLET 1792. — Décret d'accusation contre plusieurs complices de M. Dusaillant. (B. 23, 67.)

18 JUILLET 1792. — Décret qui ordonne de transmettre au pouvoir exécutif, pour les faire mettre en état d'arrestation, la liste des personnes dénoncées en l'arrêté pris par le directoire du département de l'Ardèche, lors de l'arrestation du sieur Dusaillant. (B. 23, 67.)

18 JUILLET 1792. — Décret portant que les administrateurs du département de l'Ardèche et autres personnes qui ont arrêté le sieur Dusaillant, ont bien mérité de la patrie. (B. 23, 68).

18 = 22 JUILLET 1792. — Décret qui accorde une gratification de trois cents livres au sieur Laurent, qui a arrêté le sieur Dusaillant. (B. 23, 68.)

18 JUILLET 1792. — Décret qui autorise le département de l'Ardèche à nommer un commissaire pour porter à Orléans les pièces saisies sur le sieur Dusaillant. (B. 23, 69.)

18 JUILLET 1792. — Canal de Givors. *Voy.* 12 JUILLET 1792. — Garde suisse. *Voy.* 17 JUILLET 1792. — Gendarmerie à pied. *Voy.* 16 JUILLET 1792. — Sieur Jean Auboin. *Voy.* 8 JUILLET 1792.

19 = 25 JUILLET 1792. — Décret relatif aux ci-devant palais épiscopaux. (L. 9, 692; B. 23, 70.)

L'Assemblée nationale, après avoir entendu le rapport de son comité de l'extraordinaire des finances, considérant que les ci-devant palais épiscopaux sont, par leur étendue, un logement superflu aux évêques actuels; que leur somptuosité est peu convenable à la simplicité de leur état, et l'entretien trop disproportionné à leur revenus; qu'il est nécessaire de les débarrasser d'une jouissance évidemment onéreuse, et de pourvoir à leur logement d'une manière plus avantageuse; enfin qu'il est instant de faire vendre tous ces édifices au profit de la nation, pour prévenir des dépérissemens qui deviendraient inévitables par un plus long retard, décrète ce qui suit:

Art. 1er. Les ci-devant palais épiscopaux, même ceux qui ont été achetés ou fournis en remplacement jusqu'à ce jour, ainsi que les jardins et édifices en dépendant, seront vendus incessamment au profit de la nation dans la même forme que les autres biens nationaux.

2. Il sera accordé annuellement à chaque évêque le dixième en sus de son traitement, pour lui tenir lieu de logement.

3. Le montant des frais de logement leur sera payé de la même manière que leur traitement, à commencer au 1er octobre prochain.

4. Les directoires de département auront soin de faire diviser les ci-devant palais épiscopaux en plusieurs articles, toutes les fois que cette division pourra en faciliter la vente; et ils enverront à l'Assemblée nationale, dans le délai de quinzaine, par la voie du commissaire administrateur de la caisse de l'extraordinaire, les états estimatifs qu'ils en auront fait faire.

19 = 25 JUILLET 1792. — Décret relatif aux quartiers des classes de la marine, et aux officiers d'administration qui doivent y être établis. (L. 9, 699; B. 23, 70.)

L'Assemblée nationale, après avoir entendu le rapport de son comité de marine; prenant en considération le règlement qui lui a été présenté par le ministre de ce département, conformément à l'article 35 de la loi du 21 septembre = 12 octobre 1791 pour la répartition des quartiers des classes et des officiers d'administration qui doivent y être établis;

Considérant qu'il importe aux intérêts des gens de mer et qu'il est instant d'accélérer l'organisation de cette partie essentielle de l'administration de la marine, décrète qu'il y a urgence.

L'Assemblée nationale, après avoir décrété l'urgence, décrète ce qui suit:

Art. 1er. Le nombre des soixante-un préposés des classes portés dans l'état des employés de l'administration, annexé au décret du 21 = 28 septembre 1791, est réduit à trente, non compris les dix qui ont été décrétés pour le service des colonies.

2. Le nombre des syndics des marins, fixé par le même décret à deux cent quatre-vingt-dix, sera porté provisoirement à trois cent soixante-douze.

3. L'Assemblée nationale décrète les dispositions du règlement présenté par le ministre de la marine, concernant le nombre et la répartition des quartiers des classes et des officiers d'administration qui doivent y être établis, lequel règlement restera annexé au présent décret.

4. Le ministre de la marine est autorisé à faire, dans la répartition des officiers d'administration, des syndics et des préposés des classes, tous les changemens que le bien du service et l'intérêt des gens de mer exigeront, sous la réserve de ne pouvoir augmenter le nombre de ces officiers sans un décret du Corps-Législatif.

---

Suivent des tableaux qui offrent les noms des quartiers de chaque arrondissement, avec l'indication du département dans lequel est situé chaque quartier. A la suite est un tableau général intitulé: *Récapitulation*; il nous a paru suffisant de rapporter ce dernier.

*Récapitulation des Tableaux des Arrondissemens, Quartiers et Employés de l'Administration.*

| ARRONDISSEMENS. | NOMBRE des QUARTIERS. | ADMINISTRATION. | | | |
|---|---|---|---|---|---|
| | | Sous-chefs. | Commis. | Préposés des classes. | Syndics des marins. |
| Dunkerque. . . | 4 | 4 | « | 3 | 14 |
| Le Havre. . . . | 6 | 6 | « | 3 | 25 |
| Cherbourg . . . | 3 | 3 | « | 3 | 30 |
| Brest . . . . . . | 8 | 7 | 4 | 4 | 42 |
| Lorient . . . . . | 3 | 2 | 1 | 2 | 20 |
| Nantes. . . . . . | 9 | 6 | 3 | 3 | 70 |
| Rochefort. . . . | 10 | 5 | 5 | 2 | 35 |
| Bordeaux . . . . | 13 | 6 | 8 | « | 66 |
| Bayonne. . . . . | 3 | 3 | « | « | 14 |
| Toulon . . . . . | 15 | 12 | 3 | 10 | 56 |
| | 74 | 54 | 24 | 30 | 372 |

19 = 25 JUILLET 1792. — Décret qui fixe la couleur de l'habillement des compagnies franches. (L. 9, 669; B. 23, 72.)

19 = 29 JUILLET 1792. — Décret qui permet l'exportation des planches de sapin provenant des forêts du département des Vosges, et des bois à brûler situés dans la forêt de Lucelle. (L. 10, 743; B. 23, 71.)

19 JUILLET 1792. — Décret qui charge le ministre de la justice de rendre compte de la détention arbitraire prononcée par un juge-de-paix d'Arras. (B. 23, 69.)

19 JUILLET 1792. — Décret qui charge le pouvoir exécutif de rendre compte des motifs qui ont déterminé les derniers mouvemens des armées. (B. 23, 72.)

19 JUILLET 1792. — Décret qui ordonne au ministre de la guerre de rendre compte des personnes qui ont obtenu la décoration. (B. 23, 72.)

19 JUILLET 1792. — Décret portant qu'une députation de l'Assemblée assistera au convoi de Paul Jones. (B. 23, 72.)

19 JUILLET 1792. — Agens du Trésor public. *Voy.* 3 JUILLET 1792. — Armée de ligne. *Voy.* 20 JUILLET 1792. — Sieur Bln. *Voy.* 6 JUILLET 1792. — Electorat de Trèves. *Voy.* 19 JUILLET 1792. — Ennemis. *Voy.* 16 JUILLET 1792. — Manufacture d'armes de Moulins. *Voy.* 17 JUILLET 1792.

20 = 23 JUILLET 1792. — Décret qui accorde des secours provisoires, pour l'année 1792, aux anciens pensionnaires sur le sort desquels il n'a pas encore été statué. (L. 9, 734; B. 23, 93.)

L'Assemblée nationale, après avoir entendu son comité de liquidation, considérant la justice et la nécessité de subvenir aux besoins pressans des anciens pensionnaires sur le sort desquels il n'a pas encore pu être statué nominativement, décrète qu'il y a urgence.

L'Assemblée nationale, après avoir décrété l'urgence, décrète ce qui suit :

Art. 1er. Les décrets précédemment rendus pour procurer aux ci-devant pensionnaires des secours pour les années 1790 et 1791, notamment les décrets du 3 août 1790, des 9 et 11 janvier, 20 février et 2 juillet 1791, auront leur exécution pour l'année 1792, dans les mêmes termes et aux mêmes conditions, et en outre à la charge par lesdits pensionnaires de se conformer à ce qui est prescrit par l'article 1er du décret des 30 et 31 mars dernier.

2. Les dispositions ci-dessus seront applicables aux pensionnaires des anciennes compagnies et administrations des finances et des pays d'état, et aux administrations provinciales, dont les états ont été adressés au commissaire du Roi directeur de la liquidation, par les ministres, jusqu'à ce jour; et pour accélérer d'autant plus l'effet de ces dispositions, ledit commissaire du Roi est autorisé à remettre tous ces états aux commissaires de la Trésorerie nationale, sous leur récépissé, et à la charge par eux de les lui restituer avant le 1er octobre prochain.

L'article 2 du décret du 2 juillet 1791 sera exécuté pour toutes les personnes dénommées auxdits états.

3. Les personnes qui, en remplacement des secours dont elles jouissaient précédemment sur d'autres caisses que le Trésor public, ont été admises à la répartition de la somme de cent cinquante mille livres, distraite du fonds des deux millions de secours par l'article 2 du décret du 20 février 1791, et dont la distribution a été étendue par le décret du 18 août suivant; lesquelles personnes sont dénommées dans les états annexés aux décrets des 5 mai, 18 août, 17 et 28 septembre 1791, 20 janvier, 7 avril et 9 juin derniers, recevront, pour la présente année 1792, à titre de secours, une somme égale à celle qui leur a été accordée par lesdits décrets, dans la proportion d'une année, à la charge par lesdites personnes de représenter seulement un certificat de résidence depuis six mois, sans interruption.

4. Il sera distrait du fonds de deux millions ordonné par l'article 14 du titre III du décret du 3 = 22 août 1790, la somme nécessaire pour payer le montant des états mentionnés en l'article précédent, laquelle distraction sera imputable sur ledit fonds de deux millions appartenant à la présente année 1792.

5. Les difficultés qui pourraient s'élever sur le fait de la résidence, dont les certificats sont exigés des pensionnaires par l'article 1er des décrets des 30 et 31 mars dernier, seront jugées par les directoires de département, sur l'avis des municipalités des lieux de la résidence des pensionnaires auxquels elles pourraient faire faites, et les commissaires de la Trésorerie nationale seront tenus de s'y conformer.

6. Tous ceux qui, pour toucher leurs pensions, seraient obligés, aux termes des décrets précédemment rendus, de justifier qu'ils ont déposé leurs titres dans le bureau du commissaire du Roi directeur de la liquidation, ou qu'ils ne sont compris dans aucun des états annexés aux décrets rendus sur les pensions par l'Assemblée nationale, pourront requérir à cet effet des certificats du commissaire du Roi, qui sera tenu de les leur délivrer.

20 (17, 19 et) = 22 JUILLET 1792. — Décret relatif au complément de l'armée de ligne. (L. 9, 642; B. 23, 77.)

TITRE Ier.

SECTION Ire. Articles généraux.

L'Assemblée nationale, considérant que le meilleur moyen de détruire efficacement la ligue toujours menaçante des ennemis conjurés contre la nation française est de leur opposer une force militaire tellement imposante par sa masse seule, qu'elle leur fasse

perdre tout espoir quelconque d'envahissement, et craindre au contraire de voir bientôt porter chez eux, avec l'étendard de la guerre, le germe précieux de la liberté, qu'ils ne cherchent à anéantir en France que pour perpétuer l'esclavage des nations;

Considérant que le moment déclaré du danger de la patrie est aussi celui où tout citoyen doit s'empresser de venir offrir son bras pour la défendre, décrète qu'il y a urgence.

L'Assemblée nationale, après avoir décrété l'urgence, décrète ce qui suit :

Art. 1er. L'armée de terre destinée à défendre l'État contre ses ennemis extérieurs sera portée, dans le plus bref délai possible, au complet effectif de quatre cent quarante à quatre cent cinquante mille hommes, tant en troupes de ligne de toutes les armes qu'en gardes nationales volontaires et en gendarmerie nationale.

2. Les quatre-vingt-trois départemens du royaume fourniront cinquante mille hommes, destinés, d'après le mode qui sera ci-après fixé, à compléter les différens corps d'infanterie, cavalerie, troupes légères et artillerie de l'armée de ligne.

Cette levée sera répartie entre les différens départemens, conformément au tableau n° 1er, annexé au présent décret.

3. Il sera tiré des différentes divisions de la gendarmerie nationale, dans toute l'étendue du royaume, un nombre d'homme suffisant pour former deux nouvelles divisions de gendarmerie, destinées à être employées contre les ennemis extérieurs. Ces hommes seront sur-le-champ remplacés dans les brigades respectives dont ils auront été tirés, de la manière et d'après le mode qui sera ci-après déterminé.

4. Les différentes compagnies de vétérans nationaux, créées par le titre III du décret du 30 avril = 16 mai dernier, relatif au ci-devant Hôtel des invalides, et dont l'organisation est fixée par les articles 21 et suivans, seront mises à la disposition du pouvoir exécutif, pour être transportées partout où il les croira le plus utiles, et notamment dans les places déclarées en état de guerre, afin de contribuer à leur défense, autant par leur exemple et leur expérience de la guerre que par leur bravoure et leur patriotisme reconnus.

Les vétérans retirés à l'Hôtel qui se croiront encore en état de servir activement la patrie, ainsi que tous autres vétérans répandus dans toute l'étendue du royaume, sont autorisés, d'après le mode qui sera ci-après indiqué, à former de semblables compagnies.

5. Le nombre de quatre cent quarante à quatre cent cinquante mille hommes, auquel, d'après l'article 1er, l'armée doit être portée, sera complété par des volontaires nationaux, tant par ceux destinés à former le complément déjà décrété pour les bataillons organi-

sés, que par la levée des nouvelles compagnies et de nouveaux bataillons, ainsi qu'il sera ci-après déterminé.

6. Pour faciliter et rendre plus prompte la levée des hommes destinés à compléter l'armée, tant en troupes de ligne et en vétérans qu'en volontaires nationaux et en gendarmerie nationale, il sera nommé par chaque conseil de département, de district et de commune, deux commissaires pris dans son sein ou hors de son sein, qui seront spécialement et uniquement chargés, sous la surveillance de leurs conseils respectifs, d'accélérer ces différentes levées.

Les commissaires nommés par les conseils des communes se concerteront avec ceux des districts, et leur rendront les comptes que ceux-ci leur demanderont en conséquence; il en sera de même des commissaires des districts envers ceux nommés par les conseils de département.

7. Conformément au décret des 4 et 5 juillet, qui fixe les mesures à prendre quand la patrie est en danger, les gardes nationales et autres citoyens en état de porter les armes se rassembleront par canton, trois jours après l'arrêté des directoires de département; et là, sous la surveillance de la municipalité du chef-lieu, et en présence d'un commissaire nommé par le directoire du district, il sera ouvert trois registres, l'un pour l'inscription des vétérans, le second pour l'engagement dans les troupes de ligne, le troisième pour l'inscription des citoyens qui, ayant été choisis par leurs frères d'armes pour servir en qualité de volontaires et marcher les premiers à la défense de la patrie, conformément à l'article 7 du décret des 4 et 5 juillet dernier, accepteront ce choix honorable.

8. Les commissaires de district dont il est fait mention dans l'article précédent, et qui seront nommés indépendamment de ceux désignés dans l'article 6 ci-dessus, auxquels est confiée la surveillance générale et continue des levées à faire dans leurs arrondissemens respectifs, se rendront au lieu du rassemblement, et, après avoir invité les citoyens à voler à la défense de la patrie et de la liberté, ils inscriront sur chacun des trois registres désignés en l'article précédent les citoyens qui, ayant les qualités requises, se présenteront pour y être enregistrés.

Les officiers municipaux du chef-lieu de canton tiendront procès-verbal de la nomination qui aura été faite par les citoyens rassemblés, de ceux qui devront servir les premiers en qualité de volontaires nationaux. Ce choix pourra se faire indifféremment parmi tous les citoyens, soit qu'ils fassent ou non partie de la garde nationale.

Dans le cas où quelques-uns de ceux qui auraient été choisis déclareraient ne pouvoir accepter, il sera sur-le-champ procédé à leur remplacement, de manière que les citoyens de chaque canton ne puissent se séparer sans avoir fourni le nombre d'hommes qui leur sera demandé.

9. Lorsque la levée prescrite par le présent décret à chaque département sera entièrement terminée, les commissaires désignés dans l'article 6 ci-dessus n'en continueront pas moins à s'assurer les remplacemens indispensables, tant dans les vétérans que dans les troupes de ligne, en pressant et recevant de nouvelles inscriptions et de nouveaux engagemens.

En conséquence, sur la demande du ministre de la guerre, il sera fait, s'il y a lieu, de nouveaux fonds pour cet objet.

10. Les citoyens inscrits, tant pour le complément des troupes de ligne que pour celui des bataillons et pour la formation de nouveaux corps de volontaires nationaux, partiront au plus tard dans la huitaine du jour de leur inscription, et se rendront dans les lieux qui leur seront désignés par les directoires de département, d'après les ordres que ceux-ci en recevront du pouvoir exécutif.

SECTION II. Complément de l'armée de ligne.

Art. 1er. Les registres ouverts pour le recrutement de l'armée de ligne, par les commissaires de district délégués dans l'article 8 de la section 1re seront déposés dans la municipalité chef-lieu de canton, et y resteront pour l'inscription des citoyens qui voudront servir dans les troupes de ligne. Ces citoyens pourront aussi s'inscrire sur les registres particuliers que les commissaires désignés en l'article 6 de la 1re section seront tenus d'ouvrir; mais il sera fait note par ces commissaires, sur les registres des municipalités chef-lieu de canton, des inscriptions portées sur leurs registres particuliers.

2. Les commissaires et les autres citoyens employés au travail du recrutement seront tenus de faire publier dans chaque commune, tous les jours de fêtes, de foires ou de marchés au moins, les dispositions du présent décret; les commissaires pourront même, quand ils le jugeront convenable, faire assembler pour cet objet les habitans d'une ou plusieurs communes.

3. Tout Français âgé de dix-huit ans et au-dessous de cinquante ans, n'ayant aucune infirmité, difformité ni flétrissure, qui se présentera pour s'engager dans l'infanterie, dans l'artillerie ou dans les troupes à cheval, sera invité, d'après les conditions dont il lui sera donné connaissance, à déclarer dans laquelle de ces trois armes il veut servir.

4. La taille nécessaire pour servir dans l'infanterie sera au moins de cinq pieds, pieds nus;

Et dans l'artillerie et les troupes à cheval, au moins de cinq pieds trois pouces,

5. Le terme des engagemens sera, pour l'infanterie ainsi que pour l'artillerie et les troupes à cheval, de trois ans; cependant la paix ou la réduction de l'armée au pied de paix sera le terme de ces engagemens pour tous les citoyens dont le temps ne se trouverait pas rempli à cette époque.

6. Le prix de l'engagement sera de quatre-vingts livres pour l'infanterie, et de cent vingt livres pour l'artillerie et les troupes à cheval, dérogeant à cet égard à l'article 14 du décret du 28 = 31 mai 1792, relatif à la création de cinquante-quatre compagnies franches.

7. Outre les sommes accordées par l'article précédent, il sera mis à la disposition des directoires de département une somme de dix livres par chaque citoyen qui contractera un engagement dans les troupes de ligne; cette somme sera destinée à pourvoir aux faux-frais de recrutement. Les directoires rendront exactement compte de l'emploi qu'ils en auront fait.

8. Tout citoyen qui, ayant servi pendant trois ans consécutifs dans quelque arme que ce soit, et qui, étant porteur d'un congé absolu obtenu avant la publication du présent décret, voudra se vouer de nouveau à la défense de la patrie, en entrant dans l'infanterie, s'il a servi dans l'infanterie; dans l'artillerie, s'il a servi dans l'artillerie, et dans les troupes à cheval, s'il a servi dans les troupes à cheval, recevra, pour prix de son engagement, une somme plus forte d'un tiers que celle qui est fixée pour la même arme par le présent décret.

9. Il sera compté à chaque citoyen, au moment de son engagement, la moitié du prix de son engagement, et l'autre moitié lui sera payée en arrivant au régiment, sur le mandat qui lui aura été remis.

10. Indépendamment des mesures prescrites par le présent décret pour compléter l'armée de ligne, tous les corps militaires continueront le travail de leur recrutement, et redoubleront d'activité et de soins pour en hâter les progrès le plus qu'il sera possible.

11. Les recrues recevront trois sous par lieue de poste, pour leur route du lieu où ils auront été engagés à celui où ils auront ordre de se rendre, et ils partiront au plus tard huit jours après celui de leur engagement.

12. A l'instant où un citoyen aura contracté son engagement, la municipalité ou le commissaire qui l'aura reçu lui en délivrera un extrait; et, sur la présentation dudit extrait au directoire de district, il sera remis au citoyen nouvellement engagé un premier mandat sur le receveur du district, de la partie du prix de l'engagement qui lui revient, et un second mandat sur le payeur de l'armée ou de la garnison qu'il aura ordre de rejoindre, pour l'autre partie.

13. Il sera ajouté à la partie de l'engagement que doit toucher chaque homme de recrue le prix de la route, à raison de trois sous par lieue, ainsi qu'il a été dit ci-dessus, en y comprenant le chemin que le citoyen nouvellement engagé aura été obligé de faire pour se rendre d'abord au chef-lieu de district.

14. Il sera tenu par la Trésorerie nationale à la disposition du ministre de la guerre une nouvelle somme de trois millions, destinée aux dépenses du recrutement; en conséquence, il fera passer par les voies les plus promptes aux directoires du département, et ceux-ci aux directoires de district, une somme suffisante pour pourvoir aux dépenses de recrutement dont chacun d'eux sera chargé.

15. En même temps que le pouvoir exécutif fera l'envoi du présent décret, il indiquera exactement à chaque département les lieux où devront se rendre les recrues de chaque arme qu'il devra fournir; et, dans le cas où, pour quelque raison que ce fût, il y aurait lieu à des changemens, il en donnera sur-le-champ avis au directoire du département, en lui indiquant de nouveaux lieux de rassemblement.

Dans ce cas, les recrues qui seraient arrivées au lieu qui leur avait été précédemment désigné, et qui seraient obligées de se transporter ailleurs pour rejoindre leurs corps, recevront trois sous par lieue pour leur nouveau déplacement.

16. Toutes les dispositions des décrets précédens, relatifs aux recrutemens et engagemens, et notamment de ceux des 29 = 25 mars 1791 et 24 = 25 janvier dernier, continueront d'être exécutées dans tout ce qui ne sera pas contraire au présent décret; en conséquence, il sera fait par le pouvoir exécutif une instruction détaillée, qu'il adressera avec le présent décret aux conseils de département; ceux-ci l'adresseront de même aux districts et aux municipalités de leurs arrondissemens respectifs : les uns et les autres sont autorisés à faire ces envois partout où ils le jugeront nécessaire, par des exprès ou des courriers extraordinaires.

TITRE II. De l'augmentation et de l'emploi, pendant la guerre, des compagnies de vétérans nationaux.

Art. 1er. Le Roi est autorisé à faire transporter dans les places de guerre de l'extrême frontière, pour y tenir garnison et en assurer la défense, les compagnies de vétérans nationaux qui sont actuellement en garnison dans les villes, places ou châteaux de l'intérieur qui n'ont pas été mis en état de guerre, ou dans lesquels lesdites compagnies peuvent être remplacées par des gardes nationales.

2. Les compagnies de vétérans nationaux voyageront par étape : chacun des individus

qui composeront lesdites compagnies recevra, dès le moment de son arrivée à sa garnison, un supplément de solde, qui le portera au taux fixé pour les troupes de ligne sur le pied de guerre.

3. Les vétérans nationaux retirés dans les départemens ou dans l'Hôtel national des militaires invalides seront, ainsi que les citoyens qui ont obtenu des pensions militaires, admis à consacrer de nouveau leurs jours à la défense de l'Etat ; ils se joindront à celles des compagnies de vétérans nationaux employées dans les places de l'extrême frontière, avec lesquelles ils voudront servir. Ils recevront à titre d'indemnité un supplément de solde, qui portera leur traitement au pied de guerre fixé par les décrets pour les différens grades de l'armée qu'ils auront précédemment occupés.

4. Les vétérans nationaux non attachés aux compagnies de vétérans, et les citoyens retirés avec des pensions ou un traitement militaire, qui se rendront dans les places de l'extrême frontière pour se joindre aux compagnies de vétérans et en assurer avec elles la défense, recevront, pour chaque année de service qu'ils feront, une augmentation de traitement de retraite égale à un vingtième de la pension dont ils jouissent.

5. Lorsque les citoyens retirés avec les pensions militaires, et les vétérans nationaux qui ne sont point actuellement attachés à des compagnies de vétérans, se trouveront dans la même place de guerre au nombre de quatre-vingt-neuf, ils formeront une compagnie qui aura le même nombre d'officiers et de sous-officiers que les compagnies de volontaires nationaux. Ces officiers et sous-officiers seront choisis et nommés ainsi qu'il a été réglé par le décret du 4 août, relatif aux volontaires nationaux. Il en sera de même toutes les fois qu'il sera réuni dans la même place un nombre d'anciens militaires assez considérable pour former une nouvelle compagnie.

Jusqu'au moment où les vétérans seront assez nombreux pour former une compagnie, ils serviront à la suite de celles des vétérans nationaux.

TITRE III. Sur les moyens de compléter les bataillons de gardes nationaux volontaires déjà formés, et la levée et formation de quarante-deux bataillons de volontaires gardes nationaux, principalement destinés à former des corps de réserve.

Art. 1er. Conformément au décret des 4 et 5 juillet présent mois, qui déclare la patrie en danger, les conseils de département, de district et de commune, ainsi que les commissaires nommés par eux, prendront les moyens les plus prompts pour que la levée des gardes nationaux volontaires, qui sera

faite dans les formes prescrites par les articles 7 et 8 de la première section du présent décret, serve à porter au complet de huit cents hommes les bataillons que leurs départemens auraient déjà fournis, et pour que les citoyens destinés à les compléter se rendent, sous le plus court délai, à leurs corps respectifs.

2. Aussitôt que les départemens auront complété les bataillons de volontaires gardes nationaux déjà levés, ils formeront les bataillons qui leur ont été précédemment demandés, et qu'ils n'auraient pas encore levés ou finis de lever.

3. Les volontaires gardes nationaux destinés à compléter les bataillons déjà levés ou à en former de nouveaux, auront, dans le cas où ils seront admis ( à compter du jour de leur inscription), la paie ou traitement attribué aux gardes nationaux en activité de service.

4. Indépendamment de la levée des deux cent quinze bataillons de volontaires gardes nationaux précédemment décrétée, et des nouveaux corps qui seront formés des citoyens qui se sont rendus à Paris pour la Fédération du 14 de ce mois, les quatre-vingt-trois départemens fourniront trente-trois mille six cents hommes, destinés à former quarante-deux bataillons pour les corps de réserve : cette levée se fera par compagnie et sera répartie entre les différens départemens, conformément au tableau annexé au présent décret.

5. Trois jours après leur inscription, et conformément aux articles 7 et 8 de la section première du présent décret, les gardes nationaux volontaires se rendront au chef-lieu de département ; et, dès qu'il y en aura cent de réunis, ils formeront une compagnie et nommeront de suite pour chefs, et pour la durée du temps qu'ils emploieront à se rendre du lieu de leur départ à celui de leur arrivée, un capitaine, un sergent-major et un caporal-fourrier.

6. Indépendamment de la solde journalière attribuée aux volontaires gardes nationaux, chacun d'eux recevra trois sous par lieue, à compter du lieu de son départ à celui de son arrivée.

7. Les bataillons ne seront formés qu'au lieu où se seront réunies les huit compagnies qui doivent servir à les composer.

8. Pour parvenir à une prompte formation des bataillons, il sera nommé des commissaires par le pouvoir exécutif, qui seront tenus, du moment où il y aura huit compagnies réunies, de les prévenir qu'elles aient à procéder de suite à l'organisation d'un bataillon.

On réunira dans cette formation, autant que faire se pourra, les compagnies d'un même département, c'est-à-dire que, si après la formation d'un bataillon il restait trois ou quatre compagnies d'excédant, et que le jour même ou le lendemain de cette formation il arrivât cinq ou six compagnies d'un même département, alors ces cinq ou six compagnies seraient réunies à deux ou trois des compagnies dont il est fait mention ci-dessus, et la compagnie ou ces deux compagnies restantes deviendraient les premières du premier bataillon à former.

9. Ces commissaires inscriront sur des registres la date de l'arrivée des compagnies et de la formation successive des bataillons; l'époque de cette formation déterminera le rang que les bataillons auront entre eux.

10. Lorsque les huit compagnies se réuniront pour procéder à la formation d'un bataillon, elles choisiront dans leur sein et à nombre égal les grenadiers qui doivent former la neuvième compagnie; après cette opération, les huit compagnies primitives (y compris les officiers à nommer) se trouveront réduites à quatre-vingt-huit hommes, et celle des grenadiers, y compris les officiers, sera de quatre-vingt-neuf.

11. Chaque compagnie sera organisée et les officiers et sous-officiers seront élus d'après le mode prescrit par le décret du 4 août 1791.

12. Les officiers et sous-officiers des états-majors des bataillons seront élus par tous les individus composant le bataillon, dans la même forme de scrutin que celle employée pour les officiers et sous-officiers des compagnies.

13. Lorsque les bataillons ne seront pas formés de compagnies prises dans le même département, il ne pourra être choisi par compagnie plus d'un volontaire pour occuper une place de l'état-major.

14. Ceux des citoyens fédérés qui, ne s'étant pas fait inscrire pour la formation des compagnies franches, préfèrent de servir dans les corps de réserve, seront formés en bataillons de même force que tous ceux précédemment levés.

15. Dans le cas où, après la formation d'un ou de plusieurs bataillons de fédérés, il y aurait un excédant de volontaires qui ne serait pas assez considérable pour former un nouveau bataillon, mais qui le serait assez pour former une ou plusieurs compagnies, alors les compagnies seraient organisées comme toutes les autres compagnies de bataillons de volontaires, et seraient provisoirement attachées aux bataillons de réserve déjà formés qu'elles choisiraient, et il ne pourra pas être attaché plus d'une compagnie à chaque bataillon.

16. L'armement, l'habillement et l'équipement militaires seront fournis à chaque volontaire, à son arrivée aux lieux des corps de réserve qui lui auront été assignés par le pouvoir exécutif.

17. Le pouvoir exécutif prendra les mesures les plus promptes et les plus sûres, afin qu'à leur arrivée les volontaires gardes nationaux trouvent tous les effets de campement qui leur seront nécessaires, et tous les moyens qui pourront accélérer leur organisation en bataillons et leur instruction théorique et pratique.

18. Les corps administratifs feront fournir sur les caisses publiques les sommes nécessaires aux dépenses qu'exigeront la solde, les frais de route et autres objets dont les bataillons ou compagnies dont il est fait mention dans le présent décret auraient un pressant besoin. Les avances qui seront ainsi faites seront (sur la demande et certificats des corps administratifs) remplacées sans retard par le ministre de la guerre, à qui la Trésorerie nationale est autorisée à fournir par mois la somme d'un million deux cent mille livres, pour subvenir aux dépenses qu'exigeront la solde, entretien, équipement, frais de déplacement des commissaires chargés de surveiller les levées de gardes nationaux et autres dépenses quelconques.

Le ministre sera tenu de rendre compte tous les mois au Corps-Législatif de l'emploi de ladite somme d'un million deux cent mille livres.

19. Dans les cas qui n'auront pas été prévus ou déterminés par le présent décret, toutes les lois existantes pour les autres bataillons des volontaires gardes nationaux serviront de règle à ceux-ci.

20. L'Assemblée nationale attend du patriotisme des corps administratifs et municipaux la prompte exécution des mesures qui leur sont prescrites par le présent décret. Leur négligence ou lenteur à faire valoir les motifs qui peuvent exciter le zèle des citoyens à voler à la défense de la patrie, tels que des proclamations, adresses ou autres moyens propres aux lieux ou au caractère des habitans de leurs départemens, districts ou municipalités, seront considérées comme un manquement à ce que tout fonctionnaire public doit à sa patrie, surtout lorsqu'elle est en danger : en conséquence, les corps administratifs et municipaux qui n'auront pas rempli avec zèle et promptitude ce qui leur est indiqué et prescrit par le présent décret encourront la peine de destitution.

21. Le ministre de la guerre rendra compte, tous les quinze jours, au Corps-Législatif, de l'exécution du présent décret, non-seulement par rapport au zèle et à l'activité des mesures qu'auront prises les corps administratifs et municipaux, mais encore sur les moyens que lui-même aura pris pour l'armement, équipement, habillement et effets de campement nécessaires aux gardes nationaux volontaires.

(*Suit la teneur des tableaux.*)

17.

20 JUILLET 1792. — Proclamation du Roi sur les dangers de la patrie. (L. 9, 627.)

CITOYENS, *la patrie est en danger.* L'Assemblée nationale l'a déclaré. La loi vient d'assigner à chacun son poste : le Roi vous presse de vous y rendre. La mère commune appelle tous ses enfans ; ils ne seront pas sourds à sa voix. Il s'agit de garantir vos propriétés, vos personnes ; il s'agit de sauver ce que vous avez de plus cher, vos mères, vos femmes, vos enfans. Français, il s'agit de votre constitution et de votre liberté.

Ce n'est plus le temps des discussions et des discours, c'est celui des actions éclatantes. L'Europe entière se ligue pour vous combattre ; réunissez-vous pour repousser ses efforts. Des légions ennemies menacent les barrières de l'empire : c'est là qu'il faut marcher ; c'est le fer qu'il faut opposer au fer ; c'est la subordination et la confiance dans vos chefs qu'il faut opposer à la discipline et à l'obéissance aveugle qui font la force de leurs armées ; c'est le concert inaltérable de tous les bons citoyens qu'il faut opposer au concert des puissances. Vos ennemis ont l'expérience de la guerre et l'habitude des combats ; vous avez par-dessus eux le grand intérêt de votre propre cause à défendre, et la passion de la liberté, qui élève l'homme au-dessus de lui-même et le transforme en héros. Mais le temps presse ; hâtez-vous de courir sous vos drapeaux ; volez aux camps et sur les frontières, et souvenez-vous que quand l'État est en péril tout citoyen est soldat, et que le dévouement le plus généreux n'est plus une vertu, mais un devoir.

Toutes les cités de l'empire montreront sans doute la noble ambition de voir leur nom inscrit dans l'honorable liste de celles qui auront *bien mérité de la patrie.* Toute la France va se couvrir de bataillons ; elle va faire plus encore, elle va se couvrir de citoyens soumis aux lois, unis entre eux par les liens indissolubles de la concorde, et par leur attachement à une constitution à laquelle ils ont tous fait le serment d'être fidèles.

Administrateurs, magistrats, guerriers, citoyens, voici le moment d'éteindre, dans un sentiment fraternel de réconciliation et de paix, ces dissentions et ces haines qui nous affaiblissent en nous divisant. Voici le moment enfin d'assurer à jamais la liberté, en assurant l'empire des lois, sans lequel il n'y a que confusion, désordres, malheurs, et une anarchique tyrannie, plus cruelle mille fois que celle du despotisme.

La loi vous met tous en état de surveillance permanente ; profitez-en pour donner du poids à l'autorité, du ressort au Gouvernement ; profitez-en pour rétablir l'ordre et secourir la France, qui ne peut résister si tous les pouvoirs, toutes les volontés, tous les courages ne se réunissent pour la sauver. C'est le Roi qui vous appelle ; c'est un Roi fier de commander à un peuple libre, qui vous conjure, au nom de la liberté qu'il aime, et de l'égalité, qu'il est comme vous résolu de maintenir, de vous rallier tous sous les drapeaux de la patrie, de l'aider à donner *force à la loi* contre les rebelles du dedans et du dehors, de jurer avec lui de vaincre ou mourir pour les droits de la nation, et de vous ensevelir sous les débris de l'empire, plutôt que de souffrir qu'il y soit porté atteinte, que des étrangers ou des rebelles puissent donner des lois à la France, et que de flétrir, par une capitulation honteuse, l'honneur du nom français.

Par ces considérations, le Roi partageant la sollicitude de l'Assemblée nationale, qui, par son acte du 11 juillet, a déclaré *la patrie en danger* ; profondément convaincu que le moment où la liberté publique est menacée est celui où il importe le plus de rappeler les citoyens et les magistrats à l'exacte observation des lois qui la garantissent, et notamment de celle du 5 = 8 juillet, qui fixe *les mesures à prendre quand la patrie est en danger*, Sa Majesté s'empresse de retracer aujourd'hui à tous les Français les devoirs que ces différentes lois lui imposent. En conséquence,

Art. 1er. Sa Majesté invite tous les citoyens en état de porter les armes, et particulièrement ceux qui ont déjà eu l'honneur de servir la patrie dans quelque grade que ce soit, à se faire inscrire sur-le-champ pour compléter l'armée de ligne.

2. Invite tous les citoyens réunissant les conditions requises, qui ne se sont pas encore fait enregistrer sur le rôle de la garde nationale, à satisfaire sans délai à cette obligation.

3. Enjoint à tous les corps administratifs et à toutes les municipalités, de se conformer sur-le-champ aux dispositions de la loi du 8 juillet, relatives à la formation des bataillons de gardes nationales destinés à la défense de l'État.

4. Leur recommande d'instruire tous les citoyens des devoirs particuliers que les circonstances actuelles leur imposent, de ranimer leur zèle, et de les exciter à voler partout où les appelleront les dangers de la patrie.

5. Leur recommande pareillement de ne rien négliger pour hâter leur armement et accélérer leur marche, et de leur fournir à cet effet toutes les facilités qui seront en leur pouvoir.

6. Exhorte tous les citoyens qui obtiendront l'honneur de marcher les premiers au secours de la patrie à la subordination envers leurs chefs, à l'exactitude dans le service, à un zèle digne de la noble cause qu'ils sont appelés à défendre, et les engage à ho-

norer autant le nom français par leur humanité envers les ennemis désarmés que par leur courage dans les combats.

7. Exhorte aussi les citoyens qui demeureront à la garde de l'intérieur du royaume à donner des preuves de leur patriotisme, en faisant personnellement leur service, à maintenir la sûreté des personnes et des propriétés, l'exécution des jugemens et le respect dû aux autorités constituées.

8. Rappelle à tous les fonctionnaires publics l'obligation de résidence qui leur est imposée par les lois, et que les périls de l'Etat rendent plus étroite encore et plus indispensable; enjoint à ses commissaires près les tribunaux, aux procureurs-généraux-syndics près les départemens et procureurs-syndics près les administrations de district, de tenir la main, chacun en droit soi, à l'exécution rigoureuse de cette loi, et de lui dénoncer les infractions qui pourraient y être faites.

9. Recommande enfin à tous les administrateurs et autres fonctionnaires publics, civils et militaires, de redoubler d'ardeur et d'assiduité dans l'exercice de leurs fonctions, et à tous les citoyens de se souvenir que ce n'est qu'en faisant tous les sacrifices, et en montrant un respect inviolable pour la loi, qu'ils peuvent se montrer dignes de la liberté.

Ordonne que la présente proclamation sera envoyée aux corps administratifs et judiciaires, imprimée, lue, publiée et affichée partout où besoin sera.

20 (8 et) = 21 JUILLET 1792. — Décret qui ordonne de poursuivre les libellistes. (L. 9, 633, B. 23, 75.)

L'Assemblée nationale, après avoir entendu le rapport de son comité de surveillance, considérant que l'abus qui se fait journellement de la liberté de la presse ne saurait être trop tôt réprimé, décrète que le pouvoir exécutif est expressément chargé de poursuivre le sieur Parent, abbé, auteur de différens libelles, ainsi que le sieur Senneville, libraire et distributeur desdits libelles, et tous autres journalistes incendiaires et libellistes, et d'informer l'Assemblée, de huitaine en huitaine, des mesures qui auront été prises à cet égard.

20 = 22 JUILLET 1792. — Décret qui met trois cent mille livres à la disposition du ministre de l'intérieur, pour subvenir aux besoins de la ville de Metz. (L. 9, 76.)

20 = 21 JUILLET 1792. — Décret qui charge le pouvoir exécutif de donner des ordres pour faire dissiper les troupes du sieur Saillant, qui vient d'assiéger le château de Bannes. (B 23, 75.)

20 JUILLET 1792. — Décret qui charge le pouvoir exécutif de rendre compte des mesures qu'il a dû prendre pour la levée de l'arrestation faite au village de Morvaux, d'objets appartenant au sieur Poisack, négociant à Lille. (B. 23, 73.)

20 = 22 JUILLET 1792. — Décret portant que le délit imputé au sieur Ravez n'est point de la nature de ceux dont l'accusation doit être portée devant la haute-cour nationale. (B. 23, 73.)

20 = 22 JUILLET 1792. — Décret portant que la Cour de cassation est seule compétente pour prononcer sur la demande contre le tribunal et le commissaire du Roi de Lyon, dans l'affaire du sieur Ravez. (B. 23, 73.)

20 JUILLET 1792. — Décret qui charge le comité de législation de vérifier s'il y a des cas où les tribunaux de district, et pour eux les commissaires du Roi, ont ou doivent avoir la faculté de requérir directement la force publique. (B. 23, 74.)

20 JUILLET 1792. — Décret qui charge le pouvoir exécutif de rendre compte des motifs de détention des sieurs Grimon et Chastel. (B. 23, 74.)

20 = 22 JUILLET 1792. — Décret qui accorde aux grands procurateurs de la nation un secrétaire commis aux appointemens de cent cinquante livres par mois. (B. 23, 75.)

20 JUILLET 1792. — Décret qui charge le pouvoir exécutif de tenir la main à ce que les volontaires nationaux fédérés partent pour le lieu de leur destination, dans les huit jours de leurs inscriptions. (B. 23, 77.)

20 = 22 JUILLET 1792. — Décret qui fixe le droit d'entrée et de sortie à percevoir sur les cotons en laine des colonies envoyés en Suisse pour y être filés. (L. 9, 641; B. 23, 74.)

20 JUILLET 1792. — Décret qui détermine la compétence relativement au jugement du sieur Noël Lebreton, caporal de la garde nationale, accusé d'avoir donné une consigne pour ne pas laisser sortir le Roi du château. (B. 23, 77.)

20 JUILLET 1792. — Décret portant que les députés absens pour maladies seront payés de leur indemnité. (B. 23, 76.)

20 JUILLET 1792. — Bayonne. Voy. 7 JUILLET 1792. — Garde nationale. Voy. 6 JUILLET 1792. — Officiers étrangers. Voy. 16 JUILLET 1792. — Sieur Seran. Voy. 18 JUILLET 1792.

21 = 27 JUILLET 1792. — Décret qui autorise la municipalité de Montluçon à construire une halle de boucherie. (L. 9, 725 ; B. 23, 95.)

L'Assemblée nationale, considérant qu'il importe pour la commune de Montluçon d'établir une halle de boucherie qui assure dans cette ville la salubrité de l'air, et que la saison des ouvrages ne permet pas de tarder plus long-temps ; vu l'avis du district de Montluçon et celui du département de l'Allier, décrète qu'il y a urgence.

L'Assemblée nationale, après avoir entendu le rapport de son comité de l'ordinaire des finances et décrété l'urgence, décrète ce qui suit :

Art. 1er. La municipalité de Montluçon est autorisée, sous la surveillance des directoires du district de la même ville et du département de l'Allier, à faire construire une halle de boucherie, conformément au devis qui sera annexé à la minute du présent décret, et à la charge que la dépense de cette construction ne pourra s'élever au-delà de la somme de cinq mille deux cent dix livres treize sous.

2. La municipalité de Montluçon est autorisée, sous la surveillance exprimée en l'article 1er, à imposer sur tous les contribuables de son territoire, par addition aux rôles des contributions foncière et mobilière de l'année 1792, la somme de cinq mille deux cent dix livres treize sous, sur laquelle viendra en atténuation celle de deux mille huit cent dix livres treize sous, provenant de dons volontaires : en conséquence, il sera tenu compte sur les rôles, à chacun des contribuables, des sommes qu'il aura données volontairement ; et, s'il s'en trouve qui aient donné plus que le montant de leur quote-part d'imposition, cet excédant tournera en moins imposé sur la totalité des contribuables.

3. Le présent décret ne sera envoyé qu'au seul département de l'Allier.

21 = 25 JUILLET 1792. — Décret qui autorise la commune de Janville à acquérir la maison ci-devant appelée le château de Janville. (B. 23, 94.)

21 = 25 JUILLET 1792. — Décret relatif au paiement des frais de déplacement des gardes nationaux employés pour dissoudre le camp de Jalès. (B. 23, 94.)

21 JUILLET 1792. — Décret qui charge le ministre de la guerre de rendre compte des mesures prises pour la défense des frontières du Nord. (B. 23, 94.)

21 JUILLET 1792. — Décret qui charge le ministre de la justice de rendre compte de l'existence d'un commissaire du Roi, ayant seul droit de constater dans Paris le décès des calvinistes. (B. 23, 94.)

21 JUILLET 1792. — Décret relatif aux marchés passés entre le Gouvernement et les sieurs d'Espagnac, Henrion et Masson, pour les fournitures de l'armée. (B. 23, 94.)

21 JUILLET 1792. — Décret pour inviter le Roi à nommer d'autres ministres à la place de ceux actuels, qui ont donné leur démission. (B. 23, 97.)

21 JUILLET 1792. — Communes. Voy. 20 JUILLET 1792. — Compagnies franches. Voy. 7 JUILLET 1792. — Général Lamolière. Voy. 16 JUILLET 1792. — Libellistes. Voy. 20 JUILLET 1792. — Pensions à des employés aux ci-devant fermes. Voy. 9 JUIN 1792. — Recrutement. Voy. 20 JUILLET 1792. — Troupes du sieur Saillant. Voy. 8 JUILLET 1792.

22 = 25 JUILLET 1792. — Décret relatif au type des écus de six et de trois livres. (L. 9, 696 ; B. 23, 98.)

L'Assemblée nationale, considérant qu'il a été fait sur le poinçon des écus de six livres une addition qui n'est pas portée par la loi, et que la conformité des types entre l'écu de six livres et celui de trois livres doit être exactement observée, décrète qu'elle autorise l'addition qui a été faite du bonnet de la Liberté au type des écus de six livres, et que la même addition sera appliquée aux écus de trois livres ; qu'en conséquence, la commission des monnaies fera, dans les différens hôtels des monnaies, l'envoi des poinçons et matrices préparés pour l'écu de trois livres.

22 = 22 JUILLET 1792. — Décret relatif aux gardes nationaux qui se sont rendus à Paris pour aller au camp de réserve ou aux frontières. (L. 9, 666 ; B. 23, 99.)

L'Assemblée nationale, considérant, d'une part, qu'il importe que les gardes nationaux volontaires qui se sont rendus à Paris pour aller au camp de réserve ou aux frontières soient prévenus exactement du jour où leur départ doit avoir lieu, d'après le décret du 2 de ce mois, et, d'autre part, qu'il est juste que ceux de ces gardes nationaux volontaires qui n'ont pas été prévenus à temps du jour où, d'après la susdite loi, ils devaient partir de Paris, soient payés pour les jours qu'ils ont séjourné au-delà du terme de ce décret, décrète : 1° que le ministre de la guerre, de concert avec la municipalité de Paris, fixera le départ des gardes nationaux volontaires qui se sont rendus à Paris pour aller au camp de réserve ou aux frontières, dans le terme réglé par le décret du 2 de ce mois, et les en fera prévenir exactement ; 2° que ceux de ces gardes nationaux volontaires qui se trouveraient, à l'époque où ils recevraient l'ordre de leur départ, avoir dépassé le terme fixé par la susdite loi pour leur séjour à Paris, recevront trente sous par jour pour le temps qu'ils seront restés à Paris jusqu'au jour qui leur aura été prescrit pour en repartir.

22 JUILLET = 30 AOUT 1792. — Décret additionnel à celui du 21 juillet 1791, relatif aux échelles du Levant et de Barbarie (L. 9, 667.)

22 = 23 JUILLET 1792. — Décret qui mande à la Barre M. Bureau de Pusy, et charge les généraux Luckner et Lafayette de donner par écrit des explications positives sur la proposition faite au général Luckner, de la part de M. de Lafayette, de faire marcher les deux armées sur Paris. (B. 23, 98.)

22 JUILLET 1792. — Complément de l'armée de ligne. *Voy.* 20 JUILLET 1792. — Corse. *Voy.* 18 JUILLET 1792. — Cotons envoyés en Suisse. *Voy.* 20 JUILLET 1792. — Sieur Laurent; Sieurs Letemple et Carentoir. *Voy.* 18 JUILLET 1792. — Marques distinctives. *Voy.* 12 JUILLET 1792. — Metz. *Voy.* 20 JUILLET 1792. — Plans en relief. *Voy.* 18 JUILLET 1792. — Sieur Ravez; Secrétaires des grands procurateurs. *Voy.* 20 JUILLET. 1792. — Sieurs Soland, Lebrun, etc. *Voy.* 16 JUILLET 1792. — Troupes des colonies. *Voy.* 15 JUILLET 1792.

23 = 25 JUILLET 1792. — Décret relatif au régime intérieur de la maison de justice près la haute-cour nationale d'Orléans. (L. 9, 684; B. 23, 102.)

*Voy.* loi du 10 = 15 MAI 1791.

L'Assemblée nationale, considérant qu'il importe à la tranquillité publique et à la sûreté générale de l'État que le régime intérieur de la maison de justice près la haute-cour nationale soit tel que les accusés jouissent du traitement qu'exigent les lois et l'humanité, sans que la facilité d'une évasion ou d'un enlèvement puisse rendre inutile la vigilance infatigable des citoyens d'Orléans, au patriotisme desquels l'Assemblée nationale a confié ce dépôt;

Voulant faire cesser promptement les inquiétudes que lui ont témoignées les administrateurs du directoire du département du Loiret, les officiers municipaux et plusieurs citoyens de la ville d'Orléans, décrète qu'il y a urgence.

L'Assemblée nationale, après avoir entendu son comité de législation et décrété l'urgence, décrète :

Art. 1er. Le règlement fait par le directoire du département du Loiret et les officiers municipaux d'Orléans, concernant le régime

intérieur et la sûreté de la maison de justice près la haute-cour nationale, et annexé au présent décret, sera exécuté selon sa forme et teneur.

2. L'officier municipal nommé pour l'exécution de ce règlement sera renouvelé tous les quinze jours, et il sera tenu de s'y conformer, à peine de destitution.

3. Ce règlement sera affiché dans les corridors et dans les corps-de-garde de la maison de justice près la haute-cour nationale.

4. La municipalité d'Orléans pourra, sous la surveillance du procureur-général-syndic et de l'autorité du directoire du département du Loiret, conformément aux articles 2 et 10 du titre XIII de la loi du 29 septembre 1791, ajouter au règlement tels autres articles que les circonstances ou les localités pourront exiger.

Règlement fait par le directoire du département du Loiret et les officiers municipaux de la ville d'Orléans, sur le régime intérieur et la sûreté de la maison de justice près la haute-cour nationale. (L. 9, 685; B. 23, 103.)

TITRE Ier. Devoirs du concierge et des guichetiers.

Art. 1er. Le concierge et tous ceux qui lui sont subordonnés se comporteront, envers les détenus, avec l'humanité et les égards dus à leur position.

2. Si quelqu'un de ces employés manque aux égards qu'il doit aux détenus, le concierge les réprimandera et en portera ses plaintes au commissaire de la municipalité.

3. Le concierge fera tous les jours, à l'heure de la retraite, une visite exacte dans les chambres des détenus, soit pour prévenir les incendies, soit pour s'assurer s'il n'a été fait aucune fracture aux barreaux ou cloisons, et si l'on n'a pas procuré aux détenus quelques armes dangereuses.

4. Il y aura toujours pendant la nuit deux porte-clefs couchés dans les corridors, tant pour la sûreté que pour être à portée de donner aux détenus les secours dont ils peuvent avoir besoin : les corridors seront éclairés.

5. Les chambres qui ne sont point occupées seront toujours fermées.

TITRE II. De la messe.

Pendant la messe, il sera établi à l'entrée du corridor un détachement suffisant, et aucun étranger ne pourra y assister.

TITRE III. De la promenade.

Art. 1er. Les détenus pourront se promener au moins pendant deux heures, au nombre de douze en même temps, savoir : six dans la cour et six dans le cloître.

2. Il y aura toujours deux factionnaires dans la cour servant de préau. Il y aura toujours aussi un corps-de-garde dans l'intérieur du cloître; la consigne prescrira la conduite que les factionnaires auront à y tenir et la manière dont ils seront posés.

3. Tous les détenus quitteront la promenade et rentreront dans les corridors au moment de la retraite.

### TITRE IV. Des repas.

Art. 1er. Le nombre des tables dépendra de celui des détenus et des circonstances : il sera déterminé par le concierge, qui en référera au commissaire de la municipalité, sans que le concierge puisse réduire le nombre des détenus qui mangeront ensemble au-dessous de six. Les domestiques remporteront à la fin des repas tous les ustensiles servant à la table.

2. Le souper des détenus sera servi à l'heure qui leur conviendra, mais toujours de manière qu'ils rentrent dans leurs chambres à dix heures.

### TITRE V. Introduction des étrangers dans la maison de justice.

Art. 1er. Les ouvriers et fournisseurs ne pourront être introduits dans les chambres des détenus ni dans les corridors intérieurs, mais seulement dans le guichet ou dans la chambre du concierge.

2. Les barbiers et perruquiers ne pourront être employés dans les maisons s'ils ne sont domiciliés; ils ne pourront y envoyer leurs garçons.

3. Le concierge ne pourra introduire dans la maison, pour y voir des détenus, que des personnes qui seront munies de permissions par écrit du commissaire de la municipalité, chargé de la surveillance des prisons. Ces permissions contiendront les noms, qualités et signalement des personnes auxquelles elles seront accordées.

4. Ces permissions auront leur effet pendant huit jours, à compter de celui de leur date, excepté celles données aux époux, épouses, pères, mères, enfans, frères, sœurs, oncles, tantes, neveux et nièces, qui auront leur effet pendant un mois.

Les conseils officieux ne pourront avoir l'entrée de la maison que pourvus de permissions du commissaire de la municipalité, qui pourra la donner illimitée.

5. Si quelque étranger se présente avec une permission prescrite, non-seulement il ne sera point introduit dans la maison, mais même le concierge lui retirera cette permission, et la remettra au commissaire de la municipalité.

6. Les permissions seront présentées à la garde, ensuite au concierge. Le commissaire chargé de délivrer les permissions prendra les mesures nécessaires pour qu'il ne puisse entrer à la fois dans la maison de justice un nombre d'étrangers capable de compromettre sa sûreté.

7. Le concierge ne pourra refuser de représenter la personne d'un détenu à ceux qui se présenteront munis de la permission de l'officier municipal, qu'en justifiant de l'ordre exprès du président du tribunal, inscrit sur son registre, de la tenir au secret.

8. Les détenus ne pourront recevoir que dans leurs chambres respectives les personnes qui auront obtenu des permissions.

9. Les étrangers qui seront porteurs des permissions de l'officier municipal ne pourront être introduits dans la maison de justice avant six heures du matin en été, et à huit heures en hiver : ils se retireront toujours à l'heure de la retraite, qui sera aussi battue dans l'intérieur.

10. Ceux qui auront obtenu des permissions de voir les détenus déposeront en entrant, entre les mains du guichetier, les armes ou bâtons dont ils sont porteurs.

11. Chaque détenu ne pourra avoir qu'un domestique : ceux-ci pourront rester jusqu'après le souper de leurs maîtres, de manière cependant qu'ils soient tous sortis à neuf heures du soir; le concierge informera l'officier municipal, afin qu'il puisse donner des ordres en conséquence.

12. Aucun des domestiques des détenus ne pourra coucher dans la maison de justice, sans la permission de l'officier municipal.

13. Les ballots et malles destinés aux détenus seront visités entre les guichets par le concierge, en présence du commandant du poste.

14. Les détenus ne pourront, sous aucun prétexte, entrer dans les cuisines; ceux qui auront quelques ordres à donner aux traiteurs les feront appeler.

———

23 = 25 JUILLET 1792. — Décret relatif aux ci-devant troupes coloniales. (L. 9, 670; B. 23, 99.)

L'Assemblée nationale, considérant qu'il importe de faire servir aux armées les soldats qui se sont distingués par leur patriotisme et leur amour pour la discipline, décrète que les différentes troupes ci-devant coloniales, à l'exception de l'artillerie, employées dans le Morbihan ou lieux circonvoisins, seront employées par le pouvoir exécutif à la formation des légions ou compagnies franches ci-devant décrétées.

Le pouvoir exécutif fera partir sans délai ces différentes troupes pour se rendre sur la frontière, aux lieux où se forment ces corps; mais il donnera les ordres les plus prompts pour leur fournir tous les habillemens et effets nécessaires pour se rendre à leur destination ; charge le ministre de la guerre de lui rendre compte, sous quatre jours, des ordres qu'il aura donnés à ce sujet.

23 = 25 JUILLET 1792. — Décret relatif aux dépenses qu'exigent les augmentations décrétées pour la défense de l'Etat. (L. 9, 673 ; B. 23, 100.)

L'Assemblée nationale, après avoir entendu les rapports de ses comités militaire et de l'ordinaire des finances sur les états remis par le ministre de la guerre, le 28 juin, pour les dépenses extraordinaires qu'exigent les augmentations décrétées pour la défense de l'Etat; considérant que ces dépenses ne peuvent être retardées, décrète qu'il y a urgence.

L'Assemblée nationale, après avoir décrété l'urgence, décrète ce qui suit :

Art. 1er. La Trésorerie nationale tiendra à la disposition du ministre de la guerre, sur les fonds extraordinaires de ce département :

1° Une somme de trois millions cinq cent six mille quatre cent quatre-vingt-dix-sept livres neuf sous de première mise, pour les six légions créées par le décret du 27 = 29 avril 1792, et deux cent quatre mille six cent soixante livres cinq sous, pour les dépenses par mois de ces six légions;

2° Une somme de quatre millions neuf cent trois mille sept cent trente-une livres seize sous, pour les dépenses de première mise des augmentations ordonnées par la même loi dans les six régimens de chasseurs à cheval et dans les six régimens de hussards, et deux cent dix-neuf mille trois cent soixante-treize livres quinze sous huit deniers, pour la dépense par mois résultant de ces augmentations;

3° Une somme de cinq millions sept cent vingt-trois mille cent cinquante-six livres quatorze sous de première mise, et cinq cent quatre-vingt-neuf mille neuf cent quarante-cinq livres quinze sous par mois, pour les trois légions franches et les cinquante-quatre compagnies créées par le décret du 28 = 31 mai;

4° Une somme de dix-huit millions huit cent vingt-trois mille huit cent cinquante-une livres de première mise, et celle d'un million neuf cent dix-sept mille une livres dix-huit sous six deniers par mois, pour les augmentations décrétées dans les bataillons de gardes nationales, les 5 et 14 mai;

5° Enfin, une somme de neuf millions cinq cent vingt-sept mille six cent seize mille six cent trente-quatre livres quinze sous neuf deniers, pour les quarante-deux bataillons de gardes nationales de nouvelle formation.

2. Les sommes mises provisoirement à la disposition du ministre pour ces différentes dépenses sont comprises dans le précédent article.

3. Le ministre de la guerre donnera, tous les quinze jours, l'état des dépenses ordonnées sur ces fonds.

23 = 25 JUILLET 1792. — Décret relatif aux mesures prises par les généraux de l'armée du Rhin pour la défense des frontières. (L. 9, 675 ; B. 23, 105.)

L'Assemblée nationale, considérant que tout ce qui est relatif à la défense de l'empire demande la plus grande activité, décrète qu'il y a urgence.

L'Assemblée nationale, après avoir décrété l'urgence, et avoir entendu la lecture de la réquisition faite par les généraux de l'armée du Rhin, en date du 19 juillet, aux corps administratifs et gardes nationales des départemens situés dans l'étendue de leurs commandemens et de leurs ordres du 17 juillet, décrète ce qui suit :

Art. 1er. L'Assemblée nationale est satisfaite du zèle des généraux de l'armée du Rhin : elle approuve les réquisitions faites par eux, ainsi que toutes les mesures qu'ils ont prises pour assurer la défense des frontières.

2. Les volontaires qui seront rassemblés en vertu de cette réquisition seront formés et organisés conformément aux lois sur la formation des bataillons de volontaires nationaux, et seront payés comme les autres volontaires, conformément aux dispositions de la loi du 10 juillet présent mois.

3. Les commissaires de la Trésorerie nationale tiendront à la disposition du ministre de la guerre le numéraire effectif nécessaire à la solde des volontaires, et concerteront avec les conseils généraux les moyens les plus économiques de s'en procurer.

4. Les réparations des armes et des outils que les citoyens emploieront à la défense de la patrie seront payées par le Trésor public.

5. Les généraux de l'armée du Rhin sont autorisés à se faire délivrer, sur leur réquisition, une partie des carabines qui ont été fabriquées à Liége sous la direction de M. Gorden, en 1790, et qui existent dans les magasins.

6. Le général de l'armée du Rhin est autorisé à former d'abord et provisoirement dix compagnies de chasseurs exercés à se servir de cette arme.

7. Il est pareillement autorisé à faire habiller ces compagnies de chasseurs de la manière et de la couleur qui lui paraîtront les plus convenables et les plus économiques.

8. Leur formation et leur solde seront conformes à la formation et solde décrétées pour les compagnies de chasseurs nationaux volontaires.

23 = 28 JUILLET 1792. — Décret qui autorise les administrateurs de district à acheter, sous la surveillance des départemens et aux frais du Trésor public, les armes et municipaux qu'ils jugeront nécessaires. (L. 9, 737; B. 23, 107.)

*Voy.* loi du 5 NOVEMBRE 1792.

L'Assemblée nationale, considérant qu'il est de la plus grande importance de mettre en usage tous les moyens propres à développer les forces de la nation, décrète que les administrateurs de district sont autorisés à acheter, sous la surveillance des administrateurs de département, aux frais du Trésor public, les armes et les munitions dont ils croiront avoir besoin pour concourir à la défense de la patrie, et qu'ils sont autorisés à prendre par provision, dans les caisses des districts, les sommes nécessaires pour les payer.

23 = 23 JUILLET 1792. — Décret concernant la responsabilité solidaire des ministres. (L. 9, 681; B. 23, 106.)

L'Assemblée nationale, considérant que le plus sacré de ses devoirs est de déployer tous les moyens que la constitution met à sa disposition, pour prévenir et faire promptement cesser le danger de la patrie; considérant que rien ne peut contribuer plus efficacement à remplir cet objet important que de donner à la responsabilité des ministres toute la latitude que le salut de l'État exige dans de telles circonstances,

Décrète que, quand le Corps-Législatif a proclamé dans les formes prescrites par le décret du 5 mois que la patrie est en danger, indépendamment des cas où la responsabilité peut être exercée contre les agens du pouvoir exécutif, tous les ministres sont solidairement responsables, soit des actes délibérés au conseil, relatifs à la sûreté intérieure et extérieure de l'État, qui auraient occasioné le danger, soit de la négligence des mesures qui auraient dû y être prises pour le prévenir ou en arrêter les progrès;

Laquelle responsabilité solidaire aura lieu également contre tous les ministres après la proclamation du danger, et tant qu'elle ne sera pas révoquée.

23 JUILLET 1792. — Décret portant qu'il n'y a lieu à délibérer sur différentes procédures, lettres et instructions soumises à l'Assemblée par les ministres ou les tribunaux, sur l'application des peines aux délits. (B. 23, 101.)

23 = 25 JUILLET 1792. — Décret qui lève la suspension prononcée contre M. Manuel, procureur de la commune de Paris. (B. 23, 108.)

23 JUILLET 1792. — Décret relatif à la sanction des décrets. (B. 23, 107.)

23 JUILLET 1792. — M. Bureau de Pusy, etc. *Voy.* 22 JUILLET 1792. — Pétition du sieur Serard. *Voy.* 9 JUILLET 1792.

24 = 28 JUILLET 1792. — Décret qui autorise l'admission des jeunes gens de seize ans pour aller aux frontières. (L. 9, 739; B. 23, 110.)

L'Assemblée nationale, considérant que, dans les circonstances où elle a déclaré la patrie en danger, elle doit fournir à tous les citoyens à qui l'âge et la force permettront de voler à sa défense la facilité de remplir leur vœu, décrète que, dérogeant pour cette fois seulement aux décrets précédemment rendus, qui avaient fixé la taille à cinq pieds, et à dix-huit ans l'âge que tout citoyen devra avoir pour s'inscrire ou s'engager à servir sa patrie, elle autorise les directoires de départemens, districts, municipalités et commissaires nommés par eux, à recevoir les jeunes gens à l'âge de seize ans, pourvu toutefois qu'ils aient la force nécessaire pour supporter les fatigues de la guerre.

24 = 28 JUILLET 1792. — Décret relatif aux biens et revenus des émigrés. (L. 9, 740; B. 23, 109.)

*Voy.* lois du 30 MARS = 8 AVRIL 1792; du 27 JUILLET 1792.

L'Assemblée nationale, après avoir entendu le rapport de son comité de l'extraordinaire des finances, considérant que les biens et revenus des émigrés sont affectés à l'indemnité due à la nation à cause de la guerre qu'elle est forcée de soutenir pour défendre sa constitution, et au paiement de leurs créanciers légitimes, et qu'il n'y a que les assignats provenant des ventes et revenus des biens nationaux qui doivent être annulés et brûlés, décrète qu'il y a urgence.

L'Assemblée nationale, après avoir entendu le rapport de son comité de l'extraordinaire des finances et décrété l'urgence, décrète ce qui suit:

Art. 1er. Les receveurs de district ne pourront annuler les assignats provenant des revenus des biens des émigrés, et les verseront néanmoins dans la caisse de l'extraordinaire, où ils resteront jusqu'à ce que l'Assemblée nationale en ait autrement décrété.

2. Le commissaire du Roi administrateur de la caisse de l'extraordinaire instruira l'Assemblée nationale, à la fin de chaque mois, du montant des rentrées du revenu de ces biens.

24 = 25 JUILLET 1792. — Décret qui autorise les généraux d'armée à requérir une portion des grenadiers et chasseurs des gardes nationaux du royaume. (L. 9, 677; B. 23, 110.)

L'Assemblée nationale, considérant que, d'après la constitution, la force publique est instituée pour la défense de l'empire; que les citoyens gardes nationales font subsidiairement partie de la force publique, et que c'est principalement lorsque la constitution et la liberté sont menacées, que les citoyens doivent se faire une gloire de combattre pour la défendre;

Considérant que, par une conséquence des lois constitutionnelles, la loi du 14 octobre 1791 porte qu'en cas d'invasion du territoire français, les gardes nationales pourront être requises par le Roi pour repousser l'ennemi;

Considérant qu'un acte du Corps-Législatif a déclaré que la patrie est en danger; que c'est surtout sur les frontières qu'il faut réunir des forces imposantes, et pour secourir les citoyens qui les habitent, et parce qu'il ne peut y avoir de sûreté pour les citoyens de l'intérieur de l'empire qu'autant qu'on pourra empêcher les ennemis d'y pénétrer;

Considérant enfin que les armées ne sont pas encore portées au complet, et qu'en attendant qu'elles puissent l'être, ce serait compromettre le salut et la gloire de la nation que de ne pas prendre les mesures provisoires que demandent les circonstances, décrète qu'il y a urgence.

L'Assemblée nationale, après avoir entendu le rapport de sa commission extraordinaire et décrété l'urgence, décrète ce qui suit:

Art. 1er. Les généraux d'armée chargés de la défense des frontières pourront prendre, s'ils le jugent nécessaire, les mesures qui ont été employées par les généraux de l'armée du Rhin et approuvées par l'Assemblée nationale dans son décret du 23 juillet, dont les dispositions sont rendues communes à tous les généraux par le présent décret.

2. Dans le nombre des gardes nationaux que les généraux sont autorisés à requérir, ils pourront comprendre spécialement le quart, ou au plus la moitié de chacune des compagnies de grenadiers ou de chasseurs des différens bataillons; ils pourront de même requérir le quart, ou au plus la moitié des compagnies de dragons ou chasseurs à cheval, ainsi que de celles de canonniers.

3. Les généraux indiqueront, dans leurs réquisitions, les lieux où les gardes nationales doivent se réunir; ils pourront indiquer des lieux de rassemblement particuliers pour les grenadiers ou chasseurs, dragons ou canonniers.

4. Les grenadiers et chasseurs seront d'abord formés en compagnies, et ensuite en bataillons: ces corps seront composés de grenadiers et chasseurs de la même commune ou des communes les plus voisines. Ils auront la même solde et la même organisation que les compagnies et bataillons des gardes volontaires nationaux: les dragons et chasseurs à cheval seront organisés et soldés ainsi qu'il a été réglé par le décret du 28 décembre 1791 = 3 février 1792, relatif aux chasseurs volontaires nationaux.

5. Les bataillons de grenadiers et chasseurs nommeront leurs officiers et sous-officiers, suivant le mode prescrit pour les bataillons de volontaires nationaux.

6. Dans le cas où le nombre des compagnies de grenadiers ou chasseurs excéderait celui qui est fixé pour former un bataillon, les compagnies excédantes seront attachées à l'un des bataillons déjà formés.

7. Il sera attaché deux pièces de campagne à chacun des bataillons de grenadiers ou chasseurs créés par le présent décret.

8. Les canons attachés auxdits bataillons seront répartis, après la guerre, entre les communes, dans les proportions du nombre de citoyens qu'elles auront fournis pour la formation desdites compagnies de grenadiers ou de chasseurs.

9. Les quatre-vingt-trois départemens du royaume seront divisés suivant l'état ci-annexé entre les quatre armées, de manière que chacun des généraux ait à sa réquisition un nombre de départemens proportionné à l'importance et à l'étendue des frontières qu'il est chargé de défendre.

10. L'Assemblée nationale déclare que la nation prend sous sa protection spéciale les veuves et les enfans de tous les citoyens qui périront sous les drapeaux de la liberté.

Tableau de la division des départemens dont la force publique sera aux ordres des officiers généraux des différentes armées.

RHIN. Haut-Rhin, Bas-Rhin, Doubs, Jura, Vosges, Haute-Saône, Haute-Marne, Côte-d'Or, Saône-et-Loire, Aube, Yonne, Nièvre, Creuse, Allier, Puy-de-Dôme, Cher, Indre, Indre-et-Loire, Paris. — Total, 19.

CENTRE. Ardennes, Moselle, Meurthe, Marne, Meuse, Vienne, Haute-Vienne, Charente, Charente-Inférieure, Deux-Sèvres, Vendée, Loir-et-Cher, Loiret, Eure-et-Loire, Sarthe, Seine-et-Oise, Seine-et-Marne, Loire-Inférieure. — Total, 18

NORD. Pas-de-Calais, Aisne, Nord, Somme, Oise, Seine-Inférieure, Eure, Calvados, Orne, Manche, Mayenne, Maine-et-Loire, Ille-et-Vilaine, Côtes-du-Nord, Morbihan, Finistère. — Total, 16.

MIDI. Ain, Isère, Rhône-et-Loire, Haute-Loire, Drôme, Ardèche, Hautes-Alpes,

Basses-Alpes, Var, Corse, Bouches-du-Rhône, Lozère, Hérault, Gers, Aude, Pyrénées-Orientales, Hautes-Pyrénées, Basses-Pyrénées, Ariége, Aveyron, Haute-Garonne, Gard, Landes, Lot, Lot-et-Garonne, Gironde, Dordogne, Cantal, Corrèze, Tarn. — Total, 3o.

24 = 26 JUILLET 1792. — Décret relatif aux capitaines commandant les vaisseaux de l'État. (L. 9, 718; B. 23, 109.)

L'Assemblée nationale, délibérant sur la lettre du ministre de la marine du 28 juin dernier, convertie en motion par l'un de ses membres, et voulant assurer toujours davantage la subordination des équipages et le bien du service maritime, en donnant à la classe précieuse des maîtres un premier témoignage d'intérêt et de justice capable d'exciter leur émulation et de récompenser leur expérience, en attendant l'amélioration de leur sort;

Considérant que, d'après l'usage de la marine française et des autres puissances maritimes, et d'après les principes de la responsabilité, les officiers commandans des vaisseaux ont toujours eu et doivent conserver le choix libre de leurs principaux agens;

Considérant enfin que la nécessité de mettre bientôt en activité les forces navales dont l'armement a été ordonné et commencé, exige une prompte décision à cet égard, décrète que les ordonnateurs des ports et arsenaux de marine sont autorisés à accorder, comme par le passé, aux capitaines commandans des vaisseaux de l'État, les premiers maîtres qui leur seront désignés par lesdits capitaines, sans s'astreindre à aucun tour de rôle pour la formation des mestrances.

24 JUILLET 1792. — Décret qui ordonne le versement d'une somme de quatre cent mille livres dans la caisse de l'hôtel des Invalides. (L. 9, 721; B. 23, 108.)

24 JUILLET 1792. — Décret pour le versement à la Trésorerie nationale des sommes indûment perçues par quelques fonctionnaires publics députés au Corps-Législatif, à raison de leur traitement. (B. 23, 108.)

25 = 26 JUILLET 1792. — Décret relatif aux moyens de conserver les places fortes. (L. 9, 720; B. 23, 114.)

L'Assemblée nationale, après avoir entendu le rapport de son comité militaire, considérant que, dans une guerre défensive, les places fortes deviennent la sûreté de l'empire, et qu'il importe de prendre les mesures les plus instantes et les plus fermes pour assurer leur existence, décrète qu'il y a urgence.

L'Assemblée nationale, après avoir décrété l'urgence, décrète ce qui suit :

Art. 1er. Tout commandant de place forte ou bastionnée, qui la rendra à l'ennemi avant qu'il y ait brèche accessible et praticable au corps de ladite place, et avant que le corps de place ait soutenu au moins un assaut, si toutefois il y a un retranchement intérieur derrière la brèche, sera puni de mort, à moins qu'il ne manque de munitions ou de vivres.

2. Les places de guerre étant la propriété de tout l'empire, dans aucun cas les habitans ni les corps administratifs ne pourront requérir un commandant de place de la rendre, sous peine d'être traités comme des révoltés et des traîtres à la patrie.

3. Lorsqu'une ville assiégée aura brèche accessible et praticable au corps de la place, et qu'elle aura soutenu au moins un assaut, dans le cas prévu par l'article 1er, le commandant de ladite place ne pourra néanmoins la rendre ni capituler que du consentement du conseil général de la commune et des corps administratifs réunis, s'il y en a dans la place.

25 JUILLET 1792. — Proclamation du Roi sur la solennité de la publication de l'acte du Corps-Législatif qui déclare la patrie en danger. (L. 9, 717.)

Le Roi, après avoir, par sa proclamation du 20 de ce mois, appelé le zèle et le courage de tous les Français à la défense de la patrie déclarée en danger, désirant voir les efforts du patriotisme se multiplier; informé que la solennité mise par la municipalité de Paris à la publication de l'acte du Corps-Législatif a rallié sous les drapeaux un grand nombre de citoyens, et voulant que cet exemple soit suivi dans toutes les parties de l'empire,

Ordonne que, dans toutes les municipalités du royaume, l'acte du Corps-Législatif par lequel la patrie a été déclarée en danger sera publié et proclamé avec solennité; que, le jour de ces publication et proclamation, il sera, par les municipalités, établi sur les places publiques des bureaux où des officiers municipaux et des notables commis à cet effet enregistreront les citoyens qui seront animés d'un généreux dévouement.

Sa Majesté charge les administrations de département de surveiller l'exécution de la présente proclamation, et de lui faire connaître sans délai, et jour par jour, l'état des citoyens qui, dans chaque municipalité, se seront fait inscrire pour servir dans les armées.

Sa Majesté fera donner aussitôt les ordres nécessaires pour que ces citoyens soient promptement rendus à leur destination.

25 = 29 JUILLET 1792. — Décret relatif aux poursuites contre les prévenus d'enrôlement pour les ennemis de l'Etat. (L. 9, 745; B. 23, 114.)

Art. 1er. Les prévenus du crime d'enrôlement pour les ennemis de l'Etat, ou pour troubler la sûreté intérieure du royaume, seront poursuivis de la manière prescrite par les lois, soit devant les officiers de police, soit devant les tribunaux criminels, jusqu'à jugement définitif inclusivement.

2. Les militaires faisant partie de l'armée française, prévenus d'avoir enrôlé pour le même objet d'autres militaires, seront poursuivis et jugés par les cours martiales, de la manière prescrite par les lois qui règlent leur formation.

25 JUILLET 1792. — Décret qui ordonne aux rapporteurs et auteurs des motions de remettre sur le bureau les décrets rendus sur leurs rapports ou motions. (B. 23, 115.)

25 JUILLET 1792. — Décret qui charge l'administrateur de la caisse de l'extraordinaire de rendre compte des sommes versées dans sa caisse par les receveurs de district, comme les ayant reçues des receveurs des décimes. (B. 23, 115.)

25 JUILLET 1792. — Décret pour mettre en liberté les sieurs Paris et Bouland, en vertu d'un jugement du cinquième tribunal d'arrondissement de Paris. (B. 23, 116.)

25 JUILLET 1792. — Décret qui comprend la terrasse des Feuillans dans l'enceinte extérieure de l'Assemblée nationale, et sous sa police. (B. 23, 116.)

25 = 28 JUILLET 1792. — Décret qui ordonne la permanence des sections de Paris. (L. 9, 729; B. 23, 116.)

25 = 28 JUILLET 1792. — Décret qui ordonne la continuation de la procédure relative aux troubles qui ont eu lieu à l'Île-Dieu. (B. 23, 113.)

25 JUILLET 1792. — Actions. Voy. 9 JUILLET 1792. — Armée du Rhin. Voy. 23 JUILLET 1792. — Camp de Jalès. Voy. 21 JUILLET 1792. — Classes de la marine. Voy. 19 JUILLET 1792. — Commune de Manosque. Voy. 17 JUILLET 1792. — Compagnies franches. Voy. 19 JUILLET 1792. — Dépenses pour la défense de l'Etat. Voy. 23 JUILLET 1792 — Emprunts divers. Voy. 17 JUILLET 1792. — Gardes nationaux. Voy. 24 JUILLET 1792. — Janville. Voy. 21 JUILLET 1792. — Maison de justice d'Orléans; M. Manuel. Voy. 23 JUILLET 1792. — Manufactures d'armes. Voy. 10 JUIN 1792. — Palais épiscopaux. Voy. 19 JUILLET 1792. — Remboursement de frais. Voy.

17 JUILLET 1792. — Troupes coloniales. Voy. 23 JUILLET 1792. — Type des écus de trois et six livres. Voy. 22 JUILLET 1792.

26 JUILLET = 1er AOUT 1792. — Décret relatif à la formation d'une légion franche étrangère. (L. 10, 14; B. 23, 118.)

Art. 1er. Il sera formé dans le plus bref délai, sous l'autorité et la surveillance du pouvoir exécutif, une nouvelle légion, sous la dénomination de *Légion franche étrangère*, dans laquelle il ne pourra être admis que des étrangers; et ne seront censés étrangers ceux des Français qui n'auraient obtenu des lettres de naturalisation que depuis l'époque du 1er janvier 1789.

2. Cette légion sera composée au total de deux mille huit cent vingt-deux hommes, dont cinq cents seront à cheval, conformément au plan d'organisation arrêté et annexé au présent décret, coté A.

3. L'Assemblée nationale approuve la capitulation passée entre le ministre de la guerre et les membres composant le conseil d'administration de ladite légion, en tout ce qui ne sera pas contraire au présent décret.

4. Le conseil d'administration comptera de clerc à maître avec le ministre de la guerre, pour l'acquisition des cinq cents chevaux nécessaires à la cavalerie de ladite légion.

5. Le cas arrivant de licenciement de la légion franche étrangère, les hommes qui en feront alors partie seront traités comme les troupes françaises qui se trouveraient être aussi dans le cas de licenciement, c'est-à-dire que chacun recevra la récompense que ses services lui auront méritée, ou au moins des moyens pour se rendre dans le lieu où il voudra établir son domicile, d'après les décrets que le Corps-Législatif rendra à ce sujet.

6. Les actions distinguées seront récompensées par la décoration militaire ou autres signes de reconnaissance nationale.

7. Quant aux anciens officiers étrangers servant comme tels dans ladite légion, l'Assemblée nationale autorise le pouvoir exécutif à leur accorder la décoration militaire, lorsqu'il sera prouvé incontestablement qu'ils auront servi la cause de la liberté chez des puissances alliées de la nation française depuis l'époque de la guerre d'Amérique jusqu'à la présente, en supposant qu'ils remplissent d'ailleurs, et y compris cette nature de service, le temps prescrit par la loi relative à l'obtention de cette décoration.

8. Le lieu de rassemblement pour la formation de cette légion sera la ville de Dunkerque.

Le pouvoir exécutif donnera à cet effet tous les ordres nécessaires, tant pour accélérer la levée, la formation et l'organisation de cette légion, que pour son emploi dans l'armée; ce dont le ministre de la guerre sera tenu de rendre compte au Corps-Législatif, au moins tous les quinze jours.

9. Conformément à la capitulation, dont le double, signé des parties contractantes, est annexé au présent décret sous la cote *A*, la formation, l'organisation, la composition, la discipline, et tout ce qui a rapport à la tenue, aux manœuvres, à l'habillement, équipement et remplacement de toutes les parties, remontes et recrues, transports quelconques, boulangerie, chauffage, réparations en tout genre, ainsi que les remplacemens des officiers et sous-officiers, appartient au conseil d'administration, sous l'autorité et la surveillance du pouvoir exécutif. En conséquence, la Trésorerie nationale tiendra à la disposition du ministre de la guerre, qui en demeure responsable, les sommes ci-après, pour être délivrées au fur et à mesure sur ses ordonnances, savoir:

1° Suivant l'état coté *B*, dont copie est annexée audit présent décret, pour frais d'équipement des officiers de toute arme, la somme de quatre-vingt-douze mille neuf cent cinquante livres;

2° Suivant l'état coté *D*, dont copie est annexée au présent décret, pour frais d'enrôlemens, la somme de deux cent vingt-deux mille deux cent quarante livres;

3° Suivant l'état coté *E*, dont copie est annexée au présent décret, pour l'habillement et équipement des hommes, la somme de deux cent cinquante-neuf mille neuf cent quatre-vingts livres;

4° Suivant l'état coté *F*, dont copie est annexée au présent décret, pour la buffleterie et équipages des chevaux, la somme de cent trente-six mille six cent sept livres dix sous;

5° Suivant l'état coté *G*, dont copie est annexée au présent décret, pour l'achat des chevaux nécessaires à monter les huit compagnies de chasseurs, spécifié devoir être payé en écus, la somme de ( argent ) deux cent quatre-vingt mille livres;

*Nota.* Le compte de cette dépense doit être rendu de clerc à maître, conformément à l'article 4 du présent décret.

6° Enfin, suivant l'état coté *C*, dont copie est annexée au présent décret, pour les appointemens et solde de ladite légion, par mois, la somme de cent trois mille huit cent quatre-vingt-dix-huit livres; ce qui, pour un an, fait la somme de un million deux cent quarante-six mille sept cent soixante-seize livres.

10. Sur le total des sommes ci-dessus, montant à celle de deux millions deux cent trente-huit mille cinq cent cinquante-trois livres dix sous, le ministre de la guerre sera re-

mettre à celui des affaires étrangères les avances faites par M. Dumouriez au conseil d'administration, à l'occasion de la levée de ladite légion.

11. Les fourrages seront fournis par le Gouvernement, ainsi qu'il se pratique pour les autres troupes de même arme faisant partie des armées nationales, et sur le même pied.

12. Au moyen des sommes allouées par l'article 9, qui tiendront lieu en outre de la masse générale, de celle de boulangerie, des étapes et convois militaires, ainsi que de celle du chauffage autre que celui des corps-de-garde, les trésoriers des armées feront le décompte des appointemens et solde aux présens et effectifs de ladite légion, d'après les revues des commissaires des guerres, et conformément à l'état coté *C*.

13. Indépendamment des revues particulières des commissaires des guerres, qui seront faites conformément à ce qui leur est prescrit par la loi, la légion franche étrangère passera en outre toutes celles ordonnées par le Roi, par les généraux d'armée ou par tout autre commandant légal, à l'obéissance et à la surveillance desquels le conseil d'administration de ladite légion, de même que les individus qui la composeront, ne pourront se refuser, ainsi qu'au respect et à la soumission aux lois tant civiles que militaires établies dans le royaume.

14. Le cas arrivant du licenciement, les chevaux, les armes blanches et à feu, et tous autres objets fournis des arsenaux ou magasins de la nation, seront remis au pouvoir exécutif; et le ministre de la guerre en rendra compte au Corps Législatif, au plus tard dans le mois qui suivra l'époque du licenciement.

15. D'après ce qui est énoncé au présent décret, le pouvoir exécutif tiendra les conditions portées en ladite capitulation, et il surveillera et exigera du conseil d'administration de la légion franche étrangère l'exécution de celles auxquelles il est tenu de se soumettre par ladite capitulation, ainsi que par les articles ci-dessus.

26 = 27 JUILLET 1792. — Décret qui ordonne à la caisse de l'extraordinaire de remettre deux cent mille livres, en petites coupures d'assignats, au département du Calvados. (L. 9, 724; B. 23, 117.)

26 = 29 JUILLET 1792. — Décret qui ordonne l'envoi de la collection des lois aux municipalités des districts de Vaucluse et de Louvèse. (L. 9, 744; B. 23, 117.)

26 JUILLET 1792. — Décret qui lève la consigne qui défendait de pénétrer dans les terrains dépendans de la salle de l'Assemblée. (B. 23, 130.)

26 JUILLET 1792. — Décret qui autorise le juge-de-paix de la section des Lombards à décerner un mandat d'amener contre le sieur Jouneau, député. (B. 23, 130.)

26 JUILLET 1792. — Capitaines de vaisseaux. *Voy.* 24 JUILLET 1792. — Places fortes. *Voy.* 25 JUILLET 1792.

27 = 29 JUILLET 1792. — Décret sur les difficultés qui s'élèvent dans les tribunaux relativement aux agens de change. (L. 9, 746; B. 23, 134.)

*Voy.* loi du 21 AVRIL = 8 MAI 1791.

L'Assemblée nationale, après avoir entendu le rapport de ses comités de législation et de commerce, sur les difficultés qui s'élèvent dans les tribunaux relativement à l'exécution des anciens réglemens des agens de change, sous prétexte qu'ils n'ont pas été enregistrés aux ci-devant parlemens;

Considérant qu'il est nécessaire de faire promptement cesser ces difficultés, décrète que le défaut d'enregistrement aux ci-devant parlemens ne peut être opposé aux réglemens qui, jusqu'au décret de l'Assemblée constituante des 14, 19 et 21 avril 1791, ont réglé les conditions et l'exercice des fonctions des agens de change, et que ces réglemens auront leur plein et entier effet pour tous les engagemens et négociations qui ont eu lieu sur la foi de leur exécution.

27 = 28 JUILLET 1792. — Décret relatif à l'avancement du corps de l'artillerie. (L. 9, 738; B. 23, 131.)

L'Assemblée nationale, après avoir entendu le rapport de son comité militaire, considérant combien il est instant que les remplacemens des officiers du corps de l'artillerie se fassent sans délai, décrète que, sans avoir égard à la seconde partie des articles 11, 16 et 19 du titre II du décret du 16 = 27 avril 1791, l'avancement du corps de l'artillerie aura lieu, pendant la guerre, suivant le mode décrété pour l'avancement en temps de paix.

27 JUILLET 1792. — Décret qui ordonne la confiscation et la vente des biens des émigrés. (B. 23, 230.)

*Voy.* lois du 24 = 28 JUILLET 1792; du 14 AOUT 1792.

L'Assemblée nationale décrète la confiscation et la vente, au profit de la nation, de tous les biens mobiliers et immobiliers des émigrés.

27 = 29 JUILLET 1792. — Décrets qui accordent des secours aux villes de Strasbourg et de Thionville. (L. 9, 747; B. 23, 132 et 133.)

27 JUILLET 1792. — Décret qui renvoie au pouvoir exécutif la poursuite des excès et violences commises envers le sieur Buffé, par les officiers d'un bataillon de chasseurs venant de Paris. (B. 23, 230.)

27 = 31 JUILLET 1792. — Décret qui renvoie à leurs fonctions plusieurs membres du directoire du département des Bouches-du-Rhône. (B. 23, 231.)

27 = 31 JUILLET 1792. — Décret qui accorde une indemnité pour frais de voyage à plusieurs membres du département des Bouches-du-Rhône qui ont comparu à la barre. (B. 23, 252.)

27 = 28 JUILLET 1792. — Décret relatif à la fabrication des assignats de cinq livres. (B. 23, 234.)

27 = 28 JUILLET 1792. — Décret relatif aux dénonciations contre les entrepreneurs des travaux publics du Rhône à Valence. (B. 23, 236.)

27 JUILLET 1792. — Calvados. *Voy.* 26 JUILLET 1792. — Conjurés de l'Ardèche. *Voy.* 18 JUILLET 1792. — Mont-Luçon. *Voy.* 21 JUILLET 1792. — Troubles de l'Ile-Dieu. *Voy.* 26 JUILLET 1792.

28 JUILLET = 1er AOUT 1791. — Décret relatif aux travaux du port de Cherbourg. (L. 19, 30; B. 23, 142.)

L'Assemblée nationale, après avoir entendu le rapport de son comité de la marine, considérant combien il importe à l'État de jouir de tous les avantages d'un établissement de marine qui puisse assurer un refuge à ses vaisseaux de ligne et protection à son commerce dans une mer où la navigation présente les plus grands dangers; prenant en considération les travaux commencés à Cherbourg pour atteindre ce but désirable, et jugeant qu'il est instant de continuer leur exécution dans la saison favorable, décrète qu'il y a urgence.

L'Assemblée nationale, après avoir décrété l'urgence, décrète définitivement ce qui suit.

Art. 1er. La Trésorerie nationale tiendra à la disposition du ministre de la marine la somme de 745,000 livres, pour être employée suivant l'état annexé au présent décret, et qui sera versée partiellement sur la demande qu'il en fera chaque mois, d'après les besoins du service.

2. Le ministre de la marine rendra compte tous les deux mois à l'Assemblée nationale de l'emploi de ces fonds, et du progrès des travaux auxquels ils sont destinés.

3. Outre les deux commis de la marine af-

fectés au port de Cherbourg par le décret du 21 = 28 septembre 1791, il en sera attaché sept aux détails de la comptabilité des travaux de la rade, lesquels seront réputés commis d'administration.

4. 1° Il sera formé une commission chargée spécialement de constater les avantages des travaux exécutés à Cherbourg, et de proposer tous les moyens de perfection et les constructions nouvelles qu'elle jugera utiles au complément de cet établissement, sous ses rapports militaires et commerciaux;

2° En conséquense, il sera dressé par ladite commission un projet général qui comprendra les détails de tous ces objets, ainsi que l'aperçu de leurs dépenses.

5. Le pouvoir exécutif sera tenu de nommer incessamment cette commission, qui sera composée de deux officiers de la marine, deux officiers du génie, deux ingénieurs des ponts-et-chaussées et deux pilotes.

6. Aucun des commissaires ne pourra être choisi parmi les coopérateurs des travaux de Cherbourg.

7. Pourront néanmoins lesdits coopérateurs être appelés dans le conseil de la commission, avec voix consultative, et pour y donner tous les renseignemens que les circonstances exigeront.

8. Le pouvoir exécutif sera également tenu de donner tous les ordres nécessaires pour faire vérifier, par un des bâtimens mouillés dans la rade de Cherbourg, le mouillage et la nature du fond de toutes ses parties.

---

28 = 29 JUILLET 1792. — Décret relatif aux passeports. (L. 9, 741; B. 23, 136.)

*Voy.* loi du 1er FÉVRIER = 28 MARS 1792.

L'Assemblée nationale, considérant que, dans le danger de la patrie, tous les citoyens sont en état de réquisition continuelle, et qu'il est nécessaire d'empêcher qu'aucun d'eux ne puisse se soustraire au devoir sacré de marcher au secours de la patrie lorsqu'il en est requis dans les formes légales, décrète qu'il y a urgence.

L'Assemblée nationale, après avoir décrété l'urgence, et dérogeant à l'article 5 de son décret du 1er février dernier, décrète:

Art. 1er. Jusqu'à ce que l'Assemblée nationale ait déclaré que la patrie n'est plus en danger, il ne pourra plus être délivré de passeports pour sortir du royaume à aucun citoyen français.

Les passeports qui auraient été accordés jusqu'à ce jour pour sortir du royaume, et dont il n'aurait pas été fait usage, sont déclarés nuls.

2. Il pourra néanmoins être délivré des passeports, conformément au décret du 1er février dernier, à ceux qui ont une mission du Gouvernement, et à leur suite, qui ne pourra être composée que d'un secrétaire et de deux domestiques, de leurs femmes et enfans, les uns et les autres connus pour tels; aux gens de mer, aux négocians et à leurs facteurs notoirement connus pour être dans l'usage de faire, à raison de leur commerce ou de leurs affaires, des voyages chez l'étranger, ainsi qu'aux cultivateurs, pour l'exploitation de leurs héritages et la vente de leurs denrées.

3. Les passeports continueront d'être successivement délivrés par les municipalités, et les ministres n'en pourront délivrer aux citoyens qui se présenteront devant eux pour en obtenir, qu'en visant, dans celui qu'ils donneront, celui délivré par la municipalité.

4. Les préposés des douanes sont, ainsi que les gendarmes nationaux, gardes nationales et troupes de ligne, chargés d'exiger des voyageurs la représentation de leurs passeports.

5. Ceux qui, sans passeports ou en vertu de passeports pris sous des noms supposés, seraient convaincus d'être sortis du royaume, seront réputés émigrés, et, comme tels, soumis aux dispositions des lois rendues contre les émigrés.

6. Les difficultés qui pourraient s'élever sur la validité des passeports ou le refus d'en délivrer conformément aux dispositions de l'article 2 ci-dessus, seront décidées administrativement par les directoires de département, sur l'avis des directoires de district.

---

28 = 29 JUILLET 1792. — Décret relatif aux citoyens belges et liégeois qui se sont réunis ou se réuniront pour combattre sous les drapeaux français. (L. 9, 749; B. 23, 135.)

L'Assemblée nationale, considérant qu'il est de sa justice de ne pas laisser dans le dénuement des hommes qui sont venus combattre sous les drapeaux de la nation française, et voulant donner à tous les peuples une preuve de l'accueil qu'elle fera à ceux qui se dévoueront à sa cause, décrète provisoirement que, sur les six millions affectés aux dépenses secrètes de son département, le ministre des affaires étrangères emploiera, sous sa responsabilité, la somme de cinq cent mille livres à l'entretien, armement et équipement de ceux des citoyens belges et liégeois qui se sont déjà réunis ou pourront se réunir à l'avenir pour combattre sous les drapeaux de la liberté, et qu'ils continueront de servir en corps, comme ils l'ont fait jusqu'à présent sous les ordres des généraux français, auxquels ils seront tenus de se conformer, tant sur le territoire français qu'en pays étrangers.

Approuve et confirme le don qu'a fait le maréchal Luckner auxdits Belges et Liégeois du canon par eux enlevé à l'ennemi dans la journée du 18 juin dernier, à la prise de Courtray.

Déclare que la France s'honorera toujours de recevoir dans son sein et sous ses drapeaux les soldats de la liberté qui viendront s'y ranger pour la défendre; et, quelle que soit leur patrie, ils ne seront jamais étrangers pour elle.

---

28 JUILLET = 1ᵉʳ AOUT 1792. — Décret concernant le tarif des droits d'entrée et de sortie du royaume. (L. 10, 1 ; B. 23, 137.)

L'Assemblée nationale, après avoir entendu le rapport de son comité de commerce, dans ses séances des 2 et 11 du présent mois et dans celle de ce jour, sur la nécessité de rectifier quelques erreurs commises dans l'impression du tarif des droits d'entrée et de sortie du royaume, interpréter quelques articles de ce tarif, en changer plusieurs autres sur lesquels il a été fait des réclamations, et faciliter la perception par des explications utiles, et après avoir déclaré qu'elle est en état de rendre le décret définitif, décrète ce qui suit :

Art. 1ᵉʳ. Il ne sera payé aucun droit d'entrée sur la vieille argenterie, quelle que soit son origine ; sur celle neuve au poinçon de France, revenant de l'étranger ; sur les bois en planches et madriers, le bois de gaïac en bûches, les cheveux, les galles légères, les roseaux à l'usage des fabriques de toilerie ; sur les coquillages de mer, et le poisson de mer frais importé par terre depuis Halluin jusqu'à Sédan ; sur les habillemens vieux, quoiqu'ils n'accompagnent pas les voyageurs, dès qu'ils sont dans une même malle avec d'autres effets, et qu'ils n'excèdent pas le nombre de six ; sur les gants et bas de soie présentés par des négocians comme échantillons, dès qu'ils sont dépareillés, et qu'ils n'excèdent pas le nombre de trois ; sur les gazettes et journaux, ainsi que la librairie en langues savantes.

2. Les creusets d'orfèvres et ceux propres aux monnaies, les cruches et bouteilles de grès, même celles connues sous le nom de *barbues et barbançons*, seront traités comme poterie de terre ; les laines teintes non filées, comme laines filées ; les boutons de crin, comme boutons de soie mêlée de crin ; les balais de millet, comme balets de bouleau ; les étrilles, comme grosse quincaillerie en fer ; les pelles de fer et les serans, outils propres à peigner le chanvre, comme les instrumens aratoires ; les grosses chaines de fer, comme ouvrages de serrurerie ; les boutons de coco, les étriers, les fourchettes de fer, les perles fausses, les pains à cacheter, les portefeuilles de basane et la bimbeloterie, comme mercerie commune ; les boucles de cuivre, les cordes à violon, les portefeuilles de maroquin et autres ouvrages de la même

matière, et les éventails fins, comme mercerie fine ; la mitraille de cuivre jaune, comme celle de cuivre rouge ; le laiton en lingot ou en mitraille, comme cuivre brut, les pièces ou médailles de cuivre, comme cuivre en flaons ; les bandes de roues, comme fer en verges ; les cornes brûlées et ébauchées pour manches de couteaux, comme cornes à faire peignes ; le vitriol de Chypre, comme le vitriol bleu, tarifé sous le mot *couperose* ou *vitriol bleu* ; les horloges de bois, comme pendules ; les plumes de vautour, comme plumes de qualité inférieure ; les mouchoirs de coton rayés ou à carreaux blancs à bordure de couleur, comme mousseline unie ; les basins unis, comme basins piqués ; les rubans de fleuret et de filoselle, comme passementerie de matières mêlées ; les tissus de laine et fil teint, comme rubans de fil teint ; les cordonnets et lacets de fil, comme rubans de fil ; les étoffes de fil et coton, comme étoffes de coton ; les toiles d'étoupe, comme toiles à voiles fines ; les toiles préparées pour peindre, comme les toiles à voiles grosses ; la musique gravée et les papiers de musique, comme estampes ; les livres qui contiennent des gravures ou estampes, également comme estampes, lorsqu'elles constitueront essentiellement le prix d'un livre dont le texte ne servira qu'à les expliquer, et comme livres, lorsque les estampes et cartes géographiques ne seront qu'un accessoire d'un prix modique ; les livres reliés, comme ceux brochés ; l'eau de fleur d'orange, comme l'eau médicinale ; l'eau-de-vie d'Andaye, comme la liqueur ; la magnésie, comme sel volatil ; le sel glauber, comme sel d'ipsom ; le papier à cautère, comme papier blanc ; les hâvre-sacs en cuir, comme cuir ouvré autre que la cordonnerie ; tout ce qui sert à l'équipement des chevaux, tels que sangles, selles, housses, caparaçons, brides, bridons, faux-fourreaux de pistolets, composés ou non de cuir, comme harnais ; les pierres à chaux, comme chaux à brûler.

3. L'eau-forte, l'aigre ou esprit de vitriol, quelquefois appelé *huile de vitriol* ou *acide vitriolique;* l'esprit de nitre et l'esprit de soufre, ne paieront à l'entrée qu'un même droit, qui sera de dix livres par quintal ; la couperose verte ne paiera que deux livres dix sous également par quintal. Le droit de quinze sous par quintal imposé sur le tartre, à l'entrée, concerne seulement le tartre de vin et non la gravelle, exempte de droits. Le salpêtre étranger paiera trois livres par quintal, et celui de l'Inde apporté par le commerce français, une livre dix sous également par quintal.

L'acier en feuilles ou en planches, et les étoffes mêlées de laine grossière et de fil, ne paieront que dix pour cent de la valeur.

Les vins importés en futailles, sans emballage ni doubles fonds, depuis Bitche jusqu'au Fort-Louis inclusivement, et ceux importés par les bureaux de terre frontière d'Espagne, depuis Mont-Louis inclusivement jusqu'à Saint-Jean-Pied-de-Port, aussi inclusivement, n'acquitteront que douze livres par muids; les laines filées de Saxe, importées par le département de la Moselle, dix livres par quintal.

4. Les éponges seront réputées communes lorsque la valeur du quintal n'excédera pas cent cinquante livres; les éventails seront réputés fins lorsque le prix de chaque éventail excédera trente sous.

Les huiles de la côte d'Italie, importées directement par des bâtimens italiens ou français dans les ports de France autres que Marseille, déclarées pour les fabriques, et que l'on reconnaîtra ne pouvoir être employées qu'à cet usage, n'acquitteront dans lesdits ports que le droit de quatre livres dix sous par quintal; imposé sur celles de même nature venant de Marseille, sauf aux préposés de la régie à user du droit de retenue, conformément à l'article 3 du titre II du décret du 28 juillet = 1er août 1791, en payant par lesdits préposés, dans la huitaine du jour de la vérification, l'huile ainsi déclarée, sur l'évaluation faite à Marseille, dans le mois précédent, des huiles communes.

5. Les meules à taillandier acquitteront à l'entrée de la pièce:

Celles de quarante-cinq pouces de diamètre à quarante-deux livres dix sous; de trente-neuf pouces et demi à trente-quatre pouces, une livre quinze sous; de trente-trois et demi à vingt-cinq pouces, une livre; de vingt-quatre et demi à vingt pouces, huit sous; de dix-neuf et demi à quinze pouces, quatre sous; de quatorze pouces un quart et au-dessous, deux sous.

Les papiers acquitteront par quintal ainsi qu'il suit:

Papier blanc de toute sorte, trente livres; papier de pâte grise, noire, bleue, et papier brouillard, dix-huit livres; papier doré et argenté, uni et à fleurs d'or et d'argent; papier marbré, papier à fleurs, papier uni, peint en bleu, jaune, vert, rouge; papier imitant le bois, et autres qui se vendent à la main et non en rouleaux, trente-six livres; papier tontisse peint, imitant le damas, la moire, le gros de Tours et toute autre étoffe; papier à dessin et ramage, d'une ou plusieurs couleurs ou imitant l'architecture, et servant à tapisser ou à décorer les appartemens, et qui se vendent en rouleaux, quarante-cinq livres.

6. Les droits d'entrée sur le charbon de terre seront perçus sur le pied du tonneau, lorsque le chargement entier du bâtiment sera en charbon de terre; et, d'après la pesée réelle, à raison de deux mille deux cents li-

vres pour un tonneau, lorsque le navire sera chargé de marchandises diverses assujéties à différens droits.

7. A la sortie du royaume, les avirons de bateaux, les bois de teinture et de parfumerie, la gaude, la racine de garance, les potasses, les peaux de sauvagines crues et autres servant à la pelleterie, le parchemin travaillé, quoique neuf, et l'orge perlé, n'acquitteront aucun droit.

Les boues de cendres d'orfèvres, nommées regrets, ne paieront que cinq sous par quintal; les chanvres peignés et apprêtés, que vingt sous également par quintal, ceux bruts restant prohibés; les bois d'acajou et d'ébène, qu'un pour cent de la valeur; les vinaigres de bierre, exportés dans le département du Nord, que deux livres par muid, et les bouvillons que douze sous pièce. Le droit de trente sous imposé par cent sur les bois de feuillard ne sera perçu que par chaque millier en nombre.

Les ouates et les matelas seront traités comme les matières dont ils seront composés; les esscaudoles, comme bois d'éclisse; le grignon, comme le marc d'olive; les pains d'oliette, de rabette et de chènevis, comme les pains de navette ou tourteaux.

Les vins emballés ou dans des futailles à double fond seront traités à l'exportation comme vins en doubles futailles.

8. Le caillou à faïence ou porcelaine paiera à la sortie la moitié du droit imposé sur la perle; les graines de trèfle et de jardin paieront trente sous du quintal; les graines grasses dix sous aussi du quintal; les métiers à fabriquer, trente pour cent de la valeur. Le liége en planches exporté par les départemens de l'Aude, des Pyrénées-Orientales, de l'Ariége, des Hautes et Basses-Pyrénées, paiera aussi trente sous du quintal, et les ardoises exportées par les départemens des Ardennes et du Nord, vingt sous du millier en nombre. Le fumier, la colombine, les cornes râpées et en clapons, ainsi que toutes les autres matières servant à l'engrais des terres, seront prohibées à la sortie.

9. Les drogueries et épiceries qui devront acquit au poids net, en conformité de l'article 3 du titre Ier du décret du 6 = 22 août 1791, sont l'ambre gris, l'azur de roche fin, le baume, le bézoard, le bois néphrétique, le cacao, le cardamomum, le castoreum, les cendres bleues et vertes à l'usage des peintres, le chocolat, la civette, le costus indicus et amarus, les eaux médicinales, les essences d'anis, de cannelle, de romarin et de rose, le genzeng, toutes les huiles dont le droit excède vingt livres du quintal, le labdanum, le musc, la muscade, le safran, la scammonée, le thé et le sel volatil.

Les soies, les plumes apprêtées, les sucres raffinés et candis, paieront également les droits au poids net. Toutes marchandises qui, étant tarifée au brut, sera dans une double futaille, ne paiera le droit que déduction faite du poids de la futaille qui lui sert d'une seconde enveloppe.

Dans le cas ou une balle ou futaille contiendrait des marchandises assujéties à des droits différens, le brut de la futaille ou de la balle sera réparti sur chacune des espèces qui y seront contenues, dans la proportion de leurs quantités respectives.

10. Le droit de vingt pour cent imposé sur les marchandises comprises dans l'état n° 1er, annexé à la loi du 29 juillet 1791, ne sera exigible que dans le seul port de Marseille, et y sera perçu lors même que lesdites marchandises, après y avoir fait quarantaine, passeraient dans un autre port du royaume.

Les soudes, quoique comprises avec le natron dans l'état n° 2, les cendres du Levant, ainsi que les plumes d'autruche, les aluns et afés portés audit état, ne seront point tenus se justifier d'une origine autre que du Levant, pour être exempts du même droit de vingt pour cent; mais les soudes et cendres du Levant acquitteront ce droit à l'entrée de Marseille, comme tous les autres objets compris dans le n° 1er; sur l'évaluation, les soudes et cendres, de cinq livres le quintal; les plumes d'autruche blanches, de deux mille livres la caisse; celles d'autruche noires, de deux cents livres la caisse.

[Le droit additionnel de vingt pour cent imposé sur le poil de chèvre du Levant, se réduit à dix pour cent pendant le terme de deux années.

. JUILLET 1792. — Décret portant qu'il n'y a pas lieu à délibérer sur des demandes en autorisation de dépenses nécessaires pour rendre ses églises nouvellement circonscrites propres à leur destination. (B. 23, 237.)

1 JUILLET 1792. — Décret portant qu'il n'y a pas lieu à délibérer quant à ce qui concerne les sieurs Obry, Hagem, Worms, relativement aux marchés passés pour l'approvisionnement des villes de Huningue, Neuf-Brisach et Fort-Louis. (B. 23, 135.)

JUILLET 1792. — Décret relatif à la police à exercer sur la terrasse des Feuillans. (B. 23, 237.)

= 31 JUILLET 1791. — Décret qui autorise les communes de Bermerain et de Valerne à faire des emprunts pour se libérer des droits féodaux. (L. 9, 750; B. 23, 153.)

JUILLET 1792. — Décret qui charge le ministre des contributions de rendre compte de l'exécution de la loi sur les droits de sortie des toiles. (B. 23, 142.)

28 JUILLET 1792. — Décret qui charge le ministre de la guerre de rendre compte des poursuites faites contre les militaires qui ont abandonné leurs corps, etc. (B. 23, 152.)

28 JUILLET 1792. — Décret relatif à la démission du sieur Pontevez, lieutenant de vaisseau. (B. 23, 153.)

28 JUILLET 1792. — Achats d'armes. *Voy.* 23 JUILLET 1792. — Assignats de cinq livres *Voy.* 27 JUILLET 1792. — Biens des émigrés. *Voy.* 24 JUILLET 1792. — Chasseurs nationaux. *Voy.* 19 JUILLET 1792. — Corps de l'artillerie. *Voy.* 27 JUILLET 1792. — Jeunes gens de 16 ans. *Voy.* 24 JUILLET 1792. — Sieur Joussaud. *Voy.* 26 JUILLET 1792. — Permanence des sections de Paris. *Voy.* 25 JUILLET 1792. — Secours de 1792. *Voy.* 20 JUILLET 1792. — Valence. *Voy.* 27 JUILLET 1792.

29 = 31 JUILLET 1792. — Décret qui transfère dans l'église du ci-devant chapitre de Léré le service de la paroisse. (B. 23, 154.)

29 = 31 JUILLET 1792. — Décret qui mande le procureur-général-syndic du département de la Moselle à la barre de l'Assemblée. (B. 23, 155.)

29 JUILLET 1792. — Agens de change. *Voy.* 27 JUILLET 1792. — Belges et Liégeois. *Voy.* 28 JUILLET 1792. — Enrôlemens contre l'État. *Voy.* 25 JUILLET 1792. — Forêts des Vosges et de Lucelle. *Voy.* 19 JUILLET 1792. — Passeports. *Voy.* 28 JUILLET 1792. — Strasbourg. *Voy.* 27 JUILLET 1792. — Vaucluse, etc. *Voy.* 26 JUILLET 1792.

30 JUILLET = 2 AOUT 1792. — Décret relatif à la contribution foncière. (L. 10, 44; B. 23, 159.)

Art. 1er. La proportion de la contribution foncière avec le revenu net foncier, au-dessus de laquelle la cotisation de chaque contribuable ne doit pas s'élever, est fixée, pour 1792, au cinquième du revenu net foncier.

En conséquence, tout contribuable qui justifiera avoir été cotisé à une somme plus forte que le cinquième de son revenu net foncier, à raison du principal de la contribution foncière, aura droit à une réduction, en se conformant aux règles prescrites par le décret du 21 = 28 août 1791 sur les décharges et modérations.

2. Les débiteurs autorisés par le décret du 23 novembre = 1er décembre 1790 à faire une retenue sur les rentes ci-devant seigneuriales ou foncières, sur les intérêts ou rentes perpétuelles constituées, soit en argent, soit en denrées, la feront au quart du montant desdites rentes ou prestations pour l'année 1792.

Les débiteurs de rentes ou pensions viagères la feront aussi au quart, mais seulement sur le revenu que le capital, s'il est connu, produirait au denier vingt; et, dans le cas où le capital ne sera pas connu, ils la feront au huitième du montant de la rente ou pension viagère.

Le tout sans préjudice des baux à rentes, ou autres contrats faits sous la condition de la non-retenue des impositions.

3. La retenue sera faite en argent sur les rentes ou prestations en argent, et en nature sur les rentes en denrées et prestations en qualité de fruits.

Elle sera faite au moment où le débiteur acquittera la rente ou prestation.

Et ceux des débiteurs de rentes perpétuelles ou viagères, et de prestation quelconques sujettes à retenue, qui, ayant fait des paiemens avant la publication du présent décret, n'auraient fait la retenue pour 1792 qu'à un taux inférieur à celui déterminé par le précédent article, seront autorisés à se faire restituer jusqu'à concurrence du montant de la retenue fixée par le présent décret.

---

30 JUILLET = 1er AOUT 1792. — Décret relatif au remplacement de l'habillement de cent quatre-vingt-quatre bataillons de gardes nationales. (L. 10, 8; B. 23, 157.)

L'Assemblée nationale, après avoir entendu le rapport de ses comités militaires et de l'ordinaire des finances réunis, sur la demande faite par le ministre de la guerre, le 18 juillet dernier, des fonds nécessaires pour le remplacement de l'habillement des cent-quatre-vingt-quatre bataillons de gardes nationales volontaires précédemment levés; considérant que l'habillement qui a été fourni à la plus grande partie des bataillons des gardes nationales volontaires, par les soins des directoires de département, était de si mauvaise qualité, que les dix mille livres accordées à chacun d'eux par la loi du 6 avril dernier n'ont pas pu suffire pour en prolonger la durée jusqu'à l'année prochaine, en sorte qu'il sera nécessaire de pourvoir incessamment au remplacement total de leur habillement; considérant qu'il est aussi essentiel de prendre des mesures pour empêcher que les bataillons des gardes nationales volontaires ne demandent le remplacement d'effets dont la durée pourrait encore être prolongée; considérant enfin qu'il est indispensable de statuer sans délai sur ces objets, décrète qu'il y a urgence.

L'Assemblée nationale, après avoir rendu le décret d'urgence, décrète ce qui suit :

Art. 1er. Il sera mis par la Trésorerie nationale à la disposition du ministre de la guerre une somme de neuf millions cinq cent soixante-huit mille livres, destinée à faire les avances nécessaires pour pourvoir au remplacement de l'habillement des cent quatre-vingt-quatre bataillons de gardes volon-

taires nationales, déjà sur pied antérieurement au décret du 5 = 6 mai dernier, à raison de cinquante-deux mille livres pour chacun.

Lesdits neuf millions cinq cent soixante-huit mille livres, de l'emploi desquels le ministre de la guerre rendra compte au Corps-Législatif, seront rétablis dans le Trésor public au moyen de la retenue de trois sous par jour, qu'en vertu du décret du 28 décembre = 3 février 1792, le ministre de la guerre doit faire exercer sur chaque solde des gardes nationaux volontaires.

2. Il ne sera néanmoins pourvu au remplacement de l'habillement des gardes volontaires nationaux que lorsqu'il aura été constaté par une revue passée par l'officier-général sous les ordres de qui les bataillons volontaires nationaux seront employés, et d'après la demande des conseils d'administration, qui continueront de surveiller la réception des effets destinés au dit habillement et à leur emploi, conformément aux dispositions du décret du 28 décembre = 3 février 1792.

---

30 JUILLET = 1er AOUT 1792. — Décret relatif aux officiers qui ont abandonné les drapeaux de la nation, et à ceux qui ont enlevé ou caisses et effets militaires. (L. 10, 10; B. 25, 155.)

L'Assemblée nationale, considérant que lorsque la patrie est en danger, il importe que tous les traîtres soient connus, décrète que les états nominatifs de tous les officiers qui ont abandonné les drapeaux de la nation, états qui ont été ou doivent être renvoyés à l'Assemblée nationale par le ministre de la guerre, seront recueillis par son comité militaire, et imprimés avec désignation particulière de ceux desdits militaires qui ont enlevé des caisses et effets militaires, ou porté la gratification pour entrer en campagne, entraîné leurs subalternes dans la désertion. Lesdits tableaux seront envoyés de suite dans les quatre-vingt-trois départemens, pour être publiés et affichés dans toutes les municipalités du royaume. Le ministre de la justice sera tenu de rendre compte de cet envoi sous huitaine.

---

30 JUILLET = 1er AOUT 1792. — Décret relatif à une augmentation de gendarmerie pour l'armée du Midi. (L. 10, 11; B. 23, 156.)

L'Assemblée nationale, après avoir entendu son comité militaire sur la demande d'une augmentation de gendarmerie pour l'armée du Midi; considérant que cette armée, partagée en plusieurs petits camps très distans les uns des autres, exige pour la police une plus grande force publique que les trois autres armées rassemblées sur le même point, décrète : 1o que la gendarmerie tionale des camps et armées, créée par le décret du 18 mai 1792, sera augmentée, pour l'armée du Midi, de deux lieutenans et de seize gendarmes, destinés à la police des camps du Var et de Tournoux ; 2° que le traitement des individus composant ce supplément sera assimilé en tout à celui qui a été déterminé par le décret du 18 mai.

---

30 JUILLET = 1er AOUT 1792. — Décret relatif au rachat des cens et redevances dus par les habitans de Meseinthal. ( L. 10, 12 ; B. 23, 155.)

L'Assemblée nationale, après avoir entendu le rapport de son comité des domaines, considérant que la nation doit une égale justice à tous les citoyens, et que les habitans de Meseinthal ont droit au même traitement que leurs voisins ; considérant que l'arrêt du conseil du 13 juillet 1762 porte tous les caractères d'un bail à cens perpétuel, et que ce n'est que par erreur ou par surprise qu'il est qualifié de bail à terme ; et après avoir entendu les trois lectures faites dans les séances des 29 mai, 18 juin et de ce jour, décrète ce qui suit.

Art. 1er. Les habitans de Meseinthal, propriétaires des maisons, verreries, usines, terres, prés et pâtures détaillés en l'arrêt du conseil du 13 juillet 1762, moyennant les cens et redevances déterminés par ledit arrêt, pourront racheter lesdits droits, conformément au décret du 15 mars 1790, sanctionné le 28 du même mois (1).

2. Il sera, chaque année, délivré aux habitans verriers de Meseinthal une quantité suffisante de bois pour le service de leurs verreries, aux prix, charges et conditions qui seront fixés par le directoire du département de la Moselle, sur l'avis des administrateurs des forêts et celui du district de Bitche.

---

30 JUILLET = 3 AOUT 1792. — Décret relatif aux boursiers du collége de Louis-le-Grand. (L. 10, 54 ; B. 23, 159.)

L'Assemblée nationale, après avoir entendu la pétition de plusieurs étudians du collége de Louis-le-Grand, qui représentent

que leur cours de philosophie est achevé ; qu'ils ont le droit de conserver encore pendant trois ans les bourses dont ils jouissent, et qui demandent à aller servir sur les frontières en conservant ce même droit, vu qu'ils ne doivent pas, en combattant pour tous, perdre un avantage dont ils jouiraient en travaillant pour eux seuls ;

Considérant qu'il est de l'intérêt de la patrie que, dans le moment où elle est en danger, le plus grand nombre de citoyens zélés puisse voler à sa défense ; après avoir entendu le rapport de son comité d'instruction publique, décrète que les sieurs Charpentier, Creuset, Courtois, Vinot, Monvoisin, Loques, Coisy, Maugras, Leflamand, Flosen, Lamare, étudians au collége Louis-le-Grand, et tous ceux qui, se trouvant dans le même cas, voudront imiter leur généreux exemple, conserveront leur bourse, en allant servir sur les frontières, pour tout le temps pendant lequel ils en auraient joui s'ils eussent préféré de rester à Paris.

---

30 JUILLET = 7 AOUT 1792. — Décret relatif à la liquidation des offices de perruquiers de Dijon. (L. 10, 96 ; B. 23, 169.)

---

30 JUILLET = 1er AOUT 1792. — Décret relatif au remboursement des gages, journées et vacations des officiers des siéges des eaux et forêts, et autres objets compris dans les états des bois arrêtés au conseil du Roi pour l'année 1790. (B. 23, 277.)

---

30 JUILLET 1792. — Décret qui autorise le garde des archives nationales à remettre au sieur Westermann toutes les pièces relatives à une procédure criminelle instruite contre lui à Haguenau. (B. 23, 156.)

---

30 JUILLET 1792. — Décret qui autorise le garde des archives nationales à remettre au sieur Ruamps un contrat de rente sur le ci-devant clergé. ( B. 23, 157.)

---

30 JUILLET 1792. — Décret relatif à la cocarde nationale. (B. 23, 158.)

---

(1) L'arrêt du conseil de Lorraine du 2 mars 1763, relatif aux propriétaires des verreries de Meseinthal, a été aboli par la loi du 1er août 1792.

Aux termes de cette loi, l'administration des forêts ne peut pas se refuser d'accorder à ces fabricans la quantité de bois nécessaire à leurs usines ( 12 novembre 1823 ; ord. Mac. 5, 748).

*Voy.* les notes sur l'art. 58 du Code forestier du 21 mai 1827.

En vertu de la décision précédente, les pro-

priétaires de l'usine ne peuvent pas prétendre, sous prétexte d'insuffisance de la forêt de Meseinthal, que leur droit d'affouage comprend les forêts voisines.

L'ordonnance est inattaquable dans ses dispositions, sauf aux réclamans, s'ils se croient fondés à demander un supplément d'affouage, d'après des titres anciens, à se pourvoir devant les tribunaux, seuls compétens pour prononcer sur leurs prétentions (9 janvier 1828, ord. Mac. 10, 21).

30 JUILLET = 13 AOUT 1792. — Décret qui accorde un secours de deux cents livres au sieur Lecuret, ci-devant carabinier. (B. 23, 273.)

30 JUILLET 1792. — Décret qui liquide plusieurs offices supprimés antérieurement au 1er mai 1789. (B. 10, 169.)

30 JUILLET = 22 AOUT 1792. — Décret de liquidation d'offices de judicature et ministériels. ( B. 23, 168.)

30 JUILLET = 5 AOUT 1792. — Décret relatif à la liquidation de l'office du sieur Bonnemère, ci-devant conseiller de la ci-devant sénéchaussée de Saumur. (B. 23, 171.)

30 JUILLET = 13 AOUT 1792. — Décret relatif à la liquidation de plusieurs charges de perruquiers, barbiers, baigneurs, étuvistes. (B. 23, 171.)

30 JUILLET = 7 AOUT 1792. — Décret concernant les paiemens à faire pour des jurandes et maîtrises supprimées, et pour des créances de l'arriéré. (B. 23, 172.)

31 JUILLET = 8 AOUT 1792. — Décret qui fixe l'indemnité accordée aux fonctionnaires publics et autres citoyens mandés ou appelés à la barre de l'Assemblée nationale. (L. 10, 103; B. 23, 180.)

Art. 1er. L'indemnité due pour voyage, séjour à Paris et retour, à MM. Verdet, Villardy, Mourret, Perrin, Baile, Gondard, Payan et Archier, administrateurs, membres du directoire du département des Bouches-du-Rhône, est fixée par jour à six livres, à compter du 23 mars jusqu'au 23 août, temps suffisant pour qu'ils se rendent à leur poste, et en outre à vingt sous par lieue, à raison de cent quatre-vingt-dix-huit lieues de poste pour le voyage, et autant pour le retour.

2. L'indemnité due à M. Jaubert, procureur-général-syndic du département, est fixée au montant de son traitement entier; et, en outre, à vingt sous par lieue pour le voyage et le retour.

3. En conséquence, il sera payé par la Trésorerie nationale à chacun de messieurs les membres du directoire la somme de treize cent huit livres, et à M. Jaubert, procureur-général-syndic, celle de deux mille soixante-deux livres treize sous quatre deniers; lesquelles sommes forment celle de douze mille cinq cent vingt-six livres treize sous quatre deniers, et tiendront lieu de toute indemnité de frais de voyage et de séjour; et les droits d'assistance attachés à leurs places appartiendront aux administrateurs qui ont rempli leurs fonctions pendant leur absence.

4. A l'avenir, l'indemnité due aux fonctionnaires publics et autres citoyens mandés ou appelés à la barre de l'Assemblée nationale, ne pourra s'étendre au-delà des huit jours qui suivront celui où ils auront été entendus, s'ils ne sont retenus ou autorisés par un décret formel de faire un plus long séjour. L'indemnité ne sera que de vingt sous par lieue en voyage, et six livres par jour de résidence.

31 JUILLET 1792. — Proclamation du Roi pour le maintien de la tranquillité publique. (L. 9, 752.)

Le Roi n'a pu voir sans une indignation profonde les actes de violence par lesquels la tranquillité publique est depuis plusieurs jours troublée dans la capitale, la liberté individuelle outragée, la sûreté des personnes et des propriétés compromise. Sa Majesté se croirait complice de tant d'excès, si elle souffrait en silence qu'ils pussent être commis impunément sous ses yeux, et que le sang des Français rejaillît, pour ainsi dire, sur les murs de son palais, sur les portes de l'Assemblée nationale. Si des hommes armés ont pu oublier qu'il existe des lois protectrices et gardiennes de la liberté et de la vie des citoyens, Sa Majesté n'oubliera jamais qu'elle n'est investie de la puissance nationale que pour en maintenir l'exécution. Elle a déjà ordonné au ministre de la justice de dénoncer à son commissaire près le tribunal criminel les attentats commis dans la journée d'hier; elle enjoint aujourd'hui au département, à la municipalité, à tous les fonctionnaires publics, civils et militaires, d'employer tous les moyens que la constitution leur donne pour rétablir l'ordre et la paix. Elle invite tous les citoyens à la concorde, au respect pour les autorités constituées, au zèle pour le maintien de la tranquillité; et, dans le cas où elle serait de nouveau troublée, elle enjoint à tous les amis de la patrie et de la liberté de donner force à la loi.

31 JUILLET = 3 AOUT 1792. — Décret portant création de trois cents millions d'assignats. (L. 10, 48; B. 23, 178.)

L'Assemblée nationale, considérant la nécessité d'assurer dès à présent les moyens de satisfaire aux dépenses qu'exigent les nouvelles mesures à prendre contre les efforts des ennemis de la France;

Considérant que, pour maintenir le crédit des assignats, il faut donner à leur gage une augmentation proportionnée à celle de leur création; considérant que ce gage, qui, suivant les états arrêtés par l'Assemblée nationale, au mois d'avril dernier, se montait à la somme de deux milliards quatre cent quarante-cinq millions six cent trente-huit mille deux cent trente-sept livres, a été augmentée depuis cette époque par le produit des palais épiscopaux, dont la vente a été décrétée aussi le 19 juillet dernier; qu'il sera encore augmenté par la vente prochaine des maisons religieuses et par le produit de la coupe des quarts de réserve et futaies faisant partie des bois ci-devant ecclésiastiques, décrète qu'il y a urgence.

L'Assemblée nationale, après avoir décrété l'urgence, décrète ce qui suit:

Art. 1er. Il sera créé pour trois cents millions d'assignats destinés à fournir tant aux besoins extraordinaires de la Trésorerie nationale, qu'au paiement des dépenses de la guerre et à celui des dépenses liquidées au-dessous de dix mille livres, qui continueront d'être remboursées suivant les formes et dans les termes décrétés le 15 mai dernier.

Continueront également d'être remboursés les seizièmes dus aux municipalités pour acquisition des biens nationaux, et ce, d'après les lois rendues, et suivant les formes qui ont eu lieu jusqu'à ce jour.

2. La présente création sera composée de cent millions d'assignats de cent sous, décrétés le 27 juin; de cinquante millions d'assignats dont l'Assemblée nationale décrète la fabrication; de cinquante autres millions d'assignats de cent livres, et finalement de cent millions d'assignats de cinquante livres, qui seront également mis sur-le-champ en fabrication.

3. La comptabilité des assignats de la présente création sera soumise aux formalités décrétées pour les précédentes; et chaque coupure desdits assignats sera exécutée suivant les formes et dans les dimensions qui ont déjà eu lieu pour les assignats de même valeur.

4. Pour atteindre le montant des diverses créations d'assignats, il sera mis en vente, indépendamment des palais épiscopaux et des autres biens dont la vente est décrétée, les maisons actuellement occupées par les religieuses, la coupe des quarts de réserve et futaies faisant partie des bois ci-devant ecclésiastiques, et le fonds des bois épars qui, d'après l'avis des corps administratifs, pourront être vendus, l'Assemblée nationale chargeant son comité des domaines de lui faire un rapport, à l'effet par elle de déterminer le mode et les formes desdites ventes.

5. Dans la première quinzaine du mois d'octobre prochain, pour tout délai, les directoires des districts feront passer au commissaire administrateur de la caisse de l'extraordinaire un état des biens nationaux vendus et à vendre à l'époque du 1er dudit mois d'octobre; ils seront tenus de se conformer à cet égard aux modèles qui leur seront

adressés par l'administrateur de ladite caisse de l'extraordinaire.

6. La circulation desdits assignats pourra être portée à la somme de deux milliards; et cependant l'Assemblée nationale charge ses comités des finances de lui présenter incessamment un emploi propre à diminuer cette même circulation.

7. Le délai accordé aux possesseurs de reconnaissances de liquidation, pour les employer au paiement des biens nationaux, et fixé au 1er août 1792, par l'article 1er du décret du 27 juin dernier, demeure prorogé jusqu'au 1er octobre prochain.

---

31 JUILLET = 3 AOUT 1792. — Décret relatif aux moyens de pourvoir aux besoins de subsistances des différentes places fortes qui pourraient être menacées d'un siège. (L. 10, 51; B 23, 177.)

Art. 1er. Outre les sommes accordées aux villes de Metz, Strasbourg et Thionville, par les décrets des 20 et 27 de ce mois, la Trésorerie nationale tiendra à la disposition du ministre de l'intérieur jusqu'à la concurrence de trois millions, qui seront exclusivement destinés à subvenir aux besoins des subsistances que pourront éprouver les places fortes menacées de siège.

2. Le ministre de l'intérieur fera passer aux directoires des départemens frontières, sur les demandes qu'ils lui en feront, les fonds qui seront nécessaires, d'après leurs besoins et le nombre des places menacées.

3. Les directoires de département emploieront les fonds qui leur seront destinés à des approvisionnemens de grains qu'ils feront emmagasiner dans les lieux qui leur seront indiqués par les généraux d'armée, avec lesquels ils se concerteront.

4. Sur la réquisition des généraux d'armée, les directoires de département feront transporter dans les villes menacées de siège la quantité de grains proportionnée à la population et à leurs besoins.

5. Les grains qui seront fournis aux communes seront vendus, et le produit total versé dans les caisses des receveurs de district, au fur et à mesure de la vente; en conséquence, il sera tenu par chaque municipalité registre du produit, ainsi que des sommes versées, pour en rendre compte aux directoires de district, qui en instruiront sans délai les directoires de département.

6. La différence entre l'achat des grains et le produit, s'il en existe, sera répartie au marc la livre des contributions foncière et mobilière de l'année 1793, des communes qui auront eu part à la distribution desdits grains, pour rentrer à la Trésorerie nationale, avec le principal des contributions.

7. Le ministre de l'intérieur aura égard,

dans la distribution des fonds qu'il pourra faire aux départemens de la Moselle et du Bas-Rhin, aux sommes déjà décrétées en faveur des villes de Metz, Thionville et Strasbourg.

8. Le ministre de l'intérieur rendra compte tous les mois à l'Assemblée nationale de l'emploi des fonds décrétés, des approvisionnemens auxquels ils sont destinés, ainsi que des rentes qui seront faites.

---

31 JUILLET = 3 AOUT 1792. — Décret relatif aux artistes et entrepreneurs qui voudront concourir à la fabrication et fourniture du papier pour les assignats. ( L. 10, 70 ; B. 23, 175.)

L'Assemblée nationale, voulant adopter en avance tous les moyens d'économie, de perfection et de célérité dans le renouvellement des assignats ou coupures que les circonstances peuvent nécessiter; considérant que, pour obtenir ces avantages, il est nécessaire d'ouvrir, long-temps avant ce renouvellement, un concours pour les entrepreneurs ou artistes jaloux de mériter la préférence par des procédés nouveaux, plus prompts, plus économiques et plus ingénieux dans la fabrication du papier, l'impression, le timbrage et autres parties accessoires de l'assignat; et après avoir entendu trois lectures du présent projet de décret dans ses séances des 13 = 30 juin dernier et 31 juillet présent mois, et décrété qu'elle est en état de décider définitivement, décrète ce qui suit :

Art. 1er. Le comité des assignats et monnaies est dès à présent chargé de recevoir les diverses propositions des artistes ou entrepreneurs qui voudront concourir à la fabrication et fourniture du papier actuellement employé pour des assignats, ou de tel autre papier jugé plus convenable : on y recevra également les autres propositions relatives à l'impression, gravure, timbrage ou autres parties accessoires, servant à compléter ou perfectionner les assignats.

2. Il sera ouvert, à cet effet, au secrétariat du comité des assignats et monnaies, un registre sur lequel seront inscrits, d'un côté, les noms des soumissionnaires et leur domicile :

Le prix de leur soumission ;

Les quantités qu'ils s'obligeront de fournir ;

Le délai par eux demandé pour ces fournitures ,

Et enfin la nature et valeur du cautionnement par eux offert.

Et de l'autre côté du registre, seront appliqués les échantillons de l'espèce du papier par eux proposé, ainsi que les diverses épreuves en gravure, impression, timbrage ou autres parties accessoires.

3. Ce registre sera ouvert, à cet effet, jusqu'au 30 septembre prochain, terme fixé pour le concours, et à l'expiration duquel la préférence sera accordée à celui des artistes ou entrepreneurs qui, sur le rapport du comité des assignats et monnaies, aura présenté les résultats les plus certains et les plus avantageux pour la nation, soit pour la fabrication du papier actuellement employé, soit pour un nouveau papier, soit enfin pour toute autre partie accessoire de l'assignat, comme l'impression, la gravure, le timbrage, ou autre caractère additionnel d'une utilité reconnue.

Immédiatement après que la préférence aura été accordée, l'administration spécialement chargée de surveiller le renouvellement des assignats et coupures s'occupera de la confection des marchés et de leur exécution.

---

31 JUILLET 1792. — Décret qui charge le pouvoir exécutif de rendre compte de la nomination du général et de l'état-major du camp de Soissons. (B. 23, 180.)

31 JUILLET = 3 AOUT 1792. — Décret qui accorde des fonds pour les réparations à faire à la chapelle du Bourg-Baudouin, près Fécamp. (L. 10, 174.)

31 JUILLET 1792. — Décret relatif à une somme de dix-neuf mille quatre cent vingt-deux livres, saisie par les employés des douanes sur le sieur Unin. (B. 23, 174.)

31 JUILLET = 5 AOUT 1792. — Décret relatif à l'établissement d'un tribunal de commerce à Rochefort. (B. 23, 176.)

31 JUILLET = 3 AOUT 1792. — Décret relatif au délit imputé au sieur Descuret. ( B. 23, 174.)

31 JUILLET = 3 AOUT 1792. — Décret portant que le tribunal de commerce à Bordeaux sera composé de six juges et de cinq suppléans. (B. 23, 176.)

31 JUILLET 1792. — Décret qui mande à la barre le ministre de la guerre. (B. 23, 178.)

31 JUILLET 1792. — Décret relatif à la nomination de trois commissaires pour examiner les approvisionnemens du camp de Soissons. (B. 23, 180.)

31 JUILLET 1792. — Bouches-du-Rhône. Voy. 27 JUILLET 1792. — Chapitres de Léré. Voy. 29 JUILLET 1792. — Emprunts divers. Voy. 28 JUILLET 1792. — Procureur-général de la Moselle. Voy. 29 JUILLET 1792.

1ᵉʳ = 2 AOUT 1792. — Décret relatif aux prisonniers de guerre. (L. 10, 46; B. 23, 182.)

Art. 1ᵉʳ. On suivra, envers tous les étrangers pris les armes à la main, les règles établies par le décret du 4 mai 1792.

2. Dans le cas où les lois ordinaires de la guerre seraient violées par les puissances ennemies, tout noble étranger, tout officier, tout général, quels que soient sa dignité et son titre, qui sera pris les armes à la main contre la nation française, sera traité de la même manière que l'auront été les citoyens français, les officiers ou soldats des bataillons de volontaires, les gardes nationales sédentaires, les officiers ou soldats des troupes de ligne pris les armes à la main.

3. Dans tous les cas, on suivra, à l'égard des soldats des troupes ennemies, les règles ordinaires de la guerre.

1ᵉʳ AOUT 1792. — Décret qui charge les municipalités de faire fabriquer des piques. (L. 10, 58; B. 23, 183.)

1ᵉʳ = 2 AOUT 1792. — Décret qui annule divers arrêtés et délibérations pris par les corps administratifs de Marseille, et qui rappelle les principes constitutionnels. (L. 10, 41; B. 23, 185.)

1ᵉʳ AOUT 1792. — Décret portant que le trésorier de la caisse de l'extraordinaire remettra au sieur Ducroisi, receveur des dons patriotiques, la somme de six cents livres. (B. 23, 182.)

1ᵉʳ AOUT 1792. — Décret qui ordonne de vérifier si les ministres de l'intérieur et de la guerre se sont conformés aux décrets qui ont ordonné l'envoi des lettres, adresses, discours, pétitions et autres actes du Corps-Législatif aux départemens et aux armées. (B. 23, 182.)

1ᵉʳ AOUT 1792. — Bataillons de gardes nationales. Voy. 30 JUILLET 1792. — Cherbourg; Droits d'entrée et de sortie. Voy. 28 JUILLET 1792. — Gendarmerie. Voy. 30 JUILLET 1792. — Légion franche étrangère. Voy. 26 JUILLET 1792. — Merenthal; Officiers déserteurs. Voy. 30 JUILLET 1792.

2 = 2 AOUT 1792. — Décret relatif aux cocardes nationales. (L. 10, 43; B. 23, 188.)

L'Assemblée nationale, considérant que la diversité des étoffes qui forment les cocardes nationales a donné lieu à des difficultés qu'il est utile de faire cesser, décrète que les cocardes nationales peuvent être formées de toute sorte d'étoffes et rubans, pourvu qu'elles soient aux trois couleurs nationales.

2 = 3 AOUT 1792. — Décret relatif aux sous-officiers et soldats des armées ennemies qui abandonneraient leurs drapeaux pour se ranger sous ceux des Français. (L. 10, 61; B. 23, 189.)

L'Assemblée nationale, considérant que tout ce qui tend au succès des armes de la nation française et au triomphe de la cause de la liberté ne peut souffrir aucun retardement, décrète qu'il y a urgence.

L'Assemblée nationale, considérant que les hommes libres ont seuls une patrie; que celui qui abandonne une terre asservie pour se réfugier sur celle de la liberté ne fait qu'user d'un droit légitime, et qu'il ne peut exister aucune obligation entre l'homme privé de ses droits naturels et celui qui les lui a ravis;

Considérant qu'elle ne doit négliger aucun moyen de terminer une guerre que la nation française n'a entreprise que pour défendre sa constitution et son indépendance; que, parmi ces moyens, elle doit surtout préférer ceux qui, par cela seul qu'ils épargnent le sang des hommes, s'accordent le plus avec ses principes;

Considérant enfin que, si la cause de la liberté appartient à tous les hommes, et s'il est de leur devoir et de leur intérêt à tous de se dévouer à sa défense, la nation française n'en doit pas moins, ne fût-ce qu'à titre d'indemnité, des marques de sa reconnaissance et de son intérêt aux guerriers étrangers qui viennent se ranger sous ses drapeaux, ou qui abandonnent ceux de ses ennemis pour n'être pas forcés à tourner leurs armes contre un peuple dont tous les vœux et tous les principes appellent la paix universelle et le bonheur de tous les hommes;

Voulant d'ailleurs faire connaître aux nations étrangères les principes de justice qui dirigeront toujours sa conduite, décrète ce qui suit:

Art. 1ᵉʳ. Les sous-officiers et soldats des armées ennemies qui, jaloux de vivre sur la terre de la liberté et de l'égalité, abandonneront les drapeaux d'une puissance en guerre avec la France, et se présenteront soit à un poste militaire, soit à une des autorités constituées, soit à un citoyen français, seront accueillis avec amitié et fraternité, et recevront d'abord, comme signe d'adoption, une cocarde aux trois couleurs.

2. Ces sous-officiers et soldats, après avoir fait la déclaration de vouloir embrasser la cause de la liberté, recevront, à titre d'indemnité des sacrifices qu'ils auront pu faire, un brevet de pension viagère de la somme de cent livres, laquelle leur sera annuellement payée de trois mois en trois mois et d'avance, et pendant tout le temps qu'ils résideront en France, par le receveur du district dans lequel ils résideront; ils seront en outre admis

à prêter le serment civique, et il leur sera délivré une expédition du procès-verbal de la prestation de leur serment.

3. Lesdits sous-officiers et soldats recevront en outre une gratification de cinquante livres, qui leur sera payée sur les ordres du chef militaire ou de l'officier civil en présence duquel ils auront fait la déclaration prescrite par l'article 2.

4. Lesdits sous-officiers et soldats ne seront point forcés de contracter un engagement militaire : ceux qui voudront contracter un tel engagement seront indifféremment admis, à leur volonté, soit dans les bataillons volontaires nationaux, soit dans les différens corps de troupes de ligne, soit dans les légions, soit dans les compagnies franches.

5. Ceux desdits sous-officiers et soldats qui contracteront un engagement militaire recevront, au moment de leur engagement, en sus de la gratification et de la pension viagère ci-dessus énoncées, le prix fixé par les lois antérieures pour les différentes armes.

6. Il sera formé un tableau général des sous-officiers et soldats étrangers qui auront embrassé la cause de la liberté et de l'égalité, et une masse générale des sommes qui leur auront été accordées en vertu de l'article 2 du présent décret. Les pensions seront reversées, à mesure de leur extinction, sur les survivans, et ce, jusqu'au moment où ils jouiront tous de cinq cents livres de pension viagère.

7. La pension viagère de cent livres sera réversible sur la tête de la veuve du sous-officier ou soldat qui se sera marié en France; mais la veuve ne concourra point à l'accroissement progressif porté par l'article 6.

8. Pendant la durée de la guerre actuelle, les sous-officiers et soldats étrangers qui ne voudront pas contracter d'engagement militaire se retireront dans l'intérieur du royaume : ils pourront choisir le lieu où ils voudront fixer leur résidence; mais il leur sera indiqué des villes où ils trouveront des interprètes.

9. Ceux desdits sous-officiers et soldats qui contracteront un engagement militaire seront, par les soins des généraux et des chefs de corps, répartis avec égalité dans les différentes compagnies du corps dans lequel ils seront entrés, afin qu'ils puissent plus aisément former des liaisons d'amitié et de fraternité avec les défenseurs de la constitution et de la liberté française.

10. Ceux desdits sous-officiers et soldats qui auront contracté un engagement militaire obtiendront, pour leurs services, leurs actions d'éclat ou leurs blessures, les récompenses et les retraites accordées aux citoyens français, dont ils seront dès ce moment censés faire partie.

11. L'Assemblée nationale recommande à la sollicitude de tous les fonctionnaires publics, et à la fraternité des officiers et soldats des armées françaises, les sous-officiers et soldats étrangers qui se réuniront à eux pour servir et défendre la cause des peuples et de la liberté.

12. Les sous-officiers et soldats étrangers qui sont entrés en France depuis la déclaration de guerre recevront, immédiatement après la publication du présent décret, les indemnités prescrites par l'article 2 ; en conséquence, il sera, par la Trésorerie nationale, mis pour cet objet deux millions à la disposition du ministre de la guerre.

13. La pension viagère de cent livres, et son accroissement progressif auront lieu même pour ceux des sous-officiers et soldats étrangers qui refuseront de contracter un engagement militaire, et qui préféreront se retirer dans l'intérieur du royaume, l'Assemblée nationale regardant comme indigne de la générosité d'un peuple libre de n'offrir qu'à prix une indemnité aux étrangers qui auraient refusé de combattre contre lui.

14. L'Assemblée nationale hypothèque le produit des biens des émigrés, dont la vente est décrétée, et subsidiairement les revenus de l'État, au paiement des pensions viagères ci-dessus promises et accordées.

15. Dans le cas où, contre son vœu et ses espérances, la France se trouverait engagée dans une guerre contre une nation libre et exerçant les droits de sa souveraineté, les citoyens de cette nation ne seront point admis à jouir des avantages accordés par le présent décret.

---

2 = 3 AOUT 1792. — Décret relatif au papier destiné à la fabrication des assignats de cinquante sous. (L. 10, 67; B. 23, 188.)

L'Assemblée nationale, après avoir entendu sa commission de surveillance de fabrication des assignats sur la défectuosité du papier fabriqué jusqu'à ce moment à la papeterie d'Essonne, pour les coupures d'assignats de cinquante sous; considérant qu'il est utile de rectifier cette fabrication reconnue défectueuse, et dont la suspension ne peut être plus long-temps prolongée sans inconvénient pour la chose publique, décrète qu'il y a urgence.

L'Assemblée nationale, après avoir décrété l'urgence, décrète ce qui suit :

Art. 1er. Tout le papier fabriqué jusqu'à présent à Essonne, pour les coupures d'assignats de cinquante sous, sera retiré incessamment des archives et reporté à celle des manufactures qui sera indiquée par les commissaires directeurs de la fabrication, pour ledit papier, et celui fabriqué à Essonne pour le même usage, y être refondus en totalité, et en présence de MM. les commissaires de l'Assemblée nationale et du Roi, qui constateront cette refonte.

2. Le pouvoir exécutif est chargé de faire

procéder, sans aucun délai, à une nouvelle fabrication de papier destiné aux coupures d'assignats de cinquante sous, et d'informer le Corps-Législatif des nouvelles dispositions qui auront été adoptées à cet effet.

2 = 3 AOUT 1792. — Décret relatif au compte de l'econome séquestre des abbayes de Sainte-Périne de Chaillot et de Gis-d'Hivernaux. (L. 10, 69; B. 23, 187.)

L'Assemblée nationale, sur le rapport de son comité de l'examen des comptes, considérant qu'il est instant de faire rentrer dans le Trésor public l'arriéré des comptes dus à la nation, et que celui clos à Chambéry, le 20 juin 1790, par le ci-devant archevèque de Paris, relatif à l'administration du sieur Grissart, pour l'année 1789, ne peut dispenser le comptable de produire les pièces justificatives de son compte de 1789, attendu que le ci-devant archevèque n'avait plus de caractère public en France à l'époque où il s'est ingéré dans les fonctions publiques qui lui avaient été précédemment confiées, décrète que le sieur Grissart, économe séquestre des abbayes de Sainte-Périne de Chaillot et de Gis-d'Hivernaux, présentera ses comptes de 1789 et 1790 à la vérification du bureau de comptabilité, conformément aux lois, et qu'il remettra, dans le délai d'un mois, les pièces justificatives du compte de 1789.

2 = 7 AOUT 1792. — Décret relatif à la circonscription des paroisses de Lagny. ( L. 10, 98; B. 23, 186.)

2 AOUT 1792. — Décret qui ordonne au juge-de-paix de la section des Lombards de remettre à l'Assemblée les pièces de la procédure intentée contre le sieur Jouneau, l'un de ses membres. (B. 23, 192.)

2 AOUT 1792. — Décret pour l'envoi d'un courrier à Soissons, à l'effet de prendre des renseignemens sur le verre trouvé dans le pain distribué aux gardes nationaux de Soissons. (B. 23, 192.)

2 = 3 AOUT 1792. — Décret qui réunit définitivement la commune de Passavant au département de la Haute-Saône, district de Jussey. (B. 23, 187.)

2 AOUT 1792. — Décret qui mande à la barre l'ex-ministre Tarbé et l'ex-commissaire du Roi Desmaret. (B. 23, 189.)

2 AOUT 1792. — Décret relatif aux majors de vaisseaux (B. 23, 192.)

2 AOUT 1792. — Contributions foncières. Voy. 30 JUILLET 1792. — Corps administratifs de Marseille; Prisonniers de guerre. Voy. 1er AOUT 1792.

3 = 7 AOUT 1792. — Décret relatif aux lois, réglemens et instructions concernant les gardes nationaux. (L. 10, 100; B. 23, 347.)

L'Assemblée nationale, considérant combien il importe que les bataillons de gardes nationaux volontaires reçoivent, à fur et à mesure de leur formation, les lois, réglemens et instructions qui les concernent, décrète que le ministre de la guerre sera tenu de faire remettre aux bataillons de volontaires gardes nationaux, lors de la revue qu'ils doivent subir par les inspecteurs avant leur départ pour les frontières, toutes les lois, réglemens et instructions nécessaires à leur instruction théorique et pratique.

3 = 5 AOUT 1792. — Décret qui accorde le droit de citoyen actif à tout Français qui aura fait la guerre de la liberté, soit dans les volontaires nationaux, soit dans les troupes de ligne. (L. 10, 75; B. 23, 198.)

Art. 1er. Tout Français qui, soit dans les bataillons de volontaires nationaux, soit dans les régimens de ligne, dans la gendarmerie nationale, dans les légions, les compagnies franches ou dans tout autre corps qui pourrait être formé, aura fait la guerre de la liberté, et sera resté présent aux drapeaux et en activité de service militaire jusqu'à la paix, à commencer de la campagne actuelle, ou tout Français que des blessures reçues au service auront mis hors d'état de le continuer, jouira, s'il a vingt-cinq ans, ou lorsqu'il en aura atteint l'âge, des droits de citoyen actif, comme s'il avait servi pendant seize ans, conformément au décret rendu par l'Assemblée nationale constituante.

2. Les gardes nationaux sédentaires qui auront été requis et employés dans les villes de guerre ou dans les camps, sans interruption de service, à dater de même de la présente campagne jusqu'à la fin de la guerre, ou que des blessures auront empêchés d'achever leur service, jouiront aussi, à l'âge de vingt-cinq ans, des droits mentionnés en l'article précédent.

3. L'admission des défenseurs de la patrie à l'exercice des droits civiques se fera solennellement dans les communes de la résidence de chacun d'eux, et sera consignée, en présence du conseil général de la commune, sur un registre particulier qui sera préparé à cet effet; l'extrait en forme de la délibération leur sera en même temps délivré.

4. Les titres d'admission seront le congé du soldat, du gendarme, du volontaire ou du garde national sédentaire, le certificat de ceux qui auront été blessés et mis hors d'état de service, et le témoignage, signé des chefs de corps, du civisme et de la bonne conduite de chacun d'eux.

5. L'Assemblée nationale déclare qu'elle statuera, dans le plus court délai, sur les récompenses, soit en dons ou pensions, à décerner aux soldats qui auront bien mérité de la patrie pendant la durée de la guerre; et, dès à présent, elle en met l'acquittement sous la sauve-garde de la loyauté et de la générosité française.

6. L'Assemblée nationale charge sa commission extraordinaire et son comité d'instruction publique réunis de lui présenter, sous huit jours, un projet de décret sur les récompenses nationales.

————

3 = 5 AOUT 1792. — Décret relatif aux quartiers-maîtres-trésoriers des régimens de toutes les armes. (L. 10, 78; B. 23, 197.)

L'Assemblée nationale, considérant qu'il existe une omission essentielle dans le décret du 23 = 29 octobre 1790 sur l'avancement militaire, et qu'il est instant de la réparer, décrète que les quartiers-maîtres-trésoriers des régimens de toutes les armes qui composent l'armée pourront prendre à leur tour, dans leurs corps respectifs, les compagnies qui viendront à vaquer.

————

3 = 5 AOUT 1792. — Décret relatif aux guides de l'armée du Midi. (L. 10, 80; B. 23, 198.)

L'Assemblée nationale, considérant que l'étendue des frontières du Midi exige que l'état-major de l'armée employée à leur défense soit pourvu de tous les moyens nécessaires à son activité, en proportion de l'étendue du pays; après avoir entendu le rapport de son comité militaire, décrète que la compagnie des guides de l'armée du Midi sera augmentée de douze guides.

————

3 = 5 AOUT 1792. — Décret qui permet à M. Roland, ex-ministre, de quitter Paris. (L. 10, 79; B. 23, 197.)

————

3 AOUT 1792. — Décret qui adopte le réglement fait par le pouvoir exécutif, relatif aux prisonniers de guerre. (B. 23, 193.)

————

3 = 5 AOUT 1792. — Décret qui réunit la paroisse de Notre-Dame de la Madeleine de Corbeval à celle de Bougligny. (L. 10, 81; B. 23, 192.)

————

3 AOUT 1792. — Décret portant qu'il n'y a pas lieu à délibérer relativement au prétendu refus des administrateurs de Corbeil, d'engager des citoyens pour servir dans les troupes de ligne. (B. 23, 197.)

————

3 AOUT 1792. — Décret qui ordonne aux ministres de la guerre et de la marine de rendre compte des décrets relatifs à la discipline de l'armée et aux officiers de terre et de mer déserteurs. (B. 23, 199.)

————

3 AOUT 1792. — Décret qui ordonne au ministre de la justice de rendre compte de l'état des procès criminels que les tribunaux de district ont encore à juger. (B. 23, 200.)

————

3 AOUT 1792. — Abbayes de Sainte-Périne, etc. Voy. 2 AOUT 1792. — Assignats; Bordeaux; Sieur Chapelle, etc. Voy. 31 JUILLET 1792.— Collége de Louis-le-Grand. Voy. 30 JUILLET 1792.— Commune de Passavant; Papier d'assignats. Voy. 2 AOUT 1792. — Piques. Voy. 1er AOUT 1792. — Places fortes. Voy. 31 JUILLET 1792.— Soldats ennemis, déserteurs. Voy. 2 AOUT 1792.

————

4 = 7 AOUT 1792. — Décret qui suspend les pensions assignées sur les fonds destinés aux dépenses secrètes du département des affaires étrangères. (L. 10, 102; B. 23, 201.)

L'Assemblée nationale, considérant qu'il importe de prévenir les erreurs ou abus qui pourraient se glisser dans l'emploi des fonds destinés aux dépenses secrètes du ministère des affaires étrangères, décrète que le paiement des pensions sur les fonds destinés aux dépenses secrètes du ministère des affaires étrangères sera suspendu provisoirement.

————

4 AOUT = 6 SEPTEMBRE 1792. — Décret relatif au transport des sommes en argent ou en assignats par les messageries. (B. 23, 202.)

Sur la motion d'un membre, l'Assemblée nationale, considérant que toutes les parties de l'administration publique doivent être régies de manière à inspirer la confiance de tous les citoyens, décrète que les employés des messageries donneront un récépissé de toutes les sommes qui leur seront remises, soit en argent, soit en assignats, pour être transportées d'un lieu à un autre, ainsi que la note du numéro de leur enregistrement.

————

4 = 8 AOUT 1792. — Décret relatif au paiement des diverses dépenses concernant les assignats. (L. 10, 201.)

————

4 = 17 AOUT 1792. — Décret qui ordonne l'évacuation et la vente des maisons occupées par les religieux et religieuses. (B. 23, 200.)

————

4 AOUT 1792. — Décret qui annule un arrêté de la section de Mauconseil. (L. 10, 72; B. 23, 202.)

————

5 = 7 AOUT 1792. — Décret relatif aux individus qui sont à la fois juges et administrateurs de

département ou de district. (L. 10, 86; B. 23, 211.)

L'Assemblée nationale, après avoir entendu le rapport de son comité de législation sur les adresses et pétitions relatives à la question de savoir si, dans le danger de la patrie, qui exige que chaque fonctionnaire public soit à son poste, les individus qui, étant juges-de-paix, officiers de police, juges de district ou employés dans l'armée, sont en même temps membres des administrations de district ou de département, doivent quitter les fonctions qui leur sont particulièrement propres pour se rendre dans ces administrations; l'Assemblée, considérant que chacun doit rester au poste où il est le plus nécessaire, et que les officiers de police, juges-de-paix et autres fonctionnaires employés dans l'armée ou dans les tribunaux, sont plus nécessaires à ces fonctions qu'aux administrations, qui peuvent opérer sans eux; qu'il ne faut pas une loi nouvelle pour décider un point aussi clair; qu'au surplus, dans les intervalles que leur laissent leurs fonctions, on doit croire que ces divers fonctionnaires publics ne négligeront pas de se rendre aux administrations dont ils sont membres, décrète que, par ce motif, elle passe à l'ordre du jour.

5 = 7 AOUT 1792. — Décret relatif à la paie des volontaires nationaux. (L. 10, 101; B. 23, 211.)

L'Assemblée nationale, voulant lever toute difficulté dans l'exécution des articles 2 et 3 du décret du 20 = 29 avril dernier, et faciliter la comptabilité, décrète que tous les volontaires nationaux seront payés suivant le texte littéral de l'article 2, et que la retenue pour leur habillement continuera d'être la même, sans aucune augmentation.

5 = 15 AOUT 1792. — Décret qui fixe le nombre et le placement des notaires publics du département de la Drôme et de celui de l'Isère. (L. 10, 32; B. 23, 203 et suiv.)

5 = 15 AOUT 1792. — Décret qui fixe les récompenses à accorder aux citoyens qui ont découvert et dénoncé la fabrication de faux assignats établie à Romainville. (B. 23, 211.)

5 AOUT 1792. — Sieur Bonnemère. Voy. 30 JUILLET 1792. — Citoyens actifs; Guides de l'armée du Midi; Quartiers-maitres-trésoriers; Réunion des paroisses. Voy. 3 AOUT 1792. — Rochefort. Voy. 31 JUILLET 1792. — Sieur Roland. Voy. 3 AOUT 1792.

6 = 16 AOUT 1792. — Décret relatif au mode d'élection aux places d'agrégés en la faculté de droit de Paris. (L. 10, 383; B. 23, 215.)

L'Assemblée nationale, après avoir entendu le rapport de son comité de législation sur la pétition du sieur Légorie, relative à la question de savoir si l'élection à une place d'agrégé, vacante en la faculté de droit de Paris, entre les contendans admis au concours ouvert le 22 février dernier et achevé le 24 mars suivant, peut être retardée sous prétexte de l'absence de deux commissaires du ci-devant parlement; considérant que l'élection ne peut être retardée sous ce prétexte, puisque les parlemens n'existent plus, passe à l'ordre du jour.

6 = 7 AOUT 1792. — Décret relatif à la peine de mort prononcée sur procès criminels instruits autrement que par jurés. (L. 10, 88; B. 23, 216.)

L'Assemblée nationale, considérant que la répression des délits ne peut souffrir aucun retard, décrète que, nonobstant toute disposition contraire portée dans les jugemens, la peine de mort prononcée en dernier ressort, sur procès criminels instruits autrement que par jurés, sera exécutée de la manière prescrite par le décret du 20 = 25 mars dernier.

6 = 6 AOUT 1792. — Décret qui valide la nomination du sieur Bazin à la place de procureur syndic du district de Mamers. (L. 10, 87; B. 23, 216.)

6 = 13 AOUT 1792. — Décret qui autorise la municipalité d'Auxerre à faire un emprunt. (L. 10, 261; B. 23, 212.)

6 = 13 AOUT 1792. — Décret relatif à la poursuite et au jugement des délits et attroupemens qui ont eu lieu dans le district d'Evron. (B. 23, 215.)

6 = 13 AOUT 1792. — Décret relatif au remboursement des quittances de finances provenant de l'emprunt de cent millions, édit de 1782. (L. 10, 265; B. 23, 213.)

6 = 21 AOUT 1792. — Décret qui autorise la commune de Tours à faire une acquisition. (B. 23, 213.)

6 = 21 AOUT 1792. — Décret qui autorise les commissaires de la Trésorerie à expédier par duplicata au sieur Paulmier les billets et coupons de billets de loterie qui lui ont été volés. (B. 23, 214.)

6 AOUT 1792. — Décret qui charge le comité d'inspection de la salle de surveiller l'expédition des discours, instructions, adresses, etc. dont l'Assemblée ordonne l'envoi. (B. 23, 369.)

6 AOUT 1792. — Décret relatif au délit imputé au sieur Barbet. (B. 23, 372.)

6 AOUT 1792. — Décret relatif au partage des biens d'émigrés. *Voy.* 14 AOUT 1792.

7 = 16 AOUT 1792. — Décret relatif aux pensions et traitemens des religieux et religieuses, aux meubles et effets des maisons qu'ils habitaient, et à l'aliénation de ces maisons. (L. 10, 394; B. 23, 217.)

L'Assemblée nationale, considérant que le décret du 4 du présent mois, qui ordonne l'aliénation des maisons occupées par les religieux et religieuses, rend instantes les dispositions relatives au paiement de ces pensionnaires, décrète qu'il y a urgence.

L'Assemblée nationale, après avoir décrété l'urgence, décrète ce qui suit :

Art. 1er. A dater du premier trimestre qui suivra celui de la publication du présent décret, la pension des religieuses sera de cinq cents livres pour celles qui seront âgées de quarante ans et au-dessous; de six cents livres au-dessus de quarante jusqu'à soixante ans; de sept cents livres au-dessus de soixante ans. Néanmoins, les religieuses qui, au 1er juillet dernier, se trouvaient jouir d'une pension supérieure, en vertu du décret du 8 = 14 octobre 1790, la conserveront, avec la faculté de l'accroissement à raison de l'âge, jusqu'au *maximum* de sept cents livres, si leur pension est moindre que le traitement.

2. Demeurent provisoirement exceptées des présentes dispositions les religieuses actuellement occupées au soin et au soulagement des malades; et il leur sera, comme par le passé, tenu compte de la totalité de leur revenu; mais la liberté de quitter la vie monastique leur est réservée, en se conformant aux dispositions de l'article 19 du titre II du décret du 8 = 14 octobre 1790.

3. Les religieuses sorties du cloître avant la proclamation du décret du 29 octobre 1789, soit par des ordres arbitraires, soit pour cause de suppression de leur maison, soit par des raisons de santé, justifiées aux directoires des corps administratifs par des pièces authentiques, excepté néanmoins les brefs du pape, et celles qui l'ont abandonné en vertu du même décret, seront traitées en tout comme les religieuses qui ont préféré la vie commune.

4. Les religieuses nées en pays étrangers qui, avant le 29 octobre 1789, se trouvaient dans une maison conventuelle de France, sans y avoir fait profession, et sur le sort desquelles il a été réservé de statuer par l'article 10 du titre II du décret du 8 = 14 octobre 1790, auront droit aux pensions ci-dessus désignées, tant qu'elles résideront en France.

5. Le traitement des sœurs converses, données ou affiliées, qui justifieront de leur affiliation par actes authentiques avant le 29 octobre 1789, sera les deux tiers de celui des religieuses de chœur, et le présent décret est en tout commun entre elles.

6. Les religieux ou religieuses, les ci-devant ecclésiastiques catholiques pensionnés, ainsi que les ministres du culte salariés par la nation, qui se marieront, conserveront leurs pensions et traitemens (1).

7. Les religieux de l'un et de l'autre sexe qui avaient persisté dans la vie commune recevront leurs pensions par trimestre et d'avance; ils seront payés par les receveurs de district, savoir : la première fois par le receveur du district de la situation des maisons de résidence, les autres trimestres par le receveur du district où les individus auront fixé leur domicile.

Ces paiemens seront effectués sur la quittance des pensionnaires ou sur celle de leurs fondés de procuration spéciale, à laquelle, dans ce dernier cas, sera annexé un certificat de vie, délivré sans frais par les officiers de la municipalité. Les pensionnaires seront encore tenus de se conformer au décret du 13 décembre 1791, relatif aux pensions.

8. Il ne sera rien innové dans la forme du paiement des pensions des religieux et religieuses qui avaient abandonné la vie commune depuis la publication du décret du 29 octobre 1789.

9. Les municipalités, dans la quinzaine de la publication du présent décret, dresseront un état en trois colonnes des religieux et religieuses qui, à cette époque, se trouveront dans les couvens.

La première colonne contiendra les noms et surnoms des individus;

La seconde, l'énonciation précise de leur âge ;

La troisième, destinée à présenter les sommes des pensions de chaque religieux ou religieuse au 1er juillet dernier, sera remplie par les directoires de district, dans la seconde quinzaine au plus tard.

10. Une double minute de ces états sera

---

(1) Le concordat du 18 germinal an 10 a rétabli en France les règles canoniques, qui prohibaient le mariage des prêtres, et qui considéraient comme prêtres tous ceux qui avaient été engagés dans les ordres sacrés. Ainsi, les tribunaux peuvent accueillir l'opposition formée au mariage d'un prêtre, s'il ne se trouve pas dans un cas d'exception à la règle précédente. L'exception établie par le décret impérial mentionné dans la lettre ministérielle du 30 janvier 1807, en faveur des prêtres français qui auraient abdiqué le sacerdoce avant le concordat, et qui, depuis, n'ont pas repris les fonctions sacerdotales, est une faveur spéciale fondée sur la protection due aux actes faits sur la foi des lois de la révolution, qui avaient déclaré ne plus connaître de vœux religieux, et qui avaient encouragé le mariage des prêtres (30 mai 1811; Turin, S. 12, 2, 241).

envoyée au directoire du département, qui, après avoir dressé le tableau général de son arrondissement, le fera parvenir au comité de l'extraordinaire des finances et au ministre de l'intérieur.

11. Il sera délivré par le secrétaire du district, sur papier libre et sans frais, à chaque religieux et religieuse, un extrait en forme de l'article de ces états qui le compète, et cet extrait servira pour établir la quotité de la pension à laquelle il a droit, dans le district où il fixera son domicile, à la charge, par les religieuses seulement, de justifier de leur âge lors du premier paiement, par le rapport de leur extrait de baptême.

12. Les religieuses, en se retirant, pourront disposer du mobilier de leur chambre, des effets qui étaient à leur usage personnel, et de tout ce qui a été accordé par le décret du 8 = 14 octobre 1790 à celles qui ont quitté la vie commune : toutefois, sans qu'aucun de ces effets puisse être enlevé avant d'en avoir prévenu la municipalité du lieu, et obtenu sa permission.

13. Il ne pourra, sous aucun prétexte, être touché à l'argenterie et livres communs, vases et ornemens d'église.

Les municipalités, dans la quinzaine de la publication du présent décret, procéderont, sur la délégation des directoires de district, à la vérification de l'existence des effets inventoriés en exécution des précédens décrets, et elles veilleront à la conservation de ce mobilier national, jusqu'à ce qu'il en ait été disposé.

L'inventaire des livres, tableaux et monumens des arts, sera dressé au comité de l'instruction publique, conformément au décret du 2 janvier dernier.

Le décret du 8 = 14 octobre 1790 sera exécuté dans tout ce qu'il n'y est pas dérogé par le présent décret.

14. Aussitôt après la publication du présent décret, les directoires de district, en se conformant aux lois relatives à cet objet, feront convertir en monnaie toutes les cloches et l'argenterie des maisons religieuses de leur arrondissement, sous l'autorité des départemens.

15. Les bâtimens nationaux et leurs dépendances, occupés par les religieux ou religieuses, seront mis en vente suivant les formes déjà décrétées, sans attendre qu'ils soient libres ; mais les acquéreurs ne pourront, dans aucun cas, en prendre jouissance avant le 2 octobre prochain.

15 AOUT 1792. — Décret pour accélérer la fabrication des assignats. (L. 10, 335 ; B. 23, 220.)

L'Assemblée nationale, sur le compte qui lui a été rendu par son comité des assignats et monnaies, considérant qu'il importe d'accélérer la fabrication des trois cents millions d'assignats dont elle a ordonné la création par son décret du 5 juillet dernier, décrète qu'il y a urgence.

L'Assemblée nationale, après avoir décrété l'urgence, décrète ce qui suit :

Art. 1er. Les commissaires directeurs de la fabrication des assignats sont autorisés à passer des marchés avec la dame de la Garde et ses fils, pour les papiers destinés aux assignats de cinquante et de cent livres, et avec le sieur Didot, imprimeur, au prix des marchés précédens, sous la condition que chaque feuille desdits papiers portera quatre assignats au lieu de trois, dont elles étaient ordinairement composées.

2. Lesdits commissaires sont également autorisés à retirer des archives de l'Assemblée nationale les formes qui ont anciennement servi à la fabrication des mêmes papiers, à faire usage des filigranes qui se trouveront les meilleurs, à la charge par eux de rétablir au dépôt desdites archives tant ces anciennes formes que celles qui pourraient être faites pour la fabrication du nouveau papier, immédiatement après l'entière fabrication.

7 = 16 AOUT 1792. — Décret relatif à la fabrication et à l'alliage des monnaies de cuivre ou de bronze. (L. 10, 381 ; B. 23, 220.)

Art. 1er. L'instruction rédigée par les commissaires de la commission des monnaies sera envoyée à tous les hôtels des monnaies et ateliers où se fait la conversion du métal des cloches en espèces monnayées.

2. A dater de la publication du présent décret, il ne pourra plus être fabriqué de monnaie de cuivre ou de bronze dans laquelle l'alliage du cuivre excède la proportion du quart du poids des matières employées. On pourra néanmoins continuer d'employer le cuivre du Pérou dans les proportions ci-devant déterminées.

3. Le ministre des contributions publiques est autorisé à passer des marchés conformément aux articles précédens, et à résilier ceux existans dont les clauses y seraient contraires.

4. Le ministre des contributions publiques est chargé de faire acquitter les dépenses occasionées par les expériences du procédé de Guillaume-Christian Saver sur les états de dépenses certifiés par le comité des assignats et monnaies, jusqu'à concurrence de douze cents livres.

5. L'indemnité de Guillaume-Christian Saver est fixée à six mille livres.

7 AOUT 1792. — Décret qui autorise les citoyens qui assisteront aux séances de l'Assemblée à nommer des commissaires pour maintenir entre eux l'ordre et la décence. (B. 23, 373.)

8 = 15 AOUT 1792. — Décret relatif à la faculté accordée aux citoyens de choisir les régimens où ils désireraient servir. (L. 10, 319; B. 23, 223.)

L'Assemblée nationale, après avoir entendu son comité militaire, considérant que la loi du 24 janvier laissait aux citoyens la faculté de choisir le régiment où ils préféraient servir, et leur faisait compter, en s'engageant, la moitié du prix de leur engagement; mais que, par des lois postérieures, cette faculté d'option a été restreinte et bornée au choix des armées, décrète qu'il y a urgence.

L'Assemblée nationale, après avoir décrété l'urgence, décrète ce qui suit :

Art. 1er. Les citoyens qui, dans l'intervalle entre la loi du mois de janvier et celle du mois de juin, sur le recrutement, ont usé du droit que leur accordait la première loi de choisir le régiment, et n'ont pu y être admis à cause du grand complet, seront tenus de joindre ledit régiment, dans le cas toutefois où ils ne serviraient point dans un des corps de l'armée, soit troupes de ligne, soit gardes nationales.

2. Le pouvoir exécutif donnera ordre aux corps administratifs de faire partir sur-le-champ pour leurs régimens respectifs ceux qui ont été renvoyés, et dont chaque régiment fournira la liste, à l'exception de ceux qui serviraient dans un corps de l'armée, conformément à l'article précédent, et de ceux qui auraient des infirmités, que les corps administratifs seront tenus de faire constater.

3. Les régimens, quoique complets, seront tenus de recevoir tous ceux qui se présenteront en vertu du présent décret, et il sera accordé trois sous par lieue à chaque homme, conformément au décret du 24 janvier 1792.

8 = 13 AOUT 1792. — Décret relatif à la formation d'une compagnie franche Allobroge. (L. 10, 266; B. 23, 221.)

L'Assemblée nationale, après avoir entendu le rapport de son comité militaire sur le plan de formation d'un nouveau corps de troupes légères, dont elle a décrété la levée le 2 de ce mois, considérant qu'il est instant d'augmenter les moyens de défense du côté de la frontière des Alpes, décrète qu'il y a urgence.

L'Assemblée nationale, après avoir décrété l'urgence, décrète ce qui suit :

Art. 1er. Il sera formé dans le plus court délai, sous l'autorité et la surveillance du pouvoir exécutif et par les soins de l'officier général commandant à Grenoble, une nouvelle légion, sous la dénomination de *Légion franche Allobroge*, dans laquelle il ne pourra être admis que des Allobroges.

2. Cette légion pourra être composée de quatorze compagnies d'infanterie légère, de cent vingt hommes chacune, y compris les officiers, dont sept compagnies seront armées de carabines; les sept autres, de fusils à baïonnettes;

Plus, trois compagnies de dragons légers, de cent hommes chacune, y compris les officiers, faisant le service à pied et à cheval;

Enfin, d'une compagnie d'artillerie légère de cent soixante hommes, officiers compris.

3. La ville de Grenoble sera le lieu du rassemblement de ladite légion et celui de son dépôt.

Le pouvoir exécutif donnera à cet effet tous les ordres nécessaires tant pour accélérer la levée, la formation et l'organisation de cette légion, que pour son emploi à la défense des Alpes.

4. L'état-major de cette légion ne pourra être composé que d'un colonel commandant, deux lieutenans-colonels, d'un quartier-maître-trésorier, de trois adjudans-majors, de trois adjudans particuliers, un chirurgien-major, un aide-chirurgien, un tambour-maître, un maître-maréchal, un maître-sellier, un maître-tailleur et un maître-bottier-cordonnier, au total dix-sept; en sorte que le complet de guerre de la légion sera de deux mille deux cent cinquante-sept hommes.

5. Les compagnies d'infanterie seront composées d'un capitaine, un lieutenant, un sous-lieutenant, un sergent-major, quatre sergens, huit caporaux, dont un sera caporal-fourrier, un tambour, et de cent trois carabiniers ou chasseurs.

6. Les compagnies de dragons seront commandées par le même nombre d'officiers et sous-officiers; il y aura un trompette dans chaque compagnie.

7. La compagnie d'artillerie sera composée d'un capitaine commandant, un capitaine en second, un lieutenant, un sous-lieutenant, un sergent-major, quatre sergens, huit caporaux, un caporal-fourrier, huit appointés, quatre artificiers, quatre ouvriers en bois, quatre ouvriers en fer, soixante canonniers de la première classe, soixante canonniers de la deuxième et deux tambours.

8. Il sera attaché à cette légion quatre pièces de canon. Cette artillerie sera servie et montée sur des affûts en traîneaux, tels que ceux dont on a fait usage dans la guerre de Corse. On pourra même, et suivant les cir-

constances, lui affecter deux obusiers de six pouces.

9. La paie de l'état-major sera fixée sur le pied de celle de l'infanterie légère.

10. La paie, la solde et les masses seront les mêmes pour les différentes armes qui entreront dans la composition de cette légion que pour les armes de même espèce dans l'armée française. La paie commencera à courir, pour tous les individus du jour, de leur admission au lieu du rassemblement à Grenoble.

11. Il sera payé à chaque homme, à titre d'engagement et aux mêmes conditions, les sommes décrétées par l'article 15 du décret du 28 = 31 mai dernier, relatif à la levée des légions et compagnies franches.

12. Il sera aussi accordé aux officiers de ladite légion le même traitement que celui réglé pour l'entrée de campagne aux officiers de l'armée française.

13. Tous les militaires qui auront déjà porté les armes dans quelque armée que ce soit, qui, étant Allobroges et porteurs de bons congés ou de preuves incontestables de bons services, seront admis dans ladite légion, y seront placés en raison de leurs connaissances et talens militaires reconnus.

14. Il sera réservé moitié des places d'officiers et de sous-officiers pour les individus qui se trouveront dans le cas de l'article ci-dessus.

L'autre moitié des places d'officiers et de sous-officiers sera à la nomination de leurs camarades.

15. Le conseil d'administration des Allobroges présentera incessamment au pouvoir exécutif l'état de ceux qui auront été désignés pour entrer dans la première composition de l'état-major et des compagnies de la légion, en qualité d'officiers, avec les détails de leurs services antérieurs, et ainsi de suite, d'après la forme des nominations prescrites par l'article 15 du présent décret, pour, sur ledit état, les brevets et commissions être délivrés comme pour les autres officiers de l'armée française.

16. Le fond de l'habillement sera de drap vert, conforme au modèle présenté par les chefs allobroges, casques à la française, bonnets, bottes et culottes à la hongroise, bufleterie en cuir noir.

17. Le général commandant à Grenoble fera, à l'égard de l'armement et de l'équipement de cette légion, les demandes nécessaires au pouvoir exécutif, et progressivement au nombre d'hommes qui se présenteront jusqu'à son complément au pied de guerre.

18. Le ministre de la guerre rendra compte tous les mois au Corps-Législatif des progrès de la levée et formation de la légion allobroge, ainsi que des dépenses qui y seront relatives.

19. A cet effet, il sera mis provisoirement à la disposition du ministre de la guerre, par la Trésorerie nationale, une somme de sept cent mille livres, pour subvenir aux premières dépenses de la levée, formation et organisation de ladite légion.

20. Le cas arrivant du licenciement de cette légion, les hommes qui en feront alors partie seront traités comme les troupes françaises qui se trouveraient être aussi dans le même cas, c'est-à-dire que chacun recevra la récompense que ses services lui auront méritée, ou, au moins, des moyens pour se rendre dans le lieu où il voudra établir son domicile, d'après les décrets que le Corps-Législatif rendra à ce sujet.

Les chevaux, les armes blanches et à feu, et tout ce qui fera partie de l'armement et de l'équipement des chevaux, seront remis au pouvoir exécutif, et le ministre de la guerre en rendra compte au Corps-Législatif, au plus tard dans le mois qui suivra l'époque du licenciement.

21. Indépendamment des revues particulières des commissaires des guerres, qui seront faites conformément à ce qui leur est prescrit par la loi, la légion franche allobroge passera en outre toutes celles ordonnées par le Roi, par les généraux d'armée, ou par tout autre commandant légal; et les individus qui la composeront ne pourront se refuser au respect et à la soumission aux lois, tant civiles que militaires, établies dans le royaume.

8 AOUT 1792. — Décret portant qu'il n'y a pas lieu à accusation contre M. Lafayette. (B. 23, 224.)

8 AOUT 1792. — Assignats. *Voy.* 4 AOUT 1792. — Indemnités. *Voy.* 31 JUILLET 1792.

9 = 21 AOUT 1792. — Décret relatif aux certificats de résidence. (L. 10, 106.)

L'Assemblée nationale, informée que, malgré les articles 10 et 11 du décret du 30 mars — 8 avril dernier, relatif au séquestre des biens des émigrés, il se délivre des certificats de résidence avec une facilité coupable, contraire à l'esprit de la loi et nuisible au bien public; voulant prévenir tous abus qui, à l'avenir, pourraient avoir lieu relativement à l'obtention des certificats de résidence, décrète que les demandes à fin d'obtention de certificats de résidence seront préalablement affichées pendant trois jours à la porte de la maison commune, sous les peines portées contre les officiers municipaux par l'article 10 du décret du 30 mars = 8 avril 1792, sur le séquestre des biens des émigrés.

9 au 10 = 24 AOUT 1792 — *Décret relatif aux différentes mesures de surveillance et de police pour la sûreté intérieure et extérieure de l'E-tat.* (L. 10, 197.)

L'Assemblée nationale, s'étant déclarée en séance permanente jusqu'à ce qu'elle ait pris toutes les mesures législatives ou de sur-veillance nécessaires pour la sûreté intérieure et extérieure de l'État; considérant que ces mesures exigent la plus grande célérité, dé-crète ce qui suit:

Art. 1er. A compter de la publication du présent décret, tous les citoyens, les fédérés, excepté ceux qui se trouvent actuellement à Paris, et qui n'y ont point acquis de domicile par la résidence d'une année, ou qui n'y exercent aucune fonction publique, sont tenus d'exhiber, soit devant les juges-de-paix, soit devant les commissaires de la section qu'ils habitent, des certificats de civisme de leurs municipalités respectives; faute de quoi, et dans le même délai, il leur sera en-joint de se retirer dans les cantons ou muni-cipalités des lieux où se trouvent leurs prin-cipaux domiciles.

2. Ceux qui refuseraient de satisfaire ou qui contreviendront aux dispositions portées par l'article précédent, seront arrêtés comme suspects de conspiration contre la patrie, et détenus en conséquence jusqu'à la fin de la guerre.

3. Les municipalités seront autorisées à empêcher la distribution de journaux ou feuilles publiques qui sont notoirement con-nues pour prêcher l'incivisme et la contre-révolution; à la charge, dans tous les cas particuliers où elles auront jugé ces prohibi-tions nécessaires, d'en donner avis inces-samment à l'Assemblée nationale et au pou-voir exécutif.

4. Il sera nommé quatre commissaires chargés d'extraire des procès-verbaux de l'Assemblée, à compter de l'époque de la dé-claration de guerre, toutes les réquisitions qui ont été faites au pouvoir exécutif pour le renforcement et approvisionnement de nos armées; les réponses des ministres à chaque réquisition; les plaintes et dénonciations qui ont été portées à ce sujet, et les éclaircisse-mens donnés, ou les promesses faites succes-sivement par les ministres sur ces dénoncia-tions. Les commissaires seront chargés en outre de tirer de ces divers rapprochemens un résultat de faits, qui sera immédiatement après envoyé à un comité, pour servir de base aux délibérations de l'Assemblée natio-nale, tant sur les accusations portées contre les ministres, que sur les mesures à prendre pour le renforcement effectif de l'armée.

5. A compter de ce jour, et pendant le temps que pourra durer la discussion sur la déchéance, les ministres, notamment celui de la guerre et celui de l'intérieur, seront tenus de venir rendre compte chaque jour, et à l'heure de midi, de la situation des af-faires dans leurs départemens respectifs. Ces comptes, signés d'eux, seront envoyés sur-le-champ à la commission extraordinaire, qui sera tenue d'en examiner la fidélité, en les rapprochant des dénonciations, mémoires ou pétitions des départemens, districts, mu-nicipalités, ou même des simples citoyens; et le lendemain, la commission fera son rap-port sur le tout à l'Assemblée nationale, qui, en cas de négligence ou de délit, délibérera dans l'instant même sur les mesures de ré-pression.

6. L'Assemblée nationale, jugeant extrê-mement avantageux l'envoi de commissaires à Soissons et le rapport qui en a été la suite, décrète que ces mêmes commissaires, aux-quels il en sera adjoint six, élus de la même manière, c'est-à-dire à haute voix et par appel nominal, se transporteront aux armées du Nord, du Centre et du Rhin, pour y rem-plir la même commission que celle qu'ils ont remplie à Soissons, et pour en faire leur rap-port à l'Assemblée.

9 AU 10 AOUT 1792. — *Décret qui mande le maire de Paris à la barre de l'Assemblée.* (B. 23, 388.)

10 AOUT 1792. — *Décret relatif à la suspension du pouvoir exécutif.* (L. 10, 110; B 24, 3.)

L'Assemblée nationale, considérant que les dangers de la patrie sont parvenus à leur comble;

Que c'est pour le Corps-Législatif le plus saint des devoirs d'employer tous les moyens de la sauver;

Qu'il est impossible d'en trouver d'effica-ces, tant qu'on ne s'occupera pas de tarir la source de ses maux;

Considérant que ces maux dérivent prin-cipalement des défiances qu'a inspirées la conduite du chef du pouvoir exécutif, dans une guerre entreprise en son nom contre la constitution et l'indépendance nationale;

Que ces défiances ont provoqué, des di-verses parties de l'empire, un vœu tendant à la révocation de l'autorité déléguée à Louis XVI;

Considérant néanmoins que le Corps-Lé-gislatif ne doit ni ne veut agrandir la sienne par aucune usurpation;

Que, dans les circonstances extraordinai-res où l'ont placé des événemens imprévus par toutes les lois, il ne peut concilier ce qu'il doit à sa fidélité inébranlable à la cons-titution avec la ferme résolution de s'ense-velir sous les ruines du temple de la Liberté plutôt que de la laisser périr, qu'en recou-rant à la souveraineté du peuple, et prenant en même temps les précautions indispensables pour que ce recours ne soit pas rendu illusoire par des trahisons, décrète ce qui suit :

Art. 1er. Le peuple français est invité à former une Convention nationale; la commission extraordinaire présentera demain un projet pour indiquer le mode et l'époque de cette convention.

2. Le chef du pouvoir exécutif est provisoirement suspendu de ses fonctions, jusqu'à ce que la Convention nationale ait prononcé sur les mesures qu'elle croira devoir adopter pour assurer la souveraineté du peuple et le règne de la liberté et de l'égalité.

3. La commission extraordinaire présentera dans le jour un mode d'organiser un nouveau ministère; les ministres actuellement en activité continueront provisoirement l'exercice de leurs fonctions.

4. La commission extraordinaire présentera, également dans le jour, un projet de décret sur la nomination du gouverneur du prince royal.

5. Le paiement de la liste civile demeurera suspendu jusqu'à la décision de la Convention nationale. La commission extraordinaire présentera, dans vingt-quatre heures, un projet de décret sur le traitement à accorder au Roi pendant la suspension.

6. Les registres de la liste civile seront déposés sur le bureau de l'Assemblée nationale, après avoir été cotés et paraphés par deux commissaires de l'Assemblée, qui se transporteront à cet effet chez l'intendant de la liste civile.

7. Le Roi et sa famille demeureront dans l'enceinte du Corps-Législatif, jusqu'à ce que le calme soit rétabli dans Paris.

8. Le département donnera des ordres pour leur faire préparer dans le jour un logement au Luxembourg, où ils seront mis sous la garde des citoyens et de la loi.

9. Tout fonctionnaire public, tout soldat, sous-officier, officier, de quelque grade qu'il soit, et général d'armée, qui, dans ces jours d'alarmes, abandonnera son poste, est déclaré infâme et traître à la patrie.

10. Le département et la municipalité de Paris feront proclamer sur-le-champ et solennellement le présent décret.

11. Il sera envoyé par des courriers extraordinaires aux quatre-vingt-trois départemens, qui seront tenus de le faire parvenir dans les vingt-quatre heures aux municipalités de leur ressort, pour y être proclamé avec la même solennité.

10 = 12 AOUT 1792. — Décret qui ordonne des visites domiciliaires pour la recherche des armes et des munitions de guerre. (L. 10, 208; B. 24, 3.)

L'Assemblée nationale, considérant que, dans les circonstances actuelles, le salut de la patrie exige que les citoyens soient armés, décrète que les corps administratifs et les conseils généraux des communes sont autorisés à vérifier dans les maisons, tant des villes que des campagnes, les armes et les munitions de guerre qui pourraient s'y trouver, et de les faire enlever des maisons suspectes, après en avoir dressé procès-verbal et donné reconnaissance aux propriétaires.

10 = 12 AOUT 1792. — Décret qui accorde des secours provisoires aux hôpitaux pour l'année 1792. (L. 10, 193; B. 24, 12.)

L'Assemblée nationale, considérant que le pauvre a droit à une assistance nationale; que, s'il est infirme, les hôpitaux sont des monumens consacrés à son logement; que les revenus de ces asiles sacrés ont éprouvé, par le nouvel ordre de choses, une réduction considérable; que le nombre des pauvres s'est accru avec celui des ennemis de la révolution; qu'il est du devoir de la nation de maintenir la balance entre les dépenses et les besoins des malheureux, décrète qu'il y a urgence.

L'Assemblée nationale, après avoir décrété l'urgence, décrète ce qui suit :

Art. 1er. La Trésorerie nationale tiendra à la disposition du ministre de l'intérieur une somme de trois millions, pour les secours provisoires que pourront exiger les besoins pressans et momentanés des hôpitaux du royaume pour 1792.

2. Les municipalités qui voudront réclamer des secours provisoires en faveur de leurs hôpitaux seront tenues de se procurer l'acquiescement du conseil général de la commune, de remettre avec leur demande au directoire du district un état certifié des revenus de leurs hôpitaux à l'époque de la révolution, et des pertes qu'ils ont éprouvées par la suppression des droits abolis. Ces états, visés et certifiés par le directoire du district, seront envoyés au directoire du département.

3. Les municipalités qui formeront des demandes en indemnité, en vertu du décret du 5 = 10 avril 1791, continueront de les recevoir en se conformant audit décret.

4. Les municipalités qui réclameront des avances pour leurs hôpitaux donneront en garantie les capitaux des rentes et les biensfonds que ceux-ci possèdent.

5. Les demandes des hôpitaux ne pourront excéder chaque fois les besoins de trois mois, et les municipalités ne pourront obtenir de nouveaux secours qu'elles n'aient rendu compte des fonds précédemment accordés.

6. La somme de huit cent vingt-cinq mille trois cent quatre-vingt livres, restant des six millions accordés par les décrets des 8 = 25

19.

juillet, 4 = 12 septembre 1791 et 19 = 25 janvier 1792, sera distribuée aux hôpitaux, de la même manière et aux mêmes conditions que les trois millions ci-dessus mentionnés en l'article 1er.

10 AOUT 1792. — Décret relatif à la suspension du Roi. (B. 24, 7.)

L'Assemblée nationale décrète : 1° que le Roi est suspendu, et que sa famille et lui restent en ôtage; 2° que le ministère actuel n'a pas la confiance de la nation, et que l'Assemblée va procéder à le remplacer; 3° que la liste civile cesse d'avoir lieu.

10 AOUT 1792. — Décret relatif au remplacement du ministère. (L. 10, 113; B. 24, 5.)

Art. 1er. Les ministres seront provisoirement nommés par l'Assemblée nationale et par une élection individuelle; ils ne pourront pas être pris dans son sein.

2. Ils seront élus dans l'ordre suivant: le ministre de l'intérieur, le ministre de la guerre, le ministre des contributions publiques, le ministre de la justice, le ministre de la marine, le ministre des affaires étrangères.

3. Celui qui sera nommé le premier aura la signature pour tous les départemens du ministère, tant qu'ils resteront vacans.

4. L'élection se fera de la manière suivante: chaque membre de l'Assemblée proposera à haute voix un sujet; il en sera dressé une liste, qui sera lue à l'Assemblée, avec le nombre des voix que chaque sujet aura obtenues.

5. Chaque membre de l'Assemblée nommera ensuite un des sujets dont le nom se trouvera sur la liste; et néanmoins l'élection par seconde liste ne portera que sur ceux qui n'auront pas obtenu dans la première la majorité absolue des suffrages.

6. Si aucun sujet ne réunit la majorité absolue des votans, l'Assemblée prononcera entre les deux qui auront le plus de voix, d'abord par assis et levée, et ensuite par appel nominal, s'il y a du doute.

7. Le secrétaire du conseil sera nommé de la même manière.

8. Le gouverneur du prince royal sera aussi nommé de la même manière.

10 AOUT 1792. — Décret relatif à la nomination des nouveaux ministres. (L. 10, 115; B. 24, 11.)

L'Assemblée ayant procédé par appel nominal, ainsi qu'il avait été décrété le matin, à l'élection des ministres de la justice, des affaires étrangères et de la marine,

Un secrétaire donne connaissance du ré-sultat du scrutin pour la nomination des ministres. La majorité absolue était de cent quarante-trois voix.

M. Danton en ayant réuni deux cent vingt-deux pour le ministère de la justice, et M. Monge cent cinquante-quatre pour la marine, l'un et l'autre ont été proclamés ministres de ces départemens.

Pour les affaires étrangères, M. Lebrun a obtenu cent neuf suffrages, M. Grouvelle quatre-vingt-onze : il y avait quatre-vingt-quatre voix de perdues; aux termes du décret de ce matin, on est allé aux voix entre les deux candidats.

Un membre a observé que l'un et l'autre de ces sujets étaient également propres à remplir la place de secrétaire du conseil; il a demandé que cette place fût dévolue à celui d'entre eux qui n'obtiendrait pas le ministère.

L'Assemblée, après avoir rapporté le décret de ce matin sur la nomination du secrétaire du conseil, et décrété l'urgence, décrète la proposition.

On met aux voix le choix du ministre des affaires étrangères entre M. Lebrun et M. Grouvelle: le premier obtient la majorité des suffrages, et il est proclamé ministre des affaires étrangères; M. Grouvelle est proclamé secrétaire du conseil.

10 = 11 AOUT 1792. — Décret relatif à la nomination de MM. Roland, Clavière et Servan au ministère. (L. 10, 120; B. 24, 9.)

L'Assemblée reprend la nomination des nouveaux ministres.

On décrète, en premier lieu, qu'elle sera faite selon la forme prescrite par le décret rendu, en cette séance, sur l'organisation du nouveau ministère.

Ce décret est rapporté, sur la motion d'un membre appuyée de plusieurs autres, en ce qui concerne la nomination aux ministères de l'intérieur, de la guerre et des contributions publiques.

L'Assemblée nationale décrète que, pour ces trois départemens, le président proposera successivement les trois ministres qui précédemment ont été déclarés avoir emporté les regrets de la nation, et que l'on opinera par assis et levé;

En conséquence, M. le président propose de nommer M. Roland au ministère de l'intérieur.

L'Assemblée nationale décrète qu'elle défère le ministère de l'intérieur à M. Roland.

M. le président met ensuite aux voix si M. Servan sera ministre de la guerre.

L'Assemblée nationale décrète que M. Servan est ministre de la guerre.

M. le président met enfin aux voix si

M. Clavière sera ministre des contributions publiques.

L'Assemblée nationale décrète que M. Clavière exercera le ministère des contributions publiques.

———

10 = 11 AOUT 1792. — Décret relatif aux ministres de la guerre, de l'intérieur et des contributions publiques. (L. 10, 123; B. 24, 9.)

L'Assemblée nationale, considérant que, dans les circonstances présentes, il importe à l'intérêt général de remettre le pouvoir exécutif entre les mains des citoyens qui ont déjà bien mérité de la nation, et qui réunissent la confiance publique, décrète que, conformément au décret qu'elle a rendu ce matin, elle confie le ministère de l'intérieur à M. Roland, le ministère de la guerre à M. Servan, et le ministère des contributions publiques à M. Clavière.

———

10 = 11 AOUT 1792. — Décret relatif au mode d'impression et de publication des décrets. (L. 10, 124; B. 24, 6.)

1er DÉCRET.

L'Assemblée nationale décrète ce qui suit :

1° Les décrets déjà rendus et qui n'auraient pas été sanctionnés par le Roi, ainsi que les décrets à rendre, et qui ne pourraient l'être, attendu le décret de suspension du pouvoir exécutif, de cejourd'hui, porteront néanmoins le nom et auront dans toute l'étendue du royaume la force de loi, et la formule ordinaire continuera d'y être employée.

2° Il est enjoint au ministre de la justice d'y apposer le sceau de l'Etat (1), sans qu'il soit besoin de sanction du Roi, et de signer ses minutes et expéditions des lois qui doivent être envoyées aux tribunaux et aux corps administratifs.

Les ministres arrêteront et signeront ensemble les proclamations et autres actes de même nature.

2e DÉCRET. (L. 10, 125; B. 24, 7.)

L'Assemblée nationale rapporte le décret de ce jour, en ce qu'il ordonne que les décrets seront publiés suivant l'ancienne forme.

L'Assemblée décrète qu'à compter de ce jour, tous les décrets seront imprimés et publiés sans préambule, et suivis du mandement accoutumé, signé par le ministre de la justice, au nom de la nation.

———

10 = 12 AOUT 1792. — Décret qui règle l'emploi des chevaux servant à la garde du Roi. (L. 10, 190; B. 24, 35.)

L'Assemblée nationale décrète que les chevaux qui servaient à la garde du Roi, et sont actuellement dans les écuries de l'Ecole-Militaire, sont mis dès ce moment à la disposition de la nation, sauf indemnité, s'il y a lieu; et charge la municipalité de veiller à leur conservation.

Les gendarmes nationaux qui ont eu des chevaux de tués dans la journée d'hier garderont provisoirement en remplacement ceux qu'ils ont pris à l'Ecole-Militaire.

———

10 = 10 AOUT 1792. — Décret qui ordonne l'élection de nouveaux juges-de-paix à Paris. (L. 10, 275; B. 24, 34.)

Art. 1er. L'Assemblée nationale, après avoir décrété l'urgence, décrète que les sections de Paris seront convoquées sans retard pour procéder, suivant les formes ordinaires, à la nomination de nouveaux juges-de-paix.

2. Pourront être réélus ceux de ces fonctionnaires qui jouissent de l'estime publique.

3. Tous les citoyens âgés de vingt-cinq ans, et domiciliés à Paris au moins depuis un an, seront admis à voter à cette élection.

———

10 AOUT 1792. — Décret relatif à la formule du serment à prêter par les membres de l'Assemblée nationale. (B. 24, 2.)

L'Assemblée nationale décrète que ses membres prêteront le serment suivant :

« Au nom de la nation, je jure de maintenir de tout mon pouvoir la liberté et l'égalité, ou de mourir à mon poste. »

———

10 = 10 AOUT 1792. — Décret relatif à la formation de la Convention nationale. (L. 10, 116; B. 24, 8.)

Voy. loi du 21 AOUT 1792.

L'Assemblée nationale décrète que, pour la formation de la Convention nationale prochaine, tout Français âgé de vingt-un ans (2), domicilié depuis un an, vivant du produit de son travail, sera admis à voter dans les assemblées de commune et dans les assemblées primaires, comme tout autre citoyen actif.

———

10 = 12 AOUT 1792. — Décret relatif à la paie des fédérés qui se trouvent à Paris. (L. 10, 206; B. 24, 39.)

———

(1) A compter de ce jour, la seconde date est celle du sceau, au lieu de celle de la sanction.

(2) On lit *vingt-cinq ans* dans la Collection du Louvre.

10 = 12 AOÛT 1792. — Décret par lequel l'Assemblée se déclare en permanence, et ordonne la formation d'un camp sous Paris, et l'établissement de canons sur les hauteurs de cette ville. (L. 10, 184; B. 24, 8.)

10 = 11 AOÛT 1792. — Décret qui autorise la visite des souterrains du château du Luxembourg. (L. 10, 130; B. 24, 11.)

10 = 11 AOÛT 1792. — Décret qui met sous la sauve-garde de la loi et des vertus hospitalières du peuple français les officiers et soldats suisses, et toutes autres personnes mises en état d'arrestation par le peuple. (L. 10, 128; B. 24, 12.)

10 = 11 AOÛT 1792. — Décret relatif à l'envoi de commissaires aux armées relativement aux évènemens du 10 août. (L. 10, 127; B. 24, 12.)

10 AOÛT 1792. — Décret qui accorde un passe-port au sieur Pérard. (L. 10, 185.)

10 AOÛT 1792. — Décret pour la vérification de la caisse de l'extraordinaire et de la Trésorerie. (B. 24, 7.)

10 = 12 AOÛT 1792. — Décret portant que le sieur Jauger, maire par intérim de Rouffac, mort dans une sédition, a bien mérité de la patrie, et qui accorde une indemnité à sa veuve et à ses enfans. (L. 10, 192; B. 24, 10.)

10 = 12 AOÛT 1792. — Décret qui autorise la municipalité de Bernay à faire une acquisition. (L. 10, 212; B. 24, 17.)

10 = 12, 13 et 17 AOÛT 1792. — Décret relatif à la circonscription des paroisses des districts de Châteaulin, Vitré, Tarascon, Saint-Girons et Mirepoix. (L. 10, 143, 214 et 216; B. 24, 13 et suiv., 18 et suiv.)

10 = 13 AOÛT 1792. — Décret d'accusation contre le sieur Dubancourt, ex-ministre de la guerre. (L. 10, 222; B. 24, 34.)

10 = 11 AOÛT 1792. — Décret qui ordonne l'apposition des scellés sur les papiers des sieurs Delaporte, intendant de la liste civile, et Lachapelle. (L. 10, 122; B. 24, 11.)

10 = 11 AOÛT 1792. — Décret relatif au maintien de l'ordre dans l'enceinte de la salle de l'Assemblée nationale. (B. 24, 1.)

10 AOÛT 1792. — Décret qui met sous la sauve-garde du peuple de Paris la sûreté des personnes et des propriétés. (B. 24, 1.)

10 AOÛT 1792 — Décret qui ordonne de lever la consigne établie à la mairie. (B. 24, 2.)

10 AOÛT 1792. — Adresse aux citoyens pour les inviter à respecter les droits de l'homme, la liberté et l'égalité. (B. 24, 3 et 4.)

10 AOÛT 1792. — Décret qui suspend le départ des courriers. (B. 24, 2.)

10 AOÛT 1792. — Décret relatif aux mesures pour arrêter l'incendie du château des Tuileries. (B. 24, 5.)

10 AOÛT 1792. — Décret qui charge le comité des décrets de l'envoi de toutes les lois jusqu'à l'organisation du nouveau ministère. (B. 24, 6.)

10 AOÛT 1792. — Décret portant que le sieur Bertin versera quatre cent mille livres à la Trésorerie. (B. 23, 34.)

10 AOÛT 1792. — Décret sur la manière de constater que les décrets auront été remis à leur destination. (B. 24, 6.)

10 AOÛT 1792. — Décret relatif au compte à rendre par la commune de Paris des évènemens qui se passent dans cette ville. (B. 24, 7.)

10 AOÛT 1792. — Décret qui enjoint à la municipalité de Paris de rendre compte des moyens qu'elle a pris pour arrêter l'incendie du château des Tuileries. (B. 24, 8.)

10 AOÛT 1792. — Décret qui ordonne le dépôt à la municipalité de Paris des louis d'or, meubles, effets et bijoux qui seront trouvés au château des Tuileries. (B. 24, 8.)

10 AOÛT 1792. — Décret relatif à l'apposition des scellés sur les papiers des ministres et autres. (B. 24, 9.)

10 AOÛT 1792. — Décret qui adjoint des suppléans au comité des inspecteurs de la salle et ordonne d'augmenter la force du poste des Feuillans. (B. 24, 10.)

10 = 12 AOÛT 1792. — Décret pour les paiemens des fournisseurs de la maison de secours de Saumur. (B. 24, 17.)

11 = 16 AOÛT 1792. — Décret qui autorise le sieur Dutertre à établir une fabrique de poudre de guerre. (L. 10, 392; B. 24, 57.)

Art. 1er. Le pouvoir exécutif, après avoir fait constater, avec les échantillons de poudre de guerre qu'a remis le sieur Dutertre sous le cachet du département des Deux-Sèv vres, que la portée moyenne de cette poudre excède celle de la régie, prendra avec les administrateurs de la régie les mesures nécessaires pour autoriser le sieur Dutertre à établir une fabrique de poudre dans le moulin qu'il possède sur la rivière de Sèvres, près Niort, moyennant la soumission que fera ledit sieur Dutertre de donner à la poudre de guerre cent vingt toises de portée, et de ne livrer les différentes qualités et quantités de poudre qu'il fabriquera que dans les magasins ou sous les ordres de la régie.

2. Le ministre des contributions publiques rendra compte, avant le 1er septembre, de l'exécution du présent décret.

────────

11 = 12 AOUT 1792. — Décret relatif au receveur général des parties casuelles. (L. 10, 209; B. 24, 58.)

L'Assemblée nationale, considérant combien il importe de mettre à la disposition du Trésor public les fonds qui se trouvent actuellement dans la caisse du ci-devant trésorier des parties casuelles, décrète que le sieur Bertin, ci-devant receveur général des parties casuelles, versera sans délai à la Trésorerie nationale la somme de quatre cent mille livres qui sont dans sa caisse, provenant des divers objets de sa recette, dont il ne comptait pas à la ci-devant chambre des comptes de Paris, laquelle somme lui sera allouée dans la dépense de son compte.

────────

11 = 19 AOUT 1792 — Décret qui désigne divers bâtimens pour servir aux dépôts de la remonte générale des troupes à cheval (L. 10, 137.)

Le rapporteur du comité de l'extraordinaire des finances, sur la demande du précédent ministre de la guerre, propose, au nom du comité, de suspendre l'aliénation des bâtimens des Dominicains d'Argentan, département de l'Orne; des châteaux de Pompadour et la Rivière; des Bénédictins de Beaulieu, département de la Corrèze; de l'abbaye de Solignac, des couvens de Mortemar, département de la Haute-Vienne; des Bénédictins de Saint-Pourçain et des Célestins de Vichy, département de l'Allier, pour lesdits bâtimens être affectés au département de la guerre, comme bâtimens militaires destinés aux établissemens des dépôts de la remonte générale des troupes à cheval. Le rapporteur propose d'ajourner la demande des bâtimens du haras du Pin, faite par le ministre pour le même objet.

L'Assemblée nationale ajourne le tout, pour être définitivement décrété, lorsque M. Servan, ministre actuel de la guerre, aura donné son avis.

────────

11 AOUT = 14 SEPTEMBRE 1792. — Décret relatif aux frais d'estimation des biens nationaux. (L. 10, 142; B. 24, 37.)

L'Assemblée nationale, après avoir ouï son comité de l'extraordinaire des finances sur le paiement des frais d'estimation des biens nationaux dans les districts dont les états n'étaient point parvenus au comité d'aliénation à l'époque du 15 mai 1791, autorise le commissaire administrateur de la caisse de l'extraordinaire à faire payer les journées d'experts, dans lesdits districts en retard, suivant l'arrêté qui en sera fait par les départemens, sur l'avis des districts, sans que lesdites journées puissent être taxées au-delà de quatre livres l'une, dans le lieu de la résidence des experts; et dix livres par journée de campagne.

────────

11 AOUT = 3o SEPTEMBRE 1792. — Décret qui charge spécialement les municipalités des fonctions de la police de sûreté générale. (L. 10, 168; B. 24, 61.)

L'Assemblée nationale, considérant que le droit réservé au Corps-Législatif de constituer en état d'accusation les prévenus d'attentats à la sûreté générale lui impose plus particulièrement le devoir de poursuivre toutes les machinations qui pourraient la compromettre;

Que cette grande police, devant s'exercer partout où il y a des machinateurs, des traîtres, appartient naturellement aux fonctionnaires publics les plus à portée d'en découvrir et d'en suivre les trames, aux officiers dont les fonctions sont plus intimement liées à l'ordre général qu'il s'agit de maintenir, aux magistrats les plus près du peuple, par lui immédiatement élus, et par cela même les plus dignes de sa confiance dans l'exercice d'un pouvoir qui l'exige tout entière;

Considérant combien il est instant de donner sur cet objet à la surveillance municipale toute l'étendue et l'activité qu'exige le salut public, décrète qu'il y a urgence.

L'Assemblée nationale, après avoir décrété l'urgence, décrète ce qui suit :

Art. 1er. Les municipalités sont spécialement chargées des fonctions de la police de sûreté générale, pour la recherche des crimes qui compromettent soit la sûreté extérieure, soit la sûreté intérieure de l'État, et dont l'accusation est réservée à l'Assemblée nationale.

2. Tous ceux qui auront connaissance d'un délit de la qualité portée en l'article précédent seront tenus d'en donner avis sur-le-champ à la municipalité, et de faire à son secrétariat la remise de toutes les pièces et renseignemens qui y seront relatifs.

3. La municipalité fera sans délai toutes les informations nécessaires pour s'assurer du

corps du délit et de la personne des prévenus, s'il y a lieu.

4. Dans le cas où un mandat d'arrêt serait
décerné contre un ou plusieurs prévenus, la
municipalité fera, dans les vingt-quatre heures, passer au directoire du district une expédition des pièces, procès-verbaux ou in-
terrogatoires qui auront déterminé le mandat,
et le récépissé lui en sera délivré sans frais.

5. Dans les vingt-quatre heures suivantes,
le directoire du district fera passer le tout au
directoire du département, avec les notes et
renseignemens qu'il sera en état de fournir;
il s'en fera pareillement délivrer sans frais un
récépissé.

6. Le directoire du département, dans le
même délai de vingt-quatre heures, sera tenu
d'adresser à l'Assemblée nationale une expédition de toutes les pièces, et y joindra les
observations qu'il jugera convenables.

7. Le directeur du jury, le président du
tribunal criminel et le tribunal de la haute-
cour nationale, pourront également, dans le
cas où, pendant l'instruction et le jugement
des procédures dont ils seraient saisis, il se
trouverait des pièces propres à établir la preuve
d'un délit contre la sûreté générale, décerner
des mandats d'arrêt contre les prévenus, à la
charge d'adresser pareillement dans les vingt-
quatre heures, à l'Assemblée nationale, une
expédition des pièces d'après lesquelles ils auraient décerné lesdits mandats.

8. Tout dépositaire de la force publique, et
même tout citoyen actif, pourra conduire devant la municipalité un homme fortement soup-
çonné d'être coupable d'un délit contre la sûreté générale, sauf sa responsabilité, dans le
cas où il aurait agi méchamment et par en-
vie de nuire.

9. Les dispositions de la loi du 29 septembre, concernant l'exercice de la police de sûreté et les formes à observer par les juges-de-
paix, seront suivies par les municipalités en
tout ce qui n'est pas contraire aux dispositions du présent décret.

10. Dans le cas où on porterait devant un
juge-de-paix la dénonciation d'un crime de
la qualité portée au premier article, ou devant la municipalité celle d'un délit de la compétence des tribunaux ordinaires, ils seront
tenus d'en prononcer respectivement le renvoi, et de faire remettre à leurs greffes respectifs les pièces dont la dénonciation pourrait être appuyée; le tout dans les vingt-quatre heures; et il leur sera délivré sans frais
un récépissé desdites pièces et de la délibération en renvoi.

11 AOUT == 17 OCTOBRE 1792. — Décret relatif
aux décès, faillites, évasion ou abandon, par
toute autre cause, des fonctions des receveurs,
trésoriers ou payeurs. (B. 24, 56.)

L'Assemblée nationale, après avoir entendu
le rapport de son comité de l'ordinaire des
finances, qui lui a rendu compte des difficultés qu'éprouve le service du Trésor national
par le décès ou la faillite de plusieurs trésoriers, payeurs ou autres comptables, décrète
qu'il y a urgence.

L'Assemblée nationale, après avoir décrété
l'urgence, décrète ce qui suit :

Art. 1er. En cas de décès, faillite, évasion
ou abandon, par toute cause, des fonctions
d'aucun des receveurs, trésoriers et payeurs
encore en activité, il sera, pour la conservation des droits de la nation, procédé, dans la
ville de Paris, à la requête du procureur-général-syndic, et dans les autres départemens,
à la requête des procureurs-syndics de district, à l'apposition des scellés et à l'inventaire des meubles, effets, titres et papiers
desdits comptables, en la manière ordinaire.

2. Les juges ou autres fonctionnaires qui
procéderont à ces inventaires ne comprendront dans leurs descriptions et inventaires
que les effets, meubles, deniers comptans, titres actifs et papiers personnels des comptables. Quant aux acquits et pièces de comptabilité, ils seront, sans aucune description, remis aux successeurs des comptables décédés
ou faillis; et, dans le cas où des héritiers ou
créanciers exigeraient cette description, elle
sera faite à leurs frais et sans aucune répétition contre la nation.

3. Dans les cas de décès, faillite, évasion
ou abandon de fonctions, prévus par l'article 1er du présent décret, les commissaires de
la Trésorerie nationale commettront, aux lieu
et place des comptables, les personnes qu'ils
croiront les plus capables de suivre et achever les opérations commencées par lesdits
comptables; et ils exigeront des personnes
commises un cautionnement des immeubles,
qui ne pourra être moindre du sixième des
sommes à toucher par les comptables.

4. Les immeubles donnés en cautionnement
seront évalués sur le pied du denier vingt-cinq
du produit imposable, d'après les estimations
faites par les municipalités des lieux de la situation des biens; et lesdits cautionnemens
ne seront reçus par les commissaires de la
Trésorerie nationale, que sur le vu de ces
estimations visées par les directoires de district.

5. La situation de tous comptables décédés,
faillis, ou qui abandonneront leurs fonctions,
sera constatée, et les poursuites nécessaires
pour le recouvrement des débets seront faites
ainsi qu'il est prescrit, à l'égard des receveurs
de district, par l'article 15 du décret du 14 ==
24 novembre 1790; et, à Paris, les diligences
seront faites par le procureur-général-syndic
du département.

11 = 12 AOUT 1792. — Décret relatif à la formation des assemblées primaires pour le rassemblement de la Convention nationale. (L. 10, 177; B. 24, 53.)

L'Assemblée nationale, considérant qu'elle n'a pas le droit de soumettre à des règles impératives l'exercice de la souveraineté dans la formation d'une Convention nationale, et que cependant il importe au salut public que les assemblées primaires et électorales se forment en même temps, agissent avec uniformité, et que la Convention nationale soit promptement rassemblée,

Invite les citoyens, au nom de la liberté, de l'égalité et de la patrie, à se conformer aux règles suivantes :

Art. 1er. Les assemblées primaires nommeront le même nombre d'électeurs qu'elles ont nommé dans les dernières élections.

2. La distinction des Français en citoyens actifs et non actifs sera supprimée, et, pour y être admis, il suffira d'être Français, âgé de vingt-un ans, domicilié depuis un an, vivant de son revenu ou du produit de son travail, et n'étant pas en état de domesticité. Quant à ceux qui, réunissant les conditions d'activité, étaient appelés par la loi à prêter le serment civique, ils devront, pour être admis, justifier de la prestation de ce serment.

3. Les conditions d'éligibilité exigées pour les électeurs ou pour les représentans n'étant point applicables à une Convention nationale, il suffira, pour être éligible comme député ou comme électeur, d'être âgé de vingt-cinq ans, et de réunir les conditions exigées par l'article précédent.

4. Chaque département nommera le nombre de députés et de suppléans qu'il a nommé pour la législature actuelle.

5. Les élections se feront suivant le même mode que pour les assemblées législatives.

6. Les assemblées primaires sont invitées à revêtir leurs représentans d'une confiance illimitée.

7. Les assemblées primaires se réuniront le dimanche 26 août, pour nommer les électeurs.

8. Les électeurs nommés par les assemblées primaires se rassembleront le dimanche 2 septembre, pour procéder à l'élection des députés à la Convention nationale.

9. Les assemblées électorales se tiendront dans les lieux indiqués par le tableau qui sera annexé au présent décret.

10. Attendu la nécessité d'accélérer les élections, les présidens, secrétaires et scrutateurs, tant dans les assemblées primaires que dans les assemblées électorales, seront choisis à la pluralité relative, et par un seul scrutin.

11. Le choix des assemblées primaires et des assemblées électorales pourra porter sur tout citoyen réunissant les conditions ci-dessus rappelées, quelles que soient les fonctions publiques qu'il exerce ou qu'il ait ci-devant exercées.

12. Les citoyens prêteront, dans les assemblées primaires, et les électeurs, dans les assemblées électorales, le serment *de maintenir la liberté et l'égalité, ou de mourir en les défendant.*

13. Les députés se rendront à Paris le 20 septembre, et ils se feront inscrire aux archives de l'Assemblée nationale. Dès qu'ils seront au nombre de deux cents, l'Assemblée nationale indiquera le jour de l'ouverture de leurs séances.

14. L'Assemblée nationale, après avoir indiqué aux citoyens français les règles auxquelles elle a cru devoir les inviter à se conformer, considérant que les circonstances et la justice sollicitent également une indemnité en faveur des électeurs; décrète que les électeurs qui seront obligés de s'éloigner de leur domicile recevront vingt sous par lieue, et trois livres par jour de séjour.

L'administration principale du lieu où se rassembleront les assemblées électorales est autorisée à délivrer les ordonnances nécessaires pour l'acquittement de l'indemnité due aux électeurs, sauf à faire le remplacement dans les caisses de district, sur le produit des sous additionnels du département.

L'instruction et le décret ci-dessus seront, pour plus prompte expédition, adressés directement tant aux administrations de district qu'aux administrations de département; il en sera envoyé à chaque administration de district un nombre suffisant d'exemplaires, pour qu'elle le transmette sans délai à chaque municipalité.

_____

11 AOUT 1792. — Décret qui supprime la prime pour la traite des noirs. (B. 24, 53.)

L'Assemblée nationale, considérant que les primes et encouragemens accordés pour la traite des noirs sont contraires aux principes de la liberté, décrète que la prime d'encouragement accordée par l'arrêt du conseil de 1784, pour la traite des noirs, est et demeure supprimée à l'avenir.

_____

11 AOUT 1792. — Décret qui règle les indemnités à accorder aux citoyens qui ont perdu, dans le cours de la guerre, tout ou partie de leurs propriétés. (B. 24, 58.)

L'Assemblée nationale, considérant que, si, dans une guerre dont l'objet est la conservation de la liberté, de l'indépendance et de la constitution française, tout citoyen doit à l'État le sacrifice de sa vie et de sa fortune, l'État doit à son tour protéger les citoyens qui se dévouent à sa défense, et venir au secours de ceux qui, dans le cas d'invasion ou de séjour passager de l'ennemi sur le territoire français, auraient perdu tout ou partie de leurs propriétés;

Voulant donner aux nations étrangères le premier exemple de la fraternité qui unit les citoyens d'un peuple libre, et qui rend commun à tous les individus du corps social le dommage occasioné à un de ses membres;

Certaine que tous les habitans des départemens frontières trouveront dans la sollicitude paternelle des représentans de la nation un nouveau motif d'attachement à la patrie et de dévouement à la cause de la liberté;

Considérant qu'il importe de proportionner aux besoins et aux ressources individuelles les secours que la situation du Trésor public permettra d'accorder, et de prendre les précautions nécessaires pour que les sommes destinées à ce saint usage soient également réparties, décrète qu'il y a urgence.

L'Assemblée nationale, après avoir entendu le rapport de sa commission extraordinaire et décrété l'urgence, décrète ce qui suit:

Art. 1er. Il sera accordé des secours ou des indemnités aux citoyens français qui, pendant la durée de la guerre, auront perdu, par le fait des ennemis extérieurs, tout ou partie de leurs propriétés.

2. Tous ceux qui prétendront à un secours ou à une indemnité seront assujétis aux preuves de résidence et autres formalités imposées, par les décrets antérieurs, à ceux qui ont à recevoir quelque paiement aux caisses nationales.

3. Ceux qui auraient refusé d'obéir aux réquisitions légales et qui ne se seraient pas opposés, lorsqu'ils le pouvaient, aux ravages de l'ennemi, seront exclus de tout secours et de toute indemnité.

4. Les citoyens dont les propriétés auront été dévastées présenteront à la municipalité du lieu un mémoire détaillé et estimatif des pertes qu'ils auront éprouvées. Ils y joindront un extrait certifié de leurs cotes d'imposition aux rôles des contributions foncière et mobilière.

5. Les municipalités constateront dans la huitaine les dommages et dévastations; elles enverront leurs procès-verbaux aux directoires de district, qui, après avoir vérifié les faits, les enverront avec leurs avis aux directoires de département.

6. Les directoires de département les enverront dans la huitaine, avec leurs avis, mémoires et renseignemens, au ministre de l'intérieur, qui les mettra de suite sous les yeux du Corps-Législatif.

7. Si la perte éprouvée par un citoyen consiste en meubles, bestiaux, effets ou marchandises, elle sera justifiée, soit par l'attestation des voisins, soit par des extraits certi-

fiés des livres de commerce, bilans, connaissemens et factures.

8. Les généraux, commandans et autres chefs militaires rapporteront, autant qu'il leur sera possible, des procès-verbaux des dévastations commises par l'ennemi; ils les adresseront au ministre de la guerre, qui les remettra de suite au Corps-Législatif.

9. L'Assemblée nationale pourra seule déterminer, sur le vu des divers procès-verbaux et autres pièces, et d'après un rapport, la nature et la quotité des secours et indemnités.

10. Les secours et indemnités seront proportionnés à la fortune qui reste aux citoyens après la dévastation, à leurs besoins et aux pertes qu'ils auront éprouvées.

11. Si la totalité d'une commune, d'un canton ou d'un district avait été ravagée, le Corps-Législatif accordera un secours provisoire avant la fixation des indemnités qui seront ensuite allouées aux divers particuliers.

12. Dans ce cas, les procès-verbaux seront rapportés par les officiers municipaux des communes limitrophes, et les vérifications faites par les administrateurs du district le plus voisin.

13. Tout citoyen qui sera convaincu d'avoir simulé des pertes dans sa déclaration, pour accroître l'indemnité qu'il réclame, sera déchu de tout secours et de toute indemnité.

14. Les citoyens revêtus d'une fonction publique et ceux qui portent actuellement les armes pour le service de la patrie recevront toujours une indemnité égale aux pertes qu'ils auront souffertes dans leurs propriétés.

15. L'Assemblée nationale se réserve de statuer quelle quotité du dommage devra rester à la charge des citoyens et dans quels cas ils devront y être assujétis.

---

11 AOUT 1792 — Décret relatif à la garde du Roi, tant qu'il sera dans l'enceinte de l'Assemblée nationale. (L. 10, 255; B. 24, 61.)

L'Assemblée nationale décrète que, tant que le Roi demeurera dans l'enceinte, sa garde sera confiée à la garde nationale et à la gendarmerie nationale de service auprès d'elle; qu'elle se fera concurremment et par moitié. — Charge son comité de surveillance de se transporter à l'instant dans toutes les parties de cette enceinte, et de s'y faire rendre compte de l'état des postes qui y sont distribués. — Les commandans de la garde nationale et de la gendarmerie se concerteront sur le nombre qu'ils pourront respectivement fournir pour le service continuel de la garde du Roi.

---

11 AOUT 1792. — Décret qui ordonne la formation d'une cour martiale pour le jugement du

procès des officiers et soldats suisses. (L. 10, 127; B. 24, 38.)

11 AOUT 1792. — Décret qui ordonne la promulgation des décrets contre les Suisses, et de ceux relatifs à la tranquillité publique. (L. 10, 129.)

11 AOUT 1792. — Décret qui autorise les ministres à faire des changemens dans leurs bureaux. (B. 24, 38.)

11 = 12 AOUT 1792. — Décret qui charge M. Clavière de remplir par intérim les fonctions de ministre de la guerre. (L. 10, 209.)

11 AOUT 1792. — Décret qui lève la suspension du départ des courriers ordinaires et du service général des postes. (L. 10, 131; B. 24, 35.)

11 AOUT 1792. — Décret qui ordonne des mesures de sûreté pour l'imprimerie royale. (L. 10, 132; B. 24, 38.)

11 AOUT 1792. — Décret qui ordonne l'inventaire des registres et papiers du ci-devant administrateur de la liste civile. (L. 10, 133.)

11 AOUT 1792. — Décret qui fixe la solde des volontaires Marseillais à trente sous par jour, à compter du jour de leur arrivée à Paris. (L. 10, 134.)

11 AOUT 1792. — Décret portant qu'il n'y a pas lieu à accusation contre le sieur Saint-Huruge. (L. 10, 121.)

11 = 19 AOUT 1792. — Décret relatif aux frais du bureau de police militaire établi près la municipalité de Paris. (L. 10, 135.)

11 AOUT 1792. — Décret relatif au versement de différentes sommes à la Trésorerie nationale par la caisse de l'extraordinaire, pour suppléer au déficit des recettes ordinaires du mois de juillet. (L. 10, 139; B. 24, 40.)

11 = 12 AOUT 1792. — Décret pour la nomination des administrateurs du département de Paris. (L. 10, 245; B. 24, 53.)

11 AOUT 1792. — Décret qui dispense les ouvriers de l'imprimerie nationale du service militaire. (B. 24, 65.)

11 AOUT 1792. — Décret qui autorise le département des Basses-Alpes à faire une acquisition. (B. 24, 36.)

11 = 15 AOUT 1792. — Décret relatif au paiement de l'indemnité due aux gardiens des scellés du petit Luxembourg. (B. 24, 36.)

11 = 25 AOUT et 5 SEPTEMBRE 1792. — Décret qui accorde des récompenses aux sieur et dame Barthélemy, au sieur Denis et au sieur Coche, pour dénonciation de fabrication de faux billets de la caisse d'escompte et de faux assignats. (L. 10, 38, 143 et 167; B. 24, 51.)

11 AOUT 1792. — Décret pour la sûreté des Suisses arrêtés par la municipalité de Puteaux. (B. 24, 36.)

11 = 23 AOUT 1792. — Décret pour le paiement des gratifications attribuées au commerce et aux fabriques. (B. 24, 37.)

11 AOUT 1792. — Décret pour faire enlever les statues existant sur les places de Paris. (B. 24, 37.) Voy. au 14 AOUT.

11 AOUT 1792. — Décret pour transférer en une maison d'arrêt les Suisses détenus dans l'enceinte de l'Assemblée nationale. (B. 24, 38.)

11 AOUT 1792. — Décret relatif à la levée des scellés apposés au département de la guerre. (B. 24, 39.)

11 AOUT 1792. — Décret pour procéder au récolement des effets inventoriés au Garde-Meuble. (B. 24, 39.)

11 AOUT 1792 = 9 JANVIER 1793. — Décret sur le nombre et le placement des notaires à établir dans les départemens des Vosges, de la Vendée et de Maine-et-Loire. (B. 24, 40 et suiv.)

11 AOUT 1792. — Décret pour qu'il soit délivré un passeport au sieur Gosset. (B. 24, 50.)

11 AOUT 1792. — Décret qui accorde une indemnité de sept mille trente-neuf livres au sieur Perret. (B. 24, 52.)

11 AOUT 1792. — Décret pour la levée des scellés apposés sur les papiers du sieur Dabancourt, ex-ministre de la guerre. (B. 24, 52.)

11 AOUT 1792. — Décret pour la levée des scellés apposés chez le sieur Delaporte. (B. 24, 52.)

11 AOUT 1792. — Décret qui ordonne de transférer dans les prisons de Paris les Suisses résidant à Neuilly, à Courbevoie et aux environs. (B. 24, 53.)

11 = 13 AOUT 1792. — Décret qui licencie les officiers et sous-officiers de la gendarmerie. (B. 24, 55.) Voy. au 13 AOUT.

11 AOUT 1792. — Décret pour déposer au comité de surveillance divers objets déposés dans la salle de l'Assemblée nationale. (B. 24, 57.)

11 AOUT 1792. — Décret qui ordonne de rendre compte de la quantité de poudre existant dans l'arsenal de Paris. (B. 24, 58.)

11 AOUT 1792. — Décret qui annule le mandat d'amener ou d'arrêt décerné contre le sieur Anthoine, maire de Metz. (B. 24, 58.)

11 AOUT 1792. — Décret pour la continuation de la procédure sur les troubles excités dans le district d'Evreux. (B. 24, 60.)

11 AOUT 1792. — Sieurs Delaporte et Lachapelle ; Evènemens du 10 août ; Ministres Roland, Clavière, etc. ; Publication des décrets ; Soldats suisses ; Souterrain du Luxembourg. Voy. 10 AOUT 1792.

12 = 12 AOUT 1792. — Décret relatif au mode de délivrance des passeports. (L. 10, 183 ; B. 24, 65.)

L'Assemblée nationale décrète que, dans les circonstances qui intéresseront le Corps-Législatif, les passeports ne pourront être délivrés par les commissaires de la commune de Paris que sur le certificat du comité de surveillance, signé par six membres.

12 = 12 AOUT 1792. — Décret portant que l'hôtel du ministère servira d'habitation pour le Roi et sa famille. (B. 24, 65.)

L'Assemblée nationale, considérant qu'il importe de fixer provisoirement l'habitation et le traitement du Roi et de sa famille jusqu'à l'époque où la Convention nationale prendra une résolution définitive à cet égard, et croyant que les circonstances actuelles exigent que l'habitation du Roi soit le plus près possible du lieu des séances du Corps-Législatif, décrète qu'il y a urgence.

L'Assemblée nationale, après avoir décrété l'urgence, décrète ce qui suit :

Art. 1er. L'hôtel du ministre de la justice servira d'habitation pour le Roi et sa famille.

2. Il sera donné au Roi une garde qui, sous les ordres du maire de Paris et du commandant général de la garde nationale, veillera à sa sûreté et répondra de la personne du Roi et de sa famille.

3. Pour éviter tous les évènemens qui pourraient porter atteinte à la sûreté du Roi et de sa famille, nulle personne ne pourra entrer dans la maison qu'il occupe, sans un bon signé du maire de Paris.

4. Il sera accordé au Roi, pour la dépense de sa maison, une somme de cinquante mille livres jusqu'au moment de la réunion de la Convention nationale.

5. Cette somme lui sera délivrée successivement, en la divisant par huitièmes, par la Trésorerie nationale, sur les quittances de la personne qu'il commettra pour cet objet.

6. Tous les meubles et effets nécessaires à l'usage du Roi et de sa famille et au service de sa maison domestique seront transportés, dans le jour, à l'hôtel du ministère ; il sera remis un état de ces objets.

7. Le ministre des contributions publiques est chargé de l'administration des domaines et bâtimens dépendans de la liste civile, et est autorisé à ordonner les réparations urgentes et convenables. Les revenus en provenant seront versés à la Trésorerie nationale.

12 = 12 AOUT 1792. — Décret pour la formation d'un corps de cavalerie nationale à Paris. (L. 10, 186 ; B. 24, 66.)

L'Assemblée nationale, considérant qu'il est important de former le plus promptement possible un corps imposant de cavalerie nationale, qui puisse être employé au camp qu'elle a décrété pour être formé près de Paris, et voulant profiter de l'ardeur de tous les citoyens à voler à la défense de la patrie, décrète qu'il y a urgence.

L'Assemblée nationale, après avoir entendu le rapport de ses commissaires pour la formation d'un camp près de Paris et décrété l'urgence, décrète ce qui suit :

Art. 1er. Tous les citoyens de Paris et des environs qui désireront donner une nouvelle preuve de leur patriotisme et de leur zèle, en concourant à la formation d'un corps de cavalerie nationale, sont invités à s'inscrire, sans aucun délai, sur des registres qui seront ouverts dès aujourd'hui, à cet effet, à la maison commune.

2. Ceux des citoyens qui s'inscriront pour la formation de ce corps déclareront si leur intention est de s'armer, s'équiper à leurs frais, et de servir avec leurs propres chevaux.

3. Ceux qui, ne pouvant servir en personne, désireraient cependant se rendre utiles en fournissant des chevaux, s'inscriront aussi sur des registres particuliers.

4. L'Assemblée nationale charge ses commissaires de lui présenter incessamment un projet de décret pour la formation de ce corps de cavalerie nationale.

Le présent décret sera sur-le-champ adressé au pouvoir exécutif, qui le fera imprimer, afficher et publier dans le jour.

12 = 13 AOUT 1792. — Décret qui affecte les bâtimens du Louvre au logement des artistes. (L. 10, 223.)

L'Assemblée nationale décrète que le ministre de l'intérieur fera vider, sous trois jours, les logemens du Louvre qui sont occupés par des particuliers privilégiés qui servaient dans la maison du Roi, et qu'il n'y sera logé à l'avenir que les artistes et les fonctionnaires publics qui y logent actuellement.

12 = 12 AOUT 1792. — Décret relatif aux maisons de jeu. (L. 10, 189; B. 24, 64.)

Un membre fait la motion que l'Assemblée nationale recommande à la sollicitude civique de la commune de Paris le soin de faire évacuer et de surveiller attentivement les maisons de jeu, repaire ordinaire des mauvais citoyens, ordinairement connus sous le nom de *Chevaliers du poignard*. L'Assemblée nationale adopte cette proposition, et recommande, par l'organe de son président, cet objet à la surveillance de la commune de Paris.

12 = 18 AOUT 1792. — Décret relatif aux sous-lieutenans des régimens d'infanterie de la marine. (L. 10, 205; B. 24, 69.)

L'Assemblée nationale, voulant accélérer la formation des régimens d'infanterie de la marine dans un moment qui exige le développement de toutes les forces de l'empire, décrète que les sous-lieutenans des régimens d'infanterie de la marine seront, pour cette fois seulement, dispensés du concours, et pourront être choisis parmi les citoyens âgés de plus de dix-huit ans, et qui ont servi, soit dans la garde nationale depuis la révolution, soit en qualité d'élèves de la marine et de port ou de volontaires navigateurs sur les vaisseaux de l'État, au moins pendant deux années.

12 = 14 AOUT 1792. — Décret relatif au paiement de l'acquisition du port Montmarin. (L. 10, 280; B. 24, 68.)

L'Assemblée nationale, considérant que, l'acquisition du port Montmarin ayant été arrêtée et conclue en exécution de ses précédens décrets, le ministre de la marine doit en ordonner le paiement sans qu'il lui soit alloué aucun fonds particulier, parce qu'il doit y appliquer une portion des fonds extraordinaires affectés à son département, décrète qu'il n'y a pas lieu à délibérer.

12 = 13 AOUT 1792. — Décret qui approuve la levée de trois mille trois cent soixante-douze hommes pour le service des batteries du goulet et de la rade de Brest. (L. 10, 257; B. 24, 67.)

12 = 14 AOUT 1792. — Décret qui établit un second juge-de-paix à Auch. (B. 24, 62.)

12 = 17 AOUT 1792. — Décret approbatif d'une arrestation et distribution de fusils par le département de la Corrèze. (B. 24, 195.)

12 = 13 AOUT 1792. — Décret qui autorise l'administration de la caisse de l'extraordinaire à faire, dans son département, les fonctions du pouvoir exécutif. (B. 24, 68.)

12 AOUT 1792. — Décret qui charge le ministre de l'intérieur de rendre compte chaque jour, par écrit, de l'envoi des décrets. (L. 10, 191.)

12 AOUT 1792. — Décret qui ordonne d'apposer les scellés chez le trésorier des gardes-suisses. (L. 10, 204.)

12 AOUT 1792. — Décret qui met une somme de cent mille livres à la disposition des commissaires de la commune de Paris. (L. 10, 196; B. 24, 64.)

12 AOUT 1792. — Décret qui renvoie à la cour martiale les déclarations des sentinelles qui étaient de garde au château des Tuileries, la nuit du 9 au 10 août. (L. 10, 197.)

12 AOUT 1792. — Décret qui met les portiers des Tuileries sous la sauve-garde de la loi. (L. 10, 210; B. 24, 67.)

12 AOUT 1792. — Décret qui ordonne l'apposition des scellés sur les effets et papiers du sieur Blangilly, député des Bouches-du-Rhône, absent. (L. 10, 211; B. 24, 67.)

12 AOUT 1792. — Décret qui lève une difficulté relative au remboursement de l'office de lieutenant-général du ci-devant bailliage de Saint-Dizier, dont était pourvu le sieur Gillet. (L. 10, 213; B. 24, 64.)

12 AOUT 1792. — Décret relatif au projet d'un comité central pour régler le service militaire. (L. 10, 219.)

12 AOUT 1792. — Décret relatif aux secours à accorder aux blessés, ainsi qu'aux veuves et orphelins des citoyens morts à la journée du 10 août. (L. 10, 221.)

12 = 13 AOUT 1792. — Décret qui défend au département de Paris d'exercer sur les actes de sûreté générale et de police la surveillance qui lui est attribuée. (L. 10, 224; B. 24, 65.)

12 = 13 AOUT 1792. — Décret qui confirme l'élection des sieurs Vignier et Carret aux places qui leur ont été accordées à Rochefort. (L. 10, 225.)

12 = 13 AOUT 1792. — Décret qui charge les représentans de la commune de Paris de la garde et du logement du Roi et de sa famille. (L. 10, 225; B. 24, 67.)

12 AOUT 1792. — Décret qui autorise les ministres à faire lever les scellés apposés sur les cabinets de leurs départemens respectifs. (L. 10, 188.)

12 AOUT 1792. — Décret relatif au paiement des sommes dues aux employés et fournisseurs des haras de Chambord. (L. 10, 220; B. 24, 63.)

12 AOUT 1792. — Décret qui met sous la sauvegarde de la loi plusieurs sous-locataires des Suisses de la maison du Roi. (B. 24, 68.)

12 AOUT 1792. — Décret relatif à l'organisation du tribunal de commerce de Bordeaux et de Toulouse. (B. 24, 68.)

12 = 30 AOUT 1792. — Décret qui rejette la demande en liquidation formée par M. Hennequin d'Herbonville, et qui lui accorde, à titre d'avance, trois mille livres sur la pension ou gratification qui peut lui être due. (B. 24, 69.)

12 AOUT 1792 — Bernay, Camp de Paris; Chevaux e la garde du Roi. *Voy* 10 AOUT 1792. — Sieur Clavière; Convention nationale. *Voy.* 11 AOUT 1792. — Districts divers; Fédérés; Hôpitaux; Sieur Jaeger. *Voy.* 10 AOUT 1792. — Parties casuelles. *Voy.* 11 AOUT 1792. — Sieur Perard; Saumur; Visites domiciliaires. *Voy.* 10 AOUT 1792.

13 = 14 AOUT 1792. — Décret qui ordonne une fabrication de canons. (L. 10, 285; B. 24, 86.)

Art. 1er. Le ministre de la guerre est chargé de faire fabriquer quatre-vingts pièces de canon du calibre de quatre livres, vingt pièces du calibre de six et de huit livres de balle, tant dans l'arsenal national de Paris que dans toutes les autres fonderies particulières de cette ville : à cet effet, il sera tenu de délivrer aux directeurs et entrepreneurs, sous leurs récépissés, tous les cuivres et autres matières premières propres à la fabrication de cent pièces de canon.

2. L'Assemblée nationale charge sa commission des armes de surveiller cette fabrication et de lui rendre compte, ainsi que le ministre de la guerre, de huitaine en huitaine, du progrès de cette fabrication.

3. Le ministre de la guerre est également chargé de faire construire, avec la plus grande célérité, le nombre d'affûts et autres instrumens de guerre nécessaire, pour que les canons, au fur et à mesure de leur fabrication, soient mis en activité de service.

4. L'Assemblée nationale autorise le ministre de la guerre à payer à tous les fournisseurs, directeurs et entrepreneurs, les sommes qui leur seront dues, au fur et à mesure de la livraison de chaque article, afin de donner à leurs ateliers toute l'activité dont ils sont susceptibles.

5. Le ministre de la guerre est également chargé de faire rétablir, aussitôt qu'il aura reçu le présent décret, les fonderies de l'arsenal national, pour y faire fondre de suite et fabriquer des pièces de canon de tous autres calibres, obusiers et autres armes de guerre qui seront jugées nécessaires; et il délivrera par compte, et sous leurs récépissés, aux directeurs et entrepreneurs pour cette fabrication, la quantité de matières de bronze et de cuivre qui sont dans Paris, et qui appartiennent à la nation.

6. La Trésorerie nationale tiendra à la disposition du ministre de la guerre une somme de cinq cent mille livres, pour le paiement successif des matières premières et celui de fonte et fabrication des canons, affûts et autres armes.

13 = 14 AOUT 1792 — Décret qui ajourne la ratification du traité de commerce passé entre le Roi et la république de Mulhausen. (L. 10, 277; B. 24, 85.)

L'Assemblée nationale ajourne la discussion de l'affaire relative à la ratification par le Corps-Législatif du traité de commerce passé entre le Roi et la république de Mulhausen, et décrète qu'il sera délivré par son comité de surveillance, aux sieurs Kœchlin et Thiéry, députés de ladite république près du Corps-Législatif, le passeport nécessaire pour se rendre dans leur pays.

13 = 14 AOUT 1792. — Décret relatif à la translation du Roi et de la famille royale au Temple. (L. 10, 276; B. 24, 84.)

L'Assemblée nationale, en exécution de ses précédens décrets, sur la demande du maire de Paris et des commissaires de la commune, décrète que la remise leur sera faite à l'instant du Roi et de la famille royale, pour être transférés au lieu indiqué pour leur domicile. Elle recommande à la loyauté du peuple et à la vigilance de ses magistrats ce dépôt précieux, et nomme MM. Fauchet, Bergeras, Brival et Jacob Dupont commissaires, qu'elle charge d'accompagner le Roi et sa famille jusqu'aux limites du lieu de ses séances. Charge le maire de lui rendre compte de cette translation, aussitôt qu'elle sera opérée.

13 = 13 AOUT 1792. — Décret relatif aux maisons nationales réservées au Roi. (L. 10, 241; B. 24, 83.)

L'Assemblée nationale, sur la proposition des corps administratifs réunis de Versailles, convertie en motion par l'un de ses membres, décrète que les corps administratifs sont chargés d'apposer les scellés dans les différentes maisons nationales réservées au Roi, et de faire évacuer ces maisons de tout ce qui leur est inutile ou étranger, soit en choses, soit en personnes; les charge, en outre, de surveiller toutes les personnes suspectes à qui on aurait donné des logemens dans ces maisons.

13 = 13 AOUT 1792. — Décret relatif aux passe-ports des militaires et des fournisseurs. (L. 10, 321; B. 24, 99.)

Sur la proposition d'un membre, l'Assemblée nationale décrète que les ordres donnés par le ministre de la guerre, soit aux militaires pour rejoindre leur poste, soit aux fournisseurs d'armes ou de vivres pour l'armée, leur serviront de passeports, et que son comité de surveillance sera autorisé à délivrer des certificats aux fonctionnaires publics civils pour obtenir des passeports pour se rendre à leur poste (1).

13 = 15 AOUT 1792. — Décret relatif aux ouvriers des manufactures d'armes. (L. 10, 298; B. 24, 88.)

L'Assemblée nationale, considérant que le zèle des ouvriers fabricans d'armes des manufactures de Saint-Etienne, Maubeuge, Charleville et Tulle, pour voler aux frontières, appelle la reconnaissance publique; que ce zèle mériterait les plus grands encouragemens si, dans les circonstances critiques où se trouve la France, leurs travaux n'étaient pas plus utiles à la patrie que leur dévouement; voulant néanmoins récompenser, autant qu'il est en elle, le courage de ces généreux citoyens, qui ne se refuseront pas à cette vérité évidente, que ce n'est pas assez d'avoir des bras pour sauver l'empire, qu'il faut encore les armer; l'Assemblée nationale, satisfaite du civisme de ces braves citoyens, décrète la mention honorable de la pétition de la municipalité de Saint-Etienne.

Décrète en outre que les ouvriers qui resteront attachés aux ateliers, soit nationaux, soit particuliers, dans les villes de Saint-Etienne, Tulle, Maubeuge et Charleville, seront déclarés avoir bien mérité de la patrie; que le service qu'ils feront dans les manufactures d'armes sera regardé et compté comme service militaire, et qu'ils seront censés en activité comme les citoyens qui volent aux frontières.

13 = 14 AOUT 1792. — Décret relatif à l'inventaire du mobilier de la couronne et à la recherche des monumens en dépendant. (L. 10, 287; B. 24, 86.)

Art. 1er. Le ministre de l'intérieur est autorisé à tirer des ordonnances sur les fonds attribués annuellement pour les arts et sciences, à l'effet de fournir aux dépenses de la commission nommée pour l'inventaire du mobilier de la couronne.

2. Le ministre de l'intérieur fournira à ladite commission les bâtimens nécessaires, dans le Louvre et ses dépendances, pour recevoir le dépôt des tableaux, statues et autres objets dudit mobilier.

13 AOUT 1792. — Décret qui résilie le bail emphytéotique du château de Saint-Dizier. (L. 10, 240; B. 24, 70.)

L'Assemblée nationale, considérant que les formes prescrites par les lois n'ont pas été observées dans le bail emphytéotique du château de Saint-Dizier, et qu'il importe qu'il soit incessamment résilié, puisque chaque moment de délai fait éprouver une perte à la nation, décrète qu'il y a urgence.

L'Assemblée nationale, après avoir décrété l'urgence, décrète que le bail emphytéotique du château de Saint-Dizier, cours et jardins, en faveur des sieur et dame Berault, est résilié, sauf aux parties intéressées à se pourvoir conformément aux décrets, pour réclamer, s'il y a lieu, une indemnité relativement aux améliorations qu'ils prétendent avoir faites.

13 AOUT 1792. — Décret qui licencie les officiers de la gendarmerie de Paris, en exceptant les sous-officiers. (L. 10. 244; B. 24, 70 et 82.)

1er DÉCRET.

L'Assemblée nationale décrète que tous les officiers des corps de gendarmerie existant dans l'étendue du département de Paris sont licenciés, que les gendarmes nationaux sont autorisés à se réunir pour procéder à la nomination des nouveaux officiers, et qu'ils pourront cependant élire ceux desdits officiers actuellement en exercice, qui, par leur civisme et leur patriotisme, ont su mériter leur confiance.

2e DÉCRET, portant que les sous-officiers ne sont pas compris dans le licenciement des officiers (2).

Les sous-officiers de la gendarmerie nationale parisienne exposent qu'ils ont présenté, conjointement avec les gendarmes, une adresse pour solliciter le licenciement de leur état-major et de leurs officiers, et que par erreur ils ont été compris eux-mêmes dans le licenciement. L'Assemblée nationale décrète que le licenciement de l'état-major et des officiers de la gendarmerie nationale du département de Paris ne comprend pas les sous-officiers de ce corps.

(1) La rédaction est un peu différente dans la Collection du Louvre.
(2) Ce second décret n'est pas dans la Collection du Louvre, à la suite du premier qui se termine par cette disposition: « L'Assemblée nationale charge le comité militaire de lui présenter dans le jour un mode d'élection.

13 AOUT 1792.—Décret qui ordonne l'aliénation du couvent des ci-devant capucins de Bordeaux. (L. 10, 256; B. 24, 70.)

13 AOUT 1792. — Décret qui ordonne au ministre de la guerre de rendre compte des motifs qui ont déterminé plusieurs officiers du régiment des Salis-Samade-Grisons à donner leur démission. (L. 10, 254; B. 24, 85.)

13 AOUT 1792.—Décret qui autorise la commune de Paris à disposer des maisons religieuses pour l'hospice des blessés le 10 août. (L. 10, 262; B. 24, 72.)

13 AOUT 1792. — Décret qui charge les représentans de la commune de Paris des dispositions nécessaires à la salubrité et à la sûreté des personnes détenues au palais Bourbon, et relatif à la formation d'une cour martiale pour les évènemens du 10 août. (L. 10, 264.)

13 AOUT 1792.—Décret qui accorde une indemnité à plusieurs déportés de Saint-Pierre et Miquelon. (L. 10, 271; B. 24, 71.)

13 = 19 AOUT 1792. — Décret qui désigne où se tiendront les assemblées électorales de département. (B. 24, 83.)

13 AOUT 1792.—Décret portant que les citoyens du département de Saône-et-Loire ont bien mérité de la patrie. (L. 10, 272.)

13 AOUT 1792.—Décret qui mande à la barre le procureur-général-syndic du département de la Seine-Inférieure. (B. 24, 85.)

13 = 29 AOUT 1792.—Décret qui ordonne de déposer aux archives les effets trouvés aux Tuileries. (L. 10, 248.)

13 AOUT 1792. — Décret qui ordonne d'apposer les scellés sur toutes les caisses dépendant de la liste civile. (L. 10, 249; B. 24, 85.)

13 = 29 AOUT 1792. — Décret relatif aux Suisses arrêtés à Boulogne. (B. 24, 82.)

13 AOUT 1792.—Exposition des motifs d'après lesquels l'Assemblée nationale a proclamé la convocation d'une Convention nationale, et prononcé la suspension du pouvoir exécutif dans les mains du Roi. (L. 10, 227; B. 24, 72.)

13 AOUT 1792. — Décret portant qu'il n'y a pas lieu à délibérer sur le mode d'enrôlement proposé par les sections de la ville de Caen, et qui approuve leur zèle et leur dévouement. (L. 10, 246; B. 24, 71.)

13 AOUT 1792. — Décret qui accorde une somme de trente mille livres à la ville de Phalsbourg, pour diverses dépenses publiques relatives à la sûreté de la place, etc. (L. 10, 247.)

13 = 23 AOUT 1792. — Décret pour la réduction des paroisses de la ville de Saint-Denis. (B. 24, 87.)

13 AOUT 1792. — Décret qui met le sieur Vauchelet sous la sauve-garde de la loi. ( L. 10, 250.)

13 AOUT 1792. — Décret portant établissement d'un troisième juge-de-paix dans la ville de Versailles. (L. 10, 252; B. 24, 71.)

13 AOUT 1792. — Décret pour faire sortir de l'hôtel des Monnaies tous ceux qui ne sont pas fonctionnaires des monnaies. (B. 24, 87.)

13 AOUT 1792.—Administration de Paris. *Voy.* 11 AOUT 1792.—Artistes. *Voy.* 12 AOUT 1792. —Auxerre. *Voy.* 6 AOUT 1792. — Caisse de l'extraordinaire. *Voy.* 12 AOUT 1792. — Compagnie allobroge. *Voy.* 8 AOUT 1792. — Sieur Dabancourt. *Voy.* 10 AOUT 1792. — Département de Paris. *Voy.* 12 AOUT 1792.—District d'Essonne. *Voy.* 6 AOUT 1792. — Districts divers. *Voy.* 10 AOUT 1792.— Emprunt de 1782. *Voy.* 6 AOUT 1792. — Gendarmerie. *Voy.* 11 AOUT 1792. — Goulet et rade de Brest. *Voy.* 12 AOUT 1792.— Sieur Lecuret. *Voy.* 30 JUILLET 1792. — Logement du Roi. *Voy.* 12 AOUT 1792.—Perruquiers, etc. *Voy.* 30 JUILLET 1792.—Sieurs Vignier et Carret. *Voy.* 12 AOUT 1792.

14 = 14 AOUT 1792. — Décret relatif à une fabrication de canons. (L. 10, 292; B. 24, 94.)

Art. 1er. Le ministre de la guerre est tenu, aussitôt qu'il aura reçu le présent décret, de prendre les mesures les plus efficaces et les plus promptes pour retirer de l'arsenal de Douai vingt pièces de canon de douze livres de balles, et dix obusiers, qu'il fera arriver sous bonne et sûre escorte pour le camp près les murs de Paris, pourvu toutefois que cette quantité puisse être retirée de Douai sans nuire ou préjudicier à la défense de cette place importante.

2. Le ministre de la guerre est chargé de faire fondre et fabriquer dans l'arsenal national de Paris, et de faire mettre en état d'activité de service cinquante pièces de canon de douze livres de balles, et vingt obusiers, et de pourvoir aux affûts, outils et aux instrumens de guerre pour le service des cinquante pièces de canon et des vingt obusiers décrétés par le présent article.

3. L'Assemblée nationale charge sa commission des armes de surveiller cette fabrication, et de lui rendre compte, ainsi que le

ministre de la guerre, des progrès de cette fabrication.

4. L'Assemblée nationale autorise le ministre de la guerre à payer à tous les fournisseurs, directeurs et entrepreneurs, les sommes qui leur seront dues, au fur et à mesure de la livraison de chaque article, afin de donner à leurs ateliers toute l'activité dont ils sont susceptibles.

5. Le ministre de la guerre est également chargé de faire délivrer aux directeurs et entrepreneurs de l'arsenal de Paris, par compte et sous leurs récépissés, pour la fonte et fabrication des cinquante canons et vingt obusiers décrétés par l'article 2, la quantité de matières de bronze, de cuivre et autres matières qui sont dans Paris, et qui appartiennent à la nation ; et, dans le cas d'insuffisance de ces matières, le ministre est autorisé à acheter la quantité convenable des matières qui manqueraient.

6. La Trésorerie nationale tiendra à la disposition du ministre de la guerre une somme de quatre cent mille livres, pour le paiement successif des matières premières et celui de la fonte et fabrication des canons, affûts, obusiers et autres outils et instrumens mentionnés au présent décret.

---

14 = 14 AOUT 1792. — Décret qui maintient à leur poste les procureurs-généraux-syndics des départemens. (L. 10, 295; B. 24, 88.)

L'Assemblée nationale, considérant que, dans les circonstances actuelles, on ne peut, sans inconvénient, enlever à leurs fonctions les procureurs-généraux-syndics des départemens, décrète que les procureurs-généraux-syndics des départemens ne pourront remplir les fonctions de hauts-jurés pour la haute-cour nationale, tant que la patrie sera en danger.

---

14 = 15 AOUT 1792. — Décret relatif au serment des pensionnaires de l'État. (L. 10, 291; B. 24, 93.)

L'Assemblée nationale décrète que tout Français recevant traitement ou pension de l'Etat sera censé y avoir irrévocablement renoncé, s'il ne justifie que, dans la huitaine de la publication du présent décret, il a prêté devant la municipalité du lieu de son domicile le serment suivant :

« Je jure d'être fidèle à la nation et de « maintenir la liberté et l'égalité, ou de « mourir en la défendant. »

---

14 = 14 AOUT 1792. — Décret relatif à la destruction des monumens susceptibles de rappeler la féodalité. (L. 10, 283; B 24, 89.)

L'Assemblée nationale, considérant que les principes sacrés de la liberté et de l'égalité ne permettent pas de laisser plus long-temps sous les yeux du peuple français les mo-

numens élevés à l'orgueil, au préjugé et à la tyrannie;

Considérant que le bronze de ces monumens, converti en canons, servira utilement à la défense de la patrie, décrète qu'il y a urgence.

L'Assemblée nationale, après avoir décrété l'urgence, décrète ce qui suit:

Art. 1er. Toutes les statues, bas-reliefs, inscriptions et autres monumens en bronze ou en toutes autres matières, élevés dans les places publiques, temples, jardins, parcs et dépendances, maisons nationales, même dans celles qui étaient réservées à la jouissance du Roi, seront enlevés à la diligence des représentans des communes, qui veilleront à leur conservation provisoire.

2. Les représentans de la commune de Paris feront, sans délai, convertir en bouches à feu tous les objets énoncés en l'article 1er, existant dans l'enceinte des murs de Paris, sous la surveillance du ministre de l'intérieur, de deux membres de la commission des armes, et de deux membres de la commission des monumens.

3. Les monumens, restes de la féodalité, de quelque nature qu'ils soient, existant encore dans les temples et autres lieux publics, et même à l'extérieur des maisons particulières, seront, sans aucun délai, détruits à la diligence des communes.

4. La commission des monumens est chargée expressément de veiller à la conservation des objets qui peuvent intéresser essentiellement les arts, et d'en présenter la liste au Corps-Législatif, pour être statué ce qu'il appartiendra.

5. La commission des armes présentera incessamment un projet de décret pour employer d'une manière utile à la défense de chaque commune de la France la matière des monumens qui se trouveront dans leur enceinte.

---

14 AOUT 1792 = 6 JUILLET 1793. — Décret qui réunit les fonctions du bureau des monnaies à la commission des monnaies. (B. 24, 93.)

L'Assemblée nationale, d'après la lecture d'une lettre du ministre des contributions publiques, qui annonce la suppression du département des monnaies, réforme utile et économique, à laquelle il s'est vu autorisé par le décret qui charge les ministres de faire, dans leurs départemens respectifs, les changemens qu'ils croiront avantageux;

Considérant qu'il importe de diviser le moins possible les branches de l'administration, décrète que, définitivement, les fonctions du bureau des monnaies demeureront réunies à la commission des monnaies, et que désormais l'administration des monnaies sera confiée à ladite commission, sous la direction

4.

et la surveillance du ministre des contributions publiques.

14 = 14 AOUT 1792. — Décret qui révoque l'édit de Louis XIII pour la procession du 15 août. (L. 10, 282; B. 24, 90.)

L'Assemblée nationale décrète que l'édit de Louis XIII, qui ordonne la procession du 15 août, est révoqué. Le présent décret sera envoyé dans le jour au ministre de la justice et à la commune de Paris.

14 = 15 AOUT 1792. — Décret concernant la poursuite des crimes du 10 août, imputés aux officiers et soldats des gardes-suisses, complices et adhérens. (B. 24, 93.)

L'Assemblée nationale, considérant que la punition des crimes commis dans la journée du 10 août, présent mois, intéresse l'ordre, la tranquillité et la sûreté de la ville de Paris, rapporte son décret du 11 de ce mois, par lequel elle ordonne la formation d'une cour martiale pour juger les crimes du 10 de ce mois, imputés aux officiers et soldats des ci-devant gardes-suisses, complices et adhérens;
Déclare que l'instruction et le jugement de ces crimes appartiennent aux tribunaux ordinaires;
Décrète que, dans le jour de demain, à la diligence du procureur de la commune de Paris, les quarante-huit sections seront assemblées et nommeront chacune deux jurés d'accusation et deux jurés de jugement, pour former les jurys d'accusation et de jugement dans la poursuite desdits crimes.
L'Assemblée nationale déroge, quant à ce, à toutes les lois contraires.

14 = 15 AOUT 1792. — Décret relatif à la formation en bataillons des citoyens inscrits pour le camp de Paris. (L. 10, 314; B. 24, 84.)

L'Assemblée nationale décrète que les citoyens qui se sont inscrits à la municipalité de Paris pour la formation du camp seront de suite formés en bataillons nationaux, conformément au mode déjà déterminé par la loi; en conséquence, la municipalité de Paris est autorisée à nommer des commissaires pour surveiller cette formation, et à ouvrir un registre d'inscription pour ceux qui voudraient se consacrer à la défense de la liberté.
Décrète en outre que la municipalité de Paris est autorisée à faire fabriquer les tentes et autre objets de campement, sous la surveillance du pouvoir exécutif, qui donnera les modèles et fournira les fonds nécessaires sur ceux qui ont déjà été décrétés pour les dépenses extraordinaires de la guerre, et à la charge d'en rendre compte.

14 AOUT 1792. — Décret relatif au partage des biens et usages communaux. (L. 10, 289; B. 24, 91.) (1).
Voy. lois du 11 AOUT 1792; du 11 = 13 OCTOBRE 1792; du 18 MARS 1793; du 10 JUIN 1793.

L'Assemblée nationale, sur la motion d'un de ses membres, après avoir décrété l'urgence, décrète: 1° que, dès cette année, immédiatement après les récoltes, tous les terrains et usages communaux, autres que les bois, seront partagés entre les citoyens de chaque commune; 2° que ces citoyens jouiront en toute propriété de leurs portions respectives; 3° que les biens connus sous le nom de sursis et vacans seront également divisés entre les habitans; 4° que, pour fixer le mode du partage, le comité d'agriculture présentera dans trois jours le projet de décret.

14 = 14 AOUT 1792. — Décret pour l'aliénation du bail à rente des terres, vignes et prés des émigrés. (L. 10, 289; B. 24, 91.) (2).
Voy. lois du 24 = 28 JUILLET 1792; du 23 = 28 AOUT 1792.

L'Assemblée nationale, sur la proposition d'un de ses membres, après avoir décrété l'urgence, décrète aussi, dans la vue de multiplier les petits propriétaires: 1° qu'en la présente année, et immédiatement après les récoltes, les terres, vignes et prés appartenant ci-devant aux émigrés, seront divisés par petits lots de deux, trois ou au plus quatre arpens, pour être ainsi mis à l'enchère et aliénés à perpétuité par bail à rente en argent, laquelle sera toujours rachetable; 2° que l'Assemblée nationale rapporte à cet égard son décret qui ordonne que les biens des émigrés seront vendus incessamment; mais que ce décret subsistera pour le mobilier et pour les châteaux, édifices et bois non susceptibles de division en faveur de l'agriculture; 3° que ceux qui offriront d'acquérir, argent comptant, les terres, vignes et prés, seront néanmoins admis à enchérir sur telle portion qu'ils voudront: le tout suivant le mode qui sera décrété, d'après le projet que présenteront sans retard les comités d'agriculture et de domaines réunis.
L'Assemblée nationale ordonne que les deux décrets ci-dessus, concernant le partage des communaux et le bail à rente des terres des émigrés en petits lots de deux, trois ou au plus de quatre arpens, seront sur-le-champ envoyés aux quatre-vingt-trois départemens, pour y être affichés et publiés.

_____

(1 et 2) Ces deux décrets n'en forment qu'un dans la Collection du Louvre.

14 AOUT 1792. — Décret qui autorise la commune de Margency à former une municipalité. (L. 10, 159; B. 24, 88.)

14 AOUT 1792. — Décret pour l'admission à l'infirmerie de l'hôtel des Invalides des sieurs Wais et Nazen-Poder. (L. 10, 160; B. 24, 89.)

14 AOUT 1792. — Décret relatif à l'inventaire du mobilier de la couronne. (B. 24, 90.)

14 AOUT 1792. — Décret relatif à la réunion de dix bataillons de gardes nationaux à Valence. (L. 10, 296.)

14 AOUT 1792. — Décret portant que la ville de Reims a bien mérité de la patrie, et que le rapport des commissaires envoyés à l'armée du Centre sera imprimé. (L. 10, 297.)

14 AOUT 1792. — Décret portant qu'il y a lieu à accusation contre le sieur Blangilly, député des Bouches-du-Rhône à l'Assemblée nationale. (L. 10, 301; B. 24, 93.)

14 AOUT 1792. — Décret qui accorde à la veuve Vogeain la remise de quelques droits arriérés. (L. 10, 315; B. 24, 91.)

14 AOUT 1792. — Décret pour la translation au palais Bourbon des Suisses retenus par la municipalité de Ruelle. (B. 24, 90.)

14 AOUT 1792. — Décret relatif à une pétition de plusieurs citoyens de la section de Henri IV. (L. 10, 228.)

14 AOUT 1792. — Auch. *Voy.* 12 AOUT 1792. — Biens d'émigrés, etc. *Voy.* 6 AOUT 1792. — Biens nationaux. *Voy.* 11 AOUT 1792. — Canons; hôtel des Monnaies; Mobilier de la couronne. *Voy.* 13 AOUT 1792 (1). — Nouveaux juges-de-paix. *Voy.* 10 AOUT 1792. — République de Mulhausen; Roi au Temple. *Voy.* 13 AOUT 1794.

15 = 20 AOUT 1792. — Décret relatif à la répartition entre les départemens d'une somme de un million cinq cent mille livres, en remises et décharges des contributions. (L. 10, 359; B. 24, 115.)

L'Assemblée nationale, considérant la nécessité de faciliter aux contribuables des anciens pays d'élection et pays conquis le paiement de leurs contributions arriérées des années 1788, 1789 et 1790, et s'étant fait représenter la loi du 1er juin 1791, pour sa répartition, entre chacun de ces départemens, d'une somme d'un million cinq cent mille livres, réservée, décrète qu'il y a urgence.

L'Assemblée nationale, après avoir entendu le rapport de son comité de l'ordi-

naire des finances et décrété l'urgence, décrète ce qui suit :

Art. 1er. La somme d'un million cinq cent mille livres, réservée par les articles 8 et 9 du décret du 20 mai = 1er juin 1791, pour être employée en remises, modérations ou réductions, en faveur des contribuables qui auraient essuyé des pertes, inégalités ou doubles emplois dans les départemens qui se sont partagés les ci-devant pays conquis, pour les années 1788, 1789 et 1790, sera répartie d'après l'état ci-joint, sur les ordonnances du ministre des contributions publiques, à valoir sur les exercices antérieurs à 1791.

2. Sur la somme accordée par le présent décret à chacun desdits départemens, les directoires de département, sur l'avis de ceux de district, rétabliront d'abord les non-valeurs justifiées par les receveurs particuliers, auxquels elles seront passées en reprises pour lesdites années ; ils réserveront ensuite celle qui sera nécessaire à réparer les erreurs, inégalités ou doubles emplois qui pourraient avoir lieu lors du répartement des impositions de 1790, et en prononceront de suite la réduction.

3. Le restant de ladite somme sera réparti sur les contribuables arriérés des années 1788 et 1789, d'abord sur ceux qui auront essuyé des pertes, ensuite sur ceux de 1790, et ce, en proportion des sommes qu'ils se trouveront devoir sur leurs impositions, à la charge par lesdits contribuables de solder le restant de leursdites impositions dans le mois qui suivra la date de l'ordonnance de modération.

(Suit la distribution du fonds de quinze cent mille livres.)

15 = 15 AOUT 1792. — Décret relatif aux citoyens détenus pour mois de nourrice. (L. 10, 366; B. 24, 97.)

L'Assemblée nationale, après avoir entendu le rapport de son comité de secours publics, considérant qu'elle a mis au rang de ses premiers devoirs celui de favoriser la population, et qu'un des moyens les plus propres de remplir celui-ci est de venir au secours des pères de famille détenus ou mis en état de contrainte pour frais de mois de nourrice, décrète qu'il y a urgence ;

L'Assemblée nationale, après avoir décrété l'urgence, décrète ce qui suit :

Art. 1er. Il sera pris sur les fonds qui sont à la disposition du ministre de l'intérieur une somme de cent quarante mille livres, pour être distribuée aux pères de famille dé-

---

(1) *Voyez,* sous la date du 13 août, plusieurs décrets qui, dans certaines collections, sont à la date du 14.

tenus ou mis en état de contrainte pour frais de mois de nourrice, avant l'époque du 1er août, de tous les départemens du royaume autres que celui de Paris, et que ceux qui ont déjà eu part au bénéfice du décret du 1er décembre 1791.

2. Le ministre sera tenu de rendre compte, tous les deux mois, de l'emploi de la somme énoncée dans l'article premier.

15 = 20 AOUT 1792. — Décret relatif au compte à rendre du produit de la vente des bois communaux. (L. 10, 367.)

Un membre a proposé que l'Assemblée nationale décrétât que le ministre des contributions fût tenu de rendre compte, dans le plus bref délai, des motifs du retard du versement dans les caisses de district des deniers provenant de la vente des bois communaux, que les communes de différens départemens ont versés dans les caisses des receveurs des domaines et bois, que ces receveurs déclarent avoir été forcés de verser dans la caisse de la recette générale, qui, à son tour, déclare les avoir versés, depuis 1789, et antérieurement, dans le Trésor public;

Que le ministre fût encore tenu de prendre les renseignemens les plus exacts, qu'il fera passer à l'Assemblée nationale, sur l'emploi qui a été fait de ces deniers, et sur le défaut de réponse de ses prédécesseurs à cet égard.

On a demandé, par addition, que le ministre fût encore tenu de rendre compte des sommes provenant des amendes auxquelles les délinquans ont été condamnés.

Ces diverses propositions ont été décrétées.

15 = 15 AOUT 1792. — Décret relatif aux forts de la douane de Paris. (L. 10, 368; B. 24, 97.)

Art. 1er. Les forts de la douane de Paris, au nombre de vingt-six, supprimés par décret du 2 mars 1791, et qui ont cependant continué leurs fonctions jusqu'à présent, en demeurant responsables des effets confiés à leur garde, recevront pour toute indemnité chacun une somme de cent livres par mois, qui leur sera payée aussi chaque mois par la caisse de l'extraordinaire, depuis le 1er mai 1791 jusqu'au 1er septembre prochain.

2. La municipalité de Paris est chargée de faire vendre, au profit du Trésor public, dans le délai d'un mois, les effets conservés à la douane et non réclamés, conformément aux lettres-patentes du 8 mai 1726, et de prendre les mesures nécessaires pour la conservation des marchandises déposées à ladite douane, et la remise aux propriétaires.

15 = 20 AOUT 1792. — Décret relatif aux jugemens intervenus à l'occasion des délits commis dans la journée du 10 août. (L. 10, 345; B. 24, 105.)

L'Assemblée nationale, considérant que les délits commis dans la journée du 10 août sont en trop grand nombre pour que les jugemens auxquels ils donneront lieu puissent produire l'effet qu'en attend la société, qui est celui de l'exemple, si ces jugemens restaient sujets à la cassation;

Considérant que déjà, dans l'institution de la cour martiale destinée à juger les délits commis dans l'expédition de Mons et de Tournay, elle a, par les mêmes motifs, décrété que les jugemens qui seraient rendus ne seraient sujets ni à l'appel ni à la cassation;

Décrète que les jugemens qui interviendront à l'occasion des délits commis dans la journée du 10 août, ou des délits relatifs à cette journée, ne seront point sujets à cassation, et qu'en conséquence les condamnés ne pourront pas se pourvoir par-devant le tribunal de cassation.

15 = 15 AOUT 1792. — Décret qui consigne les pères, mères, femmes et enfans des émigrés dans leurs municipalités respectives. (L. 10, 338; B. 24, 114.)

L'Assemblée nationale décrète que les pères, mères, femmes et enfans des émigrés demeureront consignés dans leurs municipalités respectives, sous la protection de la loi et la surveillance des officiers municipaux, sans la permission desquels ils ne pourront en sortir, sous peine d'arrestation.

15 = 15 AOUT 1792. — Décret qui affecte au service des armées les chevaux et mulets appartenant aux émigrés. (L. 10, 339; B. 24, 114.)

L'Assemblée nationale décrète que les chevaux et mulets appartenant aux émigrés dans toute l'étendue de la France, seront employés au service des armées. En conséquence, les directoires de district, par l'intermédiaire des départemens, seront tenus dans la huitaine qui suivra la publication du présent décret, de faire parvenir au ministre de la guerre, qui en rendra compte à l'Assemblée nationale, les états détaillés des chevaux et mulets qui se trouvent dans leurs arrondissemens respectifs.

La municipalité de Paris et celles des départemens voisins sont particulièrement chargées de faire parvenir au ministre de guerre, aussitôt après la réception du présent décret, l'état des chevaux et mulets appartenant aux émigrés, et qui se trouvent dans leurs arrondissemens, pour être employés sans retard à la formation du camp sous les murs de Paris.

Sont exceptés des dispositions ci-dessus les chevaux et mulets qui sont employés aux travaux les plus indispensables de l'agriculture et du commerce.

15 = 15 Aout 1792. — Décret relatif aux demandes de passeports. (L. 10, 333; B. 24, 100.)

L'Assemblée nationale décrète qu'il n'y a pas lieu à délibérer sur les exceptions génériques à la loi qui suspend les passeports; elle autorise les représentans de la commune de Paris à faire juger, par une commission particulière prise dans leur sein, les demandes de passeports qui leur seront formées par les personnes actuellement résidant dans la ville de Paris, jusqu'à ce qu'il en soit autrement ordonné.

15 = 15 Aout 1792. — Décret relatif à subsistance des recrues en route. (L. 10, 302; B. 24, 13.)

L'Assemblée nationale, après avoir entendu le rapport de son comité militaire sur les observations contenues dans la lettre du procureur-général-syndic du département de Seine-et-Marne, relativement à la subsistance des recrues en route; attendu que le décret du 20 = 22 juillet dernier, qui accorde aux jeunes citoyens qui se rendent à l'armée trois sous par lieue, outre leur solde, qu'ils reçoivent à leur arrivée au corps, et dont le décompte leur est fait du jour de leur inscription, ne laisse aucune équivoque, décrète qu'il n'y a pas lieu à délibérer sur l'interprétation ou l'addition à donner à cette loi.

15 = 23 Aout 1792. — Décret relatif au serment des fonctionnaires publics. (L. 10, 304; B. 24, 98.)

L'Assemblée nationale, sur la motion d'un de ses membres, décrète que tous les fonctionnaires publics seront tenus de prêter, dans la huitaine du jour de la publication du présent décret, le serment d'être fidèles à la nation, et de maintenir de tout leur pouvoir la liberté et l'égalité, ou de mourir à leur poste. Les conseils généraux des départemens, districts et communes, prêteront ce serment dans la salle de leurs sessions: il sera prêté par tous les autres fonctionnaires, en présence des municipalités de leur établissement ou résidence. Les jours où ces sermens devront être prêtés seront indiqués par affiches, vingt-quatre heures d'avance, afin que le public puisse y être présent; les procès-verbaux seront envoyés, dans la huitaine suivante, au ministre de l'intérieur.

15 = 15 Aout 1792. — Décret relatif au mode de remplacement des états-majors et officiers de tous les corps de la gendarmerie nationale du département de Paris et des compagnies en fonctions près le Corps-Législatif et les tribunaux. (B. 24, 103.)

L'Assemblée nationale, ayant licencié l'état-major et les officiers de tous les corps de la gendarmerie nationale du département de Paris, ainsi que les officiers des deux compagnies de gendarmerie qui exercent leurs fonctions auprès du Corps-Législatif, de la haute-cour nationale, du tribunal de cassation, et du ministre de la justice;

Considérant que le mode de remplacement desdits états-majors et officiers est instant, l'Assemblée nationale décrète qu'il y a urgence.

L'Assemblée nationale, après avoir décrété l'urgence, décrète ce qui suit:

Art. 1er. Les sous-officiers et gendarmes des différens corps de la gendarmerie nationale du département de Paris s'assembleront par division et sous la surveillance de la municipalité, qui sera prévenue du jour, du lieu et de l'heure du rassemblement; et là, en présence d'un commissaire nommé par elle, les sous-officiers et gendarmes, après avoir élu parmi eux un président, un secrétaire et trois scrutateurs, dans les formes prescrites par les articles 10 et 11 du décret du 14 décembre 1789, concernant la constitution des municipalités, procéderont, par scrutin individuel et à la pluralité absolue des suffrages, à la nomination des officiers de l'état-major, ensuite à celle des officiers de leurs compagnies respectives.

2. Les sous-officiers et gendarmes réunis pourront choisir les officiers de l'état-major dans leur sein ou hors de leur sein, pourvu que, dans le premier cas, ils aient fait un service actif dans la gendarmerie depuis le commencement de son organisation, et, dans le second cas, pourvu qu'ils aient fait un congé de huit ans dans les troupes de ligne, ou qu'ils aient servi le même espace de temps en qualité d'officiers.

3. Après que chaque division aura procédé à l'élection des officiers de son état-major, chaque compagnie procédera à l'élection de ses officiers, qu'elle pourra également prendre dans son sein ou hors de son sein, pourvu qu'ils réunissent les conditions exigées par l'article précédent.

4. Conformément au décret du 13 du présent mois, les officiers de gendarmerie licenciés pourront être réélus.

5. Le mode d'élection qui vient d'être prescrit pour les officiers de chaque division de gendarmerie nationale, et les conditions exigées pour être susceptible d'être porté au grade d'officier, seront communs aux deux compagnies de gendarmerie nationale atta-

chées au service près du Corps-Législatif, excepté pour ce qui concerne le commissaire en présence de qui se fera la nomination des officiers, qui sera pris parmi les députés inspecteurs et commissaires de la salle de l'Assemblée.

6. L'Assemblée nationale charge son comité militaire de lui présenter incessamment le mode de traitement à faire aux officiers de gendarmerie qui ont été licenciés, ainsi que la nouvelle organisation des deux compagnies attachées à son service : néanmoins ces deux compagnies sont autorisées à nommer un même nombre d'officiers que celui qui existe par leur composition actuelle.

7. L'Assemblée nationale conserve dans leur intégrité toutes les lois qui ont été portées jusqu'à ce jour sur la gendarmerie nationale, et qui ne sont pas formellement exceptées ou abrogées par le présent décret.

8. L'Assemblée nationale casse et annule toutes les élections et nominations qui auraient pu être faites avant la publication du présent décret.

15 = 15 AOUT 1792. — Décret relatif à l'administration comptable de M. Cahier, ex-ministre de l'intérieur. (L. 10, 312; B. 24, 98.)

L'Assemblée nationale, après avoir entendu le rapport dé son comité de l'examen des comptes, sur l'état de l'administration comptable de M. Cahier, ex-ministre de l'intérieur ;

Considérant que, vérification faite de toutes les parties comptables dont M. Cahier a été chargé comme ci-devant ministre de l'intérieur, il a été reconnu qu'il les avait administrées conformément aux lois ;

Considérant qu'il importe de prononcer définitivement sur la validité de l'administration comptable de cet ex-ministre, décrète que M. Cahier a satisfait au décret du 25 mars dernier ; qu'en conséquence il ne le concerne plus ; que cependant il reste chargé de sa responsabilité jusqu'après le jugement définitif du compte général sur pièces, qui doit être présenté au bureau de comptabilité, et ensuite au Corps-Législatif, par le payeur.

15 = 15 AOUT 1792. — Décret relatif au serment des employés du ministère et des administrations publiques. (L. 10, 318; B. 24, 99.)

Sur la motion d'un membre, l'Assemblée nationale décrète que tous les commis employés dans les bureaux du ministère, des corps administratifs, judiciaires, régies, etc., seront tenus de prêter le serment du 10 de ce mois d'août.

15 = 15 AOUT 1792. — Décret relatif aux passeports à délivrer à Paris aux militaires et aux fonctionnaires publics pour rejoindre leur poste. (L. 10, 321; B. 24, 99.)

L'Assemblée nationale décrète que le conseil général des représentans de la commune de Paris délivrera des passeports, soit aux militaires pour rejoindre leur poste, soit aux fournisseurs d'armes ou de vivres pour l'armée, qui seront porteurs d'ordres donnés par le ministre de la guerre ou par le ministre de la marine.

Elle autorise son comité de surveillance à délivrer aux fonctionnaires publics civils des certificats sur lesquels il leur sera délivré des passeports pour se rendre à leur poste.

15 = 15 AOUT 1792. — Décret relatif à la formule provisoire des actes de la puissance exécutive. (L. 10, 322; B. 24, 102.)

*Voy.* lois du 5 FRIMAIRE an 2; du 14 FRIMAIRE an 2; du 15 PRAIRIAL an 11; du 28 FLORÉAL an 12, art. 141, et les notes sur cet article.

Art. 1er. Le conseil exécutif provisoire, formé par les six ministres, sera chargé, en vertu du décret du 10 de ce mois, de toutes les fonctions de la puissance exécutive.

2. Il sera chargé de faire sceller les lois du sceau de l'Etat, et de les faire promulguer.

3. Chaque ministre remplira à tour de rôle, semaine par semaine, les fonctions de président du conseil.

4. Il sera fait deux expéditions originales de chaque loi, toutes deux signées par le président du conseil, contre-signées par le ministre de la justice, et scellées du sceau de l'Etat. L'une restera déposée aux archives du sceau, et l'autre sera remise aux archives de l'Assemblée nationale.

5. La promulgation des lois sera faite dans la forme suivante : les décrets de l'Assemblée nationale seront intitulés du nom de loi ; ils ne seront précédés d'aucune formule, et seulement terminés par la formule suivante :

« Au nom de la nation, le conseil exécu-
« tif provisoire mande et ordonne à tous les
« corps administratifs et tribunaux que les
« présentes (1) ils fassent consigner dans
« leurs registres, lire, publier et afficher
« dans leurs départemens et ressorts respec-
« tifs, et exécuter comme loi. En foi de
« quoi nous avons signé ces présentes, aux-
« quelles nous avons fait apposer le sceau de
« l'Etat. »

6. Le sceau de l'Etat sera changé ; il portera la figure de la Liberté, armée d'une pique surmontée du bonnet de la Liberté, et

(1) *Voy.* loi du 5 novembre 1792.

pour légende : *Au nom de la nation française.*

7. Les expéditions exécutoires des jugemens des tribunaux seront suivies de la formule suivante :

« Au nom de la nation, il est ordonné à « tous huissiers sur ce requis de mettre ledit « jugement à exécution ; à tous commandans « et officiers de la force publique, de prêter « main-forte lorsqu'ils en seront légalement « requis, et aux commissaires du pouvoir « exécutif près les tribunaux, d'y tenir la « main. En foi de quoi, le présent jugement « a été signé par le président du tribunal et « par le greffier. » Les jugemens des tribunaux et les actes des notaires seront précédés de la formule : *Au nom de la nation.*

8. Les commissaires provisoirement commis par les tribunaux pour remplir les fonctions des commissaires du Roi seront désignés sous le nom de *commissaires du pouvoir exécutif.*

9. Les formules usitées jusqu'à ce jour pour les différens actes de la puissance exécutive, et pour les expéditions des jugemens, pourront être provisoirement employées, et les divers actes auxquels elles auront servi ne pourront être attaqués, jusqu'à ce que les formules prescrites par le présent décret aient été faites et imprimées.

10. Jusqu'à ce que le nouveau sceau de l'Etat ait été gravé, le ministre de la justice se servira de l'ancien.

11. La formule *au nom de la nation*, et la formule prescrite par les articles précédens, seront suivies par le conseil, par chaque ministre en particulier, et par tous les agens du pouvoir exécutif, pour tous les actes, ordres, commissions ou brevets qui doivent être expédiés au nom de la puissance exécutive.

15 = 15 AOUT 1792. — Décret relatif aux fonctionnaires publics qui retarderaient, suspendraient ou empêcheraient la formation des assemblées primaires et électorales. (L. 10, 325; B. 24, 105.)

L'Assemblée nationale, considérant qu'il importe de prévenir et réprimer tous les actes par lesquels les autorités constituées s'opposeraient à ce que le peuple français exerce la souveraineté nationale, décrète que les corps administratifs seront tenus de faire parvenir aux municipalités et aux citoyens toutes les instructions qui leur seront adressées par le Corps-Législatif ou par le pouvoir exécutif, relativement à l'exercice de la souveraineté nationale.

Déclare infâme, traître à la patrie et coupable de haute trahison, tout fonctionnaire public qui aura concouru à des délibérations ou à des actes quelconques tendant à retarder, suspendre ou empêcher la formation des assemblées primaires et électorales qui vont avoir lieu pour la nomination des députés à la Convention nationale; invite en conséquence les citoyens à dénoncer ces actes, soit au pouvoir exécutif, soit au Corps-Législatif.

15 = 15 AOUT 1792. — Décret relatif au paiement des officiers des ci-devant maîtrises des eaux et forêts. (L. 10, 326; B. 24, 100.)

L'Assemblée nationale, considérant que la loi du 11 septembre 1790, en supprimant les offices des ci-devant maîtrises des eaux et forêts, a chargé les officiers de continuer leurs fonctions; que la conservation des bois est essentiellement dépendante de la punition des délits ; que le décret du 19 décembre 1790 n'a point fixé le mode de remboursement qu'il a ordonné être fait des frais et avances que la poursuite des délits a occasionés; que la plupart des employés de l'administration des eaux et forêts, et dans l'ordre judiciaire y relatif, n'ont point été payés de leurs frais ni de leurs journées et vacations, et qu'il est indispensable et de toute justice d'y pourvoir, décrète qu'il y a urgence.

L'Assemblée nationale, après avoir décrété l'urgence, décrète ce qui suit :

Art. 1er. Les officiers des ci-devant maîtrises des eaux et forêts, qui, en conformité du décret du 7 = 11 septembre 1790, ont continué leurs fonctions, seront payés de leurs journées, vacations et frais de voyage pour les années 1791 et suivantes, jusqu'à l'organisation forestière définitive, savoir : pour balivage ou martelage des coupes ordinaires ou extraordinaires, à raison de quatre livres dix sous par arpent, mesure de Roi, et d'une livre dix sous par arpent de récolement de la coupe ou vente usitée ;

Et à l'égard des forêts de pins et sapins, et des arbres épars, il sera payé aux officiers qui en auront fait la délivrance et le récolement cinq sous par pied d'arbre.

2. Il ne sera alloué aux arpenteurs que le droit de réarpentage, à raison de quinze sous par arpent, quand même ils auraient procédé à l'assiette des coupes.

3. Les officiers présenteront l'état de leurs opérations, et fourniront l'extrait de leurs procès-verbaux certifiés et signés d'eux au directoire du district de la situation des bois; d'après lequel état, la taxe sera faite, en conformité de l'article 1er, par ledit directoire, et rendue exécutoire par celui du département, sur le receveur du district.

Quant aux arpenteurs, ils seront payés par ledit receveur, sur le certificat des officiers des maîtrises, visé par le directoire de district, et arrêté par celui de département.

4. Les taxes faites aux officiers des ci-devant maîtrises seront partagées par égale portion entre les maîtres particuliers, procureurs du Roi, garde-marteaux et greffiers.

5. Il sera accordé aux gardes qui auront travaillé aux martelages et récolemens cinq sous par arpent, qui seront également partagés à raison du nombre des gardes employés auxdites opérations.

Les gages et traitemens des gardes généraux et particuliers continueront de leur être payés comme par le passé, jusqu'à ce que, par un décret du Corps-Législatif, il en soit autrement ordonné.

6. Les frais faits pour la poursuite des délits commis dans les bois nationaux et autres, et qui sont relatifs à la conservation et administration des eaux et forêts, seront remboursés par les receveurs des droits de patentes et d'enregistrement, chacun pour ce qui les concerne, et dans leur arrondissement, sur les mémoires appuyés de pièces justificatives, qui seront présentés par les procureurs du Roi des ci-devant maîtrises aux directoires de district. Sur leur *visa* et avis, les mandats de paiement seront délivrés par le directoire de département.

7. Les greffiers des ci-devant maîtrises d'eaux et forêts seront également remboursés par les receveurs de droits de patentes et d'enregistrement du lieu de l'établissement des maîtrises, de leurs expéditions, droits d'enregistrement, papier et timbre, sur l'état qu'ils en fourniront aux procureurs du Roi desdites maîtrises, qui les arrêteront; et seront lesdits états soumis à la taxe de l'un des juges du tribunal de district, et l'ordonnance du paiement délivrée par celui de département.

8. Les collecteurs d'amendes, les huissiers et greffiers des tribunaux de district, seront payés des frais et avances qu'ils ont faits à la requête des procureurs du Roi des maîtrises, relativement à la poursuite des délits commis dans les bois, et pour l'exécution des jugemens de condamnation prononcés par lesdits tribunaux contre les délinquans, sur les états qui seront fournis et arrêtés par les commissaires du Roi établis près lesdits tribunaux, et payés par le receveur de district, d'après la taxe du tribunal, sur le visa du directoire et les mandat et arrêté du département.

9. Les officiers des ci-devant maîtrises qui, en conséquence du décret du 15 = 19 janvier 1791, ont assisté aux ventes et adjudications des bois nationaux faites devant les directoires de district, seront payés, par les receveurs des districts, à raison de six livres par jour d'aller, de retour et d'assistance auxdites ventes, et il en sera délivré

ordonnance auxdits officiers par le directoire du département, sur l'avis du district.

10. Les sommes qui pourraient rester dues aux ci-devant officiers ou autres agens de l'administration forestière par les maisons religieuses, pour raison des opérations faites dans leurs bois devenus nationaux antérieurement à l'année 1791, ne pourront être acquittées par les receveurs des districts, sur l'arrêté des départemens, qu'autant qu'elles seront consignées dans les registres desdites maisons, ou dans les inventaires faits par les corps administratifs de leur actif et du passif.

11. Quand aux indemnités qui pourraient être dues aux officiers, gardes généraux et particuliers, ou à tous autres agens de l'administration forestière, pour raison de la modicité des gages, ou pour toutes autres causes jugées légitimes, elles seront fixées et déterminées par le ministre des contributions, sur l'avis des directoires de district et arrêtés des départemens, et les receveurs desdits districts ne pourront les acquitter que d'après un décret du Corps-Législatif.

15 = 15 AOUT 1792. — Décret portant liquidation de l'indemnité réclamée par les commissaires Bertin et Rebecquy. (L. 10, 299; B. 24, 96.)

15 = 15 AOUT 1792. — Décret relatif au remboursement des dépenses faites par divers hôpitaux, pendant les années 1791 et 1792, pour la nourriture et l'entretien des enfans trouvés. (L. 10, 308; B. 24, 113.)

15 = 15 AOUT 1792. — Décret qui met le sieur Roussel, portier des Tuileries, sous la sauvegarde de la loi. (L. 10, 311; B. 24, 103.)

15 = 16 AOUT 1792. — Décret d'accusation contre Lameth, Barnave, Bertrand, Duportail, Tarbé et Duport. (L. 10, 370 et 375; B. 24, 115.)

15 = 15 AOUT 1792. — Décret qui renvoie à leurs fonctions les sieurs Bertin et Rebecquy, commissaires pour l'organisation des districts de Louvèze et de Vaucluse. (B. 24, 95.)

15 = 23 AOUT 1792. — Décret pour faire remplacer dans les caisses publiques les sommes qui ont été distraites pour l'armement des volontaires nationaux. (L. 10, 313; B. 24, 99.)

15 = 25 AOUT 1792. — Décret relatif au paiement des honoraires, journées et vacations des ci-devant officiers des maîtrises pour les années 1791, 1792 et 1793, et de leurs frais et avances dans la poursuite des délits. (B. 24, 100.)

15 Aout 1792. — Décret portant destination du directoire et du procureur-général-syndic du département de Rhône-et-Loire. (L. 10, 317; B. 24, 97.)

15 Aout 1792. — Décret qui accorde une récompense de quatre cents livres aux sieur Guichard, sculpteur. (L. 10, 334; B. 24, 96.)

15 = 15 Aout 1792. — Décret portant que l'assemblée électorale du département de la Moselle tiendra ses séances dans la ville de Metz, pour les élections à la Convention. (L. 10, 340; B. 24, 114.)

15 = 15 et 17 Aout 1792. — Décret relatif au nombre et au placement des notaires dans les départemens du Morbihan, d Ille-et-Vilaine et des Côtes-du-Nord. (L. 10, 341, 352 et et 362; B. 24, 105 et suiv.)

15 = 15 Aout 1792. — Décret qui renvoie au pouvoir exécutif les pièces relatives à la conduite de plusieurs corps administratifs depuis les évènemens du 20 juin. (L. 10, 356; B. 24, 105.)

15 = 15 Aout 1792 — Décret relatif à la réduction des par isses de Saint-Brieuc. (L. 10, 357; B. 24, 112.)

15 Aout 1792. — Camp de Paris. Voy. 14 Aout 1792. — Eaux et forêts. Voy. 30 juillet 1792. — Évènemens du 10 aout. Voy. 14 Aout 1792. — Fabrication d'assignats. Voy. 7 Aout 1792. — Faux assignats. Voy. 5 Aout 1792. — Gardes nationaux à cheval. Voy. 12 Aout 1792. — Manufactures d'armes. Voy. 13 Aout 1792 — Notaires de la Drôme et de l'I-ère. Voy. 5 Aout 1792. — Petit Luxembourg. Voy. 11 Aout 1792. — Pilotage. Voy. 20 juin 1792. — Régimens. Voy. 8 Aout 1792. — Serment des pensionnaires de l'Etat; Veuve Vogeain. Voy. 14 Aout 1792.

16 = 16 Aout 1792. — Décret relatif aux meubles, effets et diamans du Garde-Meuble, du trésor de Saint-Denis et du château des Tuileries. (L. 10, 393; B. 24, 124.)

L'Assemblée nationale décrète que le ministre de l'intérieur prendra sur-le-champ les mesures nécessaires pour qu'aucun des effets appartenant à la nation, déposés au Garde-Meuble, ne soient distraits; l'autorise à commettre, sous sa responsabilité, des citoyens pour veiller à la garde et conservation desdits effets, récolement préalablement fait en présence de deux membres de la commission des monumens;

Décrète que les diamans et effets appartenant à la nation, déposés au trésor de Saint-Denis, seront déposés audit Garde-Meuble, inventaire d'iceux préalablement fait en présence de deux commissaires nommés par la municipalité et de deux membres de la commissions des monumens;

Charge ses commissaires nommés pour faire l'inventaire des meubles et effets du château des Tuileries de faire déposer à la Trésorerie nationale le numéraire qu'ils y trouveront, en en dressant procès-verbal;

Charge son comité des finances de lui faire un rapport pour la vente ou le meilleur emploi à faire des diamans et autres effets appartenant à la nation.

16 = 16 Aout 1792. — Décret qui suspend toutes les poursuites faites devant les tribunaux pour causes de droits ci-devant féodaux. (L. 10, 398; B. 24, 123.)

Deux cultivateurs de la ci-devant province de Poitou, au nom d'un grand nombre de citoyens de la paroisse de Rouiller, département de la Vienne, se présentent et sont introduits à la barre; ils disent qu'ils sont encore victimes des restes du régime féodal; que le procureur-syndic du district de Lusignan, département de la Vienne, a dirigé contre eux des poursuites pour certain droit qu'il a prétendu être un droit de terrage, mais qui, dans le fait, n'est qu'une véritable dime; ils demandent que l'Assemblée nationale les mette à l'abri des suites d'un procès injuste qui ferait leur ruine. Ils sont admis aux honneurs de la séance.

L'Assemblée nationale décrète, sur la motion d'un de ses membres, la suspension de toutes les poursuites faites devant les tribunaux pour cause de ci-devant droits féodaux, et renvoie à samedi prochain, à l'heure de midi, la discussion du projet de décret sur les restes de la féodalité en général. L'Assemblée nationale décrète, en outre, que le pouvoir exécutif sera tenu de rendre compte, sous trois jours, de l'expédition et de l'envoi du présent décret.

16 (12 et) = 21 Aout 1792. — Décret relatif à l'organisation définitive des deux nouvelles divisions de gendarmerie nationale. (L. 10, 400; B. 24, 125.)

L'Assemblée nationale, considérant que, par son décret du 20 juillet dernier sur le complétement et l'augmentation de l'armée, elle a créé deux nouvelles divisions de gendarmerie nationale destinées pour la guerre, et voulant en fixer définitivement l'organisation; après avoir entendu son comité militaire et décrété l'urgence, décrète ce qui suit :

TITRE I<sup>er</sup>. Composition et formation.

Art. 1<sup>er</sup>. Les seize cents brigades de gendarmerie nationale répandues dans les quatre-vingt-trois départemens du royaume fourniront sans délai, d'après le mode indiqué dans les articles suivans, deux divisions de gendarmerie à cheval, qui feront partie de l'armée de réserve destinée à couvrir Paris.

2. Chaque directoire de département choisira sans délai, dans les brigades de gendarmerie nationale de son arrondissement, autant de gendarmes montés qu'il y a de brigades, soit à pied, soit à cheval, y compris un maréchal-des-logis et deux brigadiers, qui seront pris sur toutes les brigades en activité: chacun d'eux se rendra au lieu du rassemblement, monté, armé et équipé.

3. Le directoire du département de Paris choisira en outre, dans la division de gendarmerie nationale à cheval résidant à Paris, un maréchal-des-logis, six brigadiers et quarante-un gendarmes montés.

4. Les directoires de département, dans leurs arrondissemens respectifs, choisiront, parmi les sous-officiers et gendarmes, ceux qui, par leur âge et leur force, sont les plus capables de résister aux fatigues de la guerre.

5. La formation et l'organisation de ces deux divisions de gendarmerie nationale se feront à Paris ou dans les environs, où chaque détachement se rendra dans le plus bref délai; ces détachemens partiront au plus tard dans la quinzaine, à compter du jour où le présent décret sera parvenu aux directoires de leurs départemens respectifs.

6. Le rassemblement des sous-officiers et gendarmes de chaque département se fera dans le chef-lieu de district le plus rapproché de la ville de Paris; les détachemens seront conduits par un maréchal-des-logis.

7. Chacune des deux divisions sera composée d'un état-major et de huit compagnies formant quatre escadrons, deux compagnies par escadron.

8. L'état-major de chaque division sera composé d'un colonel, deux lieutenans-colonels, deux adjudans sous-officiers, d'un trompette-major, d'un chirurgien-major, d'un chirurgien aide-major, d'un quartier-maître, d'un maréchal expert, d'un sellier, d'un armurier et d'un bottier.

9. Chaque compagnie, formant douze brigades, sera composée d'un capitaine, trois lieutenans, un maréchal-des-logis en chef, quatre maréchaux-des-logis, un brigadier-fourrier, douze brigadiers, quatre-vingt-douze gendarmes, un trompette et un maréchal-ferrant.

10. Les cinq premières brigades seront composées de neuf hommes, dont un maréchal-des-logis commandant, un brigadier et sept gendarmes; les sept autres brigades seront également composées de neuf hommes, dont un brigadier commandant et huit gendarmes.

11. Chaque compagnie formera quatre divisions : la première division sera plus particulièrement affectée au capitaine; les trois autres seront commandées par les lieutenans, suivant leur ancienneté, et chaque division de compagnie sera composée de trois brigades.

12. Les divisions et brigades de chaque compagnie seront organisées conformément à ce qui est prescrit par l'article 5, titre II du décret du 5 = 28 août 1791, relatif à l'organisation de la gendarmerie nationale parisienne.

13. Les escadrons seront désignés par premier, second, troisième et quatrième; ils prendront place, dans l'ordre de bataille, suivant le rang d'ancienneté des capitaines qui les commanderont: il en sera de même de chaque compagnie.

14. Chaque escadron aura un étendard; celui du premier portera les couleurs nationales; les autres porteront les couleurs affectées à l'uniforme de la division; tous seront chargés de deux inscriptions, d'un côté ces mots: *Gendarmerie nationale, force à la loi*; et de l'autre: *Discipline et obéissance à la loi*, avec les numéros 31 et 32 de leur division. Les étendards seront portés par un maréchal-des-logis, au choix du colonel de la division.

15. Le pouvoir exécutif est principalement chargé d'accélérer, par tous les moyens qui sont en son pouvoir, le rassemblement et l'organisation de ces deux divisions de la gendarmerie nationale à cheval, et de faire préparer, dans le lieu qui leur sera indiqué pour leur rassemblement, tout ce qui pourra leur être nécessaire pour leur formation, leur logement et leurs approvisionnemens de toute espèce.

TITRE II. Nomination aux emplois et avancement.

Art. 1er. Les officiers de tous grades, pour la formation de ces deux divisions, seront choisis par les sous-officiers et gendarmes, conformément au décret du 15 de ce mois.

2. Les quatre plus anciens de tous les maréchaux-des-logis, choisis par les directoires de département pour la formation des deux nouvelles divisions de gendarmerie nationale à cheval, seront faits adjudans; et les trente-six plus anciens gendarmes de ces deux divisions seront faits brigadiers.

3. Le pouvoir exécutif nommera, dans chacune de ces deux divisions, un quartier-maître, un chirurgien-major, un chirurgien aide-major, un trompette major, un maréchal-expert, un sellier, un armurier et un bottier; il nommera aussi un trompette dans chaque compagnie.

4. Les places des officiers, sous-officiers et gendarmes choisis pour former ces deux nouvelles divisions, demeureront vacantes. Les directoires de département sont spécialement chargés de tenir au complet les détachemens

qu'ils auront respectivement fournis; en conséquence, ils feront successivement passer au lieu du rassemblement le nombre de gendarmes qui sera nécessaire pour remplacer tous ceux qui viendraient à manquer par mort, avancement, démission ou autrement; mais ceux-là seront sur-le-champ remplacés dans leurs brigades particulières.

5. Ces deux divisions resteront attachées au corps de la gendarmerie nationale; mais, tant que durera la guerre, elles rouleront sur elles-mêmes pour leur avancement, et chaque campagne comptera pour deux années de service.

6. A la paix, les officiers, sous-officiers et gendarmes de ces deux divisions conserveront les grades qu'ils auront obtenus ; et lorsque, par un décret du Corps-Législatif, elles seront rendues aux départemens, les individus qui les composaient rouleront alors, pour leur avancement, sur tout le corps de la gendarmerie nationale.

### TITRE III. Solde et traitement.

Art. 1er. Chaque détachement recevra l'étape en route, sur le même pied que la cavalerie, et sans qu'il soit exercé aucune retenue pour cette fourniture.

2. Il sera accordé aux officiers desdites divisions de gendarmerie, et en raison de leurs grades, les gratifications qui ont été fixées pour les officiers de cavalerie, afin de les mettre en état de former leurs équipages; ils jouiront également, et d'après les mêmes conditions, à dater du jour où ils seront rendus dans leurs quartiers, camps et cantonnemens respectifs, de l'augmentation d'appointemens et des fournitures réglées pour les officiers des troupes à cheval.

3. Il sera accordé aux maréchaux-des-logis, brigadiers et gendarmes, une somme équivalente à un mois d'appointemens, pour subvenir aux frais de leur déplacement; ils recevront, en outre, à dater du jour où ils seront rendus à leur destination, les rations de vivres et autres fournitures qui ont été réglées pour toutes les troupes lorsqu'elles sont en campagne.

4. Chaque sous-officier et gendarme étant monté à ses frais, il lui sera tenu compte du prix de son cheval; en conséquence, les remontes et entretien se feront au compte de la nation, de manière qu'à la paix, et lorsque ces deux divisions seront rendues aux départemens, chaque sous-officier et gendarme se trouve convenablement monté. Pour cela, il sera fourni à cette époque, à la masse de remonte de chaque brigade, une somme suffisante pour cet objet, sans que, pendant le temps que les gendarmes en seront éloignés, leurs masses ordinaires puissent être versées à la masse générale de remonte de ces brigades.

5. Le logement dont jouit actuellement chaque sous-officier et gendarme restera affecté à celui de sa famille, sans que toutefois il puisse en être disposé à titre de loyer ni autrement que pour son habitation particulière, sous quelque prétexte que ce soit.

---

16 = 23 AOUT 1792. — Décret relatif aux primes et encouragemens accordés au commerce. (L. 10, 406; B. 24, 119.)

L'Assemblée nationale, considérant que le décret du 18 = 25 février 1791 a porté à trois millions huit cent soixante-deux mille livres les primes et encouragemens à accorder au commerce français et aux fabriques pendant ladite année; que les décrets des 29 mars = 1er avril et 30 avril = 1er mai 1792 ont ordonné que les dépenses de ladite année seront payées comme pour l'année précédente, jusqu'à ce que l'état desdites dépenses soit définitivement arrêté; que le commerce réclame les primes et gratifications qui ont été attribuées par les lois précédentes non abrogées, et sur la foi desquelles il a fait des spéculations; qu'il est instant de lever les obstacles qu'on oppose au paiement de ces primes et gratifications, puisque les fonds en sont faits, et sans rien préjuger pour l'avenir, décrète que les primes et gratifications accordées au commerce et aux fabriques, et réglées par les lois précédentes, et non abrogées, seront payées conformément auxdites lois, pour tout ce qui est dû depuis le 1er janvier 1791, jusqu'à la date de la promulgation du présent décret.

---

16 = 23 AOUT 1792. — Décret relatif aux fabricans de Barbançon. (L. 10, 408; B. 24, 118.)

Art. 1er. Il sera permis aux citoyens des communes du canton de Barbançon, qui ont fait filer des laines, d'en importer dans le royaume, en franchise de droit de douane, trente milliers pesant.

2. Les fabriques d'étoffes de laines dites casées et serges dudit canton sont autorisées à introduire dans les autres parties du royaume, également en exemption de droit, une quantité de cent quintaux desdites étoffes.

3. Lesdites importations devront être faites dans l'espace d'un mois à dater de la promulgation du présent décret, et la répartition des quantités de laines et étoffes qu'il est permis d'importer sera faite par le directoire du district entre les différens fabricans, à proportion du montant du droit de patente qu'ils ont payé.

---

16 = 18 AOUT 1792. — Décret relatif à la formation des compagnies de canonniers nationaux. (L. 10, 409; B. 24, 128.)

L'Assemblée décrète que les départemens

sont autorisés à former des compagnies de canonniers nationaux, et que le conseil exécutif provisoire fournira tous les objets nécessaires à leur entretien, à leur équipement et à leur armement, sur les fonds qui ont été mis à sa disposition pour l'organisation des bataillons de gardes nationaux volontaires, et qu'il les emploiera de la manière la plus utile pour le service.

16 = 16 AOUT 1792. — Décret relatif à la fourniture des effets de campement nécessaires à la formation du camp de Paris. (L. 10, 390; B. 24, 121.)

Art. 1er. Le pouvoir exécutif se concertera avec la municipalité de Paris, à l'effet de prendre les mesures les plus promptes pour se procurer tous les effets de campement nécessaires à la formation d'un camp de quarante mille hommes.

2. Il est autorisé à passer tous les marchés, soit partiels, soit généraux, relatifs à ces diverses fournitures, qui devront être complétées pour l'époque du 25 du présent mois.

3. En conséquence, la Trésorerie nationale tiendra à la disposition du pouvoir exécutif la somme de cinq cent mille livres.

4. Les objets de campement qui appartenaient aux bataillons suisses, et qui se trouvent, soit à Paris, soit dans les casernes de Ruelle, de Courbevoie, ou dans les dépôts, ainsi que ceux qui peuvent se trouver dans les maisons royales, sont mis à la disposition du pouvoir exécutif, pour être employés à la formation du camp, sauf à régler l'indemnité, s'il y a lieu.

16 = 16 AOUT 1792. — Décret relatif aux personnes logées au Louvre. (L. 10, 391; B. 24, 122.)

L'Assemblée nationale, considérant que, dans le décret qui prescrit à toutes les personnes logées dans le Louvre d'en sortir dans trois jours, elle n'a pas eu l'intention de comprendre les savans, les artistes, les conservateurs ou gardes de dépôts nationaux, dont les uns ont reçu des logemens, comme une partie de leur traitement ou une récompense de leurs travaux, et les autres y sont employés à un service public, et qu'il importe de prévenir les effets d'une extension donnée à la loi contre le vœu même de l'Assemblée, décrète ce qui suit:

Art. 1er. Les secrétaires des académies, les professeurs, les savans, gens de lettres ou artistes qui, à ce titre, ont obtenu des logemens au Louvre, les conserveront provisoirement, jusqu'à ce que le plan d'organisation de l'instruction publique ait été décrété et mis en activité.

2. Les conservateurs ou gardes des cabinets, collections, bibliothèques et autres dépôts nationaux placés dans le Louvre, et utiles aux sciences et aux arts, garderont les logemens dont ils jouissent, provisoirement, et jusqu'à la même époque.

16 = 16 AOUT 1792. — Décret qui accorde une indemnité au sieur Dubois, professeur d'accouchement. (L. 10, 389; B. 24, 118.)

16 AOUT 1792. — Décret sur le traitement des membres des communautés séculières supprimées. (B. 24, 120.)

16 = 17 AOUT 1792. — Décret portant que les séances des corps administratifs et municipalités seront publiques. (L. 10, 399.)

16 = 17 AOUT 1792. — Décret relatif à la police de la ville de Rouen. (L. 10, 377 et 407; B. 24, 120.)

16 AOUT 1792. — Décret sur le mode de publication des décrets rendus sur des affaires particulières et à leur collation. (B. 24, 117.)

16 AOUT 1792. — Décret pour amener le sieur Montmorin à la barre de l'Assemblée. (B. 24, 117.)

16 = 22 AOUT 1792. — Décret relatif à la fixation de l'indemnité due au sieur Champagne. (B. 24, 119.)

16 AOUT 1792. — Décret qui renvoie le sieur Crenkauk, Anglais, à la commune de Paris, pour obtenir un passeport. (B. 24, 122.)

16 AOUT 1792. — Décret relatif à la recherche du sieur Montmorin, pour le faire comparaître à la barre. (B. 24, 123.)

16 AOUT 1792. — Décret sur le traitement des membres de communautés séculières supprimées. (B. 24, 120.)

16 AOUT 1792. — Décret en faveur des portiers du Pont-Tournant. (B. 24, 124.)

16 AOUT 1792. — Décret relatif aux effets appartenant à la nation et déposés au Garde-Meuble et à Saint-Denis. (B. 24, 124.)

16 AOUT 1792. — Décret relatif à la reconnaissance et vérification des papiers concernant la liste civile. (B. 24, 124.)

16 = 16 AOUT 1792. — Décret portant que le sieur Bursbrobst n'est pas compris au nombre des Suisses détenus ou qui doivent l'être. (L. 10, 378; B. 24, 117.)

16 = 16 AOUT 1792. — Décret relatif à la répression des troubles de Rouen. (L. 10, 377; B. 24, 120.)

_____

16 = 16 AOUT 1792. — Décret relatif à l'envoi aux armées des pièces déjà trouvées dans le cabinet du Roi. (L. 10, 384; B. 24, 129.)

_____

16 AOUT 1792. — Décret qui ordonne de faire une avance de quinze mille livres au sieur Baudouin, pour lui faciliter l'impression de l'instruction aux gardes nationales. (B. 24, 122.)

_____

16 = 16 AOUT 1792. — Décret qui autorise la commune d'Ingrande à acquérir un clos pour y établir un champ de foire. (L. 10, 385; B. 24, 119.)

16 AOUT 1792. — Décret pour une fonte de canons. (B. 24, 125.)

16 = 16 AOUT 1792. — Décret relatif à la vente, en faveur des sieurs Richard et Adrien, de papiers blancs provenant de la régie générale. (L. 10, 387.)

16 = 30 AOUT 1792. — Décret portant qu'il y a lieu à accusation contre le sieur Jouneau, député. (L. 10, 376; B. 24, 129.)

16 AOUT 1792. — Sieur Dutertre. *Voy.* 11 AOUT 1792. — Faculté de droit de Paris. *Voy.* 6 AOUT 1792. — Gendarmerie nationale. *Voy.* 17 AOUT 1792. — Lameth, Barnave, etc. *Voy.* 15 AOUT 1792. — Monnaie de cuivre; Religieux, etc. *Voy.* 7 AOUT 1792. — Sels et tabacs. *Voy.* 12 JUIN 1792.

_____

17 AOUT = 14 SEPTEMBRE 1792. — Décret relatif à l'envoi des adresses, décrets et pièces dont l'impression, depuis le 10 août, a été et sera ordonnée. (L. 10, 438; B. 24, 132.)

L'Assemblée nationale décrète que toutes adresses, décrets et pièces relatives aux affaires actuelles, dont l'impression depuis le 10 a été et sera ordonnée par la suite, seront envoyées dans toutes les municipalités, pour y être publiées et lues dans toutes les paroisses par les officiers municipaux ou autres citoyens délégués par eux ou à cet effet; décrète aussi l'envoi desdits objets aux armées, ainsi qu'à toutes les troupes, soit de terre, soit de mer, pour y être lus à la tête des corps et des compagnies. Les chefs justifieront de la réception et de la lecture desdits envois.

_____

17 = 17 AOUT 1792. — Décret qui oblige les membres du Corps-Législatif à faire connaître leur domicile au comité de leur section. (L. 10, 412; B. 24, 131.)

L'Assemblée nationale décrète que tous les membres du Corps-Législatif donneront, dans le jour, au comité de la section dans l'étendue de laquelle ils habitent, le nom de la rue où est leur demeure, et le numéro de leur maison.

Décrète que le relevé des déclarations de domicile sera envoyé, par le comité de chaque section, dans le jour de demain, aux commissaires de la salle, qui feront imprimer par division de section la liste générale.

Décrète en outre que, toutes les fois qu'il sera nécessaire que l'Assemblée nationale se réunisse extraordinairement pour délibérer, il sera donné ordre par le président ou le vice-président, ou par un des ex-présidents, pour que des ordonnances se transportent dans les quarante-huit sections, et que les comités fassent prévenir les députés demeurant dans leur arrondissement que l'intérêt national exige qu'ils se rendent à l'instant à la salle de l'Assemblée du Corps-Législatif.

_____

17 = 17 AOUT 1792. — Décret relatif à la suppression sans indemnité des droits fixes ci-devant féodaux et casuels. (L. 10, 413.)

L'Assemblée nationale décrète ce qui suit:

Les droits fixes ci-devant féodaux et casuels, sous quelque dénomination et de quelque nature qu'ils puissent être, ainsi que les droits qui en sont représentatifs, sont supprimés sans indemnité, à l'exception de ceux de ces droits qui seront prouvés, par le titre primitif, être le prix de la concession du fonds.

L'Assemblée nationale renvoie à son comité féodal, pour lui faire demain un rapport sur le mode de rachat de ces derniers.

_____

17 = 17 AOUT 1792. — Décret relatif à la formation d'un tribunal criminel pour juger les crimes commis dans la journée du 10 août 1792. (L. 10, 419; B. 24, 129.)

*Voy.* lois du 19 AOUT 1792 et du 20 = 22 SEPTEMBRE 1792.

L'Assemblée nationale, considérant qu'après avoir remédié à l'insuffisance du jury déjà existant, par un nouveau jury d'accusation et de jugement des crimes commis dans la journée du 10 août courant et des autres crimes y relatifs, circonstances et dépendances, elle doit pareillement remédier à l'insuffisance du tribunal criminel et des tribunaux d'arrondissement du département de Paris, décrète qu'il y a urgence.

L'Assemblée nationale, après avoir décrété l'urgence, décrète ce qui suit:

Art. 1er. Il sera procédé à la formation d'un corps électoral pour nommer les membres d'un tribunal criminel destiné à juger les crimes commis dans la journée du 10 août courant, et autres crimes y relatifs, circonstances et dépendances.

2. Ce tribunal sera composé de huit juges, huit suppléans, deux accusateurs publics, quatre greffiers, huit commis-greffiers et deux commissaires nationaux nommés par le pouvoir exécutif provisoire.

Le tribunal sera divisé en deux sections, composées chacune de quatre juges, quatre suppléans, un accusateur public, deux greffiers, quatre commis-greffiers et d'un commissaire national.

Les deux juges qui auront été élus les premiers présideront chacun une section.

Les greffiers de chaque section présenteront quatre commis qui, après avoir été agréés par les juges de chaque section, prêteront serment devant le tribunal.

3. Les fonctions des juges, des accusateurs publics et des commissaires nationaux, ainsi que celles des directeurs du jury dont il sera parlé ci-après, seront les mêmes que celles des juges du tribunal criminel, du directeur du jury, de l'accusateur public et du commissaire du Roi, dont il est question dans le décret du 16 = 29 septembre 1791 sur les jurés.

Les juges prononceront en dernier ressort, sans qu'il puisse y avoir lieu à recours au tribunal de cassation.

4. Le corps électoral sera composé d'un électeur nommé par chaque section de Paris, à la pluralité relative des suffrages.

Le doyen d'âge sera président du corps électoral; les trois plus âgés après lui seront scrutateurs, et le président et les scrutateurs nommeront le secrétaire.

Le procureur de la commune convoquera sur-le-champ, pour la nomination des électeurs, les assemblées des sections de Paris.

Chaque section enverra à l'instant à la commune l'électeur par elle-même nommé, avec expédition du procès-verbal de son élection.

Aussitôt après la réunion à la maison commune de trente-six électeurs, dont les pouvoirs seront vérifiés par le procureur de la commune, l'assemblée électorale se formera et commencera les élections.

6. Le corps électoral nommera sept directeurs du jury.

Quatre directeurs de jury formeront un tribunal qui remplira les fonctions assignées aux tribunaux ordinaires, dans les cas où les directeurs du jury sont obligés d'y référer.

Les quatre premiers directeurs nommés formeront le tribunal.

Les qualités nécessaires pour être nommé juge, suppléant, directeur du jury, accusateur public et commissaire national, sont d'être âgé de vingt-cinq ans, et d'avoir exercé les fonctions de juge, d'homme de loi ou d'avoué, au moins pendant un an, auprès d'un tribunal.

7. Les nominations des juges, des suppléans, des accusateurs publics, se feront à la pluralité absolue des suffrages du corps électoral.

Celles des greffiers se feront à la pluralité relative.

8. Les juges, les suppléans, les directeurs du jury et les accusateurs publics prêteront, en présence des représentans de la commune chargés de choisir le lieu de leurs séances et de les installer, le serment d'être fidèles à la nation, de maintenir la liberté, l'égalité et l'exécution des lois, ou de mourir à leur poste.

Les commissaires nationaux et les greffiers prêteront, après l'installation, le même serment entre les mains des juges.

9. Les deux sections du tribunal criminel seront en activité sans intervalle de session, et les délais pour la convocation et la réunion des jurys d'accusation et de jugement ne pourront jamais excéder vingt-quatre heures.

10. Le costume et le traitement des membres composant le tribunal créé par le présent décret seront les mêmes que ceux attribués aux membres du tribunal criminel du département de Paris.

11. Le présent décret sera proclamé solennellement dans le jour, par les représentans de la commune, dans les places publiques de la ville de Paris, et publié et affiché dans chaque assemblée de section; le certificat desdites proclamations, lectures et affiches sera envoyé sans délai à l'Assemblée nationale par les comités de section et par le procureur de la commune.

---

17 = 17 AOUT 1792. — Décret relatif à l'arrestation faite à Sedan de trois commissaires de l'Assemblée nationale envoyés à l'armée du Centre. (L. 10, 415; B. 24, 133.)

L'Assemblée nationale, informée que les trois commissaires envoyés par elle à l'armée du Centre ont été arrêtés à Sedan par ordre du maire, et que le conseil du département des Ardennes a pris un arrêté, le 15 de ce mois, contraire aux décrets de l'Assemblée nationale relatifs à la suspension du chef du pouvoir exécutif et à la convocation de la Convention nationale; considérant que l'arrestation des commissaires de l'Assemblée et l'arrêté du directoire du département sont une rébellion à la loi, un attentat à la souveraineté du peuple, à l'inviolabilité de ses représentans et à la liberté, décrète ce qui suit:

Art. 1er. Les administrateurs du département des Ardennes, ceux du district de Sedan, les officiers municipaux et le commandant de la force publique de la même ville, demeurent personnellement responsables de la sûreté et de la liberté des commissaires de l'Assemblée nationale.

2. Les quatorze administrateurs du dépar-

tement des Ardennes qui ont concouru à l'arrêté du 15 du présent mois, le procureur-général-syndic et le maire de Sedan, seront mis en état d'arrestation, et traduits à la barre de l'Assemblée nationale pour y être interrogés. Le pouvoir exécutif est chargé de donner les ordres les plus prompts pour l'exécution du présent décret.

3. Il sera envoyé dans le département des Ardennes trois nouveaux commissaires pris dans le sein de l'Assemblée nationale.

4. Ils sont autorisés à requérir la force publique, soit du département des Ardennes, soit des départemens voisins, soit même des armées et du camp de Soissons, pour assurer la liberté de leurs fonctions.

5. L'Assemblée nationale déclare infâmes et traîtres à la patrie les officiers civils ou militaires et les citoyens qui refuseraient d'obéir à la réquisition de ses commissaires.

6. Les commissaires sont autorisés à s'établir dans telle ville qu'ils jugeront convenable, à y convoquer les corps administratifs, à y prendre toutes les informations et toutes les mesures que commandent le salut de la patrie et la tranquillité du département des Ardennes.

7. Ils sont chargés de faire les proclamations, de publier les instructions, de répandre les pièces relatives à la conduite et à la suspension du pouvoir exécutif, les adresses de l'Assemblée nationale, en un mot tout ce qui pourra éclairer l'opinion du peuple, celle de l'armée, et fondre tous les sentimens dans un seul, qui doit animer aujourd'hui l'empire, celui de conserver la liberté et l'égalité.

8. Les membres du conseil du département des Ardennes demeurés fidèles à la patrie et à la cause du peuple, de la liberté et de l'égalité, sont autorisés à prendre dans les directoires des districts le nombre d'administrateurs nécessaire pour compléter l'administration du département.

9. L'Assemblée nationale charge le pouvoir exécutif de donner les ordres nécessaires et d'employer tous les moyens convenables pour seconder les mesures des commissaires, et pour l'exécution du présent décret.

17 = 17 AOUT 1792. — Décret relatif à l'évacuation des maisons religieuses, et à l'augmentation du traitement des religieuses desdites maisons. (L. 10, 423.)

*Voy.* loi du 18 AOUT 1792.

Art. 1er. Pour le 1er octobre prochain, toutes les maisons encore actuellement occupées par les religieuses ou par des religieux seront évacuées par lesdits religieux et religieuses, et seront mises en vente à la diligence des corps administratifs.

2. L'Assemblée nationale renvoie à ses comités des domaines et de l'extraordinaire des finances, pour lui présenter un projet de décret sur l'augmentation de traitement qui peut être due auxdites religieuses ainsi rentrées dans la société.

3. Sont exceptées de l'article 1er les religieuses consacrées au service des hôpitaux et autres établissemens de charité, à l'égard desquelles il n'est rien innové.

4. L'Assemblée nationale déroge au décret du 8 = 14 octobre 1790, en tout ce qui serait contraire au présent décret.

17 = 17 AOUT 1792. — Décret qui confirme les pouvoirs donnés aux commissaires civils envoyés dans les colonies, et qui détermine la manière d'y faire parvenir les lois et actes de l'Assemblée nationale. (L. 10, 425; B. 24, 134.)

Art. 1er. L'Assemblée nationale confirme les pouvoirs donnés aux commissaires civils envoyés dans les diverses colonies, enjoint aux autorités constituées, corps civils et militaires, d'exécuter ponctuellement les ordres et les décisions qui pourraient en émaner; elle déclare traîtres à la patrie tout corps civil ou militaire, tout citoyen qui refusera l'obéissance qui leur est due.

2. Elle ordonne que toutes les lois qui seront rendues, tous les actes par elle faits, toutes les pièces par elle rendues publiques depuis le 10 de ce mois, seront envoyés aux commissaires des diverses colonies par les avisos dont l'armement a été décrété le 15 de ce mois, avec ordre de s'y conformer et de les faire publier.

3. Le pouvoir exécutif présentera, sous vingt-quatre heures, à l'Assemblée nationale, un état des dépenses qu'exige cet armement.

17 AOUT 1792. — Décret relatif aux travaux projetés pour la défense de Paris. (L. 10, 427; B. 24, 135.)

L'Assemblée nationale, considérant qu'il est nécessaire pour préparer la défense de Paris, de faire retrancher quelques points dont les avantages naturels peuvent être facilement augmentés par les moyens de l'art, et donner d'autant plus de confiance aux citoyens armés pour la défense de la patrie, et voulant prévenir tous les délais qui pourraient retarder ces opérations importantes, après avoir entendu le rapport de son comité militaire, décrète qu'il y a urgence.

L'Assemblée nationale, après avoir décrété l'urgence, décrète ce qui suit:

Art. 1er. La commune de Paris est autorisée à faire exécuter, sous la surveillance provisoire des membres de la commission militaire et des personnes choisies par le pouvoir exécutif, tous les travaux qui ont été résolus dans les conférences tenues au comité militaire, entre les membres des différentes commissions et les officiers et gens de l'art qui y ont été appelés.

2. Les indemnités nécessaires, occasionées tant par le tracé que par l'exécution desdits ouvrages, seront réglées par des commissaires nommés, à dire d'experts, par les parties et par les différentes communes dans le territoire desquelles se feront les opérations.

3. Il sera mis à la disposition du pouvoir exécutif une somme de huit cent mille livres, pour subvenir aux premières dépenses desdits travaux, à la charge d'en rendre compte.

17 = 17 AOUT 1792. — Décret relatif aux récoltes provenant des possessions des habitans du pays de Luxembourg. (L. 10, 428; B. 24, 135.)

L'Assemblée nationale, considérant que la situation politique de la nation à l'égard du Luxembourg est la même qu'à l'égard de l'électorat de Trèves, et qu'il importe de faire cesser le doute que le ministre des contributions publiques annonce, par sa lettre de ce jour, s'être élevé dans le directoire du département de la Moselle, déclare commun aux possessions des habitans du pays de Luxembourg le décret du 16 = 19 juillet dernier, qui prohibe la sortie des récoltes provenant des possessions des habitans de l'électorat de Trèves en France.

17 = 18 AOUT 1792. — Décret relatif à l'organisation des nouvelles compagnies de gendarmerie nationale à pied. (L. 10, 432; B. 24, 137.)

L'Assemblée nationale, considérant que, d'après son décret du 16 juillet dernier, il doit être formé de nouvelles compagnies de gendarmerie nationale à pied, composées des mêmes hommes qui ont servi la cause de la liberté en 1789, et qui, en remplissant les conditions prescrites par ce décret, se sont fait enregistrer à la municipalité de Paris; considérant que, quoique les tableaux d'enregistrement n'aient point été encore adressés à l'Assemblée nationale, il n'en est pas moins instant de procéder à l'organisation de ceux qui ont satisfait à la loi en se faisant enregistrer dans les délais prescrits, décrète qu'il y a urgence.

L'Assemblée nationale, après avoir entendu son comité militaire et décrété l'urgence, décrète définitivement ce qui suit:

Art. 1er. Les citoyens qui, d'après les dispositions de l'article 1er du décret du 16 juillet dernier, se sont fait enregistrer à la municipalité de Paris pour faire partie des nouvelles compagnies de gendarmerie à pied créées par le même décret, se réuniront, sans aucun délai, à la maison commune, pour procéder à la formation desdites compagnies de gendarmerie nationale.

2. Chaque compagnie sera composée d'un capitaine, trois lieutenans, quatre maréchaux-des-logis, douze brigadiers, quatre-vingt-douze gendarmes et un tambour.

3. Pour parvenir à la formation de ces compagnies, la municipalité de Paris fera, sous sa responsabilité, l'état exact et nominatif des citoyens enregistrés en vertu du décret du 16 juillet dernier, et qui réuniront en même temps toutes les conditions prescrites par ce décret; en conséquence, elle fera passer sous huit jours à l'Assemblée nationale l'état de ces citoyens, ainsi que leurs titres et cartouches.

4. D'après cet état arrêté par la municipalité, elle fixera le nombre des compagnies qui pourront être organisées, en calculant sur le pied de cent treize hommes par chaque compagnie, et elle en donnera sur-le-champ connaissance aux citoyens inscrits et ayant les conditions prescrites.

5. Ces citoyens se concerteront entre eux pour se diviser en compagnies; et dans le cas où, dans les trois jours, ils ne parviendraient point à s'organiser de concert entre eux, il sera procédé par la voie du tirage au sort, en présence de trois commissaires de la municipalité, à la formation entière des compagnies qui n'auraient pu parvenir à se former.

6. Aussitôt après leur formation, ces compagnies s'assembleront pour choisir leurs officiers et sous-officiers, conformément au décret du 15 de ce mois, et, en ce qui ne serait pas prévu par ce décret, conformément aux lois sur l'organisation des bataillons de volontaires nationaux.

7. L'uniforme et la solde de ces compagnies seront les mêmes que ceux de la trentième division de la gendarmerie nationale à pied, créée à Paris par la loi du 18 août 1791; elles demeureront assimilées aux divisions de la gendarmerie nationale de France, et jouiront des mêmes honneurs et avantages.

8. En attendant que le Corps-Législatif puisse prononcer sur l'organisation définitive de ces compagnies en division de gendarmerie, la Trésorerie nationale tiendra à la disposition du ministre de l'intérieur une somme de six cent mille livres pour les solde, masses, équipement et armement desdites compagnies.

9. Le département de Paris pourvoira à leur logement, de la même manière qu'à celui des gendarmes nationaux de la trentième division de gendarmerie nationale à pied, résidant à Paris.

17 = 19 AOUT 1792. — Décret relatif aux réglemens à faire concernant les ports et arsenaux. (L. 10, 436; B. 24, 139.)

L'Assemblée nationale, considérant que la loi du 22 octobre dernier, concernant l'ad-

*ministration des ports et objets y relatifs,* porte, article 2, que l'administration des ports sera civile et incompatible avec toutes fonctions militaires;

Que cette disposition annule de droit toutes celles des anciennes ordonnances et réglemens qui attribuaient des fonctions purement administratives aux officiers de la marine en activité;

Que la loi du 22 octobre, en énonçant sommairement les fonctions qu'auraient à remplir les agens de la nouvelle administration, ne trace cependant pas avec précision le cercle dans lequel chacun d'eux doit se conformer, et suppose par conséquent qu'il sera fait des lois de détail pour régler leur service respectif;

Considérant que les lois à faire pour remplacer les ordonnances et réglemens actuellement en vigueur exigent un temps considérable, et qu'en attendant le service des ports pourrait éprouver des difficultés préjudiciables à l'économie et au bon ordre qui doit régner dans les ports et arsenaux de la marine;

Considérant que les ordonnances de 1689 et 1765 contiennent plusieurs dispositions, lesquelles sont susceptibles, moyennant quelques modifications, d'être appliquées à la loi du 12 octobre, et de lui servir de supplément;

Considérant qu'il importe de fournir promptement au pouvoir exécutif les moyens d'établir dans les ports et arsenaux le nouveau régime administratif, ensemble le service militaire le plus actif et le plus régulier, décrète qu'il y a urgence.

L'Assemblée nationale, après avoir entendu le rapport de son comité de marine et décrété l'urgence, décrète ce qui suit:

Art. 1er. Le pouvoir exécutif prescrira, dans tous les ports et arsenaux de la marine, l'observation provisoire des différentes dispositions des ordonnances de 1689 et 1765, relatives au service des ports et arsenaux.

2. En exécution de l'article précédent, il sera fait des réglemens contenant les dispositions desdites ordonnances et réglemens concernant le service administratif et militaire dans les ports et arsenaux; auxquelles dispositions le pouvoir exécutif ne pourra faire d'autres modifications que celles qu'exigent les lois de l'Assemblée nationale concernant la marine.

3. Le pouvoir exécutif déterminera provisoirement, dans lesdits réglemens, le mode et les formes du service de tous les agens de la nouvelle administration, soit dans les ports et arsenaux, soit à la mer.

4. Il en sera de même du mode et des formes du service, tant à la mer que dans les ports, des officiers de la marine militaire, en observant néanmoins que lesdits officiers ne puissent s'immiscer dans les fonctions purement administratives, celles qui leur sont

propres devant avoir uniquement pour objet l'instruction des marins, les progrès de l'art et le maintien de l'ordre et de la discipline.

5. Le présent décret sera transcrit en tête des réglemens qui seront faits et promulgués.

6. Aussitôt que lesdits réglemens auront été envoyés dans les ports, il en sera remis des copies en forme à l'Assemblée nationale. Le pouvoir exécutif lui fera aussi parvenir, sans délai, les observations et réclamations auxquelles l'exécution desdits réglemens pourra donner lieu.

7. Les réglemens qui seront faits en exécution du présent décret seront exécutés selon leur forme et teneur, mais seulement jusqu'à ce qu'il en ait été autrement ordonné, l'Assemblée nationale se réservant de statuer incessamment sur tout ce qui a rapport au régime administratif et au service militaire des ports et arsenaux.

17 = 17 AOUT 1792. — Décret qui accorde une indemnité de six cents livres au sieur Penon (L. 10, 414; B. 24, 133.)

17 AOUT 1792. — Décret relatif aux contre-révolutionnaires émigrés à Chambéry. (B. 24, 131.)

17 = 17 AOUT 1792. — Décret portant que la commune de Paris pourvoira aux dépenses relatives à la place de la Liberté et au déblaiement du château des Tuileries. (L. 10, 418; B. 24, 133.)

17 = 17 AOUT 1792. — Décret qui rectifie une erreur dans le décret du 11, relatif au chef-lieu où les assemblées électorales se tiendront. (B. 24, 132.)

17 AOUT 1792. — Décret qui destitue les administrateurs du département de la Somme qui ont signé l'adresse au Roi. (L. 10, 429; B. 24, 136.)

17 = 18 AOUT 1792. — Décret qui ordonne l'élargissement de Paul Miette, détenu par une fausse interprétation du Code pénal. (L. 10, 435; B. 24, 141.)

17 AOUT 1792. — Décret relatif à l'impression et à l'envoi aux départemens des pièces trouvées chez les administrateurs de la liste civile. (B. 24, 132.)

17 AOUT 1792. — Décret qui autorise le ministre de la guerre à faire fabriquer des pièces de huit au lieu de celles de six. (B. 24, 132.)

17 AOUT 1792. — Décret relatif au service des membres de l'Assemblée pendant la durée de la séance permanente. (B. 24, 137.)

4.

17 AOUT 1792. — Décret concernant l'établissement d'un comité de correspondance. (B. 24, 132.)

———

17 AOUT 1792. — Décret sur les réclamations du sieur Vivier, conducteur des messageries. (B. 24, 139.)

———

17 AOUT 1792. — Décret pour qu'il soit statué sur la dénonciation des sieur et dame Formentin contre le tribunal du cinquième arrondissement de Paris. (B. 24, 142.)

———

17 = 17 AOUT 1792. — Décret relatif à la formation d'un second bataillon de volontaires du département de la Vienne. (L. 10, 410.)

———

17 AOUT 1792. — Cassation. *Voy.* 19 AOUT 1792. — Corps administratifs. *Voy.* 16 AOUT 1792. — Districts divers. *Voy.* 10 AOUT 1792. — Fusils pour la Corrèze. *Voy.* 12 AOUT 1792. — Maisons de religieux. *Voy.* 4 AOUT 1792. — Notaires du Morbihan. *Voy.* 15 AOUT 1792.

———

18 = 30 AOUT 1792. — Décret qui suspend les fonctions des commissaires du Roi près les tribunaux civils et criminels. (L. 10, 447; B. 24, 146.)

L'Assemblée nationale, considérant que l'intérêt public réclame la suspension et le prompt remplacement des commissaires du Roi près les tribunaux, décrète qu'il y a urgence.

L'Assemblée nationale, après avoir entendu le rapport de son comité de législation et décrété l'urgence, décrète ce qui suit :

Art. 1er. Les commissaires du Roi près les tribunaux civils et criminels sont et demeureront suspendus de leurs fonctions, à compter du jour de la publication du présent décret.

2. Le conseil général de chaque district nommera, dans le plus bref délai, à la pluralité des suffrages et par la voie du scrutin, un citoyen réunissant les conditions d'éligibilité exigées par la loi, pour exercer provisoirement les fonctions de commissaire du pouvoir exécutif près le tribunal de son arrondissement.

3. Les conseils généraux des départemens nommeront également un citoyen réunissant les conditions d'éligibilité exigées par la loi, pour remplir provisoirement près le tribunal criminel de leur ressort les fonctions de commissaire du pouvoir exécutif.

4. A Paris, la nomination des citoyens destinés à remplir les fonctions de commissaires du pouvoir exécutif près les tribunaux d'arrondissement, sera faite par le conseil général de la commune, et par deux membres de chacun des conseils généraux des districts du Bourg-la-Reine et Saint-Denis. A l'égard du citoyen qui devra remplir ces mêmes fonctions près le tribunal de police correctionnelle établi à Paris, il sera nommé par le seul conseil général de la commune.

5. Les juges du tribunal de cassation, ainsi que ceux des six tribunaux criminels établis provisoirement à Paris, nommeront, par la voie du scrutin et à la pluralité des suffrages, celui qui devra remplir, dans chacun desdits tribunaux, les fonctions de commissaire du pouvoir exécutif; le substitut qui exerce près le tribunal de cassation sera remplacé en la même forme et de la même manière.

6. Ne pourront être élus, dans aucun des tribunaux ci-dessus dénommés, les commissaires du Roi et substituts qui seront en exercice lors de la publication du présent décret.

7. Les commissaires du pouvoir exécutif et substituts qui seront nommés en vertu du présent décret, recevront le même traitement que celui qui était accordé aux commissaires du Roi.

———

18 = 19 AOUT 1792. — Décret relatif au paiement des solde et masses des troupes. (L. 10, 470; B. 24, 147.)

Art. 1er. Dans tous les corps de troupes de ligne qui seront employés aux frontières du nord, de l'est et du midi de l'empire français, et à la distance de vingt lieues de ces frontières, les sous-officiers et soldats recevront leur solde entière en argent.

2. Les masses continueront à être payées conformément aux lois précédentes.

3. Tous les corps de volontaires nationaux recevront, aux mêmes lieux et distances, leur solde entière en numéraire, à la déduction des retenues qui leur sont faites pour représenter les masses d'habillement, de linge et chaussure, et des autres fournitures qui leur seraient faites en nature.

4. Les officiers de santé, les aumôniers et commissaires des guerres, recevront cinquante livres par mois en numéraire, ainsi qu'il a été établi pour tous les officiers par l'article 5 du décret du 23 = 29 juin dernier.

Les boulangers, infirmiers, charretiers et autres ouvriers employés aux armées dans les lieux et distances ci-dessus fixés, et qui sont salariés par l'Etat, recevront en numéraire la même somme que le soldat.

5. Si, au-delà de la distance de vingt lieues, il se trouvait une ville en état de guerre, les troupes y jouiront de la même faveur accordée par les articles précédens.

6. Le présent décret ne déroge en rien aux exceptions portées dans les décrets précédens, en faveur des villes de Givet, Landau, Monaco et autres.

———

18 = 26 AOUT 1792. — Décret relatif au numérotage des assignats. (L. 10, 472; B. 24, 148.)

L'Assemblée nationale, après avoir entendu le rapport de son comité des assignats et monnaies, considérant que la loi du 8 juin dernier, qui a supprimé le numérotage de tous les assignats au-dessous de cinq livres, ne s'est pas expliquée sur ceux de dix livres, lesquels, suivant la loi du 4 avril, doivent être numérotés comme les coupures par la voie de l'impression; considérant que, si ce procédé était adopté, il s'ensuivrait plusieurs inconvéniens à cause de la taille-douce dont ils sont ornés, beaucoup de retard dans leur émission; considérant enfin qu'il est indispensable de fixer le nombre des séries dont les assignats de dix et vingt-cinq livres seront composés; et reconnaissant que, moins ces séries auront d'étendue, et plus il sera facile de retirer de la circulation chacune de celles où l'on découvrirait des assignats suspects, décrète qu'il y a urgence.

L'Assemblée nationale, après avoir décrété l'urgence, décrète ce qui suit :

Art. 1er. Les dispositions de l'article 2 du décret du 3 = 4 avril, portant que les assignats de dix livres seront numérotés à la presse, sont abrogées en ce point, et lesdits assignats recevront un numéro de la même manière que ceux de vingt-cinq livres et cinq livres.

2. Les séries des assignats de vingt-cinq livres et dix livres seront composées de cinq mille billets, et indiquées par des chiffres arabes, ainsi qu'il est prescrit pour les assignats de quinze et dix sous par le décret du = 8 juin dernier.

3. Le nombre des séries sera déterminé comme il suit :

Assignats de vingt-cinq livres, huit cents séries;

Assignats de dix livres, deux mille séries.

———

18 = 18 AOUT 1792. — Décret relatif aux commis du trésor de la marine. (L. 10, 475; B. 24, 144.)

L'Assemblée nationale, considérant que le service de l'administration civile des ports et arsenaux, comprenant toutes les branches des approvisionnemens et des travaux, exige que les employés qui y sont attachés puissent porter dans tous ses détails cet esprit d'ordre et d'économie qui doit caractériser la comptabilité de tous les agens publics;

Considérant que l'activité que ce service va recevoir par la nomination et par la destination de tous ceux qui doivent y être placés après les décrets, en laissera plusieurs sans emploi, et que la loi, en privant par des réformes nécessaires les citoyens de leur état, doit veiller à la conservation de leurs droits;

Considérant qu'en ouvrant une nouvelle carrière aux commis des ports, et en donnant enfin à ceux qui s'y sont consacrés depuis plusieurs années, le prix qui peut être dû à l'ancienneté de leurs services, la loi se montrera à la fois juste et prévoyante;

Considérant enfin qu'il est nécessaire de fixer promptement le sort des agens qui seront conservés, remplacés ou retirés, décrète qu'il y a urgence.

L'Assemblée nationale, après avoir ouï le rapport de son comité de marine et décrété l'urgence, décrète ce qui suit :

Art. 1er. Les places de commis du trésor de la marine seront données à l'avenir, soit aux commis des ports supprimés par l'effet de la nouvelle formation, soit à ceux qui seront en activité de service, au choix du payeur de la marine, approuvé par l'ordonnateur.

2. Les traitemens des commis du trésor continueront à leur être payés de la même manière qu'ils l'ont été jusqu'à présent; mais ceux qui auront au moins dix ans de service effectif seront susceptibles des traitemens de retraite, à l'instar des autres commis des ports.

———

18 = 21 AOUT 1792. — Décret relatif aux libelles inciviques et autres écrits tendant à égarer l'opinion publique. (L. 10, 446; B. 24, 148.)

L'Assemblée nationale, considérant que depuis long-temps les ennemis de la patrie ne cessent d'égarer l'opinion publique par des correspondances mensongères, par des libelles inciviques et par toute sorte d'écrits calomnieux et empoisonnés; qu'il est instant de déjouer ces manœuvres perfides, en exposant aux yeux de la nation française la vérité, qu'on s'efforce de lui cacher, décrète qu'il sera mis à la disposition du ministre de l'intérieur, à la charge d'en rendre compte, la somme de cent mille livres pour les frais de correspondance qu'il jugera nécessaires, et pour l'impression, et distribution dans les départemens et les armées, de tous les écrits propres à éclairer les esprits sur les trames criminelles des ennemis de l'Etat, et sur les vraies causes des maux qui ont trop long-temps déchiré la patrie.

Cette somme sera prise sur les six millions accordés précédemment au ministre des affaires étrangères pour les dépenses secrètes.

———

18 = 18 AOUT 1792. — Décret qui charge le ministre des contributions publiques de surveiller la fabrication des assignats. (L. 10, 442; B. 24, 145.)

L'Assemblée nationale décrète que le ministre des contributions publiques reprendra sous sa surveillance immédiate la fabrication des assignats, et tout ce qui concerne cette partie de l'administration publique. Il pourra, en conséquence, révoquer et commettre les membres de la commission, ainsi que toutes personnes dans le cas d'y être employées.

———

18 = 18 AOUT 1792. — Décret relatif au compte des préposés de l'administration de la liste civile. (L. 10, 443; B. 24, 145.)

L'Assemblée nationale décrète que tous les préposés à la gestion, recette et administration de la liste civile, présenteront leurs comptes dans les vingt-quatre heures au conseil exécutif provisoire, qui fera verser, immédiatement après la vérification desdits comptes, les deniers que les comptables auront ou devront avoir entre leurs mains.

———

18 = 18 AOUT 1792. — Décret relatif à la suppression des congrégations séculières et des confréries. (L. 10, 449; B. 24, 149.)

*Voy.* lois du 28 OCTOBRE = 1er NOVEMBRE 1789; du 13 = 19 FÉVRIER 1790; du 17 AOUT 1792; du 3 OCTOBRE 1793; du 9 NIVOSE an 2; décrets du 3 MESSIDOR an 12; du 3 JANVIER 1812; du 23 JANVIER 1813; loi du 2 JANVIER 1817; ordonnance du 2 AVRIL 1817; loi du 24 MAI 1825; ordonnances du 16 JUIN 1828 (1).

L'Assemblée nationale, considérant qu'un État vraiment libre ne doit souffrir dans son sein aucune corporation, pas même celles qui, vouées à l'enseignement public, ont bien mérité de la patrie, et que le moment où le Corps-Législatif achève d'anéantir les corporations religieuses est aussi celui où il doit faire disparaître à jamais tous les costumes qui leur étaient propres, et dont l'effet nécessaire serait d'en rappeler le souvenir, d'en retracer l'image, ou de faire penser qu'elles subsistent encore, décrète ce qui suit:

TITRE Ier. Suppression des congrégations séculières et des confréries.

Art. 1er. Les corporations connues en France sous le nom de congrégations séculières ecclésiastiques, telles que celles des prê-

tres de l'Oratoire de Jésus (2), de la doctrine chrétienne, de la mission de France ou de Saint-Lazare, des Eudites, de Saint-Joseph, de Saint-Sulpice, de Saint-Nicolas du Chardonnet, du Saint-Esprit, des missions du clergé, des Mulotins, du Saint-Sacrement, des Bonics, des Trouillardistes, la congrégation de Provence, les sociétés de Sorbonne et de Navarre; les congrégations laïques, telles que celles des frères de l'École chrétienne, des ermites du Mont-Valérien, des ermites de Sénard, des ermites de Saint-Jean-Baptiste, de tous les autres frères ermites isolés ou réunis en congrégations, des frères tailleurs, des frères cordonniers; les congrégations des filles, telles que celles de la Sagesse, des Écoles chrétiennes, des Vertelottes, de l'Union chrétienne, de la Providence, des filles de la Croix, les sœurs de Saint-Charles, les Millepoises, les filles du Bon-Pasteur, les filles de la Propagation de la foi, celles de Notre-Dame de la Garde, les Dames Noires, celles de Fourquevaux, et généralement toutes les corporations religieuses et congrégations séculières d'hommes et des femmes ecclésiastiques ou laïques, même celles uniquement vouées au service des hôpitaux et au soulagement des malades, sous quelque dénomination qu'elles existent en France, soit qu'elles ne comprennent qu'une seule maison, soit qu'elles en comprennent plusieurs; ensemble les familiarités, confréries, les pénitens de toutes couleurs, les pèlerins, et toutes autres associations de piété ou de charité, sont éteintes et supprimées à dater du jour de la publication du présent décret.

2. Néanmoins, dans les hôpitaux et maisons de charité, les mêmes personnes continueront comme ci-devant le service des pauvres et le soin des malades à titre individuel, sous la surveillance des corps municipaux et administratifs, jusqu'à l'organisation définitive que le comité des secours présentera incessamment à l'Assemblée nationale. Celles qui discontinueront leur service sans des raisons jugées valables par les directoires de département, sur l'avis des districts, et les observations des municipalités, n'obtiendront à

———

(1) Sous le régime impérial, plusieurs associations furent rétablies, et, depuis la restauration, on en compte beaucoup de nouvelles. A ce sujet, on a examiné les questions de savoir s'il fallait une loi, ou s'il suffisait d'une ordonnance pour autoriser une association religieuse, ou du moins si, lorsqu'une maison d'un ordre avait été constituée par une loi, toutes les maisons du même ordre pouvaient être valablement autorisées par ordonnance. *Voy.* le rapport fait en 1823 à la Chambre des pairs, par M. Portalis, sur la proposition tendante à provoquer une loi en vertu de laquelle les communautés religieuses de femmes pussent à

l'avenir être reconnues par une simple ordonnance (Mon. du 23 février 1823; S. 23, 2, 11). Les mêmes questions se sont reproduites à la discussion sur le projet de loi présenté en 1824 par le ministère, à la Chambre des pairs, et jeté le 16 juillet, même année. *Voy.* enfin la loi du 24 mai 1825 et les notes.

(2) Les jésuites sont repoussés de France comme congrégation, par l'effet de l'ancienne condamnation prononcée contre la société; et les tribunaux ne sont pas compétens pour donner leur expulsion: une telle mesure appartient qu'à la haute police (18 août 1826; Paris, S. 28, 2, 328; D. 28, 2, 46).

la moitié du traitement qui leur aurait été accordé.

3. Les directoires de département feront, sans délai, d'après l'avis des districts et les observations des municipalités, tous les remplacemens provisoires qui seront nécessaires dans les établissemens dont il s'agit à l'article précédent.

4. Aucune partie de l'enseignement public ne continuera d'être confiée aux maisons de charité dont il s'agit à l'article 2, non plus qu'à aucune des maisons des ci-devant congrégations d'hommes et de filles, séculières ou régulières.

5. D'après l'avis des directoires de département, l'Assemblée nationale statuera sur les secours à donner aux maisons de charité des deux sexes, attachées au service des pauvres et des malades, qui, en cessant l'enseignement, auraient perdu une partie de leurs moyens de subsistance.

6. Tous les membres des congrégations employés actuellement dans l'enseignement public en continueront l'exercice à titre individuel jusqu'à son organisation définitive. Ceux qui discontinueront leurs services sans des raisons jugées valables par les directoires de département, sur l'avis des districts et l'observation des municipalités, n'obtiendront que la moitié du traitement qui leur aurait été accordé.

7. Les directoires de département feront, sans délai, et d'après l'avis des districts, et les observations des municipalités, tous les remplacemens provisoires qui seront nécessaires dans toutes les maisons où se fait actuellement l'enseignement public.

8. Les places vacantes dont il s'agit à l'article précédent seront données de préférence, toutes choses d'ailleurs égales, aux personnes qui auront été arbitrairement destituées, ou qui, après avoir quitté l'enseignement, voudront en reprendre les fonctions.

9. Les costumes ecclésiastiques, religieux et des congrégations séculières, sont abolis et prohibés pour l'un et l'autre sexe; cependant les ministres de tous les cultes pourront conserver le leur pendant l'exercice de leurs fonctions, dans l'arrondissement où ils les exercent.

10. Les contraventions à cette disposition seront punies par voie de police correctionnelle, la première fois de l'amende; en cas de récidive, comme délits contre la sûreté générale (1).

TITRE II. De l'aliénation et de l'administration des biens des congrégations séculières, des colléges, des confréries et autres associations supprimées.

Art. 1er. Les biens formant la dotation des corporations connues en France sous le nom de *congrégations séculières ecclésiastiques ou laïques d'hommes ou de femmes*, sous quelque dénomination qu'elles existent, soit qu'elles ne comprennent qu'une seule maison, soit qu'elles en comprennent plusieurs, même des ermites qui vivent seuls; ceux des séminaires-colléges et des colléges, des bourses et des fondations desservies par les congrégations, ou dont elles jouissaient à quelque titre que ce fût, ensemble les biens dépendant des familiarités, confréries, pénitens de toutes couleurs, des pélerins et de toutes autres associations de piété ou de charité, dénommées ou non dénommées dans l'article 1er du titre 1er du présent décret, seront dès à présent administrés, et les immeubles réels vendus dans la même forme et aux mêmes conditions que les autres domaines nationaux, sauf les exceptions et les modifications ci-après énoncées.

2. Demeurent réservés de l'aliénation, jusqu'à ce que le Corps-Législatif ait prononcé sur l'organisation de l'instruction publique, les bâtimens et jardins à l'usage des colléges encore ouverts en 1789, quoique faisant partie des biens propres des congrégations supprimées.

3. Toutes ventes d'immeubles réels des congrégations et associations supprimées, ou appartenant aux séminaires desservis par elles, des séminaires-colléges et colléges, faites jusqu'à présent dans les formes prescrites pour la vente des biens nationaux, sont validées par le présent décret, à l'exception néanmoins de celles des objets réservés par l'article 2.

4. Dans les départemens où les séminaires institués par le décret du 12 juillet 1790 ne sont pas encore logés, il sera attribué pour cet usage, et suivant les formes prescrites

(1) Le fait de porter le costume d'un ordre religieux non autorisé en France ne constitue point un délit.

À cet égard, la présente loi ne peut plus aujourd'hui recevoir d'application, soit en ce qu'elle est tombée en désuétude, de même que les autres lois qui prohibaient l'habit ecclésiastique, soit en ce qu'elle est inconciliable avec la liberté des cultes consacrée par la Charte (29 juin 1830; Aix, S. 30, 2, 351; D. 30, 2, 244).

Ceci a été jugé sous l'empire de la Charte de 1814, et il semble que cette jurisprudence devrait être maintenue sous l'empire de la Charte de 1830, qui a conservé sans modifications l'article 5 de la Charte de 1814, proclamant la liberté des cultes. D'ailleurs, à Paris, les Saints-Simoniens ont publiquement porté leur costume qu'ils considéraient comme un costume religieux, et ce fait n'a donné lieu à aucune poursuite.

Quant à l'existence même des congrégations religieuses, *voy.* les notes que j'ai placées sous les ordonnances du 16 juin 1828.

par le décret du 29 août 1791, les maisons des anciens séminaires ou des congrégations supprimées qui seront jugées les plus convenables, d'après les avis des directoires des départemens, qui se concerteront à cet effet avec les évêques.

5. Les bourses ou places gratuites qui étaient dans plusieurs séminaires réservés par l'article 6 du décret du 22 décembre 1790, seront transportées provisoirement au séminaire diocésain de l'arrondissement établi par le décret du 12 juillet 1790, et les titulaires de ces fondations pourront continuer leurs études dans ces nouveaux séminaires, jusqu'à l'organisation définitive de l'instruction publique.

6. Les bourses ou places gratuites fondées, soit dans les colléges, soit dans les maisons de congrégations de filles, seront conservées provisoirement aux individus de l'un et de l'autre sexe qui en jouissent; mais il sera sursis à la nomination de celles de ces places qui se trouveraient vacantes à l'époque du présent décret.

7. Les boursiers qui ont en même temps un traitement public sur bénéfice ou autrement ne jouiront plus du produit de ces bourses, à dater du présent décret.

TITRE III. Traitement des membres des congrégations séculières supprimées.

CHAPITRE I<sup>er</sup>. Congrégations ecclésiastiques.

§ I<sup>er</sup>. Congrégations vouées au culte et à la grande instruction.

Art. 1<sup>er</sup>. Les individus des congrégations séculières ecclésiastiques, voués en même temps au service du culte et à l'instruction publique, exerçant ces fonctions dans les séminaires et colléges, qui auront été admis dans la congrégation selon les règles et les épreuves requises pour cette admission, recevront pour traitement de retraite, savoir:

1° Cent livres une fois payées, par année de congrégation, ceux qui auront vécu cinq années et au-dessous dans la même congrégation;

2° Vingt livres de pension par chaque année de congrégation, ceux qui en auront plus de cinq jusqu'à dix inclusivement;

3° Trente livres également de pension par année de congrégation, ceux qui en auront plus de dix;

Néanmoins, le *maximum* desdites pensions ne pourra, dans aucun cas, excéder douze cents livres.

2. Les pensionnaires ci-dessus, dont le traitement de retraite n'excédera pas six cents livres, n'éprouveront aucune réduction, s'ils obtiennent des places salariées dans l'instruc-

tion publique, qui sera incessamment organisée; et si ces pensions étaient au-dessus de six cents livres, elles seront réduites à cette somme pendant la durée du nouveau traitement.

3. Les années de congrégation pour la fixation des pensions compteront seulement jusqu'au 1<sup>er</sup> octobre prochain.

4. Il sera payé une somme de six cents livres à l'assistant italien de la congrégation de Saint-Lazare, à titre de viatique.

5. Il sera encore payé, au même titre, cent livres à chacun des pauvres jeunes séminaristes reçus dans le séminaire du Saint-Esprit de Paris, avant la publication du décret du 12 juillet 1790, et qui, n'ayant pas quitté la maison, s'y trouveront encore à la publication du présent décret, suivant l'état certifié des supérieurs et directeurs.

6. Le traitement de retraite des membres des maisons et sociétés de Sorbonne et de Navarre, qui habitaient réellement ces maisons, et jouissaient des revenus qui y étaient affectés, sera fixé d'après les mêmes règles que celui des autres corps enseignans; néanmoins, les pensions seront toujours de trente livres pour chaque année de service, dans quelque classe que les sujets se trouvent placés par la date de leur admission.

7. Ceux des membres desdites maisons et sociétés de Sorbonne et de Navarre qui se trouveront avoir des traitemens ecclésiastiques sur bénéfices n'auront aucun droit aux pensions ci-dessus établies à raison de la suppression de ces maisons et sociétés : néanmoins, ils pourront opter pour la pension de congrégationnaire, si elle est supérieure au traitement comme bénéficier.

8. Le chapelain de la maison de Sorbonne sera traité comme bénéficier ecclésiastique, conformément au décret du 24 juillet = 24 août 1790.

§ II. Des congrégations vouées au culte et à l'instruction hors des colléges et séminaires.

Art. 1<sup>er</sup>. Les membres des congrégations, corporations et associations ecclésiastiques vouées au culte et au service des fondations, soit dans le royaume ou dans l'étranger, mais dont le chef-lieu d'établissement est en France, et qui ne professent pas l'instruction dans les séminaires et colléges proprement dits, auront pour traitement de retraite la totalité du net de leurs revenus propres, partagée ainsi qu'il suit :

2. Ce revenu sera divisé en autant de parties que tous les membres de l'association réunis auront d'années de congrégation, et chacun d'eux recevra une pension égale à la somme de ces parties de revenu qui corres-

poudra à celle de ces années de service (1).

Néanmoins, le *maximum* de ces pensions ne pourra, dans aucun cas, excéder douze cents livres.

3. Dans les associations où le revenu propre, ainsi divisé, ne donnerait pas un *minimum* de trois cent cinquante livres de pension à ceux qui ont vingt années d'exercice et au-dessous, mais au-dessus de cinq, cette somme leur sera parfaite par le Trésor public; elle sera augmentée de vingt livres par chaque année excédant les vingt de service.

4. Les membres n'ayant que cinq années de corporation et au-dessous n'auront droit à aucune pension; il leur sera accordé, à titre de gratification une fois payée, leur quote-part à raison du nombre d'années de leurs services, déterminée suivant le mode prescrit par l'article 2 du présent paragraphe.

5. Pour fixer le revenu net, on suivra les règles établies pour le traitement du clergé supprimé. Le produit des fondations desservies par les susdites associations ecclésiastiques ne sera point compris dans le revenu à partager entre les individus. L'Assemblée réserve de statuer sur l'acquit de ces fondations, dont le revenu sera perçu au profit de la nation.

6. Les individus de ces congrégations ou associations ecclésiastiques, qui n'étaient pas prêtres à l'époque du 12 juillet 1790, n'auront droit à aucun traitement.

7. Les membres des congrégations ou associations où les individus payaient une pension n'auront aucun traitement de retraite, mais il leur sera accordé une pension de cent livres à titre de dédommagement d'habitation.

8. Les membres des congrégations ou associations séculières ecclésiastiques, envoyés hors de l'Europe par leurs supérieurs avant le 12 juillet 1790, auront droit aux traitemens désignés dans le présent paragraphe et dans le précédent, suivant la congrégation à laquelle ils appartiennent, à la charge par eux de rentrer en France dans le délai de deux années à dater du présent décret, pour ceux employés aux missions d'Alger, des échelles du Levant et des colonies françaises occidentales, et dans celui de quatre ans, pour les missionnaires employés au-delà du cap de Bonne-Espérance.

9. Les missionnaires employés dans les contrées étrangères jouiront, comme par le passé, des revenus affectés aux établissemens qu'ils desservent, jusqu'à ce qu'il ait été définitivement prononcé à cet égard, et en se conformant aux dispositions de l'article précédent. Les comités diplomatique et d'instruction présenteront incessamment leurs vues à ce sujet.

10. Le traitement des individus ci-dessus employés dans les contrées étrangères sera réglé suivant les principes qui viennent d'être établis pour chacune des classes auxquelles ils appartiennent; mais ce traitement ne commencera à courir que du jour de leur présentation au directoire du district où ils entendent fixer leur résidence; en conséquence, ils ne seront pas soumis, pour leur premier paiement, aux dispositions du décret du 13 décembre 1791, sur le paiement des pensions.

11. Il ne sera statué sur les biens situés dans les colonies françaises, orientales et occidentales, affectés aux membres des congrégations séculières ecclésiastiques et missionnaires de France ou de Saint-Lazare, employés dans ces parties de l'empire, que lors de l'organisation du gouvernement colonial.

CHAPITRE II. *Congrégations laïques.*

§ 1er. *Laïques voués à l'éducation.*

Art. 1er. Les membres de la congrégation séculière des frères des écoles chrétiennes auront pour traitement de retraite la moitié du traitement fixé pour la première classe, dans le § 1er du chapitre 1er du présent titre, savoir:

1° Cinquante livres par année une fois payées, ceux qui auront vécu dans la congrégation cinq années consécutives et au-dessous;

2° Dix livres de pension par chaque année de congrégation, ceux qui en auront jusqu'à dix inclusivement;

3° Enfin quinze livres par chaque année de congrégation, au-dessus de dix ans.

Le *maximum* de ces pensions sera de neuf cents livres.

§ II. *Congrégations laïques vivant du travail de leurs bras.*

Art. 1er. Les membres des congrégations

---

(1) Exemple: Une maison a trois mille livres de revenu net et cinq individus.

Le premier a dix ans de service; le second a vingt; le troisième a trente; le quatrième a quarante; le cinquième a cinquante; somme des années de service, cent cinquante.

Les trois mille livres de revenu, divisées par cent cinquante années de service, donnent vingt livres de pension pour chacune de ces années à chaque individu.

Ainsi le premier aura pour retraite une pension de deux cents livres; le second quatre cents; le troisième, six cents; le quatrième, huit cents; le cinquième, mille: somme des revenus, trois mille livres.

séculières laïques vivant du produit de leur travail, et les ermites vivant en communauté, auront une pension de soixante livres de dédommagement d'habitation.

2. Les individus desdites associations qui auront cinquante ans d'âge et vingt ans de congrégation recevront, indépendamment des soixante livres ci-dessus, deux cents livres de pension, trois cents livres au-delà de soixante ans, et quatre cents livres au delà de soixante-dix ans, avec le même temps de congrégation.

3. L'entier mobilier, à la réserve des ornemens de chapelles et vases sacrés, les instrumens de manufacture et les matières premières ou fabriquées qui se trouveront exister à l'époque de la publication du présent décret, appartiendront en propre et par égales portions aux individus de chaque maison.

4. Les membres desdites congrégations et associations délaisseront leurs maisons d'habitation au 1er novembre prochain.

5. Toute vente d'immeubles réels appartenant à la communauté, faite à un des membres de ladite communauté ou association, est déclarée nulle et comme non avenue, ainsi que toute autre aliénation postérieure au 1er janvier dernier.

6. Les ermites non vivant en congrégation et sous une règle commune, ainsi que les associations qui, au 1er janvier dernier, ne possédaient point d'immeubles réels, n'ont droit à aucun traitement de retraite, et sont exceptés du présent décret.

### CHAPITRE III. Des frères.

Art. 1er. Les frères lais, donnés, coadjuteurs ou convers, admis par actes authentiques et suivant les formes légales dans les congrégations séculières enseignantes, ecclésiastiques ou laïques, recevront le même traitement que les pères, suivant les différentes classes où les place la durée de leurs services.

2. Les domestiques engagés à vie par acte authentique auront la moitié de ce traitement.

3. Les sœurs données, attachées à la congrégation des Joséphites, auront le traitement accordé aux sœurs données des maisons religieuses par le décret du 7 de ce mois.

### CHAPITRE IV. Congrégations des filles.

Art. 1er. Les individus des congrégations de filles auront pour pension de retraite les deux tiers du traitement affecté aux religieuses par le décret du 7 du présent mois.

2. Celles qui, par leur institut, étaient astreintes à payer une dot, et qui justifieront l'avoir acquittée, auront l'entier traitement des religieuses; mais elles ne pourront répéter le remboursement de ladite dot.

### TITRE IV. Traitement des professeurs provisoires.

Art. 1er. Les professeurs provisoires pour l'instruction publique, nommés suivant les formes prescrites par le présent décret, auront pour traitement le revenu net du collège auquel ils seront attachés, l'entretien des bâtimens prélevé, ou le produit à quatre pour cent de la vente des biens desdits collèges qui seront aliénés; lequel revenu sera réparti par les directoires de département, suivant le mode que ces administrations jugeront convenable, d'après l'avis des districts.

2. Ceux desdits professeurs qui se trouveront membres des congrégations séculières ecclésiastiques ou laïques supprimées, et auront exercé dans les collèges ou séminaires pendant l'année 1791, conserveront, outre le traitement des professeurs, celui de retraite, sans éprouver aucune réduction jusqu'à l'organisation définitive de l'instruction publique.

3. Si, à raison de la suppression sans indemnité, par les décrets antérieurs, des droits qui pouvaient faire partie des revenus des collèges, ou pour toute autre cause, leur revenu actuel ne suffisait pas à l'entretien de l'instruction, il y sera incessamment pourvu par le Corps-Législatif, sur la demande des directoires de département, qui prendront l'avis des districts, lesquels consulteront les municipalités. Il sera pourvu de la même manière au traitement des nouveaux professeurs, dans les collèges dont les biens faisaient partie des revenus propres des congrégations supprimées.

Les directoires de département seront tenus d'adresser au comité des domaines leurs demandes à ce sujet, dans le mois de la publication du présent décret.

### TITRE V. Dispositions générales.

Art. 1er. Ceux des membres des congrégations séculières qui étaient obligés au serment civique ou à celui des fonctionnaires ecclésiastiques, par les décrets des 27 novembre = 26 décembre 1790, 21 = 22 mars et 4 = 6 avril 1791, et qui ne justifieront pas avoir rempli cette formalité, n'auront droit à aucun traitement.

2. Aucun des pensionnaires désignés dans le présent décret, à l'exception des femmes, ne pourra recevoir le premier terme de son traitement, s'il ne rapporte au receveur du district l'extrait de sa prestation, devant sa municipalité, du serment *d'être fidèle à la nation, de maintenir la liberté et l'égalité, ou de mourir en les défendant.* Ledit certificat demeurera annexé à la quittance, sous la responsabilité du receveur de district, et il sera délivré par les officiers municipaux, sur papier libre et sans frais.

3. Les traitemens fixés par le présent décret ne seront susceptibles d'aucun accroissement avec l'âge des titulaires; ils seront censés avoir commencé au 1er janvier derniers; ils seront payés, savoir:

Les gratifications par moitié, la première au 1er octobre, la dernière au 1er janvier suivant; les pensions, d'avance, par trimestre.

Le premier paiement sera fait au 1er octobre prochain, et il sera tenu compte des mois écoulés.

4. D'ici à cette époque, pour tout délai, les supérieurs et administrateurs de chaque maison donneront le compte de ce qu'ils peuvent avoir reçu sur les revenus de 1792; le reliquat, la dépense légitime déduite, sera versé dans la caisse du district, ou, s'il avait été employé en avances, il sera retenu sur chaque pensionnaire au sous la livre de son traitement.

5. Les traitemens des membres des congrégations séculières qui, antérieurement au présent décret, auraient été fixés par les directoires comme ceux du clergé séculier, conformément au décret du 24 juillet = 24 août 1790, demeurent annulés, et ils seront réformés suivant les règles du présent décret.

Il sera imputé à ces congrégationnaires, sur le premier terme de leur pension, ce qu'ils pourraient avoir reçu de trop; leur sera parfait ce qui, dans le cas contraire, leur reviendrait de plus.

6. Les municipalités, dans la quinzaine de la publication du présent décret, feront rendre les comptes des prieurs, syndics, trésoriers ou tous autres officiers desdites confréries et associations, dans la même forme que pour les comptes des jurandes et communautés d'arts et métiers.

7. Chaque supérieur local fournira au directoire du district de sa situation, avant le 1er septembre prochain, un état signé de lui et certifié par le supérieur provincial ou son vicaire-général ou visiteur, contenant le nom et l'âge de chaque individu composant la maison qu'il régit, et la date de leur admission dans la congrégation; et il justifiera cet état par la remise au directoire du district des registres et actes de ladite congrégation, lesquels seront dûment paraphés.

8. Chaque individu fournira, dans le même délai, au directoire du district de la maison dans laquelle il réside actuellement, un extrait en forme de ses actes de baptême et d'admission.

9. Les directoires de district dresseront un tableau de toutes ces déclarations, lequel sera envoyé au directoire du département, avant le 15 septembre.

10. Le directoire de chaque département formera le tableau général de tous les membres des congrégations de son arrondissement, de la manière prescrite par l'article 3 ci-dessus, et il enverra ledit tableau à l'Assemblée nationale dans le cours du mois de septembre.

11. Les paiemens qui devront être faits au mois d'octobre prochain seront effectués par le trésorier du district de la maison où les membres ont résidé en dernier lieu, sur leurs quittances ou sur celles de leurs fondés de pouvoir spécial, ou seront tenus, quand ils ne recevront pas eux-mêmes, de joindre à ladite quittance un certificat de vie, qui leur sera délivré sans frais par les officiers de leur municipalité. Ils seront encore tenus de se conformer aux dispositions du décret du 13 décembre 1791, sur les pensions.

12. Les receveurs de district, en faisant le premier paiement de ces pensions, retiendront l'imposition mobilière des six premiers mois de 1792, de chacun desdits pensionnaires, conformément aux formes établies par les décrets sur cette contribution.

13. Les membres des congrégations séculières supprimées, qui se trouveraient infirmes, pourront obtenir un secours annuel proportionné à leurs besoins, d'après l'avis des directoires de département de leur résidence, lesquels prendront, à cet effet, l'avis des directoires de district.

14. Continueront d'être acquittées les pensions établies avant le 2 novembre 1789, par délibérations authentiques, et suivant les formes usitées par les congrégations séculières, en faveur de ceux de leurs membres qui ont quitté l'association pour cause d'infirmités ou de maladies incurables.

15. Les membres des congrégations supprimées pourront disposer du mobilier de leurs chambres seulement, et des effets qu'ils prouveront avoir été à leur usage exclusif et personnel, sans toutefois qu'ils puissent enlever lesdits effets qu'après avoir prévenu la municipalité du lieu, et sur la permission qu'elle en aura donnée.

16. Il ne pourra, sous aucun prétexte, être touché aux meubles, argenterie et livres communs, vases et ornemens d'église, desquels objets il sera dressé inventaire par la municipalité, sur la délégation des directoires de district, et procéder au récolement avec les déclarations qui ont dû être faites en exécution du décret du 13 novembre 1789. L'inventaire des livres et tableaux sera adressé au comité de l'instruction publique, conformément au décret du 2 janvier dernier.

17. Aussitôt après la publication du présent décret, les municipalités, sur la délégation des directoires de district, dresseront un inventaire de tout le mobilier des confréries et associations supprimées, et elles veilleront à sa conservation, jusqu'à ce qu'il

en soit disposé, sous l'autorité des départemens, comme du mobilier des maisons ci-devant ecclésiastiques.

18. Seront tous les membres des congrégations pensionnés par les articles ci-dessus tenus d'indiquer, dans la quittance du paiement qui leur sera fait au mois de juillet prochain, le lieu où ils se proposent de fixer leur résidence, et seront les termes subséquens de leurs pensions acquittés par les receveurs du district où ils résideront.

19. Les individus des congrégations séculières supprimées seront tenus d'évacuer, avant le 1ᵉʳ octobre prochain, les maisons nationales qu'ils occupent, sauf l'exception portée dans l'article 4 du paragraphe II du chapitre II du titre III.

20. Les membres des congrégations séculières, tant ecclésiastiques que laïques, qui n'auront pas rempli leurs fonctions, pendant l'année 1791, dans les maisons auxquelles ils étaient attachés, n'auront aucun droit aux traitemens ci-dessus décrétés, sauf l'exception portée dans les articles 22 et 23 du présent décret.

21. Les individus desdites congrégations nés hors du royaume n'auront droit au traitement de retraite qu'autant qu'ils justifieront de leur qualité acquise de Français.

22. Tout membre de congrégation ou d'association séculière qui, ayant exercé, pendant l'année 1790, les fonctions auxquelles il était attaché dans lesdites congrégations, aurait été porté, par choix ou par élection, depuis ladite année jusqu'à ce jour, à quelques fonctions publiques ou ecclésiastiques, ne sera point censé avoir quitté la congrégation, et aura droit au traitement de retraite, qui, dans ce cas, sera réduit à moitié pendant toute la durée desdits emplois.

23. Il en sera de même des membres des congrégations supprimées qui à l'avenir accepteraient de pareils emplois: ils ne conserveront pendant la durée desdits emplois que la moitié des pensions qui sont attribuées par le présent décret, sauf l'exception portée titre III, chapitre 1ᵉʳ, article 2.

24. Il sera, chaque année, dressé une liste des pensionnés décédés, d'après les avis des municipalités aux districts; de ceux-ci aux départemens; de ces derniers au Corps-Législatif.

25. Tous les membres des congrégations ci-dessus, tant ecclésiastiques que laïques, seront tenus de déclarer s'ils ont pris ou reçu quelques sommes ou partagé quelques effets appartenant à leur maison ou à leur congrégation, et d'en imputer le montant sur le quartier ou les quartiers à échoir de leurs pensions. Ne pourront les receveurs des districts payer aucune pension que sur la vue de ladite déclaration, laquelle sera et demeurera annexée à la quittance de chaque membre de la congrégation : et seront ceux qui auront fait une fausse déclaration privés pour toujours de leurs pensions.

26. Les créanciers des maisons des congrégations séculières et des confréries et corporations supprimées par le présent décret, seront tenus de présenter leurs titres de créance au commissaire liquidateur, avant le 2 novembre prochain pour tout délai. Ce terme expiré, ils ne seront plus admis au remboursement.

27. Les susdites créances qui n'excéderont pas trois cents livres jouiront, pour leur remboursement, des avantages accordés par le décret du 5 avril 1792 aux créanciers de pareilles sommes.

28. Quant à ce qui concerne le mobilier dont il n'a pas été disposé par le présent décret, titres, papiers, procès et créances des congrégations séculières ou associations ecclésiastiques ou laïques supprimées par le présent décret, on suivra les dispositions des titres III et IV du décret des 23 et 28 octobre 1790, sur la désignation des biens nationaux, et les autres décrets postérieurs sur l'administration de ces biens.

---

18 AOUT = 15 SEPTEMBRE 1792. — Décret relatif à la caisse de commerce. (B. 24, 144.)

L'Assemblée nationale, après avoir entendu le rapport de son comité de l'ordinaire des finances, sur une pétition des administrateurs de la caisse dite *caisse de commerce*, considérant que cet établissement a émis une très-grande quantité de billets que le public ne peut pas se faire rembourser, attendu que les scellés apposés par la municipalité de Paris dans les bureaux de cette caisse en arrêtent les opérations;

Considérant que ces billets ne sont pas de la classe de ceux que le décret du 20 = 25 mai 1791 exempte du timbre, et doivent conséquemment y être soumis sans aucun délai;

Considérant enfin que le brevet d'invention rappelé sur les mêmes billets peut être pour le public le motif d'une confiance qui ne doit cependant être fondée que sur la solidité et le crédit de l'établissement qui a émis ces billets, et qu'il est très-instant de prévenir une semblable erreur, décrète ce qui suit:

Art. 1ᵉʳ. Les billets de la caisse dite *caisse de commerce* n'étant pas de la nature de ceux dont l'émission est prohibée par le décret du 30 mars 1792, elle pourra continuer à en émettre sous la surveillance de la municipalité de Paris, qui, après avoir levé les scellés qu'elle a apposés dans les bureaux de cet établissement, prendra connaissance des sûretés qu'il présente au public pour le remboursement desdits billets.

2. Le brevet d'invention obtenu par le sieur Lacornée pour l'établissement de la caisse de commerce n'ayant pour objet aucune décou-

verte d'utilité publique, l'Assemblée nationale le déclare nul et comme non avenu, et charge le pouvoir exécutif de veiller à ce que les billets émis et à émettre par cette caisse soient soumis au timbre, en exécution du décret du 5 = 18 février 1791, et sous les peines y portées.

___

18 AOUT 1792. — Décret relatif au paiement des frais de fonte de deux canons pour la commune de Montmorency. (B. 24, 149.)

___

18 AOUT 1792. — Décret relatif à la nomination de M. Dumouriez au grade de commandant en chef de l'armée du Nord. (L. 10, 439.)

___

18 = 23 AOUT 1792. — Décret relatif au paiement des primes et gratifications accordées au commerce et aux fabriques. (B. 24, 143.)

___

18 = 18 AOUT 1792. — Décret qui rend les habitans de Sedan responsables des mauvais traitemens que pourraient éprouver les commissaires de l'Assemblée nationale. (L. 10, 441; B. 24, 147.)

___

18 AOUT 1792. — Décret qui autorise les municipalités à faire arrêter les approvisionnemens de guerre qui leur paraîtraient suspects. (L. 10, 444.)

___

18 AOUT 1792. — Décret qui désapprouve le serment prêté par les citoyens de Sedan. (L. 10, 474.)

___

18 AOUT 1792. — Décret relatif à la fabrication des assignats de vingt-cinq et dix livres. (B. 24, 148.)

___

18 AOUT 1792. — Décret qui accorde deux mille livres à Giraud, et six cents livres au père et à la mère de César Angarde. (B. 24, 143.)

___

18 AOUT 1792. — Décret qui déclare que le général Arthur Dillon a perdu la confiance de la nation. (B. 24, 147.)

___

18 AOUT 1792. — Décret qui mande à la barre de l'Assemblée le sieur Dietricht, maire de Strasbourg. (B. 24, 149.)

___

18 AOUT 1792. — Décret qui accorde cent mille livres au ministre de l'intérieur, pour distribuer dans les départemens et les armées les écrits propres à éclairer les esprits sur les trames criminelles des ennemis. (B. 24, 248.)

18 AOUT 1792. — Canonniers nationaux. *Voy.* 16 AOUT 1792. — Gendarmes à pied; Paul Miette. *Voy.* 17 AOUT 1792. — Sous-lieutenans de la marine. *Voy.* 12 AOUT 1792. — Sieur Vivier. *Voy.* 17 AOUT 1792.

___

19 = 19 AOUT 1792. — Décret relatif aux demandes en entérinement ou obtention de lettres de relief de laps de temps, formées avant l'installation du tribunal de cassation. (L. 10, 484; B. 24, 141.)

*Voy.* loi du 27 NOVEMBRE = 1er DÉCEMBRE 1790, art. 14.

L'Assemblée nationale, considérant que la loi du 27 novembre 1790, relative à l'établissement du tribunal de cassation, en abrogeant, pour l'avenir, les lettres de relief de laps de temps pour se pourvoir en cassation, n'a rien prononcé à l'égard de celles qui ont été précédemment obtenues;

Qu'aucune loi n'a encore formellement désigné le tribunal qui doit connaître des demandes en révision portées au ci-devant conseil, jusqu'au moment de sa suppression, et de celles qui pourront être formées à l'égard des jugemens criminels antérieurs à la publication du décret du mois d'octobre 1789;

Enfin, qu'il importe à l'ordre public que le cours de la justice, pour ces sortes d'affaires, ne soit pas suspendu plus long-temps, décrète ce qui suit :

Art. 1er. Les demandes en entérinement ou obtention de lettres de relief de laps de temps, formées avant l'installation du tribunal de cassation, seront jugées par ce tribunal. Elles seront portées au bureau des requêtes, lequel, en procédant à l'examen des requêtes en cassation, pourra avoir égard aux lettres de relief, si elles sont fondées sur de graves et importantes considérations.

2. Le même tribunal connaîtra aussi des demandes en révision formées au ci-devant conseil jusqu'au moment de sa suppression, et de celles qui, dans le délai de trois mois à compter de la publication du présent décret, pourront être formées par-devant lui, pour jugemens criminels en dernier ressort rendus avant la publication du décret des 8 et 9 octobre 1789; ces demandes seront portées à la section de cassation, pour y être jugées dans les formes prescrites par le décret du 26 = 27 novembre 1790 (1).

3. En ordonnant la révision, le tribunal renverra les parties à se pourvoir par-devant le tribunal de district remplaçant le siège qui avait fait l'instruction, pour y procéder au

___

(1) La Cour de cassation n'a pas tellement remplacé l'ancien Conseil-d'État, qu'elle ait attribution pour reviser les procès criminels instruits dans les contrées coloniales où serait restée en vigueur l'ordonnance de 1670, qui attribuait au Conseil-d'État le droit de révision (30 septembre 1826; Cass. S. 27, 1, 533; D. 27, 1, 343).

choix de l'un des sept tribunaux d'appel, conformément aux dispositions du titre du décret du 16 = 24 août 1790, sur l'organisation judiciaire.

4. Le tribunal saisi de la révision se conformera, pour le rapport et le jugement du procès, à ce qui est prescrit par le décret des 8 et 9 octobre 1789, et par l'article 11 du décret du 12 = 19 octobre 1790, portant fixation du nombre des juges requis pour juger les affaires criminelles.

5. Le jugement qui interviendra sur la révision ne pourra être attaqué que par la voie de la cassation, ou par l'accusé, ou par dénonciation de la part du ministre de la justice; mais, en ce dernier cas, la cassation ne pourra préjudicier à l'accusé qui aura été déclaré *acquitté* ou *excusable* par le jury.

6. Les actes de procédures sur les demandes en révision seront faits et expédiés sur papier libre, et l'enregistrement, dans le cas où il y aura lieu à la formalité, en sera fait sans frais, conformément à l'article 1er du décret du 10 = 15 avril dernier.

7. Tout citoyen qui aura été détenu en vertu d'une lettre de cachet ou de tout autre ordre arbitraire, et qui n'aura recouvré sa liberté que depuis l'année 1788 inclusivement, pourra, dans les trois mois de la publication du présent décret, se pourvoir au tribunal de cassation contre tous jugemens en dernier ressort rendus contre lui pendant sa détention, et dans lesquels il n'aura pas été représenté par un curateur ou un fondé de ses pouvoirs : l'Assemblée nationale dérogeant, quant à ce, à toute loi qui serait contraire aux dispositions du présent décret.

---

19 = 19 AOUT 1792. — Décret relatif aux manufactures d'armes de guerre. (L. 10, 496; B. 24, 162.)

Art. 1er. Les manufactures d'armes de guerre établies à Maubeuge, Charleville, Saint-Etienne, Tulle, Moulins, Klingental, seront à l'avenir désignées sous le titre de *manufactures nationales d'armes de guerre*, et ce titre sera inscrit sur la porte de chacune d'elles.

2. Lesdites manufactures, et toutes celles du même genre qui pourraient être établies à l'avenir, seront sous la surveillance du pouvoir exécutif, et sous la direction d'un conseil d'administration, ainsi qu'il sera dit ci-après.

3. Il sera établi dans chaque manufacture nationale un conseil d'administration, composé d'un officier d'artillerie, sous le nom d'inspecteur; d'un contrôleur-réviseur : nommés par le pouvoir exécutif; d'un inspecteur, de deux contrôleurs et d'un réviseur, nommés, pour deux ans, par le conseil général de la commune dans le territoire de laquelle les ouvriers ou la majeure partie desdits ouvriers

résideront, et qui pourra entendre et recevoir leurs observations : le tout aux appointemens qui seront déterminés par l'article 55, révoquant en tant qu'est besoin toute administration actuellement existante.

4. L'entrepreneur sera entendu dans le conseil d'administration; il y aura voix consultative seulement, sinon dans les cas prévus par les articles suivans.

5. Les membres du conseil d'administration se choisiront un président, à la majorité absolue des suffrages, qui sera renouvelé tous les six mois, avec faculté de réélection pour une fois seulement, c'est-à-dire qu'il devra se passer un intervalle de six mois pour être rééligible.

Le président convoquera le conseil quand il le jugera nécessaire ou convenable, ou quand il en sera requis par un membre du conseil, ou par l'entrepreneur, ou par deux maîtres ouvriers reçus et travaillant dans la manufacture. Le pouvoir exécutif rédigera incessamment un règlement général pour toutes les manufactures nationales d'armes, qu'il devra soumettre au Corps-Législatif, et qui prescrira, entre autres dispositions, les fonctions des membres du conseil.

6. Le conseil d'administration veillera, sous sa responsabilité, à ce que le magasin de l'entrepreneur soit toujours suffisamment pourvu de matières premières et de pièces ouvrées, afin que, dans aucun cas, les fournitures ordonnées par le Gouvernement ne puissent éprouver de retard. Le pouvoir exécutif, d'après les observations et renseignemens du conseil d'administration, déterminera, dans un règlement qui sera également soumis au Corps-Législatif, la qualité et la quantité des matières premières et des pièces fabriquées qui devront être constamment dans les magasins de chaque manufacture.

7. Il ne sera employé dans lesdites manufactures nationales, pour la confection des armes et outils de guerre destinés pour l'Etat, aucune espèce de matières premières qui n'ait été examinée et choisie avec soin par le conseil d'administration, en présence et contradictoirement avec l'entrepreneur.

8. Le pouvoir exécutif prescrira aux membres du conseil d'administration les précautions qu'ils doivent prendre, afin de s'assurer qu'il ne sera mis en œuvre, dans lesdites manufactures, que des matières d'une qualité supérieure.

9. Les armes à feu et outils de guerre à l'usage de l'Etat qui seront fabriqués dans lesdites manufactures, continueront (la chambre d'humidité exceptée) à subir provisoirement, jusqu'après la guerre, les épreuves prescrites par les réglemens antérieurs, et ce, pendant deux mois, à compter de la promulgation du présent décret.

Le pouvoir exécutif devant présenter dans

le mois les nouveaux réglemens dont il a été parlé dans les articles précédens, et dont il sera fait mention dans les suivans.

10. Afin d'assurer d'une manière définitive et constante la bonté de toutes les armes à feu et outils qui seront fabriqués pour l'Etat dans les manufactures nationales, le pouvoir exécutif, après avoir pris l'avis du conseil d'administration de chaque manufacture, déterminera, dans le réglement qu'il devra rédiger et soumettre au Corps-Législatif, le mode d'épreuve et de réception que les différentes parties des armes à feu et outils doivent subir avant d'être admises pour le compte de la nation.

11. Les armes blanches et outils de guerre à l'usage de l'Etat continueront aussi provisoirement, et pendant deux mois, ainsi qu'il a été expliqué à l'article 9.

12. Afin d'assurer d'une manière définitive et constante la bonté de toutes les armes blanches et outils de guerre qui seront fabriqués pour l'Etat dans les manufactures nationales, le pouvoir exécutif, après avoir pris l'avis du conseil d'administration, déterminera, dans un réglement qu'il fera rédiger, le mode définitif des épreuves et de réception que les différentes parties des armes blanches doivent subir avant d'être reçues au compte de l'empire.

13. Les armes et outils qui seront fabriqués pour l'Etat dans les différentes manufactures d'armes de guerre seront parfaitement semblables, dans toutes leurs proportions et configurations, aux modèles qui seront arrêtés, ainsi qu'il sera dit ci-après. En conséquence, aucun des membres du conseil d'administration ne pourra, sous aucun prétexte, ordonner ni tolérer qu'il soit fait aucun changement à la qualité des matières premières ni aux épreuves servant à constater leur bonté, ainsi que celle des armes et outils fabriqués, ni enfin aux proportions et configurations des différentes parties des armes et outils.

14. Il sera fait, pour chaque manufacture, trois modèles de chacune des différentes armes et outils de guerre qu'on y fabriquera. Un de ces modèles restera déposé chez le ministre de la guerre ou de la marine, un chez le président du conseil d'administration, et un chez l'entrepreneur de ladite manufacture.

Quand ces modèles s'exécuteront dans la manufacture même, ils seront payés aux ouvriers le double du prix ordinaire des fabrications des armes et outils de même espèce.

Chaque maître employé pour l'Etat auxdites fabrications sera tenu de faire à ses frais, pour lui servir de guide, une copie de chacune des pièces à la fabrication desquelles il sera destiné.

Cette pièce sera parfaitement conforme au modèle remis à l'entrepreneur, et vérifiée sur celui qui sera déposé entre les mains du président d'administration.

15. Le conseil d'administration de chaque manufacture s'assemblera tous les lundis de chaque semaine. Il pourra s'assembler du 1er au 10 décembre de chaque année, et proposer, s'il le croit avantageux, quelques changemens aux modèles qui seraient adoptés, avec les observations pour l'amélioration de l'administration; mais le pouvoir exécutif ne pourra les admettre ni ordonner qu'ils soient faits qu'après avoir été adoptés par l'Assemblée nationale.

Les entrepreneurs des manufactures seront toujours appelés et entendus dans les conseils d'administration qu'ils tiendront pour cet objet.

16. Le pouvoir exécutif, après s'être conformé aux dispositions de l'article précédent, donnera les ordres nécessaires pour que les changemens adoptés soient respectivement exécutés dans toutes les manufactures nationales.

17. Si les circonstances exigeaient à l'avenir de faire un approvisionnement d'armes et outils de guerre plus considérable que celui qui est ordonné par le décret du 19 juin dernier, ou de faire, après la publication du présent décret, de nouveaux marchés, soit avec des manufactures de commerce établies dans l'empire, soit avec des manufactures étrangères, ou autres soumissionnaires généralement quelconques, le pouvoir exécutif devra en rendre compte et les soumettre au Corps-Législatif; et, si les marchés sont confirmés, il sera tenu de remettre aux entrepreneurs ou soumissionnaires des modèles absolument semblables à ceux qui seront alors exécutés dans les manufactures nationales, et il ne pourra, dans aucun cas, recevoir, pour le compte de l'Etat, des armes et outils qui ne seraient pas conformes auxdits modèles, soit pour la qualité des matières premières, soit dans leur proportion et configuration.

18. Les traités qui seront faits à l'avenir avec les entrepreneurs des manufactures d'armes seront pour une époque de trois ans au plus. Le pouvoir exécutif, d'après le conseil d'administration, les soumettra à la ratification de l'Assemblée nationale.

19. Les entrepreneurs des manufactures nationales et les ouvriers qui y seront employés seront payés à la fin de chaque mois. Le pouvoir exécutif déterminera au mois de janvier de chaque année, et même à d'autres époques si des changemens de modèles ou de fabrication l'exigeaient, la somme à payer auxdits ouvriers pour chaque pièce reçue. Les changemens dans les prix de fabrication ne seront jamais ordonnés par le ministre de la guerre que d'après le compte détaillé qui lui sera rendu par le conseil d'administration

et que d'après l'approbation de l'Assemblée nationale.

20. Le rapport relatif à l'augmentation comme à la diminution du prix, relativement aux ouvriers, pour la main-d'œuvre et la fabrication, sera rédigé par le conseil d'administration. Il s'assemblera comme il a été dit par l'article 15, et en présence de quatre commissaires nommés par le conseil général de la commune, qui auront voix délibérative et séance après le président.

L'entrepreneur assistera à l'assemblée, ainsi qu'un nombre déterminé de maîtres de chaque branche, avec voix consultative seulement.

Tous les membres de chaque branche d'administration seront appelés à l'assemblée du conseil d'administration, quand leur nombre ne s'élevera pas au-dessus de trois; il n'en sera appelé que la moitié lorsque le nombre des maîtres s'élevera au-dessus de quatre, et il n'en sera appelé qu'un tiers quand il s'élevera au-dessus de six.

Lorsque tous les maîtres ne seront point admis à l'assemblée du conseil, ceux qui devront y avoir entrée seront choisis par tous les maîtres de leur profession.

Les maîtres admis à l'assemblée en signeront les délibérations, ainsi que l'entrepreneur. Le président du conseil d'administration fera avertir la municipalité du lieu, au moins huit jours avant la tenue de l'assemblée, des lieux, des jour et heure qu'elles auront lieu, afin que les commissaires qui doivent être présens à toutes les délibérations relatives à la fixation des prix de fabrication puissent être nommés et s'y rendre.

Lesdits commissaires signeront les procès-verbaux de chaque séance, et pourront faire par écrit, au bas dudit procès-verbal, les observations qu'ils jugeront convenables.

Le prix de fabrication pour chaque pièce d'ouvrage sera déterminé par le conseil d'administration, composé comme ci-dessus, de manière que le maître de force moyenne, par un travail de journée ordinaire, ait dans le cours d'un mois, pour le prix de son industrie et de son travail, une somme de cinquante à soixante-six livres de produit net, et les compagnons ordinaires et de force moyenne, vingt-cinq à trente-cinq livres aussi de produit net, l'Assemblée nationale remettant à la religion et à la justice du conseil d'administration, de déterminer le produit que devront faire les foreurs ou autres ouvriers âgés de moins de seize ans.

La différence entre le *minimum* et le *maximum* devant résulter de la plus ou moins grande difficulté du travail, tous les ouvriers attachés aux manufactures nationales d'armes de guerre seront, pour l'exécution du présent article, divisés en trois classes; les différentes professions ou branches du même

art seront rangées dans lesdites classes, en raison de la difficulté et de l'importance du travail qu'elles exigeront.

21. Lorsque les entrepreneurs des manufactures nationales, après avoir obtenu l'agrément des conseils d'administration de leurs manufactures respectives, s'engageront à faire les fournitures d'armes de guerre à des corps de troupes de ligne au service de l'Etat qui sont dans l'usage de s'armer eux-mêmes, ou à des corps administratifs et municipaux pour les gardes nationales de leurs territoires, les préposés du Gouvernement employés auxdites manufactures, ainsi que les autres membres du conseil d'administration, seront tenus de donner à la confection de ces armes les mêmes soins qu'à la fabrication de celles directement commandées par le Gouvernement.

22. Les entrepreneurs ne pourront exiger des corps de troupes de ligne au service de l'Etat, pour la fourniture d'armes complètes, ou pour les assortimens de pièces de remplacement, que le prix fixé pour les fournitures ordonnées par le Gouvernement.

23. Les entrepreneurs ne pourront, sous aucun prétexte, entreprendre des fabrications, ni pour les corps de troupes de ligne qui sont dans l'usage de s'armer eux-mêmes, ni pour les gardes nationales, ni, à plus forte raison, pour le commerce, lorsque lesdites fabrications pourront retarder l'exécution des commandes de l'Etat, ou diminuer les approvisionnemens des matières premières jugées nécessaires. Ils ne pourront de même employer auxdites fabrications aucun des ouvriers occupés pour le Gouvernement, sans en avoir obtenu l'autorisation par écrit du conseil d'administration de la manufacture, qui seul sera responsable de ladite permission.

24. Aucun des membres préposés dans les conseils de manufacture nationale d'armes ne pourra participer ni avoir d'intérêt dans les marchés que les entrepreneurs feront avec des particuliers pour des armes de commerce; cependant il ne sera, par lesdits entrepreneurs, vendu aucun canon du calibre de guerre, qu'il n'ait été reçu par lesdits préposés de la même manière que le canon destiné pour l'Etat, avec cette exception, que les canons ne pourront être rebutés que pour des défauts qui en rendraient l'usage dangereux.

Il sera, d'après les dispositions du présent décret, inséré dans le règlement que le pouvoir exécutif fera pour les manufactures nationales d'armes de guerre, un mode d'épreuve et de réception particulières, relatif aux canons de guerre que les entrepreneurs vendront à des particuliers, et ce règlement sera également soumis au Corps-Législatif.

25. Aucun desdits membres du conseil d'administration ne pourra diriger ni s'immiscer dans la fabrication, ni recevoir, pour le commerce de l'entrepreneur, d'autres ouvra-

ges que ceux qui ont été désignés précédemment ou qui le seront ci-après; et tout membre qui sera convaincu de s'être écarté deux fois de cette défense sera, en vertu des ordres du ministre de la guerre, et sur le vu d'un arrêté du conseil d'administration, destitué de son emploi, sans pouvoir prétendre à aucune pension de retraite.

26. Tout maître employé aux fabrications pour l'Etat sera tenu de prendre autant de compagnons et d'élèves que le conseil d'administration de la manufacture le jugera utile à l'intérêt du service.

27. L'entrepreneur ne pourra faire travailler aux armes et outils de guerre de l'Etat aucun ouvrier qui n'ait été agréé par le conseil d'administration de la manufacture; il ne pourra de même enregistrer aucun ouvrier en qualité de maître, de compagnon ou d'élève pour l'Etat, qu'après que ledit conseil aura jugé le récipiendaire capable de bien remplir l'emploi pour lequel il se proposera.

28. En exécution de l'article précédent, le pouvoir exécutif indiquera, dans le règlement dont il a été parlé pour les manufactures nationales d'armes de guerre, le certificat que doivent produire et les chefs-d'œuvre que doivent faire les candidats.

29. Aucun maître ni compagnon employé à la fabrication des armes ou outils de guerre pour la nation ne pourront quitter la manufacture, s'ils n'en ont prévenu le président du conseil d'administration un mois d'avance; il en sera de même des maîtres qui voudront renvoyer des compagnons, et des compagnons qui voudront changer de maître.

30. Les maîtres, compagnons, élèves et employés auxdites manufactures sont subordonnés aux membres du conseil d'administration, et leur doivent obéissance et tout ce qui concerne l'exécution de leur travail et de leur devoir, sauf auxdits ouvriers à s'adresser à qui de droit, s'ils se croient fondés à réclamer contre lesdits préposés ou les ordres qu'ils en auraient reçus.

31. Les ouvriers ne pourront, sous aucun prétexte, employer, pour les fabrications de l'Etat, d'autres matières que celles déposées à cet effet dans les magasins de l'entrepreneur; ils ne pourront de même vendre ou donner celles des matières qui leur auront été fournies par ledit entrepreneur.

32. Les municipalités des lieux où se trouveront établies lesdites manufactures ou parties d'icelles, veilleront rigoureusement à ce qu'aucun des habitans n'achète ni ne recèle aucune pièce d'arme ni aucune des matières premières destinées pour les fabriques: les coupables seront condamnés aux peines ordonnées par la loi contre ceux qui achètent ou recèlent des effets destinés à la défense de l'Etat.

33. Tout ouvrier qui aura travaillé trente ans pour l'Etat dans les manufactures nationales d'armes de guerre, et qui aura cinquante ans d'âge, obtiendra une retraite proportionnée au genre de services qu'il aura rendus à l'Etat, et à la conduite qu'il aura tenue dans lesdites manufactures.

S'il est maître, sa retraite ne pourra être moindre de deux cent cinquante livres, ni plus forte que trois cents livres.

S'il est compagnon, elle ne pourra être moindre de cent cinquante livres, ni plus forte que deux cents livres.

Les interruptions de service, autres que pour chômage des manufactures ou absence avec permission du conseil d'administration, ou maladies constatées par certificats authentiques, ne seront point comptées dans les trente années exigées, et les services ne pourront compter qu'à commencer de l'âge de seize ans révolus.

34. Tout ouvrier qui, après avoir obtenu sa pension de retraite, sera jugé par le conseil d'administration de la manufacture à laquelle il sera attaché, être encore capable d'y rendre des services utiles à l'Etat, obtiendra, par chaque année de travail, une augmentation de pension égale au vingtième de celle qui lui aura été attribuée.

35. Nul ouvrier employé pour l'Etat, dans les manufactures nationales, ne jouira de la retraite qu'il aura obtenue lorsqu'il cessera de travailler, qu'après avoir présenté et fait recevoir à sa place, par le conseil d'administration, un compagnon ou un élève capable de le remplacer, ou s'il ne justifie, ayant été reçu maître, avoir formé deux ou trois apprentis dans son atelier ou dans sa forge, pendant trois ans.

36. Pour constater les années de service des ouvriers employés dans les manufactures nationales, les conseils d'administration leur donneront, au moment où ils sortiront desdites manufactures, un certificat qui fera mention de la durée, de la qualité de leurs services, du degré de leurs talens et de la conduite qu'ils auront tenue.

37. Les ouvriers qui seront reçus dans les manufactures nationales d'armes de guerre susmentionnées, ou dont le Corps-Législatif décrétera l'établissement, pourront, quoiqu'ils ne réunissent pas les conditions prescrites par l'article 33, lorsque l'âge des infirmités ou le manque de forces les mettront dans l'impossibilité de continuer leurs services, être compris dans la liste des pensions ou gratifications que le pouvoir exécutif fera dresser chaque année, pourvu néanmoins qu'ils aient été admis dans lesdites manufactures pendant la durée des quatre premières années de leur établissement en qualité de maîtres: les pensions ou les gratifications qui leur seront accordées seront proportionnées à la durée et au genre de leurs services.

38. Ceux des ouvriers de toutes les manufactures nationales d'armes de guerre qui, ne réunissant pas les conditions prescrites par l'article 33, éprouveront, dans l'exercice de leur métier ou profession, des accidens graves qui les mettront hors d'état de continuer à travailler, obtiendront du Corps-Législatif, quelle que soit la durée de leur activité dans lesdites manufactures, sur la proposition du pouvoir exécutif et d'après l'avis du conseil d'administration, des gratifications ou pensions proportionnées à leur position et à leurs services.

39. Nul ouvrier admis et employé pour l'Etat en qualité de maître, compagnon ou élève dans une manufacture d'armes de guerre, ne pourra être renvoyé que dans le cas où ledit ouvrier aura été déclaré coupable d'indocilité ou d'inconduite grave et notable, par un jury composé des membres du conseil d'administration, de deux commissaires de la municipalité, de l'entrepreneur ou de son représentant, et de deux maîtres employés dans ladite manufacture, choisis par les autres maîtres. Le jury sera convoqué par le président du conseil.

40. L'accusé ne sera renvoyé de la manufacture que dans le cas où les deux tiers des membres du jury, composé comme par l'article précédent, le déclareront coupable.

41. Lorsque les ouvriers commettront des fautes qui, sans être assez graves pour motiver leur renvoi, mériteront cependant d'être réprimées, ils seront, par le conseil d'administration, condamnés aux peines de discipline, dont l'espèce et la durée seront fixées dans le règlement que le pouvoir exécutif devra rédiger et soumettre au Corps-Législatif.

Les peines de discipline ne pourront consister qu'en suspension de travail, les arrêts ou la prison.

42. L'entrepreneur ne pourra faire des avances aux ouvriers que dans le cas où le conseil d'administration jugera indispensable, pour conserver un bon ouvrier, de lui procurer, pour cause de maladie ou autre motif urgent, quelques secours dont il déterminera la nature et la quotité.

L'entrepreneur ne pourra obtenir du Gouvernement le remboursement de ses avances que dans le cas où le conseil d'administration attestera que l'entrepreneur n'a rien négligé pour être payé, et que l'ouvrier est dans l'absolue impossibilité de le rembourser.

43. L'achat des canons et de toutes les autres pièces d'armes ou autres ouvrages qui seront rebutés, se fera de gré à gré entre l'entrepreneur et les ouvriers, d'après un prix qui sera convenu entre les ouvriers et l'entrepreneur, au moment de leur entrée dans la manufacture. Ces prix pourront être changés tous les ans, quand les parties contractantes ou seulement l'une d'elles le désirera.

44. Afin de conserver les intérêts de l'Etat, ceux des ouvriers, ceux de l'entrepreneur, et prévenir les contestations entre les ouvriers et l'entrepreneur, le pouvoir exécutif fixera tous les détails relatifs au rachat des pièces rebutées, dans le règlement qu'il devra rédiger et soumettre au Corps-Législatif.

45. Le pouvoir exécutif fera distribuer, chaque année, dans toutes les manufactures nationales, d'après le jugement du conseil d'administration ou du comité composé comme par l'article 39, des gratifications aux maîtres qui auront formé, dans lesdites manufactures, des sujets capables de bien exécuter toutes les pièces de leur profession particulière.

Ces gratifications seront proportionnées à l'importance et au genre de difficulté que présente la confection des différentes parties des fabrications pour l'Etat.

Ces indemnités seront de soixante livres, de quarante-cinq livres et de trente livres. Les indemnités de soixante livres seront accordées aux ouvriers dont la profession sera placée dans la première classe, celles de quarante-cinq livres à ceux de la seconde, et celles de trente livres à ceux de la troisième.

Le pouvoir exécutif indiquera, dans le règlement qu'il fera publier après l'avoir rédigé et soumis à l'Assemblée nationale, la manière dont la distribution de ces récompenses sera faite.

46. Au moment où un élève sera reçu pour l'Etat au grade de compagnon, il lui sera donné vingt-cinq livres, si la profession à laquelle il est attaché est comprise dans la première classe; vingt livres, si elle est dans la seconde; quinze livres, si elle est dans la troisième.

Quand un compagnon passera au grade de maître pour l'Etat, il recevra une gratification de quarante-cinq livres, si la profession est de première classe; trente-cinq livres, si elle est de la seconde, et trente, si elle est de la troisième.

47. Dans aucun cas, les gratifications accordées par l'article précédent ne pourront être données en argent ou monnaie que pour un tiers; elles seront converties, pour les deux autres tiers, en outils ou meubles nécessaires ou utiles à ceux qui auront droit à les recevoir.

48. Il sera distribué, dans chaque manufacture nationale d'armes de guerre, des prix aux maîtres dont la conduite aura été sans reproche, et qui auront eu, dans le cours de l'année, la plus grande quantité d'ouvrage de reçu et de mieux exécuté. Ces prix seront proportionnés aux difficultés que présente la confection des différentes parties des armes de guerre, et au nombre de maîtres de chaque branche de fabrication.

49. Les prix pour les professions de la première classe seront de soixante-douze livres, de soixante livres pour la seconde, et de quarante-huit livres pour la troisième.

50. Il ne sera distribué qu'un prix dans les parties ou professions qui n'auront que deux à six maîtres ; il en sera distribué deux dans les parties qui auront douze maîtres, et ainsi de six en six maîtres. Les fractions ne donneront lieu à des prix que dans le cas où elles s'élèveraient à plus de la moitié du nombre six déterminé.

51. Si le maître qui aura eu le plus d'ouvrage reçu et le mieux exécuté n'avait point tenu une conduite irréprochable, et montré l'exactitude dans l'exécution de ses devoirs relatifs au service de l'État, le prix sera accordé au maître qui, après celui-là, aura réuni à une bonne conduite le plus d'ouvrage reçu et le mieux exécuté.

52. Ces prix seront distribués le premier dimanche de janvier, d'après le jugement du conseil du comité, convoqué et composé comme par les articles 39 et 45.

Le maître de chaque profession admis au conseil ne pourra être présent à la délibération qui sera prise sur la distribution des prix qui devront être accordés à cette profession : il sera remplacé par un maître exerçant un autre métier.

Le pouvoir exécutif indiquera, dans le réglement qu'il aura rédigé et soumis au Corps-Législatif, les formes et les précautions qui pourront écarter l'arbitraire dans ces distributions.

53. Le pouvoir exécutif proposera incessamment à l'Assemblée nationale, et comme il a été dit par l'article 9, un réglement général dans lequel tout ce qui est relatif aux manufactures nationales sera fixé d'une manière claire et positive, afin que chacun des membres du conseil d'administration, les entrepreneurs, leurs préposés et les ouvriers connaissant leurs devoirs, remplissent leurs obligations dans toute leur étendue, et jouissent de la plénitude de leurs droits.

54. Jusqu'au moment où le pouvoir exécutif aura fait publier le réglement dont il est fait mention par le présent décret, les ordonnances et réglemens qui sont actuellement en usage continueront d'être exécutés en tout ce qui n'est pas contraire au présent décret.

55. Il sera mis, chaque année, à la disposition du ministre de la guerre, par la Trésorerie nationale, douze mille cinq cents livres pour le traitement des membres qui composeront le conseil d'administration de chaque manufacture, et pour celui des secrétaires et garde-magasins qu'ils se choisiront et pourront révoquer à la majorité des suffrages. Ce traitement sera distribué par dou-

zième le premier de chaque mois, et sera par année, savoir :

Pour un inspecteur, capitaine en 1er d'artillerie, de deux mille huit cents livres ; pour un contrôleur, mille cinq cents livres ; pour un réviseur, mille livres (nommé par le pouvoir exécutif ) ; pour un inspecteur, deux mille livres ; pour le premier contrôleur, mille cinq cents livres ; pour le deuxième contrôleur, douze cents livres ; pour un réviseur, mille livres ( nommé par le conseil général de la commune, comme il a été dit article 3 ). Le secrétaire et le garde-magasin auront le traitement de sept cent cinquante livres chacun. — Total, douze mille cinq cents livres.

Le capitaine d'artillerie, seulement, jouira d'ailleurs du logement attribué à son grade d'officier de l'armée.

Et tous les membres du conseil d'administration qui, par de longs et utiles services, auront bien mérité de la patrie, auront des droits égaux à la reconnaissance de la nation. Ces services seront vérifiés par le conseil ou comité composé par les articles 39, 45 et 52, dont le procès-verbal sera présenté et soumis par le pouvoir exécutif à la décision de l'Assemblée nationale.

56. Les membres du conseil, le secrétaire et le garde-magasin, prêteront le serment civique et celui de l'égalité et de la liberté : ils ajouteront celui de bien et loyalement s'acquitter des devoirs attachés à leurs fonctions respectives, par-devant la municipalité, qui en dressera procès-verbal et les mettra en exercice.

19 AOUT = 3 SEPTEMBRE 1792. — Décret relatif au paiement des troupes de l'intérieur. (L. 10, 518.)

Lettre du ministre de la guerre, qui consulte l'Assemblée pour savoir si les officiers et les volontaires nationaux doivent recevoir le traitement accordé aux troupes de ligne pour l'entrée en campagne ; si les troupes de l'intérieur jouiront du traitement de campagne, et si les officiers toucheront les gratifications accordées pour les équipages.

Cette proposition est convertie en motion par un membre, et l'Assemblée nationale décrète que les troupes de l'intérieur toucheront leur solde sur le même pied que celles qui sont campées sur le territoire étranger, et cependant que le paiement s'effectuera en assignats.

19 AOUT = 3 SEPTEMBRE 1792. — Décret relatif à la légende du sceau de l'État. (L. 10, 519.)

Un membre propose de changer la légende du sceau de l'État, ainsi que celles de l'Assemblée nationale, des tribunaux, corps administratifs et municipalités. L'Assemblée nationale décrète la proposition, et renvoie au pouvoir exécutif pour les moyens d'exécution.

Les commissaires inspecteurs de la salle sont chargés de veiller aux changemens à faire sur les cachets de l'Assemblée nationale et des comités.

19 AOUT = 3 SEPTEMBRE 1792. — Décret relatif à la vente des immeubles réels affectés aux fabriques des églises. (L. 10, 520; B. 24, 176.)

*Voy.* loi du 24 AOUT 1793.

Art. 1er. Les immeubles réels affectés aux fabriques des églises cathédrales, paroissiales et succursales, à quelque titre et pour quelque destination que ce puisse être, seront vendus dès à présent, dans la même forme et aux mêmes conditions que les autres biens et domaines nationaux.

2. Pour tenir lieu aux fabriques qui administraient lesdits biens de la jouissance qui leur en avait été laissée provisoirement par les précédens décrets, il leur sera payé sur le Trésor public, et par les receveurs des districts, l'intérêt à quatre pour cent, sans retenue du produit net de la vente d'iceux.

3. Les revenus des fabriques, soit échus, soit à échoir, et pareillement ceux des bureaux de charité, confréries et autres établissemens de secours subsistant dans l'étendue des paroisses, seront, à compter du jour de la publication du présent décret, régis et administrés par les officiers municipaux des lieux, sous la surveillance de l'administration des districts et l'autorité de celle des départemens.

4. Les administrateurs desdites fabriques, bureaux de charité, confréries et autres établissemens de secours mentionnés en l'article précédent, seront tenus de rendre, dans le mois, aux municipalités, le compte de leur gestion, et d'en payer le reliquat.

5. Toutes ventes d'immeubles réels affectés aux fabriques, qui auraient été faites jusqu'à présent dans les formes prescrites pour la vente des biens nationaux, sont validées par le présent décret, à charge, comme ci-dessus, de l'intérêt à quatre pour cent du produit net des ventes.

19 AOUT = 4 SEPTEMBRE 1792. — Décret relatif à la levée des scellés apposés sur les greffes des ci-devant chambres des comptes et autres tribunaux qui en faisaient les fonctions. (L. 10, 522; B. 24, 175.)

L'Assemblée nationale, considérant que la loi du 12 février dernier, qui ordonne aux directoires des départemens dans l'arrondissement desquels il existait des chambres des comptes, de faire parvenir sans délai au bureau de comptabilité les pièces des comptes non encore jugés, apurés ou corrigés, n'a pas été exécutée; que le défaut d'exécution de cette loi laisse les deniers de la nation entre les mains des particuliers, au détriment du Trésor national, et qu'il importe de lever tous les obstacles qui s'opposent à la liquidation définitive de l'ancienne comptabilité, décrète qu'il y a urgence;

L'Assemblée nationale après avoir entendu le rapport de son comité de l'examen des comptes et décrété l'urgence, décrète ce qui suit :

Art. 1er. Trois jours après la réception du présent décret, les directoires des départemens dans l'arrondissement desquels il existait des chambres des comptes ou autres tribunaux qui en faisaient les fonctions, nommeront deux commissaires, dont l'un sera nécessairement pris parmi les membres du directoire ou du conseil de département.

2. Ces commissaires, immédiatement après leur nomination, procéderont à la levée des scellés qui ont été apposés sur les greffes desdites chambres des comptes ou autres tribunaux qui en faisaient les fonctions.

3. Ils feront parvenir sans délai au bureau de comptabilité le dernier compte de toute espèce de comptabilité qui se trouvera jugé et définitivement soldé.

4. Ils feront également parvenir au bureau de comptabilité les pièces de tous les comptes non jugés, ou qui n'ont pas été définitivement soldés.

5. S'il existait quelques débets à la charge d'anciens comptables, qui seraient constatés par des jugemens antérieurs aux derniers comptes définitivement soldés, et dont la date ne remonterait pas au-delà de trente ans, il sera fait un bordereau de ces débets, qui sera adressé sans délai au bureau de comptabilité. Les pièces des comptes et jugemens qui constatent ces débets seront déposés dans les archives des directoires de département, pour y avoir recours au besoin, et il sera adressé un extrait en forme du dispositif de chaque jugement à l'agent du Trésor public, qui sera tenu, sous sa responsabilité, de décerner les contraintes nécessaires pour parvenir au recouvrement des débets.

6. Toutes les pièces des comptes définitivement jugés et soldés, ou qui remonteraient à une date antérieure à trente ans, seront rejetées des dépôts et brûlées comme papiers inutiles, afin que les bâtimens nationaux où existent ces dépôts puissent être vendus ou employés à toute autre destination qui aura été décrétée par l'Assemblée nationale.

7. Il sera fait, d'après les registres de production, un tableau alphabétique de toutes les natures de comptabilités, ainsi que des noms, qualités et demeures de tous les comptables qui étaient justiciables de chaque cham-

ore des comptes. Ces tableaux seront adressés au bureau de comptabilité.

8. S'il existait encore quelques comptes ou pièces de comptabilité entre les mains des ci-devant officiers des chambres des comptes, il en sera fait un relevé sur le livre des charges : extrait de ce relevé sera délivré au procureur-général-syndic de chaque département, qui sera tenu, sous sa responsabilité, de justifier des diligences qu'il a dû faire contre les anciens officiers, et des condamnations qui ont dû être prononcées en exécution du décret du 17 = 29 septembre 1791. Le pouvoir exécutif est spécialement chargé de rendre compte au Corps-Législatif de l'exécution de cet article de la loi.

9. Les commissaires seront tenus de terminer les fonctions qui leur sont confiées par le présent décret, dans le délai d'un mois au plus tard.

10. Si les commissaires trouvaient quelques obstacles à l'exécution de l'article précédent, ils en instruiront le pouvoir exécutif, qui sera tenu de les faire lever.

11. Il sera accordé à ces commissaires une indemnité qui sera fixée par les directoires des départemens, d'après les localités, et dont le *maximum* ne pourra excéder la somme de six livres par jour. Les indemnités seront acquittées par les receveurs de district, et les mandats ordonnancés par les directoires de département. Ces mandats seront reçus pour comptant à la Trésorerie nationale, qui sera tenue d'en faire les avances.

12. Il ne sera point nommé de commissaires par le directoire du département de Paris : le bureau de comptabilité fera par lui-même les fonctions attribuées à ces commissaires, soit dans les dépôts de la chambre des comptes de Paris, soit dans ceux du ci-vant conseil du Roi. Les autres dispositions du présent décret seront également exécutées dans ce département.

====

= 19 AOUT 1792. — Décret relatif au mode de procédure devant le tribunal criminel établi pour juger les faits du 10 août 1792. (L. 10, 882; B. 24, 177.)

Art. 1er. L'accusé aura pendant douze heures seulement en communication la liste des témoins.

.. L'interrogatoire secret, prescrit par l'article 10 du titre VI sur la procédure devant le tribunal criminel, est supprimé. L'accusé paraîtra seulement devant le président ou tel autre juge commis par lui, en présence de l'accusateur public et du greffier, pour déclarer s'il a fait choix d'un conseil, ou pour qu'il lui en soit nommé un d'office.

[ L'accusé aura la faculté de conférer avec ses conseils, à l'instant même où il aura été entendu, sans avoir égard au délai de deux jours contenu dans l'instruction.

4. La loi relative aux récusations motivées ou non motivées subsistera dans son intégrité; mais lesdites récusations seront proposées dans le délai de trois heures.

5. Les membres du jury qui auront fait leur service dans une affaire ne seront point soumis au prochain tirage, et leurs noms ne seront replacés dans l'urne qu'aux tirages subséquens.

6. Le délai de trois jours accordé par la loi, entre le jugement et l'exécution, ayant pour objet de donner aux condamnés le temps de se pourvoir en cassation, est supprimé, attendu que le décret du 17 de ce mois abroge le recours au tribunal de cassation.

7. Le présent décret sera imprimé, publié et affiché dans le jour.

====

19 AOUT 1792. — Décret portant rectification de celui qui fixe le lieu de la tenue des séances des assemblées électorales de département. *Voy.* au 11 AOUT 1792.

====

19 = 21 AOUT 1792. — Décret relatif à l'organisation de la garde nationale de Paris. (L. 10, 488; B. 24, 182.)

====

19 AOUT 1792. — Décret d'accusation contre le sieur Motié Lafayette. (B. 24, 178.)

====

19 AOUT 1792. — Décret en faveur des soldats des compagnies du centre de la garde nationale parisienne arrêtés aux Champs-Elysées au mois de janvier 1790. (L. 10, 514; B. 24, 173.)

====

19 = 26 AOUT 1792. — Décret relatif à l'organisation du 3e bataillon de la garde nationale de Landres. (L. 10, 516; B. 24, 161.)

====

19 AOUT = 1er SEPTEMBRE 1792. — Décret qui mande à la barre le sieur Hulin, pour rendre compte de la conduite des juges et des opérations du tribunal provisoire d'Avignon. (L. 10, 517; B. 24, 174.)

====

19 = 21 AOUT 1792. — Décret relatif à la formation des bataillons fédérés. (B. 24, 183.)

====

19 AOUT 1792. — Décret qui met en activité, jour et nuit, l'imprimerie de l'Assemblée nationale et l'imprimerie ci-devant royale. (L. 10, 526.)

====

19 = 21 AOUT 1792. — Décret relatif à la formation de la cavalerie nationale volontaire destinée à servir au camp de Paris. (B. 24, 184.)

====

19 AOUT 1792. — Décret relatif au numéraire arrêté à Sarre-Louis, appartenant au sieur Scharff. (B. 24, 161 et 174.)

20 = 21 AOUT 1792. — Décret relatif aux généraux, officiers généraux et officiers suspendus ou destitués. (L. 10, 531 ; B. 24, 189.)

L'Assemblée nationale, considérant qu'il importe d'éloigner des armées les officiers suspendus ou destitués, dont les intrigues et les manœuvres pourraient tendre à égarer les citoyens qui ont pris les armes pour la défense de la patrie, décrète qu'il y a urgence.

L'Assemblée nationale, après avoir décrété l'urgence, décrète ce qui suit :

Art. 1er. Tous généraux en chef, officiers généraux et officiers qui auraient été suspendus ou destitués, soit par le pouvoir exécutif, soit par les commissaires de l'Assemblée nationale, soit par l'Assemblée nationale elle-même, seront tenus de s'éloigner sur-le-champ à une distance de vingt lieues au moins de l'armée où ils étaient employés et des frontières, et ne pourront se rapprocher à une moindre distance des autres armées, sous peine de détention jusqu'à la fin de la guerre.

2. Lesdits généraux en chef, officiers généraux et officiers, seront tenus de justifier de leur éloignement des armées et des frontières à la distance prescrite, en faisant connaître au ministre de la guerre le lieu qu'ils auront choisi pour leur domicile, par un certificat de la municipalité.

20 = 22 AOUT 1792. — Décret relatif aux régimens suisses. (L. 10, 532 ; B. 24, 190.)

Art. 1er. L'Assemblée nationale, fidèle aux principes de la liberté française, qui ne lui permettent pas de tenir au service de la France des troupes étrangères sous un régime particulier et différent de celui des troupes françaises, et vu d'ailleurs l'expiration du terme des capitulations, décrète que les régimens suisses, ou de pays alliés de la Suisse, cessent d'être, comme tels, au service de la France.

2. Le pouvoir exécutif est chargé de témoigner aux cantons helvétiques, au nom de la nation française, sa reconnaissance pour les services rendus à la France par les Suisses dans les armées françaises.

3. Tout officier, sous-officier ou soldat servant actuellement dans les régimens suisses pourra, s'il le préfère, rester au service de la France ; et, dans ce cas, il sera employé dans le grade qu'il occupe maintenant, suivant le mode qui sera incessamment décrété. Jusqu'à leur replacement, ils recevront la paie de leurs grades.

4. Tout officier, sous-officier ou soldat suisse qui voudra rester au service de la nation, sera tenu de faire sa déclaration à la municipalité du lieu de la résidence du régiment ou du poste où il se trouvera, immédiatement après la publication du présent décret, et d'y prêter le serment du 10 août : il sera ensuite accordé à chaque sergent, à titre de gratification et d'engagement, une somme de trois cents livres ; à chaque caporal, une de deux cents livres ; à chaque soldat, une de cent cinquante livres, dont la moitié sera payée à l'instant même de la prestation du serment, et l'autre moitié après l'incorporation avec les troupes françaises.

5. Le comité militaire présentera, dans sa séance de demain, un mode d'incorporation des individus, ou de formation des corps qui pourront recevoir cette incorporation, tel que les sous-officiers et soldats suisses puissent y conserver leurs grades et leurs droits à l'avancement, sans que le corps où ils seraient incorporés perde rien des mêmes avantages.

6. Les retraites, pensions des officiers et indemnités pour les capitaines propriétaires des compagnies, les pensions pour les sous-officiers et soldats suisses qui voudront se retirer, seront fixées conformément à l'esprit des capitulations et à la générosité qui caractérise la nation française, et qu'elle doit témoigner à de fidèles alliés. Ces retraites, pensions et indemnités seront payées en argent, comme par le passé, ainsi que celles arrêtées dans les états des Suisses retirés ou pensionnés jusqu'à ce jour.

7. Le pouvoir exécutif est chargé de pourvoir à la sûreté de tous les officiers et soldats suisses qui voudront se retirer, et de veiller à ce qu'ils soient traités comme d'anciens alliés ; mais ils ne pourront se retirer aux frontières que par détachemens qui n'excéderont pas vingt hommes, et ils seront

:armes. Le prix des armes sera remboursé par
le pouvoir exécutif à qui de droit.

8. Le pouvoir exécutif nommera des commissaires pour veiller, dans chaque régiment,
à la prompte exécution de la présente loi,
qui sera lue à la tête de chaque compagnie
par la municipalité du lieu, pour y recevoir,
concurremment avec les municipalités des
lieux où se trouveront les régimens suisses,
les déclarations de ceux qui voudront se retirer ou prendre du service, dresser le tableau des indemnités et pensions de ceux
qui voudront se retirer, et, quant aux autres,
veiller à leur incorporation ou formation en
corps, sauf à rendre compte à l'Assemblée
nationale des difficultés que pourra faire naître la fixation des indemnités et retraites.

9. L'Assemblée nationale charge le pouvoir exécutif de faire déclarer aux cantons
helvétiques, par l'ambassadeur de France, les
intentions de la nation française d'entretenir avec eux toutes les relations d'amitié, de
fraternité, de commerce et de bon voisinage,
conformément au traité d'alliance du 28 mai
1777.

10. Le pouvoir exécutif est chargé de faire
traduire en allemand et en italien le présent
décret, et de le faire distribuer immédiatement dans les régimens suisses.

———

20 ═ 20 AOUT 1792. — Décret relatif au rachat
successif et séparé des droits casuels non supprimés, et des droits fixes, au mode de conversion du champart et autres redevances de
même nature en une rente annuelle fixe; à
l'extinction de la solidarité, et du mode du
rachat des cens, rentes et autres redevances
solidaires; à la prescription des redevances
fixes à l'avenir, et au paiement de celles arriérées depuis 1789 jusqu'en 1791 inclusivement (L. 10, 535; B. 24, 192.)

*Voy.* lois du 3 ═ 9 MAI 1790; du 14 ═ 19
NOVEMBRE 1790; du 25 ═ 28 AOUT 1792.

L'Assemblée nationale, considérant que
l'affranchissement des propriétés, en assurant
l'indépendance absolue des citoyens, peut
seule leur procurer la jouissance pleine et
entière de la liberté que la constitution de
l'empire leur a rendue; que cet affranchissement n'est pas moins impérieusement commandé par l'intérêt précieux de l'agriculture,
dont une multitude de droits onéreux arrêtent depuis trop long-temps les progrès, et
fait naître une foule de contestations et de
procès ruineux pour les habitans des campagnes;

Considérant qu'il est de son devoir de hâter le moment de cet affranchissement général, en facilitant le rachat des ci-devant droits
féodaux et autres prestations foncières; après
avoir entendu le rapport de son comité féodal, et trois lectures du projet de décret pré-

senté en conséquence dans ses séances des 12
et 20 juillet dernier et de ce jour 20 août
1792, et après avoir déclaré qu'elle est en
état de délibérer définitivement, décrète ce
qui suit:

TITRE Ier. *Du rachat successif et séparé des
droits casuels non supprimés et des droits
fixes, et du mode de conversion du champart
en une rente annuelle fixe.*

Art. 1er. Tout propriétaire de fiefs, de
fonds ci-devant mouvant d'un fief en censive,
ou roturièrement, sera admis à racheter séparément, soit les droits casuels qui seront
justifiés par la représentation du titre primitif de la concession du fonds, soit les cens et
autres redevances annuelles et fixes, de quelque nature qu'ils soient, et sous quelque dénomination qu'ils existent, sans être obligé
de faire en même temps le rachat des uns et
des autres.

Il pourra aussi racheter séparément et successivement les différens droits casuels justifiés par la représentation du titre primitif, et
détaillés dans la seconde et troisième disposition de l'article 2 du titre III du décret du
15 mars 1790.

2. Néanmoins, le rachat des droits casuels
n'aura lieu que sur le pied de la valeur du
sol inculte, et sans y comprendre la valeur
des bâtimens, à moins que le titre primitif
d'inféodation n'annonce que le sol était cul-
tivé, et que les bâtimens existaient à cette
époque; et, dans ce cas, le rachat ne sera fait
que sur le pied de la valeur des bâtimens et
du sol à l'époque de l'inféodation.

3. Tout acquéreur pourra, immédiatement
après son acquisition, sommer le ci-devant
seigneur de produire son titre primitif: s'il
le produit, l'acquéreur sera tenu de faire le
rachat des droits casuels, conformément aux
lois précédentes; s'il ne le produit pas dans
les trois mois du jour où la sommation lui en
aura été faite, l'acquéreur sera affranchi à
perpétuité du paiement et rachat de tous
droits de cens, lods et ventes et autres, sous
quelque dénomination que ce soit, et le ci-
devant seigneur sera irrévocablement déchu
de toute justification ultérieure.

4. Tout propriétaire pourra faire la même
sommation aux ci-devant seigneurs; si le titre
primitif se trouve en règle, il ne sera tenu de
faire le rachat qu'en cas de vente.

5. Les propriétaires des ci-devant fiefs qui
auront reçu le rachat en tout ou partie des
droits seigneuriaux fixes ou casuels dépendant de leur fief, et qui seront soumis eux-
mêmes à des droits casuels envers un autre
fief, seront tenus de se conformer exactement, à l'égard du fief dont ils relèvent, à
tout ce qui leur est prescrit par les art. 44,
45 et 46 du décret du 3 mai 1790.

3. Tout propriétaire de ci-devant fiefs, ou

de fonds solidaires ou non solidaires qui voudra s'affranchir des droits casuels, aura la faculté de payer partiellement le capital du rachat desdits droits, ainsi qu'il suit :

Deux dixièmes dans le mois à compter du jour de la liquidation définitive, dans le cas où elle doit avoir lieu, ou du jour de l'offre qu'il en fera, dans les cas prévus par les articles 37, 38 et 39 du décret du 3 mai 1790 ;

Un dixième dans le second mois ;

Un dixième dans chacun des deux suivans, et les cinq autres dixièmes de six mois en six mois, de manière que la totalité du paiement soit effectuée dans le cours de deux ans et dix mois, conformément à ce qui a été précédemment décrété à l'égard des droits fixes et casuels provenant des biens nationaux, par le décret du 14 novembre 1790.

Il acquittera en même temps l'intérêt au taux de quatre pour cent sans retenue, cet intérêt diminuant au prorata du remboursement du capital.

7. Le redevable remettra au propriétaire des droits casuels, lors du premier paiement, une obligation devant notaire, portant l'obligation de payer aux termes fixés par le précédent article, avec l'intérêt à quatre pour cent.

Le propriétaire desdits droits pourra, en vertu de cette reconnaissance, huitaine après une sommation de payer faite au redevable aux frais de ce dernier, user envers lui, ses héritiers, acquéreurs ou ayant-cause, de toutes voies de contrainte et exécution autorisées par les lois, sans qu'il ait besoin d'obtenir de jugement préalable, à moins qu'il ne veuille saisir les immeubles du redevable.

Cette obligation ne sera soumise qu'à un droit d'enregistrement de *quinze sous.*

8. Pourront néanmoins les redevables accélérer leur libération par des paiemens plus considérables et plus rapprochés, ou même se libérer entièrement à quelque échéance que ce soit ; auxquels cas les intérêts diminueront également à proportion des paiemens, ou s'éteindront avec l'entier remboursement du capital.

9. Les champarts, tasques, terrages, arages, agriers, complans, soëte, dîmes féodales dans les lieux où elles existent, et autres redevances de même nature, pourront être rachetés par les redevables, et leurs capitaux remboursés de même que les droits casuels, ainsi et de la manière établie par les articles 3, 4 et 5 ci-dessus.

À compter du jour de l'offre, comme du premier paiement fait en conséquence de la liquidation définitive, le propriétaire desdites redevances ne pourra les exiger ni les lever en nature ; l'année lors courante sera payée au prorata du temps écoulé depuis la récolte précédente, sur le pied de l'intérêt à quatre pour cent, sans retenue.

10. Néanmoins, le décret du 14 novembre 1790 continuera d'avoir sa pleine et entière exécution, à l'égard du rachat soit des droits casuels, soit des cens et redevances annuelles et fixes ci-devant seigneuriales, de quelque nature et espèce qu'ils soient, dus aux ci-devant fiefs appartenant à la nation.

11. Tout propriétaire de fonds grevés de rentes foncières perpétuelles, créées irrachetables ou devenues telles par convention ou prescription, et déclarées rachetables par le décret du 18 décembre 1790, qui remboursera la rente avant que le rachat des droits casuels en ait été fait, sera tenu de remplir ce qui est prescrit par l'article 10 du titre IV du même décret.

12. Chaque quittance de rachat, soit des droits fixes, soit des droits casuels, sera sujette au droit d'enregistrement de *quinze sous,* établi par l'article unique du titre VII du décret du 18 septembre 1790 ; les frais en seront à la charge de celui qui fera le rachat.

13. Tout redevable de champarts, tasques, terrages, agriers, soëte, complans, dîmes féodales dans les lieux où elles existent, et autres redevances de même nature, pourra exiger, quand bon lui semblera, la conversion en une rente ou redevance annuelle d'une quotité fixe de grains, payable aux termes ordinaires jusqu'au rachat.

14. À cet effet, le redevable fera notifier au propriétaire de la redevance, ou à son dernier domicile, sa demande de conversion.

Elle contiendra la quotité de la redevance, la nature et l'étendue de chaque pièce de terre qui y est sujette, par arpens, journaux ou autres mesures locales et connues, ainsi que les confins, tenans et aboutissans de chacune desdites pièces de terre.

15. Il sera procédé, par des experts que les parties nommeront, ou qui seront nommés d'office par le juge, à une évaluation de ce que le fonds produit habituellement en chaque espèce de grains, dans une année commune.

Ils inséreront à la suite leurs avis motivés sur la quotité fixe et l'espèce de rente en grains qui doit remplacer annuellement la redevance jusqu'au rachat ; cette quotité devra être déterminée dans la proportion du produit de l'année du fonds en grains.

16. En cas de diversité d'avis de la part des experts, le juge nommera un tiers d'office, si les parties n'en choisissent pas un de concert.

Les frais de l'expertise seront à la charge du redevable.

17. L'Assemblée nationale déroge à l'article 42 du décret du 3 mai 1790 ; en conséquence, tout propriétaire qui a racheté les droits seigneuriaux casuels et autres dont son

fonds était grevé, même postérieurement au délai de deux ans fixé par ledit article 42, ou qui les rachètera par la suite, pourra aliéner le même fonds sans être soumis à aucun droit de mutation, qui demeurera irrévocablement éteint par le rachat antérieur, à quelque époque que l'aliénation se fasse postérieurement.

18. Nul ne pourra à l'avenir faire aucune convention ou stipulation tendant à créer des droits casuels, sous quelque dénomination que ce soit, à peine de nullité desdites conventions.

Titre II. De l'extinction de la solidarité, et du mode du rachat des cens, rentes et autres redevacnes solidaires.

Art. 1er. Toute solidarité pour le paiement des cens, rentes, prestations et redevauces, de quelque nature qu'ils soient et sous quelque dénomination qu'ils existent, est abolie sans indemnité, même pour les arrérages échus; en conséquence, chacun des redevables sera libre de servir sa portion de rente, sans qu'il puisse être contraint à payer celle de ses codébiteurs (1).

Le créancier ou ci-devant seigneur sera tenu d'en faire la recette jusqu'au rachat ou remboursement, qui pourra être fait, dans tous les cas, de la manière prescrite par le présent décret.

2. Les codébiteurs solidaires de cens ou de redevances annuelles fixes, même de rentes foncières perpétuelles irrachetables, ou devenues telles par convention ou prescription, pourront racheter à l'avenir divisément, suivant ce qui est décrété par les articles 1er et suivans du titre précédent, leur portion

contributive desdites redevances, rentes et droits fixes, en se conformant à ce qui sera prescrit par les articles suivans, sans que, sous prétexte de la solidarité, ils puissent être contraints à rembourser au-delà de leur quote-part (2).

3. Ceux qui possèdent divisément partie d'un fonds grevé solidairement d'un ou plusieurs des droits mentionnés en l'article précédent, seront obligés de vérifier par reconnaissances ou autres actes faits avec les possesseurs desdits droits ou leurs receveurs ou agens, la quotité dont ils sont tenus dans la totalité des droits.

Les quittances données par les possesseurs des droits, leurs receveurs ou agens, et les collecteurs des rôles et rentiers, serviront également à constater la quotité des droits solidaires qu'on voudra racheter, lorsque cette quotité y sera déterminée (3).

4. Les codébiteurs qui possèdent indivisément un fonds grevé d'un ou plusieurs des susdits droits, seront tenus de faire préalablement constater et vérifier à frais communs, et proportionnellement à la portion qui appartient à chacun dans les fonds grevés, la quotité desdits droits solidaires à laquelle ils sont individuellement soumis contradictoirement avec le propriétaire desdits droits, ou lui dûment appelé.

Il en sera de même des codébiteurs qui, quoique possédant divisément, ne pourront point vérifier, de la manière prescrite par l'article précédent, la quotité dont ils sont tenus dans la totalité des mêmes droits (4).

5. Un seul pourra contraindre ses autres codébiteurs à concourir à la vérification exigée par l'article précédent, dans les cas qui y sont prévus.

(1) Cet article s'applique.... aux arrérages de rentes anciennes échues depuis le Code civil. En ce cas, la solidarité n'a pas été rétablie par l'art. 1221 (Code civil, 22 janvier 1812; Nîmes, S. 13, 2, 222).

Aux rentes *foncières*, comme aux rentes féodales, à la solidarité conventionnelle, de même qu'à la solidarité statutaire (6 octobre 1812; Cass. S. 12, 1, 402).

Il ne s'applique qu'aux rentes ou redevances dues par les biens-fonds, et non aux rentes personnelles (2 février 1813; Cass. S. 16, 1, 134).

Les habitans d'une commune ne peuvent être condamnés *solidairement* au paiement d'une rente de dix mesures de vin. *Voy.* loi du 25 août 1792, art. 2 (29 nivose an 8; Cass. S. 1, 1, 280).

(2) Ces articles n'ont d'effet qu'après que les débi-rentiers ont fait procéder à la division de la rente : jusque là, le créancier de la rente peut les assigner solidairement, c'est-à-dire chacun pour le tout, comme bien-tenant (8 décembre 1812; Cass. S. 13, 1, 94).

Ces articles doivent être entendus en ce sens,

que, par l'effet de la loi, chaque débiteur solidaire d'une rente est devenu simple débiteur pour sa part, et qu'ainsi un seul n'a pu, sans le concours des autres débiteurs, payer et contraindre le créancier à recevoir la totalité des arrérages, à l'effet de prévenir la résolution du contrat de rente. Il a pu seulement payer sa portion et empêcher par là la résolution du contrat, en ce qui le touche (18 mai 1818; Cass. S. 19, 1, 97).

(3 et 4) Le non-accomplissement des formalités prescrites par les articles 3 et 4 n'empêche point que les débiteurs ne soient déchargés de la solidarité. Seulement il peut être opposé au cas de rachat des rentes. Ainsi, le créancier d'une rente anciennement constituée par plusieurs débiteurs solidaires, ne peut exiger de chacun que sa part. Peu importe que les débirentiers n'aient pas fait constater la quotité de la redevance dont chacun d'eux était tenu (16 juin 1829; Bourges, S. 29, 2, 318).

Jugé en sens contraire (23 nov. 1831; Cass. S. 32, 1, 21; D. 31, 1, 365). *Voy.* la note précédente.

Cette vérification préalable, faite contradictoirement ou sur défaut, ou arrêtée de gré à gré, servira à chacun des autres codébiteurs, lorsqu'ils voudront, par la suite, affranchir leurs propriétés, sans qu'ils soient tenus d'en faire une nouvelle.

6. A l'égard des mêmes droits solidaires dus à la nation, la vérification de la quotité dont le possesseur du fonds grevé voudra se libérer sera faite et constatée suivant les règles prescrites par les articles 2, 3 et 4 ci-dessus, contradictoirement avec le préposé de la régie sous l'inspection du directoire du district.

TITRE III. De la prescription des redevances fixes à l'avenir, et du paiement de celles arriérées depuis 1789 jusqu'en 1791 inclusivement.

Art. 1er. Les arrérages à échoir de cens, redevances, même de rentes foncières ci-devant perpétuelles, se prescriront à l'avenir par cinq ans, à compter du jour de la publication du présent décret, s'ils n'ont été conservés par la reconnaissance du redevable, ou par des poursuites judiciaires (1).

2. Néanmoins la prescription pour les droits corporels et incorporels appartenant à des particuliers est et demeurera suspendue depuis le 2 novembre 1789 jusqu'au 2 novembre 1794, sans qu'elle puisse être alléguée pour aucune partie du temps qui se sera écoulé pendant le cours desdites cinq années, soit pour le fonds desdits droits, soit pour les arrérages, conformément à ce qui a été décrété, à l'égard des mêmes droits appartenant à la nation, par le decret du 1er juillet 1791. Il en sera de même des redevables, à l'égard desquels la prescription est et demeurera suspendue pendant le même temps (2).

3. Les redevables d'arrérages de cens, rentes, champarts et autres redevances annuelles, de quelque nature que ce soit, échus en 1789, 1790 et 1791, auront la faculté de se libérer en trois paiements égaux, de la manière suivante :

Ils seront tenus de payer, dès cette année, un tiers du montant des susdits arrérages, à l'échéance du terme ordinaire; un tiers au même terme de 1793, et le dernier tiers à pareil terme de 1794, sans préjudice de l'année courante et de celles à échoir, qui se paieront aux termes fixés.

4. Toutes les dispositions du présent décret seront également communes à tous les droits fixes ou casuels, de quelque nature

---

(1) Cette prescription ne s'applique pas aux arrérages de ferme. Sous l'empire des constitutions sardes, ces arrérages ne se prescrivaient que par trente ans (1er août 1808; Cass. S. 10, 1, 150; idem, 5 septembre 1808; Cass. S. 9, 1, 127).

Elle ne s'applique pas aux arrérages de rente foncière, échus avant la loi du 20 août 1792 (24 prairial an 8; Cass. S. 1, 2, 249, et 30 novembre 1807; Cass. S. 8, 1, 36).

Elle ne s'applique pas aux arrérages de rentes constituées (19 avril 1809; Cass. S. 9, 1, 238).

Ainsi, dans les pays où l'ordonnance de 1510 n'avait pas été publiée, les arrérages des rentes constituées à prix d'argent ne se prescrivaient que par trente ans, avant le Code civil (3 janvier 1809; Cass. S. 10, 1, 134).

Cette prescription s'applique cependant aux rentes constituées, dues au Trésor public. — Avis du Conseil-d'Etat du 14 = 24 fructidor an 12 (S. 4, 2, 634).

Les arrérages d'une rente constituée jadis à prix d'argent, dans la ci-devant Savoie, et possédée aujourd'hui par le domaine, n'ont pas été soumis à la prescription de cinq ans, avant la publication du Code civil (23 mars 1808; Cass. S. 8, 1, 407).

Les rentes convenancières, qui ne sont que les fermages des baux à domaine congéable, ne sont pas sujettes à la prescription de cinq ans, établie par cet article (4 août 1806; S. 7, 2, 1174).

Cet article, renouvelé par l'article 2277 (Code civil), ne permet pas qu'un débiteur de rentes soit condamné à payer plus de cinq ans d'arré-rages, à partir de 1792, s'il n'y a eu interruption de prescription. Vainement on alléguerait que, l'ancienne loi autorisant la demande de vingt-neuf ans d'arrérages, ou n'admettant que la prescription de trente ans, il doit être permis de compléter les vingt-neuf ans, en réunissant les arrérages courus avant et les arrérages courus depuis la loi du 20 août 1792 (25 avril 1820; Cass. S. 20, 1, 407).

(2) Cette disposition s'applique aux rentes constituées (17 avril 1827; Cass. S. 27, 1, 423; D. 27, 1, 199; 27 mars 1832; Cass. S, 32, 1, 650; D. 32, 1, 164).

A des droits d'usage dans une forêt (21 mars 1832; Cass. S. 32, 1, 470; D. 32, 1, 201).

Elle a suspendu aussi bien les prescriptions qui pouvaient s'accomplir dans l'intervalle du 2 novembre 1789 jusqu'au 2 novembre 1794, qu'aux prescriptions qui ne devaient s'accomplir que plus tard (17 avril 1827; Cass. S. 27, 1, 423; D. 27, 1, 199).

L'article n'est point applicable à la prescription des simples créances exigibles (29 décembre 1825; Caen, S. 26, 2, 274).

Ni à la prescription des arrérages des prix de ferme (15 mai 1832; Grenoble, S. 32, 2,568; D. 32, 2, 213).

Ni à la prescription des délais de l'appel (28 avril 1826; Cass. S. 27, 1, 404).

La suspension de prescriptions prononcée par cet article n'empêche pas que les arrérages échus pendant la durée des cinq ans ne soient prescriptibles à partir du 2 novembre 1794 (16 avril 1828; Cass. S. 29, 1, 41; D. 28, 1, 225).

que ce soit, appartenant ou qui appartiendront à la nation, ou qui dépendaient des domaines ci-devant dits *de la couronne*.

5. Tous les décrets antérieurs relatifs au rachat des cens, redevances et autres droits fixes ou casuels, ainsi que des rentes foncières ci-devant perpétuelles, auxquels il n'est point dérogé par le présent décret, continueront d'être exécutés.

———

20 = 20 AOUT 1792. — Décret relatif aux invalides ou blessés auxquels les eaux thermales ou minérales peuvent être nécessaires. (L. 10, 546; B. 24, 167.)

Sur la motion d'un membre, l'Assemblée nationale décrète que le pouvoir exécutif est autorisé à envoyer dans les différens lieux où il y a des eaux thermales ou minérales sans hospices établis, les militaires invalides ou blessés à qui elles seront jugées nécessaires, et de leur accorder, en ce cas, une indemnité équivalente aux frais de route et de séjour qu'ils seront forcés de faire audit lieu.

———

20 = 25 AOUT 1792. — Décret relatif à la dépense du bureau du cadastre. (L. 10, 551; B. 24, 192.)

Sur la demande du ministre des contributions, convertie en motion, l'Assemblée nationale, après avoir décrété l'urgence, décrète :

Qu'il sera mis sur-le-champ par la Trésorerie nationale à la disposition de ce ministre une somme de dix-huit mille sept cent cinquante livres, pour la dépense du bureau du cadastre du dernier trimestre de 1791 et des deux premiers trimestres de 1792, et que sur cette somme il sera pris celle de six mille livres, pour rembourser M. Tarbé de l'avance qu'il a faite sur le dernier trimestre de 1791. L'Assemblée nationale décrète que le comité de l'ordinaire des finances fera incessamment son rapport sur l'organisation ultérieure du cadastre et sur la dépense annuelle du bureau central.

———

20 AOUT 1792. — Décret qui accorde cinquante livres aux veuves et enfans des citoyens morts le 10 août. (B. 24, 192.)

———

20 AOUT 1792. — Décret qui accepte le don patriotique du sieur *Acier Perica*, qui offre à la patrie l'invention de bombes, boulets et balles physiques. (L. 10, 543; B. 24, 186.)

———

20 AOUT 1792. — Décret qui ordonne l'exécution d'un arrêté pris par le conseil général du département de l'Aisne. (L. 10, 527; B. 24, 188.)

———

20 AOUT 1792. — Décret portant nomination de trois commissaires pour se rendre à l'armée du maréchal Luckner. (L. 10, 528; B. 24, 188.)

———

20 AOUT 1792. — Décret relatif à la cérémonie décrétée pour honorer les mânes des victimes de la journée du 10 août. (L. 10, 545; B. 24, 191.)

———

20 AOUT 1792. — Décret qui lève la suspension d'un décret qui déclarait qu'Arthur Dillon avait perdu la confiance de la nation. (L. 10, 547.)

———

20 = 24 AOUT 1792. — Décret qui confirme la destitution du sieur Debart, colonel du 72e régiment d'infanterie. (L. 10, 549.)

———

20 = 24 AOUT 1792. — Décret pour le paiement des dépenses faites par les commissions envoyées à Avignon et dans le Comtat. (L. 10, 550; B. 24, 187.)

———

20 AOUT 1792. — Décret portant que les tribunes de la Convention seront publiques. (B. 24, 187.)

———

20 AOUT 1792. — Bois communaux; Délits du 10 août. *Voy.* 15 AOUT 1792.

———

21 = 21 AOUT 1792. — Décret relatif à la formation de la Convention nationale. (L. 10, 552; B. 24, 198.)

*Voy.* lois du 10 et du 11 AOUT 1792.

L'Assemblée nationale, considérant qu'il est indispensable de lever promptement les incertitudes qui pourraient s'élever sur les opérations relatives à la convocation de la Convention nationale, décrète qu'il y a urgence.

L'Assemblée nationale, après avoir déclaré l'urgence, et dérogeant à son décret du 10 de ce mois, décrète, conformément à l'article 2 de son décret du 11, que, pour la formation de la prochaine Convention nationale, tout Français âgé de vingt-un ans, domicilié depuis un an, vivant du produit de son travail, sera admis à voter dans les assemblées primaires, mais que, conformément à l'article 3 du décret du 11, l'âge de vingt-cinq ans sera nécessaire pour être éligible comme électeur et comme député à la Convention nationale.

Le présent décret sera envoyé par un courrier extraordinaire.

———

21 = 29 AOUT 1792. — Décret relatif au paiement de la somme de cinq cent mille livres accordée pour l'entretien du Roi. (L. 10, 554.)

L'Assemblée nationale décrète que la somme de cinq cent mille livres, qui a été décrétée pour l'entretien du Roi, sera payée en assignats par huitième, entre les mains des commissaires du conseil général de la commune de Paris, qui sont autorisés à payer sur les états de dépenses donnés par le Roi.

21 = 23 AOUT 1792. — Décret relatif à la distribution aux membres de l'Assemblée des comptes des commissaires, de ceux des ministres, etc. (L. 10, 553.)

21 AOUT 1792. — Décret relatif à la comptabilité de M. Clavière, ministre de la guerre par intérim. (B. 24, 98.)

21 AOUT 1792. — Décret qui approuve les mesures prises par le ministre de la guerre, pour la formation des dépôts de garnisons. (B. 24, 199.)

21 AOUT 1792. — Décret relatif au service de la caisse de l'extraordinaire. (B. 24, 199.)

21 AOUT 1792. — Décret pour la levée des scellés apposés sur les bureaux et sur la caisse de l'extraordinaire. (B. 24, 199.)

21 AOUT 1792. — Certificats de résidence. *Voy.* 9 AOUT 1792. — Ecrits dans les armées. *Voy.* 18 AOUT 1792. — Garde nationale de Paris. *Voy.* 19 AOUT 1792. — Gendarmerie nationale. *Voy.* 16 AOUT 1792. — Libelles inciviques. *Voy.* 18 AOUT 1792. — Officiers généraux suspendus. *Voy.* 20 AOUT 1792. — Sieur Paulmier. *Voy.* 6 AOUT 1792.

22 = 22 AOUT 1792. — Décret relatif à la nomination d'un commissaire national près le tribunal criminel établi le 17 août 1792. (L. 10, 555; B. 24, 200.)

L'Assemblée nationale, considérant que le décret du 16 = 29 septembre 1791, sur les jurés, exige que les actes d'accusation, ensemble les pièces relatives aux divers délits, soient communiqués aux ci-devant commissaires du Roi, décrète qu'il sera nommé par le conseil exécutif un commissaire national, lequel remplira, par rapport au jury d'accusation du tribunal criminel établi par le décret du 17 de ce mois, les mêmes fonctions que celles qui étaient attribuées aux ci-devant commissaires du Roi près les tribunaux de district.

22 = 22 AOUT 1792. — Décret relatif à l'enregistrement et à l'impôt des effets publics au porteur. (L. 10, 556; B. 24, 199.)

L'Assemblée nationale décrète que tous les effets publics au porteur sont et demeurent assujétis au droit d'enregistrement à chaque mutation, comme les autres actes.

Tous les effets publics au porteur, émis ou à émettre par des compagnies particulières, seront soumis à l'impôt du cinquième, comme les biens-fonds; les directeurs de ces compagnies verseront dans le Trésor national, annuellement, le cinquième du montant des dividendes.

L'Assemblée renvoie à son comité des finances pour lui présenter demain le mode d'exécution et les moyens de prévenir les fraudes.

22 = 23 AOUT 1792. — Décret qui fixe le nombre des députés à nommer par les colonies pour la Convention nationale. (L. 10, 558; B. 24, 201.)

L'Assemblée nationale, considérant que les colonies font partie intégrante de l'empire français; que tous les citoyens qui les habitent sont, comme ceux de la métropole, appelés à la formation de la Convention nationale;

Considérant que l'invitation qui a été faite aux citoyens français, par son acte du 11 de ce mois, de nommer sans délai des représentans pour former la Convention nationale dans la même proportion que pour la législature actuelle, ne peut s'appliquer aux colonies, dont le mode de représentation n'est pas encore déterminé par la loi, décrète qu'il y a urgence.

L'Assemblée nationale, après avoir décrété l'urgence, décrète ce qui suit:

Art. 1er. Les colonies et possessions extérieures de l'empire français sont invitées à concourir à la formation de la Convention nationale, de la manière et dans les proportions suivantes:

2. La partie française de l'île de Saint-Domingue nommera dix-huit députés à la Convention nationale; ce nombre sera réparti par l'assemblée coloniale entre les trois provinces de la colonie, dans les proportions des trois bases du territoire, de la population et des contributions.

3. La colonie de la Guadeloupe nommera quatre députés à la Convention nationale.

La colonie de la Martinique nommera trois députés.

La colonie de Sainte-Lucie nommera un député.

La colonie de Tabago nommera un député.

La colonie de Caïenne et de la Guiane française nommera un député.

La colonie de l'Ile Bourbon nommera deux députés.

La colonie de l'Ile de France nommera deux députés.

Les établissemens français dans l'Inde, savoir: Pondichéry, Chandernagor, Mahé et autres, réunis en une assemblée électorale, nommeront deux députés.

4. Le nombre des suppléans sera la moitié de celui des députés dans les colonies de Saint-Domingue, la Guadeloupe, la Martinique, et, dans celles qui ne nommeront qu'un député, il sera nommé un suppléant par chaque colonie.

5. Les colonies et possessions françaises au-delà du cap de Bonne-Espérance pourront nommer un nombre de suppléans égal à celui de leurs députés.

6. Les assemblées primaires et électorales s'organiseront et procéderont aux élections, dans les formes prescrites par l'instruction du 10 juillet 1791, qui leur sera à cet effet adressée par le pouvoir exécutif, fors les limitations et interprétations comprises dans l'article suivant.

7. Immédiatement après la publication du présent acte, tous les citoyens libres, de quelque état, condition ou couleur qu'ils soient, domiciliés depuis un an dans la colonie, à l'exception de ceux qui sont en état de domesticité, se réuniront pour procéder à l'élection des députés qui doivent former une Convention nationale, soit qu'ils soient convoqués ou non par les fonctionnaires publics déterminés par la loi.

22 = 22 AOUT 1792. — Décret qui autorise les greffiers des juges-de-paix de Paris à continuer leurs fonctions. (L. 10, 563.)

Les greffiers des justices de paix de Paris, dont les lois antérieures garantissaient l'inamovibilité, craignent leur suspension, et demandent d'être continués dans leurs places. Leur pétition est renvoyée au comité de législation, et cependant l'Assemblée décrète que provisoirement ils seront continués dans leurs fonctions.

22 = 22 AOUT 1792.—Décret qui permet l'importation des armes de guerre en exemption de droits, jusqu'à la paix. (L. 10, 564; B. 24, 202.)

Art. 1er. Les droits établis sur toute espèce d'armes de guerre, telles que canons, mortiers, obusiers, couleuvrines, fusils de rempart, de munition, de chasse, mousquetons, pistolets, damas, sabres, briquets, et généralement toutes sortes d'armes connues sous le nom d'armes à feu ou armes blanches, soit que ces armes soient montées ou qu'elles soient en pièces détachées, telles que les canons et platines de fusils, de mousquetons et pistolets, les montures et lames de damas, sabres, briquets et épées, tous les droits établis sur ces armes à leur entrée dans l'empire français sont et demeurent suspendus jusqu'à la fin de la guerre.

2. Les fabricans, négocians et armateurs français ou étrangers qui voudront faire entrer dans l'empire français des armes, seront seulement tenus de prendre au bureau de douane des ports, villes ou bourgs frontières, un acquit-à-caution portant la qualité et quantité des armes montées ou en pièces détachées, contenues dans les caisses qui les renfermeront, le nom du lieu et de la personne pour laquelle elles seront destinées. Cet acquit-à-caution sera visé par la municipalité du lieu du domicile de la personne à qui ces armes auront été envoyées et chez laquelle elles auront été déchargées, sous peine de saisie et de confiscation des caisses, armes et pièces détachées.

3. Les autorités constituées, la puissance civile et militaire, donneront assistance et main-forte, s'il en est besoin, aux personnes chargées du transport de ces armes, qui auront rempli les formalités.

4. Tout citoyen qui fera venir de l'étranger des armes de munition, pendant la durée de la guerre, sera déclaré avoir bien mérité de la patrie.

5. Tout citoyen qui, pendant la durée de la guerre, sera convaincu d'avoir fait sortir de France des armes ou munitions de guerre, sera poursuivi et puni comme traître à la patrie.

22 = 25 AOUT 1792. — Décret relatif aux marques distinctives des députés. (L. 10, 566.)

L'Assemblée nationale décrète que les membres de l'Assemblée ne pourront dorénavant se décorer d'aucune médaille ou autres marques distinctives, hors de l'exercice de leurs fonctions.

22 = 24 AOUT 1792. — Décret relatif aux ouvriers de l'imprimerie nationale législative et de l'imprimerie nationale exécutive du Louvre. (L. 10, 567.)

Sur la motion d'un membre du comité des décrets, tendant à faire décréter par l'Assemblée nationale l'extension du décret du 11 août, dont l'objet est de dispenser du service militaire les ouvriers imprimeurs de l'imprimerie nationale législative, aux ouvriers imprimeurs de l'imprimerie nationale exécutive du Louvre, le décret du 11 août a, en effet, été appliqué auxdits ouvriers de l'imprimerie nationale exécutive du Louvre.

22 AOUT = 7 SEPTEMBRE 1791. — Décret qui applique aux commandans, ordonnateurs et officiers de la marine, le décret du 16 octobre 1790, en ce qui concerne les logemens des fonctionnaires publics dans les bâtimens destinés aux administrations. (L. 10, 568; B. 24, 200.)

L'Assemblée nationale, après avoir entendu le rapport qui lui a été fait au nom de ses comités des domaines et de la marine;

Considérant que la loi du 16 octobre 1790, qui interdit à tout fonctionnaire public la faculté d'avoir son logement dans les bâtimens destinés aux différentes administrations, ne doit avoir d'exceptions que dans les cas d'utilité reconnue; considérant que tout ce qui n'est pas nécessaire au service public doit être vendu comme les autres biens nationaux, décrète qu'il y a urgence.

L'Assemblée nationale, après avoir décrété l'urgence, décrète ce qui suit:

Art. 1er. Les dispositions de l'article 1er du décret du 16 octobre 1790, en ce qui concerne les logemens des fonctionnaires publics dans les bâtimens destinés aux différentes administrations, s'appliqueront aux commandans, ordonnateurs et autres officiers du département de la marine, à l'égard desquels il est expressément dérogé, pour cette partie, au décret du 12 mars 1791.

2. Les terrains, bâtimens, maisons et autres objets dépendant du département de la marine, qui ne seront pas compris dans l'enceinte des arsenaux des différens ports du royaume, et qui ne seront pas jugés nécessaires au service, et ceux qui, par la suite, cesseront de l'être, seront vendus comme biens nationaux.

3. Les ordonnateurs des arsenaux de marine adresseront aux directoires de leur département, dans le mois à compter de la publication du présent décret, un état des terrains, bâtimens, magasins et maisons actuellement affectés au service de la marine et non compris dans l'enceinte des arsenaux, avec la désignation du service auquel ils sont destinés, pour, sur leur avis, celui des chefs de l'administration de la marine, des corps administratifs et du ministre, être statué par le Corps-Législatif ce qu'il appartiendra, pour la vente ou la conservation.

22 = 23 AOUT 1792. — Décret qui suspend l'adjudication du château de Choisy-le-Roi. (L. 10, 557; B. 24, 223.)

22 AOUT = 6 SEPTEMBRE 1792. — Décret qui permet au juge-de-paix d'Avallon de marcher aux frontières. (B. 24, 200.)

22 AOUT 1792. — Décret relatif aux troubles de l'Ile-Rousse et à la conduite qu'y ont tenue les administrateurs et procureur-syndic. (L. 10, 561; B. 24, 203.)

22 AOUT 1792. — Sieur Champagne. *Voy.* 16 AOUT 1792. — Régimens suisses. *Voy.* 20 AOUT 1792.

23 = 23 AOUT 1792. — Décret relatif aux militaires détenus sous prétexte d'insubordination. (L. 10, 570; B. 24, 205.)

L'Assemblée nationale, considérant que l'humanité et la justice réclament en faveur des militaires détenus dans les fers sous prétexte de manque à la discipline, d'insubordination, de menaces par paroles ou gestes contre des supérieurs qui, après avoir tout employé pour les porter au désespoir et les rendre victimes de leur amour pour la liberté, se sont rangés sous les drapeaux des conjurés contre la France, décrète qu'il y a urgence.

L'Assemblée nationale, après avoir décrété l'urgence, décrète ce qui suit:

Art. 1er. Tous procès et jugemens contre des militaires, sous prétexte de manque à la discipline, d'insubordination, de menaces par paroles ou par gestes contre des supérieurs, depuis le 15 septembre 1791, sont éteints et abolis.

2. Le pouvoir exécutif provisoire donnera des ordres pour que les militaires qui, à raison desdits procès et jugemens, sont dans les prisons et dans les fers, soient mis sans délai en liberté.

23 = 23 AOUT 1792. — Décret relatif aux passeports des ambassadeurs et ministres étrangers. (L. 10, 571; B. 24, 208.)

Art. 1er. Les passeports des ambassadeurs et ministres étrangers continueront à être expédiés par le ministre des affaires étrangères, et seront visés par la municipalité de Paris.

2. Les passeports des personnes de la famille, de la suite et du service des ambassadeurs et ministres étrangers, seront expédiés en la même forme, sur le vu du certificat préalable du comité de la section dans l'étendue de laquelle ils habitent, portant que lesdites personnes sont de la famille, de la suite et du service habituel des ambassadeurs et ministres étrangers, et demeurent dans les maisons desdits ministres.

3. Il est enjoint à la municipalité de Paris de veiller à ce que les passeports expédiés par le ministre des affaires étrangères dans la forme prescrite soient respectés aux barrières, et elle y enverra, en cas de besoin, des commissaires pour protéger le départ des ministres étrangers.

23 = 23 AOUT 1792. — Décret relatif au salaire des gens de mer, et aux dépenses de la marine dans les ports. (L. 10, 572; B. 24, 205.)

L'Assemblée nationale, voulant régler le salaire des gens de mer et les dépenses de la marine dans les ports avec l'économie et la justice dont elle ne doit jamais s'écarter, et considérant qu'elle ne peut différer de proportionner, pour cette partie du service public, les salaires aux besoins, décrète qu'il y a urgence.

L'Assemblée nationale, après avoir entendu ses comités de marine et des finances et décrété l'urgence, décrète ce qui suit :

Art. 1er. Les salaires des maîtres entretenus et ouvriers des ports seront provisoirement augmentés d'un dixième sur leur taux actuel.

2. Le paiement des ouvriers sera fait chaque mois, moitié en espèces, moitié en assignats ; et ce sera sur cette dernière moitié que sera exercée la retenue du prix du pain à eux livré en nature pendant le mois.

3. Le paiement des entretenus, jusqu'à la classe des maîtres, chefs d'atelier inclusivement, sera fait également moitié en espèces, moitié en assignats.

4. Les ouvriers malades qui seront traités à l'hôpital n'auront que la demi-journée.

5. Les ouvriers malades qui seront traités chez eux, à leurs frais, conserveront leurs journées entières.

6. La solde des troupes de la marine, dont l'organisation a été décrétée par la loi du 14 juin dernier, sera payée conformément à l'article 1er de la loi du 29 avril dernier.

7. Les dépenses d'armement seront payées dans les proportions suivantes :

Levées, avances aux équipages, deux tiers en espèces et un tiers en assignats ;

Traitemens des officiers-commandans, la totalité en assignats ;

Traitemens des officiers de l'état-major, le quart en espèces, le restant en assignats ;

La demi-solde à l'armement, deux tiers en espèces, le tiers en assignats.

8. Le désarmement aux équipages sera payée moitié en espèces, moitié en assignats.

Les conduites de marins, d'ouvriers et autres, seront payées dans les mêmes proportions.

9. Toutes les dépenses du département de la marine autres que celles détaillées ci-dessus, seront payées en assignats.

23 = 27 AOUT 1792. — Décret relatif aux régimens d'artillerie et d'infanterie de la marine. (L. 10, 574 ; B. 24, 208.)

L'Assemblée nationale, délibérant sur la lettre du ministre de la marine, convertie en motion par un de ses membres, et voulant donner au pouvoir exécutif provisoire les moyens les plus prompts de mettre en activité les régimens d'artillerie et d'infanterie de la marine, décrète qu'il y a urgence.

L'Assemblée nationale, après avoir décrété l'urgence et ouï le rapport du comité de la marine, décrète ce qui suit :

Art. 1er. Les lieutenans-colonels des régimens d'artillerie de la marine pourront être choisis, pour cette fois seulement, parmi les capitaines d'artillerie, aides-majors des divisions et chefs de compagnie, et les lieutenans

de vaisseau sortis du corps des maîtres-canonniers entretenus, réunissant les qualités exigées par le décret du 31 mai = 14 juin, pour être promus au grade de capitaine d'artillerie.

2. Les lieutenans-colonels, capitaines et lieutenans des régimens d'infanterie de la marine, pourront, pour cette fois seulement, être choisis parmi les officiers de toutes les armes qui ont des brevets du grade immédiatement inférieur à ceux auxquels ils seront promus, ou qui ont servi comme officiers dans la garde nationale.

3. Les adjudans du parc pourront être choisis parmi les lieutenans des compagnies d'ouvriers, ceux des compagnies d'apprentis canonniers des classes et ceux des régimens d'artillerie.

4. La loi sur les drapeaux des troupes de ligne sera applicable aux troupes de la marine.

23 = 28 AOUT 1792. — Décret qui ordonne à tous les officiers publics ou dépositaires, de déclarer tous les objets qui sont entre leurs mains, appartenant à des Français émigrés. (L. 10, 576 ; B. 24, 206.)

Voy. lois du 15 AOUT 1792 ; du 25 = 30 AOUT 1792.

Art. 1er. Tous les citoyens feront, dans le délai le plus court, devant les officiers de leurs municipalités, la déclaration de toutes les sommes qu'ils sauront être dues à des Français actuellement domiciliés en pays étranger, et des effets, contrats et biens de toute nature qu'ils sauront leur appartenir. Ces déclarations contiendront les indications nécessaires, et seront accompagnées des preuves à l'appui, autant qu'il sera possible.

2. Il est ordonné à tous les notaires, avoués, greffiers, receveurs des consignations, régisseurs, chefs et directeurs des compagnies d'actionnaires et tous autres officiers publics ou dépositaires, de faire à la municipalité de leur résidence, dans les huit jours qui suivront la publication du présent décret, leurs déclarations des valeurs, espèces, actions, bordereaux et autres effets au porteur, des titres de propriété, contrats de rente, obligations à jour fixe, billets, et généralement de tous les objets qui sont entre leurs mains, appartenant à des Français de l'un et de l'autre sexe, qu'ils ne connaîtront pas pour être actuellement domiciliés dans l'étendue du territoire français, même des objets qu'ils sauront être déposés en d'autres mains ; enfin de ceux que lesdits absens auraient transmis et cédés autrement que par acte authentique antérieur à la publication du décret du 9 = 12 février dernier. Ces déclarations seront affirmées par serment ; elles seront exemptes de la formalité du timbre, et

il en restera minute au greffe de la municipalité.

3. A défaut de déclarations, et dans le cas
de fausses déclarations de la part de ceux dénommés dans l'article précédent, ils seront
garans et responsables de la perte qui pourrait
s'ensuivre pour la nation, et tenus personnellement de rétablir, au profit du Trésor public, le montant des effets au porteur, obligations, et de tous autres objets qui pourraient
être délivrés auxdits absens, leurs fondés de
pouvoirs, cessionnaires et ayant-cause, en
contravention au décret du 30 mars == 8 avril
dernier et du présent décret, lequel vaudra
opposition, saisie et arrêt entre les mains
desdits dépositaires, à compter du jour de sa
publication.

4. Les contrevenans seront de plus condamnés en une amende qui demeurera fixée
à la valeur des effets qu'ils n'auront pas déclarés.

5. Les officiers municipaux dénonceront
aux procureurs-syndics de district tout ce
qui viendra à leur connaissance, relativement aux contraventions ci-dessus énoncées,
et lesdits procureurs-syndics seront tenus de
poursuivre par-devant les tribunaux de district la condamnation aux peines et amendes
portées par les articles précédens.

6. Lesdits officiers municipaux feront remettre, dans la huitaine, un extrait de toutes les déclarations qui leur auront été fournies au directoire de district, lequel formera en conséquence de nouvelles listes,
dans la forme prescrite par l'article 7 du
décret du 30 mars == 8 avril dernier, et les
fera passer au directoire du département
pour en être fait l'usage prescrit par l'article 8 du décret.

---

23 == 28 AOUT 1792. — Décret relatif aux citoyens qui étaient attachés à la maison de
Louis XVI. (L. 10, 579; B. 24, 208.)

L'Assemblée nationale, sur le rapport qui
lui a été fait par son comité de l'ordinaire
des finances, de la pétition présentée par les
corps administratifs réunis de la ville de Versailles;

Considérant que la justice et l'humanité
lui font un devoir de venir au secours des
citoyens qui étaient attachés à la maison de
Louis XVI, et qui, dans les circonstances
actuelles, se trouvent dépourvus de toute ressource, et hors d'état de se procurer, ainsi
qu'à leur famille, les moyens de subsister,
décrète qu'il y a urgence;

L'Assemblée nationale, après avoir décrété
l'urgence, décrète ce qui suit:

Art. 1er. Il sera dressé sans délai, par la
municipalité de Versailles, un état nominatif de toutes les personnes qui étaient attachées à la maison de Louis XVI, soit en

qualité de gens à gages, soit en qualité de
pensionnaires pour cause de domesticité,
avec brevet sur la liste civile ou sur la cas-
sette.

2. Cet état sera divisé en différentes colonnes, qui indiqueront le nom et la demeure
des personnes, le montant de leur traitement, la durée de leurs services, leur âge,
leur état, et le nombre de leurs enfans; il
sera visé par le directoire de district, et arrêté par le département, qui le fera passer
au ministre de l'intérieur.

3. Le ministre de l'intérieur, aussitôt
après la réception de l'état nominatif, le remettra à l'Assemblée nationale, qui fixera
les secours qui seront accordés provisoirement à chaque individu, jusqu'à ce que la
Convention nationale ait statué définitivement sur le sort des personnes ci-devant attachées au service de Louis XVI.

4. Tous pensionnaires pour cause de domesticité, qui ne seront point en titre d'office
dans la maison de Louis XVI, et dont le
traitement n'excédera pas six cents livres,
seront payés dans la proportion déterminée
par l'article suivant, en présentant leur brevet de pension, ou leur certificat de service
visé de la municipalité.

5. Lesdits domestiques ou pensionnaires
pour cause de domesticité, et ayant vingt années de service révolues, recevront annuellement la somme de six cents livres; ceux
qui auront dix années de service seulement
recevront quatre cents livres; enfin, ceux
dont le service sera au-dessous de dix années recevront seulement deux cents livres:
le tout dans la proportion du temps qui s'é-
coulera jusqu'à ce que la Convention nationale ait statué définitivement sur leur sort.

6. Ne seront admis au secours provisoire
ci-dessus décrété que ceux qui prouveront
avoir résidé habituellement en France depuis l'époque du 14 juillet 1789, et qui justifieront du paiement de leurs contributions
patriotique, foncière et mobilière, ainsi que
de leur inscription au registre de la garde
nationale.

---

23 AOUT 1792. — Décret en faveur du sieur
Boélidoux. (B. 24, 205.)

---

23 AOUT 1792. — Décret qui accorde cent mille
livres pour la recherche des fabricateurs de
faux assignats. (B. 24, 208.)

---

23 AOUT 1792. — Barbançon. *Voy.* 16 AOUT
1792.—Caisses publiques. *Voy.* 15 AOUT 1792.
— Choisy-le-Roi; Colonies. *Voy.* 22 AOUT
1792.—Comptes. *Voy.* 21 AOUT 1792.—Enregistrement au commerce. *Voy.* 16 AOUT 1792.
— Gratifications. *Voy.* 11 AOUT 1792.—Rouen.
*Voy.* 16 AOUT 1792. — Saint-Denis. *Voy.* 13
AOUT 1792.—Serment des fonctionnaires. *Voy.*
15 AOUT 1792.

24 = 28 AOUT 1792. — Décret relatif aux dépenses de l'artillerie. (L. 10, 588; B. 24, 213.)

L'Assemblée nationale décrète que la Trésorerie nationale tiendra à la disposition du ministre de la guerre, à compte des fonds qui seront décrétés pour la totalité des dépenses de la guerre en 1792, la somme de seize millions sept cent quatre-vingt-dix mille livres, savoir : 1° pour les dépenses ordinaires de l'artillerie, trois millions ; 2° pour les dépenses extraordinaires, suivant le détail exposé dans l'état général des dépenses de 1792, treize millions sept cent quatre-vingt-dix mille livres.

24 = 24 AOUT 1792. — Décret relatif aux soldes et masses des citoyens soldats composant la nouvelle division de gendarmerie nationale. (L. 10, 581; B. 24, 212.)

L'Assemblée nationale, considérant le zèle avec lequel les citoyens soldats formant actuellement la nouvelle division de gendarmerie nationale se sont présentés pour voler à la défense de la patrie, après avoir décrété l'urgence, décrète que la solde et les masses réglées pour la nouvelle division de la gendarmerie nationale seront payées à compter du jour de l'inscription de chaque individu, certifiée par la municipalité.

24 = 24 AOUT 1792. — Décret relatif au remplacement des généraux, commandans et officiers de l'armée qui ont quitté leurs postes. (L. 10, 583 ; B. 24, 212.)

L'Assemblée nationale, considérant qu'il est instant de remplacer les généraux, commandans et officiers de l'armée qui ont abandonné leurs postes, décrète ce qui suit :

Le pouvoir exécutif provisoire est autorisé à choisir et nommer aux places de l'armée tous les citoyens capables de les remplir, sans autre condition d'éligibilité.

24 = 26 AOUT 1792. — Décret qui fixe le mode d'incorporation pour les officiers, sous-officiers et soldats suisses. (L. 10, 585 ; B. 24, 210.)

Art. 1er. Les quatorze bataillons d'infanterie légère sont tous également destinés à recevoir l'incorporation des officiers, sous-officiers et soldats suisses qui, préférant de rester au service de France, auront rempli les formalités prescrites par le décret du 22 de ce mois.

2. Tout bataillon d'infanterie légère qui sera désigné par le pouvoir exécutif pour recevoir l'incorporation des Suisses, sera formé en régiment d'une manière entièrement semblable à tous les autres régimens de ligne. Ces nouveaux régimens conserveront cependant la dénomination et l'uniforme de l'infanterie légère.

3. Il sera fait dans chaque régiment suisse, au moment du licenciement, un tableau des individus qui auront préféré de rester au service de France; et, quel qu'en soit le nombre dans chacun des régimens suisses, ils seront destinés à être incorporés dans un même bataillon, ou dans plusieurs d'infanterie légère, suivant la convenance.

4. Les officiers supérieurs de ces nouveaux régimens ne pourront, au moment de la première formation, être pris que parmi les officiers français.

5. Pour parvenir à la première formation de chacun de ces nouveaux régimens, il sera dressé une liste commune, et par grade, des officiers, sous-officiers et soldats formant actuellement le bataillon d'infanterie légère, et des officiers, sous-officiers et soldats suisses qui devront y être incorporés, de manière que, chacun se trouvant placé suivant son ancienneté de service dans la colonne de son grade, la nouvelle formation et le nouvel ordre des compagnies mêlent tellement les individus, qu'aucune subdivision du régiment ne se trouve différenciée par la distinction de *nation*, mais qu'au contraire elles soient toutes également composées de Français et de Suisses incorporés.

6. Le pouvoir exécutif est autorisé à presser ou à suspendre l'incorporation et la formation de chacun de ces régimens, suivant l'emplacement et l'emploi actuel de chacun des bataillons d'infanterie légère, par rapport au régiment suisse dont les individus qui voudront rester au service de France devront être incorporés.

7. En attendant l'époque de l'incorporation, et conformément au décret du 22 de ce mois, les officiers, sous-officiers et soldats suisses destinés à être incorporés recevront la paie de leur grade respectif sur le pied de la solde de l'infanterie française.

8. Soit que ces officiers, sous-officiers et soldats suisses doivent se rendre immédiatement au lieu où devra se faire l'incorporation, soit que l'éloignement et l'emploi actuel des troupes s'opposent à cette célérité, les Suisses destinés à l'incorporation seront, immédiatement après la publication du présent décret, formés provisoirement en compagnies, qui prendront sur-le-champ l'uniforme et la dénomination de compagnies détachées d'un tel régiment d'infanterie légère.

9. Le ministre de la guerre est autorisé, en attendant l'opportunité de l'incorporation, à employer provisoirement ces compagnies partout où il le jugera convenable.

10. Nonobstant les dispositions ci-dessus, tout soldat suisse sera libre de s'engager dans les régimens de ligne de toute arme, et y sera admis comme citoyen français.

24 AOUT 1792.—Décret portant que tous les effets publics au porteur, émis ou à émettre pour des compagnies particulières, seront soumis à l'impôt du cinquième, comme biens fonds. (B. 24, 214.)

*Voy.* loi du 27 AOUT 1792.

L'Assemblée nationale, après avoir entendu le rapport de son comité de l'ordinaire des finances et trois lectures du présent décret, considérant qu'il est de toute justice que les citoyens contribuent, en proportion de leur fortune, aux charges de l'État; qu'il est du devoir du législateur d'employer tous les moyens d'atteindre celles des propriétés mobilières qui, par leur nature, échappent le plus facilement à l'impôt; empressée de procurer au Trésor public toutes les ressources dont il peut disposer sans blesser l'égalité proportionnelle qui doit exister dans la distribution des contributions publiques, et de s'assurer la connaissance des propriétés appartenantes aux émigrés; après avoir décrété qu'elle est en état de délibérer, décrète ce qui suit :

Art. 1er. Tous les effets publics au porteur, tels que billets ou coupons provenant de différens emprunts, actions de l'ancienne et de la nouvelle compagnie des Indes, ou de toute autre compagnie, et généralement tous les effets publics qui se négocient, sont et demeurent assujétis au droit d'enregistrement à chaque mutation comme les autres actes.

2. Tous les effets publics au porteur, émis ou à émettre par des compagnies particulières, seront soumis à la contribution du cinquième, comme les biens-fonds; les directeurs de ces compagnies verseront dans le Trésor national, annuellement, le quart du montant des dividendes.

3. Tous propriétaires et porteurs des effets publics stipulés au porteur, désignés dans l'article 1er, seront tenus, dans le délai d'un mois après la publication du présent décret, de les faire enregistrer et viser par les receveurs du droit d'enregistrement, qui ouvriront un registre à cet effet, et feront mention, tant sur ledit registre que sur les effets publics, des numéros desdits effets, des noms, professions et domiciles des porteurs.

4. Le visa et l'enregistrement seront faits sans frais.

5. Tous les effets publics stipulés au porteur qui n'auront pas été visés dans le délai fixé par l'article 3, sont déclarés de nulle valeur.

6. Aucun effet stipulé au porteur ne pourra être cédé ni transporté sans un endossement au profit du nouveau propriétaire, lequel endossement sera enregistré par les receveurs du droit d'enregistrement, et assujéti au droit de mutation de quinze sous par cent livres,

tel qu'il est réglé pour les obligations mobilières, par la troisième section de la première classe du tarif annexé à la loi du 19 décembre 1790.

7. Il est expressément défendu à toutes personnes, et notamment à tous courtiers et agens-de-change, de faire aucune négociation, vente ou achat desdits effets, d'en prendre, recevoir ou donner en paiement, s'ils ne sont revêtus de la formalité de l'enregistrement, à peine de nullité des traités, et d'une amende égale au montant de l'effet au porteur, tant contre celui qui les aura donnés, que contre celui qui les aura reçus.

8. Pour éviter les fraudes qui pourraient se commettre dans le transport des effets publics au porteur, toute procuration qui sera donnée à l'effet d'en recevoir le montant, ou d'en faire cession contiendra le nom du mandataire, à peine de nullité; et, dans le cas où ladite procuration serait donnée à l'effet de recevoir le remboursement des effets au porteur, elle sera réputée transport, et, comme telle, sujette à l'enregistrement et au droit fixé par l'article 6.

9. Toute personne qui se trouverait nantie d'un ou plusieurs effets publics au porteur, et qui n'en serait pas propriétaire direct, soit en vertu de l'endossement prescrit par l'article 6, sera condamnée à une amende égale à la valeur des effets saisis et à la perte desdits effets.

Les directeurs et administrateurs des différentes compagnies particulières seront tenus, sous quinzaine de la publication du présent décret, d'envoyer au bureau d'enregistrement l'état et tableau exact du nombre des actions mises en circulation par chaque compagnie, ainsi que la valeur primitive de chacune de ces actions.

Les administrateurs ou directeurs de toutes les compagnies particulières ne pourront, après un mois de la publication du présent décret, payer aucun dividende ni remboursement du capital, en tout ou partie, aux porteurs desdites actions qui n'auront pas été enregistrées, sous peine de l'amende ci-dessus prononcée pour chaque effet au porteur, et d'être poursuivi comme percepteur infidèle et comme détenteur de deniers publics.

24 AOUT = 14 SEPTEMBRE 1792. — Décret relatif à la répartition de trois cents millions d'assignats-coupures. (L. 10, 591; B. 24, 215.)

24 AOUT 1792. — Décret portant que les lettres des commissaires près les différentes armées seront renvoyées à la commission de correspondance, après qu'elles auront été lues par l'Assemblée. (B. 24, 210.)

24 AOUT 1792. — Décret relatif à l'habillement d'une compagnie franche levée par le sieur Coliche. (L. 10, 582.)

24 AOUT 1792. — Décret portant que l'assemblée électorale du département du Nord se tiendra dans la ville du Quesnoy. (L. 10, 584.)

24 = 28 AOUT 1792. — Décret qui ordonne aux gardes nationales du département du Jura d'y rester, et de se borner à la défense de leurs frontières. (L. 10, 589; B. 24, 212.)

24 = 28 AOUT 1792. — Décret relatif à la démolition du château situé sur le territoire de la commune de Flayose. (L. 10, 590; B. 24, 213.)

24 AOUT 1792. — Décret qui met vingt mille livres à la disposition du ministre de l'intérieur, pour le paiement des courriers. (B. 24, 210.)

24 AOUT 1792. — Décret qui décerne le titre de citoyen français à tous les philosophes qui ont défendu la cause de la liberté et de l'égalité. (B. 24, 217.)

24 AOUT 1792. — Décret qui charge le pouvoir exécutif de rendre compte des mesures prises pour la traduction du décret concernant les soldats étrangers qui viendront habiter le sol de la liberté. (B. 24, 217.)

24 AOUT 1792. — Commissaires d'Avignon. *Voy.*
20 AOUT 1792. — Imprimerie nationale. *Voy.*
22 AOUT 1792. — Mesures de sûreté. *Voy.* 9 AOUT 1792.

25 = 25 AOÛT 1792. — Décret qui défend d'exercer la contrainte par corps pour dettes de mois de nourrice. (L. 10, 600; B. 24, 217.)

L'Assemblée nationale, considérant que chez un peuple libre il ne doit exister de loi qui autorise la contrainte par corps que lorsque les motifs les plus pressans le réclament;

Considérant que la contrainte par corps pour dettes de mois de nourrice n'est déterminée par aucun motif de cette nature; qu'elle est même contraire à l'intérêt du créancier, qui, en général, ne peut attendre son paiement que de l'industrie et des travaux de son débiteur, décrète qu'il y a urgence.

L'Assemblée nationale, après avoir décrété l'urgence, décrète que la contrainte par corps ne pourra être exercée, à compter de ce jour, pour dettes de mois de nourrice.

25 = 25 AOÛT 1792. — Décret pour la formation de nouvelles compagnies de gendarmerie à pied. (L. 10, 602; B. 24, 224.)

L'Assemblée nationale, considérant que les citoyens qui contribuèrent le plus efficacement à la première conquête de la liberté doivent être appelés de préférence pour la défendre, et s'empresse de seconder le zèle de ceux dont les noms sont transmis à la postérité par une liste déposée dans les archives nationales, décrète qu'il y a urgence.

L'Assemblée nationale, après avoir décrété l'urgence, décrète ce qui suit :

Art. 1er. Les citoyens reconnus par l'Assemblée constituante pour s'être distingués, le 14 juillet 1789, à la prise de la Bastille, et dont les noms sont consignés dans une liste déposée aux archives nationales, seront admis à former des compagnies de gendarmerie à pied, comme l'ont été les ci-devant gardes-françaises et les autres citoyens qui ont servi la cause de la liberté dès les premiers momens de la liberté.

2. Aucun autre citoyen que ceux qui se trouveront inscrits sur la liste déposée aux archives ne pourra être admis à la formation de ces compagnies.

3. La formation de ces compagnies sera la même que celle prescrite par le décret du 17 de ce mois.

4. Les citoyens ayant déjà reçu des armes de la nation seront tenus de se présenter avec leurs armes, pour la formation des compagnies.

5. Ces compagnies feront partie de la même division de gendarmerie nationale.

25 = 26 AOUT 1792. — Décret relatif à la vérification de la caisse de M. Garat. (L. 10, 604; B. 24, 229.)

Sur le rapport rendu par un membre, de la vérification de la caisse de M. Garat, par MM. les commissaires de la Trésorerie nationale, sous la surveillance des commissaires du comité de l'ordinaire des finances, duquel il résulte que la gestion de ce caissier se trouve en règle,

L'Assemblée nationale décrète que le procès-verbal de cette vérification sera déposé au comité de l'ordinaire des finances, et que les commissaires de la Trésorerie nationale sont autorisés à en délivrer des copies collationnées au sieur Garat, caissier général.

25 = 28 AOUT 1792. — Décret relatif aux biens que possèdent les émigrés dans les colonies. (L. 10, 606; B. 24, 226.)

*Voy.* lois du 23 AOUT 1792; du 27 AOUT = 7 SEPTEMBRE 1792.

L'Assemblée nationale, considérant que les colonies font partie de l'empire français;

Considérant qu'il importe de déterminer la manière dont les biens des émigrés dans ces contrées seront administrés et vendus, de régler les exceptions que la justice et l'humanité prescrivent; désirant aussi venir au secours des créanciers qui seront forcés de faire vendre les immeubles de leurs débiteurs émigrés, décrète qu'il y a urgence.

L'Assemblée nationale, après avoir décrété l'urgence, décrète ce qui suit :

Art. 1er. Les biens que possèdent dans les colonies faisant partie de l'empire les Français notoirement émigrés, seront saisis et vendus au profit du Trésor public, pour le prix en revenant servir à l'indemnité due à la nation.

2. Ces ventes se feront au plus offrant et dernier enchérisseur, ainsi qu'il est observé pour les domaines nationaux, sauf les modifications qui vont être présentées dans les articles suivans.

3. Pour faciliter les ventes, les corps administratifs pourront faire procéder à l'adjudication, soit en annuités payables en douze années, soit en rentes amortissables, ainsi qu'il est ordonné, par le décret du 14 de ce mois, pour les biens des émigrés situés en France.

4. Pour éviter les injustices qui pourraient résulter du défaut d'ordre dans une pareille saisie, le pouvoir exécutif fera passer dans chacune des colonies la liste des officiers, soit de terre, soit de mer, ou des habitans de l'empire notoirement émigrés.

5. Les personnes qui ont des biens dans les colonies et qui résident en France enverront au ministre de la marine, dans le mois qui suivra la proclamation du présent décret, un certificat de la municipalité du lieu qu'ils habitent, visé par le directoire du district, qui constatera qu'elles résident actuellement et habituellement depuis six mois dans le royaume, ou que, depuis ce temps, elles y seront arrivées des colonies.

6. Les personnes qui, habitant une colonie, possèdent des biens dans une autre colonie, seront obligées de prendre certificat de leurs municipalités dans la quinzaine de la promulgation du présent décret, et d'en justifier, dans le délai de six mois, aux municipalités des autres îles dans le territoire desquelles elles ont des possessions.

7. Aussitôt la promulgation du présent décret dans chacune des colonies, le procureur de chaque commune fera faire, à sa requête, défense à chaque gérant de biens sur lesquels ne résidera point le propriétaire, ou dont ledit propriétaire n'aura pu prouver sa résidence, de se dessaisir en sa faveur d'aucuns deniers. Il le contraindra, par les voies légales, de verser le revenu de l'habitation confiée à ses soins à la caisse de la colonie située dans l'arrondissement de son quartier, sauf les sommes nécessaires pour continuer la faisance valoir, qui seront déterminées, sur la demande du régisseur, par les municipalités.

8. Les articles 10, 11 et 14 du décret du 30 mars = 8 avril dernier, concernant les fausses déclarations, sont applicables aux colonies; en conséquence, il sera adressé aux commissaires civils dans les colonies, et promulgué aux fins de son exécution.

9. Tous les propriétaires de droits ou de biens indivis avec un émigré pourront, s'ils sont eux-mêmes résidans en France ou dans les colonies, présenter leurs titres aux corps administratifs, et, sur l'avis du chef de l'administration civile, obtenir la portion qui leur appartient dans les biens indivis qui continueront d'être administrés.

10. Les femmes et les enfans des émigrés habitant l'empire pourront se présenter pour réclamer leurs droits; et il sera procédé à leur liquidation, contradictoirement avec le procureur de chaque commune ou syndic municipal, près le tribunal dans l'arrondissement duquel les biens pourront se trouver, conformément à la loi du 8 avril.

11. Les créanciers porteurs de pièces authentiques, ou représentant des registres en bonne forme, antérieurs au 9 février pour ceux qui habitent la France, et à la promulgation du présent pour ceux qui habitent les colonies; les ouvriers et fournisseurs qui justifieront de leurs travaux et fournitures faites pour les émigrés avant lesdites époques, seront payés de leurs créances sur les revenus des biens des émigrés échus avant lesdites époques, en affirmant leurs créances sincères et véritables devant la municipalité du lieu où ils se trouveront; et à l'égard des ouvriers et fournisseurs, après vérification et règlement par experts de leurs travaux et fournitures, sans préjudice du droit que conserveront ces créanciers de faire vendre les biens pour l'acquit de leurs créances, dans la forme ordinaire pour les meubles, et dans celle prescrite par l'article suivant pour les immeubles.

12. Lorsqu'un créancier résidant en France ou dans une colonie sera fondé, en vertu d'un titre authentique antérieur aux époques déterminées par l'article précédent, à faire vendre un immeuble appartenant à son débiteur émigré, il pourra, un mois après le commandement fait au domicile connu du débiteur émigré, ou à cri public dans le chef-lieu de la colonie, dénoncé au chef de l'administration, faire procéder à l'estimation et ensuite à la vente ou à l'arrentement des biens de son débiteur, au plus offrant.

13. Les ventes se feront dans les formes et après les proclamations usitées pour affermer dans les colonies les biens des successions vacantes : les droits des créanciers seront conservés par une déclaration d'hypothèque, faite juridiquement au greffe du tribunal devant lequel se fera l'adjudication.

14. Ne sont point sujets aux dispositions

du présent décret les biens des Français établis en pays étranger avant le 1er juillet 1789, ceux dont l'absence est antérieure à ladite époque, ceux qui ont une mission du Gouvernement, leurs épouses, pères et mères domiciliés avec eux; les gens de mer, leurs négocians et les facteurs, notoirement connus pour être dans l'usage de faire, à raison de leur commerce, des voyages chez l'étranger; les citoyens déportés pendant les troubles qui ont agité ces contrées, et ceux qui, dans les dernières insurrections de Saint-Domingue et de la Martinique, ont été contraints de passer dans les îles voisines ou dans le continent américain.

15. Les commissaires civils, les autorités constituées et la force publique, sont chargés de protéger, par toute voie, la conservation des biens des émigrés, la mise en possession des fermiers ou acquéreurs, et de leur procurer une jouissance paisible et sans trouble; ils sont chargés en même temps de protéger les propriétés, et de prendre toutes les précautions possibles pour arrêter les insurrections.

———

25 = 28 AOUT 1792. — Décret relatif aux droits féodaux. ( L. 10, 611; B. 24, 218; Mon. des 26 et 31 août 1792.

*Voy.* lois du 15 = 28 MARS 1790, et du 17 JUILLET 1793.

L'Assemblée nationale, considérant que le régime féodal est aboli; que néanmoins il subsiste dans ses effets, et que rien n'est plus instant que de faire disparaître du territoire français ces décombres de la servitude qui couvrent et dévorent les propriétés, décrète qu'il y a urgence.

L'Assemblée nationale, après avoir décrété l'urgence, décrète ce qui suit :

Art. 1er. Tous les effets qui peuvent avoir été produits par la maxime *nulle terre sans seigneur*, par celle de l'enclave, par les statuts, coutumes et règles, soit générales, soit particulières, qui tiennent à la féodalité, demeurent comme non avenus.

2. Toute propriété foncière est réputée franche et libre de tous droits, tant féodaux que censuels, si ceux qui les réclament ne prouvent le contraire dans la forme qui sera prescrite ci-après.

3. Tous les actes d'affranchissement de la main-morte réelle ou mixte, et tous autres actes équivalens, sont révoqués et annulés.

Toutes redevances, dimes ou prestations quelconques établies par lesdits actes, en représentation de la main-morte, sont supprimées sans indemnité; tous corps d'héritage cédés pour prix d'affranchissement de la main-morte, soit par les communautés, soit par des particuliers, et qui se trouvent encore entre les mains des ci-devant seigneurs, seront restitués à ceux qui les auront cédés, et les sommes de deniers promises pour la même cause et non encore payées ne pourront être exigées (1).

4. Les dispositions de l'article 3 ci-dessus auront également lieu dans les ci-devant provinces de Bourbonnais, de Nivernais et de Bretagne, pour tous les actes relatifs aux ci-devant tenures en bordelage, en motte et en quevèze.

5. Tous les droits féodaux ou censuels utiles, toutes les redevances seigneuriales annuelles en argent, grains, volailles, cire, denrées ou fruits de la terre, servis sous la dénomination de cens, censives, surcens, capcasal, rentes seigneuriales et emphytéotiques, champart, tasque, terrage, arrage, agrier, complant, soète, dimes inféodées, en tant qu'elles tiennent de la nature des redevances féodales ou censuelles, et conservées indéfiniment par l'article 2 du titre III du décret du 15 mars 1790; tous ceux des droits conservés par les articles 9, 10, 11, 24 et 27 du titre II du même décret, et connus sous la dénomination de feu, cheminée, feu allumant, feu mort, fouage, mouçage, bourgeoisie, congé, chiénage, gîte aux chiens, guet et garde, stage ou estage, chasse sipolerie, entretien des clôtures et fortifications des bourgs et châteaux, pulvérage, banvin, vêt du vin, étanche, cens en commande, gave, gavène ou gaule, poursoin, sauvement ou sauvegarde, avouerie ou vouerie, étalonnage, minage, muyage, ménage, leude, leyde, pugnière, bichenage, levage, petite coutume, sextérage, coponage, copal, coupe, cartelage, stellage, sciage, palette, aunage, étale, étalage, quintalage, poids et mesures, banalités et corvées; ceux des droits conservés par les articles 6 et 14 du titre 1er du décret du 13 avril 1791, et connus sous les noms de droits de troupeaux à part, de blairie ou de vaine pâture, les droits de quête, de collecte, de vingtain ou de tâche, non mentionnés dans les précédens décrets, et généralement tous les droits seigneuriaux, tant féodaux que cen-

———

(1) Une concession est nulle lorsqu'elle a eu pour cause, avec l'affranchissement de la main-morte, une charge pécuniaire (19 pluviose an 6; Cass. S. 1, 1, 129).

Une transaction qui dépouillait des communes n'est pas pour le seigneur un titre légitime d'acquisition, dans le sens de la loi du 25 = 28 août 1792, si, régulière d'ailleurs en la forme, elle n'avait pour cause que des prétentions jugées depuis mal fondées, et l'affranchissement d'un droit de triage et de retrait féodal (11 novembre 1807, Cass. S. 8, 1, 161).

*Voy.* loi du 26 nivose an 2, art. 1er.

*Voy.* les notes sur l'article 17 ci-après.

23.

suels, conservés ou déclarés rachetables par les lois antérieures, quelles que soient leur nature et leur dénomination, même ceux qui pourraient avoir été omis dans lesdites lois ou dans le présent décret, ainsi que tous les abonnemens, pensions et prestations quelconques qui les représentent, sont abolis sans indemnité, à moins qu'ils ne soient justifiés avoir pour cause une concession primitive de fonds, laquelle cause ne pourra être établie, qu'autant qu'elle se trouvera clairement énoncée dans l'acte primordial d'inféodation, d'acensement ou de bail à cens, qui devra être rapporté (1).

6. Attendu que, par l'article 5 ci-dessus, les dîmes inféodées, en tant qu'elles tiennent de la nature des redevances féodales ou censuelles, sont supprimées sans indemnité, à moins qu'elles ne soient prouvées être le prix d'une concession primitive de fonds, et que, dans ce dernier cas, les redevables doivent les racheter eux-mêmes, aux termes de l'article 14 du décret des 23 et 28 octobre 1790, il n'y a lieu contre la nation à aucune indemnité pour raison de la suppression de toutes autres dimes inféodées, seigneuriales ou laïcales, qui n'ont jamais pu perdre le caractère primitif d'impôt, non plus que pour raison des rentes qui en étaient représentatives.

7. Les péages, provisoirement exceptés de la suppression par l'article 15 du titre II du décret du 15 mars 1790, sont également abolis sans indemnité, à moins que les ci-devant seigneurs ne prouvent, par les titres de leur création primitive, qu'ils sont la représentation ou le dédommagement d'une propriété dont le sacrifice a été fait à la chose publique (2).

8. Seront simplement rachetables ceux desdits droits qui se trouveront justifiés dans la forme prescrite par les articles 5 et 7 du présent décret.

9. Les droits exclusifs de bacs et voitures d'eau, provisoirement conservés par l'article 15 du titre II du décret du 15 mars 1790, sont pareillement supprimés, de manière qu'il sera libre à tout citoyen de tenir sur les rivières et canaux des bacs, coches ou voitures d'eau, sous les loyers et rétributions qui seront fixés et tarifés par les directoires de département, sur l'avis des municipalités et des directoires de district (3).

(1) Le droit de terrage appartenant originairement au Roi, comme seigneur féodal, et compris dans le domaine de la couronne, n'a pas cessé d'être féodal en étant vendu pour être tenu en roture; il a donc été aboli par les lois abolitives de la féodalité (30 juillet 1817; Cass. S. 18, 1, 169).

Lorsque le domaine direct a été cédé avec l'exercice de la haute, moyenne et basse justice, sur un immeuble affecté à une rente, cela suffit pour imprimer à cette redevance le caractère de féodalité (22 prairial an 12; Cass. S. 4, 2, 714.)

Lorsqu'un seigneur féodal, en transportant des rentes seigneuriales, avant la loi du 4 août 1789, s'est réservé le droit de les percevoir lui-même, et n'a contracté d'autres obligations envers l'acquéreur que celle de lui en remettre chaque année le montant, ce n'est point le cas d'appliquer la maxime d'après laquelle un cens aliéné avant 1789, avec réserve de la directe de la part du seigneur, devient, à l'égard des redevables, une prestation purement foncière, non supprimée par les lois abolitives de la féodalité. Ici s'applique, au contraire, l'art. 5 de la loi du 25 août 1792 (5 germinal an 13; Cass. S. 7, 2, 1178).

Les droits de champart ou terrage seigneuriaux qui, avant la révolution, ont été aliénés avec la directe, ont conservé leur caractère de féodalité, et sont frappés par les lois (19 février 1809; Cass. S. 9, 1, 347).

Au contraire, ils n'ont pas le caractère de féodalité, si le seigneur s'est réservé la directe (16 février 1809; Cass. S. 9, 1, 341).

Voy. art. 17.

Lorsqu'une banalité a été établie par un acte dans lequel un prince est devenu seigneur d'une commune, et que d'ailleurs il n'est pas prouvé que cette banalité ait été établie entre une communauté d'habitans et des particuliers non seigneurs, cette banalité peut être présumée féodale, et frappée d'abolition par les lois de 1790 et 1792 (31 mars 1813; Cass. S. 16, 1, 9).

Voy. loi du 15 = 28 mars 1790, art. 23 et 24, et loi du 28 nivose an 2, art. 1er.

Le droit d'entre-cens établi pour concession de mines dans le Hainault est aboli comme féodal (16 ventose an 12; Cass. S. 4, 1, 289).

Voy. notes sur l'article 4 de la loi du 12 = 28 juillet 1791.

La législation actuelle ne permet, sous aucun prétexte, de renouveler, en faveur des communes, les banalités de leurs usines, même de celles acquises par elles à titre onéreux. En conséquence, le bail qui serait passé à un particulier pour l'exercice de ce droit, et l'arrêté du préfet qui en aurait approuvé l'adjudication, sont nuls (29 avril 1809; décret J. C. t. 1, p. 282).

(2) Le droit de pontage perçu par les communes ne doit pas être confondu avec le droit de péage perçu par les seigneurs (26 germinal an 7; Cass. S. 1, 1, 205).

(3) Le droit a été aboli sur les rivières non navigables ni flottables, comme sur les rivières navigables (28 décembre 1825; ord. Mac. 7, 746).

Une commune n'a pas droit et qualité pour faire revivre à son profit un droit de passage d'eau supprimé pour cause de féodalité (11 août 1824; ord. Mac. 6, 525).

Lorsque l'utilité d'un bac pour les diverses communes qui en font usage commande de le maintenir, ce soin ne peut être confié qu'à l'administration publique (11 août 1824; ord. Mac. 6, 525).

Voy. loi du 6 frimaire an 7.

10. Les arrérages des droits supprimés sans indemnités, même ceux qui pourraient être dus en vertu de jugemens, accords ou conventions, ne sont point exigibles; mais ne pourront être répétés ceux desdits droits qui ont été payés conformément aux lois antérieures (1).

11. Les reconnaissances de liquidation des dîmes, soit provisoires, soit définitives, qui ne sont pas encore acquittées ou données en paiement de biens nationaux, demeurent comme non avenues (2).

12. Tous les procès intentés et non décidés par jugement en dernier ressort, relativement à tous droits féodaux ou censuels, fixes et casuels, abolis sans indemnité, soit par les lois antérieures, soit par le présent décret, demeurent éteints, et les dépens resteront compensés.

13. Les fermiers conserveront les facultés, actions et indemnités qui leur sont réservées par l'article 37 du titre II du décret du 15 mars 1790, et pourront se faire restituer les sommes qu'ils auront payées aux ci-devant seigneurs, pour raison des mêmes droits échus depuis le 4 août 1789, au prorata du montant desdits droits dont ils n'auront pas été payés eux-mêmes par les propriétaires.

14. Les dispositions du décret du 11 mars = 10 avril 1791, qui règle le mode par lequel les fermiers et propriétaires s'arrangeront entre eux pour la dîme supprimée, au paiement de laquelle les fermiers étaient soumis, suivant l'usage ou les clauses de leur bail, en sus du prix de la ferme, seront communes et exécutoires entre les fermiers et propriétaires des terres soumises aux divers droits féodaux et censuels, tels que champart, agrier, tasque et autres supprimés sans indemnité par le présent décret, et dont le paiement était aussi à la charge desdits fermiers en sus du prix du bail.

15. Ceux qui ont acquis de la nation des droits supprimés par le présent décret, sans mélange d'autres biens ou de droits conservés, jouiront de l'effet des dispositions prescrites, relativement à l'acquisition des droits casuels nationaux, par l'article 4 du décret du 18 juin dernier.

16. Quant à ceux qui ont acquis de la nation des droits supprimés par le présent décret, conjointement avec d'autres biens ou droits conservés, il leur sera fait déduction, sur le prix de leur acquisition, des sommes principales auxquelles les droits supprimés ont été fixés par les procès-verbaux d'estimation. Les intérêts de ces sommes seront également déduits, à compter du jour des adjudications, si les fermiers n'ont pas perçu les arrérages desdits droits abolis.

17. Ne sont point compris dans le présent décret les rentes, champarts et autres redevances qui ne tiennent point à la féodalité, et qui sont dus par des particuliers à des particuliers non seigneurs ni possesseurs de fiefs (3).

18. Le droit de rabattement de décret, usité

---

(1) Cet article s'applique même au cas où la répétition est exercée, non par des seigneurs, mais par des fermiers de seigneurs (16 juin 1812; Cass. S. 12, 1, 358).

(2) Le preneur d'un bail à rente passé par un bénéficier ecclésiastique est fondé à demander la réduction des charges et redevances stipulées dans ce bail, à raison de rentes féodales et de la dîme qui en faisait partie : à la différence du preneur qui jouit au même titre d'une propriété provenant du domaine de l'Etat, lequel ne peut demander que l'entière résiliation de son bail, mais non une indemnité pour la suppression des droits féodaux auxquels était assujétie sa propriété (18 août 1807; décret J. C., tome 1, p. 115).

Un acquéreur de biens nationaux est non-recevable à opposer, postérieurement à cette loi, la compensation des dîmes dont il a été dépouillé avec le prix de son acquisition, sous prétexte qu'aux termes de la loi du 30 mars 1791, une indemnité lui était due pour ses dîmes; qu'il s'est trouvé, avant la loi du 25 août, créancier de l'indemnité des dîmes et débiteur de son prix; qu'ainsi s'est opérée la compensation (20 février 1822; ord. Mac. 3, 160).

(3) L'acquéreur qui, sous le régime féodal, a été évincé, par jugement en dernier ressort, de droits féodaux dont son vendeur s'était obligé à le faire jouir, peut encore aujourd'hui poursuivre l'action qu'il avait intentée contre son vendeur avant l'abolition de ces droits.

A cet égard, point de distinction à faire entre le cas où l'éviction aurait été exécutée de fait par la dépossession de l'acquéreur réellement opérée avant l'abolition des droits, et celui où il était jusqu'alors demeuré sans exécution (13 mai 1806; Cass. S. 6, 2, 69).

L'abolition des procès relatifs aux droits féodaux n'embrasse pas les procès intentés par les acquéreurs contre leurs vendeurs, pour cause d'éviction (8 ventôse an 12; Cass. S. 4, 1, 171).

Un ci-devant seigneur de fief ne peut aujourd'hui reprendre et continuer, comme propriétaire, des poursuites qu'il a commencées en qualité de seigneur, pour raison d'une prétendue contravention à son droit exclusif de chasse (20 frimaire an 13, Cass. S. 7, 825).

L'acquéreur d'un fief, troublé dans la jouissance des droits seigneuriaux à lui vendus avant l'extinction du régime féodal, ne peut se refuser au paiement du prix convenu (20 janvier 1806; Cass. S. 8, 1, 168).

*Voy.* loi du 9 = 14 septembre 1792.

Les fondations pieuses ne sont point suppri-

dans le ressort du ci-devant parlement de Toulouse et autres, et tous retraits de la même nature, sont éteints et abolis.

19. Tous procès intentés et non décidés par jugement en dernier ressort, relativement au droit de rabattement de décret et autres retraits, demeurent éteints, et les dépens seront compensés.

20. Il est dérogé aux lois antérieures, en tout ce qu'elles renferment de contraire aux dispositions du présent décret.

———

25 = 30 AOUT 1792. — Décret relatif aux billets de la caisse d'escompte et autres papiers-monnaie. (L. 10, 617 ; B. 24, 221.)

L'Assemblée nationale, décrète que les billets de la caisse d'escompte et les autres

papiers-monnaie ne seront point assujétis au droit d'enregistrement, mais seulement les actions de ces différentes compagnies.

———

25 = 30 AOUT 1792. — Décret relatif à l'armement des sergens de l'infanterie de ligne et des bataillons de volontaires nationaux. (B. 24, 225.)

L'Assemblée nationale décrète ce qui suit :

Tous les sergens de l'infanterie de ligne et des bataillons de volontaires nationaux, à l'exception des régimens et bataillons d'infanterie légère et des compagnies franches, seront provisoirement armés, à l'avenir, de leur sabre, ainsi que les officiers le sont de leur épée.

———

mées comme féodales, quoiqu'elles renferment des droits purement honorifiques, tels que l'encens, l'eau bénite, le pain bénit, etc. (16 pluviose an 13 ; Cass. S. 7, 2, 971).

Les rentes colongères ne sont pas, de leur nature, réputées féodales, et encore qu'elles soient dues à un ci-devant seigneur (3 pluviose an 10 ; Cass. S. 2, 1, 215 ).

Une rente due par une commune, si elle ne paraît assise sur tel ou tel héritage, est présumée dette personnelle, plutôt que charge foncière ou féodale (22 prairial an 9 ; Cass. S. 1, 2, 667).

Une rente due à un particulier non ci-devant seigneur est présumée foncière et non féodale, jusqu'à preuve contraire. La preuve est à la charge du redevable.

La dénomination d'arrière-cens, donnée à une semblable rente, augmente la présomption de non-féodalité (17 nivose an 13 ; Cass. S. 20, 1, 462).

Les rentes pour concession de bancs sous les halles ne sont pas féodales par elles-mêmes, et, par suite, supprimées indistinctement (S. 7, 2, 148 ; avis du Conseil-d'Etat du 4 = 18 août 1807).

*Voy.* les art. 13, 15 et 19 de la loi du 15 = 18 mars 1790.

En Hainault, le terrage n'était pas réputé féodal ; en conséquence il peut être réclamé, encore que la fonciarité ne soit pas justifiée par titre primordial (17 floréal an 12 ; Cass. S. 4, 2, 238).

Les cens réservés comme seigneuriaux sur des francs-alleux roturiers, et régis par la coutume d'Auvergne, sont toujours réputés simples rentes foncières ( 21 brumaire an 14 ; S. 16, 1, 250 ).

Le surcens constitué séparément du cens n'est point, de sa nature, féodal (5 mai 1817 ; Cass. S 17, 1, 239).

La stipulation d'un droit de mouture sur un moulin, dans un contrat de constitution de rente, peut s'entendre de la rétribution due au meunier pour ses peines de moudre le blé : elle ne suppose pas nécessairement que la constitution de la rente ait eu lieu pour rachat d'un droit

féodal de banalité (19 décembre 1820 ; Cass. S. 21, 1, 245).

La dénomination de cens, employée pour qualifier une redevance, et la qualité de seigneur, prise dans l'acte de constitution, ne suffisent pas pour établir que la rente est féodale, surtout lorsqu'elle a été créée sous l'empire d'une coutume d'allodialité (11 germinal an 12 ; Cass. S. 5, 2, 74 ).

Une rente n'est pas présumée seigneuriale parce qu'elle est due à un seigneur. Lorsque l'existence de la rente est avérée, et que sa nature est présumée foncière, le débiteur qui excipe de son abolition est obligé de justifier par titre qu'elle a été créée seigneuriale (23 vendémiaire an 13 ; Cass. S. 5, 1, 29).

*Voy.* loi du 5 messidor an 2.

Les banalités établies par convention au profit d'un particulier non seigneur, ne sont pas abolies (7 frimaire an 13 ; Cass. S. 5, 2, 29 ; *idem*, 5 février 1816 ; Cass. S. 16, 1, 157).

*Voy.* décrets du 6 juin et 2 juillet 1807 (S. 16, 2, 276).

En pays allodial, la percière ou le champart possédé par un seigneur n'était pas présumé seigneurial, encore que ce champart fût la seule redevance que le seigneur perçût sur les héritages qui y étaient assujétis et faisaient partie de son enclave (24 vendémiaire an 13 ; Cass. S. 5, 1, 57 ; *idem*, S. 5, 2, 29).

Lorsqu'un bail à rente indique un autre que le bailleur comme ayant la directe seigneuriale, des expressions quelconques ne peuvent imprimer à la rente un caractère de féodalité. En pays de droit écrit, le champart est présumé rente foncière (23 juin 1807 ; Cass. S. 8, 1, 270.)

N'est pas compris dans l'abolition de la féodalité un droit de champart qui, avant la publication des lois suppressives, a été arrouturé, avec réserve expresse de la directe par le ci-devant seigneur ( 10 messidor an 13, 23 avril 1807, 7 mars 1808 et 23 juillet 1811 ; Cass. S. 12, 1, 76.)

*Voy.* le décret et l'avis du Conseil-d'Etat du 30 pluviose an 11.

25 = 3o Aout 1792. — Décret relatif à la direction et à la surveillance des signaux dans l'île d'Ouessant. (B. 24, 218.)

L'Assemblée nationale, considérant qu'il importe à la sûreté du commerce maritime et à la défense des côtes d'établir la surveillance la plus exacte dans la correspondance des signaux;

Considérant que la position de l'île d'Ouessant est une des plus importantes pour éclairer les mouvemens de tous les bâtimens qui se présentent pour entrer et sortir de la Manche, et qu'il est instant d'y attacher un agent spécialement chargé de diriger la manœuvre des signaux qui y sont établis, décrète ce qui suit :

Il sera attaché à l'île d'Ouessant un maître d'équipage entretenu pour la direction et la surveillance des signaux maritimes, aux appointemens annuels de mille cinq cent livres, sans préjudice du commandement militaire appartenant à l'officier commandant les troupes qui se trouveront en garnison dans l'île.

25 = 31 Aout 1792. — Décret relatif à la fabrication des espèces de bronze. (B. 24, 225.)

L'Assemblée nationale, considérant que les circonstances réclament la prompte émission d'une monnaie qui serve d'intermédiaire entre les petites coupures d'assignats et les espèces provenant jusqu'à ce jour de la fonte des cloches, décrète qu'il y a urgence.

L'Assemblée nationale, après avoir décrété l'urgence, décrète ce qui suit :

Art. 1er. Les sieurs Mercier, Mathieu, Mouserde et autres artistes réunis de la ville de Lyon, sont autorisés à fabriquer, pour le compte de la nation, des espèces de bronze, aux prix et conditions qui seront déterminés par le pouvoir exécutif.

2. Lesdites espèces seront divisées en pièces de cinq sous et de trois sous.

3. Celles de cinq sous seront à la taille de six au marc, et celles de trois sous, à la taille de dix au marc.

4. Les unes et les autres représenteront d'un côté le buste de la Liberté, sous les traits d'une femme aux cheveux épars, ayant à côté d'elle une pique surmontée d'un bonnet. La légende renfermera ces mots : Egalité, Liberté.

5. Le revers représentera une couronne de chêne, dans laquelle sera inscrite la désignation de la somme représentée par chaque pièce.

6. La date de l'ère de la liberté sera placée du côté de la tête, et le millésime du côté du revers.

7. Le ministre des contributions publiques est tenu de faire remettre par préférence aux artistes y dénommés les matières de bronze et de métal des cloches qui se trouveront dans les départemens voisins du lieu où ils auront formé des établissemens.

8. Lesdits artistes remettront en espèces frappées le même poids qui leur aura été fourni en matières de bronze, sauf la déduction à faire pour le déchet, qui ne pourra excéder six pour cent du poids desdites matières.

9. Le ministre des contributions publiques est autorisé à fournir auxdits artistes les emplacemens nationaux qui peuvent servir à la prompte expédition de leurs travaux.

10. Les cassis seront fournis par lesdits artistes, à qui le graveur général fera la remise des poinçons nécessaires.

11. Il sera établi auprès de chacun des ateliers un ou deux contrôleurs monétaires, selon le besoin, lesquels seront tenus de surveiller la fabrication, recevoir les flaons après leur préparation, les remettre aux artistes chargés du monnayage, en recevoir les espèces monnayées, et tenir registre tant du nombre des flaons livrés que des espèces monnayées, et de celles qu'ils auront mises au rebut.

12. La clef de l'atelier du monnayage sera déposée entre leurs mains, et ils veilleront à ce qu'il n'y puisse être monnayé d'autres flaons que ceux qui auront été par eux délivrés aux artistes : ils ne pourront néanmoins s'ingérer en aucune manière dans ce qui concerne la préparation des flaons.

13. Les contrôleurs monétaires seront nommés par le ministre des contributions publiques, sur la présentation de la commission des monnaies, qui leur fournira les instructions nécessaires.

14. Le traitement desdits contrôleurs est fixé à deux mille cinq cents livres, y compris les frais de bureau.

15. Les empreintes des pièces de six deniers et de trois deniers, qui doivent être mise incessamment en emission, seront conformes à ce qui est prescrit par les articles 4, 5 et 6 du présent décret.

25 AOUT = 2 SEPTEMBRE 1792. — Décret portant qu'il n'est plus permis de substituer. (L. 10, 623.)

Voy. loi du 25 OCTOBRE et 14 NOVEMBRE 1792.

Un membre propose de décréter : 1° la suppression des substitutions; 2° l'égalité des partages dans les successions.

On observe que ce décret ne pourrait s'appliquer aux colonies, qui ont l'initiative sur toutes les lois de leur régime intérieur.

Un membre du comité de législation a demandé qu'on entendît préalablement ce comité sur cette question, sur laquelle il a déjà un travail et des projets préparés.

Après plusieurs rédactions et définitions successivement présentées et écartées, l'on renvoie au comité de législation pour faire un rapport lundi matin, et cependant *l'Assemblée nationale* décrète qu'à compter de ce jour, il n'est plus permis de substituer.

---

25 = 28 AOUT 1792. — Décret relatif aux fonctionnaires publics des colonies. (L. 10, 605; B. 24, 229.)

L'Assemblée nationale déclare qu'elle n'a entendu apporter, par son décret du 10 de ce mois, aucun changement à la nature des fonctions légalement établies dans les colonies par le pouvoir exécutif, ni suspendre la faculté attribuée aux gouverneurs d'accorder ou de refuser l'approbation nécessaire aux arrêtés des assemblées coloniales, pour être provisoirement exécutés.

---

25 = 25 AOUT 1792. — Décret relatif à la haute-cour nationale. (L. 10, 597; B. 24, 222.)

*Voy.* loi du 25 SEPTEMBRE 1792.

L'Assemblée nationale, considérant que le tribunal de la haute-cour nationale appartient à la nation entière, et qu'on ne peut, sans attenter à la souveraineté du peuple, priver toutes les sections de l'empire du droit de concourir à sa formation; que, s'il ne lui est pas possible de supprimer ce tribunal sans excéder les bornes des pouvoirs qui lui sont confiés, et d'attribuer à des jurés nommés par une seule commune une autorité que la volonté générale peut déléguer, il importe cependant qu'elle prépare, par des mesures provisoires, la réorganisation de ce tribunal, qu'elle mette la Convention nationale à même d'y statuer dès les premiers jours de sa réunion, et qu'elle accélère par tous les moyens qui sont en son pouvoir la punition des coupables, décrète qu'il y a urgence.

L'Assemblée nationale, après avoir décrété l'urgence, décrète ce qui suit :

Art. 1er. Les accusés devant la haute-cour nationale seront tenus, dans le délai de trois jours après leur interrogatoire, d'indiquer les témoins qu'ils désireront faire entendre.

2. Ils pourront présenter pour cet objet leur requête ensemble ou séparément, mais sans prolongation du délai de trois jours.

3. Faute par eux d'avoir présenté leur requête dans ledit délai, ils ne pourront faire entendre leurs témoins qu'à l'époque désignée pour le débat, et il ne leur sera accordé aucun nouveau délai.

4. Les témoins pourront être entendus par l'un des grands-juges seulement, qui sera à cet effet commis par le tribunal.

5. Les grands-juges pourront adresser aux tribunaux criminels et aux directeurs de jurés des commissions rogatoires, pour recevoir les déclarations des témoins qui ne seront pas domiciliés dans l'étendue du département où siège la haute-cour nationale.

6. Lorsque la liste des cent soixante-six hauts-jurés sera épuisée, elle sera reprise pour la formation des tableaux subséquens, sans que le haut-juré qui aura été appelé une première fois puisse s'excuser par ce motif; et néanmoins les tableaux qui se trouveront formés au moment de la publication du présent décret ne pourront être annulés.

7. Immédiatement après le premier interrogatoire, le tableau général des jurés sera présenté à l'accusé : il sera tenu, dans les vingt-quatre heures suivantes, de désigner les quarante jurés que la loi lui permet de récuser sans en expliquer les motifs.

8. Les noms des hauts-jurés ainsi récusés seront exclus du tirage au sort; il sera procédé à la formation du tableau dans les vingt-quatre heures suivantes, et l'accusé sera seulement admis à proposer des récusations motivées contre les jurés qui seront inscrits sur ce tableau.

9. L'accusé n'aura qu'un délai de vingt-quatre heures pour proposer ces récusations : ce délai courra du moment où le tableau lui aura été présenté; et le tribunal sera tenu de prononcer sur l'admissibilité des moyens de récusation, dans les vingt-quatre heures suivantes.

10. Les assemblées électorales qui vont procéder à la nomination des membres de la Convention nationale sont invitées à procéder à l'élection des deux nouveaux hauts-jurés par département.

11. Les membres de la législature actuelle ayant rempli les fonctions de jurés d'accusation à l'égard des accusés détenus dans les prisons de la haute-cour nationale, sont exclus de la nouvelle élection des hauts-jurés déterminée par l'article précédent.

12. Jusqu'à ce que la Convention nationale ait statué sur la réorganisation du tribunal de la haute-cour nationale, les grands-procurateurs de la nation, les grands-juges et les hauts-jurés actuellement en exercice, continueront à remplir leurs fonctions jusqu'à leur remplacement.

13. Le ministre de la justice est chargé d'envoyer à Orléans deux commissaires pour s'assurer de l'état des procédures instruites par la haute-cour nationale, de l'état des prisons et des précautions prises pour la sûreté des prisonniers; et il en fera rendre compte sans délai à l'Assemblée, pour être par elle, sur ce rapport, statué ce qu'il appartiendra.

---

25 AOUT 1792. — Proclamation du conseil exécutif provisoire, relative au choix des députés de la Convention, au maintien de la tranquillité, etc. (L. 10, 394.)

25 AOUT 1792. — Décret relatif à l'instruction criminelle de l'affaire du sieur Galand. (L. 10, 601.)

25 = 30 AOUT 1792. — Décret qui met le sieur Pâris sous la sauve-garde de la loi. (B. 24, 217.)

25 AOUT 1792. — Décret qui attribue au jury du district de Joigny l'instruction du crime commis dans la personne des sieurs Duché et Poterat. (B. 24, 222.)

25 AOUT 1792. — Cadastre. — Sieur Debart. *Voy*. 20 AOUT 1792. — Eaux et forêts. *Voy*. 15 AOUT 1792. — Faux assignats. *Voy*. 11 AOUT 1792. — Marques des députés. *Voy*. 22 AOUT 1792.

26 = 26 AOUT 1792. — Décret relatif aux ecclésiastiques qui n'ont pas prêté le serment, ou qui, après l'avoir prêté, l'ont rétracté et ont persisté dans leur rétractation. (L. 10, 626; B. 24, 237.)

*Voy*. lois du 27 NOVEMBRE = 26 DÉCEMBRE 1790; du 15 = 17 AVRIL 1791; du 17 SEPTEMBRE 1793; du 30 VENDÉMIAIRE et 22 VENTOSE an 2.

L'Assemblée nationale, considérant que les troubles excités dans le royaume par les ecclésiastiques non sermentés est une des premières causes du danger de la patrie;

Que, dans un moment où tous les Français ont besoin de leur union et de toutes leurs forces pour repousser les ennemis du dehors, elle doit s'occuper de tous les moyens qui peuvent assurer et garantir la paix de l'intérieur, décrète qu'il y a urgence.

L'Assemblée nationale, après avoir décrété l'urgence, décrète ce qui suit :

Art. 1er. Tous les ecclésiastiques qui, étant assujétis au serment prescrit par le décret du 27 novembre = 26 décembre 1790 et celui du 15 = 17 avril 1791, ne l'ont pas prêté, ou qui, après l'avoir prêté, l'ont rétracté et ont persisté dans leur rétractation, seront tenus de sortir sous huit jours hors des limites du district et du département de leur résidence, et, dans quinzaine, hors du royaume : ces différens délais courront du jour de la publication du présent décret.

2. En conséquence, chacun d'eux se présentera devant le directoire du district ou la municipalité de sa résidence, pour y déclarer le pays étranger dans lequel il entend se retirer, et il lui sera délivré sur-le-champ un passeport qui contiendra sa déclaration, son signalement, la route qu'il doit tenir et le délai dans lequel il doit être sorti du royaume.

3. Passé le délai de quinze jours ci-devant prescrit, les ecclésiastiques non sermentés qui n'auraient pas obéi aux dispositions pré-

cédentes seront déportés à la Guiane française; les directoires de district les feront arrêter et conduire de brigade en brigade aux ports de mer les plus voisins qui leur seront indiqués par le conseil exécutif provisoire, et celui-ci donnera, en conséquence, des ordres pour faire équiper et approvisionner les vaisseaux nécessaires au transport desdits ecclésiastiques.

4. Ceux ainsi transférés et ceux qui sortiront volontairement en exécution du présent décret, n'ayant ni pension ni revenu, obtiendront chacun trois livres par journée de dix lieues jusqu'au lieu de leur embarquement ou jusqu'aux frontières du royaume, pour subsister pendant leur route. Ces frais seront supportés par le Trésor public et avancés par les caisses de district.

5. Tout ecclésiastique qui serait resté dans le royaume après avoir fait sa déclaration de sortir et obtenu un passeport, ou qui rentrerait après être sorti, sera condamné à la peine de détention pendant dix ans.

6. Tous autres ecclésiastiques non sermentés, séculiers et réguliers, prêtres, simples clercs, minorés ou frères lais, sans exception ni distinction, quoique n'étant point assujétis au serment par les décrets des 27 novembre = 26 décembre 1790 et 15 = 17 avril 1791, seront soumis à toutes les dispositions précédentes, lorsque, par quelques actes extérieurs, ils auront occasioné des troubles venus à la connaissance des corps administratifs, ou lorsque leur éloignement sera demandé par six citoyens domiciliés dans le même département.

7. Les directoires de district seront tenus de notifier aux ecclésiastiques non sermentés qui se trouveront dans l'un ou l'autre des deux cas prévus par le précédent article, copie collationnée du présent décret, avec sommation d'y obéir et de s'y conformer.

8. Sont exceptés des dispositions précédentes les infirmes dont les infirmités seront constatées par un officier de santé qui sera nommé par le conseil général de la commune du lieu de leur résidence, et dont le certificat sera visé par le même conseil général. Sont pareillement exceptés les sexagénaires, dont l'âge sera aussi dûment constaté.

9. Tous les ecclésiastiques du même département qui se trouveront dans le cas des exceptions portées par le précédent article seront réunis au chef-lieu du département dans une maison commune, dont la municipalité aura l'inspection et la police.

10. L'Assemblée nationale n'entend, par les dispositions précédentes, soustraire aux peines établies par le Code pénal les ecclésiastiques non sermentés qui les auraient encourues ou pourraient les encourir par la suite.

11. Les directoires de district informeront

régulièrement de leurs suites et diligences aux fins du présent décret les directoires de département, qui veilleront à son entière exécution dans toute l'étendue de leur territoire, et seront eux-mêmes tenus d'en informer le pouvoir exécutif provisoire.

12. Les directoires de district seront en outre tenus d'envoyer, tous les quinze jours, au ministre de l'intérieur, par l'intermédiaire des directoires de département, des états nominatifs des ecclésiastiques de leur arrondissement qui seront sortis du royaume ou auront été déportés, et le ministre de l'intérieur sera tenu de communiquer de suite à l'Assemblée nationale lesdits états.

---

26 = 27 AOUT 1792. — Décret relatif au rassemblement des brigades de la gendarmerie nationale. (L. 10, 630.)

Art. 1er. Les brigades de la gendarmerie nationale, dans toute l'étendue de l'empire, seront sur-le-champ réunies dans les lieux qui seront indiqués par le ministre de la guerre, pour être employées à renforcer les armées.

2. Les gendarmes qui, par des routes forcées ou par tout autre accident, perdraient leurs chevaux, seront remontés aux frais de la nation.

3. Les directoires de département sont autorisés à faire remplacer les gendarmes qui seront portés aux frontières, par des surnuméraires ou autres sujets à leur choix.

4. Les gendarmes de nouvelle formation, tant à pied qu'à cheval, recevront la même solde que les anciens, et jouiront des mêmes avantages.

---

26 = 27 AOUT 1792. — Décret qui ordonne l'armement des gardes nationaux volontaires et autres troupes nouvellement formées. ( L. 10, 632.)

Art. 1er. L'Assemblée nationale décrète que, sur la réquisition de ses commissaires auprès des différentes armées, les généraux seront tenus d'armer dans leurs arrondissemens les bataillons de gardes nationaux volontaires, ainsi que les compagnies et autres troupes nouvellement formées et non munies d'armes, avec celles qui pourraient être prêtes, sans nuire à la réserve absolument nécessaire dans les manufactures et magasins nationaux; charge en outre le ministre de la guerre de pourvoir incessamment au remplacement desdites armes.

---

26 = 27 AOUT 1792. — Décret qui prononce la peine de mort contre tout citoyen qui, dans une ville assiégée, parlerait de se rendre. (B. 24, 633.)

Art. 1er. Tout citoyen qui, dans une ville assiégée, parlera de se rendre, sera puni de mort.

2. Le présent décret sera envoyé sur-le-champ par le pouvoir exécutif à tous les commandans et corps administratifs.

3. Ils le feront publier, afficher et proclamer solennellement et au son de trompe.

---

26 = 26 AOUT 1792. — Décret qui met trente mille gardes nationaux en réquisition pour renforcer l'armée de Luckner. (L. 10, 636.)

L'Assemblée nationale décrète qu'il sera fait une proclamation portant réquisition aux gardes nationales de Paris et des départemens voisins pour fournir trente mille hommes armés pour renforcer l'armée de Luckner; charge sa commission extraordinaire de lui présenter incessamment la rédaction de la proclamation.

---

26 = AOUT 1792. — Décret relatif à la garde des prisons de la haute-cour nationale. (L. 10, 637; B. 24, 239.)

*Voy.* loi du 25 SEPTEMBRE 1792.

L'Assemblée nationale, considérant que des inquiétudes se sont élevées sur la garde et sur la sûreté des prisonniers détenus à Orléans pour accusation de crimes de haute trahison; que ces inquiétudes lui avaient déjà été témoignées par un grand nombre de citoyens même d'Orléans, décrète ce qui suit :

Le pouvoir exécutif est tenu de faire passer à Orléans une force suffisante pour, de concert avec les citoyens d'Orléans, veiller à la garde et à la sûreté des prisons de cette ville, dans lesquelles sont détenus les accusés auprès de la haute-cour nationale.

---

26 = 27 AOUT 1792. — Décret relatif à la solde provisoire de la gendarmerie nationale formée des hommes du 14 juillet 1789. ( L. 10, 639.)

Art. 1er. Le paiement de la solde et des masses réglées pour la nouvelle gendarmerie nationale, formée des hommes du 14 juillet 1789, aura lieu, pour tous ceux qui composent ce corps, à compter seulement du 7 août présent mois, jusqu'au 1er septembre prochain, quel que soit le grade auquel chaque soldat puisse être promu, la solde devant être, jusqu'au 1er septembre, égale indistinctement pour tous.

2. Sur les fonds que la Trésorerie nationale tient à la disposition du ministre de l'intérieur conformément au décret du 17 août présent mois, il sera délivré par ce ministre, des ordonnances de comptant, suivant l'état effectif de la masse des compagnies desdites divisions de la gendarmerie, visé par le maire de Paris, et signé du colonel, sous sa responsabilité personnelle.

26=31 AOUT 1792. — Décret qui détermine la forme à suivre pour les demandes en décharge ou réduction de la contribution mobiliere.(L. 10, 642; B. 24, 229.)

*Voy.* lois du 7 = 11 SEPTEMBRE 1790; du 23 NOVEMBRE = 1er DÉCEMBRE 1790, et du 3 FRIMAIRE an 7.

L'Assemblée nationale, considérant que l'article 38 de la loi du 18 février 1791 relative à la contribution mobilière, n'a pas prescrit la forme qui devait être suivie pour les demandes en réduction ou décharge de ladite contribution; après avoir entendu les trois lectures faites les 26 juillet, 3 août, et celle de ce jour, décrète qu'elle est en état de délibérer définitivement.

L'Assemblée nationale, après avoir décrété qu'elle est en état de délibérer définitivement, décrète ce qui suit:

Art. 1er. Tout contribuable qui aura été compris dans les rôles de la contribution mobilière de deux communautés se pourvoira contre ce double emploi auprès du directoire du district dans l'arrondissement duquel il ne doit pas rester cotisé; il joindra à son mémoire un extrait de la matrice du rôle de la communauté de sa principale habitation, c'est-à-dire celle dont le loyer est le plus cher.

2. Si les deux communautés sont situées dans le même district, l'extrait sera certifié par les officiers municipaux du lieu de la principale habitation.

Si elles sont situées dans deux districts d'un même département, l'extrait certifié par les officiers municipaux sera visé par le directoire du district dont dépend cette municipalité.

Si enfin elles sont situées dans deux départemens, l'extrait certifié par les officiers municipaux, visé par le directoire de district, sera en outre revêtu du visa du directoire du département.

3. Le directoire du district examinera s'il résulte de l'extrait produit par le contribuable que l'habitation qu'il indique est réellement telle, c'est-à-dire si c'est là que le loyer qui a servi de base à la cote est le plus fort; et, dans ce cas, il prononcera la décharge.

4. La décharge accordée d'après l'article ci-dessus ne portera point sur les taxes à raison des domestiques et chevaux, attendu que, conformément à l'article 29 du décret du 13 janvier=18 février 1791, le contribuable doit rester cotisé pour les domestiques et chevaux qu'il peut avoir dans la communauté.

5. Tout particulier qui, n'ayant point les facultés équivalentes à celles qui donnent la qualité de citoyen actif, se trouvera néanmoins compris dans le rôle de contribution mobilière, s'adressera au directoire de dis-

trict, qui, d'après la vérification du fait, prononcera la décharge, s'il y a lieu.

6. Aucune demande en réduction ne pourra être admise si elle n'est formée dans les trois mois qui suivront la publication du rôle de la contribution mobilière dans la communauté, et si le réclamant ne justifie avoir payé les termes de la cotisation échus au jour où la demande sera formée.

7. Tout contribuable qui réclamera une réduction sera tenu de joindre à sa demande: 1° un extrait de la matrice du rôle de sa communauté, contenant chaque article de ses taxes; 2° une déclaration de son loyer, du nombre de ses domestiques, de celui de ses chevaux, et d'adresser le tout au directoire du district.

8. Le directoire du district fera enregistrer par extrait au secrétariat, sur un registre d'ordre, toutes les demandes qui lui seront adressées, après avoir vérifié que les formalités prescrites par les deux articles précédens ont été observées par le réclamant, et renverra ensuite, dans la huitaine, chaque mémoire à la municipalité.

9. A la réception de la demande, le conseil général de la commune sera convoqué, et sera tenu de délibérer, dans la huitaine au plus tard, si la demande lui paraît fondée ou non, en exprimant sur chaque article, dans le cas de l'affirmative, à quelle somme la réduction lui paraîtra devoir être réglée.

10. Le procureur de la commune renverra, dans la huitaine suivante, les mémoire et pièces y jointes, avec une expédition de la délibération, au directoire du district.

11. Lorsque le conseil général de la commune aura reconnu que la réclamation est juste, le directoire du district prononcera la réduction demandée.

12. Lorsque le conseil général de la commune aura délibéré que la réclamation n'est fondée qu'en partie, la délibération sera communiquée au réclamant, qui sera tenu de déclarer s'il adhère ou non à la délibération; et, dans le cas d'adhésion, le directoire de district prononcera la réduction qui aura été délibérée par le conseil général.

13. Dans le cas de refus de la part du réclamant, ou lorsque le conseil général de la commune aura délibéré que la réclamation n'est pas fondée, le directoire de district ordonnera une vérification.

14. Si la contestation a pour objet le refus d'accorder au contribuable la réduction qu'il aura demandée, à raison du paiement d'une contribution foncière, ou le refus de le classer en raison de sa qualité de père de famille, d'artisan, de manouvrier, marchand ou commis; si elle a également pour objet la taxe d'un célibataire, des trois journées de travail, ou celle à raison des domestiques

ou à raison des chevaux, le directoire commettra un visiteur des rôles, ou un citoyen résidant sur les lieux, pour vérifier le fait.

15. Le commissaire recevra du directoire de district le mémoire et les pièces du réclamant, et la délibération du conseil général de la commune; le directoire de district fixera, trois jours à l'avance, celui où le commissaire devra remplir sa commission, et il en sera donné avis à la municipalité et au réclamant.

16. La municipalité nommera, de son côté, un commissaire pour assister aux opérations du commissaire de district, qui se feront au lieu ordinaire des assemblées de la commune: le réclamant y assistera par lui ou un fondé de pouvoirs, et il sera de tout dressé procès-verbal, lequel sera envoyé de suite au directoire de district.

17. Si la réclamation a pour objet la taxe mobilière ou d'habitation, le directoire du district nommera deux experts pour procéder à une nouvelle évaluation des loyers.

18. Les experts prendront au directoire du district le mémoire et les pièces du réclamant, et la délibération du conseil général de la commune. Le directoire du district fixera, trois jours à l'avance, celui de leur descente sur les lieux, et il en sera donné avis à la municipalité et au réclamant.

19. La municipalité nommera deux commissaires pour être présens aux opérations des experts, et le réclamant y assistera par lui ou un fondé de pouvoirs. Les commissaires et le réclamant indiqueront les loyers, et fourniront les autres renseignemens qui seront demandés: les commissaires représenteront même la matrice de rôle de la communauté, si les experts la demandent; et il sera de tout rapporté procès-verbal, lequel sera envoyé de suite au directoire de district.

20. Le directoire du district prononcera dans la quinzaine après le dépôt des procès-verbaux, et il enverra sa décision à la municipalité, qui sera tenue de la faire publier le dimanche suivant.

21. La décision du directoire du district sera exécutée provisoirement; et, si la partie réclamante, ou le conseil général de la commune, se croit fondé à se pourvoir devant le directoire du département, il y sera procédé à la discussion et à l'examen de la réclamation, de la même manière que devant le directoire du district.

22. Aucune demande en réclamation ne sera reçue au département si elle est formée avant le délai de quinzaine après la publication de la décision du directoire du district, ou si elle n'est pas formée dans la quinzaine suivante.

23. Toutes les fois que, d'après la réclamation sur la taxe mobilière ou d'habitation, il aura été procédé par experts à une évalua-

tion des loyers, aucun des articles ainsi réglés ne pourra être cotisé qu'en conformité de cette évaluation, pendant les dix années suivantes, à moins qu'il ne soit ajouté de nouvelles constructions à l'habitation, ou qu'avant ce temps il ne soit procédé à une évaluation générale des loyers de la communauté.

24. Il sera libre à plusieurs contribuables de se réunir et de former leur demande en commun: elle devra être formée, instruite et décidée conformément aux dispositions ci-dessus prescrites.

25. Lorsque les demandes en réduction seront formées par un ou plusieurs contribuables dont les cotisations réunies excéderont le tiers du montant du rôle de la contribution mobilière de la communauté, et qu'il sera nécessaire d'ordonner une vérification par experts et une nouvelle évaluation des loyers, le directoire du département, sur l'avis du directoire de district, nommera deux experts pour faire une évaluation générale.

26. Les directoires de département, sur l'avis de ceux de district, pourront encore nommer des experts pour faire l'évaluation des loyers d'une communauté, lorsque cette demande aura été faite par le conseil général de la commune, même avant qu'il soit formé aucune demande en réduction.

27. Les demandes en réduction que formeront les communautés ne seront admises qu'autant qu'elles seront adressées aux directoires de département dans les deux mois du jour où elles auront reçu le mandement et qu'elles justifieront avoir mis les rôles en recouvrement.

28. Les demandes en réduction ne pourront être faites que par délibération du conseil général de la commune, et la délibération sera adressée, avec les pièces au soutien, au directoire du département, qui, après vérification, la fera enregistrer sur le registre d'ordre au secrétariat, et la renverra dans huitaine au bureau du district.

29. Le directoire du district communiquera dans huitaine le mémoire et la délibération aux communautés du district non réclamantes dont le territoire sera contigu à celui de la communauté qui aura réclamé; et, dans le cas où toutes les communautés contiguës seraient réclamantes, le directoire en indiquera deux autres des plus voisines. Aussitôt que la communication sera reçue, le conseil général de chaque commune sera convoqué, et sera tenu de délibérer dans la quinzaine si la réclamation lui paraît fondée ou non, et à quelle somme la réduction demandée lui paraîtra devoir être réglée.

30. Les communautés pourront, avant de donner leur avis, nommer des commissaires pour se rendre dans la communauté réclamante, prendre connaissance de la matrice

de rôle, dont la représentation ne pourra leur être refusée, et vérifier les évaluations données au loyer.

31. Les délibérations et avis des communautés sur les demandes des communautés réclamantes seront adressées au directoire du district, qui, sur le tout, donnera son avis motivé, et l'adressera au directoire du département.

32. Le directoire du département prononcera sur la demande en réduction, d'après l'avis du directoire de district.

33. Si le directoire de district est d'avis que la réclamation n'est fondée qu'en partie, son arrêté sera communiqué à la communauté réclamante, qui sera tenue de déclarer si elle adhère ou non à l'arrêté; et, dans le cas d'adhésion, le directoire du département prononcera la réduction proposée par le directoire du district.

34. Dans le cas où la communauté refuserait de faire la déclaration prescrite par l'article précédent, ou lorsque le directoire du district aura délibéré que la réclamation n'est pas fondée, le directoire du département nommera deux experts pour procéder à une évaluation des loyers de tous les bâtimens de la communauté.

35. Les experts prendront sous leur récépissé, au secrétariat du département, le mémoire de la communauté réclamante, avec les pièces y jointes; le directoire du département fixera, huit jours à l'avance, et en informera le directoire du district, pour qu'il en soit donné avis à la communauté réclamante et à celles qui l'avoisinent.

36. Le directoire du district et la communauté réclamante nommeront chacun deux commissaires, et les communautés qui auront reçu la communication, chacune un, pour donner aux experts les renseignemens qui seront demandés; les deux commissaires de la communauté réclamante représenteront même la matrice du rôle de leur communauté, si elle est demandée.

37. Il sera rapporté par les experts procès-verbal de leur opération; ils le remettront au directoire de département, qui prononcera aussitôt, et adressera sa décision au directoire pour la transmettre à la municipalité, laquelle sera tenue de la faire publier le dimanche suivant.

38. Les demandes en réduction de la part des districts seront fournies dans l'année, et par délibération du conseil de district. Cette délibération, avec les pièces au soutien, sera adressée au directoire de département.

39. Le conseil du district justifiera que ses rôles ont été mis en recouvrement aux époques fixées par la loi, sans quoi sa réclamation ne sera pas admise.

40. La délibération portant réclamation sera enregistrée au secrétariat du département, dont le directoire communiquera la demande aux directoires des districts, pour donner leur avis sur la réclamation.

41. Les directoires de district pourront, avant de donner leur avis, nommer des commissaires pour prendre connaissance des matrices de rôle des communautés du district réclamant, lesquelles ne pourront en refuser la communication.

42. Les délibérations et avis des directoires de district auxquels aura été faite la communication seront adressés au directoire de département, pour être statué sur le tout par le conseil du département.

43. Lorsque le conseil du département aura reconnu que la réclamation est juste, il enverra la décision aux directoires de tous les districts qui lui sont subordonnés.

44. Lorsque le conseil du département aura délibéré que la réclamation n'est fondée qu'en partie, il fera connaître son arrêté au directoire du district réclamant, qui sera tenu de déclarer s'il adhère ou non à l'arrêté; et, dans le cas d'adhésion, l'arrêté sera publié et aura son exécution.

45. Dans le cas où le directoire du district réclamant refuserait de faire la déclaration prescrite par l'article précédent, ou lorsque le conseil du département aura délibéré que la réclamation n'est pas fondée, le conseil de département, dans une séance publique, fera tirer au sort une communauté par chaque canton du district réclamant, et ordonnera l'évaluation des loyers dans chacune de ces communautés.

46. Le directoire du département nommera deux experts pour procéder à cette évaluation. Il leur fera remettre la demande en réclamation et les pièces y jointes: il fixera, quinze jours à l'avance, celui de la descente sur les lieux, et en donnera avis au directoire du district réclamant et à ceux des deux district les plus voisins, qui nommeront chacun un commissaire pour être présent aux opérations des experts, et faire les réquisitions qu'ils croiront utiles.

47. Le produit net des loyers du district sera calculé d'après l'évaluation de celui des communautés, vérifiée dans la proportion de leur quote-part, avec le contingent général du district.

48. Il sera rapporté par les experts procès-verbal de leur opération: ils le remettront au directoire du département, et le conseil général du département prononcera lors de sa première session, après le dépôt des procès-verbaux, et fera connaître sa décision à tous les districts qui lui sont subordonnés.

49. Dans tous les cas où il aura été nommé des experts, les parties intéressées à la réclamation seront tenues d'adresser leurs

moyens de récusation, si elles en ont, au directoire de district ou de département, avant le jour fixé pour la descente des experts, et le directoire prononcera sur ces moyens.

5o. Les experts rédigeront leurs procès-verbaux sur les lieux : les commissaires et les réclamans seront interpellés de les signer, et, s'ils s'y refusent, il sera fait mention de leur refus. Ces procès-verbaux ne seront soumis ni au timbre, ni à l'enregistrement; l'original sera déposé au secrétariat du corps administratif qui aura ordonné le procès-verbal; il sera numéroté et enregistré, et il en sera remis des copies aux districts et aux municipalités, pour ce qui les concerne.

51. Les réductions accordées seront, pour l'année courante, imputées sur le fonds des non-valeurs, et rejetées, lors de la confection du rôle de l'année suivante, sur les autres contribuables, communautés ou districts, suivant les cas exprimés aux articles 40, 41, 42 et 43 du décret sur la contribution mobilière du 13 janvier = 18 février 1791.

52. Dans le cas où le montant des réductions prononcées en faveur d'un ou plusieurs particuliers d'une communauté excéderait le sixième du montant total du rôle de la communauté, ces réductions ne seront pas imputées sur les fonds des non-valeurs; mais le montant sera réparti sur le rôle de l'année, en exceptant les réclamans au profit desquels les réductions auraient été prononcées.

53. Les frais d'expertise seront réglés, au pied des procès-verbaux, par les corps administratifs qui les auront ordonnés. Dans le cas de réclamation d'un contribuable contre l'évaluation faite par la municipalité de la communauté, les frais seront supportés par le réclamant, soit que sa demande en réclamation ait été rejetée, soit qu'il ait refusé la réduction offerte par le conseil général, si elle est jugée suffisante; et ils seront supportés par la communauté, si elle a mal à propos contesté la demande, ou n'a consenti qu'à une réduction inférieure à celle qui sera fixée.

54. Il en sera de même, lorsque plusieurs contribuables se seront réunis pour former leur demande en réclamation, et lorsqu'elle n'aura point donné lieu à l'évaluation générale des loyers de la communauté.

55. Dans le cas où la demande en réclamation d'un ou plusieurs contribuables dont les cotisations réunies excéderont le tiers du montant du rôle de la contribution mobilière de la communauté, sera rejetée après avoir donné lieu à une évaluation générale des loyers de la communauté, les frais seront supportés par tous les contribuables de la communauté, en évaluant, pour cette répartition, au double de leur produit les loyers des contribuables réclamans.

56. Dans le cas, au contraire, où la réclamation des contribuables sera admise, les frais seront supportés par tous les contribuables de la communauté, en évaluant, pour cette répartition, les loyers des contribuables réclamans à la moitié seulement de leur produit.

57. Dans le cas où une communauté aura demandé l'évaluation générale des loyers de son territoire, les frais seront supportés par tous les contribuables de la communauté, au marc la livre de leur contribution mobilière.

58. Les frais auxquels aura été condamné le particulier seront, à défaut de paiement dans le mois, portés par émargement à sa cote, avec les taxations du receveur en proportion, et le contribuable sera obligé au paiement de la somme émargée comme pour la contribution même.

59. Le montant des frais auxquels sera condamnée une communauté sera émargé sur le rôle de la contribution mobilière, les cotes des réclamans exceptées; mais ces émargemens ne pourront, chaque année, excéder la moitié du principal de la contribution.

60. Si, d'après la vérification ordonnée par le conseil du département, sur la réclamation d'un conseil de district, la demande est rejetée, les frais seront supportés par le district et répartis l'année suivante sur toutes les communautés du district.

61. Si la réduction est ordonnée au profit du district, les frais seront répartis l'année suivante sur les autres districts du département.

---

26 AOUT = 6 SEPTEMBRE 1792. — Décret qui confère le titre de citoyen français à plusieurs étrangers. (L. 10, 655; B. 24, 239.)

L'Assemblée nationale, considérant que les hommes qui, par leurs écrits et par leur courage, ont servi la cause de la liberté, et préparé l'affranchissement des peuples, ne peuvent être regardés comme étrangers par une nation que ses lumières et son courage ont rendue libre;

Considérant que, si cinq ans de domicile en France suffisent pour obtenir à un étranger le titre de citoyen français, ce titre est bien plus justement dû à ceux qui, quel que soit le sol qu'ils habitent, ont consacré leurs bras et leurs veilles à défendre la cause des peuples contre le despotisme des rois, à bannir les préjugés de la terre, et à reculer les bornes des connaissances humaines;

Considérant que, s'il n'est pas permis d'espérer que les hommes ne forment un jour devant la loi, comme devant la nature, qu'une seule famille, une seule association, les amis de la liberté, de la fraternité universelle, n'en doivent pas être moins chers à une nation qui a proclamé sa renonciation à toutes conquêtes et son désir de fraterniser avec tous les peuples;

Considérant enfin qu'au moment où une Convention nationale va fixer les destinées de la France, et préparer peut-être celles du genre humain, il appartient à un peuple généreux et libre d'appeler toutes les lumières et de déférer le droit de concourir à ce grand acte de raison à des hommes qui, par leurs sentimens, leurs écrits et leur courage, s'en sont montrés si éminemment dignes,

Déclare déférer le titre de citoyen français au docteur Joseph Priestley, à Thomas-Payne, à Jérémie Bentham, à William Wilberforce, à Thomas Clarkson, à Jacques Mackintosh, à David Williams, à N. Gorain, à Anacharsis Cloots, à Corneille Pauw, à Joachim-Henri Campe, à N. Pestalozzi, à Georges Masingthon, à Jean Hamilton, à N. Maddisson, à H. Clopstack et à Thaddée Kosciusko.

### Du même jour.

Un membre demande que le sieur Gille, publiciste allemand, soit compris dans la liste de ceux à qui l'Assemblée vient d'accorder le titre de citoyen français; cette demande est adoptée.

26 = 27 AOUT 1792.—Décret relatif aux passeports des députés au Corps-Législatif. (L. 10, 663.)

L'Assemblée nationale, considérant que le Corps-Législatif a seul le droit de délivrer les passeports à ceux de ses membres qu'il a autorisés à s'absenter de son sein; voulant empêcher qu'aucun député ne puisse se procurer un passeport auprès des municipalités, et s'absenter sans avoir obtenu de congé, décrète qu'aucun de ses membres ne pourra s'absenter qu'en vertu d'un congé qui lui tiendra lieu de passeport, dérogeant, à cet égard seulement, à son décret du 1er février dernier sur les passeports.

26 = 27 AOUT 1792.—Proclamation aux Français habitant le département de Paris et les départemens voisins. (L. 10, 631.)

26 = 27 AOUT 1792. — Décret relatif à la publication et à l'affiche de l'adresse de l'Assemblée nationale aux citoyens, et du décret relatif aux armes. (L. 10, 634.)

26 = 29 AOUT 1792. — Décret portant qu'il y a lieu à accusation contre les sieurs Duportail, Duport, Tarbé, Barnave et Alexandre Lameth. (L. 10, 719; B. 24, 240.)

26 AOUT = 1er OCTOBRE 1792. — Décret qui met à la disposition du ministre de l'intérieur une somme de soixante-seize mille trois cent quatre-vingt-seize livres, pour être répartie entre vingt-cinq hôpitaux ou communes. (L. 10, 637.)

26 = 27 AOUT 1792. — Décret portant que les fusils distribués aux départemens de l'intérieur seront remis aux citoyens qui se sont rendus ou se rendront aux frontières. (L. 10, 635.)

26 AOUT 1792. — Décret portant qu'il sera fait une proclamation portant réquisition aux gardes nationales de Paris et des départemens voisins de fournir trente mille hommes, etc. (L. 10, 636.)

26 AOUT = 1er SEPTEMBRE 1792. — Décret relatif au remboursement de la dépense des troupes, réclamé par les communes de la ci-devant province de Provence. (L. 10, 640.)

26 AOUT 1792. — Décret qui mande M. Tallien à la barre de l'Assemblée. (B. 24, 238.)

26 AOUT 1792. — Commissaires envoyés à Rochefort. Voy. 27 AOUT 1792.

26 AOUT 1792. — Assignats. Voy. 18 AOUT 1792. — Garde nationale de Langres. Voy. 19 AOUT 1792. — Gardes nationaux de Valence. Voy. 14 AOUT 1792. — Garran. Voy. 25 AOUT 1792. — Reims. Voy. 14 AOUT 1792. — Suisses Voy. 24 AOUT 1792.

27 = 27 AOUT 1792. — Décret relatif à l'instruction donnée aux commissaires de l'Assemblée nationale chargés de faire transporter des armes et munitions de l'arsenal de Rochefort à Paris. (L. 10, 664; B. 24, 240.)

Art. 1er. MM. Ruamps et Niou se rendront au port de Rochefort le plus promptement possible.

2. Aussitôt qu'ils y seront arrivés, ils notifieront leurs pouvoirs aux corps administratifs et municipaux, au commandant et à l'ordonnateur de ce port, et requerront ces derniers de livrer les armes dont ils leur donneront l'état.

3. Ils requerront pareillement les commandans et ordonnateurs de faire faire avec la plus grande célérité les dispositions, mouvemens et travaux nécessaires pour effectuer l'envoi desdites armes et munitions; ils pourront aussi requérir l'armement d'un ou plusieurs bâtimens de mer, s'ils le jugent à propos, pour l'exécution de ce transport, et en prescriront la destination.

4. Les corps administratifs de Rochefort et des villes voisines seront tenus, d'après la réquisition de MM. Ruamps et Niou, de

faire fournir des voitures et de faire payer les frais nécessaires pour le chargement et le charroi des armes et munitions qu'ils auront arrêté de faire rendre par terre à Paris.

6. Il est enjoint aux administrateurs-directeurs de l'arsenal de Rochefort et à toutes autres personnes ayant autorité, d'obéir sans restriction aux réquisitions des commissaires: dans le cas de refus, les commissaires sont autorisés à prendre toutes les mesures qu'ils jugeront convenables.

6. Lesdits commissaires rendront compte au Corps-Législatif, à tous les courriers, du progrès et de la suite de leur travail.

7. Les armes et munitions qu'ils s'occuperont de faire transporter à Paris sont des canons du calibre de six à vingt-quatre, des obusiers, des caronades, des mortiers, des fusils, des mousquetons, pistolets, espingoles, sabres, piques, haches d'armes, boulets et bombes.

———

27 = 28 AOUT 1792. — Décret relatif à l'organisation des troupes coloniales en régiment de ligne. (B. 24, 248.)

L'Assemblée nationale, considérant qu'il est instant, dans l'état actuel des choses, d'organiser promptement en régiment de ligne les troupes coloniales qui se trouvent en France, pour qu'elles puissent marcher à l'ennemi, et voulant leur assurer le même avancement qu'aux troupes de ligne, décrète qu'il y a urgence.

L'Assemblée nationale, après avoir décrété l'urgence, décrète ce qui suit :

Art. 1er. Les officiers, sous-officiers et soldats des régimens ci-devant coloniaux de la Martinique, Guadeloupe et Port-au-Prince, actuellement en France, seront formés, dès ce moment, en régiment de ligne, sur le pied de guerre, qui fera partie des six régimens décrétés par le décret du 29 septembre = 16 octobre 1791; ils prendront rang parmi eux, ainsi qu'il est porté par ledit décret : les officiers, sous-officiers et soldats prendront rang respectivement entre eux, relativement à leurs grades et leur ancienneté de service. Les officiers desdits corps ne pourront être admis qu'autant qu'ils représenteront des certificats de civisme et de résidence, soit en France, soit dans les colonies.

2. Les officiers, sous-officiers et soldats des régimens de la Martinique et de la Guadeloupe seront d'abord employés à former un régiment qui sera porté au complet, à mesure que les individus appartenant à l'un de ces deux corps arriveront en France.

3. Les officiers, sous-officiers et soldats des régimens du Port-au-Prince actuellement en France, seront destinés à former un autre régiment, et formeront d'abord un bataillon, en attendant qu'un plus grand nombre d'indivi-

dus des régimens coloniaux rentrés en France permettent d'achever la formation de ce régiment.

4. Si le nombre des officiers des régimens de la Martinique, de la Guadeloupe et Port-au-Prince actuellement en France, n'est pas suffisant pour l'organisation des régimens à former, la moitié des sous-lieutenances vacantes sera donnée aux sous-officiers desdites troupes, conformément à ce qui est porté par le décret du 29 septembre = 16 octobre 1791, relativement aux remplacemens des officiers, et l'autre moitié, à des citoyens qui réuniront les qualités prescrites par la loi sur le remplacement des officiers.

Quant aux places d'officiers soit de l'état-major, soit de capitaines et de lieutenans, qui pourraient se trouver vacantes, elles seront données par le pouvoir exécutif à des officiers ayant droit au remplacement, ou autres qui réuniront les qualités prescrites par la loi.

5. Les dispositions du décret par lequel les troupes coloniales arrivées en France devaient être formées provisoirement en compagnies franches sont abrogées.

6. Les officiers desdits corps ne pourront être admis qu'autant qu'ils représenteront des certificats de service et de résidence, soit en France, soit dans les colonies.

———

27 = 27 AOUT 1792. — Décret relatif aux passeports donnés par les ministres. (L. 10, 670; B. 24, 262.)

L'Assemblée nationale, considérant qu'il est important de ne mettre aucune entrave à l'activité que doit avoir en ce moment le pouvoir exécutif, tant à l'intérieur qu'à l'extérieur, et dérogeant en ce point seulement à ses décrets sur les passeports, autorise les ministres à signer de concert les passeports nécessaires pour envoyer des agens, soit à l'intérieur, soit à l'extérieur.

Quant aux passeports qu'ils signeront individuellement dans leurs départemens respectifs, ils continueront de se conformer à ce qui est prescrit par les lois.

———

27 = 31 AOUT 1792. — Décret relatif aux fonctionnaires publics requis pour marcher aux frontières. (L. 10, 672; B. 24, 251.)

L'Assemblée nationale, considérant qu'il serait injuste que les citoyens qui ont un emploi public et qui marcheront pour la défense de la patrie en vertu de réquisitions qui leur seront faites, perdissent leur emploi, décrète qu'il y a urgence.

L'Assemblée nationale, après avoir décrété l'urgence, décrète ce qui suit :

Art. 1er. Les citoyens qui se sont déjà rendus aux frontières, et ceux qui marcheront en vertu des réquisitions qui vont être faites, s'ils ont un emploi public, le conserveront avec un tiers de leurs appointemens.

2. Les autres deux tiers de leurs appointemens seront payés aux citoyens qui les remplaceront pendant leur absence.

3. Il ne sera rien changé aux exceptions portées par les précédens décrets relatifs aux ouvriers employés dans les fabriques d'armes et aux percepteurs d'impôts.

27 AOUT = 2 SEPTEMBRE 1792. — Décret relatif aux places vacantes de colonels dans les régimens d'artillerie et d'infanterie de la marine. (L. 10, 673 ; B. 24, 246.)

L'Assemblée nationale, voulant donner au pouvoir exécutif les moyens les plus prompts d'organiser l'artillerie et l'infanterie de la marine, décrète l'urgence, et, après avoir décrété l'urgence, décrète que le pouvoir exécutif pourra, pour cette fois seulement, faire concourir aux places vacantes de colonels les officiers qui auront actuellement le rang de lieutenant-colonel, sans égard à la durée de leurs services dans ce grade ou dans celui de major.

27 AOUT = 2 SEPTEMBRE 1792. — Décret relatif à la publicité des séances des corps administratifs et municipaux. (L. 10, 674 ; B. 24, 249.)

Art. 1er. Les séances des directoires et conseils généraux d'administration, corps municipaux et conseils généraux des communes, seront toujours publiques, excepté dans le cas de l'article 5 ci-après.

2. Les directoires et conseils généraux d'administration, corps municipaux et conseils généraux des communes, seront tenus de fixer et indiquer les jours et heures ordinaires de leurs séances; les séances extraordinaires seront indiquées par affiches.

3. Les délibérations et arrêtés autres que ceux relatifs aux objets énoncés audit art. 5 ci-après, qui n'auront pas été pris dans une séance publique, et qui n'en feront pas mention, sont déclarés nuls.

4. Si de la nullité prononcée par l'article ci-dessus il résulte un préjudice pour l'intérêt public ou pour l'intérêt individuel, il y aura lieu à la responsabilité contre les membres des directoires, administrateurs, officiers municipaux et notables auxquels le défaut de publicité pourra être imputé.

5. Il est laissé à la prudence des corps administratifs, municipaux et conseils généraux, de ne point user de cette publicité pour tous les objets concernant les mesures de police et de sûreté, quand il pourra y avoir du danger à délibérer publiquement sur ces matières.

6. La publicité ne sera pas nécessaire pour tous les objets qui ne donnent lieu à aucune délibération sur le registre.

4.

27 AOUT = 2 SEPTEMBRE 1792. — Décret relatif aux exclusions des assemblées politiques pour cause de domesticité. (L. 10, 676 ; B. 24, 251.)

L'Assemblée nationale, instruite que les exclusions résultant de la domesticité ont déjà occasioné et pourraient occasioner encore des difficultés et des retards dans les assemblées politiques; considérant que ces exclusions accidentelles ont pour unique cause la dépendance momentanée de ceux qui se trouvent attachés à un service domestique; qu'elles ne peuvent conséquemment excéder les bornes ni les effets de cette dépendance présumée,

Déclare qu'aucun citoyen ne doit être exclu des assemblées politiques pour cause de domesticité, s'il n'est attaché au service habituel des personnes; invite, en conséquence, les assemblées primaires à ne contester l'admission et le droit de suffrage d'aucun de ceux dont les travaux ordinaires s'appliquent à l'industrie, au commerce et à l'agriculture, si d'ailleurs ils réunissent les conditions exigées par les lois.

27 AOUT = 2 SEPTEMBRE 1792. — Décret qui étend aux officiers les avantages accordés aux sous-officiers et soldats étrangers qui embrasseraient la cause de la liberté. (L. 10, 677 ; B. 24, 249.)

L'Assemblée nationale décrète ce qui suit : Les officiers qui ont abandonné depuis l'époque de la guerre, ou qui abandonneront les drapeaux des puissances étrangères en guerre avec la France, pour embrasser la cause de la liberté, jouiront des mêmes avantages qui ont été accordés aux sous-officiers et soldats étrangers par son décret du 2 août, et que les dispositions de ce décret leur seront communes.

27 AOUT = 2 SEPTEMBRE 1792. — Décret relatif aux passeports à accorder aux ambassadeurs et ministres étrangers. (L. 10, 678 ; B. 24, 247.)

Article additionnel aux décrets sur les passeports à délivrer aux ambassadeurs et ministres étrangers :

« Les passeports à délivrer aux chargés « d'affaires et secrétaires de légation accré- « dités seront délivrés en la forme prescrite « par l'article 1er du décret du 23 août. »

27 AOUT = 2 SEPTEMBRE 1792. — Décret qui règle l'uniforme des officiers composant l'administration civile de la marine. (L. 10, 679 ; B. 24, 246.)

Art. 1er. Les officiers composant l'administration civile de la marine porteront un habit bleu de roi avec doublure écarlate, revers, paremens et collet cramoisis; la veste et la culotte blanches.

24

2. On se conformera, pour les boutons et les marques distinctives de chaque grade, à l'article 29 du décret du 21 = 28 septembre, concernant l'administration de la marine.

27 AOUT = 2 SEPTEMBRE 1792. — Décret relatif au point de reconnaissance des assignats de cinquante sous. (L. 10, 687; B. 24, 246.)

L'Assemblée nationale, après avoir entendu le rapport de son comité des assignats et monnaies, considérant la nécessité de faire procéder sans délai à la fabrication du nouveau papier destiné à la confection des assignats de cinquante sous, et voulant assurer pleinement l'exécution du décret par lequel elle a ordonné la fabrication de ce nouveau papier et la refonte de celui fait ci-devant pour le même objet à la papeterie d'Essonne, décrète qu'elle approuve le point de reconnaissance en forme de cercle placé à la partie supérieure de l'angle gauche des assignats de cinquante sous, qui se fabriquent actuellement à la papeterie d'Essonne.

27 AOUT = 2 SEPTEMBRE 1792. — Décret relatif à une émission de pièces d'argent faite par les sieurs Le Fèvre, Le Sage et compagnie. (L. 10, 688; B. 24, 247.)

L'Assemblée nationale, considérant que nul citoyen ne peut fabriquer ou émettre des monnaies de quelque valeur et à quelque titre que ce soit; que ce droit appartient exclusivement à la nation; considérant cependant que les sieurs Le Fèvre et Le Sage, etc., entraînés par un exemple dangereux, ont cru pouvoir émettre des pièces d'argent sous le titre de monnaie de confiance, dont la municipalité de Paris s'est empressée d'arrêter la circulation, décrète qu'il y a urgence.

L'Assemblée nationale, après avoir décrété l'urgence, décrète ce qui suit :

Art. 1er. La municipalité de Paris fera procéder sans délai à la levée des scellés apposés, le 9 juin dernier, sur les ateliers, effets et caisses appartenant aux sieurs Le Fèvre, Le Sage et compagnie.

2. Les sieurs Le Fèvre, Le Sage et compagnie, retireront de la circulation, dans le délai d'un mois, les pièces de monnaie qui ont été émises jusqu'à ce jour, et les échangeront, à bureau ouvert, contre des assignats et au pair, ainsi qu'ils s'y sont soumis. Le ministre des contributions publiques surveillera l'exécution du présent article, et en rendra compte à l'Assemblée.

3. Les poinçons et matrices qui ont servi à la fabrication seront portés et déposés à l'Hôtel des monnaies de Paris.

27 AOUT = 2 SEPTEMBRE 1792. — Décret relatif aux chevaux de selle et de voiture des émigrés. (L. 10, 689; B. 24, 261.)

L'Assemblée nationale, considérant qu'il est nécessaire de venir au secours des municipalités qui ont arrêté les chevaux des émigrés, charge le ministre de la guerre de faire rendre à leur destination, le plus tôt possible, les chevaux de selle et de voiture des émigrés, rassemblés dans les différens chefs-lieux de district et de département : il prendra sur les fonds de la guerre les sommes nécessaires pour les frais de garde, de nourriture et de transport desdits chevaux.

27 AOUT = 7 SEPTEMBRE 1792. — Décret relatif aux droits d'entrée sur les sucres bruts et autres denrées coloniales. (L. 10, 690; B. 24; 260.)

Art. 1er. A compter du 1er avril 1792 jusqu'au 1er avril 1793, les sucres bruts, têtes, terrés, les cafés, le cacao et l'indigo venant des colonies françaises de l'Amérique, continueront à payer, à leur arrivée dans les ports du royaume, les droits d'entrée fixés par l'article 1er du décret du 18 mars 1791, sur les valeurs déterminées par l'état d'évaluation annexé audit décret.

2. La tare accordée sur les sucres des colonies françaises par l'article 23 du décret du 22 juin = 10 juillet 1791, sera de quatorze pour cent sur les sucres têtes et terrés.

3. Les négocians qui ne fourniront pas, aux époques fixées par ledit décret, et dans la forme prescrite, la déclaration des denrées et autres objets qu'ils se seront soumis de représenter, seront contraints au paiement des droits qui seront dus sur lesdites denrées et autres objets, comme s'ils étaient entrés dans la consommation du royaume.

27 AOUT = 7 SEPTEMBRE 1792. — Décret relatif aux échangistes des biens ci-devant domaniaux. (L. 10, 692; B. 24, 252.)

L'Assemblée nationale, considérant, 1° que son décret du 17 du mois dernier, relatif à l'exploitation des coupes ordinaires des bois ci-devant domaniaux, tant en futaie et demi-futaie qu'en taillis recru sur futaie coupée ou dégradée, compris dans les échanges non consommés, pourrait être susceptible d'une fausse application à l'égard des échangistes dont les échanges ont été confirmés par les décrets de l'Assemblée nationale, et qui, par l'effet de cette confirmation, doivent jouir de la plénitude des droits de propriété, quoique les évaluations déjà faites et vérifiées ne soient pas encore définitivement jugées;

2° Qu'il est instant de prévenir toute erreur à ce sujet, décrète que les échangistes des biens ci-devant domaniaux, dont les échanges ont été confirmés par les décrets de l'Assemblée nationale, pourront disposer, comme propriétaires incommutables, de toutes coupes ordinaires des bois quelconques qui se trouvent compris dans leurs échanges, en se conformant aux lois forestières actuellement existantes, et sans préjudice de l'exécution de la loi concernant les biens des émigrés.

27 AOUT = 7 SEPTEMBRE 1792. — Décret relatif à l'élection des juges et suppléans. (L. 10, 693; B. 24, 252.)

L'Assemblée nationale, considérant qu'il est important pour le bien de la justice que le nombre des juges établis par la loi soit promptement complété, décrète qu'à la suite des assemblées électorales qui nommeront les membres de la Convention nationale, les électeurs se rendront dans leurs districts respectifs, à l'effet d'y nommer aux places de juges et suppléans qui sont décédés, qui ont donné leur démission ou qui ont quitté leur poste.

27 AOUT = 7 SEPTEMBRE 1792. — Décret qui abolit la tenure connue, dans les départemens du Morbihan, du Finistère et des Côtes-du-Nord, sous les noms de *convenant et domaines congéables*. (L. 10, 694; B. 24, 254.)

*Voy.* lois du 7 JUIN = 5 AOUT 1791; du 29 FLORÉAL an 2; du 9 BRUMAIRE an 6.

L'Assemblée nationale, après avoir entendu le rapport de son comité de féodalité, considérant que la tenure connue, dans les départemens du Morbihan, du Finistère et les Côtes-du-Nord, sous les noms de *convenant* et *domaines congéables,* participe de la nature des fiefs, et qu'il est instant de faire jouir les domaniers de l'avantage de l'abolition du régime féodal, dérogeant en tant que de besoin aux décrets des 30 mai, 1er, 6 et 7 juin 1791, décrète ce qui suit :

Art. 1er. La tenure convenancière ou à domaine congéable est abolie. Les coutumes locales qui régissent cette tenure, sous le nom d'*usement*, sont abrogées : en conséquence, les ci-devant domaniers sont et demeurent propriétaires incommutables du fond, comme des édifices et des superficies de leur tenure.

2. Il ne sera fait à l'avenir aucune concession à pareil titre; celles qui seront faites ne vaudront que comme simples arrentemens. L'entière propriété des terres ainsi concédées appartiendra aux cessionnaires, avec la faculté perpétuelle de racheter les rentes (1).

3. Dans les concessions précédemment faites, les droits de congément, baillées, commissions et nouveautés, et le droit de lods et ventes, qui ne seraient point expressément stipulés dans le titre primitif de concession, sont abolis sans indemnité.

4. L'article 2 du décret du 30 mai, 1er, 6 et 7 juin 1791, concernant les baux à convenant et domaines congéables, continuera d'avoir sa pleine et entière exécution : en conséquence, tous droits ou redevances convenancières de même nature et qualité que les droits féodaux supprimés sans indemnité par les décrets du 4 août 1789 et jours suivans, par le décret du 15 mars 1790 et autres subséquens, ainsi que par le décret du 18 juin dernier, et notamment l'obéissance à la ci-devant justice ou juridiction du seigneur, le droit de suite à son moulin, la collecte du rôle, de ses rentes et cens, et le droit de déshérence ou échu, demeurent abolis sans indemnité.

5. Tous les arbres fruitiers, tels que pommiers, châtaigniers, noyers et autres de même nature, soit qu'ils existent en rabine, avenue ou bosquet; les bois appelés *courans* et *puinais*, les taillis, même les bois de futaie de toute espèce, étant sur les fossés ou dans les clôtures des terres mises en valeur, sont déclarés appartenir en toute propriété aux ci-vant domaniers.

6. A l'égard des bois de futaie, tels que chênes, ormeaux, hêtres, sapins et autres de même nature qui se trouveront, soit en semis faits par les ci-devant seigneurs, ou existant en rabine ou bosquet, hors des clôtures des terres en valeur, il sera procédé, par experts que les parties nommeront ou qui seront nommés d'office par le juge, à une estimation desdits bois et semis, sur le pied de leur valeur à l'époque de cette estimation, contradictoirement ou par défaut, entre les ci-devant domaniers et ci-devant seigneurs.

7. L'estimation desdits bois et semis sera faite sur la réquisition de l'une des parties; les ci-devant domaniers seront tenus de payer annuellement aux ci-devant seigneurs l'intérêt au denier vingt du prix total de l'estimation, jusqu'au remboursement de ce prix, qu'ils feront quand bon leur semblera. Cet intérêt, qui courra à compter du jour de l'es-

(1) La loi du 9 brumaire an 6, qui a abrogé la présente loi, n'a point porté atteinte à l'effet des *rachats* consommés par les *domaniers*, au préjudice des bailleurs, en vertu de la loi de 1792. — L'effet de la loi du 9 brumaire est bien d'empêcher, pour l'avenir, qu'aucun *domanier* puisse racheter la redevance et rester seul propriétaire, mais elle ne touche pas à l'effet des rachats consommés légalement. En conséquence, les preneurs ou domaniers qui, en vertu de la loi de 1792, avaient racheté la redevance ou désintéressé le bailleur, sont restés *propriétaires*, et propriétaires affranchis de toutes *prestations*. — La loi du 9 brumaire an 6 n'ayant pas dit expressément qu'elle touchait au *passé*, elle est réputée n'avoir réglé que l'*avenir* (16 juillet 1828; Cass. S. 28, 1, 289; D. 28, 1, 328. Il avait été jugé en sens contraire par arrêt du 29 janvier 1825; S. 26, 2, 201).

24.

timation, est déclaré soumis, au profit des ci-devant domaniers, à la restitution de la quotité de la contribution foncière réglée pour tout autre intérêt et vente quelconques.

8. Les ci-devant domaniers pourront néanmoins abandonner aux ci-devant seigneurs la jouissance et disposition desdits bois et semis, sauf à disposer des fonds après l'exploitation. Ils seront tenus de faire cet abandon, ou de déclarer qu'ils entendent faire procéder à une estimation desdits bois et semis dont ils se réservent la disposition et la jouissance, dans le mois à compter de la publication du présent décret, par un acte fait au greffe du juge-de-paix du canton dans l'arrondissement duquel se trouveront situés lesdits bois et semis. Les ci-devant seigneurs pourront provoquer devant le juge-de-paix, après ledit délai d'un mois, cette déclaration de la part des ci-devant domaniers.

9. Les ci-devant domaniers, dans le cas où ils se réserveraient la propriété desdits bois et semis, n'en pourront disposer qu'après l'estimation définitive qui en aura été faite conformément à l'article ci-dessus. Dans le cas de vente ou d'exposition desdits bois et semis de la part des ci-devant domaniers, en tout ou partie, ils seront tenus de rembourser, sans délai, aux ci-devant seigneurs, le total du prix de l'estimation.

10. Les ventes des bois faites jusqu'à ce jour par les ci-devant seigneurs par acte authentique passé, ou dont l'exploitation a été commencée antérieurement à la date du présent décret, auront leur pleine et entière exécution, sans que les ci-devant domaniers puissent exiger aucune indemnité, si ce n'est pour les dégâts et détériorations que l'exploitation aurait causés dans leurs fossés, clôtures et autres édifices ; et néanmoins lesdits domaniers auront la faculté de retenir ces bois, en remboursant le prix du marché au total, si l'exploitation n'est pas commencée, ou en les remboursant au prorata de ce qui reste à exploiter, et ce, par estimation à dire d'experts, aux frais du domanier.

11. Il sera libre aux ci-devant domaniers de racheter leurs redevances ci-devant convenancières ; et, soit avant, soit après ce rachat, ils pourront racheter ainsi les rentes suzeraines ou chefs-rentes dues sur leurs tenues.

12. Ils continueront, jusqu'au rachat effectué, de payer annuellement comme par le passé, et aux termes ordinaires, en nature de rentes purement foncières, les redevances annuelles ci-devant convenancières en argent, grains, poules, beurre et autres denrées, ainsi que les corvées abonnées ou expressément stipulées et détaillées par les baillées courantes et actuelles.

13. Les corvées exigibles en vertu des seuls usemens, ou d'une clause de soumission à iceux, demeurent supprimées sans indemnité,

conformément au décret des 30 mai, 1er, 6 et 7 juin derniers.

14. Ne sera pareillement sujet au rachat, mais demeure supprimé sans indemnité, le droit établi par le ci-devant usement de Cornouaille, et perçu par les ci-devant seigneurs sur les terres égobuées, sous les noms de *champart* et *terrage*, et sous quelque autre dénomination que ce soit, quand même il serait stipulé expressément dans les baillées ; et cependant il sera acquitté sans restitution par les ci-devant domaniers, dans le cas où ils feraient des égobues avant le rachat des redevances mentionnées dans l'article 12.

15. Les parties se conformeront au surplus, pour l'exercice de ce rachat, aux règles et formalités prescrites par les décrets rendus pour le rachat des droits ci-devant féodaux, en ce qu'ils ne sont pas contraires au présent décret.

16. Les sommes payées pour commissions et de baillées consenties à fin de congément, qui ne sont pas encore exécutées, seront restituées par les ci-devant seigneurs à ceux qui les auront avancées, avec les intérêts à compter du jour de la demande qui leur en aura été faite.

17. Toutes instances à fin de congément, tous procès intentés et non décidés par jugement en dernier ressort avant ce jour, relativement aux droits déclarés abolis sans indemnité par le présent décret, ne pourront être jugés que pour les arrérages échus antérieurement à ce jour, et tous dépens seront compensés.

18. Il ne pourra être prétendu, sous prétexte de partages consommés, ni par les personnes qui ont ci-devant acquis de particuliers, par vente ou autre titre équivalent à la vente, des droits abolis ou supprimés par le présent décret, aucune indemnité ni restitution de prix.

19. Quant aux ventes de biens nationaux composés, en tout ou partie, de droits du domaine congéable, les adjudicataires pourront renoncer à leurs adjudications et se faire restituer le prix qu'ils en auront payé, conformément aux lois précédentes sur la vente des droits ci-devant féodaux.

À l'égard de ceux desdits droits qui sont tenus à ferme de la nation, avec ou sans mélange d'autres biens ou droits, on se conformera aux lois précédentes relativement aux indemnités qui pourraient être dues aux fermiers.

———

27 AOUT = 7 SEPTEMBRE 1792. — Décret relatif à la poursuite des auteurs du vol de la caisse du 101e régiment. (L. 10, 700 )

Il a été fait lecture d'une lettre des administrateurs du district de Trévoux, du 24 du présent mois, qui annonce qu'ils ont constaté un déficit de vingt-cinq mille quatre cent drente-sept livres neuf sous sept deniers dans la caisse du 101e régiment, ci-devant Royal-Liégeois, infanterie, dont le colonel et le lieutenant-colonel ont été destitués par ordre des commissaires de l'Assemblée nationale à l'armée du Midi.

Les administrateurs demandent que les auteurs de ce vol soient poursuivis, et que vérification soit faite des caisses des autres régimens, pour connaître leur situation.

Cette demande convertie en motion par un membre, l'Assemblée nationale décrète la mention honorable de la conduite des administrateurs du district de Trévoux; renvoie la lettre au pouvoir exécutif, pour faire poursuivre les auteurs du vol; charge en outre le pouvoir exécutif de faire vérifier l'état de situation des caisses des autres régimens, et d'en rendre compte à l'Assemblée nationale.

27 = 31 AOUT 1792. — Décret qui assujétit à la formalité de l'enregistrement les effets publics au porteur. (L. 10, 680 ; B. 24, 242.)

*Voy.* loi du 24 AOUT 1792.

L'Assemblée nationale, après avoir entendu le rapport de son comité de l'ordinaire des finances et trois lectures du présent décret, considérant qu'il est de toute justice que les citoyens contribuent en proportion de leur fortune aux charges de l'Etat; qu'il est du devoir des législateurs d'employer les moyens d'atteindre celles des propriétés mobilières qui, par leur nature, échappent le plus facilement à l'impôt; empressée de procurer au Trésor public toutes les ressources dont elle peut disposer sans blesser l'égalité proportionnelle qui doit exister dans la distribution des contributions publiques, comme aussi de s'assurer la connaissance des propriétés appartenant aux Français émigrés; après avoir décrété qu'elle est en état de délibérer définitivement, décrète ce qui suit :

Art. 1er. Les effets publics au porteur, soit ceux sur l'Etat, tels que les anciennes actions des Indes, les quittances de finance au porteur, les bordereaux ou reconnaissances de l'emprunt par annuité de cent vingt-cinq millions et de celui de quatre-vingts millions, soit ceux des compagnies et sociétés d'actionnaires, comme les actions de la caisse d'escompte, de la nouvelle compagnie des Indes, celles des assurances contre les incendies, des assurances à vie, des eaux de Paris, et généralement tous effets publics susceptibles d'être négociés, seront sujets à la formalité de l'enregistrement établi par le décret du 5 = 19 décembre 1790, et les droits en seront payés, savoir : pour les cessions et transports à titre onéreux, sur le pied de quinze sous par cent livres, conformément à la troisième section de la première classe du tarif annexé à ladite loi, et, en cas de succession, et pour les legs et dons qui en seront faits, sur le pied et dans la forme réglés par le tarif et la loi de l'enregistrement pour les successions, legs ou donations des immeubles fictifs.

2. Tous propriétaires et porteurs desdits effets seront tenus, dans le délai d'un mois après la publication du présent décret, de les faire viser par les receveurs du droit d'enregistrement, qui ouvriront un registre à cet effet, et feront mention, tant sur ledit registre que sur les effets mêmes, des noms, professions et domiciles des propriétaires. L'enregistrement portera en outre l'énonciation de la nature de l'effet, le montant et le numéro.

3. Le *visa* et l'enregistrement sur ledit registre seront faits sans frais.

4. Aucun desdits effets ne pourra être cédé ni transporté sans un endossement, lequel contiendra la date du transport, le prix convenu, les noms, profession et domicile du cessionnaire; il ne pourra être signé en blanc : le tout à peine d'une amende égale au montant de l'effet, payable solidairement, moitié par le cédant, moitié par le cessionnaire.

5. Chaque endossement ou transport sera fait sur l'effet timbré, conformément à l'article 15 du décret du 12 décembre 1790 = 10 février 1791, et soumis à l'enregistrement dans les vingt jours qui suivront sa date, et avant qu'il soit fait aucun transport subséquent; à ce défaut, le porteur pourra être contraint au paiement du triple droit d'enregistrement.

6. Le porteur de l'effet demeurera garant et responsable, sauf son recours, du paiement des droits et triple d'iceux, pour les mutations antérieures à sa possession, faute par lui d'avoir vérifié si l'effet était en règle avant de le recevoir.

7. Les délais fixés pour le *visa* des effets publics stipulés au porteur, et pour la présentation aux bureaux d'enregistrement des cessions et transports qui en sont faits, seront, pour les personnes qui se trouveront hors de l'étendue du territoire français, savoir : pour ceux qui seront en Europe, de trois mois; pour ceux en Amérique et sur les côtes d'Afrique, d'un an, et pour ceux qui seront au-delà du cap de Bonne-Espérance, de deux années : à la charge par eux de rapporter la preuve légale de leur absence, laquelle demeurera annexée à l'enregistrement.

8. Tous ceux desdits effets qui n'auront pas été visés dans les délais fixés par les articles ci-dessus sont déclarés de nulle valeur, pour ceux dont le montant est dû par le Trésor public, quant aux effets dus par des sociétés d'actionnaires, la confiscation en sera prononcée au profit du Trésor public, d'après les états à remettre par les directeurs desdites compagnies, conformément à l'article 19 ci-après, et la comparaison qui en sera faite au registre du *visa*.

9. Les tuteurs, curateurs, notaires, receveurs des consignations, et tous autres dépositaires desdits effets, seront tenus de les faire viser dans les délais prescrits, à peine de répondre personnellement envers les propriétaires de la nullité prononcée à l'article précédent.

10. Pour éviter les fraudes qui pourraient se commettre contre les dispositions du présent décret, toute procuration qui sera donnée à l'effet de recevoir le remboursement des bordereaux, coupons et autres effets stipulés au porteur, contiendra le nom des mandataires, sous les peines portées à l'article 4 ; le droit d'enregistrement en sera perçu, comme pour les transports, sur le pied réglé à l'article 1er, et le receveur fera mention sur l'effet, tant du droit perçu que des noms, profession et domicile du mandataire.

11. Si la procuration est donnée à l'effet de céder et transporter lesdits bordereaux et effets, le nom du mandataire sera pareillement exprimé sous ladite peine, et, s'il y a remise des effets, le droit d'enregistrement sera perçu comme pour les transports, sauf à rendre le droit, pour ce qui excédera celui des simples procurations, lorsque le mandataire justifiera du compte qu'il aura rendu du prix desdits effets, par acte devant notaire.

12. Toute personne qui se trouverait nantie d'un ou plusieurs effets publics au porteur, et qui n'en serait pas propriétaire direct, soit en conformité de la déclaration qu'elle aura faite pour le *visa*, soit en vertu de l'endossement prescrit par l'article 4, sera condamnée à une amende égale à la valeur desdits effets, indépendamment de leur nullité ou de leur confiscation prononcée au profit du Trésor public.

13. Seront exceptés de la disposition du présent article les banquiers, agens et courtiers de change pourvus de patentes, ainsi que les notaires, pour les effets qui se trouveront enregistrés sur le registre-journal timbré et paraphé qu'ils seront obligés de tenir, avec énonciation des noms, professions et demeures des propriétaires.

14. Lesdits notaires, banquiers, agens et courtiers de change ne pourront recevoir le dépôt desdits effets ni les négocier s'ils n'ont été visés, et si tous les endossemens ne sont préalablement enregistrés, à peine de nullité des transports qui en seraient faits et d'une amende égale au montant desdits effets au porteur.

15. Il leur est ordonné de porter sur le registre énoncé à l'article 13 toutes les négociations de ces effets, avec mention de leur nature et de leur numéro, des noms, professions et domicile de l'une et de l'autre des parties, de la date et du prix des cessions, et de communiquer ce registre, lorsqu'ils en seront requis, pour l'année courante et la précédente, à compter de la publication du présent décret, aux préposés de la régie nationale de l'enregistrement, sous peine d'une amende de trois cents livres en cas de refus, et pour chaque omission sur ledit registre.

16. Les payeurs desdits effets seront tenus, à peine d'en répondre personnellement, de n'acquitter, soit les intérêts ou dividendes, soit le tout ou partie du capital, que sur l'acquit du dernier cessionnaire et sur la représentation de l'effet dûment visé, et après que tous les endossemens qui y seront portés auront été enregistrés.

17. Lesdits payeurs seront aussi tenus, lorsqu'ils en seront requis, de communiquer les journaux et registres qu'ils tiendront à l'avenir, pour l'année lors courante et la précédente, aux préposés de l'enregistrement ; en cas de refus, ils seront condamnés à une amende de trois cents livres.

18. Les receveurs de l'enregistrement qui auront enregistré un transport ou endossement, sans que les précédens aient été enregistrés, ou qui n'auront pas perçu le triple droit pour ceux présentés après le délai, seront personnellement garans des omissions, sauf la peine de destitution en cas de récidive.

19. Dans le mois de la publication du présent décret, les directeurs et administrateurs des compagnies qui ont émis des effets au porteur seront tenus de remettre aux régisseurs de l'enregistrement un état des actions qu'elles ont émises et qu'elles n'auront pas retirées de la circulation.

20. Ceux desdits effets stipulés au porteur qui sont émis ou le seront à l'avenir par des compagnies et sociétés d'actionnaires seront soumis à la contribution du quart, comme les immeubles réels. Les directeurs et payeurs de ces compagnies feront la retenue dudit quart aux parties prenantes, sur les intérêts, dividendes ou bénéfices qui leur reviendront, et seront tenus d'en compter le montant total au Trésor public, dans le mois de l'échéance ; ils remettront en même temps aux commissaires de la Trésorerie nationale et au ministre des contributions publiques des états certifiés desdits intérêts et bénéfices : le tout à peine d'une amende de mille livres.

21. Les possesseurs des effets énoncés à l'article précédent sont autorisés à faire, pour la fixation de leur contribution mobilière, la déduction de leur revenu provenant desdits effets, en justifiant de la retenue que le payeur leur aura faite de la contribution du quart, ainsi et de même qu'il en est usé pour la contribution foncière.

22. Ne sont pas compris dans les dispositions du présent décret les simples billets au porteur faits par des compagnies ou par des particuliers, et pris de gré à gré pour comptant dans le commerce, lesquels continueront

d'être assujétis au timbre, et ne sont susceptibles de la formalité de l'enregistrement que dans les cas prévus par la loi pour les actes sous signature privée.

27 = 28 AOUT 1792. — Décret relatif au rassemblement de trente mille hommes tout armés et équipés. (L. 10, 668 ; B. 24, 250.)

27 = 28 AOUT 1792. — Décret portant que le président et le procureur-général-syndic du département de la Moselle seront amenés à la barre. (L. 10, 662 ; B. 24, 254.)

27 AOUT = 7 SEPTEMBRE 1792. — Décret pour poursuivre la cassation de l'arrêt rendu contre le sieur Brouilhet, par le ci-devant parlement de Toulouse. (B. 24, 261.)

27 = 29 AOUT 1792. — Décret relatif à la déportation arbitraire de plusieurs citoyens de Saint-Domingue en France. (L. 10, 671.)

27 AOUT = 7 SEPTEMBRE 1792. — Décret qui lève la suspension des administrateurs du département de l'Aisne. (L. 10, 691 ; B. 24, 253.)

27 AOUT 1792. — Décret qui admet le sieur Gérente, député de Vaucluse et Louvèze. (B. 24, 241.)

27 AOUT 1792.—Décret portant qu'aucun membre de l'Assemblée ne pourra s'absenter qu'en vertu d'un congé. (B. 24, 241.)

27 AOUT 1792. — Décret pour faire réintégrer le sieur Demery, ci-devant caporal au 43e régiment d'infanterie. (B. 24, 245.)

27 AOUT 1792. — Décret pour faire lever l'arrestation, à Huningue, du numéraire destiné au paiement des pensions des Suisses. (B. 24, 247.)

27 AOUT 1792. — Décret additionnel à l'art. 8 du décret du 15 de ce mois, relativement aux commissaires du pouvoir exécutif près les tribunaux. (B. 24, 251.)

27 AOUT = 7 SEPTEMBRE 1792. — Décret en faveur des canonniers de Paris. (B. 24, 252.)

27 AOUT 1792.—Décret relatif à l'examen de la conduite des commissaires aux armées des généraux Dumouriez et Luckner. (B. 24, 252.)

27 AOUT = 7 SEPTEMBRE 1792. — Décret pour traduire à la barre le maire de Strasbourg. (B. 24, 253.)

27 AOUT 1792. — Décret qui révoque l'aliénation de domaines nationaux faite à la municipalité d'Orléans. (B. 24, 261.)

27 AOUT 1792. — Adresse de l'Assemblée nationale. Voy. 26 AOUT 1792.—Artillerie, etc., de la marine. Voy. 23 AOUT 1792. — Gardes nationaux ; Gendarmerie ; Fusils ; Passeports ; Peine de mort. Voy. 26 AOUT 1792. — Pétition. Voy. 14 AOUT 1792. — Proclamation ; Rochefort. Voy. 26 AOUT 1792.

28 = 29 AOUT 1792. — Décret relatif aux visites domiciliaires. (L. 10, 705 ; B. 24, 264.)

Art. 1er. Il sera fait par les officiers municipaux, ou par des citoyens par eux commis, des visites domiciliaires dans toutes les communes de l'empire, pour constater la quantité des munitions et le nombre des armes, chevaux, charrettes et chariots qui se trouveront chez les citoyens.

2. Il sera nommé dans chaque section de la ville de Paris, en assemblée générale, trente commissaires pour procéder aux visites ordonnées par l'article précédent. Lesdits commissaires commenceront sans retard leurs opérations, y apporteront la plus grande célérité et seront tenus de terminer leur mission dans la huitaine de la publication du présent décret.

3. Aussitôt que les visites ordonnées par l'art. 1er seront terminées à Paris, il sera délivré des passeports à tous les citoyens qui en demanderont, en se conformant aux lois antérieures au 10 du présent mois.

4. Les municipalités sont autorisées à désarmer tous les citoyens suspects, et à distribuer leurs armes à ceux qui se destineront à la défense de la liberté et de l'égalité.

5. Tout citoyen chez lequel il serait trouvé des armes cachées dont il n'aurait pas fait la déclaration sera, par le fait, regardé comme suspect et ses armes confisquées.

6. Le pouvoir exécutif fera parvenir dans le jour le présent décret à la commune de Paris, et l'adressera par des courriers extraordinaires aux corps administratifs.

28 AOUT 1792.—Décret portant que les majeurs ne sont plus soumis à la puissance paternelle. (B. 24, 262.)

Le rapporteur du comité de législation fait un rapport et lit un projet de décret sur les successions, dont l'Assemblée ordonne l'impression et l'ajournement.

Un membre propose des articles additionnels; un autre demande que cette question soit ajournée, et que l'on achève le décret sur l'état civil des citoyens : mais, un troisième ayant proposé de décréter l'abolition de la puissance paternelle,

L'Assemblée nationale décrète que les majeurs ne seront plus soumis à la puissance paternelle; elle ne s'étendra que sur les personnes des mineurs (1).

---

28 AOUT = 14 SEPTEMBRE 1792. — Décret relatif au rétablissement des communes et des citoyens dans les propriétés et droits dont ils ont été dépouillés par l'effet de la puissance féodale. (L. 10, 712.)

*Voy.* lois du 14 AOUT 1792 et du 10 JUIN 1793.

L'Assemblée nationale, considérant qu'il est instant de rétablir les communes et les citoyens dans les propriétés et droits dont ils ont été dépouillés par l'effet de la puissance féodale, décrète ce qui suit :

Art. 1er. L'article 4 du titre XXV de l'ordonnance des eaux et forêts de 1669, ainsi que tous édits, déclarations, arrêts du conseil et lettres-patentes qui, depuis cette époque, ont autorisé le triage, partage, distribution partielle ou concession de bois et forêts domaniales et seigneuriales, au préjudice des communautés usagères, soit dans les cas, soit hors des cas permis par ladite ordonnance, et tous les jugemens rendus et actes faits en conséquence, sont révoqués, et demeurent à cet égard comme non avenus (2).

Et pour rentrer en possession des portions de leurs biens communaux dont elles ont été privées par l'effet de ladite ordonnance et desdits édits et déclarations, arrêts, lettres-patentes, jugemens et actes, les communautés seront tenues de se pourvoir, dans l'espace de cinq ans (3), par-devant les tribu-

---

(1) Les lois qui règlent la puissance paternelle ont effet dès l'instant de leur promulgation, soit en ce qui touche l'état personnel de l'enfant, soit en ce qui touche les droits réels du père.

En conséquence, cette loi, qui abolit la puissance paternelle sur les enfans majeurs, ravit aux pères le droit, que les lois antérieures leur avaient conféré, à l'usufruit des biens de ces enfans. Si le fils est mort avant l'âge de vingt-un ans, les héritiers du fils peuvent faire prononcer l'extinction de l'usufruit à l'époque où le fils aurait eu ce droit lui-même s'il avait survécu (26 juillet 1810; Cass. S. 10, 1, 348).

*Voy.* les art. 2 et 384 du Code civil.

En pays de droit écrit, la présence et le consentement du père au contrat de mariage de son fils émancipé le rendaient responsable de la dot et de l'augment stipulés au profit de sa bru. La loi qui fait cesser les effets de la puissance paternelle n'a point fait cesser cette responsabilité résultant d'un mariage antérieur à la loi (2 septembre 1806; Cass. S. 6, 1, 461).

(2) Un jugement qui, en conformité des articles 1 et 10 de l'ordonnance de 1669, dépouilla jadis une commune de l'usage dans une forêt nationale, ne peut être réputé abus de la puissance féodale.

La loi de 1792 n'a pas corrigé l'effet de l'ordonnance de 1669 (1er frimaire an 10; Cass. S. 2, 1, 142).

Les droits d'usage dans les forêts domaniales, abolis par l'ordonnance de 1669, titre XX, article 1er, n'ont pas été rétablis par les lois ni du 28 août 1792, ni du 10 juin 1793 (1er frimaire an 10; Cass. 7, 2, 1244).

En révoquant les triages exercés postérieurement à l'ordonnance de 1669, cet article n'a pas entendu dépouiller les ci-devant seigneurs du droit de propriété qu'ils pouvaient avoir acquis, soit avant, soit depuis cette ordonnance, dans des biens indivis entre eux et des communes (20 avril 1807; Cass. S. 7, 2, 1232).

Les triages faits avant l'ordonnance de 1669 ne sont pas annulés par cet article (22 brumaire an 5; Cass. S. 5, 1, 113; 20 avril 1808; Cass. S. 8, 1, 319; 12 juin 1809; Cass. S. 10, 1, 252).

Un *triage* fait sous l'empire de l'ordonnance de 1669, entre une commune et un seigneur, était l'usage légal, et non l'abus de la qualité de seigneur; il ne pouvait, en aucun cas, imprimer au seigneur la qualité de *spoliateur*. C'est pourquoi le seigneur qui avait pour lui un titre de *triage* n'a pu être dépossédé en vertu de l'article 8 de la présente loi, autorisant une action en *revendication* des biens dont les communes avaient été dépouillées par les anciens seigneurs; il n'a pu être dépossédé que par l'effet d'une *action en révocation* du triage, aux termes de l'article 1er. Par suite, la commune a dû, à peine de déchéance, intenter son action dans les cinq ans (27 avril 1829; Cass. 29, 1, 373; D. 29, 1, 227).

Un triage postérieur à 1669 prouve (seul et indépendamment de toute autre preuve de possession) que les biens qui en font l'objet étaient communaux (30 juin 1806; Cass. S. 6, 1, 364).

(3) La prescription de cinq ans ne peut être opposée à une commune qui, dans les cinq ans, a été mise en possession des triages, même en vertu d'un jugement irrégulier. On ne peut dire que, la procédure et le jugement étant censés non avenus, il y a prescription faute de poursuites dans les cinq ans. La possession de la commune a suffi pour empêcher la prescription (4 mai 1817; Cass. S. 19, 1, 427; 4 mai 1819; Cass. S. 19, 1, 430).

Elle n'est pas opposable à la commune qui, dans ce délai, s'est mise en possession de ces biens en vertu d'une sentence arbitrale qui la réintégrait dans cette possession, bien que la sentence arbitrale ait été plus tard annulée (27 novembre 1827; Cass. 28, 1, 164; D. 28, 1, 34).

Elle n'est pas opposable à une commune qui a présenté, dans les cinq ans, à l'administration départementale un mémoire enregistré tendant à obtenir l'autorisation nécessaire pour se faire réintégrer dans sa propriété.

En outre, des faits possessoires qui, pour être licites, doivent être précédés d'une autorisation administrative, n'en sont pas moins valables et interruptifs de prescription, bien qu'il n'y ait

naux (1), sans pouvoir prétendre aucune restitution des fruits perçus (2), et sans qu'il puisse y avoir lieu contre elles à aucune action en indemnité pour causes d'impenses.

2. Les édits, déclarations, arrêts du conseil, lettres-patentes, et tous les jugemens rendus et actes faits en conséquence, qui, depuis la même année 1669, ont distrait, prétexte du droit de tiers-denier, au profit de certains seigneurs des ci-devant provinces de Lorraine, du Barrois, du Clermontois et autres où ce droit pourrait avoir lieu, des portions de bois et autres biens dont les communautés jouissent à titre de propriété ou d'usage, sont également révoqués, et les communautés pourront, dans le temps et par les voies indiqués par l'article précédent, rentrer dans la jouissance desdites portions, sans aucune répétition des fruits perçus, sauf aux ci-devant seigneurs à percevoir le droit de tiers-denier sur le prix des ventes de bois et autres biens dont les communautés ne sont qu'usagères, dans le cas où ce droit se trouvera réservé dans le titre primitif de concession de l'usage qui devra être représenté.

3. Les dispositions portées par les deux articles précédens n'auront lieu qu'autant

que des ci-devant seigneurs se trouveront en possession actuelle desdites portions de bois et autres biens dont les communautés auront été dépossédées ; mais elles ne pourront exercer aucune action en délaissement, si des ci-devant seigneurs ont vendu lesdites portions à des particuliers non seigneurs, par des actes suivis de leur exécution.

4. Si les ci-devant seigneurs n'ont pas reçu le prix desdites portions de biens vendus dans le cas exprimé par l'article précédent, ce prix tournera au profit des communautés, avec les intérêts qui pourraient se trouver dus ; et, dans le cas où lesdites portions auraient été aliénées à titre de bail à cens, emphytéose, ou de tout autre bail à rente, les rentes stipulées, ainsi que les arrérages et le prix du rachat, tourneront également au profit des communautés.

5. Conformément à l'article 8 du décret des 19 et 20 septembre 1790, les actions en cantonnement continueront d'avoir lieu dans les cas de droit, et le cantonnement pourra être demandé tant par les usagers que par les propriétaires (3).

6. Et néanmoins tous les cantonnemens

---

pas ou d'autorisation préalable (29 novembre 1825 ; Cass. S. 26, 1, 103 ; D. 26, 1, 14).

La prescription ne peut courir contre celui qui possède au profit de celui qui ne possède pas.

Ainsi, lorsqu'une commune, au lieu d'exercer en justice la revendication de ses communaux, autorisée par la loi du 28 août 1792, s'est mise en possession, de sa propre autorité, mais sans violence, cette possession a pour effet de suspendre la prescription de cinq ans établie contre l'action en revendication (20 août 1822 ; Cass. S. 23, 1, 367).

Vainement on opposerait aux communes que, leur possession ayant commencé à titre précaire, par droit d'usage, elle ne peut avoir effet comme possession à titre de propriétaire. Cette loi a opéré à leur égard interversion de titre (24 juin 1825 ; Riom, S. 26, 2, 122).

Voy. Code civil, art. 2229.

(1) D'après cette loi, aux tribunaux seuls appartient le pouvoir de juger les questions de propriété élevées entre l'État, représentant les émigrés, et les communes qui se prétendaient dépouillées de leurs biens par l'effet de la puissance féodale (3 février 1819 ; ord. J.C. t. 5, p. 65).

C'est aux tribunaux, et non à la justice administrative, à décider, entre deux communes, à qui appartient la propriété de terres vaines et vagues (15 juillet 1815 ; décret J. C. t. 2, p. 386).

Lorsque le droit concédé à une commune de planter et d'ébrancher les arbres sur des chemins publics, lui est contesté par une autre commune qui prétendrait que la concession est entachée de féodalité, comme il s'agit là d'une question de propriété, c'est aux tribunaux, et

non à l'autorité administrative, que la connaissance en est dévolue (décret du 29 avril 1809 ; S. 17, 2, 125).

(2) La commune ne peut, dans aucun cas, demander la restitution des fruits perçus par le ci-devant seigneur (22 vendémiaire an 10 ; Cass. S. 2, 2, 327).

Cet article n'a point laissé aux tribunaux la faculté indéfinie de fixer l'époque à laquelle les ci-devant seigneurs évincés seraient obligés à la restitution des fruits.

Les juges doivent, comme dans les cas ordinaires, prendre pour base de cette restitution la bonne ou mauvaise foi du possesseur (25 frimaire an 4 ; Cass. S. 6, 2, 767).

(3) Cette disposition s'applique non-seulement entre seigneur et tenancier, mais encore au cas où la concession d'usage provient d'un propriétaire non seigneur. L'ancienne législation, qui, entre l'usager et le propriétaire non seigneur, n'accordait la faculté de demander le cantonnement qu'au propriétaire, est abrogée (25 janvier 1830 ; Cass. S. 30, 1, 67 ; D. 30, 1, 94).

Voy. Code forestier, art. 63.

Le cantonnement peut être demandé par l'usager d'un bois, comme par le propriétaire (24 novembre 1818 ; Cass. S. 19, 1, 205).

Le droit de vaine pâture dans un bois n'est point un droit d'usage proprement dit ; celui au profit de qui il est établi ne peut demander le cantonnement (4 mars 1819 ; Dijon, S. 27, 2, 130).

Il n'en est pas de même lorsque le droit de vaine pâture est fondé sur un titre ou sur le paiement d'une redevance ; alors c'est un véritable droit d'usage (8 mars 1827 ; Dijon, S. 27, 2, 131 ; D. 27, 2, 117).

prononcés par édits, déclarations, arrêts du conseil, lettres-patentes et jugemens, ou convenus par transactions et autres actes de ce genre, pourront être revisés, cassés ou réformés par les tribunaux de district. Tous jugemens, accords ou transactions qui, sans prononcer de cantonnement, auraient statué sur des questions de propriété et d'usage entre les ci-devant seigneurs et les communautés, ainsi que tous arrêts du conseil, jugemens, accords ou transactions qui auraient ordonné ou autorisé des arpentemens, agrimensations, bornages ou repassemens de chaînes entre les communautés ou les particuliers et les ci-devant seigneurs, ou qui, à ce sujet, auraient adjugé des revenans-bons à ces der-

niers, pourront être également revisés, cassés et réformés ; et, pour l'effet des dispositions ci-dessus, les communautés seront tenues de se pourvoir, dans le délai de cinq ans, par-devant les tribunaux ordinaires (1).

7. Les communes sont autorisées à revendiquer la propriété et jouissance des biens-fonds qui, depuis le mois d'août 1669, auront été adjugés, lors du remboursement de leurs bans, aux ci-devant seigneurs, à titre de blanc ou déshérence, ainsi que ceux qui leur auront été cédés pour se rédimer de l'exercice ou effet de ce droit.

8. Les communes qui justifieront avoir anciennement possédé (2) des biens ou droits d'usages quelconques dont elles auront été

---

(1) De ce que les lois autorisaient les communes à demander la révision et la réformation des cantonnemens obtenus par elles ou contre elles, il ne s'en suivait pas que les communes dussent réussir dans leur demande, si elles ne justifiaient pas encore de leur entière propriété (14 floréal an 10 ; Cass. S. 2, 2, 546).

La demande en nullité d'une transaction qui ordonne un cantonnement renferme implicitement la demande en révision de ce cantonnement. En conséquence, cette demande en nullité de transaction a suffi pour empêcher la prescription du droit de révision (27 brumaire an 14 ; Cass. S. 6, 2, 696).

La loi du 28 août 1792 n'a pas annulé les cantonnemens faits pour tenir lieu de droit d'usage (22 brumaire an 5 ; Cass. S. 5, 1, 113).

L'action d'une commune tendante à revendiquer les droits qu'elle possédait anciennement et dont elle a été dépouillée par abus de la puissance féodale, n'est pas soumise à la prescription de cinq ans établie par cet article. D'ailleurs, en supposant la prescription établie, elle ne serait pas opposable à la commune qui est en possession des droits ou des biens qui sont l'objet de son action (16 juillet 1822 ; Cass. S. 22, 1, 355).

Le délai de cinq ans n'a pas couru contre les communes qui sont restées en possession de leurs usages (30 juin 1825 ; Cass. S. 26, 1, 411). *Voy.* notes sur l'art. 1er.

(2) Pour qu'une commune soit réintégrée en vertu de cet article, il est nécessaire qu'elle ait anciennement possédé à titre de propriétaire, et surtout d'une manière exclusive ; il ne suffirait pas de prouver une possession vacillante et croisée (12 mai 1812 ; Cass. S. 13, 1, 337).

Il ne suffit pas qu'une commune ait possédé des terres à titre d'usage, pour qu'elle puisse les revendiquer à titre de propriétaire (17 nivose an 12 ; Cass. S. 4, 2, 285 ; 22 brumaire an 13 ; Cass. S. 5, 1, 113 ; jugé en sens contraire, 19 mars 1809 ; Cass. S. 9, 1, 438).

Il faut que de la possession prouvée résulte au moins une présomption de propriété. Si donc les titres produits par la commune, tout en établissant le fait de possession, établissent aussi qu'il y avait procès relativement à la propriété, et

qu'en définitive la commune ne fût reconnue que simple usagère, et non propriétaire, il n'y a pas lieu à réintégration en faveur de la commune (15 juillet 1828 ; Cass. S. 28, 1, 265 ; 28, 1, 325).

*Voy.* l'article 32 du titre 2 de la loi du 28 mars 1790.

Une commune qui prétend avoir été dépouillée d'un bien par l'effet de la puissance féodale doit justifier d'une possession à titre de propriétaire ; il ne suffit pas de justifier d'une possession à titre d'usagère (24 novembre 1818 ; Cass. S. 19, 1, 205).

D'ailleurs, lorsque les juges du fond, prononçant sur la demande en revendication, ont décidé que certains titres produits ne prouvent pas une possession dans le sens de l'article 8 ; qu'ils indiquent seulement une possession à titre précaire, et non une possession à titre de propriétaire, cette décision, si elle était erronée, ne serait qu'un mal jugé, une fausse interprétation d'actes ; ce ne serait pas une contravention à la loi, un moyen de cassation (9 août 1827 ; Cass. S. 28, 1, 32 ; D. 27, 1, 457).

La possession des bas-bois ne suppose pas la possession de la haute-futaie, et ne suffit pas pour faire présumer la propriété (21 messidor an 8 ; Cass. S. 1, 1, 305).

Pour qu'une commune soit réintégrée en vertu de cet article, il ne suffit pas qu'elle justifie avoir eu jadis des prétentions sur les biens qu'elle réclame, il faut qu'elle prouve les avoir possédés.

En conséquence, la transaction par laquelle une commune, pour mettre fin à un procès existant entre elle et son seigneur, lui a abandonné la propriété d'un bois que le seigneur prétendait avoir toujours possédé, n'est pas en soi une preuve que la commune ait possédé jadis et ait été illégalement dépossédée (8 messidor an 12 ; Cass. S. 4, 2, 435).

Une commune ne peut revendiquer un bois qu'elle prouve avoir possédé *animo domini*, mais sans titre légitime de propriété, et pendant un temps insuffisant pour prescrire. Elle ne peut présenter, comme une preuve de sa propriété, la reconnaissance non causée que son ci-devant seigneur en a faite par un acte extrajudiciaire, dans le temps qu'elle jouissait de ce bois à titre

dépouillées en totalité ou en partie par des ci-devant seigneurs (1), pourront se faire réintégrer dans la propriété et possession desdits biens ou droits d'usage, nonobstant tous édits, déclarations, arrêts du conseil,

lettres-patentes, jugemens, transactions et possessions contraires, à moins que les ci-devant seigneurs ne représentent un acte authentique qui constate qu'ils ont légitimement acheté lesdits biens (2).

---

de propriétaire (18 brumaire an 11; Cass. S. 7, 2, 841).

Les communes ne peuvent revendiquer, contre les ci-devant seigneurs, des terrains depuis longtemps plantés en bois, ou mis de quelque autre manière en état de production, qu'en justifiant qu'elles ont eu anciennement la propriété ou la possession de ces terrains (8 décembre 1818; Cass. S. 19, 1, 208).

De ce que d'anciens titres désignent par les mots *bois de telle commune* des bois dont cette commune avait l'usage, et dont il est prouvé par d'autres titres qu'elle n'a jamais été propriétaire, il ne résulte pas que ces bois doivent être rendus à la commune (26 brumaire an 11; Cass. S. 3, 2, 246).

Un jugement d'un tribunal d'appel qui, en vertu de la loi du 28 août 1792, a réintégré une commune dans un bien qu'elle prétendait avoir anciennement possédé, est susceptible de cassation, lorsque les faits établis par la commune n'étaient pas de nature à justifier le droit de propriété par elle prétendu (22 messidor an 9; Cass. S. 1, 2, 509).

Pour qu'une commune soit réintégrée, il est nécessaire qu'elle justifie avoir anciennement possédé à titre de propriétaire, et aussi avoir été dépossédée par l'effet de la puissance féodale. Si la décision en fait laisse du doute à cet égard, cela suffit pour qu'il y ait lieu à cassation (28 mai 1816; Cass. S. 17, 1, 57).

Lorsqu'une sentence arbitrale qui réintègre une commune dans des biens déclare, en fait, que ces biens lui ont été enlevés par abus de la puissance féodale, la Cour de cassation ne peut examiner si, d'après les faits et les titres, la commune a été réellement dépouillée, et si, par suite, il a été fait une juste application de cet article (14 août 1821; Cass. S. 22, 1, 106).

Les arrêts du ci-devant conseil royal des finances, rendus sur les questions de propriété, entre parties entendues contradictoirement, ont l'autorité de la chose jugée. Ils n'ont pas été annulés par cet article (22 frimaire an 11; Cass. S. 7, 2, 837).

*Voy.* notes sur l'article 1er.

La prescription de cinq ans établie par les art. 1er et 6 ne s'étend pas à l'action en réintégration accordée aux communes à l'égard des biens-fonds ou des droits d'usage dont elles auraient été dépouillées (18 mai 1825; Cass. S. 26, 1, 419).

(1) Cet article ne reçoit pas son application, 1° au cas où il s'agit du domaine de la couronne; 2° lorsque les prétendus usurpateurs n'avaient pas la seigneurie.

Pour jouir du bénéfice de la loi, les communes ont dû justifier de leur ancienne propriété (20 juin 1808; Cass. S. 9, 1, 286).

Les lois qui ont réintégré les communes dans les biens jadis possédés par elles (à moins de preuves d'achats légitimes par le détenteur) ne sont pas applicables lorsque ces biens se trouvent dans les mains d'un souverain qui n'est pas seigneur féodal (5 avril 1808; Cass. S. 8, 1, 239).

*Voy.* les art. 1, 8 et 9, section 4 de la loi du 10 juin 1793.

La loi qui a présumé usurpées, par la puissance féodale, les terres occupées actuellement par les seigneurs, mais possédées jadis par les communes, ne frappe pas ceux qui avaient un fief dans la commune, sans être seigneurs de la commune (26 octobre 1808; Cass. S. 9, 1, 21).

Cet article n'a d'effet que contre les seigneurs mêmes des communes réclamantes (3 prairial an 2; Cass. S. 3, 2, 327; 3 messidor an 8, 21 vendémiaire an 10, 17 vendémiaire an 13; Cass. S. 5, 1, 40).

Il ne s'applique pas à une transaction passée avec le seigneur d'une autre commune (14 novembre 1825; Cass. S. 27, 1, 50; D. 26, 1, 65).

(2) Les habitans d'une commune qui ont cédé à un ci-devant seigneur non-seulement leurs biens communaux, mais encore toutes leurs propriétés particulières, sous la condition que le seigneur acquitterait leurs dettes, et qu'ils les prendraient eux-mêmes pour ses colons partiaires, ne peuvent demander l'annulation de l'acte de cession, en vertu des lois qui ont réintégré les communes dans les propriétés qui leur avaient été usurpées, surtout si, au temps de la cession, le cessionnaire n'était pas seigneur de la commune dont les biens lui ont été cédés (9 mars 1811; Turin, S. 12, 2, 80).

Les communes n'ont plus pour elles une présomption de spoliation si le seigneur produit un titre légitime, et il y a titre légitime dans le sens de cet article, s'il y a vente faite au seigneur par des fondés de pouvoirs de la commune, et si la vente a été ultérieurement approuvée par le souverain (24 décembre 1817; Cass. S. 18, 1, 174).

*Voy.* loi du 8 septembre 1793.

La longue possession des ci-devant seigneurs ne suffit pas pour qu'ils puissent se prétendre propriétaires des terres vaines et vagues.

La preuve testimoniale est nécessairement admissible, lorsqu'il s'agit d'établir qu'une commune a possédé, de temps immémorial, des marais productifs situés dans l'étendue de son territoire (26 décembre 1810; Cass. S. 11, 1, 88).

*Voy.* loi du 10 juin 1793, sect. 4, art. 1 et 8.

Cet article n'est pas applicable aux biens que les ci-devant seigneurs prouvent, par actes authentiques, avoir légitimement acquis (27 février 1806; Cass. S. 6, 2, 543).

9. Les terres vaines et vagues ou gastes, landes, biens hermes ou vacans, garrigues, dont les communautés ne pourraient pas justifier avoir été anciennement en possession, sont censés leur appartenir, et leur seront adjugés par les tribunaux, si elles forment leur action dans le délai de cinq ans, à moins que les ci-devant seigneurs ne prouvent par titres, ou par possession exclusive continuée paisiblement et sans trouble pendant quarante ans, qu'ils en ont la propriété (1).

10. Dans les cinq départemens qui composent la ci-devant province de Bretagne, les terres actuellement vaines et vagues non arrentées, afféagées ou acensées jusqu'à ce jour, connues sous le nom de communes, frost, frostages, franchises, galois, etc., appartiendront exclusivement, soit aux communes, soit aux habitans des villages, soit aux ci-devant vassaux qui sont actuellement en possession du droit de commuer, motoyer, couper, des landes, bois ou bruyères, pacager ou mener leurs bestiaux dans lesdites terres situées dans l'enclave ou le voisinage des ci-devant fiefs (2).

11. Celles des terres mentionnées dans les deux articles précédens qui ne se trouveraient pas circonscrites dans le territoire particulier d'une commune ou d'une ci-devant seigneurie, sont censées appartenir à la nation, sans préjudice des droits que les communautés ou les particuliers pourraient y avoir acquis, et qu'ils seront tenus de justifier par titres ou par possession de quarante ans.

---

(1) Les terres en état de culture et de production ne sont pas des terres vaines et vagues. Pour fixer la dénomination de terres vaines et vagues, ou de terres cultivées et en état de production, il faut faire abstraction de leur nature ancienne, et considérer l'état où elles étaient lors de la publication des lois des 28 août 1792 et 10 juin 1793 (27 avril 1808; Cass. S. 8, 1, 409).

De ce que des terres en valeur depuis plus de quarante ans étaient anciennement incultes, vaines et vagues, il ne s'ensuit pas qu'elles puissent être revendiquées comme biens communaux, aux termes des lois du 28 août 1792 et du 10 juin 1793 (5 germinal an 5; Cass. S. 7, 2, 838).

Un bois est essentiellement productif et ne peut être rangé dans la classe des communaux non productifs, que la législation a réputés appartenir aux communes.

Ne peuvent être considérés comme des terres vaines et vagues les terrains que des particuliers possèdent depuis un temps immémorial, soit comme propriétaire, soit même comme usagers (22 avril et 21 mai 1825; Angers, S. 26, 2, 120 et 121; D. 26, 2, 94 et 95).

Ne sont pas réputées vaines et vagues les terres en friche qui sont, en soi, des terres bonnes et productives, surtout lorsqu'il est prouvé qu'elles ont été, à dessein, laissées sans culture par des motifs d'économie rurale, tels que la destination de ces terres à l'occupation du gibier d'une capitainerie (31 mai 1826; Cass. S. 26, 1, 432; D. 26, 1, 273).

Les terrains possédés et mis à profit ou en état de culture par les ci-devant seigneurs, avant le 4 août 1789 (date de l'abolition du régime féodal), sont réputés être leur propriété ou celle de leurs ayant-cause, à l'exclusion des communes, à moins que celles-ci ne prouvent les avoir anciennement possédés. De tels biens ne peuvent être rangés dans la classe des terres vaines et vagues (21 décembre 1831; Douai, S. 32, 2, 198).

Voy. l'art. 8 de la loi du 15 avril 1791.

L'action en revendication, de la part des communes qui ont vendu sans formalités, est couverte par la possession de quarante ans, surtout de la part des tiers-acquéreurs, de la part même d'un seigneur dont la mouvance ne s'étendait pas sur la commune (14 janvier 1811; Cass. S. 11, 1, 223).

L'action en revendication, de la part des communes qui ont vendu sans formalités, est couverte par la possession de quarante ans, de la part même du seigneur de la commune, si la vente a une cause légitime (21 juin 1815; Cass. S. 15, 1, 301).

La prescription de cinq ans établie par cet article ne s'applique point au cas où la revendication a pour objet un chemin vicinal (5 mars 1818; Cass. S. 19, 1, 291).

Elle n'est applicable qu'au cas spécial de litige entre les seigneurs et leurs vassaux, et lorsqu'il s'agit d'appliquer une législation qui présume les communes spoliées. A l'égard de tous autres particuliers prétendus usurpateurs de terres vaines et vagues, l'action des communes n'est restée soumise qu'à la prescription ordinaire de 30 ans (3 juillet 1825; Nancy, S. 29, 2, 235; D. 29, 2, 114).

Cet article n'a pas été abrogé par la loi du 10 juin 1793; ainsi, est non-recevable l'action en revendication formée par une commune plus de cinq ans après la publication de la loi du 28 août 1792, si toutefois elle n'avait pas une possession interruptive de la prescription (28 janvier 1817; Cass. S. 17, 1, 109).

Lorsqu'une commune a intenté action dans les cinq ans, peu importe qu'il s'écoule ultérieurement nombre d'années sans décision ou même sans poursuites: il suffit que l'action ne soit pas réellement éteinte pour que la déchéance ne soit pas acquise; peu importe encore que l'action ait été repoussée par un jugement, s'il y a eu appel interjeté; peu importe enfin que cinq ans se soient écoulés depuis l'appel, si aucune décision n'a rendu l'appel sans effet (9 décembre 1828; Cass. S. 29, 1, 286; D. 29, 1, 58).

(2) La règle qui attribue aux communes les terres vaines et vagues ne s'étend pas à certaines terres vagues de la Bretagne; cet article forme, à l'égard de ces terres, un droit spécial auquel n'a pas dérogé l'art. 1er, sect. 4 de la loi du 10 juin 1793 (25 avril 1827; Cass. S. 27, 1, 394; D. 27, 1, 215).

12. Pour statuer sur les demandes en révision, cassation ou réformation de cantonnement, ou sur des questions de propriété, de servitude ou d'usage, s'il y a concours de plusieurs titres, le plus favorable aux communes et aux particuliers sera toujours préféré, sans avoir égard au plus ou au moins d'ancienneté de leur date, ni même à l'autorité de la chose jugée en faveur des ci-devant seigneurs (1).

13. Si les biens mentionnés dans les articles 6, 7 et 8 ci-dessus ont été vendus par les ci-devant seigneurs; si le prix ne leur en a pas été payé, ou si lesdits biens ont été par eux aliénés à titre de cens, emphytéose, ou à titre de tout autre bail à rente, les droits respectifs des parties intéressées seront réglés conformément aux dispositions des articles 3 et 4 du présent décret.

14. Tous les arbres existant actuellement sur les chemins publics, autres que les grandes routes nationales, et sur les rues des villes, bourgs et villages, sont censés appartenir aux propriétaires riverains, à moins que les communes ne justifient en avoir acquis la propriété par titre ou possession (2).

15. Tous les arbres actuellement existant sur les places des villes, bourgs et villages, ou dans des marais, prés et autres biens dont les communautés ont ou recouvreront la propriété, sont censés appartenir aux communautés, sans préjudice des droits que des particuliers non seigneurs pourraient y avoir acquis par titre ou possession.

16. Dans les cas mêmes où les arbres mentionnés dans les deux articles précédens, ainsi que ceux qui existent sur les fonds mêmes des riverains, auraient été plantés par les ci-devant seigneurs, les communautés et les riverains ne seront tenus à aucune indemnité ni à aucun remboursement pour frais de plantation ou autres (3).

17. Dans les lieux où les communes pourraient être dans l'usage de s'approprier les arbres épars sur les fonds des propriétaires particuliers, ces derniers auront la libre disposition desdits arbres.

18. Jusqu'à ce qu'il ait été prononcé relativement aux arbres plantés sur les grandes routes nationales, nul ne pourra s'approprier lesdits arbres et les abattre : leurs fruits seulement, les bois morts, appartiendront aux propriétaires riverains. Il en sera de même des émondages, quand il sera utile de les faire ; ce qui ne pourra avoir lieu que de l'agrément des corps administratifs, à la charge par lesdits riverains d'entretenir lesdits arbres et de remplacer les morts.

19. Il est dérogé aux lois antérieures en tout ce qu'elles renferment de contraire aux dispositions du présent décret.

———

28 AOÛT = 14 SEPTEMBRE 1792. — Décret relatif aux compagnies de canonniers attachés aux bataillons de gardes nationaux. ( L. 10, 717 ; B. 24, 203.)

L'Assemblée nationale, considérant qu'il importe de fournir aux compagnies de canonniers attachées aux bataillons de gardes nationaux tous les moyens de s'exercer avec succès aux manœuvres du canon, décrète que, dans les villes où il y a des compagnies de canonniers attachées aux bataillons de gardes nationaux, et ayant des pièces d'artillerie de campagne, il leur sera fourni par la municipalité du lieu la quantité de poudre et boulets qui sera réglée par l'administration du département, pour servir aux exercices à feu.

———

28 AOÛT 1792. — Décret portant qu'il y a lieu à accusation contre les sieurs Lajard et Narbonne. (L. 10, 702 et 703 ; B. 24, 263.)

———

28 AOÛT 1792. — Adresse de l'Assemblée nationale aux citoyens des frontières. ( L. 10, 704 ; B. 24, 263.)

———

28 AOÛT 1792. — Décret qui met des fonds à la disposition du pouvoir exécutif pour les dépenses extraordinaires déterminées par les circonstances. (L. 10, 708 ; B. 24, 262.)

———

(1) Dans l'appréciation des titres établissant le droit d'usage réclamé par une commune, les juges sont autorisés à donner toute préférence aux titres qui sont le plus favorables aux communes (18 mai 1825 ; Cass. S. 26, 1, 419).

(2) Voy. lois du 26 juillet = 15 août 1790, ordre du jour du 9 février 1793, 9 ventose an 13 et 28 juillet 1824.

Les arbres plantés sur les bords des chemins vicinaux sont censés appartenir aux propriétaires riverains, à moins que les communes qui leur en contesteraient la propriété ne justifient qu'elles l'ont acquise par titres ou possession. Dans ce cas, et comme il s'agit d'une question de propriété, c'est aux tribunaux, et non à l'autorité administrative, que la connaissance en est dévo-

lue (21 décembre 1808; décret, S. 17, 2, 106, et J. C. t. 1, p. 249.)

Voy. Traité des Chemins, par M. Garnier, p. 238.

(3) Ces dispositions ne sont point abrogées par la loi du 12 mai 1825. Ainsi, l'art. 1er, qui attribue à ceux qui les ont plantés la propriété des arbres actuellement existans sur le sol des routes royales, ne s'applique qu'aux arbres qui sont sur le sol même de la route, et non aux arbres plantés sur le terrain riverain de la route; ceux-ci, par quelque personne qu'ils aient été plantés, appartiennent aux propriétaires des fonds riverains (7 juin 1827; Cass. S. 27, 1, 475 ; D. 27, 1, 265.)

Voy. décret du 16 décembre 1811, art. 87, et loi du 12 mai 1825.

28 AOUT 1792. — Décret qui approuve la conduite du conseil général de la commune de Thionville. (L. 10, 707.)

28 = 29 AOUT 1792. — Décret relatif à la nomination des commissaires pour presser la levée de trente mille hommes. (L. 10, 709; B. 24, 264.)

28 = 29 AOUT 1792. — Décret relatif à la cessation des fonctions des commissaires envoyés à l'armée. (L. 10, 711.)

28 AOUT = 15 SEPTEMBRE 1792. — Décret relatif aux passeports accordés par les ministres. (B. 24, 263.)

28 AOUT 1792. — Décret relatif à l'arrestation de deux mille fusils à la barrière du Roule. (B. 24, 264.)

28 = 29 AOUT 1792. — Décret qui met huit cent mille livres à la disposition du ministre des contributions pour les dépenses relatives à la fabrication des assignats. (B. 24, 265.)

28 AOUT 1792. — Artillerie; Château de Flayose. *Voy.* 24 AOUT 1792. — Droits féodaux. *Voy.* 25 AOUT 1792. — Emigrés. *Voy.* 23 AOUT 1792. — Emigrés dans les colonies; Fonctionnaires des colonies. *Voy.* 25 AOUT 1792. — Jura. *Voy.* 24 AOUT 1792. — Maison de Louis XVI. *Voy.* 23 AOUT 1792. — Ministre de la guerre. *Voy.* 24 AOUT 1792. — Passeports; Président, de la Moselle; Trente mille hommes; Troupes coloniales. *Voy.* 27 AOUT 1792.

29 = 29 AOUT 1792. — Décret relatif au jugement définitif des attroupemens contre la liberté, et des crimes d'embauchage. (L. 10, 722.)

L'Assemblée nationale, considérant que rien n'est plus pressant que de punir les ennemis de la patrie, décrète que les tribunaux criminels des départemens jugeront définitivement et en dernier ressort, sans recours au tribunal de cassation, tous ceux qui s'attrouperont dans l'intention d'occasioner des troubles et des désordres tendant à renverser la liberté, ou à s'opposer à l'exécution des lois, ainsi que les prévenus du crime d'embauchage; décrète en outre que le pouvoir exécutif sera tenu de faire passer sans délai, par un courrier extraordinaire, le présent décret au département des Deux-Sèvres.

29 = 29 AOUT 1792. — Décret relatif aux jugemens de la haute-cour nationale. (L. 10, 723.)

L'Assemblée nationale, délibérant sur la question proposée par le ministre de la justice, qui est de savoir si les jugemens de la haute-cour nationale peuvent être sujets au recours devant le tribunal de cassation, et après avoir entendu le rapport de son comité de législation; considérant que le but de l'institution de la haute-cour, le mode de son organisation, la nature des fonctions qui lui sont déléguées, la circonstance que ce tribunal est unique dans l'État, ne permettent pas de penser que ses décisions puissent être soumises au recours devant le tribunal de cassation, recours que la lettre et plus encore l'esprit des lois existantes écartent également, décrète que, par ces motifs, il n'y a pas lieu à délibérer.

29 = 29 AOUT 1792. — Décret relatif à l'emploi des chariots, chevaux et harnais qui se trouvent dans les maisons qui avaient été désignées pour l'habitation du Roi et de sa famille. (L. 10, 724; B. 24, 266.)

L'Assemblée nationale, considérant que les circonstances exigent que l'on prenne toutes les mesures qui doivent faciliter la marche des soldats de la liberté et de l'égalité, décrète ce qui suit:

Le ministre de la guerre est autorisé à disposer des chariots, chevaux et harnais qui sont à Paris, dans les écuries dépendant du château, et dans toutes les maisons qui avaient été désignées pour l'habitation du Roi et de sa famille.

29 = 30 AOUT 1792. — Décret qui suspend l'aliénation du château de Saint-Dizier. (L. 10, 725; B. 24, 273.)

L'Assemblée nationale, considérant que l'exécution de son décret du 13 de ce mois, par lequel elle a autorisé l'aliénation du château de Saint-Dizier, et prononcé la résiliation du bail emphytéotique de ce château, peut être préjudiciable à la nation, vu l'estimation qui en a été faite, décrète que l'exécution de son décret du 13 de ce mois, concernant l'aliénation du château de Saint-Dizier, est suspendue;

Charge ses comités des domaines et de l'extraordinaire des finances réunis, de prendre les renseignemens nécessaires sur la nature et l'étendue des engagemens que la nation aurait à remplir envers la dame veuve Beraud, en cas de résiliation du bail qu'elle tient dudit château, et sur la valeur réelle d'icelui, pour connaître l'utilité ou le désavantage de la résiliation ou de la confirmation dudit bail, et de faire leur rapport à l'Assemblée sur cet objet.

29 AOUT = 1er SEPTEMBRE 1792. — Décret relatif à la suppression de la régie générale des

économats et à la présentation des comptes.
L. 10, 727 ; B. 24, 270.)

L'Assemblée nationale, après avoir entendu le rapport de son comité de l'examen des comptes sur la régie et comptabilité sur les économats ; considérant qu'il est instant de faire rentrer l'arriéré et liquider et arrêter tous les comptes du receveur-général, décrète qu'il y a urgence.

L'Assemblée nationale, après avoir décrété l'urgence, décrète ce qui suit :

TITRE Ier. Suppression de la régie générale des économats, et présentation des comptes.

Art. 1er. La régie générale des économats, confiée au sieur Brière-Mondétour par l'arrêt du conseil du 13 mai 1787, est supprimée à compter du 1er septembre 1792, à partir de laquelle époque le sieur Brière et ses commis ne pourront faire aucune recette ni dépense, ni s'immiscer en rien dans la régie des économats.

2. Le directoire du département de Paris nommera, aussitôt la réception du présent décret, deux commissaires pris dans son sein, qui se transporteront, dans les vingt-quatre heures, au bureau du sieur Brière, et y arrêteront tous les registres relatifs à sa régie et à celle des sieurs Marchal, ses prédécesseurs.

3. Le jour même de l'arrêté des registres, le sieur Brière versera à la caisse de l'extraordinaire, en mêmes espèces qu'il a reçus, la somme de six cent quatre-vingt-quinze mille six cent quatre-vingt-neuf livres six sous dix deniers qu'il a en caisse, d'après l'état fourni le 1er juin dernier, et tous autres deniers ou valeurs qu'il peut avoir en main, jusqu'à concurrence de ses débets.

4. Le sieur Brière remettra au ministre de l'intérieur, dans trois jours de l'arrêté des registres, un état de ses différens commis dans les départemens, et indiquera le lieu de leur résidence. Le ministre en donnera aussitôt connaissance aux départemens où lesdits commis résident, et les directoires de département nommeront aussitôt deux commissaires qui se transporteront chez lesdits commis, y arrêteront leurs registres et journaux.

5. Les commis préposés du sieur Brière dans les départemens verseront, au plus tard dans les vingt-quatre heures de l'arrêté de leurs registres, tous les deniers et valeurs du montant de leurs débets constatés provisoirement par un état ou bordereau certifié d'eux, dans la caisse du receveur du district de leur résidence, et le récépissé du receveur leur sera alloué pour comptant.

6. Le sieur Brière présentera au bureau de comptabilité, d'ici au 1er janvier 1793, les comptes de ses prédécesseurs, non rendus

et apurés, ainsi qu'il a été chargé par l'arrêt du conseil du 20 mai 1787 ; il présentera, dans le même délai, les comptes qui sont propres à son administration.

7. Ces comptes consisteront seulement en un état au vrai des recettes et dépenses, certifié véritable par le sieur Brière, et il remettra ensuite les sommiers, journaux, registres et autres pièces justificatives, ainsi qu'il sera dit ci-après.

8. Le sieur Brière formera de plus, avant le 1er janvier 1793, un état général de tous les recouvremens qui restent à faire sur ses exercices et ceux de ses prédécesseurs, il en certifiera l'exactitude, et le remettra, dans le même délai, au ministre de l'intérieur.

9. Le traitement du sieur Brière, ainsi que celui de ses commis et préposés, et frais de bureau, cessera d'avoir lieu à compter du 1er septembre prochain, et il lui sera alloué, pour tous les travaux qui lui resteront à faire après cette époque, une somme de dix mille livres, payable après le jugement de ses comptes, et à la charge par lui de se conformer en tout aux dispositions du présent décret.

10. Il continuera cependant à jouir de la maison qu'il occupe d'ici au 1er janvier 1793 ; passé lequel délai le loyer cessera d'avoir lieu, l'agent du Trésor public demeurant chargé d'en avertir le propriétaire le plus tôt possible.

11. Le sieur Brière se conformera à toutes les dispositions du présent décret, à défaut de quoi il perdra les intérêts de son cautionnement, et sous les peines d'ailleurs portées par le décret du 3 = 19 juillet dernier, titre Ier, article 3.

TITRE II. Recouvrement de l'arriéré.

Art. 1er. Aussitôt que le ministre de l'intérieur aura reçu l'état général des recettes arriérées, qui doit lui être remis d'après l'article 8 du titre Ier du présent décret, il l'enverra aux commissaires de la régie nationale, pour en faire faire la rentrée par leurs préposés ou commis, qui demeurent autorisés à faire les poursuites et compter des recettes, ainsi et de même qu'ils font rentrer et comptent des revenus de l'Etat confiés à leur administration.

2. Dans le cas où des fermiers d'objets régis par l'économat prétendraient avoir droit à quelques indemnités ou réductions, les directoires de département demeurent chargés de les régler définitivement, sur l'avis des directoires de districts, lesquels prendront tous les renseignemens nécessaires ; le montant desquelles indemnités, s'il y a lieu, sera payé des fonds provenant des recettes énoncées aux précédens articles.

3. Les réparations qui pourraient avoir

été adjugées, et qui ne seraient pas encore
finies, sont définitivement suspendues, et il
sera procédé à la fixation de celles déjà faites
par les corps administratifs avec les entrepreneurs, ainsi qu'il est porté par l'article
précédent.

4. Les mêmes corps administratifs demeurent également chargés de faire apprécier les
réparations qui restent à faire, à la charge
des ci-devant titulaires des bénéfices ou leurs
héritiers ; et, dans le cas où les objets sujets
à des réparations seraient situés dans plusieurs districts, le département dans l'étendue duquel se trouve le chef-lieu du bénéfice
procédera seul à l'appréciation desdites répa-
tions, après avoir pris des autres corps administratifs tous les renseignemens qu'il jugera convenables.

TITRE III. De la liquidation des créances dues
sur la régie des économats.

Art. 1er. Le commissaire directeur général de la liquidation demeure chargé de la
liquidation de tout ce qui peut être dû sur
la régie de l'économat ; les titres, journaux
et registres lui seront, à cet effet, remis sous
son récépissé, dans les huit premiers jours
de 1793 au plus tard, par le sieur Brière-
Mondétour, qui en demeurera dès lors déchargé envers qui que ce soit.

2. Il sera alloué au commissaire-liquidateur une somme de dix mille livres par an,
en ce compris deux mille livres pour frais de
bureau, le tout à commencer du 1er octobre
prochain, pour traitement des commis qu'il
emploiera dans un bureau particulier, chargé
de préparer, sous sa surveillance, les travaux
nécessaires à la liquidation de tout ce qui
peut être dû sur l'économat.

3. Tous ceux qui se prétendront créanciers
ou propriétaires sur la régie des économats,
quand même ils se seraient déjà pourvus devers l'économe actuel, et dont les comptes
n'auraient pas été définitivement arrêtés,
présenteront leurs titres ou mémoires au
commissaire-liquidateur, et les feront enregistrer dans ses bureaux d'ici au 1er janvier
1793, passé lequel délai ils ne seront plus
reçus à réclamer, quels que puissent être
leurs droits.

4. Dans le cas où le commissaire-liquidateur n'aurait pas dans les mains toutes les
pièces nécessaires pour s'assurer du montant
des charges et réparations dont les créanciers
peuvent être tenus, ceux-ci seront obligés de
se pourvoir, soit devers les départemens, soit
devers les commissaires de la régie nationale, pour obtenir des certificats du montant des réparations et des charges, ou que
les biens ne sont sujets à aucune charge et
réparation, et de remettre ces certificats au
commissaire-liquidateur.

5. Les sommes qui seront dues d'après la
liquidation seront payées à la caisse de l'extraordinaire, après que le paiement en aura
été décrété par l'Assemblée nationale, sur le
rapport qui lui en sera fait par son comité
de liquidation.

---

29 AOUT = 1er SEPTEMBRE 1792. — Décret relatif à l'instruction de la procédure contre les
fabricateurs de faux brevets. ( L. 10, 733 ; B.
24, 269.)

L'Assemblée nationale considérant que,
depuis onze mois que l'attribution de la procédure concernant les faux brevets a été
faite au tribunal du cinquième arrondissement, cette procédure n'est point encore terminée ; que les preuves dépérissent, et que
deux des principaux accusés sont morts dans
les prisons, décrète que l'instruction contre
les fabricateurs de faux brevets et leurs complices, attribuée au tribunal du cinquième
arrondissement de Paris, par décret du 12 octobre dernier, sera continuée par le quatrième tribunal criminel provisoire de Paris,
jusqu'au jugement définitif inclusivement,
sauf l'appel institué par la loi ; sans préjudice
aux parties intéressées de se pourvoir, si
elles croient y être fondées, contre les juges
du tribunal du cinquième arrondissement.

---

29 AOUT = 1er SEPTEMBRE 1792. — Décret relatif au traitement des vétérans nationaux. (B.
24, 68.)

L'Assemblée nationale, considérant qu'il
est de sa justice de lever tous les doutes que
peut laisser l'article 38 du titre II de la loi du
16 mai dernier, sur le traitement qu'elle a
voulu conserver aux vétérans nationaux qui
jouissaient d'un supplément de solde ; considérant encore que les actes de reconnaissance
de la patrie envers ceux qui l'ont bien servie
doivent encourager les citoyens qui se vouent
à la défense de la liberté et de l'égalité, décrète qu'il y a urgence.

L'Assemblée nationale, après avoir décrété l'urgence, décrète définitivement ce
qui suit :

Art. 1er. Tout vétéran national, officier,
sous-officier et soldat, qui, à raison d'un
supplément de paie pris sur les domaines ou
sur tous autres fonds, jouissait d'un traitement supérieur à celui qui est fixé par le décret du 30 avril = 16 mai dernier, le conservera en entier durant son activité de service, soit que, lors de la prochaine organisation des compagnies de vétérans nationaux, il demeure dans celle où il est attaché aujourd'hui, soit qu'il passe dans une
autre.

2. Ledit traitement sera payé par la Trésorerie nationale, comme il l'a été sur l'ex-

traordinaire des guerres, ou sur le domaine, jusqu'à la formation des nouvelles compagnies de vétérans; et, à cette époque, le mode de paiement du supplément prescrit par l'article 38 du titre III du décret cité sera exécuté.

———

29 AOUT = 9 SEPTEMBRE 1792. — Décret relatif aux officiers, sous-officiers et soldats des armées ennemies qui se rangeraient sous les drapeaux français. (L. 10, 736.)

Art. 1er. Les officiers municipaux des communes situées sur les frontières seront tenus d'ouvrir un registre sur lequel ils inscriront tous les officiers, sous-oficiers ou soldats qui, ayant abandonné les drapeaux des armées ennemies de la France, se présenteront pour faire, conformément à l'article 2 du décret du 3 du présent mois, la déclaration de vouloir embrasser la cause de la liberté, et prêter le serment civique décrété le 10 août; de laquelle inscription il leur sera délivré un certificat par lesdits officiers, indépendamment de l'expédition du procès-verbal de la prestation de leur serment.

2. L'inscription ordonnée par l'article ci-dessus devra porter les signalemens, les noms et surnoms de ceux qui se présenteront, le lieu de leur naissance, leur âge, l'armée et le régiment dans lequel ils servaient, et le grade qu'ils y occupaient.

3. Ce certificat sera remis au directoire du district, qui délivrera au porteur un mandat sur le receveur du district, de la somme de cinquante livres, montant de la gratification réglée par l'article 3 dudit décret, et payable en assignats.

4. Dans le cas où le nombre de ces sortes de mandats serait tel, que le receveur du district manquât de fonds pour les acquitter, le paiement pourra en être ordonné par le directoire du district, sur les receveurs de l'enregistrement et tous autres receveurs de son rapport, qui sont obligés de verser les fonds de leur recette dans la caisse de celui de district; lesquels receveurs seront tenus d'acquitter sans délai lesdits mandats, et de les fournir de suite pour comptant audit receveur du district, qui leur en donnera ses récépissés.

5. Les receveurs de district dresseront, tous les quinze jours, un état nominatif des mandats qu'ils auront acquittés ou qui leur auront été fournis pour comptant par les autres receveurs; ils feront viser cet état par le directoire du district, et l'enverront ainsi visé, avec les mandats acquittés, au payeur général établi dans le chef-lieu de département, qui leur remboursera sur-le-champ le montant desdits mandats.

6. Le directoire du district adressera au directoire du département un double dudit état, et celui-ci fera former un état général et nominatif, divisé par districts, des mandats acquittés par les receveurs. Il enverra ledit état général au ministre de la guerre, lequel expédiera sur la Trésorerie nationale les ordres de paiement nécessaires pour le remplacement des sommes remboursées aux receveurs par le payeur général.

7. Dans le cas où lesdits officiers, sous-officiers et soldats voudraient se ranger sous les drapeaux de la nation française, les commissaires des guerres sont autorisés, en concurrence avec les municipalités, à recevoir leur serment civique, à leur délivrer une expédition du procès-verbal de la prestation dudit serment, à les inscrire suivant les formes établies par l'article 2 du présent décret, comme aussi à leur expédier un mandat de la gratification de cinquante livres sur le payeur de l'armée, qui l'acquittera sur-le-champ.

8. Lesdits commissaires des guerres enverront tous les mois au commissaire général de l'armée l'extrait du registre d'inscription; celui-ci formera un état général nominatif de tous les extraits qui lui seront adressés par les différens commissaires des guerres: ledit état général sera visé et certifié par le général de l'armée, qui expédiera sur la Trésorerie nationale l'état de distribution pour le remplacement des avances faites par le payeur de l'armée.

9. Lesdits états généraux et nominatifs adressés au ministre de la guerre, tant par les directoires de département que par les commissaires-généraux des armées, formeront les titres d'après lesquels il sera expédié à tous ceux qui y seront inscrits le brevet de cent livres de pension viagère, en conformité de la loi du 3 du présent mois.

———

29 AOUT = 11 SEPTEMBRE 1792. — Décret relatif au transport des convois militaires. (L. 10, 739.)

Un membre convertit en motion la demande du ministre de la guerre d'être autorisé à se servir, pour les convois militaires, des chariots, charrettes, chevaux et harnais qui se trouvent dans les maisons dites royales: la motion est décrétée.

———

29 AOUT = 9 OCTOBRE 1792. — Décret relatif à la validité des jugemens auxquels ont concouru des gradués et des hommes de loi. (L. 10, 740; B. 24, 267.)

L'Assemblée nationale, considérant qu'il importe de ne pas laisser subsister plus long-temps les doutes élevés sur la validité des jugemens auxquels ont concouru des gradués et des hommes de loi;

Considérant qu'il est également intéressant que rien ne puisse arrêter le cours de la justice, décrète qu'il y a urgence.

L'Assemblée nationale, après avoir décrété l'urgence, décrète ce qui suit :

Art. 1er. Tous jugemens auxquels ont concouru des gradués assermentés ou des hommes de loi, pour l'absence ou l'empêchement des juges des tribunaux, sont déclarés valides.

2. En cas d'absence ou d'empêchement de juges, les tribunaux sont autorisés à appeler des gradués assermentés ou des hommes de loi, pour remplacer et concourir aux jugemens.

29 AOUT 1792. — Décret relatif à un versement d'assignats-coupures à la Trésorerie nationale pour les appoints. (L. 10, 726 ; B. 24, 267.)

29 AOUT 1792. — Décret contenant l'acte d'accusation contre les sieurs Duportail, Duport, Tarbé, Bertrand, Barnave et Alexandre Lameth. (L. 10, 719 ; B. 24, 265.)

29 = 31 AOUT 1792. — Décret contenant l'acte d'accusation contre le sieur Dubancourt. (L. 10, 721 ; B. 24, 265.)

29 AOUT = 21 SEPTEMBRE 1792. — Décret qui charge la caisse de l'extraordinaire de faire une avance de trois cent mille livres à la commune de Strasbourg. (L. 10, 733 ; B. 24, 268.)

29 AOUT = 11 SEPTEMBRE 1792. — Décret qui établit une omission dans le décret du 2 octobre 1791, relatif à la pension du sieur Ricard. (B. 24, 266.)

29 AOUT 1792. — Décret qui nomme les six commissaires pour la levée des trente mille hommes. (B. 24, 267.)

29 = 30 AOUT 1792. — Décret relatif à la suspension de l'aliénation du château de Saint-Dizier. (B. 24, 273.)

29 AOUT = 1er SEPTEMBRE 1792. — Décret relatif au paiement d'une somme d'argent destinée aux concessionnaires des mines du département du Finistère. (B. 24, 269.)

30 = 31 AOUT 1792. — Décret relatif aux conventions faites entre les auteurs dramatiques et les directeurs de spectacles. (L. 10, 743 ; B. 24, 276.)

L'Assemblée nationale, après avoir entendu le rapport sur des réclamations faites contre quelques dispositions du décret du 13 janvier 1791 et 17 juillet suivant, sur les théâtres ;

Considérant que ces réclamations sont fondées sur ce que ses décrets peuvent porter atteinte aux droits des différens spectacles, pour n'avoir pas assez distingué l'état passé de l'état à venir, ainsi que la position de Paris et de celle du reste de la France, relativement à la jouissance des pièces de théâtre, en vertu des conventions ou réglemens, ou en vertu d'un long et paisible usage ;

Considérant que le droit de faire imprimer et le droit de faire représenter, qui appartiennent incontestablement aux auteurs des pièces dramatiques, n'ont pas été suffisamment distingués et garantis par la loi ;

Considérant enfin que les ouvrages dramatiques doivent être protégés par la loi de la même manière que toutes les autres productions de l'esprit, mais avec des modifications dictées par la nature du sujet, et voulant ôter toute cause de réclamations, décrète ce qui suit :

Art. 1er. Les pièces imprimées ou gravées mises en vente avant le décret du 13 janvier 1791, qui ont été jouées avant cette époque sur les théâtres autres que ceux de Paris sans convention écrite des auteurs, et cependant sans aucune réclamation légalement constatée de leur part, pourront être jouées sur ces mêmes théâtres sans aucune rétribution pour les auteurs.

2. Les conventions faites avant le décret du 13 janvier 1791, entre les auteurs et les directeurs des spectacles, seront exécutées.

3. Les réglemens et arrêts du conseil qui avaient été faits pour les théâtres de Paris ayant été abrogés par le décret du 13 janvier, et ayant donné lieu, à cette époque, à divers traités entre les théâtres de Paris et les auteurs, ces traités seront suivis dans toute l'étendue de leurs dispositions ; en conséquence, nul autre théâtre de Paris que celui ou ceux auxquels l'auteur ou ses ayant-cause auront permis la représentation de ses pièces, ne pourra les jouer, sous les peines de la loi.

4. Pour prévenir toute réclamation à l'avenir, les auteurs seront tenus, en vendant leurs pièces aux imprimeurs ou aux graveurs, de stipuler formellement la réserve qu'ils entendront faire de leur droit de faire représenter lesdites pièces.

5. Le traité portant ladite réserve sera déposé chez un notaire et imprimé à la tête de la pièce.

6. En conséquence de cette réserve, aucun spectacle ne pourra jouer lesdites pièces imprimées ou gravées qu'en vertu d'un consentement écrit et signé par l'auteur.

7. Les spectacles qui contreviendront au précédent article encourront la peine de la confiscation du produit total des représentations.

8. La réserve faite en vertu de l'article 4 n'aura d'effet que pour dix ans; au bout de ce temps, toutes pièces imprimées et gravées seront librement jouées par tous les spectacles.

9. L'Assemblée nationale n'entend rien préjuger sur les décrets ou réglemens de police qu'elle pourra donner dans le Code de l'instruction publique, sous le rapport de l'influence des théâtres sur les mœurs et les beaux-arts.

10. Elle déroge aux décrets antérieurs, en tout ce qui n'est pas conforme au présent décret.

30 AOUT = 1ᵉʳ SEPTEMBRE 1792. — Décret relatif aux biens des abbayes et communautés étrangères. (L. 10, 746; B. 24, 277.)

Un membre propose de décréter que tous les biens des abbayes et communautés étrangères, ainsi que ceux transmis à des séminaires, ou qui proviennent des bénéfices des ci-devant Jésuites, et qui sont situés dans la domination française, soient vendus au profit de l'Etat, à l'instar des domaines nationaux. On observe que le comité des domaines est prêt à faire un rapport à ce sujet. On demande qu'il soit sur-le-champ décrété comme principe « que les revenus de ces différens biens « soient mis en séquestre, et que les comités « diplomatiques et des domaines réunis de- « meurent chargés de proposer demain un « mode d'exécution relativement à la pro- « priété desdits biens. » Ces propositions, mises aux voix, sont adoptées.

30 AOUT 1792. — Décret relatif aux fonctionnaires publics qui ont leur père ou fils émigré. (B. 24, 281.)

L'Assemblée nationale décrète que tout fonctionnaire public qui a son père ou son fils émigré sera destitué. Tout pensionnaire qui a son père ou son fils émigré perdra sa pension.

30 AOUT = 3 SEPTEMBRE 1792. — Décret relatif aux fonctionnaires publics qui auront conduit en pays étranger leurs enfans mineurs, ou qui auront favorisé leur émigration. (L. 10, 747; B. 24, 281.)

L'Assemblée nationale décrète que tout fonctionnaire public qui sera convaincu d'avoir conduit en pays étranger ses enfans mineurs ou favorisé leur émigration d'une manière quelconque, ou d'avoir entretenu une correspondance coupable avec des émigrés, sera destitué de sa place et déclaré incapable de remplir aucune fonction publique.

30 AOUT = 3 SEPTEMBRE 1792. — Décret sur la suppression des commissaires du Roi près les tribunaux. (L. 10, 748.)

Un membre observe que c'est par erreur qu'on a supposé dans la rédaction du décret du 18 de ce mois, concernant le remplacement des commissaires du Roi près des tribunaux, que leur suppression avait été prononcée par décret du 14; qu'il n'existe sous cette date qu'un arrêté au procès-verbal; qu'il est indispensable, pour donner le complément à la loi, de faire de la suppression l'objet du premier article, et, par une suite nécessaire, de faire frapper la disposition de l'article 5, qui déclare les commissaires suspendus inéligibles, sur ceux qui seront en exercice le jour de la publication du décret du 18.

Ces changemens sont adoptés.

30 AOUT = 3 SEPTEMBRE 1792. — Décret relatif à la confiscation des biens de ceux qui seront convaincus d'avoir excité et fomenté des troubles. (L. 10, 749; B. 24, 281.)

L'Assemblée nationale décrète que les biens de tous ceux qui seront convaincus d'avoir excité et fomenté des troubles, et de ceux qui auront pris part aux conspirations, seront confisqués au profit de la nation, et que le produit en sera appliqué au soulagement de ceux qui auront souffert de ces troubles (1).

Le comité de législation sera tenu de présenter sous trois jours le mode d'exécution.

30 AOUT = 3 SEPTEMBRE 1792. — Décret relatif à l'achèvement du terrier de l'île de Corse. (L. 10, 753; B. 24, 275.)

L'Assemblée nationale, considérant que les sieurs Tetemide et Bédigis obligés, aux termes de l'article 2 de la loi du 19 octobre 1791, d'achever, dans le délai de dix-huit mois, le travail du terrier général de l'île de Corse; qu'ils n'ont pas un instant à perdre pour remplir le vœu de la loi, et qu'ils ne peuvent néanmoins se livrer à leur travail sans être mis à l'abri de toutes poursuites de la part de leurs créanciers, décrète qu'il y a urgence.

(1) Voy. loi du 21 janvier 1790, art. 3.

L'Assemblée nationale, après avoir décrété l'urgence, décrète ce qui suit :

Art. 1er. Il sera fait par la Trésorerie nationale, aux sieurs Tetemide et Bédigis, l'avance d'une somme de vingt-cinq mille livres, laquelle somme sera imputée sur celle qui peut leur être due pour les travaux de régie qu'ils ont exécutés dans l'île de Corse, soit antérieurement, soit postérieurement au traité du 18 mars 1780, ou sur les indemnités auxquelles ils peuvent avoir droit.

2. La Trésorerie nationale tiendra à la disposition du ministre des contributions publiques un fonds de trente-huit mille deux cent trente-quatre livres dix sous six deniers, pour être employé au paiement du restant des travaux à faire au terrier général de l'île de Corse.

3. Il sera, conformément à l'article 2 du traité du 18 mars 1780, incessamment procédé au compte de liquidation de tout ce qui était dû aux entrepreneurs au 1er octobre 1780, suivant les décisions intervenues jusqu'à cette époque ; en conséquence, il sera nommé par le directoire du département de Corse des commissaires à l'effet de recevoir et d'examiner ce compte, lequel sera arrêté par le directoire du département.

4. Les sieurs Tetemide et Bédigis remettront aux mêmes commissaires un relevé du bordereau général de toutes les sommes touchées en vertu du traité du 18 mars 1780, lequel relevé ou bordereau général sera vérifié sur le journal de la caisse civile et arrêté par le directoire du département.

5. Les entrepreneurs rendront un compte général des travaux exécutés par eux à l'étang de Bibuglia, ainsi que de tous autres travaux de régénération qui ne sont pas compris dans le traité du 18 mars 1780 et qui ont été faits jusqu'au 18 mars 1786, d'après les décisions rendues à ce sujet ; lequel compte sera reçu, examiné et vérifié par les mêmes commissaires, et arrêté par le directoire du département.

6. Le directoire du département de Corse adressera une expédition tant des comptes que du relevé du bordereau général mentionné dans les articles 2, 4 et 5, au ministre des contributions publiques, qui en présentera les résultats au Corps-Législatif, pour être par lui pourvu aux fonds nécessaires pour le paiement des sommes qui resteront dues aux entrepreneurs.

---

3o AOUT = 3 SEPTEMBRE 1792.— Décret relatif à l'indemnité accordée aux maîtres de poste en remplacement des priviléges. (L. 10, 756; B. 24, 281.)

Art. 1er. Il sera mis à la disposition du ministre de l'intérieur la somme de neuf cent soixante-cinq mille huit cent quatre-vingt livres, pour effectuer le paiement de l'indemnité de dix-huit mois, acquise au 1er octobre prochain, à raison de trente livres par cheval, d'après les procès-verbaux dressés par les municipalités, vérifiés et certifiés par les directoires de district et de département, sauf audit ministre à tenir compte des reliquats provenant des postes abandonnées depuis le 1er avril 1791.

2. A compter du 1er octobre prochain, la taxe de vingt-cinq sous par cheval et par poste, pour les courriers de route, sera portée à trente sous.

3. L'Assemblée renvoie à ses comités de commerce et de l'ordinaire des finances, sur ce qui concerne la conservation ou l'indemnité accordée aux maîtres de poste, en remplacement des priviléges, par le décret du 25 avril 1790.

---

3o AOUT = 6 SEPTEMBRE 1792. — Décret pour l'augmentation du nombre des officiers généraux. (L. 10, 757; B. 24, 279.)

L'Assemblée nationale, considérant que le nombre des troupes françaises vient d'être considérablement augmenté, et qu'il le sera encore ; qu'il est nécessaire d'augmenter le nombre des officiers généraux qui doivent les commander, décrète que le nombre des lieutenans-généraux est porté de quarante-deux à cinquante; celui des maréchaux-de-camp, de quatre-vingt-quatre à cent, et celui des adjudans-généraux, de trente-trois à quarante.

---

3o AOUT = 6 SEPTEMBRE 1792. — Décret relatif à l'acquittement des sommes dues par les acquéreurs de biens nationaux. (L. 10, 758; B. 24, 277.)

L'Assemblée nationale, considérant combien il importe d'assurer dans la caisse de l'extraordinaire la rentrée, aux échéances, de différentes sommes provenant de la vente des domaines nationaux, et de fixer les incertitudes qui auraient pu s'élever sur l'application des principes posés par l'article 8 titre III du décret du 14 mai 1790, concernant les retards de paiement;

Considérant que, quel que soit le mode de paiement adopté par les acquéreurs, rien ne peut les dispenser de se présenter aux échéances fixées par les lois pour s'acquitter ;

Que tout retard dans les paiemens sera une perte réelle pour la nation, du moment où cette perte ne se trouverait pas compensée par la perception des intérêts pris sur la somme en retard;

Considérant que l'article 8 du titre III du décret du 14 mai 1790 n'a été révoqué par aucune loi postérieure, et qu'il doit, par conséquent, avoir son exécution pleine et entière, décrète ce qui suit :

Toute somme due par les acquéreurs des biens nationaux, tant en intérêts qu'en capitaux, qui n'aurait pas été acquittée à l'échéance fixée par la loi, doit intérêt depuis le jour de ladite échéance, jusqu'à celui de l'acquittement (1).

30 AOUT = 3 SEPTEMBRE 1792. — Décret qui autorise les juges-de-paix de Paris à choisir leurs greffiers. (L. 10, 752; B. 24, 274.)

30 AOUT = 6 SEPTEMBRE 1792. — Décret portant que les représentans de la commune, les citoyens de Paris et les fédérés ont bien mérité de la patrie. (L. 10, 759.)

30 AOUT 1792. — Décret relatif à l'organisation provisoire du conseil-général de la commune de Paris. (L. 10, 741; B. 24, 279.)

30 AOUT 1792. — Décret qui accorde une avance de quinze mille francs aux sieurs Tetemide et Bédigis. (B. 24, 275.)

30 AOUT = 6 SEPTEMBRE 1792. — Décret qui approuve la conduite des administrateurs du département et du district de Toulon, et qui confirme la formation des commissaires provisoires qu'ils ont établis. (B. 24, 278.)

30 AOUT = 6 SEPTEMBRE 1792. — Décret qui ordonne aux commissaires provisoires représentant la commune de Paris de justifier de leurs pouvoirs. (B. 24, 278.)

30 AOUT = 6 SEPTEMBRE 1792. — Décret qui mande à la barre le président et le secrétaire greffier du conseil-général de la commune de Paris. (B. 24, 279.)

30 AOUT = 3 SEPTEMBRE 1792. — Décret qui transfère à Bressuire l'administration du district de Châtillon. (L. 10, 750; B. 24, 280.)

30 AOUT = 3 SEPTEMBRE 1792. — Décret portant qu'il n'y aura qu'un seul tribunal de paix à Langres. (L. 10, 752; B. 24, 274.)

30 AOUT 1792. — Armemens des sergens. *Voy.* 25 AOUT 1792. — Château de Saint-Dizier. *Voy.* 29 AOUT 1792. — Commissaires du Roi. *Voy.* 18 AOUT 1792. — Sieur Hennequin d'Herbouville. *Voy.* 12 AOUT 1792. — Ile d'Oleron. *Voy.* 25 AOUT 1792. — Sieur Jouneau. *Voy.* 16 AOUT 1792. — Sieur Pâris; Papier monnaie. *Voy.* 25 AOUT 1792.

31 = 31 AOUT 1792. — Décret relatif aux comptes à rendre des effets trouvés aux Tuileries, dans les églises et maisons nationales ou dépendant de la liste civile. (L. 10, 760.)

L'Assemblée nationale, considérant que les effets déposés au garde-meuble national, ceux trouvés aux Tuileries, dans les églises, maisons nationales, maisons dépendant de la liste civile, sont tous également des effets nationaux, décrète :

1° Que le ministre de l'intérieur donnera des ordres, dans le jour, pour faire rétablir au garde-meuble national les effets qui pourraient en avoir été retirés pour être transportés dans d'autres dépôts;

2° Que le ministre de l'intérieur se fera rendre compte dans deux jours, par les commissaires des sections qui, depuis le 10 de ce mois, ont formé le conseil de la commune, de tous les effets qui ont été trouvés aux Tuileries, dans les églises, maisons nationales, maisons dépendant de la liste civile, et dont la garde a été confiée à la surveillance des commissaires, et de tous les effets qui ont été transportés à la maison commune;

3° Qu'aussitôt que ce compte aura été rendu au ministre, il le fera parvenir à l'Assemblée nationale;

Que toutes les matières d'or et d'argent et bijoux qui auront été retirés par les commissaires de l'Assemblée nationale, de la commune et des sections de Paris et autres, quels qu'ils puissent être, soit des maisons dites *royales*, soit des églises et autres lieux publics ou particuliers, seront portés, sans délai, sous la responsabilité desdits commissaires à la Trésorerie nationale, pour en faire remise à l'Hôtel des monnaies.

Il sera dressé à la Trésorerie nationale procès-verbal de l'entrée et de la sortie desdits objets, et lesdits procès-verbaux seront livrés à l'impression.

31 = 31 AOUT 1792. — Décret qui proroge le concours fixé pour l'admission aux fonctions de notaire public. (L. 10, 762; B. 24, 286.)

L'Assemblée nationale, considérant qu'il est instant de pourvoir à ce que les citoyens qui ont volé aux frontières pour la défense

_____

(1) Toute somme due par des acquéreurs de biens nationaux, et non acquittée, tant en capital qu'en intérêts, à l'échéance, doit intérêt depuis le jour de l'échéance jusqu'à celui de l'acquittement (7 messidor an 9; arrêté des consuls; S. 1, 2, 539).

Ici ne s'applique pas la règle du droit commun, d'après laquelle les intérêts des intérêts ne peuvent courir que par une demande judiciaire (12 avril 1832; ord. S. 32, 2, 461). *Voy.* lois du 15 floréal an 10, du 5 ventose an 12, décret du 22 octobre 1808.

de la patrie ne soient pas privés des droits aux places que leur donnent leurs talens, décrète que le concours fixé, par le décret du 29 septembre = 6 octobre 1791, au 1er septembre 1792, pour l'admission aux fonctions de notaire public, est prorogé au 1er janvier 1793; et, au surplus, ajourne à trois jours le rapport du comité de législation sur l'examen qui lui a été ordonné des dispositions de ce même décret.

31 = 31 AOUT 1792. — Décret relatif aux assignats créés le 31 juillet 1792. (L. 10, 764; B. 24, 289.)

Art. 1er. Les cinquante millions d'assignats de cent livres et les cent millions d'assignats de cinquante livres, décrétés le 31 juillet dernier, seront convertis en cent millions d'assignats de deux cents livres et en cinquante millions d'assignats de cinquante livres.

Les formes et autres instrumens nécessaires à la fabrication desdits assignats, déposés aux archives, en seront incessamment retirés et remis aux commissaires-administrateurs pour la fabrication des assignats.

31 AOUT = 1er SEPTEMBRE 1792. — Décret qui autorise le ministre de la guerre à faire des changemens dans l'armement des troupes. (L. 10, 765.)

L'Assemblée nationale, délibérant sur la proposition du ministre de la guerre, convertie en motion par l'un de ses membres, et considérant qu'il est instant de faire le meilleur usage et la meilleure distribution des différentes armes pour la défense de la patrie, décrète que le ministre de la guerre est autorisé à employer provisoirement les fusils dont sont armés les régimens de dragons, à l'armement de l'infanterie, et à faire dans l'armement des différentes espèces de troupes tels changemens et additions qu'il jugera convenables.

31 AOUT = 5 SEPTEMBRE 1792. — Décret relatif à la reddition de la place de Longwi. (L. 10, 766; B. 24, 292.)

L'Assemblée nationale, considérant qu'il importe à l'honneur de la nation française et à la sûreté générale de l'Etat de prévenir, par tous les moyens qui sont en son pouvoir, des trahisons pareilles à celle qui a livré la place de Longwy aux ennemis, décrète qu'il y a urgence.

L'Assemblée nationale, après avoir décrété l'urgence, considérant que la reddition de la place de Longwy est due en partie à la lâcheté des administrateurs du district, des officiers municipaux et des habitans de la place;

Considérant que les places des frontières appartiennent à la nation entière, puisqu'elles ont été élevées pour sa défense, et que, les livrer aux ennemis pour conserver les propriétés particulières, c'est sacrifier l'intérêt de tous à celui de quelques citoyens;

Considérant enfin qu'il ne reste même pas de prétexte à l'intérêt personnel, puisque l'indemnité due à chaque citoyen dont les propriétés pourront souffrir des hasards de la guerre a été placée au rang des dettes les plus sacrées de l'Etat, décrète ce qui suit:

Art. 1er. Les commandans de toute place assiégée et bombardée sont autorisés à faire démolir la maison de tout citoyen qui parlerait de rendre la place pour éviter le bombardement.

2. Aussitôt que la ville de Longwi sera rentrée au pouvoir de la nation française, toutes les maisons de cette ville, à l'exception des maisons nationales, seront détruites et rasées.

3. L'Assemblée nationale déclare infâmes et indignes d'exercer jamais les droits de citoyens français tous les habitans de la ville de Longwi à l'époque où cette ville a été livrée.

4. Le pouvoir exécutif est chargé de faire poursuivre devant les tribunaux ordinaires les administrateurs du district de Longwi et les officiers municipaux de cette ville.

5. Le pouvoir exécutif fera passer sans délai à la cour martiale chargée de juger le commandant et la garnison de Longwi toutes les pièces saisies sur le sieur Lavergne, et adressées à l'Assemblée nationale par les administrateurs du district de Bourmont.

31 AOUT = 11 SEPTEMBRE 1792. — Décret relatif à l'envoi des coupures des assignats de dix et de quinze sous. (L. 10, 772; B. 24, 291.)

L'Assemblée nationale, considérant que le transport des coupures d'assignats dans les départemens devient chaque jour plus pressant, et que ces transports deviendraient très-difficiles en attendant, pour les commencer, que toute la somme destinée à chacun des départemens fût complète, par l'embarras de faire voiturer de grosses sommes en petites valeurs, décrète que les administrateurs de la caisse de l'extraordinaire commenceront sur-le-champ l'envoi des coupures de dix et de quinze sous dans les départemens, en se conformant, pour les sommes à envoyer à chacun, à l'article 3 du décret du 24 août dernier.

Les administrateurs de la caisse de l'extraordinaire mettront la plus grande célérité dans leurs expéditions, et les continueront successivement, à mesure que les coupures leur seront apportées du timbrage.

31 AOUT = 18 OCTOBRE 1792. — Décret qui fixe le mode de remboursement des offices des justices seigneuriales. (L. 10, 773; B. 24, 282.)

L'Assemblée nationale, après avoir entendu le rapport fait au nom de ses comités féodal et de liquidation ; après avoir également entendu les trois lectures du projet de décret par eux présenté dans les séances des 6 et 13 de ce mois et celle de ce jour, et décrété qu'elle était en état de délibérer définitivement, décrète ce qui suit :

Art. 1er. Tous les officiers des ci-devant justices seigneuriales pourvus à titre onéreux, et dont l'exercice aura cessé par l'installation des nouveaux tribunaux, ou ceux qui sont à leurs droits, seront remboursés par les propriétaires actuels des ci-devant seigneuries, suivant le mode qui sera déterminé ci-après.

2. Les offices aliénés à perpétuité, et acquis à titre d'hérédité, qui, depuis l'édit de 1771, relatif à l'évaluation des offices royaux, ont été évalués par les titulaires dans les parties casuelles des ci-devant seigneurs, seront remboursés sur le pied de l'évaluation.

3. Les offices dont l'évaluation n'a pas été faite par les titulaires depuis 1771, mais qui étaient soumis annuellement, ou lors des mutations, à des droits de centième denier, paulette, survivance ou autres, seront remboursés de la manière suivante.

4. Si les quittances de droit annuel ou de mutation portent que ce droit forme le dixième, le cinquantième ou le centième denier de la finance de l'office, le titulaire aura pour remboursement dix fois, cinquante ou cent fois le montant du droit annuel ou de mutation. La même règle de proportion sera suivie pour les autres quotités qui seront énoncées dans les quittances; et celles du droit annuellement payé n'indiquant pas la portion de finance que ce droit représente, il sera censé être le centième denier.

5. Les titulaires dont les offices étaient soumis en même temps à des droits annuels et de mutation seront remboursés sur le pied du capital le plus fort, calculé d'après l'un ou l'autre de ces droits; et, lorsque ce capital sera inférieur au montant du dernier contrat authentique, les ci-devant seigneurs qui, à titre de droit de mutation, de paulette ou autres, auront, par eux-mêmes ou par leurs auteurs, successivement perçu des sommes qui, réunies à la finance primitive, égaleront ou surpasseront le taux du dernier contrat, seront tenus de rembourser, au choix du titulaire, ou la finance primitive, ou le montant du dernier contrat.

6. Les offices non évalués, et non soumis à des droits annuels ou de mutation, seront remboursés sur le pied de la finance originaire et supplément; et, dans le cas où,

pour quelques offices, elle ne serait pas connue, sur le pied des offices de même nature et de la même justice dont la finance sera certaine.

7. S'il n'existe aucun office de même nature dans la même justice, les titulaires qui ne pourront justifier du montant de la finance primitive n'auront droit à aucun remboursement, à la charge toutefois, de la part des ci-devant seigneurs ou de ceux qui les représentent, d'affirmer qu'ils n'ont pas le titre de la finance primitive, qu'ils ne connaissent pas le montant de cette finance, et qu'ils n'en ont reçu aucune.

8. Les premiers pourvus d'un office acquis à titre perpétuel, et ceux qui en ont levé aux parties casuelles des ci-devant seigneurs depuis 1771, seront remboursés sur le pied de la finance effectivement versée dans la caisse des ci-devant seigneurs.

9. Les titulaires pourvus à leur vie ou à celle du ci-devant seigneur supporteront la déduction d'un trentième par chaque année de jouissance. Cette déduction ne pourra néanmoins excéder les deux tiers du prix total, et ceux qui ont joui pendant vingt années ou pendant un plus long terme recevront également le tiers du prix total.

Les offices seigneuriaux qui ont été laissés à bail, ou par des commissions limitées à un nombre déterminé d'années, seront remboursés sur le pied des sommes délivrées, déduction faite de la partie de ces sommes relative au temps de la jouissance.

10. Ceux qui ont traité pour des survivances d'offices seigneuriaux à vie, dont ils n'étaient pas pourvus à l'époque du 4 août 1789, seront remboursés en entier des sommes qu'ils justifieront avoir délivrées relativement à ces acquisitions.

11. Les officiers de justices seigneuriales dépendant des domaines ci-devant ecclésiastiques, et aujourd'hui nationaux, seront remboursés par la nation, conformément au mode ci-dessus prescrit.

12. Les officiers institués à titre onéreux par provisions du Roi pour connaître des cas royaux, et par provisions des seigneurs pour connaître des cas ordinaires, seront remboursés, les premiers par la nation, suivant le mode déterminé par le décret des 2 et 6 septembre 1790, et les seconds par les ci-devant seigneurs, d'après les bases ci-dessus fixées.

13. Le mode de remboursement ci-dessus prescrit sera commun aux procureurs, notaires et tabellions des ci-devant justices seigneuriales; mais, si, d'après ce mode, le taux du remboursement, pour ceux qui ont acquis à perpétuité, est inférieur au prix porté dans le contrat authentique de leur acquisition ou autre titre translatif de propriété, qui n'indiquera l'acquisition d'aucuns

rôles, débets ou recouvremens, le surplus du même prix leur sera payé à titre d'indemnité.

14. Si, au contraire, le contrat porte une acquisition de recouvremens dont le prix se trouve confondu, sans aucune spécification particulière, avec celui du titre et de la clientèle, l'indemnité sera réduite à la moitié de l'excédant du prix total, et si les recouvremens sont évalués séparément, le montant de cette évaluation sera déduit du prix du contrat; si enfin cette déduction n'absorbe point l'excédant du même prix, la portion qui en restera formera le taux de l'indemnité.

15. Les titulaires des offices de greffiers, sergens et huissiers audienciers des justices seigneuriales, pourvus également à perpétuité, qui, d'après le mode ci-dessus, obtiendraient un remboursement inférieur au prix porté dans les titres authentiques d'acquisition, auront, en outre, à titre d'indemnité, le sixième du prix porté dans ces titres et autres actes authentiques, lorsqu'ils pourront en justifier.

16. Celles des indemnités mentionnées dans les trois articles précédens qui seront à la charge de la nation, comme représentant les ci-devant seigneurs ecclésiastiques, ne seront payées qu'aux titulaires qui justifieront, par pièces authentiques antérieures au 4 août 1789, que le montant du remboursement auquel ils ont droit, d'après le mode ci-dessus établi, est réellement inférieur au prix stipulé dans leurs titres d'acquisition également authentiques.

17. Tous les officiers ci-devant désignés seront, en outre, remboursés par ceux qui sont chargés du remboursement principal des droits de mutation et provisions par eux payés aux ci-devant seigneurs, sous quelque dénomination qu'ils aient été perçus.

Les droits de paulette ou de survivance qu'ils auront délivrés par anticipation leur seront aussi restitués.

18. Les intérêts des sommes qui leur reviendront aux termes du présent décret courront du jour de l'installation des tribunaux de district dans l'arrondissement desquels les ci-devant justices seigneuriales étaient situées; ils leur seront payés à raison de cinq pour cent, et sous la retenue des impositions, par ceux qui sont tenus du remboursement de ces sommes.

19. Sont exceptés des dispositions de l'article précédent les notaires et tabellions seigneuriaux, au profit desquels les intérêts des sommes principales ne courront que du jour qu'ils auront été remplacés par des notaires publics.

20. Les dispositions des décrets des 6 = 14 février et 27 avril = 1er mai derniers, qui prononcent la peine de déchéance contre les créanciers de la nation qui n'ont point produit leurs titres avant le 1er juin dernier, ne pourront être opposées aux titulaires qui, d'après le présent décret, auront des droits à exercer sur la nation; mais ils seront tenus, sous la même peine de déchéance, de produire leurs titres au bureau général de liquidation avant le 1er janvier 1793.

21. Les titulaires qui, en conséquence du présent décret, se trouveront créanciers des ci-devant seigneurs émigrés, exerceront leurs droits conformément à la loi du séquestre, sans qu'on puisse se prévaloir contre eux de ce que ces droits n'ont pas été reconnus avant l'époque du décret du 9 février dernier, par lequel les biens des émigrés ont été mis sous la main de la nation.

22. Les titulaires dont le taux du remboursement aura été fixé sur des actes publics antérieurs au 4 août 1789 auront hypothèque sur les mêmes biens à compter du jour de ces actes; et la date de l'hypothèque, pour ceux qui n'auront pu produire des actes de cette nature, sera fixée uniformément au décret du 4 août 1789.

---

31 AOUT = 15 NOVEMBRE 1792. — Décret relatif aux marchés pour la fourniture de trois cents millions d'assignats. (L. 10, 779; B. 24, 291.)

L'Assemblée nationale, voulant assurer à l'avance à la Convention nationale les moyens de pourvoir au service des caisses publiques, et prévenir le retard de la fabrication des papiers d'assignats pendant l'hiver, décrète qu'il y a urgence.

L'Assemblée nationale, après avoir entendu le rapport de ses comités de l'extraordinaire des finances et des assignats et monnaies, et après avoir décrété l'urgence, décrète:

Art. 1er. Il sera sans délai passé des marchés pour la fourniture de trois cents millions de papier d'assignats, dont la fabrication commencera immédiatement après la conclusion et la ratification desdits marchés.

2. Les filigranes et les couleurs des papiers ci-dessus seront les mêmes que ceux employés pour les assignats de trois cents livres, de la création du 17 avril 1790, et pour les assignats de vingt-cinq livres actuellement en fabrication; mais ceux du papier de trois cents livres ne porteront pas la valeur de l'assignat.

Les papiers fabriqués seront déposés, à fur et à mesure de leur préparation, aux archives de l'Assemblée nationale. Le directeur général de la fabrication des assignats, sous la surveillance du ministre des contributions publiques, prendra les mesures convenables pour assurer la prompte exécution du présent décret.

31 Aout 1792. — Décret relatif aux femmes enceintes condamnées à la peine du carcan. (B. 24, 290.)

L'Assemblée nationale, après avoir entendu le rapport de son comité de législation, voulant concilier les sentiments de l'humanité avec ceux de la justice, et conserver aux femmes enceintes les égards, les ménagemens que mérite leur situation, décrète qu'il y a urgence.

L'Assemblée nationale, après avoir décrété l'urgence, décrète ce qui suit:

Art. 1er. Les femmes condamnées à la peine du carcan et qui seront trouvées enceintes au moment de leur condamnation, ne subiront point cette peine, et ne seront point exposées en public; mais elles garderont prison pendant un mois, à compter du jour de leur jugement, qui sera imprimé, affiché et attaché à un poteau planté à cet effet sur la place publique.

2. Le présent article aura son exécution à l'égard des jugemens rendus; en conséquence, les femmes condamnées à la peine du carcan et qui sont enceintes, garderont prison pendant un mois, qui commencera à courir du jour de leur jugement.

31 Aout 1792.—Décret qui ordonne l'examen de l'invention du sieur Forestier de Vereux, pour doubler la portée des bouches à feu. (B. 24, 289.)

31 Aout 1792.— Décret qui autorise le département de Paris à compléter les deux compagnies de gendarmerie nationale faisant le service des tribunaux et des prisons. (B. 24, 286.)

31 Aout 1792.— Décret qui proroge le concours pour l'admission aux fonctions de notaires publics. (B. 24, 286.)

31 Aout 1792.—Décret portant que cette année les tribunaux ne pourront prendre de vacances. (B. 24, 289.)

31 Aout 1792.—Décret qui ordonne de porter à la Trésorerie nationale les matières d'or et d'argent retirées des maisons royales et des églises. (B. 24, 239.)

31 Aout 1792. — Décret relatif à une fabrication de cent millions d'assignats de deux cents livres, et cinquante millions d'assignats de cinquante livres. (B. 24, 289.)

31 Aout = 6 septembre 1792. — Décret relatif à la détention faite, à Boulogne-sur-mer, de plusieurs prévenus d'embauchage. (B. 24, 292.)

31 Aout 1792. — Décret portant qu'il y a lieu à accusation contre M. Montmorin. (B. 24, 292.)

31 Aout = 5 septembre 1792.—Décret qui charge le pouvoir exécutif de rendre compte des motifs qui ont donné lieu à la détention de M. Sicard. (B. 24, 292.)

31 Aout = 11 septembre 1792. — Décret relatif à l'envoi des coupures des assignats de dix et de quinze sous. (L. 10, 772.)

31 Aout = 11 septembre 1792. — Décret relatif aux troubles survenus au sujet de la circulation des grains sur le canal des deux mers. (L. 10, 525; B. 24, 286.)

31 Aout 1792. — Décret portant annulation du mandat d'amener décerné contre le sieur Girey-Dupré. (L. 10, 763; B. 24, 290.)

31 Aout 1792.—Auteurs dramatiques, etc. Voy. 30 Aout 1792. — Contribution mobilière. Voy. 26 Aout 1792. — Sieur Dabancourt. Voy. 29 Aout 1792.—Effets publics au porteur; Fonctionnaires. Voy. 27 Aout 1792.—Monnaie de bronze. Voy. 25 Aout 1792.

1er septembre 1792. — Décret qui enjoint aux corps administratifs de livrer, sur les réquisitions du pouvoir exécutif, les armes qui sont dans les arsenaux. (L. 11, 7; B. 24, 542.)

L'Assemblée nationale, considérant que les circonstances actuelles exigent que les bataillons de volontaires et tous les défenseurs de la patrie qui se portent aux frontières soient promptement armés;

Que les corps administratifs et les municipalités doivent avoir une entière confiance dans les opérations du pouvoir exécutif, et se rassurer sur l'emploi des armes qui se trouvent dans leur sein, décrète qu'il y a urgence.

L'Assemblée nationale, après avoir décrété l'urgence, décrète ce qui suit:

Art. 1er. Les corps administratifs, municipalités, notamment celles de Maubeuge et Valenciennes, et toutes les villes qui ont des arsenaux et des armes de réserve, seront tenus de les livrer sur les réquisitions du pouvoir exécutif.

2. L'Assemblée nationale enjoint à tous corps administratifs, municipalités, d'assurer l'exécution du présent décret par tous les moyens qui sont en leur pouvoir.

1er = 6 septembre 1792. — Décret relatif aux titres de créance inscrits sur le registre de déchéance. (L. 11, 8; B. 24, 543.)

L'Assemblée nationale décrète que les titres de créance produits jusqu'au 1er septembre et inscrits sur le registre de déchéance tenu à cet effet par le directeur général, seront admis à la liquidation, et qu'il ne pourra plus en être reçu de nouveaux de ceux qui n'en auraient pas encore produit : à l'effet de quoi ses registres seront clos et arrêtés à compter de ce jour, et extrait du procès-verbal lui sera remis pour qu'il ait à s'y conformer.

1er SEPTEMBRE 1792. — Décret relatif au versement dans la caisse du receveur du district de Dijon de la somme de un million six cent cinquante-six mille quatre cent quarante livres, qui se trouve dans la caisse du sieur Chartraire, trésorier général des ci-devant états de Bourgogne. (L. 11, 1; B. 24, 541.)

1er SEPTEMBRE 1792. — Décret relatif à une levée de volontaires à Paris. (L. 11, 3.)

1er SEPTEMBRE 1792. — Décret qui ordonne la saisie des chevaux qui se trouvent dans la maison de Blanchampagne, dépendante de l'abbaye d'Orval. (B. 24, 538.)

1er SEPTEMBRE 1792. — Décret portant que les fédérés et les représentans de la commune ont bien mérité de la patrie. (L. 11, 5.)

1er SEPTEMBRE = 21 NOVEMBRE 1792 — Décret sur le paiement du traitement de l'état-major de Monaco. (B. 24, 539.)

1er = 5 SEPTEMBRE 1792. — Décret portant que le département de la Haute-Saône a bien mérité de la patrie. (L. 11, 6.)

1er = 4 SEPTEMBRE 1792. — Décret relatif à l'armement de l'infanterie avec les fusils dont sont armés les régimens de dragons. (B. 24, 537.)

1er SEPTEMBRE 1792. — Décret qui autorise les citoyens de la Halle-aux-Blés à faire des achats d'armes et fusils. (B. 24, 538.)

1er SEPTEMBRE 1792. — Abbayes, etc. étrangères. Voy. 30 AOUT 1792. — Armement des troupes. Voy. 31 AOUT 1792. — Dépenses des troupes. Voy. 26 AOUT 1792. — Economats; Faux brevets. Voy. 29 AOUT 1792. — Sieur Hulin. Voy. 19 AOUT 1792. — Mines du Finistère. Voy. 29 AOUT 1792. — Vétérans nationaux. Voy. 9 AOUT 1792.

2 = 2 SEPTEMBRE 1792. — Décret relatif aux personnes qui refuseraient ou de servir personnellement, ou de remettre leurs armes. (L. 11, 12; B. 24, 592.)

L'Assemblée nationale, considérant que le danger de la patrie rend promptement nécessaire l'armement de tous les citoyens qui se consacrent à sa défense; qu'il est indispensable de pourvoir à cet armement par tous les moyens possibles; que, si tous les citoyens doivent à la patrie en danger le sacrifice de leurs jours, ils lui doivent à plus forte raison celui de leurs armes; que nul ne peut refuser ou de donner ses armes à ceux qui vont combattre les ennemis de la nation, ou de combattre lui-même, sans être réputé coupable de lâcheté, d'incivisme et de trahison; qu'il faut un grand déploiement de forces dans les circonstances actuelles, décrète qu'il y a urgence.

L'Assemblée nationale, après avoir décrété l'urgence, décrète ce qui suit :

L'Assemblée nationale décrète : 1o que tous ceux qui refuseraient ou de servir personnellement, ou de remettre leurs armes à ceux qui voudront marcher à l'ennemi, sont déclarés infâmes, traîtres à la patrie, et dignes de la peine de mort;

2o Sont soumis à la même peine ceux qui, directement ou indirectement, refuseraient d'exécuter, ou entraveraient, de quelque manière que ce soit, les ordres donnés et les mesures prises par le pouvoir exécutif;

3o Que douze commissaires, pris dans le sein de l'Assemblée, seront nommés sur-le-champ, pour se réunir au pouvoir exécutif et appuyer ses mesures.

Renvoie à sa commission extraordinaire, pour présenter la rédaction de ces décrets à six heures.

2 = 2 SEPTEMBRE 1792. — Décret relatif aux ouvriers de l'imprimerie nationale. (L. 11, 17; B. 24, 555.)

L'Assemblée nationale décrète que les citoyens attachés au travail de l'imprimerie nationale seront tenus, dans les dangers de la patrie et aux signaux d'alarme, de se rendre sur-le-champ dans leurs ateliers, qui, formant un établissement public, deviennent pour eux le poste du citoyen.

Décrète, en outre, qu'elle applaudit au zèle et au civisme qui les a portés à se rendre à leurs sections.

2 = 2 SEPTEMBRE 1792. — Décret relatif aux secrétaires-commis des bureaux de l'Assemblée nationale, à ceux des ministres et des administrations publiques. (L. 11, 18; B. 24, 565.)

L'Assemblée nationale décrète que tous les secrétaires-commis des bureaux de l'Assemblée nationale, ceux des ministres et autres administrations publiques, seront tenus, dans les dangers de la patrie et aux signaux d'alarme, de se rendre sur-le-champ dans leurs bureaux, qui deviennent pour eux le poste du citoyen.

2 SEPTEMBRE 1792. — Décret relatif au pain de munition. (L. 11, 19; B. 24, 549.)

L'Assemblée nationale, après avoir entendu le ministre de la guerre sur le pain de munition dont les troupes françaises sont nourries; voulant faire cesser les abus et changer les mauvaises pratiques qui se sont glissées dans l'administration des vivres, et considérant que la conservation des farines demande le mélange d'une petite portion de seigle à froment, décrète qu'il y a urgence.

L'Assemblée nationale, après avoir décrété l'urgence, décrète ce qui suit :

Art. 1er. La régie des vivres est dès ce moment supprimée. Le pouvoir exécutif présentera, dans le plus court délai, un mode de remplacement, et veillera à ce que le service de cette partie ne perde rien de son activité dans le passage à un meilleur ordre de choses.

2. Le pain de munition ne pourra être fait que de farine blutée, en ôtant au moins quinze livres de son par quintal.

Le mélange des farines sera dans la proportion de trois quarts froment et d'un quart seigle.

———

2 = 2 SEPTEMBRE 1792.— Décret relatif au paiement des solde et masses des trois divisions de gendarmerie nationale créées le 16 juillet 1792. (L. 11, 22; B. 24, 584.)

L'Assemblée nationale, après avoir entendu le rapport de son comité militaire, considérant qu'il importe de compléter promptement l'entière organisation des trois divisions de gendarmerie formées des ci-devant gardes-françaises et autres soldats du centre, par décret du 16 juillet, pour les mettre en état de marcher, suivant leurs désirs, au secours de la patrie, décrète qu'il y a urgence.

L'Assemblée nationale, après avoir décrété l'urgence, décrète ce qui suit :

Art. 1er. Le ministre de l'intérieur est autorisé à faire délivrer les fonds nécessaires pour la solde et masse du mois de septembre des trois divisions de gendarmerie nationale.

2. Ce paiement s'effectuera comptant sur les états qui seront fournis du complet des compagnies de chacune des trois divisions, et chaque état sera certifié par le colonel commandant et par un capitaine.

3. Le ministre fera remettre également dans les mains du colonel commandant les fonds nécessaires pour l'habillement et l'équipement, sur les états signés par les capitaines et sur leur responsabilité.

4. Conformément aux lois militaires, qui ordonnent que chaque jour du mois sera payé aux troupes de ligne, le 31 août, qui avait été retenu sur le paiement fait à ces

trois divisions, leur sera remboursé comptant sur la quittance du colonel, à raison de deux mille deux cent quarante hommes.

———

2 = 3 SEPTEMBRE 1792. — Décret relatif aux ouvriers de l'hôtel des Monnaies de Paris, des ateliers de l'impression et du timbre des assignats. (L. 11, 24; B. 24, 581.)

L'Assemblée nationale, considérant que les citoyens employés aux travaux de fabrication des monnaies, à l'hôtel des Monnaies de Paris, ainsi que les citoyens employé dans les différens ateliers des assignats, soit imprimeurs, soit timbreurs, sont indispensablement nécessaires à la suite de ces travaux, et qu'ils remplissent un service public pendant tout le temps qu'ils travaillent à la fabrication des monnaies nationales en numéraire ou en assignats, décrète qu'il y a urgence.

L'Assemblée nationale, après avoir décrété l'urgence, décrète ce qui suit :

Art. 1er. Les citoyens actuellement travaillant à l'hôtel des Monnaies de Paris, aux ateliers de l'impression et du timbre des assignats, aux Augustins et aux Petits-Pères, ainsi que ceux qui travaillent aux imprimeries particulières des assignats, sont dispensés, quant à présent, de faire le service personnel dans la garde nationale, soit la nuit, soit le jour.

2. La commission des monnaies, le directeur-général de la fabrication des assignats et les imprimeurs chargés de l'impression des assignats, fourniront dans trois jours à la commune de Paris l'état nominatif des ouvriers employés dans leurs ateliers respectifs : cet état comprendra l'indication du domicile desdits ouvriers et des sections qu'ils habitent. La commune de Paris fera passer ledit état au commandant général de la force publique, pour y avoir égard à la formation des listes de service des citoyens.

3. Sont également exceptés du service de la garde nationale les ouvriers et employés des fabriques de papier occupés de la fabrication du papier d'assignats, dans les communes où sont situées les fabriques.

———

2 = 4 SEPTEMBRE 1792. — Décret relatif à la suppression provisoire des mousquetons de la cavalerie. (L. 11, 26; B. 24, 547.)

Art. 1er. L'Assemblée nationale supprime provisoirement les mousquetons de la cavalerie.

2. Le pouvoir exécutif provisoire est tenu de les faire retirer de suite des mains de chaque cavalier, de faire déposer ces armes dans le lieu qu'il croira le plus convenable.

3. Ces mousquetons seront mis à la disposition du ministre de la guerre, qui les em-

ploiera de la manière la plus utile, et notamment pour l'armement du camp de Soissons.

4. Les citoyens à qui ces mousquetons seront remis recevront également deux pistolets, pour compléter leur armement.

2 = 3 SEPTEMBRE 1792. — Décret relatif aux deux compagnies à cheval de la gendarmerie de la première division du département de Paris. (L. 11, 28; B. 24, 594.)

L'Assemblée nationale, après avoir entendu le rapport de son comité militaire sur les observations présentées par les sous-officiers et gendarmes nationaux des deux compagnies à cheval de la première division du département de Paris, destinées à servir à la guerre, considérant qu'il est instant de lever tous les obstacles qui s'opposent à leur départ, décrète qu'il y a urgence.

L'Assemblée nationale, après avoir décrété l'urgence, décrète ce qui suit :

Art. 1er. Le pouvoir exécutif provisoire s'occupera sans délai des mesures à prendre pour que les compagnies de gendarmes nationaux à cheval, lorsqu'elles seront réunies aux armées, soient commandées par le nombre d'officiers supérieurs nécessaire ; et, en attendant qu'ils soient nommés, le plus ancien capitaine commandera.

2. Les brigades formant les deux compagnies des gendarmes nationaux à cheval de la première division du département de Paris, qu'elles soient ou non portées au complet, se mettront en marche dès qu'elles en recevront l'ordre ; et, s'il y manque des sous-officiers, les gendarmes les nommeront ainsi qu'ils ont nommé leurs officiers.

3. Les officiers et sous-officiers qui n'auront point encore reçu leur brevet se feront délivrer l'extrait du procès-verbal de leur nomination, qui leur tiendra lieu provisoirement desdits brevets. Les uns et les autres seront reçus par le plus ancien officier de la compagnie, et, en son absence, par le plus ancien officier de la résidence où la réception aura lieu.

4. Tout officier, sous-officier et gendarme, de quelque division, compagnie ou brigade qu'il soit, qui refuserait de marcher après en avoir reçu l'ordre, sera destitué par l'effet de son refus.

5. Le pouvoir exécutif provisoire donnera des ordres pour que le décompte de la masse desdites compagnies soit fait dans le plus court délai, sans que le retard que pourrait éprouver cette opération empêchât lesdites compagnies de se mettre en marche.

6. Les gendarmes nationaux ayant une paie particulière, et étant chargés de s'habiller et de s'équiper à leurs frais, seront indemnisés des pertes que le nouveau service auquel ils sont tenus pourrait leur occasionner, conformément aux dispositions des décrets des 12 et 16 août dernier, concernant la formation des deux nouvelles divisions de gendarmerie nationale destinées à marcher à l'ennemi : lesquelles dispositions serviront également de règle pour le traitement dont lesdits gendarmes jouiront pendant la campagne.

2 = 5 SEPTEMBRE 1792. — Décret relatif aux officiers et cavaliers commissionnaires et surnuméraires de la ci-devant compagnie de la Prévôté générale. (L. 11, 32; B. 24, 558.)

L'Assemblée nationale, considérant qu'il est de sa justice d'étendre aux officiers et à tous les cavaliers commissionnaires et surnuméraires de la ci-devant compagnie de la Prévôté générale, des monnaies, gendarmerie et maréchaussée de France, les dispositions de l'article 2 du décret du 21 février dernier, et faire promptement jouir ces officiers et cavaliers des droits que ce décret a donnés à une partie des cavaliers, commissionnaires et surnuméraires de ladite Prévôté, décrète qu'il y a urgence.

L'Assemblée nationale, après avoir décrété l'urgence, décrète :

Art. 1er. Tous les cavaliers commissionnaires, quelle que soit leur taille, qui, depuis l'édit du mois d'octobre 1785, ont continué de faire leur service comme surnuméraires, et qui étaient portés sur le contrôle de la compagnie à l'époque du 1er janvier 1791, seront placés dans la gendarmerie nationale attachée au service des tribunaux et des prisons, pourvu qu'ils soient portés sur l'état (certifié par le commissaire des guerres inspecteur de la compagnie) qui, conformément au décret du 21 février dernier, a dû être fourni par le ci-devant prévôt-général de la compagnie des monnaies.

2. Les officiers commissionnaires de la ci-devant Prévôté des monnaies sont éligibles et admissibles aux places d'officiers et de soldats de la gendarmerie nationale, pourvu qu'ils soient compris dans l'état dont il est fait mention dans l'article précédent, ou qu'ils puissent fournir leurs commissions et les preuves de l'activité de leurs services.

3. L'Assemblée ne déroge aux décrets qui concernent la compagnie de la ci-devant Prévôté des monnaies, en ce qui n'est pas textuellement énoncé par le présent décret.

2 = 3 SEPTEMBRE 1792. — Décret relatif à la fabrication des pièces de trois, six, douze et vingt-quatre deniers. (L. 11, 37; B. 24, 580.)

L'Assemblée nationale, considérant qu'il est intéressant de mettre en circulation la menue monnaie en liards et deux liards, dont la rareté affecte la classe indigente des citoyens; considérant qu'il est utile d'employer toutes les matières appartenant à la nation, et notamment les cuivres jaunes provenant des vaisselles des églises, décrète qu'il y a urgence.

L'Assemblée nationale, après avoir décrété l'urgence, décrète ce qui suit :

Art. 1er. La commission générale des monnaies fera, sans délai, travailler à la préparation des nouveaux poinçons pour la fabrication des pièces de trois et de six deniers, en se conformant au type décrété, le 25 août dernier, pour les pièces de trois et de cinq sous.

2. La monnaie de trois et de six deniers pourra être faite avec le même alliage de bronze de cloche et de cuivre que la monnaie des pièces de deux sous et d'un sou.

3. Les directeurs des monnaies et entrepreneurs de flaons sont autorisés à employer le cuivre jaune dans la fabrication des flaons, dans la proportion de huit parties de bronze de cloche, de trois parties de cuivre rouge pur et d'une partie de cuivre jaune.

4. Les pièces de trois, six, douze et vingt-quatre deniers seront fabriquées, à l'avenir, au remède suivant :

Les pièces de deux sous, au remède d'une demi-pièce par marc ;

Celles d'un sou, au remède d'une pièce ;

Celles de six deniers, au remède de deux pièces ;

Et celles de trois deniers, au remède de quatre pièces.

———

2 = 3 SEPTEMBRE 1792. — Décret qui prononce la peine de mort contre les agens de l'administration qui refuseraient d'exécuter les mesures prises pour la sûreté de l'État. (L. 11, 40 ; B. 24, 593.)

L'Assemblée nationale, considérant que le salut de la patrie exige le plus grand développement de tous les moyens et de toutes les forces ; considérant que le plus léger obstacle mis à l'exécution des ordres du pouvoir exécutif pour la réunion des forces à opposer aux ennemis de l'État peut compromettre la cause de la liberté, décrète que tous les agens de l'administration ou de la force publique qui résisteraient ouvertement au pouvoir exécutif, en refusant d'exécuter les mesures prises pour la sûreté de l'État, seront réputés coupables de rébellion et punis de mort.

———

2 SEPTEMBRE 1792. — Décret relatif à la révocation du bail emphytéotique de plusieurs domaines nationaux du département de la Corse. (L. 11, 41 ; B. 24, 583.)

Art. 1er. Le bail emphytéotique d'une maison appelée *Labadino* et du domaine des Imillelli, situés dans le département de Corse et dépendant de l'instruction publique d'Ajaccio, passé, le 5 novembre 1785, aux enfans mineurs du sieur Charles Buonaparte pour 99 années, est et demeure révoqué de ce jour.

2. Le bail emphytéotique d'un jardin faisant partie du collége de Bastia, dépendant également de l'instruction publique, passé, le 1er janvier 1787, au sieur Jean-Charles Rollier, est pareillement révoqué et annulé.

3. Les régisseurs de l'administration des domaines nationaux se mettront en possession desdits biens, en se conformant, pour les impenses et améliorations qui pourraient être dues, à la loi du 12 septembre 1791.

———

2 = SEPTEMBRE 1792. — Décret relatif à la vente des biens des émigrés. (L. 11, 42 ; B. 24, 560.)

*Voy.* lois du 30 MARS = 8 AVRIL 1792 ; du 5 SEPTEMBRE 1792 ; du 25 JUILLET 1793.

L'Assemblée nationale, après avoir entendu le rapport de ses comités réunis de législation, des domaines et d'agriculture, considérant que la loi du 8 avril dernier, relative aux biens des émigrés, en les déclarant affectés à l'indemnité due à la nation, les a mis provisoirement sous le séquestre ; que l'obstination de ces mauvais citoyens dans une désertion coupable, depuis, surtout, le danger déclaré de la patrie, et les pertes incalculables qu'elle lui a fait éprouver, ne permettent pas d'user plus long-temps de ménagemens à leur égard, décrète qu'il y a urgence.

L'Assemblée nationale, après avoir décrété l'urgence, décrète ce qui suit :

Art. 1er. Les biens, tant mobiliers qu'immobiliers, séquestrés ou qui doivent l'être en exécution du décret du 30 mars = 8 avril dernier, relatif aux biens des émigrés, sont dès à présent acquis et confisqués à la nation, pour lui tenir lieu de l'indemnité réservée par l'article 27 dudit décret.

2. Les meubles seront vendus à la criée, à la poursuite et diligence du procureur syndic du district, après les affiches et publications ordinaires, inventaire préalablement fait en conséquence de l'article 4 du décret du 30 mars = 8 avril, et sur récolement des effets inventoriés.

3. Les biens immeubles, réels ou fictifs seront aliénés, soit par vente au prix comptant, soit à bail à rente rachetable, suivant le mode et la division qui seront ci-après expliqués.

4. Les dettes de chaque émigré seront acquittées, autant néanmoins que les biens confisqués, tant meubles qu'immeubles, pourront suffire, et non au-delà.

5. Pour fixer préalablement à toute aliénation les droits, soit exigibles, soit éventuels, dont les biens pourraient être grevés, la con-

fiscation sera proclamée par trois affiches et publications successives, dans les municipalités de la situation des biens meubles et immeubles.

6. Tout créancier ou ayant-droit, à quelque titre que ce puisse être, pourra faire, pendant le délai de deux mois à compter de la première affiche, sa déclaration et le dépôt de ses titres justificatifs au secrétariat de l'administration du district du dernier domicile connu de l'émigré, lequel sera indiqué par des affiches; ce délai passé, faute de déclaration, il sera déchu (1).

7. Les créances et droits seront liquidés de gré à gré par le directoire du département, d'après le travail et sur l'avis du directoire du district, entre le procureur-général-syndic et les créanciers ou ayant-droit qui se seront conformés au précédent article. En cas de contestations, elles seront réglées par un jugement en dernier ressort du tribunal du district et du lieu du dernier domicile connu de l'émigré, sur simples mémoires respectivement communiqués, et sans frais.

8. Les portions d'immeubles qui, par l'événement de la liquidation seront reconnues devoir répondre des droits non encore ouverts, tels que les douaires et autres réserves, soit légales, soit contractuelles, demeureront distraites de l'aliénation, et continueront, jusqu'à l'ouverture desdits droits, à être régies et administrées au profit du séquestre national, conformément au décret du 8 avril.

9. Il sera vendu à prix et deniers comptans autant de biens, soit meubles, soit immeubles, qu'il en faudra pour acquitter les dettes de l'émigré. En cas d'insuffisance, les lois sur l'ordre des hypothèques ou la contribution entre créanciers seront observées; en cas d'excédant, le surplus franc et libre de toute charge sera aliéné, soit à titre de vente, soit à bail à rente en argent, laquelle rente sera rachetable à perpétuité sur le pied du dernier vingt, et exempte de toute retenue.

10. Il sera procédé soit à la vente, soit au bail à rente, suivant les règles et formes observées pour l'aliénation des domaines nationaux, le jour qu'indiquera la troisième affiche, à l'expiration du délai prescrit par le cinquième article ci-dessus; sans néanmoins, à l'égard seulement des objets susceptibles d'être arrentés, qu'il soit besoin d'estimation préalable, et sans attendre pour aucun qu'il ait été fait de soumission.

11. Dans la vue de multiplier les propriétaires, les terres, prés et vignes seront, soit pour le bail à rente, soit pour la vente, divisés le plus utilement possible en petits lots.

A l'égard des bois, ainsi que des ci-devant châteaux, maisons, usines et autres objets non susceptibles de division en faveur de l'agriculture, ils seront vendus ou arrentés ensemble ou divisément, selon qu'il sera jugé par les corps administratifs être plus avantageux.

12. En cas de concurrence d'enchères pour le bail à rente et pour la vente à prix et deniers comptans, à égalité des mises entre la somme portée pour le prix de la vente et le capital offert de la rente foncière rachetable, l'enchérisseur à prix et deniers comptans aura la préférence.

13. L'adjudicataire à bail à rente, en retard d'acquitter deux années de la redevance foncière stipulée par l'adjudication, sera exproprié de plein droit sur la simple notification qui lui en sera faite, et sans qu'il soit, sous aucun prétexte, besoin de jugement, sans préjudice aux arrérages lors échus, pour raison desquels le débiteur sera poursuivi et contraint par toutes les voies de droit. Le procureur-général-syndic fera, en conséquence, procéder à un nouveau bail à rente, de la manière ci-dessus prescrite.

14. Les prix des ventes et les capitaux des rentes, lors des rachats, seront versés, à la diligence du procureur-syndic du district de la situation des biens vendus, dans les mains du receveur du même district, qui en fera passer successivement le montant à la caisse de l'extraordinaire. Le trésorier de cette caisse en tiendra un compte séparé de ses autres recettes.

15. Les rentes formant le prix des adjudications seront, comme les fermages et autres revenus des biens séquestrés, versées, à la diligence de la régie des droits d'enregistrement, dans la caisse du séquestre établie par le décret du 30 mars = 8 avril.

16. L'adjudicataire, à quelque titre que ce soit, pourra expulser le fermier en l'indemnisant, pourvu toutefois, à l'égard de l'indemnité, que le bail ait une date certaine, antérieure au 9 février dernier.

17. L'indemnité sera du quart du prix du bail pour le temps qui s'en trouvera rester à parcourir, si mieux n'aime toutefois le fermier le dire d'experts; dans ce dernier cas, les frais de l'expertise seront à sa charge.

18. Les femmes ou enfans, pères ou mères des émigrés, reconnus dans le cas de besoin prévu par l'article 18 du décret du 30 mars = 8 avril, pourront obtenir, savoir : les pères et mères, ainsi que les femmes, en usufruit seulement, et les enfans en toute propriété, une portion des biens confisqués, telle

(1) Celui qui avait un droit de servitude sur les biens d'un émigré n'a pu le conserver qu'en faisant et justifiant sa déclaration au secrétariat de l'administration ( 27 brumaire an 7; Cass. S, 1, 1, 180).

qu'elle sera déterminée par le directoire de département, sur l'avis du district. Ladite portion ne pourra néanmoins excéder le quart, soit du revenu net pour l'usufruit, soit, quant à la propriété, de la valeur estimative des biens, toutes charges déduites.

19. Les personnes désignées au précédent article ne jouiront du bénéfice qu'il leur accorde qu'après qu'elles auront justifié, dans la forme établie pour les certificats de résidence, qu'elles n'ont cessé, depuis le 3 septembre 1791, de demeurer en France, et qu'en prêtant par elles le serment du 10 août 1792.

20. Les dispositions tant du présent décret que du décret du 30 mars = 8 avril s'appliquent aux émigrés en état d'accusation, l'Assemblée nationale dérogeant, à cet égard seulement, aux articles du titre IX du Code pénal, qui concernent la saisie judiciaire des biens des accusés contumaces; en conséquence, celles qui auraient pu être faites jusqu'à ce jour sont et demeurent transférées, en vertu du présent décret, dans les mains du séquestre général des biens des émigrés.

21. Le décret du 30 mars = 8 avril continuera d'être exécuté en tout ce à quoi il n'est point dérogé par le présent décret.

———

2 = 9 SEPTEMBRE 1792. — Décret relatif à la fourniture des chevaux, voitures et chariots pour le service des armées. (L. 11, 48; B. 24, 556.)

L'Assemblée nationale, après avoir entendu ses comités d'agriculture et militaires réunis, et voulant promptement déterminer le mode d'exécution des décrets rendus les 28 et 29 du mois dernier, dans ce qui est relatif à la fourniture des chevaux, voitures et chariots, décrète qu'il y a urgence.

L'Assemblée nationale, après avoir décrété l'urgence, décrète définitivement ce qui suit:

Art. 1er. Tout citoyen habitant la ville ou la campagne déclarera à sa municipalité ou à sa section, sous quatre jours à compter de la publication du présent décret, le nombre, l'espèce et l'usage habituel des chevaux et mulets qui lui appartiennent; il en sera dressé un état par colonne, qui sera envoyé sur-le-champ au district, et par districts, au pouvoir exécutif et aux départemens.

2. Lorsque les circonstances l'exigeront, le pouvoir exécutif donnera des ordres nécessaires afin que les citoyens qui n'ont des chevaux ou mulets que pour leur agrément ou leur commodité aient à fournir le contingent qui leur sera prescrit par les municipalités, d'après la répartition qui aura été faite par les corps administratifs pour chacune d'elles. Sont exceptés de cette disposition les chevaux employés au commerce, à l'agriculture ou à l'exercice d'une profession utile.

3. Les départemens et districts pourront également, lorsque les circonstances l'exigeront, requérir dans leurs arrondissemens respectifs le nombre de chevaux, voitures ou mulets qui sera nécessaire à la chose publique, d'après les mêmes principes que ceux établis dans l'article précédent.

4. Les prix des loyers, chevaux, mulets et voitures seront acquittés à la fin de chaque course, convoi ou semaine. Le pouvoir exécutif déterminera le mode le plus propre à accélérer le paiement le moins embarrassant pour la comptabilité.

5. Les prix des loyers de chevaux, voitures, et des indemnités en cas de perte desdits chevaux et voitures, seront déterminés d'après le mode prescrit par les articles 3 et 6 du décret du 26 avril dernier, auxquels l'Assemblée nationale ne déroge en rien pour tout ce qui, jusqu'à ce jour, n'aurait été applicable qu'aux départemens frontières.

6. Le décret du 26 avril dernier, cité dans l'article précédent, sera réimprimé sur-le-champ, et envoyé, par le pouvoir exécutif, en même temps que le présent décret.

———

2 = 9 SEPTEMBRE 1792. — Décret relatif à l'approvisionnement des ports. (L. 11, 51; B. 24, 586.)

L'Assemblée nationale, considérant qu'il est indispensable de pourvoir à l'approvisionnement des différens ports de l'État, et de faire cesser au plus tôt les abus révoltans qui se sont glissés dans cette partie importante de l'administration publique, décrète qu'il y a urgence.

L'Assemblée nationale, après avoir décrété l'urgence, décrète ce qui suit:

#### Approvisionnemens.

Art. 1er. Chaque port de l'État sera, pendant la paix, muni au complet des bois de construction, mâtures, canons, fers, cuivres et autres principales munitions nécessaires pour l'entretien en paix et l'armement en guerre des vaisseaux qui lui seront affectés, et pour les rechanges et remplacemens qu'exige une armée de guerre.

Quant aux marchandises sujettes à dépérissement, et qu'on peut rassembler avec facilité, il n'en sera acheté à l'avance que les quantités indispensables pour le service courant.

2. L'approvisionnement annuel des vivres de chaque port de l'État sera, pendant la paix, fixé aux quantités suffisantes pour les armemens ordinaires de paix. Cet approvisionnement sera remplacé au complet, à mesure des armemens, afin qu'en cas de mouvemens imprévus, on puisse toujours pourvoir aux premiers besoins.

3. En temps de guerre, lors des circonstances qui exigent des préparatifs instans et secrets, le pouvoir exécutif ordonnera à l'avance tous les approvisionnemens de munitions et de vivres qui deviendront nécessaires, pour que les mouvemens des ports et des armées soient suivis avec l'activité la plus soutenue.

4. L'ordonnateur de chaque port adressera au ministre, du 1er au 10 juillet de chaque année, un état général ou devis estimatif des achats et des travaux à faire dans son département pendant l'année suivante, pour remplir le service courant et pour compléter l'approvisionnement de paix : il y joindra le bordereau des sommes nécessaires pour y faire face : et, à mesure qu'il sera ordonné des mouvemens extraordinaires et qu'il en surviendra d'imprévus, l'ordonnateur adressera également les états des matières et dépenses qu'ils exigeront.

Ces différens tableaux seront sans délai examinés, réglés et approuvés par le ministre, et envoyés dans les ports.

5. A la réception des objets approuvés, les ordonnateurs des ports seront autorisés à faire tous les achats, à passer les adjudications et marchés, et à rassembler toutes les munitions et matières nécessaires pour exécuter à temps le service prescrit. Ils en feront employer toutes les dépenses dans les comptes de leurs départemens respectifs et demeureront responsables de la prévoyance et de l'économie qui doivent être apportées dans cette partie importante du service de la marine.

#### Fournitures.

6. La fourniture des vivres de la marine se fera, soit d'après une adjudication publique, soit d'après un traité particulier qui fera le prix commun de la ration ; et les dépenses en seront réglées tous les mois par l'administration des ports, comme celles de toutes les autres fournitures.

Les principales bases des conventions à passer à cet égard seront incessamment arrêtées.

7. Il sera passé, dans chaque port, des traités particuliers pour tous les objets fabriqués exprès pour la marine dans les fonderies, forges et manufactures spécialement affectées à son service, ainsi que pour les bois de construction essentiellement nécessaires pour assortir l'approvisionnement des ports, et dont les fortes proportions ne peuvent convenir qu'aux vaisseaux de ligne. Il sera fait une loi particulière pour le martelage des bois de construction.

8. Toutes les autres entreprises de fournitures et d'ouvrage pour le service des ports et des armées seront soumises à la formalité des adjudications publiques au rabais, et ne pourront être adjugées que dans les ports.

9. A qualité égale, la préférence sera donnée aux matières et denrées de France, quand bien même elles coûteraient dix pour cent de plus. Cette prime pourra même être poussée jusqu'à quinze pour cent, lorsque les objets crûs en France y auront encore été fabriqués ou façonnés.

10. L'époque de l'adjudication générale dans chaque port est invariablement fixée au 1er du mois d'octobre de chaque année : elle sera solennellement publiée et affichée, dès le 15 août, dans les principales villes du royaume.

11. A défaut de concurrence, lors des adjudications publiques, pour quelques articles de fournitures, et dans le cas où les offres faites par les négocians assemblés excéderaient les prix courans du commerce (ce qui sera constaté par le procès-verbal), les ordonnateurs seront autorisés à en suspendre l'adjudication, et ils pourront, sur les ordres du ministre, en passer des marchés particuliers : bien entendu qu'il ne pourra être accordé des prix supérieurs aux offres faites lors des adjudications, à moins d'un surhaussement subit authentiquement constaté.

12. Si des circonstances extraordinaires obligent à augmenter les achats de manière que les adjudicataires ne puissent y suffire, d'après la déclaration que ceux-ci en auront faite, le ministre pourra autoriser les ordonnateurs à faire acheter directement par des préposés les objets dont on aura un besoin urgent, mais toujours aux meilleures conditions possibles : il sera passé, à cet effet, des marchés particuliers.

13. Quant aux achats des mâtures que l'on tire du Nord, le ministre sera autorisé à les faire faire sur les lieux, par un sous-chef ou aide des travaux, afin de se procurer à choix les pièces nécessaires pour assortir l'approvisionnement des ports.

14. Toutes les fournitures de la marine seront soumises à des conditions générales, qui seront communes à tous les ports. On stipulera, pour les articles qui l'exigeront, les conditions particulières qui leur sont propres, sans toutefois déroger aux conditions générales, à moins de cas indispensables et motivés.

15. Les adjudications, traités et marchés de la marine pour des objets au-dessus de quatre cents livres, seront imprimés aux frais des entrepreneurs; ils seront exécutoires dès leur passation, et les conditions respectives en seront scrupuleusement maintenues.

16. Les formes à suivre pour les adjudications, traités et marchés de la marine, ainsi que les conditions générales qui doivent leur servir de bases, seront déterminées par un réglement particulier.

17. La rédaction en sera confiée au chef d'administration chargé des approvisionnemens.

18. Lesdits marchés seront passés en présence du contrôleur et des chefs d'administration et des travaux, chargé des détails, que les matières ou les ouvrages concerneront.

19. Ces actes seront signés doubles par les adjudicataires. L'un des deux originaux sera déposé au bureau des approvisionnemens, et l'autre au contrôle.

20. Il en sera adressé des expéditions au ministre, pour le mettre à même de s'assurer si les formes déterminées par la loi ont été ponctuellement suivies. Ces copies seront déposées dans ses bureaux, et serviront à la vérification du compte général de la marine.

21. Lors de l'examen des comptes des ports, les adjudications, traités et marchés passés pendant l'année, seront présentés à la commission de l'inspection.

, Travaux et ouvrages exécutés dans les ports.

22. Les travaux et ouvrages qui auront lieu dans l'intérieur des arsenaux seront, suivant leur nature, exécutés à la journée ou à prix fait, conformément au décret du 7 = 14 octobre 1790, en observant que le calfatage, le perçage, la garniture et la mâture d'assemblage des vaisseaux, se feront toujours à la journée.

23. Pourront également être exécutés à la journée les mouvemens intérieurs des grands ports, pour carène, lestage, etc., ainsi que les transports et ouvrages pressés qu'exigera l'armement des flottes.

24. La construction et le radoub des vaisseaux et autres bâtimens de l'État auront lieu en conformité de plans et devis examinés par le conseil d'administration et approuvés par le ministre. Il ne pourra être fait aucun changement dans l'exécution que sur l'avis du conseil d'administration et d'après une nouvelle approbation du ministre.

25. La même règle sera observée pour les constructions nouvelles et les reconstructions des bâtimens civils de la marine.

26. Les ouvrages à exécuter, soit à la journée, soit à prix fait, dans les divers ateliers des arsenaux, tant pour la construction et l'entretien que pour l'armement des vaisseaux, auront lieu d'après des tables de fabrication dont le ministre de la marine sera tenu de faire dresser incessamment un tarif général pour tous les effets, outils et ustensiles de la marine.

27. Ces tables fixeront invariablement les proportions et les formes de chaque objet; elles détermineront la nature, la qualité et la quantité de matière qu'exige la fabrication, le déchet qu'elle doit communément éprouver et le prix de la main-d'œuvre.

28. Pourra le ministre de la marine, sur les demandes qui lui en seront faites par les ordonnateurs, d'après l'avis du conseil d'administration, autoriser tous les essais jugés nécessaires pour profiter des inventions utiles qui pourront être proposées.

Lorsque ces inventions auront été adoptées dans un port, elles seront soumises à l'examen des autres, et ne seront ajoutées au tarif général que lorsqu'elles auront été généralement admises et approuvées par le ministre.

———

2 = 11 SEPTEMBRE 1792. — Décret qui met en liberté tous les prisonniers pour mois de nourrice. (L. 11, 59.)

L'Assemblée nationale décrète que toutes personnes détenues pour frais de mois de nourrice seront mises en liberté. Le ministre de l'intérieur est autorisé à satisfaire à ces créances sur les fonds mis à sa disposition.

———

2 = 3 SEPTEMBRE 1792. — Décret qui adjoint quatre officiers généraux au commandant en chef du camp sous Paris. (L. 11, 39; B. 24, 585.)

———

2 SEPTEMBRE 1792. — Décret relatif à la création de deux corps de troupes légères sous la dénomination de hussards de la Liberté. (L. 11, 13; B. 24, 552.)

———

2 = 3 SEPTEMBRE 1792. — Décret qui autorise la commune d'Evron à faire une acquisition. (B. 24, 544.)

———

2 = 12 SEPTEMBRE 1792. — Décret relatif à la translation dans les prisons du château de Saumur des personnes détenues dans les prisons de la haute-cour nationale. (L. 11, 20; B. 24, 576.)

———

2 = 3 SEPTEMBRE 1792. — Décret qui autorise le ministre de la guerre à disposer de différentes pièces de canon que les frères Perrier avaient été chargés de fondre. (L. 11, 30; B. 24, 579.)

———

2 = 6 SEPTEMBRE 1792. — Décret qui accorde un fonds de quatre millions pour le service des étapes et convois militaires. (L. 11, 34; B. 24, 566.)

———

2 = 6 SEPTEMBRE 1792. — Décret relatif au paiement de l'arriéré dû aux ateliers de secours. (L. 11, 35; B. 24, 545.)

———

2 — 3 SEPTEMBRE 1792. — Décret d'accusation contre Frédéric Dietrich, maire de Strasbourg. (L. 11, 9; B. 24, 567.)

———

2 = 3 SEPTEMBRE 1792. — Décret additionnel à celui du 21 août, sur la formation de l'état-major du camp sous Paris. (L. 11, 39.)

2 SEPTEMBRE 1792.—Décret relatif à l'augmentation du nombre des membres du conseil général de la commune de Paris. (L. 11, 10; B. 24, 550.)

2 SEPTEMBRE 1792. — Décret qui charge le ministre de la guerre d'indiquer les points de rassemblement des troupes dans les départemens. (L. 11, 16; B. 24, 555.)

2 = 12 SEPTEMBRE 1792. — Décret qui rectifie plusieurs erreurs dans les titres et contrats de rentes viagères. (L. 11, 96; B. 24, 596.)

2 SEPTEMBRE 1792. — Décret concernant les rapports du conseil exécutif, de la commission extraordinaire et des comités réunis des armes, diplomatique et du camp sous Paris. (B. 24, 543.)

2 SEPTEMBRE 1792. — Décret qui renvoie au ministre de l'intérieur la demande d'une somme de quatre cent mille livres pour approvisionner Metz. (B. 24, 545.)

2 SEPTEMBRE 1792. — Décret en faveur des élèves de l'artillerie et du génie qui volent aux frontières. (B. 24, 567.)

2 SEPTEMBRE 1792. — Décret qui autorise le ministre de la guerre à se servir des chevaux de poste pour conduire des pièces de canons. (B. 24, 550.)

2 = 8 SEPTEMBRE 1792. — Décret qui affecte à l'hôpital général de Grenoble les bâtimens et terrains des frères et sœurs de la charité. (B. 24, 577.)

2 SEPTEMBRE 1792. — Décret pour l'examen du procédé relatif à la confection de chariots mécaniques propres à la guerre. (B. 24, 554.)

2 = 12 SEPTEMBRE 1792. — Décret portant nomination de commissaires pour se réunir au conseil exécutif, et faciliter ses opérations. (B. 24, 559.)

2 = 9 SEPTEMBRE 1792. — Décret qui met à la disposition du ministre de la guerre quatre millions pour l'acquit des dépenses faites pour l'habillement des troupes. (L. 11, 50.)

2 SEPTEMBRE 1792. — Décret qui nomme des commissaires de l'Assemblée pour se rendre aux prisons. (B. 24, 565.)

2 SEPTEMBRE 1792. — Décret relatif à l'ambassadeur de l'infant de Parme. (B. 24, 566.)

2 SEPTEMBRE 1792. — Assignats de cinquante sous; Colonels de la marine; Corps municipaux; Officiers, etc. étrangers; Passeports;

Pièces d'argent. Voy. 27 SEPTEMBRE 1792. — Strasbourg. Voy. 29 AOUT 1792. — Substitution. Voy. 25 AOUT 1792. — Uniforme de la marine. Voy. 27 SEPTEMBRE 1792.

3 = 3 SEPTEMBRE 1792.—Décret qui abolit tous procès criminels et jugemens contre les citoyens depuis le 14 juillet 1789, sous prétexte de violation des lois relatives aux grains et aux biens communaux. (L. 11, 62; B. 24, 630.)

Art. 1er. Tous procès criminels et jugemens contre les citoyens, depuis le 14 juillet 1789 sous prétexte de violation des lois relatives à la libre circulation et vente des grains, demeurent éteints et abolis.

2. Sont exceptés de l'extinction et de l'abolition les procès et jugemens contre les personnes qui ont donné ou reçu de l'argent pour s'opposer à la libre circulation ou vente des grains.

3. Tous procès criminels et jugemens contre les citoyens depuis le 14 juillet 1789, pour frais relatifs à la propriété ou au partage des biens communaux, demeurent éteints et abolis, sauf les droits à la propriété et les dommages et intérêts qui peuvent être légitimement réclamés.

4. Les citoyens détenus dans les prisons et dans les fers en conséquence des procès et jugemens énoncés aux articles 1 et 3 du présent décret, seront mis sans délai en liberté.

3 = 3 SEPTEMBRE 1792. — Décret relatif aux permissions à accorder aux commis et employés des administrations publiques qui voudraient partir pour la défense de la patrie. (L. 11, 65.)

L'Assemblée nationale décrète que tous les ministres et les chefs des administrations publiques sont autorisés à permettre aux différens commis employés dans leurs bureaux de partir pour la défense de la patrie, lorsqu'ils jugeront que leur absence momentanée pourra être suppléée sans inconvéniens graves.

3 = 3 SEPTEMBRE 1792. — Décret relatif à la sûreté des personnes et des propriétés. (L. 11, 66; B. 24, 656.)

L'Assemblée nationale, considérant que l'un des plus grands dangers de la patrie est dans le désordre et la confusion; que, sûr de résister aux efforts de tous les ennemis qui se sont ligués contre lui, le peuple français ne peut se préparer des revers qu'en se livrant aux excès du désespoir et aux fureurs de la plus déplorable anarchie; que l'instant où la sûreté des personnes et des propriétés serait méconnue serait aussi celui où des haines particulières substituées à l'action de la loi, où l'esprit des factions remplaçant l'amour de la liberté, et la fureur des proscriptions se couvrant du masque d'un faux zèle, allumeraient bientôt dans tout l'empire les flambeaux de la guerre civile, nous livreraient sans défense aux attaques des satellites des tyrans, et exposeraient la France entière aux dangers d'une conflagration universelle;

Considérant que les représentans du peuple français n'auront pas vainement juré de maintenir la liberté et l'égalité, ou de mourir à leur poste; qu'ils doivent compte à la nation de tous les efforts qu'ils auront faits pour la conservation de ce précieux dépôt; que la confiance générale dont ils sont investis est un sûr garant de l'empressement de tous les bons citoyens à se rallier à leur voix et à se réunir à eux pour le salut de le patrie;

Considérant que l'exécration de la France entière et de la postérité poursuivra tous ceux qui oseraient résister à l'autorité que la nation entière leur a déléguée, et qui, jusqu'à l'époque très-prochaine où la Convention nationale sera réunie, est la première que les hommes libres puissent reconnaître;

Considérant que les plus dangereux ennemis du peuple sont ceux qui cherchent à l'égarer, à le livrer à l'excès du désespoir, et à le distraire des mesures ordonnées pour sa défense, et qui suffiront à sa sûreté;

Considérant enfin combien il est urgent de rappeler le peuple de la capitale à sa dignité, à son caractère et à ses devoirs, décrète qu'il y a urgence.

L'Assemblée nationale, après avoir décrété l'urgence, décrète ce qui suit :

Art. 1er. La municipalité, le conseil général de la commune et le commandant général de la garde nationale de Paris, sont chargés d'employer tous les moyens que la confiance de leurs concitoyens a mis en leur pouvoir, et de donner, chacun en ce qui le concerne, et sous leur responsabilité personnelle, tous les ordres nécessaires pour que la sûreté des personnes et des propriétés soit respectée.

2. Tous les bons citoyens sont invités à se rallier plus que jamais à l'Assemblée nationale et aux autorités constituées, et à concourir, par tous les moyens qui sont en leur pouvoir, au rétablissement de l'ordre et de la tranquillité publique.

3. Le pouvoir exécutif rendra compte, dans le jour, des mesures prises pour accélérer le départ des troupes qui doivent se rendre aux différens camps formés en avant de Paris, et pour fortifier les hauteurs de cette ville.

4. Le maire de Paris rendra compte à l'Assemblée, tous les jours à l'heure de midi, de la situation de la ville de Paris et des mesures prises pour l'exécution du présent décret.

5. La municipalité, le conseil général de la commune, les présidens de chaque section, le commandant général de la garde nationale, les commandans dans les sections, se rendront dans le jour à la barre de l'Assemblée nationale, pour y prêter individuellement le serment de maintenir de tout leur pouvoir la liberté, l'égalité, la sûreté des personnes et des propriétés, et de mourir, s'il le faut, pour l'exécution de la loi.

6. Les présidens de chaque section feront prêter le même serment aux citoyens de leurs arrondissemens.

7. Dans toute la France, les autorités constituées prêteront le même serment, et le feront prêter par les citoyens.

8. Le présent décret sera proclamé solennellement, et porté dans chacune des quarante-huit sections de Paris par un commissaire de l'Assemblée nationale.

———

3 = 3 SEPTEMBRE 1792. — Décret relatif à l'or, à l'argent et à l'argenterie qui se trouveront dans les maisons royales et dans celles des émigrés. (L. 11, 71; B. 24, 622.)

L'Assemblée nationale, considérant qu'il est pressant d'utiliser le plus tôt possible l'or et l'argenterie qui se trouveront dans les maisons ci-devant royales et des émigrés, décrète que les départemens où sont situées des maisons ci-devant royales feront transporter, sous leur surveillance et d'après des inventaires et procès-verbaux, à la Trésorerie nationale, l'or et l'argenterie qui se trouveront dans lesdites maisons. Les départemens feront également remettre aux hôtels des monnaies les plus voisins de chacun d'eux l'or et l'argenterie trouvés chez les émigrés : le tout en se conformant aux lois ci-devant rendues sur les monnaies et argenterie des églises.

———

3 = 3 SEPTEMBRE 1792. — Décret relatif aux gendarmes de la 29e division de la gendarmerie nationale à cheval. (L. 11, 72; B. 24, 633.)

L'Assemblée nationale décrète que le pouvoir exécutif est autorisé à prendre dans la gendarmerie nationale à cheval de la 29e division le nombre de gendarmes qu'il jugera nécessaire à envoyer aux frontières, en se concertant pour cet objet avec la commune de Paris.

Décrète en outre que les gendarmes sont autorisés à porter, pendant la durée de la guerre, une aiguillette aux trois couleurs.

———

3 = 3 SEPTEMBRE 1792. — Décret relatif au paiement des rentes dues aux citoyens qui partiront pour la frontière. (L. 11, 73; B. 24, 631.)

Art. 1er. Les citoyens qui partiront cette semaine pour les frontières et auxquels il est dû des rentes par la nation, seront payés, à toutes lettres et sans délai, de tout ce qui est échu jusqu'au 1er juillet dernier. Les payeurs de rentes se feront représenter les certificats des sections qui justifieront de l'enrôlement desdits citoyens, lesquels seront joints aux autres pièces exigées par les lois précédentes.

2. La Trésorerie nationale est autorisée à faire aux payeurs des rentes les avances nécessaires pour faciliter ces paiemens.

---

3 = 3 SEPTEMBRE 1792. — Décret relatif à la régie nationale des poudres. (L. 11, 74; B. 24, 650.)

L'Assemblée nationale, informée que, des trois places de régisseurs de l'établissement national des poudres, il y en a actuellement deux de vacantes; considérant que les circonstances exigent impérieusement qu'elles soient remplies par des personnes connues par leur patriotisme, ayant les connaissances nécessaires, et qui puissent entrer sans délai en activité de service, décrète que le pouvoir exécutif est autorisé à nommer provisoirement aux places de régisseurs de l'établissement national des poudres actuellement vacantes les personnes qu'il jugera les plus propres à les remplir, sans être obligé de se conformer à la disposition de l'article 38 du titre IV du décret du 23 septembre = 19 octobre dernier, à laquelle il est dérogé pour cette fois.

---

3 = 4 SEPTEMBRE 1792. — Décret relatif aux biens concédés à titre d'engagement par l'ancien gouvernement. (L. 11, 78; B. 24, 635.)

*Voy.* lois du 22 NOVEMBRE = 1er SEPTEMBRE 1790; du 17 = 21 SEPTEMBRE 1792; du 30 NOVEMBRE 1793, et du 14 VENTOSE an 7.

L'Assemblée nationale, considérant que les intérêts de la nation commandent sa plus prompte réintégration dans les biens considérables abusivement concédés à titre d'engagement par l'ancien gouvernement, décrète qu'il y a urgence.

L'Assemblée nationale, après avoir ouï le rapport de son comité des domaines et décrété l'urgence, décrète ce qui suit:

Art. 1er. Toutes les aliénations de domaines nationaux déclarées révocables par le décret du 22 novembre = 1er décembre 1790, sur la législation domaniale, autres par conséquent que celles faites en vertu des décrets de l'Assemblée nationale, sont et demeurent révoquées par le présent décret.

2. Il sera incessamment procédé à la réunion des biens compris dans lesdites aliénations: la régie des domaines est chargée de la poursuivre; et, pour cet effet, elle se conformera à ce qui est prescrit ci-après.

3. Les détenteurs desdits biens seront tenus de remettre leurs contrats, quittances de finance et autres titres relatifs à leur remboursement, au commissaire national directeur général de la liquidation, dans les trois mois qui suivront la publication du présent décret.

Ils seront tenus de justifier de cette remise, quinzaine après, en remettant le certificat du commissaire liquidateur au bureau d'enregistrement dans l'arrondissement duquel les biens sont situés, et *pro duplicata*; lorsque les biens compris dans un acte d'aliénation se trouveront situés dans l'arrondissement de plusieurs bureaux, le receveur en donnera son récépissé.

Cette remise tiendra lieu de consentement à la dépossession.

4. Les détenteurs qui se seront conformés à ce qui est prescrit par l'article précédent ne pourront être dépossédés sans avoir préalablement reçu ou été mis en demeure de recevoir les sommes auxquelles leur finance et ses accessoires auront été liquidés; ils percevront, jusqu'à cette époque, les fruits et produits des biens, à la charge de les entretenir en bon état et d'en acquitter les charges et contributions.

Cependant l'état des biens pourra être constaté, pendant cette jouissance, en la forme prescrite par l'article ci-après.

5. Les détenteurs qui se croiront dans quelque cas d'exception, et en droit de se faire déclarer propriétaires incommutables, conformément au décret du 22 novembre = 1er décembre 1790 sur la législation domaniale, seront tenus de se pourvoir, dans le même délai de trois mois, devant le tribunal du district de la situation des biens, pour statuer ce qu'il appartiendra, contradictoirement avec la régie, en présence du procureur-général-syndic du département, et sur les conclusions du commissaire national.

L'instruction de ces instances aura lieu par simples mémoires respectivement communiqués, sans aucuns frais, autres que ceux du papier timbré et de signification des jugemens interlocutoires et définitifs.

Les jugemens rendus par le premier tribunal de district seront sujets à l'appel.

6. Les délais prescrits par les articles 3 et 5 sont prorogés d'une année pour les détenteurs absens du royaume pour aucune des causes légitimes déterminées par les lois;

Et à deux années, pour les détenteurs résidant au-delà du cap de Bonne-Espérance.

7. Les détenteurs qui ne se seront pas conformés à ce qui est prescrit par l'article 3 du présent décret, ou qui ne se seront pas pourvus devant les tribunaux, seront dépossédés à l'instant de l'expiration des délais fixés par les articles 3, 5 et 6 ci-dessus.

Ils seront tenus de rendre compte des fruits, depuis le jour de la publication du présent décret.

La même restitution de fruits sera ordonnée contre ceux dont la maintenue sera rejetée.

8. La régie prendra possession des biens, par un procès-verbal dressé sans frais par le juge-de-paix du canton de la situation des biens.

La régie en fera remettre copie, dans les huit jours qui suivront, au directoire du district dans le territoire duquel les biens seront situés; elle sera pareillement tenue de lui donner connaissance du consentement ou de l'opposition des détenteurs à leur dépossession.

Dans le même délai de huitaine, la régie fera publier le procès-verbal de sa prise de possession, dans toutes les municipalités sur le territoire desquelles lesdits biens ou partie se trouveront situés.

Dès cette époque, les fermiers seront tenus de verser entre les mains des receveurs particuliers d'enregistrement le prix de leurs baux, et les intendans ou régisseurs, le produit des biens qui leur sont confiés, et qui écherront à compter de la prise de possession.

9. Dans les quinze jours qui suivront la prise de possession ou de consentement donné par les détenteurs, conformément à l'art. 3 du présent décret, la régie fera vérifier et constater l'état des biens, contradictoirement avec le détenteur.

Le rapport des experts contiendra, en autant d'articles séparés : l'état 1° des fonds d'héritages ; 2° des bâtimens ; 3° des droits incorporels ; 4° des biens de toute autre nature.

Les experts constateront et estimeront les dégradations et diminutions, ou les augmentations et les améliorations faites dans lesdits biens par les détenteurs.

10. Pour l'exécution de l'article précédent, la régie fera notifier aux détenteurs, à leur domicile, pour ceux résident en France, et au domicile de la personne chargée de la perception des revenus, pour ceux résidant hors du royaume, la personne qu'elle aura choisie pour son expert, avec sommation d'en nommer un de leur part, dans le délai de huitaine. Ce délai sera augmenté d'un jour par dix lieues, pour ceux qui sont domiciliés au-delà de cette distance du tribunal ci-après indiqué. Faute par les détenteurs de nommer leur expert dans le délai ci-dessus, il sera nommé d'office par le tribunal du district sur le territoire duquel le chef-lieu ou la majeure partie desdits biens sera située.

Dans le cas où les deux experts se trouveraient partagés dans leur avis, chacun d'eux fera dans le procès-verbal ses observations sur les articles susceptibles de difficultés, et le tribunal nommera un troisième expert pour les départager.

Tous les experts prêteront serment de procéder en leur ame et conscience aux visites et estimations dont ils seront chargés, et ils déposeront leurs procès-verbaux au greffe du tribunal, pour en être délivré des expéditions aux parties qui les requerront, et à leurs frais.

11. Les détenteurs des biens seront tenus de remettre aux experts, lorsqu'ils feront la visite des lieux, des copies sur papier libre, collationnées par un officier public, des titres de leurs engagemens, des procès-verbaux qui ont dû précéder l'entrée en jouissance en vertu desdits titres, et en général de tous les actes et renseignemens qui pourront en constater la consistance, la valeur et le produit, et faire connaître le montant des charges dont ils sont chargés.

Et faute par eux de faire ladite remise, ils seront condamnés en trois cents livres d'amende et à la restitution des frais, à compter du jour indiqué pour la visite.

Ces condamnations seront poursuivies devant le tribunal du district dans le territoire duquel le principal manoir des biens se trouvera situé, et à la requête des régisseurs des domaines nationaux, qui seront responsables de leur négligence à cet égard.

12. Seront observées en tout ce qui peut être relatif à l'exécution du présent décret, les dispositions de celui du 22 juin = 19 juillet 1791, concernant le remboursement des droits supprimés sans indemnités.

13. S'il s'élève des contestations sur la consistance des biens, elles seront portées par les parties réclamantes devant les tribunaux de district de la situation des biens, pour y être jugées en la forme déterminée par l'article 5 du présent décret.

14. Les détenteurs qui auront poursuivi la liquidation de leur remboursement, dans les trois mois prescrits par l'article 3 du présent décret, recevront les intérêts de leur capital, à compter du jour que les fruits auront cessé de leur appartenir.

Quant aux détenteurs qui ne poursuivront leur remboursement qu'après ce délai, et ceux dont les demandes en maintenue auraient été rejetées par les tribunaux, les intérêts ne pourront leur être alloués qu'à compter du jour de la remise de leurs titres au commissaire national directeur général de la liquidation.

Les intérêts qui seront alloués à tous les détenteurs sont fixés à quatre pour cent de leurs capitaux, sans retenue.

15. Nul détenteur ne pourra recevoir son remboursement qu'en rapportant : 1° l'attestation donnée par le directeur de la régie des biens nationaux de l'existence en bon état des biens dont il est détenteur, et de la remise des titres et papiers terriers relatifs auxdits biens ; 2° les quittances des contribu-

tions et des redevances dues pour les deux dernières années de sa jouissance. L'attestation du préposé de la régie et les quittances des contributions seront visées par le directoire du district de la situation des biens.

16. Pourront cependant les détenteurs qui se trouveront débiteurs, à raison des dégradations ou des réparations à leur charge, ou des redevances par eux dues, offrir de précompter sur leur remboursement le montant de ce qu'ils auront à payer. Ils seront tenus, à cet effet, d'en rapporter le bordereau, visé et vérifié dans la forme prescrite par l'article précédent; ils seront tenus pareillement de précompter sur leurs remboursemens, et de restituer même, en cas d'insuffisance, le montant des sommes qu'ils auront pu recevoir à raison des sous-aliénations ou sous-acensemens consentis par eux ou leurs auteurs.

17. Si les détenteurs se pourvoient en maintenue postérieurement à la prise de possession de la régie, ils ne pourront plus obtenir que la restitution des biens tels qu'ils seront au jour de la demande, et celle des fruits, à compter de la même époque.

18. Les biens dont la régie aura pris possession seront administrés et vendus avec les formalités prescrites pour l'administration et l'aliénation des biens nationaux.

Ne seront cependant vendus aucuns des biens dont la vente a été ajournée ou exceptée par les lois précédentes.

19. Si les biens déclarés aliénables étaient mis en vente avant que les détenteurs eussent consenti ou contesté en justice leur dépossession, la première offre des soumissionnaires ou la direction du montant de l'estimation et la première affiche leur seront notifiées dans la forme prescrite par l'article 3; et, faute par eux de s'être pourvus avant l'adjudication définitive et d'avoir donné connaissance de leurs diligences au directoire du district par-devant lequel la vente devra être faite, ils ne pourront plus obtenir que la restitution des sommes reçues par la nation, avec les intérêts échus depuis le jour de la demande, et la faculté d'exercer leurs droits pour recevoir le paiement de ce qui sera dû par les adjudicataires ou leurs ayant-cause, dans les termes fixés par l'acte de leur adjudication.

20. Pour accélérer la liquidation des sommes dues aux détenteurs de biens engagés, il sera établi un bureau particulier auprès du commissaire national directeur général de la liquidation; et les rapports sur ces objets seront soumis à l'Assemblée nationale par son comité des domaines.

21. Les baux à ferme ou à loyer, soit particuliers, soit généraux, des biens engagés, faits par les détenteurs, qui auront une date certaine, antérieure à la publication du présent décret, seront exécutés selon leur forme et teneur, sans que les acquéreurs puissent expulser les fermiers, même les sous-fermiers.

22. Dans le cas où les baux généraux comprendraient plusieurs corps de ferme ou des biens épars dans plusieurs paroisses, que les fermiers-généraux feront valoir par eux-mêmes ou par des colons partiaires, il sera fait par experts une ventilation, afin de déterminer la somme pour laquelle chaque corps de ferme ou les biens épars situés dans chaque paroisse sont entrés dans le prix total du bail.

L'estimation desdits biens sera faite d'après le produit déterminé par le procès-verbal d'évaluation; chaque corps de ferme sera mis en vente séparément, et l'adjudicataire recevra du fermier le loyer de son objet, suivant qu'il aura été fixé par la ventilation.

23. Dans le cas où les fermiers-généraux auraient passé des sous-baux authentiques avant la publication du présent décret ou suivis de prise de possession avant le 1er janvier dernier, les prix des sous-baux seront la base de l'estimation desdits biens.

Les adjudicataires jouiront du prix entier des sous-baux généraux, à la charge par eux de laisser annuellement le dixième de leur produit au fermier principal, pour lui tenir lieu de toute indemnité.

24. Dans les cas où, parmi les biens compris dans les baux généraux, il s'en trouverait une partie qui fût occupée ou exploitée par leurs preneurs ou les colons partiaires, il sera procédé, par des experts que nommeront lesdits preneurs et les procureurs-syndics des districts de la situation des biens, à l'estimation des fermages qui devront être payés pour raison de cette partie.

25. Si, dans les baux, soit généraux, soit particuliers, il se trouvait compris des biens ou des droits dont la vente a été ajournée ou exceptée, il sera pareillement procédé par experts à l'estimation des fermages qui devront être payés annuellement pour raison des objets susceptibles d'être vendus.

26. A compter de la publication du présent décret, les détenteurs des biens engagés ne pourront passer aucun bail desdits biens; il sera procédé à l'adjudication desdits baux par-devant le directoire du district de la situation des biens, à la requête des détenteurs auxquels la jouissance des fruits est conservée par le présent décret, et en présence du receveur des droits d'enregistrement ou lui dûment appelé.

27. L'Assemblée nationale se réserve de confirmer ou de révoquer les sous-aliénations et acensemens faits par les détenteurs engagistes des biens nationaux, en vertu de contrats d'inféodation, baux à cens ou à rentes, autres que ceux des terres situées dans les forêts ou à cent perches d'icelles.

Et cependant les sous-aliénataires continueront de jouir des objets à eux aliénés, à la charge par eux de payer entre les mains du receveur du district les cens et rentes dont ils sont affectés.

.. 28. Demeurent exceptés de la réserve ci-dessus les sous-aliénations et accensemens faits par les seigneurs engagistes,

Des terres vaines et vagues au-dessous de dix arpens, mesure du Roi;

Des terres défrichées en vertu des anciennes ordonnances sur les lisières des forêts, sur les bords des grandes routes;

Des fossés et des terrains situés dans les villes et bourgs dont la population est au-dessous de dix mille ames, sur lesquels les sous-aliénataires ont fait un établissement quelconque.

Lesdites aliénations et accensemens sont confirmés et demeurent irrévocables, en vertu du présent décret, pourvu qu'ils soient antérieurs au 1er décembre 1790; à la charge par lesdits sous-aliénataires, 1° de remettre dans les trois mois à compter du jour de la publication du présent décret, une copie sur papier timbré, collationnée par un notaire, au préposé de la régie dans l'arrondissement duquel les biens seront situés; une seconde copie au directoire du district de la situation desdits biens, devant lequel ils affirmeront, sous le sceau du serment, que lesdits actes contiennent exactement toutes les sommes qu'ils ont données pour lesdites acquisitions; et, dans le cas où les sommes qu'ils ont données, soit à titre de pot-de-vin ou deniers d'entrée, ne seraient point portées dans les actes, ils en feront leur déclaration, et y joindront les pièces justificatives qui seront en leur pouvoir;

2° A la charge par les sous-aliénataires de faire, dans le même délai de trois mois, leur soumission de rembourser dans six années, et en six paiemens égaux, les droits incorporels, fixes ou casuels dont lesdits biens par eux acquis peuvent être tenus envers la nation, dans le cas où la nation justifiera de ses droits par les titres primitifs de concession.

La liquidation desdits remboursemens sera faite dans les formes et suivant les taux prescrits, pour le remboursement des droits incorporels et casuels, par le décret du 9 = 20 mars 1791.

29. Le pouvoir exécutif fera présenter, tous les trois mois, à l'Assemblée nationale, le compte des diligences qui auront été faites pour l'exécution du présent décret; il lui fera remettre en même temps l'état des réunions qui auront été effectuées.

30. Pour parvenir à effectuer l'entière rentrée dans les engagemens, et à découvrir plus sûrement tous ceux qui ont été faits jusqu'à ce jour, l'Assemblée nationale charge le sieur Cheyré, dépositaire des archives du Louvre,

de faire les relevés desdits engagemens d'après les minutes des contrats, arrêts du conseil, titres et pièces qui sont en sa possession, et d'en former des états qu'il fera passer, savoir : un double au comité des domaines, et un autre à la régie des domaines nationaux.

31. Il sera payé par le Trésor public audit sieur Cheyré la somme de quatre mille cinq cents livres de gratification, pour raison des renseignemens et états par lui fournis pendant trois années au comité des domaines, et en outre une augmentation de traitement de quinze cents livres par an, à compter de ce jour, jusqu'à la perfection de l'opération dont il est chargé par l'article précédent, indépendamment des frais de commis aux écritures qu'il pourra employer à la formation desdits états, et dont les salaires seront taxés en proportion de leurs travaux. Lesdits commis seront au surplus choisis de concert entre le sieur Cheyré et la régie nationale.

───

3 = 4 SEPTEMBRE 1792. — Décret relatif à l'état-major et aux officiers des trois divisions de gendarmerie nationale formées par le décret du 16 juillet 1792. (L. 11, 75; B. 24, 655.)

L'Assemblée nationale, considérant que les trois divisions de gendarmerie nationale, formées par le décret du 16 juillet, ont le droit de nommer leurs officiers comme les autres divisions de gendarmerie nationale de Paris, et que l'organisation doit leur être en tout assimilée, décrète qu'il y a urgence.

L'Assemblée nationale, après avoir décrété l'urgence, décrète ce qui suit :

Art. 1er. L'Assemblée nationale confirme les nominations d'officiers faites par les trois divisions de gendarmerie nationale, et ordonne au pouvoir exécutif provisoire de reconnaître les officiers tant de l'état-major général que des compagnies, pourvu que l'organisation soit en tout point conforme à celle des autres divisions de la gendarmerie nationale.

2. Les appointemens de l'état-major et des officiers des compagnies des trois divisions compteront du 21 août, jour auquel ils ont prêté leur serment dans le sein de l'Assemblée nationale.

3. Le pouvoir exécutif fera payer le prêt du mois de septembre, et fera les fonds nécessaires pour l'habillement.

───

3 = 8 SEPTEMBRE 1792. — Décret relatif aux demandes en abolition ou commutation de peines afflictives ou infamantes. (L. 11, 90; B. 24, 619.)

L'Assemblée nationale, après avoir entendu le rapport de son comité de législation, considérant que, parmi les personnes condamnées selon les formes anciennes de la procédure criminelle, et encore vivantes, il est possible qu'il s'en trouve plusieurs dont le jugement aurait été différent si les juges eussent pu combiner le fait avec l'intention et les circonstances, et prononcer d'après leur conviction morale; que la justice et l'humanité demandent qu'on vienne promptement à leur secours par une loi qui répare à leur égard, autant qu'il est possible, l'insuffisance de la procédure ancienne, en prévenant l'arbitraire attaché aux lettres de grace, et qui, dans tous les cas, fasse participer les condamnés vivans aux adoucissemens que notre nouveau Code pénal a apportés aux peines, décrète qu'il y a urgence.

L'Assemblée nationale, après avoir décrété l'urgence, décrète ce qui suit :

Art. 1er. Les demandes en abolition ou commutation de peines afflictives ou infamantes prononcées contre des personnes qui sont encore vivantes, par des jugemens rendus en dernier ressort, sur des procès instruits selon les formes auxquelles a été substituée la procédure par jurés, seront portés devant les juges des tribunaux criminels des départemens dans le ressort desquels les procès auront été instruits en première instance.

2. Aussitôt que les juges d'un tribunal criminel de département seront saisis d'une demande en abolition ou commutation de peine, ils se feront envoyer l'expédition du procès auquel cette demande sera relative, avec toutes les pièces servant à charge et à décharge; et ces juges, après avoir tout vu, tout examiné, pris tous les renseignemens qu'ils croiront nécessaires pour éclairer leur religion, décideront en leur ame et conscience si le délit qui a donné lieu à la peine prononcée était excusable ou non.

3. S'ils trouvent que le délit était excusable, ils prononceront la rémission de la peine, quel qu'en soit le genre.

4. S'ils trouvent que le délit n'était pas excusable, ils examineront si la peine prononcée est plus rigoureuse que celle portée au Code pénal actuellement en vigueur contre le même délit; et, dans ce cas, ils la réduiront à celle qu'aurait subie le coupable s'il eût pu être jugé selon les dispositions du Code pénal.

5. La peine des fers, de la réclusion, de la gêne et de la détention, ne pouvant, dans aucun cas, d'après le Code pénal, être perpétuelle, la perpétuité des galères ou des prisons, autrefois en usage, est, à compter de ce jour, anéantie pour tous ceux qui ont pu y être condamnés.

En conséquence, les condamnés qui auront subi ces sortes de peines pendant un temps égal au plus long terme fixé par le Code pénal pour les fers ou la réclusion, seront de suite, sans qu'il soit besoin d'aucun juge-

ment, rappelés des galères et mis en liberté, à moins qu'il ne s'agisse d'une récidive dans le cas prévu par l'article 1er du titre II du Code pénal, dans lequel cas ils seront, aux termes de cet article, transférés pour le reste de leur vie au lieu fixé pour la déportation des malfaiteurs.

6. A l'égard de tous les autres condamnés aux galères ou aux prisons, soit perpétuelles, soit à temps, qui n'auront pas encore subi leur peine pendant le temps fixé par leur jugement ou pendant un temps égal au plus long terme fixé par le Code pénal, la peine, si elle est des galères, sera commuée en celle des fers, de la réclusion ou de la gêne, selon qu'il est réglé par le Code pénal pour le délit qui aura donné lieu à la condamnation, et la peine de la prison en celle de la détention.

Tout le temps pendant lequel ils auront subi la peine qui leur aura été infligée leur sera compté de manière que, si ce temps surpasse ou égale celui fixé par le Code pénal, ils seront de suite mis en liberté; et, s'il lui est inférieur, ils ne subiront la peine substituée que pendant un temps nécessaire pour compléter la durée fixée par le Code pénal.

7. Les commissaires nationaux près les tribunaux criminels de département, dans la huitaine qui suivra la prononciation du jugement, en enverront les expéditions au pouvoir exécutif, qui est chargé de les faire exécuter sans délai.

---

3 = 11 SEPTEMBRE 1792. — Décret relatif à l'abolition de tous procès criminels et jugemens, depuis le 14 juillet 1789, pour faits relatifs à la liberté de la presse. (L. 11, 95; B. 24, 660.)

L'Assemblée nationale, considérant que l'humanité et la justice sollicitent en faveur des citoyens enveloppés dans des procès criminels ou frappés par le glaive de la loi pour des faits relatifs à la presse, décrète qu'il y a urgence.

L'Assemblée nationale, après avoir décrété l'urgence, décrète ce qui suit :

Art. 1er. Tous procès criminels instruits, ainsi que tous jugemens rendus depuis le 14 juillet 1789 contre les citoyens, pour faits relatifs à la liberté de la presse, sont éteints et abolis.

2. Le pouvoir exécutif provisoire donnera les ordres nécessaires pour que les citoyens qui peuvent être détenus dans les prisons ou dans les fers, sous prétexte desdits procès ou jugemens, soient mis sans délai en liberté.

---

3 = 20 SEPTEMBRE 1792. — Décret qui défend d'émettre et de faire circuler dans le royaume des monnaies dites médailles de confiance et autres. (L. 11, 105; B. 24, 615.)

L'Assemblée nationale, sur le rapport qui

lui a été fait que des particuliers auraient émis et fait circuler dans le royaume une monnaie sous le nom de médailles de confiance;

Considérant que la fabrication des monnaies est une propriété qui n'appartient qu'au souverain, et que l'intérêt national exige de conserver cette propriété et d'empêcher des particuliers d'en partager les avantages, décrète ce qui suit:

Art. 1er. Il est expressément défendu à tous particuliers de fabriquer ou faire fabriquer, directement ou indirectement, d'introduire et de faire circuler dans le royaume des monnaies de métal, sous quelque forme ou dénomination que ce soit, telles que médailles de confiance ou autres généralement quelconques, à peine d'être punis de quinze années de fers et de confiscation desdites monnaies.

2. Les particuliers qui ont émis de telles monnaies les retireront de la circulation dans le délai d'un mois à compter du jour de la promulgation du présent décret, et les échangeront au pair contre des assignats, à bureau ouvert.

3 = 21 SEPTEMBRE 1792. — Décret relatif aux choix des officiers généraux. (L. 11, 112; B. 24, 632.)

Art. 1er. Depuis le grade de général d'armée jusqu'à celui de maréchal-de-camp, inclusivement, les places seront données seulement au choix du pouvoir exécutif, sans avoir égard à l'ancienneté, pendant la durée de la guerre.

2. Les officiers supérieurs qui, par leur rang d'ancienneté, se trouveraient devoir être promus au grade de maréchal-de-camp, et cependant ne seraient pas choisis par le pouvoir exécutif, obtiendront la retraite dont ils sont susceptibles aux termes de la loi, toute disposition contraire pendant la durée de la guerre demeurant suspendue.

3 = 21 SEPTEMBRE 1792. — Décret relatif aux commissaires des guerres. (L. 11, 113; B. 24, 633.)

L'Assemblée nationale, sur la proposition d'un de ses membres, considérant qu'il est important de porter un œil sévère sur la conduite des commissaires des guerres, et que les circonstances exigent que le nombre en soit augmenté, décrète que le pouvoir exécutif pourra destituer les commissaires des guerres nommés précédemment; qu'il pourra en augmenter le nombre, s'il le croit nécessaire, et les choisir parmi tous les citoyens qui lui paraîtront avoir les connaissances nécessaires, à la charge de rendre compte de ses opérations au Corps-Législatif.

3 = 21 SEPTEMBRE 1792. — Décret qui proroge le délai dans lequel on est tenu de produire les certificats de résidence pour obtenir des pensions. (L. 11, 113; B. 24, 645.)

L'Assemblée nationale, considérant qu'il est important de mettre les citoyens en état d'obtenir les pensions auxquelles ils peuvent avoir droit, proroge jusqu'au 1er décembre prochain le délai dans lequel tous ceux qui prétendent à des pensions ou gratifications seront tenus de produire leurs certificats de résidence à la direction générale de liquidation.

3 = 21 SEPTEMBRE 1792. — Décret relatif à la contribution foncière, pour 1792, des maisons situées hors des villes. (L. 11, 114; B. 24, 649.)

L'Assemblée nationale, après avoir entendu le rapport de son comité de l'ordinaire des finances, considérant: 1° qu'aux termes de l'article 1er du titre Ier du décret du 23 novembre = 1er décembre 1790, la contribution foncière doit être répartie, par égalité proportionnelle, sur toutes les propriétés foncières, à raison de leur revenu net, et qu'il ne peut être établi d'exceptions que celles déterminées pour les intérêts de l'agriculture; que les dispositions de l'article 11 du titre II du même décret, relatives aux maisons situées hors des villes, lorsqu'elles seront habitées par les propriétaires et sans valeur locative, s'éloigne du principe général, et qu'il n'existe point de motifs suffisans pour admettre l'exception que cet article établit en faveur de ces habitations;

Considérant encore qu'il ne peut y avoir de maisons qui, lorsqu'elles sont logeables, puissent être réellement réputées sans valeur locative,

Décrète qu'il sera procédé, pour l'année 1792, à l'évaluation et colisation des maisons situées hors des villes, et habitées par leurs propriétaires, ainsi qu'il est statué par les articles 5 et 9 du titre II du décret du 23 novembre = 1er décembre 1790; en conséquence, l'Assemblée nationale abroge les dispositions contenues en l'article 11 dudit titre, relatives auxdites maisons.

3 = 21 SEPTEMBRE 1792. — Décret relatif à l'entretien des digues et canaux des îles et territoires maritimes. (L. 11, 115; B. 24, 6..)

L'Assemblée nationale, sur la pétition des habitans de l'île de Noirmoutier, district de Challans, département de la Vendée, après avoir entendu le rapport de son comité de l'ordinaire des finances, après trois lectures faites les 19, 30 juin et 3 septembre, et après avoir décrété qu'elle est en état de délibérer définitivement, décrète ce qui suit:

Art. 1er. Les digues et canaux construits, tant au dehors qu'à l'intérieur de l'île de Noirmoutiers, pour la défense ou pour l'exploitation des propriétés particulières, continueront à être entretenus par les propriétaires et à leurs frais, et sous la surveillance immédiate des municipalités; mais, pour l'assiette de la contribution foncière, il sera fait, à raison de cet entretien, sur le produit net de ces propriétés, les frais de culture prélevés, une déduction dont le taux, proposé par la municipalité, sera arrêté par le directoire de district, sauf le recours au département.

2. L'entretien et les réparations ordinaires de la digue de la pointe du Devin, et des balises nécessaires à la sûreté de la communication entre l'île et le continent, seront à la charge du département de la Vendée, et payés sur les sous additionnels de ses impositions; mais, pour les nouvelles constructions et augmentations qui seront jugées nécessaires à la sûreté de l'île, il sera accordé sur le Trésor public, au département de la Vendée, des secours qui seront fixés par le Corps-Législatif, d'après les devis de l'ingénieur en chef du département et l'avis des corps administratifs.

3. A l'avenir, celui qui construira une digue en mer pour cultiver un attérissement jouira, pour la contribution foncière, des exemptions portées aux articles 2 et 5 du titre III du décret du 23 novembre = 1er décembre 1790, pour le desséchement des marais, et ne pourra être augmenté qu'après les vingt-cinq premières années, et toujours néanmoins sous la déduction ordonnée par l'article 1er ci-dessus.

Les règles prescrites par le présent décret sont communes à toutes les îles et à tous les territoires maritimes.

3 = 21 SEPTEMBRE 1792. — Décret relatif aux persécutions exercées contre le sieur Auran, vice-consul de la nation française en Catalogne. (L. 11, 116; B. 24, 634.)

L'Assemblée nationale applaudit au dévouement du sieur Auran, vice-consul de la nation française à Salo, en Catalogne; renvoie au pouvoir exécutif l'objet de sa pétition relativement aux persécutions que son patriotisme lui a méritées dans l'exercice de ses fonctions publiques chez une puissance étrangère, où il n'a été persécuté que pour avoir prédit la destruction de la noblesse et de la féodalité, et l'affermissement du règne de la liberté et l'égalité. Charge le pouvoir exécutif de s'occuper promptement des réclamations et des droits du sieur Louis Auran, et de lui rendre compte des mesures qu'il aura prises, soit pour réformer les injustices dont il a à se plaindre, soit pour pourvoir à son remplacement.

3 = 21 SEPTEMBRE 1792. — Décret relatif aux maîtres d'hôtels garnis, locataires ou propriétaires et marchands de bois de la ville de Paris. (L. 11, 117; B. 24, 647.)

L'Assemblée nationale, après avoir ouï le rapport de son comité de l'ordinaire des finances, considérant que toute imposition, pour être juste, doit être proportionnée aux facultés de chaque contribuable, et établie sur des bases certaines et uniformes;

Considérant que ce principe cesserait d'avoir lieu à l'égard des maîtres d'hôtels garnis, locataires ou propriétaires, marchands de bois dans la ville de Paris, si les uns et les autres étaient assujétis à prendre une patente à raison de la localité des bâtimens, cours et hangards, chantiers et ateliers nécessaires à l'exploitation de leur commerce, et d'en payer le prix dans les proportions réglées par les articles 12 et 15 de la loi du 17 mars 1791; trois lectures faites dans les séances des 27 juillet, 3 août et cejourd'hui, et après avoir décrété qu'elle est en état de décider définitivement; en interprétant et modifiant, en tant que de besoin, ladite loi du 17 mars 1791, décrète ce qui suit:

Art. 1er. Les maîtres d'hôtels garnis, locataires ou propriétaires, et les marchands de bois de la ville de Paris, seront tenus seulement de payer la moitié du prix fixé pour droit de patente par les articles 12 et 15 du décret du 2 = 17 mars 1791, à raison du montant du loyer ou de la valeur locative de l'habitation des boutiques, magasins et ateliers qu'ils occuperont, et ne pourront être assujétis, dans aucun cas, à un prix plus fort.

2. Le présent décret sera envoyé au département de Paris seulement.

3 = 20 SEPTEMBRE 1792. — Décret relatif à la liquidation des dettes des ci-devant provinces et pays d'états. (L. 11, 119; B. 24, 622.)

L'Assemblée nationale, s'étant fait représenter le décret du 22 décembre 1789, concernant la liquidation des dettes des anciennes administrations provinciales, et portant formation de commissariats, composés de deux commissaires de chaque département, se partageant les anciennes provinces d'administration; celui du 12 = 17 avril 1791, qui déclare à la charge de la nation des dettes des pays d'état; celui du 21 septembre 1791, qui en règle la liquidation et la forme de paiement des intérêts ou capitaux remboursables; enfin, celui du 29 septembre 1791, relatif à l'acquit des dépenses arriérées en 1790, dans tous les départements;

Considérant qu'il est instant autant que juste de mettre de l'uniformité dans les nouvelles administrations et dans les charges de tous les départemens du royaume, ainsi que le plus grand ordre dans les finances de l'Etat;

Que les ci-devant pays d'administration provinciale n'ont pu faire face aux dettes particulières laissées à leur charge, que par des répétitions qu'ils forment sur le Trésor public, d'après les travaux des commissariats formés en vertu de l'art. 10 de la troisième section de la loi du 22 décembre 1789.

Que les ci-devant pays d'élection et pays conquis ont aussi contracté, dans le cours de l'année 1790, des dettes exigibles auxquelles ont donné lieu les premiers frais d'établissement de l'ordre judiciaire et la nouvelle administration à laquelle ils ont été soumis, dès les premiers mois de ladite première année, par l'organisation des départemens et des districts;

Que, pour subvenir à ces dépenses de diverses natures, mises par les nouvelles lois à la charge des administrés, les nouveaux corps administratifs ont tous promptement absorbé, et quelques-uns même excédé la portion de dons connus ci-devant sous la dénomination de fonds libres et de fonds variables d'administration, et autres à la charge des provinces et généralités;

Qu'il est absolument nécessaire de pourvoir à l'acquittement de toutes les dépenses non soldées qui sont antérieures aux charges des départemens et de districts pour l'année 1791, assignés sur le produit des sous pour livre additionnels;

Que, d'un autre côté, il est également indispensable de mettre un terme à ces paiemens irréguliers, exigés des anciens percepurs, par des mandats de corps administratifs ou commissariats qui diminuaient ainsi, sans ordre et sans mesure, les rentrées dans le Trésor public du produit des impositions de 1790, quoique, aux termes du décret du 9 septembre 1791, les départemens ne doivent plus être chargés d'aucune dépense des années 1790 et antérieures non soldées au 1er janvier 1791; ouï le rapport de son comité de l'ordinaire des finances; après avoir entendu les trois lectures des 28 mai, 9 août, 3 septembre, et déclaré qu'elle est en état de délibérer, décrète définitivement ce qui suit:

Art. 1er. Tous les mandats de paiement décrétés, tant par les corps administratifs que par les commissariats nommés en vertu du décret du 22 février 1790, sur les fonds de l'exercice de 1790 et exercices antérieurs, qui auront été acquittés soit par les ci-devant receveurs et trésoriers généraux, soit par les commis aux recettes générales, soit enfin par les ci-devant receveurs particuliers des finances, avant la date du présent décret, seront alloués sans difficulté auxdits receveurs et trésoriers dans les comptes des susdits exercices, par les commissaires à la trésorerie nationale et partout où il appartiendra, sauf le recours contre les ordonna-

teurs qui auront indûment tiré lesdits mandats.

2. A compter du jour de la date du présent décret, il est défendu aux commis des ci-devant recettes générales des finances, aux ci-devant receveurs particuliers des impositions, aux trésoriers receveurs généraux des ci-devant pays d'état, d'acquitter, pour quelque cause et sous quelque prétexte que ce puisse être, aucun mandat délivré sur eux par les corps administratifs ou commissariats, sur le produit d'aucune imposition antérieure à l'exercice de 1791, sauf les dispositions du décret du 26 août dernier, rendu pour la ci-devant province de Provence.

3. Les commissariats qui ont été nommés en vertu du décret du 22 décembre 1789, qui sont sur le point de terminer la liquidation des ci-devant provinces, mettront fin à leur travail dans le plus court délai, dresseront leurs états détaillés, y joindront leurs pièces justificatives, et feront passer ensuite le tout au ministre des contributions publiques, avec leurs observations : les autres commissariats cesseront toutes fonctions à l'avenir.

4. Attendu le décret du 3 juillet dernier, qui ordonne le versement au Trésor public de tous les fonds appartenant aux ci-devant provinces, il est accordé au commissariat de la ci-devant province de l'Ile-de-France, sur les fonds qui étaient à sa disposition, la somme de six mille livres, pour subvenir aux dépenses journalières, à partir du 3 juillet, jusqu'à l'apurement définitif des comptes de ladite province; lesdits commissaires rendront compte dudit emploi au directoire du département de Paris.

5. Les procureurs-généraux-syndics de département sont spécialement chargés de poursuivre l'entière exécution du décret du 28 décembre 1789, sanctionné par lettres-patentes du 10 avril suivant, concernant les comptes à rendre aux nouvelles administrations par les anciennes.

Les anciens administrateurs remettront tous les renseignemens qui leur seront demandés; et lesdits procureurs-généraux pourront commettre les procureurs-syndics des districts et procureurs des communes de leur ressort, pour contraindre tous administrateurs, collecteurs, trésoriers des villes et corps municipaux, à rendre et apurer leurs comptes. Les directoires de département rendront compte du tout, chaque mois, au pouvoir exécutif, qui en fera son rapport aussi, quinzaine après, au Corps-Législatif.

6. Au moyen des dispositions du décret du 3 juillet dernier, l'Assemblée déclare à la charge de la nation toutes les dettes des ci-devant provinces, antérieures à l'année 1791, qui ont été autorisées dans les formes ci-devant prescrites et usitées, tant dans les pays

d'états que dans ceux d'administrations provinciales, pays d'élection et pays conquis ; et il sera pourvu à leur paiement ainsi qu'il va être ordonné.

7. Les articles 1, 2, 3, 4, 5, 6, 7, 8, 9, 10, 11, 12, 13, 14 et 15 du titre II du décret du 17 = 29 septembre dernier, seront exécutés en ce qui concerne le paiement des rentes et le remboursement des capitaux, lesquels seront effectués par la Trésorerie nationale. A l'égard des dettes exigibles qui n'auraient pas déjà été liquidées par les commissariats, toutes personnes ayant à répéter, pour l'année 1790 et années antérieures, des traitemens, frais de construction, réparations et toute espèce de salaires ou fournitures, ainsi que toutes autres créances exigibles, adresseront aux directoires des départemens dans lesquels ils auront exécuté quelques travaux, fait quelques avances, prêts ou fournitures, les titres de leurs créances, pour être examinés, vérifiés et visés par lesdits directoires.

8. Lesdits commissariats et directoires de département seront tenus d'adresser, tous les quinze jours, au ministre des contributions publiques, un état détaillé de toutes celles desdites créances et dépenses qu'ils auront vérifiées, portant séparément les sommes dues, tant sur les anciennes que sur les nouvelles administrations, jusqu'au 1er janvier 1791. Ces états exprimeront : 1° le nom du créancier ; 2° la nature et les causes de la créance ; 3° la somme réclamée ; 4° celle à laquelle elle aura été reconnue, par le commissariat ou directoire, devoir être fixée ; 5° enfin la date du délibéré pris à cet effet.

9. Les états dans lesquels chaque article devra être numéroté seront accompagnés de toutes les pièces servant à établir chaque créance, et du délibéré pris par le commissariat ou par le directoire du département, pour la vérification de chacune desdites dépenses ; et seront lesdites pièces réunies en autant de liasses particulières, portant un numéro correspondant à l'article de l'état général auquel elles sont relatives.

10. Le ministre des contributions publiques est autorisé à faire acquitter par la Trésorerie nationale, à charge de remplacement par la caisse de l'extraordinaire, la moitié seulement des créances comprises auxdits états, qui auront été régulièrement présentés par les directoires de département ou par les commissariats, pourvu que cette moitié n'excède pas dix mille livres.

11. Enfin, les mêmes états qui auront été dressés par les commissariats ou directoires, et par lesquels le ministre des contributions publiques fera énoncer à chaque article la moitié payée à compte, en exécution de l'article précédent, seront par le ministre renvoyés, avec toutes les pièces y relatives, au commissaire liquidateur général, pour, sur son rapport présenté par le comité de liquidation, être statué par le Corps-Législatif ce qu'il appartiendra.

---

3 = 20 SEPTEMBRE 1792. — Décret relatif au contre-seing et à la franchise des lettres. (L. 11, 125 ; B. 24, 610.)

*Voy.* lois du 6 = 8 JUIN 1792 ; arrêtés du 27 VENDÉMIAIRE an 6 ; du 27 BRUMAIRE et 2 VENDÉMIAIRE an 7.

L'Assemblée nationale, après avoir entendu le rapport de son comité des finances sur le mode d'exécution du décret qu'elle a rendu, le 6 juin dernier, relativement à la franchise et au contre-seing des lettres par la poste, et décrété, après les trois lectures et qu'elle est en état de délibérer, décrète ce qui suit :

Art. 1er. Ne pourront jouir du droit du contre-seing et franchise des lettres par la poste que l'Assemblée nationale, les fonctionnaires publics et les administrations publiques dont l'état est annexé au présent décret.

2. Les administrations publiques comprises dans l'état ci-annexé ne pourront jouir de la franchise qu'en leur nom collectif.

3. Le contre-seing se fera par une griffe portant dénomination du genre de service pour lequel il se fait. Nul fonctionnaire public ne pourra contre-signer de son nom et de sa main.

4. Les griffes à l'usage des contre-seings seront fournies par le directoire des postes aux administrations et fonctionnaires publics qui en auront le droit. Il n'y en aura qu'une pour chaque administration et fonctionnaire public, et l'usage ne pourra en être confié qu'à une seule personne, qui sera responsable de l'emploi qu'elle en aura fait. Les lettres et paquets ainsi contre-signés seront remis au bureau des postes par des hommes de confiance, qui auront été présentés aux chefs du bureau du départ de l'hôtel des postes.

5. Les lettres et paquets qui seront dans le cas d'être chargés ne pourront être reçus et expédiés en franchise que sur un certificat signé par les fonctionnaires publics ou collectivement par les membres des administrations. Ce certificat sera remis, avec les lettres et paquets, au chef du bureau du départ, et, dans les départemens, aux directeurs des postes.

6. Le bibliothécaire national, les présidens des chambres de commerce, des administrations des ponts-et-chaussées, des administrations des eaux et forêts, recevront leurs lettres en franchise sous l'enveloppe du ministre de l'intérieur, et seront autorisés à se servir de son contre-seing.

7. Les procureurs-généraux-syndics des

administrations de département contre-signe-ront seuls, et avec une griffe portant le nom du département, les lettres et paquets concernant le service de l'administration, lesquels seront mis sous deux bandes croisées, d'un pouce de largeur, et ne jouiront de la franchise que dans l'étendue de chaque département.

8. Les mêmes formes des bandes croisées seront observées pour les lettres et paquets adressés aux corps administratifs de département, dans l'étendue de leurs arrondissemens respectifs, et ils ne seront point soumis à la taxe.

9. La correspondance entre les commissaires des guerres, pour les objets relatifs à leurs fonctions, continuera à passer gratuitement par la poste, suivant les articles 7 et 8 du titre IX du décret du 20 septembre — 14 octobre 1791, à la charge par eux de renfermer leurs lettres et paquets sous bande.

10. Les officiers de la gendarmerie nationale recevront en franchise les lettres et paquets qu'ils s'adresseront mutuellement pour leur service, sous les mêmes formes et conditions qu'il a été ordonné pour les commissaires des guerres, par les articles 7 et 8 du décret ci-dessus énoncé.

11. Les payeurs généraux des départemens sont autorisés à faire passer leurs lettres et paquets sous le contre-seing des administrateurs des directoires de département, et à recevoir sous leur adresse ceux qui leur sont envoyés.

12. Les généraux et commissaires-généraux d'armée recevront en franchise les lettres et paquets qui leur seront adressés, et ils pourront contre-signer pour tout le royaume avec une griffe portant ces mots : *Le général de l'armée du. . . . Le commissaire général de l'armée du. . . . .*

13. Les officiers généraux commandans en chef des divisions militaires contre-signeront, dans l'étendue de leur commandement, et recevront en franchise les lettres et paquets relatifs à leur service. Leur griffe portera: *Le commandant de la. . . . division militaire.*

14. Les employés et préposés des postes continueront à jouir de la franchise des lettres simples. Les fermiers des messageries jouiront également de la franchise du port des lettres qu'ils reçoivent par la poste.

15. Le décret du 12 octobre 1790, concernant la franchise et le contre-seing de l'Assemblée nationale, continuera à être exécuté en son entier.

16. Les lettres adressées à l'archiviste de l'Assemblée seront franches de port, et celles qui en seront expédiées seront reçues au bureau des contre-seings de l'Assemblée de la même manière et avec les mêmes formes

que celles qui y sont envoyées par les comités.

L'Assemblée nationale renvoie à son comité de l'ordinaire des finances, sur ce qui concerne la franchise et le contre-seing des régisseurs de la douane nationale et des domaines et des commissaires du pouvoir exécutif près la Cour de cassation, pour lui présenter un article additionnel au présent décret.

Etats des franchises et contre-seings conservés en conformité du décret du 6 juin 1792.

L'Assemblée nationale, la haute-cour nationale, les ministres de la justice, des affaires étrangères, de l'intérieur, de la guerre, de la marine, des contributions, la Trésorerie nationale, la caisse de l'extraordinaire, la direction générale de la liquidation, la comptabilité, la commission des monnaies, la commission des assignats, le directoire des postes, les administrations de département dans l'étendue du département, les généraux d'armée, les commandans en chef des divisions militaires, dans l'étendue de leur commandement.

---

3 = 20 SEPTEMBRE 1792. — Décret qui déclare nuls les contrats de vente de différentes parties de la forêt de Senonches. (L. 11, 129; B. 24, 628.)

Art. 1er. Les contrats de vente faits par le Roi, au cours des années 1771, 1772, 1773 et 1774, de différentes portions de la forêt de Senonches, aux particuliers y dénommés, sont déclarés feints et simulés, conséquemment nuls et non translatifs de propriété.

2. Les contrats qualifiés d'échange, par lesquels ces particuliers ont postérieurement rétrocédé au Roi ces portions de forêt, et reçus en remplacement des domaines nationaux, sont des engagemens purs et simples : les sommes qu'ils justifieront avoir payées pour prix desdites portions de forêt leur tiendront lieu de finance, et tous décrets relatifs aux domaines engagés, et notamment l'article 26 de celui du 22 novembre = 1er décembre 1790, leur seront appliqués.

---

3 = 7 SEPTEMBRE 1792. — Décret qui défend de retenir sur les galères de France aucun étranger, pour les délits commis hors du royaume. (L. 11, 211 ; B. 24, 616.)

L'Assemblée nationale, considérant qu'il y a des étrangers détenus aux galères de France, en conséquence de jugemens rendus par les tribunaux français, pour délits commis hors le royaume, et qu'il s'agit de statuer sur la liberté de ces étrangers ; que les étrangers prévenus de délits commis dans leur patrie n'ont pu être légalement jugés que selon les lois de leur pays et par leurs magistrats; que les peines ne doivent avoir lieu que là où les crimes ont été commis, et que ce serait tolérer une atteinte à la souveraineté des peuples, pour laquelle la France donnera toujours l'exemple du respect, que de retenir sur ses galères des étrangers qui n'ont point blessé ses lois; après avoir entendu son comité de législation et décrété l'urgence, décrète ce qui suit:

Il ne sera retenu sur les galères de France aucun étranger condamné pour crimes commis hors du territoire français.

---

**3 SEPTEMBRE 1792.** — Rapport des évènemens qui ont eu lieu dans la journée d'hier, et pendant la nuit dernière dans les prisons de Paris. (B. 24, 607.)

La commission assemblée pendant la suspension de la séance de la nuit a été instruite par plusieurs citoyens que le peuple continuait à se transporter dans les différentes maisons d'arrêt, et y exerçait sa vengeance.

La commission a jugé qu'il était nécessaire d'écrire au conseil-général de la commune, pour connaître officiellement la véritable situation des choses.

La commune a répondu qu'elle allait envoyer une députation pour rendre compte du fait à la commission.

A deux heures, la députation composée de trois commissaires, MM. Tallien, Truchon et Guiraut, a été introduite dans la salle de l'Assemblée. Voici, messieurs, le rapport littéral de messieurs les commissaires, d'après la déclaration verbale qu'ils ont faite.

M. Truchon a dit que la plupart des prisons étaient actuellement vides; qu'environ quatre cents prisonniers avaient été détruits; qu'à la maison de la Force, où il s'était transporté, il avait cru devoir faire sortir toutes les personnes détenues pour dettes; qu'il en avait fait autant à Sainte-Pélagie; que, revenu à la maison commune, il s'était rappelé qu'il avait oublié à la maison de la Force la partie où sont renfermées les femmes; qu'il y était retourné aussitôt, et en avait fait sortir vingt-quatre; qu'il avait principalement mis sa protection et celle de son collègue, mademoiselle Tourzelle et madame Saint-Brice, observant que cette dernière était enceinte; qu'ils ont conduit ces deux dames à la section des Droits de l'Homme, en attendant qu'on les jugeât.

M. Tallien a ajouté qu'il s'était d'abord porté à l'Abbaye; que le peuple avait demandé au gardien les registres; que les prisonniers détenus pour l'affaire du 10 août, et ceux pour la fabrication de faux assignats, ont péri sur-le-champ; onze seulement ont été sauvés. Le conseil de la commune a en-

voyé une députation pour s'opposer aux désordres; le procureur de la commune s'est présenté le premier, et a employé tous les moyens que lui suggéraient son zèle et son humanité. Il n'a pu rien gagner et a vu tomber à ses pieds plusieurs victimes. Le peuple s'est porté au Châtelet, où les prisonniers ont été aussi immolés. A minuit environ, il s'est porté à la Force; les commissaires de la commune s'y sont transportés et n'ont pu persuader le peuple. Plusieurs députations s'y sont succédées, et l'ordre a été donné au commandant-général d'y faire transporter des détachemens; mais le service des barrières exige un si grand nombre d'hommes, qu'il ne reste pas assez de monde pour assurer le bon ordre. Les commissaires ont fait de nouveau ce qu'ils ont pu pour empêcher les excès; mais ils n'ont pu arrêter, en quelque sorte, la juste vengeance du peuple; car, nous devons le dire, a ajouté M. Tallien, les coupables sont tombés sur les fabricateurs de faux assignats et autres prisonniers qui étaient détenus depuis quatre à cinq ans. Ce qui a excité le plus sa vengeance, c'est qu'il n'y avait là que des scélérats reconnus.

M. Guiraut, troisième commissaire, a dit: On est allé à Bicêtre avec sept pièces de canon. Le peuple, en exerçant sa vengeance, rendait aussi sa justice. Au Châtelet, plusieurs prisonniers ont été élargis au milieu des cris de *vive la nation*, et au cliquetis des armes. Les prisons du Palais sont absolument vides, et fort peu de prisonniers ont échappé à la mort.

M. Tallien a repris et a dit: Voici un fait important. Un homme vient d'apporter à la commune cinq louis en or et quatre-vingt-trois livres en argent blanc, frappés au nouveau coin, et trouvés dans la poche d'un Suisse. Il y a un dépôt établi pour les divers effets trouvés sur les prisonniers.

M. Guiraut a ajouté que le peuple faisait, sur le Pont-Neuf, la visite des cadavres, et déposait l'argent et les porte-feuilles. Un homme pris volant un mouchoir a été tué. J'oubliais, a dit M. Guiraut, un fait important pour l'honneur du peuple. Le peuple avait organisé dans les prisons un tribunal composé de douze personnes. D'après les registres d'écrous, d'après diverses questions faites aux prisonniers, les juges apposaient leurs mains sur la tête des prisonniers, et disaient: Croyez-vous que, dans notre conscience, nous puissions élargir monsieur?.... Ce mot *élargir* était sa condamnation, quand on disait *oui*, l'accusé était relâché en apparence, et il était aussitôt précipité sur les piques. S'il était jugé innocent, les cris de *vive la nation* se faisaient entendre, et on rendait à l'accusé sa liberté.

---

3 SEPTEMBRE 1792. — Décret relatif au brûlement des assignats défectueux. (L. 11, 70; B. 24, 606.)

---

3 = 20 SEPTEMBRE 1792. — Décret qui autorise le sieur Joseph Chevalier à construire à ses frais un canal de navigation dans le département de l'Ain, qui prendra sa naissance dans le Rhône, au-dessus de la cataracte du pont de Lucey, et aura son embouchure dans le même fleuve auprès du ravin de Ringe. (L. 11, 105; B. 24, 650.)

---

3 SEPTEMBRE 1792. — Décret en forme d'adresse aux volontaires nationaux partant pour les armées, pour les inviter à la concorde. (L. 11, 71; B. 24, 629.)

---

3 SEPTEMBRE 1792. — Décret relatif à la convocation des citoyens dans les sections. (L. 11, 64; B. 24, 617.)

---

3 = 9 SEPTEMBRE 1792. — Décret pour la translation du sieur Jouneau des prisons de l'Abbaye dans un des comités de l'Assemblée, comme en maison d'arrêt. (L. 11, 77.)

---

3 = 9 SEPTEMBRE 1792. — Décret qui accorde quatre mille quatre cents livres au sieur Pelouse Dusauré, négociant à Sainte-Lucie. (L. 11, 93; B. 24, 617.)

---

3 = 19 SEPTEMBRE 1792. — Décret qui fixe le traitement du secrétaire du conseil exécutif provisoire. (B. 24, 660.)

---

3 SEPTEMBRE 1792. — Décret relatif à la formation d'une légion étrangère sous le nom de Germains. (L. 11, 135.)

---

3 SEPTEMBRE 1792. — Bressuire et Châtillon. *Voy.* 30 AOUT 1792. — Camp sous Paris. *Voy.* 2 SEPTEMBRE 1792. — Commissaires; Corse. *Voy.* 30 AOUT 1792. — Fabriques des églises. *Voy.* 19 AOUT 1792. — Fonctionnaires. *Voy.* 30 AOUT 1792. — Frédéric Dietrici; Gendarmes de Paris. *Voy.* 2 SEPTEMBRE 1792. — Greffiers; Langres; Maîtres de poste. *Voy.* 30 AOUT 1792. — Monnaies; Ouvriers des monnaies. *Voy.* 2 SEPTEMBRE 1792. — Paiement des troupes. *Voy.* 19 AOUT 1792. — Peine de mort; Sieur Perrier. *Voy.* 2 SEPTEMBRE 1792. — Révoltés. *Voy.* 30 AOUT 1792. — Sceau de l'État. *Voy.* 19 AOUT 1792. — Suisses. *Voy.* 27 AOUT 1792.

---

4 = 4 SEPTEMBRE 1792. — Décret qui met des fonds à la disposition du ministre de l'intérieur pour achats de grains. (L. 11, 131; B. 24, 663.)

L'Assemblée nationale, considérant qu'il est nécessaire de pourvoir aux besoins des départemens, notamment pour les subsistances; après avoir décrété l'urgence, décrète qu'il sera mis à la disposition du ministre de l'intérieur la somme de douze millions, pour l'employer en achats de grains chez l'étranger, et pour donner des secours aux départemens, suivant les localités.

---

4 = 4 SEPTEMBRE 1792. — Décret relatif à l'inscription des citoyens qui voudront entrer dans la cavalerie pour se rendre aux frontières. (L. 11, 132.)

Cent citoyens de différens départemens sont admis à la barre: ils protestent de leur patriotisme; ils annoncent avoir tous servi dans la cavalerie, et être munis de congés en bonne forme, et demandent qu'on leur fournisse des chevaux et des armes pour marcher contre l'ennemi, offrant de s'habiller à leurs dépens.

L'Assemblée applaudit à l'expression des sentimens de ces citoyens, reçoit leur serment de maintenir la liberté et l'égalité; décrète que tous les citoyens résidant actuellement à Paris, ou qui y sont domiciliés, et qui voudront entrer dans la cavalerie qui doit partir pour les frontières, seront tenus de se faire inscrire au comité de la section dans l'étendue de laquelle ils résident, et qu'à l'égard des personnes qui ne sont ni domiciliées ni résidentes à Paris, elles seront tenues de se faire inscrire dans le lieu désigné à cet effet par la municipalité de Paris.

---

4 = 5 SEPTEMBRE 1792. — Décret qui autorise le ministre de la guerre à faire toutes les avances nécessaires pour la levée des différens corps de troupes. (L. 11, 134; B. 24, 664.)

L'Assemblée nationale, après avoir entendu le rapport de son comité militaire, sur l'avance qu'il est nécessaire de faire aux citoyens qui ont obtenu de l'Assemblée nationale la permission de lever des corps de troupes, dont la formation, la solde, et le prix convenu pour chaque homme monté, armé et équipé, ont été réglés par décret, décrète que le ministre de la guerre est autorisé à faire, pour la levée de ces corps, telles avances successives qu'il jugera nécessaires; lesquelles avances seront ensuite déduites de la somme totale destinée aux frais de levée de chaque corps, et prises sur les fonds assignés pour cet objet.

---

4 = 6 SEPTEMBRE 1792. — Décret relatif aux régimens ci-devant du Roi et de Mestre-de-Camp. (L. 11, 141; B. 24, 679.)

L'Assemblée nationale, considérant que les régimens ci-devant du Roi et Mestre-de-Camp n'ont perdu leur rang dans l'armée que par une erreur dans laquelle a été entraînée l'Assemblée constituante;

Considérant qu'il est de son devoir de ré-

parer cette erreur, sans troubler l'ordre actuel des corps qui composent l'armée, qui ne
pourrait être interverti sans inconvénient,
déclare que ces deux régimens n'ont jamais
démérité de la patrie, et qu'extrait du procès-verbal leur sera envoyé.

4 = 4 SEPTEMBRE 1792. — Décret relatif à l'augmentation du traitement des chirurgiens-majors
des régimens, officiers de santé, aumôniers et
employés d'administration des hôpitaux ambulans. (L. 11, 142; B. 24, 675.)

Art. 1er. Les chirurgiens-majors des régimens qui sont aux armées jouiront d'un
traitement de deux cents livres par mois, y
compris le traitement de guerre, à compter
du jour où les régimens sont partis pour se
rendre dans les camps ou cantonnemens.

2. Les officiers de santé des hôpitaux ambulans des armées recevront la gratification
de campagne accordée par le décret du 27 =
29 février dernier, laquelle gratification est
fixée, savoir :

Pour le premier médecin, le chirurgien-
consultant, le chirurgien-major et l'apothicaire en chef de chaque armée, à quatre cents
livres; pour les médecins ordinaires, chirurgiens et apothicaires-aides et sous-aides-ma-
jors, à trois cents livres, et pour les élèves
en chirurgie et pharmacie, à deux cents livres.

3. Outre cette gratification, lesdits officiers
de santé jouiront, à dater du jour de leur entrée en campagne, savoir :

Le premier médecin, le chirurgien consultant, le chirurgien-major et l'apothicaire en
chef, de deux rations de fourrage et de trois
rations de pain;

Et les médecins ordinaires, les chirurgiens
et apothicaires aides-majors seulement, d'une
ration de fourrage et de deux rations de pain.

4. Les régisseurs des hôpitaux ambulans attachés à chacune des armées, et les employés
d'administration, jouiront également, à dater
de leur entrée en campagne, savoir :

Le régisseur, de trois rations de fourrage
et de quatre rations de pain;

Les directeurs principaux, garde-maga-
sins-généraux et directeurs particuliers d'am-
bulance, d'une ration de fourrage et de deux
rations de pain.

5. Les officiers de santé des hôpitaux sédentaires établis pour le service des armées,
en y comprenant ceux de Lille, Valenciennes,
Cambray, Metz, Strasbourg, Landau, Givet
et Toulon, jouiront, à dater du 1er juillet dernier seulement, d'un traitement de guerre
fixé dans la proportion de ceux réglés pour
le service des hôpitaux ambulans, savoir :

Pour les médecins, chirurgiens et apothicaires en chef, à deux cent cinquante livres
par mois; .

Pour les aides-majors en chirurgie et pharmacie, à cent cinquante livres par mois;

Et pour les élèves chirurgiens et pharma-
ciens, à quatre-vingt-trois livres six sous huit
deniers par mois.

Le traitement des aumôniers desdits hôpitaux sédentaires sera, comme pour les aumôniers des hôpitaux ambulans, de cent livres par mois.

Tous les officiers de santé, aumôniers et
employés desdits hôpitaux recevront, conformément à l'article 4 du décret du 19 août
dernier, et dans les cas qui y sont exprimés,
cinquante livres par mois en numéraire.

Au moyen des augmentations de traitement
réglées par le présent décret, les indemnités
qui avaient été accordées à raison de la perte
sur les assignats sont supprimées.

Ces traitemens de guerre, accordés en considération du service extraordinaire de campagne, cesseront à compter du jour où les
troupes rentreront dans leurs garnisons ou
quartiers.

4 = 14 SEPTEMBRE 1792. — Décret relatif aux
postes. (L. 11, 145; B. 24, 965.)

Art. 1er. Le privilége de poste royale, ou
poste double, dont jouissent les maîtres de
poste de Paris, Versailles, Lyon et Brest, est
et demeure supprimé à compter du jour de
la publication du présent décret.

2. Sont et demeurent pareillement supprimés à compter du jour de la publication du
présent décret, les vingt sous qui, sous la
dénomination de petites guides, se paient indépendamment des guides ordinaires aux
postes de Paris à Sèvres, et de Versailles à
Sèvres; les quinze sous que l'on retient pour
toutes les postes où celles de Paris à Versailles conduisent, ainsi qu'à celles où le Roi
faisait momentanément son séjour.

3. A compter du même jour, les courriers
du cabinet cesseront de jouir du privilége de
payer les chevaux de poste à un taux moindre que les courriers de route.

4. Il sera payé aux postes de Paris, Lyon
et Versailles, pour la traversée de la ville,
une demi-poste de plus que le toisé de la
fixation de leur distance ne l'exige.

5. Les distances des postes de Saint-Denis,
Bondy, Nanterre, et de toutes celles qui sont
en communication directe avec Paris, et qui
seraient trop fortes pour leur fixation, seront
réglées d'après les toisés.

6. Il sera créé des établissemens de postes
aux chevaux à Castres, Rodez, Mende, le
Puy, Privas, Gap, Digne, Mont-de-Marsan,
Foix et autres lieux où ils seraient nécessaires
pour la communication avec les chefs-lieux
de département.

7. Les emplois des contrôleurs-généraux
des postes, conservés par l'article 2 du dé-

cret du 26 = 29 août 1790, sont et demeurent supprimés à compter du 1er octobre prochain.

---

4 = 14 SEPTEMBRE 1792. — Décret qui ordonne aux anciens administrateurs des domaines de rendre un compte solidaire de leur gestion. (L. 11, 147; B. 24, 661.)

L'Assemblée nationale, considérant que les comptes de la ci-devant administration des domaines sont extrêmement arriérés, et que les obstacles qu'opposent sans cesse les anciens administrateurs pour en retarder la présentation sont nuisibles à l'intérêt public ; que les soumissions qu'ils ont souscrites au pied des résultats du conseil du 28 octobre 1777, 30 août 1780 et 29 mars 1786, ainsi que la déclaration du 8 septembre 1784, fournissent les preuves de l'obligation dans laquelle ils sont de rendre solidairement les comptes de leur gestion, décrète qu'il y a urgence.

L'Assemblée nationale, après avoir entendu le rapport de son comité de l'examen des comptes et décrété l'urgence, décrète ce qui suit :

Art. 1er. Les anciens administrateurs des domaines rendront solidairement les comptes de toutes les gestions, régies, recettes et administrations qu'ils ont faites, sous quelques dénomination et prête-nom qu'elles aient été faites, jusqu'à leur suppression.

2. Dans huitaine après la publication du présent décret, ils fourniront au bureau de comptabilité un état de situation de leur comptabilité, et justifieront des derniers comptes jugés, conformément à l'article 1er du titre III du décret du 17 = 29 septembre 1791.

3. Jusqu'à l'apurement de tous les comptes qu'ils ont à rendre, ils présenteront au bureau de comptabilité le compte de l'année de leur administration, au moins tous les deux mois, à compter de la promulgation du présent décret.

4. Ils rapporteront, à l'appui de leurs comptes, ceux qui leur ont été rendus par les directeurs de l'administration, avec les pièces justificatives, indépendamment de celles que les receveurs-généraux des domaines étaient dans l'usage de rapporter aux ci-devant chambres des comptes.

5. Faute par les administrateurs des domaines de faire les présentation et reddition de comptes dans le délai et la forme prescrits par les articles 2 et 3 du présent décret, ils encourront les amendes prononcées par l'article 3 du titre III du décret du 17 = 29 septembre 1791.

6. Pour faciliter la formation et présentation de leurs comptes, les anciens administrateurs des domaines sont autorisés à retirer des bureaux et archives de l'administration du droit d'enregistrement, sous récépissé, toutes les pièces qui y ont été remises, et qui concernent la comptabilité de l'ancienne administration des domaines. Les administrateurs de l'enregistrement pourront prendre copie de celles de ces pièces qui leur seront utiles; et, au surplus, tous les registres, états et pièces dont il s'agit, seront rétablis dans les dépôts de l'enregistrement, après l'apurement définitif des comptes des anciens administrateurs des domaines.

7. Il sera joint à chaque compte un état des frais nécessaires pour le dresser, et il sera prononcé dans la forme de l'article 4 du décret du 17 = 29 septembre 1791.

8. Les anciens administrateurs des domaines se conformeront, au surplus, à toutes les dispositions du décret du 17 = 29 septembre qui ne sont pas contraires au présent décret.

---

4 = 14 SEPTEMBRE 1792. — Décret concernant l'administration du mobilier dépendant des domaines nationaux, la destination des effets mobiliers des églises supprimées, et les moyens de pourvoir aux frais du culte catholique. ( L. 11, 149; B. 24, 666.)
*Voy.* lois du 28 OCTOBRE = 5 NOVEMBRE 1790 ; du 3 = 27 MARS 1791; du 30 MAI = 3 JUIN 1791.

TITRE Ier. De l'administration relative au mobilier dépendant des biens nationaux.

Art. 1er. Tous les inventaires et états relatifs au mobilier dépendant des domaines nationaux, formés en exécution du décret des 23 et 28 octobre = 5 novembre 1790, adressés au comité d'aliénation de l'Assemblée nationale constituante par les corps administratifs, et dont le dépôt a été fait aux archives nationales, seront incessamment remis par l'archiviste au commissaire-administrateur de la caisse de l'extraordinaire.

2. Le commissaire-administrateur de la caisse de l'extraordinaire est autorisé à requérir, des corps administratifs, l'envoi de tous les états, inventaires et récolemens qui n'auront pas été fournis, ou qui se seraient égarés; et les corps administratifs seront tenus de déférer à sa demande, et, en outre, de lui transmettre sans délai tous les éclaircissemens, détails et renseignemens qu'il jugera lui être nécessaires sur tous les objets qui ont dû être compris dans lesdits inventaires ou états.

3. Lorsque le commissaire-administrateur de la caisse de l'extraordinaire aura réuni tous les inventaires dressés dans chaque département, il formera un état ou relevé des objets compris auxdits inventaires, en les divisant en quatre classes. La première contiendra les meubles, effets et ustensiles dont la vente a été ordonnée par la loi du 5 novembre 1790; dans la seconde seront com-

pris les ornemens et effets des églises supprimées; la troisième présentera l'état de
l'argenterie, des cloches, vases et ustensiles de métal des communautés et paroisses
supprimées; la quatrième enfin sera composée des manuscrits, chartes, sceaux, livres imprimés, monumens de l'antiquité et
du moyen âge, statues, tableaux, dessins et
autres objets relatifs aux beaux-arts, aux
arts mécaniques, à l'histoire naturelle, aux
mœurs et usages des différens peuples.

4. Immédiatement après que lesdits états
ou relevés auront été formés, le commissaire-
administrateur de la caisse de l'extraordinaire
les communiquera au ministre de l'intérieur,
à l'effet par celui-ci d'annoter les objets qui
doivent être conservés et ceux dont il devra
surveiller la destination.

5. Les états sur lesquels le ministre de
l'intérieur fera prendre par extrait un relevé
des objets dont il doit suivre la destination
seront par lui renvoyés au commissaire-administrateur de la caisse de l'extraordinaire,
afin qu'il puisse faire passer aux corps administratifs les ordres nécessaires pour procéder à la vente et au recouvrement du produit des objets dont le ministre de l'intérieur
ne devra pas disposer.

6. Les directoires des départemens adresseront à l'administrateur de la caisse de l'extraordinaire un état de toutes les cloches,
vases et ustensiles de métal des églises supprimées, qu'ils auront fait transporter aux
hôtels des monnaies; et ces états énonceront
la nature, le nombre et le poids de chacune
des pièces séparément, et le poids total de
toutes les pièces envoyées.

7. Il sera fourni à l'administrateur de la
caisse de l'extraordinaire par le ministre des
contributions publiques un état général tant
de l'argenterie que des cloches, vases et ustensiles de métal provenant des domaines
nationaux, envoyés par les corps administratifs aux hôtels des monnaies depuis le principe jusqu'au 1er décembre 1792, et ensuite
de mois en mois; chacun de ces états contiendra aussi le résultat par nature d'espèces
provenant de la fabrication.

8. La Trésorerie nationale tiendra compte,
en assignats, à la caisse de l'extraordinaire,
du montant des sommes en espèces provenant de la fonte des cloches, des vases et ustensiles de métal, comme il est prescrit par
la loi du 27 mars 1791, pour le montant des
espèces provenant de l'argenterie portée aux
hôtels des monnaies.

TITRE II. De la destination des ornemens et autres effets mobiliers des églises, religieuses et
congrégations supprimées.

Art. 1er. Les ornemens tissus d'or et d'argent fin, les galons et broderies détachées des
étoffes où ils se trouveraient appliqués, des

églises cathédrales et des chapitres convertis
en églises paroissiales, et qui ont été mis
sous le scellé en exécution du décret des 23 et
28 octobre = 8 novembre 1790; ceux des églises, des congrégations et associations religieuses supprimées, seront incessamment adressés,
avec les précautions nécessaires pour leur
conservation, par les directoires des districts, au directoire de la monnaie le plus
voisin du département, avec un état détaillé,
certifié par eux, des objets envoyés, et l'indication des églises et communautés auxquelles ils appartenaient; et le directeur de
la monnaie leur en fera passer un reçu par
le procureur-général-syndic.

2. Les directoires de district donneront
avis à l'administrateur de la caisse de l'extraordinaire et lui enverront un double de
l'état détaillé de ces ornemens par eux envoyés au directeur de la monnaie.

3. Demeureront exceptées de ces envois
toutes espèces d'ornemens des églises paroissiales et succursales supprimées, qui, en
exécution de l'article 7 du décret du 6 = 15
mai 1791, sont passés ou doivent passer, avec
les autres effets mobiliers, aux églises paroissiales ou succursales conservées ou établies, auxquelles elles se trouvent réunies, et
de même ceux des confréries établies dans
lesdites églises, lesquelles passeront également aux paroisses conservées ou établies par
la nouvelle circonscription.

4. Au fur et à mesure que les envois des
ornemens d'or et d'argent fin seront reçus à
l'hôtel de la monnaie, le directeur en donnera connaissance au directoire du département, qui nommera deux commissaires pris
dans l'administration, et deux orfèvres, pour
assister à la vérification des objets compris
dans les états.

5. Ces ornemens seront brûlés, en présence
des commissaires du directoire du département et du directeur de la monnaie, par les
deux orfèvres experts : les cendres en provenant seront converties en lingots; et, au
surplus, il en sera usé à l'égard de ces lingots, pour en constater le titre, ainsi qu'il est
prescrit par le décret du 3 = 27 mars et 31
mai = 3 juin 1791, pour les lingots provenant de la fonte de l'argenterie des églises
supprimées.

6. Toutes les opérations prescrites pour le
brûlement des étoffes tissues d'or et d'argent
seront constatées par des procès-verbaux en
bonne forme, de chacun desquels il sera envoyé une expédition au ministre des contributions publiques.

7. Les lingots provenant de la fonte seront
convertis en espèces, dont le versement sera
fait à la Trésorerie nationale, qui en tiendra
compte en assignats à la caisse de l'extraordinaire, en conformité de l'article 9 du décret du 3 = 27 mars.

8. Les frais de transport des ornemens et paremens aux hôtels des monnaies, ceux du brûlé et autres frais nécessaires, seront payés par les directeurs des monnaies, auxquels il en sera tenu compte sur les quittances des parties prenantes et autres pièces justificatives de ce paiement, visées par les commissaires de département qui auront surveillé les opérations.

9. Si, par l'effet de la nouvelle circonscription des paroisses, il s'en trouve, dans la même municipalité, de trop inégalement pourvues d'effets mobiliers nécessaires au culte, les officiers municipaux convoqueront le conseil général de la commune, à l'effet de prendre une délibération explicative des besoins des paroisses les moins bien partagées. Cette délibération sera, par le directoire du district, adressée au directoire de département, avec son avis, et par celui-ci au ministre de l'intérieur, avec des observations qui lui indiqueront plus particulièrement, pour y pourvoir, les effets provenant des paroisses supprimées dans la même municipalité, qui auraient passé aux autres paroisses en quantité superflue, et, à défaut, ceux des communautés religieuses du même arrondissement.

10. Le ministre de l'intérieur disposera du surplus des ornemens, linges et autres effets mobiliers servant au culte des églises, des congrégations et associations religieuses supprimées, en faveur des églises paroissiales et succursales tant des villes que des campagnes, suivant les besoins de chacune, et d'après les observations des municipalités, vérifiées par les directoires de districts, et sur l'avis des directoires des départemens.

11. Les frais de garde aux dépôts, étant relatifs aux domaines nationaux, seront acquittés ainsi qu'il est prescrit par la loi du 8 octobre 1791.

TITRE III. Des frais du culte.

Art. 1er. Les fonds sur lesquels sera acquittée, pour 1790, la dépense relative au culte, mise à la charge de la nation par l'article 33 du titre II du décret des 23 et 28 octobre==5 novembre 1790, seront fournis par la caisse de l'extraordinaire; mais le paiement ne sera effectué que sur les ordonnances du commissaire ordonnateur de ladite caisse, d'après les états détaillés de ces dépenses, visés et approuvés par le ministre de l'intérieur.

2. Les frais du culte catholique, auxquels étaient tenus de pourvoir les décimateurs, tant laïques qu'ecclésiastiques, à défaut ou en cas d'insuffisance du revenu des fabriques, seront aussi acquittés, pour les années 1791 et 1792, des fonds de la caisse de l'extraordinaire, et de la manière prescrite par l'art. 33 du titre II du décret des 23 et 28 octobre

=5 novembre 1790 et l'article ci-dessus. Mais toutes dépenses qui passeraient une juste proportion seront modérées par le ministre de l'intérieur, et celles qui auraient pour objet les chapelles des évêques seront absolument rejetées de ces états.

3. A compter du 1er janvier 1793, les citoyens, dans chaque municipalité ou paroisse, aviseront eux-mêmes aux moyens de pourvoir à toutes les dépenses du culte auquel ils sont attachés, autres néanmoins que le traitement des ministres du culte catholique.

4 = 14 SEPTEMBRE 1792. — Décret relatif aux galons portés par les tambours de l'armée. ( L. 11, 155.)

Lettre des commissaires de l'armée du Midi, qui annonce que les tambours de cette armée ont quitté les galons du Roi, et qu'il conviendrait de porter sur cet objet une loi générale. L'Assemblée nationale décrète qu'ils ne porteront plus les galons du Roi.

4 = 14 SEPTEMBRE 1792. — Décret relatif aux chapelles érigées en titre de bénéfice, et desservies dans des maisons particulières. (L. 11, 156 ; B. 24, 167.)

L'Assemblée nationale décrète que le pouvoir exécutif se fera rendre compte, par les administrations de département, des chapelles érigées en titre de bénéfice, et desservies dans l'enceinte des maisons particulières, et dont les biens n'auraient pas encore été vendus, ainsi que des causes qui ont pu retarder ladite vente, et qu'il en informera l'Assemblée nationale.

4 = 14 SEPTEMBRE 1792.—Décret qui exempte les manufacturiers et fabricans de marcher en personne. (L. 11, 156.)

Un membre demande que les manufacturiers ou fabricans ne soient pas obligés de marcher en personne. Cette motion est adoptée.

4 = 19 SEPTEMBRE 1792. — Décret qui affecte des fonds à la recherche des fabricateurs de faux assignats. (L. 11, 156.)

L'Assemblée nationale, considérant qu'elle doit au salut public la plus grande activité dans la recherche des fabricateurs de faux assignats et de fausse monnaie, afin que leurs crimes soient punis suivant la rigueur des lois; considérant que les sommes décrétées le 2 septembre 1791 par l'Assemblée constituante, et par elle-même le 19 mars 1792, pour les frais de ces recherches, ont été dépensées, suivant les états remis par la Trésorerie nationale; après avoir entendu son comité de l'ordinaire des finances, décrète que la caisse de l'extraordinaire versera à la Trésorerie nationale une somme de cent mille livres, qui sera à la disposition des commissaires de la Trésorerie, pour être employée, sous leur responsabilité, aux frais et dépenses nécessaires pour la recherche des fabricateurs de faux assignats et de fausse monnaie.

4 = 19 SEPTEMBRE 1792. — Décret relatif à la solde des gendarmes des départemens frontières. (B. 24, 679.)

L'Assemblée nationale décrète que le tiers de la solde des gendarmes des départemens frontières sera payé en argent, et, sur le surplus des demandes du ministre, renvoie au comité militaire.

4 SEPTEMBRE 1792. — Décret qui confirme provisoirement les fonctions confiées aux commissaires de l'Assemblée nationale auprès des armées. (L. 11, 133.)

4 = 6 SEPTEMBRE 1792. — Décret relatif aux troubles excités dans le district de Châtillon, et qui fixe à Bressuire l'administration de ce district. (L. 11, 138.)

4 = 30 SEPTEMBRE 1792. — Décret qui rectifie la transaction passée entre l'agent du Trésor public et le sieur Rouessart, ancien trésorier de la guerre à Rennes. (B. 24, 673.)

4 SEPTEMBRE 1792. — Décret relatif au paiement des travaux faits aux ci-devant Grands-Augustins. (B. 24, 674.)

4 = 15 SEPTEMBRE 1792. — Décret qui met l'abbé Sicard sous la sauve-garde de la loi. (B. 24, 678.)

4 = 16 SEPTEMBRE 1792. — Décret relatif au récépissé à donner par les employés des messageries pour les sommes, soit en argent, soit en assignats, qui leur seront remises. (B. 24, 678.)

4 = 8 SEPTEMBRE 1792. — Décret pour le paiement d'une indemnité au sieur Bisson, inventeur d'une manière d'accélérer le tir du canon. (B. 24, 680.)

4 SEPTEMBRE 1792. — Armement. *Voy.* 1er SEPTEMBRE 1792. — Biens concédés ; Gendarmerie. *Voy.* 3 SEPTEMBRE 1792. — Mousquetons. *Voy.* 2 SEPTEMBRE 1792. — Scellés. *Voy.* 19 AOUT 1792.

5 = 7 SEPTEMBRE 1792. — Décret relatif au complément du Code monétaire. (L. 11, 221 ; B. 24, 688.)

*Voy.* lois du 21 = 27 MAI 1791 ; du 30 AOUT = 8 SEPTEMBRE 1791, et du 22 VENDÉMIAIRE an 4.

## TITRE Ier.

Art. 1er. Le nombre des membres de la commission des monnaies, qui, par la loi du 27 mai 1791, avait été porté à huit, sera réduit à six, le cas de vacance par mort ou démission arrivant.

2. La place de secrétaire de la commission est et demeure supprimée à dater du jour du présent décret, et est réunie à celle du garde des dépôts, qui fournira caution en immeubles de la somme de soixante mille livres.

3. Le traitement annuel des membres de la commission des monnaies demeure fixé à cinq mille livres, et ils seront logés à l'hôtel des monnaies.

4. Le traitement du secrétaire-général garde des dépôts demeurera fixé à cinq mille livres, et il lui est en outre accordé pareille somme de cinq mille livres pour les frais de bureau, à charge de payer les appointemens de deux commis aux écritures, qui prêteront serment, et pourront être révoqués à volonté.

5. Le secrétaire-général garde des dépôts sera logé à l'hôtel des monnaies.

6. Il sera attaché au secrétariat de la commission un garçon de bureau aux gages de sept cent vingt-cinq livres.

7. Le secrétaire et le garde des dépôts seront payés jusqu'à l'époque de la réunion des deux places, chacun à raison de quatre mille livres par an, en outre les frais de bureau.

8. Au secrétaire supprimé il sera payé, à titre d'indemnité de la perte de sa place, une somme de deux mille livres.

9. L'inspecteur-général des essais jouira d'un traitement fixe de la somme de trois mille livres.

10. Le traitement de l'essayeur-général demeure fixé à trois mille six cents livres.

11. Le traitement du graveur-général sera de deux mille livres.

12. L'inspecteur-général des essais, l'essayeur-général et le graveur-général seront logés à l'hôtel des monnaies.

13. Le graveur-général remettra, conformément à la loi du 27 mai, au dépôt de la commission, les poinçons qu'il fournira pour le service des monnaies, et il lui en sera délivré un récépissé par le secrétaire garde des dépôts, qui les adressera de suite au commissaire de l'hôtel de la monnaie pour lequel ils seront destinés.

14. Le commissaire de l'hôtel qui aura reçu les poinçons en fera faire l'épreuve en sa présence par le graveur particulier, et en dressera procès-verbal qu'il adressera à la commission.

15. Si le procès-verbal constate que le poinçon a bien supporté l'épreuve et est bon

à faire des carrés, le membre de la commission qui aura été chargé de l'inspection mettra son *visa*, contenant la date du procès-verbal d'épreuve, sur le récépissé délivré au graveur-général par le secrétaire garde des dépôts, qui sera payé de ces poinçons sur la représentation de ce récépissé ainsi visé.

16. Si le poinçon n'a pu supporter l'épreuve, le commissaire du Roi l'adressera, avec son procès-verbal, au dépôt de la commission; le secrétaire garde des dépôts le remettra au graveur-général, et fera mention du rejet du poinçon sur le récépissé que ce dernier sera tenu de représenter.

17. Il sera payé au graveur-général cinquante livres pour chaque poinçon, et vingt livres pour chaque matrice qu'il aura fournis, et dont il représentera récépissé du secrétaire-général garde des dépôts, visé comme il est dit en l'article 14.

18. Il sera payé au graveur-général actuel, à titre d'indemnité pour le travail extraordinaire de la fourniture des poinçons des pièces de trente sous, quinze sous et deux sous, pendant l'année actuelle, deux mille quatre cents livres.

## TITRE II.

Art. 1er. La caution en immeubles qui, aux termes de l'article 7 du titre II du décret du 21 = 27 mai 1791, doit être fournie par chaque directeur, demeure fixée ainsi qu'il suit :

Pour les directeurs des monnaies de Paris, Lyon, Marseille, Bayonne et Perpignan, cent mille livres; pour ceux de Bordeaux, Toulouse, Rouen, Lille, Nantes et Pau, quatre-vingt mille livres; pour ceux de Montpellier, Strasbourg, La Rochelle, Limoges, Metz et Orléans, soixante mille livres.

Ces cautions et celles fournies par le secrétaire garde des dépôts seront vérifiées par la commission, et reçues par le ministre des contributions publiques, sans être sujettes à aucun frais d'enregistrement, et ne seront les actes assujétis qu'à un simple *visa*.

2. Le traitement des directeurs des monnaies demeure fixé, savoir :

Pour les directeurs de Paris, Lyon, Marseille, Bayonne et Perpignan, à quatre mille livres; pour ceux de Bordeaux, Toulouse, Rouen, Lille, Nantes et Pau, à trois mille deux cents livres; pour ceux de Montpellier, Strasbourg, la Rochelle, Limoges, Metz et Orléans, à deux mille quatre cents livres.

3. Le traitement des fonctionnaires particuliers des monnaies sera, aux commissaires de l'hôtel des monnaies de Paris, trois mille six cents livres; à chacun des adjoints desdits commissaires, deux mille quatre cents livres; à l'essayeur, deux mille quatre cents livres; au graveur, douze cents livres; aux

commissaires de l'hôtel de Lyon, Marseille, Bayonne et Perpignan, trois mille livres; aux adjoints desdits commissaires, deux mille livres; aux essayeurs, deux mille livres; aux graveurs, mille livres; aux commissaires de l'hôtel des monnaies de Bordeaux, Toulouse, Rouen, Lille, Nantes et Pau, deux mille sept cents livres; aux adjoints desdits commissaires, dix-huit cents livres; aux essayeurs, dix-huit cents livres; aux graveurs, neuf cents livres; aux commissaires de l'hôtel des monnaies de Montpellier, Strasbourg, la Rochelle, Limoges et Orléans, deux mille quatre cents livres; aux adjoints desdits commissaires, seize cents livres; aux essayeurs, seize cents livres; aux graveurs, huit cents livres.

4. Le prix des carrés de toutes grandeurs sera payé aux graveurs particuliers à raison de vingt livres par paire.

5. Les droits de fabrication accordés aux directeurs demeurent fixés, pour le marc d'or, pièces de quarante-huit livres, à huit sous six deniers; pièces de vingt-quatre livres, à neuf sous;

Pour le marc d'argent, pièces de six livres, à sept sous six deniers; pièces de trois livres, à huit sous; pièces de trente sous, à neuf sous; pièces de quinze sous, à dix sous;

Pour les pièces de cuivre et métal de cloches de deux sous, à trois sous six deniers; d'un sou, à trois sous neuf deniers; de six deniers, à quatre sous; de trois deniers, à quatre sous trois deniers.

6. Il sera alloué au directeur, pour les déchets, une once et demie par cent marc d'or au titre de vingt-deux carats; quatre onces et demie par cent marc d'argent au titre de onze deniers, et six marcs par cent marcs de cuivre ou de métal de cloche allié de cuivre.

7. Lorsque le pouvoir exécutif fournira aux hôtels des monnaies le cuivre et le métal de cloche allié de cuivre nécessaire à la fabrication des espèces, en flaons prêts à être monnayés, il sera seulement attribué aux directeurs, à titre de frais de régie, un droit d'un denier par marc.

8. Les commissaires de l'hôtel de chaque monnaie pourront, si la quantité de pièces à délivrer l'exige, se faire aider par des personnes qu'ils choisiront, à la charge de demeurer seuls personnellement responsables du poids des pièces et de la beauté des empreintes; dans ce cas, ils adresseront à la commission, à la fin du mois, un état du nombre des personnes employées et des pièces fabriquées, et il leur sera accordé, s'il y a lieu, une indemnité proportionnée.

9. Les essayeurs devant être à l'avenir payés en argent, conformément à l'article 7 du chapitre VI du titre III du décret du 21 = 27 mai 1791, des essais qu'ils feront

pour le compte du commerce, le prix demeurera fixé, pour les essais d'or, de doré et or tenant argent, à trois livres, et pour les essais d'argent, à seize sous, quel que soit le titre des matières essayées.

### TITRE III.

Art. 1er. Les fonctionnaires généraux des monnaies, établis par le décret du 21 = 27 mai, ne pourront s'absenter de Paris sans un congé de la commission des monnaies, dont il sera fait mention sur les registres d'icelle, et duquel il sera délivré expédition au fonctionnaire qui l'aura demandé.

2. Les directeurs et autres fonctionnaires particuliers de chaque hôtel des monnaies ne pourront s'absenter sans un congé par écrit de la commission générale des monnaies, obtenu sur l'avis du commissaire de l'hôtel, et visé par lui; et, dans le cas où le commissaire de l'hôtel demanderait un congé, il sera tenu de le faire viser par son adjoint.

### TITRE IV.

Art. 1er. Il sera attribué aux compagnies des monnayeurs conservés par le décret du 21 = 27 mai, pour droits de fabrication, par marc :

Sur l'or, pièces de quarante-huit livres, un sou; pièces de vingt-quatre livres, un sou six deniers;

Argent, pièces de six livres, sept deniers; pièces de trois livres, dix deniers; pièces de une livre dix sous, un sou six denier; pièces de quinze sous, deux sous; pour celles au-dessous de quinze sous, deux sous six deniers.

Cuivre ou métal de cloche allié de cuivre, pièce de deux sous, six deniers; d'un sou, neuf deniers; de six deniers, un sou; de trois deniers, un sou six deniers.

2. Dans le cas où le nombre des monnayeurs se trouverait insuffisant dans quelques hôtels des monnaies, et jusqu'à ce qu'il ait été statué définitivement sur l'existence des monnayeurs provisoirement conservés, les enfans et parens des monnayeurs qui, conformément aux anciens réglemens, auraient eu droit de se faire recevoir ajusteurs ou monnayeurs, pourront être admis parmi les monnayeurs par un arrêté de la commission.

3. Les droits attribués aux monnayeurs ne commenceront à avoir lieu qu'à compter du 1er octobre prochain; jusqu'à cette époque, ils seront payés, pour le monnayage des espèces d'or et d'argent, conformément aux prix fixés par l'édit de novembre 1785 : pour les pièces de trente sous, à raison d'un sou cinq deniers par marc; pour celles de quinze sous, à raison de deux sous; pour celles de cuivre ou de métal de cloche allié de cuivre, à raison de dix deniers par marc. Les monnayeurs de Paris continueront, jusqu'à la même époque, à être payés du monnayage des espèces de cuivre ou de métal de cloche allié de cuivre, sur le pied d'un sou par marc.

4. Le pouvoir exécutif pourra néanmoins faire employer dans les hôtels des monnaies, pour le monnayage des espèces, toute autre machine que le balancier; et, dans ce cas, il sera autorisé à les faire monnayer par telles personnes et à telles conditions qu'il jugera convenables, pourvu néanmoins que les frais de monnayage soient inférieurs au prix qui en serait payé aux monnayeurs, conformément à l'article 1er.

---

5 = 6 SEPTEMBRE 1792. — Décret relatif à l'administration des objets de comptabilité dont les chambres de commerce étaient chargées. (L. 11, 198; B. 24, 696.)

L'Assemblée nationale, après avoir entendu son comité de commerce sur la nécessité d'un décret relatif aux objets de la comptabilité dont les chambres de commerce étaient chargées, décrète qu'il y a urgence.

L'Assemblée nationale, après avoir décrété l'urgence, décrète ce qui suit :

Art. 1er. Les droits que percevaient les chambres de commerce sont provisoirement conservés; le paiement devra en être fait jusqu'à ce qu'il en ait été autrement ordonné, et les percepteurs sont autorisés à poursuivre, par les voies de droit, les débiteurs arriérés.

2. Les directoires de département confieront aux districts, aux municipalités ou à tels autres préposés qu'ils jugeront convenable d'établir, la perception de ces droits.

3. Leur produit sera employé, comme il l'était par les chambres de commerce, à acquitter les dépenses à leur charge, les intérêts de leurs dettes, et les directoires de département sont également chargés de pourvoir à l'exécution de cet article.

4. Les administrateurs des chambres de commerce remettront leur compte de liquidation et leur état de situation aux directoires de département, qui les feront passer au ministre, et le ministre en donnera connaissance à l'Assemblée nationale.

5. Dans la ville de Marseille, les marchandises sujettes à acquitter les droits de la chambre devant être déchargées au lazaret, parce qu'elles viennent de la Turquie, les conservateurs de la santé sont chargés, par le présent décret, de la perception de ce droit, et de celui de dix sous par mille rôles sur les huiles importées d'Italie : sans préjudice des droits de tarif pour celles qui entreront dans le royaume.

6. Les conservateurs de la santé verseront, tous les mois, le produit de leur recette dans la caisse du receveur du district.

7. Ce receveur paiera les salaires pensions, retraites, intérêts des créances, et autres objets de dépenses que la chambre était autorisée à payer, et dont les administrateurs supprimés lui remettront un état signé d'eux et du secrétaire.

8. Les négocians qui composaient la chambre lors de la suppression nommeront entre eux quatre commissaires liquidateurs, qui veilleront à la conservation des fonds libres destinés au paiement des créanciers, et qui feront dresser les comptes de liquidation, l'état des capitaux et des dettes, pour mettre l'Assemblée nationale à même de pourvoir, par un nouveau décret, à l'aliénation des capitaux et à l'entier paiement des créanciers.

9. Cette commission sera présidée par un officier municipal, au choix de la municipalité, et bornera ses fonctions aux seuls objets de liquidation, sous l'inspection du département.

10. La municipalité gardera le dépôt des archives de la chambre, et le bureau municipal suppléera les fonctions dans tout ce qui n'aura pas été prévu par le présent décret.

5 = 6 SEPTEMBRE 1792. — Décret qui prohibe l'exportation des matières d'or et d'argent. (L. 11, 173 ; B. 24, 708.)

*Voy.* loi du 15 SEPTEMBRE 1792.

L'Assemblée nationale, après avoir entendu le rapport de son comité de liquidation, considérant que, dans un moment où la malveillance et l'incivisme multiplient leurs efforts pour éluder la prohibition précédemment prononcée d'exporter le numéraire, tantôt en convertissant le numéraire en lingots ou matières ouvragées, tantôt en le convertissant en monnaie au cours des puissances étrangères; considérant aussi que les lois prohibitives rendues jusqu'à ce jour n'assujétissent les contrevenans à aucune peine, décrète qu'il y a urgence.

L'Assemblée nationale, après avoir décrété l'urgence, décrète :

Art. 1er. Provisoirement, et jusqu'à ce qu'il en ait été autrement ordonné, l'exportation hors du royaume des matières d'or et d'argent, soit en lingots ou ouvrages, soit employées au cours de France ou au cours étranger, est prohibée.

2. La peine contre ceux qui, allant à l'étranger, seront trouvés en contravention à l'article ci-dessus, sera : 1° la confiscation des objets saisis, qui seront appliqués aux frais de la guerre; 2° une amende équivalente au quart de la valeur des objets saisis, et qui appartiendra à celui ou à ceux qui auront arrêté les contrevenans; 3° six mois de détention.

3. Les étrangers, autres cependant que les ambassadeurs et envoyés des puissances étrangères, seront, comme les regnicoles, assujétis aux dispositions ci-dessus.

4. Néanmoins, les étrangers qui, en entrant en France et en arrivant sur les frontières, auront fait constater la nature et la quantité des matières d'or et d'argent monnayées ou non dont ils seront porteurs, pourront les emporter en quittant la France.

5 = 9 SEPTEMBRE 1792. — Décret relatif aux formules de congés et passeports du commerce maritime. (L. 11, 177; B. 24, 709.)

*Voy.* loi du 22 = 27 JANVIER 1793.

Art. 1er. Les congés et passeports du commerce maritime, signés Louis et contre-signés Dubouchage, continueront d'être expédiés, et les feuilles expédiées seront employées jusqu'à ce que la Convention nationale en ait autrement ordonné.

5 = 6 SEPTEMBRE 1792. — Décret qui retire provisoirement aux préposés à la police extérieure du commerce les fusils et baïonnettes. (L. 11, 178.)

Art. 1er. Vingt-quatre heures après la promulgation du présent décret, les directeurs des douanes nationales enverront des commissaires dans tous les postes de leur direction, pour faire fournir les fusils et baïonnettes de tous les préposés à la police extérieure du commerce, faisant un service extérieur et actif, et qui leur sont subordonnés; et ils remettront ces armes, aussitôt après, au directoire de département ou du district, séant au chef-lieu de la direction des douanes.

2. Les armes seront estimées à leur plus juste valeur par les commissaires, et ils les remettront au directoire, ainsi qu'un état de leur estimation, afin qu'elles soient rendues à chacun des propriétaires après la guerre, ou que la valeur en soit payée.

3. L'employé qui sera convaincu d'avoir caché, changé ou refusé son fusil et sa baïonnette, sera renvoyé sur-le-champ par le directeur des douanes, sans préjudice des peines portées par la loi contre ceux qui, ne pouvant ni ne voulant marcher sur les frontières, refuseront de céder leurs armes aux défenseurs de la patrie.

4. Les directoires de département et de district enverront lesdits fusils et baïonnettes, vingt-quatre heures après les avoir reçus, au ministre de la guerre ou aux généraux de nos armées.

Les régisseurs des douanes tiendront la main à l'exécution du présent décret, et ils seront tenus de révoquer et dénoncer les directeurs des douanes et autres employés qui pourraient en retarder ou entraver l'exécution.

6. Le conseil exécutif provisoire enverra, dans les vingt quatre heures, le présent décret aux directeurs des douanes nationales.

5 = 7 SEPTEMBRE 1792. — Décret qui réduit les droits d'entrée sur les tabacs.( L. 11, 180, B. 24, 698.)

L'Assemblée nationale, après avoir entendu le rapport de son comité de commerce, dans ses séances des 30 juin et 10 juillet et dans celle de ce jour, sur la nécessité de réduire les droits d'entrée sur le tabac, et d'accélérer la vente et répartition du produit des tabacs et autres objets qui auront été saisis en fraude ou contrebande, et après avoir déclaré qu'elle est en état de rendre le décret définitif, décrète ce qui suit :

Art. 1er. A compter du 1er octobre prochain, l'importation de toute espèce de tabacs en feuilles est permise, en payant dix livres du quintal pour les tabacs qui sont assujétis au droit de dix-huit livres quinze sous; douze livres dix sous pour ceux qui paient vingt-cinq livres, et quinze livres pour tous les autres, excepté ceux en cigares, qui paieront vingt-cinq livres. Les droits de dix livres et de douze livres dix sous seront perçus tant sur les tabacs qui seront importés à compter de ladite époque, que sur ceux qui seront alors en entrepôt. Les tabacs du Levant seront admis en balles; ceux d'Amersford et autres de Hollande, en paniers, et ceux des colonies, en paquets.

2. Les tabacs en feuilles importés par mer jouiront de dix-huit mois d'entrepôt; ils pourront même passer, par continuation d'entrepôt, d'un port à un autre. Ils n'acquitteront le droit que sur le poids net effectif, et seulement à l'expiration du délai de l'entrepôt, ou lorsqu'ils en seront retirés pour la consommation nationale; le tout à charge que les magasins ne pourront être que sur les ports, choisis et fournis par les négocians, à leurs frais, et que les préposés de la régie en auront une clef.

3. Les tabacs fabriqués qui seront vendus par suite de saisie seront assujétis au droit de quinze livres par quintal.

4. Les tabacs saisis sur des inconnus, et non réclamés, pourront être vendus trois jours après la signification au procureur de la commune et l'affiche du jugement de confiscation. Le produit net de la vente sera remis de suite aux saisissans, et réparti d'après les règles établies ou à établir.

5. Lorsque plusieurs saisies de tabacs auront été faites séparément sur des inconnus dans le ressort d'un même tribunal de district, et que la valeur de chaque partie saisie n'excédera pas cinquante livres en argent, la régie pourra en demander la confiscation par une seule requête, laquelle contiendra l'estimation de chaque partie de tabac. Il sera statué sur ladite demande par un seul et même jugement.

6. Les dispositions des deux articles précédens seront exécutées à l'égard de toutes les saisies faites sur des inconnus d'objets qui n'auront point été réclamés.

5 SEPTEMBRE 1792. — Décret portant qu'il sera délivré à chacune des quarante-huit sections une somme de six mille livres en petites coupures d'assignats, pour échanger aux citoyens prêts à partir pour les frontières. (L. 11, 617; B. 24, 711.)

5 = 10 SEPTEMBRE 1792. — Décret qui ordonne la formation d'une cour martiale pour recevoir les plaintes d'Alexandre Crèvecœur. (B. 24, 684.)

5 SEPTEMBRE 1792. — Décret qui accorde d'avance soixante mille livres aux gendarmes de la vingt-neuvième division militaire. (L. 11, 168; B. 24, 713.)

5 = 12 SEPTEMBRE 1792. — Décret qui met sous la sauve-garde de la nation française le sieur Flood, prêtre irlandais. (B. 24, 713.)

5 = 10 SEPTEMBRE 1792. — Décret relatif à un versement de fonds à la Trésorerie par la caisse de l'extraordinaire. (L. 11, 175; B. 24, 686.)

5 = 10 SEPTEMBRE 1792. — Décret relatif à la nomination des commissaires pour surveiller et accélérer la formation du camp sous Châlons. (L. 11, 182; B. 24, 715.)

5 SEPTEMBRE 1792. — Décret qui accorde à l'église Saint-Sulpice la Vierge de marbre qui existe dans l'église des ci-devant Carmes. (B. 24, 712.)

5 SEPTEMBRE 1792. — Décret qui déclare que le département de la Charente-Inférieure a bien mérité de la patrie. (B. 24, 710.)

5 = 6 SEPTEMBRE 1792. — Décret relatif à l'expédition des brevets des officiers de gendarmerie et des compagnies franches. ( L. 11, 164.)

5 SEPTEMBRE 1792. — Décret relatif aux prisonniers détenus à Orléans. (L. 11, 165.)

5 = 6 SEPTEMBRE 1792. — Décret relatif à la construction et à la formation des camps et retranchemens sous les murs de Paris. (L. 11, 169; B. 24, 687.)

5 = 6 septembre 1792. — Décret relatif à une dépêche arrêtée par la municipalité de Rochefort. (B. 24, 695.)

5 = 6 septembre 1792. — Décret relatif à l'ouverture des barrières de Paris. ( L. 11, 171 ; B. 24, 716.)

5 = 11 septembre 1792. — Décret qui change le nom du district de Bourg-la-Reine en celui de Bourg-Egalité. (L. 11, 183.)

5 = 18 septembre 1792. — Décret relatif à l'organisation, la police et l'administration des camps destinés à la défense de Paris. (L. 11, 184 ; B. 24, 700.)

5 septembre 1792. — Proclamation du conseil exécutif provisoire, qui prononce que l'absence de l'empire français, pour cause de maladie ou pour prendre les eaux minérales, ne dispense pas des peines portées contre les émigrés. (L. 11, 150.)

5 septembre 1792.—Décret qui autorise le pouvoir exécutif provisoire à faire partir pour les frontières les gendarmes en exercice auprès des tribunaux de Paris. (L. 11, 161 ; B. 24, 685.)

5 = 6 septembre 1792. — Décret portant qu'il y a lieu à accusation contre les sieurs Ternaux, président du département de la Meuse, et Gossin, procureur-général-syndic, pour avoir obtempéré à l'ordre qui leur a été notifié au nom du roi de Prusse. (L. 11, 62; B. 24, 714.)

5 septembre 1792. — Abbé Sicard. Voy. 31 août 1792. — Faux assignats. Voy. 11 août 1792. — Haute-Saône. Voy. 1er septembre 1792. — Longwi. Voy. 31 août 1792. — Officiers, etc. des monnaies. Voy. 2 septembre 1792.

6 = 6 septembre 1792.—Décret qui exempte de l'enrôlement pour les frontières les ouvriers attachés aux imprimeries nationales, aux subsistances, aux fabrications d'armes et aux voitures publiques. (L. 11, 195; B. 24, 728.)

Art. 1er. On ne pourra requérir pour l'enrôlement dans les bataillons de gardes nationales qui vont marcher sur les frontières les imprimeurs et compagnons des imprimeries nationales ; les ouvriers employés aux subsistances, comme boulangers, bouchers; ceux employés aux fabrications d'armes, chariots et transport, comme armuriers, taillandiers, charrons; les hommes employés pour les voitures d'eau et autres voitures publiques ; ceux employés de quelque manière que ce soit aux travaux de l'administration.

2. Si le zèle des ouvriers les engage à se présenter sans être requis, on ne pourra les enrôler qu'autant qu'ils présenteront un certificat de leur section, attestant qu'il reste un nombre d'ouvriers suffisant pour le service public.

6 = 7 septembre 1792.—Décret relatif à l'emploi du métal provenant de la statue équestre élevée sur la principale place à Beauvais. (L. 11, 196.)

L'Assemblée nationale, considérant qu'on ne saurait mieux employer la valeur matérielle des monumens que la servitude avait élevés à l'orgueil du despotisme, qu'à procurer aux mains généreuses qui en ont secoué le joug les moyens de défendre l'égalité et la liberté qu'elles viennent de conquérir, décrète que la commune de Beauvais est autorisée à disposer du métal composant les débris de la statue équestre qui existait, avant le 10 août, sur la principale place de cette ville, et à en employer la valeur conformément à l'arrêté pris par le conseil général de ladite commune le 21 du même mois, partie au paiement des canons dont elle s'est pourvue en dernier lieu, et le surplus, en cas d'excédant, en achats d'armes. Le métal, s'il est jugé propre à être converti en numéraire, sera porté à l'hôtel des monnaies le plus prochain, et la valeur y sera payée comptant en assignats.

6 = 8 septembre 1792. — Décret relatif à l'administration des biens qui composaient une partie de la liste civile. (L. 11, 201.)

L'Assemblée nationale, considérant combien il importe d'établir l'ordre dans l'administration des biens qui composaient une partie des revenus de la liste civile, décrète qu'il y a urgence.

L'Assemblée nationale, sur le rapport de ses comités de l'extraordinaire et de l'ordinaire des finances, après avoir décrété l'urgence, décrète ce qui suit :

Art. 1er. Tous les biens qui faisaient partie des revenus de la liste civile seront régis provisoirement, et jusqu'à ce que la Convention nationale en ait autrement ordonné, par l'administration générale des biens nationaux ; ladite régie aura lieu sous la surveillance du ministre des contributions publiques, suivant les formes usitées jusqu'à ce jour pour les biens ci-devant connus sous la dénomination de domaine de la couronne.

2. Les fonds trouvés dans la caisse de la liste civile et versés depuis à la Trésorerie nationale, ensemble tous les revenus échus au 10 août dernier, appartiennent aux créanciers de ladite liste, et jusqu'à concurrence de leurs créances, et les deniers en provenant seront partagés d'après les formes légales et usitées pour ces sortes de distributions.

3. Seront cépendant payés par préférence et par ordre de dates, sur le *visa* du ministre des contributions publiques, tous entrepreneurs, constructeurs de bâtimens et fournisseurs compris aux états de distribution et porteurs d'ordonnances antérieures au 10 août 1792.

4. Sur les revenus échus et à échoir depuis l'époque du 10 août dernier, il sera pris des fonds pour subvenir aux dépenses nécessaires à l'exploitation des terres et manufactures, ainsi qu'à l'entretien des bâtimens et autres établissemens dépendant de la liste civile. Eu cas d'insuffisance de la recette, il en sera rendu compte à l'Assemblée nationale, qui décrétera, s'il y a lieu, les fonds indispensables pour y satisfaire.

6 = 17 SEPTEMBRE 1792. — Décret qui supprime la rente viagère d'un million sur la tête de Louis XVI, et sur celle de Louis-Stanislas-Xavier, son frère. (L. 11, 205 ; B. 24, 722.)

L'Assemblée nationale, après avoir entendu le rapport de son comité de l'ordinaire des finances sur la constitution d'une rente viagère d'un million sur la tête de Louis XVI et sur celle de Louis-Stanislas-Xavier, son frère, faisant partie des rentes viagères de l'édit du mois de janvier 1782; considérant qu'il est très-instant de décharger le Trésor national du paiement des sommes qui n'ont été mises au rang des dépenses publiques que par une suite des malversations et des dilapidations de l'ancien régime, décrète qu'il y a urgence.

L'Assemblée nationale, après avoir décrété l'urgence, décrète ce qui suit :

Art. 1er. La rente d'un million constituée par un contrat des 30 avril et 23 juillet 1784, au profit de Louis XVI, sur sa tête et celle de Louis-Stanislas-Xavier, son frère, sera rayée des registres et états des payeurs des rentes; les titres qui l'établissaient sont déclarés nuls et comme non avenus; et il est fait défense à tous payeurs, trésoriers, agens ou manutenteurs des deniers du Trésor national, de continuer le paiement de ladite rente, soit à Louis XVI, soit à Louis-Stanislas-Xavier, prince français, soit enfin à toutes autres personnes se prétendant les fondés de pouvoirs, cessionnaires ou ayant-cause des rentiers, sous peine par lesdits payeurs, trésoriers, agens ou manutenteurs des deniers publics et nationaux, d'être poursuivis comme prévaricateurs et concussionnaires.

2. Il sera fait, à la diligence de l'agent du Trésor national, mention du présent décret, tant en marge des minutes des contrats des 30 avril et 23 juillet 1784, que de l'article des registres et états des payeurs des rentes qui concerne la rente dont il s'agit; et sera ledit agent du trésor national obligé de justi-

fier à l'Assemblée nationale de l'exécution du présent article, dans la huitaine de la publication du décret.

6 = 17 SEPTEMBRE 1792. — Décret qui ordonne la confection d'un canal de jonction du Rhône au Rhin. (L. 11, 206 ; B. 24, 718.)

L'Assemblée nationale, après avoir entendu son comité d'agriculture, considérant les avantages qui doivent résulter du canal de jonction du Rhône au Rhin par l'intérieur des départemens du Doubs, du Jura, du Haut et Bas-Rhin, non-seulement pour ces contrées et celles adjacentes, mais pour la France entière, à laquelle il procure une navigation libre par son intérieur, d'une extrémité du royaume à l'autre dans tous les sens, et la communication avec la Méditerranée, la mer d'Allemagne et la Suisse;

Considérant que du rapport de la commission mixte nommée par le ministère pour l'examen du projet et des deux plans des sieurs Lachiche et Bertrand, et de l'avis de cette commission en date du 28 juin 1791, il résulte que ce canal est d'une facile exécution;

Considérant la certitude des profits réels que la France en doit retirer par l'augmentation du produit des forêts nationales restées jusqu'ici sans valeur en ces pays, faute de débouchés, et par le prix qu'il doit mettre aux autres biens nationaux situés dans les départemens voisins, décrète ce qui suit :

Art. 1er. Il sera établi une navigation intérieure pour faire communiquer le Rhône au Rhin, par les rivières de la Saône, du Doubs, de l'Halaine et de l'Ill, et par un canal artificiel intermédiaire, avec une branche de jonction de l'Ill à Huningue.

2. Le pouvoir exécutif est chargé de négocier avec les gouvernemens de Montbéliard et Mulhausen la faculté de faire lever les plans, dresser les devis, prendre les nivellemens et toute autre mesure préparatoire de cette navigation dans l'étendue de leur territoire, et de se concerter avec ces deux puissances sur le mode et les conditions du transit.

3. Le pouvoir exécutif fera lever des plans et dresser les devis pour opérer cette navigation sans quitter le territoire français, et mettre ultérieurement l'Assemblée nationale à même de statuer sur la préférence à donner à l'un ou à l'autre de ces deux plans.

4. Ces plans seront dressés de manière à faire concourir, autant qu'il sera possible, cette navigation à la défense des frontières.

5. L'Assemblée nationale, reconnaissante du zèle et du désintéressement que les sieurs Lachiche, maréchal-de-camp, ancien officier du génie militaire, et Bertrand, inspecteur-général des ponts-et-chaussées, ont montrés constamment dans la suite des travaux rela-

tifs à ce projet, déclare qu'elle est satisfaite
de leur zèle et de leurs talens, et que leurs
noms seront inscrits au procès-verbal de ses
séances, comme citoyens bien méritant de la
patrie.

6. L'Assemblée nationale décrète qu'il
sera remis par le Trésor public, entre les
mains du pouvoir exécutif, une somme de
vingt-cinq mille livres pour fournir à la dépense de la levée des plans, devis et nivellemens dont il vient d'être parlé; elle se réserve de statuer ultérieurement sur le mode
de l'exécution et sur quels fonds seront prises
les sommes nécessaires pour y parvenir.

6 SEPTEMBRE 1792. — Décret qui autorise le
ministre de la justice à faire imprimer de suite
les lois. (L. 11, 204.)

6 = 11 SEPTEMBRE 1792. — Acte d'accusation
contre M. Blangilly, député du département
des Bouches-du-Rhône au Corps-Législatif.
(L. 11, 193; B. 24, 725.)

6 = 6 SEPTEMBRE 1792. — Décret qui met deux
millions à la disposition du ministre de l'intérieur, pour les dépenses occasionées par le
déplacement de la force armée dans l'intérieur.
(L. 11, 197; B. 24, 724.)

6 = 11 SEPTEMBRE 1792. — Décret pour la punition des auteurs des troubles de Bressuire.
(L. 11, 203; B. 24, 727.)

6 SEPTEMBRE 1792. — Décret relatif au paiement
des commis aux rôles employés extraordinairement dans les bureaux de l'Assemblée. (B.
24, 720.)

6 = 17 SEPTEMBRE 1792. — Décret qui autorise
la municipalité de Biénon-l'Archevêque à
emprunter la somme de trente mille livres
pour les réparations de son pont. (B. 24,
721.)

6 SEPTEMBRE = 4 DÉCEMBRE 1792. — Décret qui
mande à la barre le commissaire du Roi près
le tribunal du district de Saintes. (B. 24,
721.)

6 = 25 SEPTEMBRE 1792. — Décret relatif à
l'armement du 2e bataillon du département
de la Dordogne. (B. 24, 722.)

6 = 11 SEPTEMBRE 1792. — Décret qui ordonne
l'élargissement du sieur Étienne Tixerand. (B.
24, 726.)

6 = 11 SEPTEMBRE 1792. — Décret qui accorde
un secours de cent cinquante livres au sieur
Bonfond. (B. 24, 728.)

6 SEPTEMBRE 1792. — Ateliers de secours. Voy.
2 SEPTEMBRE 1792. — Barrières de Paris. Voy.
5 SEPTEMBRE 1792. — Biens d'émigrés. Voy.
2 SEPTEMBRE 1792. — Biens nationaux. Voy.
30 AOUT 1792. — Camp sous Paris; Commerce
de fusils; Congés et passeports. Voy. 5 SEP-
TEMBRE 1791. — Conseil général de Paris.
Voy. 30 AOUT 1792. — Embauchage. Voy.
31 AOUT 1792. — Enrôlemens, etc. Voy.
5 SEPTEMBRE 1792. — Étapes. Voy. 2 SEP-
TEMBRE 1792. — Fédérés, etc. Voy. 30 AOUT
1792. — Gendarmerie; Matières d'or, etc.
Voy. 5 SEPTEMBRE 1792. — Ménageries. Voy.
4 SEPTEMBRE 1792 — Officiers généraux. Voy.
30 AOUT 1792. — Régimens du Roi et de
Mestre-de-Camp; Saintes. Voy. 4 SEPTEM-
BRE 1792. — Sieurs Ternaux et Gossin. Voy.
5 SEPTEMBRE 1792. — Titre de citoyen français. Voy. 2 SEPTEMBRE 1792. — Titres de
créance. Voy. 1er SEPTEMBRE 1792. — Toulon. Voy. 30 AOUT 1792. — Troubles de Châtillon. Voy. 4 SEPTEMBRE 1792.

7 = 7 SEPTEMBRE 1792. — Décret relatif aux
conditions d'éligibilité exigées pour les commissaires du pouvoir exécutif près les tribunaux. (L. 11, 209; B. 24, 743.)

L'Assemblée nationale, considérant qu'il
importe d'aplanir les difficultés qui peuvent
s'opposer aux choix des commissaires du pouvoir exécutif près les tribunaux, sur la proposition du ministre de la justice, décrète
que ceux qui, à l'âge de vingt-cinq ans accomplis, réuniront les autres conditions d'é-
ligibilité exigées par les lois précédentes,
pourront être nommés commissaires du pouvoir exécutif ou nationaux près les tribunaux, dérogeant, quant à ce, aux lois antérieures.

7 = 7 SEPTEMBRE 1792. — Décret concernant
les attributions des corps électoraux. (L. 11,
210.)

Sur la demande faite par plusieurs corps
électoraux, s'ils peuvent procéder au renouvellement des administrateurs, des juges et
des autres fonctionnaires publics,

L'Assemblée nationale passe à l'ordre du
jour, attendu que les électeurs doivent exercer tous les pouvoirs qui leur ont été délégués par les assemblées primaires, et ne peuvent ni ne doivent en exercer d'autres.

7 = 7 SEPTEMBRE 1792. — Décret relatif au
compte à rendre par le directeur-général de
la liquidation, les commissaires de la Trésorerie et le commissaire général près la caisse
de l'extraordinaire. (L. 11, 212.)

Art. 1er. Le commissaire national directeur-général de la liquidation présentera, le
18 septembre présent mois, et fera imprimer
l'état de la liquidation qui lui est confiée,
ainsi que l'état détaillé du nombre, de la nature et du montant des titres ou mémoires

constatant les créances exigibles dues par la nation, qui ont été présentées à la liquidation ; il y distinguera les objets qui lui paraîtront susceptibles de réduction, ou qui seront dans le cas d'être rejetés ; il y joindra son avis sur chaque nature de créances qui ne sont pas encore liquidées.

2. Les commissaires de la Trésorerie nationale présenteront aussi, le 18 septembre présent mois, et feront imprimer le compte général des recettes et dépenses de ladite Trésorerie, depuis qu'ils sont entrés en fonctions jusqu'au 15 septembre présent mois ; ils y distingueront et diviseront les objets reçus ou payés pendant la session du corps constituant, de ceux qu'ils ont reçus ou payés pendant la session du Corps-Législatif.

3. Le commissaire national près la caisse de l'extraordinaire présentera aussi, le 18 septembre présent mois, et fera imprimer le compte général des assignats qui ont été créés, dépensés et échangés, ainsi que le compte général des recettes et dépenses de ladite caisse, depuis l'époque de sa création jusqu'au 15 septembre courant, il y distinguera et divisera les objets de son administration pendant la session du corps constituant, de ceux qu'il a administrés, reçus ou payés pendant la session du Corps-Législatif.

---

7 = 14 SEPTEMBRE 1792. — Décret qui défend aux ecclésiastiques salariés par l'État de recevoir un casuel. (L. 11, 230 ; B. 24, 733.)

L'Assemblée nationale décrète que les ecclésiastiques salariés par l'État qui recevront un casuel, sous quelque dénomination que ce soit, seront condamnés par les tribunaux de district à perdre leur place et leur traitement.

---

7 = 14 SEPTEMBRE 1792. — Décret relatif au transit de diverses marchandises de l'étranger à l'étranger par les départemens des Haut et Bas-Rhin, de la Meuse et de la Moselle. (L. 11, 231 ; B. 24, 743.)

Art. 1er. Le transit de l'étranger par les départemens respectifs des Haut et Bas-Rhin, de la Meuse et de la Moselle, et l'entrepôt à Strasbourg des marchandises qui peuvent en être l'objet, continueront d'avoir lieu, nonobstant le changement de régime de ces départemens relativement aux droits de traite, en remplissant les formalités qui seront ci-après prescrites.

2. Les marchandises importées sur voitures, de l'étranger à Strasbourg par le pont du Rhin, soit pour y attendre leur destination conformément à ce qui sera réglé ci-après, soit pour passer de suite à l'étranger par l'un des départemens désignés dans l'article 1er, ne seront point vérifiées au bureau placé sur ledit pont ;

les conducteurs seront seulement tenus de représenter aux préposés de la régie des douanes audit bureau, pour être visées par eux, les lettres de voiture contenant les espèces, poids et quantités desdites marchandises, et la marque de chaque colis ; après quoi chaque voiture sera plombée par capacité, et conduite à la douane.

Les marchandises étrangères arrivant audit Strasbourg par la navigation du Rhin ou de la rivière d'Ill, seront également dispensées de la visite au débarquement ; les bateliers seront seulement tenus, avant de pouvoir faire ce débarquement, d'en prévenir les préposés de la régie, de représenter les lettres de voiture dont ils seront porteurs, et qui devront être dans la forme ci-dessus prescrite. Après le *visa* des lettres de voiture par les préposés, les marchandises seront conduites à la douane.

Dans les deux cas ci-dessus, la déclaration détaillée des marchandises sera transcrite et signée aussitôt leur arrivée à la douane, et celles qui devront y rester seront déposées de suite dans un magasin particulier, sous la clef respective des préposés de la régie et du commerce.

3. Les marchandises présentées au bureau de Rulzheim ou de Saint-Louis, avec destination pour l'entrepôt de Strasbourg, et pour lesquelles les conducteurs représenteront des lettres de voiture dans la forme prescrite par l'article 2, seront également dispensées de la visite ; mais, après la déclaration transcrite et signée, chaque colis sera ficelé et plombé, et les marchandises expédiées par acquit-à-caution. Il en sera usé de même pour ce qui sera présenté à ces bureaux à la destination directe de l'étranger, en passant par le département du Haut ou du Bas-Rhin.

Dans le premier cas, les marchandises pourront être vérifiées à leur arrivée à l'entrepôt de Strasbourg ; dans l'autre, les préposés des douanes aux bureaux de sortie, qui reconnaîtront que les plombs et cordes apposés aux colis et sur la voiture n'auront reçu aucune altération, déchargeront les acquits-à-caution sans visite.

4. Dans le cas où une partie des marchandises présentées aux bureaux de Rulzheim ou de Saint-Louis ne seront destinées ni pour Strasbourg ni pour l'étranger, et que le surplus du chargement aurait l'une ou l'autre destination, les premières acquitteront les droits au premier bureau d'entrée ; les autres seront plombées et expédiées par acquit-à-caution qui sera déchargé à la douane de Strasbourg, ou au dernier bureau de sortie.

5. Les négocians à qui les marchandises laissées à la douane auront été adressées seront tenus de faire, dans les trois mois du jour de leur arrivée, la déclaration de celles qu'ils voudront faire entrer dans la consom-

mation du royaume et de celles qu'ils destineront à faire passer à l'étranger. Ils acquitteront les droits des marchandises déclarées
pour le royaume, et seront tenus de les retirer sur-le-champ de l'entrepôt ; les autres seront entreposées dans un magasin séparé,
d'où elles ne pourront être retirées pendant
la durée de l'entrepôt, que pour transiter à
l'étranger. Ce magasin sera sous la clef respective des préposés de la régie et du commerce, et on ne pourra, dans aucun cas, y
diviser les marchandises contenues dans chaque colis.

6. La durée de l'entrepôt, à compter du
jour de l'arrivée, ne pourra excéder une année, à l'expiration de laquelle les marchandises qui n'auront pas été expédiées en transit pour l'étranger y seront envoyées, sans
pouvoir être retirées pour la consommation
du royaume, et sans que celles arrivées par
les bureaux du pont du Rhin ou de la rivière
d'Ill puissent être exportées par les mêmes
bureaux.

7. Le transit des marchandises entreposées
à Strasbourg ne pourra avoir lieu par terre
que par les bureaux de Rulzheim, Saint-
Louis et Pont-du-Rhin, par la rivière d'Ill ;
et la navigation du Rhin, que par les bureaux de la Wentzenau ou Drussenheim. Chaque colis qui devra être exporté par ces deux
premiers bureaux sera plombé, et la voiture
qui les contiendra recevra un plomb par capacité.

Les marchandises qui seront expédiées de
l'entrepôt de Strasbourg par le Pont-du-Rhin
pour l'étranger, ne seront plombées que par
capacité de voiture, quand la voiture ne
portera point d'autres marchandises. Celles
qui devront suivre leur destination par la
navigation du Rhin ou de la rivière d'Ill
seront plombées par colis. Il est défendu aux
bateliers, sous peine de confiscation et de
cinq cents livres d'amende, de décharger aucune partie desdites marchandises dans les
îles du Rhin, ou d'aborder, sous aucun prétexte, sur la rive gauche de ce fleuve, ailleurs
que dans les lieux où il y a des bureaux ou
des préposés établis ; et les conducteurs seront
tenus, à peine de cent livres d'amende, de
faire viser leurs acquits, aussitôt leur arrivée, par les préposés des postes ou bureaux
où ils aborderont. Les acquits-à-caution délivrés pour cette exportation seront déchargés après la reconnaissance du nombre des
colis, et que les plombs et cordes y apposés
auront été trouvés en bon état.

8. Le transit et l'entrepôt à Strasbourg,
conservés par l'article 1er du présent décret
aux marchandises qui, pour aller de l'étranger à l'étranger, emprunteront le territoire
des départemens de la Meuse et de la Moselle, ne pourront avoir lieu qu'autant que
ces marchandises seront expédiées, à l'entrée

et à la sortie, par les bureaux de Montmédi, Longwy, Thionville et Sarreguemines,
et par ceux désignés dans l'article 7, et
qu'elles seront assujéties à la visite et à
toutes les autres formalités prescrites par le
décret du 6=22 août 1791, pour assurer
leur destination.

9. Le transit, dans ces différens cas, ne
sera assujéti qu'aux frais du plombage ; quant
à l'entrepôt établi à Strasbourg, le commerce
en fournira et entretiendra les magasins à
ses frais, et paiera également les préposés
qu'il chargera de la tenue de l'une des clefs.

10. Les entrepreneurs des manufactures
de toiles peintes établies actuellement dans
les départemens des Haut et Bas-Rhin, jouiront du remboursement des droits du nouveau tarif qu'ils auront acquittés sur les toiles de coton blanches, tirées de l'étranger
par les bureaux de Saint-Louis et de Strasbourg, pour être peintes dans les manufactures nationales, et réexportées à l'étranger,
en se conformant aux formalités prescrites
par les articles suivans.

11. Les toiles qui auront cette destination
devront, au moment de leur introduction,
être déclarées pour celle des manufactures
des départemens des Haut et Bas-Rhin à laquelle elles seront destinées ; elles seront pesées et aunées par les préposés de la régie du
bureau par lequel elles entreront, et seront
marquées à la rouille aux extrémités de chaque pièce, et à toute autre partie que les négocians désireront.

12. Le remboursement des droits qu'elles
auront acquittés ne pourra s'effectuer
qu'autant que ces toiles n'auront pas changé
de mains, que la réexportation en sera faite
dans l'année par le bureau par lequel elles
auront été importées, qu'elles auront la
marque prescrite par l'article ci-dessus, et
qu'elles seront accompagnées de l'acquit de
paiement des droits d'entrée, lequel sera
émargé à chaque expédition par le receveur
et le contrôleur, pour les quantités et poids
dont la sortie aura été constatée.

13. Le remboursement des droits, accordé
par l'article précédent, sera effectué par le
receveur de la douane qui aura perçu les
droits, sur le visa du directeur des douanes
de l'arrondissement.

14. Les manufactures qui justifieront avoir
fourni au directoire de leur district respectif une caution bonne et valable en immeubles libres et exempts de toute hypothèque,
jouiront d'un crédit égal aux deux tiers dudit cautionnement, pendant l'espace d'une
année, sur les toiles qui seront introduites
avec la destination indiquée par l'article 10 ;
à la charge d'acquitter, à l'expiration de
l'année, les droits des toiles qui, dans ce délai, n'auront pas été réexportées, teintes ou

imprimées, dans les manufactures du Haut et du Bas-Rhin.

15. Pour empêcher les abus auxquels peut donner lieu le transit accordé par les articles précédens, les conducteurs seront tenus, à peine de mille livres d'amende, de souffrir, à toutes réquisitions, la vérification des plombs apposés aux voitures. Dans le cas où les préposés s'apercevront que lesdits plombs ont été détachés ou la voiture débâchée, ils sont autorisés à conduire ladite voiture au plus prochain bureau de la route, où le nombre des colis et les plombs qui y auront été apposés seront reconnus. En cas de déficit de colis, ou s'il est constaté qu'une marchandise a été substituée à celle qui aura été déclarée, ou s'il se trouve des colis dépourvus de plombs, le voiturier sera condamné à deux mille livres d'amende par chaque colis manquant ou sans plombs, ou dans lequel on aura mis une marchandise autre que celle déclarée; pour sûreté de laquelle amende, la voiture et les chevaux seront saisis. L'amende ne sera que de cent livres lorsque le plomb apposé à la voiture aura été détaché, sans qu'il y ait d'autre contravention; elle sera de cinq cents livres, si la voiture est trouvée débâchée en tout ou en partie. S'il s'agit de colis que l'on aura vu décharger, le colis sera saisi, et le voiturier condamné à cinq cents livres d'amende. Si c'est un colis qu'on a voulu échanger, le colis qui aura été vu décharger et celui qui aura été substitué seront saisis, avec pareille amende de cinq cents livres.

7 = 7 SEPTEMBRE 1792. — Décret relatif à l'élection du commissaire national et son substitut auprès du tribunal de cassation. (B. 24, 734.)

L'Assemblée nationale, après avoir entendu le rapport de son comité de législation, considérant qu'après avoir laissé au tribunal de cassation le droit d'élire le commissaire national et les substituts du commissaire national établis auprès de ce tribunal, il n'y a aucun inconvénient à lui donner la faculté de réélire ceux qui en ont jusqu'ici exercé les fonctions, et que l'expédition des affaires exige sur ce point une prompte décision, décrète qu'il y a urgence.

L'Assemblée nationale, après avoir décrété l'urgence, décrète que les juges du tribunal de cassation auront la faculté de réélire. aux places de commissaire national et de substitut du commissaire national établis auprès de ce tribunal les personnes qui en ont jusqu'ici exercé les fonctions, dérogeant quant à ce aux dispositions des lois antérieures.

7 = 9 SEPTEMBRE 1792. — Décret qui défend aux ouvriers des fabriques de papier de Cour-

talin, du Marais, d'Essonne et de Buges, de quitter leurs ateliers, même pour s'enrôler. (L. 11, 217; B. 24, 731.)

7 SEPTEMBRE 1792. — Décret qui réduit les récompenses accordées à plusieurs dénonciateurs de fabrication de faux assignats. (B. 24, 735.)

7 = 7 SEPTEMBRE 1792. — Décret qui exempte provisoirement de la garde nationale les ouvriers employés à la fonte des caractères des assignats. (L. 11, 219; B. 24, 730.)

7 = 9 SEPTEMBRE 1792. — Décret qui destine la maison des Capucines à réunir tous les outils et tous les travaux de la fabrication des assignats. (L. 11, 220; B. 24, 729.)

7 SEPTEMBRE 1792. — Décret qui excepte de l'enrôlement pour les frontières les ouvriers employés aux subsistances, aux fabrications d'armes et chariots de transport, aux voitures d'eau et autres voitures publiques, etc. (B. 24, 728.)

7 = 14 SEPTEMBRE 1792. — Décret relatif à l'examen des mémoires de médicamens à envoyer dans les colonies. (B. 24, 732.)

7 = 7 SEPTEMBRE 1792. — Décret qui suspend de ses fonctions le sieur Desterzan, premier lieutenant-colonel du 21e régiment de cavalerie. (B. 24, 733.)

7 = 20 SEPTEMBRE 1792. — Décret qui accorde une récompense à plusieurs Français renvoyés d'Espagne pour avoir refusé de prêter le serment prescrit par la cédule du roi d'Espagne. (B. 24, 736.)

7 = 7 SEPTEMBRE 1792. — Décret relatif à l'approvisionnement du camp de Châlons. (B. 24, 737.)

7 SEPTEMBRE 1792. — Décret portant que les artistes des théâtres de la Liberté, de l'Egalité et du Palais, formeront trois compagnies franches pour faire alternativement le service du camp de Paris. (B. 24, 737.)

7 = 20 SEPTEMBRE 1792. — Décret qui autorise les communes d'Aramon, de Sarguemines et de Nanterre à faire des emprunts, et le directoire du district de Cahors à faire une acquisition. (L. 11, 238; B. 24, 738.)

7 = 20 SEPTEMBRE 1792. — Décret qui accorde une pension de quatre cents livres à la veuve Poissonneau. (B. 24, 740.)

7 = 7e SEPTEMBRE 1792. — Décret qui défend les exhumations dans les églises, sous prétexte d'employer les cercueils de plomb à faire des balles. (B. 24, 741.)

7 SEPTEMBRE 1792. — Décret portant que les citoyens qui partiront pour la frontière seront payés de leur solde du jour de leur enregistrement. (B. 24, 742.)

———

7 = 14 SEPTEMBRE 1792. —Décret pour protéger les travaux de MM. Delambre et Méchin, chargés de la mesure du méridien. (B. 24, 742.)

———

7 = 7 SEPTEMBRE 1792. — Décret relatif aux mesures de police pour la sûreté des places assiégées, et qui autorise les commandans à en faire sortir les citoyens lâches ou suspects. (B. 24, 750.)

———

7 SEPTEMBRE 1792. — Décret qui autorise le pouvoir exécutif à prononcer toutes suspensions et destitutions qu'il jugera nécessaires. (L. 11, 216; B. 24, 732.)

———

7 SEPTEMBRE 1792. — Aisne; Sieur Brouilhet; Caisse du 101ᵉ régiment. — Canonniers de Paris. — Chevaux, etc. d'émigrés. *Voy.* 27 AOUT 1792. — Comptabilité. *Voy.* 5 SEPTEMBRE 1792. — Convenant; Denrées coloniales; Domaines congéables, etc.; Echangistes. *Voy.* 27 AOUT 1792. — Galères. *Voy.* 3 SEPTEMBRE 1792. — Infant de Parme. *Voy.* 2 SEPTEMBRE 1792. — Juges et suppléans. *Voy.* 27 AOUT 1792. — Logemens. *Voy.* AOUT 1792. — Maire de Strasbourg. *Voy.* 27 AOUT 1792. — Statue de Beauvais. *Voy.* 6 SEPTEMBRE 1792. — Tabacs. *Voy.* 5 SEPTEMBRE 1792.

———

8 = 8 SEPTEMBRE 1792. — Décret relatif au rétablissement de la libre circulation des personnes et des choses dans l'intérieur. (L. 11, 240; B. 24, 766.)

L'Assemblée nationale, considérant que le meilleur moyen d'assurer la défense et la tranquillité de Paris est d'y maintenir l'abondance des approvisionnemens de toute espèce, et principalement des subsistances; que le moindre obstacle opposé à la libre circulation des personnes et des choses, dans les circonstances où toute la France est en mouvement, jetterait dans les approvisionnemens de Paris et des armées une lenteur funeste, et pourrait même les rendre insuffisans, décrète que la libre circulation des personnes et des choses est rétablie dans l'empire; la loi du 28 mars, relative aux passeports, ne sera exécutée qu'à dix lieues des frontières ou des lieux occupés par les armées étrangères.

———

8 = 8 SEPTEMBRE 1792. — Décret qui ordonne l'anéantissement des pétitions dites des huit mille et des vingt mille. (L. 11, 241.)

Un membre demande que l'on déclare ennemis de l'union fraternelle des Français ceux qui voudront se servir des listes des huit mille et du camp des vingt mille comme de listes de proscription.

Un autre membre a converti en motion la pétition de la section des Lombards, relativement à l'anéantissement des pétitions des huit mille et des vingt mille.

L'Assemblée nationale, considérant qu'au moment où tous les Français prennent les armes pour la défense de la liberté et de l'égalité, tous les sentimens doivent se confondre dans le seul amour de la patrie, et les haines particulières s'anéantir, décrète que l'original de la pétition dite des huit mille, et celui de la pétition contre le camp de vingt mille hommes, et autres pétitions semblables, seront brûlés.

L'Assemblée nationale invite les citoyens qui auront ces listes imprimées à les anéantir, et déclare ennemis de l'union fraternelle qui doit régner désormais entre tous les Français ceux qui voudraient donner quelque effet à ces listes.

———

8 SEPTEMBRE 1792. — Décret concernant le compte à rendre à la Convention nationale de la situation de toutes les opérations relatives à la fabrication des assignats. (L. 11, 242; B. 24, 751.)

L'Assemblée nationale, considérant qu'il importe de préparer et réunir dès à présent tous les renseignemens nécessaires pour que la Convention nationale puisse connaître, au moment même de sa réunion, la situation de toutes les opérations relatives à la fabrication des assignats, décrète qu'il y a urgence.

L'Assemblée nationale après avoir décrété l'urgence, décrète ce qui suit :

Art. 1ᵉʳ. Le ministre des contributions publiques, les commissaires-directeurs à la fabrication des assignats et trésorier de la caisse de l'extraordinaire, se concerteront pour présenter dans le délai de huitaine à l'Assemblée nationale, et chacun en ce qui le concerne, un mémoire énonciatif de la situation, au 1ᵉʳ septembre 1792, de la fabrication et du compte des assignats provenant des différentes fabrications et créations qui ont eu lieu jusqu'à ce jour.

2. Audit mémoire, signé du ministre des contributions publiques, du directeur à la fabrication et du trésorier à la caisse de l'extraordinaire, sera joint un tableau comparatif, et à plusieurs colonnes, des différentes créations et fabrications, dont les résultats devront être tels, que la totalité des assignats versés à la caisse de l'extraordinaire, ou sautés, tant au timbre qu'à l'imprimerie, ensemble les bouts de chaque série brûlés ou à brûler, composent, avec le papier blanc qui pourrait rester desdites fabrications, une quantité de papier égale à

celle déposée aux archives nationales pour chaque fabrication.

3. A compter du lundi 10 de ce mois, il sera procédé de suite et sans interruption, par le directeur de la fabrication, sous la surveillance et responsabilité du ministre des contributions publiques, et par le trésorier de la caisse de l'extraordinaire, au comptage et brûlement des assignats fautés, tant au timbrage qu'à l'impression : le tout en présence des commissaires de l'Assemblée nationale, conformément aux lois qui ont été rendues pour les précédens brûlemens.

4. Le brûlement sera fait à la caisse de l'extraordinaire, ou en tout autre lieu, suivant ce qui sera jugé le plus convenable pour cette opération.

5. Le ministre des contributions publiques est autorisé à prendre, s'il est besoin, de l'ancien commissaire du Roi de service à la confection des assignats, tels renseignemens qu'il jugera nécessaires, relativement aux opérations désignées dans les articles précédens ; il pourra même l'y employer, et, dans ce cas, les émolumens dudit commissaire, pendant le temps des opérations, seront les mêmes que ceux du commissaire directeur à la fabrication des assignats.

8 = 9 SEPTEMBRE 1792. — Décret relatif aux mesures à prendre pour faire sortir des départemens menacés tout le superflu des grains, fourrages et autres denrées. (L. 11, 244 ; B. 24, 765.)

L'Assemblée nationale, considérant que les armées ennemies ont déjà successivement enlevé dans leur marche, et transporté jusque sur le territoire étranger, une grande partie des subsistances qui se trouvent dans les départemens qu'elles ont envahis ;

Considérant qu'il est de la plus urgente nécessité de prévenir la continuation d'une telle manœuvre, et d'empêcher, en les mettant sous la protection de nos armées, que nos denrées soient la proie de l'ennemi, et ne lui préparent à nos dépens de nouveaux moyens de nous combattre et d'exciter des troubles, décrète que le pouvoir exécutif provisoire prendra sur-le-champ les mesures les plus propres à faire sortir des départemens menacés tout le superflu des grains, fourrages et autres denrées qu'ils peuvent contenir, à démontrer aux habitans la nécessité de les transporter aux lieux les moins exposés, à leur acheter tout ce qu'ils seront disposés à vendre pour le compte de l'Etat, et à employer ainsi, de concert avec eux, tous les moyens d'assurer leurs subsistances et d'en priver l'ennemi.

8 = 12 SEPTEMBRE 1792. — Décret relatif au pain des troupes (1). (L 11, 245 ; B. 24, 768.)

Le ministre de la guerre annonce que, des différens essais qui lui ont été présentés pour l'amélioration du pain des troupes, celui qui a le mieux rendu est le pain de pur froment, avec extraction de quinze livres de son par quintal ; il le trouve préférable au pain dans lequel il y a du seigle ; il propose de l'adopter.

La proposition convertie en motion, l'Assemblée rapporte son décret du 2 de ce mois ; décrète que le pain sera de pur froment, et ordonne le renvoi de la lettre du ministre à son comité militaire.

8 = 13 SEPTEMBRE 1792. — Décret qui supprime les six tribunaux criminels établis à Paris en mars 1791. (L. 11, 247 ; B. 24, 770.)

Art. 1er. Les six tribunaux criminels créés à Paris par le décret du 13 = 14 mars 1791 sont et demeurent dissous ; les juges qui composent lesdits tribunaux se rendront à leur poste.

2. Les procès criminels restans dans lesdits tribunaux, et qui seraient dans le cas d'être poursuivis, seront reportés aux différens tribunaux d'arrondissement de Paris auxquels ils appartiennent, pour y être jugés conformément aux lois subsistantes, suivant les derniers erremens et sans nouvelle assignation.

3. Les scellés seront apposés par la municipalité de Paris sur les greffes desdits six tribunaux, ainsi que sur les lieux de dépôt qui étaient destinés à leur usage.

4. Il sera incessamment procédé, par des commissaires qui seront nommés à cet effet par la municipalité de Paris, en présence des greffiers des tribunaux, à l'inventaire de tous les titres, papiers et effets existant dans lesdits greffes et lieux de dépôt.

8 = 14 SEPTEMBRE 1792. — Décret relatif au complément de l'organisation des régimens d'infanterie et d'artillerie de la marine. (L. 11, 249 ; B. 24, 753.)

Art. 1er. La forme de l'instruction et des jugemens pour les délits militaires sera la même pour les troupes d'artillerie et d'infanterie de la marine que pour les troupes de ligne.

2. Les gardes principaux d'artillerie des ports, en exercice lors de la formation de l'artillerie de la marine, auront l'option de conserver leur place, ou d'occuper dans l'ar-

---

(1) Il y a quelque différence dans la rédaction de la collection Baudouin.

tillerie celles auxquelles ils seront portés par leur ancienneté de service.

3. Les gardes principaux qui entreront dans les régimens d'artillerie y prendront rang parmi les officiers, savoir : ceux qui ont été pourvus de brevet d'officier antérieurement à celui de garde d'artillerie, de la date de leur lettre d'officier ;

Ceux qui ont été maîtres-canonniers entretenus, de la date de leur lettre d'entretien, conformément à l'article 34 du titre II du décret du 31 mai = 14 juin, concernant l'organisation de l'artillerie de la marine ;

Et enfin ceux qui n'étaient que sous-officiers, de la date de leur brevet de gardes principaux d'artillerie.

———

8 = 8 SEPTEMBRE 1792.—Décret relatif à l'approvisionnement du sel dans les départemens du Haut et du Bas-Rhin. (L. 11, 251 ; B. 24, 762.)

L'Assemblée nationale, considérant combien il est intéressant, dans les circonstances actuelles, d'assurer la fourniture du sel nécessaire à la consommation du Haut et du Bas-Rhin, décrète qu'il y a urgence, et, après avoir décrété l'urgence, décrète que les dispositions des articles 2 et 3 du décret du 12 = 20 juillet 1791, pour l'approvisionnement du sel dans les divers départemens, seront communes aux départemens du Haut et du Bas-Rhin.

———

8 = 14 SEPTEMBRE 1792.—Décret portant création d'un corps de troupes légères, sous la dénomination de légion nationale du Midi. (L. 11, 252 ; B. 24, 763.)

———

8 = 14 SEPTEMBRE 1792.— Décret pour la distribution d'une somme de trois cent vingt-deux mille cinq cent quarante-huit livres aux incendiés de divers départemens. ( L. 11, 252 ; B. 24, 757.)

———

8 = 8 SEPTEMBRE 1792. — Décret qui ordonne la restitution d'espèces monnayées étrangères arrêtées à Collonges, et appartenant à divers négocians de Lyon. (B. 24, 754.)

———

8 = 8 SEPTEMBRE 1792. — Décret qui met en liberté le sieur Bellegarde, adjudant de place à Béfort. (B. 24, 755.)

———

8 = 12 SEPTEMBRE 1792. — Décret qui accorde cent quarante livres de pension à la veuve Morgon. (B. 24, 756.)

———

8 = 14 SEPTEMBRE 1792.—Décret qui ordonne au sieur Lenoir de verser à la Trésorerie le reliquat de son compte. (B. 24, 756.)

———

8 SEPTEMBRE 1792. — Décret qui renvoie au pouvoir exécutif la pétition de la demoiselle Sophie, qui se prétend fille de la dame La Ferté-Senneterre. (B. 24, 761.)

———

8 = 8 SEPTEMBRE 1792. — Décret qui ordonne de mettre en liberté le sieur Dulac, aide-de-camp du général Chazol. (B. 24, 767.)

———

8 = 12 SEPTEMBRE 1792.— Décret qui ordonne d'envoyer aux députés des exemplaires imprimés des décrets, actes du Corps-Législatif et proclamations. (L. 11, 240 ; B. 24, 762.)

———

8 = 14 SEPTEMBRE 1792. — Décret qui accorde une indemnité de six mille livres au sieur Cazot, Canadien. (B. 24, 767.)

———

8 = 14 SEPTEMBRE 1792. — Décret qui fixe le traitement du commissaire du Roi, du greffier et de son commis, et des huissiers auprès du tribunal de police correctionnelle de Paris. (B. 24, 769.)

———

8 SEPTEMBRE 1792. — Sieur Bisson. *Voy.* 5 SEPTEMBRE 1742. — Commutation de peines. *Voy.* 5 SEPTEMBRE 1792. — Exclusion des assemblées. *Voy.* 27 AOUT 1792. — Hôpital de Grenoble. *Voy.* 2 SEPTEMBRE 1792. — Liste civile. *Voy.* 6 SEPTEMBRE 1792.

———

9 = 9 SEPTEMBRE 1792. — Décret relatif à l'armement des citoyens qui partent pour les frontières. (L. 11, 258.)

Art. 1er. Le conseil exécutif provisoire enverra, vingt-quatre heures après la réception du présent décret, un ou plusieurs commissaires dans chacune des villes du Havre, Nantes, la Rochelle, Bordeaux, et autres ports faisant le commerce pour la côte d'Afrique ou pour Mozambique.

2. Ces commissaires feront fournir, aussitôt après leur arrivée dans chacune de ces villes, par les directeurs des douanes et autres employés, l'état certifié des armes de toute espèce, entreposées ou déclarées pour le commerce.

3. Les négocians qui auront des armes en entrepôt pour le commerce les déclareront à leur municipalité, aussitôt après l'arrivée des commissaires.

4. Les commissaires feront la visite et l'épreuve de ces armes, et ils se feront remettre sur-le-champ les pistolets, les fusils de réforme des armes hollandaises et prussiennes, les sabres et baïonnettes, en tel nombre et en telle quantité qui seront fixés par le ministre de la guerre, pour le besoin de nos armées, et ils les enverront sur-le-champ, par des chevaux de poste, dans les lieux qui leur seront indiqués par le même ministre.

5. L'estimation des armes qu'ils se seront

fait fournir sera faite suivant le cours de la place; et, dans le cas de contestation sur leur valeur, elles seront sommairement décidées par les corps administratifs.

6. Les états d'estimation de ces armes, certifiés par les commissaires, les corps administratifs et les négocians propriétaires, seront sur-le-champ ordonnancés par le ministre de la guerre, de manière que le paiement de leur valeur n'éprouve aucun retard.

7. Les corps administratifs, sur les réquisitions des commissaires, seront tenus de leur donner tous les moyens nécessaires pour la pleine et prompte exécution du présent décret.

8. Les commissaires veilleront aussi à l'exécution de la loi du 5 de ce mois, qui ordonne à tous les employés dans les douanes de fournir leurs fusils; et, pour cet effet, ils se concerteront avec les corps administratifs, et ils donneront les ordres qu'ils jugeront nécessaires aux directeurs et autres employés desdites douanes.

9 = 9 SEPTEMBRE 1792. — Décret qui éteint et abolit tous les procès relatifs aux droits féodaux. (L. 11, 262 ; B. 24, 773.)

L'Assemblée nationale, considérant qu'il importe d'extirper sans délai jusqu'aux dernières racines de la féodalité, et de mettre fin à tous les procès qui pourraient la rappeler ou en être la suite directement ou indirectement, décrète que tous les procès pendans devant les tribunaux, et qui ont été occasionés par des discussions qui se sont élevées entre des notaires et autres officiers publics, et des feudistes, commissaires à terrier et autres employés spécialement par les ci-devant seigneurs de fiefs, pour la reconnaissance ou recouvrement de leurs prétendus droits, demeurent à jamais éteints et anéantis, ainsi que les jugemens qui peuvent avoir été rendus sur ces procès et qui n'ont point encore reçu leur exécution, chaque partie restant tenue de payer les frais qu'elle aurait faits. Décrète, en outre, que le pouvoir exécutif sera tenu de faire passer sans délai le présent décret à tous les corps administratifs et tribunaux des départemens (1).

9 = 12 SEPTEMBRE 1792. — Décret qui accorde une indemnité aux sergens des régimens de l'île de France et de Pondichéry. (L. 11, 264; B. 24, 791.)

Art. 1er. Il sera payé, pour toute indem-

nité, à chacun des sergens du régiment de l'île de France et de Pondichéry, la somme de soixante-quinze livres pour chaque année pendant laquelle le service est réputé continué, à commencer du 1er janvier 1778, jusques et compris l'année 1790; la somme de soixante livres à chaque caporal, et celle de cinquante livres à chaque soldat; et, à l'égard de ceux qui sont entrés au service postérieurement au 1er janvier 1778, le nombre des années ne se comptera qu'à dater du jour de leur entrée au service.

2. Il sera payé à chacun des sergens de l'artillerie quatre-vingt-dix livres; à chaque caporal, soixante-quinze livres, et soixante livres à chaque soldat pour chaque année de service, à compter des mêmes époques.

3. Il sera versé par la caisse de l'extraordinaire à la Trésorerie nationale la somme de cent cinquante mille livres, qui sera mise à la disposition du ministre de la marine.

9 = 14 SEPTEMBRE 1792. — Décret contre les prévenus d'avoir trempé dans la conspiration du 10 août 1792. (L. 11, 271; B. 24, 791.)

L'Assemblée nationale décrète que, dans tous les départemens de l'empire, ceux qui seront prévenus d'avoir trempé dans la conspiration du 10 août, ou d'avoir conjuré contre la sûreté de l'État, seront, sur la dénonciation du conseil général de la commune de leur résidence, poursuivis par-devant le jury d'accusation de leur district, et ensuite envoyés, s'il y a lieu, au tribunal criminel de leur département, pour être jugés dans les formes prescrites pour le tribunal criminel provisoire de Paris.

9 = 14 SEPTEMBRE 1792. — Décret qui détermine les frais de route des gardes nationaux. (L. 11, 273; B. 24, 789.)

L'Assemblée nationale, considérant que les décrets rendus sur l'étape ou sommes qui doivent être accordées pour les frais de route aux gardes nationaux qui se rendent à l'armée ont été différemment interprétés par plusieurs départemens, et qu'il est instant de dissiper tous les doutes et d'établir sur cet objet un mode uniforme, décrète que tout garde national, compagnie ou bataillon de gardes nationaux qui se rendra à l'armée, recevra, pour frais de route, l'étape ou trois sous par lieue de poste; mais, dans aucun cas, il ne pourra recevoir et l'étape et les trois sous par lieue.

_____

(1) Cette loi ne s'applique pas au cas d'un notaire réclamant, d'un simple particulier, des honoraires pour actes relatifs aux droits féodaux; elle ne s'applique aux notaires que dans le cas où ils plaident contre des feudistes ou commissaires à terrier, et autres employés féodaux des ci-devant seigneurs (7 frimaire an 12; Cass. S. 4, 2, 69).

== 14 septembre 1792. — Décret qui ordonne de porter aux hôtels des monnaies l'argenterie des églises et des maisons dépendant de la liste civile. (L. 11, 274; B. 24, 793.)

Le ministre des contributions demande la parole, et demande, en interprétant le vœu de l'Assemblée, que l'argenterie des églises et des maisons dépendant de la liste civile soit portée aux hôtels des monnaies les plus voisins pour être monnayée. Cette demande, convertie en motion, est décrétée.

== 14 septembre 1792. — Décret qui détermine les conditions à remplir pour obtenir la permission de lever des corps armés. (L. 11, 275.)

Un membre propose le rapport du décret qui autorise le sieur Prat à lever une légion pour l'armée.

L'Assemblée nationale décrète le rapport de ce décret.

Par suite de cette proposition, il est décrété de plus que l'Assemblée nationale n'accordera plus à des particuliers l'autorisation de lever aucun corps armé, qu'au préalable ils n'aient produit des certificats authentiques de leur civisme et l'état nominatif des membres qui devront entrer dans ces corps.

== 14 septembre 1792. — Décret relatif à la garde des forts, lignes, châteaux et places des côtes et frontières maritimes. (L. 11, 276; B. 24, 794.)

L'Assemblée nationale, après avoir entendu le rapport de ses comités de marine et militaire réunis, sur la lettre du ministre de la guerre du 15 août dernier; considérant que la nécessité de fournir des garnisons aux vaisseaux de l'Etat, et d'augmenter la force des armées, a obligé de retirer presque toutes les troupes qui étaient placées dans les départemens maritimes; que les places fortes ou châteaux construits sur les côtes se trouvent réduits par là aux propres forces des habitans; qu'il est instant de pourvoir à la garde et à la sûreté de ces points importans, décrète qu'il y a urgence.

L'Assemblée nationale, après avoir décrété l'urgence, décrète ce qui suit :

Art. 1er. Les commandans dans les départemens maritimes sont autorisés à requérir le nombre de gardes nationales qu'ils jugeront nécessaire pour la garde des forts, lignes, châteaux et places des côtes et frontières maritimes qui seront jugés devoir être mis en état de défense.

2. Les gardes nationales qui, d'après les réquisitions, seront employées à ce service, jouiront du même traitement et de la même solde, suivant la proportion des grades, que

les autres bataillons ou compagnies de gardes nationales actuellement sur pied.

Les commandans qui retiendront des gardes nationales pour la défense des côtes seront tenus de leur fournir des pièces de canon et les munitions nécessaires pour s'exercer au service de l'artillerie.

9 == 14 septembre 1792. — Décret relatif au mode de paiement des arrérages dus aux propriétaires de taxations et augmentations de gages. (L. 11, 279; B. 24, 775.)

L'Assemblée nationale, après avoir entendu le rapport de son comité de liquidation, qui lui a rendu compte des incertitudes qu'éprouve le directeur général de la liquidation, relativement aux taxations et augmentations de gages subsistantes au denier vingt et au-dessous; désirant ne pas priver plus long-temps les propriétaires de ces taxations et augmentations de paiement des arrérages auxquels ils ont droit, et à l'égard desquels il n'a pas été statué par les lois des 23 octobre 1790 et 13 mai 1791;

Comme aussi après avoir entendu les trois lectures du projet de décret qui lui a été présenté dans ses séances des 30 juillet, 1er et 9 septembre, et avoir décidé qu'elle est en état de rendre son décret définitif, décrète ce qui suit :

Art. 1er. Toutes taxations et augmentations de gages créées héréditaires, actuellement possédées par toutes autres personnes que par les titulaires des offices auxquels elles avaient été attribuées, et dont le produit est au denier vingt et au-dessous, ou qui ont été réduites à ce taux par l'article 11 de l'édit du mois d'août 1784, appartiendront à la dette publique constituée, et ne seront pas susceptibles de remboursement. A l'égard de celles qui ont été de tout temps possédées par les titulaires d'offices, payées sur les mêmes états et assujéties aux mêmes formes que les anciens gages, elles seront remboursées, avec le prix desdits offices, lors de la liquidation qui en sera faite, pourvu toutefois qu'elles aient été formellement exceptées des évaluations, conformément à l'article 2 du décret du 5 == 13 mai 1791.

2. Les propriétaires de taxations et augmentations dénommées en l'article précédent, et non susceptibles de remboursement, seront tenus d'en rapporter les quittances de finance déchargées du contrôle et les autres titres, ensemble les pièces servant à établir leur propriété individuelle, entre les mains du directeur général de la liquidation, lequel, en échange de la quittance à fin de reconstitution qu'ils donneront, par-devant les notaires résidant à Paris, du capital des

28,

dites taxations et augmentations de gages, et des arrérages échus à compter du 1ᵉʳ janvier 1791, leur délivrera une reconnaissance définitive de liquidation en parchemin, portant intérêts à compter du même jour, et dont le capital ne pourra, dans aucun cas, être plus fort que le denier vingt du capital de la rente, conformément à l'article 11 de l'édit du mois d'août 1784, laquelle reconnaissance tiendra lieu auxdits propriétaires d'anciens titres, et leur vaudra contrat ou titre nouvel, en sorte qu'ils puissent en disposer par voie de reconstitution ou autrement, comme de toute rente due par l'Etat, en se conformant d'ailleurs aux formalités prescrites pour semblables dispositions.

3. Les arrérages attachés à ces reconnaissances définitives seront payés sur le même taux auquel ils l'étaient précédemment, par le payeur des rentes de l'Hôtel-de-Ville, de la même manière que ceux des autres rentes sur l'Etat.

4. Il ne pourra cependant être délivré des reconnaissances définitives sur des parties de taxations et augmentations de gages possédées par des non-pourvus d'offices antérieurement au 30 septembre 1775, qui, ayant négligé d'obtenir des titres nouvels, auraient encouru la déchéance prononcée par l'article 8 de la déclaration du 30 juillet de la même année.

9 = 14 SEPTEMBRE 1792. — Décret qui détermine les conditions à remplir pour être autorisé à lever des corps de troupes légères. (L. 11, 283 ; B. 24, 783.)

L'Assemblée nationale, voulant empêcher que l'accueil qu'il était de son devoir de faire aux citoyens qui ont proposé de lever différens corps de troupes légères puisse servir de masque et de prétexte aux ennemis de la chose publique qui oseraient faire parade d'un faux zèle pour trahir plus sûrement la cause de la liberté et de l'égalité, décrète qu'il y a urgence.

L'Assemblée nationale, après avoir décrété l'urgence, décrète ce qui suit :

Art. 1ᵉʳ. Il ne sera plus levé à l'avenir, et jusqu'à ce qu'il en soit autrement ordonné, aucun corps de troupes légères, sous quelque dénomination que ce puisse être, avec état-major, formation et administration particulières.

2. Toutes les troupes légères, soit à pied, soit à cheval, seront à l'avenir levées par compagnies franches, conformément aux décrets qui ont déterminé leur formation, leur solde et leur service, et pour laquelle le pouvoir exécutif est suffisamment autorisé par les lois antérieures.

3. Tout citoyen qui se proposera de lever une compagnie de troupes légères sera tenu de faire afficher pendant trois jours dans sa section ou dans sa municipalité, son nom, le précis de ses services ou de ses titres civiques, et sa proposition, et d'en rapporter un certificat, soit à l'Assemblée, s'il présente une pétition, soit au pouvoir exécutif, s'il s'adresse directement à lui.

4. Tout citoyen qui voudra s'engager dans un corps de nouvelle levée sera tenu de produire un certificat de civisme de sa section ou de sa municipalité, d'une date postérieure au 1ᵉʳ septembre de la présente année, et de justifier d'ailleurs qu'il a fait un service actif et personnel dans la garde nationale.

5. La liste des citoyens engagés dans un corps nouvellement formé sera affichée pendant trois jours dans les sections ou dans les municipalités, avant d'être reçue par le pouvoir exécutif.

9 = 14 SEPTEMBRE 1792. — Décret qui supprime les canonniers garde-côtes. (L. 11, 285 ; 24, 784.)

L'Assemblée nationale, voulant rendre plus précis le sens du décret du 4 = mars 1791, relatif à l'abolition du régime des milices, et faire connaître, le plus possible, que l'institution des garde-côtes remplacés de fait par les gardes nationales, se trouve comprise dans cette abolition, décrète que la troupe connue sous la dénomination de canonniers garde-côtes est et demeurera supprimée, aux mêmes termes que les milices, et conformément au décret du = 20 mars 1791.

9 = 14 SEPTEMBRE 1792. — Décret relatif au protocole des actes des notaires. (L. 11, 286 ; B. 24, 772.)

Sous la motion d'un membre, l'Assemblée nationale décrète qu'à l'avenir les actes notaries, au lieu de ces mots : Sous le sceau du Roi, porteront ceux-ci : Sous le sceau de la Nation.

9 = 15 SEPTEMBRE 1792. — Décret qui autorise les volontaires nationaux à reprendre leur poste dans leurs corps respectifs à la fin de la guerre. (L. 11, 287.)

Des volontaires de la section de la Fontaine de Grenelle, prêts à marcher aux frontières, demandent que le sieur Désormeaux, l'un des gendarmes de service près l'Assemblée, qu'ils ont choisi pour leur capitaine, ait la faculté de reprendre sa place dans la gendarmerie lorsque la guerre sera terminée ; ils demandent également à prêter le serment et à défiler devant l'Assemblée.

L'Assemblée admet ces braves volontaires à la prestation du serment, leur permet éfiler, et elle décrète en même temps, sur motion d'un membre, qu'à la fin de la nerre, les volontaires nationaux seront reçus à reprendre leur poste dans leurs corps respectifs.

═══ 11 SEPTEMBRE 1792. — Décret qui accorde une indemnité aux sous-officiers de la gendarmerie faisant partie de la ci-devant maréchaussée. (L. 11, 266; B. 24, 793.)

L'Assemblée nationale, considérant que les sous-officiers de gendarmerie faisant partie de la ci-devant maréchaussée ont droit, conformément à la loi du 29 avril dernier, à une indemnité pour le traitement de l'année 1791; considérant que cette loi pourrait entraîner des longueurs qui ne permettraient pas de payer avant leur départ, à ceux des sous-officiers et gendarmes destinés à se porter aux frontières, l'indemnité qui leur est due; après avoir entendu les observations du ministre de l'intérieur et le rapport de son comité militaire, décrète ce qui suit:

Art. 1er. Les sous-officiers et gendarmes faisant partie de la ci-devant maréchaussée, et qui, d'après l'article 1er du titre V du décret du 14 = 29 avril dernier, doivent être payés de leur traitement à compter du 1er janvier 1791, sur le pied fixé par l'article 4 du titre IV du décret du 16 janvier = 16 février 1791, recevront, pour tenir lieu de supplément au traitement qu'ils ont reçu, et pour toute indemnité, savoir: chaque maréchal-des-logis, deux cents livres; chaque brigadier, deux cent cinquante livres, et chaque gendarme, deux cent trente-quatre livres. Cette indemnité aura lieu indépendamment du compte de la masse pour 1791.

2. La gendarmerie nationale du département de Paris n'est pas comprise dans les dispositions de l'article précédent, non plus que les sous-officiers et gendarmes qui faisaient partie de la ci-devant maréchaussée de l'Ile-de-France: ces derniers seulement auront droit au compte de la masse.

3. En conséquence du présent décret, l'Assemblée nationale annule les dispositions de l'article 1er du titre V du décret du 14 = 29 avril dernier.

9 SEPTEMBRE 1792. — Décret relatif aux pères et mères qui ont des enfans absens. (B. 24, 786.)

L'Assemblée nationale décrète que, dans quinze jours à compter de la publication du présent décret, les pères et mères seront tenus de justifier devant leurs municipalités de la résidence actuelle en France de leurs enfans qui ont disparu, ou de leur mort, ou de leur emploi enfin en pays étranger, pour le compte de la nation; à défaut, ledit délai de quinze jours expiré, les municipalités enverront aux directoires de district un état nominatif des enfans absens de chez leurs père et mère, qui, dans ce cas, seront réputés émigrés, et leurs père et mère assujétis à fournir, à leurs frais, un soldat à la patrie pour chaque enfant dont la résidence ne sera pas constatée dans le royaume, sauf la répétition de la dépense qu'ils auront faite à cet égard sur les biens propres à leurs enfans.

9 = 15 SEPTEMBRE 1792. — Décret relatif au compte à rendre par les administrateurs des eaux de Paris. (B. 24, 781.)

L'Assemblée nationale, après avoir entendu le rapport de son comité des domaines, considérant qu'il importe d'être instruit le plus tôt possible de l'administration de la compagnie des eaux de Paris, décrète qu'il y a urgence.

L'Assemblée nationale, après avoir décrété l'urgence, décrète ce qui suit:

Art. 1er. Les administrateurs de la compagnie des eaux de Paris remettront, dans le mois, au département, l'état de situation de l'entreprise, dans lequel état ils comprendront le détail de tout ce qui a été reçu et payé, à quelque titre que ce soit, depuis l'origine de cette compagnie jusqu'à ce jour.

2. Les porteurs des quittances des eaux de Paris sont autorisés à nommer un syndic, qui, concurremment avec l'agent du Trésor public, pourra assister auxdits comptes.

3. Lorsque les susdits comptes auront été apurés par le département, le ministre des contributions publiques fera, s'il y a lieu, la recherche des malversations qui ont pu être commises au préjudice de la nation dans les différens traités passés avec les agens du Gouvernement, ou dans les opérations faites, pour le compte de ladite entreprise, avec ses propres agens ou tous autres particuliers.

4. L'Assemblée nationale renvoie après l'apurement desdits comptes de statuer sur le sort définitif de l'établissement des pompes à feu, sur les droits des porteurs de quittances et sur la réclamation des sieurs Vachette frères.

9 = 14 SEPTEMBRE 1792. — Décret qui établit un commissaire de police dans la ville de Beauvais. (B. 24, 774.)

9 = 14 SEPTEMBRE 1792. — Décret qui ordonne d'informer le docteur Priestley de sa nomination à la Convention nationale, et d'envoyer aux étrangers à qui l'Assemblée a accordé le titre de citoyen français le décret qui les concerne. (B. 24, 785.)

9 = 14 SEPTEMBRE 1792. — Décret qui exempte du service de la garde nationale les employés par les ingénieurs du camp de Paris. (B. 24, 778.)

9 = 12 SEPTEMBRE 1792. — Décret qui ordonne de faire l'épreuve d'une nouvelle invention de batteries de campagne proposée par le sieur Bézis. (B. 24, 786.)

9 SEPTEMBRE 1792. — Décret relatif aux secrétaires commis de l'Assemblée et à l'expédition des décrets d'urgence. (B. 24, 790.)

9 SEPTEMBRE 1792. — Décret qui autorise l'admission du sieur Huchon dans la gendarmerie. (B. 24, 796.)

9 SEPTEMBRE 1792. — Décret sur l'exportation des grains à l'étranger. (B. 24, 796.)

9 SEPTEMBRE 1792. — Décret qui assimile les pouvoirs des commissaires à la manufacture d'armes de Saint-Étienne à ceux des commissaires à la manufacture de Moulins. (B. 24, 798.)

9 = 14 SEPTEMBRE 1792. — Décret qui renvoie au pouvoir exécutif la pétition du commandant de la compagnie franche formée à la section de l'Observatoire. (B. 24, 798.)

9 = 11 SEPTEMBRE 1792. — Décret qui accorde des secours aux personnes portées dans les états de distributions des fonds de cent cinquante mille livres créés en remplacement des fonds de bienfaisance. (B. 24, 799.)

9 = 9 SEPTEMBRE 1792. — Décret qui licencie le 101ᵉ régiment d'infanterie, ci-devant Royal-Liégeois. (L. 11, 260 ; B. 24, 778.)

9 = 9 SEPTEMBRE 1792. — Décret qui défend de déplacer de Paris les ouvriers en bois et en fer qui y résident. (L. 11, 263.)

9 = 11 SEPTEMBRE 1792. — Décret pour l'envoi de commissaires dans les différentes manufactures d'armes. (L. 11, 268 ; B. 24, 787.)

9 = 14 SEPTEMBRE 1792. — Décret relatif à la levée de compagnies de chasseurs à cheval, sous le nom de hussards braconniers. (L. 11, 272 ; B. 24, 782.)

9 = 14 SEPTEMBRE 1792. — Décret qui annule la nomination du sieur Buthor à la place de capitaine du port de Boulogne. (L. 11, 278 ; B. 24, 800.)

9 = 14 SEPTEMBRE 1792. — Décret relatif à l'établissement de tribunaux de commerce à Romorantin et à Blaye. (L. 11, 282 ; B. 24, 774.)

9 = 14 SEPTEMBRE 1792. — Décret relatif au paiement des gardes nationaux qui escorteront le papier-assignat. (B. 24, 771.)

9 = 16 SEPTEMBRE 1792. — Décret qui maintient le canton de Hanau dans sa formation actuelle. (B. 24, 772.)

9 SEPTEMBRE 1792. — Décret relatif aux déclarations à faire, par les négocians de divers ports, des armes qu'ils ont en dépôt pour le commerce. (B. 24, 779.)

9 SEPTEMBRE 1792. — Approvisionnement des ports ; Chevaux, etc.; Dépenses des ports. Voy. 2 SEPTEMBRE 1792. — Gradués, etc. Voy. 29 AOUT 1792. — Grains, etc. Voy. 8 SEPTEMBRE 1792. — Maison des Capucines. Voy. 7 SEPTEMBRE 1792. — Officiers ennemis. Voy. 29 AOUT 1792. — Ouvriers papetiers. Voy. 7 SEPTEMBRE 1792. — Sieur Pelouse Dusauré. Voy. 3 SEPTEMBRE 1792.

10 = 10 SEPTEMBRE 1792. — Décret relatif aux rentes viagères dues par l'État aux citoyens qui s'enrôlent pour le service de la patrie. (L. 11, 291 ; B. 24, 813.)

L'Assemblée nationale, considérant que le dévouement des citoyens qui s'enrôlent pour le service de leur patrie ne doit pas nuire aux intérêts de leurs familles, dans le cas où ce dévouement généreux entraînerait le sacrifice de leur vie, décrète que, dans le cas où des citoyens sur la tête desquels existent des rentes viagères dues par l'État, et dont jouissent et doivent jouir leurs pères et mères, perdraient la vie au service de la patrie, ces rentes viagères seront continuées sur la tête de leursdits pères et mères.

10 = 10 SEPTEMBRE 1792. — Décret relatif à la suppression des préfets apostoliques dans les colonies. (L. 11, 292 ; B. 24, 816.)

L'Assemblée nationale, considérant que l'indépendance du Gouvernement français est inconciliable avec la juridiction spirituelle et l'autorité qu'exerce l'évêque de Rome dans les colonies françaises par des délégués connus sous le nom de *préfets apostoliques*, et que, dans les circonstances présentes, une telle autorité doit être moins tolérée que jamais, décrète que les délégués de l'évêque de Rome, établis dans les colonies françaises, et connus sous le nom de *préfets apostoliques*, sont supprimés.

10 = 11 SEPTEMBRE 1792. — Décret relatif au paiement d'une gratification aux différens corps appelés depuis le 11 juin. (L. 11, 293 ; B. 24, 819.)

Sur la proposition du ministre de la guerre,

convertie en motion par un de ses membres, l'Assemblée nationale décrète que les corps qui ont été appelés depuis le 11 juin, et qui seront appelés successivement à la défense de la patrie en danger, recevront la gratification telle qu'elle a été fixée par le décret du 1er = 5 mai dernier, pour leur arme et leur grade.

10 = 10 SEPTEMBRE 1792. — Décret qui porte la peine de six années de fers contre ceux qui garderont le silence sur les dépôts militaires qui leur ont été confiés. (L. 11, 294; B. 24, 812.)

L'Assemblée nationale, considérant que les citoyens qui, cédant à des impulsions perfides, ou se livrant à des calculs coupables, gardent le silence sur les dépôts militaires qui leur ont été confiés par le pouvoir exécutif, ou font des déclarations infidèles, commettent un crime qui exige une prompte mesure de répression, décrète ce qui suit :

Tout citoyen qui, dans la huitaine de la publication du présent décret, n'aura pas fait au greffe de la municipalité dans l'étendue de laquelle il demeure une déclaration fidèle des munitions, armes, ustensiles de guerre, de tous objets relatifs à l'habillement, équipement, campement des troupes françaises, et des vivres et fourrages dont le dépôt lui a été confié par le pouvoir exécutif ou ses agens, sera puni de six années de fers.

10 = 12 SEPTEMBRE 1792. — Décret relatif à la confection de l'inventaire des meubles, effets et ustensiles en or et en argent, employés au service du culte. (L. 11, 295; B. 24, 816.)

L'Assemblée nationale, considérant que les meubles, effets et ustensiles en or et argent, employés au service du culte dans les églises conservées, sont de pure ostentation, et ne conviennent nullement à la simplicité qui doit accompagner ce service;

Que, lorsque la patrie est en danger et que ses besoins sont urgens, il est nécessaire d'y pourvoir par les ressources qui peuvent être utilement employées sans surcharger les citoyens;

Que tous les objets dont les églises conservées sont actuellement garnies appartiennent incontestablement à la nation, qui a le droit d'en faire l'application réclamée par les circonstances actuelles, décrète qu'il y a urgence.

L'Assemblée nationale, après avoir décrété l'urgence, décrète ce qui suit :

Art. 1er. Dans les vingt-quatre heures qui suivront la publication du présent décret, il sera fait, par les citoyens que choisiront les conseils généraux des communes, et pris dans leur sein, un état exact et détaillé de tous les meubles, effets et ustensiles en or et en argent qui se trouveront dans chaque

église, soit cathédrale, paroissiale, succursale, oratoire ou chapelle quelconque : cet inventaire contiendra la désignation précise de chaque pièce, sa nature et son poids.

2. Ces effets seront, dans le jour suivant, à la diligence et sous la responsabilité des municipalités, envoyés, avec une copie de l'inventaire énoncé en l'article précédent, au directoire du district, qui en donnera décharge aux municipalités, avec la même désignation.

3. Le directoire du district enverra par la voie la plus sûre et la plus prompte, à mesure de leur réception, toutes les pièces d'or et d'argent qui lui parviendront, à l'hôtel des monnaies le plus voisin de son territoire, avec une copie de l'état détaillé qui en sera formé, contenant la désignation : 1° de l'église d'où elles proviennent; 2° de la nature de chaque pièce; 3° de son poids.

4. Une autre copie de ce même état sera adressée au directoire du district à celui du département, qui la transmettra sans délai au ministre des contributions publiques.

5. Le directeur de la monnaie, après avoir vérifié le nombre, l'espèce et le poids des pièces comprises en l'état, fera passer au procureur-général-syndic du département une reconnaissance portant décharge, et celui-ci en enverra copie au directoire du district.

6. Ces pièces, à l'instant de leur arrivée, seront converties en monnaie, qui sera employée au paiement du prêt des différentes armées françaises.

7. Les frais de caisse et emballage, soit de la part des municipalités, soit de la part du district, seront remboursés sur le mémoire justifié qui en sera arrêté par le directoire du district, visé et approuvé par celui du département. Le receveur du district en fera l'avance, sauf le remplacement dans sa caisse par la Trésorerie nationale.

8. Le directeur de la monnaie paiera et avancera le port des caisses qu'il recevra, sur la facture dont seront porteurs les voituriers, et ces déboursés lui seront alloués en dépense.

9. Sont exceptés des dispositions du présent décret les soleils, ciboires, calice et autres vases sacrés seulement.

10. L'Assemblée nationale charge le pouvoir exécutif de donner les ordres les plus exprès et les plus positifs pour le prompt envoi et l'exécution du présent décret.

10 = 14 SEPTEMBRE 1792. — Décret relatif à la conservation des places des citoyens qui partent pour les frontières.) L. 11, 299.)

La section du Marais vient présenter à l'Assemblée nationale la troisième compagnie des volontaires de cette section qui partent pour les frontières.

« La section du Marais, dit M. Target, « orateur de la députation, a pris une délibération ordonnée par la justice; c'est « d'inviter tous les citoyens chez qui ces jeunes gens occupent des places, de les conserver à ceux qui, selon nos vœux, reviendront recevoir de nouveaux embrassemens « après la victoire. Elle a désiré que ce vœu, « approuvé par l'Assemblée nationale, devînt comme la loi de tous les Français, et « établît dans l'ame des citoyens soldats la « sécurité et la paix, encouragement bien « dû au zèle, à la bravoure et aux vertus de « nos défenseurs. »

Cette proposition, vivement applaudie, est à l'instant convertie en motion par un membre de l'Assemblée, et décrétée avec mention honorable. Au surplus, la commission extraordinaire est chargée de rédiger, dans le plus court délai, une instruction à ce sujet.

10 = 14 SEPTEMBRE 1792. — Décret relatif aux hypothèques des biens acquis par le Roi au nom de la nation. (L. 11, 300; B. 24, 810.)

L'Assemblée nationale, considérant qu'il est de sa justice, autant que de l'intérêt public, de prendre au plus tôt les mesures nécessaires pour assurer les acquisitions faites par le Roi au nom de la nation, décrète qu'il y a urgence.

L'Assemblée nationale, ouï le rapport de son comité de législation, et après avoir décrété l'urgence, décrète ce qui suit :

Art. 1er. A compter du jour de la publication du présent décret, l'usage des formalités établies par l'édit du mois de juillet 1693, pour purger les hypothèques des biens acquis par le Roi au nom de la nation, est abrogé.

2. Les acquisitions faites jusqu'à ce jour, dont les hypothèques n'auraient pas encore été purgées, et celles qui pourront être faites à l'avenir par le pouvoir exécutif, au nom de la nation, seront soumises à la formalité des lettres de ratification, suivant les règles établies par l'édit du mois de juin 1771.

3. Ces lettres seront prises à la diligence des commissaires nationaux près les tribunaux de district ou d'arrondissement dans le ressort desquels seront situés les biens vendus ou aliénés.

4. Elles seront affranchies de tous droits dus d'après l'édit de 1771, lesquels ne seront portés que pour mémoire sur les registres des receveurs chargés de leur perception, et elles seront scellées sur la simple représentation du visa des percepteurs, qui tiendra lieu de la quittance des droits.

5. Les procédures commencées dans les ci-devant parlemens et autres tribunaux, suivant l'édit de 1693, qui n'auraient pas été terminées par arrêt définitif, et dans lesquelles le prix des acquisitions n'aurait pas été consigné, sont et demeurent supprimées; il sera pris, sur les contrats desdites acquisitions, des lettres de ratification, conformément aux articles 2 et 3 du présent décret.

6. Les créanciers qui, dans le cas de l'article précédent, auraient formé des oppositions au greffe des ci-devant parlemens, suivant l'édit de 1693, seront tenus de les renouveler, suivant les formes prescrites par l'édit de 1771, à peine de déchéance de leurs hypothèques.

7. Pour donner un temps suffisant à ceux qui peuvent prétendre des priviléges ou hypothèques sur les immeubles acquis par la nation, de faire leurs oppositions, il ne sera scellé à cet égard aucune lettre de ratification que trois mois après la publication du présent décret.

10 = 14 SEPTEMBRE 1792. — Décret relatif aux fonctions des commissaires envoyés dans les manufactures d'armes. (L. 11, 298; B. 24, 821.)

L'Assemblée nationale, considérant que rien n'est plus urgent que de procurer des armes aux généreux citoyens qui se dévouent à la défense de la patrie, décrète qu'il y a urgence.

L'Assemblée nationale, après avoir décrété l'urgence, décrète ce qui suit :

Art. 1er. Les commissaires nommés par le décret du 9 de ce mois pourront faire toutes réquisitions nécessaires pour l'exécution des lois relatives à l'organisation, à l'activité des manufactures d'armes, à l'armement des citoyens et des troupes, ainsi qu'aux convois militaires de tout genre.

2. Ils pourront suspendre provisoirement, et à charge d'en instruire incessamment l'Assemblée nationale et le conseil exécutif provisoire, tous les agens qui entraveraient l'exécution des lois rappelées en l'article précédent, et généralement faire tout ce qu'ils croiront utile et nécessaire pour remplir la mission qui leur est confiée.

3. Amable Soubrani sera adjoint à Gilbert Romme et à... Jamon, pour surveiller la nouvelle manufacture établie à Moulins, ainsi que celle de Saint-Étienne.

10 = 14 SEPTEMBRE 1792. — Décret concernant les établissemens des sourds-muets et des aveugles-nés. (B. 24, 822.)

L'Assemblée nationale, considérant qu'en attendant le moment de l'organisation générale de l'instruction publique, il est instant de pourvoir provisoirement à la subsistance des élèves des deux établissemens des sourds-muets et des aveugles-nés, décrète qu'il y a urgence.

L'Assemblée nationale, après avoir décrété l'urgence et entendu le rapport de ses comités réunis d'instruction publique et des secours publics, décrète ce qui suit :

Art. 1er. Les pensions gratuites accordées, pour l'année 1791, à vingt-quatre élèves de l'établissement des sourds-muets, par l'art. 4 du décret du 21 = 29 juillet 1791, et à trente élèves de l'établissement des aveugles-nés, par l'article 2 du décret du 28 septembre = 12 octobre de la même année, continueront à être payées par la Trésorerie nationale, jusqu'au moment de la nouvelle organisation de l'instruction publique.

2. Le pouvoir exécutif emploiera tous les moyens qui sont à sa disposition pour faire jouir, dans le plus bref délai, l'établissement des aveugles-nés des sommes qui lui sont attribuées par le décret du 28 septembre dernier, en prélevant, s'il y a lieu, la part que peuvent réclamer ceux des trente élèves qui n'ont pas été nourris dans l'établissement ou qui ont des droits à exercer sur lesdites sommes, à quelque titre que ce soit.

3. Le pouvoir exécutif fixera, sans délai, d'après la loi et les principes de l'équité, l'époque où doit commencer le traitement de chacun des maîtres qui ont été ou sont encore en activité dans l'établissement des aveugles-nés.

4. Il prendra les informations les plus positives pour s'assurer du degré d'utilité de chacune des places de maîtres qui restent à remplir dans ledit établissement, et il en rendra compte à l'Assemblée nationale, pour y être statué par elle.

10 = 10 SEPTEMBRE 1792. — Décret pour la formation d'une compagnie franche, sous la dénomination de chasseurs bons tireurs. ( L. 11, 288 ; B. 24, 804.)

10 = 10 SEPTEMBRE 1792. — Décret relatif à l'emploi des commissaires des guerres pour le service de l'armée destinée à la défense de Paris. (L. 11, 290 ; B. 24, 814.)

10 = 12 et 14 SEPTEMBRE 1792. — Décret qui autorise l'échange des églises paroissiales des communes de Ferrières et de Saint-Avold.(B. 24, 801 et 802.)

10 SEPTEMBRE 1792. — Décret qui autorise le département des Hautes-Pyrénées à faire une acquisition. (B. 24, 803.)

10 SEPTEMBRE 1792.— Décret qui accorde une indemnité au sieur Philippe Bec, pour s'en retourner à Cayenne, d'où il avait été déporté illégalement. (B. 24, 805.)

10 SEPTEMBRE 1792. — Décret contenant les états des pensions accordées à des officiers d'états-majors des places, aux commissaires des guerres, aux ingénieurs géographes et aux officiers des troupes provinciales supprimés. (B. 24, 806 à 809. )

10 SEPTEMBRE 1792. — Décret relatif au bureau de correspondance, au dépôt des pièces et au logement du secrétaire de la société de médecine. ( B. 24, 813.)

10 SEPTEMBRE 1792. — Décret qui met à la disposition du pouvoir exécutif les toiles de chasse qui se trouvent dans les établissemens dits du Vautrail. ( B. 24, 815.)

10 = 14 SEPTEMBRE 1792. — Décret relatif à l'établissement d'un comité des fortifications et d'un dépôt des archives du département de la guerre. ( B. 24, 819.)

10 = 11 SEPTEMBRE 1792. — Décret qui met un million à la disposition du ministre de la guerre pour les dépenses pressantes du camp de Paris. (B. 24, 820.)

10 SEPTEMBRE 1792. — Camp de Châlons. Voy. 5 AOUT 1792. — Citoyens morts le 10 août. Voy. 20 AOUT 1792. — Sieur Rouessart. Voy. 4 SEPTEMBRE 1792.

11 = 13 SEPTEMBRE 1792. — Décret relatif aux pensions des officiers licenciés de la gendarmerie nationale du département de Paris. (L. 11, 305 ; B. 24, 839.)

L'Assemblée nationale, ayant, par son décret du 13 août dernier licencié les officiers de la gendarmerie nationale du département de Paris, et leur ayant donné, par son décret du 15 août dernier, le droit de prétendre à des pensions proportionnées à leurs services;

Considérant que la plupart de ces officiers sont des pères de famille sans fortune, et qu'ils ont besoin d'un prompt et juste secours, décrète qu'il y a urgence.

L'Assemblée nationale, après avoir décrété l'urgence, décrète ce qui suit :

Art. 1er. Tous les officiers de la gendarmerie nationale licenciés par le décret du 13 août dernier recevront, pour pension annuelle, autant de cinquantièmes parties des appointemens respectifs de leur grade qu'ils ont d'années de service.

2. Les campagnes ou embarquemens compteront pour deux années de service, d'après le mode établi par le décret du 3 = 22 août 1790.

3. Dans le cas où lesdits officiers obtiendraient des places dans les armées, leurs pensions cesseront du jour où ils toucheront les appointemens de l'emploi qu'ils auraient obtenu; et ceux qui prendront du service dans

les volontaires nationaux, conserveront la moitié de leurs pensions.

4. Les appointemens affectés aux grades de ces officiers leur seront payés jusqu'au jour de leur licenciement ou de la cessation de leurs services inclusivement, et leurs pensions commenceront à courir dès le lendemain.

———

11 = 15 SEPTEMBRE 1792. — Décret relatif à une nouvelle organisation des commissaires des guerres. (L. 11, 314; B. 24, 832.)

*Voy.* lois du 20 SEPTEMBRE = 14 OCTOBRE 1791; du 13 = 14 DÉCEMBRE 1792; du 16 AVRIL 1793.

L'Assemblée nationale, après avoir entendu le rapport de son comité militaire sur la demande du pouvoir exécutif provisoire, tendante à ce qu'il soit fait une nouvelle organisation des commissaires des guerres; considérant qu'il est de toute nécessité d'assurer promptement le service de toutes les parties de l'administration militaire, et de faire disparaître les obstacles qui s'opposent au choix des sujets et à leur répartition dans les armées, décrète qu'il y a urgence.

L'Assemblée nationale, après avoir décrété l'urgence, décrète ce qui suit :

Art. 1er. Il n'y aura plus que des commissaires ordonnateurs, des commissaires ordinaires et des aides-commissaires; en conséquence, le titre de commissaire auditeur demeure supprimé.

2. Le ministre de la guerre est autorisé à employer les aides-commissaires qui ont atteint l'âge de vingt-un ans, et les citoyens au-delà de quarante-cinq ans qui auront été jugés capables de remplir les places qui viendront à vaquer.

3. Le ministre pourra destituer ceux des commissaires-ordonnateurs, auditeurs ou ordinaires qui, par incivisme, incapacité ou mauvaise administration, se sont rendus inhabiles à exercer des fonctions où la confiance la plus entière est absolument indispensable.

4. Le ministre de la guerre est autorisé à choisir, sans distinction de grade et de rang, ceux des commissaires des guerres, ordonnateurs, commissaires ordinaires, auditeurs ou aides qui seront jugés susceptibles d'être employés soit dans les armées, soit dans les divisions.

5. Le ministre de la guerre est autorisé à augmenter le nombre des commissaires des guerres autant qu'il le jugera nécessaire pour le prompt et bon service des armées.

6. Le comité présentera incessamment un nouveau plan sur l'organisation de la cour martiale et les jugemens militaires.

11 = 19 SEPTEMBRE 1792. — Décret relatif aux acquéreurs de biens nationaux auxquels il était dû des dîmes inféodées. (L. 11, 316; B. 24, 835.)

*Voy.* loi du 13 = 14 SEPTEMBRE 1792.

L'Assemblée nationale, considérant que plusieurs citoyens ont acquis des biens nationaux dans l'espoir du remboursement des dîmes inféodées qui ont été supprimées par le décret du 25 août dernier, et que, par l'effet de cette suppression, ils peuvent se trouver hors d'état de payer le prix de leurs acquisitions, décrète qu'il y a urgence.

L'Assemblée nationale, après avoir décrété l'urgence, décrète ce qui suit :

Art. 1er. Les acquéreurs de biens nationaux qui n'ont point donné, en paiement du prix de leur acquisition, le montant des liquidations provisoires ou définitives qui leur ont été délivrées, à raison des dîmes inféodées par eux prétendues, ainsi que ceux qui auront justifié ou justifieront, dans les délais et les formes prescrites par les décrets, qu'il leur était dû des dîmes de cette nature, auront la faculté de renoncer à leurs acquisitions.

2. Ils seront tenus de faire cette renonciation, dans le délai de deux mois à compter de ce jour, au secrétariat de chaque directoire du district de la situation des biens vendus, sous peine d'en demeurer déchus sans retour, et d'être poursuivis, pour l'exécution de leurs adjudications, comme tout autre acquéreur.

3. Les sommes que les renonçans auront payées leur seront remboursées par le trésorier de la caisse de l'extraordinaire, au moyen d'une ordonnance de l'administrateur de ladite caisse, sur la représentation de l'acte de renonciation, certifié par le directoire du district et visé par celui du département : l'intérêt desdites sommes demeurera compensé avec les jouissances perçues.

4. Les biens ainsi rentrés dans les mains de la nation seront remis en vente dans les formes prescrites par les décrets.

———

11 = 19 SEPTEMBRE 1792. — Décret relatif à la destruction des étangs marécageux. (L. 11, 317; B. 24, 823.)

L'Assemblée nationale, après avoir entendu le rapport de son comité d'agriculture, considérant qu'il existe dans plusieurs départemens un grand nombre d'étangs marécageux dont les émanations occasionent des maladies épizootiques; que l'humanité et l'agriculture en commandent la destruction, décrète ce qui suit :

Lorsque les étangs, d'après les avis et procès-verbaux des gens de l'art, pourront occasioner, par la stagnation de leurs eaux, des maladies épidémiques ou épizootiques, ou que, par leur position, ils seront sujets à des inondations qui envahissent et ravagent les propriétés inférieures, les conseils généraux des départemens sont autorisés à en ordonner la destruction, sur la demande formelle des conseils généraux des communes, et d'après les avis des administrateurs de district.

11 = 19 SEPTEMBRE 1792. — Décret relatif à une répartition de fonds pour récompenser les travaux et les découvertes utiles à l'agriculture. (L. 11, 318 ; B. 24, 824.)

L'Assemblée nationale, considérant que l'agriculture est le premier et le plus utile de tous les arts ; qu'il est aussi juste que nécessaire d'employer au progrès de l'agriculture une partie des fonds affectés par les décrets de l'Assemblée constituante aux encouragemens des arts ; considérant encore qu'il est du devoir des législateurs de favoriser le plus tôt possible l'industrie des citoyens et cultivateurs, décrète qu'il sera mis à la disposition du ministre de l'intérieur, sur les deux millions destinés aux encouragemens des arts, une somme de quatre cent mille livres, pour être répartie par portions égales entre tous les départemens. Cette somme sera employée à récompenser les travaux et les découvertes utiles à l'agriculture. Les conseils généraux de département sont chargés, à chaque session, de faire cette distribution de la manière qu'ils croiront la plus convenable et la plus utile à l'art agricole, aux mœurs et usages des citoyens, et de régler tous les détails qui y seront relatifs.

11 = 19 SEPTEMBRE 1792. — Décret relatif à la confection de la liste de tous les citoyens absens dont les biens n'ont point été compris dans la loi du séquestre. (L. 11, 319 ; B. 24, 842.)

L'Assemblée nationale, considérant que, par de faux certificats de résidence par lesquels on a trompé la bonne foi des municipalités et échappé à leur surveillance dans diverses villes de l'empire, plusieurs émigrés ont soustrait leurs biens à la loi du séquestre, et qu'il est instant de redresser un abus si contraire aux intérêts de la nation, décrète que le pouvoir exécutif ordonnera aux administrations de district de lui faire passer, sans délai, la liste de tous les citoyens absens dont les biens n'ont pas été compris dans la loi du séquestre, et des motifs de ces exemptions.

11 SEPTEMBRE 1792. — Décret relatif à l'habillement et à l'équipement des citoyens reconnus pour s'être distingués à la prise de la Bastille. (L. 11, 303 ; B. 24, 840.)

11 = 13 SEPTEMBRE 1792. — Décret relatif au plomb et fer de fonte qui existent à Marly et à Versailles. (B. 24, 531.)

11 SEPTEMBRE 1792. — Décret qui met à la disposition du ministre de la guerre trois millions pour être employés aux travaux extraordinaires des fortifications. (L. 11, 304 ; B. 24, 833.)

11 SEPTEMBRE 1792. — Décret qui suspend pendant huit jours l'exécution du décret qui mande le sieur Saget à la barre. (B. 24, 825.)

11 SEPTEMBRE 1792. — Décret qui attribue au tribunal du 17 août la connaissance de tous les crimes commis dans l'étendue du département de Paris, et relatifs à la nomination des jurés. (B. 24, 834.)

11 = 13 SEPTEMBRE 1792. — Décret pour la levée des scellés apposés sur les papiers du sieur Bonnecarrère. (B. 24, 836.)

11 = 19 SEPTEMBRE 1792. — Décret relatif à la contribution volontaire des membres de l'Assemblée nationale pour les frais de la guerre. (B. 24, 837.)

11 = 19 SEPTEMBRE 1792. — Décret qui ordonne l'échange de deux maisons religieuses de la ville de Pézénas. (B. 24, 841.)

11 = 12 SEPTEMBRE 1792. — Décret qui fixe la paie des volontaires nationaux pendant leur séjour à Paris. (B. 24, 841.)

11 = 12 SEPTEMBRE 1792. — Décret qui accorde une récompense de trois cents livres au citoyen Buchard. (B. 24, 843.)

11 = 14 SEPTEMBRE 1792. — Décret relatif à l'organisation du corps des gendarmes nationaux spécialement attachés au service de la nation près le Corps-Législatif. (L. 11, 307 ; B. 24, 825.)

11 = 19 SEPTEMBRE 1792. — Décret qui accepte l'offre faite par les administrateurs de la caisse d'escompte, d'échanger contre des assignats une somme de neuf cent mille livres en numéraire. (L. 11, 316 ; B. 24, 838.)

11 SEPTEMBRE 1792. — Décret relatif à la nomination de deux jurés d'accusation et de deux jurés de jugement pour les districts du Bourg-Égalité et de Saint-Denis. (L. 11, 302.)

11 SEPTEMBRE 1792. — Assignats de dix et quinze sous. *Voy.* 31 AOUT 1792. — M. Blangilly ; Bonfond, *Voy.* 6 SEPTEMBRE 1792. — Bourg-

---

12 = 12 septembre 1792. — Décret relatif aux peres et mères dont les fils sont absens. (L. 11, 324 ; B. 24, 848.)

*Voy.* lois du 9 septembre 1792; du 13 septembre 1792.

L'Assemblée nationale, considérant que beaucoup de mauvais citoyens sont restés en France pour éviter le séquestre et la vente de leurs biens, mais qu'ils ont fait émigrer leurs fils, auxquels ils fournissent les moyens de subsister parmi nos ennemis et d'en augmenter le nombre; considérant qu'il serait injuste que les bons citoyens, restés fidèles à leur poste et soumis aux lois de leur pays, fussent seuls dans le cas de supporter les dangers de la patrie provoqués par les émigrés, et d'exposer leur fortune et leur vie pour défendre et pour garantir les propriétés futures et éventuelles de ces individus de l'invasion des ennemis de la France;

Considérant que ces mêmes émigrés, en même temps qu'ils augmentent le nombre de nos ennemis, concourent à diriger leur marche et leur servent d'indicateurs et d'espions, décrète qu'il y a urgence.

L'Assemblée nationale, après avoir décrété l'urgence, décrète ce qui suit :

Art. 1er. Tous les pères et mères dont les fils sont absens sont tenus de justifier, dans le délai de trois semaines, à leurs municipalités respectives, de l'existence en France de leurs fils disparus, ou de leur mort, ou de leur emploi en pays étranger pour le service de la nation.

2. Les pères et mères qui ont des enfans émigrés sont tenus de fournir l'habillement, armement et solde de deux hommes par chaque enfant émigré, et d'en verser la valeur dans la caisse du receveur de district de la situation de leur domicile.

Ce versement sera fait dans la quinzaine de la publication du présent décret; le montant de la solde, à raison de quinze sous par jour par chaque homme, sera versé d'avance pour chaque année tant que durera la guerre.

3. Pour l'exécution de l'article 2, les officiers municipaux de chaque commune feront, à peine de destitution, passer à l'administration de district le tableau de tous ceux desdits pères et mères qui n'auraient pas fait la preuve ordonnée.

12 = 12 septembre 1792. — Décret relatif aux rentes et pensions des émigrés. ( L. 11, 325 ; B. 24, 845.)

*Voy.* lois du 9 février 1792; du 30 mars = 8 avril 1792 ; du 13 septembre 1792.

L'Assemblée nationale, considérant qu'il importe à l'intérêt national de connaitre sans délai les rentes et pensions qui peuvent appartenir aux émigrés, pour en prononcer la radiation, en conformité des décrets des 9 février et 30 mars derniers, décrète ce qui suit :

Les payeurs de rente, trésoriers et autres agens du pouvoir exécutif, seront tenus de former dans le délai de deux mois, sous peine de responsabilité, des états des rentes et pensions qui n'auront pas été payées à défaut des certificats de résidence exigés par la loi, lesquels états seront envoyés au ministre des contributions publiques, qui les transmettra à l'Assemblée nationale, pour la mettre à portée de prononcer la radiation des rentes et pensions appartenant aux émigrés.

---

12 = 12 septembre 1792. — Décret relatif à la rentrée des fonds qui doivent servir aux établissemens d'instruction publique et aux hôpitaux. (L. 11, 326 ; B. 24, 843.)

L'Assemblée nationale, voulant assurer avec promptitude la rentrée des fonds qui doivent servir à l'éducation et aux secours des citoyens qui trouvent un asile dans les hôpitaux, écoles et colléges et autres établissemens de cette nature, décrète qu'il y a urgence.

L'Assemblée nationale, après avoir décrété l'urgence, décrète ce qui suit :

Art. 1er. Les dispositions du décret du 7 février dernier, relativement aux arrérages de l'année 1791 des rentes dues sur les domaines et autres revenus du ci-devant clergé, sur les emprunts des anciens pays d'états, aux hôpitaux, fabriques, écoles, colléges et autres établissemens, s'étendront aux arrérages de l'année 1792, qui continueront d'être acquittés et remis par les payeurs des rentes.

2. Il est enjoint aux administrateurs desdits établissemens, à ceux des districts et départemens, et à tous autres agens du pouvoir exécutif, d'exécuter, chacun en ce qui le concerne, dans trois mois pour tout délai, à compter du jour de la publication du présent décret, tout ce qui est prescrit par celui du 15 août = 23 octobre 1790, à peine de demeurer personnellement et solidairement responsables des suites de leur négligence.

12 = 12 SEPTEMBRE 1792. — Décret qui défend l'exportation des bestiaux et comestibles dans les îles anglaises voisines des côtes de France. (L. 11, 327 ; B. 24, 847.)

L'Assemblée nationale, considérant qu'il est instant de réprimer les abus qui se commettent par l'exportation de bestiaux et de comestibles dans les îles anglaises voisines de nos côtes, décrète qu'elle étend aux côtes maritimes la défense d'exporter les bestiaux et autres munitions de bouche et de guerre, portée en ses décrets des 31 décembre 1791, 14 mai, 8 et 12 juin derniers, rendus relativement aux frontières.

12 = 13 SEPTEMBRE 1792. — Décret relatif aux gardes nationaux volontaires qui s'engageront dans les troupes de ligne. (L. 11, 328 ; B. 24, 856.)

Art. 1er. Tout garde national volontaire qui, déjà compris dans la formation d'un bataillon qui ne serait pas encore armé et équipé, préférerait de s'engager dans un régiment de troupes de ligne, recevra une somme de trente livres pour chaque année d'engagement.

2. Le garde national qui se sera engagé recevra trois sous par lieue pour se rendre à son régiment ; et, lorsqu'il y sera arrivé, on lui fera le décompte de sa paie, à dater du jour où il aura cessé de toucher dans le bataillon de volontaires où il servait.

3. L'Assemblée nationale déroge à toutes les lois antérieures qui pourraient être contraires à la disposition de l'article précédent.

12 = 15 SEPTEMBRE 1792. — Décret qui refuse le paiement des indemnités de pertes à ceux qui désobéiraient aux ordres des généraux. (B. 11, 333 ; B. 24, 852.)

L'Assemblée nationale décrète que ceux qui n'auront pas obéi aux ordres des généraux, pour le transport de leurs grains et fourrages dans les camps et leurs bestiaux derrière lesdits camps, ne seront pas indemnisés des pertes qu'ils auront soufferes.

12 SEPTEMBRE 1792. — Décret pour faciliter l'ordre à établir dans les différentes parties du service du camp sous Paris. (L. 11, 321.)

12 = 15 SEPTEMBRE 1792. — Décret qui autorise la Trésorerie nationale à délivrer des coupures d'assignats au commandant de la garde nationale de Paris. (B. 24, 853.)

12 SEPTEMBRE 1792. — Décret relatif aux abatis et démolitions nécessaires pour la défense du camp de Paris. (B 24, 850.)

12 = 14 SEPTEMBRE 1792. — Décret relatif au cantonnement des bataillons et compagnies de volontaires nouvellement formés. (L. 11, 330 ; B. 24, 855.)

12 = 15 SEPTEMBRE 1792. — Décret pour l'emploi des grilles en fer des maisons supprimées, à la fabrication des piques. (L. 11, 331 ; B. 24, 852.)

12 = 15 SEPTEMBRE 1792. — Décret relatif à l'échange des coupons d'intérêts annexés aux assignats. (L. 11, 232 ; B. 24, 854.)

12 = 25 SEPTEMBRE 1792. — Décret relatif à la translation du corps de Beaurepaire au Panthéon français. (L. 11, 333 ; B. 24, 853.)

12 = 17 SEPTEMBRE 1792. — Décret pour la suppression du droit exclusif de louer des parapluies dans les marchés publics de Paris. (B. 24, 844.)

12 SEPTEMBRE 1792. — Décret relatif au logement du général du camp sous Paris. (B. 24, 850.)

12 SEPTEMBRE 1792. — Décret qui ordonne de rendre compte des mesures prises pour l'habillement du deuxième bataillon du département de la Charente-Inférieure. (B. 24, 846.)

12 = 18 SEPTEMBRE 1792. — Décret qui charge le pouvoir exécutif de nommer des commissaires pour faire l'inventaire de la manufacture de Sèvres. (B. 24, 848.)

12 = 15 SEPTEMBRE 1792. — Décret pour qu'il soit rendu compte à l'Assemblée des effets trouvés dans les églises et maisons dépendant de la liste civile et autres maisons nationales. (B. 24, 851.)

12 = 14 SEPTEMBRE 1792. — Décret pour la levée d'une compagnie franche. (B. 24, 857.)

12 = 15 SEPTEMBRE 1792. — Décret portant qu'il n'y a pas lieu à délibérer sur la demande du sieur Bertin, ci-devant receveur-général des parties casuelles, tendant à obtenir une compensation de quatre cent mille livres sur le prix de son office. (B. 24, 858.)

12 SEPTEMBRE 1792. — Décret pour le renvoi des hauts-jurés et des témoins qui ont été appelés à Orléans. (L. 11, 323 ; B. 24, 847.)

12 SEPTEMBRE 1792. — Sieur Bezis. *Voy.* 9 SEPTEMBRE 1792. — Sieur Bonnecarrère. *Voy* 11 SEPTEMBRE 1792. — Envois des décrets. *Voy.* 8 SEPTEMBRE 1792. — Ferrières et Saint-Arold. *Voy.* 10 SEPTEMBRE 1792. — Sieurs Giraud

et Angarde. *Voy.* 18 AOUT 1792. — Indemnités à divers. *Voy.* 9 SEPTEMBRE 1792. — Meubles, etc., au service du culte. *Voy.* 10 SEPTEMBRE 1792. — Veuve Morgon ; Pain des troupes. *Voy.* 8 SEPTEMBRE 1792. — Rentes. *Voy.* 2 SEPTEMBRE 1792. — Secours. Voy. 9 SEPTEMBRE 1792. — Volontaires nationaux. *Voy.* 11 SEPTEMBRE 1792.

13 = 13 SEPTEMBRE 1792. — Décret relatif à la liquidation définitive et au remboursement des créances exigibles de trois cents livres et au-dessous, dues par des corps ou communautés. (L. 11, 334 ; B. 24, 867.)

L'Assemblée nationale, par addition à l'article 3 de la loi du 11 avril dernier, concernant la liquidation définitive et le remboursement à faire des créances exigibles de trois cents livres et au-dessous dues par les corps et communautés ecclésiastiques ou laïques, décrète qu'il y a urgence.

L'Assemblée nationale, après avoir décrété l'urgence, décrète ce qui suit : ⌐

Art. 1er. Les directoires de département, autorisés par les articles 1 et 2 du décret du 5 = 11 avril dernier, à liquider définitivement les créances ci-dessus mentionnées, à en délivrer des reconnaissances de liquidation, et à les faire payer par les receveurs de district, adresseront à l'administration, avant de délivrer leurs reconnaissances de liquidation aux parties prenantes, un état détaillé de ces mêmes reconnaissances, pour, par l'administrateur, en faire verser le montant aux receveurs de district chargés de les acquitter.

2. Il sera fait autant d'états séparés qu'il y aura de receveurs de district chargés de ce paiement. Chaque état présentera le no d'enregistrement, la date et la somme de chaque reconnaissance, le nom de la partie et l'énoncé succinct de la créance.

3. Les receveurs de district feront passer, le 1er de chaque mois, au trésorier de la caisse de l'extraordinaire, les reconnaissances qu'ils auront acquittées ; ils y joindront un état de ces mêmes reconnaissances dressé dans la même forme que celui mentionné ci-dessus, lequel état aura été visé par le directoire du département.

Ils adresseront un semblable état à l'administration de la caisse de l'extraordinaire.

4. Conformément à l'article 3 dudit décret, les directeurs de département continueront d'adresser au directeur de la liquidation générale les titres et pièces des créances par eux liquidées, avec un état sommaire de ces créances. Il n'est dérogé à cet article qu'en ce qui concerne l'obligation qu'il prescrivait au directeur de la liquidation d'en faire opérer le remboursement.

5. Le directeur de la liquidation générale, aussitôt après la notification qui lui aura été faite du présent décret, remettra à l'administration de la caisse de l'extraordinaire les états ou bordereaux qui auraient pu lui être adressés jusqu'à ce jour par les directoires de département, de leurs reconnaissances de liquidation déjà acquittées ou à acquitter, pour les fonds en être faits ou remplacés aux receveurs de district par le trésorier de la caisse de l'extraordinaire, sur les ordonnances de l'administrateur.

6. Les propriétaires des créances mentionnées au présent décret, qui, aux termes de l'article 2 du décret plus haut cité, devaient joindre à la quittance qu'ils ont à donner aux directoires de département un certificat constatant qu'il n'y a pas sur eux d'opposition, seront à l'avenir dispensés de fournir ce certificat.

13 = 14 SEPTEMBRE 1792. — Décret relatif au renouvellement des états-majors des gardes nationaux des villes frontières. (L. 11, 336 ; B. 24, 870.)

L'Assemblée nationale décrète que le décret qui ordonne le renouvellement des états-majors des gardes nationaux de toutes les villes dont le nombre d'habitans est au-dessus de cinquante mille ames, s'étendra à toutes les villes frontières en état de guerre.

13 = 14 SEPTEMBRE 1792. — Décret relatif au paiement du premier terme du prix des adjudications des biens nationaux. (L. 11, 337 ; B. 24, 861.)

Ceux des acquéreurs mentionnés en l'article 1er du décret du 11 de ce mois, qui désireraient conserver leurs acquisitions, jouiront du délai d'un an pour le paiement du premier terme du prix de leurs adjudications, en payant l'intérêt prescrit par les décrets. Ils seront tenus, à cet effet, de le déclarer à chaque directoire de district de la situation des biens vendus, dans le délai de deux mois à compter de ce jour. Les directoires de district enverront une expédition de chaque déclaration tant au receveur du district qu'au commissaire près de la caisse de l'extraordinaire.

13 = 14 SEPTEMBRE 1792. — Décret relatif à la vente des rentes constituées en argent, appartenant à la nation. (L. 11, 338 ; B. 24, 877.)

Art. 1er. Toutes les rentes constituées en argent, appartenant à la nation, et dont la perception et la régie ont été confiées à la régie nationale, seront mises en vente sans délai, dans la forme des biens nationaux.

2. Les débiteurs desdites rentes seront admis, comme toute autre personne, à faire leurs soumissions pour la vente, et, aux enchères et adjudications, à prix égal, ils au-

ront la préférence pour l'adjudication sur les autres enchérisseurs.

3. Aucune desdites rentes ne pourra être divisée pour être mise en vente, et les soumissions porteront sur la totalité du capital.

4. Les soumissions nécessaires pour autoriser les affiches, enchères et adjudications, ne pourront être inférieures aux taux ci-après déterminés :

Pour les rentes à cinq pour cent, elles seront de quinze fois le revenu net; pour celles à quatre et demi pour cent, de quinze fois plus une demie le revenu net; pour celles à quatre pour cent, de seize fois le revenu net; pour celles à trois et demi pour cent, de dix-huit fois le revenu net; pour celles à deux et demi pour cent, de vingt fois le revenu net; pour celles à deux pour cent, de vingt-deux fois le revenu net.

5. Les adjudicataires seront tenus de payer le montant de leur adjudication dans l'année, avec l'intérêt au prorata du capital par eux acquis; et, en cas d'inexécution, il y aura lieu à la folle enchère et autres poursuites prescrites pour le paiement des autres biens nationaux.

6. Immédiatement après le paiement du montant total de l'adjudication, l'adjudicataire recevra du directoire de district la grosse de la vente, y compris toutes pièces et renseignemens nécessaires: le secrétariat du district tiendra registre de cette remise.

7. Il sera remis aux préposés à la perception des droits de timbre et d'enregistrement des extraits des procès-verbaux d'adjudications, dans la huitaine d'icelles, par le secrétaire du district.

8. Du jour de cette remise, le préposé cessera la perception, et ne pourra recouvrer sur le débiteur de la rente adjugée que le prorata des intérêts échus jusqu'au jour de l'adjudication, et les termes arriérés.

9. Les receveurs de district compteront à la caisse de l'extraordinaire du montant des adjudications, dans la forme prescrite pour les autres biens nationaux.

10. L'Assemblée nationale déroge aux lois précédentes en tout ce qui serait contraire au présent décret.

---

13 = 14 SEPTEMBRE 1792. — Décret relatif à la nouvelle formation des troupes indiennes. (L. 11, 362; B. 24, 860.)

L'Assemblée nationale, après avoir entendu le rapport de son comité militaire sur la nécessité de donner une nouvelle formation aux troupes indiennes, et considérant qu'il en résultera un bien pour le service de la nation, décrète qu'il y a urgence.

L'Assemblée nationale, après avoir décrété l'urgence, décrète ce qui suit :

Art. 1er. Les deux bataillons de Cipayes,

conservés et affectés à la garde de Pondichéry et comptoirs en dépendans, seront assimilés en grande partie aux régimens français, de manière cependant que les officiers européens qui entreront dans la composition de ces bataillons commandent toujours les officiers Cipayes, quels que soient les grades de ces derniers.

2. L'Assemblée nationale autorise en conséquence le pouvoir exécutif provisoire à prendre le mode qui pourra le plus promptement opérer la nouvelle formation de ces deux bataillons.

3. La dépense de ce corps ne pourra, dans tous les cas, excéder celle de deux cent quatre-vingt-dix-sept mille deux cent quarante livres, pour la solde et les appointemens des officiers et soldats.

---

13 = 18 SEPTEMBRE 1792. — Décret relatif au séquestre des biens des émigrés. (L. 11, 354; B. 24, 876.)

*Voy.* lois du 12 SEPTEMBRE 1792; du 14 SEPTEMBRE 1792.

L'Assemblée nationale, ouï le rapport de son comité des domaines, considérant qu'il s'est élevé des doutes sur le texte littéral de l'article premier de la loi du 8 avril, relativement aux biens des Français émigrés depuis cette époque ou qui viendraient à émigrer par la suite, attendu qu'il importe de prévenir les erreurs que le défaut d'interprétation à cet égard pourrait occasioner, décrète qu'il y a urgence.

L'Assemblée nationale, après avoir décrété l'urgence, décrète ce qui suit :

Art. 1er. Le décret du 30 mars = 8 avril dernier, relatif au séquestre des biens des émigrés, s'applique (sauf les exceptions y portées) à tous Français sortis du royaume, soit à l'époque de la publication du décret du 6 février précédent, soit depuis, ou qui viendraient par la suite à émigrer.

2. En conséquence, tous ceux qui, à raison de leur résidence dans le royaume depuis six mois, à l'époque ci-dessus, auraient envoyé au directoire de la situation de leurs biens le certificat exigé d'eux par l'article 9 du décret du 30 mars = 8 avril, seront tenus, dans le mois de la publication du présent décret, de réitérer dans la même forme la justification de leur résidence actuelle et habituelle; faute de quoi, et le délai passé, les lois concernant le séquestre et l'aliénation des biens des émigrés seront exécutées à leur égard.

3. Les personnes qui ont des biens hors le département où elles font leur résidence actuelle seront en outre tenues, sous les mêmes peines, de répéter de deux mois en deux mois, à compter du 1er octobre prochain, l'envoi de pareils certificats au directoire du département de la situation de leurs biens.

13 SEPTEMBRE 1792. — Décret relatif au paiement des gages ou pensions à la charge de la liste civile. (B. 24, 862.)

13 = 14 SEPTEMBRE 1792. — Décret pour échanger de gros assignats contre des petits à la section du Théâtre-Français. (B. 24, 866.)

13 = 14 SEPTEMBRE 1792. — Décret portant que la nomination du quartier-maître et celle des autres officiers de la 19ᵉ division de gendarmerie, appartiennent aux gendarmes. (B. 24, 879.)

13 = 14 SEPTEMBRE 1792. — Décret relatif à la direction des travaux du camp sous Paris. ( L. 11, 341; B. 24, 869.)

13 = 14 SEPTEMBRE 1792. — Décret pour l'accélération de la fabrication des assignats. ( L. 11, 343; B. 24, 865.)

13 = 18 SEPTEMBRE 1792. — Décret relatif à la répartition des décharges accordées à titre de dégrèvement à dix-sept départemens. (L. 11, 347; B. 24, 871.)

13 SEPTEMBRE 1792. — Décret qui autorise le ministre de la guerre à délivrer les passeports nécessaires pour le transport de deux canons fabriqués pour la commune de Lons-le-Saulnier. (B. 24, 859.)

13 SEPTEMBRE 1792. — Décret qui autorise la commune de Bléré à faire une acquisition. (B. 24, 859.)

13 = 14 SEPTEMBRE 1792. — Décret qui approuve plusieurs marchés pour fournitures de papier à assignats. (B. 24, 863.)

13 SEPTEMBRE 1792. — Gendarmerie. *Voy.* 11 SEPTEMBRE 1792. — Tribunaux criminels de Paris. *Voy.* 8 SEPTEMBRE 1792.

14 = 15 SEPTEMBRE 1792. — Décret portant que les municipalités ne pourront donner d'ordres, ni envoyer de commissaires, ni exercer aucune fonction municipale, que dans leur territoire. (L. 11, 356; B. 24, 890.)

L'Assemblée nationale, considérant que l'ordre ne peut exister dans l'empire qu'autant que chaque autorité constituée se renfermera dans les limites prescrites par la loi, décrète qu'il y a urgence.

L'Assemblée nationale, après avoir décrété l'urgence, décrète ce qui suit:

Art. 1ᵉʳ. Les municipalités ne pourront donner d'ordres, ni envoyer de commissaires, ni exercer aucune fonction municipale, que dans leur territoire. Il est défendu à tous corps administratifs ou militaires et à tous citoyens, d'obéir à aucune réquisition qui leur sera faite par les commissaires d'une municipalité hors l'étendue de son territoire.

2. Si, après la publication du présent décret, de prétendus commissaires faisaient de pareilles réquisitions, ils seront arrêtés, et leur procès leur sera fait comme coupables d'offense et de rébellion à la loi.

3. Le présent décret sera envoyé sur-le-champ aux armées et aux départemens.

14 = 14 SEPTEMBRE 1792. — Décret relatif au remboursement des actions et portions d'actions de l'ancienne compagnie des Indes. (L. 11, 358; B. 24, 886.)

L'Assemblée nationale, après avoir entendu le rapport de son comité de l'extraordinaire des finances, considérant que le remboursement des actions et portions d'actions de l'ancienne compagnie des Indes, sortie par le tirage fait le 22 août dernier, conformément à son décret du 9 juillet précédent, ne doit éprouver aucun retard, décrète que la caisse de l'extraordinaire ouvrira incessamment le remboursement d'un million cent soixante-dix-sept mille deux cents livres, montant du tirage des actions et portions d'actions mentionnées ci-dessus.

14 = 14 SEPTEMBRE 1792. — Décret portant résiliation des baux de biens nationaux passés au profit des émigrés et des prêtres déportés. (L. 11, 359; B. 24, 884.)

L'Assemblée nationale, considérant qu'il est essentiel de veiller à ce que les biens nationaux affermés aux émigrés et aux prêtres insermentés ne demeurent pas incultes, et qu'ils continuent d'être surveillés et administrés, décrète qu'il y a urgence.

L'Assemblée nationale, après avoir décrété l'urgence, décrète ce qui suit:

Art. 1ᵉʳ. Tous les baux de biens nationaux passés au profit des émigrés et des prêtres dont la déportation a été décrétée le 26 août dernier, demeurent annulés et résiliés à compter de la publication du présent décret.

2. Les acquéreurs de ces biens affermés en jouiront aussitôt, et ceux qui n'ont pas encore été vendus rentreront sous l'administration et la surveillance des corps administratifs.

14 = 15 SEPTEMBRE 1792. — Décret relatif à l'emploi des fusils des canonniers. (L. 11, 363; B. 24, 891.)

L'Assemblée nationale, considérant qu'il est indispensable de procurer, sans aucun délai, des armes aux bataillons des volontaires nationaux qui se sont formés et rendus aux frontières pour y défendre la patrie, que, dans la pénurie absolue de fusils où se trouve la nation, tous les efforts des citoyens qui ont juré de maintenir la liberté et l'égalité, ou de mourir en les défendant, seraient sans effet s'ils restaient plus long-temps sans être armés, décrète ce qui suit :

A compter du jour de la publication du présent, le fusil ne fera plus partie de l'armure des canonniers. Ces fusils seront déposés dans le local indiqué par les officiers généraux et par les canonniers qui sont en campagne, et par les officiers municipaux des lieux où ils seront en garnison. Ces armes sont mises à la disposition du pouvoir exécutif, pour en armer les bataillons de volontaires nationaux.

Ces fusils seront remplacés par des pistolets, et seront rendus aux canonniers aussitôt que le pouvoir exécutif s'en sera procuré un nombre suffisant pour armer tous les citoyens enrôlés pour la défense de la patrie et le maintien de la liberté et de l'égalité.

14 = 15 SEPTEMBRE 1792. — Décret relatif à la nomination aux cures vacantes. (L. 11, 364 ; B. 24, 880.)

Le directoire du département des Hautes-Pyrénées demande à l'Assemblée quels sont les électeurs qui doivent procéder à la nomination des cures vacantes. Sont-ce les nouveaux ou les anciens ?

L'Assemblée déclare que ce sont les nouveaux.

14 = 15 SEPTEMBRE 1792. — Décret relatif aux pouvoirs des commissaires envoyés dans les départemens. (L. 11, 364 ; B. 24, 889.)

L'Assemblée nationale, considérant que l'envoi des commissaires dans les départemens par le pouvoir exécutif ne peut avoir d'autre objet que d'accélérer l'enrôlement des gardes nationales et de répandre l'instruction, décrète qu'il y a urgence.

L'Assemblée nationale, après avoir décrété l'urgence, décrète ce qui suit :

Art. 1er. Les commissaires nommés par le pouvoir exécutif pour aller dans les départemens se renfermeront rigoureusement dans les bornes de l'instruction et des pouvoirs qui leur seront donnés.

2. Ils seront tenus de montrer leurs pouvoirs et leurs instructions aux autorités constituées des lieux où ils auront une mission à remplir.

3. S'ils ne se conforment pas aux articles ci-dessus, ou qu'ils se permettent des réquisitions ou des actes auxquels ils ne soient pas expressément autorisés, ils seront arrêtés sur les ordres des autorités constituées, qui seront tenues d'en donner avis sans délai au

pouvoir exécutif, qui en instruira l'Assemblée nationale.

4. Ils ne pourront prononcer aucune suspension ou destitution contre les fonctionnaires publics nommés par le peuple, sauf à eux à faire parvenir au pouvoir exécutif provisoire les renseignemens et les plaintes qu'il y aurait lieu de faire contre lesdits fonctionnaires publics. Les suspensions ou destitutions qu'ils pourraient avoir proposées sont déclarées nulles, sauf au pouvoir exécutif à prononcer la suspension, s'il y a lieu.

5. Le pouvoir exécutif provisoire est tenu, sous sa responsabilité, de rappeler ceux de ses commissaires contre lesquels il est parvenu des plaintes fondées, et de leur faire rendre compte de leur conduite.

14 = 18 SEPTEMBRE 1792. — Décret qui réunit au domaine national les domaines cédés au nom du Roi aux sieurs de Rohan. (L. 11, 366 ; B. 24, 903.)

L'Assemblée nationale, après avoir entendu le rapport de son comité des domaines, considérant qu'il est de l'intérêt national de ne pas payer plus long-temps des sommes considérables en conséquence d'un acte frauduleux, décrète qu'il y a urgence.

L'Assemblée nationale, après avoir entendu le rapport de son comité des domaines et décrété l'urgence, décrète :

Art. 1er. L'Assemblée nationale révoque les traité, vente et échange passés le 3 octobre 1786, entre les commissaires du Roi, d'une part, Charles de Rohan, ci-devant prince de Soubise, comme fondé de la procuration de Jules-Hercule de Rohan et de Guéménée, et Henri-Louis-Marie de Rohan-Guéménée, et tout ce qui a précédé et suivi ; décrète en conséquence que tous les domaines cédés au nom du Roi sont réunis au domaine national, pour être administrés par les préposés à la régie des domaines nationaux, à compter de la publication du présent décret.

2. L'agent du Trésor national se pourvoira par les voies de droit en restitution des sommes payées en conséquence du contrat ci-dessus, tant en capital qu'en rentes viagères, sous déduction néanmoins des fermages et autres revenus perçus au profit de la nation, et provenant des biens vendus par M. de Guéménée.

3. L'agent du Trésor national se pourvoira également en remise des titres et pièces relatifs aux terres et ci-devant seigneuries de Trévoux, et autres ci-devant seigneuries formant l'ancienne principauté de la Dombe, lesquels biens seront dès à présent mis en vente, suivant les formes décrétées pour la vente des biens nationaux.

4. Les terres du Châtel, Carmant et autres, vendues ou cédées par le sieur Guéménée, par

ledit acte du 3 octobre 1786, demeurent en nantissement entre les mains de la nation, jusqu'à parfait remboursement des sommes payées, soit audit sieur Guéménée, soit à ses créanciers, tant en capital que rentes viagères.

5. La terre de Lorient, n'ayant pas cessé d'appartenir au domaine national, y est définitivement réunie, pour être administrée comme tous les autres biens nationaux : les biens en dépendant seront vendus suivant les formes décrétées pour la vente des biens nationaux.

6. Tous paiemens de rentes constituées ou viagères faits jusqu'à ce jour par la Trésorerie nationale, en vertu dudit acte du 3 octobre 1786, soit au sieur Guéménée, soit à ses créanciers, cesseront à compter du jour de la publication du présent décret.

14 = 15 SEPTEMBRE 1792. — Décret qui autorise Louis-Philippe-Joseph, prince français, à continuer les aliénations qu'il a été autorisé de faire par lettres-patentes du mois d'août 1784. (B. 24, 887.)

L'Assemblée nationale, après avoir entendu le rapport de son comité des domaines sur la pétition de Louis-Philippe-Joseph, prince français;

Considérant que, par lettres-patentes du 13 août 1784, confirmées par le décret du 21 décembre 1790 = 6 avril 1791, Louis-Philippe-Joseph, prince français, a obtenu la permission d'aliéner à perpétuité trois mille cinq cents toises de terrain dépendant du Palais-Royal, avec les bâtimens qu'il avait fait construire sur ledit terrain, moyennant un cens de vingt sous par toise, emportant lods et ventes aux mutations, suivant la coutume de Paris;

Considérant que l'abolition du régime féodal exclut pour l'avenir les aliénations à titre d'acensement; que, d'après ce principe, le Corps-Législatif ne doit plus autoriser, dans les actes translatifs de propriété, la stipulation d'aucun droit ou profit de mutation, ni d'aucune clause qui présente l'aspect des anciennes conditions et charges féodales;

Considérant que, dans ces circonstances, il est nécessaire de statuer sur le mode d'exécution des lettres-patentes de 1784, quant aux objets restant à aliéner, et de déterminer les conditions que le prince imposera aux acquéreurs, tant pour tenir lieu de la rente censuelle que pour compenser les profits casuels qui ne pourront plus être réservés, décrète ce qui suit:

Art. 1er. Louis-Philippe-Joseph, prince français, pourra continuer les aliénations qu'il a été autorisé de faire par les lettres-patentes du mois d'août 1784 et le décret du 21 décembre 1790 = 6 avril 1791, sous le titre de ventes pures et simples, en imposant aux acquéreurs l'obligation d'une rente foncière et apanagère de sept livres dix-neuf sous par toise de terrain, exempte de toute retenue et imposition prévue ou imprévue, rachetable au denier vingt.

2. Lorsque les acquéreurs voudront s'affranchir desdites rentes, ils seront tenus d'en verser le capital sur le prix fixé par l'article 1er du présent décret, entre les mains des commissaires du Roi régisseurs des domaines nationaux, conformément aux lois rendues sur les rachats et amortissement des rentes dues à la nation.

3. En cas d'amortissement, la nation demeurera chargée des rentes envers le prince et ses descendans, et elles les acquittera sur le même pied que les acquéreurs auraient été tenus de le faire, tant que l'effet du décret du 21 décembre 1790 = 6 avril 1791 subsistera.

4. Les conditions portées par les précédens articles seront énoncées dans tous les contrats passés en exécution du présent décret, afin que les droits hypothécaires de la nation demeurent expressément conservés.

5. Le prince sera tenu de remettre aux archives nationales une expédition en forme de chaque contrat, au plus tard dans le mois de sa date.

6. Il déposera également aux archives, dans trois mois à compter de la publication du présent décret, des expéditions en bonne forme de tous les contrats d'aliénation qui ont été faits jusqu'à ce jour en vertu des lettres-patentes de 1784 et du décret du 21 décembre 1790 = 6 avril 1791.

7. Seront au surplus les lettres-patentes de 1784 exécutées selon leur forme et teneur, en tout ce qui n'est pas contraire au présent décret.

14 SEPTEMBRE 1792. — Décret qui suspend le paiement à faire par le Trésor national aux hab tans de Longwi et de Verdun. (L. 11, 360; B. 24, 885.)

14 = 30 SEPTEMBRE 1792. — Décret de pensions, gratifications et secours. (B. 24, 896.)

14 SEPTEMBRE 1792. — Décret qui déclare les dispositions du décret du 29 août, relatif aux mines du département du Finistère, applicables aux mines du département d'Ille-et-Vilaine. (B. 24, 881.)

14 SEPTEMBRE 1792. — Décret relatif à l'échange, dans les sections de Paris, des billets de confiance contre des assignats de dix et quinze sous. (B. 24, 882.)

14 = 15 SEPTEMBRE 1792. — Décret relatif à la construction d'une salle pour la Convention. (B. 24, 892.)

14 = 22 et 30 SEPTEMBRE 1792.—Décrets contenant des états de pensions, gratifications et secours accordés à des employés supprimés, etc. (B 24, 893 et 896.)

14 = 15 SEPTEMBRE 1792.— Décret qui désigne le château des Tuileries pour le lieu des séances de la Convention nationale. (L. 11, 357.)

14 SEPTEMBRE 1792. — Adresses. Voy. 16 AOUT 1792. — Argenterie des églises ;· Arrérages. Voy. 9 SEPTEMBRE 1792. — Assignats. Voy. 13 SEPTEMBRE 1792. — Assignats- roupures. Voy 24 AOUT 1792. — Beauvais. Voy. 9 SEPTEMBRE 179·. — Biens acquis par le Roi. Voy. 10 SEPTEMBRE 1792. — Biens nationaux. Voy 13 SEPTEMBRE 1792.—Sieur Buthor. Voy. 9 SEPTEMBRE 1792. — Camp de Paris. Voy. 9 SEPTEMBRE 1792 — Camp sous Paris. Voy. 13 SEPTEMBRE 1792. — Canonniers. Voy. 28 AOUT 1792. — Canonniers garde - côtes ; Canton de Hanau. Voy. 9 SEPTEMBRE 1792 — Sieur Cazeau. Voy 8 SEPTEMBRE 1792. — Chapelles. Voy. 4 SEPTEMBRE 1792. — Code monétaire. Voy. 5 SEPTEMBRE 1792. — Commissaires. Voy. 10 SEPTEMBRE 1792. — Compagnie franche. Voy. 12 SEPTEMBRE 1792. — Conservation des places. Voy. 10 SEPTEMBRE 1792.—Conspiration du 10 AOUT ; Corps armés. Voy. 9 SEPTEMBRE 1792. — MM. Delambre et Méchin. Voy. 7 SEPTEMBRE 1792. — Domaines Voy. 4 SEPTEMBRE 1792. — Ecclésiastiques. Voy. 7 SEPTEMBRE 1792.—Escorte de papier assignat. Voy. 9 SEPTEMBRE 1792.—Fortifications. Voy. 10 SEPTEMBRE 1792. — Galons des tambours. Voy. 4 SEPTEMBRE 1792. — Gardes des forts ; Gardes nationaux. Voy. 9 SEPTEMBRE 1792. — Gardes nationaux vo onta1 es. Voy. 12 SEPTEMBRE 1792.—Gendarmes. Voy. 11 et 13 SEPTEMBRE 1792. — Hautes-Pyrénées. Voy. 10 SEPTEMBRE 1792 — Hussards braconniers. Voy 9 SEPTEMBRE 1792.—Infanterie, etc. de la marine ; Légion nationale du Midi ; Sieur Lenoir. Voy. 8 SEPTEMBRE 1792.—Maîtres de postes ; Manufacturiers. Voy. 4 SEPTEMBRE 1792. — Médicamens pour les colonies Voy. 7 SEPTEMBRE 1792. — Objets d'églises. Voy. 4 SEPTEMBRE 1792. — Places conservées. Voy. 10 SEPTEMBRE 1792. — Police correctionnelle. Voy 8 SEPTEMBRE 1792 — Postes. Voy. 4 SEPTEMBRE 1792.— D' Prietsley Voy. 9 SEPTEMBRE 1792. — Protocole d'actes de notaires. Voy. 9 SEPTEMBRE 1792. — Rentes en argent. Voy. 13 SEPTEMBRE 1792. — Secours aux incendiés. Voy. 8 SEPTEMBRE 1792. — Section de l'Observatoire. Voy. 9 SEPTEMBRE 1792. — Sel dans le Haut et Bas-Rhin. Voy. 8 SEPTEMBRE 1792. — Sourds-muets. Voy. 10 SEPTEMBRE 1792. — Tribunaux de commerce. Voy 9 SEPTEMBRE 1792. — Transit de marchandises. Voy. 7 SEPTEMBRE 1792. — Troupes indiennes. Voy. 13 SEPTEMBRE 1792.—Troupes légères. Voy. 9 SEPTEMBRE 1792.—Volontaires nouvellement formés. Voy. 12 SEPTEMBRE 1792.

15 = 16 SEPTEMBRE 1792. — Décret relatif aux citoyens qui seraient revêtus d'une décoration qu'ils n'ont pas le droit de porter, et aux commissaires des municipalités, chargés de faire des visites domiciliaires. (L. 11, 368 ; B. 24, 925.)

L'Assemblée nationale, considérant qu'il est du plus grand intérêt pour la société que des particuliers ne puissent, pour faciliter l'exécution de projets criminels, se revêtir à volonté des décorations décrétées pour les juges, les administrateurs, les magistrats du peuple, et pour tous autres officiers publics;

Considérant qu'il est également important que les citoyens connaissent les pouvoirs et le caractère de ceux qui se présentent comme officiers publics pour faire des visites, perquisitions ou acte d'autorité dans les maisons, décrète qu'il y a urgence.

L'Assemblée nationale, après avoir décrété l'urgence, décrète ce qui suit :

Art. 1er. Il est expressément défendu à tout citoyen de se revêtir d'une décoration décrétée pour les juges, les administrateurs, les magistrats du peuple et tous autres officiers publics, à moins qu'il n'ait le caractère requis par la loi pour pouvoir la porter.

2. Tout citoyen qui sera trouvé revêtu d'une décoration qu'il ne sera point autorisé par la loi à porter sera puni de deux années de fers.

3. Si le citoyen trouvé revêtu d'une décoration qu'il n'a pas le droit de porter est convaincu d'avoir fait des actes d'autorité que l'officier public a seul le droit de faire, il sera puni de mort.

4. Tous commissaires de municipalité ou de comités de sections, chargés de faire des visites, perquisitions ou actes d'autorité publique dans les maisons, seront munis de deux expéditions de l'acte qui constitue leur pouvoir spécial, et tenus d'en remettre une au citoyen chez lequel ils feront lesdites visites et perquisitions.

5. Lorsque les visites, perquisitions ou actes d'autorité se feront, en exécution d'une loi particulière, d'une délibération légale, dans toute l'étendue d'une commune, les commissaires seront tenus d'exhiber leurs pouvoirs et de les faire connaître aux citoyens qui les demanderont.

15 = 15 SEPTEMBRE 1792. — Décret qui permet l'exportation des ouvrages d'orfévrerie et de joaillerie (L. 11, 374 ; B. 24, 922.)

Voy. lois du 5 SEPTEMBRE 1792 et 7 DÉCEMBRE 1792.

L'Assemblée nationale, considérant combien il est utile de conserver dans le royaume les matières d'or et d'argent monnayées ou non, et combien il est intéressant en même temps de faire connaître les objets de l'industrie nationale à excepter de la prohibition prononcée le 5 de ce mois, décrète qu'il y a urgence.

L'Assemblée nationale, après avoir décrété l'urgence, décrète ce qui suit :

Art. 1er. Toute exportation à l'étranger des matières d'or ou d'argent monnayées ou non, des vaisselles d'or ou d'argent, et des vases d'or ou d'argent servant au culte, est défendue (1).

2. Sont exceptés de cette prohibition les autres ouvrages d'orfévrerie et ceux de joaillerie neufs et poinçonnés de la marque actuellement existante, la bijouterie neuve ornée en or ou en argent, et les tissus neufs mêlés d'or ou d'argent.

3. Ceux qui tenteront d'exporter les matières énoncées en l'article 1er seront soumis aux peines portées par l'article 5 du décret du 6 = 22 août 1791, relatif à l'exécution du tarif des droits d'entrée et de sortie du royaume (2).

15 = 18 SEPTEMBRE 1792. — Décret relatif au mode de paiement des rentes dues à des particuliers par les corps, communautés et établissemens supprimés, et par les ci-devant pays d'états. (L. 11, 376; B. 24, 907.)

L'Assemblée nationale, considérant que l'Assemblée constituante avait pourvu, par les articles 6, 7, 8 et 9 du titre II de la loi du 27 avril 1791, au paiement des arrérages des rentes perpétuelles et viagères dues à des particuliers par les corps, communautés et établissemens supprimés, en prescrivant aux créanciers ce qu'ils doivent faire pour obtenir la reconnaissance desdites rentes au nom de l'État, en ordonnant provisoirement le paiement des arrérages jusqu'au 1er janvier 1792, sur l'avis des corps administratifs pour les parties qui ne pourraient être liquidées avant ce terme, et en accordant à ceux des créanciers qui recevaient les arrérages dans les ci-devant provinces la faculté de se faire payer dans les districts qu'ils voudront choisir, à la charge de se conformer aux dispositions des articles 8, 9 et 10 de la loi du 1er septembre 1790 ;

Que la loi du 19 septembre 1791 avait pareillement pourvu au paiement des arrérages de rentes dues par les ci-devant pays d'états pour l'année 1791, en ordonnant que les créanciers seraient payés de leurs intérêts échus ou à échoir jusqu'au 1er janvier 1792 par les payeurs, receveurs ou trésoriers qui en étaient précédemment chargés ;

Que les créanciers qui ont obtenu la re-connaissance au nom de l'État des rentes qui leur sont dues n'éprouveront aucun retardement, mais que ceux qui n'ont pas encore obtenu une reconnaissance éprouveraient un retardement dont on ne peut fixer le terme avec précision, s'ils ne pouvaient être payés des arrérages échus et à échoir avant qu'ils eussent obtenu cette reconnaissance ;

Que ces rentes sont le patrimoine et l'unique ressource d'un grand nombre de familles, décrète qu'il y a urgence.

L'Assemblée nationale, après avoir décrété l'urgence, décrète ce qui suit :

Art. 1er. Les créanciers des rentes dues par les corps, communautés et établissemens supprimés, et par les ci-devant pays d'états, pour leur compte particulier, qui n'ont pu obtenir jusqu'à ce jour la reconnaissance de ces rentes au nom de l'État, seront payés en deux termes des arrérages échus et à échoir jusqu'au 1er janvier 1793.

2. Ils se feront délivrer par le directeur-général de la liquidation, ou, sous sa responsabilité, par l'un de ses chefs de bureau qu'il commettra, un certificat du dépôt de leurs titres, de l'avis des corps administratifs, s'ils étaient créanciers des corps et communautés supprimés, et de l'état des trésoriers et receveurs, visé par les départemens, s'ils étaient créanciers des pays d'états.

3. Ces certificats seront présentés aux différens payeurs de l'État chargés de ces parties, qui acquitteront le premier terme échu, et en feront mention sur le certificat qu'ils remettront au créancier.

4. Les payeurs tiendront un registre particulier de cette classe de créanciers qui n'auront pas encore obtenu la reconnaissance de leurs rentes, et des paiemens qu'ils leur feront.

5. Les payeurs ne pourront acquitter les six derniers mois de 1792, sans avoir vérifié, à la fin de l'année, l'état des créanciers qui auront été liquidés postérieurement au présent décret, lesquels seront rayés du registre particulier, et seront payés comme les autres créanciers de l'État dont les rentes auront été reconnues et constatées légitimes.

6. Ceux des créanciers qui voudront être payés dans leurs districts feront remettre aux mains des payeurs, lors de la présentation du certificat du directeur de la liquidation, leurs quittances visées par les municipalités et les directoires de district ; et les payeurs

_____

(1) Un arrêté des consuls du 17 prairial an 10 a permis l'importation des matières d'or ou d'argent monnayées ou non, des vaisselles d'or ou d'argent et des vases d'or ou d'argent servant au culte.

(2) L'amende de cinq cents francs, établie par l'article 1er, titre V de la loi du 22 août 1791, au cas d'introduction de marchandises prohibées, a lieu pour le cas d'exportation des matières d'or ou d'argent (12 prairial an 10; Cassat. S. 2, 2, 357).

Voy. l'art. 3 de la loi du 15 août 1793, et l'art. 4 du décret du 14 fructidor an 3.

eur remettront en échange un certificat des quittances fournies, et, au bas, une rescription du montant de la somme sur le trésor du district.

───────

15 = 18 SEPTEMBRE 1792. — Décret relatif au mode de liquidation et remboursement des indemnités dues pour les jurandes et maîtrises. (L. 11, 378; B. 24, 906.)

L'Assemblée nationale, considérant qu'il importe d'accélérer la liquidation et le remboursement des indemnités dues pour les jurandes et les maîtrises; que les frais de quittances faites devant notaire, et sujettes à l'enregistrement, sont excessifs, relativement à la modicité des sommes liquidées pour cet objet, décrète qu'il y a urgence.

L'Assemblée nationale, après avoir entendu le rapport de son comité de liquidation et décrété l'urgence, décrète ce qui suit:

Art. 1er. Le directeur-général de la liquidation se conformera aux dispositions du décret du 30 septembre 1791, et continuera de liquider, sous sa responsabilité, les indemnités dues pour les jurandes et maîtrises, et ces indemnités seront payées sur les états, signés de lui, qu'il remettra au commissaire national administrateur de la caisse de l'extraordinaire.

2. Il sera tenu de liquider sur-le-champ, et sans observer l'ordre des enregistremens, les indemnités qui seraient réclamées par tous citoyens qui justifieront qu'ils se dévouent à la défense de la patrie, et qu'ils se sont fait inscrire pour se rendre dans les camps ou dans les armées.

3. Les paiemens seront faits à la caisse de l'extraordinaire, sur les simples quittances des créanciers, sur papier timbré, en exemption des droits d'enregistrement; et les quittances seront visées et certifiées par les commissaires des sections, pour les personnes domiciliées à Paris, ou qui s'y trouveront lors de leur paiement, ou qui y seront représentées par des porteurs de procuration; et les municipalités et les directoires de district, pour les personnes domiciliées et résidant dans les autres départemens: et à l'égard de la formalité de la décharge sur le contrôle des quittances de finance qui seront remboursées, elle sera remplie à la diligence du trésorier de la caisse de l'extraordinaire, d'après les seules quittances des créanciers, ainsi visées et certifiées, et sans leur intervention.

4. Les dispositions du présent décret seront applicables à la liquidation et au remboursement des charges et offices de barbiers et perruquiers.

───────

5 = 20 SEPTEMBRE 1792. — Décret relatif à l'impression, envoi et affiche du bulletin imprimé par ordre de l'Assemblée nationale, et à la poursuite des personnes convaincues d'avoir arraché les affiches. (L. 11, 380; B. 24, 921.)

L'Assemblée nationale, considérant que les ennemis de la chose publique cherchent à égarer l'opinion en dénaturant le récit des événemens transmis à l'Assemblée nationale, en répandant de fausses nouvelles et des terreurs dénuées de fondement; considérant que de pareilles machinations pourraient devenir funestes à la liberté, dans un moment où il importe que la vérité retentisse promptement sur tous les points de l'empire, pour y rallier tous les citoyens, pour y déconcerter les projets de la malveillance, pour entretenir enfin entre le peuple et ses représentans cette confiance et cette unité d'opinion qui fait la force des peuples libres, décrète ce qui suit:

Art. 1er. Le bulletin imprimé par ordre de l'Assemblée nationale sera envoyé par le ministre de l'intérieur à tous les départemens et districts de l'empire.

2. Les corps administratifs seront tenus de prendre, sous leur responsabilité, tous les moyens convenables pour qu'il soit promptement répandu et affiché dans tous les chefs-lieux de district et autres dont la population excédera deux mille ames.

3. Toute personne qui sera convaincue d'avoir arraché lesdits bulletins, ou empêché leur publication et affiche, sera poursuivie devant les tribunaux comme ennemie du peuple et coupable d'offense à la loi, à la diligence du procureur de la commune du lieu où seront faites lesdites affiches, et condamnée à cent livres d'amende pour la première fois, et, en cas de récidive, à deux mois de prison.

───────

15 = 20 SEPTEMBRE 1792. — Décret relatif aux phares, amers, tonnes et balises. (L. 11, 382; B. 24, 918.)

L'Assemblée nationale, après avoir entendu le rapport de ses comités de marine et de l'ordinaire des finances réunis, sur les phares, amers, tonnes et balises, décrète qu'il y a urgence.

L'Assemblée nationale, après avoir décrété l'urgence, décrète ce qui suit:

Art. 1er. Le ministre de la marine sera chargé de la surveillance des phares, amers, tonnes et balises.

2. Sur le compte qui lui sera rendu des réparations et réédifications à faire à ces établissemens, et après que l'état et devis dressés par l'ingénieur du district lui en auront été présentés, s'il juge que la dépense soit utile, le ministre de la marine requerra le ministre de l'intérieur de donner les ordres nécessaires pour son exécution.

3. Le ministre de la marine aura soin de prévenir tous les ans le ministre de l'intérieur de l'étendue de la dépense de ces objets, afin que le ministre de l'intérieur puisse en former un chapitre dans le compte des dépenses de son département qu'il doit présenter à l'Assemblée nationale, pour que les fonds qui doivent être mis à sa disposition soient décrétés.

4. Comme il y a plusieurs objets de ce genre dont la dépense n'avait point été prévue, qui sont de peu d'importance, et qu'il est urgent d'y pourvoir, les commissaires de la Trésorerie nationale sont autorisés à tenir provisoirement à la disposition du ministre de l'intérieur, et sous sa responsabilité, les fonds nécessaires pour acquitter les dépenses qu'il aura ordonnées relativement aux phares, amers, tonnes ou balises, et dont il donnera l'état, lesquels fonds seront pris sur ceux destinés aux travaux des ports.

5. Les corps administratifs seront spécialement chargés de veiller à la conservation de ces établissemens, à l'exécution des travaux qui y seront faits; de pourvoir à tout ce qui peut être relatif à leur service et à leur entretien, et d'en arrêter et certifier les comptes de dépense.

6. Dans le cas où les balises sujettes à être abattues par les coups de mer seraient détruites, les municipalités les plus voisines seront tenues de les faire réparer et rétablir, et d'en rendre compte sur-le-champ au ministre de l'intérieur.

7. Il est enjoint aux pilotes lamaneurs, sous peine de trois jours de prison, de prévenir les officiers municipaux du canton, ou ceux de l'endroit où ils aborderont, de la destruction des balises lorsqu'ils en auront connaissance, afin qu'on puisse y pourvoir.

8. Les trésoriers de district verseront, tous les trois mois, dans la caisse de la Trésorerie nationale, les fonds que leur auront remis, tous les mois, les trésoriers préposés par les tribunaux de commerce, provenant des droits de navigation, d'ancienneté des feux et autres de ce genre.

9. Les administrateurs des directoires de département feront constater tout ce qui peut rester dû sur les travaux de construction ou entretien des phares, amers, tonnes et balises, en distinguant l'état de ces dépenses par exercice; et ils en feront l'envoi au ministre de l'intérieur, qui en rendra compte à l'Assemblée nationale, pour être statué ce qu'il appartiendra.

_____

15 = 15 SEPTEMBRE 1792. — Décret relatif aux procès pendans devant les six tribunaux criminels de Paris. (B. 24, 920.)

L'Assemblée nationale, considérant que, par son décret du 8 de ce mois, relatif à la suppression des six tribunaux criminels provisoires de Paris, elle n'a pas entendu retarder le jugement des affaires dont les pièces sont sur le bureau, les plaidoiries et rapports commencés, décrète que, dans le nombre des procès pendans aux six tribunaux criminels provisoires de Paris, ceux dont les pièces sont sur le bureau, et les plaidoiries et rapports commencés, seront jugés par les juges qui en ont pris connaissance, sans qu'ils puissent commencer d'autres rapports, dérogeant à cet effet au décret du 8 de ce mois, relatif à leur suppression.

_____

15 SEPTEMBRE 1792. — Décret concernant la liste des députés à la Convention. (B. 24, 923.)

_____

15 SEPTEMBRE 1792. — Décret relatif à l'envoi des lois aux membres de l'Assemblée nationale. (L. 11, 374; B. 24, 905.)

_____

15 = 16 SEPTEMBRE 1792. — Décret relatif à la vérification du compte de M. Dubouchage, ex-ministre de la marine. (B. 24, 905.)

_____

15 SEPTEMBRE 1792. — Décret relatif aux paiemens des intérêts dus aux propriétaires des maisons démolies dans Paris. (B. 24, 910.)

_____

15 = 16 SEPTEMBRE 1792. — Décret relatif à la maison ou caisse dite des Secours, et au sieur Guillaume, l'un de ses administrateurs. (B. 24, 925.)

_____

15 = 27 et 30 SEPTEMBRE 1792. — Décret de liquidation d'offices supprimés, etc. (B. 24, 911 et 915.)

_____

15 = 20 SEPTEMBRE 1792. — Décret qui autorise la municipalité d'Aspres à faire un emprunt. (B. 24, 917.)

_____

15 SEPTEMBRE 1792. — Décret qui mande à la barre le président de la section des Feuillans. (B. 24, 925.)

_____

15 = 16 SEPTEMBRE 1792. — Décret relatif à l'adjudication du puits de Saltzbraun, par l'administration du district de Sarguemines. (B. 24, 924.)

_____

15 = 16 SEPTEMBRE 1792. — Décret qui accorde vingt mille livres à la municipalité de Compiègne. (B. 24, 930.)

_____

15 = 16 SEPTEMBRE 1792. — Décret relatif à la surveillance et à la conservation de tous les objets existant dans le château des Tuileries et dans toutes les maisons nationales sises à Paris. (L. 11, 370; B. 24, 928.)

_____

15 SEPTEMBRE 1792. — Sieur Bertin. *Voy.* 12 SEPTEMBRE 1792. — Caisse de commerce. *Voy.* 18 AOUT 1792. — Commissaires des guerres. *Voy.* 11 SEPTEMBRE 1792. — Commissaires pour les départemens. *Voy.* 14 SEPTEMBRE 1792. — Corps de Beaurepaire; Coupons d'intérêts. *Voy.* 12 SEPTEMBRE 1792. — Cures vacantes. *Voy.* 14 SEPTEMBRE 1792. — Eaux de Paris. *Voy.* 9 SEPTEMBRE 1792. — Effets trouvés. *Voy.* 12 SEPTEMBRE 1792. — Fusils des canonniers. *Voy.* 14 SEPTEMBRE 1792. — Grilles de fer pour les piques. *Voy.* 12 SEPTEMBRE 1792 — Louis-Philippe-Joseph, prince français; Municipalités. *Voy.* 14 SEPTEMBRE 1792. — Refus d'indemnités. *Voy.* 12 SEPTEMBRE 1792. — Salle pour la Convention. *Voy.* 14 SEPTEMBRE 1792. — Abbé Sicard. *Voy.* 4 SEPTEMBRE 1792. — Trésor de la marine. *Voy.* 18 AOUT 1792. — Troupes. *Voy.* 4 SEPTEMBRE 1792. — Tuileries. *Voy.* 14 SEPTEMBRE 1792. — Volontaires nationaux. *Voy.* 9 SEPTEMBRE 1792.

16 = 16 SEPTEMBRE 1792. — Décret qui réduit à vingt-cinq ans l'âge de trente ans exigé pour être juge-de-paix. (L. 11, 385 ; B. 24, 948.)

*Voy.* loi du 16 = 24 AOUT 1790, tit. 3, art. 3 ; loi du 16 VENTOSE an 11.

Sur la motion d'un de ses membres, l'Assemblée nationale, considérant qu'il est important de mettre promptement les justiciables à portée de choisir leurs juges-de-paix parmi les citoyens les plus dignes de leur confiance, et qu'à l'âge de vingt-cinq ans on peut avoir acquis des titres suffisans à cette confiance, décrète que l'âge de trente ans, exigé jusqu'à présent pour être juge-de-paix, est réduit à vingt-cinq ans.

16 = 17 SEPTEMBRE 1792. — Décret qui défend aux commissaires du pouvoir exécutif et aux corps administratifs de disposer des grains et farines des magasins nationaux. (L. 11, 386 ; B. 24, 952.)

L'Assemblée nationale, considérant que l'abondance de la récolte en grains est notoire; que la malveillance et l'incivisme peuvent seuls les faire resserrer; que, lorsque tous les citoyens se dévouent pour la défense de la patrie, toute spéculation sur les subsistances serait un crime; que tous les propriétaires de grains, dans les dangers qui menacent la liberté, doivent se regarder comme de simples dépositaires; considérant que, dans une ville comme Rouen, et après une heureuse récolte, il est impossible de penser que les corps administratifs n'ont pas pris des précautions pour l'approvisionnement nécessaire aux habitans; qu'ils seraient coupables de la négligence la plus criminelle, si, pour cet approvisionnement, ils avaient compté sur les magasins nationaux exclusi-

vement destinés pour la subsistance de nos armées, décrète qu'il y a urgence.

L'Assemblée nationale, après avoir décrété l'urgence, décrète ce qui suit :

Art. 1er. Il sera envoyé à Rouen, pour vérifier les faits dénoncés par le ministre de la guerre, deux commissaires pris dans le sein de l'Assemblée nationale.

2. Ils seront autorisés à suspendre les corps administratifs, s'il y a lieu.

3. Il est défendu, sous peine de mort, aux commissaires du pouvoir exécutif de requérir, et aux corps administratifs de consentir ou d'ordonner la disposition des grains et farines amassés dans les magasins nationaux, exclusivement destinés à la subsistance des armées, et il est défendu aux garde-magasins d'obéir à de pareilles réquisitions, tous les corps administratifs devant, sous leur responsabilité, assurer l'exécution des lois sur la libre circulation des grains. Tout administrateur qui contrariera ou n'assurera pas, par les réquisitions nécessaires et tous les moyens qui sont en son pouvoir, l'exécution desdites lois, sera puni de mort.

4. Les départemens ordonneront, dans le jour de la publication du présent décret, qu'il sera fait dans chaque commune, et chez les marchands de blé et tous autres dépositaires, un recensement de ces grains.

5. Le recensement fait, les départemens indiqueront, par un arrêté pris sans délai, la quantité de grains que chaque commune devra porter aux marchés publics, dans la proportion de celle qu'elle possède.

6. Si quelque cultivateur, ou propriétaire, ou marchand de blé, refusait d'obéir aux arrêtés du département et aux réquisitions des municipalités à cet égard, les grains seront confisqués sur-le-champ, transportés dans les magasins nationaux, et il sera puni d'un an de gêne.

7. Les corps administratifs qui auront fait prendre des grains ou farines dans les magasins nationaux seront tenus de les faire rétablir en nature, dans le délai de huitaine, sous peine de trois mois de gêne.

8. Les commissaires de l'Assemblée nationale feront toutes les proclamations nécessaires pour l'instruction du peuple, et feront parvenir à l'Assemblée nationale les renseignemens sur les motifs qui ont déterminé l'arrestation des grains. Ils sont autorisés à suspendre l'exécution des délibérations qui tendraient à faire retirer des grains des magasins nationaux, ou qui seraient contraires en quelque manière aux dispositions du présent décret.

9. Le présent décret sera envoyé aux quatre-vingt-trois départemens.

16 = 17 SEPTEMBRE 1792. — Décret qui ordonne un versement de fonds pour les tra-

vaux de 1792 et les frais d'administration de l'école des ponts-et-chaussées. ( L. 11, 394; B. 24, 932.)

L'Assemblée nationale, considérant qu'il est indispensable de déterminer définitivement les fonds nécessaires pour les travaux publics de 1792, décrète qu'il y a urgence.

L'Assemblée nationale, après avoir décrété l'urgence, décrète ce qui suit :

Art. 1er. La Trésorerie nationale tiendra à la disposition du ministre de l'intérieur, pour les travaux de 1792 et pour les frais de l'administration de l'école gratuite des ponts-et-chaussées, la somme de six millions, conformément à l'état présenté par le comité des finances.

2. Une somme d'un million est affectée aux travaux extraordinaires des ports autres que celui de Cherbourg, et pour l'entretien des phares, tours, amers, tonnes et balises, pour lesquels il n'y a point encore de fonds affectés.

3. Les sommes déjà acquittées par la Trésorerie nationale pour le service de 1792 des ponts-et-chaussées et travaux publics, seront imputées sur celles accordées par le présent décret.

4. Avant la fin de décembre, le ministre de l'intérieur rendra compte de l'emploi des sommes décrétées et de l'état des travaux.

16 = 17 SEPTEMBRE 1792. — Décret relatif aux cautionnemens des receveurs de district et des payeurs généraux de département. (L. 11, 399; B. 24, 938.)

Art. 1er. L'Assemblée nationale renvoie à la Convention nationale le projet de décret présenté par son comité de l'ordinaire des finances, sur la nature et la forme des cautionnemens, et sur les droits qui doivent en résulter pour la nation sur les effets mobiliers et immobiliers des receveurs de district et des payeurs généraux de département.

2. Elle fixe à dix millions la somme totale des cautionnemens des quatre-vingt-sept payeurs de département créés par le décret de l'Assemblée constituante du 24 septembre 1781, et elle décrète que la Trésorerie nationale présentera incessamment l'état de distribution de ces cautionnemens entre les quatre-vingt-sept payeurs, ainsi que l'état de leurs traitemens.

16 = 17 SEPTEMBRE 1792. — Décret relatif à l'uniforme des officiers généraux de la marine. (L. 11, 400; B. 24, 934.)

L'Assemblée nationale, après avoir entendu le rapport de son comité de marine, considérant qu'il est nécessaire de déterminer l'uniforme qui sera désormais affecté aux diffé-

rens grades d'officiers de vaisseaux, décrète qu'il y a urgence.

L'Assemblée nationale, après avoir décrété l'urgence, décrète définitivement ce qui suit :

Art. 1er. L'uniforme des officiers généraux de la marine sera en tout pareil à celui réglé pour les grades correspondans d'officiers généraux de l'armée de ligne, avec cette seule différence, que les boutons seront timbrés d'une ancre surmontée du bonnet de la liberté.

2. L'uniforme des capitaines de vaisseau et autres officiers de la marine sera composé d'un habit bleu national, sans revers; les manches en bottes avec trois boutons; le collet blanc; doublure, veste et culotte écarlate; bouton timbré d'une ancre surmontée du bonnet de la liberté; le chapeau à trois cornes, uni.

3. Les marques distinctives des grades seront des épaulettes et dragonnes pareilles à celles que portent les officiers de l'armée de ligne de grades correspondans.

16 = 17 SEPTEMBRE 1792. — Décret relatif au rang des enseignes entretenus ou non-entretenus. (L. 11, 401; B. 24, 935.)

L'Assemblée nationale, après avoir entendu le rapport de son comité de marine sur les réclamations qui se sont élevées au sujet de l'exécution de l'article 32 de la loi du 15 mai 1791, n° 883; considérant que le mode réglé par cet article pour la fixation du rang des enseignes entretenus et non entretenus donne lieu à des difficultés qui pourraient altérer entre des frères d'armes la bonne harmonie, si nécessaire au bien du service; que le principe sacré de l'égalité est religieusement observé par les lois qui appellent au grade d'enseignes non entretenus tous les navigateurs qui auront rempli des conditions déterminées; que ceux qui, par une instruction plus perfectionnée ou des services plus nombreux ont mérité ce grade, étant spécialement voués au service de l'État, sont plus à portée d'en connaître la marche; enfin, qu'il est instant de régler tout ce qui importe au bien du service de l'armée navale, décrète qu'il y a urgence.

L'Assemblée nationale, après avoir rendu le décret d'urgence, décrète définitivement ce qui suit :

Art. 1er. Tous les enseignes entretenus ou non entretenus, de service sur le même vaisseau ou dans le même port, jouiront des mêmes prérogatives et exerceront la même autorité.

2. Les enseignes entretenus prendront toujours rang avant les enseignes non entretenus, et, entre eux, suivant leur position sur la liste.

3. Les enseignes non entretenus prendront rang entre eux suivant la date de leur brevet; et, si la date est la même, le plus âgé aura le pas sur le plus jeune.

4. L'Assemblée nationale déroge, à cet égard, à la disposition de l'article 32 du décret du 29 avril = 15 mai 1791, n° 883.

16 = 17 SEPTEMBRE 1792. — Décret relatif aux dépenses ordinaires de l'administration du port Montmarin. (L. 11, 402; B. 24, 936.)

L'Assemblée nationale, considérant que, par ses décrets du 5 janvier et 29 juin 1792, elle a suffisamment autorisé le pouvoir exécutif à faire pour la nation l'acquisition du port Montmarin sur la rivière de Rauce, et voulant fixer d'une manière irrévocable les dépenses ordinaires de l'administration de ce nouvel établissement maritime, décrète qu'il y a urgence.

L'Assemblée nationale, après avoir décrété l'urgence, décrète ce qui suit :

Art. 1er. L'administration du port de Saint-Malo fera le service du port Mont-Marin ; il cessera d'être dépendant de l'administration de Brest.

2. L'administrateur en chef, à cause de la plus grande masse de travaux que ce surcroît de fonctions lui occasionera et des fréquens déplacemens auxquels il sera forcé, enfin de l'importance de ce détail, aura le titre, le traitement et le supplément de traitement d'ordonnateur civil, comme au port de Lorient.

3. Il n'y aura point de commandant des armes ni de garde militaire.

4. La garde et les mouvemens du port seront confiés à un sous-chef des mouvemens, aux appointemens de deux mille quatre cents livres, à raison de son ancienneté.

5. La comptabilité sera confiée à un sous-chef d'administration, aux appointemens affectés à son grade.

6. Le service ordinaire sera fait par un maître charpentier et un maître calfat, entretenus aux appointemens de douze cents livres.

7. Dans le cas où il y aurait des travaux extraordinaires, il sera détaché des ports de Brest, Lorient ou le Havre, un sous-chef ou aide des travaux pour en prendre la direction, sous la surveillance de l'ordonnateur de Saint-Malo.

8. Les différens sujets qui seront déplacés du lieu de leur résidence ordinaire pour faire dans ce port un service momentané jouiront, pendant la durée de ce service, d'un supplément égal au tiers de leurs appointemens.

9. Dans le moment actuel, il sera envoyé dans ce port un sous-chef des travaux pour examiner les effets, munitions et ustensiles actuellement déposés dans le port de Montmarin et non compris dans le traité; en même temps surveiller les travaux que le propriétaire s'est chargé, par son traité, de faire exécuter à ses frais, et rendre compte du tout au ministre de la marine, pour être statué par lui ce qui sera le plus utile et le plus économique.

10. Dans le cas où les travaux stipulés dans le traité pourraient être remplacés par des dispositions plus utiles et plus avantageuses au service, le ministre de la marine est autorisé à les ordonner, à la charge d'en rendre compte, si la dépense devait excéder celle dont le vendeur est chargé.

16 SEPTEMBRE = 15 NOVEMBRE 1792. — Décret relatif au triage et à la conservation des statues, vases et autres monumens des arts qui se trouvent dans les maisons ci-devant royales et autres édifices nationaux. (L. 11, 405; B. 24, 944.)

L'Assemblée nationale, considérant qu'en livrant à la destruction les monumens propres à rappeler les souvenirs du despotisme, il importe de préserver et de conserver honorablement les chefs-d'œuvre des arts, si dignes d'occuper les loisirs et d'embellir le territoire d'un peuple libre, décrète qu'il y a urgence.

L'Assemblée nationale, après avoir décrété l'urgence, décrète ce qui suit :

Art. 1er. Il sera procédé sans délai, par la commission des monumens, au triage des statues, vases et autres monumens placés dans les maisons ci-devant dites *royales* et édifices nationaux, qui méritent d'être conservés pour l'instruction et pour la gloire des arts.

2. Du moment où ce triage aura été fait, les administrateurs feront enlever les plombs, cuivres et bronzes jugés inutiles, les feront transporter dans les ateliers nationaux, et enverront au ministre de l'intérieur les procès-verbaux et inventaires de leurs opérations.

3. En attendant que les monumens qu'il importe de conserver aient pu être transportés dans les dépôts qui leur seront préparés, les administrations sont chargées de veiller spécialement à ce qu'il ne leur soit apporté aucun dommage par les citoyens peu instruits, ou par des hommes malintentionnés.

4. Le présent décret sera affiché aux maisons ci-devant dites *royales*, et autres lieux renfermant des monumens utiles aux beaux-arts.

16 SEPTEMBRE 1792. — Décret qui réunit à la commission des monumens la commission nommée en vertu du décret du 11 août. (B. 24, 945.)

L'Assemblée nationale, considérant qu'il importe de conserver aux beaux-arts et à l'instruction publique les chefs-d'œuvre épars sur la surface de l'empire, décrète ce qui suit :

Art. 1er. La commission nommée en vertu du décret du 11 août, l'an 4e de la liberté, pour la recherche des tableaux, statues et objets précieux dépendant du mobilier de la couronne, est et demeure réunie à la commission des monumens, nommée en vertu des décrets de l'Assemblée nationale.

2. Les dépositaires et gardes des tableaux, dessins, statues, qui ont été nommés par la commission du 11 août, en vertu du décret dudit jour, seront logés au Louvre, et soumis au régime qui sera déterminé par le ministre de l'intérieur, d'après l'avis de la commission.

3. Le ministre de l'intérieur est autorisé à prendre toutes les mesures et faire les dépenses nécessaires sur les fonds destinés annuellement aux arts et aux sciences, pour seconder les travaux de ladite commission, en ce qui concerne la recherche et la conservation des tableaux, statues et autres monumens relatifs aux beaux-arts, renfermés dans les églises et maisons nationales et dans celles des émigrés, lesquels objets seront recueillis, pour la répartition en être faite entre le Muséum de Paris et ceux qui pourraient être établis dans les autres départemens.

4. L'inventaire raisonné desdits objets sera imprimé, et il en sera fait tous les ans un récolement par des préposés du pouvoir exécutif, sous la surveillance des commissaires de l'Assemblée nationale.

16 = 21 SEPTEMBRE 1792. — Décret qui accorde trois cents livres par an au sieur Bernizet. (B. 24, 947.)

16 SEPTEMBRE 1792. — Décret qui suspend le départ du corps de cavalerie stationné à l'École-Militaire. (B. 24, 947.)

16 = 17 SEPTEMBRE 1792. — Décret pour l'armement des volontaires. (B. 24, 948.)

16 = 17 SEPTEMBRE 1792. — Décret qui crée un corps de troupes légères, sous la dénomination de légion nationale des Pyrénées. (L. 11, 394; B. 24, 950.)

16 = 18 SEPTEMBRE 1792. — Décret qui détermine les appointemens des officiers de tout grade attachés au camp sous Paris. (L. 11, 389; B. 24, 939.)

16 = 17 SEPTEMBRE 1792. — Décret qui ordonne aux départemens de remettre les deux tiers du contingent des armes qu'ils ont reçues. (L. 11, 394.)

16 SEPTEMBRE 1792. — Décret qui autorise le ministre de la guerre à avancer soixante-dix mille livres au sieur Wiscovich. (B. 24, 931.)

16 = 20 SEPTEMBRE 1792. — Décret qui accorde une récompense au dénonciateur des frères Sellier et Gaudebert, fabricateurs de faux assignats. (B. 24, 933.)

16 = 20 SEPTEMBRE 1792. — Décret qui autorise la levée d'un bataillon de volontaires dans le département des Deux-Sèvres. (B. 24, 938.)

16 = 20 SEPTEMBRE 1792. — Décret qui autorise le ministre des affaires étrangères à délivrer des passeports à des acteurs du théâtre Feydeau. (B. 24, 944.)

16 SEPTEMBRE 1792. — Compiègne ; M. Dubouchage. — Sieur Guillaume ; Ministre de l'intérieur ; Objets des Tuileries. Voy. 15 SEPTEMBRE 1792. — Récépissés des messageries. Voy. 4 SEPTEMBRE 1792. — Visites domiciliaires. Voy. 15 SEPTEMBRE 1792.

17 = 17 SEPTEMBRE 1792. — Décret relatif à la sûreté des prisonniers. (L. 11, 407; B. 24, 994.)

Les prisonniers détenus à Sainte-Pélagie écrivent à l'Assemblée pour demander d'être mis sous la sauve-garde de la loi. Un membre propose sur cet objet, et l'Assemblée décrète que tous les membres de la commune de Paris répondent sur leur tête de la sûreté de tous les prisonniers. Le pouvoir exécutif demeure chargé de donner connaissance sur-le-champ du présent décret à la commune de Paris.

17 = 17 SEPTEMBRE 1792. — Décret relatif aux contraventions à la loi qui défend les cocardes autres que celles aux trois couleurs nationales. (L. 11, 410.)

Voy. arrêté du 13 AVRIL 1814.

Un pétitionnaire à la barre demande la peine de mort contre tout fournisseur qui contreviendrait directement ou indirectement à la loi qui défend les cocardes autres que celles aux trois couleurs nationales. Cette proposition, convertie en motion, est adoptée.

17 = 17 SEPTEMBRE 1792. — Décret concernant les négociations relatives aux indemnités qui peuvent résulter du licenciement et du désarmement des régimens suisses. (L. 11, 411; B. 24, 982.)

L'Assemblée nationale, considérant que la

satisfaction qu'elle a déjà témoignée et qu'elle réitère au nom de la nation des services des régimens suisses, et l'intention qu'elle a notifiée de continuer à vivre avec la nation suisse en bonne intelligence et en bon voisinage, ne peuvent faire regarder le licenciement et le désarmement de ces régimens que comme une mesure nécessitée par les circonstances du nouvel ordre de choses établi en France, et par la pénurie trop certaine d'armes, renvoie les réclamations des régimens suisses au pouvoir exécutif, à l'effet de négocier avec la dignité et la générosité convenables, soit les indemnités qui peuvent résulter du licenciement, soit pour le prix des armes, sauf la ratification du Corps-Législatif.

17 = 17 SEPTEMBRE 1792. — Décret relatif aux ecclésiastiques non assermentés qui se retireraient dans les pays en guerre avec la France. (L. 11, 411; B. 24, 992.)

L'Assemblée nationale, considérant que, par son décret du 26 août dernier, relatif aux prêtres non assermentés, elle leur a laissé la faculté de choisir le lieu de leur retraite, et qu'en conséquence de cette liberté indéfinie, plusieurs qui se retirent dans des lieux de rassemblement sont soupçonnés d'aller augmenter le nombre de nos ennemis armés, décrète qu'il y a urgence.

L'Assemblée nationale, après avoir décrété l'urgence, décrète ce qui suit :

Art. 1er. A compter du jour de la publication du présent décret, les ecclésiastiques qui sortiront du territoire français en exécution de l'article 1er du décret du 26 août dernier, ne pourront se rendre dans aucun pays actuellement en guerre avec la France.

2. Les corps administratifs et municipalités auxquels se présenteraient des ecclésiastiques munis de passeports pour les pays ennemis, sont autorisés à les arrêter, et tenus de donner de nouveaux passeports.

3. Dans le cas où ces ecclésiastiques refuseraient de changer le lieu de leur retraite, ils seront traités conformément aux dispositions portées en l'article 3 du décret du 26 août dernier.

4. Le pouvoir exécutif est spécialement chargé de donner sur-le-champ les ordres nécessaires à l'exécution du présent décret.

17 = 17 SEPTEMBRE 1792. — Décret qui défend l'exportation des grains et fourrages provenant des propriétés situées en France appartenant à des étrangers. (L. 11, 412; B. 24, 983.)

L'Assemblée nationale, considérant que, pour faciliter l'approvisionnement des différentes armées de la nation, il importe d'empêcher l'exportation des grains et fourrages provenant des propriétés situées en France appartenant à des étrangers, décrète que, pendant tout le temps que durera la guerre, il sera sursis à l'exécution de l'article 33 de la convention passée le 18 novembre 1779 entre la France et l'impératrice reine de Hongrie, relativement aux récoltes des citoyens respectifs des deux Etats, et que, pendant le même temps, il ne sera exporté hors du territoire français aucuns grains ni fourrages provenant de propriétés situées en France appartenant à des étrangers, sauf à ceux-ci à les vendre en France de gré à gré ou à dire d'experts, suivant le taux courant des grains et fourrages.

17 = 17 SEPTEMBRE 1792. — Décret relatif à l'enregistrement des effets au porteur. (L. 11, 413; B. 24, 955.)

Voy. lois du 27 AOUT 1792 et 28 NOVEMBRE 1792.

L'Assemblée nationale, considérant qu'il est nécessaire d'ajouter à la loi du 27 août dernier, concernant l'enregistrement des effets au porteur, quelques dispositions pour en rendre l'exécution plus facile aux agens du Trésor public, décrète qu'il y a urgence.

L'Assemblée nationale, après avoir décrété l'urgence, décrète ce qui suit :

Art. 1er. Les payeurs des coupons d'intérêts des emprunts publics pourront ne pas tenir les journaux et registres mentionnés en l'article 17 du décret du 27 août 1792; mais alors ils seront tenus de communiquer les coupons d'intérêts par eux acquittés dans l'année lors courante et la précédente aux préposés de l'enregistrement, à leur réquisition.

2. Les préposés à l'enregistrement seront tenus de porter sur chacun des coupons à échoir les noms du propriétaire dénommé dans chaque mention d'enregistrement faite sur l'effet public représentant le capital, à toutes réquisitions qui leur seront faites par le porteur de l'effet, et avant que lesdits coupons soient acquittés, en justifiant par le porteur que l'effet capital a été visé et enregistré sous son nom; en conséquence, il suffira aux payeurs desdits coupons, pour satisfaire à l'article 16 dudit décret, de les payer sur la simple représentation des coupons et sur l'acquit du dernier propriétaire y dénommé. Quant aux coupons échus antérieurement au 1er juillet dernier, ils seront payés comme par le passé, n'étant pas compris dans les dispositions de ladite loi.

3. Les actions de l'ancienne compagnie des Indes, qui, aux termes du décret du 9 = 25 juillet dernier, doivent être renouvelées, ne seront échangées qu'en justifiant par les propriétaires que leurs actions ont été visées et enregistrées dans les délais fixés pour les

autres effets publics; et les actions données en échange, portant le même numéro que les anciennes, seront enregistrées gratuitement dans le délai d'un mois après le renouvellement effectué.

4. Chaque endossement ou transport des bulletins de l'édit de décembre 1785, non sortis par le tirage, sera soumis à l'enregistrement et à un droit de quinze sous fixe pour chaque bulletin.

5. Ne sont pas compris dans la disposition du décret du 27 août 1792 les récépissés de liquidation pour reconstitution, délivrés nominativement au propriétaire par les liquidateurs de la Trésorerie nationale.

6. Les quittances de finance de l'édit de décembre 1785, sorties en remboursement, continueront d'être admises à la conversion viagère accordée par l'édit de création, avec toutes les stipulations de jouissance et de survivance, comme par le passé, pourvu néanmoins qu'un des ayant-droit à la rente viagère soit déclaré propriétaire par la dernière mention de l'enregistrement. Quant aux contrats constitués du même édit sortis en remboursement, ils pourront être convertis en viager, comme par le passé.

7. Les conversions de quittances de finance au porteur en contrats, permises par les édits de décembre 1782, décembre 1784 et décembre 1785, et par le décret du 27 août 1789, concernant l'emprunt national, auront lieu sur la remise de l'effet au porteur dûment visé, et après que tous les endossemens qui y seront portés auront été enregistrés; sauf au propriétaire à faire imputer et déduire le droit d'enregistrement par lui payé pour le dernier transport, sur le droit d'enregistrement auquel serait assujéti le contrat de constitution passé à son profit.

8. Les capitaux des effets au porteur compris dans le décret du 27 août 1792, qui les assujétit à la formalité de l'enregistrement, devenant, par l'effet même de cette loi, de véritables créances en nom, les propriétaires ou concessionnaires de ceux de ces effets qui seront sortis par le tirage seront tenus, pour en recevoir le remboursement, de faire les justifications exigées par les décrets des 24 juin, 29 juillet et autres subséquens. Cette disposition n'aura pas lieu pour les coupons d'intérêts :

9. Les concessionnaires ne seront tenus, dans tous les cas, que de leurs justifications personnelles, et non de celles de leurs cédans.

10. Le délai accordé par l'article 2 du décret du 27 août dernier, pour le visa des effets publics stipulés au porteur, est prorogé jusqu'au 31 octobre prochain; en conséquence, la nullité prononcée par l'article 8 du même décret n'aura lieu qu'après l'expiration de ce nouveau délai.

11. La régie nationale de l'enregistrement établira et nommera, sous l'approbation du ministre des contributions publiques, dans chacune des villes de Londres, Amsterdam, Gênes et Genève, un préposé assermenté, lequel procédera à l'enregistrement et au visa sans frais des effets au porteur qui lui seront présentés, dans la forme prescrite par le décret du 27 août.

12. Le bureau de l'enregistrement et du visa sera placé dans l'hôtel de l'envoyé ou chargé d'affaires de France, autant qu'il sera possible, et son établissement sera annoncé dans les papiers publics, avec mention qu'il ne subsistera que pendant trois mois.

13. Ce terme expiré, le registre sera clos par l'envoyé ou chargé des affaires de France, et rapporté par le préposé, qui en fera le dépôt à l'hôtel de la régie à Paris.

14. Les frais de voyage et le traitement de ces préposés seront alloués en dépense à la régie, comme frais extraordinaires, d'après la fixation qui en sera faite par le ministre des contributions publiques.

---

17 = 17 SEPTEMBRE 1792.—Décret relatif aux congés des capitaines et lieutenans de vaisseau dont la santé aura été altérée en mer. (L. 11, 416 ; B. 24, 978.)

L'Assemblée nationale, après avoir entendu le rapport de son comité de marine, considérant que les officiers qui se vouent à la défense de la patrie sur les vaisseaux de l'État sont exposés, par la nature de leurs services, à de longs séjours de mer et à des maladies particulières à ceux qui fréquentent cet élément; voulant leur procurer, au retour de leurs campagnes, les moyens de réparer leur santé, et de se mettre en état de donner de nouvelles preuves de leur zèle, décrète qu'il y a urgence.

L'Assemblée nationale, après avoir rendu le décret d'urgence, décrète définitivement ce qui suit :

Art. 1er. Les capitaines et lieutenans de vaisseau pourront obtenir, à leur retour de la mer, s'il est prouvé que leur santé y ait été altérée, des congés pour la moitié seulement du temps qu'ils auront passé à la mer, sans cependant que la durée de ces congés puisse excéder une année ; et ils jouiront de la totalité de leurs appointemens pendant la durée de leurs congés.

2. Le nombre des officiers jouissant ainsi de la totalité de leurs appointemens pendant leur absence du port, sera indépendant de celui des officiers affectés au service de la mer ou des arsenaux, en vertu de l'article 3 du décret du 27 mai = 1er juin 1791.

3. Les officiers revenant de la mer ne seront admis à demander ces congés que dans

les trente jours qui suivront l'époque de la revue de désarmement.

4. Les capitaines et lieutenans de vaisseau employés au service intérieur du port, et dont la santé ou des affaires très-importantes exigeraient qu'ils s'en éloignassent, pourront obtenir la permission de cesser ce service et de quitter le port jusqu'à ce qu'ils soient rappelés pour les armemens; mais ils ne jouiront, pendant leur absence, que de la moitié de leurs appointemens, conformément à l'article 3 du décret du 27 mai = 1er juin 1791.

5. Les enseignes entretenus pourront obtenir des congés dans les cas ci-dessus spécifiés, et le ministre de la marine jugera s'ils doivent conserver pendant leur absence, dont la durée ne pourra excéder six mois, la totalité ou une partie de leur traitement.

17 = 17 SEPTEMBRE 1792. — Décret relatif à l'organisation de la marine. (L. 11, 418 ; B. 24, 963.)

*Voy.* lois du 1er = 15 MAI 1791; du 6 = 12 FÉVRIER 1792; du 3 brumaire an 4.

L'Assemblée nationale, après avoir entendu le rapport de son comité de marine, ayant reconnu que les précédentes lois sur la marine contiennent des dispositions qui n'étaient destinées à recevoir leur exécution que dans des temps ordinaires et séparés, par des intervalles assez longs, du moment de la première organisation; qu'il est aussi d'autres dispositions que l'expérience a fait juger peu compatibles avec la nature du service de mer; enfin qu'il s'est présenté des difficultés sur lesquelles il est instant de prononcer; considérant qu'il importe, dans les circonstances actuelles, de mettre toutes les parties de la force publique dans l'état le plus propre à défendre efficacement l'indépendance nationale, et voulant lever tous les obstacles qui s'opposent à ce qu'il puisse être formé promptement un corps d'officiers de vaisseaux dont les talens et l'expérience égalent le patriotisme, en appelant au soutien du pavillon de la liberté et de l'égalité une partie des nombreux navigateurs qui, en offrant leurs services, ont donné une preuve non équivoque de leur zèle, décrète qu'il y a urgence. L'Assemblée nationale, après avoir décrété l'urgence, décrète ce qui suit :

TITRE Ier. Retraites.

Art. 1er. Le pouvoir exécutif dressera et fera passer à l'Assemblée nationale, sous le plus bref délai possible, un état de tous les capitaines et majors de vaisseaux qui, ayant demandé leur retraite avant le 15 septembre 1791, ou dans les quatre mois qui ont suivi l'époque de leur retour de la mer, ou qui, n'ayant pas été compris dans la nouvelle formation faite en vertu des décrets des 29 avril

et 1er = 15 mai 1791, sont dans le cas d'être provisoirement traités suivant les dispositions de l'art. 21 du décret du 1er = 15 mai.

2. Le sort des lieutenans de vaisseau et officiers d'autres grades, qui se trouveront dans les cas ci-dessus spécifiés pour les capitaines et majors, sera définitivement réglé suivant les dispositions des lois générales sur les pensions, et il leur en sera donné connaissance.

3. Les officiers compris sur la liste de nouvelle formation publiée au mois de janvier 1792, qui ont demandé leur retraite avant le 15 mars, jour de la revue générale, et qui, par leur âge ou la durée de leurs services, ne sont pas dans le cas de prétendre à des pensions, seront informés par le ministre de la marine qu'ils peuvent se regarder comme retirés.

4. Ceux qui pourraient avoir droit à des pensions seront divisés en deux classes.

Dans la première seront compris les officiers qui n'ont motivé la demande de leur retraite que sur leur mauvaise santé, et ils seront tenus d'en faire preuve par des certificats dont l'exactitude sera attestée par la municipalité du lieu de leur domicile. Ces officiers seront traités comme ceux qui font l'objet de l'article 1er.

La seconde classe sera composée des officiers qui, à des allégations de mauvaise santé, ont joint d'autres motifs, quels qu'ils soient, pour ne pas continuer à servir la patrie : le ministre les préviendra qu'ils sont déchus de l'honneur de la défendre, et n'ont aucune marque de satisfaction à espérer.

5. Les officiers qui, ayant satisfait au décret du 6 = 12 février 1792, ont depuis demandé leur retraite, et qui, par leur âge et la durée de leurs services, ne sont pas dans le cas de prétendre à une pension, auront une simple permission de se retirer. Ceux qui seraient susceptibles d'obtenir une pension recevront l'application du décret du 23 = 27 mai 1792, relatif à la suspension des pensions de retraite pour les militaires.

6. Dans tous les cas, les services des officiers susceptibles d'une pension de retraite ne seront calculés que jusqu'au jour où ils l'ont demandée, ou celui auquel ils ont cessé d'être employés activement.

7. Tous les officiers compris sur la liste de nouvelle formation, qui ne se sont pas présentés à la revue du 15 mars 1792; qui, n'étant pas à cette époque absens pour le service par congé ou dans les colonies françaises, n'ont pas satisfait au décret du 6 = 12 février précédent, ou ceux qui, absens pour le service par congé, ou dans les colonies françaises, ne s'y conformeraient pas un mois après la publication de la présente loi ou un mois après leur retour en France, sont censés avoir abandonné leur état, et avoir renoncé, ainsi que

tous démissionnaires, à toute récompense de leurs précédens services.

Le ministre arrêtera et adressera dans les ports la liste des uns et des autres.

8. L'Assemblée se réserve de statuer sur la position des officiers qui auraient été dans l'impossibilité physique de satisfaire au décret du 6 = 12 février 1792, et qui en auraient témoigné le désir aussitôt qu'il a été en leur pouvoir.

9. Tout officier civil ou militaire de la marine sera tenu, sous peine de perdre son emploi, de remettre à son supérieur immédiat, pour être adressée au ministre de la marine, la preuve de sa prestation du serment d'être fidèle à la nation, de maintenir de tout son pouvoir la liberté et l'égalité, et de mourir à son poste en les défendant, cette formule étant substituée à celle de l'ancien serment civique dont il est fait mention dans l'art. 3 du décret du 6 = 12 février 1792.

### TITRE II. Remplacement et nomination aux emplois vacans.

Art. 1er. Le pouvoir exécutif ne sera tenu de faire ces remplacemens dans tous les grades qu'au fur et à mesure du besoin, de manière que son choix ne porte que sur des sujets dignes de la confiance de la nation.

#### Officiers généraux.

2. Le pouvoir exécutif est autorisé à laisser vacantes, tant qu'il ne jugera pas que le besoin du service exige qu'elles soient remplies, une place d'amiral, trois de vice-amiral, six de contre-amiral.

Le mode d'avancement et de nomination à ces grades sera maintenu tel qu'il est réglé par les précédentes lois.

#### Capitaines de vaisseau.

3. Le pouvoir exécutif est aussi autorisé à ne porter le nombre des capitaines de vaisseau qu'à cent quarante, tant qu'il ne jugera pas qu'il soit nécessaire de le compléter à cent quatre-vingt. Cette réduction portera sur la troisième classe d'appointemens.

4. Les trois années de navigation dans le grade de lieutenant, exigées par l'article 36 du décret du 29 avril = 15 mai 1791, pour être susceptible d'être nommé capitaine de vaisseau au choix du pouvoir exécutif, seront réduites à trente mois pendant la durée de la guerre actuelle.

Il ne sera rien changé d'ailleurs au mode d'avancement et de nomination au grade de capitaine.

#### Lieutenans de vaisseau.

5. Le nombre des lieutenans de vaisseau restera fixé à huit cents, divisés en trois classes d'appointemens, suivant ce qui est réglé par le décret du 27 mai = 1er juin 1791.

6. La moitié des places de lieutenans vacantes ou qui viendront à vaquer sera dévolue de droit aux enseignes entretenus, par rang d'ancienneté sur la liste, et sans égard à l'âge, qui réuniront six ans de service à la mer sur les vaisseaux de l'État, en qualité d'officiers entretenus ou auxiliaires, ou de premiers maîtres : la moitié de ce temps, ou une moindre durée, pouvant être remplie par le temps de commandement de navires du commerce.

Les enseignes entretenus qui ne prouveront pas avoir satisfait à ces conditions seront passés dans les remplacemens jusqu'à ce qu'ils soient dans les termes du présent article.

7. La seconde moitié des places de lieutenans de vaisseau sera donnée au choix du pouvoir exécutif, aux enseignes entretenus ou non entretenus, aux anciens sous-lieutenans de vaisseau et sous-lieutenans de port, aux officiers auxiliaires qui auront été employés en cette qualité sur les vaisseaux de l'État en temps de guerre, et de préférence à ceux qui se seront distingués par des actions d'éclat ; enfin aux premiers maîtres les plus distingués qui auront satisfait aux conditions imposées par l'article précédent aux enseignes entretenus, ce qui devra être prouvé par des états authentiques, et de l'exactitude desquels les administrateurs qui les auront signés seront responsables.

8. Tous les officiers et autres navigateurs qui, par les précédentes lois sur la marine, étaient appelés à concourir, suivant la durée de leurs services, pour compléter le grade de lieutenant de vaisseau et remplir les cent premières places d'enseignes entretenus, et qui n'auraient pas obtenu, sur les listes arrêtées aux mois de janvier et de juillet 1792 ou sur celles qui seront arrêtées par la suite, le grade ou le rang auquel leurs services, calculés jusqu'au 1er juillet 1791, leur donnaient droit, l'obtiendront à quelque époque que leurs titres puissent être constatés. Les places qui seront ainsi remplies seront imputées sur celles laissées au choix du pouvoir exécutif, et il ne pourra être fait à ce sujet aucune répétition d'appointemens du nouveau grade, qui ne commenceront à courir que du jour où il sera accordé, bien qu'il soit fait mention sur le brevet de la date à laquelle il aurait dû être expédié à celui qui l'obtiendra, ce qui servira à fixer son rang.

9. Les lieutenans de vaisseau et enseignes entretenus, dont la liste a été publiée au mois de janvier dernier, et qui ont rempli toutes les formalités prescrites par les lois pour jouir de leurs appointemens, en seront payés jusqu'au 1er du présent mois de sep-

tembre, quelle que doive être leur position ultérieure.

10. Ceux des officiers de ces deux grades qui, dans le travail arrêté au mois de juillet 1792, conformément aux lois rendues sur la marine, se trouvent reportés dans un grade inférieur ou même n'avoir plus de grade, ne jouiront de leurs appointemens que jusqu'au 1er du présent mois, et ceux qui sont sur les vaisseaux de l'Etat, jusqu'au jour de leur désarmement.

11. Les lieutenans et enseignes entretenus qui n'étaient pas sur la liste publiée au mois de janvier, et qui se trouvent sur celle arrêtée au mois de juillet dernier, jouiront des appointemens de leurs grades à compter du 1er août 1792, en accomplissant d'ailleurs toutes les conditions imposées aux anciens lieutenans et enseignes.

### Enseignes entretenus.

12. Le nombre des enseignes entretenus restera fixé à deux cents.

Le quart des places qui, après le complément du grade de lieutenant de vaisseau, se trouveront vacantes, sera, suivant l'esprit de l'article 16 du décret du 1er = 15 mai 1791, accordé aux anciens sous-lieutenans de vaisseau et sous-lieutenans de port qui ne seront nommés ni lieutenans ni enseignes entretenus par l'effet des dispositions précédentes, en suivant l'ordre de leur ancienneté sur la liste.

Le dixième de ces places sera, conformément à l'article 28 du décret du 29 avril = 15 mai, accordé aux maîtres pilotes d'équipage et canonniers entretenus, moitié à l'ancienneté d'entretien, moitié au choix du pourvoir exécutif, sans égard à l'âge.

Le surplus des places pour les porter à cent soixante sera, pour cette fois-ci seulement, rempli au choix du pouvoir exécutif, fait parmi les officiers auxiliaires, les volontaires et navigateurs de toute classe, ayant au moins vingt ans et pas plus de quarante, qui réuniront quatre ans de service à la mer sur les vaisseaux de l'Etat en qualité d'officiers, de pilotes, d'élèves ou de volontaires, deux années de ce temps pouvant être remplacées par un temps égal de commandement de bâtiment de commerce. Quarante places seront réservées pour les prochains concours.

### Aspirans entretenus.

13. Il sera statué par une loi particulière sur tout ce qui a rapport aux aspirans de la marine (1).

### Officiers retirés.

14. Le pouvoir exécutif est autorisé à juger si les officiers de marine retirés et qui demandent leur réadmission en sont susceptibles par leur âge et la nature de leurs anciens services.

15. Aucun officier retiré ne pourra être réadmis que dans le grade qu'il avait étant en activité de service : le pouvoir exécutif fixera le rang qu'il devra y occuper, et les places ainsi remplies seront imputées sur celles laissées au choix.

16. Tous les officiers, soit auxiliaires ou d'infanterie ou d'artillerie de marine, sous-officiers et officiers-mariniers qui ont obtenu des grades ou des avancemens à la mer de la part de leurs généraux ou capitaines-commandans, jouiront dès aujourd'hui des émolumens attachés auxdits grades et reprendront leur rang d'ancienneté dans le grade auquel ils ont été promus, et à compter de l'époque de leur avancement ou date de leurs brevets ou commissions, et seront nommés même au grade supérieur, si leurs cadets y ont été déjà promus, en reprenant également leur rang d'ancienneté (2).

### Brevets.

17. Le ministre de la marine fera expédier des brevets à tous les officiers de son département qui ont droit d'en réclamer depuis le 1er janvier 1792. Le protocole de ces brevets sera, pour chaque grade, dans la nouvelle forme adoptée pour les grades correspondans de l'armée de ligne ; il y sera fait mention de la date à laquelle ils auraient dû d'abord être expédiés, et ils auront le même effet qu'auraient pu avoir les anciens brevets.

18. Toutes les lois rendues sur la marine auxquelles les dispositions précédentes n'apportent aucun changement nécessaire, continueront d'avoir leur pleine et entière exécution.

19. Le présent décret ne pourra souffrir aucune espèce de restriction ni suspension dans son exécution, qu'au cas seulement où il existerait des jugemens rendus par les conseils de guerre contre les individus qui réclameraient, ou bien que leur âge ou leurs infirmités les missent hors d'état de servir utilement, ce que pourra juger le pouvoir exécutif, conformément à l'article 14 du présent décret.

---

17 = 17 SEPTEMBRE 1792. — Décret relatif à la fixation et au paiement de quelques parties de dépense de la Trésorerie nationale. (L. 11, 430 ; B. 24, 901.)

L'Assemblée nationale, après avoir entendu le rapport de son comité de l'ordinaire des finances sur quelques parties de dépenses

---

(1) Voy. loi du 17 septembre 1792 ci-après.

(2) Voy. loi du 18 = 21 septembre 1792.

relatives au service de la Trésorerie nationale qui ne peuvent pas être retardées, décrète qu'il y a urgence.

L'Assemblée nationale, après avoir décrété l'urgence, décrète ce qui suit :

Art. 1er. Les bureaux de la Trésorerie nationale chargés des dépenses de la guerre seront augmentés, pendant la guerre, de douze commis aux appointemens de mille cinq cents livres.

2. Ces commis ayant commencé leur service depuis le 1er août dernier, leurs appointemens leur seront payés à compter de cette époque.

3. La dépense du bureau de la Trésorerie nationale pour la liquidation des offices supprimés avant 1789, chargé de la conservation des oppositions, qui n'avait pas été comprise dans le décret du 16 août = 13 novembre 1791, est fixée à quinze mille livres, et les employés de ce bureau seront payés par la Trésorerie nationale à dater du jour qu'ils sont entrés en activité.

4. La Trésorerie paiera au sieur *Lamolère,* chargé de la comptabilité des emprunts et de la suite des échanges et des reconstitutions, une somme de mille deux cent cinquante livres pour ses appointemens du quartier d'octobre 1791, et celle de trois mille sept cent cinquante livres pour ses appointemens jusqu'au 1er octobre 1792, époque à laquelle ils doivent cesser.

5. La Trésorerie nationale paiera pour les dépenses du bureau d'enregistrement des contrats de rentes, conservé provisoirement auprès de la municipalité de Paris, la somme de mille six cents livres pour l'arriéré des dépenses de ce bureau en 1790; six mille quatre cents livres pour celles de 1791, et celles de 1792 seront payées sur le même pied de six mille quatre cents livres.

6. La dépense de l'hôtel de Mesmes, où sont placés les payeurs de rentes, et où doit être placée l'administration forestière, est fixée à neuf mille cent cinquante livres, que la Trésorerie nationale est autorisée à faire payer sur les ordonnances et états arrêtés et visés par le ministre de l'intérieur. La Trésorerie nationale fera également rembourser les avances qui ont été faites par le sieur Deschapelles, chef du comité des payeurs de rentes depuis le 1er mai 1791, pour les dépenses dudit hôtel pendant ladite année 1791, sur les ordonnances du ministre de l'intérieur, d'après les états certifiés et vérifiés desdites avances.

17 = 21 SEPTEMBRE 1792. — Décret relatif à la révocation des engagemens des domaines nationaux. (L. 11, 432; B. 24, 998.)

*Voy.* loi du 3 SEPTEMBRE 1792.

Art. 1er. Dans les ci-devant provinces réunies à la France, et où il existe des dépôts de titres d'aliénations, de propriétés domaniales, tels que les greffes des ci-devant parlemens, chambres des comptes, chambre du domaine, bureaux des finances et autres, les directoires des départemens commettront un ou plusieurs agens pour recueillir et inventorier lesdits titres d'aliénations.

2. Si les scellés sont encore existans sur ces dépôts, lesdits directoires sont autorisés à les faire lever. Ils pourvoiront à la sûreté des registres et papiers que ces dépôts renferment, et enverront aux archives nationales ceux qui seront reconnus être relatifs à quelques aliénations de propriétés nationales, avec l'inventaire d'iceux.

3. Les commis ou agens qui seront employés seront taxés de leurs salaires par les directoires de département, et payés sur leurs ordonnances, par les receveurs de district, sur les fonds qui seront mis à leur disposition pour cet objet.

4. Le sieur Cheyré, commis par l'art. 30 du décret du 3 de ce mois, relatif à la révocation des engagemens des domaines nationaux, pour faire la recherche et le dépouillement des titres existant au dépôt du Louvre, fera aussi la même opération au dépôt des Petits-Pères.

5. Le ministre de l'intérieur est chargé de pourvoir à l'établissement des bureaux dudit sieur Cheyré, dans les appartemens du Louvre les plus à portée du dépôt confié à ses soins et à sa garde.

17 = 17 SEPTEMBRE 1792. — Décret relatif au mode d'admission des aspirans entretenus de la marine. (L. 11, 438; B. 24, 973.)

L'Assemblée nationale, après avoir entendu le rapport de son comité de marine, considérant que l'exécution de plusieurs articles des précédentes lois sur la marine, relatifs aux aspirans entretenus, donne lieu à des difficultés qui naissent de la nature même du service de mer, et qu'il importe de déterminer avec précision le mode suivant lequel tous les Français qui auront acquis une première instruction suffisante pour être employés utilement sur les vaisseaux de l'État, pourront y être admis, décrète qu'il y a urgence.

L'Assemblée nationale, après avoir rendu le décret d'urgence, décrète définitivement ce qui suit :

Art. 1er. Les titres d'élève et de volontaire de la marine demeurent supprimés; les fonctions dont ces navigateurs étaient ci-devant chargés à bord des vaisseaux de l'État seront remplies par des aspirans de la marine.

2. Il sera destiné sur les vaisseaux de l'État

armés tant en paix qu'en guerre, le nombre d'aspirans ci-après fixé, savoir :

Sur les vaisseaux de cent canons et au-dessus, neuf ; sur les vaisseaux de soixante-quatorze à cent canons, sept ; sur les frégates de trente-deux canons et au-dessus, quatre ; sur les corvettes, flûtes, gabares et autres bâtimens portant des canons du calibre de quatre livres, deux.

. 3. Ne seront admis à servir comme aspirans de la marine sur les vaisseaux de l'E-tat que les sujets qui, au jugement de l'examinateur, auront répondu d'une manière satisfaisante sur les objets spécifiés par l'art. 6 du titre II du décret du 30 juillet = 10 août 1791, relatif aux écoles de la marine.

4. Le procès-verbal de l'examen devra être adressé par la municipalité de la ville où il aura lieu au ministre de la marine, avec l'extrait baptistaire des sujets qui auront été jugés suffisamment instruits. Le ministre de la marine fera expédier à chacun des certificats, en vertu desquels ils seront employés en qualité d'aspirans de la marine sur les vaisseaux de l'Etat.

5. Sont exceptés des dispositions des articles 3 et 4 : 1° les aspirans actuellement entretenus, auxquels il sera expédié des certificats, sans qu'ils aient aucune nouvelle formalité à remplir ; 2° ceux des anciens élèves et volontaires de la marine qui, n'ayant pas encore complété trois ans de navigation sur les vaisseaux de l'Etat, demanderont des certificats d'aspirans : le ministre de la marine leur en expédiera, sans qu'ils soient assujétis à subir un nouvel examen.

6. Le nombre des aspirans de la marine sera illimité ; ils n'auront aucun grade militaire, le seul objet de leur institution étant de procurer aux jeunes gens qui se destinent au service de mer les moyens de s'instruire et d'acquérir le temps de la navigation nécessaire pour devenir officiers.

Ils pourront, pendant le temps seulement qu'ils seront employés pour le service de l'Etat, porter pour uniforme un habit, veste et culotte de drap ou d'autre étoffe bleu national, pour toute distinction, des boutons timbrés d'une ancre surmontée du bonnet de la Liberté ; le chapeau rond.

7. Les aspirans seront divisés en trois classes :

La troisième, de ceux qui n'auront pas encore un an de navigation en cette qualité sur les vaisseaux de l'Etat ; ils recevront quinze livres de solde par mois.

La deuxième, de ceux qui, ayant plus d'un an de navigation, n'en auront pas encore deux ; ils recevront trente livres de solde par mois.

La première, de ceux qui auront plus de deux ans de navigation comme aspirans sur les vaisseaux de l'Etat ; ils recevront quarante-cinq livres de solde par mois.

8. Les aspirans ne seront soldés que pendant qu'ils seront employés sur les vaisseaux de l'Etat, c'est-à-dire depuis que le journalier sera établi à bord jusqu'à la revue du désarmement. Ils ne recevront pas de conduite pour venir dans le port ni pour retourner chez eux ; mais, pour leur tenir lieu de toute indemnité à cet égard, et leur faciliter les moyens de pourvoir à leur équipement, il leur sera payé, à titre de gratification, un mois de solde à l'armement, et quinze jours au désarmement.

9. Chaque aspirant sera porteur d'un livret qui lui sera adressé par le ministre de la marine, en même temps que son certificat. Sur ce livret, la durée et l'espèce de ses campagnes seront constatées par la signature du commandant du bâtiment, et celle de l'officier civil chargé en chef du bureau des armemens ou des classes dans le port où le désarmement aura lieu. Si l'aspirant se débarque avant la fin de la campagne, le sous-chef d'administration chargé du détail à bord signera sur le livret, qui servira à faire connaître dans quelle classe l'aspirant doit être compris.

Les campagnes que les élèves et volontaires de la marine auront faites en ces qualités seront réputées campagnes d'aspirans, et l'extrait sommaire constatant leur durée sera consigné sur leur livret par le major-général du port et l'officier civil chargé du bureau des armemens.

10. Lorsqu'un aspirant étant à la mer aura acquis le temps de navigation nécessaire pour passer d'une classe à l'autre, le capitaine du bâtiment et l'officier civil chargé du détail à bord le constateront sur son livret ; le capitaine l'annoncera publiquement sur le gaillard d'arrière, et l'aspirant jouira dès ce jour des avantages et de la solde attribués à la classe dans laquelle il sera passé.

11. Il ne sera embarqué en qualité d'aspirant sur les vaisseaux de l'Etat aucun sujet au-dessous de quinze ans ni au-dessus de vingt-cinq ; et, pour prévenir toute fraude à cet égard, les noms, surnoms et jour de naissance des aspirans seront inscrits en tête de leur livret.

12. Les aspirans qui voudront être employés sur les vaisseaux de l'Etat se feront inscrire sur un registre qui sera tenu à cet effet au bureau du major-général de chacun des ports de Brest, Lorient, Toulon et Rochefort ; il y sera fait mention du lieu de leur résidence et de la présentation qui aura dû être faite de leur certificat d'aspirant et de leur livret.

13. Les aspirans seront toujours les maîtres de choisir le port qui sera le plus à leur convenance ; mais nul ne pourra se faire inscrire dans deux ports à la fois, ni pendant qu'il est

encore à la mer. La peine pour ceux qui seraient convaincus d'avoir fait des tentatives contraires aux dispositions du présent article sera de ne pouvoir être embarqués pendant un an en qualité d'aspirans.

14. Chaque fois que, dans un des quatre grands ports, il sera armé un bâtiment de l'Etat susceptible de recevoir des aspirans de la marine, quelle que soit sa destination, le major-général formera la liste des aspirans qui devront être embarqués; et, pour cet effet, il suivra invariablement sur le registre d'inscription divisé en trois classes l'ordre ci-après :

Le premier aspirant de la première classe;

Le premier de la seconde;

Le premier de la troisième, ensuite le second de la première classe, le second de la seconde, le second de la troisième; en observant, pour le premier avènement qui suivra, de reprendre cet ordre de tableau au point où il était resté, de sorte que les trois classes concourent également et successivement.

15. La liste ainsi formée, sans égard à aucune considération particulière, sera approuvée par le commandant des armes; le major-général fera aussitôt parvenir des avis aux aspirans désignés, en fixant l'époque à laquelle ils devront être rendus dans le port.

16. Lorsque des bâtimens de l'Etat susceptibles de recevoir des aspirans de la marine seront armés dans d'autres ports que ceux ci-dessus mentionnés, l'ordonnateur de ce port demandera au commandant des armes du département de la marine le moins éloigné le nombre d'aspirans réglé pour la force du bâtiment. Le major-général, sur l'ordre qu'il en recevra du commandant des armes, procédera comme si l'armement se faisait dans un grand port; il fera ensuite passer à l'ordonnateur qui aura demandé des aspirans la liste de ceux désignés pour armer.

17. Si, par maladie ou par quelque autre motif que ce soit, un aspirant ne suit pas la destination qui lui sera donnée, ou s'il ne se présente pas vingt-quatre heures après l'époque qui lui aura été fixée, il perdra son tour d'embarquement, et, s'il veut s'inscrire de nouveau, il ne pourra être placé que le dernier de la liste des aspirans de sa classe.

18. Les aspirans qui seront employés en même temps sur divers bâtimens pourront permuter, avec l'approbation de leurs capitaines respectifs, qui seront tenus d'en prévenir le major-général, si les vaisseaux sont dans le port ou en rade.

19. Toutes les lois relatives à la marine, et particulièrement aux écoles gratuites et aux aspirans entretenus, auxquelles les articles ci-dessus ne dérogent pas, continueront d'avoir leur pleine et entière exécution.

17 = 18 SEPTEMBRE 1792. — Décret relatif à la liquidation des greffes et autres offices domaniaux. (L. 11, 444; B. 24, 984.)

L'Assemblée nationale, après avoir entendu le rapport de son comité de liquidation, les trois lectures du projet de décret faites les 16 février, 7 mai et ce jour, et décidé qu'elle est en état de rendre un décret définitif; considérant que l'expérience a fait connaître combien l'application de la loi du 28 juin, concernant la liquidation des greffes et autres offices domaniaux, serait contraire aux intérêts de la nation et aux principes de la justice;

Qu'en faisant entrer en liquidation toutes les quittances des finances qui sont représentées, on ferait sortir du Trésor public des sommes beaucoup plus considérables que celles qui y sont entrées; que la nation rembourserait des créances anéanties ou diminuées par des suppressions, des réunions d'offices, par des remboursemens et des indemnités dont il est difficile de rassembler les preuves;

Que le mode de liquidation fixé par la loi du 28 juin n'est qu'une exception ou une dérogation au mode qui avait été fixé par les lois des 15 septembre et 23 février; que cette exception doit être révoquée aussitôt que l'expérience en a fait connaître les inconvéniens;

Qu'en appliquant à ces offices le mode de liquidation fixé par les lois générales des 15 septembre et 23 février, l'Assemblée nationale réduira à de justes bornes le remboursement exigé par les titulaires ou possesseurs de greffes, et viendra au secours de ceux que des accidens, ou le seul fait du temps, ont mis hors d'état de produire des originaux de quittances de finances, et auxquels la loi du 28 juin ne laissait aucun moyen d'obtenir une indemnité qui leur est légitimement due, décrète ce qui suit :

Art. 1er. A compter de ce jour, la loi du 28 juin 1791 sur la liquidation des greffes et autres offices domaniaux, cessera d'avoir lieu, et la liquidation desdits offices se fera conformément aux règles suivantes :

2. Lesdits offices seront remboursés sur le pied du prix porté dans le dernier contrat d'acquisition qui aura une date certaine ou authentique antérieure au 4 août 1786, et postérieure au 15 janvier 1750.

3. Les possesseurs de ces offices qui ne représenteront pas un contrat ayant une date certaine ou authentique antérieure au 4 août 1786, et postérieure au 1er janvier 1750, seront remboursés sur le pied du prix des baux authentiques au denier vingt, lorsque les baux seront représentés, et, à défaut de baux authentiques, sur le pied de l'évaluation qui sera faite du produit d'une année com-

mune, calculée d'après le produit des vingt dernières années.

4. Le capital sera fixé au denier vingt du produit de l'année commune ; il en sera retranché un sixième, auquel les frais d'exercice sont évalués.

5. Le produit annuel à l'égard des greffes sera constaté par un extrait certifié des registres de perception des sous pour livre qui se perçoivent sur les émolumens des greffes. Les dépositaires des registres de la régie des domaines seront tenus de délivrer aux parties intéressées des extraits qui constateront la quotité et le produit des sous pour livre perçus chaque année.

6. Dans les lieux où la perception des sous pour livre n'aurait pas été établie, comme à l'égard des autres offices domaniaux dont les émolumens ne donnaient pas ouverture à ce droit, l'évaluation sera faite d'après les actes justificatifs du produit annuel, déduction faite des frais d'exercice évalués au sixième.

7. Les frais du sceau des lettres de ratification prises par les possesseurs actuels, et les lettres de commission prises par eux ou leurs commis ou préposés en exercice, lors de la suppression des tribunaux auprès desquels les offices étaient exercés, le droit de marc d'or par eux payé, seront liquidés et remboursés ; aucuns autres frais ni droits de mutation n'entreront en liquidation.

8. Les possesseurs des greffes et autres offices domaniaux qui se présenteront à la liquidation seront tenus de produire : 1° l'acte de leur réception ou prestation de serment pour l'exercice desdits offices, ou, s'ils les faisaient exercer par commission, l'acte de réception ou prestation de serment de leurs commis ou préposés ; 2° un certificat du directoire du district du lieu où les offices étaient exercés, portant que ces offices étaient réellement exercés par ceux qui se présenteront, ou par leurs préposés, à l'époque de la suppression des tribunaux.

9. Les possesseurs de ces offices seront remboursés du principal avec les intérêts à compter du 1er octobre 1790.

---

17 = 17 SEPTEMBRE 1792. — Décret qui abolit tous procès et jugemens pour provocations au duel. (B. 24, 959.)

L'Assemblée nationale, considérant que, depuis les premiers momens de la révolution, l'opposition momentanée des opinions a déterminé des citoyens à des provocations qu'ils n'eussent point faites s'ils eussent eu le temps de réfléchir et de ne consulter que leurs sentimens réels ; qu'il en est résulté des instructions criminelles qui ont enlevé à la société des hommes qui pourraient lui être utiles, et que l'indulgence nationale a le droit d'y rappeler, décrète qu'il y a urgence.

L'Assemblée nationale, après avoir décrété l'urgence, décrète ce qui suit :

Art. 1er. Tous procès et jugemens contre des citoyens, depuis le 14 juillet 1789, sous prétexte de provocation au duel, sont éteints et abolis.

2. Le pouvoir exécutif provisoire donnera les ordres nécessaires pour que les citoyens détenus en conséquence desdits procès et jugemens soient mis sans délai en liberté (1).

---

17 = 17 SEPTEMBRE 1792. — Décret pour le paiement des dépenses relatives aux opérations qu'exige l'établissement de l'uniformité des poids et mesures. (L. 11, 409 ; B. 24, 960.)

---

17 = 20 SEPTEMBRE 1792. — Décret relatif à l'établissement des foires et marchés dans différentes villes et communautés de l'Ariége, de l'Aveyron, de l'Yonne, de Loir-et-Cher, de la Haute-Saône, du Jura, etc. (L. 11, 334 ; B. 24, 988.)

---

17 SEPTEMBRE 1792. — Décret qui autorise la municipalité de Paris à imposer deux millions soixante-onze mille quarante-deux livres en sus du montant de la contribution mobilière de 1791. (L. 11, 427 ; B. 24, 995.)

---

17 = 18 SEPTEMBRE 1792. — Décret qui accorde une avance d'un million huit cent mille livres à la municipalité de Paris. (L. 11, 428 ; B. 24, 994.)

---

17 = 21 SEPTEMBRE 1792. — Décret pour l'établissement d'un tribunal de commerce à Toulouse. (L. 11, 457 ; B. 24, 988.)

---

17 SEPTEMBRE 1792. — Décret relatif à l'instruction criminelle dirigée contre les voleurs du Garde-Meuble. (B. 24, 954.)

---

17 SEPTEMBRE 1792. — Décret qui mande à la barre les officiers municipaux et le commandant de la garde nationale de Paris. (B. 24, 955.)

---

17 SEPTEMBRE 1792. — Décret qui suspend l'exécution de tout mandat de justice contre le sieur Jonneau, député. (B. 24, 959.)

---

(1) On a invoqué cette loi pour en induire que le Code pénal de 1791 punissait le duel ; le contraire a été jugé implicitement par la Cour de cassation ( 8 avril 1818, 4 décembre 1824, 11 mai 1827 ; S. 19, 1, 113 et 143 ; 25, 1, 6 et 7, et 28, 1, 47) ; mais le duel peut, suivant les circonstances, être qualifié assassinat ( Cass. 21 septembre 1821 ; S. 22, 1, 173).

17 SEPTEMBRE 1792. — Décret qui rectifie une erreur relative au sieur Ricard, dans le décret du 2 octobre 1791, concernant les pensions. (B. 24, 962.)

17 = 18 SEPTEMBRE 1792. — Décret pour la réintégration des sieurs L'Heureux, Richeri et Nicou, lieutenans de vaisseau, portant qu'il n'y a pas lieu à délibérer quant au sieur Maillanne. (B. 24, 972.)

17 SEPTEMBRE 1792. — Décret qui accorde une avance de trois cent mille livres à la commune de Besançon. (B. 24, 980.)

17 SEPTEMBRE 1792. — Décret qui autorise la commune d'Amance à faire une acquisition. (B. 24, 980.)

17 SEPTEMBRE 1792. — Décret pour la publication d'une lettre datée de Coblentz. (B. 24, 981.)

17 SEPTEMBRE 1792. — Décret relatif au paiement des sieurs Perrotin et Delaunay, garde-registres du contrôle général des finances. (B. 24, 987.)

17 SEPTEMBRE 1792. — Décret qui affecte au département de la guerre le couvent des ci-devant Minimes à Lille et celui des ci-devant Augustins de Landau. (B. 24, 991.)

18 = 18 SEPTEMBRE 1792. — Décret qui autorise la caisse de l'extraordinaire à verser, chaque semaine, dans la caisse de la Trésorerie, cinq cent mille livres en assignats de dix et quinze sous. (B. 24, 993.)

17 = 21 SEPTEMBRE 1792. — Décret qui confirme l'acensement du fonds de terre fait aux sieurs Delporte. (B. 24, 996.)

17 = 18 SEPTEMBRE 1792. — Décret portant que le port de Brest jouira de l'avantage de la demi-poste, en remplacement de son privilége de poste double. (B. 24, 997.)

17 SEPTEMBRE 1792. — Décret qui autorise le garde des archives nationales à remettre au sieur Belin des pièces concernant la paroisse de Saint-Jean-de-Ronneveau. (B. 24, 997.)

17 SEPTEMBRE 1792. — Décret qui autorise les gardes des archives à remettre au sieur Postel différentes pièces. (B. 24, 998.)

17 = 21 SEPTEMBRE 1792. — Décret qui accorde des indemnités à différentes personnes blessées lors des troubles d'Issengeaux. (B. 24, 999.)

17 SEPTEMBRE 1792. — Proclamation pour accélérer les travaux du camp sous Paris. (B. 24, 1000.)

17 SEPTEMBRE 1792. — Armes. *Voy.* 16 SEPTEMBRE 1792. — Briénon-l'Archevêque. *Voy.* 6 SEPTEMBRE 1792. — Canal du Rhône au Rhin. *Voy.* 4 SEPTEMBRE 1792. — Cautionnemens ; Enseignes de marine ; Grains en France ; Légion des Pyrénées ; Officiers généraux de la marine. *Voy.* 16 SEPTEMBRE 1792. — Parapluies. *Voy.* 12 SEPTEMBRE 1792. — Pensions à divers. *Voy.* 10 SEPTEMBRE 1792. — Ponts-et-chaussées ; Port de Montmarin. *Voy.* 16 SEPTEMBRE 1792. — Rente à Louis XVI. *Voy.* 6 SEPTEMBRE 1792. — Volontaires. *Voy.* 16 SEPTEMBRE 1792.

18 = 21 SEPTEMBRE 1792. — Décret qui enjoint aux imprimeurs et ouvriers des imprimeries nécessaires au service public de rester à leurs travaux dans les dangers de la patrie. (L. 11, 451 ; B. 24, 1002.)

L'Assemblée nationale, après avoir entendu la lecture de la pétition du sieur Hœner, imprimeur des départemens de la Meurthe et des Vosges, relativement aux difficultés qu'éprouve en ce moment le service de l'imprimerie ; considérant que rien ne doit arrêter la publication des lois et des actes de l'autorité publique, décrète que les départemens sont autorisés à comprendre les imprimeurs et ouvriers des imprimeries nécessaires au service public dans le nombre des employés d'administration qui sont tenus, par le décret du 2 de ce mois, de rester attachés à leurs travaux, qui deviennent pour eux, dans les dangers de la patrie et aux signaux d'alarme, le poste des citoyens.

18 = 21 SEPTEMBRE 1792. — Décret qui détermine le rang et les émolumens des officiers et sous-officiers de marine qui ont obtenu de nouveaux grades pendant la dernière guerre. (L. 11, 452 ; B. 24, 1003.)

Tous officiers, soit auxiliaires, soit d'infanterie ou artillerie de la marine, sous-officiers ou officiers-mariniers qui ont obtenu de nouveaux grades ou avancemens à la mer de leurs généraux ou capitaines commandans pendant la dernière guerre, jouiront dès aujourd'hui des émolumens attachés auxdits grades, et reprendront leur rang d'ancienneté dans le grade auquel ils ont été promus, à compter de l'époque de leur avancement ou date de leurs brevets ou commissions, et seront même promus à des grades supérieurs si leurs cadets y ont été déjà promus, en reprenant également parmi ces derniers leur rang d'ancienneté.

Le présent décret ne pourra souffrir aucune espèce de restriction ni suspension dans son exécution qu'au cas seulement qu'il existât des jugemens rendus par des conseils de guerre contre les individus qui réclameraient, ou que leur âge ou leurs infirmités les missent hors d'état de servir : ce que pourra juger le conseil exécutif, conformément à l'article 14 du décret rendu le jour d'hier sur la marine, et dont le présent formera le seizième article.

18 = 18 SEPTEMBRE 1792. — Décret relatif à l'instruction sur le vol fait avec effraction au Garde-Meuble des effets nationaux. (L. 11, 447.)

L'Assemblée nationale, après avoir entendu l'un de ses commissaires nommés pour surveiller l'instruction sur le vol fait avec effraction au Garde-Meuble des effets nationaux, décrète que tous les officiers publics qui ont reçu des déclarations relatives audit vol enverront, dans le jour, au directeur du jury d'accusation en exercice près le tribunal provisoirement établi au Palais, expéditions de leurs procès-verbaux, et que le jury d'accusation et le tribunal criminel provisoire établi au Palais à Paris feront toutes les diligences nécessaires pour que la loi reçoive sans délai son application.

18 = 18 SEPTEMBRE 1792. — Décret portant fixation des traitemens des divers administrateurs ou régisseurs nationaux pour l'année 1792. (L. 11, 448 ; B. 24, 1007.)

L'Assemblée nationale, voulant, avant la fin de la session, déterminer les traitemens des divers administrateurs ou régisseurs nationaux pour l'année 1792, travail que les circonstances ont toujours écarté, décrète qu'il y a urgence.

L'Assemblée nationale, après avoir décrété l'urgence, décrète ce qui suit :

Art. 1er. Le *maximum* des traitemens fixes et éventuels réunis des administrateurs du droit d'enregistrement, du commissaire du Roi auprès de la caisse de l'extraordinaire, du directeur-général de la liquidation, des commissaires de la Trésorerie nationale, des régisseurs des douanes, des administrateurs du directoire des postes, des régisseurs des poudres et salpêtres, et des autres chefs des administrations publiques, ne pourra excéder, pour l'année 1792, la somme de douze mille livres.

2. Le *maximum* des traitemens fixes ou casuels réunis des directeurs du droit d'enregistrement et de toutes autres administrations publiques, ne pourra excéder, pour l'année 1792, la somme de six mille livres, y compris les frais de bureau.

18 = 18 SEPTEMBRE 1792. — Décret relatif à la fabrication des pièces de deux sous et de quatre sous. (L. 11, 449 ; B. 24, 1008.)

L'Assemblée nationale, considérant qu'entre tous les procédés propres à convertir en monnaie le métal des cloches, il convient de choisir les plus parfaits et les plus économiques, décrète ce qui suit :

Les espèces dont la fabrication a été ordonnée par le décret du 25 août seront frappées en pièces de deux sous et de quatre sous.

Celles de deux sous seront à la taille de dix au marc, et celles de quatre sous, à la taille de cinq au marc.

Le prix de la fabrication demeure fixé à huit sous le marc.

La commission des monnaies délivrera les instructions nécessaires pour régler, conformément à ce qui est prescrit par le décret du 25 août, les détails de la surveillance des contrôleurs monétaires.

Le décret du 25 août sera exécuté sans délai, sous la responsabilité du ministre des contributions publiques, en tout ce qui n'est pas contraire aux dispositions du présent décret.

18 = 18 SEPTEMBRE 1792. — Décret relatif à la nomination des commissaires des hôtels des monnaies. (L. 11, 449 ; B. 24, 1006.)

Art. 1er. Les commissaires du Roi dans les hôtels des monnaies, désignés sous le nom de commissaires des hôtels des monnaies par le décret du 7 du présent mois, sont destitués et ne pourront être renommés.

2. Le conseil exécutif provisoire est autorisé à renommer sans délai auxdites places.

3. Les places d'adjoints aux commissaires des hôtels des monnaies demeurent définitivement supprimées, et il ne sera point procédé à leur remplacement.

18 = 19 SEPTEMBRE 1792. — Décret relatif au mode d'adjudication de l'entreprise des ouvrages du camp sous Paris. (B. 24, 1006.)

18 SEPTEMBRE 1792. — Décret qui enjoint au maire et à la municipalité de Paris de faire entretenir une bonne et sûre garde au Garde-Meuble. (B. 24, 1009.)

18 = 19 SEPTEMBRE 1792. — Décret pour remplacer à Toulon les administrateurs de la marine. (B. 24, 1009.)

18 = 19 SEPTEMBRE 1792. — Décret relatif à l'envoi de deux commissaires du conseil exécutif pour assister au tirage d'un des juges de la haute-cour nationale, et nomination de M. Bazenerie. (L. 11, 466.)

18 = 19 SEPTEMBRE 1792. — Décret relatif au remboursement des billets de parchemin. (B. 24, 1004.)

18 SEPTEMBRE 1792. — Décret relatif à la sûreté du bureau de comptabilité. (B. 24, 1004.)

18 SEPTEMBRE 1792 — Décret qui charge la municipalité de Paris du paiement du salaire des ouvriers employés à la démolition des maisons du Carrousel. (B. 24, 1005.)

19 = 19 SEPTEMBRE 1792. — Décret pour la convocation des députés à la Convention nationale. (L. 11, 453; B. 24, 1038.)

L'Assemblée nationale décrète que l'archiviste convoquera les députés à la Convention nationale pour demain 20 septembre, à quatre heures après midi, dans la salle de l'édifice national des Tuileries qui leur est destinée (seconde pièce des grands appartemens, au haut du grand escalier des Tuileries).

Le maire de la ville de Paris donnera les ordres nécessaires pour faire fournir une garde aux députés à la Convention nationale.

Le présent décret sera affiché cette nuit.

19 = 19 SEPTEMBRE 1792. — Décret relatif à la libre circulation des personnes et des choses dans l'intérieur. (L. 11, 454; B. 24, 1037.)

Sur la dénonciation faite par un membre, qu'au préjudice de la loi du 8 de ce mois, relative à la suppression des passeports dans l'intérieur, les voyageurs et les voituriers étaient inquiétés sur leur route; que notamment la commune de Charenton avait arrêté des malles et des voitures;

L'Assemblée nationale, considérant que l'intérêt du commerce et la tranquillité des citoyens exigent également la pleine et entière exécution de la loi du 8 de ce mois, décrète qu'il y a urgence.

L'Assemblée nationale, après avoir décrété l'urgence, décrète ce qui suit :

L'Assemblée nationale décrète que les officiers municipaux, les commandans des gardes nationales qui, au préjudice du décret du 8 du courant, arrêteraient ou retarderaient dans leurs voyages ou leurs transports les personnes ou les choses, seront condamnés aux dommages et intérêts envers les personnes qu'ils auraient troublées dans l'exercice de voyager ou de faire transporter librement leurs meubles, effets ou marchandises, ainsi qu'aux dommages et intérêts des voituriers ou conducteurs, et qu'ils seront condamnés en outre par les tribunaux de police correctionnelle, sur la dénonciation des voyageurs, conducteurs ou voituriers qu'ils auraient troublés, à une détention qui durera autant de jours qu'aura duré la détention ou l'arrestation des personnes ou des choses qu'ils auraient détenues ou retardées en contravention au décret du 8 du courant.

19 = 19 SEPTEMBRE 1792. — Décret relatif aux mesures de sûreté et de tranquillité publiques pour la ville de Paris. (L. 11, 456; B. 24, 1025.)

L'Assemblée nationale, considérant que l'époque de la réunion de la Convention nationale doit être marquée par le retour de l'ordre, l'union de tous les citoyens et le concours de tous les pouvoirs pour le maintien de la tranquillité publique;

Que cette époque est aussi celle où les malveillans vont redoubler d'efforts pour rompre l'unité du gouvernement et désorganiser toutes les sections de l'empire;

Que le but de ces coupables manœuvres est d'appeler la résurrection du pouvoir royal par l'excès des désordres qu'elles provoquent, de dissoudre la puissance nationale, et de faire renaître le despotisme et les horreurs même de l'anarchie; considérant enfin qu'il est pressant de prendre les mesures les plus efficaces pour déjouer ces funestes complots, décrète qu'il y a urgence.

L'Assemblée nationale, après avoir décrété l'urgence, décrète ce qui suit :

TITRE Ier. Des mesures de sûreté et de tranquillité publiques pour la ville de Paris.

Art. 1er. Les citoyens domiciliés à Paris depuis plus de huit jours seront tenus, dans le délai de vingt-quatre heures après la publication du présent décret, de se faire enregistrer dans la section de leur domicile.

2. Ils seront également tenus de déclarer le lieu de leur habitation ordinaire, l'époque de leur arrivée à Paris, les divers changemens de leur domicile à Paris, et leur occupation journalière. Le registre contiendra à chaque article une énonciation sommaire desdites déclarations.

3. Il sera délivré à chaque citoyen un extrait de cet enregistrement sur une carte si-

gnée par le président et les secrétaires de sa section.

4. Les citoyens seront tenus de présenter leur carte civique à la première réquisition des officiers de police et des commandans de la force armée.

5. Tout citoyen qui ne pourra pas représenter sa carte sera conduit à la section dont il se réclamera, et, s'il n'est pas reconnu par elle, il pourra être détenu dans une maison d'arrêt pendant l'espace de trois mois.

6. Ceux qui auront fait de fausses déclarations, ou qui seront surpris avec de fausses cartes, pourront être détenus pendant l'espace de six mois.

7. Les étrangers arrivant à Paris seront tenus de faire, dans les vingt-quatre heures de leur arrivée, la déclaration prescrite par l'article 2, et de se conformer aux dispositions du présent décret. Les personnes qui les logeront seront personnellement responsables de l'exécution du présent article, sous peine d'une amende qui pourra être portée au double de leur contribution mobilière.

8. En cas de changement de domicile, les citoyens seront tenus, dans le même délai, de se faire inscrire dans la section où ils prendront leur nouveau domicile, et, dans le cas où ils ne sortiraient pas de l'arrondissement de la même section, de faire énoncer sur l'article du registre qui les concerne l'indication de leur nouvelle habitation.

9. Il sera procédé à la réélection de tous les membres composant la municipalité de Paris et le conseil général de la commune, dans les formes et suivant le mode prescrits par le décret du mois de mai 1790.

10. Ces élections seront commencées dans le délai de trois jours après la publication du décret, et continuées sans interruption.

11. Il sera procédé dans chaque section, et dans les mêmes délais, à l'élection d'un commissaire de police, conformément au même décret. Les commissaires seront tenus de se conformer, dans l'exercice de leurs fonctions, aux dispositions de ce décret; et ils ne pourront envoyer dans une maison d'arrêt les personnes domiciliées et arrêtées en flagrant délit, sans avoir la signature de deux commissaires de leur section.

12. La municipalité de Paris se conformera aux dispositions du décret du mois d'août dernier, sur la police de sûreté générale.

13. Les mandats d'arrêt, dans le cas où le décret lui permet de les décerner, seront délibérés et signés par le maire et quatre officiers municipaux.

14. La municipalité sera tenue de donner connaissance à l'Assemblée nationale, dans le délai de trois jours après la prononciation de chaque mandat d'arrêt, des motifs qui l'auront déterminé et des informations qui auront été faites.

15. L'accusateur public près le tribunal criminel établi à Paris en vertu du décret du 17 août dernier, est spécialement chargé de la poursuite de tous ceux qui ordonneront ou signeront des ordres arbitraires.

16. Le ministre de la justice est aussi spécialement chargé de surveiller l'exécution du présent article, et d'enjoindre à l'accusateur public de poursuivre les auteurs de semblables arrestations, s'il négligeait de le faire.

17. Indépendamment de la peine de six années de gêne portée par le Code pénal contre les auteurs d'une arrestation arbitraire, les signataires d'un pareil ordre, et ceux des fonctionnaires publics chargés de la poursuivre et qui auront négligé de le faire, seront condamnés solidairement aux intérêts civils dus aux personnes ainsi arbitrairement détenues.

18. L'Asile du citoyen est déclaré inviolable, même au nom de la loi, durant la nuit; en conséquence, nulle perquisition ne pourra être faite dans la maison d'un citoyen d'un soleil à l'autre, hors le cas d'un coupable surpris en flagrant délit.

19. Hors le cas prévu par l'article précédent, tout citoyen dont on voudrait violer l'asile est autorisé à résister à une telle violence par tous les moyens qui sont en son pouvoir, et les auteurs d'une pareille tentative seront poursuivis, à la requête de l'accusateur public, comme coupables d'attentat à la liberté individuelle.

20. Dans les villes où le Corps-Législatif tiendra ses séances, l'ordre pour faire sonner le tocsin et tirer le canon d'alarme ne pourra être donné sans un décret du Corps-Législatif. En cas de contravention au présent article, ceux qui auront donné cet ordre, ou qui auront sonné le tocsin et tiré le canon d'alarme, seront punis de mort.

TITRE II. De l'organisation provisoire d'une force armée.

Art. 1er. Indépendamment du service ordinaire que doivent faire les sections de Paris, armées, il sera formé, immédiatement après la publication du présent décret, dans chacune desdites sections, une réserve de cent hommes armés, équipés et prêts à marcher; cette réserve sera placée dans une seule maison ou corps-de-garde, et, autant qu'il se pourra, au centre de chaque section de Paris.

2. Chaque section est autorisée à composer cette réserve de la manière qui lui paraîtra la plus convenable et la plus analogue à sa population.

3. De quelque manière que les réserves des sections armées soient composées, il leur sera fait, aux frais de la nation, les mêmes fournitures de bois, chandelles, ustensiles, etc., et les mêmes distributions de vivres

toutes les vingt-quatre heures, que si lesdites réserves étaient campées.

4. Ces réserves, principalement destinées à maintenir l'ordre public, devront aussi occuper les postes extérieurs nécessaires à la défense commune, toutes les fois que cette disposition sera jugée nécessaire par le général de la division militaire centrale ; mais, dans ce cas là, une moitié seulement desdites réserves marchera, soit au camp, soit dans les postes désignés pour chaque section, et l'autre moitié restera dans l'intérieur pour le maintien de l'ordre.

5. Les réserves, de quelque manière qu'elles soient composées, seront commandées alternativement et à tour de rôle par les capitaines des sections armées.

6. Les fusils destinés par les sections à armer leur réserves seront marqués au n° de la section, et ne pourront être déplacés sous peine d'une amende de trente-six livres et du remplacement de l'arme déplacée.

7. Les réserves ne pourront être requises, soit en tout ou partie, pour le service intérieur ou pour le service extérieur, que par l'intermédiaire du maire de Paris, et sur les ordres donnés au commandant général des sections armées, qui demeurera responsable de leur transmission et de leur exécution.

8. Il sera ajouté à chaque réserve des sections armées douze cavaliers au moins et trente cavaliers au plus, suivant la force de chaque section armée, montés, armés et équipés, dont une moitié seulement sera de service chaque nuit.

9. Les sections choisiront dans leur sein ces cavaliers : l'officier qui devra les commander sera choisi parmi les cavaliers. L'indemnité accordée à ces citoyens pour les dédommager et les mettre en état de s'entretenir sera égale à la solde accordée à la gendarmerie nationale, et ils auront, au camp et au grand corps-de-garde de la réserve, les mêmes distributions.

10. Toute autre troupe que les sections armées et les réserves indiquées ci-dessus, qui serait levée ou formée soit dans le département de Paris, soit dans toute autre partie de l'empire, et qui se trouverait dans l'enceinte de Paris ou dans l'arrondissement de la division militaire centrale, sera sous les ordres immédiats du général de la division, et soumise à la discipline et à l'ordre prescrit pour les troupes employées à l'armée.

11. Les troupes désignées dans l'article précédent ne feront point partie de la force armée destinée au maintien de l'ordre public dans Paris, et ne pourront y être employées que sur la réquisition des représentans de la nation.

12. Le pouvoir exécutif provisoire rendra compte, dans trois jours, de l'entière exécution du présent décret, dont une expédition sera adressée à chacune des sections de Paris.

---

19 = 21 SEPTEMBRE 1792. — Décret relatif au transport dans le dépôt du Louvre des tableaux et autres monumens des beaux-arts qui sont dans les maisons ci-devant royales et autres édifices nationaux. (L. 11, 463 ; B. 24, 1040.)

Art. 1er. La commission des monumens fera transporter sans délai dans le dépôt du Louvre les tableaux et autres monumens relatifs aux beaux-arts qui se trouvent actuellement dans les maisons ci-devant dites *royales*, et autres édifices nationaux.

2. Quant aux statues placées dans les jardins de Versailles, elles resteront en place jusqu'à ce qu'il en ait été autrement ordonné.

3. Les corps administratifs et municipaux prêteront assistance à la commission des monumens pour l'exécution du présent décret, et veilleront spécialement à ce qu'il ne soit apporté aucun dommage aux monumens qui seront laissés sous leur surveillance.

---

19 = 21 SEPTEMBRE 1792. — Décret relatif à la formation d'un établissement de courriers. (L. 11, 464 ; B. 24, 1039.)

L'Assemblée nationale, considérant qu'il est utile et pressant de ne confier qu'à des mains sûres les dépêches importantes de l'Assemblée nationale et des ministres, et de multiplier et d'accélérer les moyens de correspondance entre nos armées et les départemens, décrète qu'il y a urgence.

L'Assemblée nationale, après avoir décrété l'urgence, décrète :

Art. 1er. Il sera formé un établissement de courriers, composé de citoyens élus dans chacune des sections de Paris.

2. L'objet de l'établissement de ces courriers sera de porter, soit aux différentes armées, soit dans les départemens de l'empire, les dépêches de l'Assemblée nationale et du pouvoir exécutif provisoire, et d'en rapporter des nouvelles; ils pourront être chargés de commission de confiance.

3. Le pouvoir exécutif provisoire demeure chargé de fixer l'organisation de cet établissement, de manière à en accélérer et faciliter le service.

4. Il sera alloué, sur les fonds accordés pour dépenses extraordinaires, à chacun desdits courriers, des appointemens fixes, payés par trimestre, à raison de six cents livres par année; il leur sera compté en outre, lorsqu'ils seront en course, quatre livres par jour, indépendamment des frais de poste.

19 = 19 SEPTEMBRE 1792. — Décret relatif à la vente des biens de l'ordre de Malte. (L. 11, 470; B. 24, 1013.)

*Voy.* loi du 22 OCTOBRE 1792.

Art. 1er. Les biens dont l'ordre de Malte jouit en France seront dès à présent administrés, et les immeubles réels vendus, dans la même forme et aux mêmes conditions que les autres domaines nationaux.

2. Les usufruitiers actuels desdits biens, tels que les prieurs, baillis, commandeurs, servans, diacos et pensionnaires, seront payés sur le Trésor public, leur vie durant, à titre de pension, du revenu net des bénéfices de Malte ou pensions sur lesdits bénéfices dont ils jouissaient, sur le pied des baux à ferme en forme authentique, antérieurs au 1er janvier 1792, à la déduction des dîmes, droits féodaux supprimés sans indemnité, des pensions dont ils peuvent être grevés, et du tiers du restant desdits revenus.

3. Il sera retenu un dixième de moins à ceux qui ne jouissent que de pensions sur les commanderies.

4. Tous ceux auxquels il est accordé des pensions à raison des biens de Malte, qui jouiraient en même temps d'un traitement à cause d'un service en France, le conserveront avec la totalité de la pension, ou la moitié de celle-ci avec l'entier traitement, si ce dernier est supérieur.

A l'expiration du traitement avec le service, ils reprendront la totalité de la pension.

5. Les Français qui, reçus à Malte jusqu'à ce jour, avaient l'expectative sur les bénéfices de cet ordre, situés dans le royaume, recevront, à titre de pension, dix pour cent des avances qu'ils ont faites pour leur réception, lesquelles avances seront liquidées, sur les titres authentiques, par le commissaire directeur de la liquidation, et dans les trois mois de la publication du présent décret.

6. La décoration de Malte est prohibée en France à tous les pensionnaires, à raison des biens de cet ordre; les contraventions à cette disposition seront punies de la perte de la pension.

7. Les pensions ci-dessus courront du premier trimestre qui suivra la publication du présent décret; elles seront payées de trois mois en trois mois par le receveur du district où les pensionnaires fixeront leur domicile, et par le receveur du district de Marseille, pour ceux qui établiront leur résidence à Malte. Cependant le premier terme sera acquitté par le receveur du district où se trouve situé le chef-lieu du bénéfice, ou de celui du plus grand produit, en cas de pluralité.

8. Le règlement des pensions sera fait par les directoires, conformément aux règles établies dans le décret du 11 août 1791, par les articles 4, 5, 6, 7, 9, 11, 12, 17, 18, 20, 21, 29, 30, 37, 38 et 39, sur le traitement du clergé; lesquels articles sont déclarés communs au présent décret.

9. La nation se charge d'acquitter les pensions antoniennes; elles le seront dans la même forme que les pensions ecclésiastiques établies par le décret du 12 = 24 juillet 1790.

10. Le pouvoir exécutif est chargé de régler avec l'ordre de Malte, sous l'autorité du Corps-Législatif, la somme annuelle pour laquelle la France contribuera à l'entretien du port et de l'hôpital de Malte, et pour le secours que les vaisseaux de cet ordre donneront au commerce maritime français dans la Méditerranée.

11. La langue bavaroise de Malte sera traitée, pour ses possessions en France, comme les princes d'Allemagne possessionnés.

12. Quant aux propriétés que les langues françaises ont dans les états voisins, ou que les langues étrangères ont réciproquement en France, le pouvoir exécutif est chargé de négocier un arrangement, tant avec l'ordre de Malte qu'avec les puissances respectives.

13. Le pouvoir exécutif prendra les mesures les plus promptes et les plus actives pour la conservation des titres, papiers et documens relatifs aux propriétés dont l'ordre de Malte jouissait en France.

14. Il est accordé sept cent vingt livres de pension, à titre de retraite, au sieur Luchet, huissier de l'ordre, au grand prieuré de France.

———

19 = 19 SEPTEMBRE 1792. — Décret qui détermine le mode d'échange des prisonniers de guerre. (L. 11, 466; B. 24, 1024.)

L'Assemblée nationale, considérant la nécessité de pourvoir le plus promptement possible à l'échange des prisonniers de guerre, et de répondre au juste empressement de ceux de nos frères d'armes qui, en combattant pour la patrie, sont tombés dans les mains de l'ennemi; considérant que les bases sur lesquelles le pouvoir exécutif ou les généraux d'armée concluront des traités, conventions ou cartels, doivent être fondées sur les principes de la liberté et de l'égalité, décrète, comme principe, pour les échanges des prisonniers :

Art. 1er. Il n'y aura aucun tarif pécuniaire pour l'échange des prisonniers de guerre selon les différens grades, que dans des termes relatifs aux grades correspondans dans les armées ennemies.

2. Il n'y aura pas de tarif d'échange tel qu'un officier ou sous-officier, de quelque grade qu'il soit, puisse être échangé contre un

plus grand nombre d'individus de grade inférieur.

3. La base commune des échanges, qu'aucune modification ne pourra altérer, sera d'échanger homme pour homme, grade pour grade.

———

19 = 19 SEPTEMBRE 1792. — Décret qui supprime toutes les caisses particulières attachées au département de la guerre. (L. 11, 467; B. 24, 1010.)

L'Assemblée nationale, après avoir entendu le rapport de ses commissaires nommés pour la vérification du livre-rouge, considérant qu'il est essentiel, pour la clarté et la surveillance de la comptabilité, qu'il n'y ait qu'un centre unique de recettes et de dépenses, et pour opérer l'exécution de son décret du 28 août dernier, qui met à la disposition du conseil exécutif un million pour dépenses secrètes, dans la composition duquel entre le reliquat de la caisse de liquidation des anciennes dettes des troupes, décrète qu'il y a urgence.

L'Assemblée nationale, après avoir décrété l'urgence, décrète :

Art. 1er. La caisse de liquidation des anciennes dettes des troupes, celle de la chancellerie militaire, celle du ci-devant ordre de Saint-Louis, et généralement toutes les caisses particulières, sous quelques dénominations qu'elles soient et dans quelque département des agens du pouvoir exécutif qu'elles se trouvent, sont et demeurent supprimées.

2. Les caissiers chargés des fonds des caisses supprimées seront tenus de verser, dans le jour de la notification du présent décret, à la Trésorerie nationale, les reliquats de leurs comptes en numéraire, effets et assignats. Ils seront valablement déchargés par un reçu désignatif des sommes et valeurs qu'ils auront remises au caissier de la Trésorerie nationale.

3. Les rentes qui appartenaient aux corporations dont les caisses sont supprimées seront éteintes au profit de la nation, et les titres en seront remis à la Trésorerie nationale par tous ceux qui en sont chargés.

4. Toutes les dépenses ou pensions qui sont autorisées par des décrets du Corps-Législatif, et qui étaient payées par les caisses supprimées, seront dorénavant acquittées par la Trésorerie nationale d'après les ordonnances du conseil exécutif, contre-signées par le ministre ordonnateur.

5. L'Assemblée étant satisfaite de la comptabilitée du caissier de la chancellerie militaire et de la liquidation des anciennes dettes des troupes, il sera valablement déchargé des pièces justificatives de sa comptabilité, en les laissant dans le bureau indiqué par le ministre de la guerre et sur la reconnaissance qu'il lui en délivrera.

6. L'agent du Trésor public est chargé de poursuivre la restitution et les intérêts des sommes ci-après mentionnées :

1º Quinze mille livres et les intérêts depuis le 1er juillet 1782, et cent treize mille six cent dix livres, avec les intérêts depuis le 1er juillet 1784, pour pertes occasionées à la nation sur les quittances de finances données en paiement par M. de Montbarey, sous le ministère de M. de Ségur;

2º La somme de vingt quatre mille livres, et les intérêts depuis 1784, allouée injustement à M. Bettinger, sous le ministère de M. de Ségur;

3º Celle de six mille livres, avec les intérêts depuis 1784, accordées au sieur Cottin par le même Ségur,

4º La somme de dix mille livres, avec les intérêts depuis 1784, injustement payée à M. de Choiseul-Gouffier, sous le ministère de Ségur;

5º La somme de cent trente mille livres, avec les intérêts depuis janvier 1785, prises par le ministre Ségur sur un bon du Roi;

Et celle de cent mille livres, avec les intérêts depuis juillet 1786, également prise par le même ministre Ségur sur un bon du Roi;

6º La somme de vingt-six mille cinq cents livres, avec les intérêts depuis janvier 1787, accordée par le même ministre au sieur Sévin;

7º Celle de quarante mille livres, avec les intérêts depuis juillet 1789, injustement prise par le ministre Puységur sur un bon du Roi;

Il appellera en garantie les sieurs la Tour-du-Pin, Ségur et Necker, comme ayant autorisé les paiemens faits injustement.

8º La somme de trente mille livres, avec les intérêts depuis le 10 juillet 1790, accordée au sieur la Tour-du-Pin, ministre de la guerre, sur un bon du Roi pris par M. Necker;

9º Le même agent du Trésor public appellera en garantie de ces objets les sieurs Montbarey, Ségur, Puységur, la Tour-du-Pin et Necker, chacun en ce qui le concerne comme ministre de la guerre, comme ayant autoriséou tourné à leur profit des paiemens injustes, et dilapidé les deniers publics.

———

19 = 19 SEPTEMBRE 1792. — Décret relatif au mode de délivrance des ordonnances pour la fabrication des assignats. (L. 11, 474; B. 24, 1041.)

L'Assemblée nationale, considérant que, d'après son décret du 19 août dernier, qui a réuni la fabrication des assignats sous la responsabilité du ministre des contributions publiques, les dépenses relatives à ce service public ne pouvant plus être astreintes aux formalités imposées aux directeurs-généraux de cette administration, lorsqu'ils étaient indépendans, décrète que le ministre des contributions publiques demeure autorisé à délivrer, sous sa responsabilité, les ordonnances sur la Trésorerie nationale, pour toutes les dépenses relatives à la fabrication des assignats.

19 = 21 SEPTEMBRE 1792. — Décret relatif au service des infirmeries invalides et des hôpitaux militaires. (L. 11, 476 ; B. 24, 1032.)

L'Assemblée nationale, considérant qu'il est instant de pourvoir au remplacement des personnes qui, sous le nom de *Sœurs de la charité*, s'étaient particulièrement dévouées au service de l'infirmerie de l'hôtel national des militaires invalides; considérant que les veuves et orphelines des défenseurs de l'État qui ont péri les armes à la main ont des droits particuliers à la reconnaissance nationale, décrète qu'il y a urgence.

L'Assemblée nationale, après avoir décrété l'urgence, décrète ce qui suit:

Art 1er. Les veuves et orphelines des défenseurs de la patrie tués à la guerre seront de préférence employées pour le service des infirmeries invalides et des hospices militaires.

2. Le conseil d'administration de l'hôtel national des militaires invalides procédera sans délai à l'organisation du service des infirmeries dudit hôtel, en se conformant à l'article 1er du présent décret.

19 = 21 SEPTEMBRE 1792. — Décret relatif au traitement des citoyens qui ont servi l'État sur les vaisseaux de la ci-devant compagnie des Indes, en qualité de soldats, caporaux, etc. (L. 11, 477 ; B. 24, 1033.)

L'Assemblée nationale, considérant que les citoyens qui ont servi l'État sur les vaisseaux de la ci-devant compagnie des Indes en qualité de soldats, caporaux, sergens, canonniers, matelots, charpentiers, etc., etc., et qui ont obtenu de ladite compagnie, pour des services rendus à la guerre ou par les blessures qu'ils ont reçues, un traitement connu sous le nom de *solde* et *demi-solde*, ont acquis des droits à la reconnaissance nationale, et qu'il est instant de les faire jouir des récompenses qu'ils ont méritées, décrète qu'il y a urgence.

L'Assemblée nationale, après avoir entendu le rapport de son comité militaire et décrété l'urgence, décrète :

Art. 1er. Les soldats, caporaux, sergens, canonniers, matelots, charpentiers, etc., qui, par leurs longs services, leurs campagnes ou leurs blessures, avaient obtenu de la ci-devant compagnie des Indes une pension de retraite, connue sous le nom de *solde* ou *demi-solde*, jouiront, à dater du jour de la publication du présent décret, du même traitement que les sous-officiers et soldats des armées françaises, et ce, sur le pied fixé par le décret du 30 avril dernier.

2. Les agens chargés de la liquidation de l'ancienne compagnie des Indes remettront sans nul délai au conseil de l'hôtel national des militaires invalides tous les papiers, documens et registres qui seront nécessaires audit conseil pour assurer l'exécution du présent décret.

19 = 30 SEPTEMBRE 1792. — Décret relatif à la durée des fonctions des commissaires chargés de surveiller la fabrication des assignats, les travaux des manufactures d'armes et l'armée. (L. 11, 480; B. 24, 1021.)

L'Assemblée nationale, après avoir décrété l'urgence, décrète que les commissaires de l'Assemblée nationale qui surveillent actuellement la fabrication du papier des assignats continueront cette surveillance jusqu'à ce que la Convention nationale ait organisé son comité d'assignats et monnaies, et envoyé de nouveaux commissaires, et que leur indemnité leur sera continuée pendant la durée de leurs fonctions.

Le présent décret sera commun à tous les commissaires envoyés aux manufactures d'armes et à l'armée.

19 = 30 SEPTEMBRE 1792. — Décret relatif aux soldats renvoyés de leurs régimens pour cause de civisme. (L. 11, 480; B. 24, 1024.)

Un secrétaire fait lecture d'une lettre du ministre de la guerre, relativement aux soldats qui n'auraient été renvoyés de leurs régimens que pour cause de civisme.

Sur la proposition d'un membre, l'Assemblée nationale décrète que tous les soldats qui pourraient donner des preuves authentiques qu'ils n'ont été renvoyés de leurs corps que pour leur patriotisme recevront des cartouches dans lesquelles on attestera les motifs de leur renvoi, la reconnaissance de la nation, et l'assurance qu'ils seront reçus dans les différens corps militaires dans lesquels ils voudraient prendre du service.

19 = 30 SEPTEMBRE 1792. — Décret relatif au taux et au mode de paiement des pensions de retraite des officiers et agens de l'ordre de Saint-Lazare et de Notre-Dame-du-Mont-Carmel. (L. 11, 481 ; B. 24, 1016.)

Art. 1er. L'intendant et le garde des archives, l'agent des affaires, le régisseur des biens, les huissiers et le héraut d'armes de l'ordre de Saint-Lazare et du Mont-Carmel, recevront pour retraite, à titre de pension, la moitié des émolumens dont ils justifieront, par titres authentiques, avoir joui dans ledit ordre.

2. Le *maximum* de ces pensions ne pourra excéder mille livres.

3. Les susdites pensions seront censées avoir commencé à courir du 1er janvier dernier; en conséquence, les officiers ci-dessus tiendront compte de ce qu'ils peuvent avoir reçu de leurs émolumens depuis cette époque, lesquelles sommes seront imputées sur le premier paiement de leur pension.

4. Ces nouveaux pensionnaires et ceux établis par le décret du 17 mars seront soumis en tout aux dispositions du décret du 3 = 22 août 1790 sur les pensions, à celles du décret du 13 = 17 décembre 1791, et, en conséquence, ne pourront être portés sur deux états dans la liste des pensions.

19 SEPTEMBRE 1792.—Décret relatif aux passeports à délivrer aux députés. (B. 24, 1021.)

L'Assemblée nationale décrète que son comité d'inspection est autorisé à délivrer aux députés de la législature actuelle, quand leurs fonctions seront finies, et sur leurs demandes, des passeports dans lesquels pourront être compris leurs femmes, enfans et domestiques.

19 SEPTEMBRE 1792.— Décret qui accorde cinquante livres à Jean-François Albert, blessé dans une attaque près de Courtrai. (B. 24, 1022.)

19 = 21 SEPTEMBRE 1792. — Décret qui accorde une indemnité de quatre cents livres au sieur Cloître, dit Dauphiné. (B. 24, 1022.)

19 SEPTEMBRE 1792.— Décret qui autorise le ministre de l'intérieur à faire vendre les vieux bois et matériaux qui se trouvent dans la partie du Louvre destinée à devenir le lieu des séances de la Convention. (B. 24, 1023.)

19 SEPTEMBRE 1792. — Décret pour la levée des scellés apposés au Carrousel, aux Tuileries et autres maisons ci-devant royales. (B. 24, 1034.)

19 SEPTEMBRE 1792. — Décret qui ordonne au ministre de l'intérieur et aux commissaires de la Trésorerie, de rendre compte des effets d'or, d'argent ou bijoux provenant des églises, maisons dites royales ou particulières. (B. 24, 1035.)

19 SEPTEMBRE = 6 OCTOBRE 1792. — Proclamation sur l'inviolabilité des représentans de la nation. (B. 24, 1017.)

19 SEPTEMBRE 1792. — Décret qui mande à la barre de l'Assemblée les sieurs Gérome, Pautaclin, Nicoud, etc., officiers municipaux ou autres particuliers, qui ont dessaisi le sieur Chevalier des effets qu'il avait saisis dans les maisons des ci-devant princes. (B. 24, 1036.)

19 SEPTEMBRE 1792.—Décret relatif au remplacement du sieur Albaret, l'un des juges près la haute-cour nationale. (B. 24, 1031.)

19 = 25 SEPTEMBRE 1792. — Décret sur la comptabilité et vérification de la caisse du trésorier général des états de Bourgogne, et des receveurs particuliers des pays d'états. (B. 24, 1042.)

19 = 21 SEPTEMBRE 1792. — Décret relatif à l'envoi fait au ministre de la justice, comme décret, d'un projet tendant à lever la suspension des administrateurs du département de l'Aisne. (B. 24, 1037.)

19 SEPTEMBRE 1792. — Agriculture. *Voy.* 12 SEPTEMBRE 1792. — Assemblée nationale; Biens nationaux. *Voy.* 11 SEPTEMBRE 1792.— Billets de parchemin. *Voy.* 17 SEPTEMBRE 1792. — Sieur Bochard; Caisse d'escompte. *Voy.* 11 SEPTEMBRE 1792.— Camp sous Paris. *Voy.* 18 SEPTEMBRE 1792.—Citoyens absens. *Voy.* 11 SEPTEMBRE 1792.— Conseil exécutif. *Voy.* 3 SEPTEMBRE 1792.— Etangs marécageux. *Voy.* 11 SEPTEMBRE 1792. — Faux assignats; Gendarmes des frontières. *Voy.* 4 SEPTEMBRE 1792. — Pézénas. *Voy.* 11 SEPTEMBRE 1792.— Puits de Saltzbraun. *Voy* 15 SEPTEMBRE 1792.— Toulon. *Voy.* 18 SEPTEMBRE 1792.

20 = 22 SEPTEMBRE 1792. — Décret relatif à l'attribution du tribunal criminel établi à Paris par la loi du 17 août 1792. (L. 11, 488; B. 24, 1081.)

L'Assemblée nationale déclare que, dans l'attribution qui accorde au tribunal criminel établi à Paris par le décret du 17 août 1792 la connaissance provisoire des délits commis dans l'étendue du département de Paris, elle n'a pas entendu comprendre les affaires existant au tribunal criminel dudit département à l'époque du décret, en vertu d'actes d'accusation admis par les jurés d'accusation établis près les tribunaux civils: comme aussi ne sont point compris dans cette attribution les crimes de faux, péculat, concussion, et autres sur lesquels il ne peut être statué que par des jurés spéciaux.

20 = 25 SEPTEMBRE 1792. — Décret qui détermine les causes, le mode et les effets du divorce. (L. 11, 489; B. 24, 1081.)

*Voy.* lois du 26 GERMINAL an 11; Code civil,

livre 1er, titre VI ; loi du 8 MAI 1816, aboli-
tive du divorce.

L'Assemblée nationale, considérant combien il importe de faire jouir les Français de
la faculté du divorce, qui résulte de la liberté
individuelle dont un engagement indissolu-
ble serait la perte ; considérant que déjà plusieurs époux n'ont pas attendu, pour jouir
des avantages de la disposition constitutionnelle suivant laquelle le mariage n'est qu'un
contrat civil, que la loi eût réglé le mode et
les effets du divorce, décrète ce qui suit :

§ Ier. *Causes du divorce.*

Art. 1er Le mariage se dissout par le divorce (1).

2. Le divorce a lieu par le consentement
mutuel des époux.

3. L'un des époux peut faire prononcer le
divorce, sur la simple allégation d'incompatibilité d'humeur ou de caractère.

4. Chacun des époux peut également faire
prononcer le divorce sur des motifs déterminés, savoir : 1° sur la démence, la folie ou
la fureur de l'un des époux ; 2° sur la con-

damnation de l'un d'eux à des peines afflictives ou infamantes ; 3° sur les crimes, sévices
ou injures graves de l'un envers l'autre (2) ;
4° sur le dérèglement de mœurs notoire (3) ;
5° sur l'abandon de la femme par le mari ou
du mari par la femme, pendant deux ans au
moins (4) ; 6° sur l'absence de l'un d'eux,
sans nouvelles, au moins pendant cinq ans (5)
7° sur l'émigration dans les cas prévus par
les lois, notamment par le décret du 8 avril
1792 (6).

5. Les époux maintenant séparés de corps
par jugement exécuté ou en dernier ressort
auront mutuellement la faculté de faire prononcer leur divorce.

6. Toutes demandes et instances en séparation de corps non jugées sont éteintes et
abolies ; chacune des parties paiera ses frais.
Les jugemens de séparation non exécutés, ou
attaqués par appel ou par la voie de la cassation, demeurent comme non avenus ; le
tout sauf aux époux à recourir à la voie du
divorce, aux termes de la présente loi .

7. A l'avenir, aucune séparation de corps
ne pourra être prononcée ; les époux ne pourront être désunis que par le divorce (7).

---

(1) Cette loi n'a pu être invoquée par un étranger, même résidant en France, mais marié en
pays étranger sous l'empire des lois canoniques,
qui prohibent le divorce (11 août 1807, Paris ;
S. 18, 2, 30).

(2) Les tribunaux peuvent prononcer un divorce motivé sur des faits antérieurs et sur des
faits postérieurs à cette loi.

La décision des juges d'appel, sur ce qui constitue les excès, sévices ou injures graves, ne
peut offrir un moyen de cassation ( 12 février
1806 ; Cass. 6, 2, 769 ; 21 floréal an 12, Turin ;
S. 5, 2, 5).

Chacun des époux peut demander le divorce
pour sévices et mauvais traitemens de l'autre
conjoint, encore qu'il ait provoqué ces sévices
et mauvais traitemens par des injures verbales ( 10
ventose an 11, Poitiers ; S. 3, 2, 486).

La plainte en subornation de témoins dirigée
par la femme contre son mari, par suite de la
demande en divorce formée contre elle, peut
être regardée comme un simple moyen de défense, et non comme une injure grave, surtout si
le jury d'accusation a déclaré n'y avoir lieu (19
messidor an 13 ; Cass. S. 7, 2, 1020).

(3) Le dérèglement notoire de mœurs doit
s'entendre d'un dérèglement qui a duré pendant
le mariage, et non de celui qui a précédé l'u-
nion conjugale (19 prairial an 9, Liège ; S. 7, 2,
908 ).

L'inconduite du mari le rend non recevable
à demander le divorce pour dérèglement de
mœurs de sa femme (7 nivose an 7 ; Cass. S. 1,
1, 188).

(4) Lorsqu'un mari quitte sa résidence ordinaire, et va habiter dans une autre ville, sans
en prévenir sa femme, sans lui donner de ses

nouvelles et sans lui faire passer aucun secours
pendant plus de trois ans, on peut considérer
cette conduite comme un abandon (28 floréal
an 9, Bordeaux ; S. 1, 2, 702).

La femme qui ne suit pas son mari dans son
nouveau-domicile n'est pas pour cela censée l'a-
bandonner dans le sens de cet article.

Le mari qui, pendant cinq ans, a été absent
sans nouvelles, a donné lieu à la prononciation
du divorce, et l'action résultante de ce fait n'est
pas détruite par la circonstance que le mari a
donné de ses nouvelles avant que le divorce soit
prononcé ( 11 fructidor an 12 ; Cass. S. 4, 2,
689 ).

(5) *Voy.* la note ci-dessus.

(6) Un émigré ou absent rentré n'est pas recevable à remettre en question les causes du divorce obtenu contre lui pendant son absence (30
pluviose an 13 ; Cass. S. 5, 1, 108).

*Voyez* avis du Conseil-d'État du 11 prairial
an 12.

(7) La femme n'a pas besoin d'être autorisée
pour ester en jugement sur sa propre demande
en divorce. Dans les assignations qu'elle fait
donner à son mari pour le divorce, son domicile est suffisamment indiqué si elle énonce sa
résidence de fait (6 germinal an 10, Paris ; S. 2,
2, 285).

Cette loi n'autorise point à compromettre sur
une demande en divorce.

Un compromis sur telle matière est nul, d'une
nullité absolue et d'ordre public (24 pluviose an
10, Paris ; S. 2, 2, 112).

La nullité d'un divorce peut être prononcée
par les tribunaux ordinaires. Et le peut l'être pendant trente années, à compter de l'acte de divorce (14 vendémiaire an 10 ; Cass. S. 2, 1,
65 ).

§ II. Modes du divorce.

*Mode du divorce par consentement mutuel.*

Art. 1er. Le mari et la femme qui demanderont conjointement le divorce seront tenus de convoquer une assemblée de six au moins des plus proches parens, ou d'amis (1) à défaut de parens; trois des parens ou amis seront choisis par le mari, les trois autres seront choisis par la femme.

2. L'Assemblée sera convoquée à jour fixe et lieu convenu avec les parens ou amis; il y aura au moins un mois d'intervalle entre le jour de la convocation et celui de l'assemblée. L'acte de convocation sera signifié par un huissier aux parens ou amis convoqués.

3. Si, au jour de la convocation, un ou plusieurs des parens ou amis convoqués ne peuvent se trouver à l'assemblée, les époux les feront remplacer par d'autres parens ou amis.

4. Les deux époux se présenteront en personne à l'assemblée; ils y exposeront qu'ils demandent le divorce. Les parens ou amis assemblés leur feront les observations et représentations qu'ils jugeront convenables. Si les époux persistent dans leur dessein, il sera dressé, par un officier municipal requis à cet effet, un acte contenant simplement que les parens ou amis ont entendu les époux en assemblée dûment convoquée, et qu'ils n'ont pu les concilier. La minute de cet acte, signée des membres de l'assemblée, des deux époux et de l'officier municipal, avec mention de ceux qui n'auront su ou pu signer, sera déposée au greffe de la municipalité: il en sera délivré expédition aux époux gratuitement et sans droit d'enregistrement.

5. Un mois au moins et six mois au plus après la date de l'acte énoncé dans l'article précédent, les époux pourront se présenter devant l'officier public chargé de recevoir les actes de mariage dans la municipalité où le mari a son domicile; et, sur leur demande, cet officier public sera tenu de prononcer leur divorce, sans entrer en connaissance de cause. Les parties et l'officier public se conformeront aux formes prescrites à ce sujet dans la loi sur les actes de naissance, mariage et décès.

6. Après le délai de six mois mentionné dans le précédent article, les époux ne pourront être admis au divorce par consentement mutuel qu'en observant de nouveau les mêmes formalités et les mêmes délais (2).

7. En cas de minorité des époux ou de l'un d'eux, ou s'ils ont des enfans nés de leur mariage, les délais ci-dessus indiqués, d'un mois pour la convocation de l'assemblée de famille, et d'un mois au moins après l'acte de non conciliation pour faire le divorce, seront doublés; mais le délai fatal de six mois après l'acte de non conciliation, pour faire prononcer le divorce, restera le même (3).

*Mode du divorce sur la demande d'un des conjoints, pour simple cause d'incompatibilité.*

8. Dans le cas où le divorce sera demandé par l'un des époux contre l'autre pour cause d'incompatibilité d'humeur ou de caractère, sans autre indication de motifs, il convoquera une première assemblée de parens, ou d'amis (4) à défaut de parens, laquelle ne pourra avoir lieu qu'un mois après la convocation.

9. La convocation sera faite devant l'un des officiers municipaux du domicile du mari, en la maison commune du lieu, aux jour et heure indiqués par cet officier. L'acte en sera signifié à l'époux défendeur, avec déclaration des noms et demeures des parens ou amis au nombre de trois au moins, que l'époux demandeur entend faire trouver à l'assemblée, et invitation à l'époux défendeur de comparaître à l'assemblée, et d'y faire trouver de sa part également trois au moins de ses parens (5).

10. L'époux demandeur en divorce sera tenu de se présenter en personne à l'assemblée; il entendra, ainsi que l'époux défen-

---

(1) Il suffit pour que les assemblées de famille, prescrites en cette matière, puissent être composées d'amis, qu'il n'y ait aucun parent dans le canton où se tient l'assemblée. Il y a lieu de casser tout arrêt qui décide le contraire (13 frimaire an 14; Cass. S. 7, 2, 779).

Il est nécessaire, à peine de nullité, que les parens soient appelés de préférence aux amis pour la formation de l'assemblée de famille (22 frimaire an 12, Paris; S. 7, 2, 904).

Des fondés de pouvoir des parens, présentés ou agréés par l'un des époux, doivent être considérés comme des amis, dans le sens de cet article, habiles à remplacer les parens absens (24 juillet 1806; Cass. S. 7, 1, 532).

(2) La prescription établie par cet article contre l'époux demandeur en divorce est suspendue pendant tout le temps qui est employé en tentatives de conciliation (10 fructidor an 12; Cass. S. 7, 2, 1116).

*Voy.* art. 14 et les notes.

(3) *Voy.* loi du 1er jour complémentaire an 5, et les notes sur l'art. 14.

(4) *Voy.* les notes sur l'article 1er de ce paragraphe.

(5) Lorsque des parens convoqués pour une assemblée relative au divorce déclarent ne pouvoir s'y trouver, le demandeur n'est pas tenu, aux termes de cet article, de prévenir d'avance le défendeur du nom de ceux qu'il a choisis pour les remplacer (6 floréal an 10, Paris; S. 2, 2, 287).

deur, s'il comparaît, les représentations des parens ou amis à l'effet de les concilier. Si la conciliation n'a pas lieu, l'assemblée se prorogera à deux mois, et les époux y demeureront ajournés. L'officier municipal sera tenu de se retirer pendant ces explications et les débats de famille : en cas de non conciliation, il sera rappelé dans l'assemblée pour en dresser l'acte, ainsi que la prorogation, dans la forme prescrite par l'article 4 ci-dessus. Expédition de cet acte sera délivrée à l'époux demandeur, qui sera tenu de le faire signifier à l'époux défendeur, si celui-ci n'a pas comparu à l'assemblée (1).

11. A l'expiration des deux mois, l'époux demandeur sera tenu de comparaître de nouveau en personne. Si les représentations qui lui seront faites, ainsi qu'à son époux, s'il comparaît, ne peuvent encore les concilier, l'assemblée se prorogera à trois mois, et les époux y demeureront ajournés : il en sera dressé acte, et la signification en sera faite, s'il y a lieu, comme au cas de l'article précédent.

12. Si à la troisième séance de l'assemblée, à laquelle le provoquant sera également tenu de comparaître en personne, il ne peut être concilié, et persiste définitivement dans sa demande, acte en sera dressé; il lui en sera délivré expédition, qu'il fera signifier à l'époux défendeur.

13. Si, aux première, seconde ou troisième assemblées, les parens ou amis indiqués par le demandeur en divorce ne peuvent s'y trouver, il pourra les faire remplacer par d'autres à son choix. L'époux défendeur pourra aussi faire remplacer à son choix les parens ou amis qu'il aura fait présenter aux premières assemblées; et enfin l'officier municipal lui-même, chargé de la rédaction des

actes de ces assemblées, pourra, en cas d'empêchement, être remplacé par un de ses collègues.

14. Huitaine au moins, ou au plus dans les six mois après la date du dernier acte de non conciliation, l'époux provoquant pourra se présenter pour faire prononcer le divorce, devant l'officier public chargé de recevoir les actes de naissance, mariage et décès. Après les six mois, il ne pourra y être admis qu'en observant de nouveau les mêmes formalités et les mêmes délais (2).

Mode du divorce sur la demande d'un des époux, pour cause déterminée.

15. En cas de divorce demandé par l'un des époux pour l'un des sept motifs déterminés, indiqués dans l'article 4 du § 1er ci-dessus, ou pour cause de séparation de corps, aux termes de l'article 5, il n'y aura lieu à aucun délai d'épreuve.

16. Si les motifs déterminés sont établis par des jugemens, comme dans les cas de séparation de corps ou de condamnation à des peines afflictives ou infamantes, l'époux qui demandera le divorce pourra se pourvoir directement, pour le faire prononcer, devant l'officier public chargé de recevoir les actes de mariage dans la municipalité du domicile du mari. L'officier public ne pourra entrer en aucune connaissance de cause. S'il s'élève devant lui des contestations sur la nature ou la validité des jugemens représentés, il renverra les parties devant le tribunal de district, qui statuera en dernier ressort, et prononcera si ces jugemens suffisent pour autoriser le divorce.

17. Dans le cas de divorce pour absence de cinq ans sans nouvelles, l'époux qui le demandera pourra également se pourvoir di-

(1) Le divorce obtenu pour cause d'incompatibilité d'humeur n'est pas nul par cela seul que les procès-verbaux des assemblées de famille qui doivent précéder la prononciation du divorce ne contiennent pas la mention expresse que les parens ou amis ont tenté de concilier les époux, et que, pendant l'explication de ces derniers, l'officier public s'est retiré (29 fructidor an 10; Cass. S. 2, 2, 425, et 3 prairial an 12; Cass. S. 4, 2, 172).

(2) Cet article n'est pas applicable au cas où c'est par le fait et la résistance de l'époux défendeur que le divorce n'a pas été prononcé (12 mai 1808; Cass. S. 8, 1, 278).

Il n'est pas nécessaire, à peine de nullité, que le jour et l'heure des assemblées préliminaires au divorce, pour incompatibilité d'humeur, soient indiqués par une cédule expresse de l'officier public, signifiée à l'époux défendeur.

Sous l'empire de cette loi et après la publication de celle du premier jour complémentaire de l'an 5, l'époux demandeur en divorce n'est

pas déchu pour n'avoir pas fait prononcer le divorce dans les six mois à compter du jour de la dernière assemblée, si, d'ailleurs, avant l'expiration des six mois, il s'était présenté à cet effet devant l'officier public (3 floréal an 13; Cass. S. 7, 2, 904).

Dans le cas d'une demande en divorce formée pour incompatibilité d'humeur, il n'y a pas nullité, encore que la demande contienne d'autres indications de motifs. Sous l'empire de cette loi, et après la publication de la loi du premier jour complémentaire de l'an 5, l'époux demandeur en divorce n'était pas déchu pour n'avoir pas fait prononcer son divorce dans les six mois à compter du jour de la dernière assemblée (17 vendémiaire an 14; Cass. S. 6, 2, 892).

L'obligation de faire prononcer le divorce dans les six mois après la dernière tentative de conciliation, imposée par cet article, ne subsiste plus après la loi du premier jour complémentaire an 5 (24 thermidor an 13; Cass. S. 5, 1, 188).

rectement devant l'officier public de son domicile, lequel prononcera le divorce sur la présentation qui lui sera faite d'un acte de notoriété, constatant cette longue absence.

18. A l'égard du divorce fondé sur les autres motifs déterminés, indiqués dans l'art. 4 du § Ier ci-dessus, le demandeur sera tenu de se pourvoir devant les arbitres de famille, en la forme prescrite dans le Code de l'ordre judiciaire pour les contestations entre mari et femme.

19. Si, d'après la vérification des faits, les arbitres jugent la demande fondée, ils renverront le demandeur en divorce devant l'officier du domicile du mari, pour faire prononcer le divorce.

20. L'appel du jugement arbitral en suspendra l'exécution; cet appel sera instruit sommairement et jugé dans le mois.

§ III. Effets du divorce par rapport aux époux.

Art. Ier. Les effets du divorce par rapport à la personne des époux sont de rendre au mari et à la femme leur entière indépendance, avec la faculté de contracter un nouveau mariage.

2. Les époux divorcés peuvent se remarier ensemble. Ils ne pourront contracter avec d'autres un nouveau mariage qu'un an après le divorce, lorsqu'il a été prononcé sur consentement mutuel et pour simple cause d'incompatibilité d'humeur et de caractère (1).

3. Dans le cas où le divorce a été prononcé pour cause déterminée, la femme ne peut également contracter un nouveau mariage avec un autre que son premier mari qu'un an après le divorce, si ce n'est qu'il soit fondé sur l'absence du mari, depuis cinq ans, sans nouvelles.

4. De quelque manière que le divorce ait lieu, les époux divorcés seront réglés, par rapport à la communauté de biens ou à la société d'acquêts qui a existé entre eux, soit par la loi, soit par la convention, si l'un d'eux était décédé (2).

5. Il sera fait exception à l'article précédent pour le cas où le divorce aura été obtenu par le mari contre la femme, pour l'un des motifs déterminés, énoncés dans l'art. 4 du § Ier ci-dessus, autre que la démence, la folie ou la fureur; la femme, en ce cas, sera privée de tous droits et bénéfices dans la communauté de biens ou société d'acquêts; mais elle reprendra les biens qui sont entrés de son côté.

6. A l'égard des droits matrimoniaux emportant gain de survie, tels que douaire, augment de dot ou agencement, droit de viduité, droit de part dans les biens meubles ou immeubles du prédécédé, ils seront, dans tous les cas de divorce, éteints et sans effet. Il en sera de même des dons ou avantages pour cause de mariage que les époux ont pu se faire réciproquement ou l'un à l'autre, ou qui ont pu être faits à l'un d'eux par les père, mère ou autres parens de l'autre. Les dons mutuels faits depuis le mariage et avant le divorce resteront aussi comme non avenus et sans effet ; le tout sauf les indemnités ou pensions énoncées dans les articles qui suivent (3).

7. Dans le cas de divorce pour l'un des motifs déterminés énoncés dans l'art. 4, § Ier ci-dessus, celui qui aura obtenu le divorce sera indemnisé de la perte des effets du mariage dissous, et de ses gains de survie, dons et avantages, par une pension viagère sur les biens de l'un et de l'autre époux, laquelle sera réglée par des arbitres de famille et courra du jour de la prononciation du divorce.

8. Il sera également alloué par des arbitres de famille, dans tous les cas de divorce, une pension alimentaire à l'époux divorcé qui se trouvera dans le besoin, autant néanmoins que les biens de l'autre époux pourront la supporter, déduction faite de ses propres besoins (4).

(1) Le mariage contracté avant l'année fixée par cet article, en matière de divorce, peut être attaqué par l'époux qui avait ignoré le divorce de son conjuint (18 prairial an 12; Cass. S. 4, 2, 165).

(2) Une femme divorcée par consentement mutuel ne peut pas revenir contre l'acte dans lequel les parties ont réglé, antérieurement au divorce, les effets du divorce quant aux biens, encore que, lors de la confection de l'acte, la femme n'ait point été autorisée à contracter (9 brumaire an 10, Bruxelles; S. 4, 2, 396).

(3) Cet article, combiné avec l'article 10, doit s'entendre en ce sens, que la déchéance de tout droit aux gains de survie, et conséquemment de douaire, n'est pas applicable aux divorcés, par suite de séparation de corps (23 germinal an 10; Cass. S. 2, 1, 249).

(4) L'indigence survenue après la dissolution du mariage n'autorise pas, entre les divorcés, une demande d'alimens (8 janvier 1806; Cass. S. 6, 2, 68 et 768).

L'époux divorcé dont les ressources sont diminuées depuis la dissolution du mariage ne peut demander une pension à son époux, alors que les ressources restantes peuvent lui suffire (4 vendémiaire an 14, Paris; S. 6, 2, 109).

L'époux qui a obtenu le divorce pendant l'émigration de son époux, depuis amnistié, doit à celui-ci des alimens.

Il n'est pas nécessaire que l'époux demandeur soit dans un besoin absolu (28 février 1809; Cass. S. 9, 1, 152).

9. Les pensions d'indemnité ou alimentaires énoncées dans les articles précédens seront éteintes si l'époux divorcé qui en jouit contracte un nouveau mariage.

10. En cas de divorce pour cause de séparation de corps, les droits et intérêts des époux divorcés resteront réglés comme ils l'ont été par les jugemens de séparation, et selon les lois existant lors de ces jugemens, ou par les actes et transactions passés entre les parties.

11. Tout acte de divorce sera sujet aux mêmes formalités d'enregistrement et publication que l'étaient les jugemens de séparation; et le divorce ne produira, à l'égard des créanciers des époux, que les mêmes effets que produisaient ces séparations de corps ou de biens (1).

§ IV. Effets du divorce par rapport aux enfans.

Art. 1er. Dans les cas du divorce par consentement mutuel, ou sur la demande de l'un des époux pour simple cause d'incompatibilité d'humeur ou de caractère, sans autre indication de motifs, les enfans nés du mariage dissous seront confiés, savoir: les filles à la mère, les garçons âgés de moins de sept ans également à la mère; audessus de cet âge, ils seront remis et confiés au père; et néanmoins le père et la mère pourront faire à ce sujet tel autre arrangement que bon leur semblera (2).

2. Dans tous les cas de divorce pour cause déterminée, il sera réglé, en assemblée de famille, auquel des époux les enfans seront confiés.

3. En cas de divorce pour cause de séparation de corps, les enfans resteront à ceux auxquels ils ont été confiés par jugement ou transaction, ou qui les ont à leur garde et confiance depuis plus d'un an. S'il n'y a ni jugement ou transaction, ni possession annale, il sera réglé, en assemblée de famille, auquel du père ou de la mère séparés les enfans seront confiés.

4. Si le mari ou la femme divorcés contractent un nouveau mariage, il sera également réglé, en assemblée de famille, si les enfans qui leur étaient confiés leur seront retirés, et à qui ils seront remis (3).

5. Soit que les enfans, garçons ou filles, soient confiés au père seul ou à la mère seule, soit à l'un et à l'autre, soit à des tierces personnes, le père et la mère ne seront pas moins obligés de contribuer à leurs éducation et entretien; ils y contribueront en proportion des facultés et revenus réels et industriels de chacun d'eux.

6. La dissolution du mariage par divorce ne privera, dans aucun cas, les enfans nés de ce mariage des avantages qui leur étaient assurés par les lois ou par les conventions matrimoniales; mais le droit n'en sera ouvert à leur profit que comme il le serait si leurs père et mère n'avaient pas fait divorce.

7. Les enfans conserveront leur droit de successibilité à leur père et à leur mère divorcés. S'il survient à ces derniers d'autres

---

La pension alimentaire, une fois fixée, n'est plus susceptible d'augmentation ou de diminution, par suite de l'accroissement ou de la diminution des besoins et de la fortune des époux (20 brumaire an 14; Besançon, S. 6, 2, 55. — Jugé en sens contraire: Paris, S. 4. 2, 132).

Il n'y a pas de délai fixé pour la demande des alimens de la part d'un époux à son conjoint divorcé.

Il suffit que l'indigence du demandeur ne soit pas survenue depuis le divorce (18 juillet 1809; Cass. S. 9, 1, 402).

(1) Un divorce peut être argué de simulation par les créanciers des époux, lorsqu'il n'a pas été suivi de la séparation réelle de la personne et des biens des époux (1er messidor an 11; Cass. S. 3, 1, 331).

S'il a lieu sans publicité, par simulation et en fraude du droit des créanciers, il peut être déclaré sans effet, relativement au sort des biens, en ce qui touche l'intérêt des créanciers.

Peu importe que la fraude soit antérieure aux créances, si elle s'est perpétuée; peu importe également le délaissement: l'état de fraude a suspendu toute prescription,

La loi du 13 fructidor an 6, qui avait institué un mode général de publication des actes et jugemens intéressant l'état civil des citoyens, n'a pas abrogé les dispositions spéciales de l'ordonnance de 1673 et de la loi du 20 septembre 1792, relativement au mode particulier de publication des séparations ou divorce entre individus commerçans (5 janvier 1830; Cass. S. 30, 1, 105; D. 30, 1, 86).

(2) L'acte par lequel deux époux déterminent, avant le divorce par consentement mutuel, à qui seront confiés après le divorce les enfans nés de leur union, peut recevoir dans la suite, sur la demande même de l'un des époux, telles modifications qu'exigera l'intérêt des enfans (3 pluviose an 10; Bruxelles, S. 4, 2, 485).

(3) Lorsque deux époux ont divorcé sous l'empire de cette loi, s'ils contractent un second mariage, la famille peut être assemblée pour régler le sort des enfans, encore qu'il se soit écoulé plusieurs années depuis le divorce et le second mariage; à cet égard, celui des époux auquel les enfans sont restés dans cet intervalle ne peut aucunement se prévaloir de sa possession et du silence gardé par l'autre époux.

Les parens convoqués en assemblée de famille, pour décider auquel des deux époux divorcés les enfans seront remis, peuvent se faire représenter par des fondés de pouvoir (6 thermidor an 13; Cass. S. 7, 2, 906).

4.

enfans de mariages subséquens, les enfans des différens lits succéderont en concurrence, et par égales portions.

8. Les époux divorcés ayant enfans ne pourront, en se remariant, faire de plus grands avantages, pour cause de mariage, que ne le peuvent, selon les lois, les époux veufs qui se remarient ayant enfans.

9. Les contestations relatives au droit des époux d'avoir un ou plusieurs de leurs enfans à leur charge et confiance, celles relatives à l'éducation, aux droits et intérêts de ces enfans, seront portées devant des arbitres de famille, et les jugemens rendus en cette matière seront, en cas d'appel, exécutés par provision.

---

20 = 25 SEPTEMBRE 1792. — Décret qui détermine le mode de constater l'état civil des citoyens. (L. 11, 501; B. 24, 1059 et suiv.)

*Voy.* lois du 19 = 24 DÉCEMBRE 1792; du 22 JANVIER 1793; du 12 AOUT 1793; du 9 FLORÉAL an 2; du 7 VENDÉMIAIRE an 4. *Voy.* Code civil.

TITRE I<sup>er</sup>. Des officiers publics par qui seront tenus les registres des naissances, mariages et décès.

Art. 1<sup>er</sup>. Les municipalités recevront et conserveront à l'avenir les actes destinés à constater les naissances, mariages et décès.

2. Les conseils-généraux des communes nommeront parmi leurs membres, suivant l'étendue et la population des lieux, une ou plusieurs personnes qui seront chargées de ces fonctions (1).

3. Les nominations seront faites par la voie du scrutin, et, à la pluralité absolue des suffrages; elles seront publiées et affichées.

4. En cas d'absence ou empêchement légitime de l'officier public chargé de recevoir les actes de naissance, mariage et décès, il sera remplacé par le maire ou par un officier municipal, ou par un autre membre du conseil-général, à l'ordre de la liste.

TITRE II. De la tenue en dépôt des registres.

Art. 1<sup>er</sup>. Il y aura dans chaque municipalité trois registres pour constater, l'un les naissances, l'autre les mariages, le troisième les décès (2).

2. Les trois registres seront doubles, sur papier timbré, fournis aux frais de chaque district, et envoyés aux municipalités par les

directoires, dans les quinze premiers jours du mois de décembre de chaque année; ils seront cotés par premier et dernier, et paraphés sur chaque feuillet, le tout sans frais, par le président de l'administration du district, ou, à son défaut, par un des membres du directoire, suivant l'ordre de la liste.

3. Les actes de naissance, mariage et décès seront écrits sur les registres doubles, de suite et sans aucun blanc. Les renvois et ratures seront approuvés et signés de la même manière que le corps de l'acte : rien n'y sera écrit par abréviation, ni aucune date mise en chiffres.

4. Toute contravention aux dispositions de l'article précédent sera punie de dix livres d'amende pour la première fois, de vingt livres d'amende en cas de récidive, et même des peines portées par le Code pénal, en cas d'altération ou de faux.

5. Il est expressément défendu d'écrire et de signer, en aucun cas, les actes sur feuilles volantes, à peine de cent livres d'amende, de destitution, et de privation, pendant dix ans, de la qualité et des droits de citoyen actif.

6. Les actes contenus dans ces registres, et les extraits qui en seront délivrés feront foi et preuve, en justice, des naissances, mariages et décès.

7. Les actes qui seront inscrits dans les registres ne seront point sujets au droit d'enregistrement.

8. Dans les quinze premiers jours du mois de janvier de chaque année, il sera fait, à la fin de chaque registre, une table par ordre alphabétique des actes qui y seront contenus.

9. Dans le mois suivant, les municipalités seront tenues d'envoyer au directoire de leur district l'un des registres doubles.

10. Les directoires de district vérifieront si les actes ont été dressés et les registres tenus dans les formes prescrites.

11. Dans les quinze premiers jours du mois de mars, les procureurs-syndics seront tenus d'envoyer ces registres aux directoires de département, avec les observations des directoires de district.

12. Ces registres seront déposés et conservés aux archives des directoires de département.

13. Les autres registres doubles seront déposés et conservés aux archives des municipalités.

---

(1) Les agens nationaux des communes n'avaient pas qualité pour recevoir les actes de mariage (2 décembre 1807; Cass. S. 8, 1, 142).

Sous l'empire de cette loi, les agens diplomatiques français n'ont pas eu qualité pour célébrer en pays étranger le mariage entre un Français et

une *étrangère* (10 août 1819; Cass. S. 19, 1, 427).

*Voy.* lois du 19 ventose an 4, art. 12; du 16 frimaire an 8; du 28 pluviose an 8, art. 13 et 16; du 18 floréal an 10.

(2) *Voy.* loi du 18 germinal an 10, art. 55.

14. Les procureurs-généraux-syndics des départemens seront chargés des dénonciation et poursuites, en cas de contravention au présent décret.

15. Tous les dix ans, les tables annuelles faites à la fin de chaque registre seront refondues dans une seule : néanmoins, pour déterminer une époque fixe et uniforme, la première de ces tables générales sera faite en 1800.

16. Cette table décennale sera mise sur un registre séparé, tenu double, timbré, coté et paraphé.

17. L'un des doubles de ces registres sera envoyé, dans les quinze premiers jours du mois de mai de la onzième année, aux directoires de districts, et transmis dans le mois suivant par le procureur-syndic au directoire du département, pour être placé dans le même dépôt (1).

18. Toutes personnes sont autorisées à se faire délivrer des extraits des actes de naissance, mariage et décès, soit sur les registres conservés aux archives des municipalités, soit sur ceux déposés aux archives des départemens. Les extraits devront être sur papier timbré; ils ne seront pas sujets au droit d'enregistrement (2).

19. Il ne sera payé que six sous pour chaque extrait des actes de naissance, décès et publication de mariage, et douze sous pour chaque extrait des actes de mariage, non compris le timbre (3).

20. Les extraits demandés sur les registres courans seront délivrés par celui qui sera chargé de les tenir. Après le dépôt, les extraits seront expédiés par les secrétaires-greffiers des municipalités ou des départemens.

21. Les registres courans seront tenus par celui qui sera chargé de recevoir les actes : il en répondra.

22. Dans les villes dont l'étendue et la population exigent qu'il y ait plus d'un officier public chargé de constater les naissances, mariages et décès, il sera fourni trois registres doubles à chacun d'eux; ils seront tenus de se conformer aux règles ci-dessus prescrites.

### TITRE III. Naissances.

Art. 1er. Les actes de naissance seront dressés dans les vingt-quatre heures de la déclaration qui sera faite par les personnes ci-après désignées, assistées de deux témoins de l'un ou de l'autre sexe, parens ou non parens, âgés de vingt-un ans.

2. En quelque lieu que la femme mariée accouche, si son mari est présent et en état d'agir, il sera tenu de faire la déclaration.

3. Lorsque le mari sera absent ou ne pourra agir, ou que la mère ne sera pas mariée, le chirurgien ou la sage-femme qui auront fait l'accouchement seront obligés de déclarer la naissance.

4. Quand une femme accouchera, soit dans une maison publique, soit dans la maison d'autrui, la personne qui commandera dans cette maison, ou qui en aura la direction, sera tenue de déclarer la naissance.

5. En cas de contravention aux précédens articles, la peine contre les personnes chargées de faire la déclaration sera de deux mois de prison; cette peine sera poursuivie par le procureur de la commune devant le tribunal de police correctionelle, sauf les poursuites criminelles en cas de suppression, enlèvement ou défaut de représentation de l'enfant.

6. L'enfant sera porté à la maison commune, ou autre lieu public servant aux séances de la commune; il sera présenté à l'officier public. En cas de péril imminent, l'officier public sera tenu, sur la réquisition qui lui en sera faite, de se transporter dans la maison où sera le nouveau-né.

7. La déclaration contiendra le jour, l'heure et le lieu de la naissance, la désignation du sexe de l'enfant, le prénom qui lui sera donné, les prénoms et noms de ses père et mère, leur profession, leur domicile, les prénoms, noms, profession et domicile des témoins.

8. Il sera de suite dressé acte de cette déclaration sur le registre double à ce destiné; cet acte sera signé par le père ou autres personnes qui auront fait la déclaration, par les témoins et par l'officier public; si aucun des déclarans et témoins ne sait ou ne peut signer, il en sera fait mention.

9. En cas d'exposition d'enfant, le juge-de-paix ou l'officier de police qui en aura été instruit sera tenu de se rendre sur le lieu de l'exposition, de dresser procès-verbal de l'état de l'enfant, de son âge apparent, des marques extérieures, vêtemens et autres indices qui peuvent éclairer sur sa naissance: il recevra aussi les déclarations de ceux qui auraient quelques connaissances relatives à l'exposition de l'enfant.

10. Le juge-de-paix ou l'officier de police sera tenu de remettre, dans les vingt-quatre heures, à l'officier public, une expédition

(1) Voy. arrêté du 25 vendémiaire an 9 et décret du 20 juillet 1807.

(2) Les officiers de l'état civil ne doivent pas, sans la délivrance des expéditions des actes de naissance antérieurs à la loi du 20 septembre 1792, omettre la mention du baptême (21 avril 1806; circulaire du grand-juge; S. 7, 2, 942). Voy. avis du Conseil-d'État du 6 juin = 2 juillet 1807.

(3) Voy. décret du 12 juillet 1807.

de ce procès-verbal, qui sera transcrit sur le registre double des actes de naissance.

11. L'officier public donnera un nom à l'enfant, et il sera pourvu à sa nourriture et à son entretien, suivant les lois qui seront portées à cet effet.

12. Il est défendu aux officiers publics d'insérer par leur propre fait, dans la rédaction des actes, et sur les registres, aucune clause, note ou énonciation autre que celles contenues aux déclarations qui leur seront faites, à peine de destitution, qui sera prononcée par voie d'administration, par les directoires de département, sur la dénonciation soit des parties, soit des procureurs des communes ou procureurs-syndics, et sur la réquisition des procureurs-généraux-syndics.

13. Si, antérieurement à la publication de la présente loi, quelques personnes avaient négligé de faire constater la naissance de leurs enfans dans les formes usitées, elles seront tenues, dans la huitaine qui suivra ladite publication, d'en faire la déclaration, conformément aux dispositions ci-dessus.

### Titre IV. Mariages.

**Section Ire.** *Qualités et conditions requises pour pouvoir contracter mariage* (1).

Art. 1er. L'âge requis pour le mariage est quinze ans révolus pour les hommes, et treize ans révolus pour les filles.

2. Toute personne sera majeure à vingt-un ans accomplis (2).

3. Les mineurs ne pourront être mariés sans le consentement de leur père ou mère, ou parens, ou voisins, ainsi qu'il va être dit.

4. Le consentement du père sera suffisant.

5. Si le père est mort ou interdit, le consentement de la mère suffira également.

6. Dans le cas où la mère serait décédée ou en interdiction, le consentement des cinq plus proches parens paternels ou maternels sera nécessaire.

7. Lorsque les mineurs n'auront point de parens, ou n'en auront pas au nombre de cinq dans le district, on y suppléera par des voisins pris dans le lieu où les mineurs seront domiciliés.

8. Les parens et les voisins, assemblés dans la maison commune du lieu du domicile du mineur, délibéreront à cet égard, devant le maire ou un autre officier municipal à l'ordre de la liste, en présence du procureur de la commune.

9. Le consentement sera donné ou refusé, d'après la majorité des suffrages.

10. Toute personne engagée dans les liens du mariage ne peut en contracter un second que le premier n'ait été dissous conformément aux lois.

11. Le mariage est prohibé entre les parens naturels et légitimes en ligne directe, entre les alliés dans cette ligne, et entre le frère et la sœur (3).

12. Ceux qui sont incapables de consentement ne peuvent se marier (4).

13. Les mariages faits contre la disposition des articles précédens seront nuls et de nul effet (5).

### Section II. Publication.

Art. 1er. Les personnes majeures qui voudront se marier seront tenues de faire publier leurs promesses réciproques dans le lieu du domicile actuel de chacune des parties. Les

---

(1) Est valable le mariage d'un Français contracté en pays étranger, et sans autorisation de son gouvernement, depuis la loi du 20 septembre 1792 (Code civil, art. 170; 16 juin 1829; Cass. S 29, 1, 261; D. 29, 1, 272).

(2) Une promesse de mariage peut être stipulée par un majeur de vingt-un ans, sans le consentement de ses père et mère.

La promesse peut être stipulée par un tiers, au nom du futur époux (6 août 1806; Nîmes, S. 6, 2, 476).

*Voy.* loi du 31 janvier 1793.

(3) *Voy.* loi du 26 fructidor an 4.

(4) Le mariage contracté dans l'étranger par un émigré, durant la mort civile, est-il simplement *inefficace* dans le pays de l'émigré durant sa proscription, ou bien est-il nul radicalement, de telle sorte qu'après la réintégration de l'émigré, il ne puisse produire les effets civils, pas même pour l'avenir ?

*Voy.* l'ord. de 1639, art. 5 et 6.—La loi du 28 mars 1793. — Les art. 25 et 227 du Code civil.

*Voy.* sur cette importante question, une consultation délibérée et signée par MM. Toullier, Malherbe, Corbière, Carré, etc. (S. 19, 2,

117); elle a été résolue favorablement pour l'émigré par la cour de Liége le 5 messidor an 13 (*Voy.* S. 5, 2, 86); mais elle a été jugée contre l'émigré le 16 mai 1808 par la Cour de cassation, sur les conclusions de M. Merlin (*Voy.* t. 8, 1, 297). La restauration a dû nécessairement influer beaucoup sur cette question. *Voy.* la consultation précitée.

(5) Pour qu'un mariage soit valable et produise effet, relativement à la successibilité soit des époux entre eux, soit des enfans issus du mariage, il suffit qu'il ait été célébré suivant les formes prescrites; peu importe qu'il ait été tenu *secret*. — La déclaration de 1639 sur les mariages secrets a été abrogée par la loi du 20 sept. 1792 (16 pluv. an 13; Cass. S. 5, 1, 81).

Sous l'empire de cette loi, l'époux pouvait demander la nullité du mariage, encore qu'il eût été suivi de cohabitation et de ratification (22 décembre 1809; Cass. S. 8, 1, 140).

On ne pouvait quereller les actes de l'état civil après cinq ans à compter du décès de celui auquel ils se rapportaient (23 août 1806; Paris, S. 7, 2, 942). — Jugé en sens contraire (14 vendémiaire an 10; Cass. S. 2, 1, 65).

promesses des personnes mineures seront publiées dans celui de leurs pères et mères, et, si ceux-ci sont morts ou interdits, dans celui où sera tenue l'assemblée de famille requise pour le mariage des mineurs (1).

2. Le domicile, relativement au mariage, est fixé par une habitation de six mois dans le même lieu (2).

3. Le mariage sera précédé d'une publication faite le dimanche, à l'heure de midi, devant la porte extérieure et principale de la maison commune, par l'officier public : le mariage ne pourra être contracté que huit jours après cette publication.

4. Il sera dressé acte de cette publication sur un registre particulier à ce destiné; ce registre ne sera pas tenu double, et sera déposé, lorsqu'il sera fini, aux archives de la municipalité.

5. L'acte de publication contiendra les prénoms, noms, professions et domicile des futurs époux, ceux de leurs pères et mères, et le jour et heure de la publication : il sera signé par l'officier public.

6. Un extrait de l'acte de publication sera affiché à la porte de la maison commune, dans un tableau à ce destiné.

7. Dans les villes dont la population excède dix mille ames, un pareil tableau sera en outre placé sur la principale porte du chef-lieu des sections sur lesquelles les futurs époux habiteront.

Section III. Oppositions.

Art. 1er. Les personnes dont le consentement est requis pour les mariages des mineurs pourront seules s'y opposer.

2. Seront également reçues à former opposition aux mariages, soit des majeurs, soit des mineurs, les personnes déjà engagées par mariage avec l'une des parties.

3. Dans le cas de démence des majeurs, lorsqu'il n'y aura point encore d'interdiction prononcée, l'opposition de deux parens sera admise.

4. L'acte d'opposition en contiendra les motifs, et sera signé par la partie opposante, ou par son fondé de procuration spéciale, sur l'original et sur la copie. Il sera donné copie des procurations en tête de celle de l'opposition.

5. L'acte d'opposition sera signifié au domicile des parties et à l'officier public, qui mettra son *visa* sur l'original.

6. Il sera fait une mention sommaire des oppositions, par l'officier public, sur les registres des publications.

7. La validité de l'opposition sera jugée en première instance par le juge-de-paix du domicile de celui contre lequel l'opposition aura été formée; il y sera statué dans trois jours. L'appel sera porté au tribunal du district, sans que les parties soient obligées de se présenter au bureau de conciliation; le tribunal prononcera sommairement et dans la huitaine. Les délais, soit par-devant le juge-de-paix, soit par-devant le tribunal d'appel, ne pourront être prorogés (3).

8. Une expédition des jugemens de mainlevée sera remise à l'officier public, qui en fera mention en marge de celle des oppositions sur le registre des publications.

9. Toutes oppositions formées hors les cas, les formes, et par toutes personnes autres que celles ci-dessus désignées, seront regardées comme non avenues, et l'officier public pourra passer outre à l'acte de mariage; mais, dans les cas et les formes ci-dessus spécifiés, il ne pourra passer outre au préjudice des oppositions, à peine de destitution, de trois cents livres d'amende, et de tous dommages et intérêts.

Section IV. Des formes intrinsèques de l'acte de mariage.

Art. 1er. L'acte de mariage sera reçu dans la maison commune du lieu du domicile de l'une des parties (4).

2. Le jour où les parties voudront contracter leur mariage sera par elle désigné, et

(1) Il n'était pas nécessaire, à peine de nullité : 1° qu'un mariage (entre mineurs) fût précédé de publications au lieu de la célébration; 2° que l'acte du mariage contînt la mention du domicile et de la profession des témoins; 3° que tous les témoins du mariage fussent du sexe masculin.

*Voy.* le décret du 22 germinal an 2 (28 floréal an 12; Cass. S. 3, 2, 528).

(2) Le mariage contracté sans publication de bans, avec le concours seulement de deux témoins, dans un lieu où les époux n'avaient pas six mois de domicile, n'est pas nul (12 prairial an 11; Cass. S. 3, 1, 322).

(3) Le juge-de-paix ne peut prononcer sur la

nullité d'un divorce, lorsqu'elle est la cause de l'opposition à un mariage (25 vendémiaire an 13; Cass. S. 5, 1, 16).

*Voy.* la loi du 20 = 25 septembre 1792, sur le divorce.

(4) Un mariage n'est pas nul par cela seul qu'il a été fait hors de la maison commune, sans publication de bans au domicile du mari, et sans inscription sur un registre timbré (18 germinal an 10; Cass. S. 2, 1, 376).

Un mariage n'est pas nul pour avoir été célébré dans la maison particulière de l'un des époux, au lieu d'être célébré dans la maison commune (4 ventose an 12; Paris, S. 4, 2, 725).

l'heure indiquée par l'officier public chargé d'en recevoir la déclaration (1).

3. Les parties se rendront dans la salle publique de la maison commune, avec quatre témoins majeurs, parens ou non parens, sachant signer, s'il peut s'en trouver aisément dans le lieu qui sachent signer (2).

4. Il sera fait lecture en leur présence, par l'officier public, des pièces relatives à l'état des parties et aux formalités du mariage, telles que les actes de naissance, les consentemens des pères et mères, l'avis de la famille, les publications, oppositions et jugemens de main-levée.

5. Après cette lecture, le mariage sera contracté par la déclaration que fera chacune des parties à haute voix, en ces termes :

« Je déclare prendre (le nom) en mariage. »

6. Aussitôt après cette déclaration faite par les parties, l'officier public, en leur présence et en celle des mêmes témoins, prononcera au nom de la loi qu'elles sont unies en mariage.

7. L'acte de mariage sera de suite dressé par l'officier public; il contiendra : 1° les prénoms, noms, âge, lieu de naissance, profession et domicile des époux; 2° les prénoms, noms, profession et domicile des pères et mères; 3° les prénoms, noms, âge, profession, domicile des témoins, et leur déclaration s'ils sont parens ou alliés des parties; 4° la mention des publications dans les divers domiciles, des oppositions qui auraient été faites, et des jugemens de main-levée; 5° la mention du consentement des pères et mères, ou de la famille, dans le cas où il y a lieu; 6° la mention des déclarations des parties, et de la prononciation de l'officier public (3).

8. Cet acte sera signé par les parties, par leurs père, mère et parens présens, par les quatre témoins, et par l'officier public, en cas qu'aucun d'eux ne sût ou ne pût signer, il en sera fait mention.

9. Si, antérieurement à la publication de la présente loi, quelques personnes s'étaient mariées devant des officiers civils, elles seront tenues de venir, dans la huitaine, déclarer leur mariage devant l'officier public de la municipalité de leur domicile, lequel en dressera acte sur les registres, aux formes ci-dessus prescrites (4).

SECTION V. Du divorce, dans ses rapports avec les fonctions de l'officier public chargé de constater l'état civil des citoyens.

Art. 1er. Aux termes de la constitution, le mariage est dissoluble par le divorce.

2. La dissolution du mariage par le divorce sera prononcée par l'officier public chargé de recevoir les actes de naissance, mariage et décès dans la forme qui suit.

3. Lorsque deux époux demanderont conjointement le divorce, ils se présenteront, accompagnés de quatre témoins majeurs, devant l'officier public, en la maison commune, aux jour et heure qu'il aura indiqués: ils justifieront qu'ils ont observé les délais exigés par la loi sur le mode du divorce; ils représenteront l'acte de non-conciliation qui aura dû leur être délivré par leurs parens assemblés, et, sur leur réquisition, l'officier public prononcera que leur mariage est dissous.

4. Il sera dressé acte du tout sur le registre des mariages : cet acte sera signé des parties, des témoins et de l'officier public, ou il sera fait mention de ceux qui n'auront pu ou su signer.

5. Si le divorce est demandé par l'un des conjoints seulement, il sera tenu de faire signifier à son conjoint un acte aux fins de le voir prononcer : cet acte contiendra réquisition de se trouver en la maison commune de la municipalité dans l'étendue de laquelle le mari a son domicile, et devant l'officier public chargé des actes de naissance, mariage et décès, dans le délai qui aura été fixé par cet officier. Ce délai ne pourra être moindre de trois jours, et, en outre, d'un jour par

(1) Voy. loi du 18 germinal an 10, art. 54; arrêté du 1er pluviose an 10.

(2) Il n'est pas nécessaire, à peine de nullité, que le mariage soit célébré devant quatre témoins, et que des publications aient été faites au domicile de l'une des parties.
En tout cas, les parens collatéraux ne seraient pas reçus à faire valoir ces moyens de nullité (4 ventose an 10; Liége, S. 3, 2, 458).
Il n'est pas nécessaire, à peine de nullité, que les témoins soient du sexe masculin ( 28 floréal an 11; Cass. S. 3, 2, 528).

(3) Avant le Code civil, un acte civil de mariage, dans lequel l'époux (agent municipal) procédait lui-même à la célébration de son ma-

riage, pouvait être réputé valable s'il avait été fait en présence de quatre témoins, et s'il était revêtu de la signature de l'adjoint, encore que la présence de l'adjoint au mariage ne fût pas constatée (20 mars 1830; Bordeaux, S. 30, 2, 208).

(4) Une célébration légale de mariage a pu résulter de la déclaration faite devant un officier de l'état civil, par deux individus, homme et femme, qu'ils se sont déjà volontairement mariés (en vertu d'un simple acte sous seing privé), en suite de laquelle déclaration cet officier prononce, au nom de la loi, que les conjoints sont légalement et réellement unis en mariage. (27 mars 1824; Paris, S. 25, 2, 193).

dix lieues, en cas d'absence du conjoint appelé.

6. A l'expiration du délai, le conjoint demandeur se présentera, accompagné de quatre témoins majeurs, devant l'officier public; il représentera les différens actes ou jugemens qui doivent justifier qu'il a observé les formalités et les délais exigés par la loi sur le mode du divorce, et qu'il est fondé à le demander. Il représentera aussi l'acte de réquisition qu'il aura dû faire signifier à son conjoint, aux termes de l'article précédent; et, sur sa réquisition, l'officier public prononcera, en présence ou en absence du conjoint dûment appelé, que le mariage est dissous.

7. Il sera donné acte du tout sur le registre des mariages, en la forme réglée par l'article 4 ci-dessus.

8. S'il s'élève des contestations de la part du conjoint contre lequel le divorce sera demandé, sur aucun des actes ou jugemens représentés par le conjoint demandeur, l'officier public n'en pourra prendre connaissance; il renverra les parties à se pourvoir.

9. L'officier public qui aura prononcé le divorce, et en aura fait dresser acte sur les registres des mariages, sans qu'il lui ait été justifié des délais, des actes et des jugemens exigés par la loi sur le divorce, sera destitué de son état, condamné à cent livres d'amende et aux dommages-intérêts des parties.

## TITRE V. Décès.

Art. 1er. La déclaration du décès sera faite par les deux plus proches parens ou voisins de la personne décédée, à l'officier public, dans les vingt-quatre heures.

2. L'officier public se transportera au lieu où la personne sera décédée, et, après s'être assuré du décès, il en dressera l'acte sur les registres doubles. Cet acte contiendra les prénoms, nom, âge, profession et domicile du décédé; s'il était marié ou veuf; dans ces deux cas, les prénoms et nom de l'épouse; les prénoms, noms et âge, profession et domicile des déclarans, et, au cas qu'ils soient parens, leur degré de parenté.

3. Le même acte contiendra de plus, autant qu'on pourra le savoir, les prénoms, noms, âge, profession et domicile des père et mère du décédé, et le lieu de sa naissance (1).

4. Cet acte sera signé par les déclarans et l'officier public; mention sera faite de ceux qui ne sauraient ou ne pourraient signer.

5. En cas de décès dans les hôpitaux, maisons publiques ou dans des maisons d'autrui, les supérieurs, directeurs, administrateurs et maîtres de ces maisons, seront tenus d'en donner avis, dans les vingt-quatre heures, à l'officier public, qui dressera l'acte de décès sur les déclarations qui lui auront été faites, et sur les renseignemens qu'il aura pu prendre concernant les prénoms, nom, âge, lieu de naissance, profession et domicile du décédé.

6. Si, dans le cas du précédent article, l'officier public a pu connaître le domicile de la personne décédée, il sera tenu d'envoyer un extrait de l'acte du décès à l'officier public du lieu de ce domicile, qui le transcrira sur ses registres.

7. Les corps de ceux qui auront été trouvés morts avec des signes ou indices de mort violente, ou autres circonstances qui donnent lieu de le soupçonner, ne pourront être inhumés qu'après que l'officier de police aura dressé procès-verbal, aux termes de l'article 3 du titre III de la loi sur la police de sûreté.

8. L'officier de police, après avoir dressé le procès-verbal de l'état du cadavre et des circonstances y relatives, sera tenu d'en donner sur-le-champ avis à l'officier public, et de lui en remettre un extrait contenant des renseignemens sur les prénoms, nom, âge, lieu de naissance, profession et domicile du décédé.

9. L'officier public dressera l'acte de décès, sur les renseignemens qui lui auront été donnés par l'officier de police.

## TITRE VI. Dispositions générales.

Art. 1er. Dans la huitaine à compter de la publication du présent décret, le maire ou un officier municipal, suivant l'ordre de la liste, sera tenu, sur la réquisition du procureur de la commune, de se transporter, avec le secrétaire-greffier, aux églises paroissiales, presbytères, et aux dépôts des registres de tous les cultes: ils y dresseront un inventaire de tous les registres existant entre les mains des curés et autres dépositaires. Les registres courans seront clos et arrêtés par le maire ou officier municipal.

2. Tous les registres, tant anciens que nouveaux, seront portés et déposés dans la maison commune.

3. Les actes de naissance, mariages et décès continueront d'être inscrits sur les registres courans, jusqu'au 1er janvier 1793.

4. Dans deux mois à compter de la publication du présent décret, il sera dressé un

(1) L'énonciation (dans un acte de décès) des noms et prénoms des père et mère du décédé n'est pas substantielle. La fausseté de cette énonciation ne peut donc constituer un crime de faux caractérisé, surtout si elle n'a été faite que postérieurement à la rédaction de l'acte, et pour remplit un blanc y délaissé ( 28 juillet 1808 ; Cass. S. 22, 2, 1763).

inventaire de tous les registres de baptêmes, mariages et sépultures existant dans les greffes des tribunaux. Dans le mois suivant, les registres et une expédition de l'inventaire, délivré sur papier timbré et sans frais seront, à la diligence des procureurs-généraux-syndics, transportés et déposés aux archives des départemens.

5. Aussitôt que les registres courans auront été clos, arrêtés et portés à la maison commune, les municipalités seules recevront les actes de naissance, mariage et décès, et conserveront les registres. Défenses sont faites à toutes personnes de s'immiscer dans la tenue de ces registres et dans la réception de ces actes.

6. Les corps administratifs sont spécialement chargés par la loi de surveiller les municipalités dans l'exercice des nouvelles fonctions qui leur sont attribuées.

7. Toutes les lois contraires aux dispositions de celle-ci sont et demeurent abrogées.

8. L'Assemblée nationale, après avoir déterminé le mode de constater désormais l'état civil des citoyens, déclare qu'elle n'entend ni innover ni nuire à la liberté qu'ils ont tous de consacrer les naissances, mariages et décès par les cérémonies du culte auquel ils sont attachés, et par l'intervention des ministres de ce culte.

(*Suit le modèle des actes de naissance, mariage et décès.*)

20 = 21 SEPTEMBRE 1792. — Décret relatif au mode de restitution des biens des religionnaires fugitifs. (L. 11, 535; B. 24, 1055.)

*Voy.* lois du 9 = 15 DÉCEMBRE 1790; du 17 IUILLET 1793.

L'Assemblée nationale, considérant qu'il est juste et pressant de donner aux représentans des religionnaires fugitifs tous les moyens de rentrer dans les biens dont ceux-ci ont été privés dans les temps de trouble et d'intolérance, décrète qu'il y a urgence.

L'Assemblée nationale après avoir décrété l'urgence, décrète ce qui suit :

Art. 1er. Il sera incessamment fait un tableau général de tous les biens saisis sur les religionnaires fugitifs et autres, pour cause d'absence, depuis la révocation de l'édit de Nantes, tant de ceux compris dans le bail général que de ceux dont le gouvernement a disposé, avec l'énonciation de leur situation et indication des propriétaires anciens, lequel tableau sera imprimé et affiché dans chaque tribunal de district, qui enregistrera ceux qui sont dans son ressort.

2. Le délai de trois ans accordé aux religionnaires fugitifs, à leurs successeur sou représentans, par le décret du 9 = 15 décembre 1790, pour se pourvoir en main-levée desdits biens, ne commencera à courir que de ce jour.

3. Le temps écoulé depuis le 15 décembre 1790 jusqu'à ce jour ne comptera pas pour acquérir la prescription de trente ans, en faveur des héritiers ou successeurs de ceux à qui les biens des religionnaires fugitifs avaient été donnés ou concédés à titre gratuit. Au surplus, il n'est en rien dérogé au décret du 9 = 15 décembre et autres antérieurs.

20 = 25 SEPTEMBRE 1792. — Décret qui supprime l'effet des brevets d'invention accordés pour des établissemens de finances, et portant qu'il n'en sera plus délivré. (L. 11, 551; B. 24, 1077.)

L'Assemblée nationale, considérant que les brevets d'invention qui sont autorisés par le décret du 31 décembre 1790 = 7 janvier 1791, ne peuvent être accordés qu'aux auteurs de toute découverte ou nouvelle invention dans tous les genres d'industrie seulement relatifs aux arts et métiers ; que les brevets d'invention qui pourraient être délivrés pour des établissemens de finance deviendraient dangereux, et qu'il est important de prendre des mesures pour arrêter l'effet de ceux qui ont été déjà délivrés ou qui pourraient l'être par la suite, décrète que le pouvoir exécutif ne pourra plus accorder de brevets d'invention aux établissemens relatifs aux finances, et supprime l'effet de ceux qui auraient été accordés.

20 = 21 SEPTEMBRE 1792. — Décret relatif au choix des commissaires des monnaies. (L. 11, 552; B. 24, 1055.)

L'Assemblée nationale, considérant qu'il importe de ne pas priver le ministre des contributions publiques de la faculté de préposer à la surveillance des monnaies des hommes exercés et contre lesquels il n'y a aucun reproche, décrète qu'il y a urgence.

L'Assemblée nationale, après avoir décrété l'urgence décrète ce qui suit :

L'Assemblée nationale rapporte l'article de son décret du 18 septembre, qui défend de choisir les commissaires des monnaies parmi ceux qui ont exercé les fonctions de commissaires du Roi : en conséquence, ceux-ci pourront être conservés par le ministre des contributions publiques.

20 = 25 SEPTEMBRE 1792. — Décret relatif à l'envoi des procès-verbaux, lois et autres pièces à délivrer aux membres non élus à la Convention, et à la franchise provisoire des lettres des députés. (L. 11, 553; B. 24, 1079.)

Un membre demande et l'Assemblée décrète que le sieur Baudouin, imprimeur de l'Assemblée, est autorisé à envoyer, franc de port par la poste, les procès-verbaux, lois, rapports et autres pièces qui doivent être distribuées aux membres non élus à la Convention; décrète en outre que les députés auront leurs ports de lettres francs jusqu'au 1er octobre prochain.

20 SEPTEMBRE 1792. — Décret qui ordonne de prendre des renseignemens sur l'arrestation du sieur Charles Lameth, à Barentin, et de juger, s'il y a lieu, les auteurs de cette arrestation. (B. 24, 1056.)

20 = 25 SEPTEMBRE 1792. — Décret relatif à l'établissement connu sous le nom de *Caisse de commerce*. (B. 24, 1075.)

20 SEPTEMBRE 1792. — Décret qui lève la suspension prononcée contre Dulac, aide-de-camp du général Chazot. (B. 24, 1058.)

20 SEPTEMBRE 1792. — Décret relatif à la nomination des commissaires pour surveiller la fabrication des armes nationales. (B. 24, 1058.)

20 SEPTEMBRE 1792. — Décret qui ordonne aux députés qui ont reçu des traitemens ou indemnités sous un double rapport de les restituer. (B. 24, 1059.)

20 = 21 SEPTEMBRE 1792. — Décret portant qu'il sera construit à Thionville des casernes nationales. (B. 24, 1079.)

20 SEPTEMBRE 1792. — Décret qui approuve la conduite qu'ont tenue, lors de l'attaque de Thionville par l'ennemi, le commandant de la place, les officiers et soldats de la garnison et tous les citoyens de la ville. (B. 24, 1078.)

20 SEPTEMBRE 1792. — Décret qui accorde des gratifications aux commis, huissiers et gendarmes de la Convention. (B. 24, 1080.)

20 = 25 SEPTEMBRE 1792. — Décret qui lève la suspension prononcée contre le sieur Villant Royer, lieutenant-colonel. (B. 24, 1092.)

20 SEPTEMBRE 1792. — Acteurs de Feydeau. — *Voy.* 16 SEPTEMBRE 1792. — Aspres; Bulletins de l'Assemblée *Voy.* 15 SEPTEMBRE 1792. — Joseph Chevalier; Contre-seings des lettres. *Voy.* 3 SEPTEMBRE 1792. — Deux-Sèvres *Voy.* 16 SEPTEMBRE 1792. — Districts divers; Espagne. *Voy.* 7 SEPTEMBRE 1792. — Etablissement de marchés. *Voy.* 17 SEPTEMBRE 1792. — Forêt de Senonches. *Voy.* 3 SEPTEMBRE 1792. — Frères Sellier et Gaudebert. *Voy.* 16 SEPTEMBRE 1792. — Médailles de confiance; Pays d'état. *Voy.* 3 SEPTEMBRE 1792. — Phares, etc. *Voy.* 15 SEPTEMBRE 1792. — Veuve Poissonneau. *Voy.* 7 SEPTEMBRE 1792. — Procès criminels. *Voy.* 28 JUIN 1792. — Remise d'armes. *Voy.* 3 SEPTEMBRE 1792 (1).

21 SEPTEMBRE 1792. — Adresse de l'Assemblée législative à la Convention nationale. (B. 24, 1092.)

_____

(1) Dans le volume suivant on trouvera encore, sous la date du 20 septembre 1792, quelques décrets de la Convention.

FIN DU TOME QUATRIÈME.

www.ingramcontent.com/pod-product-compliance
Lightning Source LLC
Chambersburg PA
CBHW031613210326
41599CB00021B/3167